Zu diesem Buch

Um 1830 aus Indien eingeschleppt, wurde die Cholera zur Geißel Europas. Ihre Herrschaft war schon fast gebrochen, da demonstrierte sie in Hamburg noch einmal ihre todbringende Macht: In nur sechs Wochen fielen ihr im Spätsommer 1892 über 10000 Bewohner der Hansestadt zum Opfer. Richard Evans' Geschichte dieser Tragödie gilt als Meisterwerk: Er läßt das lebendige und facettenreiche Bild einer Stadt entstehen, in der sich Tradition und Moderne so unheilvoll verschränkten, daß politische, soziale und ökologische Probleme zur Katastrophe führten.

«Es ist in der Tat ein großes Werk, eine meisterliche Synthese moderner Geschichtsschreibung, die zusammenbringt, was üblicherweise in historischen Disziplinen und Subdisziplinen getrennt ist, und so souverän mit quantifizierenden Methoden umgeht, wie sie dem narrativen Element Raum gibt.» (Die Zeit)

«Hamburg kann sich rühmen, einen kenntnisreichen und ebenso distanzierten wie fast liebevollen Chronisten gefunden zu haben...» (Frankfurter Rundschau)

Richard J. Evans, geboren 1947, studierte Geschichte an der Universität Oxford. Von 1976 bis 1989 lehrte er Geschichte an der University of East Anglia in Norwich. Seit 1989 lehrt er als Ordinarius für Geschichte am Birkbeck College der Universität London. Einer seiner Forschungsschwerpunkte ist die deutsche Geschichte des 19. und 20. Jahrhunderts. Unter seinen zahlreichen Veröffentlichungen: Sozialdemokratie und Frauenemanzipation im deutschen Kaiserreich, Bonn 1979; Kneipengespräche im Kaiserreich. Die Stimmungsberichte der Hamburger Politischen Polizei 1892–1914, Reinbek bei Hamburg 1989 (Rowohlt); Szenen aus der deutschen Unterwelt. Verbrechen und Strafe 1800–1914, Reinbek bei Hamburg 1996; Rituals of Retribution. Capital Punishment in Germany 1600–1987, Oxford 1996.

Richard J. Evans

TOD IN HAMBURG

Stadt, Gesellschaft und Politik
in den Cholera-Jahren 1830–1910

Aus dem Englischen
von Karl A. Klewer

rororo

Rowohlt

Veröffentlicht im
Rowohlt Taschenbuch Verlag GmbH,
Reinbek bei Hamburg, August 1996

Die Originalausgabe erschien 1987 unter dem Titel
«Death in Hamburg. Society and Politics
in the Cholera-Years 1830–1910»
in der Oxford University Press, Oxford

Redaktion Wolfgang Müller
Übersetzung des Nachwortes Susanne Klockmann
Wissenschaftliche Beratung in Übersetzungsfragen Volker Ullrich
Umschlaggestaltung Ingrid Albrecht
(Foto: Staatliche Landesbildstelle Hamburg)
Gesamtherstellung Clausen & Bosse, Leck
Printed in Germany
2990-ISBN 3 499 60249 0

Für die Freunde von gestern und heute,
mit denen ich das Leben in Hamburg genossen habe.

INHALT

5. DIE DIMENSIONEN DER UNGLEICHHEIT

6. DIE UMGESTALTUNG DER GESELLSCHAFT

Vorwort

Dieses Buch beschreibt das Innenleben einer großen europäischen Stadt während der Hochblüte des Industriezeitalters. Es zeichnet nach, wie im Verlauf des 19. Jahrhunderts in dem Maße, wie sich aus dem bescheidenen, wenn auch bedeutsamen Seehafen eine neuzeitliche Großstadt entwickelte, die Schwierigkeiten wuchsen, die Einwohner am Leben und gesund zu halten, sie mit sauberem, frischem Wasser, reiner Luft, einwandfreier Nahrung und allem anderen, zum Leben Notwendigen zu versorgen, und wie diese Schwierigkeiten schließlich zur Katastrophe führten. Es zeigt, wie eng die Lösung der Versorgungsprobleme mit den Strukturen gesellschaftlicher Ungleichheit und mit sozialen Konflikten in der Stadt verknüpft war und wie auch diese Gegensätze sich änderten, während die Stadt immer größer und komplexer wurde. Gesellschaftliche Konflikte mündeten in politische Auseinandersetzungen; sie spielen bei den hier berichteten Ereignissen ebenfalls eine bedeutende Rolle. Höhepunkt und Zentrum des Berichts ist die große Cholera-Epidemie, die 1892 Hamburg als einzige Stadt Westeuropas heimsuchte. Diese Katastrophe forderte in etwas mehr als sechs Wochen kaum weniger als 10000 Menschenleben. In der Art und Weise, wie die Stadt mit ihr fertig wurde – oder auch nicht –, und in ihren Auswirkungen auf das spätere Leben in der Stadt liegen Parallelen und Lektionen für Probleme und Katastrophen, die sich ein Jahrhundert später im Zeitalter von Aids und Umweltvernichtung stellen.

Damit steht das Buch in der langen Reihe der «Seuchen-Literatur», die von Boccaccio über Defoe zu Camus und André Brink reicht.[1] Während der Arbeit daran wurden mir die Formen und Konventionen immer deutlicher bewußt, die diese Art Literatur dem Autor auferlegt und die ihren Weg in einen großen Teil der im strengeren Sinn geschichtswissenschaftlichen Literatur zu diesem Gegenstand gefunden haben, von Jean-Noël Birabens «Les Hommes et la Peste» und Paul Slacks «The Impact of Plague in Tudor and Stuart England» bis hin zu Untersuchungen von

Epidemien aus neuerer Zeit, wie beispielsweise Michael Dureys Arbeit über die Cholera in Großbritannien oder Alfred Crosbys Bericht über die große Grippewelle von 1918/19 in den USA.[2] Die Aufdeckung der Nachlässigkeit und Doppelzüngigkeit der Behörden, die gemächliche Wiedergabe von Ursachen, Einflüssen und Vorwarnungen, auf die eine rasche Erzählung der eigentlichen Katastrophe folgt, der Wechsel des Blickwinkels von der Gesamtsicht zum Standpunkt des einzelnen und zurück, die kathartische Schlußbetrachtung am Ende der Erzählung, all diese charakteristischen Merkmale der «Seuchen-Literatur» wirkten sich in spürbarer Weise auf die Struktur dieses Buches aus.

Doch hat die Lektüre dieser «Seuchen-Literatur» auch mein Bewußtsein dafür geschärft, wie sich Epidemien metaphorisch ausdeuten lassen, so wie es unmittelbar und mit unvergeßlichem Nachdruck in Albert Camus' klassisch gewordenem Roman «Die Pest» geschieht, abstrakter und beiläufiger in Thomas Manns Novelle, auf die der Titel des vorliegenden Buches zurückgeht.[3] Die amerikanische Kritikerin Susan Sontag hat kürzlich vor der Gefahr gewarnt, Krankheit als Metapher zu verwenden. Allerdings gründet sich ihre Warnung auf ein Medizinverständnis, das, wie ich nachzuweisen hoffe, bestenfalls vereinfachend, schlimmstenfalls aber naiv ist.[4] Daher läßt sich dies Buch auch in einem metaphorischen Sinn verstehen. Im Jahr 1892 sind in Hamburg nicht nur Menschen gestorben – die Epidemie jenes Jahres bildete auch, wie ein überlebender Bewohner der Stadt angemerkt hat, die Scheidelinie zwischen Altem und Neuem. Insbesondere läutete sie die Totenglocke des alten und bis dahin geltenden Systems, bei dem die Verwaltung der Stadt in den Händen von Honoratioren lag, die auf diesem Gebiet kaum mehr als Amateure waren. Die Epidemie kennzeichnete – auch wenn sie ihn nicht als einzige herbeiführte – den Sieg des Preußentums über den Liberalismus, den Triumph der staatlichen Intervention über das Laisser-faire. Sie markierte einen bemerkenswerten, symbolischen Augenblick in der Geschichte des deutschen Bürgertums und bereitete die Bühne für dessen Eintritt ins 20. Jahrhundert. Diese metaphorischen Anklänge des Buchtitels zeigen, wie ich hoffe, daß das Hauptanliegen dieses Werks weit über die bloße Beschreibung der Katastrophe hinausgeht, die über die Stadt gekommen war.

Als ich Ende der siebziger Jahre mit den Forschungsarbeiten für dieses Buch begann, war mir nicht klar, daß ich nahezu ein Jahrzehnt zu seiner Vollendung benötigen würde. Zur Geschichte Hamburgs fühlte ich mich hingezogen, teils weil ich den Eindruck hatte, es sei an der Zeit, etwas dagegen zu unternehmen, daß ein Großteil der modernen Geschichtsschreibung über das Deutschland nach 1871 von einer eingeengten, auf Preußen konzentrierten Sicht erfolgte, teils aber auch durch ein schon bestehendes Interesse an der Sozialgeschichte des deutschen Liberalismus. Mein Ausgangspunkt war der Ruf dieser Stadt – Deutschlands zweitgrößter nach Berlin –, im Deutschen Reich ein «Fremdkörper» und im kontinentaleuropäischen Zusammenhang eine «englische» Stadt gewesen zu sein. Ich nahm an, Hamburg könne als eine Art historisches Labor zur Überprüfung allgemeiner Begriffe dienen, mit denen der Kontrast zwischen England und Deutschland gemeinhin beschrieben wird. Es war nicht nur einfach eine Stadt, sondern einen großen Teil des 19. Jahrhunderts hindurch auch eine «Freie Stadt», ein autonomer Staat im Deutschen Bund und nach 1871 – wenn auch in begrenztem Maße – innerhalb des Deutschen Reiches. Das Wichtigste aber war, daß liberal gesinnte Kaufleute aus dem Bürgertum die Stadt regierten. Daher ließ sich Hamburg als Fallstudie zur Beantwortung einer der großen «Was wäre, wenn?»-Fragen in der deutschen Geschichtsschreibung der neueren Zeit heranziehen: Sofern das Bürgertum 1848 oder danach politische Macht errungen hätte, wäre dann eine gerechtere, gleichere, freiheitlichere, demokratischere, rationalere Gesellschaft das Ergebnis gewesen? Oder hätten sich Gesellschaft und Politik mehr oder weniger genauso entwickelt, wie sie es dann taten?

Anfänglich hoffte ich, mit Hilfe einer kurzen Querschnittsuntersuchung der Zeit von 1890 bis 1910 eine Antwort auf diese Fragen finden zu können; doch in dem Maße, in dem ich mich in das überaus umfangreiche Quellenmaterial im Hamburger Staatsarchiv einarbeitete, zog es mich unwiderstehlich weiter in die Vergangenheit zurück – und das ist der Hauptgrund, warum es so lange gedauert hat, das Buch abzuschließen. In seiner vorliegenden Form weist es drei Untersuchungsebenen mit zunehmender Spezifik auf, die jeweils einander bedingen. Auf der allgemeinsten Ebene bemüht es sich, einen Abriß der politischen und sozialen Geschichte der Stadt im 19. Jahrhundert zu geben, so wie sie sich anhand der Klassengegensätze und der Beziehungen von Staat und Gesellschaft herausarbeiten läßt. Mein Verständnis dieser keinesfalls unproblematischen Begriffe wird, wie ich hoffe, im ersten Kapitel deutlich werden. Auf einer zweiten Ebene geht das Buch diesen allgemeinen Fragen im Rahmen einer Fallstudie der Geschichte der städtischen Umwelt und ihrer Beziehung zu Krankheit und Tod nach. Nicht nur fragt es, wie das rasche Wachstum Hamburgs Leben und Gesundheit seiner Bewohner beeinflußte, sondern auch, auf welche Weise unterschiedliche Bevölkerungsgruppen diese Auswirkungen wahrnahmen. Besonders eindringlich wurden diese Fragen durch die großen Cholera-Epidemien aufgeworfen, von denen die Stadt in nicht weniger als sechzehn Jahren zwischen 1831 und 1892 heimgesucht wurde. Während des gesamten Zeitraums von 1830 bis 1910 wirkten sie auf Gesellschaft und Politik in Hamburg so nachdrücklich ein, daß es gerechtfertigt erscheint, diese Zeit «Cholera-Jahre» zu nennen. Ganz allgemein wird die Beschreibung zum Ende des Untersuchungszeitraums «dichter», und das führt zur dritten und detailliertesten Ebene des Buches, zum Bericht über die Cholera-Epidemie des Jahres 1892.

Diese Epidemie hat eine ungeheure Menge an Quellenmaterial «produziert», angefangen von Lebenserinnerungen, Tagebüchern, Briefen, Zeitungsartikeln und Fotos bis hin zu den Berichten amtlicher Untersuchungsausschüsse, statistischen Untersuchungen, Berichten karitativer und freiwilliger Hilfsorganisationen und selbstverständlich einer Fülle von Material in den Akten der einzelnen damit beschäftigten Ressorts der Stadtverwaltung. Die Epidemie rückte das Funktionieren von Staat und Gesellschaft ebenso deutlich in den Blick wie die Strukturen der gesellschaftlichen Ungleichheit, die Vielzahl von Werthaltungen und Ansichten, aber auch die materiellen Konturen des täglichen Lebens, die öffentlich vertretenen Ideologien und die nicht ausdrücklich erklärten Ziele politischer Organisationen.

Daher kann man dieses Buch auch als einen sechs Wochen im Spätsommer 1892 umfassenden Querschnitt durch die Strukturen des Lebens in der Stadt betrachten, verknüpft mit einer Längsschnittuntersuchung, die jedes einzelne der die Epidemie verursachenden Elemente auf seine Ursprünge bis zum Anfang des 19. Jahrhunderts zurückverfolgt und den Auswirkungen und Ergebnissen der Epidemie bis ins 20. Jahrhundert nachspürt. Die ersten zwölf Unterkapitel des Buches nehmen somit jeweils *einen* Faden des Ursachenknäuels auf und folgen ihm bis zum Vorabend der Epidemie von 1892, während die übrigen zwölf, beginnend mit dem ersten Teil des vierten Kapitels, eine Erzählung und Analyse der Epidemie selbst liefern und deren Bedeutung im Licht der anfangs gestellten allgemeinen Fragen behandeln.

Diese Vorgehensweisen und die Fülle der Quellen, auf die sich das Buch stützt, erlauben es, das Innenleben einer deutschen Großstadt im 19. Jahrhundert in beispielloser Detailtreue vor Augen zu führen. In den letzten Jahren sind viele Forschungsarbeiten zur Geschichte des Alltagslebens in Deutschland entstanden, zum großen Teil Lokalstudien. Diese Entwicklung ist auf Kritik gestoßen; ich hoffe jedoch, in diesem Buch nicht nur eine Fülle von Material zur Alltagsgeschichte vorzulegen, sondern vielleicht auch nachzuweisen, warum die Beschäftigung damit so wichtig ist. Im weitesten Sinn gestattet sie uns ein Nachdenken über zahlreiche Aspekte des menschlichen Lebens, die auch für heutige Leser bedeutsam sind, obwohl sie von Fachhistorikern gewöhnlich vernachlässigt werden: Ebenso wichtig ist aber auch die Erkenntnis, daß politisches Verhalten und politische Ziele nicht einfach in einer autonomen, eigenen Sphäre existieren, sondern in den Strukturen und Erfahrungen des Alltagslebens verwurzelt sind. Zwar betrachtet dies Buch die Vergangenheit auch «von unten», doch meine ich das in dem Sinn, daß die Sympathien eher bei der Masse des Volkes liegen als bei den wenigen, die sie regierten. Trotzdem denke ich nicht, daß es die oberen Ränge von Gesellschaft und Staat vernachlässigt oder nicht auch versucht, die Innenwelt von Hamburgs herrschenden Schichten mit so viel Sympathie zu schildern, wie der Verfasser aufzubringen vermag.

Zwangsläufig überschreitet ein Buch, das solche Ziele verfolgt, zahlreiche von der Wissenschaft gesetzte Grenzen: Es schließt demographische Geschichte und Geschichte der Lebensverhältnisse ebenso ein wie Umweltgeschichte und Geschichte der Arbeiterbewegung. Keinesfalls ist es eine medizinhistorische Studie im herkömmlichen Sinn; vielmehr nähert es sich der Geschichte von Medizin und Krankheit vom Standpunkt des Sozialhistorikers und siedelt diese Gegenstände in ihrem zeitgenössischen gesellschaftlichen und politischen Rahmen an, nicht aber in der langfristigen Entwicklung wissenschaftlicher Medizin, wie sie sich vom Standpunkt der Gegenwart aus darbietet. Beim Schreiben dieses Buches haben mich im Verlauf der letzten 25 Jahre erschienene Arbeiten zur Sozialgeschichte der Cholera in Amerika, Großbritannien, Frankreich und Rußland beeinflußt; bisher existiert keine solche Untersuchung für Deutschland. Da ich Vergleichsmaterial, insbesondere für Preußen, heranziehe, hoffe ich, mit diesem Buch einen Schritt auf dem Weg zu einer solchen Studie zu tun. Nicht nur die Medizinhistoriker mögen mir vergeben, daß ich mich auf ihr Fachgebiet gewagt habe, sondern auch die Fachleute zahlreicher anderer Unterdisziplinen, in die historische Forschung heutzutage unglücklicherweise zu zerfallen scheint – von der Geschichte des Wohnens bis zur Geschichte der Urbanisierung. Aber vielleicht können sie auch etwas lernen, wenn sie sehen, daß die Gegenstände, um die es ihnen geht, in einen allgemeineren Zusammenhang gestellt und sozusagen mit den Augen eines Außenseiters betrachtet werden.

Selbst wenn es so scheinen mag, ist dieses Buch keinesfalls als vornehmlich quantitative Untersuchung konzipiert. Um die soziale Ungleichheit in der Stadt in etwa zu belegen, hielt ich es für erforderlich, auf statistische Analysen zurückzugreifen, doch habe ich angesichts der zahlreichen Probleme, die sich durch das vorliegende Material ergeben, versucht, diese Analysen stets in einen qualitativen Zusammenhang einzubetten. Die Anwendung raffinierter Methoden statistischer Auswertung des Materials schien letztlich in keinem Verhältnis zum Aufwand zu stehen, den sie bedingt hätte, und so habe ich mich mit einer sehr einfachen Ebene statistischer Überprüfung begnügt. Um es mit quantitativem Material oder den in diesem Buch behandelten Gebieten unvertrauten Lesern nicht unnötig schwerzumachen, habe ich es vermieden, die hier benutzten statistischen Quellen und Analysen bis ins einzelne aufzuschlüsseln. Auch habe ich mich bemüht, so vielen Statistiken wie möglich die Form leicht faßlicher Karten, historischer Querschnitte und anderer graphischer Darstellungen zu geben. Wer sich in die Probleme der statistischen Analyse des vorgestellten Materials vertiefen will, sei auf den statistischen Anhang der englischen Ausgabe dieses Buches verwiesen, der nicht in die deutsche Ausgabe aufgenommen wurde.

Trotz allem bleibt bei einem Buch dieses Umfangs, das sich auf eine beträchtliche Menge bisher nicht veröffentlichter handschriftlicher Quellen stützt, der wissenschaftliche Apparat zwangsläufig recht unhandlich. Ich habe mich dem entgegenzuwirken bemüht und ihn soweit wie möglich beschränkt. Die Anmerkungen sind mit Absicht so abgefaßt, daß sie den Lesern einen Eindruck von der Art der Quellen vermitteln, auf die sich im Text gemachte Aussagen gründen. Sie können diese Quellen, sofern sie das wünschen, heranziehen und überprüfen. Mit ganz wenigen Ausnahmen sollen die Anmerkungen nicht dazu dienen, Themen von sekundärer Bedeutung zu behandeln; noch weniger ist beabsichtigt, die Sekundärliteratur zu allen behandelten Gegenständen vollständig aufzuführen. In ähnlicher Weise wurde auch die Angabe von Quellen streng auf solche begrenzt, die für die Analyse als nützlich empfunden und im Buch zitiert wurden. Zusätzliche Verweise lassen sich mühelos mit Hilfe der in den Anmerkungen genannten Monographien und Forschungsberichte auffinden. Am Ende des Buches gibt das Personen- und Sachregister die heutigen Ortsbezeichnungen zusammen mit den seinerzeit üblichen an, wie sie im Text verwendet wurden. Dies ist vor allem dort wichtig, wo sich inzwischen die Staatsgrenzen geändert haben. Einer möglichen Irritation der Leser sei an dieser Stelle vorgebeugt: Ich habe mich entschlossen, die Orthographie der Ortsnamen in den zitierten Quellen nicht zu verändern und die vom heutigen Gebrauch zum Teil abweichenden Schreibungen auch in meinen Text einzuführen. Wenn statt dem heute üblichen «Barmbek» oder «Billwerder Ausschlag» von «Barmbeck» oder «Billwärder Ausschlag» die Rede ist, dann sollen die historischen Namensschreibungen der Darstellung nicht Patina verleihen, sondern lediglich störende Doppelformen vermeiden helfen. Auch bei allen Zitaten aus den Quellen, die ich benutzt habe, sind die historischen und individuellen Eigentümlichkeiten der Rechtschreibung beibehalten worden; wo Quellen nach der Sekundärliteratur zitiert werden, ist die dort verwendete, zum Teil modernisierte Orthographie übernommen worden. Für die deutsche Ausgabe habe ich die Ergebnisse der neuesten Forschungen zur hamburgischen Geschichte und zur Geschichte der Cholera in den Text eingearbeitet.

Bei einem so weit ausgreifenden Projekt wie diesem ist der Autor mehr als sonst auf Hilfe angewiesen. Mein Dank muß vor allem der University of East Anglia gelten, die mir nicht nur Zeit und Möglichkeit zur Durchführung dieser Untersuchung zur Verfügung gestellt, sondern auch durch eine Vielzahl großzügiger Stipendien aus dem Special Travel and Research Fund of the School of Modern Languages and European History den Hauptteil der anfallenden Kosten getragen hat. Zu einer Zeit der allgemeinen Etatkürzungen und Einsparungen an den britischen Universitäten hatte ich in der Tat das Glück, einer Institution anzugehören, die nach wie vor den Mut besitzt, Forschung auf dem Gebiet der Geistes- und Gesellschaftswissenschaften aus eigenen Mitteln zu unterstützen, was ihr freilich auf anderen Gebieten Nachteile einträgt. Außerdem stehe ich in der Schuld der Universität Hamburg, die mir bei meinen zahlreichen Besuchen zwischen 1978 und 1985 Unterkunft in ihrem Gästehaus gewährt hat, sowie dem Institut für Europäische Geschichte in Mainz und dessen Leiter, Professor Dr. Karl Otmar Freiherr von Aretin, für die ruhige und kollegiale Atmosphäre während der letzten Stadien der Niederschrift, der Alexander-von-Humboldt-Stiftung für großzügige finanzielle Unterstützung, dank deren ich dem vorliegenden Buch Zeit widmen konnte, als ich bereits an einem anderen, mit diesem verwandten Projekt arbeitete, sowie der British Academy dafür, daß sie meine Forschungsarbeit in einem früheren, entscheidenden Stadium gefördert hat.

Im Verlauf meiner Arbeit hatte ich Gelegenheit, an der ersten in Deutschland abgehaltenen Tagung zur Sozialgeschichte der Medizin im Zentrum für interdisziplinäre Forschung an der Universität Bielefeld teilzunehmen. Ich danke dessen Organisatoren, Prof. Alfons Labisch und Prof. Reinhard Spree, daß sie mir die Teilnahme ermöglichten. Auch bei den ersten Treffen des Hamburgischen Arbeitskreises für Regionalgeschichte, die 1982 stattfanden, sowie bei den Zusammenkünften des UEA-Forschungsseminars zur modernen deutschen Sozialgeschichte habe ich viel gelernt. Insbesondere letztere haben mir geholfen, meine Interpretationen der deutschen Geschichte zu entwickeln und zu präzisieren. Eine Vielzahl von Seminarteilnehmern hat sich geduldig im Entstehen befindliche Kapitel angehört, und zahlreiche ihrer Anmerkungen und Anregungen haben in der einen oder anderen Gestalt ihren Weg in den Text gefunden. Insbesondere schulde ich Dank für die Nachsicht, mit der das Seminar der Wellcome Unit for the History of Medicine in Oxford und die Datenbank für Demographie an der Universität Umeå in Schweden meine ersten zögernden Schritte in Richtung auf die Geschichte der Medizin und Demographie aufgenommen haben. Außerdem zog ich Nutzen daraus, daß einige der in diesem Buch vorgelegten Argumente und Belege in Hamburg beim gemeinsamen Historiker-Kolloqium der UEA und der Universität Hamburg diskutiert wurden, wie auch im Institute for European Population Studies an der Universität Liverpool, dem von Richard Smith im All Souls' College in Oxford organisierten Demographic and Family History Seminar, dem von Anthony Nicholls und Hartmut Pogge-von Strandmann am St. Antony's College in Oxford geleiteten German History Seminar, dem achten UEA Research Seminar in Modern German Social History, das 1985 in Norwich stattfand, sowie in Seminaren oder Vorlesungen der State University of California (Long Beach), der University of California in Riverside, am Institut für Europäische Geschichte in Mainz sowie den Universitäten Bielefeld, Düsseldorf, Essen und der Ruhr-Universität Bochum. Mein Dank gilt all denen, die diese Diskussionen veranstaltet und sich an ihnen beteiligt haben.

Zahlreiche Einzelpersonen und Institutionen haben während der Forschungsarbeiten zu diesem Buch beigetragen. Nicht nur hat Peter Loewenberg in seiner Wohnung in Westwood, Los Angeles, eine äußerst anregende abendliche Diskussionsrunde zusammengeführt, sondern mich auch auf einen romanhaften Bericht über die Epidemie des Jahres 1892 aufmerksam gemacht, den sein Großvater Jakob Loewenberg verfaßt hat, der einer «Sanitätskolonne» der Stadt angehörte; Frau Helga Kutz-Bauer lieh mir einen von Paul Schurek verfaßten Roman über die Epidemie. Beiden bin ich tief zu Dank verpflichtet, wie auch Mrs. Ruth Evans (Oxford), die mir freundlicherweise gestattet hat, in ihrem Besitz befindliche Dokumente der Familie Mönckeberg einzusehen. Ausdrückliche Anerkennung für die Erlaubnis, aus Dokumenten zu zitieren, gebühren Carmen Gräfin Finck von Finckenstein-Jelmini und Dr. Edgar Petersen. Ebenfalls zu danken ist den Leitern und Angestellten der Bibliothek der University of East Anglia, der Bibliothek des Wellcome Institute for the History of Medicine (London), des Kirchenarchivs Hamburg, des Staatsarchivs Bremen, des Bundesarchivs Koblenz, des Stadtarchivs Berlin, des Geheimen Staatsarchivs Preußischer Kulturbesitz, Berlin-Dahlem, und des Staatsarchivs der Freien und Hansestadt Hamburg, die mir alle überaus großzügig Fragen beantwortet und Material zur Verfügung gestellt haben. Auch bin ich dankbar für die Erlaubnis, die aus den in der Liste der Bilder genannten Quellen stammenden Abbildungen in mein Buch aufzunehmen.

Einigen Personen gegenüber habe ich eine besondere Dankesschuld, die abzutragen ich kaum hoffen kann. Allen voran möchte ich Herrn Claus Stukenbrock vom Staatsarchiv Hamburg für die Geduld und Großzügigkeit danken, mit der er mir sein unvergleichliches Wissen über das Archivmaterial zur Sozialgeschichte Hamburgs in der Zeit, mit der ich mich beschäftige, zur Verfügung gestellt hat. Er hat sich während der vergangenen zwei Jahrzehnte den Dank mehr als einer Forschergeneration verdient. Ohne seine Hilfe und Anleitung hätte dies Buch nie beendet werden können. Zweitens danke ich Prof. Dr. Arthur Imhof (Freie Universität Berlin) sehr für die Ermutigung, die er mir in den frühen Stadien dieses Projekts zuteil werden ließ, noch mehr aber, weil er mir am Beispiel seines eigenen Werks gezeigt hat, daß sich statistisches Material leicht faßbar darstellen läßt, wenn man es graphisch aufbereitet. Besonderen Dank schulde ich in dieser Hinsicht Ian Brooke von der Graphics Unit der University of East Anglia für Ausdauer und Geduld, mit der er über mehrere Jahre hinweg sich unermüdlich einer wohl manchmal endlos erscheinenden Arbeit unterzogen und die Graphiken hergestellt hat, die einen wichtigen Bestandteil dieses Buches bilden. Wenn die statistische Analyse selbst überzeugend wirkt, ist das weithin das Verdienst von Joanna Bourke (Cambridge), die in letzter

Minute dringend nötige Hilfe leistete. Paul Weindling (Oxford) hat mir großzügig Zeit und Einrichtungen zur Verfügung gestellt und mich nicht nur mit Nachweisen, Andrucken, Fotokopien und Ermutigungen auf einem Gebiet versorgt, auf dem er selbst eine führende Autorität ist, sondern auch kritische Kommentare zu einem Großteil des fertigen Typoskripts abgegeben. Sollten seine Bemühungen, mich im Hinblick auf die deutsche Medizingeschichte kundig zu machen, nicht sehr erfolgreich gewesen sein, liegt das ausschließlich an mir. Ich stehe ebenfalls tief in der Schuld von John Breuilly (Manchester); er hat mir in seiner üblichen Großzügigkeit nicht nur das von ihm im Lauf vieler Jahre zur Geschichte Hamburgs in der ersten Hälfte des 19. Jahrhunderts zusammengetragene Material zur Verfügung gestellt, sondern mich auch mit seiner Sachkenntnis unterstützt. Logie Barrow hat mir bei meiner Forschungsarbeit in Bremen selbstlos Gastfreundschaft gewährt, und ich schulde ihm für seine beständige Ermutigung viel. Lynn Abrams, Cathleen Catt, Barry Doyle und Graham Ford haben mich in der Endphase des Schreibens mit ihrem kritischen Interesse und ihrer Begeisterung unterstützt; ich danke ihnen allen dafür, daß sie das Typoskript gelesen und mir zahlreiche nützliche Anregungen gegeben haben. Das gilt insbesondere für Graham Ford, der sich der mühevollen Aufgabe unterzogen hat, das Korrekturlesen der Anmerkungen zu übernehmen. Mein Dank gilt auch Marjan Bhavsar für das Tippen zahlreicher früherer Entwürfe von einzelnen Kapiteln, Elvie Dobie für einen Teil der späteren Schreibarbeiten und Carol Haines, die mit beispielhafter Schnelligkeit und Tüchtigkeit ein genaues und sauberes, fertiges Typoskript hergestellt hat.

Mehr, als ich sagen kann, schulde ich Elín Hjaltadóttir Dank für ihre beständige Nachsicht und Unterstützung sowohl in den schwierigen Anfangsphasen der Forschungsarbeit, als noch keineswegs sicher war, was – wenn überhaupt etwas – als Ergebnis meiner Aufenthalte in den Archiven herauskommen würde, wie auch in den späteren Stadien des Schreibens, als es bisweilen so aussah, als habe die Cholera-Epidemie auf den Haushalt übergegriffen und mache sich darin breit. Gewiß hätte das Buch nie vollendet werden können ohne die kritische Beteiligung, das beständige Interesse, die moralische Unterstützung und die wiederholte großzügige Gastfreundschaft meiner zahlreichen früheren und jetzigen Freunde in Hamburg, die sich so große Mühe gegeben haben, meine Arbeit an diesem Projekt erfreulich und lohnend zu gestalten; unter ihnen Michael Grüttner, Liz Harvey, Alan Kramer, Mary Lindemann,

Tony und Willy McElligott, Helga Stachow und Volker Ullrich. Ihnen und zahlreichen anderen Hamburgern ist als kleines Zeichen des Dankes dies Buch gewidmet.

Norwich, Juli 1986 R. J. E.
London, Juli 1990

Aus technischen Gründen konnten die Zahlen in den Karten und Abbildungen nicht durchgängig an deutsche Schreibweisen angepaßt werden. So steht zwischen Prozentangaben und Dezimalen ein Punkt (15.8 %) statt eines im Deutschen üblichen Kommas (15,8 %).

Bei Zahlenangaben über 1000 erscheint in einigen Diagrammen ein Komma zur Kennzeichnung der Tausender etc. (2,000; 3,200,000) statt des Zwischenraums (2000; 3200000). Autor und Verlag bitten, diese Anglizismen zu entschuldigen.

1. INNENANSICHT EINER HANDELSSTADT

Patrizier und Politik

I

Das von Bismarck 1871 gegründete Deutsche Kaiserreich wird von manchen Historikern als «Fürstenbund» bezeichnet;[1] strenggenommen war es jedoch keiner. Wohl faßte es in einem «ewigen Bündnis» 25 Mitgliedstaaten zusammen, über die ein Bundesrat, in dem sie alle vertreten waren, die souveräne Macht ausübte.[2] Doch während es sich bei 22 von ihnen, angefangen vom Königreich Preußen bis hinab zum kleinen thüringischen Fürstentum Schwarzburg-Rudolstadt, in der Tat um Monarchien handelte, waren die drei übrigen – die Stadtstaaten Hamburg, Bremen und Lübeck – Republiken. Sie hatten ihre Unabhängigkeit als Angehörige des machtvollen Hansebundes im Mittelalter erworben und es auf die eine oder andere Weise fertiggebracht, sie von da an zu bewahren. Schon lange vor der Mitte des 19. Jahrhunderts war Hamburg die größte und bedeutendste der drei Hansestädte. Nach Berlin war es die zweitgrößte Stadt im Deutschen Reich, mit großem Abstand vor den folgenden. Der Grund dafür war vor allem die günstige Lage Hamburgs an der Elbe: Der Verkehr aus dem Hinterland von Berlin bis zum fernen Prag passierte die Stadt auf dem Weg zur rund hundert Kilometer entfernten Nordsee. An Wohlstand, Größe und Bedeutung ließ Hamburg Provinzhauptstädte wie München, Stuttgart, Leipzig und Dresden weit hinter sich.[3]

Im Unterschied zu den anderen wichtigen deutschen Städten – mit Ausnahme Bremens – brauchte sich Hamburg keine von außen einwirkende, unmittelbare Kontrolle seiner Angelegenheiten gefallen zu lassen: Es war ein selbständiger Bundesstaat. In neuerer Zeit ist es üblich geworden, das Deutsche Reich als eine Art vergrößertes Preußen[4] anzusehen; und die weitverbreitete Annahme, Preußen und das Deutsche Reich seien so gut wie identisch gewesen, findet sich häufig in dem Begriff «Preußen-Deutschland» ausgedrückt, der auf das von Bismarck geschaffene politische Gebilde gemünzt ist.[5] Auch das ist bestenfalls eine Halbwahrheit. Gewiß, die Mitgliedstaaten des Reiches konnten keine eigene Außenpolitik betreiben, und zweifellos wurden die auswärtigen Angelegenheiten des Reiches von Preußen geführt. Das Heer, obwohl dem Namen nach dezentralisiert, unterstand ebenfalls de facto Preußen, vor allem dann, wenn es darauf ankam – im Krieg. Überdies war Preußen, sofern es das wollte, imstande, sich auch im Bundesrat eine Stimmenmehrheit zu verschaffen. Trotzdem verblieb den einzelnen Bundesstaaten ein beträchtliches Maß an politischem Spielraum, denn sie besaßen Möglichkeiten, ihre eigenen Angelegenheiten selbständig zu regeln. Schul- und Bildungswesen, Polizei, Recht und Gesetz, Gesundheits- und Sozialfürsorge, Steuerwesen, Handels- und Wirtschaftspolitik: diese und zahlreiche andere Bereiche überließ die Verfassung von 1871 weitgehend der Entscheidung der Bundesstaaten, wie dies auch schon in früheren Verfassungen der Fall war, beispielsweise in der des sehr lockeren Deutschen Bundes, in dem von 1815 bis 1866 die deutschen Einzelstaaten zusammengeschlossen waren.[6]

Letztlich bedeutete dies nichts anderes, als daß keinesfalls für das übrige Deutschland gelten mußte, was für Preußen galt. Preußen selbst war tief gespalten, denn die im Rheinland 1815 hinzugewonnenen neuen Gebiete hatten wenig mit dem ländlich geprägten Hinterland des alten ostelbischen Preußen gemein.[7] Noch größer war die Vielfalt der im übrigen Reich vorherrschenden Überlieferungen, Institutionen und Denkgewohnheiten. Jeder Staat besaß seine eigenen Besonderheiten und seine eigenen Verfahrensweisen: Für kein Mitglied des Deutschen Reiches galt das mehr als für Hamburg. Historiker haben die Stadt sogar einen «Sonderfall in der Geschichte Deutschlands»[8] genannt, einen «Fremdkörper in Preußisch-Deutschland»[9] und «die allerenglischste Stadt des Kontinents»[10]. Als Insel republikanischer Gesinnung in einem monarchistischen Meer, als Bastion bürgerlicher Herrschaft in einem von Aristokraten beherrschten Reich scheint sich die Stadt nahezu jedem allgemeinen Urteil zu entziehen, das die Historiker über das deutsche Kaiserreich gefällt haben.

Selbstverständlich muß nicht eigens betont werden, daß Hamburg stets genötigt war, auf die Wünsche der die Stadt umgebenden größeren Gebilde Rücksicht zu nehmen. Eine der Schwierigkeiten bei der Analyse der Beziehungen zwischen Staat und Gesellschaft im Deutschland des 19. Jahrhunderts liegt in der notwendigen Erkenntnis, daß der Staat auf mindestens zwei verschiedenen Ebenen existierte, zwischen denen allerdings Wechselbeziehungen bestanden – auf Reichsebene und Länderebene. Diese föderative politische Struktur ermöglichte auf regionaler und manchmal auch auf lokaler Ebene ein beträchtliches Maß an Selbstbestimmung. Andererseits konnte der jeweilige Flächen- oder Stadtstaat nur innerhalb der auf Reichs- oder Bundesebene festgegelegten Einschränkungen handeln. Diese wurden nach der Gründung des Norddeutschen Bundes 1867 deutlicher fühlbar und noch stärker nach der des Deutschen Reiches 1871.

Wegen seiner geographischen Lage gelangte Hamburg vor allem nach den auf das Jahr 1815 folgenden Gebietsveränderungen in den Bannkreis preußischer Macht.[11] Zwar besaß die Stadt ihre eigene Streitmacht in Gestalt des Bürgermilitärs. Sie wäre aber kaum imstande gewesen, der Berufsarmee einer Großmacht mehr als symbolischen Widerstand entgegenzusetzen. Ohnehin war es Hauptaufgabe des Bürgermilitärs, die Ordnung innerhalb der Stadt aufrechtzuerhalten. Daher spielte Hamburg in Zeiten von Großmachtkonflikten eine Partei gegen die andere aus oder schlug sich, sofern das nicht möglich war, in der Hoffnung auf Zugeständnisse auf die Seite des Stärkeren. Beispielsweise ließ der Senat 1804, zu einer Zeit, als ein halbes Dutzend größere Armeen die Stadt hätten einnehmen können, als Geste des Friedens und des guten Willens die äußeren Befestigungen schleifen. Hamburg hatte bereits 1801 eine kurze dänische Besetzung erlebt, 1806 waren dann die Franzosen an der Reihe. Von 1807 bis 1808 waren rund 15000 spanische Soldaten innerhalb der Stadtmauern einquartiert, anschließend traten erneut die Franzosen auf den Plan. Um weitere Unordnung zu verhindern, beantragte der Senat 1810 eine Mitgliedschaft in Napoleons Rheinbund; doch im folgenden Jahr gliederte der französische Kaiser das Land um die Unterelbe als «Département des Bouches de l'Elbe» seinem «Grand Empire» ein. Obwohl die Stadtverwaltung nach französischem Vorbild umgestaltet wurde, stammte die Mehrzahl ihrer Mitglieder aus den Reihen des früheren Senats und der führenden Kaufmannsfamilien. Keinem von ihnen, nicht einmal dem «maire» Amandus Abendroth, scheint später irgend jemand Vorwürfe gemacht zu haben. Abendroth wurde sogar 1815 Erster Polizeiherr und spielte weiterhin auf Jahre hinaus eine führende Rolle in den Angelegenheiten seiner Stadt, deren Bürgermeister er dann 1831 wurde.

Als sich die Franzosen 1813 zurückziehen mußten, setzten sich Kosaken in Hamburg fest. Bald schon besetzten die Franzosen erneut die Stadt und erlegten den unglücklichen Einwohnern eine enorme Geldstrafe dafür auf, daß sie sich von den Russen hatten erobern lassen. Die französische Besatzungsmacht hob auf, was die Stadt noch an Autonomie besaß, und kümmerte sich nicht um Hamburgs führende Familien. So kam es, daß die Bürger dankbar die alte Verfassung von 1712 wieder in Kraft setzten, als 1814 die letzten französischen Soldaten zum Stadttor hinausmarschiert waren. Doch wie der Historiker Barthold Niebuhr klagte, fand sich in der Bürgerschaft nur wenig nationale Begeisterung.[12] Man wollte die Freiheit, sich um seine eigenen Angelegenheiten zu kümmern, nicht aber in ein größeres Staatswesen eingegliedert werden. Wie die Erfahrung der französischen Besetzung zeigte, war es den Bürgern Hamburgs gleichgültig, wer die Besatzungsmacht war, solange der Stadt ein hinreichendes Maß an Selbstbestimmung gewährt wurde. Immerhin waren zahlreiche der im 19. Jahrhundert wichtigen Hamburger Familien nicht deutschen Ursprungs, angefangen von den Amsincks bis zu den Chapeaurouges, Godeffroys, Slomans und O'Swalds. Der bayerische Diplomat von Homayer beklagte sich 1845, daß «ich in Hamburg blutwenig Deutsches zu finden vermag, außer der Sprache... von irgendeiner deutschen Ader ist da keine Rede»[13].

Verstärkt wurde diese Distanz zum deutschen Nationalismus und zur deutschen Nationalität durch die bei Hamburger Kaufleuten weitverbreitete Neigung, ihre Söhne in eine der Auslandsvertretungen Hamburger Firmen zu schicken, damit diese dort ihren Beruf gründlich erlernten. Es ist durchaus kennzeichnend, daß beispielsweise die späteren Senatoren Adolph Hertz, Charles Ami de Chapeaurouge, Max Hayn und Johann Stahmer ihre Jugend in Ostafrika, Indien, Mexiko und Westindien verbrachten, bevor sie sich in der Vaterstadt als Kaufleute niederließen. Die meisten Angehörigen der großen und reichen Kaufmannsfamilie Amsinck absolvierten ihre Lehrjahre im Ausland; so war beispielsweise Martin Garlieb Amsinck (1831–1905) am Bau von Brunels Schiff «Great Eastern» in Glasgow beteiligt.[14] Häufig hieß es, Hamburger Kaufleute kennten sich in Peru oder auf Sansibar besser aus als im eigenen Land. «Beiläufig bemerkt», schrieb Julius von Eckardt über seine Zeit als Senatssekretär in den siebziger Jahren, «gab es in dem damaligen Hamburg Dutzende älterer Herren, die ‹jede Stadt am Mississippi› aus direkter Anschauung kannten, zwanzig Male in London, aber niemals in Berlin gewesen waren.»[15] Besonders eng waren die Beziehungen zu England. In den dreißiger Jahren des 19. Jahrhunderts wurde die Hälfte des Seehandels der Stadt mit englischen Schiffen abgewickelt.[16] Viele der führenden Hamburger Firmen besaßen Filialen in London, und die größten Kaufmannsfamilien kultivierten selbstbewußt einen «englischen» Lebensstil, hielten sich englische Kindermädchen, kauften englische Kleidung[17] und nannten ihre Söhne Percy, Henry, John oder William.[18]

Die nationalen Aspekte der Revolution von 1848 fanden aus diesem Grund in Hamburg nur wenig Widerhall. Lediglich die Schleswig-Holstein-Frage weckte in der Stadt eine gewisse nationale Begeisterung. Die Gründe dafür mochten darin liegen, daß es dabei um einen regionalen Markt und zugleich um einen für die Versorgung der Stadt wichtigen Raum ging, wie auch, daß das Herzogtum Holstein an die Unterelbe grenzte, Hamburgs Lebensader zum Meer.[19] Auch wenn der Senat sie als Möglichkeit zur Unterdrückung der revolutionären Opposition begrüßte, zeigte die kurze Besetzung Hamburgs durch preußische Truppen im Jahr 1849, daß sich die Stadt nicht auf alle Zeiten von der Politik auf nationaler Ebene ausschließen konnte. Noch deutlicher wurde dies anläßlich der Besetzung Hamburgs durch österreichische Truppen im Jahr 1851.[20] Der Stadt war der preußisch-österreichische Sieg über die Dänen im Krieg von 1864 und die auf ihn folgende Abtrennung Schleswig-Holsteins von Dänemark nicht zuletzt deshalb willkommen, weil sich dadurch die Beziehungen zu den beiden Herzogtümern verbesserten. Im Jahr 1866 lagen die Sympathien des Senats bei Österreich, das der Stadt – im Gegensatz zu Preußen – während der Wirtschaftskrise von 1857 mit einem großzügigen Darlehen unter die Arme gegriffen hatte. Seit den Tagen des Frankfurter Paulskirchen-Parlaments von 1848 hatte der Senat sich konsequent gegen Versuche zur Errichtung einer wirksamen Zentralgewalt in Deutschland gewendet. Anfänglich neigte er nicht dazu, den 1866 gestellten preußischen Forderungen nachzugeben, zu denen es gehörte, das Bürgermilitär unter preußische Führung zu stellen. In ihnen manifestiert sich Bismarcks Absicht, die Autonomie der Stadt durch ihre Eingliederung in den neugegründeten Norddeutschen Bund, den Vorläufer des Reiches von 1871, einzuschränken.[21] Doch gab der Senat schließlich nach, und als letzter der norddeutschen Staaten trat Hamburg dem neuen Bund und 1871 dem Deutschen Reich bei.[22] Dies geschah einerseits aus Furcht vor Bismarcks Drohung, Hamburg als eine preußische Stadt einzugemeinden, andererseits im Vertrauen auf seine Zusage, er werde den Status der Stadt respektieren und ihre Handelsinteressen bei seiner künftigen Wirtschaftspolitik berücksichtigen.

Die von Bürgermeister Martin Haller 1870 als «unser Kontrakt mit Preußen» bezeichnete Einigung Deutschlands führte zu erkennbaren Veränderungen im Alltagsleben der Stadt. Wie andere Mitgliedstaaten des Deutschen Bundes auch besaß Hamburg eigene Maße, Gewichte und ein eigenes Postwesen; sie wurden im Norddeutschen Bund und später im ganzen Reich durch einheitliche Systeme ersetzt. An die Stelle der alten hamburgischen Währung – 12 Pfennig auf den Schilling, 16 Schilling auf die Mark Banco[23] – trat die neue Dezimalwährung des Reiches, und die Hamburger Schiffe führten nunmehr statt des alten Hamburger Wappens – silbern in rotem Feld eine zinnenbekrönte Mauer von drei Türmen überragt – die schwarz-weiß-rote Reichsflagge. Das Bürgermilitär wurde abgeschafft und das Zweite Hanseatische Infanterieregiment preußischem Oberbefehl unterstellt. Ihren eigenen diplomatischen und konsularischen Dienst mußte die Stadt aufgeben, und ihre Bürger unterlagen jetzt der Besteuerung durch das Reich, was allerdings keine schwere Bürde bedeutete. Das hanseatische Rechtssystem mußte auf das des Reiches abgestimmt werden; die Verfassungsänderungen von 1879, bei denen die richterliche von der exekutiven Gewalt, wie auch die Richter von den Anwälten getrennt wurden, waren weitgehend eine Folge der Einführung des im Reich geltenden Strafrechts anstelle des bis dahin in Hamburg bestehenden.[24]

Nichts von alldem war der lautstarken Partei Alt-Hamburger Partikularisten im Senat recht, der die Bürgermeister Haller und Gossler sowie die Senatoren Sieveking und Rücker angehörten. Angeführt wurde sie von Bürgermeister Gustav Heinrich Kirchenpauer (geboren 1808, Senator seit 1843) und dem Senatssyndikus Karl Merck (geboren 1809, im Amt seit 1847).[25] Von 1867 bis 1880 vertrat Kirchenpauer Hamburg im Bundesrat, in dessen Politik er einen «Imperialismus nach allen Richtungen» sah. Die Verfassung tadelte er als Gebilde, durch das «die Senate zu Magistraten herabgesunken» seien.[26] Er widersetzte sich praktisch als einziger im Bundesrat Bismarcks Verfassungsvorschlägen und bekämpfte den Kanzler in den Fragen der Reichsflagge, des Militärdienstes und in vielen anderen. Selbst Bremen und Lübeck waren nicht bereit, ihn zu unterstützen. Bismarck seinerseits klagte, er sei in Kirchenpauer dem «engsten Partikularismus, einem Festhalten an Sonderinstitutionen, einer Abwehr gemeinsamer Lasten begegnet, wie bei keinem der Fürsten», löste eine Pressekampagne gegen Hamburg aus und zwang den Senat nachzugeben, was dieser unter schriftlichem Protest tat.[27] Der mit Kirchenpauer gemeinsam für Hamburgs Außenpolitik verantwortliche Senatssyndikus Merck war noch stärker in partikularistischen Vorstellungen befangen als dieser. «Wir verhehlen es nicht», schrieb er, «wir wollen Hamburger bleiben, wir wehren uns mit Kopf und Fuß gegen die immer näher rückende Gefahr, denn was ist denn das ganze Wesen, welches Berlin erzeugt, anders als eine allmähliche Aussaugung?!» Er erwog 1869 auszuwandern, um dem zu entgehen, was er als demütigende Lage ansah, und verglich 1870, mitten im preußisch-französischen Krieg, den örtlichen preußischen Armeekommandanten in Hamburg mit Marschall Davout, der während der napoleonischen Kriege die französische Besatzungsmacht bei ihrer Plünderung Hamburgs angeführt hatte.[28]

Zwar weckte der bei Sedan 1870 erfochtene Sieg in Hamburg beträchtliche Begeisterung; doch zumindest von einem Senator hörte man, daß weitere rasche preußische Siege Hamburgs Autonomie gefährden würden.[29] Tatsächlich sah der Senat Ende der sechziger und Anfang der siebziger Jahre des 19. Jahrhunderts den Bundesrat ausschließlich im Licht kommunaler Eigeninteressen. So gelangt der Historiker Hans-Georg Schönhoff, der die Beziehungen Hamburgs zum Norddeutschen Bund untersucht hat, zu dem Ergebnis:

«Wie die Verhandlungen über die Verwaltungsgesetze, die Gewerbeordnung, die Matrikularumlagen und das Oberhandelsgericht zeigen, hat Hamburg sich stets gegen diese Maßnahmen gestemmt, um seine partikularen Eigenheiten zu wahren und möglichst wenig durch den neuen Bund in seinen bisherigen staatlichen Lebensgewohnheiten gestört zu werden.»[30]

Wenn es um Themen ging, an denen die Stadt kein Interesse hatte, was beispielsweise beim Kulturkampf der Fall war, folgte Hamburg der preußischen Linie; bei anderen, wie der Frage des Sozialistengesetzes, widersetzte sich die Stadt einfach deshalb, weil sie keinen Machtzuwachs für die Zentralregierung wünschte.[31] Der Mehrzahl dieser Bemühungen war nur wenig Erfolg beschieden, obwohl der Senat bei der Gestaltung eines neuen Bankengesetzes[32] eine Rolle zu spielen vermochte. Doch setzte sich Hamburg, was die Frage deutscher Konsulate betraf, gemeinsam mit Bremen durch und schlug, gewöhnlich mit Erfolg, für diese Posten, die für die Handelsinteressen der Hanseaten so bedeutsam waren, seine eigenen Kandidaten vor.[33] All das machte die Hamburger bei den Preußen nicht gerade beliebt. «Die Hamburger», klagte der deutsche Botschafter in London im Dezember 1879, «sind die schlechtesten Deutschen die wir haben und mißbrauchen wo sie können die Reichsregierung nur für ihre Zwecke.»[34] Der Senat nehme, wie ein anderer preußischer Beamter anmerkte, «an den Fragen der großen europäischen Politik höchstens so weit Anteil... wie sie auf das Börsengeschäft einwirkten»[35].

Zu jener Zeit jedoch gewann die pro-preußische Partei im Senat allmählich die Oberhand. An ihrer Spitze stand mit Johannes Versmann der bedeutendste Senator Hamburgs im letzten Viertel des 19. Jahrhunderts.[36] Es lohnt sich, seine Laufbahn näher ins Auge zu fassen, weil sie in mancherlei Hinsicht kennzeichnend für die Biographie zahlreicher führender Angehöriger des liberalen deutschen Bürgertums jener Zeit ist, aber auch, weil er bei den später in diesem Buch beschriebenen Ereignissen eine führende Rolle spielte. Er war einer jener seltenen Außenseiter, die allein durch Fähigkeiten und Charakterstärke ihren Weg in der Politik Hamburgs gemacht haben. Als Sohn eines Apothekers, dessen Vorfahren aus Uelzen stammten, 1820 auf St. Pauli außerhalb der Stadtgrenze zur Welt gekommen, gehörte er nicht zum inneren Kreis der vielfach miteinander verwandten Großkaufmannsfamilien der Hansestadt. Er war ein Schulfreund des späteren Althistorikers und liberalen Politikers Theodor Mommsen; beide gehörten von 1837 bis 1839 demselben wissenschaftlichen Verein an. Versmann besuchte in den Jahren 1839 und 1840 die Gelehrtenschule Johanneum in Hamburg und nahm dann ein Medizinstudium in Jena auf. Da ihm die Medizinische Fakultät in Jena nicht zusagte, wechselte er 1842 nach Göttingen und 1843/44 nach Heidelberg, wo er Jura belegte. Sein Studium schloß er 1844 ab. Nach Hamburg zurückgekehrt, trat er in eine Anwaltskanzlei ein und arbeitete dort zusammen mit Carl Petersen, später sein Mitsenator, auf dem Gebiet des Handelsrechts. Bald übernahm er eine aktive Rolle in der Politik. An der Universität hatte er bereits in liberalen Kreisen verkehrt und dort den späteren radikalen Demokraten Gustav Struve kennengelernt; im Jahr 1845 trat er dem St. Pauli-Bürgerverein bei und 1846 der Gesellschaft Hamburger Juristen – beides führende Institutionen der liberalen Opposition, die sich zu jener Zeit gegen die alte hamburgische Verfassung zu formieren begann.[37]

Die Revolution von 1848 rückte Versmann zum erstenmal in den Vordergrund. Er schloß sich einem Aufgebot von Freiwilligen an, das gegen Dänemark marschierte, am 9. April wurde er von den Dänen gefangengenommen und inhaftiert. Nach dem Waffenstillstand von Malmö wurde er entlassen und kehrte nach Hamburg zurück, wo er als einer der Sprecher der liberaldemokratischen Opposition auftrat und in die Konstituante gewählt wurde, die 1849 zusammentrat. Bald hatte er die Delegierten so beeindruckt, daß sie ihn am 14. März zum Vorsitzenden wählten. Aber die auf die preußischen Truppen gestützte Verzögerungstaktik des Senats machte das Werk der Konstituante zunichte. Versmanns letzte

Ansprache vor ihrer Auflösung könnte als Motto über seiner gesamten politischen Laufbahn stehen. «Gegen die Macht der Ereignisse», sagte er, «vermag keiner anzukämpfen. Wohl uns, doppelt wohl, unter solchen Umständen, daß wir sagen können, wir haben unsere Pflicht getan.» Seine Bemühungen waren darauf gerichtet gewesen, Verwaltungskontinuität zu gewährleisten: Dabei sollten gerade so viele der alten Institutionen beseitigt werden, wie nötig war, um die Forderungen der Bevölkerung zu befriedigen. Geschlagen zog er sich aus dem öffentlichen Leben zurück, nahm seine Anwaltstätigkeit wieder auf und wurde 1859 Präses des Handelsgerichts. Die neue Verfassung von 1860 jedoch brachte Versmann die unmittelbare Wahl in die Bürgerschaft, deren Präsident er sogleich wurde. Seine erfolgreichen Bemühungen, mit dem Senat zu einem endgültigen Kompromiß über die verbleibenden Einzelfragen der Verfassungsreform zu gelangen, trugen ihm Zustimmung von allen Seiten ein. Er wurde 1861 Senator und bekleidete dieses Amt ohne Unterbrechung bis zu seinem Tod im Jahr 1899.

Während seiner ersten Jahre im Senat galt Versmann als «etwas isoliert», zweifellos wegen seiner eher einfachen Herkunft, wohl aber auch, weil er sich für Ziele einsetzte, die in Hamburg nicht allen am Herzen lagen. Beispielsweise war er ein Vorkämpfer der Verwaltungsreform; mehr als zwanzig Jahre lang bemühte er sich erfolglos, den Senat dazu zu überreden, er möge minder bedeutende Aufgaben einer mit Fachleuten besetzten Verwaltung übertragen. Er drängte auch darauf, festbesoldete höhere Beamte zu ernennen, lange bevor der Senat dies schließlich tat.[38] Trotz des hohen Ansehens, das er im Senat genoß, war er nicht besonders beliebt – bei führenden Mitgliedern einer Körperschaft, die, um wirken zu können, in hohem Maße auf informelle gesellschaftliche Beziehungen angewiesen war, ein nicht gerade häufiges Phänomen. Johann Georg Mönckeberg, der private Nachrufe auf die Mehrzahl seiner Kollegen anlegte, hatte zu Versmann ausnahmsweise keine persönlichen Erinnerungen beizusteuern; er fügte lediglich ein Exemplar der saft- und kraftlosen Rede bei, die er bei der Vereidigung von Versmanns Nachfolger gehalten hatte.

Seine beherrschende Stellung im Senat gewann Versmann gleichermaßen durch seinen nüchternen politischen Realismus, die intellektuelle Kraft seiner Argumente sowie durch seine Geduld, Beharrlichkeit und bisweilen auch Gerissenheit, wenn er für eine Sache kämpfte, an die er glaubte (Mönckeberg nannte ihn «hartnäckig»). Vor allem aber war Versmann gründlich. Während sich andere Senatoren weiterhin ihren

Geschäften widmeten oder einfach im Privatleben entspannten, arbeitete er, dessen «unermüdliche Arbeitskraft» ein Kollege hervorhob[39], sich in jede Materie ein, so daß er sich in allem auskannte, womit er sich beschäftigte. So kam es, daß andere, weniger energische Senatoren – die große Mehrheit also – einfach nichts gegen ihn auszurichten vermochten. Beispielsweise wurde 1887 Max Hayn als ältester kaufmännischer Senator zum Bürgermeister gewählt, um nach Kirchenpauers Tod für einige Monate die Lücke bis zur nächsten Wahl zu schließen. Doch: «Als Bürgermeister fungiert hat Hayn», Mönckeberg zufolge, «kaum, da Versmann mit großem Eifer die Geschäfte führte.»[40] Von pessimistischem und schwermütigem Wesen, besaß Versmann einen scharfen Blick für die politische Wirklichkeit, wie er bereits 1849 bewiesen hatte – «jenen sechsten Sinn... der bei keinem wirklichen Politiker fehlen darf: die Witterung für das Mögliche und Erreichbare»[41]. Sein Biograph sah sich veranlaßt einzuräumen: «Hin und wieder hörte man allerdings, daß über seine kühle Zurückhaltung oder sein allzu absprechendes Urteil geklagt wurde.»[42] Versmanns Ungeduld gegenüber Unfähigen wird auch bei einem nur flüchtigen Blick in seine umfangreichen Tagebücher hinreichend deutlich.

Er machte im Senat seinen Einfluß geltend, um die Alt-Hamburger Partikularisten 1866 und auch noch in den siebziger Jahren davon zu überzeugen, daß man dem preußischen Druck nachgeben müsse, und tat mehr als jeder andere, um die Einführung der Reichsgesetze und die Umorganisation des Schulwesens in der Stadt nach dem Beitritt zum Reich zu gewährleisten. Doch seinen größten Triumph erzielte er in der Frage des Zollanschlusses. Für die Hamburger Kaufleute galt als unumstößlicher Glaubensartikel, daß Freihandel die Grundlage wirtschaftlichen Wohlergehens sei. Nicht nur befürchteten sie, daß Zollschranken den Handel hemmen könnten, immer mehr Kaufleute waren auch im Import von Rohmaterial tätig, das sie weiterverarbeiteten und wieder ausführten, was nur in einem Freihandelssystem wirklich profitträchtig sein konnte. Daher weigerte sich Hamburg beharrlich, dem Deutschen Zollverein beizutreten, und erklärte bereits 1820: «Der Vorteil der deutschen Seestädte erheischte freien Handel. Von wem sie die Waren erhielten, wohin sie dieselben führten, käme gar nicht in Betracht.»[43] Schon 1845 hatte Versmann, vorwiegend aus nationalen Gründen, einen Beitritt Hamburgs zum Deutschen Zollverein befürwortet.[44] Doch noch dreißig Jahre später war sein Wunsch nicht erfüllt. Der Freihandel galt den Bürgern Hamburgs als eine Art Dogma; in ihm sahen sie nicht nur die

Grundlage des Wohlstandes der Stadt, sondern ihrer gesamten Lebensweise. Diese Ansicht faßte der Präsident der Commerzdeputation in einem Trinkspruch auf den englischen Freihandelsvorkämpfer Richard Cobden bei dessen Besuch in der Stadt 1847 zusammen: «Die Erzeugerin jeder anderen Freiheit, die Handelsfreiheit!»[45] Wie der preußische Historiker Heinrich von Treitschke später klagte, hatten in Hamburg die Befürworter des Freihandels «nach deutscher Weise aus der Not nicht nur eine Tugend, sondern eine Theorie» gemacht.[46]

Nicht allein war es Hamburg gelungen, beim Beitritt zum Norddeutschen Bund 1866 seinen Status als zollfreier Hafen beizubehalten, die Stadt wollte auch noch nach der Gründung des Deutschen Reiches von 1871 nichts vom Zollverein wissen. Solange die Wirtschaftspolitik im Reich gleichfalls vom Freihandelsgedanken bestimmt wurde, schien es wenig Grund zur Sorge zu geben. Doch 1878 beendete Bismarck diese Periode, indem er die Einführung von Importzöllen verlangte: Er wollte zum einen den Finanzen des Reiches aufhelfen, aber auch die Nationalliberalen verwirren, auf die er seiner Ansicht nach zu sehr angewiesen war, zum anderen die Grundbesitzer und Industriellen beschwichtigen, die Schutz vor der ausländischen Konkurrenz verlangten. Die neue Ordnung erforderte, daß Hamburg, Deutschlands größtes Einfuhrzentrum, dem Zollverein beitrat. Die Alt-Hamburger Partikularisten verglichen diese Absicht mit der 1808 erfolgten Einverleibung der Stadt in das Reich Napoleons.[47] Erneut stieß Kirchenpauer im Bundesrat mit Bismarck zusammen, diesmal aber war der vom Kanzler ausgehende Druck so stark – wozu auch die Drohung gehörte, Hamburg seinen Status als Freihafen mit Gewalt zu nehmen –, daß sich Kirchenpauer verpflichtet fühlte, seine Position als Bevollmächtigter Hamburgs im Bundesrat an Versmann abzutreten, da der Erfolg von Bismarcks Politik langfristig unaufhaltbar schien. Senat und Kaufmannschaft zerstritten sich in einer hitzigen Debatte über die Frage, ob die Stadt dem deutschen Zollverein beitreten sollte oder nicht. Versmann steuerte, unterstützt von Senatssyndikus Roeloffs, der zugleich sein «Alter ego» und seine rechte Hand war, einen behutsamen Mittelkurs zwischen den verfeindeten Parteien.[48] Er verhandelte über einige Punkte, ohne den Senat davon in Kenntnis zu setzen, und organisierte in Hamburg sogar öffentlichen Widerstand gegen den Zollverein, um von Bismarck so viele Zugeständnisse zu erreichen, daß die neue politische Linie für die Freihandelsmehrheit im Senat annehmbar wurde.[49] Schließlich wurde 1881 der von Versmann angebotene Vorschlag angenommen. Er sah im Hamburger Hafen ein riesiges neues zollfreies Gebiet vor, das zollrechtlich vom Hinterland abgeriegelt werden sollte. Diesen Freihafen, der der Exportindustrie Areale für ihre Produktion bot, durfte Hamburg selbst verwalten und erhielt auch die Zusicherung, das könne auf vergleichsweise unbürokratische Art geschehen.[50]

Die Eröffnung des neuen Freihafens und der Beitritt Hamburgs zum Deutschen Zollverein, der schließlich 1888 erfolgte, hatten tiefgreifende Auswirkungen auf das Wirtschafts- und Gesellschaftsleben der Stadt. Zunächst aber bedeuteten sie das Ende der Alt-Hamburger Partikularisten und den Sieg der pro-preußischen Partei. Vom Augenblick seines Triumphes im Jahr 1881 bis zu seinem Tod im Jahr 1899 war Versmann, im Senat von einer immer größeren Anzahl seiner Schützlinge, wie beispielsweise Mönckeberg und Burchard, unterstützt, die beherrschende Figur der Hamburger Politik. Sein einziger Rivale, der 1808 geborene Senator Carl Petersen, war bereits ein älterer Herr und stimmte ohnehin zu jener Zeit in den meisten entscheidenen Fragen mit ihm überein. Nicht ohne Bedeutung war die Tatsache, daß Versmann am 21. März 1899 zum letztenmal auf der politischen Bühne ausgerechnet in seiner Eigenschaft als Vorsitzender des hamburgischen Zweigs des Deutschen Flottenvereins auftrat. Dabei sprach er sich für den Bau einer deutschen Kriegsflotte aus. Dieser Sache hatte er sich bereits 1861 aktiv verschrieben. Als liberaler Nationalist, der seinen Zielen nie untreu geworden war, hatte er zusammen mit dem größten Teil des deutschen Bürgertums einen langen Weg vom Widerstand im Jahr 1848 zur Unterstützung der auf Expansion gerichteten Weltpolitik der Reichsleitung um die Jahrhundertwende zurückgelegt.[51]

Nationales Empfinden war jedoch keineswegs unvereinbar mit dem Wunsch, regionale Besonderheiten beizubehalten, noch weniger mit dem Verlangen, Hamburgs Handel die bestmöglichen politischen Bedingungen zu sichern.[52] Ebenso wie Historiker die Heftigkeit und Stärke partikularistischer Gefühle im zweiten und dritten Viertel des 19. Jahrhunderts in Deutschland immer wieder unterschätzten, haben sie auch oft die Intensität überschätzt, mit der im Deutschen Reich in den letzten 25 Jahren jenes Jahrhunderts zentralistische und auf Vereinheitlichung gerichtete Tendenzen wirksam waren. Wie auch immer die Herrschenden in Hamburg die Interessen des Deutschen Reiches als Großmacht einschätzten, sie hielten unverrückbar an dem Grundsatz fest, nicht die Preußen, sondern sie selbst seien am besten imstande zu beurteilen, was für Hamburg gut war. «Hamburg möge die Eigenthümlichkeiten erhalten, welche Niemand schaden... Man möge sie schützen, so lange man könne.»[53] Ob das in großem Ausmaß möglich sei, bezweifelten Männer wie Versmann unverhohlen, der eine mit «Aufzeichnungen betr. Maßnahmen und Forderungen bei Verlust der Selbständigkeit Hamburgs»[54] gekennzeichnete Akte führte, doch daß die Selbstbehauptung der Hansestadt eines Versuchs wert war, mochte nicht einmal er bestreiten.

II

Hamburgs Besonderheiten begannen schon mit seiner halb- oder quasiparlamentarischen republikanischen Staatsverfassung. Während der ersten Hälfte des 19. Jahrhunderts regierte sich die Stadt in allen wesentlichen Belangen selbst, entsprechend der als «Hauptrezeß» bezeichneten Verfassung, die ihr der Kaiser des Heiligen Römischen Reiches 1712 in einem Versuch auferlegt hatte, einen über Jahre hinweg dauernden heftigen Streit zwischen Rat und Bürgern zu beenden. Nach dieser Verfassung wurde die Stadt vom Rat oder Senat gemeinsam mit der Erbgesessenen Bürgerschaft regiert. Allein solche Gesetze durften erlassen werden, die von beiden gebilligt wurden, obwohl der Erbgesessenen Bürgerschaft in der Praxis nur das Recht zustand, Entscheidungen ihre Zustimmung zu verweigern. Der Senat bestand aus vier Bürgermeistern[55] und 24 Senatoren, kooptierte seine Mitglieder, die auf Lebenszeit berufen wurden, und besaß eine allgemeine, ausführende Gewalt. Dem Senat gehörten außerdem vier nicht stimmberechtigte Mitglieder an, die gleichfalls kooptiert und «Syndizi» genannt wurden. Ihre Aufgabe war es, bei allen Senatssitzungen anwesend zu sein, die Senatoren juristisch zu beraten und einen Teil der spezielleren Verwaltungsaufgaben auszuführen. Schließlich gab es noch, um das Bild abzurunden, fünf Senatssekretäre. Die Erbgesessene Bürgerschaft bestand aus allen männlichen Einwohnern der Stadt, die innerhalb deren Mauern Grund und Boden besaßen und überdies «freies» (nicht in Grundbesitz festgelegtes) Vermögen von mehr als 3000 Mark nachweisen konnten; Bürger war, wer das «Bürgergeld» (eine beträchtliche Summe) bezahlt hatte und ständig in der Stadt lebte.

Am 28. September 1860 wurde eine neue Verfassung verabschiedet, gerade ein Dutzend Jahre nach der Revolution von 1848.[56] Sie brachte ein stärker parlamentarisches Element in die Verwaltung der Stadt. Der Grundsatz, Ämter durch Wahlen zu vergeben, wurde bekräftigt und die Zahl der Senatoren vermindert. Sie wurden künftig von Senat und Bürgerschaft gemeinsam aus einer Liste in die engere Wahl genommener Männer ausgewählt. Da Vertreter beider Gremien diese Liste gemeinsam zusammenstellten, besaß der Senat nicht mehr die Möglichkeit, seine Mitglieder selbst zu bestimmen, doch konnte nicht wieder abgewählt werden, wer einmal im Amt war, so daß er es lebenslänglich innehatte. Die Zahl der Syndizi wurde auf zwei und die der Senatssekretäre auf vier vermindert, von denen nur drei an Sitzungen teilnahmen, während der vierte kraft seines Amtes als Stadtarchivar fungierte. Die 1860 im Amt befindlichen Senatoren durften bleiben, so daß das neue Verfahren erst schrittweise mit dem Ausscheiden oder dem Tod der Amtsinhaber in Kraft trat.[57] Senat und Bürgerschaft teilten sich die oberste Gewalt in der Stadt, alle Gesetze mußten von beiden gebilligt werden. Die neue Bürgerschaft bestand aus 192 gewählten Abgeordneten, von denen 84 in allgemeiner Wahl durch steuerzahlende Bürger (die weiterhin ein beachtliches Bürgergeld zahlen mußten) ins Amt gebracht wurden. Weitere 60 wurden von den «Notabeln» gewählt – Bürger, die öffentliche Ämter am Gericht oder in den Deputationen bekleideten[58] –, während man den Grundeigentümern zur Wahrung ihrer Rechte die Möglichkeit ließ, in eigenen Wahlen 48 Bürgerschaftsabgeordnete zu bestimmen. Ihre Amtsdauer betrug sechs Jahre; alle drei Jahre wurde die Hälfte der Sitze durch allgemeine Wahlen und die besondere Wahl der Grundstückseigentümer neu vergeben. Diese Verfassung blieb im wesentlichen bis 1918 in Kraft. Sie wurde aber bis dahin, wie wir später sehen werden, durch zahlreiche jeweils äußerst umstrittene und keinesfalls unbedeutende Zusatzartikel ergänzt. Der erste aus dem Jahr 1879/80 verringerte die Zahl der Abgeordneten auf 160, wobei achtzig über die allgemeine Wahl und jeweils vierzig über die der Notabeln und Grundstückseigentümer ermittelt wurden. Bis kurz vor Ende des Jahrhunderts wurden dann keine weiteren Zusatzartikel in die Verfassung aufgenommen.[59]

Insgesamt stärkten die Verfassungsänderungen von 1860 und 1879/80 die Macht des gewöhnlichen Bürgers in der Bürgerschaft: Die Zahl der Abgeordneten wurde verringert, wodurch leichter auf die Bedürfnisse der Bürger eingegangen werden konnte; die Bürgerschaft wurde für Diskussionen und Debatten geöffnet; die Zahl der Abgeordneten aus den Reihen der Notabeln und Amtsinhaber sank, und schließlich wurden Senatoren und Bürgerschaftsabgeordnete erstmals einer Wahl unterworfen. Indem aus dem Senat eine Wahlkörperschaft wurde, verschob sich das Kräftegleichgewicht in der Verfassung ein wenig zugunsten der Bürger, denn diese konnten sich jetzt der Ernennung solcher Senatoren widersetzen, deren Ansichten oder Persönlichkeit ihnen nicht paßten. Wollte allerdings der Senat einen bestimmten Mann als Mitglied haben, setzte er sich gewöhnlich durch: Zum Beispiel wurden von den bei Senatswahlen zwischen September 1886 und Februar 1900 abgelehnten sieben Kandidaten schließlich vier im zweiten Wahlgang, einer im dritten und einer sogar im vierten gewählt; einer starb bald nach seiner Wahlniederlage, und lediglich ein einziger Kandidat wurde nicht wieder aufgestellt.[60]

Diese schrittweise eingeführten Reformen verschafften Hamburg zusammen mit dem Element der Kontinuität und dem Prinzip eines auf Grundbesitz gestützten parlamentarischen Systems, auch wenn es eigene, unverkennbare Merkmale aufwies, den Ruf einer «englischen» Stadt. Doch daß man Senatoren nicht dazu veranlassen konnte, ihr Amt aufzugeben, war ein offenkundig «deutscher» Zug, vergleichbar der Position der Staatssekretäre im Reich, die keiner unmittelbaren Kontrolle durch das Parlament unterstanden und die auch nicht durch Abstimmungen im Parlament aus dem Amt entfernt werden konnten; der Kaiser ernannte Minister und konnte sie entlassen, gewählt wurden sie nicht. Andererseits besagt eine bloße Beschreibung der Formalia dieser Verfassung wenig über die Realitäten der Verwaltung der Stadt. Wie anderswo hing auch in Hamburg die Politik weitgehend von informellen Strukturen und von Überlieferungen ab, die aus dem Skelett der in der Verfassung enthaltenen Vorschriften erst einen lebenden Organismus machten. Auch hier schienen, wie wir sehen werden, Preußen und Preußentum in weiter Ferne zu liegen; eine nähere Betrachtung dieser eher informellen Staatsstrukturen führt uns in die großbürgerliche Welt der Kaufmannschaft, die durch Thomas Manns Roman «Die Buddenbrooks» berühmt geworden ist.

Hamburg hatte nie ein geschlossenes Patriziat gekannt. Mit fiebriger Unbeständigkeit stiegen im 18. Jahrhundert die großen Handelshäuser auf und gingen unter; daran lassen sich Gefahren und Verdienstmöglichkeiten in einem sich rasch ausweitenden, auf Handel gestützten kapitalistischen System erkennen.[61] Im 19. Jahrhundert schälte sich jedoch eine Anzahl großer Familien heraus, die den Senat beherrschten; im Zuge der Verfassungsänderungen entwickelte sich eine oligarchische Regierung der Stadt. Die Reformen von 1860 hatten kaum Einfluß auf die Forderung – auf die sich der Senat stets zurückziehen konnte –, daß Senatoren im wesentlichen aus den reichsten und gesellschaftlich angesehensten Kaufmannsfamilien zu wählen seien.[62] Das änderte sich auch nach der

Jahrhundertwende nicht sogleich. Als Rudolf Martin kurz vor dem Ersten Weltkrieg sein «Jahrbuch des Vermögens und Einkommens der Millionäre in den drei Hansestädten»[63] zusammenstellte, konnte er immerhin zwölf der 18 Mitglieder des Hamburger Senats darin aufnehmen. So vielschichtig und komplex waren die Verflechtungen zwischen den Senatoren Hamburgs, daß ein ausgebildeter Genealoge vonnöten wäre, wollte man sie entwirren. Diese Familien bildeten große Sippen, wie beispielsweise die Amsincks, die nicht nur einen der führenden Hamburger Senatoren stellten, Bürgermeister Wilhelm Amsinck (1752–1831), sondern auch in eine Vielzahl anderer Senatorenfamilien einheirateten, wie die der Gosslers, Sievekings, Burchards, Westphals und Mercks.[64] All diese Sippen besaßen beträchtliche Vermögen. Als reichster Mann der Stadt galt zu Anfang des 20. Jahrhunderts der Reeder Henry Sloman mit einem Vermögen von sechzig und einem Jahreseinkommen von mehr als drei Millionen Mark.[65] Auch er war mit den Amsincks versippt; eine der zahlreichen Enkelinnen Wilhelm Amsincks heiratete im Jahr 1900 den mit ihm verwandten Carl Brödermann-Sloman.[66]

Die Amsincks waren nur eine von mehreren Dutzend solcher Sippen, die alle auf die eine oder andere Weise miteinander verwandt oder verschwägert waren. So saßen im Senat stets mehrere Männer, zwischen denen nähere oder fernere verwandtschaftliche Beziehungen bestanden. Beispielsweise waren vier der bedeutendsten Bürgermeister des 19. Jahrhunderts – Petersen, Mönckeberg, Kirchenpauer und Kellinghusen – miteinander verschwägert; von 1876 bis 1879 gehörten alle vier gleichzeitig dem Senat an.[67] Wer das Glück hatte, sich an einem Knotenpunkt des Verwandtschaftsnetzes zu befinden, das die großen Familien Hamburgs miteinander verband, durfte, entsprechende Fähigkeiten vorausgesetzt, damit rechnen, in der Politik rasch voranzukommen. Johann Heinrich Burchard, der nicht nur einer der Patrizierfamilien angehörte, sondern durch seine Frau Emily Amsinck in eine andere eingeheiratet hatte, wurde bereits mit 32 Jahren Senator. Wer nicht ins Patriziat hineingeboren war, besaß häufig die Möglichkeit, in eine patrizische Familie einzuheiraten. Johann Predöhl schuf sich rasch einen Ruf als einer der glänzendsten Juristen Hamburgs, so konnte er trotz seiner vergleichsweise bescheidenen Herkunft eine Amsinck heiraten und wurde später in den Senat gewählt.[68] Das ganze 19. Jahrhundert hindurch und bis weit ins 20. hinein bestand der Hamburger Senat aus Mitgliedern eng verflochtener Patrizierfamilien. Sie waren nicht nur miteinander verschwägert, sondern gehörten auch einem sehr viel weiter reichenden Netz verwandtschaftlicher Beziehungen an, das den wohlhabendsten Teil der Handels- und Finanzwelt in der Stadt überspannte.

Auch wenn häufig gesagt wird, Kaufleute hätten Hamburg regiert, die Wirklichkeit sah nicht so einfach aus. Der Verfassung von 1712 zufolge mußten drei der Bürgermeister, elf der Senatoren sowie alle vier Syndizi Juristen sein und ein Bürgermeister und 13 Senatoren Kaufleute. Diese Regelung wurde in der Verfassung von 1860 fortgeschrieben, der zufolge mindestens neun der 18 Senatoren und alle vier Syndizi Juristen sein mußten. Sieben Plätze waren den Kaufleuten vorbehalten, auch wenn sie in der Praxis häufig gleichfalls die verbleibenden zwei Sitze besetzten. Bürgermeister oder Senatspräsident durften traditionellerweise ausschließlich die Juristen unter den Senatoren werden. Nach den Reformen von 1860 gab es jeweils zwei Bürgermeister; jeder der drei dienstältesten juristischen Senatoren fungierte ein Jahr lang als Zweiter und im folgenden Jahr als Erster Bürgermeister. Anschließend setzte er ein Jahr aus, dann wurde der Zyklus wiederholt.[69] Auf diese Weise blieben die kaufmännischen Senatoren nach 1860 von den beiden wichtigsten Positionen mit der größten Machtfülle ausgeschlossen; in der Praxis hatten sie auch schon zuvor in der Exekutive nur eine relativ bescheidene Rolle gespielt. Im übrigen bewarben sich Kaufleute mit großen und bedeutenden Firmen, die ihren Beruf ernst nahmen, nur selten um einen Senatssitz, obwohl sie theoretisch auch nach der Wahl ihre Geschäfte weiterführen durften. Als Johann Georg Mönckeberg[70] 1902 auf seine lange Laufbahn als Senator zurückblickte, erinnerte er sich:

«Von den im Laufe der letzten Jahre ausgeschiedenen fünf kaufmännischen Senatoren – Möring, de Chapeaurouge, Stahmer, Hertz und Roosen – war keiner activer Kaufmann; Möring und Roosen hatten, so viel ich weiß, niemals ein eigenes Geschäft von irgendwelcher Bedeutung gehabt und die drei anderen hatten sich längst vom Geschäft zurückgezogen. Dasselbe gilt auch von Hayn, Grossmann und von Melle.»

Mithin bestand die Bedeutung dieser Männer nicht darin, daß sie aktive Geschäftsleute waren, denen in irgendeinem direkten Sinn die Vertretung der Interessen der hamburgischen Kaufmannschaft oblag. Mönckeberg erklärte, der Handelskammer seien die unmittelbaren Sorgen und Bedürfnisse der Kaufleute weit besser bekannt als jedem der sogenannten kaufmännischen Senatoren. Sie waren gewöhnlich nicht nur als Kaufleute, sondern auch als Senatoren nicht besonders aktiv. Nach Mönckeberg «kann es nicht wohl einem Zweifel unterliegen, daß die kaufmännischen Herren im Allgemeinen für die Aufgaben des Senats weniger geeignet sind als die juristischen Mitglieder». Mit sehr seltenen Ausnahmen, wie beispielsweise Senator William O'Swald (geboren 1832, gewählt 1869 und ausnahmsweise in den Jahren 1908 und 1909 Bürgermeister) waren die Kaufleute im Senat den Juristen in keiner Weise gewachsen. Um den Erfordernissen der modernen Vewaltung zu genügen, fehlten ihnen die entsprechende Ausbildung und die Erfahrung, vor allem, weil die Verwaltung komplexer wurde und sich immer mehr gesetzlich vorgeschriebenen Kontrollen zu unterwerfen hatte. In den neunziger Jahren mußten auf allen möglichen Gebieten sorgfältig bedachte Gesetze erlassen werden, die häufig Feinheiten regelten, für deren Verständnis den Kaufleuten alle Voraussetzungen fehlten. In früheren Zeiten, so Mönckeberg, war die Verwaltung «wenig durch Gesetze gebunden» gewesen, und ein kaufmännischer Senator konnte «deshalb seinem gesunden Menschenverstande folgend mit großer Selbständigkeit verfahren». Es kam zunehmend seltener vor, daß solche Männer an die Spitze bedeutender Ausschüsse gestellt wurden. So war Karl Möring (geboren 1818, gewählt 1861), obwohl ein gewissenhafter Senator, für Mönckeberg «ein geistig wenig hervorragender Mann... Seine Ansichten traten im Senat wenig hervor; er sprach selten, stimmte gewöhnlich mit dem Vorsitzenden.» Seine Stellung wurde noch dadurch geschwächt, daß er zurückgezogen lebte und in den Geselligkeiten der herrschenden Schicht Hamburgs kaum eine Rolle spielte. «Er hatte niemals die Leitung großer, wichtiger Verwaltungen.» Auch Adolph Hertz und Rudolph Roosen waren, wie Mönckeberg erklärt, «geistig nicht hervorragende Männer». Hertz wurde im Senat für seine langen Reden bekannt, seine Verwaltungsleistungen waren katastrophal. «Mit der Verwaltung der Baudeputation konnte er nicht fertig werden», heißt es bei Mönckeberg, und: «In der Steuerdeputation vermochte er die schwierigeren Fragen nicht zu besprechen.» Was Roosen betraf, äußerte Mönckeberg rundheraus: «Im Senat vermochte er keine Rolle zu finden.» Beide traten später mit Rücksicht auf ihre angegriffene Gesundheit zurück.

Selbst ein klügerer und beliebterer kaufmännischer Senator wie Johann Stahmer (geboren 1819, gewählt 1875) besaß im Senat kaum größeres Gewicht. Sein «scharfer Verstand» und «liebenswürdiger Humor» hatten ihm nach Mönckebergs Ansicht im Senat «allgemeine Achtung und Beliebtheit» eingetragen, doch als Vorsitzender der Sektion für Strom- und Hafenbau – keines der schwierigen Ämter – blieb er erfolglos und geriet in zahlreiche Auseinandersetzungen mit wichtigeren Verwaltungsabteilungen wie beispielsweise der Deputation für Handel und Schiffahrt. Vielleicht weigerte er sich deshalb in späteren Jahren, verantwortungsvollere Ämter zu übernehmen. Als er nach Berlin geschickt wurde, um mit preußischen Beamten zu verhandeln, war er nicht imstande, seinen Auftrag auszuführen, und kehrte mit einer vorgeschützten Krankheit nach Hamburg zurück. Schließlich fand er seine Nische als eine Art Vorkoster und Mundschenk des Senats: «Wenn der Senat ein Fest gab, mußte Stahmer das Menu und die Weine prüfen.» Bei solchen Gelegenheiten war er auch als Tischredner sehr gefragt.

Wenn man Johann Georg Mönckeberg glauben darf, trugen die kaufmännischen Senatoren mithin nichts Bedeutendes zur Verwaltung der Stadt bei. «Worin besteht dann ihre Bedeutung für den Senat?» fragte Mönckeberg und fuhr fort:

«Ich möchte die Frage dahin beantworten, daß in der hamburgischen Regierung nach dem Grundgedanken der Verfassung nicht nur die juristische und verwaltungs-technische, sondern daneben auch die allgemein-bürgerliche Auffassung, der Standpunkt des sog. gesunden Menschenverstandes, das vorurtheilsfreie Urtheil, wie es in öffentlichen Angelegenheiten von gebildeten Laien erwartet werden kann, zur Geltung kommen soll und durch die kaufmännischen Senatoren zur Geltung kommt. Diese Zusammensetzung des Senats erleichtert eine Verständigung mit der Bürgerschaft, in welcher das Laien-Element (mit Bezug auf Verwaltungsfragen aller Art) das Uebergewicht hat, und ist außerdem die Consequenz der Organisation unserer Verwaltung. Wenn die Behörden zum großen Theil aus bürgerlichen Mitgliedern bestehen, ist es nur consequent, wenn man bewährte Deputations-Mitglieder auch in den Senat wählt.»

Natürlich bedeutet hier «gesunder Menschenverstand» wie gewöhnlich eine Anzahl von Ansichten und Vorurteilen, deren Grenzen mehr oder weniger eng gezogen waren. Lediglich Kaufleute mit einem ganz genau umrissenen gesellschaftlichen und politischen Hintergrund wurden in den Senat gewählt; und Mönckeberg scheint die Ansicht vertreten zu haben, daß sie dort am nützlichsten waren, wo sie am engsten mit der Kaufmannschaft in Berührung blieben. Er lobte Senator Stahmer trotz dessen Abneigung gegenüber Verwaltungsaufgaben, eben weil seine Kontakte besonders gut waren:

«Theils aus eigner Erfahrung – er war lange Zeit in einem großen Hause in West-Indien thätig gewesen – theils durch den Verkehr in verschiedenen Kreisen, war er über die laufenden Fragen, die die Kaufmannschaft interessieren, gut unterrichtet; mit großer Selbständigkeit des Urtheils nahm er aber häufig einen entgegengesetzten Standpunkt ein, wie die leitenden Geister der Handelskammer.»

Die Handelskammer wurde in der Tat lange von mittleren und kleinen Außenhandelsfirmen beherrscht, was die großen Kaufmannsfamilien zwang, ihren Einfluß eher auf der Ebene nicht-institutionalisierter Herrschaftsmittel geltend zu machen.[71] Hier waren die kaufmännischen Senatoren von besonderer Bedeutung. Die tägliche Verwaltungsarbeit im Senat wurde ganz ohne Zweifel von den Juristen geleistet; sie übten in der Stadt ganz unmittelbar die Macht aus.

III

«Recht» war im Hamburg des 19. Jahrhunderts mehr oder weniger gleichbedeutend mit Handelsrecht. Da Haftungs- und Vertragsfragen, Zahlungsverpflichtungen, Bergelohn und tausend weitere Rechtsprobleme des Überseehandels zu verwickelt waren, als daß die Kaufleute allein damit hätten fertig werden können, unterhielten die meisten großen Kaufmannsfamilien enge Verbindungen zu Anwaltssozietäten und sorgten dafür, daß diejenigen ihrer Söhne Jura studierten, die sich dafür zu eignen schienen. Beispielsweise konnte die Familie Amsinck in jeder Generation einen Juristen vorweisen: Wilhelm Amsinck (1752–1831), dessen zweiter Sohn Wilhelm (1793–1874) sowie Wilhelms Sohn Caesar (1849–1922). Die übrigen männlichen Angehörigen dieser weitverzweigten Sippe betätigten sich nahezu ausschließlich als Kaufleute oder Reeder, allerdings war eine ganze Anzahl von ihnen mit Juristen verschwägert. Bis 1879 unterschied das Rechtssystem Hamburgs zwischen Advokaten und Prokuratoren. Nur letztere durften Fälle vor Gericht vertreten, doch war 1816 nach französischem Vorbild ein Gericht mit mündlicher Verhandlungsführung eingerichtet worden, das Handelsgericht, vor dem auch Advokaten auftreten durften und sich nicht durch einen Prokurator vertreten lassen mußten. Herkömmlicherweise wurden ehrgeizige Juristen lieber Advokaten, weil man aus dieser Position gewöhnlich ins Richteramt und von dort aus, wenn alles gutging, schließlich in den Senat aufsteigen konnte.[72]

Der Juristenstand, zumindest jener Teil, der die Senatsmitglieder stellte – die Advokaten –, war eng ins Netz der großen Kaufmannsfamilien verwoben. Während die kaufmännischen Senatoren nicht selten aus zweitklassigen Handelshäusern stammten, wurden die juristischen Senatoren weitgehend unter den Mitgliedern der geachtetsten Patrizierfamilien ausgewählt. Das ging so weit, daß man auf erfolgreiche Juristen, die aus einer Patrizierfamilie stammten, starken Druck ausübte, damit sie dem Senat beitraten. So kam es 1875 zu einem größeren Eklat, weil Friedrich Sieveking, ein herausragender Jurist aus einer der großen bürgerlichen Familien, die Wahl zum Senat ablehnte und seine Tür vor den Lohndienern des Senats verriegelte, die ihn zur feierlichen Amtseinsetzung abholen sollten. Zwei Jahre später gab er mit kaum verhohlenem Unwillen nach und ließ zu, daß man ihn zum zweitenmal wählte – jedoch rief es weitere Mißbilligung hervor, als er 1879 zurücktrat, um am neugeschaffenen Oberlandesgericht ein Richteramt zu übernehmen.[73] Die juristischen Senatoren waren förmlich dazu prädestiniert, die Interessen der Kaufleute wahrzunehmen; durch ihre Familienverbindungen waren sie ständig einem Druck in diese Richtung ausgesetzt. Dennoch wäre es grundfalsch, die juristischen Senatoren als Kreaturen der Kaufmannschaft ohne eigene Identität anzusehen. Erstens empfingen sie ausnahmslos ihre juristische Ausbildung außerhalb Hamburgs, da für diese Laufbahn ein akademischer Abschluß erforderlich war und Hamburg erst nach dem Ersten Weltkrieg eine eigene Universität gründete. Die Mehrzahl studierte in Heidelberg, Göttingen oder Bonn, und viele gehörten dem Corps Hanseatica an, einer Studenten aus den Hansestädten vorbehaltenen Verbindung.[74] Hamburgs Juristen hatten so bereits als Studenten von der Kaufmannschaft daheim unabhängige gesellschaftliche Bande geknüpft. Diese festigten sich nach ihrer Rückkehr durch den Heidelberger Klub, in dem Universitätsabsolventen, meist Juristen, einmal monatlich mit Freunden und Verwandten zusammentrafen, um Erinnerungen an ihre Studentenzeit zu pflegen.[75]

Im Unterschied zu Berlin und anderen preußischen Städten bestand zwischen Anwälten und Richtern keine gesellschaftliche Kluft. Bis 1879 konnte in Hamburg niemand vor dem 27. Lebensjahr Richter werden. Die meisten Juristen schlossen ihr Studium mit 23 oder 24 Jahren ab und verbrachten die darauffolgenden Jahre in einer Anwaltskanzlei. Zusätzlich gab es die Gesellschaft Hamburger Juristen, mit dem «ausgesprochenen Zweck, die kollegialen Beziehungen zwischen Richtern und Anwälten zu fördern», wie der Anwalt und spätere Senator Carl August Schröder berichtete.[76] Jeder Anwalt und Richter in Hamburg gehörte ihr an. Anwälte saßen, ebenso wie Richter (oder ehemalige Richter) in der Bürgerschaft und konnten in den Senat gewählt werden. Dies Netz aus eher privaten Verbindungen überdauerte die Einführung von Berufsrichtern nach preußischem Vorbild im Jahr 1879 und diente auch der Auslese, denn mit seiner Hilfe konnte man radikale Demokraten und andere Abweichler unter den Juristen aufspüren und ihnen den Weg zu politischen Ämtern verlegen. So heißt es bei Schröder:

«Als ich Anwalt wurde, war die Zahl der Rechtsanwälte noch ziemlich gering, und man pflegte alsbald nach der Zulassung den älteren und bekannteren Herren Besuche zu machen und den jüngeren sich wenigstens vorzustellen. Auf diese Weise bildete sich ganz von selbst ein kollegiales Verhältnis, das, von nahezu allen Herren gepflegt, nicht nur viele Annehmlichkeiten im Verkehr bot, sondern auch der Erledigung gerichtlicher und außergerichtlicher Sachen sehr zustatten kam. Daß auch diesem verhältnismäßig kleinen Kreis Persönlichkeiten angehörten, mit denen ein kollegialer Verkehr ausgeschlossen war, ist begreiflich.»[77]

Bei ihrer Gründung im Jahr 1846 war die Gesellschaft Hamburger Juristen eine oppositionelle Kraft gewesen, denn der Anwaltsstand bemühte sich, die in der Stadt vom Senat (der seinerzeit zugleich als Berufungsgericht diente) ausgeübte Laiengewalt über das Rechtswesen einzuschränken und eine Gewaltenteilung herbeizuführen. Von ihr versprachen sich die Anwälte ein verstärktes Mitspracherecht in ihren eigenen Angelegenheiten. In der zweiten Jahrhunderthälfte hatten sie diesen Widerstand gegen den Status quo aufgegeben, doch bewirkte die Gesellschaft Hamburger Juristen die Absonderung der Rechtsanwälte von den Kaufleuten, indem sie ein eigenes Standesbewußtsein ausbildeten.

Carl August Schröder entstammte einer Juristenfamilie, auch bei den Amsincks kamen die Anwälte, wie wir gesehen haben, aus einem ganz bestimmten Zweig.[78] In ähnlicher Weise schien die Familie Mönckeberg eine Senatorendynastie zu begründen, die jedoch mit dem frühen Tod Senator Otto Mönckebergs 1893 ihr Ende fand. So groß waren Sippen wie die der Mönckebergs, daß sie unschwer der Verfassungsvorschrift Genüge tun konnten, nach der kein Sohn, Vater, Bruder, Onkel, Neffe oder Schwager eines amtierenden Senators zum Senator gewählt werden durfte.[79] Es scheint zumindest möglich, daß die großen Kaufmannsfamilien im Lauf der Zeit nicht mehr soviel Wert darauf legten, ihre Söhne Jura studieren und ein Senatsamt anstreben zu lassen, weil sie sich darauf verlassen konnten, der auf eher privater Ebene ausgeübte Druck und das durch Verschwägerung geschaffene Netz werde hinreichen, die juristischen Dynastien im Amt zu halten. Der gesellschaftliche Status von Anwälten war selbst dem der bedeutendsten Kaufleute vergleichbar. «Angeborene Herrschaftsansprüche», klagte ein Beobachter, «besaßen nach hamburgischer Anschauung eben nur Kaufleute und Advokaten – zwei Menschengattungen, die ohne den Besitz eines materiellen Rückhalts nicht denkbar sind.» Allerdings hatten sie auch keinen Anlaß, sich über ihre finanzielle Lage Sorgen zu machen. Nicht nur stammten sie aus wohlhabenden Familien, sie verdienten mit ihrer juristischen Praxis glänzend – andernfalls hatten sie kaum Aussichten, für den Senat vorgeschlagen zu werden – und bekamen, einmal im Amt, ein stattliches Jahresgehalt, nämlich in den vierziger Jahren als Senator 4000, als Bürgermeister 11000 Mark. Im Jahr 1892 betrug das Gehalt des Ersten 30000 und das des Zweiten Bürgermeisters 28000 Mark.[80] Der Statusunterschied zwischen juristischen Senatoren und deren kaufmännischen Kollegen wurde dadurch betont, daß erstere 25000 Mark verdienten, während sich letztere mit weniger als der Hälfte, nämlich 12000 Mark, zufriedengeben mußten. Selbst ein Senatssyndikus erhielt mehr als ein kaufmännischer Senator (nämlich pro Jahr zwischen 16000 und 18000 Mark). Ausbildung und berufliche Tätigkeit der juristischen Senatoren verlieh ihnen ein gewisses Gruppenbewußtsein, das sich beispielsweise in Johann Georg Mönckebergs abfälligen Urteilen über seine kaufmännischen Kollegen im Senat zeigt. Schließlich führte die bloße Tatsache, daß nicht die kaufmännischen Senatoren, sondern die Juristen den größten Teil der täglichen Verwaltungsarbeit des Senats ausführten und die oberste Spitze der Verwaltung, den Bürgermeister, stellten, zwangsläufig dazu, daß sie die Angelegenheiten Hamburgs in einem größeren Zusammenhang zu sehen vermochten als die Kaufmannschaft. Allein deshalb, weil sie regierten, mußten sie unterschiedliche Gesichtspunkte in ihr Urteil einbeziehen. Ihre Aufgabe hieß nicht nur Förderung des Handels, sie mußten auch die gesellschaftliche Ordnung aufrechterhalten und den Frieden bewahren, und das Bewußtsein dieser Pflicht ließ sie bisweilen manche Dinge anders sehen und behandeln als die Kaufleute.

Andererseits konnten es sich die Anwälte im Senat nicht leisten, zu weit von der Linie abzuweichen, die die Kaufmannschaft von ihnen erwartete. Nicht nur waren sie durch die Ansichten eingeengt, die kaufmännische Senatoren, Handelskammer und Laien in mächtigen Körperschaften wie der Finanzdeputation und der Deputation für Handel, Schiffahrt und Industrie vertraten, auch auf privater Ebene unterlagen sie einem alle möglichen Bereiche erfassenden Druck, den Angehörige, Bekannte und Nachbarn auf sie ausübten. Von besonderer Bedeutung waren die Herrendiners, zu denen Senatoren und vor allem reiche Kaufleute gewöhnlich die politisch einflußreichen Männer der Stadt einluden. Bei diesen Gelegenheiten aßen sich bis zu dreißig Gäste im Verlauf des Abends durch sechs bis acht Gänge, jeweils von einem anderen Wein begleitet. «Bei Herrendiners», erinnerte sich der Senatssyndikus Buehl, «traf man die Verwaltungschefs, leitende Beamte, Mitglieder der Bürgerschaft, Großkaufleute, einzelne Geistliche und sonstige Vertreter gelehrter Stände, Künstler u.s.w. Ein Vorzug dieser Einrichtung», fügte er hinzu, «war, daß sich dabei öfter Gelegenheit bot, schwierige amtliche oder politische Angelegenheiten zu erledigen, die an solcher Stelle viel leichter ins reine zu bringen waren als am grünen Tische.»[81] Die Bedeutung solcher häufig stattfindender gesellschaftlicher Ereignisse lag darin, daß sie ein Meinungsklima erzeugten und überdies für die herrschende Schicht Hamburgs festlegten, was man sagen und denken durfte – und was nicht. Die juristischen Senatoren waren jedoch durch ihre juristische Ausbildung auch eingeengt, denn wie Julius von Eckardt anmerkte, der 1874 Senatssekretär wurde:

«Weil das hamburgische Bedürfnis, von dem Juristen zunächst Schulung im gemeinen Recht und Kenntnis des Handelsgesetzbuchs verlangte, galt in den Kreisen der Regierenden für allendlich ausgemacht, daß die Herrschaft über diese beiden Disziplinen einen Schlüssel bilde, mit welchem alle Geheimnisse der Staatskunst und Politik aufgeschlossen werden könnten; was etwa noch an Volkswirtschaft und Handelswissenschaften erforderlich war, sollte am besten aus dem Verkehr mit hamburgischen Kaufleuten erworben werden, die als Praktiker großen Stiles alles besser wissen mußten als andere Leute.»[82]

Diese amateurhafte Haltung den Regierungsgeschäften gegenüber war nicht nur für den Senat kennzeichnend, sondern fand sich in der gesamten Verwaltung Hamburgs.[83]

IV

Der erste und offenkundigste Nachteil des hamburgischen Regierungssystems lag darin, daß die Exekutive nicht abgelöst werden konnte. Nach der Verfassung von 1860 durften Senatoren, die das siebzigste Lebensjahr erreicht hatten, bei vollen Bezügen aus dem Amt scheiden. Ein Senator konnte auch nach mindestens sechs Jahren im Amt zurücktreten; eine Pension wurde aber nur fällig, wenn er mindestens zehn Jahre sein Amt ausgeübt hatte und älter als sechzig Jahre war.[84] Jedoch führte das

System der Wahl auf Lebenszeit nicht – wie man vermuten könnte – zu einer Greisenherrschaft. Natürlich wurden die Senatoren in Berichten gewöhnlich als «alte Herren» bezeichnet, und da es keine verbindliche Altersgrenze gab, waren gewöhnlich einige von ihnen über siebzig oder achtzig Jahre alt. Beispielsweise war der 1761 geborene Bürgermeister Bartels, der 1798 in den Senat eingetreten war, noch zur Zeit der Revolution von 1848 aktiv. Bürgermeister Petersen starb 1892 mit 83 Jahren in Amt und Würden, nachdem er 37 Jahre lang dem Senat angehört hatte.[85] Doch waren solch altehrwürdige Gestalten deutlich in der Minderheit, denn beim Stand von Medizin und Gesundheitsvorsorge im 19. Jahrhundert durften auch unter den Wohlhabenden nur wenige damit rechnen, ihre Tatkraft bis ins hohe Alter zu bewahren. Überdies wurden juristische Senatoren häufig in vergleichsweise jungen Jahren gewählt. Beispielsweise war Johann Georg Mönckeberg bei seiner Aufnahme in den Senat 37 Jahre alt, Johann Heinrich Burchard, wie wir gesehen haben, sogar erst 32. Noch in der Kraft der jungen Jahre konnten sie also Bürgermeister werden, denn dies Amt war nicht ans Lebensalter geknüpft, sondern an die im Senat verbrachte Zeit.[86]

Bei den vierzig zwischen Oktober 1879 und Ende 1906 amtierenden Senatoren betrug das Durchschnittsalter zum Zeitpunkt des Todes 72 Jahre und vier Monate. Einige von ihnen starben schon so bald nach ihrer Wahl, daß von ihnen keinerlei Einfluß ausging: Beispielsweise wurde Eugen Braband am 16. März 1857 mit 44 Jahren zum Senator gewählt, er starb am 3. Dezember desselben Jahres. Dr. Otto Mönckeberg wurde am 28. November 1892 Senator und starb am 14. Juni des folgenden Jahres mit 49 Jahren. Zahlreiche Senatoren starben zwar in den Sielen, doch traten erstaunlich viele entweder in den Ruhestand oder gaben ihr Amt ab. Von den erwähnten vierzig Senatoren schieden, mit Ausnahme der nach der Revolution von 1918/19 zum Rücktritt gezwungenen sechs, 15 Senatoren, das sind 44 %, freiwillig aus dem Amt, gingen in den Ruhestand oder wurden (in Einzelfällen) entlassen, starben jedenfalls nicht in Amt und Würden. Konnte ein Senator krankheitsbedingt seine Aufgaben nicht wahrnehmen, wurde starker Druck auf ihn ausgeübt, sein Amt zur Verfügung zu stellen. Beispielsweise trat Gustav Hertz, Johann Georg Mönckeberg zufolge, 1904 zurück, als deutlich wurde, daß er «geistig geschwächt» war; Charles Ami de Chapeaurouge legte im November 1892 sein Amt nieder, als er wegen seines chronischen Rheumas nicht mehr gehen konnte, und Georg Kuhnhardt 1887 nach einer schweren Krankheit, in deren Verlauf man ihm ein Bein hatte abnehmen müssen und er die Fähigkeit zu sprechen nahezu vollständig eingebüßt hatte. Rudolf Roosen, der schon bei seiner im Alter von sechzig Jahren erfolgten Ernennung schwerhörig gewesen war, trat zehn Jahre später, im Jahr 1901, zurück, als seine zunehmende Ertaubung es ihm unmöglich machte, den Senatsberatungen zu folgen. Nur Senatoren, die nicht imstande waren, selbst über ihren Rücktritt zu entscheiden, zwang man dazu. Das war zum Beispiel bei Octavio Schröder der Fall, den man 1884 wegen Geistesstörungen von seinem Amt entband, wie auch bei Adolph Hertz, der 1901 «wegen Krankheit durch Senats- und Bürgerbeschluß» entlassen wurde. In vier Fällen traten Senatoren im Verlauf einer Krankheit zurück, die sich später als tödlich erwies, so daß sie noch vor Ablauf des Jahres starben.[87]

Für einen körperlich und geistig einigermaßen gesunden Senator kam ein Rücktritt nicht in Frage (der oben erwähnte Friedrich Sieveking bildete eine vereinzelte und als skandalös empfundene Ausnahme von dieser Regel). Das bedeutete, daß viele Senatoren aus einer ganzen Reihe von Gründen in der Verwaltung der Stadt keine besonders aktive Rolle spielten. Manche verloren einfach das Interesse daran, wie der 1807 geborene Peter Grossmann, der 1864 gewählt wurde. Johann Georg Mönckeberg erinnerte sich, Grossmann habe Ende der siebziger Jahre des vorigen Jahrhunderts «an der alten Zeit» gehangen, «als Hamburg noch kleiner und in mancher Hinsicht unabhängiger war, als man von Berlin aus nicht ein Wort hineinredete in die Hamburgische Regierung und Verwaltung». Um 1880 erschien er gewöhnlich nur zu feierlichen Anlässen und langweilte dabei seine Kollegen mit endlosen Geschichten über die alten Zeiten. Andere Senatoren erwiesen sich häufig als unfähig, den Übergang von der Anwaltstätigkeit zur Verwaltung des Stadtstaates zu bewältigen. So war der 1889 zum Senator gewählte Johannes Lehmann ein erfolgreicher Anwalt gewesen, ab 1858 Richter am Handelsgericht und von 1861 an bis zu seiner Ernennung als Senator dessen Vizepräsident. Doch im Senat leistete er nicht viel. Obwohl 1892 erst 65 Jahre alt, war er aufgrund seiner geistigen Verwirrtheit kaum noch zu verstehen. Seine Diskussionsbeiträge waren, wie sich Mönckeberg beschwerte, «lang und langweilig», seine schriftlichen Berichte und auch die bei Senatssitzungen vorgelegten Anträge im allgemeinen völlig unverständlich. Als er im Dezember 1893 turnusgemäß zum Zweiten Bürgermeister gewählt werden sollte, regte sich in den Reihen seiner Kollegen beträchtlicher Widerstand, sie fügten sich schließlich, nachdem der Erste Bürgermeister sie nachdrücklich an die Tradition erinnert hatte. Die Treue zu

Brauch und Herkommen lohnte ihnen Lehmann mit katastrophalen Ansprachen. Vor allem seine Äußerungen anläßlich eines Kaiser-Geburtstages «erregten Anstoß» bei seinen Kollegen und mißfielen ihnen «lebhaft». Auch Senator Gustav Hertz zählte bereits 65 Jahre und war nach Mönckebergs Ansicht bei seiner Wahl zu alt, um sich auf seine neue Rolle im Senat einstellen zu können. Er war als Liberaler an der Revolution von 1848 beteiligt gewesen und hatte anschließend eine beachtliche Karriere als Richter gemacht. Doch im Senat, merkte Mönckeberg an, «fehlte ihm die Energie und Elastizität, die dazugehört, in großen Verwaltungen eine Masse von Geschäften prompt zu erledigen. Als Chef der Justizverwaltung wurde viel über ihn geklagt.» Sein 1836 geborener Kollege Friedrich Lappenberg, der 1888 ernannt worden war, arbeitete hart, doch trotz seiner Erfahrung als Richter war er, in Mönckebergs Worten, «keine kräftig hervortretende selbständige Persönlichkeit» und blieb ohne Einfluß.

Mit dem Auswahlverfahren für Senatoren – sie wurden mit Zustimmung des Senats aus der Bürgerschaft gewählt –, waren also gewisse Unsicherheitsfaktoren verbunden. Trotz aller Erfahrung, die die Männer als Richter, Anwälte oder Kaufleute mitbrachten, vermochte niemand vorauszusagen, wie sie sich in der Verwaltung bewähren würden. Offenkundig Unfähige konnte man aussondern, da alle Senatoren Aufgaben in Ehrenämtern oder in der Bürgerschaft übernehmen mußten, doch Irrtümer waren auch dann nicht auszuschließen. Die Schwierigkeit bestand weniger darin, daß die Senatoren alt, sondern eher darin, daß die meisten von ihnen, unabhängig von ihrem Alter, unfähig waren. Da nie ein Senator wegen Unfähigkeit amtsenthoben wurde, beherrschten in der Praxis gewöhnlich ein oder zwei herausragende Mitglieder den Senat. Doch nicht einmal sie waren imstande, alle Zweige der Verwaltung im Griff zu behalten, und so blieben unvermeidlich wichtige Geschäftsbereiche in den Händen von Senatoren, die kaum imstande waren, sie zu verwalten. Einige, denen es schwerfiel, Aufgaben zu delegieren, versuchten alles selbst zu erledigen; andere wollten alles im Kopf behalten, statt sich Notizen zu machen oder Akten anzulegen. Wenn sie älter wurden, beherrschten sie oft nicht mehr das jeweils geltende Recht.[88] Überdies merkte einer der Senatssekretäre in seinen Erinnerungen an:

«Die vom Senate zu bewältigende Arbeit war von Jahr zu Jahr, man möchte fast sagen, ins Ungemessene gestiegen. Sie umfaßte die mannigfachen Aufgaben einer deutschen Bundesregierung, einschließlich der damit verbundenen Mitarbeit im Bundesrat; ferner die vielseitigen Funktionen des Magistrats der zweiten Großstadt des Reiches, deren gewaltige Hafenbetriebe ganz besondere Aufgaben stellten; sodann die Aufsicht über die gesamte Verwaltung sowie über die religiösen Gemeinden.»[89]

Mit zunehmender Komplexität ihrer Aufgaben in der zweiten Hälfte des 19. Jahrhunderts fiel es Senatoren, Syndizi und Sekretären, denen die verschiedenen Geschäftsbereiche übergeben wurden, damit sie dem Senat auf diese Bereiche abgestimmte schriftliche Vorlagen für seine Verhandlungen liefern konnten, immer schwerer, ihrem Auftrag gerecht zu werden.[90]

Daß die Verantwortung für die Gesetzgebung zwischen Senat und Bürgerschaft geteilt war, erschwerte bald die Gesetzgebung noch mehr. Befand der Senat, daß ein neues Gesetz nötig sei, wurde der Bürgerschaft ein Entwurf zugeleitet, die zu seiner Prüfung häufig einen Unterausschuß einsetzte. Sobald er in zweiter Lesung gebilligt war, wurde der Gesetzentwurf an den Senat zur Ratifizierung zurücküberwiesen. Hatte aber die Bürgerschaft Zusätze eingefügt, die den Senatoren nicht genehm waren, kam es zu weiteren Verzögerungen. Der ganze Vorgang war, wie ein Beamter klagte, sehr zeitraubend.[91] Hinzu kam, daß sich der Senat von 1842 bis 1896 in der Admiralitätsstraße traf, die Bürgerschaft hingegen im Gebäude der Patriotischen Gesellschaft, und die beträchtliche Entfernung zwischen den Sitzungsorten führte häufig zu weiteren Verzögerungen bei den Verhandlungen zwischen den beiden Körperschaften.[92] Für Senatssitzungen waren keine besonderen Formen festgelegt. Abstimmungen erfolgten offen, entsprechend der Sitzordnung nach Anciennität in den beiden Reihen der Senatoren, wobei die beiden Bürgermeister erhöht saßen. Ein Quorum, also eine Mindestzahl von Senatoren, war für die Sitzungen nicht vorgeschrieben, doch wurde im allgemeinen vorausgesetzt, daß die Hälfte – neun – anwesend waren. Allerdings tagten auch kleinere Gruppen.[93]

Das 1897 eingeweihte neue Rathaus enthielt neben dem Sitzungssaal des Senats zwischen den Garderoben einen kleinen Raum mit großen farbigen Glasfenstern und behaglichen Sesseln, die Senatslaube. Hier konnten sich Senatoren vor einer Sitzung treffen, während einer Sitzung besonders knifflige oder private Dinge miteinander besprechen, sie konnten sich auch dorthin zurückziehen, wenn ihnen die behandelte Angelegenheit zu speziell oder zu langweilig erschien. Ein Getränkeschrank enthielt Karaffen mit Rotwein, Sherry, Cognac, Sodawasser und (im Sommer) Limonade, außerdem gab es Kuchen und Gebäck. Häufig hielten sich in der

Senatslaube mehr Senatoren auf als im Sitzungssaal, der Erste Bürgermeister mußte sie vor Abstimmungen oder um die gewohnte Mindestzahl zu erreichen unauffällig zurückbitten. Senatoren bedurften keiner Erlaubnis, die Stadt zu verlassen, teilten aber gewöhnlich dem Ersten Bürgermeister die Zeiten ihrer Abwesenheit mit, die dem Herkommen nach nicht länger als einen Monat dauern sollte. Im Senat herrschte eine allgemeine Atmosphäre der Kollegialität. Die Senatoren führten Debatten mit feierlicher Höflichkeit, und da lautstarke Äußerungen oder Temperamentsausbrüche als lümmelhaft galten, waren heftige oder auch nur lebhafte Debatten praktisch unbekannt. Obwohl die Redebeiträge gewöhnlich weitschweifig waren, drängte niemand je einen Kollegen dazu, sich kurz zu fassen, oder hätte die Stillosigkeit begangen, ihn zu unterbrechen. Der Erste Bürgermeister schaltete sich so gut wie nie ein, außer um bei Abschweifungen die Debatte zum Verhandlungsgegenstand zurückzuführen oder ganz allgemein darauf zu drängen, daß man «eine sich in die Länge verlierende Diskussion» abschloß.[94] An warmen Sommerabenden, wenn die Luft in dem fensterlosen Sitzungsraum während lang sich hinziehender Debatten immer schlechter wurde, ließ sich häufig beobachten, wie ein Senatssekretär anmerkte, daß «von den ehrwürdigen Charakterköpfen, die die Nachbarschaft des Präsidenten bildeten, ... einer nach dem andern in sanftem, erst bei Eintreten der Redepause unterbrochenen Schlummer»[95] versank. An Abstimmungen beteiligten sich alle; zu Enthaltungen oder zu der Aufforderung, eine abweichende Meinung im Protokoll zu vermerken, kam es selten. Wöchentlich gab es lediglich zwei, manchmal auch drei Sitzungen. Alles unterlag ungeschriebener Tradition, die aber nur in Ausnahmefällen nachdrücklich durchgesetzt wurde: eine weitere Ähnlichkeit zwischen der Verfassung Hamburgs und Englands, wenn auch zweifellos das englischste an den Geschäften des Senats die Geheimhaltung war, mit der sie betrieben wurden. Sie ging so weit, daß die Öffentlichkeit von den meisten Senatoren kein Bild ihrer Persönlichkeit besaß oder ihre Ansichten kannte.[96]

In scharfem Gegensatz zu Preußen, das seit dem 18. Jahrhundert von einer ganztags tätigen Berufsbeamtenschaft wirkungsvoll verwaltet wurde, besaß Hamburg bis ans Ende des 19. Jahrhunderts keine bezahlten höheren Beamten. «Nur langsam und allmählich», schrieb Julius von Eckardt, Senatssekretär von 1874 bis 1882, «vermochten die in der übrigen Welt herrschenden Vorstellungen von der Würde und Bedeutung des Beamtentums am Elbufer Eingang zu finden.» Bis zur Jahrhundertwende galten Berufsbeamte, wie von Eckardt klagte, als «Diener». Der Präsident der Bürgerschaft, Dr. Otto Mönckeberg, rühmte 1892, «daß wir immer frei von steifen bureaukratischen Formen geblieben sind und dadurch geweckt sei ein freier Gemeinsinn (Bravo)».[97] Die allem Bürokratischen gegenüber feindselige Haltung ging so weit, daß den Senatoren keine Amtsräume zur Verfügung gestellt wurden, sondern sie alle Aktenarbeit in ihren privaten Arbeitszimmern zu Hause erledigen mußten.[98] «Bis um die Jahrhundertwende wurde», wie sich ein Beamter später erinnerte[99], «fast die ganze höhere Verwaltungsarbeit von den Senatoren, den Senatssyndiziern und Senatssekretären und den in den Deputationen ehrenamtlich tätigen Kaufleuten geleistet.»

Diese «Deputationen» waren möglicherweise die bemerkenswerteste Besonderheit im Verwaltungssystem Hamburgs im 19. Jahrhundert. Sie verkörperten ein Ideal von amateurhaftem Politikverständnis und gesundem Menschenverstand, das gleichfalls eher englisch als deutsch wirkte. Ursprünglich hatte es 34 dieser Deputationen gegeben, jede war für einen bestimmten Verwaltungsbereich verantwortlich. Sie unterstanden jeweils einem Senator, unter ihren Mitgliedern fanden sich aber auch herausragende gewöhnliche Bürger. In den Verfassungen von 1860 bis 1879 bildeten die gegenwärtigen und früheren Mitglieder dieser Körperschaften gemeinsam mit den Richtern das Reservoir für die Wahl von Notabeln zur Bürgerschaft. Die Laienmitglieder der Deputationen wurden von der Bürgerschaft ernannt, mit Ausnahme einer Minderheit, die ihnen von Amts wegen angehörte; sie amtierten gewöhnlich für einen festgelegten Zeitraum, und es wurde erwartet, daß sie dies unentgeltlich taten. Jeder Deputation wurde vom Senat ein Etat zugeteilt, sie mußte Rechenschaft ablegen, wenn die Ausgaben diesen überstiegen. Deputationen konnten dem Senat Vorschläge über ihren Zuständigkeitsbereich machen und besaßen unter Umständen einen beachtlichen Einfluß auf dessen Politik. Im wesentlichen jedoch lag ihre Hauptaufgabe in der alltäglichen Verwaltungsarbeit.[100]

Die große Anzahl von Deputationen und das von ihnen in der Verwaltung bewirkte Durcheinander hatten schon in den vierziger Jahren des 19. Jahrhunderts zu weitverbreiteten Klagen geführt, und so wurde ihre Zahl schließlich vermindert. Aus einigen wurden ehrenamtliche Körperschaften; so entstand beispielsweise aus der Commerz-Deputation die Handelskammer. Andere wurden zusammengelegt oder verschwanden. Doch das Prinzip der Laienverwaltung blieb unangetastet und bot den Besitzbürgern der Stadt eine weitere Möglichkeit, die Unabhängigkeit des Senats einzuschränken. Gegen Ende des Jahrhunderts sah sich ein höherer Senatsbeamter gezwungen, die Arbeit von Hamburgs Regierungssystem als «schleppend»[101] zu bezeichnen, und tatsächlich war es schon lange nicht mehr in der Lage, bei plötzlich auftretenden Krisen und Katastrophen wirksam zu reagieren. Der Mangel an fähigen Senatoren, die ungeheure Zunahme der Regierungsaufgaben, der keine Änderung der Verwaltungsstruktur entsprach, die betulichen und langatmigen Beratungen des Senats, das schwerfällige System der Gesetzgebung und des Fehlens ausgebildeter höherer Beamter, die Zusammensetzung der Deputationen aus Laien – all diese Besonderheiten von Hamburgs Regierung führten dazu, daß die Verwaltung immer öfter zusammenzubrechen drohte angesichts der neuen Herausforderungen, denen sie sich im voranschreitenden Jahrhundert gegenübersah.

Fraktionen des Kapitals

I

Hamburgs Wohlstand gründete sich im 19. Jahrhundert auf die Ausweitung des Welthandels, in der Ära des britischen «Freihandelsimperialismus» nach dem Sieg über Napoleon. Die Stadt wurde zum Hauptausfuhrhafen für Getreide, das die Briten in immer größeren Mengen vom europäischen Kontinent einführten, um die schnell wachsende Stadtbevölkerung zu ernähren, und im Gegenzug zu Deutschlands Haupteinfuhrhafen für die Erzeugnisse der britischen Industrie. Unter deutschen Konkurrenten erhoben sich darüber weitverbreitete Klagen. «Was sollen die deutschen Barbaresken, die Hansestädte», wollte eine 1820 in Württemberg veröffentlichte Broschüre wissen, «deren Interesse als englische Faktoreyen auf Plünderung des übrigen Deutschlands, auf die Vernichtung seiner Industrie gerichtet ist?»[1] Rasch nutzte die Hansestadt die sich bietende Gelegenheit, als sich in den zwanziger Jahren des 19. Jahrhunderts nach der Befreiung Lateinamerikas von spanischer und portugiesischer Herrschaft der amerikanische Kontinent dem Handel öffnete. In den dreißiger Jahren begannen Firmen wie Hertz und O'Swald Handel mit Afrika zu treiben; um 1848 waren 37 hanseatische Firmen im Fernen Osten tätig. Seit diese Länder, in erster Linie auf anglo-amerikanischen Druck hin, in den sechziger Jahren ihre Grenzen für Einfuhren geöffnet hatten, erlebte der China- und Japanhandel einen Aufschwung. Die Firma Godeffroy gründete 1856 eine Niederlassung auf Samoa, und bald trieben Hamburger Kaufleute auch in weiten Teilen der Südsee Handel. Um 1846 gab es auf der ganzen Welt bereits 162 Konsulate Hamburgs.[2]

1865 importierte Hamburg britische Waren im Wert von 334 Millionen Mark Banco, was den Wert des Handels mit Afrika, Amerika und dem Fernen Osten bei weitem überstieg. Doch mit dem Anwachsen der Guano verarbeitenden Düngemittelindustrie und dem steigenden Bedarf deutscher Industrien und Verbraucher an Rohstoffen, angefangen von Petroleum und Erzen bis hin zu Kaffee und Tabak, nahm der Überseehandel immer rascher zu. Zum Wachstum trug nicht nur die zügige Industrialisierung Deutschlands bei, das immer mehr Fertigwaren exportieren konnte, sondern auch die mit dem Bevölkerungswachstum des Landes verbundene zunehmende Binnennachfrage nach Importweizen und anderen Lebensmitteln sowie der Erwerb von Kolonien unter Bismarck in den achtziger Jahren. Anfänglich war die Kolonialpolitik in Hamburg unbeliebt, weil ihr der Geruch des Protektionismus anhaftete. Auch befürchteten die Kaufleute der Stadt, Annexionen würden Briten und Franzosen dazu veranlassen, ihre eigenen Kolonien dem deutschen Handel zu verschließen. Die Kolonialpropaganda fand in Hamburg hauptsächlich aus diesen Gründen nahezu keine Unterstützung, und der Senat wies Bismarcks Anregung zurück, sich an der Verwaltung der Kolonien zu beteiligen. In den neunziger Jahren aber war offenkundig geworden, wie vorteilhaft sich überseeische Besitzungen des Reiches auf Hamburgs Handel auswirkten, und vor allem aus diesem Grund stieß der Plan, die deutsche Hochseeflotte auszubauen, von der Jahrhundertwende an auf ein starkes Echo unter den Kaufleuten.[3]

Eine Vorstellung vom Ausmaß des Hamburger Seehandels vermittelt die Zahl der seegehenden Schiffe, die in den Hafen einliefen: Lag ihre Zahl zwischen 1816 und 1820 bei rund 2200, so stieg sie von 1856 bis 1860 bereits auf 4800, im Jahr 1887 betrug sie mehr als 7000 und 1890 schließlich mehr als 8000. Da die Transportleistung pro Schiff zu jener Zeit ständig zunahm, betrug die durchschnittliche Gesamttonnage der von 1816 bis 1820 pro Jahr in den Hafen einlaufenden Schiffe 76000 t, von 1856 bis 1860 waren es 395000 t. Sie verzehnfachte sich bis 1885 auf fast 3700000 t und erreichte 1890 schließlich die eindrucksvolle Zahl von 5200000 t, die sich in den folgenden fünfzehn Jahren noch einmal verdoppelte.[4] Hamburg war nicht nur mit weitem Abstand Deutschlands größter Seehafen, es stand auch in Kontinentaleuropa an der Spitze und war nach London, Liverpool und New York der viertgrößte Seehafen der Welt. Sein Handelsvolumen war, gemessen an der Tonnage der einlaufenden seegehenden Schiffe in den siebziger Jahren, dreimal so groß wie das Bremens, des zweitgrößten deutschen Hafens. In den neunziger Jahren war es bereits viermal größer und ließ auch Antwerpen und Rotterdam weit hinter sich. Allerdings begann sich dieser Abstand nach der Jahrhundertwende zu verringern.[5] Unmittelbar vor dem Ersten Weltkrieg exportierte Hamburg ein gutes Fünftel aller deutschen Industrie- und Agrarprodukte und importierte ungeheure Mengen an Kohle und Erz für die deutsche Industrie sowie an Weizen, Kaffee und Tabak für den Binnenmarkt.

Mit dieser massiven Ausweitung des Seehandels ging ein rasches Anwachsen der Reedereien und des Hafenbetriebs einher. Noch in den siebziger Jahren stellten britische Schiffe mehr als die Hälfte der Tonnage, die in den Hamburger Hafen einlief, aber bis zur Jahrhundertwende hatten deutsche Reedereien ihren Rückstand aufgeholt und bis 1912 drei Fünftel der Gesamttonnage erreicht. Hamburgs Aktivitäten auf diesem Feld sind in erster Linie mit dem Aufschwung der Dampfschiffahrt verknüpft. Bereits 1863 war die Tonnage der in den Hafen einlaufenden Dampfer größer als die der Segelschiffe, und ab 1880 ging der Anteil der Segler sowohl in absoluten Zahlen wie auch relativ zurück. Zu den in Hamburg beheimateten größeren Dampfschifflinien gehörte die 1871 gegründete Hamburg-Südamerikanische-Dampfschiffahrts-Gesellschaft, die drittgrößte deutsche Schiffahrtslinie. Hinzu kamen die Afrikanische Dampfschiffahrts-AG, die Deutsche Ostafrika-Linie und die Deutsch-Australische Dampfschiff-Gesellschaft. Viele dieser Reedereien trugen den Namen ihrer Gründer – so die Woermann-Linie, die Sloman-Linie, die Carr-Linie. Die größte von allen war die Hamburg-Amerika-Paketfahrt-Aktiengesellschaft (HAPAG), die unter Albert Ballins Leitung bald zur bedeutendsten Schiffahrtslinie der Welt aufstieg. Wie eine ganze Anzahl weiterer Hamburger Schiffahrtslinien wurde sie reich im Geschäft mit den Auswanderern in die Neue Welt. So verließ in den vierziger Jahren des vorigen Jahrhunderts ein beträchtlicher Teil der Tausende deutscher Auswanderer, die Jahr für Jahr nach Amerika aufbrachen, ihre Heimat von Hamburg aus. Als dieser Auswandererstrom mit dem Anwachsen der Beschäftigtenzahl in Deutschlands Industrie im letzten Viertel des Jahrhunderts zurückging, machten Millionen von Auswanderern aus Rußland und den übrigen Ländern Osteuropas, die über Hamburg und Bremen nach Amerika wollten, diese Einbuße mehr als wett. Beispielsweise schifften sich 1892 mehr als 100000 Auswanderer mit dem Ziel Vereinigte Staaten in Hamburg ein.[6]

Da Hamburgs Reeder die menschliche Fracht mit anderer kombinierten, konnten sie auf der Route über den Atlantik günstige Passagen in die Neue Welt und auf dem Rückweg niedrige Frachtraten anbieten, und umgekehrt. Anfang der neunziger Jahre erwirtschaftete die Hamburg-Amerika-Linie allein mit dem Auswanderergeschäft einen jährlichen Gewinn von 10 Millionen Mark.[7] Sie besaß 1914 über 175 seetüchtige Schiffe mit einem Transportvolumen von mehr als einer Million Nettoregistertonnen. Die großen Ozeandampfer wie die «Deutschland» und die «Imperator» (damals das größte Schiff der Welt) trugen diesen Reedereien Ruhm im eigenen Land und einen weltweiten Ruf ein.[8]

Allerdings herrschten auf vielen der Auswandererschiffe äußerst primitive Bedingungen, da es den Reedern darum ging, die Kosten auf ein Mindestmaß zu drücken. Besonders bekannt dafür war die Sloman-Linie. Auf einem ihrer Schiffe, der «Howard», kamen 1858 bei der Überfahrt nach Amerika 38 von 286 Passagieren ums Leben, vermutlich durch Unterleibstyphus; als 1868 ein anderes Sloman-Schiff, die «Leibniz», in New York anlegte, waren hundert der an Bord befindlichen Passagiere tot. Ein zeitgenössischer Bericht beschrieb das untere Zwischendeck, in dem die Passagiere mit den billigsten Passagen zu reisen gezwungen waren, als «vollständige Pesthöhle». Es war schlecht belüftet und bekam kaum Licht. Auf seinem Boden stand brackiges Bilgenwasser, und vom darüberliegenden Deck sickerten Urin und Exkremente nach unten. Den 542 Menschen auf dem Schiff standen nur sechs Toiletten zur Verfügung. Bis 1887 brauchten solche Schiffe keinen Arzt an Bord zu haben, obwohl dies um die Mitte der siebziger Jahre allgemein üblich wurde. Ähnliche Zustände herrschten auch auf anderen Schiffen.[9]

Die rasche Entwicklung dieses lukrativen Geschäfts führte in Hamburg bald zur Entstehung einer Schiffbauindustrie. Wohl gab es in der Stadt bereits zahlreiche Werften, doch waren sie auf Segelschiffe spezialisiert und verfügten nicht über die zum Bau von Ozeandampfern erforderlichen Anlagen. Die meisten von ihnen gingen auf Handwerksbetriebe zurück, an deren Spitze Schiffbaumeister standen. Der Übergang von Holz zu Eisen im Schiffbau und von der Segel- zur Dampfschiffahrt führte zum Aufstieg neuer Unternehmen, die bald anstelle der bis dahin marktbeherrschenden britischen Werften Dampfer lieferten. Rasch wurden die Reiherstieg-Werft, die Stülcken-Werft und andere schon lange bestehende Betriebe, denen der Übergang in das neue Zeitalter gelungen war, von Neugründungen überholt, vor allem von Blohm & Voss, in den dreißig Jahren vor dem Ersten Weltkrieg Hamburgs größte Werft. Wahrhaft bedeutend wurde der Schiffbau für Hamburg erst mit den achtziger Jahren. Auch hier kam dem wirtschaftlichen Aufschwung, der auf Hamburgs Beitritt zum Deutschen Zollverein folgte, besondere Bedeutung zu.[10]

Bis dahin hatte die Industrie im Wirtschaftsleben der Stadt nur vergleichsweise geringes Gewicht besessen. Die Kaufmannschaft hatte während der ersten Hälfte des 19. Jahrhunderts alles in ihrer Kraft Stehende getan, um deren Wachstum einzudämmen. In krassem Widerspruch zum proklamierten Grundsatz von der Freiheit des Handels, den der Senat vertrat, verteidigte er Rechte und Privilegien der 38 Hamburger Handwerkerzünfte als Garanten wirtschaftlicher Stabilität und gesellschaftlicher Ordnung. Erst 1860 hob er die Anordnung auf, die Stadttore allabendlich zu schließen, was für die in den Vorstädten und Vororten Arbeitenden und in der Stadt Lebenden allerlei Nachteile mit sich gebracht hatte. 1865 endlich wurden in Hamburg die Privilegien der Zünfte abgeschafft und die Freiheit des industriellen Unternehmertums eingeführt.[11] Obwohl es in den vierziger Jahren in der Stadt lediglich zwei Fabriken mit mehr als hundert Arbeitern und nur eine gab, die sich der Dampfkraft bediente, erließ man Warnungen vor einer «übertriebenen Ausdehnung des Fabrikwesens»[12]. Als sich trotzdem Industriebetriebe in der Stadt ansiedelten, waren sie den Handelsinteressen streng untergeordnet. Der wichtigste Industriezweig beschäftigte sich mit der Verarbeitung und Veredelung von Rohstoffen zur Einfuhr und Wiederausfuhr. Dabei ging es vor allem um Lebensmittel wie Getreide, Kaffee und Schokolade, aber auch um Häute und Felle, Hartholz, Mineralerze, Guano und dergleichen. Natürlich wuchsen zur gleichen Zeit auch Gewerbezweige wie Hoch- und Tiefbau im selben Maße wie die Stadt, und ein beachtlicher Dienstleistungssektor sorgte für die Befriedigung der täglichen Bedürfnisse der stetig zunehmenden Bevölkerung. Es soll 1879 in Hamburg an die 560 Fabriken mit knapp über 16000 Arbeitern gegeben haben; Zahlen, die sich bis 1890, vor allem als Ergebnis des Beitritts der Stadt zum Deutschen Zollverein und der Eröffnung des Freihafens, nahezu verdoppelten. Die durchschnittliche jährliche Wachstumsrate der Industrie in Hamburg betrug zwischen 1880 und 1900 rund 5%.[13]

Zwar ließ sich nichts von all dem mit der Bedeutung des Handels vergleichen, doch konnte man an der Industrialisierung wichtige Veränderungen im Charakter des Unternehmertums in der Stadt erkennen. Funktionsfähig waren die großen Schiffahrtslinien und Werftbetriebe nur als Kapitalgesellschaften, die Aktien ausgaben, um Investitionskapital zu beschaffen, und Hamburgs führende Kaufmannsfamilien erwarben in beträchtlichem Umfang Anteile. So besaß die der Familie Amsinck gehörende Firma Johannes Schuback & Sohn eine beachtliche Zahl von HAPAG-Aktien, und Heinrich Amsinck gehörte von 1854 bis 1883 der Direktion jener Gesellschaft an.[14] Zu den anderen Direktionsmitgliedern zählten Vertreter der Reedereien Ferdinand Laeisz und C. Woermann, beides Unternehmen, die sich auf den Afrikahandel und Getreidetransporte mit Segelschiffen spezialisiert hatten, sowie von Merck & Co. und A. Godeffroy, zwei der großen Hamburger Handelsbanken. Die Stadt war nicht mehr nur ein Handelszentrum, sondern auch eine Finanzmetropole. Bankhäuser wie Merck und Godeffroy, Baur, Donner, Berenberg, Gossler, Heine und Warburg spielten beim Aufstieg von Schifffahrt und Industrie im späten 19. Jahrhundert eine bedeutende Rolle.[15] Gewöhnlich verbanden solche Banken das Investitions- und Darlehensgeschäft mit Handel, Schiffahrt und Versicherungswesen – letzteres eine Haupteinnahmequelle, wenn man bedenkt, daß in den sechziger Jahren Hamburger Reeder für nahezu 500 Millionen Mark Banco seegehende Schiffe versichert hatten.[16]

So kam es in Hamburgs Wirtschaft spätestens seit den siebziger Jahren des vorigen Jahrhunderts zu einer zunehmenden Kapitalkonzentration. Die neuen Industrieunternehmen und Schiffahrtslinien waren oft sehr groß, die Hamburg-Amerika-Linie gibt hierfür vielleicht das bedeutendste Beispiel. Nahezu alle großen Schiffahrtsgesellschaften standen in enger Beziehung zueinander und erwarben gegenseitig Anteile. Albert Ballin, der Generaldirektor der Hamburg-Amerika-Linie, saß beispielsweise im Vorstand der Woermann-Linie, der Kosmos-Linie wie auch der Deutschen Levante-Linie. Solche Verbindungen wurden durch die persönlichen und gesellschaftlichen Beziehungen gefestigt, die zwischen führenden Hamburger Kaufleuten und Reedern bestanden. Beispielsweise war Hermann Blohm, anfangs gewiß ein Außenseiter, schon bald mit einer Schwester des Senators Otto Westphal verheiratet, dessen Gemahlin eine geborene Amsinck und dessen Schwägerin, ebenfalls eine geborene Amsinck, Halbschwester der Ehefrau des Bürgermeisters Burchard war.[17] Solche Verbindungen auf privater Ebene waren zweifellos von Nutzen, als die Reeder 1884 den Verein Hamburger Reeder gründeten, wie auch schon 1875, als sie mit ihren Konkurrenten in Bremen Preisabsprachen trafen. Ein ähnlicher Konzentrations- und Organisationsprozeß spielte sich im Schiffbau ab, als sich über siebzig Werften und Betriebe aus der Schiffsausrüstung im Verband der Eisenindustrie vereinigten, an dessen Spitze bei seiner Gründung 1888 Hermann Blohm trat. Eine große Zahl von Unternehmen aus allen möglichen Branchen wie Schiff- und Maschinenbau, Metallverarbeitung, Reederei- und Brauereiwesen sowie aus anderen Industriezweigen mit insgesamt an die 50000 Arbeitern schloß sich zum Arbeitgeberverband Hamburg-Altona zusammen. In vergleichsweise kurzer Zeit hatten Kaufleute, Bankiers, Reeder und Industrielle mithin die am engsten geknüpfte und am höchsten organisierte Kapitalkonzentration in ganz Deutschland geschaffen.[18]

II

Das ganze 19. Jahrhundert hindurch und noch darüber hinaus zweifelte niemand in der Führungsschicht Hamburgs daran, daß der Handel, vor allem der Überseehandel, die Grundlage des Wohlstands der Stadt bildete. Wie wichtig auch immer Schiffahrt, Versicherung, verarbeitende Industrien, Bankwesen, Schiffbau und andere Branchen sein mochten, letztlich hingen sie alle nach wie vor von Aktivität und Ruf der Stadt als Handelszentrum ab. Rücksichtslos ordneten Senat und Verwaltung den Handelsinteressen praktisch alles unter, und zwar mit Begründungen, die im wesentlichen das ganze Jahrhundert hindurch unverändert blieben. So erklärte Senator Heinrich Geffken 1847:

«Gerade in Hamburg greifen die Interessen des Kaufmanns in die Interessen aller übrigen Stände so tief ein, und gehen so sehr Hand in Hand, wie vielleicht in keinem anderen Orte der Welt. Der große Kaufmann setzt, abgesehen von seinen auswärtigen Verbindungen, seine Waare an kleinere Kaufleute ab; der kleine Kaufmann oder Detailist, dem vielleicht die Capitalien mangeln, um sich bedeutende Vorräthe kommen zu lassen, findet in den Lägern der größeren Kaufleute die willkommene Gelegenheit, seine Bedürfnisse jeder Zeit ergänzen zu können. Wenn die Kaufleute verdienen, finden die Handwerker desto mehr Absatz und dieser Absatz beschränkt sich keineswegs nur auf Hamburg, sondern die Unternehmungen der Kaufleute eröffnen den Handwerkern auch auswärts neue Absatzwege. Die Wohlhabenheit und der Flor Hamburgs im Allgemeinen ist nur durch den Großhandel zu sichern und zu erwarten.»[19]

Solche und ähnliche Absichten wurden in den folgenden Jahren immer wieder geäußert.

Die alles überragende Bedeutung des Handels für das Wohlergehen aller Bewohner Hamburgs, ob sie nun unmittelbar mit ihm zu tun hatten oder nicht, war der wichtigste Glaubensartikel in dem, was man die offizielle Rhetorik oder herrschende Ideologie der Gesellschaft Hamburgs im 19. Jahrhundert nennen könnte. Ein anderer Begriff dafür war «gesunder Menschenverstand», eine Formulierung, die beispielsweise Johann Georg Mönckeberg gebrauchte.[20] Dieser Standpunkt wurde – wie im Zitat von Heinrich Geffken – häufig offen und unverblümt verkündet. Was damit gemeint war, ging aber noch weit darüber hinaus und durchdrang den Lebensstil und die Vorstellungswelt, in der das Bürgertum der Stadt lebte. So teilte der Verfasser des Führers «Ein Spaziergang durch Hamburgs City» (1897) seinen Lesern folgendes mit, vielleicht weil er an das Aufsehen dachte, das ein zur Oberschicht gehöriger preußischer Tourist erregen könnte, wenn er sich aufzuführen versuchte, als sei er in Berlin:

«... die Thatsache, dass es keine eigentlichen Standesunterschiede giebt, fällt bei der schnellen Eingewöhnung ins Gewicht. Unterschiede sind selbstverständlich vorhanden, und machen sich auch im sozialen Leben geltend; aber sie beruhen nicht auf Geburt und Rang, sondern – wie in einer Kaufmannsrepublik erklärlich – auf ererbtem, mehr noch auf erworbenem Besitze. Man fragt in Hamburg, wie es in New York und London geschieht, wie viel ist der Mann werth?»[21]

Wer in Hamburg daheim war, brauchte keinen Titel; der Wohlstand war Ehre genug, denn wie es in dem Führer weiter heißt: «... man geht dabei von der Annahme aus, dass der Besitz, das Vermögen, den greifbaren Ausdruck der Tüchtigkeit und Thatkraft bildet.»[22]

Um das unangetastet zu bewahren, was Bürgermeister Petersen 1886 «eine der schönsten Blüthen politischer Kultur, das freie Bürgertum»[23] genannt hatte, durfte niemand, der im oder für den Senat tätig war, von ausländischen Monarchen verliehene Titel annehmen. Als dem Senatssyndikus Sieveking 1840 vom Sultan des Osmanischen Reiches für seine Dienste beim Aushandeln eines Handelsvertrages ein hoher Orden verliehen wurde, beschloß der Senat, die Diamanten zu verkaufen, mit denen er verziert war, und den Rest des Ordens im Stadtarchiv aufzubewahren. Der Erlös (560 Mark Banco) wurde der Stiftung für Senatorenwitwen zur Verfügung gestellt.[24] Mit Geschenken, die Senatoren häufig überreicht wurden, verhielt es sich anders. So wohlhabend jemand auch sein mochte, dergleichen durfte er annehmen, ohne daß zu befürchten stand, es werde dadurch eine Beziehung zu einem ausländischen Monarchen gestiftet, die «wenn auch als keine direkte Subjection, doch aber als eine ideelle Submission oder Devotion» angesehen werden könne, wie das offenbar bei Annahme eines Ordens möglich war.[25] In diesem Geist erklärte Bürgermeister Weber 1885:

«Wir wollen unbeirrt den echten republikanischen Bürgersinn aufrecht erhalten, und auch der Bürgerschaft gegenüber soll jeder wenn auch noch so ungerechtfertigte Verdacht ausgeschlossen bleiben, als ob ein Senatsmitglied aus Lust an Fürstengunst, die durch Orden äußerlich gekennzeichnet wird, nicht völlig unbefangen bei Wahrnehmung seines Amtes, eines ‹Ehrenamtes›, sich fühlte oder handelte.»[26]

So strikt befolgte der Senat diesen Grundsatz, daß Gustav Godeffroys Name aus der Liste der ehemaligen Senatoren gestrichen und ihm untersagt wurde, weiterhin den Titel Senator zu führen oder irgendeines der damit zusammenhängenden Privilegien zu nutzen, als er 1878 eine hohe Auszeichnung des russischen Zaren annahm.[27]

Als «ausländischer Monarch» galt dem Senat selbstverständlich auch der König von Preußen und Deutsche Kaiser, und so rief es große Unruhe hervor, als Wilhelm I. 1885 dem bremischen Bürgermeister Buff den Kronenorden zweiter Klasse verlieh: nicht wegen der geringen Stufe des Ordens, obwohl auch dies abschätzige Äußerungen herausforderte, sondern weil man darin in Hamburg einen Angriff auf den «würdigen Stolz republikanischer Einfachheit» sah sowie ein Beispiel der «Preußischen Tendenz, die Senatoren der Hansestädte zu Magistratsbeamten hinabzudrücken», wie Bürgermeister Weber meinte. Doch der von der Sache peinlich berührte Bürgermeister Bremens erklärte, er habe keine Möglichkeit gesehen, den Orden auszuschlagen, ohne den Monarchen zu kränken, und als Hamburg und Lübeck unter Bürgermeister Petersens Führung gemeinsam beim preußischen Botschafter vorfühlten, erfuhren sie, die Auszeichnung sei tatsächlich in der Überzeugung verliehen worden, «die veränderten politischen Verhältnisse» hätten eine gegenüber früher geänderte Vorgehensweise gerechtfertigt. Taktvoll, aber unbeugsam, erklärte Petersen, ein solcher Versuch dürfe sich nicht wiederholen – und so geschah es auch.[28] Wie Bürgermeister Burchard erklärte, habe der Kaiser zwar die Möglichkeit, einem Hamburger Kaufmann einen Titel zu verleihen, er könne ihn aber keinesfalls in den Adelsstand erheben (wie man gewöhnlich sagte), denn: «Ein Hamburger Kaufmann kann überhaupt nicht erhoben werden.»[29] Verächtliche Geringschätzung für «den flitterhaften Prunk einer persönlichen Auszeichnung und Bevorzugung vor anderen Bürgern»[30] war in den Patrizierfamilien wie in der Kaufmannschaft allgemein recht verbreitet. Zu den wirkungsvollsten und vielsagendsten Vorwürfen der Befürworter des Freihandels gegen die Protektionisten gehörte im Streit um den Beitritt zum Deutschen Zollverein 1880 der, daß mehrere von ihnen Titel und Auszeichnungen besäßen. Dazu zählten beispielsweise zwei geadelte

Landbesitzer, ein Reeder (Sloman), der in den preußischen Adel eingeheiratet hatte, und ein Kommerzienrat. Dieser für Geschäftsleute in Preußen höchst erstrebenswerte Titel galt in Hamburg durchweg als wertlos. Daß die Vorkämpfer des Freihandels diesen Personenkreis mit den Juden, den für ausländische Mächte tätigen Konsuln und den religiösen Abweichlern (ein Calvinist und ein Katholik) unter den Protektionisten in einen Topf werfen konnten, zeigt, in welche Gesellschaft nach Ansicht der Traditionalisten in der Kaufmannschaft die Träger solcher Titel gehörten.[31]

Diese Geringschätzung von Ehren und Titeln ging in Hamburg Hand in Hand mit der verbreiteten Verachtung eines müßigen und dem Vergnügen geweihten Lebens, wie es der Hochadel in Berlin führte. Von allen in Hamburg anzutreffenden bürgerlichen Tugenden fiel Außenstehenden keine nachhaltiger auf als der Fleiß. So bemerkte der Baltendeutsche Julius von Eckardt, der von 1874 bis 1882 Senatssekretär war, die Bewohner Hamburgs hielten «Arbeit und Pflichterfüllung für die Hauptangelegenheiten des Lebens»[32]. Junge Männer mußten, selbst wenn sie aus den führenden Patrizierfamilien stammten, in den Jahren, bevor sie das väterliche Geschäft übernahmen, in anderen Firmen ihren Beruf von der Pike auf lernen, damit sie nicht faul oder verzogen würden.[33] Von Eckardt bezeichnete «Geschäftseifer und Arbeitssolidität» als zwei der am weitesten verbreiteten Merkmale des Hamburger Bürgertums.[34] Andere Beobachter schlossen sich dieser Einschätzung an. «Ja, eine Stadt der Arbeit ist Hamburg», seufzte ergeben der Verfasser von «Ein Spaziergang durch Hamburgs City»:

«Jeder muss die äussersten Kräfte des Geistes und des Körpers anspannen, um seinen Posten in dieser grossen Arbeitsstätte auszufüllen. Es fällt dem Fremden sogleich auf, dass es in Hamburg keine eigentlichen Spaziergänge, keine Promenaden, keine Parks oder Vergnügungsorte in der Stadt giebt, wo man beständig oder zu bestimmten Zeiten die Menschen sich ergehen oder sich versammeln sieht... Am Tage hat kein Mann Zeit zum Spazierengehen und Flanieren, nach gethaner Arbeit eilt Jeder seinem Heim zu und bleibt meist zuhause.»[35]

Der offenkundige Mangel an Sehenswürdigkeiten und an Möglichkeiten für touristische Unternehmungen stellte die Verfasser von Reiseführern vor Schwierigkeiten. Natürlich gab es, wie sie anmerken mußten, «öffentliche Vergnügungen... in St. Pauli», dem bekannten Stadtviertel nahe dem Hafen, doch dürften sich diese kaum für «die besseren Klassen» geeignet haben, denen die Reiseführer zugedacht waren.[36] Darüber hinaus hatte, wie ein anderes dieser Werke, der «Führer durch Hamburg» (1894) seinen Lesern mitteilen mußte, der nüchterne Geschäftssinn der Stadtväter dafür gesorgt, daß Hamburg «arm an öffentlichen Denkmälern» war.[37] Das stimmte nur allzu sehr.

So hatte im Jahr 1802 der Senat beschlossen, Hamburgs gotischen Dom abreißen zu lassen. Da diese Entscheidung in der Stadt auf keinen ernsthaften Widerstand stieß, wurde er zwischen 1804 und 1807 in die Tat umgesetzt. Die Steine wurden verkauft oder dienten zur Verstärkung der Elbuferbefestigungen; die Grabmäler und Standbilder wurden zerstört und beim Ausbau des rudimentären Entwässerungssystems der Stadt verwendet. Einer der Beweggründe des Senats für den Abbruch war es, eine extraterritoriale Einrichtung zu beseitigen, wahrscheinlich aber spielte auch mit hinein, daß zu jener Zeit die Mieten stiegen, weil großer Wohnraumbedarf entstanden war, und Baugrund ein lohnendes Geschäft versprach. Jedenfalls war dies Vorgehen kennzeichnend für die bekannte Geringschätzung kultureller Tradition durch die hamburgischen Behörden, die zwischen 1807 und 1837 in der Stadt fünf weitere aus dem Mittelalter stammende Kirchen abreißen ließen. Sie hatten 1788 sogar mit der Begründung, sie komme zu teuer, die Abschaffung der Kirchenmusik verlangt. Ein dreiviertel Jahrhundert später mußte der 1833 in Hamburg geborene Johannes Brahms gegen seinen Willen nach Wien gehen, weil er in seiner Heimatstadt keine angemessene Anstellung als Musiker finden konnte. Hamburg verdankte praktisch sein gesamtes Kulturleben der Privatinitiative: Es gab keine städtische Kulturgalerie, bis 1868 die Kunsthalle (aus Privatmitteln) erbaut wurde; die Kunstsammlung der Stadt hatte der Senat 1789 versteigern lassen, um Hamburgs Finanzen aufzuhelfen. Im 19. und frühen 20. Jahrhundert wurde Hamburg als Kunst- und Musikzentrum vom viel kleineren München bei weitem in den Schatten gestellt. Opernhaus und Musikhalle verdankten ihre Errichtung privater Initiative; selbst der Zoo, Hagenbecks berühmter Tierpark, wurde aus Privatmitteln finanziert und ist nach wie vor einer der ganz wenigen Privatzoos in Deutschland. Nicht Prestigegedenken stand bei seiner Gründung Pate, sondern Profitstreben.

Auch eine Universität zu gründen, hielt der Hamburger Senat nicht für erforderlich. Bis 1871 gab es am Ort weder staatliche Schulen noch eine Schulpflicht, und selbst danach verbrachte der für die Oberschulbehörde zuständige kaufmännische Senator einen großen Teil seiner Zeit mit dem Versuch, das – für die Einschreibung an einer Universität unerläßliche – Latein durch Englisch zu ersetzen, mit der Begründung, letzteres sei dem

Handel weit nützlicher. «Die Freude des Gelehrten an seiner Wissenschaft als solcher», klagte der Theologe Johann Anton Fahrenkrüger 1811, «abgesehen von den daraus entspringenden wahren Vorteilen, begreift der Hamburger nicht... Den Wert der Menschen und Dinge stempelt der Kaufmann. Dies ist der Hamburger im vollkommenen Grade.»[38]

Da es keinerlei Kulturdenkmäler gab, empfahlen die Verfasser von Hamburg-Führern den Besuchern, die Stadt so zu nehmen, wie sie war, und machten sie auf andere Ziele aufmerksam. Eine (begeistert und in allen Einzelheiten geschilderte) Hafenrundfahrt, hieß es, vermittle dem Besucher einen bildhaften Eindruck von der Bedeutung der Stadt für Industrie und Handel, und wer ihr Leben noch näher kennenlernen wollte, dem empfahlen sie einen Besuch der Börse. Dieser im Zentrum der Altstadt errichtete große Bau im pseudo-italienischen Renaissancestil enthielt nicht nur eine Aktien-, Schiffer- und Assekuranzbörse, sondern auch eine Warenbörse, die nach Gütern wie Getreide, Kaffee und Zucker unterteilt war. Zu Beginn der neunziger Jahre fanden sich dort täglich an die fünf- bis siebentausend Männer ein, einer wie der andere vorschriftsmäßig in Frack und Zylinder. Ein zeitgenössischer Reiseführer erklärte dazu:

«Die Börse ist nicht nur für das kaufmännische Getriebe Hamburgs der Centralpunkt, sondern um die Mittagszeit (gegen ein Uhr) findet sich dort Alles, was zu dem geschäftlichen Leben Beziehungen hat, z. B. die Capitaine der im Hafen liegenden Seeschiffe und die Schiffer der Flussfahrzeuge, die ‹Ewerführer› (Besitzer der in den Canälen den Verkehr vermittelnden ‹Schuten›), die Fabrikanten und Grossindustriellen und selbst die Rechtsanwälte ein. An der Börse wird Alles besprochen, was Hamburg bewegt, von den Candidaturen bei Senatoren- und Reichstagswahlen bis zu sensationellen Familien-Ereignissen.»[39]

Welche Bedeutung die Börse für die Stadt besaß, unterstrich das neue Rathaus, mit dessen Bau 1886 begonnen und das ein Jahrzehnt später, 1897, eingeweiht wurde. Es war ganz bewußt in so enger Nachbarschaft zur Börse errichtet worden, daß beide Gebäude durch Gänge miteinander verbunden werden konnten – ein selbstbewußter Hinweis auf und ein Symbol für die engen Beziehungen, die in der Stadt zwischen Kapital und Staat bestanden.

Diese enge Verknüpfung fand nicht nur auf der symbolischen Ebene Ausdruck, sondern auch auf der praktischen. Im Unterschied zu Städten wie Rotterdam oder New York, deren Hafenanlagen auf Privatunternehmertum zurückgingen und ohne zentrale Planung entstanden waren, legte Hamburg den Ausbau seines Hafens in die Hände des Staates.[40]

Noch in der ersten Hälfte des 19. Jahrhunderts hatten die Schiffe einfach in der Elbe Anker geworfen, und die Ladung war auf kleine Lastkähne (Ewer oder Schuten) umgeladen worden, die sie zu den Lagerhäusern brachten. Diese standen unmittelbar an den zahlreichen Kanälen (Fleeten), die die Stadt in alle Richtungen durchzogen, so daß sich die Kähne leicht be- und entladen ließen.[41] Angesichts des zunehmenden Handelsverkehrs und der immer höheren Tonnage der Schiffe beschloß der Senat den Bau eines neuen Hafens mit Kaianlagen, Lagerhäusern und Bahnanschluß. Der 1868 eröffnete Sandtorhafen ermöglichte in den folgenden Jahren eine beträchtliche Ausweitung des Handels. Da Hamburg ein Gezeitenhafen ist, wurde auch weiterhin auf dem Fluß gelöscht und geladen, nach und nach wurden jedoch die Lagerhäuser an den Fleeten aufgegeben. Der Bau des Freihafens in den achtziger Jahren beschleunigte diesen Prozeß erheblich. Am Südufer der Elbe, gegenüber der Stadt, entstanden mit öffentlichen Mitteln ausgedehnte neue Hafenanlagen mit kilometerlangen Kais und Bahnanlagen. Zwar stellte das Reich dafür 40 Millionen Mark bereit, doch beliefen sich die Gesamtkosten auf 113 Millionen. Ein wichtiger Teil des Freihafens war die großartige Speicherstadt, bis auf den heutigen Tag Hamburgs eindrucksvollster Gebäudekomplex. Das Gelände dafür stellte der Senat zur Verfügung, der seine Investitionen teilweise aus den Gewinnen zurückholte, während die Norddeutsche Bank die Errichtung des gewaltigen Lagerhauskomplexes finanzierte. Man setzte also für den Bau der Hafenanlagen bedeutende öffentliche Mittel ein. Dieser Vorgang wiederholte sich in den Jahren vor dem Ersten Weltkrieg einige Male, wenn wieder eine Hafenerweiterung anstand.[42]

Mit dieser Großzügigkeit, die zur Wahrung der Handelsinteressen diente, durfte man in den meisten anderen Bereichen öffentlicher Ausgaben nicht rechnen. So schrieb Leo Lippmann, ein leitender Beamter der Finanzdeputation, in seinen Erinnerungen:

«Die Anträge auf Bewilligung von vielen Millionen für Hafen und Elbe wurden in der Finanzdeputation gewöhnlich debattelos genehmigt, während bis in die Zeiten nach dem Weltkriege Anträge auf Bewilligung weniger tausend Mark für unterirdische Bedürfnisanstalten oder anderen ‹überflüssigen modernen Luxus› lange Debatten hervorriefen, und manches Mal kommissarische Verhandlungen erforderlich machten.»[43]

Ein anderer Senatssekretär bestätigte, der Senat sei «reichlich zurückhaltend», wenn es um soziale Ausgaben gehe[44], und rechtfertige seine Haltung damit, daß es sich bei Geld, das für den Hafen ausgegeben werde, um Investitionen handele, die eine mehr als zufriedenstellende Rendite erwarten ließen. Da nun einmal der Handel die Grundlage des Wohlstands der Stadt bilde, sehe es der Senat als seine Pflicht an, alles in seinen Kräften Stehende zu tun, um dessen Gedeihen zu fördern.

In anderen Angelegenheiten allerdings verfolgte der Senat eine Finanzpolitik, die sich am Beispiel des britischen Premierministers Gladstone orientierte und deren Ziel es war, unnötige Ausgaben zu vermeiden, die Einkommensteuer möglichst niedrig zu halten und mit dem Staatshaushalt so zu wirtschaften, daß, wenn irgend möglich, noch Geld übrigblieb. Der Haushalt wurde durch Erbschaftssteuer, Grundsteuer und Einkommensteuer finanziert, weiterhin durch zahlreiche indirekte Steuern und kleinere Abgaben, wie beispielsweise eine Umzugssteuer und eine Vergnügungssteuer. Die Verwaltung der Finanzmittel besorgten mindestens drei gänzlich voneinander getrennte Körperschaften, deren Fäden im Senat zusammenliefen. Da es in der Steuerbehörde keine entsprechend ausgebildeten Beamten gab, war ein beträchtlicher Verwaltungswirrwarr das Ergebnis. Die beiden wichtigsten Abgaben, die Grundsteuer (5% vom Kapitalwert des Immobilienbesitzes einschließlich Mieten) und die Einkommensteuer, brachten gegen Ende der achtziger Jahre des vorigen Jahrhunderts jährlich etwa acht bis neun Millionen Mark in die Kassen. Der Einkommensteuersatz betrug für die höchsten Einkommensgruppen lediglich 3,5% und nahm für geringere Einkommen leicht ab; steuerfrei blieb, wer weniger als 600 Mark im Jahr verdiente. Die Einschätzung erfolgte durch den Steuerpflichtigen selbst.[45] Diesen sehr niedrigen Einkommensteuersatz konnte man natürlich nur deshalb beibehalten, weil die öffentlichen Ausgaben auf das absolute Minimum beschränkt blieben, außer auf Gebieten, auf denen eine gute Rendite winkte. Auf diese Weise wurde dem Gedeihen des Privatunternehmertums und der Einzelinitiative, auf die sich das Wohlergehen der Stadt dem Anschein nach gründete, noch größerer Spielraum zugestanden. Der herrschenden Ideologie der Gesellschaft Hamburgs, dem vom gesunden Menschenverstand geforderten Primat des Handels, stimmten nicht nur alle zu, er hatte auch erkennbaren Einfluß auf die Verteilung von Besitz und Geldmitteln unter der Bevölkerung der Stadt.

III

Auch wenn das Großbürgertum die Politik der Hansestadt beherrschte, konnte es sich nicht immer durchsetzen. Wie sich in der Frage des Beitritts zum Deutschen Zollverein zeigte, vermochte die Handelskammer, in der mittlere und kleinere Kaufleute den großen Handelshäusern zahlenmäßig deutlich überlegen waren, gelegentlich eine der Haltung der Großfirmen durchaus entgegengesetzte Meinung zu vertreten. Ebenso wichtig war, daß die bedeutsamste repräsentative Körperschaft der Stadt, die Erbgesessene Bürgerschaft (seit 1860 Bürgerschaft), gemeinsam mit dem Senat die Macht im Stadtstaat innehatte und ohne weiteres Gesetzen die Zustimmung verweigern konnte, die sie mißbilligte. Im Verlauf der ersten Hälfte des 19. Jahrhunderts wurde die Erbgesessene Bürgerschaft zu einer für die Bewohner der Stadt immer weniger repräsentativen Einrichtung. Am Vorabend der 1848er Revolution lebten in Hamburg und den inneren Vorstädten rund 150000 Menschen, davon etwa 93000 Erwachsene. Zwar besaßen 27000 männliche Einwohner das Bürgerrecht, doch erfüllten lediglich 3000 oder 4000 die Voraussetzungen für die Zugehörigkeit zur Erbgesessenen Bürgerschaft, die an den Privatbesitz von Grundstücken geknüpft war. Davon aber gab es lediglich 7000. Auch wer mehr als ein Grundstück besaß, hatte nur eine Stimme; weibliche Grundstücksbesitzer hatten kein Stimmrecht. Selbst von dieser kleinen Minderheit nahmen normalerweise lediglich zwei- bis dreihundert an den Versammlungen der Erbgesessenen Bürgerschaft teil. Dies System schloß also nicht nur Arbeiter, Lehrlinge und Tagelöhner, sondern praktisch das gesamte Kleinbürgertum und sogar große Teile des alteingesessenen Bürgertums von einer Mitwirkung in den Fragen aus, die die Stadt betrafen.[46]

Es kann also kaum überraschen, daß in den vierziger Jahren des vorigen Jahrhunderts Tendenzen spürbar wurden, die auf eine Änderung drängten. Auslöser war der Große Brand, der am 5. Mai 1842 um ein Uhr morgens in der Innenstadt ausbrach, einen Großteil Hamburgs in Schutt und Asche legte und erst am 8. Mai um acht Uhr morgens erlosch. 51 Menschen kamen ums Leben, 1100 Wohngebäude sowie 102 Lagerhäuser, sieben Kirchen, zwei Synagogen und zahlreiche öffentliche Gebäude wurden zerstört. Beträchtlichen Schaden verursachte der Senat selbst, der zahlreiche Häuser sprengen ließ, um Brandschneisen zu schaffen, damit sich die Flammen nicht weiter ausbreiten konnten. Hingegen führten Gruppen heldenhafter Börsenmakler und Bankiers einen zähen Kampf, um die Börse mit ihren unersetzlichen Dokumenten des Finanzlebens der Stadt vor der Zerstörung zu bewahren. Das gelang auch, doch waren jetzt 20000 der etwa 150000 Bewohner der Stadt obdachlos. Hamburgs größte Versicherung ging in Konkurs; Tausende verloren ihre Habe, sie erhielten keine oder nur geringe Entschädigung. Scharen der nun Besitzlosen zogen durch die Straßen, plünderten Gebäude oder überfielen Obdachlose und schleppten davon, was diese aus den Flammen gerettet hatten. Die Jakobikirche, in der vorläufig Möbel aus gefährdeten Häusern eingelagert waren, wurde von der Menge geplündert; erst ein Bataillon preußische Infanterie konnte die Ordnung wiederherstellen.

Vielen der aufgebrachten Bürger erschien es nur allzu bezeichnend, daß das Rathaus als eines der ersten öffentlichen Gebäude dem Feuer zum Opfer gefallen war. Man hörte weithin die Ansicht, Hamburgs veraltete Verfassung trage die Hauptschuld daran, daß sich der Brand zur Katastrophe ausgeweitet hatte. Der von den Großkaufleuten beherrschte Senat hatte sich als offensichtlich unfähig erwiesen, die Maßnahmen zur Bekämpfung des Feuers zu koordinieren, und die Stadt verfügte über keine Berufsfeuerwehr, die man mit dieser Aufgabe hätte betrauen können. Wenn es etwas gab, das die Bürger Hamburgs dazu veranlassen konnte, auf Reformen zu drängen, war es der Anblick einer Menschenmenge, die sich ungeniert und in aller Öffentlichkeit auf dem Gänsemarkt die Beute teilte, ohne sich von Ordnungskräften dabei stören zu lassen. So wie die Stadt jetzt nach vernünftigeren Grundsätzen wieder aufgebaut werden mußte, hieß es, sei auch ihre politische Verfassung zu reformieren. In den folgenden Jahren wurde eine ganze Anzahl von Gesellschaften und Vereinen mit diesem Ziel gegründet, angefangen von der Gesellschaft für politische und soziale Interessen der Juden (1845) bis hin zur Gesellschaft Hamburger Juristen (1846). Sie alle begannen bald lautstark nach einer Verfassungsreform zu rufen.[47]

Die bedeutendsten dieser Zusammenschlüsse waren die Bürgervereine, von denen drei in den vierziger Jahren gegründet wurden. Sie vertraten, wie zum Beispiel der Bürgerverein der Nicht-Grundeigentümer, wirtschaftliche und politische Interessen von Stadtvierteln (oder Bevölkerungsgruppen), um die sich keine der bestehenden Institutionen kümmerte. Der erste wurde 1843 auf St. Pauli, einem außerhalb der Stadtwälle gelegenen und mit seinen Belangen schlecht vertretenen Hafenviertel, gegründet und gewann bald politische Bedeutung. Erst 1833 war entsprechend qualifizierten Bürgern der beiden inneren Vorstädte St. Pauli und St. Georg das Recht auf Sitz in der Erbgesessenen Bürgerschaft zugebilligt worden, in erster Linie infolge der durch die französische Revolution des Jahres 1830 entstandenen Unruhe.[48] Später kam es mit dem weiteren Wachstum der Stadt zur Gründung neuer Bürgervereine in den äußeren Vororten. Sie kümmerten sich um Straßennamen und Hausnummern und übten Druck auf den Senat aus, damit dieser für angemessene sanitäre Einrichtungen, Wasserversorgung, Straßenbeleuchtung, Pflasterung der Straßen und andere Annehmlichkeiten sorgte. Die Mitglieder dieser Vereine waren häufig Besitzbürger, viele von ihnen wohlhabend: So brachte beispielsweise in den sechziger Jahren der Bürgerverein von Eimsbüttel das Kapital auf, um eine eigene Pferdebahn-Gesellschaft ins Leben zu rufen. Später übernahmen die Bürgervereine auch die Ausrichtung der Wahlen zur Bürgerschaft und wurden ein wesentlicher Bestandteil der nicht durch Statuten festgelegten Verfassung der Stadt. Einer von ihnen wurde in den fünfziger, drei in den sechziger, dreizehn in den siebziger und zwölf in den achtziger Jahren gegründet; bis 1892 gab es insgesamt 32 Bürgervereine, von denen die meisten in einem Zentralausschuß zusammengeschlossen waren. In den vierziger Jahren jedoch bildete der Bürgerverein von St. Pauli ein Hauptzentrum der Opposition gegen die bestehende Regierungsform und gegen die oligarchische Herrschaft des Senats. Da jeder dieser Vereine alle Bürger eines Stadtteils zusammenfassen sollte, sorgte ein starkes Element des mittleren und auch des Kleinbürgertums zumindest bei einigen noch später für eine gewisse oppositionelle Haltung. Spannungen im Zusammenhang mit Bürgerschaftswahlen führten bisweilen zur Spaltung und zur Gründung rivalisierender Vereine im selben Stadtteil; einige demokratisch orientierte Vereine nahmen sogar Nichtbürger auf und blieben daher von der Mitarbeit im Zentralausschuß ausgeschlossen.[49]

Von nahezu ebenso großer Bedeutung war der bereits 1832 gegründete Grundeigentümerverein. Wie die anderen Vereine auch, vertrat er Gruppen der Gesellschaft, die sich vom Senat vernachlässigt fühlten. Im wesentlichen gehörten ihm solche Grundbesitzer an, die ihr Einkommen ganz oder überwiegend aus Mieten bezogen. In einer Stadt von der Größe Hamburgs war dies eine beachtliche gesellschaftliche Gruppe, deren führende Mitglieder größtenteils Handwerksmeister und kleine Kaufleute waren. Zum Gründungsausschuß gehörten drei hauptberufliche Grundeigentümer, zwei Maurermeister, zwei Makler sowie je ein Advokat, Tabakhändler, Zinngießermeister und Eisenwarenhändler. Dieser Verein kämpfte an zwei Fronten. Zum einen war ihm darum zu tun, seine Mitglieder vor Nachteilen zu bewahren, «welche sie... durch Leichtsinn oder bösen Willen der Mieter» erlitten, wie zum Beispiel «heimliches Ausziehen, falsche Quittungen», unerlaubtes Untervermieten, Verkauf der Möbel des Vermieters usw. Schwarze Listen unerwünschter Mieter wurden in Umlauf gebracht und den Mitgliedern des Vereins Muster für Mietverträge zur Verfügung gestellt. Zum anderen bemühte sich der Verein darum, seine Mitglieder vor dem Staat zu schützen, indem er sich beispielsweise Erhöhungen der Grundsteuer widersetzte und – allerdings ohne großen Erfolg – eine massive Protestkampagne gegen die nach dem Großen Brand von 1842 im Zuge des Wiederaufbaus erlassenen Zwangskaufvorschriften organisierte. Seine 360 Mitglieder – «größtentheils Leute des wohlhabenden Mittelstandes: Handwerker, Krämer, Ladeninhaber, auch einige Eigenthümer kleiner Wohnungen», wie es in einem Polizeibericht hieß – waren 1847 zutiefst unzufrieden damit, daß sie in den Verwaltungsorganen der Stadt nicht wirksam vertreten waren. Wie der Bürgerverein von St. Pauli wurde der Grundeigentümerverein in den vierziger Jahren zu einem Zentrum des Widerstands gegen die Oligarchie des Hamburger Senats.[50]

Ergebnis dieser weitverbreiteten Politisierung des Kleinbürgertums und jenes Teils der Mittelschicht, dem man das Wahlrecht vorenthielt, war, wie wir gesehen haben, die Verfassung von 1860, die aus Senat und Bürgerschaft Wahlkörperschaften machte. Während die Bürgervereine eine neue Rolle in der Organisation von Wahlen sahen und ihre Mitgliederschaft rasch anwuchs, verminderte sich die Bedeutung des Grundeigentümervereins nach den fünfziger Jahren, der Periode, in der er politischen Druck ausübte. Dadurch, daß in der Bürgerschaft 48 (ab 1879: 40) Sitze für Grundeigentümer zur Verfügung gestellt wurden, schien er mehr oder weniger überflüssig geworden zu sein, und so zählte er 1868 nur noch 88 Mitglieder. Zehn Jahre später stieg er allerdings wieder zu einer der bestimmenden Kräfte in der Stadtpolitik auf. Diese Wiederbelebung hing zum Teil damit zusammen, daß nach dem langen wirtschaftlichen Aufschwung die Situation für Hausbesitzer Ende der siebziger und in den achtziger Jahren schwierig wurde, zum Teil aber auch damit, daß nach Hamburgs Beitritt zum Reich neue Gesetze und Vorschriften galten. Außerdem spiegelten sich darin das anhaltende Wachstum und die zunehmende Komplexität der Stadt und des Lebens in ihr. Hier sah der Verein eine Aufgabe; sie bestand darin, seinen Mitgliedern Rechtsberatung und Rechtsbeistand zu gewähren. Die neue

Periode zunehmender Bedeutung des Grundeigentümervereins leitete der 1843 geborene Rechtsanwalt Dr. Heinrich Gieschen ein, der von 1878 bis zu seinem Tod 1896 Vorsitzender des Vereins war. Dieser schlaue, durchsetzungsfähige, streitsüchtige und äußerst redselige Mann organisierte nicht nur den Verein so um, daß er seinen Mitgliedern umfassendere Dienstleistungen zur Verfügung stellen konnte, sondern war auch ein aufmerksamer und geschickter Vertreter von Mitgliederinteressen in der Bürgerschaft. Seine Bemühungen fanden ihren Lohn darin, daß die Mitgliederzahl des Vereins während seiner Amtszeit von dreihundert auf nahezu 4800 anstieg.[51]

Gieschen organisierte also die Vermieter als außerparlamentarische Gruppe von Interessenvertretern und sicherte ihnen die Unterstützung der vierzig Abgeordneten in der Bürgerschaft, die ihre Sitze den Stimmen der Grundeigentümer verdankten. Damit machte er in den achtziger Jahren aus den Hamburger Hausbesitzern eine Kraft, mit der man rechnen mußte. Zu jener Zeit rekrutierten sich die Mitglieder des Grundeigentümervereins nach wie vor in erster Linie aus dem Kleinbürgertum. So bestand 1861 der Vorstand aus je einem Apotheker, Uhrmacher, Sekretär, Kassenverwalter, Bibliothekar, Bäcker, Zinngießermeister, Bierbrauer, Zuckerfabrikanten und Hausmakler, einem Besitzer einer Manufaktur für Seemannsbekleidung und einem Buchbinder. Baulöwen und Besitzer von Mietshäusern waren nicht unter den Mitgliedern; Ziel des Vereins war es in erster Linie, die Interessen der kleinen Vermieter zu vertreten, und die meisten seiner Mitglieder verfügten nur über recht bescheidene Mittel. Beispielsweise gehörten ihm 1891 von den 8000 Grundeigentümern Hamburgs, die Häuser, Wohnungen oder Zimmer vermieteten, 2658 an. Etwa zur gleichen Zeit lag die Zahl der Grundeigentümer in Hamburg insgesamt bei deutlich mehr als 15000, doch nur 6150 von ihnen besaßen das Bürgerrecht und stimmten bei den Wahlen der Grundeigentümer mit ab. Der Haß des Grundeigentümervereins auf das Großbürgertum war unverhüllt. Er beklagte sich beständig, wie es 1874 hieß, «daß die Steuerpolitik im Hamburgischen Staatswesen abseiten der herrschenden Kreise immer da hin gegangen sei, alle Lasten möglichst dem Grundbesitz und dem Mittelstand aufzubürden, den Handelsstand dagegen zu verschonen»[52].

Dennoch waren die Grundeigentümer weit davon entfernt, gegen die Ideologie vom Vorrang des Handels und der Freiheit industriellen Unternehmertums vorzugehen, auf die sich die Politik der Stadt stützte. Heinrich Gieschen versuchte 1885 in einer längeren Erläuterung der vom Grundeigentümerverein verfolgten Ziele die Partikularinteressen der Vermieter mit den allgemeinen Kapitalinteressen in Einklang zu bringen:

«Wir suchen nicht kleinliche Vortheile für das Grundeigenthum, wir wollen keine Begünstigung oder Unterstützung abseiten des Staates, und wir wollen ebensowenig die Rechte unserer Hypothekarier oder unserer Miether verkürzen. Jeder Gegensatz zwischen Grundbesitz und mobilem Kapital, kurz jedes Hausagrarierthum, liegt uns und unseren Bestrebungen fern. Wir sind der Meinung, daß einseitige staatliche Begünstigung dem Grundeigenthum vorübergehend nützen kann, daß sie aber dauernd schädigt. Wir glauben, daß das Grundeigenthum eines Staates nur dann blühen und gedeihen wird, wenn gleichzeitig eines Staates Handel und Gewerbe blüht und gedeiht.»[53]

Daher, fuhr er fort, liege es im Interesse der Bankiers und Kaufleute, die den Vermietern die Hypotheken zur Verfügung stellten, «daß nachtheilige Gesetze und Verwaltungsmaßregeln beseitigt werden». Insgesamt lief seine Darstellung auf die Erkenntnis hinaus, wenn Vermieter Gewinne machten, sei das gut für den Handel. Deshalb komme es auch letztlich darauf an, daß die Interessen der jeweiligen Kapitalfraktionen – «mobiles und festes Kapital», wie Handel und Grundbesitz in Hamburg gewöhnlich bezeichnet wurden – so weit wie möglich miteinander versöhnt würden.

IV

Dies Ziel zu erreichen wurde weithin als Hauptaufgabe der Bürgerschaft angesehen. Organisierte politische Parteien waren in dieser Körperschaft im 19. Jahrhundert nicht vertreten, statt dessen schlossen sich ihre Abgeordneten locker zu drei Fraktionen zusammen. Grundeigentümer, Handwerker, Ladenbesitzer und kleine Geschäftsleute gehörten meist der Fraktion der Linken an. Sie umfaßte 1895 26 «Kaufleute» (einige von ihnen waren in Wirklichkeit Grundstücksmakler), 18 Handwerksmeister, drei Ärzte oder Apotheker, zwei Privatiers, zwei Detaillisten sowie je einen Rechtsanwalt, Architekten, Gastwirt, Oberlehrer und technischen Angestellten. Wegen ihrer engen Beziehungen zum Grundeigentümerverein, der sich bei den Wahlen aktiv für seine Kandidaten einsetzte, nannte man diese Fraktion häufig «Vermieterpartei» und ihre Abgeordneten en bloc «Hausagrarier». (Dieser Spitzname war eine Anspielung auf die preußischen Großgrundbesitzer, die Junker, auch wenn der Grund und Boden dieser Männer selbstverständlich vollständig bebaut war und sie statt Felder Häuser besaßen.) Im Jahr 1895 gehörten von den 56 Mitgliedern der Fraktion der Linken 38 dem Grundeigentümerverein an, und zwanzig der Abgeordneten waren mit Stimmen der Grundeigentümer gewählt worden. Den größten Rückhalt fand die Vereinigung in der Innenstadt.[54]

Kennzeichnend für diese Fraktion war ein unübersehbares populistisches Element, das ihr bisweilen gewisse radikale Züge verlieh. Auch fand sich in ihr die Handvoll linksliberaler «Demokraten», oft abtrünnige Mitglieder der Großbürgerfamilien, die als einzige Gruppe in der Bürgerschaft grundsätzliche Opposition gegen den Senat übten.[55] Ihr berühmtestes Mitglied war der Anwald Dr. Eduard Banks (1836–1885)[56], Sohn eines Senatssyndikus und Enkel des legendären Bürgermeisters Bartels. Er ließ keine Gelegenheit aus, seine Mitpatrizier in der Öffentlichkeit anzugreifen. Männer wie Banks, Gieschen und Wex (ein Vetter des Senators Gerhard Hachmann) wurden aus der feinen Gesellschaft Hamburgs ausgestoßen und in Institutionen wie der Gesellschaft Hamburger Juristen gewöhnlich gemieden. Im politischen Rahmen des Reichs betrachtet, neigten sie in den siebziger und achtziger Jahren den Linksliberalen zu. Der Ruf, Radikaler zu sein, schadete der Anwaltspraxis nicht unbedingt, daher wurden solche «Demokraten», auch wenn sie bei Abendeinladungen nicht willkommen waren, an der Börse und in den Gerichten geduldet. Wie ein Beobachter schon im 18. Jahrhundert anmerkte: «Freunde nennt der Hamburger jeden, mit dem er in Geschäftsverbindungen steht, bei denen er selbst zu gewinnen hofft.»[57]

Die Gruppe in der Bürgerschaft, die den Senat unterstützte, war als Fraktion der Rechten bekannt. Sie bestand vorwiegend aus von den Notabeln gewählten Abgeordneten; nie weniger als 58 % der Bürgerschaftsabgeordneten, die zur Fraktion der Rechten zählten, gingen aus den Notabelnwahlen hervor. Im Jahr 1895 kamen 34 ihrer 43 Abgeordneten durch die Notabelnwahlen, sieben durch die allgemeine Wahl und zwei durch die Wahl der Grundeigentümer in die Bürgerschaft. 22 Abgeordnete dieser Fraktion waren Großkaufleute, 13 Rechtsanwälte, die übrigen Pastoren, Ärzte, Apotheker und Architekten. Viele von ihnen gehörten dem Großbürgertum an. Senatoren wurden nahezu ausschließlich aus dieser Gruppe gewählt.[58] Auch hier gab es Trennendes, da einige an der Sache des Alt-Hamburger Partikularismus festhielten, während andere eher Sympathien für die Gruppe empfanden, die sich (realistischerweise) auf Preußen stützte und von Johannes Versmann und Carl Petersen angeführt wurde. Jedoch trugen meist alle gemeinsam die Entscheidungen des Senats. Das war insofern verständlich, als viele von ihnen zu den Notabeln gehörten oder gehört hatten und daher in den Deputationen tätig waren, die die Entscheidungen des Senats vorbereiteten. Im Jahr 1895 waren 13 Abgeordnete dieser Fraktion zugleich Mitglieder der Deputation für Handel und Schiffahrt oder der Finanzdeputation, sieben von ihnen waren Mitglieder der Handelskammer. Ihre Stellung im Regierungssystem wurde dadurch betont, daß 16 von ihnen mit anderen Angehörigen der Bürgerschaft verwandt waren (zum Vergleich: in der Fraktion der Linken galt dies lediglich für sechs). Es wäre irreführend, wollte man eine der Hamburger Fraktionen mit einer der politischen Parteien im Deutschen Reich vergleichen, die für die Beratungen der Bürgerschaft keinerlei Rolle spielten; man darf allerdings annehmen, daß bei Reichstagswahlen die große Mehrheit der Abgeordneten der Fraktion der Rechten die Nationalliberale Partei unterstützte. Bemerkenswert war auch, daß am Ende des Jahrhunderts neun von ihnen dem Flottenverein angehörten.[59]

Eine dritte Gruppierung in der Bürgerschaft, die Fraktion Linkes Zentrum, nahm eine nicht genau umrissene Position ein. Auf der gesellschaftlichen Stufenleiter rangierten ihre Abgeordneten deutlich unterhalb der Angehörigen der Fraktion der Rechten[60], und nur die wenigsten von ihnen verdankten ihren Sitz den Wahlen der Notabeln. Im Jahr 1895 waren 38 ihrer 61 Mitglieder durch die allgemeinen Wahlen, 18 durch die der Grundeigentümer und fünf durch die der Notabeln in die Bürgerschaft gekommen. Sie fanden Unterstützung vor allem in den Vorstädten und den ländlichen Vororten jenseits der Stadtgrenze. Mehr als die Hälfte der Abgeordneten dieser Fraktion waren Kaufleute, aber ein bemerkenswert hoher Anteil hatte außerdem ausgeprägte, wenn nicht ausschließliche Interessen in der Industrie. Im Jahr 1895 bestand die Fraktion aus 35 Kaufleuten, sechs Rechtsanwälten, acht Handwerksmeistern, fünf Rentiers, zwei Lehrern, zwei Bauern sowie je einem Arzt, Richter und Architekten. Mehr als die Hälfte von ihnen war gleichzeitig Mitglied im Grundeigentümerverein. Im politischen Spektrum des Reichs waren ihre Neigungen vermutlich zwischen Nationalliberalen, Linksliberalen und vielleicht auch Konservativen aufgespalten.[61] Die politischen Ursprünge dieser Fraktion lagen in der Zeit der ausgehenden sechziger Jahre; sie wurde als Versuch gegründet, zwischen der «demokratischen» Fraktion der Linken und der Senatsfraktion der Rechten zu vermitteln.[62]

Diese wenig genau definierte politische Position und die Herkunft der Mitglieder aus unterschiedlichen gesellschaftlichen Schichten ließ die Fraktion Linkes Zentrum eher unberechenbar erscheinen, obwohl sie als größte der drei Fraktionen ganz offenkundig das Kräfteverhältnis bestimmte. Die Tatsache, daß der Grundeigentümerverein in zwei der drei Fraktionen vertreten war, verlieh ihm in der Bürgerschaft mehr Macht, als die vierzig Sitze erkennen ließen, die über die Wahl der Grundeigentümer besetzt worden waren. Beispielsweise gehörten ihm 1895 immerhin 78 der 160 Abgeordneten der Bürgerschaft an. Da Entscheidungen durch Mehrheitsbeschlüsse gefaßt wurden, hatten sie damit praktisch ein Vetorecht gegenüber Gesetzesvorlagen, die ihnen nicht paßten, zumal sie bei solchen Gelegenheiten höchstwahrscheinlich besser organisiert waren und disziplinierter auftraten als andere Gruppen in der Bürgerschaft wie beispielsweise die Senatspartei.[63]

Solche Interessenvertretung über die Fraktionsgrenzen hinweg war möglich, weil die Fraktionen nicht Parteien im heutigen Sinn entsprachen, sondern einfach lockere und nahezu private Zusammenschlüsse von Abgeordneten waren. Die Bürgerschaft kannte weder Parteidisziplin noch Fraktionszwang, und so wurde bei zahlreichen wichtigen Fragen quer über die Parteigrenzen hinweg abgestimmt. Wie schon gesagt, standen die Fraktionen nicht in Beziehung zu auf nationaler Ebene tätigen politischen Parteien; von den beiden Bürgerschaftsabgeordneten, die zwischen 1886 und 1905 zugleich einen Reichstagssitz als nationalliberale Abgeordnete innehatten, gehörte der eine der Fraktion der Rechten und der andere der Fraktion Linkes Zentrum an. Keine dieser Fraktionen verfügte über ein öffentlich verkündetes Programm, und keine beteiligte sich an der Durchführung der Wahlen zur Bürgerschaft, deren Organisation in den Händen der Bürgervereine lag. Nur 11 % der Abgeordneten gehörten 1859 solchen Vereinen an, doch in dem Maße, wie die Zahl der Vereine anstieg, wuchs auch ihre Bedeutung bei den Wahlen. Um 1895 waren 60 % der Abgeordneten Mitglieder in Bürgervereinen. Davon zählten 46 zur Fraktion der Linken, 39 zur Fraktion Linkes Zentrum und 15 zur Fraktion der Rechten. In der letztgenannten Zahl spiegelt sich wider, daß die Notabeln (von denen es im Jahr 1880 nur fünfhundert gab, während es 1890 sechshundert waren) ihre eigenen Wahlen abhielten. Hauptaufgabe der Vereine war es, die allgemeinen Wahlen und die der Grundeigentümer durchzuführen.[64]

War jemand in die Bürgerschaft gewählt, mußte er (zumindest theoretisch) den größten Teil des Jahres hindurch an zwei Sitzungen pro Woche

– im Juli einer – teilnehmen; der August war sitzungsfrei.[65] Die Beratungen der Bürgerschaft fanden montags und mittwochs von sieben bis etwa zehn Uhr abends statt; auf der Tagesordnung stand eine bunte Vielfalt von Themen, angefangen von den Beziehungen zum Reich über wichtige Gesetzesanträge bis hin zu den unbedeutendsten Fragen der Stadtverwaltung.[66] So debattierte die Bürgerschaft in den ersten Monaten des Jahres 1893 über die Reform des Verwaltungssystems, die Ausweitung des Bürger- und Wahlrechts auf einen größeren Teil der Bevölkerung und die Neuorganisation der Hamburger Polizeikräfte; sie behandelte aber auch einen Dringlichkeitsantrag, in dem es um die Beseitigung eines Wracks ging, das sich als Gefahr für die Schiffahrt auf der Elbe erwies, sowie einen Senatsvorschlag, scharfe neue Maßnahmen gegen streunende Katzen einzuführen. Die Mehrzahl der Vorschläge des Senats zu Verwaltungsfragen wurde, soweit sie von geringerer Bedeutung waren, durch Kopfnicken angenommen, bei wichtigeren Fragen jedoch kam es häufig zu ausgedehnten Debatten.[67]

Förmlichkeit und Höflichkeit bestimmten die Atmosphäre in der Bürgerschaft. Wie ihr Präsident Otto Mönckeberg am 5. März 1892 sagte: «. . . so lange hier das wahre, echte Hamburger Bürgerthum vertreten ist, [ist] kein Boden für tiefgehende Parteikämpfe.» Leidenschaftliche Debatten, verfängliche Zwischenfragen oder auch nur Unterbrechungen waren praktisch unbekannt. Kein Redner wurde je niedergeschrien; allerdings lieferte auch keiner je einen Anlaß dazu. Mit der möglichen Ausnahme jener Handvoll «Demokraten» in der Bürgerschaft waren sich alle Abgeordneten in dem Ziel einig, einen zufriedenstellenden Kompromiß zwischen den Interessen von Großkaufleuten und Einzelhändlern, Kaufleuten und Industriellen, Grundeigentümern und Bankiers, Handwerksmeistern und Großbürgertum zu finden. Man heuchelte Interesse an den Problemen der in der Bürgerschaft nicht vertretenen Mehrheit der Bevölkerung, doch verfiel kaum jemand auf den Gedanken, man könne dieser Mehrheit gestatten, für sich selbst zu sprechen. Das Stimmrecht war auf die Bürger beschränkt, das bedeutet, auf Männer, die in Hamburg geboren waren oder eine bestimmte Anzahl von Jahren ohne Unterbrechung dort gelebt hatten, ein Bürgergeld von 30 Mark beglichen hatten und genug verdienten, um die von der Stadt erhobene Einkommensteuer zu zahlen. Wer mehr als 3600 Mark im Jahr verdiente, war dem Gesetz nach verpflichtet, Bürger zu werden. Aufgrund dieser Bedingungen hatte die Mehrheit der Einwohner keine Aussichten, je das Bürgerrecht in Hamburg zu erwerben.[68]

Im Jahr 1859 beantragten 1916 Männer das Bürgerrecht; 1870 waren es nur noch 367. Lediglich 8,7% der Bewohner Hamburgs – 34000 von 390000 – besaßen im Jahr 1875 das Bürgerrecht. Diese Zahl ging bis 1890 auf 28000 zurück. Davon durften 5000 das Wahlrecht nicht ausüben, weil sie noch nicht das Mindestalter von 25 Jahren erreicht hatten. Eine weitere Ungleichheit bestand darin, daß die Grundeigentümer (etwa 6000 Wähler im Jahr 1890) über je zwei Stimmen verfügten: Da sie außerdem Bürger waren, konnten sie auch an der allgemeinen Wahl teilnehmen. Die höchsten Privilegien genossen die rund sechshundert Notabeln, die einer wie der andere Bürger und in der Mehrzahl der Fälle überdies Grundeigentümer waren. So besaß die große Mehrheit der Notabeln je drei Stimmen; zudem konnten sie, da ihre Wahlen einige Tage nach denen der Grundeigentümer stattfanden, die ihrerseits auf die der gewöhnlichen Bürger folgten, Kandidaten durchbringen, die bei den vorausgegangenen Wahlen keine Stimmenmehrheit bekommen hatten, eine Möglichkeit, von der sie auch häufig Gebrauch machten. Verstärkt wurde diese privilegierte Stellung noch dadurch, daß die Notabeln alle drei Jahre wählten, während Grundeigentümer und gewöhnliche Bürger jeweils nur einmal alle sechs Jahre wählen durften.[69]

Das eingeschränkte Wahlrecht war in Europa im 19. Jahrhundert, auch noch in den neunziger Jahren, durchaus die Regel. Beispielsweise war in England trotz der Gesetze von 1832, 1867 und 1884 zur Parlamentsreform ein überaus großer Teil der Arbeiterklasse nach wie vor vom Wahlrecht ausgeschlossen; in Italien, Österreich-Ungarn und den skandinavischen Ländern hing das Wahlrecht unverändert weitgehend von Besitz, Einkommen und gesellschaftlicher Stellung ab. Innerhalb der deutschen Grenzen war das Gemeindewahlrecht in vielen großen und kleinen Städten auf ähnliche Weise eingeschränkt. Selbst in Dörfern war das Recht zur Teilnahme an der Gemeinderatswahl auf die Männer beschränkt, die mindestens zehn Jahre am Ort ansässig waren, eine Vorschrift, die einen großen Teil des mobilen Proletariats kategorisch ausschloß.[70] In Preußen war die Wählerschaft je nach Einkommen und Besitz in drei Klassen eingeteilt, auch andere deutsche Staaten kannten ein Wahlsystem mit ungleich verteilten Rechten – und wenn die Ungleichheit nur darin bestand, daß es keine Direktwahl gab. Eher ungewöhnlich und ein Hinweis auf die Beharrungskraft lokaler Traditionen war, daß die auf Reichsebene tätigen Parteien in Hamburg nicht vertreten waren. Aber hier sollte man Hamburger Verhältnisse ohnehin nicht mit denen in anderen Bundesstaaten im Deutschen Reich vergleichen, sondern mit denen in anderen

Gemeinden. Wer sich Stadträte im übrigen Deutschland ansieht, erkennt, daß auch dort bis zum Ende des Jahrhunderts und manchmal noch darüber hinaus fortdauerte, was der amerikanische Historiker James Sheehan als «unpolitische Politik» bezeichnet hat. Daß diese Art Liberalismus sich in ganz Deutschland bei Wahlen so stark durchsetzte, verdankte sie dem Fortbestand des eingeschränkten Wahlrechts; und Hamburgs liberales Bürgertum bildete mit seinem Wunsch, die Dinge zu lassen, wie sie waren, keine Ausnahme.[71]

Besitz war also im Hamburg des 19. Jahrhunderts in einem durchaus realen Sinn die Grundlage unmittelbar ausgeübter politischer Macht. Nur wer Kapital besaß, konnte an den Gesetzgebungs- und Verwaltungsentscheidungen teilhaben, die die Zukunft der Stadt bestimmten. Es gelang dem aus den reichsten und angesehensten Kaufleuten, Bankiers und Rechtsanwälten bestehenden Großbürgertum, das durch ein enggeknüpftes Netz familiärer und gesellschaftlicher Bande von der übrigen Bevölkerung wirksam abgeschlossen blieb, sich selbst das Recht auf die Exekutive vorzubehalten; doch vermochte seit den vierziger Jahren und vor allem nach den Reformen von 1859/60 das aus Ärzten, Architekten, Apothekern, Lehrern, kleineren (aber immer noch potenten) Kaufleuten und ähnlichen Gruppen bestehende mittlere Bürgertum seiner Stimme mittels der Bürgerschaft, der Handelskammer, der Bürgervereine, der Deputationen und anderer nicht offiziell etablierter Institutionen Gehör zu verschaffen. Noch bedeutsamer ist, daß sich diejenigen Angehörigen dieser Schicht, deren Einkommen wie das der wohlhabenderen Kleinbürger großenteils aus dem Besitz von «festem» Kapital in Form vermieteten Wohnraums stammte, imstande sahen, in zunehmend bedeutsamem Umfang Einfluß auf die Gesetzgebung auszuüben, und zwar so wirksam, daß sie nach den Reformen von 1859/60 tatsächlich die Möglichkeit besaßen, nahezu jede Maßnahme zu verhindern, die sie als ihren Interessen zuwiderlaufend ansahen.

So also stand es in der zweiten Hälfte des 19. Jahrhunderts um die herrschenden Klassen Hamburgs. Sie verband eine machtvolle Ideologie, die es nahezu unvermeidlich machte, daß letztlich alle den Handelsinteressen Vorrang einräumten, so sehr sich die Positionen der verschiedenen Fraktionen des Kapitals in untergeordneten Fragen auch unterscheiden mochten. Das Gefühl der Solidarität, das diese Ideologie ausdrückte und förderte, gehörte zu den Merkmalen des Lebens in Hamburg, die Außenstehenden unmittelbar auffielen. Beispielsweise fand es Julius von Eckardt überaus lobenswert, «daß sich die Bürger dieser in mancher

Rücksicht modern gewordenen Großstadt als Glieder *eines* Körpers fühlten und von einem Zusammengehörigkeitsgefühl erfüllt waren, wie es aus der Mehrzahl heutiger Mittelstände längst verschwunden ist»[72]. Dies Gefühl der Zusammengehörigkeit unter den herrschenden Klassen war eher ein unbewußter Reflex gegen von außen und unten kommende Bedrohungen als eine bewußt erarbeitete politische Theorie. Diese Haltung sollte, während das Jahrhundert zu Ende ging, immer deutlicheren Ausdruck finden.

Ungleichheit im Alltag

I

Zeitgenössischen Beobachtern im Hamburg des ausgehenden Jahrhunderts war durchaus bewußt, daß wirtschaftliches Wohlergehen wie politische Teilhabe auf der gesellschaftlichen Stufenleiter vergleichsweise weit nach unten ausstrahlten. So erklärte Julius von Eckardt im Rückblick auf seine in den siebziger Jahren in Hamburg verbrachte Zeit:

«Von dem breiten Behagen der herrschenden Schicht war auf die übrigen gesellschaftlichen Stockwerke überdies ein so reichliches Maß übergegangen, daß die übrigbleibenden Unterschiede sich geringfügig ausnahmen. Bis in die Mitte des Handwerkerstandes hinab war ein Zuschnitt herkömmlich, der auf Wohlstand und gesicherte Daseinsbedingungen schließen ließ, und mit der Knappheit der Verhältnisse anderer deutscher Landschaften deutlich genug kontrastierte, um dem Fremden zu imponieren.»[1]

Dennoch lag eine ungeheure Kluft zwischen Patrizierfamilien und Senatorendynastien an der Spitze der herrschenden Klassen und den zum Kleinbürgertum zählenden Angestellten, Handwerksmeistern und Gewerbetreibenden an deren Basis. Am Vorabend der Revolution von 1848 beispielsweise verfügten die Mitglieder des Großbürgertums, das alles in allem von etwa tausend Haushaltsvorständen repräsentiert wurde, über ein Kapitalvermögen von jeweils deutlich mehr als 50000 Mark Banco und über ein dementsprechendes Jahreseinkommen. Die reichsten sechshundert unter ihnen besaßen sogar pro Familie ein Kapital von durchschnittlich 100000 Mark. Nach der Steuerstatistik gaben etwa 750 Bürger ein versteuerbares Einkommen von mehr als 4500 Mark Courant pro Jahr an. Bei ingesamt 4500 Personen überstieg das Jahreseinkommen 3000 Mark. Dazu zählten nicht nur die Patrizier, sondern auch mittlere Kaufleute und Bankiers, außerdem Makler und sonstige Händler, einige Angehörige freier Berufe wie jüngere Soziusse von Anwaltskanzleien,

Beamte, Pastoren sowie die wohlhabendsten und erfolgreichsten unter den Handwerksmeistern. All diese Personen beschäftigten Arbeitskräfte der einen oder anderen Art, sie lassen sich dem Groß- oder mittleren Bürgertum zurechnen. Unter ihnen standen rund 22000 Steuerzahler, die zwischen 500 und 3000 Mark Courant jährlich verdienten; zu dieser Gruppe gehörte die Mehrzahl der Handwerksmeister, Gastwirte, Einzelhändler, kleinen Gewerbetreibenden, untergeordneten Angehörigen freier Berufe und Büroangestellten, die man dem Kleinbürgertum zurechnen kann. Daher darf angenommen werden, daß ein Senator (mit 30000 Mark Jahresgehalt) oder der wohlhabende Besitzer einer Handelsbank zehnmal soviel verdiente wie ein selbständiger Handwerksmeister oder ein Einzelhändler mit einem kleinen Laden, vermutlich besaß er außerdem ein proportional weit darüber hinausgehendes Kapitalvermögen.[2]

Doch verblaßten selbst diese Unterschiede angesichts der ungeheuren Unterschiede zwischen diesen Gruppen und der übrigen Bevölkerung. Dieselbe Untersuchung aus dem Jahr 1848 stellte weiter fest: Nahezu 70% der in der Stadt registrierten Beschäftigten verdienten so wenig, daß sie unter der Steuerschwelle blieben und damit überhaupt nicht in der Statistik auftauchten. Wird zudem berücksichtigt, daß die Gattinnen der besserverdienenden Steuerzahler im allgemeinen kein eigenes Einkommen bezogen, läßt sich schätzen, daß etwa ein Fünftel der Bevölkerung einen vergleichsweise behaglichen bis sehr üppigen Lebensstil pflegen konnte, da der Familienernährer mehr als 1000 Mark im Jahr nach Hause brachte, während ein weiteres Fünftel, das mit 500 bis 1000 Mark jährlich auskommen mußte, in bescheidenen oder sogar recht eingeschränkten Verhältnissen lebte, und der Rest – drei Fünftel – unter der Armutsgrenze existierte.[3] Das waren an erster Stelle die Menschen, die mit der Kraft ihrer Muskeln für den Warenumschlag in Hamburgs Hafen sorgten: Ewerführer, Matrosen, Schauerleute, Kutscher, Werftarbeiter, Speicherarbeiter und viele andere, bis hin zum gewöhnlichen Gelegenheitsarbeiter. Etwa 10000 Menschen waren um die Jahrhundertmitte im Hafen beschäftigt[4], zahlreiche andere übten die für das Alltagsleben einer großen Handelsstadt mit einem umfangreichen Bürgertum unerläßlichen Tätigkeiten im Handwerk und im Dienstleistungsbereich aus. Sie waren Schneider, Schuster, Zimmerleute, Tischler, Silberschmiede, Buchdrucker und -binder, Boten und Dienstleute, Näherinnen, Konfektionsarbeiterinnen, Kellnerinnen, Putzfrauen und Prostituierte. Alles in allem verdienten zwischen zwei Drittel und drei Viertel der um die Mitte des Jahrhunderts in der Stadt Erwerbstätigen weniger als 500 Mark jährlich. Daher ist es kaum verwunderlich, daß nur so wenige Einwohner Hamburgs imstande waren, die 30 Mark aufzubringen, die für eine Registrierung als Bürger erforderlich waren.[5]

Während der ersten Hälfte des 19. Jahrhunderts unterstand theoretisch jeder, der körperliche Arbeit leistete, den Zünften. In der Praxis aber waren deren Möglichkeiten begrenzt, Nicht-Mitglieder an der Aufnahme einer Arbeit in der Stadt zu hindern. Das Wachstum von Hamburgs Wirtschaft zog Arbeitskräfte aus den ländlichen Gegenden um die Stadt herum – und von noch weiter her – geradezu magnetisch an. Der Senat war nicht gewillt, diese «kleinen Leute, die sich auf Glück und auf die Kraft ihrer Arme hier etabliren (und die wir in gehöriger Beschränkung zwar nicht entbehren können)»[6], am Zuzug zu hindern, hätte dies doch einen Anstieg der Löhne in der Stadt bedeutet und sich zweifellos negativ auf den Gang der Geschäfte ausgewirkt. Daher war die Zahl der nicht in den Zünften organisierten Arbeitskräfte 1847/48 auch dann noch mindestens ebenso hoch wie die Zahl ihrer Mitglieder – etwa 13000 –, wenn man weitere 13000 als Dienstboten und ähnlich eingestufte Arbeitskräfte nicht mitrechnet.[7] Allerdings konnten die Zünfte diesen Leuten Steine in den Weg legen und dafür sorgen, daß registrierte Gesellen und Lehrlinge als erste an die Reihe kamen und ihnen die besten Arbeiten zugeschanzt wurden. Daher überrascht es nicht, daß Armut und Elend selbst unter günstigen Umständen weit verbreitet waren. Wie die Historikerin Antje Kraus gefolgert hat, war in der ersten Hälfte des Jahrhunderts das Problem für den großen Teil der Bevölkerung, der am Rand des Existenzminimums lebte, «die geringe Spanne zwischen Arbeitseinkommen – das in der Stadt nicht durch naturalwirtschaftliche Nebeneinnahmen ergänzt werden konnte – und fixem Anteil der Lebenshaltungskosten. Alter, Krankheit, Tod des Hauptemährers oder andere außergewöhnliche Belastungen hatten deshalb in der Regel zur Folge, daß die Schwelle zur Armut überschritten wurde.»[8]

Von der Mitte des 19. Jahrhunderts an erfuhr Hamburgs Sozialstruktur einen raschen Wandel. Da man 1860 vom allnächtlichen Schließen der Stadttore Abschied nahm, war es für Arbeiter ohne weiteres möglich, außerhalb der Stadtmauern zu leben, und das wiederum führte zu einer raschen Ausdehnung der Vororte. Es beschleunigte sich noch, als 1865 der beherrschende Einfluß der Zünfte aufgehoben und 1866 der neue Sandtorhafen eingeweiht wurden. Das von der Industrialisierung Deutschlands angetriebene, immer raschere Wirtschaftswachstum lockte eine immer größere Zahl von Arbeitsuchenden in die Stadt. Die Eröffnung des Freihafens 1888 und die damit einhergehende Ausweitung der Zuliefer- und Verarbeitungsindustrien steigerten gleichfalls die Nachfrage nach Arbeitskräften. Hamburgs Hafen und die Beschäftigungsmöglichkeiten, die er bot, wurden, wie es 1895 hieß, «der letzte Rettungsanker für diejenigen Arbeiter und kleinen Handwerker, die in ihrem Berufe Schiffbruch erlitten hatten. Jeder, der nirgendsmehr auf Arbeit zu hoffen hätte, ging an den Hafen, um dort womöglich noch einen Tagelohn zu verdienen.»[9] Bereits in den siebziger Jahren waren weniger als drei Fünftel der Einwohner Hamburgs in der Stadt geboren worden.[10] Schon bald hatte sich die Einwohnerzahl der Stadt verdoppelt, die von 1817 bis 1850 um weniger als 20% zugenommen hatte[11]; sie steuerte 1880, wie Abbildung 1 zeigt, auf die Halbmillionenmarke zu und hatte ein Jahrzehnt später schon 623000 erreicht. Einige Jahre vor dem Ersten Weltkrieg war die Millionengrenze überschritten.[12] Trotz der zunehmenden Diversifizierung der in der Stadt ansässigen Industrie verstärkte sich die herausragende Bedeutung des Hafens eher noch. Handel und Verkehr (und das bedeutete in Hamburg in erster Linie Schiffahrt sowie Arbeit auf dem Fluß und im Hafen) beschäftigten im Jahr 1871 30% und 1895 38% der werktätigen Bevölkerung. In keiner anderen Stadt Deutschlands lag dieser Anteil so hoch. Von den 1882 in der Industrie arbeitenden 35% war ein beachtlicher Anteil im Schiffbau und auf Reparaturwerften tätig. Dennoch bot die Zunahme der Zuliefer- und Verarbeitungsindustrien sowie der Aufschwung des Bauwesens, der mit der Ausdehnung der Stadt während jener Zeit einherging, eine zunehmende Vielfalt an Arbeitsplätzen außerhalb wie innerhalb des Freihafens und des Hafengebiets.[13]

Als eine der wichtigsten Folgen der Wirtschaftsexpansion in der zweiten Hälfte des 19. Jahrhunderts entstand während der sechziger Jahre ein lohnabhängiges Proletariat: Eine neue Arbeiterklasse trat aus dem Schatten der Zünfte und entwickelte ihre eigenen Institutionen und Lebensformen. Während Handwerksmeister, die größere Betriebe besaßen – einige von ihnen beschäftigten um die Mitte des Jahrhunderts bis zu hundert Leute[14] –, in die Reihen des Kleinbürgertums mit politischem Wahlrecht aufstiegen, verschmolz die Masse der kleinen Alleinmeister und der Gesellen allmählich mit dem neuen Proletariat.

Die Herausbildung einer Arbeiterklasse zeigte sich vielleicht am offenkundigsten in der Trennung der verschiedenen Klassen nach Wohngegenden, zu der es in dem Maße kam, wie die Stadt wuchs. Als zu Anfang des Jahrhunderts die Mehrheit der Stadtbewohner innerhalb der Stadtmauern enggedrängt beieinanderlebte, konnten sich im Alltagsleben Arm und Reich kaum aus dem Weg gehen, auch wenn sie getrennt voneinander wohnten. In Hamburg galt herkömmlich die «alte Einheit von Wohnhaus, Kontor und Lager»[15], doch mit dem Aufschwung des Handels begannen die Kaufleute in großzügigere und behaglichere Häuser außerhalb der Stadtmauern umzuziehen. Beispielsweise hatten 1861 noch zwölf Senatoren, Senatssyndizi und Senatssekretäre ihren Wohnsitz in der Altstadt, 17 hingegen in der Neustadt; im Jahr 1911 lebte nur noch ein einziger in der Innenstadt, und das war der Erste Polizeiherr, dessen Dienstwohnung dort lag; seine Privatwohnung besaß er wie alle anderen in einem der Vororte.[16] Die alten Kaufmannswohnungen in der Stadt wurden schrittweise in Unterkünfte für die Arbeiter umgewandelt, die darauf angewiesen waren, in der Nähe des Hafens zu wohnen. Beschleunigt wurde dieser Prozeß durch die Errichtung mehrstöckiger Mietshäu-

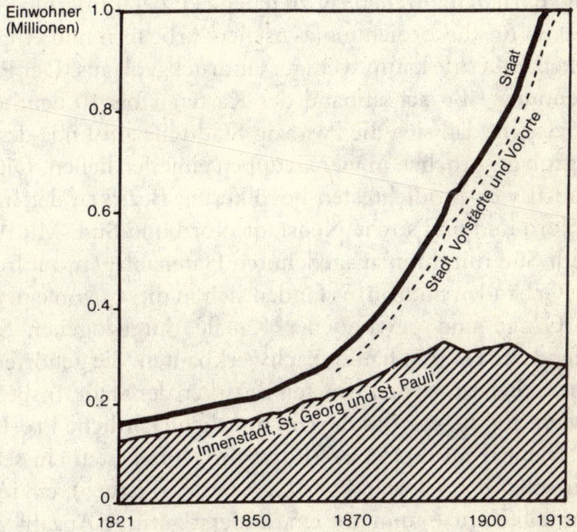

(Quelle: Werner Matti: Bevölkerungsvorgänge in den Hansestädten..., in: ZHG, 69 [1983], S. 114)

Abb. 1 Bevölkerungswachstum Hamburgs zwischen 1821 und 1913

ser nach dem Großen Brand von 1842 und später in weit größerer Zahl in den Vororten der Stadt, seinen Abschluß fand er mehr oder weniger in den achtziger Jahren, als die Lagerhäuser in den Freihafen umgesiedelt wurden. Daher wohnten in den neunziger Jahren Großbürgertum, mittleres Bürgertum und Arbeiterklasse meist in deutlich voneinander getrennten Stadtteilen. In vielen Fällen kamen die Kinder aus Großbürgerfamilien erst als Erwachsene in die Innenstadt, ganz zu schweigen von den Arbeitervorstädten; die einzigen Angehörigen anderer Gesellschaftsschichten, denen sie begegneten, waren Handwerker und Dienstboten. So lebten schon lange vor dem Ende des Jahrhunderts Proletariat und Großbürgertum jeweils in einer eigenen Welt.[17]

II

Der Prozeß der gesellschaftlichen Trennung nach Wohngebieten war in Hamburg bis 1892 weit fortgeschritten. Die negative Korrelation zwischen lohnabhängigen Handarbeitern und wirtschaftlich selbständigen Berufstätigen nach Stadtteilen lag zu jener Zeit bei immerhin −0.92 und fiel mit −0.83 für die Beziehung zwischen Arbeitern und Angehörigen der Angestelltenberufe kaum weniger eindrucksvoll aus. Der Prozeß der Klassentrennung läßt sich anhand der Karten 1 bis 10 deutlich erkennen.[18] Sie zeigen, daß sich die zwanzig Stadtteile am Ende des 19. Jahrhunderts grob gesprochen in vier Gruppen einteilen ließen. Die erste bestand aus den vier am dichtesten bevölkerten Bezirken der Innenstadt: Altstadt Nord und Süd sowie Neustadt Nord und Süd. Mit Ausnahme der Altstadt Süd mit ihren ausgedehnten Hafenanlagen, zahlreichen öffentlichen Gebäuden und Büros fanden sich in diesen von einem Gewirr schmaler Gänge und gewundener Kanäle durchzogenen Stadtteilen überwiegend alte Häuser, häufig Fachwerkbauten. Sie gehörten, wie aus Karte 4 zu ersehen ist, zu den ärmsten Bezirken der Stadt. Insbesondere in der Neustadt Süd betrug das durchschnittliche jährliche Pro-Kopf-Einkommen weniger als 400 Mark (Karte 4). Dort lebten ein sehr kleiner Anteil wirtschaftlich selbständiger Einwohner (Karte 5), ein sehr großer Arbeiteranteil (Karte 6) und nur eine äußerst geringe Anzahl von Angestellten und Vorarbeitern (Karte 7). Diese vier Teile der Innenstadt wie auch andere in Elbnähe gelegene Stadtteile wiesen die dichteste Ballung der im Hafen Tätigen auf (Karte 8). Dort lagen die Gängeviertel, verfal-

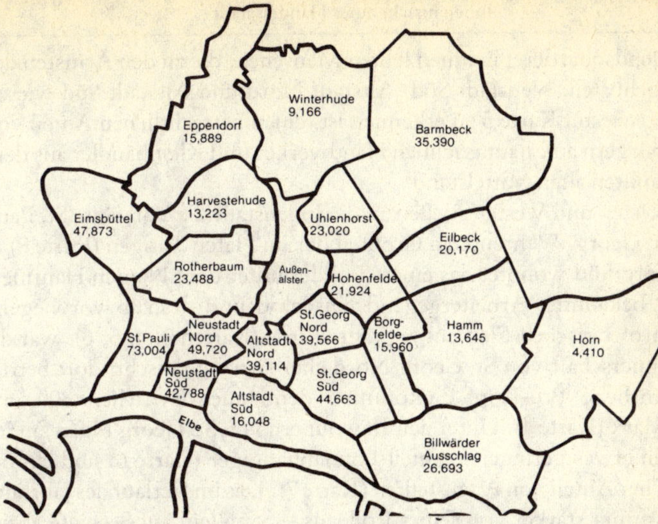

(Quelle: MS, 1893, Tafel I)

Karte 1 Hamburg im Dezember 1892: die Stadtteile und ihre Bevölkerung

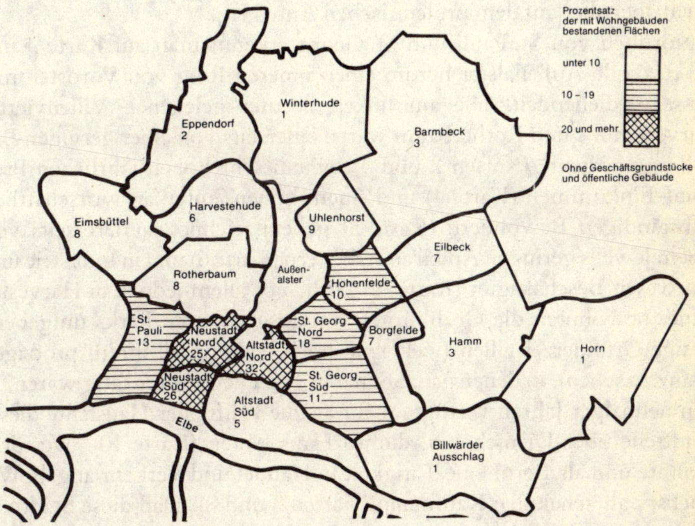

(Quelle: SHS, 21 [1903], Tabelle 4, ohne geschäftlich genutzte Grundstücke und öffentliche Gebäude)

Karte 2 Prozentanteil der 1896 in Hamburg mit Wohngebäuden bestandenen Flächen, nach Stadtteilen

lene Elendsquartiere; in ihnen lebten Menschen, die zu den Ärmsten der Stadt gehörten. Neustadt Süd, Altstadt Nord und Altstadt Süd wiesen jedoch, wie auf Karte 5 zu erkennen ist, einen beträchtlichen Anteil von Kleinbürgern auf, hauptsächlich Handwerker und Kleinhändler aus dem sogenannten alten Mittelstand.

Im Osten und Westen stießen an die Innenstadt die Vorstädte St. Pauli und St. Georg. Während ein Großteil der im Hafen Tätigen (Karte 8) in St. Georg Süd wohnte, das einen Teil der unter dem Namen Hammerbrook bekannten Arbeitergegend einschloß und deshalb vorwiegend vom proletarischen Element geprägt wurde (Karten 3, 4, 5, 6), war die Bewohnerschaft von St. Georg Nord eher sozial gemischt; dort betrug das jährliche Pro-Kopf-Einkommen denn auch zwischen 800 und 1200 Mark (Karte 4). Unter den Bewohnern von St. Georg Nord fanden sich ein etwas geringerer Anteil Lohnabhängiger (Karte 6) und ein beachtlicher Anteil von Angestellten (Karte 7). Das im Verlauf des Jahrhunderts immer stärker von seiner Rolle als – vor allem auf Seeleute abzielendes – Zentrum von Amüsement und Prostitution geprägte St. Pauli besaß eine ähnlich gemischte Bewohnerschaft, bei der das Schwergewicht aber eher auf dem proletarischen Anteil lag.

Nördlich von St. Pauli und St. Georg erkennt man auf Karte 4 um die reizvolle Außenalster herum einen inneren Ring von Vororten mit Besserverdienenden. Die am linken Seeufer gelegenen Villenviertel Harvestehude und Rotherbaum waren einerseits von einer geringen Bevölkerungsdichte (Karten 2 und 3), einem sehr hohen jährlichen Pro-Kopf-Einkommen (Karte 4) und einem hohen Anteil an wirtschaftlich selbständigen Bewohnern (Karte 5) gekennzeichnet, andererseits von einem jeweils geringen Anteil an Arbeitern (Karte 6) und in Industrie und Bauwesen Beschäftigter (Karte 9). Dort, vor allem jedoch in Harvestehude, bewohnten die Großbürger von ausgedehnten Parks umgebene riesige Gründerzeitvillen (viele sind noch heute in all ihrem protzigen Glanz zu sehen), in denen ganze Scharen von Dienstboten tätig waren. In den neunziger Jahren verfügte mehr als die Hälfte der Haushalte dieser Stadtteile über Dienstboten, die im Haus lebten (Karte 10). Wer dort wohnte und als Beruf eine Tätigkeit in Handel und Verkehr angab, war höchstwahrscheinlich Kaufmann (Karten 5 und 8). Daß diese Stadtteile auch weiterhin Zentren des herrschenden Großbürgertums blieben, wird dadurch unterstrichen, daß 1897 immerhin 13 Mitglieder des achtzehnköpfigen Senats (wie auch Witwen früherer Senatoren) in Harvestehude lebten. Unter den aktiven Senatoren, die dort zu Hause waren, be-

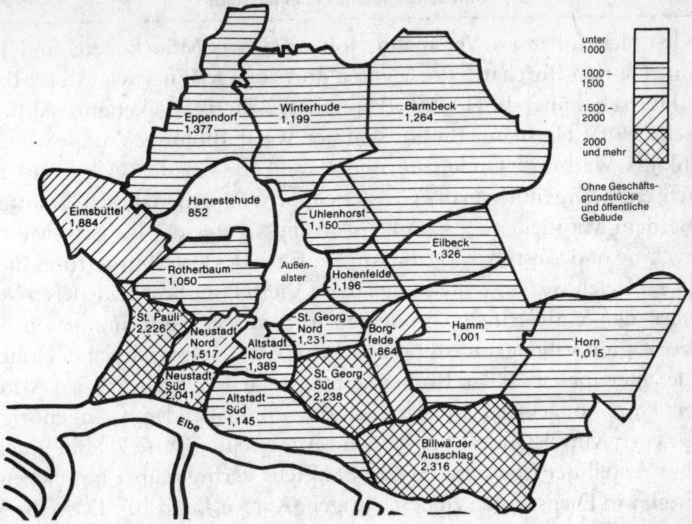

(Quelle: SHS, 16 [1894], S. 18, ohne Geschäftsgrundstücke und öffentliche Gebäude)

Karte 3 Einwohner pro Hektar bebauten Landes in Hamburg, 1892, nach Stadtteilen

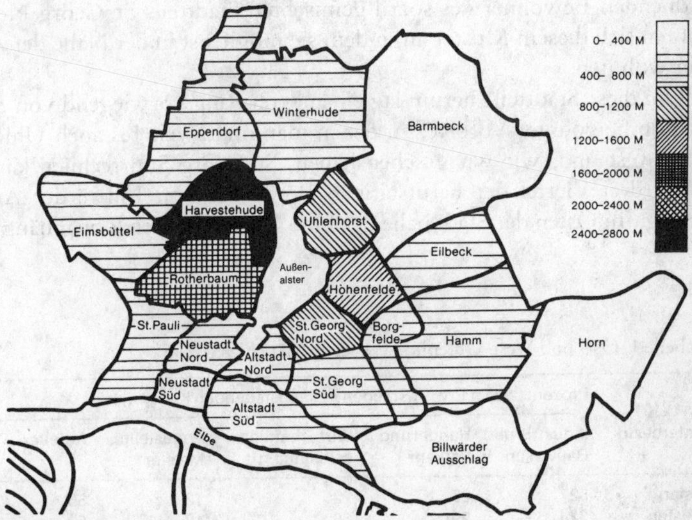

(Quelle: MS, 1893, Tafel I, auf Grundlage der Steuererklärungen)

Karte 4 Jährliches Pro-Kopf-Einkommen in Hamburg, 1892, nach Stadtteilen

fanden sich Johannes Versmann, Johann Georg Mönckeberg und Johann Heinrich Burchard, doch lebten dort auch Männer wie Albert Ballin, Herrscher über die HAPAG (Hamburg-Amerika-Paketfahrt-Aktiengesellschaft), Hermann Blohm von der Werft Blohm & Voss sowie die Bankiers Warburg, Godeffroy und Berenberg-Gossler. Alle sechs erwachsenen Angehörigen der Gossler-Sippe wohnten in diesem Stadtteil, außerdem Mitglieder der Familien Amsinck, Petersen, Ruperti, Merck, Sieveking und Westphal. Da die Angehörigen des Großbürgertums nicht sehr zahlreich waren, teilte es sich diese Viertel mit bescheideneren Vertretern der Mittelschicht. Sie lebten in gewisser Entfernung von den bevorzugten Villengrundstücken an der Alster, hauptsächlich in Hohenfelde, aber auch in Teilen Rotherbaums, am gegenüberliegenden Alsterufer. Dort konzentrierten sich auch die wohlhabenderen Angehörigen des neuen Mittelstandes, vorwiegend Angestellte (Karte 7). Ein beachtlicher Anteil der Bewohner dieses Stadtteils verfügte über hinreichende Mittel, um Dienstboten zu beschäftigen (Karten 4 und 10). Dasselbe gilt auch für den an die Alster stoßenden Stadtteil Uhlenhorst. Wie Tabelle 1 zeigt, war er deutlich zweigeteilt, wobei die Osthälfte in den Arbeiterstadtteil Barmbeck überging, während die Westhälfte eindeutig von der Mittelschicht geprägt wurde. Die gleichfalls klar der Mittelschicht zuzuordnenden Bewohner des sozial gemischten Stadtteils St. Georg Nord paßten sich diesem Muster an, indem sie möglichst in der Nähe der Alster wohnten.

Um diese Stadtteile herum lag ein äußerer Ring vorwiegend von Arbeitern bewohnter Vororte, zu denen man ohne weiteres auch Uhlenhorst Ost und, wie wir gesehen haben, St. Georg Süd rechnen kann. Über drei Viertel der berufstätigen Bewohner von Billwärder Ausschlag, im Osten der Stadt nahe der Elbe gelegen, waren lohnabhängige

Tabelle 1 Ost- und West-Uhlenhorst: soziale Merkmale, 1895

	Prozentsatz an Erwerbstätigen in nachstehenden Kategorien:				
Unterbezirk	Industrie und Bauwesen	Handel und Verkehr	Wirtschaftlich selbständig	Angestellte, Meister	Arbeiter
Osten	52	25	22	12	66
Westen	32	29	38	12	50

(Quelle: SHS, 18 [1898], S. 12)

Arbeiter am unteren Ende der gesellschaftlichen Stufenleiter. Die Zahlen für Horn, Hamm, Barmbeck, Winterhude und Eppendorf sind kaum weniger eindrucksvoll (Karte 6). Diese äußeren Vororte waren zu jener Zeit die am schnellsten wachsenden Stadtteile (Karte 1). Sie besaßen in den neunziger Jahren einen sonderbar zwiespältigen Charakter: Wohl waren einige von ihnen noch weitgehend ländlich geprägt, doch stießen in manchen Gegenden schon dichtgedrängt stehende Mietshäuser und Terrassen an die Felder. Zwar wiesen, gemessen an der Zahl der Einwohner pro Hektar, die alte Innenstadt und die inneren Vorstädte, wo kaum ein Quadratmeter unbebaut geblieben war, die größte Bevölkerungsdichte auf, doch waren die Unterschiede weniger ausgeprägt, wenn man die Zahl der Einwohner pro Hektar *bebauten* Landes zugrunde legt. Beispielsweise zeigen die Karten 2 und 3, daß der Billwärder Ausschlag am südöstlichen Rande Hamburgs zwar zu den am lockersten bebauten Gebieten gehörte, denn nur 1,3 % seiner Fläche war mit Häusern bestanden. Dennoch war er mit 2316 Einwohnern pro Hektar bebauten Landes das am dichtesten besiedelte Gebiet, da die meisten Menschen, die dort lebten, in einer kleinen Zahl von Mietshäusern untergebracht waren.

Die in diesem äußeren Ring gelegenen Stadtteile gehörten zu den ärmsten in Hamburg, und der Billwärder Ausschlag war einerseits mit der größten Bevölkerungsdichte (Karte 3), dem höchsten Prozentsatz an Lohnabhängigen (Karte 6) und andererseits mit dem niedrigsten jährlichen Pro-Kopf-Einkommen (Karte 4), dem geringsten Anteil an wirtschaftlich selbständigen Einwohnern (Karte 5) und an Haushalten, in denen Dienstboten lebten (Karte 10), sogar der ärmste aller Bezirke. Mit Ausnahme dieses Stadtteils wohnten in den Vororten eher Industrie- als Hafenarbeiter (Karte 8), obwohl auch die Industriearbeiter großenteils nach wie vor im Hafengebiet arbeiteten. Einer der Gründe dafür, daß der neue Mittelstand diese Gebiete so auffällig mied, mag darin zu suchen sein, daß es keine angemessenen öffentlichen Verkehrsverbindungen zur Innenstadt gab. Die im Nordwesten der Innenstadt gelegenen Stadtteile wie Eppendorf und Eimsbüttel waren sozial eher gemischt, wobei deren südöstliche Teile wegen ihrer Nähe zu Rotherbaum und Harvestehude ein gewisses Sozialprestige genossen. Vor allem Eimsbüttel hatte eine stark kleinbürgerlich gefärbte Bevölkerung. Auf der anderen Seite der Außenalster wies die Sozialstruktur Eilbecks, Borgfeldes und Hamms dort eine ähnliche Tendenz nach oben auf, wo diese Bezirke an Hohenfelde stießen, den Wohnbezirk der Stadt mit dem dritthöchsten sozialen Prestige. Horn schließlich, damals der östlichste Teil der Stadt,

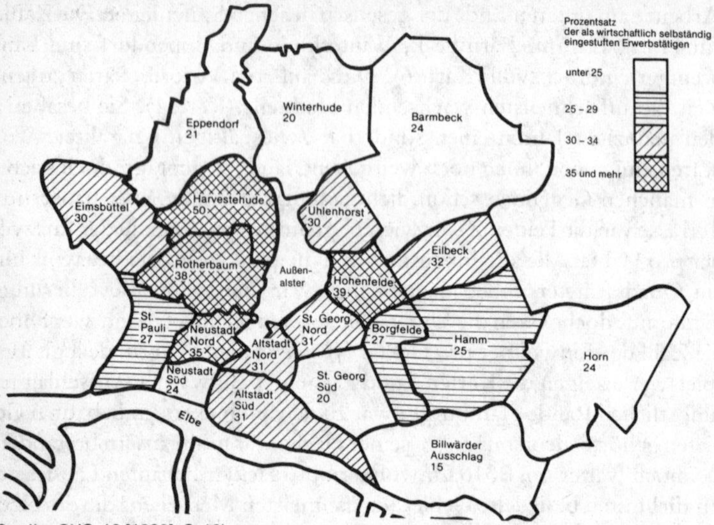

(Quelle: SHS, 18 [1898], S. 12)

Karte 5 Wirtschaftlich selbständige Erwerbstätige in Hamburg, 1895, nach Stadtteilen

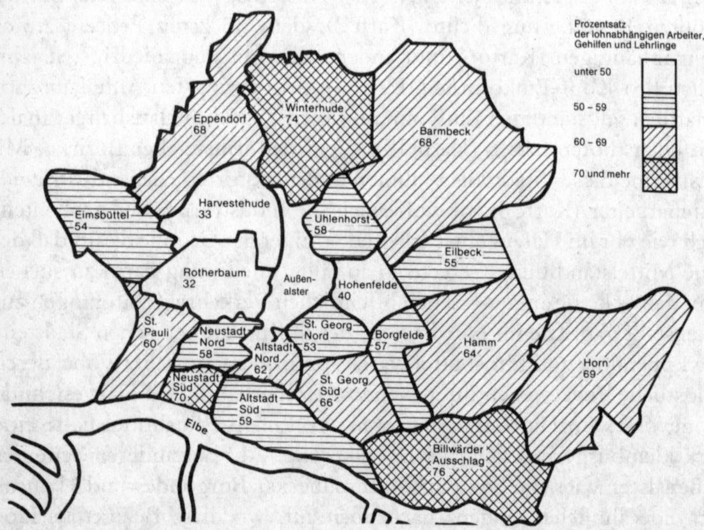

(Quelle: SHS, 18 [1898], S. 12)

Karte 6 Arbeiterbevölkerung in Hamburg, 1895, nach Stadtteilen

zeichnete sich zu jener Zeit noch durch einen nahezu vollständig ländlichen Charakter aus. Das unterschied diesen Stadtteil in gewisser Weise von allen anderen, auch wenn schon vor der Jahrhundertwende schrittweise mit der Bebauung der an Hamm und den Billwärder Ausschlag grenzenden Teile begonnen wurde.

Das Wachstum von Handel und Industrie veränderte also in der zweiten Jahrhunderthälfte das Gesicht der Stadt nahezu bis zur Unkenntlichkeit. Die alte Innenstadt, in der ein schnell abnehmender Anteil von Hamburgs Bevölkerung lebte, büßte rasch ihren sozialen Status ein. Um die Außenalster herum entstand ein Ring aus Vororten, in denen Großbürgertum und Mittelschicht zu Hause waren; gleich daneben erhoben sich die neuen Mietshäuser und Terrassen für die in der Industrie tätige Arbeiterklasse. Zur bereits beschriebenen Welt des Großbürgertums kam die unvergleichlich volkreichere des Kleinbürgertums und der Arbeiterklasse, die von ihr – und in geringerem Maße auch in sich selbst – nicht nur durch einen wirtschaftlichen, sondern auch einen geographischen und gesellschaftlichen Abstand geschieden war. Diese Unterschiede zwischen Hamburgs Stadtteilen ermöglichen eine vergleichende Analyse verschiedener gesellschaftlicher Indikatoren. Wie entscheidend wirtschaftliche Selbständigkeit zu jener Zeit war, zeigt sich an den hohen Korrelationen zwischen dem diesbezüglichen Indikator und dem Anteil an Haushalten mit Dienstboten in den jeweiligen Stadtteilen auf der einen (+0.87) und dem durchschnittlichen Pro-Kopf-Einkommen (+0.82) auf der anderen Seite, während die Korrelation für die Haushalte mit Dienstboten ziemlich genau dem jeweiligen Einkommensstand entsprach (+0.95). Armut hingegen ging mit Handarbeit einher und wies eine Korrelation von −0.84 zur jeweiligen Einkommensstufe auf.

III

Nur wenige Berichte vermitteln uns ein genaues Bild davon, was es bedeutete, im Hamburg des 19. Jahrhunderts am Rande des Existenzminimums zu leben. Das Großbürgertum hat der Nachwelt eine so imposante Anzahl von Familiendokumenten, Tagebüchern und Erinnerungen hinterlassen, daß ein einzelner Historiker sie kaum zu bewältigen vermag; über das Kleinbürgertum und die Arbeiterklasse hingegen berichtet nur eine Handvoll von Zeugen. Was sie mitteilen, gestattet aber zumindest einen flüchtigen Blick darauf, wie die Mehrzahl der Bewohner

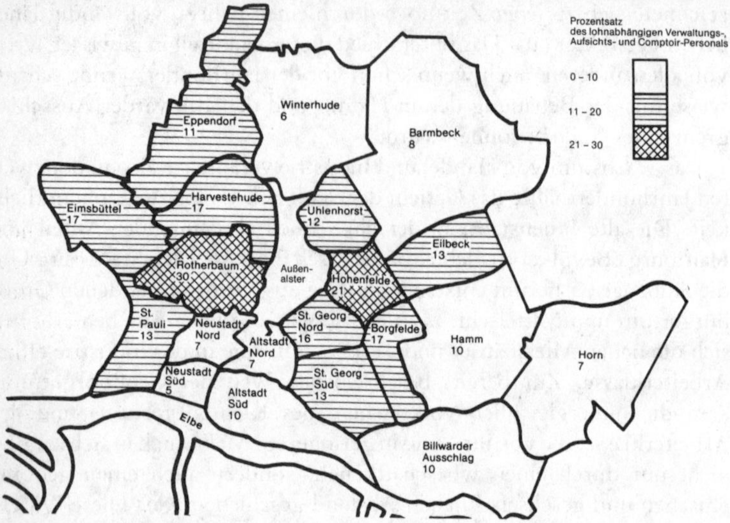

(Quelle: SHS, 18 [1898], S. 12)

Karte 7 Verwaltungs-, Aufsichts- und Comptoir-Personal in Hamburg, 1895, nach Stadtteilen

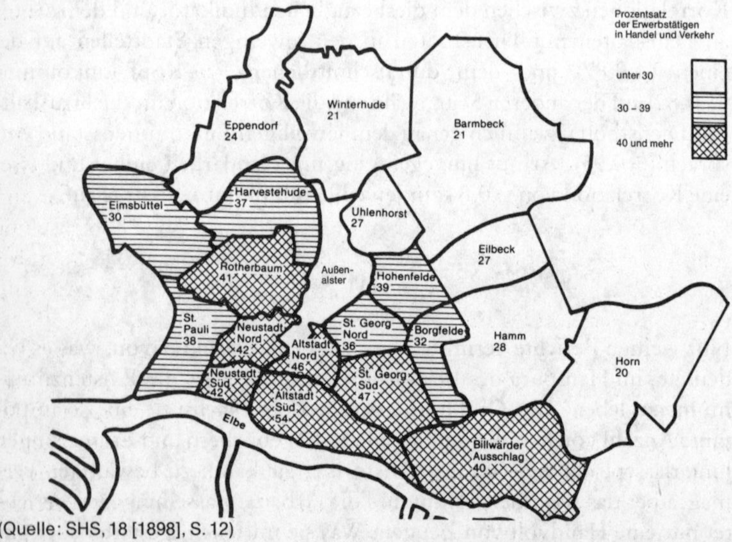

(Quelle: SHS, 18 [1898], S. 12)

Karte 8 In Handel und Verkehr Erwerbstätige in Hamburg, 1895, nach Stadtteilen

Hamburgs mit ihrem Los fertig wurde, und erlaubt es uns, wie unscharf auch immer, vor unserem Auge einige der subjektiven Aspekte von Armut erstehen zu lassen.

Eine der ausführlichsten uns vorliegenden Beschreibungen vom Leben eines armen Bewohners der Stadt nahe der untersten Stufe der sozialen Pyramide stammt aus den Familienerinnerungen Johannes Fieges, der vor dem Ersten Weltkrieg in Hamburg lebte.[19] Er kam 1871 auf einem Bauernhof in der Nähe von Stade zur Welt, einer Kleinstadt nicht weit von Hamburg. Kurz vor seinem 17. Geburtstag trat er in die Dienste der Post, wozu er in Raten eine Summe von 200 Mark als Unterpfand für gutes Betragen einzahlen mußte. Er bezog ein Jahresgehalt von 390 Mark dafür, daß er Briefkästen leerte, das Postamt sauberhielt und sich um die Öfen kümmerte. Im Haus des Posthalters bewohnte er ein Zimmer, für ihn und dessen Frau mußte er zahlreiche unbezahlte Aufgaben erledigen. In dieser untergeordneten Stellung arbeitete er etwa drei Jahre lang. 1899 wohnte Fiege dann in Altona, das an St. Pauli anschloß und zum unter preußischer Verwaltung stehenden Gebiet um Hamburg gehörte. Er trug gegen ein Jahresgehalt von 1050 Mark plus 240 Mark Mietzulage Briefe aus und bekam seine Einlage zurück. Der Umzug in die große Stadt und seine neue Anstellung sicherten ihm einen Platz auf der sozialen Rangskala, der dem eines Facharbeiters gleichkam.

Vergnügungen gab es nur wenige. Er war Mitglied in einem Turnverein und brachte einen großen Teil seiner freien Zeit damit zu, Spielzeug für seine Kinder und Möbel für seine Wohnung anzufertigen. Aus Stücken seiner alten Uniformen machte er Pantoffeln für seine Angehörigen, außerdem besohlte er deren Schuhe und polsterte Stühle auf. Fiege hatte nie etwas mit Politik zu tun, ging nie in eine Gaststätte und trank nie einen Tropfen Alkohol; lediglich zur Konfirmation seiner drei Söhne leistete er sich ausnahmsweise jeweils eine Flasche Bier. Allsonntäglich gestattete er sich eine Zigarre, gelegentlich rauchte er Pfeife. Einmal im Jahr – zu Ostern – besuchte er mit der ganzen Familie eine Tante auf dem Bauernhof, auf dem er zur Welt gekommen war, und ebenfalls einmal im Jahr fuhr die Familie nach Bergedorf, gleich hinter Hamburgs Stadtgrenze. Dort wohnten Verwandte seiner Frau. Weitere Ferien gönnte sich die Familie nicht. Sonntags unternahmen die Fieges gelegentlich einen Spaziergang, besuchten ein Museum oder hörten in einem der wenigen Parks der Stadt einer Militärkapelle zu – lauter kostenlose Vergnügungen. Wegen der damit verbundenen Ausgaben gin-

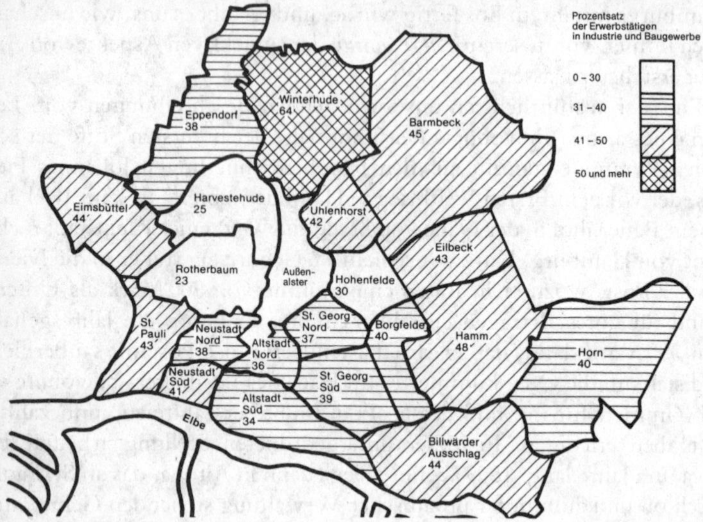

(Quelle: SHS, 18 [1898], S. 12)

Karte 9 Erwerbstätige in Industrie und Baugewerbe in Hamburg, 1895, nach Stadtteilen

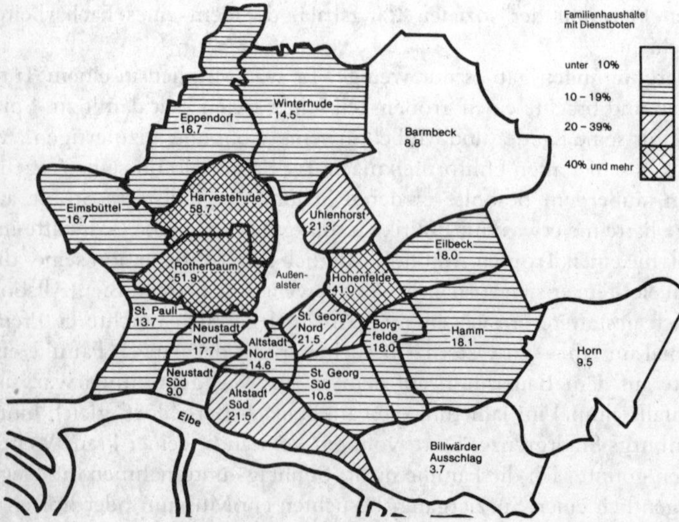

(Quelle: berechnet nach SHS, 19 [1900], S. 165)

Karte 10 Familienhaushalte mit Dienstboten in Hamburg, 1890, nach Stadtteilen

gen sie nie ins Theater oder ins Kino, außer einmal, als Verwandte zu Besuch kamen. Fieges Frau arbeitete ausschließlich im Haushalt, sie schneiderte für ihre Söhne Matrosenanzüge aus alten Uniformen, die von der Postverwaltung kostenlos zur Verfügung gestellt wurden. Auch ihre eigene Kleidung nähte sie sich selbst und kaufte die Lebensmittel im Beamtenkonsum. Fiege pachtete ein Stückchen Land, auf dem er Kartoffeln und Gemüse anbaute und für seine Frau Blumen zog. Den Boden düngte er mit Kompost, zu dessen Herstellung er Dung und Fleischabfälle aus dem Schlachthof verwendete. Das Ganze vermischte er mit Laub, das er auf den Wegen um die Othmarscher Kirche sammelte, und Abfällen des selbstgezogenen Gemüses. Im Sommer und Herbst sammelte die Familie bei Ausflügen häufig Beeren und Früchte; aus manchen wurden Tees hergestellt. Dank des haushälterischen Umgangs mit seinem Einkommen gelang es Fiege, beim Altonaer Spar- und Bauverein so viel anzusparen, daß die Familie 1905 eine Neubauwohnung beziehen konnte, die 260 Mark Jahresmiete kostete.

Obwohl er 1908 im Hauptpostamt 1640 Mark pro Jahr verdiente, geriet die Familie bei Ausbruch einer ernsthaften Krankheit gleich in finanzielle Schwierigkeiten. Weil es bei der Geburt des dritten Sohnes im Jahr 1911 zu Komplikationen kam, mußten ein Arzt und eine Schwester hinzugezogen werden; 1912 wurden alle drei Kinder wegen einer schweren Mandelentzündung von einem Spezialisten behandelt. Außerdem litt der Jüngste an Rheuma, so daß er nicht nur drei Monate lang ärztlich behandelt, sondern auch operiert werden mußte. Im Zusammenhang mit der Geburt mußte Fiege für Arzt und Hebamme jeweils 15 sowie für die Schwester 42 Mark aufwenden, während ihn die Krankheiten der Kinder 1911/12 für ärztliche Behandlung 108 und für Medizin 17 Mark kosteten. So war er genötigt, seinen Arbeitgeber um Unterstützung zu bitten, Anfang 1913 erhielt er zur Begleichung seiner Arztschulden 70 Mark. Obwohl ihm nach Abzug der Aufwendungen für Miete und Lebenshaltung gerade noch 10 Mark im Monat blieben, die er ein weiteres Jahr hindurch für den Spar- und Bauverein aufwenden mußte, ist sein Lebenslauf der eines Erfolgreichen. Immerhin hatte Fiege den Aufstieg vom Land in die Stadt geschafft, einen unkündbaren Arbeitsplatz mit festem Einkommen gefunden und eine Wohnung in einem hellen, luftigen und solide gebauten neuen Haus zusammengespart. Noch weiter als er brachten es seine Söhne: Einer wurde Angestellter, ein zweiter Ingenieur und ein dritter promovierte sogar und beendete sein Berufsleben als Professor. Fieges Geschichte zeigt, wie unsicher die Existenz selbst der solidesten Angehörigen der Arbeiterklasse war, auch wenn sie sich noch so sehr einschränkten.

Andere hatten weniger Glück. Eine der wenigen Autobiographien aus der Hamburger Arbeiterklasse, die wir aus jener Zeit besitzen, stammt aus der Feder des 1887 in Eppendorf geborenen Wilhelm Kaisen. Sie beschreibt ein Leben voll unerbittlicher Härte und geradezu besessener Sparsamkeit, bei dem es weit mehr um das nackte Überleben ging als darum, die Voraussetzungen für den Aufstieg aus der Arbeiterklasse zu schaffen.[20] Vater Kaisen war Bauarbeiter und half im Schlachthof aus, wenn in den kalten Wintermonaten auf den Baustellen die Arbeit ruhte. Die Familie hatte das Glück, kurz nach Wilhelms Geburt aufs Land ziehen zu können; sie wohnte in Alsterdorf, einem ländlichen Teil Hamburgs unmittelbar nordwestlich der Stadtgrenze. Dort bezahlte sie 20 Mark Monatsmiete für ein Reihenhaus mit vier Zimmern. Das war weit billiger als alles, was man in der Stadt hätte finden können. Allerdings bewohnten es nicht nur Wilhelm Kaisen mit seinen Eltern, sondern auch seine drei älteren Schwestern und sein Bruder. Ihnen stand ein Stück Gartenland zur Verfügung, und sie konnten ein kleines Stück hinzupachten, auf dem sie ein Schwein mästeten und zwei Ziegen als Milchlieferanten hielten. Jedes Familienmitglied mußte auf die eine oder andere Weise zum gemeinsamen Einkommen beitragen.

«Meine Mutter versah Tag für Tag eine Morgenstelle in einem bürgerlichen Haushalt und erhielt dafür erst 6, dann schließlich 10 Mark im Monat, also die Hälfte der Miete. Ich selbst trug eine Hamburger Zeitung aus: [und] erhielt... dafür 3 Mark im Monat – auch sie kamen ungekürzt in den Mietetopf. Mein Bruder leistete Hilfe beim Bäcker, schleppte Holz für den Backofen herbei oder verrichtete Botendienste. Meine drei Schwestern suchten sich in der Wohnung und im Garten nützlich zu machen.»

Wilhelm Kaisen oblag es, Futter für die Ziegen zu beschaffen. Seine Eltern zeigten ihm, welche Wildpflanzen den Tieren bekamen und welche Gift für sie waren. Im Sommer sammelten die Kinder Feuerholz und Reisig aus den Hecken. Die Kaisens lebten noch weit bescheidener als die Fieges. Die Mutter stellte die Kleidung der Kinder her oder flickte sie so häufig und gründlich, daß es auf dasselbe hinauslief. Schuhe wurden nur zu besonderen Gelegenheiten getragen; gewöhnlich gingen die Kinder barfuß. Im Haus gab es weder Strom noch fließendes Wasser, keine Teppiche, kein Badezimmer und auch keine Toilette. Es gab genug Geschirr für jeden Familienangehörigen, aber nichts darüber hinaus. Fleisch kam nur selten auf den Tisch und auch Obst kaum je, obwohl die Kaisens praktisch auf dem Land lebten. Im allgemeinen gab es zu Mittag Bratkartoffeln und abends Milchsuppe mit Mehlklößen oder «Kartoffeln und Gemüse als Eintopf mit einem Stück geräucherten Speck».

Auch Familien aus der Arbeiterklasse, die am Rande Hamburgs in Barmbeck oder Winterhude lebten, boten sich in gewissem Umfang ähnliche Gelegenheiten, Einkommen und Speisezettel aufzubessern und Brennmaterial zu sammeln. Die vielen tausend Familien aber, die in der Innenstadt lebten, mußten ohne derartige Erleichterungen auskommen. Ein Beispiel für eine solche Familie liefert Ernst Neddermeyer, der für 18 Mark Wochenlohn in einer Gerberei und im Sommer auf dem Lastkahn seines Arbeitgebers als Matrose arbeitete. Er bewohnte Ende der achtziger und Anfang der neunziger Jahre in Hamburg eine Zwei-Zimmer-Wohnung mit Küche, die im Monat 24 Mark Miete kostete, 30% seines Einkommens. In dieser spartanischen Unterkunft ohne Strom, Gas oder ordentliche Toilette hausten nicht nur Neddermeyer mit seiner Frau, sondern auch fünf Kinder sowie ein Untermieter, der mit 2,50 Mark je Woche zum Familieneinkommen beitrug. Die fünf Kinder schliefen gemeinsam in einem Bett, die Eltern im größeren der beiden Schlafzimmer und der Untermieter in der guten Stube, die ohnehin nur zu festlichen Gelegenheiten benutzt wurde und wenn Besuch kam. Die Kost bestand vorwiegend aus Brot, das mit einem als «amerikanisches Affenfett» bezeichneten «undefinierbaren Schmalz» bestrichen wurde. Samstags gab es zur Abwechslung eine Haferflocken«wurst». Vier der Kinder waren chronisch krank, und die Lage der Familie besserte sich erst, als sie 1896 in den Altonaer Stadtteil Ottensen zog und die Mutter mit 100 Mark, die ihnen der Untermieter geliehen hatte, einen kleinen Lebensmittelladen eröffnete. Da sie ihn bis Mitternacht geöffnet hielt und «anschrieb», erwarb sie allmählich einen immer größeren Kundenstamm – vor allem Eisenbahner, Postbedienstete und andere, die aufgrund ihrer Arbeitszeit nicht während der üblichen Geschäftsstunden einkaufen konnten. Auch die Situation des Vaters besserte sich, als er seine Stelle aufgab und eine Arbeit im Hafen annahm. Möglichkeiten zur Veränderung und Verbesserung gab es immer, allerdings konnten ebenso Krankheit und Unglück über die Menschen hereinbrechen.[21]

Ein noch präziseres Bild davon, wie eine Familie aus der Arbeiterklasse in Hamburg ihr Einkommen verwendete, verdanken wir der Frau eines Hafenarbeiters, die sich 1898 dazu überreden ließ, 18 Wochen lang alle Ausgaben der Familie genau aufzuschreiben.[22] Ihr Mann hatte eine regelmäßige Beschäftigung im Hafen und brachte durchschnittlich 24 Mark wöchentlich mit nach Hause, von denen der Arbeitgeber regelmäßig 15 Pfennig als Versicherungsbeiträge einbehielt.[23] Seine Frau hatte eine Teilzeitstellung in einem Kleiderladen. Dort bekam sie zwar kein Geld, sie konnte aber Unterwäsche und Kleidung für die Kinder mit nach Hause nehmen. Für eine Familie mit acht Kindern zwischen 18 Monaten und 13 Jahren war diese Art der Entlohnung in Naturalien nicht zu verachten. Die älteste der fünf Töchter arbeitete nachmittags, brachte aber nur eine Mark pro Woche nach Hause, so daß sich das Jahreseinkommen der Familie insgesamt auf knapp 1290 Mark belief. Da der Vater ein regelmäßiges Einkommen bezog und nicht auf Gelegenheitsarbeit angewiesen war, muß man ihn der oberen Schicht der Arbeiterklasse zurechnen, zumal er zur Gruppe der besser entlohnten Hafenarbeiter gehörte. Für ihre Vier-Zimmer-Wohnung zahlte die Familie 170 Mark im Jahr, etwas mehr als ein Fünftel des Einkommens. Das Geld verwaltete die Frau. Sie gab ihrem Mann wöchentlich 1 Mark 50 Taschengeld, über das er allerdings nicht nach Gutdünken verfügen konnte, denn da er keinen «Henkelmann» mit zur Arbeit bekam, brauchte er es für die Mittagsmahlzeiten. Für Freizeitvergnügungen gab die Familie nichts aus; ohnehin scheint sie kaum je Freizeit gehabt zu haben. Was Kleidung für die drei Jungen und fünf Mädchen anging, hatten sie keine Sorgen, aber Geld zum Kauf von Schuhen oder von Kleidung für die Eltern ließ sich nur aufbringen, wenn Möbelstücke versetzt wurden. Weitere unvermeidliche Ausgabeposten waren Seife, Stopfwolle, Petroleum für die Lampen, Brennmaterial für den Herd, Waschsoda, Schulbücher für die Kinder, Schuhreparaturen sowie gelegentlich Schreibpapier und Briefmarken.

Damit stand der Familie zwar der größte Teil ihres Einkommens für die Ernährung zur Verfügung, doch da zehn Mäuler zu stopfen waren, blieb kein großer Spielraum. Fleisch konnte man sich nur sonntags leisten, doch gab es gelegentlich auch an Wochentagen Klopse aus billigem gehacktem Pferdefleisch, zweifellos mit viel Fett. Hauptnahrungsmittel waren Kartoffeln und Brot, aber auch Fisch, Obst und Haferflocken kamen auf den Tisch. Getrunken wurde Kaffee, gelegentlich auch Milch. Beispielsweise aß die Familie am Montag, dem 17. Oktober, mittags Kartoffeln, Haferflocken, Fisch, Schwarzbrot mit Margarine und gezukkerte Pflaumen. Am Abend gab es Brot und Kaffee. Das Mittagessen am folgenden Tag bestand aus Graupen, in denen Knochen mitgekocht worden waren, Kartoffeln, Brot und Margarine; abends kamen Wurst, Kartoffeln und Kaffee auf den Tisch. Zu den Abwechslungen bei dieser sich während der Woche wiederholenden Speisenfolge gehörte ein halbes Pfund Fett am Donnerstagabend, Rüben, Reis und Magermilch. Der Hinweis auf mitgekochte Knochen findet sich noch zweimal. Die Erinnerung an das großartige Mittagessen von Sonntag, dem 16. Oktober, mit Ochsenfleisch, Eiern und Käse mußte für den Rest der Woche vorhalten, am folgenden Sonntag begnügte sich die Familie mit Pferdesteak und mit Kartoffeln. Da der Sonntagsbraten nie mehr als ein Pfund wog, dürfte keines der acht Kinder mehr als einen großen Bissen Fleisch bekommen haben. Offenkundig tat die Frau ihr Bestes, um das Essen der Familie innerhalb der sehr engen finanziellen Grenzen abwechslungsreich zu gestalten. Dennoch zwangen ihr diese Grenzen eine eintönige, auf Kohlenhydrate gestütze Ernährung auf, die in erster Linie aus Brot und Kartoffeln bestand – und selbst davon gab es kaum genug, um zehn Menschen zu sättigen. Da pro Mahlzeit zwischen zwei und vier Kilo Kartoffeln verbraucht wurden, dürfte jedes Familienmitglied zwei bis vier mittelgroße bekommen haben. Die eigentliche Grundlage der Ernährung war das Brot, regelmäßig der umfangreichste Posten im Nahrungsmittelbudget. Das kann nur bedeuten, daß es in größeren Mengen als jedes andere Lebensmittel gekauft und verbraucht wurde.[24]

Dabei hatte diese Familie in mehr als einer Hinsicht durchaus Glück: Sie verfügte nicht nur über ein regelmäßiges Einkommen, sondern stand auch – für diese Schicht eher ungewöhnlich –[25] in guten Beziehungen zur Kirche. Da der Kirche diese Einzelheiten des Familienbudgets berichtet wurden, gelangte die Familie in den Genuß der Mildtätigkeit besser gestellter Gemeindemitglieder, die gelegentlich Geld gaben oder kostspielige Anschaffungen, wie Kinderschuhe, finanzierten. Im Verlauf der 18 Wochen, während deren die Aufzeichnungen geführt wurden, beliefen sich die Einnahmen aus dieser Quelle auf immerhin 31 Mark, zusätzlich zu den 455,15 Mark, die der Mann, und den 11,20 Mark, die die Tochter mit nach Hause gebracht hatten. Hinzu kommt, daß die Berichtszeit in den Sommermonaten lag, in denen die Hafenarbeit am einträglichsten war und die Lebensmittelpreise sich auf dem niedrigsten Stand befanden. Trotzdem geriet die Familie, die zu Beginn der Aufzeichnungen schuldenfrei gewesen war, gegen Ende der dritten Woche ins Defizit und stand am Ende der 18 Wochen mit etwa 20 Mark Miete in der Kreide. Dabei war es ein glücklicher Umstand, daß alle Mitglieder der Familie während der Berichtszeit gesund waren, denn jede zusätzliche Ausgabe für ärztliche Behandlung hätte sie in eine tiefe finanzielle Krise gestürzt. Langfristig konnten Krankheiten nicht ausbleiben. Am 23. August wurde 1,25 Mark für «eine Flasche Kräutersaft als Arznei für ein Kind» eingetragen, ein Hinweis darauf, daß bereits eine Erkrankung vorlag, wenn auch möglicherweise keine ernsthafte. Auf Dauer mußte die kärgliche, eiweißarme Ernährung die Widerstandskraft gegen Infektionen und andere Krankheiten schwächen.

IV

Auch wenn abgesicherte Aussagen über die Veränderungen der Einkommensunterschiede und des Lebensstandards im Lauf des 19. Jahrhunderts nur mit offenkundigen Schwierigkeiten getroffen werden können, gibt das für Hamburg verfügbare Material dem Historiker zumindest die Möglichkeit einer einigermaßen verläßlichen Schätzung. Hauptausgabeposten für Arme und für Besitzlose waren die Kosten für Unterkunft und Nahrung. Erstere beliefen sich in den unteren Einkommensschichten auf durchschnittlich ein Viertel des Verdienstes. Zugleich war die Nachfrage nach Wohnraum bei weitem am schwersten zu befriedigen. Sie konzentrierte sich in der ersten Hälfte des Jahrhunderts auf die Viertel der Innenstadt, und so ließ sich zusätzlicher Wohnraum für die wachsende Bevölkerung nur schaffen, indem man Häuser aufstockte oder Keller in Wohnungen umwandelte. Auf diese Weise wurde ein großer Teil der zusätzlichen Nachfrage befriedigt. Beispielsweise befanden sich in Hamburg 1817 nur 44 % der Wohnungen in den oberen Geschossen von Häusern; bis 1865 war diese Zahl auf 65 % gestiegen. Außerdem gab es in der Stadt nahezu 9000 Etagenwohnungen, eine bis zum Anfang der vierziger Jahre unbekannte Art der Wohnung im Obergeschoß mit separatem Eingang im Erdgeschoß. Zugleich nahm aber die Zahl der Kellerwohnungen zwischen 1817 und 1866 um 60 % zu.[26] Angesichts dieser Situation schwankten die Mieten beträchtlich, sie gaben nach, wenn die Nachfrage nach Wohnraum abnahm (beispielsweise zu Zeiten der Epidemien in den frühen dreißiger und späten vierziger Jahren), und sie stiegen, wenn die Bevölkerung stark anwuchs oder die Zahl der Wohnungen abnahm, wie in den Jahren unmittelbar nach dem Großen Brand von 1842. In den fünfziger Jahren sanken die Mieten dann wieder. Während der ganzen Hälfte des Jahrhunderts gab es mithin Perioden starker Wohnungsverknappung und ungewöhnlich hoher Mieten, zwischen denen sich die Lage jeweils wieder entspannte. Bedenklicher war vielleicht, daß die Menschen immer stärker zusammengeballt wurden. In den späten zwanziger Jahren stieg die Zahl der Personen pro Wohnung auf durchschnittlich fünf und erreichte nach dem Großen Brand von 1842 den Wert von 5,2, nachdem die hohe Sterblichkeit der frühen dreißiger und späten vierziger Jahre zu einer Abnahme der Belegung auf 4,7 bzw. auf knapp 4,3 geführt hatte.[27]

Man könnte nun annehmen, die Lage hätte sich entschärft, weil 1860 die Stadttore geöffnet wurden, worauf sich die Arbeitervororte in den folgenden Jahrzehnten rasch ausdehnten. Das aber war allein schon deshalb nicht der Fall, weil zwischen den neuen äußeren Vororten und dem Hafen keine öffentlichen Verkehrsverbindungen bestanden. Da es sich bei der Arbeit im Hafen größtenteils nach wie vor um Gelegenheitsarbeit handelte, mußten sich die Hafenarbeiter ständig in der Nähe aufhalten, um auf Abruf eine Tätigkeit aufnehmen zu können. Hinzu kam, daß die Behörden seit Anfang der achtziger Jahre, als Hamburg den Beitritt zum Deutschen Zollverein beschloß, auf der Brook-Insel südlich der Altstadt Häuser niederreißen ließen, um Platz für den Freihafen zu schaffen, der schließlich 1888 eingeweiht wurde. Rund 24000 Menschen verloren dabei das Dach über dem Kopf, und niemand bemühte sich, sie anderswo unterzubringen. Da diese Unglücklichen nahezu ausschließlich auf Arbeit im Hafen angewiesen waren, siedelten sich 8000 von ihnen in der Innenstadt an. Der Rest zog größtenteils nach dem Billwärder Ausschlag, nach St. Pauli und Hammerbrook (dort vorwiegend nach St. Georg Süd).[28]

Als Ergebnis dieser Entwicklungen stiegen ab Ende der fünfziger Jahre die Mieten rasch an; die Durchschnittsmiete für eine kleine Wohnung in den billigsten Gegenden der Altstadt und in den Gängevierteln erhöhte sich von 1855 bis 1870 um 33%. Anfang der siebziger und in den achtziger Jahren scheint die Mietsteigerung wieder etwas nachgelassen zu haben; die Mieten zogen dann aber während der achtziger Jahre bis zum Beginn der neunziger Jahre scharf an, als sich die aus dem Freihafengebiet vertriebenen Familien nach Wohnungen in Hafennähe umsahen. So lagen die Mieten für Kleinwohnungen in der Innenstadt 1890 um 50% höher als in äußeren Vororten wie Barmbeck, obwohl diese keinesfalls größer oder besser, sondern in mancher Beziehung sogar schlechter waren. Wie Karte 11 zeigt, ließ sich billiger Wohnraum am ehesten in den Vororten im Osten der Stadt finden, während dies in der gesamten Innenstadt schwieriger war. Um die hohen Mieten aufbringen zu können, nahmen die Bewohner der Innenstadt als Untermieter «Schlafburschen» auf, unverheiratete junge Männer, die im Hafen Arbeit suchten. Karte 12 zeigt, daß zu

Anfang der neunziger Jahre nahezu ein Drittel der Haushalte in der Innenstadt und in den inneren Vorstädten ihre beengten Wohnungen mit einem «Schlafburschen» teilten; in der Neustadt Nord lag deren Zahl sogar noch höher. Bedenkt man, daß viele Haushalte nicht bereit gewesen sein dürften, die Existenz solcher «Schlafburschen» zuzugeben, muß man es als wahrscheinlich ansehen, daß die Zahlen in Wirklichkeit noch höher lagen. Auch wenn in den neueren Vororten am Stadtrand, wo die Mieten niedriger waren und bessere Möglichkeiten bestanden, Einkommen und Verpflegung durch einen Garten, Schweinehaltung oder das Sammeln von Beeren aufzubessern, weniger Haushalte «Schlafburschen» aufnahmen, darf deren Anteil auch dort keineswegs übersehen werden. Die in der Innenstadt bereits erkennbare Überbelegung der Wohnungen verschlimmerte sich dadurch noch; die durchschnittliche Belegung von Wohnungen in der Stadt insgesamt stieg von 4,5 Personen am Ende der siebziger Jahre auf 4,8 Personen im Jahr 1890.

Der Mietanstieg vom Ende der fünfziger bis Anfang der neunziger Jahre verschärfte nicht nur das Problem überbelegter Wohnungen, er zwang auch viele Angehörige der ärmeren Bevölkerungsgruppen, einen zunehmend größeren Anteil ihres Einkommens für die Miete aufzuwenden. Beispielsweise stieg der Mietanteil bei einem durchschnittlichen Steuerzahler, der im Jahr zwischen 900 und 1200 Mark verdiente, zwischen 1868 und 1891 von 19,8 auf 24,1 %.[29] Diese pauschalen Werte lassen nicht die beträchtlichen Abweichungen der Miethöhe je nach Wohnung und Stadtteil erkennen. Die Durchschnittsmiete für die wohl verbreitetste Art von Arbeiterwohnung mit drei Räumen, von denen ein einziger beheizbar war, stieg zwischen 1885 und 1890 von jährlich 192 auf 222 Mark.[30] Besonders ausgeprägt war dieser Mietanstieg im Hafengebiet. Die Miete für eine Wohnung in der Steinstraße (Altstadt Nord) oder im Eichholz (Neustadt Süd) verdoppelte sich nahezu von 1850 bis 1880. 1890 hatte die Miete im Durchschnitt mindestens 230 % des Betrags erreicht, der 1845 dafür hatte aufgewendet werden müssen.[31] Die von einem «durchschnittlichen» Arbeiter in H. C. Meyers Spazierstockfabrik[32] aufzubringende Miete für eine Drei-Zimmer-Wohnung, die 35 Jahre lang von derselben Familie bewohnt wurde, stieg von 1840 bis 1875 auf mehr als das Doppelte an: von 89 auf 189 Mark pro Jahr. Für die Arbeiter, die von 1850 bis 1875 in einer vergleichbaren Wohnung lebten, erhöhte sich die Miete um durchschnittlich 60 % von 102 auf 164 Mark pro Jahr – dies noch vor den drastischen Mietsteigerungen der achtziger Jahre.[33]

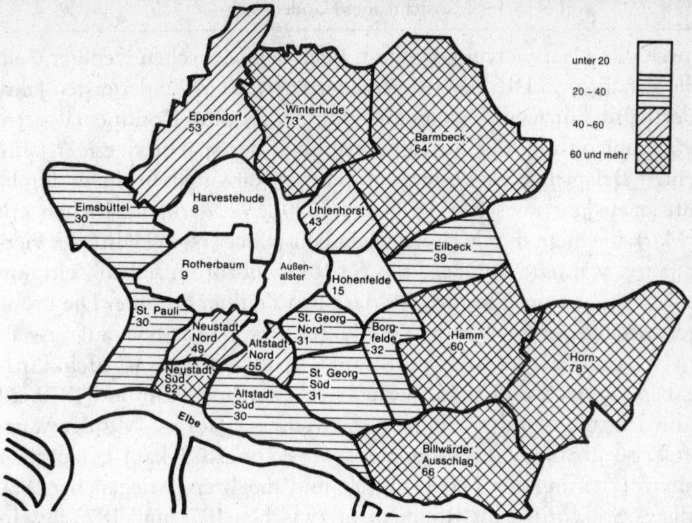

(Quelle: MS, 1892, S. 39)

Karte 11 Prozentsatz der Wohnungen mit einer Jahresmiete unter 300 Mark in Hamburg, Dezember 1890, nach Stadtteilen

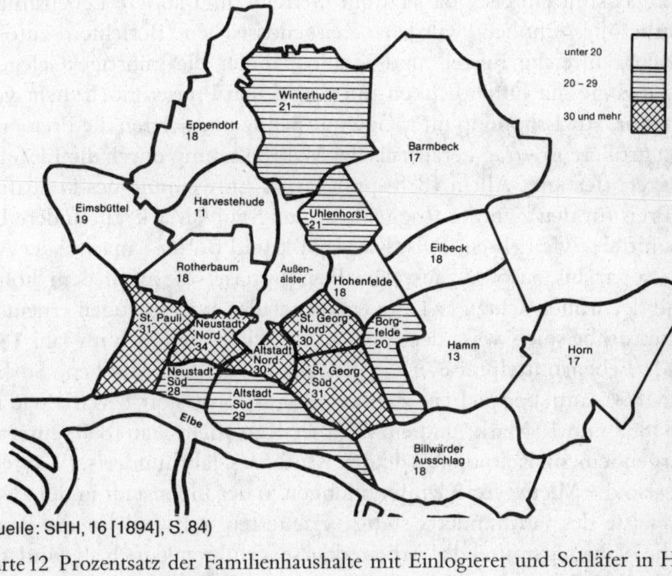

(Quelle: SHH, 16 [1894], S. 84)

Karte 12 Prozentsatz der Familienhaushalte mit Einlogierer und Schläfer in Hamburg, 1890, nach Stadtteilen

Durch diese Entwicklung bedingt, blieb den Menschen weniger Geld für die Ernährung. Die Lebensmittel verteuerten sich in der ersten Jahrhunderthälfte nur wenig, wenn man von der Zeit der Kontinentalsperre unter Napoleon und der Kartoffelknappheit der späten vierziger Jahre absieht.[34] Beispielsweise kostete ein Zentner Kartoffeln in einem durchschnittlichen Jahr zwischen 1846 und 1850 2,92 Mark, verglichen mit 1,82 Mark in einem durchschnittlichen Jahr in der ersten Hälfte der vierziger Jahre, während sich der Preis für Roggenbrot im selben Zeitraum nur unerheblich von 7,26 auf 7,34 Mark pro Zentner erhöhte. Die Preise stiegen weiter, und zwar in den Jahren 1851 bis 1855 auf jeweils 8,91 Mark pro Zentner Roggenbrot und 3,10 Mark für Kartoffeln. Später gaben sie nach und stabilisierten sich zwischen 1856 und 1870 auf dem niedrigsten Stand seit Beginn der vierziger Jahre.[35] Mit der Wirtschaftskrise im Gefolge des Börsenkrachs von 1873 kam es zu einer erneuten Teuerung für Lebensmittel, und die Preise stiegen bis 1880 ständig.[36] So wurden für Roggenbrot zwischen 1871 und 1875 durchschnittlich 8,75 Mark pro Zentner und für Kartoffeln 3,52 Mark gefordert. Von 1881 bis 1887 fielen die Preise wieder, doch brachte Hamburgs Beitritt zum Deutschen Zollverein 1888 einen scharfen Anstieg der Lebensmittelpreise, da jetzt auf Getreide und andere Lebensmittel Einfuhrzölle erhoben wurden. Zeitgenössischen Berichten zufolge nutzten zahlreiche Einzel- und Straßenhändler die günstige Gelegenheit, solange die Öffentlichkeit mit den neuen Preisen noch nicht vertraut war, zur Erhöhung ihrer Gewinnspanne und setzten die Preise um einen größeren Betrag herauf, als die Mehrbelastung durch die Einfuhrzölle rechtfertigte. Allein 1888 sprang nach Einweihung des Freihafens der Preis für den Zentner Roggenbrot von 8 auf 9 Mark; für andere Lebensmittel – wie Erbsen, Reis, Kaffee, Tee und Butter – machte der Anstieg sogar bis zu 50 % aus. Die Fleischpreise, die nach dem hohen Stand der frühen achtziger Jahre etwas gefallen waren, zogen erneut an (so betrug beispielsweise der Anstieg bei Schweinefleisch im Jahr 1888 17 %). Lebensmittelpreise erreichten allgemein Rekordhöhen. So kostete 1890 zum Beispiel ein Zentner Roggenbrot statt 8 Mark wie im Jahr 1887 nun 10 Mark, und ein Zentner Kartoffeln war 1888 teurer als zu irgendeinem Zeitpunkt seit der Mitte des Jahrhunderts. Während sich also die Mieten für Kleinwohnungen in der Innenstadt in der zweiten Hälfte des Jahrhunderts stetig verteuerten, schwankten die Preise für die Nahrungsmittel der Arbeiterklasse, erfuhren jedoch ab Mitte der vierziger bis Mitte der fünfziger Jahre sowie von 1873 bis 1880 und 1887 bis 1890 einen scharfen Anstieg. Daher ist es wahrscheinlich, daß insbesondere in jenen Zeiträumen zahlreiche Arbeiterfamilien gezwungen waren, ihren Lebensmittelverbrauch einzuschränken und Abstriche bei der Qualität ihrer Ernährung hinzunehmen.[37]

Eine solche Schlußfolgerung wäre gewiß nicht am Platze, sofern ausreichend gestiegene Löhne die höheren Kosten für Ernährung und Miete aufgefangen hätten. Durchschnittswerte sind hier nur von geringer Aussagekraft, da sich der Wandel, dem der Arbeitsmarkt unterworfen war, je nach Wirtschaftszweig und Gewerbe in großen Lohnunterschieden widerspiegelte.[38] Insbesondere bedeutete das Wachstum der Zuliefer- und Verarbeitungsindustrie, daß innerhalb der Arbeiterklasse allmählich eine Art Oberschicht mit einer vergleichsweise stetigen Beschäftigung und relativ hoher Entlohnung entstand. Auf der anderen Seite führte die Hafenerweiterung auch zu einer Zunahme der Beschäftigung ungelernter Gelegenheitsarbeiter an den Kais und in den Lagerhäusern. Dort blieb das Lohnniveau nicht nur niedrig, sondern die Beschäftigung erfolgte selbst in guten Zeiten nur von Fall zu Fall und unterlag überdies jahreszeitlichen Schwankungen (vor allem wegen des allwinterlichen Zufrierens der Elbe). Auch verschärften wiederholt auftretende und mit hohen Arbeitslosenzahlen einhergehende Wirtschaftskrisen die allgemeine Beschäftigungslage. Eine solche Abwärtsentwicklung begann 1890 und dauerte mehrere Jahre an. Zwischen 1868 und 1882 stieg die Zahl der Steuerzahler, die weniger als 1000 Mark pro Jahr verdienten, auf mehr als das Doppelte, wohingegen die des besser gestellten Teils der Arbeiterklasse, deren Angehörige zwischen 1000 und 1800 Mark pro Jahr verdienten, lediglich um 75 % anwuchs. Ein Jahrzehnt später hatte aber die Zunahme in der höheren Einkommensgruppe die in der niedrigeren überholt; sie hatte gegenüber dem Stand von 1868 eine Rate von 32,9 % erreicht, der Anstieg in der Zahl der Steuerzahler auf der niedrigsten Lohnstufe betrug lediglich 27,6 %. Allerdings verdienten 28 % der berufstätigen Bevölkerung in Hamburg 1890 weniger als 600 Mark jährlich und wurden damit vom Steuersystem überhaupt nicht erfaßt. Weitere 29 % hatten ein Einkommen von lediglich 600 bis 800 Mark pro Jahr. Zusammen machten sie mit 57 % der arbeitenden Bevölkerung die Hauptmasse der Arbeiterklasse Hamburgs aus. Die Zahl der Verdiener nahm oberhalb der Schwelle von 800 Mark pro Jahr rasch ab. 12 % der Erwerbstätigen in Hamburg verdienten 1890 zwischen 800 und 1000 Mark jährlich, 6 % zwischen 1000 und 1200 sowie 5 % zwischen 1200 und 1500 Mark.[39]

Damit allerdings befinden wir uns am oberen Rand der Arbeiterklasse, denn solche Löhne erzielten ausschließlich gelernte Arbeitskräfte wie Kranführer, Handwerker (wie sie beispielsweise im Wasserwerk der Stadt eingesetzt wurden) oder die Spitzenkräfte unter den Arbeitern in der Kaiverwaltung mit festem Arbeitsplatz.[40] Wie wir am Fall des Postbediensteten Johannes Fiege gesehen haben, lag dort das Lohnniveau bereits hoch genug, um einer Gruppe von Arbeitern einen Ehrgeiz und einen Lebensstil zu erlauben, der erkennbar kleinbürgerliche Züge trug.[41] Unterhalb dieser Stufe mußte der Lohn des Haupternährers, wie an den Beispielen der Familie Kaisen und Neddermeyer belegt wurde, durch Nebeneinkünfte anderer Familienmitglieder aufgebessert werden. Das unmittelbar vor dem scharfen Anstieg der Miet- und Lebensmittelpreise in den späten achtziger Jahren für den Unterhalt einer fünfköpfigen Familie im Stadtgebiet Hamburgs erforderliche Mindesteinkommen hat man für 1887 auf 1340 Mark geschätzt; der Historiker Lothar Schneider setzte für 1888 auf einer allgemeineren Ebene 1040 Mark an.[42] Legt man seine zurückhaltendere Schätzung zugrunde – sie findet ihre Bestätigung darin, daß in den frühen neunziger Jahren in Hamburg die Schwelle zwischen Nicht-Steuerzahlern und Steuerzahlern von jährlich 600 auf 900 Mark angehoben wurde –, existierten allem Anschein nach nahezu 70% der arbeitenden Bevölkerung Hamburgs unterhalb der Armutsgrenze, mit anderen Worten ein ebenso großer Anteil wie Ende der vierziger Jahre.

V

Im März 1848 erklärte der Hamburger Stadtarchivar Dr. Johann Martin Lappenberg in einem Bericht über lohnabhängige Arbeit in der Stadt: «... der Pauperismus in einer so beklagenswerthen Gestalt, wie die meisten großen Städte ihn beherbergen, ist zu Hamburg bisher unbekannt gewesen»[43]. Er vertrat die Ansicht – und man darf annehmen, daß sie für das Großbürgertum repräsentativ war –, der Handel biete jedem «eine lucrativere, leichtere und mehr geachtete Erwerbsquelle als irgend eine andere». Dem Senat sei es darum zu tun, führte Lappenberg aus, der Armut zu steuern, indem man die Zahl der Beschäftigten durch das Wachstum des Handels steigere, insbesondere aber, «so lange keine Beschwerden und augenblickliche Übelstände vorliegen, die Freiheit des Einzelnen durch keine Gesetzgebung zu beschränken, vor allem durch keine, wenn auch noch so blendende, Theorie sich zu Versuchen leiten zu lassen, welche das Wohl Einzelner, besonders des Handelsstandes, irgendwie beeinträchtigen könnten». Damit wird deutlich, daß von staatlicher Seite in der ersten Hälfte des vorigen Jahrhunderts gegen das Problem der Armut in Hamburg vergleichsweise wenig unternommen wurde. Die einzigen gesetzgeberischen Maßnahmen, die der Staat in dieser Richtung ergriff, bestanden in Verboten: Er ließ die Polizei einschreiten, wenn jemand bettelte; untersagte, daß Männer und Frauen unverheiratet zusammenlebten, denn das sei, wie es in einem Gesetz aus dem Jahr 1833 hieß, «verderblich... auf die öffentliche Sicherheit und insbesondere auch auf die Kinderzucht»[44], und wies die Behörden an, gegen Handwerksgesellen und Gelegenheitsarbeiter vorzugehen, die ihrer Meldepflicht nicht nachgekommen waren.

Zwar war 1788 in Hamburg eine neue Armenordnung erlassen worden, in erster Linie auf Initiative einer Anzahl von Kaufleuten und Bürgern. Sie hatten im Geist der Aufklärung dafür gesorgt, daß die Armenfürsorge in Gestalt einer Allgemeinen Armenanstalt säkularisiert wurde. Diese Einrichtung erlangte bald einen solchen Ruf, daß sie in rund zwanzig anderen Städten Nachahmung fand. Im Unterschied zur Wohltätigkeit kirchlicher Stiftungen bemühte sie sich, alle Armen in der Stadt zu erfassen und die Arbeitsfähigen unter ihnen zur Arbeit anzuhalten – unter anderem damit, daß man die ihnen zugestandene Unterstützung deutlich unter dem Existenzminimum ansetzte. Erklärtes Ziel war es, unmittelbare Unterstützung nur denen zu gewähren, die körperlich nicht imstande zu sein schienen, sich selbst zu erhalten. Die darin erkennbare Grundhaltung, die Armen zur Arbeit zu erziehen, paßte gut zu den moralisierenden polizeilichen Maßnahmen gegen Bettelei und Konkubinat. Die Allgemeine Armenanstalt war eine typisch hamburgische Einrichtung: Auf Privatinitiative hin entstanden, sollte sie ihre Mittel ausschließlich aus privaten Schenkungen beziehen; doch waren im Armenkollegium, einer Art Verwaltungsrat, mindestens fünf Sitze Senatsmitgliedern vorbehalten, so daß der Staat die Fäden letztlich doch in der Hand hielt.[45]

Im Lauf der Zeit erwies es sich aber als immer schwieriger, für diesen Zweck aus privaten Quellen Gelder aufzubringen, vielleicht weil die Erinnerung an die erschreckende Armut der napoleonischen Zeit allmählich verblaßte und sich zunehmend Ansichten durchsetzten ähnlich der von Lappenberg geäußerten und zu Beginn dieses Abschnitts zitierten. Mehr als 80% der Einnahmen der Armenanstalten stammten 1789 von Privatleuten; dieser Anteil war zu Beginn der dreißiger Jahre des 19. Jahrhunderts auf knapp 20% zurückgegangen.[46] Wohlhabende Bürger begannen die Anstalt als staatliche Institution und die von ihnen geleistete finanzielle Unterstützung als eine Art Steuer anzusehen und zogen es mehr und mehr vor, private «milde Stiftungen» zu bedenken. Zu ihnen gehörten beispielsweise das 1821 gegründete Magdalenenstift, das sich um «gefallene Mädchen» kümmerte, die Taubstummen- und die Blindenanstalt (beide 1827 gegründet) oder das berühmte Rauhe Haus für verwahrloste Kinder (1833). Die von ihnen verfolgten Ziele konnten als seriös gelten, wohingegen die Allgemeine Armenanstalt, vor allem seit ihrer Umorganisation von 1814, nach der Arme nicht mehr einer Arbeit zugeführt, sondern lediglich unterstützt wurden, in den Geruch geriet, sich hauptsächlich um «unwürdige» Arme zu kümmern, um Menschen, die diese Fürsorge eigentlich nicht verdienten. Zu ihnen gehörten nicht nur die Arbeitsfähigen, denen die Hauptmasse der von der Allgemeinen Armenanstalt verwalteten Gelder zufloß, sondern auch die Kranken: «Wieviel Kranke müssen wir heilen», fragte die Anstalt 1818, «die sich in den Krügen die Wassersucht, auf den Tanzsälen die Schwindsucht und in anderweitiger liederlicher Lebensart den ersten Krankheitsstoff holten?»

Als Reaktion auf die Notwendigkeit, der Allgemeinen Armenanstalt immer mehr Mittel zur Verfügung zu stellen, erhob der Staat eine Akzise (Zwangsabgabe) auf Lebensmittel. Wie es in einer Erklärung der Armenanstalt von 1829 heißt, bedeutete das, «daß selbst der Ärmste gezwungen ist, zu seinem Almosen beizutragen, indem er zur Accise anderen hergibt, ... aus welcher der Zuschuß zur Armenanstalt kommt»[47]. Im Durchschnitt wurden zwischen 1821 und 1850 jährlich rund 2600 Personen unterstützt, in der überwiegenden Mehrheit ältere Menschen – mehr als die Hälfte waren über sechzig. Viele (deutlich über 40%) waren alleinstehende Frauen, entweder verwitwet oder nicht verehelicht. Die Anstalt betrieb um die Mitte des Jahrhunderts auch Armenschulen, die von etwa 4300 Kindern jährlich besucht wurden, sie brachte Jahr für Jahr bis zu 500 Kinder aus armen Familien in Pflegefamilien unter und kam pro Jahr für die (häusliche) medizinische Behandlung von etwa 14000 Menschen auf. Schließlich verteilte sie an rund 20000 Menschen pro Jahr Einzelbeträge, gewöhnlich für Lebensmittel, Kleidung oder Brennmaterial. In normalen Zeiten waren die dafür aufgewendeten Beträge nicht besonders hoch, und so machte in der ersten Hälfte der zwanziger Jahre die staatliche Subvention für die Allgemeine Armenanstalt durchschnittlich nur 55 % der den Senatoren und Kirchspielvertretern in den kommunalen Körperschaften gezahlten Gehälter aus.[48]

Diese Zahlen lassen erkennen, wie weit das von Lappenberg gezeichnete rosige Bild von der Wirklichkeit entfernt war. Lappenberg selbst schätzte den Durchschnittslohn eines ungelernten Arbeiters um die Mitte des Jahrhunderts auf 400 Mark pro Jahr[49] – wie wir gesehen haben, lag dieser Betrag deutlich unterhalb der Steuerschwelle für das Jahr 1848. In den dreißiger Jahren unterstützte die Allgemeine Armenanstalt alljährlich im Durchschnitt 16,4 % der Bevölkerung mit Einzelspenden; im Krisenjahr 1848 überstieg dieser Anteil 25 %, das heißt, daß jeder vierte Einwohner der Alt- und Neustadt und der Vorstädte diese Leistungen in Anspruch nahm. Wohl verdeutlichen diese Zahlen das Ausmaß der Armut, doch besteht kein Grund zur Annahme, daß die Bedürftigen von der Unterstützung, die ihnen die Allgemeine Armenanstalt angedeihen lassen konnte, in Saus und Braus lebten. Je größer deren Zahl wurde, desto geringer war die Unterstützung für den einzelnen. Beispielsweise betrug 1847 die durchschnittliche Unterstützung pro Familie kaum mehr als eine Mark pro Woche, der Höchstsatz belief sich auf 3 Mark. Zur Unterstützung eines einzelnen Arbeiters war aber auch in einem normalen Jahr nach allgemeiner Überzeugung wöchentlich 5 bis 7 Mark und für eine Familie 10 Mark oder mehr nötig. Damit lag er noch unter dem in den Vorschriften von 1788 vorgesehenen Betrag.[50]

Bedenkt man die Selbstgefälligkeit, die aus Lappenbergs Ansicht spricht, wie auch, daß die Revolution von 1848 zu keinen schnellen Änderungen in der Verfassung der Stadt führte, ist es wohl nicht weiter verwunderlich, daß Hamburgs herrschende Klassen in den darauf folgenden Jahrzehnten nur wenig unternahmen, um das System der Armenhilfe zu reformieren. Als eine Folge der Verfassung von 1860 wurden private wohltätige Einrichtungen der staatlichen Oberaufsicht unterstellt, aber einen ernsthaften Versuch, ihre Arbeit zu koordinieren oder auch nur festzustellen, wie viele Stiftungen es überhaupt gab und was sie taten, unternahm man erst zehn Jahre später. Die Zahl der Stiftungen in Hamburg dürfte um 1870 an die 460 betragen haben, einschließlich der mehr als 100, die allein auf die jüdische Gemeinde entfielen. In einer Stadt ohne öffentliches Bildungswesen ist es kein Wunder, daß viele von ihnen – über 150 – Stipendien vergaben und für Schulgelder aufkamen. Weitere 170 galten der allgemeinen Unterstützung der Armen, während der Rest speziellere Aufgaben erfüllte. Die ihnen durch Schenkungen und Testamente zufließenden Beträge schwankten beträchtlich, doch scheint in den sechziger Jahren durchschnittlich annähernd eine Million Mark pro Jahr zusammengekommen zu sein. Ein großer Teil des Betrags wurde angelegt, um von den Zinserträgen immer wiederkehrende Ausgaben bestreiten zu können, doch liefert die Höhe der Zuwendungen immer noch ein eindrucksvolles Bild dessen, was ein amtlicher Bericht «die freie ungeregelte Privatwohltätigkeit des einzelnen Bürgers auf die Beschaffung von zur Bekämpfung der Armuth und der sozialen Nothstände erforderlichen Mittel»[51] nannte. Gegen Ende der siebziger Jahre brachten Hamburgs rund 500 private wohltätige Einrichtungen jährlich für mehr als 40000 Menschen über 600000 Mark auf.[52] Ein Großteil dieser Summe floß den Bedürftigen in Gestalt von Lebensmitteln, Kleidung, Brennmaterial und sonstigen Sachspenden zu; überdies wurde ein beträchtlicher Anteil in Form von Mietbeihilfen gezahlt oder dafür aufgewendet, Bedürftigen ein mietfreies Wohnen zu ermöglichen. Gewöhnlich wurden Mieten und Beihilfen direkt an den Vermieter gezahlt, diese Leistungen kamen Ende der siebziger Jahre pro Jahr über 1000 Menschen zugute. Selbst wenn ein großer Teil dieser privaten Stiftungen mit Stipendien und ähnlichem Personen unterstützte, deren Lebensumstände eher bescheiden als verzweifelt waren, spielte doch um die Mitte des 19. Jahrhunderts die private Wohltätigkeit nach wie vor eine bedeutende Rolle bei der Linderung des Elends. Sie war überdies einer der wenigen Bereiche des öffentlichen Lebens, in denen Frauen aus dem Bürgertum eine aktive Rolle übernehmen konnten.[53]

Die Verschlechterung der Lebensbedingungen für die Arbeiterklasse in den achtziger Jahren spiegelte sich deutlich in der Aktivität dieser wohltätigen Einrichtungen wider, deren Ausgaben rasch auf eine Million Mark jährlich stiegen. Das erstaunlichste Wachstum allerdings verzeichnete das staatliche System der Wohlfahrtspflege. Der jährlich von der Allgemeinen Armenanstalt aufgewendete Betrag erhöhte sich von 330000 Mark in den zwanziger Jahren auf 460000 Mark in den vierziger Jahren, weiter auf 580000 Mark in den sechziger und auf über 800000 Mark jährlich in der zweiten Hälfte der siebziger Jahre. Danach stieg er in der ersten Hälfte der achtziger Jahre sprunghaft auf eineinhalb Millionen Mark jährlich an.[54] Die Behörden sahen sich 1885 zu dem Eingeständnis gezwungen, daß «Hamburg trotz der relativ günstigen Lage seiner handarbeitenden Bevölkerung» – hier fanden die von Lappenberg nahezug vierzig Jahre zuvor geäußerten Ansichten trotz offenkundiger Beweise des Gegenteils erneut Ausdruck – «und ungeachtet einer überaus regsamen Privatwohlthätigkeit unter allen deutschen Großstädten die relativ höchste Zahl von unterstützten Personen und die höchste Gesamtausgabe aufzuweisen hatte»[55]. Man berechnete, daß Hamburg für die Armenwohlfahrt pro Einwohner mehr als 9 Mark ausgab, verglichen mit jeweils weniger als 6 Mark in Berlin, 5 Mark in Frankfurt am Main und 3 Mark in Breslau. 13% der Stadtbevölkerung empfingen Wohlfahrtsleistungen, nahezu doppelt so viele wie in Berlin, Leipzig oder Frankfurt. Trotz dieser verblüffenden Zahlen waren in Hamburg nur vergleichsweise wenige Armenpfleger tätig. Auf 58 zu versorgende Arme kam gerade einer (in Dresden lautete das Verhältnis eins zu elf, und in Frankfurt und Leipzig eins zu sechs). Da es in ganz Hamburg 1885 lediglich 291 Armenpfleger gab, muß man annehmen, daß ein großer Teil der Armut in der Stadt unerkannt blieb. Insgesamt mehr als 30000 Menschen bezogen dort im Jahr 1885 Mittel aus der staatlichen Fürsorge, was den öffentlichen Haushalt mit 2147000 Mark belastete.[56] Diese Zahlen zeigen deutlich, welches Ausmaß die Armut in der zweiten Hälfte des 19. Jahrhunderts in Hamburg angenommen und wie sehr sich der Lebensstandard in der Arbeiterklasse während der achtziger Jahre verschlechtert hatte. Als man diese Zahlen dem Hamburger Senat vorlegte, kam er aber nicht etwa zu dem Ergebnis, daß die Armut in Hamburg ein außerordentlich schwerwiegendes Problem sei, sondern befand, das System der Armenpflege in der Stadt sei zu aufwendig.[57]

Die Geschichte der Armenfürsorge in Hamburg unterstreicht, wie irreführend es ist, von einer allgemeinen Verbesserung der Lebensbedingungen aller Bevölkerungsschichten im 19. Jahrhundert zu sprechen.[58] Die Durchschnittszahlen, mit denen die Befürworter dieses Arguments gewöhnlich operieren, verschleiern große Abweichungen zwischen unterschiedlichen Gesellschaftsschichten. Das gilt vor allem für Hamburg. Die zentrale Rolle, die Handel, Versicherungs- und Bankwesen im Wirtschaftsleben der Stadt spielten, sorgte nicht nur dafür, daß die Zahl der wohlhabenden Bürger, sondern auch innerhalb der erwerbstätigen Bevölkerung der Stadt die der Angestellten ungewöhnlich hoch war. Beispielsweise fielen 1907 nahezu 15% aller Erwerbstätigen Hamburgs in die Kategorie Angestellte, verglichen mit 5% in Berlin.[59] Die meisten Angehörigen dieses «neuen Mittelstandes» konzentrierten sich auf den Handels- und Verkehrssektor. Ein Drittel der in ihm Tätigen war 1895 selbständig; unter ihnen ein beträchtlicher Anteil an Ladenbesitzern und kleinen Händlern wie auch die Mehrzahl der bedeutenderen Kaufleute. Hamburgs Bevölkerung wies mit anderen Worten einen unterdurchschnittlichen Anteil an Lohnabhängigen auf (62% im Jahr 1907 gegenüber 73% im gesamten Reich). Die Arbeiterklasse sah sich nicht nur einem wohlhabenden Großbürgertum gegenüber, sondern auch einer breiten Mittelschicht und einem durchaus beachtlichen Kleinbürgertum. Zwar hatte dieser Umstand erkennbar nachhaltigen Einfluß auf die Durchschnittseinkommen und die Ausgabenmuster der Gesamtbevölkerung, doch blieben während der gesamten Zeit die Einkommensunterschiede extrem. Beispielsweise nahm von 1868 bis 1891[60] die Zahl derer, die mehr als 30000 Mark jährlich verdienten, um 320% zu, die Zahl derer mit einem jährlichen Einkommen zwischen 3000 und 30000 Mark jedoch lediglich um 246%; die Vergleichszahl für die Steuerzahler aus dem Kleinbürgertum, die pro Jahr 1800 bis 3000 Mark verdienten, betrug 318%.

Es besteht kein Zweifel, daß die Existenz eines zahlenmäßig bedeutenden Kleinbürgertums nicht nur ein wesentliches Element in Hamburgs Sozialstruktur war, sondern sich auch auf das politische Leben der Stadt auswirkte. Im Unterschied zu den von Kohlenbaronen beherrschten Städten im Ruhrgebiet, stand in Hamburg nicht eine geringe Zahl großer Unternehmer einer ungeheuren Masse lohnabhängiger Arbeiter gegenüber, zwischen die sich nur eine äußerst dünne Schicht von Angestellten, selbständigen Händlern und Gewerbetreibenden schob.[61] Als großes Handelszentrum besaß Hamburg eine komplexere und gemischtere Sozialstruktur, und diese wiederum wirkte sich deutlich auf den dort herrschenden politischen Stil aus.

Die Bedrohung von unten

I

In der Selbstgefälligkeit, mit der die herrschenden Schichten Hamburgs die Frage der Armut während des größten Teils der ersten Hälfte des 19. Jahrhunderts betrachteten, spiegelte sich in gewissem Maße die Tatsache wider, daß ernsthafte Unruhen in der Stadt nahezu vollständig ausgeblieben waren. «Ein Aufstand oder auch nur Unruhe der niedern Volksclassen um eine leichtere Subsistenz zu erlangen», notierte Lappenberg 1848, «hat hier nie stattgefunden, mit Ausnahme der Unruhen, welche im Jahr 1847 bei dem Mißwuchse der Kartoffeln und bei der Theurung des Brothes in Deutschland und andern Ländern Europas vorfielen.» [1] Hamburg hatte seit Ende der Napoleonischen Kriege zahlreiche kleinere Unruhen erlebt, doch scheint keine von ihnen mit den Massenunruhen vergleichbar gewesen zu sein, die in anderen deutschen Städten an der Tagesordnung waren. Außerdem ähnelten die öffentlichen Tumulte, die einsetzten, als Lappenberg seinen Bericht abfaßte und die im Revolutionsjahr 1848 den größten Teil des Sommers hindurch andauerten, nach Ausmaß und Schwere nicht einmal entfernt einem jener großen Volksaufstände, zu denen es etwa zur selben Zeit in Berlin oder Wien kam. Die politischen Auseinandersetzungen der vierziger Jahre konzentrierten sich in Hamburg hauptsächlich auf die Forderung der Kleinbürger und von Teilen des mittleren Bürgertums nach größerer Teilhabe an der Ausübung politischer Macht, die ihnen schließlich, wie wir gesehen haben, die Verfassung von 1860 auch gewährte. Es gab, wie die Geschichte der Armenpflege zeigt, Bemühungen, die Armen im Zaum zu halten, doch scheinen die herrschenden Klassen im Hinblick auf eine Störung der öffentlichen Ordnung durch die Armen kaum Anlaß zu ernsthafter Besorgnis gesehen zu haben. Selbst den ernsteren Unruhen, beispielsweise jenen, die im Zusammenhang mit dem Großen Brand von 1842 ausbrachen, fehlte jede wirklich politische Stoßrichtung. Sie erschöpften sich in symbolischen Aktionen – in diesem Fall gegen die englischen Eisenbahnarbeiter, die von der öffentlichen Meinung weithin für den Ausbruch des Brandes verantwortlich gemacht wurden. Der «Kartoffelaufstand» von 1847 wiederum wollte auf dem Nahrungsmittelmarkt die «moralische Ökonomie», also eine festverwurzelte Vorstellung des «gerechten Preises» wiederherstellen, in die eine plötzlich einsetzende, massive Steigerung des Kartoffelpreises störend eingegriffen hatte; auch er besaß keine größere politische Bedeutung.[2]

Erst in den sechziger Jahren änderte sich allmählich die Lage. Das Öffnen der Stadttore, das Ende der Macht der Zünfte, der Bau des Sandtorhafens und das sich beschleunigende Wirtschaftswachstum trieben den Prozeß voran, in dem sich die Arbeiterklasse Hamburgs in jenem Jahrzehnt formierte. Dieser Prozeß drückte sich auch in den ersten Ansätzen einer organisierten Arbeiterbewegung aus. Bereits 1844 war der Arbeiter-Bildungsverein von Gesellen gegründet worden. An seiner Spitze stand Joachim Friedrich Martens, der in London, Paris und andernorts mit frühen sozialistischen Ideen in Berührung gekommen war. Er kannte Wilhelm Weitling persönlich und gehörte dem Bund der Gerechten an, sowie während der 48er Revolution dem Bund der Kommunisten, für den Marx und Engels das «Kommunistische Manifest» verfaßt hatten. Der Arbeiter-Bildungsverein vertrat die besonderen Ziele der Gesellen ebenso nachdrücklich, wie er sich für eine sozialistische Revolution stark machte. In der auf die Revolution von 1848 folgenden Reaktion assimilierte er sich nach und nach der kleinbürgerlichen demokratischen Bewegung, die in Hamburg um die Mitte des Jahrhunderts die politische Opposition beherrschte. Trotz einer ungewöhnlichen Kontinuität des Bildungsvereins von den vierziger bis zu den sechziger Jahren, sowohl was seine organisatorische Existenz als in gewissem Maße auch seine Mitglieder betraf, wurde doch ein großer Teil der in früheren Jahren vom Bildungsverein vertretenen radikalen Anschauungen stillschweigend aufgegeben.[3]

Zu jener Zeit – 1863 – wurde Lassalles Allgemeiner Deutscher Arbeiterverein ausdrücklich als Alternative zu Martens Organisation gegründet. Beide bedachten einander mit schweren Vorwürfen, doch bald zeigte sich, daß der Hamburger Zweig von Lassalles Arbeiterverein nicht nur aktiver und beliebter war als das Konkurrenzunternehmen, er erwies sich auch als bei weitem wichtigstes Element in der gesamten lassalleanischen Bewegung. Obwohl er in Hamburg zahlreiche Bräuche und Gewohnheiten der Zünfte übernahm, wurde er nicht von Handwerkern alter Art beherrscht, sondern weit mehr von Arbeitern in Gewerbezweigen, in denen es bereits ein hohes Maß an kapitalistischer Organisation gab; seine Führer und Mitglieder waren vor allem Lohnarbeiter. Da sie zum einen Zunftbräuche pflegten und sich zum anderen an ein breites Publikum innerhalb der Arbeiterschaft wendeten, gewannen die Lassalle-Anhänger in Hamburg rasch Unterstützung, doch wurde der Hamburger Zweigverein aufgelöst, als nach Lassalles Tod dessen Nachfolger Schweitzer die demokratische Verfassung des Arbeitervereins widerrief. Trotz einer gewissen Wiederbelebung in den siebziger Jahren fand jetzt die von den Abtrünnigen aus Hamburg und anderen Orten 1869 in Eisenach gegründete Sozialdemokratische Arbeiterpartei größeren Zulauf. Ständiger Sitz der Partei, die sich bei ihrem Zusammenschluß mit den Resten von Lassalles Allgemeinem Deutschem Arbeiterverein auf dem Gothaer Vereinigungskongreß 1875 den Namen Sozialistische Arbeiterpartei Deutschlands gegeben hatte, war von 1871 bis 1878 Hamburg, in Anerkennung der großen Anhängerschaft in der Hansestadt. Tatsächlich nannte 1875 ihr Vorsitzender August Bebel Hamburg «die Hauptstadt des deutschen Sozialismus»[4].

Während des Aufstiegs der Arbeiterbewegung spielten lokale Probleme keine große Rolle, die Arbeiterbewegung orientierte sich an Zielen, die auf Reichsebene zu verwirklichen waren. Erst in den neunziger Jahren begannen die Sozialdemokraten allmählich zu überlegen, auf welche Weise sich der Sozialismus auf lokaler Ebene verwirklichen ließe, doch sie zeigten sich an kommunalpolitischen Fragen bemerkenswert uninteressiert. Bedingt durch ein eingeschränktes Wahlrecht blieb in Hamburg wie in den übrigen deutschen Städten die Teilhabe am politischen Leben der Gemeinde der kleinen Elite von Grundeigentümern vorbehalten; die Arbeiterklasse war nahezu überall vom Wahlrecht ausgeschlossen.[5]

Der Sozialismus sagte den Zusammenbruch des kapitalistischen Systems und die Heraufkunft einer Revolution voraus, die der Ausbeutung und der Ungleichheit ein Ende bereiten würde. Er strebte nach politischer Demokratie und Vergesellschaftung der Produktionsmittel. Seiner Überzeugung nach war der Staat imstande, Wirtschaft und Gesellschaft im Interesse aller zu steuern, sobald die Revolution durchgeführt sei. Immer wieder griff er die Mißstände und die Widersinnigkeit aller Aspekte des gesellschaftlichen, wirtschaftlichen und politischen Systems im Deutschen Reich an. Die sozialdemokratische politische Theorie enthielt unter anderem das Versprechen einer Beteiligung an den örtlichen Angelegenheiten, doch sollte es dazu eher durch eine Revolution im Deutschen Reich als durch Druck auf lokaler Ebene kommen. Mithin standen die Sozialdemokraten in entschiedenem Gegensatz zu praktisch allen herrschenden politischen Traditionen Hamburgs, vom Primat des Privilegs und des Partikularismus bis hin zur zentralen Rolle des Laisser-faire, der Handelsinteressen und des liberalen Individualismus. Selbstverständlich bestand nach der Hamburger Verfassung von 1860 nicht die geringste Aussicht darauf, daß auch nur *ein* Sozialdemokrat in die Bürgerschaft gewählt wurde.

Zwar lag der Preis für den Erwerb des Bürgerrechts für die allermeisten Arbeiter außerhalb ihrer Reichweite, doch verfügten mit den Reichstagswahlen über ein wichtiges Mittel, ihren Ansichten Nachdruck zu verschaffen. Hier galt der Grundsatz «ein Mann – eine Stimme», von Bismarck zuerst für den Norddeutschen Bund und dann für das gesamte Reichsgebiet eingeführt, weil er hoffte, die Masse der Landbewohner werde konservativ wählen. Im Lauf der Zeit wurde allerdings immer deutlicher, wie sehr er sich verrechnet hatte. Anfänglich nahmen nur vergleichsweise wenige Angehörige der Arbeiterklasse ihr Wahlrecht wahr, doch stieg die Wahlbeteiligung in Hamburg stetig von 28 % im Jahr 1871 auf knapp über 40 % (1874) und auf 69 % (1877). Nachdem sie während der folgenden drei Wahlen in recht engen Grenzen schwankte, erreichte sie 1887 80 % und schließlich 83 % (1890). Diese Zahlen zeigen, wie stetig sich politisches Bewußtsein in Hamburgs Arbeiterklasse ausbreitete. Es fand seinen Ausdruck in ständig steigender Unterstützung der Sozialdemokraten.

Ursprünglich hatten die kaufmännischen Interessen und die führenden Köpfe aus der Fraktion der Rechten in der Bürgerschaft die Hamburg zustehenden drei Reichstagssitze monopolisiert. Es war kennzeichnend für den Primat der hanseatischen Sonderinteressen, daß die in den sechziger und siebziger Jahren gewählten Abgeordneten ihre Zugehörigkeit zum Reichstag nicht als Ziel an sich ansahen und keiner von ihnen eine politische Karriere auf Reichsebene anstrebte. Statt dessen neigten sie eher dazu, eine vergleichsweise kurze Zeit im Reichstag zuzubringen, bevor sie sich wieder mit der Kommunalpolitik beschäftigten, dem Gebiet, auf dem ihre eigentlichen Interessen lagen. Obwohl die Sitze nahezu jedesmal an nationalliberale Kandidaten gingen, wurde nur einer von ihnen viermal gewählt (Dr. Isaac Wolffson, 1871 bis 1881, eine prominente Gestalt aus der Fraktion der Rechten in der Bürgerschaft), einer dreimal (Rudolf Möring, 1874 bis 1881) sowie drei je zweimal, darunter ein Linksliberaler. Adolph Woermann, der letzte nationalliberale Abgeordnete Hamburgs, kam gleichfalls zweimal in den Reichstag. Die anderen sieben «nationalen» oder nationalliberalen sowie zwei linksliberale Abgeordnete wurden jeweils nur einmal gewählt, unter ihnen der Schiffsmagnat Robert Sloman sowie die späteren Senatoren Charles Ami de Chapeaurouge und Emil von Melle. Unter den insgesamt 15 Abgeordneten, die für die Liberalen und Nationalliberalen im Reichstag saßen, waren sieben Kaufleute, die übrigen kamen aus den verschiedensten anderen Berufen, darunter zwei Anwälte und zwei Handwerksmeister. Hierin spiegelte sich recht deutlich die Zusammensetzung der dominierenden Klassen Hamburgs seit den sechziger Jahren.

Bereits 1880, kurz nach Erlaß des Sozialistengesetzes, fiel der zweite Hamburger Reichstagswahlkreis an die Sozialdemokraten; im ersten wurde 1883 August Bebel gewählt, und 1890 ging der dritte an Friedrich Wilhelm Metzger. Es war bezeichnend, daß von den drei 1890 in Hamburg gewählten Reichstagsabgeordneten der Sozialdemokraten nur einer – Metzger – etwas mit der Stadt zu tun hatte; der Vorsitzende der Partei, August Bebel, lebte in der Nähe von Dresden, und ihr Verleger, Johann Heinrich Wilhelm Dietz, in Stuttgart. Keiner von beiden kam häufig nach Hamburg, nicht einmal während der Wahlkämpfe – ein deutlicher Hinweis darauf, daß sich die Sozialdemokraten eher auf Reichsebene als auf lokaler orientierten.

Das Beispiel der Wahl von 1890 vermag zu zeigen, in welchem Umfang in Hamburg die Stimmenverteilung für den Reichstag auf gesellschaftliche Veränderungen zurückging. Beim Vergleich der Karten 13 und 4 erkennt man, daß die Nationalliberalen, die Partei des Großbürgertums, am besten in den reichsten Stadtteilen um die Alster herum abschnitten und am schlechtesten in den ärmsten Stadtteilen wie Neustadt, Barmbeck, Winterhude, St. Pauli und Billwärder Ausschlag. In den drei wohlhabendsten Bezirken kamen sie auf einen Stimmenanteil von 50%, wohingegen ihr Anteil in den beiden ärmsten Stadtteilen lediglich einstellige Werte erreichte. Karte 14 zeigt, daß es den Linksliberalen, der am engsten mit Hamburgs «Demokraten» verknüpften Partei, in den armen Vororten noch schlechter erging. Allerdings konnte sie in der Innenstadt und auf St. Pauli, wo sie traditionsgemäß – seit 1848 – auf die Unterstützung des Kleinbürgertums zählen durfte, deutlich bessere Ergebnisse erzielen. In den Villenvierteln Harvestehude und Rotherbaum stimmte ein großer Anteil aus dem Bürgertum für sie, auf dem anderen Alsterufer hingegen, wo man minder wohlhabend war und die Mietshäuser bedrohlich näher rückten, hatten sie deutlich zugunsten der Nationalliberalen verloren, die inzwischen weit eher imstande schienen, die Sozialdemokraten zu schlagen. Was diese betrifft, so zeigt Karte 15, daß sie in den ärmsten Stadtteilen mit überwältigender Mehrheit gewählt wurden. Karte 6 läßt erkennen, daß die Zahl der für die Sozialdemokraten abgegebenen Stimmen nahezu exakt mit dem Anteil an Arbeitern in allen Stadtteilen übereinstimmt.

Anders verhielt sich wohl ein Teil der Dienstboten in Harvestehude und Rotherbaum, die eher mit ihrer Herrschaft gestimmt haben, und vielleicht eine vergleichbare Gruppe unter den beim Staat Beschäftigten in der Altstadt Süd. Die Karten unterstreichen erneut die gesellschaftliche Durchmischung von Stadtteilen wie St. Georg Nord und Altstadt Süd und das nach Berufen aufgespaltene Bild in einigen der äußeren Vororte wie beispielsweise Eilbeck oder Eimsbüttel.

Für die dominierenden Klassen in der Stadt bedeutete es einen nachhaltigen Schock, als alle drei Hamburg zustehenden Reichstagssitze an die Sozialdemokraten fielen, der Arbeiterklasse dagegen bot dies die ihr in der Hamburger Verfassung verweigerte politische Vertretung. Immerhin konnten die Hamburger Reichstagsabgeordneten die politische Bühne des Reichstags dazu nutzen, die in der Hansestadt herrschenden Zustände zu kritisieren und gut gezielte Angriffe gegen Senat und Großbürgertum zu führen. Wie Karte 16 zeigt, verhielt sich der Anteil der Bürger in den verschiedenen Stadtteilen Hamburgs nahezu genau spiegelverkehrt zu den für die Sozialdemokraten abgegebenen Stimmen.[6] Diesen Umstand hätten die Sozialdemokraten, sofern sie dies gewünscht hätten, nutzen können, um darauf hinzuweisen, wie undemokratisch und wenig repräsentativ die Bürgerschaft war. Das – und nicht ihre Haltung zu nationalen Fragen, die Großbürgertum und Mittelschicht in der Stadt nur in begrenztem Rahmen betrafen – war eigentlicher Anlaß zur Besorgnis für die herrschenden Klassen. Während Sozialdemokraten wie Linksliberale in Hamburg ihren Wahlkampf 1893 geradezu auf Reichskanzler Caprivis Heeresvorlage konzentrierten, sprachen die Nationalliberalen dieses Thema kaum an. Dafür appellierten sie in einem flammenden Aufruf an die Öffentlichkeit, für ihren Kandidaten, den Reeder Carl Laeisz, zu stimmen, und nicht für den mit ihm rivalisierenden sozialdemokratischen Kandidaten (und Parteivorsitzenden) August Bebel. Sie fragten:

«ob Ihr Männer *unterstützen* wollt, die

1) *keinen Wohnsitz* in *Hamburg* haben,

2) die also *keinerlei* Fühlung haben mit dem Leben und Treiben *Hamburgs*,

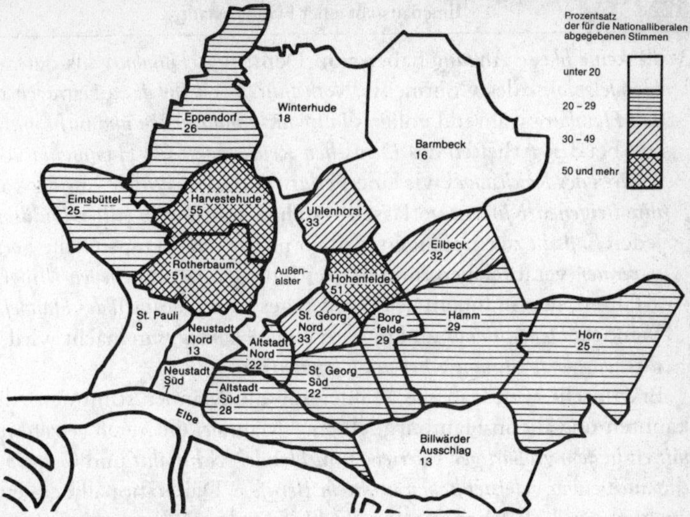

(Quelle: SHS, 20 [1902], S. 92)

Karte 13 Stimmenanteil der Nationalliberalen in Hamburg bei der Reichstagswahl von 1890, nach Stadtteilen

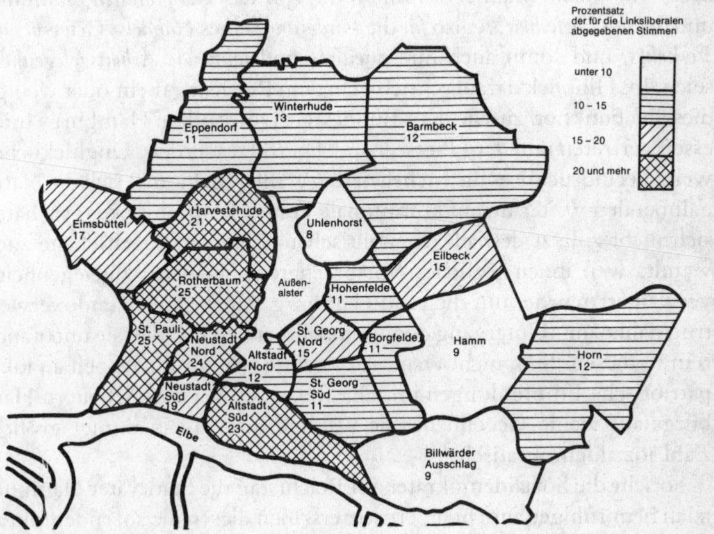

(Quelle: SHS, 20 [1902], S. 92)

Karte 14 Stimmenanteil der Linksliberalen in Hamburg bei der Reichstagswahl von 1890, nach Stadtteilen

3) *die keine blasse Ahnung* haben von Dem, was *Hamburg* als dem *ersten Handelsplatze* des Continents *Noth thut... ob Ihr dazu beitragen wollt, daß Hamburg* während voller *5 Jahre nicht mitarbeiten und nicht mitrathen* soll bei den Arbeiten des *Deutschen Reichstages. Ob Hammonia* vor *den Thüren des Reichstages* wie eine *Verlassene* und *Geächtete* – und zwar *von ihren eigenen Kindern* verlassen – stehen soll, *um in stiller Duldsamkeit* jeden *Fußtritt* zu empfangen, den ihr nicht zum Wenigsten die *Socialdemokraten* verabreichen, und in grenzenlosen Jammer *jeden Mißgriff* zu erfahren, der im Innern des Reichstages zum *Nachtheil des Handels* und Wandels *Deutschlands* und in *erster Linie Hamburgs* gemacht wird, *ohne ihre warnende Stimme erheben zu können*?»

Erwünscht war, daß die Wähler für die Männer stimmten, die sie kannten und die in Hamburg lebten – Männer, die «*groß geworden* sind *mitten in dem großartigen Getriebe* von *Handel, Schiffahrt* und *Gewerbe* und die *auch etwas geleistet haben in ihrem Berufe*». Die Nationalliberalen versuchten den Lokalpatriotismus der Hamburger Arbeiterschaft zu mobilisieren, an dessen Existenz sie offenbar glaubten. Noch einmal die überlieferte herrschende Ideologie der Stadt hervorhebend, warben sie, man möge für solche Männer stimmen, die «*für* das *Weiterblühen* Hamburgs und dessen *Gedeihen*... also *für* die *Förderung* seines *Handels, Gewerbes und Verkehrs*, und somit auch für *erweiterte* und *lohnende Arbeitsgelegenheit*» seien. Im Hinblick darauf schrieb man dem Reichstag mehr oder weniger dieselbe Funktion zu wie dem Bundesrat: Dort sollten Hamburgs Interessen vertreten und der Überseehandel gestützt werden. Unglücklicherweise beeindruckte es die Mehrheit der Wähler nicht, daß sich die Nationalliberalen weiterhin auf kommunale Fragen konzentrierten; sie hatten sich nicht zuletzt deshalb der politischen Szene auf Reichsebene zugewandt, weil ihnen jegliches Mitspracherecht in den Angelegenheiten verweigert wurde, um die es in Hamburg selbst ging. Paradoxerweise trug daher zum Untergang der Nationalliberalen bei, daß sie unter anderem in diesem Sinn nicht «national» genug waren. Ihr Appell an lokalpatriotische Empfindungen im Jahr 1893 stieß bei den Arbeitern Hamburgs auf wenig Gegenliebe; sie wählten bis 1914 in immer größerer Zahl sozialdemokratisch.[7]

So sehr die Sozialdemokraten im Reichtstag die Stadtväter Hamburgs auch beunruhigen mochten, ernster erschien diesen die sozialdemokratische Bedrohung der Stadt von innen. In den Augen des Senats und der herrschenden Klassen besaß diese Bedrohung vor allem zwei Aspekte: Erstens verdächtigte man die Sozialdemokraten, unter der Arbeiter-

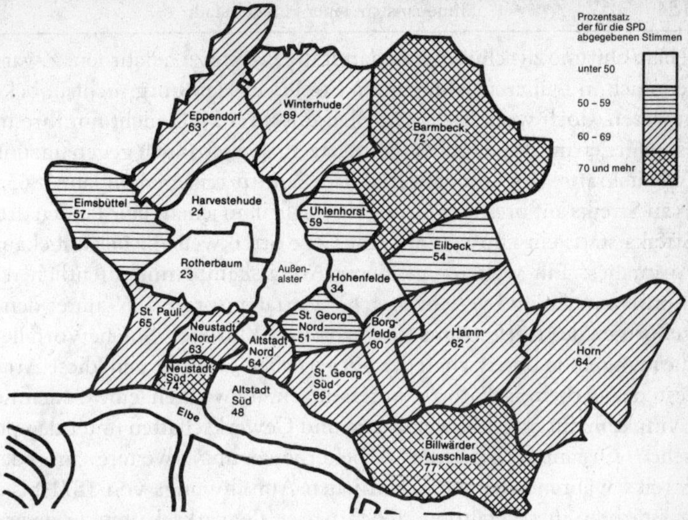

(Quelle: SHS, 20 [1902], S. 92)

Karte 15 Stimmenanteil der Sozialdemokraten in Hamburg bei der Reichstagswahl von 1890, nach Stadtteilen

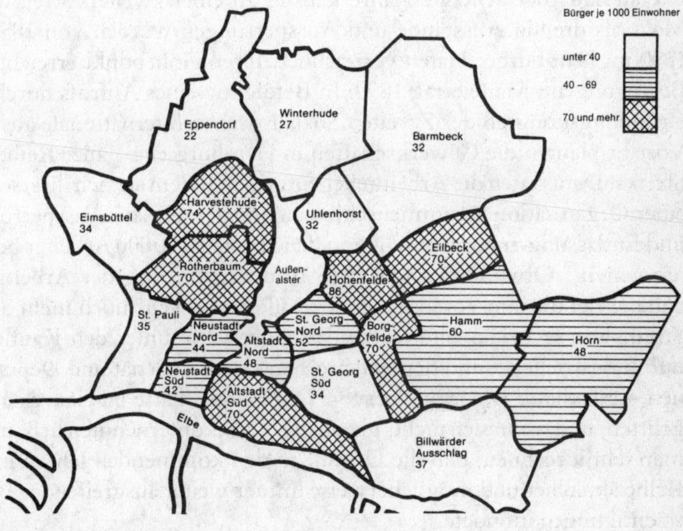

(Quelle: SHS, 22 [1904], S. 8)

Karte 16 Bürger je tausend Einwohner in Hamburg, 1892, nach Stadtteilen

schaft Unruhe zu schüren und damit die Profite zu gefährden. Zwar waren auch in früheren Jahrzehnten Streiks in Hamburg nicht unbekannt gewesen, doch wollten die Gesellen mit ihrer Hilfe nicht nur ihre Interessen gegen die Arbeitgeber durchsetzen, sondern auch gegen unzünftige Arbeitskräfte. Erst mit dem Ende der Zunftprivilegien im Jahr 1865 kam es zu Streiks auf breiterer Grundlage. Allein in jenem Jahr fanden dreißig Streiks statt, ein Hinweis auf eine neue Streikwelle bisher unbekannten Ausmaßes. Ein weiterer größerer Arbeitskampf mit öffentlichen Demonstrationen und vereinzelten Gewalttaten sorgte 1869 unter den Angehörigen des Bürgertums für verbreitete Unruhe.[8] Solche Vorfälle und die mangelnde Bereitschaft der bürgerlichen Demokraten, diese Art Protest der Arbeiterschaft zu unterstützen, bewirkten eine zunehmende Sympathie für Streikbewegungen und Gewerkschaften unter den politischen Organisationen der Arbeiterbewegung. Weitere ausgedehnte Streiks während des wirtschaftlichen Aufschwungs von 1871 bis 1873 verstärkten diese Haltung. Doch waren Gewerkschaften zu jener Zeit häufig kurzlebig, und so gingen nach der Wirtschaftskrise von 1873 die Gewerkschaftsaktivitäten drastisch zurück, auch die Bereitschaft zum Streik nahm deutlich ab.

Erst Ende der achtziger Jahre kam es zu einer zweiten Streikwelle. Mehr als dreißig Ausstände und Aussperrungen wurden von 1888 bis 1890 im Hamburger Hafen verzeichnet. Ihren Höhepunkt erreichte die Bewegung am Maifeiertag 1890: In Befolgung eines Aufrufs durch den Gründungskongreß der Zweiten Sozialistischen Internationale aus dem Vorjahr planten die Gewerkschaften in Hamburg eine ganze Reihe von Streiks. Dem traten die Arbeitgeber entgegen, indem sie sich ihrerseits zu einer Organisation zusammenschlossen und gemeinsam Aussperrungen und Entlassungen vornahmen, von denen nahezu 20000 Arbeiter betroffen waren.[9] Obwohl der 1. Mai 1890 mit einem Sieg der Arbeitgeber endete, rief die ihm vorausgehende große Streikwelle noch mehr als die Streiks der sechziger und frühen siebziger Jahre unter den Kaufleuten und Industriellen – und dementsprechend auch in Senat und Deputationen – ernsthafte Besorgnis hervor. Der Handel hatte bereits erkennbar gelitten, und wenn sich nichts gegen die Streiks unternehmen ließ, mußte man damit rechnen, daß die Unruhe in den kommenden Jahren in eine Reihe ähnlicher und möglicherweise immer weiter ausgreifender Beeinträchtigungen mündete.

Noch besorgniserregender schien die zweite von der Arbeiterbewegung ausgehende Bedrohung: die des gewaltsamen Umsturzes. In einem amtlichen Bericht von April 1890, der sich pessimistisch mit dem zeitlichen Zusammenfall der Reichstagswahlen und der Aufhebung des Sozialistengesetzes beschäftigte, wird deutlich erkennbar, wie sich die Haltung von Senat und Verwaltung gegenüber der Möglichkeit einer ernsthaften Bedrohung ihrer «Autorität» durch die unteren Volksklassen geändert hatte:

«Neigung zu Excessen ist bisher unter der hiesigen Arbeiterbevölkerung nicht zu bemerken gewesen, jedoch ist durch die Wahlerfolge und die der Arbeiterbevölkerung jetzt günstige gesellschaftliche und politische Strömung ihr Selbstgefühl in bedeutendem Maße gewachsen und in ihr die Meinung erweckt, daß die jetzt bestehende Staats- und Gesellschaftsordnung in Kürze zusammenbrechen und durch den socialistischen Staat ersetzt werden wird.»[10]

Diese Ansicht schien durch die Tumulte bestätigt zu werden, die im Mai in den Gängevierteln der Altstadt ausbrachen. Die Staatsanwaltschaft bezeichnete sie im darauffolgenden Prozeß gegen die angeblichen Rädelsführer als durch jahrelange «sozialdemokratische Hetzerei» hervorgerufene und «an eine Revolution grenzende Krawalle»[11]. Tatsächlich handelte es sich um die ernstesten Unruhen in der Stadt seit den Ausschreitungen beim Streik von 1869. Sie schienen einen weiteren Beweis dafür zu liefern, daß die von alters her geltende Vorherrschaft der Patrizierfamilien im Bündnis mit dem aus Händlern und Freiberuflern bestehenden Bürgertum und den Gruppen am oberen Rand des Kleinbürgertums jetzt zum erstenmal ernsthaft von unten bedroht war.

II

Die sich ändernde Haltung der dominierenden Klassen gegenüber der Frage einer Bedrohung von unten drückte sich nicht nur in verbaler Schwarzmalerei aus, sondern auch sehr handfest in den Vorkehrungen, die sie zur Aufrechterhaltung von Recht und Ordnung trafen. Sie waren in Ausnahmesituationen – so vor allem im Jahr 1849 – bereit, die preußische Armee zu Hilfe zu rufen, um einen wahrhaft gefährlichen Angriff auf ihre Hegemonie abzuwehren. Während der Zugehörigkeit zum Deutschen Bund war das ein risikoloses Vorgehen gewesen, doch seit Hamburg Teil des Deutschen Reichs war, ließ sich dies Mittel keinesfalls gefahrlos anwenden. Damit wäre der ohnehin bestehende Druck noch verstärkt worden, die Selbstbestimmung der Hansestadt aufzuheben und aus Hamburg eine preußische Stadt wie andere auch zu machen, vor allem dann, wenn es an anderen Orten nicht zu vergleichbaren Krawallen kam. Also hielt man es dort seit Mitte der sechziger Jahre für klüger, sozialer Unruhe und politischem Umsturz nach Möglichkeit mit eigenen Mitteln entgegenzuwirken.

Offizielle Ansprachen in Hamburg strichen die freiheitlichen Ideale besonders heraus. Allen sichtbare Form hatten sie in der Inschrift gefunden, die in goldenen Lettern über dem Eingang des in den neunziger Jahren errichteten neuen Rathauses prangte: «Libertatem, quam peperere maiores, digne studeat servare posteritas» («Möge sich die Nachwelt aufrichtig bemühen, die von unseren Vorfahren errungene Freiheit zu bewahren»).[12] Aber die Freiheit nicht für jene, denen das Bürgerrecht verwehrt blieb – also für die große Mehrheit der Bevölkerung. Wenn der Handel gedeihen sollte, mußten Gesetz und Ordnung herrschen. Derselbe liberale Staat, der es für seine Pflicht hielt, den Markt dem freien Spiel der Kräfte zu überlassen, sah es ebenfalls als seine Pflicht an, dafür zu sorgen, daß diese Kräfte nicht geschwächt oder in Frage gestellt wurden. Streiks und revolutionäre Erhebungen mögen erst gegen Ende des 19. Jahrhunderts im Bewußtsein der dominierenden Klassen eine größere Rolle gespielt haben, doch die Aufrechterhaltung von Zucht und Ordnung, die Schaffung einer Gesellschaft, in der man ungestört seinen Geschäften nachgehen und die Früchte des angesammelten Kapitals ohne Furcht vor Raub und Diebstahl genießen konnte, war eine andere Sache.

Während sich also die Herrschenden der Stadt dafür einsetzten, daß Hamburgs Handelsgericht seine Verhandlungen offen und gemäß den Grundsätzen üblicher und fairer Prozeßpraxis führte, war es ihnen weit weniger darum zu tun, diese Grundsätze auch auf die Aufrechterhaltung der täglichen Ordnung auf den Straßen anzuwenden. In der ersten Hälfte des Jahrhunderts war die Behandlung von Straftätern Sache der Exekutive. Einer der Senatoren fungierte als Erster Polizeiherr, zugleich war der Senat Berufungsinstanz. Die Polizei konnte ohne Gerichtsverhandlung Geldstrafen und kurze Haftstrafen (bis zu zwei Monaten) für minder schwere Straftaten verhängen. Darunter fielen unter anderem «kleinere Diebstähle und Betrügereyen, leichte Körperverletzungen, Gewaltthätigkeiten, leichte Widersetzlichkeiten gegen Officianten und andere ähnliche Verbrechen»[13]. Auch den Vorschriften der Stadt für den Verkehr, für die Räumung der Straßen von Eis und Schnee usw. verschaffte sie Geltung. Sie überwachte überdies den Zuzug von Gesellen und nichtzünftiger Arbeiter in die Stadt. In den dreißiger Jahren entschied der Erste Polizeiherr, Senator Hudtwalcker, in täglichen Sitzungen, die in seinem Amtszimmer stattfanden, pro Jahr an die vier- bis fünftausend Fälle, unter ihnen auch Zivilfälle wie Streitigkeiten unter Eheleuten. Nicht nur gab es keine Trennung zwischen Strafverfolgung, Gericht und Berufungsinstanz, sondern auch keinen zwischen Straf- und Zivilsachen. Die Verhandlungen waren nicht öffentlich, und die Urteile fielen zwangsläufig nicht nur summarisch, sondern oft ziemlich hart aus – schließlich sah sich der Erste Polizeiherr in aller Regel mit mehr Fällen konfrontiert, als er bewältigen konnte.[14]

Zwar mag diese Art, das Strafrecht zu handhaben, als weniger gravierend erscheinen, wenn man die notorische Ineffizienz der Polizei bedenkt, doch wurde seine Anwendung dadurch auch willkürlicher. Die Polizeivollmachten waren zwischen Bürgermilitär, Gassenoffizianten und Nachtwächtercorps aufgeteilt, und Kompetenzstreitigkeiten zwischen diesen Institutionen waren an der Tagesordnung. Der Grund hierfür lag nicht zuletzt in dem Brauch, daß ein Verhafteter dem Ersten Polizeiherrn gewöhnlich am Tag nach seiner Festnahme als «Losgeld» eine «Sporteln» genannte Geldstrafe von 5 Mark Courant und 14 Schilling zahlen mußte. Ein Teil davon floß dem Beamten zu, der die Verhaftung vorgenommen hatte, für ihn eine wichtige Aufbesserung seines Einkommens. Nicht nur kam es dadurch zu willkürlichen Festnahmen und Streitigkeiten darüber, wem das unglückliche Opfer «gehörte», sondern auch zu weitverbreiteter Korruption, denn wer es sich leisten konnte, hatte die Möglichkeit, den ihn festnehmenden Beamten mit einem Betrag zu bestechen, der geringer war als das «Losgeld», aber höher als der Anteil, den dieser davon erhielt. So sollen die von Prostituierten an Nachtwächter gezahlten Bestechungsgelder praktisch so hoch wie deren regelmäßiges Einkommen gewesen sein. Da das Gehalt der Beamten bekannt niedrig war – sie verdienten in den zwanziger Jahren lediglich 168 Mark pro Jahr –, übernahm mancher Nachtwächter auch tagsüber eine Arbeit. Das wiederum führte dazu, daß die Männer häufig schlafend auf ihrem Posten angetroffen wurden. Waren sie wach, verdienten sie sich ein Zubrot damit, daß sie ihren Posten verließen, um Nachtschwärmern den Heimweg oder auswärtigen Besuchern den Weg zum Hotel zu zeigen. Diese allgemeine Übung kam Anfang der zwanziger Jahre an den Tag, als sich der Erste Polizeiherr Abendroth als Franzose ausgab und einen Nachtwächter dazu aufforderte, ihm diesen Dienst zu erweisen.[15]

Nachtwächter galten auch als notorische Trunkenbolde. Der Erste Polizeiherr Hudtwalcker notierte 1834, «daß das Laster des Trunkes immer mehr bei dem Corps der Nachtwache einreißt»[16], doch wurde seine Anordnung, den Dienst nüchtern zu versehen, weithin mißachtet. Keiner der Nachtwächter befolgte seine Empfehlung, sich der Mäßigkeitsbewegung anzuschließen, und als Hamburgs Trinker 1841 bei einem berühmt gewordenen Zwischenfall das Hauptquartier des neugegründeten Mäßigkeitsvereins plünderten, sollen die Männer der Nachtwache bewußt durch die Finger gesehen haben. In den vierziger Jahren gab es im Corps der Nachtwache so wenige am Ort geborene Männer, daß man den Brauch aufgeben mußte, die Uhrzeit auf plattdeutsch ausrufen zu lassen, weil kaum noch jemand Platt sprechen konnte. Selbst der Erste Polizeiherr Binder nannte die Truppe ein «Asyl für hiesiges und fremdes Lumpenpack».

Um das Bürgermilitär stand es möglicherweise noch schlimmer; hier war es üblich geworden, daß Bürger, die ihrer Dienstpflicht nicht nachkommen wollten, Ersatzleute dafür bezahlten, die aus dem Gefängnis geholt wurden. Das Ergebnis kann man sich vorstellen. Auch genügten die weniger als fünfzig Männer des Nachtwächtercorps in einer Stadt mit über 200000 Einwohnern nicht annähernd, um die Ordnung aufrechtzuerhalten. Daher ist es nicht weiter verwunderlich, daß als Antwort auf die Unruhen, zu denen es im Zusammenhang mit dem Großen Brand von 1842 gekommen war, allgemein der Ruf nach einer Reform ertönte. Doch war der Schrecken bald vergessen, und die Vorschläge, die der Senat schließlich 1847 machte, gingen bald im Strudel der Revolution unter, so daß nichts geschah. Wie an anderen Orten Deutschlands auch führte jedoch die auf die Revolution folgende Reaktion 1851/52 zu einer Reform der Polizei. Es ist kennzeichnend für Hamburg, daß sich diese darauf konzentrierte, die Ausgaben zu vermindern. Der Senat befand: «Die bisherigen Waffen, Uniformen, Paraden und Exercitien der Nachtwächter sind überflüssiger Luxus. Polizeiwächter bedürfen solcher Anhängsel gar nicht.» Also wurde das Nachtwächtercorps in eine Polizeistreitkraft von mehr als 300 Männern umgewandelt und dem Ganzen eine neue, demokratischere Organisationsform übergestülpt. Es gab billigere und weniger am militärischen Vorbild ausgerichtete Uniformen und Ausrüstungsstücke. Im übrigen blieb das System, mit dessen Hilfe man dem Gesetz zur Geltung verhelfen und Straftäter zur Rechenschaft ziehen wollte, weitgehend unverändert. Obwohl die Bezahlung des gewöhnlichen Polizisten mit 450 Mark im Jahr jetzt besser war als zuvor, genügte das Gehalt immer noch nicht zum Leben, so daß der Brauch, Sporteln zu kassieren, unverändert beibehalten wurde.[17]

Hamburgs Polizeiwesen folgte in den fünfziger und sechziger Jahren in mancherlei Hinsicht dem englischen Muster einer nicht-militärischen Organisation. Als der Senat die Polizei nach den Napoleonischen Kriegen ins Leben rief, hatte er erklärt, daß «durchaus nichts geschehen könne, was die bürgerliche Freyheit... über die Gebühr mehr als zur Erhaltung der öffentlichen Sicherheit und Ordnung und Wohlfahrt nötig ist» einschränke.[18] Tatsächlich war die Erbgesessene Bürgerschaft klug genug, darauf zu bestehen, daß das Polizeigesetz nur für bestimmte Zeiträume gelten sollte, falls es nicht hielt, was es versprach. Wie Senator Hudtwalcker anmerkte: «In einem Staat wie England findet man Männer, wo zuviel regiert wird, Maschinen».[19] Dementsprechend durften in eben der Stadt, in der gewöhnliche Straftäter mit willkürlicher Verhaftung und Urteilen ohne ordnungsgemäße Verhandlung rechnen mußten, gebildete Kritiker oder Reformer mit einem großen Maß an Toleranz und Freiheit rechnen. Zwar existierte eine Zensur, da Hamburg gezwungen gewesen war, die in Metternichs Karlsbader Beschlüssen von 1819 vorgesehenen repressiven Maßnahmen umzusetzen. Da sie aber äußerst lax gehandhabt wurde, vor allem, wenn es nicht um Zeitungen ging, sondern um Bücher, wurde Hamburg eine Art Verlagszentrum für in Preußen und anderswo verbotene Literatur. Bekanntestes Beispiel dafür ist Hoffmann und Campe, Heinrich Heines Hamburger Verlag: Sämtliche Publikationen des Verlags wurden 1841 in Preußen verboten.[20] In der Zeit der Reaktion nach der Revolution von 1848 galten die Hamburger Behörden in Preußen als so unfähig, daß die preußische Polizei ihre eigenen Spitzel in die Stadt schickte, um sich ein Bild über Organisationen wie den Arbeiter-Bildungsverein machen zu können. Während Preußen den Senat stark unter Druck setzte, damit dieser den Verein und andere kleinere Zusammenschlüsse von Arbeitern verbot, argumentierte der Erste Polizeiherr, Senator Gossler, davon würden «die revolutionären Gesinnungen nicht ausgerottet, so wenig als das Zusammenhalten der Gleichgesinnten dadurch hintertrieben wird». Statt dessen bestärkte Gossler diese Organisationen darin, sich auf nichtpolitischem Gebiet zu entfalten.[21]

Eine ähnliche Haltung nahmen die Hamburger Behörden während der nächsten großen Unterdrückungswelle ein, die nach den zwei fehlgeschlagenen Attentaten auf Kaiser Wilhelm I. im Jahr 1878 über

Deutschland hereinbrach. In der Zwischenzeit war es im Rechtswesen der Stadt und beim Gesetzesvollzug zu bedeutenden Veränderungen gekommen. Die Verfassung von 1860 führte 1869 zu einer Reihe von Gesetzesreformen. Im Zusammenhang damit wurde die Exekutive abgetrennt, das System der unter Federführung eines Senators von der Polizei praktizierten summarischen Bestrafung ohne Verhandlung beendet, und für Gerichtsverfahren und Polizeikompetenzen gab es neue Vorschriften – dazu gehörte auch die Abschaffung der Sporteln. Die Verfassungsänderungen von 1879 schlossen diese Entwicklung ab durch die Einführung von Berufsrichtern, eines Staatsanwalts und eines vom Senat gänzlich unabhängigen Gerichtswesens. Die 1868 erfolgte Abschaffung des Bürgermilitärs bedeutete, daß nunmehr die Hauptlast für die Aufrechterhaltung der öffentlichen Ordnung auf den Schultern der Polizei ruhte. Konsequenterweise wurden 1876 das alte Nachtwächtercorps und die alte Polizei aufgelöst und durch ein Konstablerkorps ersetzt, das Tag und Nacht über die Ordnung wachen sollte. Die Konstabler ähnelten mit ihren marineblauen Uniformen zum Verwechseln den Londoner Polizisten, zumal sie genau die gleichen Helme trugen, die jenseits der Nordsee üblich waren. Mit dieser aus rund 650 Konstablern sowie 165 Sergeanten und höheren Beamten bestehenden Truppe sollte der Hamburger Senat dem 1878 im ganzen Deutschen Reich in Kraft getretenen Gesetz «gegen die gemeingefährlichen Bestrebungen der Sozialdemokratie» Geltung verschaffen.[22]

Das als «Sozialistengesetz» bekanntgewordene Reichsgesetz schränkte die Teilnahme der Sozialdemokraten an Reichstagswahlen zwar nicht ein, machte ihnen aber das Leben in jeder anderen Hinsicht äußerst schwer. Eine Mitgliedschaft in der Partei war jetzt gesetzwidrig, und Zusammenkünfte waren verboten. Da auch nichts veröffentlicht werden durfte, verlegte die Partei ihr Hauptquartier in die Schweiz und schmuggelte mit Hilfe der «Roten Feldpost» dort gedruckte Flugschriften über die Grenze ins Deutsche Reich. Versammlungen wurden in der Illegalität abgehalten, und sozialdemokratische Organisationen erhielten unverfänglich klingende Namen. Letztlich führte das Gesetz dazu, daß die Arbeiterklasse die Partei bei Wahlen stärker unterstützte als zuvor und ihre Führung dazu drängte, eine deutlicher marxistische Haltung zu vertreten, wie sie im Erfurter Programm von 1891 ihren Niederschlag fand. Auch in Hamburg waren Ausmaß und Härte der Unterdrückung beachtlich. Dort hatte die Polizei bereits 1876 begonnen, der sozialistischen Bewegung auf die Finger zu sehen, und war dabei zu dem Ergebnis gekommen, daß von deren Führungspersönlichkeiten August Geib eine «Abneigung gegen Exzesse» zeige und Georg Hartmann «sich bürgerlicher Respectabilität» erfreue. Auch hieß es, in der am Ort erscheinenden Zeitung der Partei sei ein «ungleich maßvollerer Ton» zu finden als in der sozialdemokratischen Presse anderenorts. Zumindest ein Hamburger Senator pflegte sich der sozialdemokratischen Presse der Stadt zur Veröffentlichung seiner nicht gekennzeichneten Artikel zu bedienen, in denen er den beabsichtigten Beitritt der Stadt zum Deutschen Zollverein angriff. All das erklärt, warum sich der Senat dem 1876/77 an ihn herangetragenen Ansinnen Preußens widersetzte, die Partei und deren Tätigkeit auf dem Boden der Stadt zu verbieten. Die halbamtliche Tageszeitung «Hamburgischer Correspondent» veröffentlichte sogar scharfe Angriffe gegen das Sozialistengesetz, hinter dem man in Zusammenhang mit der Absicht, Hamburg in den Zollverein einzugliedern, den zielstrebigen Versuch einer Verpreußung witterte.[23]

Dennoch bewirkte «zu lasches Vorgehen» der Hamburger Polizei gegen die verbotene Partei, wie es der Polizeichef des benachbarten, unter preußischer Verwaltung stehenden Altona nannte, daß Berlin immer stärkeren Druck auf den Senat ausübte. Die Stadt lebte ab 1880 in einer Art Belagerungszustand, der das ganze Jahrzehnt hindurch andauerte; es kam zu zahlreichen Festnahmen, und 75 Sozialdemokraten wurden aus Hamburg und Altona sofort ausgewiesen. Namhafte Kaufleute spendeten Geld für sie aus Protest gegen etwas, das sie als Akt des preußischen Militarismus ansahen. In der Arbeiterschaft empfand man für diese «Märtyrer» weithin Sympathie, und sie trug zweifellos zu den Wahlsiegen der Partei in jenem Jahrzehnt bei. Die allgemeine «Zuversicht auf den Hamburger Senat», er werde das Gesetz nicht durchführen, wurde tief enttäuscht. Trotz fortgesetzter Verhaftungen und Verfolgungen jedoch hörten die Preußen nicht auf, Hamburg vorzuwerfen, es gehe bei der Durchsetzung des Sozialistengesetzes zu halbherzig vor. Da der Erste Polizeiherr Kunhardt wiederholt Ausweisungsbeschlüsse aussetzte, beklagte sich Berlin mehrfach über ihn. Der Unterschied zwischen der Art, wie die Polizei zu jener Zeit in Hamburg und Preußen vorging, ließ sich auch an alltäglichen Dingen erkennen. In den achtziger Jahren zählten Schlägereien auf den Straßen im Hafenviertel an der Grenze zwischen St. Pauli und dem preußisch verwalteten Altona zur allgemeinen Volksbelustigung. «Die gemüthlichen Hamburger Konstabler», erinnerte sich ein Zeuge, «nickelbeknöpft und mit breiten krummen Plempen bewehrt, ließen zunächst hanseatisch großzügig, die Leute ruhig randalieren, während die als ‹schabbig› verschrieenen Preußen nicht lange fackelten.» Wenn die «Pickelhauben» in Altona versuchten, diesen Schlägereien ein Ende zu setzen, rannten die Streithähne einfach über die Grenze nach Hamburg. «Unter dem Beifall der Zuschauer beiderseits konnten sie ihre nun machtlosen Verfolger aus einigen Schritt Entfernung vom feindlichen Ausland her ungestraft anpöbeln, von der dortigen Streitmacht mit schadenfrohem Lächeln behütet.»

Als Senator Kunhardt 1886 wegen einer ernsthaften Erkrankung im Amt als Erster Polizeiherr durch Senator Gerhard Hachmann ersetzt wurde, begann eine Zeit weit schärferer Unterdrückung. Hachmann fehlte die Fähigkeit, Druck standzuhalten; sein hartes Vorgehen mag auf wiederholte Mahnungen aus Berlin zurückgegangen sein. Doch wie wir gesehen haben, nahm die Unruhe unter der Arbeiterschaft noch in diesem Jahr ein bislang nicht dagewesenes Ausmaß an, und die neue Härte der Polizei zeigte möglicherweise auch ein neues Maß von Besorgnis innerhalb der herrschenden Fraktion des Bürgertums an.[24] Jedenfalls stieg die Summe der Gefängnisstrafen, die in Hamburg wegen Verstößen gegen das Sozialistengesetz verhängt wurden, von zehneinhalb Jahren zwischen 1879 und 1883 auf etwa 42 Jahre in der Zeit von 1886 bis 1888 an.[25] Seit Mitte der achtziger Jahre hatte sich aber die Beziehung zwischen den dominierenden Klassen und dem Proletariat in der Stadt nachhaltig verschlechtert. Während Wut und Enttäuschung der Arbeiterklasse ihren Niederschlag in einer deutlich angestiegenen Stimmenzahl für die Sozialdemokraten fand, drückte sich die rasch zunehmende Furcht vor den Unterschichten innerhalb der herrschenden Fraktion in einer erneuten und diesmal grundlegenden Neuorganisation der Polizei aus. Schon 1888 war die Zahl der Konstabler von 650 auf 1022 erhöht worden, und zu den 165 bereits im Dienst stehenden Sergeanten und höheren Offizieren waren weitere 92 gekommen. Die berittene Polizei, die bis dahin ihren Dienst in weiter entfernten ländlichen Vororten versehen hatte, wurde umorganisiert und in eine Stadt-Polizeitruppe umgewandelt, mit der man der «tumultuarischen Zusammenrottung» entgegentreten wollte. Den jetzt hauptamtlichen Polizeibeamten war ausdrücklich verboten, einer weiteren Tätigkeit nachzugehen. Die Entlohnung wurde auf ansehnliche 1350 Mark für einen Konstabler und zwischen 1500 und 2250 Mark für die Rangstufen unmittelbar darüber erhöht.[26]

Vor allem aber wurde die Polizeitruppe militarisiert. Von ihrem englischen Vorbild hatte sie sich schon vor Ende der achtziger Jahre durch die Vielfalt ihrer Bewaffnung – vor allem schwere Säbel – unterschieden. Im Jahr 1887 aber erhoben sich Stimmen, die klagten: «... ein größerer Theil der Constabler besitzt mit 48 bis 50 Jahren eine schlechte, fast gebückte Haltung, ist mit Rheumatismus behaftet und hat in seiner Erscheinung alles Militärische verloren.» Man setzte die Zahl der Dienststunden herab und bemühte sich, der «Forderung militärischer Straffheit und kraftvoller Hingabe an den Dienst» Geltung zu verschaffen.[27] Ab 1888 wurden keine Handwerker und Arbeiter mehr eingestellt, aus denen sich früher die Hauptmasse der Polizeikräfte rekrutiert hatte; ein Gesetz wurde erlassen, demzufolge Bewerber mindestens neun Jahre im Heer gedient und den Dienstgrad eines Unteroffiziers erreicht haben mußten.[28] Der Senat begann 1889 mit den Vorbereitungen für eine Umorganisation der Polizei nach preußischem Muster. Da im Zusammenhang damit für die Polizeiführung (die selbstverständlich nach wie vor dem zuständigen Senator unterstand) bezahlte höhere Beamte eingestellt werden mußten, ist es nicht weiter erstaunlich, daß es eine Weile dauerte, bis die Bürgerschaft dieser Maßnahme ihre Zustimmung erteilte. Doch schließlich wurde das Gesetz 1892 verabschiedet und trat mit Wirkung vom 1. Januar 1893 in Kraft. Die Truppe war jetzt eine «Schutzmannschaft» nach preußischem Vorbild, und die Konstabler trugen, wie wir aus der Beschreibung des ranghöchsten aktiven Offiziers der Truppe, Major Gestefeld, wissen, eine Uniform ähnlich der eines Heeres-Unteroffiziers. Alle Dienstgrade erhielten die in Preußen üblichen Rangbezeichnungen, «wodurch wiederum der Gleichstellung und Gleichwertigkeit mit der Armee Ausdruck gegeben werde». Eine militärische Disziplin, die sich auf die im preußischen Heer übliche gründete, wurde eingeführt. Am deutlichsten erkannte man die Veränderung an der Abschaffung der von den verschiedenen Einheiten der alten Polizei getragenen Zylinder, flachen Mützen und Schutzmannshelme, an deren Stelle das Symbol par excellence des preußischen Militarismus trat, die Pickelhaube.[29]

An den Reformen der Jahre 1888 bis 1893 läßt sich ablesen, daß man begriffen hatte, welcher Abstand sich zwischen Polizei und Bevölkerung während der Geltung des Sozialistengesetzes in der Phase der konsequenten Durchsetzung Ende der achtziger Jahre ergeben hatte und daß man diese Kluft vertiefen wollte. Wie willkürlich auch immer sich die frühere Konstablertruppe aufgeführt haben mochte, zumindest stammten ihre Angehörigen aus der örtlichen Zivilbevölkerung, waren ihrer gesellschaftlichen Herkunft, ihren wirtschaftlichen Umständen und sogar ihrem Aussehen nach gewissermaßen Angehörige der Arbeiterschaft am Ort gewesen. Doch 1893 war aus der Hamburger Polizeitruppe so etwas wie eine Besatzungsarmee geworden, die in jeder Hinsicht der Masse der Bevölkerung fern stand. Darüber hinaus wurde im selben Zeitraum ein weitgespanntes Netz politischer Spitzel und Informanten geschaffen als unabdingbarer Bestandteil polizeilicher Arbeit. Hamburgs Vereinsgesetz war in mehr als einer Hinsicht weit liberaler als das Preußens – als Beispiel dafür mag die Freiheit gelten, die es Frauen gab, politischen Zusammenkünften beizuwohnen –, doch eines hatten beide miteinander gemein: die den Organisatoren auferlegte Verpflichtung, für politische Zusammenkünfte im voraus eine polizeiliche Genehmigung einzuholen und auf dem Podium in unmittelbarer Nähe des Vorsitzenden die Anwesenheit eines uniformierten Polizeibeamten zu dulden. Dieser hatte die Vollmacht, die Versammlung aufzulösen, wenn sich seiner Ansicht nach gesetzwidrige Aktivitäten abzeichneten, außerdem mußte er seinen Vorgesetzten genauen Bericht über den Verlauf der Versammlung erstatten. In nichtöffentliche Veranstaltungen entsandte die Politische Polizei Agenten in Zivil und betrieb in Gaststätten und anderen Lokalen, von denen bekannt war, daß Sozialdemokraten und andere Radikale dort verkehrten, ein ausgeklügeltes System geheimer Überwachung. Da ihr die auf diese Weise gesammelten Informationen nicht genügten, durchforstete sie auch systematisch Lokalpresse wie überregionale Blätter. Der Leiter der Politischen Polizei berichtete regelmäßig dem für die Polizei zuständigen Senator, was er über die Ansichten der Arbeiterschaft in der Stadt erfuhr. Dies Überwachungssystem war Anfang der neunziger Jahre so ungewöhnlich ausgefeilt, daß es die Leistungen seines Gegenstücks in Berlin ohne weiteres übertraf. So traten also die Hamburger Behörden durch die Bedrohung von unten nicht nur ernsthaft beunruhigt, sondern auch ungewöhnlich gut über deren Hintergrund informiert, in die neunziger Jahre ein.[30]

III

Bei seinen Bemühungen, die Arbeiterschaft auf seine Seite zu ziehen oder zumindest zu erreichen, daß sie stillhielt, begnügte sich das Großbürgertum nicht mit Zwangsmaßnahmen. Wie durchsetzungsfähig eine militarisierte Polizei und eine aktive und gut organisierte Arbeitgeberschaft auch als Herrschaftsinstrumente sein mochten, Herzen und Unterstützung der Menschen ließen sich damit nicht gewinnen. Während der Arbeitskämpfe der achtziger Jahre war der Glanz des ideologisch verbrämten Primats der Handelsinteressen verblaßt, obwohl es in Augenblicken besonderer Spannung wie beispielsweise bei Hafenarbeiterstreiks oder Reichstagswahlen von Arbeitgebern, Behörden und Kandidaten der Nationalliberalen Partei immer wieder in Anspruch genommen wurde. Diese Ideologie zielte jedoch hauptsächlich auf den Intellekt und das vorgebliche Eigeninteresse der Menschen. Ebenso wichtig, wenn nicht noch wichtiger, waren eher emotionale Appelle an deren Mentalität. Im strikten Repulikanertum des Senats und dessen Grundsatz, Titel abzulehnen, ist beispielsweise der Versuch erkennbar, die Fiktion aufrechtzuerhalten, die Stadt werde von gewöhnlichen Bürgern regiert, die ihre Mitbürger an Würde oder gesellschaftlicher Stellung in keiner Weise überragten. Mit der vor jeder Senatssitzung vorgenommenen persönlichen Vereidigung von Neubürgern gelang es in gewissem Umfang, die Unmittelbarkeit der Beziehung zwischen Senat und Bürgern zu beschwören, die in früheren Zeiten bestanden hatte. Eine patriarchalische Vorstellung von Regierung drückte sich auch in der Fiktion aus, die zu keinem Zeitpunkt als Mythos entlarvt wurde, Bürgermeister und Senat seien für ratsuchende Bürger jederzeit zu sprechen, so daß die Zahl der Bittschriften an den Senat zu Beginn der neunziger Jahre beträchtliche Dimensionen erreichte.[31]

Doch beschränkte sich diese Art der Selbstdarstellung der Staatsmacht in erster Linie auf die Beziehung des Senats zur kleinen Minderheit der Männer, die das Bürgerrecht besaßen. Gegenüber jenen, die vom Wahlrecht ausgeschlossen waren, bemühte man sich nicht einmal um den Anschein von Gleichheit. Ein kennzeichnendes Beispiel dafür war die Beziehung zwischen Senat und Bewohnern der ländlichen Exklaven, beispielsweise dem Amt Ritzebüttel an der Elbmündung oder den von Hamburg aus landeinwärts gelegenen Besitzungen Volksdorf und Bergedorf, die die Stadt im Lauf der Jahrhunderte erworben hatte. Wer dort lebte, besaß in Hamburg kaum nennenswerte Rechte und wurde noch lange nach dem Ende jeglicher feudaler Beziehung zur Stadt behandelt, als sei er Untertan von Feudalherren.[32] Bis 1918 reiste die Finanzdeputation zweimal jährlich unter Leitung der dienstälteren Senatoren in mehreren Wagen mit Dienstboten und Helfern zur Inspektion der staatseigenen Gebäude, des Ackerlandes und der Wälder in diese Gebiete. Die Wagenkolonne begrüßten vor jedem der am Weg liegenden Dörfer die örtliche Blaskapelle, Volkstänze, die Freiwillige Feuerwehr, eine plattdeutsche Ansprache des Dorfratsvorsitzenden oder, sofern es Abend war, ein Fackelzug.

Diesen am Ende des 19. Jahrhunderts längst funktionslos gewordenen Brauch genossen die Mitglieder der Finanzdeputation meist als eine Art Betriebsausflug. Höhepunkt war jedesmal das Eintreffen am Herrenhaus in Wohldorf, im Mittelalter passenderweise Sitz eines Raubritters. Hier herrschte eine Einfachheit, mit der ältere Senatoren eine verklärte Erinnerung an die legendäre Schlichtheit der protestantischen Kaufmannskaste verbanden, der sie entstammten. Noch in den neunziger Jahren gab es dort kein elektrisches Licht, das Wasser mußte aus einer 200 Meter entfernten Bäckerei geholt werden, und die sanitären Einrichtungen erinnerten, wie sich ein Angehöriger der Inspektionsgruppe beschwerte, an eine Epoche, die längst Geschichte geworden war. Moderne Sanitäranlagen wurden erst eingebaut, als 1918 die Sozialdemokraten die Stadtverwaltung übernahmen. Während dem Präses der Finanzdeputation ein Einzelzimmer zustand, mußten sich andere Deputationsmitglieder jeweils ein Zimmer teilen. Entschied sich aber jemand – was in den Jahren unmittelbar vor dem Ersten Weltkrieg gelegentlich schon vorkam – dafür, unter behaglicheren Umständen im Dorfkrug zu nächtigen, trafen ihn am nächsten Morgen mit Sicherheit mißbilligende Blicke. Doch wenn es ans Essen ging, ließen sich die Herren durch die primitive Umgebung nicht stören. Die Inspektionsreise war ebensosehr gastronomisches wie zeremonielles Ereignis:

«[Es] wurde im alten Herrenhaus ein überaus elegantes und reichhaltiges Essen eingenommen, nachdem auch schon Vormittags in der Volksdörfer Oberförsterei einem recht kräftigen Frühstück und auf dem Landsitz des Finanzdeputierten Henry Lütgens in Groß Hansdorf einer auch nicht gerade frugalen Kaffeemahlzeit zugesprochen worden war... Am nächsten Morgen sorgte ein überreich gefüllter Frühstückstisch, dessen Hauptzierde kalter Plumpudding war, dafür, daß Niemand verhungern konnte... Am Mittag [mußte] noch einmal ein solennes, schweres Mahl bezwungen werden.»

Nach dem Essen hielten die älteren Mitglieder der Deputation muntere Tischreden, von denen einige, wie Senator Mönckeberg mißbilligend mitteilte, «etwas gewagt und nur für Herren geeignet» waren. Dazwischen bildete ein Spaziergang im Staatsforst das Hauptereignis, bei dem zwei Mitglieder der Deputation, die zu «Herren am Walde» ernannt wurden und von denen jeder einen großen Zeremonienhammer trug, feierlich an die vom Förster zum Fällen bestimmten Bäume klopften.

Im übrigen blieb man im Herrenhaus und spielte Skat mit einem Einsatz von einem halben Pfennig.[33]

Im Stadtgebiet legte man während des größten Teils des 19. Jahrhunderts nur wenig Wert auf die zeremonielle Selbstdarstellung der Macht. Vor 1800 waren zwar öffentliche Umzüge an der Tagesordnung gewesen, und zumal bei Beerdigungen war ein Aufwand getrieben und ein Prunk entfaltet worden, die ihresgleichen suchten.[34] Da jeder Bürger den Senat und die Bürgermeister für diese Gelegenheiten – gegen eine atemberaubend hohe Gebühr – «mieten» konnte, drückten solche Prozessionen häufig durch ihre Zusammensetzung, bei der peinlich genau nach Rang und Position abgestuft wurde, die gesellschaftliche und politische Machtstruktur in der Stadt aus.[35] Im 19. Jahrhundert gab es solche Gelegenheiten nicht mehr. Andere unverhüllte Selbstdarstellungen der Macht, wie beispielsweise öffentliche Hinrichtungen und öffentlich vollzogene Strafen, wurden äußerst selten und fanden nach der Jahrhundertmitte überhaupt nicht mehr statt. Vor der Eingliederung Hamburgs in das Napoleonische Reich 1810 sah man den Senat bei offiziellen wie auch privaten Feierlichkeiten in der als «Habit», «Ornat» oder «Stalt» bezeichneten Amtstracht, eine aus dem späten 16. Jahrhundert stammende Gewandung der Kaufleute, wie man sie von Rembrandt-Gemälden kennt; nach den Napoleonischen Kriegen wurde sie nur noch selten getragen, und dann meist von den Bürgermeistern. Diese gaben das Habit gleichfalls auf, nachdem eine Menschenmenge Bürgermeister Benecke, der Ende 1848 in dieser Tracht heimkehrte, geschmäht hatte, und übernahmen den inzwischen üblich gewordenen Frack mit weißer (für den Ersten Polizeiherren schwarzer) Binde. Ab 1857 waren die Senatoren nicht mehr gehalten, im Habit in der Kirche zu erscheinen, außer an hohen Feiertagen, und selbst dieser Brauch wurde 1866 aufgegeben. In vollem Ornat trat der Senat nur noch bei Gelegenheiten und in Einrichtungen auf, die im Zusammenhang mit dem Hauptrezeß von 1712 standen, dies unterblieb jedoch nach der Einführung der neuen Verfassung 1860.

Mit der Aufnahme Hamburgs in den Norddeutschen Bund und später in das Reich wurde jedoch, wie Senator Versmann anmerkte, der «Mummenschanz» des Habits «jetzt gewaltsam wieder ans Licht gezogen», was seiner Ansicht nach zeigte, «wie sehr die Anhänger des Alten wieder Oberwasser bekommen hatten». Es rief Versmanns große Mißbilligung hervor, daß der Senat beschloß, zu Kaisers Geburtstag am 22. März 1871 wie auch anläßlich der Rückkehr des Hanseatischen Regiments aus Frankreich am 17. Juni «in pontificalibus», wie es hieß, aufzutreten. Da nur noch wenige Senatoren eine vollständige Amtstracht besaßen, und diejenigen, bei denen das der Fall war, für sie längst zu rundlich geworden waren, mußte sie umgestaltet werden. Die neue Tracht, reicher verziert als die alte und durch Hinzufügung eines Degens «verbessert», bestand aus einem «schwarzsamtenen, über den Schultern mit reicher Posamentierarbeit verzierten ‹Staltrock›, der im Winter mit einem Pelzbesatz versehen wurde; aus einer weißen, kreisrunden, gefalteten Halskrause, aus schwarzen Kniehosen und schwarzseidenen Strümpfen; aus Schnallenschuhen und einem riesigen, schwarzen, im Grundriß tellerartigen Hut, den ein kokardenartiger mächtiger Knopf (Pompon) krönte... Unter dem Staltrock wurde das sogenannte Habit-habillé getragen, d. h. ein schwarzer, ausgeschnittener Rock mit Stehkragen, einreihig zu knöpfen; eine dazu passende, ebenfalls mit einem Stehkragen versehene Weste; und Spitzenjabot und Spitzenmanschetten.»[36]

In diesem verschrobenen Putz erschienen die Senatoren fortan zu den meisten feierlichen Anlässen, und Versmann selbst rief 1888 eine Sensation hervor, als er die Tracht zur Eröffnung des Reichstags durch Kaiser Wilhelm II. in Berlin anlegte. Es wurde üblich, sie bei allen offiziellen Anlässen am kaiserlichen Hof in der Hauptstadt zu tragen, offenkundig weil man damit betonen wollte, daß Hamburg weiterhin Anspruch auf Autonomie erhob. Ein weiterer Grund war wohl, daß man den Verlust der Unabhängigkeit der Stadt weitgehend kaschieren und auch daran erinnern wollte, daß sie ein Bundesstaat und nicht einfach irgendeine beliebige Stadtgemeinde war. In Hamburg selbst putzten sich die Mitglieder des Senats immer dann mit dieser absonderlichen Tracht heraus, wenn der gesamte Senat vor der Öffentlichkeit erschien, ebenso bei Senatswahlen, auch hier mit dem erklärten Ziel der Legitimation.

Früher war alle Welt, wie Heinrich Merck notierte, der Überzeugung, «Hamburgisch ist immer Gepflegtheit, Würde und – bei reichen Mitteln – Einfachheit gewesen»[37]. Für den Senat war es sehr schwierig gewesen, nach der Zerstörung des Rathauses 1842 überhaupt noch feierliche Anlässe zu begehen. Wie der Senatssyndikus Merck 1868 schrieb, hatte der Senat sich sogar außerstande gesehen, eine Abendgesellschaft auszurichten, denn er besaß «keine Localität, kein Service, kein Silberzeug, kurz Nichts, um auch nur dem mäßigsten Anschein zu genügen»[38]. All das sollte sich mit dem Bau des neuen Rathauses ändern, dessen Grundstein 1885 gelegt wurde. Das 1897 eingeweihte neue Gebäude, das noch heute steht, ist von extravaganter Großartigkeit: ein riesiges, wohldurchdachtes Bauwerk, dessen Hauptmerkmal eine Suite reichverzierter Empfangsräume und ein prächtiger Speisesaal für offizielle Anlässe ist. Wenn man es aus einiger Entfernung betrachtet, wie sich sein Turm emporreckt, als wolle er mit den Türmen der fünf innerstädtischen Hauptkirchen Hamburgs wetteifern, so war und ist es ein eindrucksvolles Symbol für Macht und Reichtum der Stadtregierung. Noch vor seiner feierlichen Eröffnung hatte sich der Senat einen «großen Stil» zu eigen gemacht. Empfänge und gesellschaftliche Anlässe jagten einander, Pomp und Aufwand traten an die Stelle der alten unauffälligen Art.[39] So heißt es bei Julius von Eckardt: «Während die Stadt sich mehr und mehr mit Menschen anfüllte, die den Traditionen und dem eigentümlichen Leben Hamburgs völlig fremd blieben und kaum wußten, daß es einen hamburgischen Staat gebe, schoß dieser Staat äußerlich ins Kraut.»[40] Diesen von Senatssekretär von Eckardt mit solcher Mißbilligung beobachteten Hang darf man nicht einfach als historischen Schnörkel abtun – er diente einem durchaus realen und offenkundigen politischen Zweck.

Indem man die Mehrheit der Stadtbewohner mit Hilfe von reichlich Prunk und Schaugepränge mit den Einrichtungen der Stadt vertraut machte, wollte man erreichen, daß die Menschen die Legitimität des Regierungssystems anerkannten. Erfundene oder wieder ausgegrabene Traditionen, wie sie der Hamburger Senat im späten 19. Jahrhundert pflegte, waren darauf berechnet, im Volk Achtung, wenn nicht gar Ehrfurcht für ein anscheinend jahrhundertealtes System zu wecken.[41] Der auf das 16. Jahrhundert zurückgehende Habit, den die Herrschenden der Stadt anlegten, sollte Symbol für ein durch die Zeitläufte geheiligtes Regierungssystem sein. Da es von der Erfahrung früherer Zeitalter durchtränkt und in der Vergangenheit verwurzelt schien, würde man es auch künftig nicht abschaffen können. Der Stolz auf Hamburgs Vergangenheit bildete ebenso wie der, einem Stadtstaat mit einer eigenen, ausgeprägten Überlieferung und Lebensart anzugehören, ein wesentliches Element des Lokalpatriotismus, an den das Großbürgertum in seinem Bemühen appellierte, etwas dagegen zu unternehmen, daß Hamburgs Arbeiterklasse zunehmend die «anti-hamburgischen» Sozialdemokraten unterstützte.

IV

Zur selben Zeit, als der Senat Hamburgs Polizeiwesen umorganisierte und die öffentliche Zurschaustellung seiner Macht pflegte, unternahm er auch einen erneuten moralisierenden Ausfall gegen die Armen. Ein zentraler Gesichtspunkt dabei war die Einführung des Elberfelder Systems der Armenpflege in den Jahren 1892/93, für das sich der Senat entschieden hatte, nachdem er 1885 zu dem Ergebnis gelangt war, die bisher betriebene Armenpflege abzuschaffen. In Elberfeld hatte man in den vierziger Jahren das neue System als Reaktion auf Unruhe im Volk und politischen Radikalismus in der Stadt – Friedrich Engels' Heimat – eingeführt, und auch in Hamburg spielten ähnliche Erwägungen eine Rolle. Von den finanziellen Vorzügen ganz abgesehen, bot das System auch die Möglichkeit, die Armen sehr viel besser zu überwachen und zu kontrollieren. Die Zahl der Armenpfleger wurde in diesem Zusammenhang von 440 auf 1565 erhöht, damit jeder von ihnen in «fortdauernder Berührung mit den Armen» sein konnte. Ein Armenpfleger mußte sich verpflichten, «der treueste Freund und Berater der Armen» zu sein; auch sollte er die Armen «kennen, wie seine eigene Familie, ihre Wohnungen wie sein eigenes Haus». Er hatte sie regelmäßig zu besuchen, über ihre Lebensumstände zu berichten und Empfehlungen auszusprechen, wie ihnen am besten zu helfen sei. Er mußte sich durch Augenschein davon überzeugen, daß sie die ihnen gewährte Unterstützung umsichtig verwendeten; «... er soll», hieß es in den Vorschriften, «Unordnung und Unsitte rügen und nötigenfalls zur Anzeige bringen, die Armen zu ehrbarem Lebenswandel... ermahnen». Insbesondere mußte er dafür sorgen, «daß die Kinder der seiner Pflege anvertrauten Armen nicht durch übermäßige Inanspruchnahme zu gewerblicher Nebenbeschäftigung in körperlicher und sittlicher Beziehung gefährdet» werden. Der Armenpfleger mußte für «seine» Armen so bald wie möglich eine Arbeit finden, und diese hatten sie anzunehmen, ganz gleich, wie schlecht sie bezahlt war. Andernfalls wurde ihnen die Unterstützung entzogen.[42]

Wie der Historiker Bernd Weisbrod angemerkt hat, bedeutete der Übergang von der zuvor üblichen Unterstützung, die mehr oder weniger ohne Ansehen des Einzelfalls gewährt worden war, auf dies neue System «eine moderne, bürokratische Form der Sozialdisziplinierung»[43], die Arme in eine unmittelbare, persönliche Abhängigkeit vom Armenpfleger brachte. Der von ihnen erwartete Dank für die ihnen gewährte Unterstützung sollte seinen Ausdruck darin finden, daß sie sich so weit wie möglich bürgerlichen Verhaltensnormen anpaßten. Von der Politik sollten sie sich ebenso fernhalten wie vom Trunk und anderen Vergnügungen. Ihre Kinder sollten regelmäßig zur Schule gehen, statt die Familie mit ihrer Hände Arbeit zu unterstützen (obwohl solche Unterstützung, wie wir im Falle der Kaisens und Neddermeyers gesehen haben, für arme Familien überlebensnotwendig war). Indem man den Armen unmittelbar der vom Armenpfleger ausgeübten symbolischen Gewalt unterstellte, wurde zugleich der Proletarier dem Bürger unterstellt, denn die Armenpfleger waren, wie in Hamburg üblich, nicht bezahlte Beamte, sondern ehrenamtlich tätige Bürger.[44] Die 108 Vorsteher der Armenbezirke entsprachen 1902 einem Querschnitt durch die herrschenden Klassen der Stadt, von Kaufleuten (einschließlich Industriellen und Maklern) (22) über Akademiker wie Pfarrer, Anwälte, Ärzte, höhere Beamte und Lehrer (26) hin zu Kleinhändlern (23) und Handwerksmeistern (20). Unter den 1563 Armenpflegern waren Kaufleute (253) und Akademiker (254) minder stark vertreten, wohingegen das kleinbürgerliche Element auf dieser Ebene deutlich in den Vordergrund trat: Immerhin waren 528 von ihnen Handwerksmeister und 231 Kleinhändler. In ihrer überwältigenden Mehrheit dürften diese Männer auch aktive Mitglieder ihrer Bürgervereine gewesen sein, zu denen die Armenvorstände der einzelnen Stadtteile eine enge Verbindung unterhielten, wenn sie auch nicht offizieller Natur war.[45]

Die mit der Armenpflege ausgeübte moralische Kontrolle über die Armen war zum Teil Ersatz für eine andere Art der moralischen Aufsicht, die im Hamburg der neunziger Jahre ihre Wirksamkeit weithin eingebüßt hatte: die der Kirche. Hamburg war nahezu ausschließlich protestantisch (im Jahr 1890 zu 92%), und Jahrhunderte hindurch hatte die lutherische Kirche dort die Staatsreligion verkörpert. Bis 1860 bildete die Kirchengemeinde den Rahmen, in dem sich das öffentliche Leben Hamburgs auf lokaler Ebene abspielte; da es kein staatliches Schulwesen gab, fiel der Kirche auch die Aufgabe der Bildung zu. Der Senat fungierte als Kirchenvorstand und übte bis hinab zur Ernennung von Gemeindepfarrern eine scharfe Kontrolle in kirchlichen Fragen aus. Auf die Verkündung der Verfassung von 1860 folgte eine Reihe sich länger hinziehender Verhandlungen, als deren Ergebnis zehn Jahre später Kirche und Staat in aller Form getrennt wurden. Zwar übte jetzt der Senat keine Gewalt mehr über die Kirche aus, doch sollten einzelne Senatoren als «Patronatsherren» der fünf Kirchengemeinden auftreten, was ursprünglich als Gegengewicht zu den repräsentativen Organen der Gemeinden gedacht war. Das Patronat besaß das Recht, die Ernennung von Pfarrern zu bestätigen und dem Kirchenrecht seine Zustimmung zu geben oder es abzulehnen. Obwohl die Angelegenheiten der Kirche jetzt von ihren eigenen Körperschaften Kirchenrat und Synode bestimmt wurden, waren in beiden je zwei Senatoren vertreten, von denen einer gewöhnlich den Vorsitz hatte. Auch in jedem Kirchenvorstand saßen zwei Senatoren als erster und zweiter Kirchspielherr. Da die Kirche in beträchtlichem Ausmaß finanziell vom Staat abhängig blieb, übte de facto der Senat weiterhin auf jeder Stufe die Aufsicht über sie aus.[46]

Die meisten Senatoren scheinen praktizierende Christen gewesen zu sein, wie den Worten des Senatssyndikus Dr. Buehl zu entnehmen ist: «Viele Senatoren brachten den kirchlichen Angelegenheiten lebhaftes Interesse entgegen und widmeten sich diesen Geschäften mit besonderer Vorliebe.» Die beiden Bürgermeister Johann Georg Mönckeberg und Johannes Heinrich Burchard bezeichnete Buehl als fromm; Carl August Schröder, der 1899 Senator wurde, war lange aktives Laienmitglied seiner Kirchengemeinde gewesen und schrieb in seinen Erinnerungen: «Von jeher habe ich mich für kirchliche Dinge und für kirchenpolitische Fragen interessiert.»[47] Seiner Laufbahn war es in nicht geringem Maße zugute gekommen, daß man ihn 1892 in Eppendorf in den Kirchenvorstand gewählt hatte, denn das ermöglichte es ihm, herzliche Beziehungen zu dessen Vorsitzendem, Senator Kähler, zu pflegen. Hier treffen wir wieder auf eines der weitgespannten Beziehungsnetze, die im privaten Bereich die herrschenden Klassen Hamburgs verbanden. Einem Pfarrer waren enge persönliche Beziehungen zu den Patrizierfamilien möglich; so war beispielsweise Pastor Faass von der Gemeinde Eppendorf Carl August Schröders angeheirateter Onkel.[48] Pastor Christian Behrmann, der aus kleinen Verhältnissen stammte und von seinem Onkel, einem Handwerksmeister, aufgezogen worden war, hatte im Beruf großen Erfolg und wurde 1884 Senior der Hamburger Kirche. In diesem Amt diente er dem Großbürgertum sozusagen als Hausprediger. Er hielt sich häufig mit Frau und Kindern auf dem Sommersitz der Familien Gossler und Petersen auf und hat in seinen Erinnerungen beschrieben, wie diese Familien gemeinsam lange Spaziergänge auf dem Land unternahmen. Doch normalerweise konnten Pfarrer, sofern sie nicht der engeren Verwandtschaft angehörten, nicht erwarten, in solch feinen Kreisen zu verkehren, und selbst bei Behrmann war das nur hin und wieder der Fall. Wenn eine Tochter aus führender Familie einen Pfarrer heiratete, was selten vorkam, behandelte die übrige Sippschaft sie, wie sich Thomas

Manns «Buddenbrooks» entnehmen läßt, mehr oder weniger von oben herab, denn eine solche Eheschließung unterbrach den magischen Kreis aus Geschäfts- und Familienbeziehungen, auf die sich der Wohlstand der Kaufleute gründete. Sofern Pastoren nicht über private Mittel verfügten, lebten sie angesichts eines durch die Reform von 1860 festgelegten Jahresgehalts von 5000 Mark in eher bescheidenem Wohlstand. Sie spielten in den meisten der auf privater Ebene funktionierenden Institutionen des Herrschaftssystems der Stadt, angefangen von den großen Herrendiners bis hin zu den Beziehungen von näherer und fernerer Verwandtschaft, eine untergeordnete Rolle.[49]

Dem Senat war die theologische Position der Pfarrer mehr oder weniger gleichgültig. Dazu sagte Senator Burchard, der diese Haltung nicht völlig billigte, im Jahr 1894: «Wir belassen in Hamburg dem Einzelnen vielleicht ein größeres Maß individueller Unabhängigkeit auf theologischem Gebiete, als dies anderswo der Fall [ist].»[50] Diese eher freisinnige Haltung bedeutete, daß bisweilen Pfarrer mit recht radikalen theologischen Ansichten eingestellt wurden. Doch das beunruhigte die Senatoren nicht übermäßig.[51] Ihnen kam es darauf an, daß die Kirche der Masse des Volkes die pietistische Botschaft der Geduld im Leiden und Luthers Lehre von der Unterordnung unter die Obrigkeit verkündete. Zur Unterstützung dessen nahm man in den achtziger Jahren ein zum Teil durch private Stiftungen mitfinanziertes umfangreiches Kirchenbauprogramm in Angriff. Nach den Worten Senior Behrmanns war man bis 1880 «in der Lösung dieser Aufgabe kaum vorwärts gekommen» – dabei war die Notwendigkeit neuer Kirchen angesichts des Bevölkerungswachstums, vor allem in den Vororten, längst offenkundig.

Zu Anfang des 20. Jahrhunderts, der Zeit, als Behrmann seine Erinnerungen abfaßte, war die Zahl der Kirchen in Eppendorf von einer auf vier und die der Prediger von zwei auf 13 angewachsen; in St. Georg ließ sich eine ähnliche Zunahme von einer Kirche auf fünf und von zwei Pastoren auf 15 verzeichnen. Da man den Grund für die zunehmende gesellschaftliche und politische Unruhe der Arbeiterklasse in einem Rückgang des Interesses an Religion und Moral sah, durfte eine Reaktion von seiten der Kirche unbedingt mit breiter Unterstützung durch die Laienschaft im Bürgertum rechnen.[52] Doch war es bereits zu spät, um Hamburgs Arbeiterklasse noch für den christlichen Glauben zu retten. Schon 1849 notierte Senator Martin Hudtwalcker, kaum ein Erwachsener gehe noch zur Kirche. Senior Behrmann schrieb über seine ersten Jahre in Hamburg (in den achtziger Jahren): «Nur ein sehr kleiner Teil des Mittelstandes und der sogenannten kleinen Leute besuchten die Kirche.»[53] Von 1880 bis 1884 nahmen in Hamburg weniger als 10% der protestantischen Bevölkerung am Abendmahl teil – der geringste Prozentsatz in ganz Deutschland. Selbst in Berlin lag er bei 15% und im ländlich geprägten Schaumburg-Lippe bei über 80%. Die angesichts der Bevölkerungszahl vergleichsweise geringe Anzahl von Kirchen – 1881 kam eine auf 10000 Einwohner – und die Identifikation der Kirche mit dem Staat gehörten zu den Ursachen dieser Säkularisierung. Insgesamt war die Rolle der Religion im Alltagsleben in einer Stadtgesellschaft weniger ausgeprägt als in ländlicher Umgebung; hinzu kam, daß die lutherische Kirche mit ihrer Betonung von Gehorsam und Moral bei der Arbeiterklasse nur wenig Anklang fand.[54]

Viele Arbeiter sahen nicht ein, warum sie dem Pfarrer den üblichen Taler dafür geben sollten, daß er Aufgaben wie Taufe, Konfirmation oder Eheschließung vollzog.[55] In den siebziger Jahren wurde – so Behrmann – derlei «fast ausnahmslos auch von solchen gefordert... die dem kirchlichen Leben fern standen». Auf das Bewußtsein der Arbeiterklasse wirkten sich solche Übergangsrituale oder «rites de passage» der Kirche nur wenig aus, und Behrmann erinnerte sich, daß man von ihm in einer Arbeiterwohnung verlangt hatte, er möge ein kleines Mädchen «Lassaline» taufen. Üblicherweise wurden in Hamburg Taufen und Hochzeiten lieber im Haus als in der Kirche gefeiert, und das brachte die Pastoren, wie sich an Behrmanns Erinnerungen ablesen läßt, in enge Berührung mit Formen der Armut und des Lebens der Arbeiterklasse, die sie sonst wohl nicht zu sehen bekommen hätten. Doch hatte man diesen Brauch schon lange vor der Jahrhundertwende aufgegeben, nun wurden Taufen und Hochzeiten im allgemeinen in der Kirche oder im Pfarrhaus begangen – ein Zeichen für den Verfall der früheren patriarchalischen Beziehung zwischen Pastor und Gemeinde und für den wachsenden Abstand zwischen Seelsorgern und Bevölkerung.[56] Zur gleichen Zeit begann auch die Predigt in ihrem eher literarisch geprägten Schriftdeutsch die arbeitende Bevölkerung immer weniger anzusprechen.[57] Die Autoritätsgläubigkeit, mit der einst Meister wie Geselle in der Kirche gesessen und die Predigt gehört hatten, war unter Hamburgs Arbeitern kaum noch anzutreffen. Auch existierten – im Gegensatz zu England – keinerlei protestantische Sekten, denen sich die Arbeiterschaft hätte anschließen können.

Zur selben Zeit kam es in Hamburgs Bildungswesen zu bedeutsamen Veränderungen. Das Johanneum, viele Jahre hindurch die einzige höhere

Schule der Stadt, wurde nach preußischem Muster in ein neuzeitliches Gymnasium umgewandelt, und 1881 kam ein zweites Gymnasium hinzu. Da es vor dem Ersten Weltkrieg keine weiteren Neugründungen gab, blieb die höhere Bildung einer dünnen Oberschicht vorbehalten.[58] Wer in der Volksschule gute Leistungen zeigte, kam in eine besondere Klasse, «Selekta» genannt, in der man besonders gute Schüler aus den oberen Klassen für die Arbeit in den Kontoren großer Handelshäuser der Stadt ausbildete.[59] Dieses System filterte zwar die fähigsten, aus kleinen Verhältnissen stammenden Schüler heraus, um sie dem neuen Mittelstand aus Angestellten einzugliedern, es unterwarf aber zugleich die überwiegende Mehrheit jener, die blieben, einer unnachsichtigen moralischen Erziehung und politischer Indoktrination. Erst 1871 wurde in Hamburg die Schulpflicht eingeführt und endlich ein staatliches Schulwesen eingerichtet. Die daraus resultierende bessere Ausbildung der Arbeiterklasse verlangte immer größere Anstrengungen von seiten der Lehrer und der – selbstverständlich dem Senat unmittelbar unterstellten – Oberschulbehörde, denn es sollte verhindert werden, daß die Sozialdemokraten die Früchte der Schule ernteten. Diesen Bemühungen war jedoch nur wenig Erfolg beschieden. Das deutete sich schon an, als etwa 15 Jahre später die ersten Jahrgänge von Jugendlichen, die unter dem Einfluß der Volksschule gekommen waren, ins Erwachsenenalter eintraten. Zu den auffälligsten Zügen der Kultur der Arbeiterbewegung im späten 19. Jahrhundert gehörten der Stolz auf das Wissen und der Glaube an die Wohltaten der Wissenschaft; auch sie trugen dazu bei, daß die Hamburger Arbeiterschaft immer stärker gegen ihren Ausschluß von wirtschaftlichem Wohlstand und politischer Macht aufbegehrte.

Das ganze 19. Jahrhundert hindurch war Hamburgs Großbürgertum davon überzeugt, daß Armut in erster Linie auf moralische Schwäche zurückzuführen sei. Für nahezu jeden Aspekt der Armut, von der Arbeitslosigkeit bis hin zur Krankheit und zum frühen Tod, suchte man die Gründe im Alkoholkonsum, in ausschweifender Sexualität, in Gottlosigkeit und Frivolität, im Fehlen einer Lebensplanung sowie in einer Vielzahl anderer Untugenden, die sich zusammenfassen ließen als Weigerung, die herrschenden Ideale von Fleiß und Sparsamkeit zu übernehmen. Da sich dieser Überzeugung nach in der Armut Unmoral ausdrückte, war es in den Augen der Herrschenden in Hamburg verständlich, wenn auch nicht entschuldbar, daß Arme den Verlockungen der Sozialdemokratie anheimfielen. Im Kampf gegen die Arbeiterbewegung verließ sich das Großbürgertum nicht nur auf die Polizei und Zwangsmaßnahmen, sondern versicherte sich der Unterstützung einer ganzen Anzahl von Einrichtungen, die zur Hebung der Moral in der Arbeiterklasse beitragen sollten, angefangen vom Gefängnis über die Volksschule bis zum Elberfelder System der Armenpflege und zur lutherischen Kirche. Es gibt nur wenige überzeugende Belege dafür, daß diesen Bemühungen irgendein greifbarer Erfolg beschieden gewesen wäre.[60] Die Sozialdemokraten gewannen in Hamburg immer größere Stimmenanteile, und sie erhoben ihre Forderung nach einer Reform des bestehenden Regierungssystems immer lauter und nachdrücklicher. Hinter der organisierten Arbeiterbewegung wuchs in den Gängevierteln und Höfen der Innenstadt, wie die Ereignisse von 1890 zu bestätigen schienen, die vom «gefährlichen» Teil der Arbeiterklasse ausgehende Bedrohung. Daß schließlich im selben Jahr alle drei Hamburger Reichstagsmandate an die Sozialdemokraten fielen, wobei ein großer Teil der Unterstützung der Partei aus der Innenstadt kam, schien die Beziehung zwischen diesen beiden Prozessen zu unterstreichen. Möglicherweise spürten Hamburgs dominierende Klassen beim Eintritt ins letzte Jahrzehnt des 19. Jahrhunderts zum erstenmal seit 1848, daß ihnen die Macht zu entgleiten drohte.

V

Es mag sein, daß diese Schilderung der von den Kaufleuten geschaffenen Welt manchmal an einen auf ökonomische Prinzipien reduzierten Vulgärmarxismus erinnert. Dafür gibt es aber einen guten Grund. Wie der Historiker der Hamburger Hafenarbeiter, Michael Grüttner, bemerkt hat, «war ökonomische Macht in Hamburg sehr viel unmittelbarer oder zumindest sichtbarer als anderswo auch politische Macht»[61]. Unverhüllt übten Handel und kapitalistisches Unternehmertum ihre Vorherrschaft aus, und Hamburgs Großbürgertum konnte im Verein mit der beachtlichen Mittelschicht der Stadt und Teilen des Kleinbürgertums von der Mitte des Jahrhunderts an das politische System des Stadtstaates wirkungsvoller, als das anderswo möglich gewesen wäre, in seinem eigenen Interesse steuern. Der Grund dafür lag darin, daß es in der Stadt keine große und machtvolle Bürokratie oder wie in Preußen eine einflußreiche Klasse adliger Landbesitzer gab, die sie dabei hätten stören können. Nicht nur wurde kein Hehl aus dem Vorrang des Handels gemacht, man erhob ihn sogar zur Ideologie, deren Symbol die 1897 vollzogene Verbindung von Rathaus und Börse zu einem einzigen Gebäudekomplex in der Stadtmitte war.

Dennoch läßt sich der Staat im Hamburg des 19. Jahrhunderts nicht auf ein einfaches Instrument kaufmännischer Interessen reduzieren. Zum einen waren diese Interessen selbst gespalten. Das läßt sich etwa an Fragen wie der des Beitritts zum Deutschen Zollverein ablesen. Offizielle Institutionen wie auch eher auf privater oder persönlicher Ebene angesiedelte, vom Senat im Zentrum des Staatsgebildes bis zur Handelskammer an dessen äußerem Rand, beteiligten sich nicht nur an den Auseinandersetzungen zwischen Großkaufleuten und mittleren Kaufleuten, sondern bildeten in gewissem Rahmen auch die Bühne, auf der diese Konflikte ausgetragen wurden. Da waren jene Handelsfirmen, die importiertes Rohmaterial für die Wiederausfuhr verarbeiteten, und andere, die in erster Linie Waren aus Übersee zum Vertrieb im deutschen Hinterland einführten. Die einen hatten beträchtliche Investitionen in der Industrie im Binnenland getätigt, die anderen nicht. Letztlich gaben stets die Forderungen der großen Handelshäuser den Ausschlag, doch erst, nachdem gewisse wichtige Zugeständnisse an die Wünsche anderer gemacht worden waren. Hinzu kam, daß die Staatsgeschäfte von Juristen beherrscht wurden, die trotz ihrer persönlichen Bindungen an die führenden Kaufmannsfamilien aufgrund ihrer Ausbildung, ihrer gesellschaftlichen Stellung und ihrer Rolle in der Regierung gewöhnlich einen Kurs steuerten, der sich keineswegs ganz und gar mit den Vorstellungen der großbürgerlichen Unternehmen deckte. Drittens führte der in der Mitte des Jahrhunderts gefundene Kompromiß zwischen den Klassen dazu, daß in den gesetzgebenden Zweig des Staates eine Interessenvertretung der Grundeigentümer aus der Mittelschicht und aus dem Kleinbürgertum aufgenommen worden war, die häufig andere Vorstellungen entwickelte als die Kaufmannschaft.

Zwei weitere Kräfte, die die Freiheit der Hamburger Kaufleute einengten, den Staat nach Belieben zu gestalten, wurden im Verlauf des Jahrhunderts immer stärker. Am deutlichsten erkennbar war der mit der Zugehörigkeit zum Deutschen Reich und zuvor der zum Norddeutschen Bund einhergehende und von außen einwirkende Zwang. Selbstverständlich hatte die Stadt immer ein wachsames Auge auf ihre mächtigeren Nachbarn gehabt. Wie die Umsetzung der Karlsbader Beschlüsse von 1819 oder die Besetzung Hamburgs durch Preußen dreißig Jahre später deutlich zeigte, gab es klare Grenzen, die die Stadt nicht einmal im losen Zusammenhang des Deutschen Bundes hätte überschreiten können. Doch war Hamburg zumindest bis 1867 imstande gewesen, seine eigenen Institutionen mehr oder weniger unangetastet zu bewahren. Seither jedoch wurden sie zunehmend an die im übrigen Reich angeglichen, angefangen mit Währung und Gewichts- und Maßsystem (1867) über die Kirchenreform (1870), das Erziehungswesen (1871), das Rechtswesen (1879), die Zollgesetze (1888), das Armengesetz (1892) bis zur Polizei (1893). Hamburg sah sich auch zunehmend genötigt, Reichsgesetze zu übernehmen, die es von sich aus möglicherweise nicht eingeführt hätte, allen voran von 1878 bis 1890 das Sozialistengesetz. Die Niederlage der Alt-Hamburger Partikularisten und der Sieg der unter Johannes Versmanns Führung stehenden pro-preußischen Partei im Senat besiegelte lediglich den Übergang Hamburgs von einer sich selbst regierenden Stadt zu einem zwar selbständigen, aber deutlich untergeordneten Mitgliedstaat im Deutschen Reich.

Doch müssen zwei wichtige Einschränkungen bei diesem Prozeß beginnender Verpreußung bedacht werden. Zum einen gelang es Senat und herrschenden Klassen häufig, Institutionen des Reiches in einer Weise zu beeinflussen, die es ihnen erlaubte, ihre eigenen Interessen zu verfolgen (Beispiele dafür sind die Schaffung des Freihafens vor dem Beitritt Hamburgs zum Deutschen Zollverein oder die Beherrschung der konsularischen Vertretung des Reiches durch die Hansestädte) oder sich Reichsgesetzen scheinbar zu fügen, sie aber in Wirklichkeit auf eigene Weise auszulegen, wie beim Sozialistengesetz in den ersten acht der zwölf Jahre, die es in Kraft war. Auch auf andere Weise ließ sich durch kleinere Eingriffe das Funktionieren nach preußischem Vorbild geschaffener Institutionen so beeinflussen, daß sie den besonderen Bedürfnissen der Kaufmannschaft dienten. Diese Möglichkeit läßt sich daran erkennen, wie die Einführung der Selekta-Klasse im Schulwesen gehandhabt und genutzt wurde. Die zweite Einschränkung im Hinblick auf die Verpreußung nimmt zur Kenntnis, daß diese Entwicklung zu einem beträchtlichen Teil nicht zuletzt deshalb erfolgte, weil sie den Interessen der dominierenden Klassen Hamburgs diente. In den achtziger Jahren wurde keinerlei Druck von außen auf den Senat ausgeübt, das Elberfelder System der Armenpflege zu übernehmen oder die örtliche Polizei zu militarisieren. In beiden Fällen paßte sich Hamburg hauptsächlich deswegen der in Deutschland üblichen Praxis an, weil das die wirksamste Möglichkeit zu bieten schien, mit Schwierigkeiten fertig zu werden, die der Stadt von innen drohten.

Der letzte und in mancherlei Hinsicht wichtigste Zwang, dem sich der Staat als den Interessen der Kaufmannschaft dienendes Instrument ausgesetzt sah, lag paradoxerweise gerade im wirtschaftlichen Erfolg, den die Hamburger Kaufleute verbuchten. Das rasche Anwachsen des Überseehandels, den sie so eifrig förderten und nutzten, bewirkte eine ungeheure und nur gelegentlich unterbrochene Zunahme ihres Wohlstandes. Die industrielle Revolution in Deutschland und der Strom europäischer Auswanderer in die Neue Welt führten zur Entstehung immer größerer Zulieferbetriebe der Schiffahrt, zu gewaltigen Reedereien und Werften sowie zu einer weiteren beachtlichen Ausweitung des Handels. Das Handelskapital der Kaufleute verwandelte sich und trat fortan auch in Gestalt von industriellem und Investitionskapital auf, das sich in Unternehmen von beachtlicher Größe und Kapitalkraft – einige auf ihrem Gebiet die größten der Welt – konzentrierte. Diese Kapitalballung setzte Hamburger Firmen in den Stand, Ende der achtziger und Anfang der neunziger Jahre machtvolle Zusammenschlüsse und Kartelle zu gründen, brachte aber zugleich unausweichlich das Wachstum einer starken und organisierten Arbeiterklasse mit sich. Schon in den siebziger Jahren war Hamburg mit August Bebels Worten die Hauptstadt des deutschen Sozialismus. Nach und nach bildeten sich im Hafen und in den Werften mit Erfolg sozialistische Gewerkschaften, und die Sozialdemokratische Partei Hamburgs, die rasch alle drei Reichstagsmandate gewann, zeigte ihre Macht, indem sie eindrucksvolle Massendemonstrationen und Aufmärsche organisierte.

Die wachsende Stärke der Sozialdemokratie und die immer militantere Haltung der Arbeiterschaft in den achtziger Jahren führten dazu, daß immer häufiger staatliche Zwangs- und Disziplinierungsmittel eingesetzt wurden. Dies fand seinen Ausdruck nicht nur in einer zahlenmäßig verstärkten und ihrem Wesen nach veränderten Polizei, sondern auch in der gleichzeitigen Reform der Armenpflege durch die Einführung des Elberfelder Systems. Doch hatte dieser Prozeß gesteigerter staatlicher Aktivität auch seine Grenzen. Hamburg blieb auf allen wesentlichen Gebieten ein Vorposten des Nachtwächterstaates: Mochte auch die Zahl der Nachtwächter erhöht und ihre Ausrüstung verbessert worden sein, so blieben die Dinge in anderer Hinsicht wie zuvor. Ein Eingreifen des Staates unterblieb wie üblich immer dann, wenn zu befürchten stand, daß mit ihm unnötige Kosten verbunden seien – also in den meisten Fällen, außer wenn es um die Förderung des Handels und die Aufrechterhaltung einer geordneten Gesellschaft ging, in der er blühen konnte. Vor allem darin überdauerte das Manchestertum der dominierenden Klassen bis weit in die Zeit der verschärften Klassenkonflikte hinein, die um die Mitte der achtziger Jahre begannen.

Die Strukturen der Politik und die Geisteshaltungen, die in der zweiten Hälfte des 19. Jahrhunderts die Verwaltung der Stadt beherrschten, paßten nur schlecht zu einer der bedeutendsten Städte Europas. Das rasche Wachstum, das Hamburg in diesem Zeitraum erlebte, brachte Aufgaben mit sich, die Energie und Vorstellungskraft selbst der hingebungsvollsten und tüchtigsten Stadtverwaltung herausgefordert hätten. Da der jährliche Zuzug Tausender von Arbeitskräften die Einwohnerzahl der Stadt bis 1890 auf eine halbe Million und mehr emportrieb, sahen sich Senat und Bürgerschaft mit der Frage konfrontiert: Wie kann man eine immer stärker anwachsende Bevölkerung mit frischem Wasser und hygienischen Nahrungsmitteln versorgen, wie sie unterbringen und wie Abfälle und Abwässer einer so großen Anzahl von Menschen beseitigen? Das Wachstum der Stadt bedeutete tiefgreifende Veränderungen in der städtischen Umwelt. Wir werden uns im folgenden mit der Frage beschäftigen, wie Hamburgs Regierende mit diesen Problemen fertig wurden.

2. DIE KRISE DER STÄDTISCHEN UMWELT

Seife und Kultur

I

Der Begriff der Umweltverschmutzung ist vergleichsweise neu – wie auch die Vorstellung von Umwelt überhaupt als Bestandteil der natürlichen Welt, in die Mensch und Gesellschaft eingebettet sind. Welchen Schaden eine fortgeschrittene Industriegesellschaft unserer Atemluft, unserem Trinkwasser, unserer Nahrung, den Wäldern, Feldern und Wiesen um uns herum zufügt, ist erst in den letzten Jahrzehnten Gegenstand öffentlicher Aufmerksamkeit geworden; in die politische Auseinandersetzung hat dieser Aspekt noch später Eingang gefunden – vor wenig mehr als zehn Jahren.[1] Vor zwei Jahrzehnten noch wäre es nicht leicht gewesen, die Fragen von Gesellschaft und Umwelt in ihrem wechselseitigen Zusammenhang zu beleuchten oder mit mehr als nur dem allgemeinen Hinweis auf Struktur und Entwicklung von Gesellschaft und Politik in der Vergangenheit abzugelten. Doch die inzwischen erworbene Sensibilität der Umweltfrage gegenüber hat Historiker auf die Rolle aufmerksam gemacht, die sie in früheren Zeiten gespielt hat.[2] Das zunehmende Interesse an der Bevölkerungsgeschichte und an der Untersuchung von Krankheit und Tod in früheren Zeiten hat dazu geführt, daß Fragen über den Einfluß der Umwelt auf die Bevölkerungsstruktur in früheren Jahrhunderten gestellt werden.[3] Schließlich ist zumindest in England die Geschichte der Reform des Gesundheitswesens wegen des Stellenwertes, den diese Reform für die politischen Veränderungen der dreißiger Jahre des 19. Jahrhunderts besaß, vergleichsweise gut erschlossen[4]; in jüngster Zeit hat Michel Foucaults Einfluß zu einer Wiederbelebung des Interesses an diesem Thema als einem Aspekt der Geschichte der sozialen Disziplinierung geführt.[5]

Wie gegenüber zahlreichen anderen Aspekten der Gesellschaftsreform im 19. Jahrhundert bestand auch gegenüber der sanitären Reform in der älteren Literatur die verständliche Neigung, sie als Geschichte stetigen

Fortschritts und wachsender Rationalität beim siegreichen Kampf gegen Übel zu behandeln, die einer unwissenden und barbarischen Vergangenheit angehörten: Sie bildete sozusagen den Mittelteil im Altar des sozialen Fortschritts. Diese Ansicht hat allzu leicht zu einer aus der politischen Geschichte längst verbannten Klischeevorstellung geführt, wonach eine kleine Gruppe aufgeklärter Reformer gegen heimtückische Kräfte der Gleichgültigkeit und der Überlieferung ankämpfte.[6] Ganz abgesehen von ihrer intellektuellen Unbedarftheit, hindert uns diese Art der Vergangenheitsbetrachtung daran, die Gründe für eine Reform des Gesundheitswesens an verschiedenen Orten und zu verschiedenen Zeiten anders als im Blick auf reformfreudige einzelne zu sehen. In der Tat spielen – wie wir sehen werden – solche Einzelpersonen in einer Geschichte, wie sie hier erzählt wird, eine bedeutsame Rolle[7], doch haben unpersönlichere und weiterreichende Kräfte das Umfeld geprägt, in dem einzelne dann vorgingen. Wie andere Aspekte von Reform in der Stadt auch, stand die des Gesundheitswesens im Mittelpunkt eines komplexen Wechselspiels ökonomischer, politischer und ideologischer Kräfte. Die Erkundung dieser Kräfte und ihrer Beziehungen zueinander bildet die Hauptrechtfertigung für die Untersuchung dieser Reform.

Die Stadt des 19. Jahrhunderts als Lebensraum unterschied sich auf manchen Gebieten grundlegend und offenkundig von ihren Vorgängern in früheren Zeitaltern. Allein schon die Größe von Städten wie Hamburg stellte nahezu alles in den Schatten, was es zuvor in der Menschheitsgeschichte gegeben hatte. Weit wichtiger aber war, mit welch ungeheurer Geschwindigkeit im 19. Jahrhundert in Kontinentaleuropa wie auch in Großbritannien die Bevölkerung der Städte – und in geringerem Umfang auch deren Flächenausdehnung – zunahm, nachdem die Industrialisierung eingesetzt hatte. In vielerlei Hinsicht ging das Leben in den Städten weiter wie zuvor[8], aber was in der Kleinstadt der vorindustriellen Ära erträglich oder kaum wahrnehmbar gewesen war, wurde rasch schädlich, wenn es in den schnell wachsenden Stadtzentren des Industriezeitalters vertausendfacht auftrat. Während sich die Qualität der städtischen Lebenswelt anfänglich durch die Verschärfung schon vorher bestehender Mißstände verschlechterte, kam es bald durch Neuerungen, die der Prozeß der Industrialisierung nach und nach mit sich brachte, zu neuen Formen der Umweltverschmutzung.[9] Wo all diese Faktoren gleichzeitig einwirkten, konnten die Folgen für das Alltagsleben in der Stadt äußerst belastend sein.

Die Umweltverschmutzung betraf im 19. Jahrhundert ebensowenig wie heute alle Menschen in gleichem Maß. Die verschiedenen gesellschaftlichen Klassen litten nicht nur auf unterschiedliche Weise und unterschiedlich stark, sie nahmen das Problem auch unterschiedlich wahr und zogen aus dem Wahrgenommenen unterschiedliche Schlüsse. In einer Stadt, in der politische Macht und gesellschaftlicher Besitz so ungleichmäßig verteilt waren wie in Hamburg, wichen die Erfahrungen und Wahrnehmungen besonders deutlich voneinander ab. Die Umweltverschmutzung spiegelte gesellschaftliche Ungleichheit; ihre Geschichte wie auch die Geschichte der Wahrnehmung und des Umgangs mit diesem Problem war eng mit der der Klassenbeziehungen verknüpft. Kaufmännischer Erfolg und Wohlstand sowie die Ausbreitung und Konzentration von Kapital, die damit einhergingen, wirkten sich auf die Umwelt wie auch auf die Menschen aus, die in ihr lebten. Im ersten Kapitel haben wir bereits gesehen, wie den herrschenden Klassen in den achtziger Jahren des vorigen Jahrhunderts das Wirtschaftswachstum im Rahmen eines klassischen, bürgerlichen, liberalen Staates große Schwierigkeiten bereitete.[10] Die dadurch heraufbeschworenen Umweltprobleme waren keineswegs geringer, und ihre Folgen für die weitere Entwicklung der Beziehungen zwischen den Klassen in der Stadt gewannen während der neunziger Jahre grundlegende Bedeutung. Daher wenden wir uns im zweiten Kapitel der Frage der Umweltverschmutzung zu und verfolgen die verschiedenen Stränge ihrer Geschichte durch das Jahrhundert bis zum Vorabend der Katastrophe von 1892, an der sie so entscheidenden Anteil trug.

II

Das erste und für den flüchtigen Betrachter des Straßenbildes auffälligste Problem im Zusammenhang mit dem schnellen Wachstum der Stadt im 19. Jahrhundert war die ungeheure Zunahme der Zahl an Tieren, die in der Stadt gehalten wurden oder sich in ihr bewegten. In einem Ausmaß, das in einer heutigen Großstadt unvorstellbar wäre, lebten die Menschen im Hamburg des 19. Jahrhunderts eng mit einer Vielzahl großer und kleiner Tiere zusammen. Immerhin handelte es sich um eine vom Pferd abhängige Gesellschaft. Bis weit nach der Jahrhundertwende verkehrten nicht nur Pferdeomnibusse, Pferdebahnen und Pferdedroschken, sondern auch Kutschen sowie große und kleine Lastwagen aller Art. Reiten können war für weite Kreise der Bevölkerung selbstverständlich.[11] Auch der Warentransport zum und vom Hafen sowie auf den Kais ging in Hamburg mit Pferden vonstatten, obwohl seit den sechziger Jahren die Eisenbahn auf den Kaianlagen immer größere Bedeutung gewann. So standen 1892 in Stallungen der Innenstadt und der Vororte immerhin 12000 Pferde, von denen 7000 als Lastpferde (Zugtiere für Nutzfahrzeuge) dienten und nahezu 5000 in der öffentlichen und privaten Personenbeförderung eingesetzt wurden (Personenpferde).[12] Zwei Jahrzehnte früher hatten im Jahr 1873 Bewohner und Handelsunternehmen in Alt- und Neustadt nahezu 2500 Pferde dort in ihren Ställen stehen, an die 1500 weitere wurden auf St. Pauli und in St. Georg gezählt. Zu jener Zeit kam in der Innenstadt ein Pferd auf 66 Menschen. Da täglich zahlreiche Pferde für den Hafen oder die Stadt bestimmte Waren aus den Außenbezirken heranschafften oder Menschen nach Hamburg brachten, war das Pferd Bestandteil des Alltagslebens in der Stadt, zumal die Fleete – die Kanäle in der Innenstadt – weithin nicht mehr für den Warentransport benutzt wurden, denn ab Mitte der sechziger Jahre und vor allem ab 1888 waren neue Hafenanlagen an die Stelle der alten getreten. In gewissem Umfang ersetzten daher Pferdefuhrwerke die Lastkähne als Transportmittel für Waren in die Stadt.

Doch auch mit zahlreichen anderen Tierarten teilten sich Hamburgs Bewohner Straßen und Höfe. Die Viehzählung des Jahres 1873 ergab für Alt- und Neustadt einen Bestand von 2171 Hühnern, 77 Enten, 73 Ziegen, 32 Stück Rindvieh, 17 Schweinen, 7 Schafen, 6 Gänsen, einem Esel und einem Truthahn.[13] Einige dieser Tiere wurden selbstverständlich im Schlachthof gezählt, wo sie noch am letzten Tag ihrer Existenz statistisch erfaßt wurden. Manche Bewohner der Stadt hielten ständig Tiere, um ihr schmales Einkommen aufzubessern und Abwechslung in ihre eintönige Ernährung zu bringen. Schon seit langem besaßen Familien allein oder gemeinsam mit anderen eine Kuh für die Milch, und mancher Milchhändler hatte in den zwanziger Jahren des vorigen Jahrhunderts auf seinem Grundstück in der Altstadt bis zu 25 Kühe stehen. Beispielsweise zeigte eine Untersuchung von 1827, daß in Hamburg 139 Personen insgesamt 576 Stück Rindvieh gehörten, und zwar 75 jeweils eine Kuh, 15 mehr als 10, und die übrigen eine Anzahl dazwischen. Zu den Innenstadtbewohnern, die 1827 diesen Unterlagen nach auf ihrem Grundstück Kühe hielten, zählten zwei Senatoren und einige der wohlhabendsten Kaufleute. Zwar verlor sich diese Gewohnheit im Lauf der Zeit, doch war noch 1900 von drei Haushalten in der Alt- und Neustadt bekannt, daß sie Rindvieh hielten.[14] In den Höfen von Alt- und Neustadt standen im Jahr 1873 29 Bienenstöcke; sehr beliebt war auch die Kaninchenzucht zur Bereicherung des Speisezettels.

Noch in den achtziger Jahren war es unter der armen Bevölkerung nichts Ungewöhnliches, in den Wohnungen Hühner zu halten. Beispielsweise erinnerte sich der in der Altstadt Süd aufgewachsene Wilhelm Wachendorf, wie ihn seine erwerbstätige Mutter als kleinen Jungen jeden Morgen im Haus einer Nachbarin allein ließ, bis die älteren Kinder aus der Schule kamen. Diese Nachbarin hielt im Wohnzimmer Hühner – die Nacht verbrachten sie auf zwei über dem Ofen angebrachten Querhölzern – «die frischen Eier nahmen ihr die reichen Leute gern ab», und damit war sie imstande, ihr hauptsächlich aus dem Obstverkauf stammendes schmales Einkommen aufzubessern. Diese Einnahme konnte sie gut brauchen, denn ihre Tochter litt an Tuberkulose. «Den ganzen Vormittag kroch ich auf dem Ziegelfußboden unter den Hühnern umher», erinnerte sich Wachendorf. «Im Laufe der Zeit gewöhnten die Hühner und ich uns aneinander. Sie pickten mich zwar manchmal und beschmutzten mich, aber ich kannte es nicht anders.»[15] Hühner und andere Tiere wurden in den Vorstädten in größerer Menge gehalten. So ergab die Zählung 1873 in St. Georg 1940 und auf St. Pauli weitere 1268 Hühner. Zwei Jahrzehnte später (1892) wurden den Behörden in St. Georg Süd 35 Kühe und 16 Schweine gemeldet, und in der Stadt mit Vorstädten zusammen 3059 Schweine, 1735 Stück Rindvieh und 859 Schafe.[16] Auch dieses Mal hatte man gewiß viele Tiere im zentralen Schlachthof auf St. Pauli mitgezählt; doch zumindest in den Vorstädten wurde durchgängig eine größere Stückzahl gehalten.

Natürlich war dem Senat längst klargeworden, welche Unzuträglichkeiten das Halten von Großvieh in der Stadt mit sich brachte. Am 26. September 1818 hatte er den Schweinehaltern acht Tage Zeit gegeben, ihre Tiere aus der Stadt zu schaffen. Schweine hatten fortan weder in Alt- noch Neustadt etwas zu suchen, es sei denn, es ging zum Schlachthof. Dieses Verbot wurde 1869 auch auf St. Georg ausgedehnt.[17] Damit war Hamburg im 19. Jahrhundert den meisten Städten weit voraus.[18] So liefen im nordostenglischen Gateshead noch in den vierziger Jahren des vorigen Jahrhunderts Schweine frei auf den Straßen umher; die 40000 Einwohner einer weiteren englischen Stadt, Dudley, protestierten 1856 öffentlich gegen eine Entscheidung der örtlichen Gesundheitsbehörde, die Schweine aus der Stadt verbannen wollte. Der Historiker F. B. Smith hat Schweine «tüchtige und vergleichsweise gesunde Abfallverwerter» genannt, die «sowohl was Geld wie Kalorien angeht, einen guten Gegenwert lieferten... Kurzfristig gesehen», behauptete er, «haben Schweine vermutlich die Sterblichkeit deutlicher gesenkt als Reformer.»[19] Doch konnte man in Hamburg diese Vorteile nicht vollständig nutzen, weil das Halten von Schweinen in der Innenstadt nicht geduldet wurde. Vor der Stadt aber wuchsen sie sich zu einer wahren Plage aus. Als das bebaute Gebiet sich in die Vororte ausdehnte, wo Schweine noch zugelassen waren, erreichte die Stadtverwaltung ein beständiger Strom von Klagen. Im Juni 1894 wurde beim Zusammenschluß von St. Pauli und den Vororten mit der Stadt das Verbot der Schweinehaltung automatisch auf diese Stadtteile ausgedehnt. Allerdings war es Hamburgs Schweinehaltern im Dezember 1894 gelungen, eine Befreiung von dieser Vorschrift zu erlangen, vorausgesetzt, die Tiere wurden außerhalb der Innenstadt gehalten.[20]

Die Belästigung, die von den Schweinen ausging, war, wie sich leicht denken läßt, in den ärmsten Stadtteilen am höchsten. Beispielsweise wurden 1892 in Barmbeck über tausend Schweine gehalten und die der Arbeiterklasse angehörenden Bewohner des Stadtteils beschwerten sich über den «Gestank», der von den um die staatliche Gerberei und Abdeckerei herum konzentrierten großen Schweineställen zu ihnen herüberdrang. In den siebziger Jahren beunruhigte den Bürgerverein von Pöseldorf, eine eher arme Enklave im wohlhabenden Harvestehude, «das Halten von Tieren, besonders z. B. von Schweinen in Badewannen». Das sozialdemokratische «Hamburger Echo» vermerkte 1894, zahlreiche Arbeiter, die keinen Garten besaßen, hielten sich «aus Gewohnheit ein Schwein, das in der Regel in den Jahrmarkttagen jung gekauft und im Laufe des Jahres ‹fett gemacht› wird, um dann geschlachtet und für den Unterhalt verwendet zu werden».[21] Noch 1908 hielt am Borstelmannsweg, einer von Arbeiterfamilien bewohnten Straße im Vorort Hamm, ein Milchhändler, der im Keller des Hauses Nr. 4 wohnte, einige Schweine. Zur gleichen Zeit gab es am Billwärder Ausschlag 1500 Schweine. Dem dortigen Grundeigentümer- und Bürgerverein gingen zahlreiche Klagen darüber zu.[22] Ein erzürnter Bewohner schrieb im April 1908: «Der Hauptherd der Miasmen, der Herd der penetranten, widerwärtigen Gerüche an heißen Sommertagen, die Brutstätte der Ratten, das ist und bleibt der Schweinestall, besonders dann, wenn er ungenügend zementiert, baufällig und, wie sehr häufig, mit Klosett und Lagerstelle der obskursten Art verbunden [ist].»[23]

Vom Gestank abgesehen, war der hauptsächlichste Einwand, der gegen die Schweineställe erhoben wurde, daß sie Ratten anlockten. Wie ein weiterer Einwohner erklärte: «Schon lange kämpfen wir Bewohner und Vereine des Billwärder Ausschlags gegen die Ratten und Mäuse im Vororte. Diese Tiere zu beseitigen, beziehungsweise zu vertilgen, ist uns unmöglich, solange nicht das Halten der Schweine verboten wird.»[24] Bei einer amtlichen Untersuchung ergab sich, daß Ratten die Dielenbretter von Häusern in der Gegend durchnagt hatten.[25] Das ausgelegte Gift nützte nicht viel, weil «sich unter den Fußböden defekte Sielröhren [befanden], aus denen stets frische Ratten hinzukamen»[26]. Ratten bildeten in einer Hafenstadt wie Hamburg ein besonderes Problem, denn sie kamen regelmäßig mit Schiffen aus aller Herren Länder und fanden in den Lagerhäusern und Warenspeichern an den Kais und entlang der Fleete reichlich Nahrung. Die Bewohner der Stadt scheinen sie als unvermeidliche Begleiterscheinung des Lebens in einer Hafenstadt hingenommen zu haben; man tut nur wenig zu ihrer Bekämpfung, außer daß man Hunde und Katzen auf sie ansetzte, die als gute Rattenjäger galten. Doch als sich 1899 erneut die Beulenpest weit über den Erdball ausbreitete, dämmerte es dem Kaiserlichen Gesundheitsamt in Berlin, daß Ratten die Krankheit einschleppen könnten. Also erging an alle deutschen Häfen die Anweisung, Maßnahmen zu ergreifen, um den Zustrom der Nagetiere über die Meere einzudämmen. Die Hamburger Behörden mußten eingestehen, «daß es auch in der Stadt namentlich in den an den Flethen belegenen Speichern und in vielen Wohnungen sehr viele Ratten giebt». Einer Zeitung am Ort zufolge herrschte in St. Georg sogar eine rechte «Rattenplage».[27] Um zu erreichen, daß nicht so viele Ratten im Hafen an Land gelangten, brachte man Rattensperren an den Haltetauen der Schiffe an, holte nachts die Laufplanken ein, die an Bord der Schiffe führten, und legte auf allen eingelaufenen Schiffen Rattengift aus.

Für jede abgelieferte tote Ratte lobte die Polizei eine Belohnung von fünf Pfennig aus, und bald waren alle Tageszeitungen voller Berichte über den «Hamburger Rattenkrieg», dem aber kein großer Erfolg beschieden war. Wie eine Zeitung am 16. Februar 1900 berichtete, sei das Ergebnis «ein recht schlechtes gewesen»[28]. Aus einer von der Polizei nach dem offiziellen Ende des Rattenkriegs zusammengestellten «Übersicht über eingelieferte Ratten» ging hervor, daß lediglich 2616 tote Nager abgeliefert worden waren. Ein miserables Ergebnis, vor allem, wenn man bedenkt, daß damals fünf Pfennig viel Geld waren: Die Belohnung für 75 Ratten entsprach in etwa dem Tagesverdienst eines ungelernten Arbeiters bei einer Zwölf-Stunden-Schicht. In Wirklichkeit war der Rattenkrieg von Anfang an zum Scheitern verurteilt gewesen, wie

Dr. Arnold Versmann erklärte. «Diese Prämien von 5 Pfennigen für jede eingelieferte tote Ratte wurden nur für einen Zeitraum von 3 Wochen ausgezahlt, einerseits, um nicht industriellen Köpfen Möglichkeit zu verleihen, Ratten zu züchten und die jungen Ratten gegen die Prämie abzuliefern, andererseits, um einen Import toter Ratten zu verhindern.» Für einen wirklich gründlichen Feldzug stand also zu wenig Zeit zur Verfügung, und Versmann sah sich gezwungen, zuzugeben, daß zu den zahlreichen Gebäuden, die am Ende des Rattenkriegs nach wie vor «mit Ratten behaftet» waren, nicht nur Zoll- und Stadtbauamt gehörten, sondern auch die Polizeiwache am Hafen. Einmal beim Thema, wies er auch darauf hin, daß der Bahndamm, der eine Überschwemmung durch das Flüßchen Bille verhindern sollte, «zahllosen Mäusen zum Aufenthalt dient, so daß die Grasnarbe abstarb und die Deichsicherheit gefährdet wurde».[29] Der mit dem Ergebnis des Rattenkriegs äußerst unzufriedene Senat ernannte zwei amtliche Rattenfänger für die Kais[30], aber im großen und ganzen begnügte man sich damit, die Rattenplage mit Hilfe eines der zahlreichen in der Stadt angebotenen Rattengifte im Zaum zu halten, wie beispielsweise «Apotheker E. Hammerschmidt's *Ratten-Würste* mit Witterung»[31]. Von weiteren amtlichen Bemühungen, der Frage zu Leibe zu rücken, hörte man nichts mehr.

Wie allgemein bekannt, bringen Ratten Schwärme von Flöhen und Läusen mit sich, und diesen boten die Tiere, die in den Wohngebieten der Stadt lebten, günstige Überlebensbedingungen. Da Untersuchungen in den frühen Jahren der 1788 eingerichteten Armenpflege ergeben hatten, daß «ganze Höfe voll der versunkensten Geschöpfe» und unter anderem «2000 Kinder dieser Armen... zerlumpt und mit Ungeziefer bedeckt» waren, wurde ein spezielles Krankenhaus eingerichtet, das sogenannte Krätzehaus, um der unter diesen Menschen weit verbreiteten Krätze entgegenzuwirken. Im 19. Jahrhundert scheint sich wenig geändert zu haben. Das Wohnungspflegegesetz von 1898, das erstmals eine regelmäßige Überprüfung der hygienischen und sanitären Bedingungen in den Häusern der Armen verlangte, enthüllte eine weitgehende Verseuchung der Gängeviertel und anderer Arbeiterbezirke mit Ungeziefer und Parasiten aller Art, vor allem Fliegen, Milben, Wanzen, Läusen und Käfern. Da beispielsweise erst 1911 ein wirksames chemisches Mittel gegen Milben auf den Markt kam, ließ sich solches Ungeziefer häufig nur äußerst schwer bekämpfen.[32]

Vermutlich war die Kindheitserfahrung Wilhelm Wachendorfs keineswegs untypisch. Seine Eltern mußten, nachdem man in den achtziger

Jahren ihr altes Haus abgerissen hatte, um Platz für die neuen Hafenanlagen zu schaffen, in Räume ziehen, die an einem Hof in der Nähe der Fuhlentwiete hinter der Niedernstraße lagen.

«Die Wohnung war völlig verwanzt. Außerdem wimmelte es in der Küche von Kakerlaken, sogenannten Feuerwürmern... Unsere sämtlichen Möbel, vor allem die Betten, wurden von den Wanzen befallen. Besonders lebendig war es in der Nähe der aufgehängten Bilder, denn hinter den Tapeten saßen ganze Wanzennester. [Am]... Sonntag wurde in aller Frühe im Küchenherd Feuer angemacht, um kochendes Wasser zur Hand zu haben. Darauf stellten meine Eltern die Wohnstubenmöbel in die Mitte des Zimmers und rissen die Tapeten von den Wänden, um sie sogleich zu verbrennen. Die Wanzen verschwanden in wildem Aufruhr in Mauer- und Fußbodenritzen. Nun wurden Wände und Fußboden mit heißem Wasser übergossen. Dasselbe wiederholte sich im Schlafzimmer. Hier wurden auch die Bettstellen auseinandergenommen und mit Wasser und Seife bearbeitet... [Die] Küche... wurde ganz ausgeräumt, dann begoß man die Dielen vorsichtig mit Brennsprit und zündete ihn an. Tausende von Feuerwürmern verbrannten mit lautem Geknister, aber viele verkrochen sich in die Ritzen. Diese mühselige Arbeit mußten meine Eltern monatelang jeden Sonntag wiederholen, um nur einigermaßen des Ungeziefers Herr zu werden. Ganz wurden wir es aber nie los, denn die Wohnung unter uns war eine ideale Brutstätte für dieses Getier. Von dem dort wohnenden Ehepaar war die Frau blind und merkte nichts von den Feuerwürmern, auch wenn sie ihr beim Kochen in den Topf fielen. Den Eheleuten machte es nichts aus, das Ungeziefer aus dem Essen zu fischen. Beide waren wohlgenährt, und an die Wanzen hatten sie sich gewöhnt.»[33]

Noch 1911 hörte man in Hamburg Klagen über «die große Verbreitung der Scabies, die zumeist mit Kopf- und Kleiderläusen vergesellschaftet sei. In St. Georg... seien allein 1198 männliche und 115 weibliche Krätzekranke zur Behandlung gelangt.»[34] Inzwischen gab es seit einigen Jahren Möglichkeiten, derlei zu entdecken und zu behandeln: Zwei Jahrzehnte zuvor war eine derartige Verseuchung mit Ungeziefer wahrscheinlich weiter verbreitet und wurde mehr oder minder toleriert.

III

Ungeziefer und Parasiten setzten den Armen nicht zuletzt deswegen besonders zu, weil nur wenige von ihnen je Gelegenheit hatten, ein Bad zu nehmen. Die überwältigende Mehrheit der Häuser in den älteren, ärmeren Vierteln der Stadt waren, wie Karte 17 deutlich zeigt, nicht mit Badezimmern ausgestattet. Während in Harvestehude, dem reichsten Stadtteil, die meisten Haushalte über ein eigenes Bad verfügten, lag deren Zahl in den ärmsten Stadtteilen ganz allgemein unter 5%. Die Korrelation zwischen dem Anteil an Haushalten mit eigenem Bad und dem durchschnittlichen Pro-Kopf-Einkommen betrug in den Bezirken 0.96 und die Korrelation mit dem Anteil an Arbeitern unter der erwerbstätigen Bevölkerung -0.89, sie wies also einen negativen Wert auf. Die neueren Mietshäuser verfügten gewöhnlich über Gemeinschaftsbadezimmer,

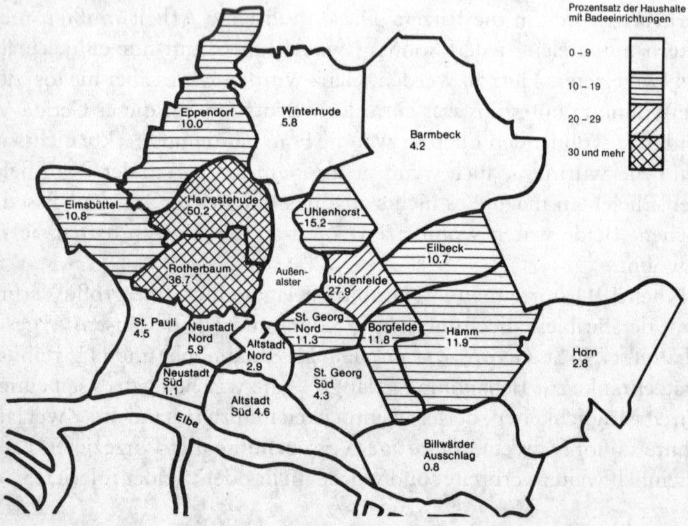

(Quelle: SHS, 20 [1902], Tab. 53g)

Karte 17 Prozentsatz der Haushalte mit Badeeinrichtungen in Hamburg, 1892, nach Stadtteilen

doch mußte das Wasser in den älteren Stadtteilen, beispielsweise in den Gängevierteln, gewöhnlich von einem allen zur Verfügung stehender Wasseranschluß im Hof in die Wohnung geholt werden. In früheren Jahrhunderten hatte es in der Stadt eine Anzahl öffentlicher Bäder gegeben, in denen barbiert, manikürt und sogar kleinere chirurgische Eingriffe vorgenommen worden waren. Man hatte sie im Lauf des 18. Jahrhunderts geschlossen, weil man sie für Brutstätten von Krankheiten hielt. Eine Vorreiterrolle beim neuzeitlichen öffentlichen Badehaus hatte England übernommen. Dort sorgte eine immer mehr anwachsende Bewegung, an ihrer Spitze die Association for the Establishment of Baths and Washhouses for the Labouring Poor (1846) dafür, daß in den fünfziger Jahren des vorigen Jahrhunderts in Liverpool, London und vielen anderen Großstädten Gemeinschaftsbäder eingerichtet wurden.[35] In Großbritannien galt Sauberkeit sprichwörtlich als der Gottesfurcht verwandt, und die Bewegung war Teil einer weiter gehenden Kampagne des Bürgertums, mit der man in den vierziger Jahren des vorigen Jahrhunderts die Arbeiterklasse zähmen und zivilisieren wollte, um dem Radikalismus der in der Chartisten-Bewegung zusammengeschlossenen Arbeiter die Spitze zu brechen.[36] Die neuen Badehäuser waren ausgeklügelte Monumente der öffentlichen Gesundheit, große Gebäude mit reichverzierten Marmorfassaden, hinter denen sich Waschkabinen, Fußbäder, Schwimmbäder und Möglichkeiten zum Wäschewaschen fanden.

Daher dürfte es nicht überraschen, daß mit William Lindley ein Engländer in Hamburg öffentliche Bade- und Waschhäuser einführte. Er spielte in den vierziger und frühen fünfziger Jahren eine zentrale Rolle bei der Verbesserung des öffentlichen Gesundheitswesens in der Stadt. Als Sohn eines Händlers aus Yorkshire 1808 in London geboren, hatte er 1824/25 ein Jahr in und um Hamburg verbracht, um Deutsch zu lernen. Anschließend war er in London bei einem Bauingenieur, Francis Giles, in die Lehre gegangen und hatte als Bauingenieur sowohl am Bau der Eisenbahnlinie vom nordenglischen Newcastle nach Carlisle wie auch an der von London nach Birmingham teilgenommen, außerdem am Durchstich von Brunels Themse-Tunnel. Als eine Gruppe einflußreicher Hamburger Kaufleute und Fabrikanten Mitte der dreißiger Jahre beschloß, als erste Etappe einer Bahnverbindung mit Lübeck eine Eisenbahn nach Bergedorf bauen zu lassen, rief man Lindley. Er hatte während seiner Zeit in Hamburg viele Freundschaften geschlossen, sprach deutsch und war von keinem geringeren als dem berühmten Brunel empfohlen worden.[37] Die ersten Eisenbahnen auf dem Kontinent wurden sehr häufig von Briten entworfen und mit britischem Material und britischen Arbeitskräften unter britischer Leitung gebaut. Lindley kam 1838 nach Hamburg; 1842 wurde die Bahnlinie unter seiner Aufsicht vollendet. Inzwischen hatte er sich aber in Hamburg einen über den Bau der Eisenbahn weit hinausreichenden Ruf erworben und blieb bis Ende der vierziger Jahre in der Stadt, um ihren Wiederaufbau nach dem Großen Brand von 1842 zu überwachen.[38]

Lindley war ein Schüler und guter Freund des bedeutenden Reformers des englischen Gesundheitswesens, Edwin Chadwick. Zu dessen mit größter Leidenschaft vorgetragenen Anliegen gehörte die Errichtung öffentlicher Bade- und Wascheinrichtungen. Wie Chadwick glaubte Lindley, daß Fortschritte bei der Reinlichkeit der Bevölkerung tiefgreifende Auswirkungen auf die öffentliche Ordnung und den sozialen Frieden haben würden. Diese Vorstellungen waren in der Zeit unmittelbar nach der Unruhe und den Aufständen der Revolution von 1848 von besonderer Bedeutung. Nur zu offensichtlich appellierte er an das Eigeninteresse derer, die Hamburg beherrschten, als er ausführte, auf welche Weise sich die soziale Harmonie wiederherstellen und seine Wiederholung der revolutionären Ausbrüche der vierziger Jahre vermeiden ließe:

«Körperliche Unreinlichkeit erzeugt sehr bald Mangel an Selbstachtung, Rohheit und Laster. Die Erfahrung lehrt, daß wer schmutzig gekleidet ist, sich scheut, anständige Orte zu besuchen und deshalb um so mehr in den niedrigsten Wirthshäusern sich aufhält. Können einzelne Feierabendstunden zur Erfrischung im Bade verwandt werden, dann zieht es in den meisten Fällen auf so lange vom Wirthshause ab... Eine unreinliche Bevölkerung wird verhältnismäßig viel von Krankheit und Sterbefällen heimgesucht, und da die ärmeren bei jedem Unfalle dieser Art, wegen Deckung der Kosten, auf die Staatscasse angewiesen sind: so richtet sich diese Steuerlast zum großen Theile nach der Reinlichkeit der Bevölkerung. Eine unreinliche Bevölkerung verwildert und liefert um so mehr Vergehungen gegen die Staatsgesetze, trägt also dazu bei, um die Aufrechterhaltung und Erweiterung des kostspieligen Strafgefängnisses zu machen... Mangel an Reinlichkeit macht die Bevölkerung um so empfänglicher für verheerende Seuchen, wie Cholera, Blattern, Fieber usw., und fördert das Verweilen und Wiederkehren derartiger Krankheiten, die erfahrungsmäßig bei einem gewissen Grade der Ausbreitung auch die Wohnungen der Wohlhabenden ergreifen.»[39]

Lindley zielte also ebensosehr auf die Taschen der Reichen wie auf ihre

Furcht vor sozialen Unruhen und Krankheit. Das hier in geradezu klassischer Form vorgetragene Argument, eine Investition des Staates in eine Verbesserung der öffentlichen Gesundheit werde langfristig Geld sparen, kehrte im Lauf des Jahrhunderts immer wieder und fand in der Cholera-Epidemie von 1892 eine späte Rechtfertigung. Vor allem jedoch, schloß Lindley begeistert, habe Reinlichkeit der Person «auch Reinlichkeit in der Kleidung und Wohnung zur Folge, und wirkt also auf verschiedenen Wegen zur Förderung des Wohlbefindens und Wohlbetragens». Das sei wichtig, betonte er mit einem Hinweis auf die Unruhen von 1842, denn «Mangel an Wohlbefinden fördert den krankhaften Zerstörungstrieb, der sich vorkommenden Falles (z. B. beim Großen Brande) gegen den Besitz derjenigen wendet, denen es besser geht»[40].

Daher schlug er vor, auf Kosten des Staates ein öffentliches Bade- und Waschhaus mit Einrichtungen zum Waschen, Wringen, Trocknen und Bügeln der Bett- und Leibwäsche errichten zu lassen. Außerdem sollte es schuhförmige Fußbadewannen und Duschen für sechzig Personen enthalten. «Es müssen», sagte er mit Nachdruck, «ganz getrennte Ein- und Ausgänge für beide Geschlechter da sein, am besten in zwei verschiedenen Straßen.» Es sollte also keine Wiederholung der unmoralischen Vorkommnisse geben, deretwegen Hamburgs frühere Badehäuser ins Gerede gekommen waren. Zwei Klassen sollten eingerichtet werden, «die erste Classe für die sogenannten kleinen Bürgersleute, die zweite Classe für Gesellen, Arbeiter usw.... Baden und Waschen würden damit künftig kein Luxus mehr sein. Seife und Handtücher sollten zur Verfügung gestellt werden.» Die Anlage wäre selbstverständlich, fügte er beruhigend hinzu, «so einfach, daß die Concurrenz mit Privat-Bade-Anstalten thunlichst vermieden werde».[41] Diese Vorschläge fanden allgemeine Billigung und wurden bald umgesetzt. So wurde 1855 offiziell von der Stadt die «nach englischem Muster erbaute Wasch- und Badeanstalt auf dem Schweinemarkt, die erste ihrer Art auf dem Continent» feierlich eingeweiht.[42] Dieser Schritt trug Hamburg sogar einen Vorsprung vor einer Zahl bedeutender britischer Städte ein: Beispielsweise gab es zehn Jahre später in Manchester noch immer keine öffentlichen Bäder; noch 1875 beklagte ein für die öffentliche Gesundheit in der Grafschaft Suffolk zuständiger Medizinalbeamter, daß «den Einwohnern von Ipswich keine Möglichkeit zur Verfügung steht, das Wohlbehagen zu genießen, das darin besteht, den ganzen Körper in Wasser einzutauchen»[43]. In Hamburg wurde 1880 mit dem Hansabad in der Theaterstraße ein zweites öffentliches Badehaus errichtet, ihm folgte 1881 ein drittes.

Doch drei solcher Einrichtungen genügten kaum für eine Stadt von mehr als einer halben Million Einwohnern. Ein großer Teil der Arbeit im Hafen, dem hauptsächlichen Arbeitgeber in Hamburg, war äußerst schmutzig. Ein Zeitgenosse erinnerte sich beispielsweise: «Abends... tauchten hier und da die ‹grünen Männer› auf. Sie kamen von den Schiffen, die Grünkernmehl geladen hatten. Schmutzig mußten sie sich nach der Arbeit auf den Heimweg machen, weil es im Hafen noch keine Waschgelegenheiten gab. So liefen sie dann wie grüne Teufel umher, Haare, Gesicht, Kleidung und Stiefel mit einer dicken Mehlschicht bedeckt.» Das war in den achtziger Jahren. Gewiß sind viele andere Arbeiter ihrer Tätigkeit unter ähnlichen Bedingungen nachgegangen; es kann auch nicht leicht gewesen sein, sich sauberzuhalten, wenn so viele Wohnungen, vor allem in den Gängevierteln, nicht einmal über fließendes Wasser verfügten.[44] William Lindley sah seinerzeit für jeweils 50000 Einwohner ein öffentliches Badehaus als erforderlich an. Auf dieser Grundlage hätte es in Hamburg in den neunziger Jahren ein volles Dutzend davon geben müssen.[45] Die große Mehrheit der Bevölkerung ging nach wie vor ungewaschen durchs Leben. Justus von Liebig sagte in seinen «Chemischen Briefen»: Die Seife ist ein Maßstab für den Wohlstand und die Kultur der Staaten», was der Historiker Heinrich von Treitschke so paraphrasierte, daß die Briten Seife mit Zivilisation verwechselten. Er hätte sich ruhig einmal Gedanken darüber machen können, was seine Behauptung über den Zustand der öffentlichen Gesundheit und privaten Sauberkeit unter seinen eigenen Landsleuten aussagte.

IV

Die Industrialisierung, die in der zweiten Hälfte des vorigen Jahrhunderts die Struktur von Hamburgs Bevölkerung so rasch und gründlich veränderte, wirkte sich auch tiefgreifend auf die Umwelt aus, in der diese Bevölkerung lebte. Niemand sollte den Schmutz in frühneuzeitlichen Städten unterschätzen, doch wie wir bereits gesehen haben, verschärfte das bloße Wachstum der Städte im 19. Jahrhundert die von alters her bestehenden Mißstände, machte sie noch schwerer erträglich und verschlimmerte ihre Auswirkungen. Zu den von jeher existierenden Quellen von Schmutz und Krankheit, die man nur langsam zu beseitigen begann, kamen im Verlauf des Jahrhunderts neue und ernsthaftere Umweltprobleme, die auf die Ausbreitung der Industrie und das rasche Anwachsen der Stadtbevölkerung zurückgingen. Während Kohle aus englischen und deutschen Gruben immer billiger wurde und immer reichlicher zur Verfügung stand, verminderten sich mit wachsender Größe der Städte die Möglichkeiten der Bevölkerung, selbst Brennmaterial zu sammeln, und der Holzpreis stieg sprunghaft an. Also deckte man seinen Hausbrandbedarf statt mit Holz oder Torf vor allem seit Mitte des Jahrhunderts mit Kohle. Jeder neu errichtete Häuserblock mit seinen Kohleöfen und geschlossenen Reihen von Schornsteinen trug seinen Anteil zu den dichten Rauchwolken bei, die täglich in den Himmel über Hamburg stiegen. Noch schlimmer war die Luftverschmutzung durch die im letzten Viertel des vorigen Jahrhunderts überall entstehenden Fabriken. Die Zahl chemischer Werke, von Leim- und Kerzenfabriken, von Brauereien, guanoverarbeitender Betriebe, von Schlachthöfen, Werften und Maschinenfabriken, Bleich-, Färbe- und Reinigungsbetrieben, Marmelade- und Marinadenfabriken und anderer Betriebe der Produktions-, Verarbeitungs- und Zulieferindustrie[46] nahm in Hamburg ungewöhnlich schnell zu, vor allem, nachdem die Stadt 1888 dem Deutschen Zollverein beigetreten war. Sie alle entließen um 1890 Tag für Tag ungeheure Mengen ungesunder Schwaden in die Atmosphäre.

Mitglieder der Bürgerschaft klagten, «daß die Rauchplage in Hamburg schon jetzt einen gewaltigen Grad erreicht hat und noch immer im Zunehmen begriffen ist und dadurch Leben und Gesundheit der Bewohner recht erheblich geschädigt» werde.[47] Bereits in den siebziger Jahren, als die Auswirkungen der Luftverschmutzung in deutschen Städten erst allmählich sichtbar wurden, schrieb Karl Scheffler, der Besucher in Hamburg sehe «alles doch wie durch einen Schleier, weil der Rauch aus tausend Schornsteinen sich wie ein wehender Nebel um alles breitete und mit der Atmosphäre des grauen feuchten Tages» zusammenfließe.[48] Tatsächlich war es in Hamburg nahezu ebenso neblig wie in London. So schrieb im Jahr 1899 ein Zeitungsreporter: «Bei uns in Hamburg wird die Rauchplage bekanntlich bei schwüler drückender Luft und bei dem so häufigen Nebelwetter sehr fühlbar.»[49] Die starke Luftverschmutzung führte zu noch stärkerer Nebelbildung, da Wasser an den in der Luft schwebenden Ruß- und Aschepartikeln kondensierte. Zwischen 1877 und 1885 wurden in Hamburg im Jahresdurchschnitt 130 Nebeltage und rund 500 Sonnenscheinstunden weniger als auf Helgoland gezählt; die Stadt galt als eine der rußigsten Deutschlands. Ein Ausschuß merkte 1899 an, die ständig über den Städten liegenden Rauchwolken ließen ganze Stadtteile trübe und unansehnlich wirken und trügen zur Entstehung schmutzigen Nebels bei.[50] Wer nach Hamburg reiste, für den war das erste Anzeichen seines Ziels, daß er schon «von ferne die schwarze Luftschicht erblickte, die immer über der Großstadt lagert»[51].

Maßnahmen zur Eindämmung der Luftverschmutzung hatte man, auch wenn sie nicht besonders wirksam waren, Anfang der fünfziger Jahre in Frankreich und Großbritannien eingeführt. Es dauerte nicht lange, bis Berlin, Stuttgart, München und andere größere deutsche Städte sie ebenfalls übernahmen. Bezeichnend jedoch ist, daß es viele Jahre dauerte, bis Hamburg nachzog. In den Bauvorschriften der Stadt fand sich zu diesem Thema lediglich, daß Fabriken ihren Rauch durch Kamine ausstoßen mußten, die höher waren als die umgebenden Gebäude. Das dürfte kaum als Lösung des Problems angesehen worden sein, denn an windstillen Tagen sank der Ruß in der Nähe des Schornsteins wieder zu Boden. Beispielsweise wurde berichtet, daß im Armenviertel Billwärder Ausschlag die «Exhaustoren [der Fabriken] einen derartig feinen Staubfall erzeugten, daß die Schläfer nachts Erstickungsanfälle fühlten»[52]. Näher der Stadtmitte zu klagten die Anwohner der Großen Theaterstraße, des Neuen Jungfernstiegs und weiterer Straßen in der Nachbarschaft 1882 über den «Ruß, welchen der Schornstein der Actien-Gesellschaft für öffentliche Bäder... auswirft». Eine Einrichtung, die den einen zur Sauberkeit verhalf, bedachte offenkundig andere mit Schmutz und Verunreinigung – vielleicht ein frühes Beispiel für künstlich geschaffene Nachfrage. Die Leute erklärten, sie würden von dem Ruß «ungemein belästigt... so daß es fast zur Unmöglichkeit wird, unseren Wohnungen durch Öffnen der Fenster, die doch unbedingt nöthige frische Luft zuzuführen. Das Sitzen in unseren allerdings nur bescheidenen Gärten», fügten sie hinzu, «ist ganz und gar ausgeschlossen.»[53] Dennoch stellen die Behörden bald fest, daß die Höhe des betreffenden Schlots mit 34 Metern eindeutig den Bauvorschriften entspreche. «Meiner Ansicht nach», merkte der zuständige Beamte an, «ist auch die Ursache der Belästigung weniger in dem Fabrikschornstein, als in den vielen umliegenden Schornsteinen überhaupt zu suchen.» Die Beschwerde wurde abgewiesen.[54]

Gewiß waren sich die zuständigen medizinischen Stellen in Hamburg der Gefahren für die Gesundheit bewußt, die von den regelmäßig über der Stadt hängenden Wolken rußhaltiger Dämpfe ausgingen. «Es kann... nicht geleugnet werden», schrieb Medizinalrat Dr. Kraus im Dezember 1882, «daß der Rauch in der hiesigen Stadt mannigfache Belastungen hervorbringt.» Er vertrat die Ansicht, «daß eine Abhülfe durch

Rauchverzehrungs-Apparate im Interesse der öffentlichen Gesundheit wünschenswerth wäre», mußte aber eingestehen: «Andererseits aber fehlt es an jeder gesetzlichen Handhabe, die Rauchverzehrungs-Apparate allgemein einzuführen.»[55] Allerdings waren diese Reinigungsvorrichtungen ausgesprochen unwirksam. Baupolizei-Inspektor Olshausen notierte, daß die öffentliche Erprobung der Erzeugnisse der «Patent-Ruß- und Funkenfänger-Fabrik Schornburg, Berlin» 1882 «nicht sehr günstig» verlaufen sei. Die ganze Anlage, erklärte er, sei «sehr primitiv».[56] Wenig hatte sich geändert, als sich das «Hamburger Fremdenblatt» 1898 mit der Frage beschäftigte:

«Seit dem Jahr 1890 knüpft die Baupolizei an die Erteilung der Erlaubnis zu Anlagen von Fabriken die wesentliche Bestimmung, daß für rußfreie Feuerung Sorge getragen werde. Man merkte von der Handhabe dieser im Interesse des Gesundheitszustandes der Bevölkerung erlassenen Verordnung jedoch nur wenig, die Verordnung schien nur auf dem Papiere zu bestehen, wovon gewiß die Bewohner der Stadtteile, die mit Fabrikanlagen gesegnet sind, Zeugnis ablegen können, die zum Theil empfindlich von dem fallenden Ruß zu leiden hatten, so daß sie zeitweilig kein Fenster öffnen dürfen.»[57]

Die neuen Maßnahmen, zu denen man sich 1890 entschlossen hatte, entsprachen – auch wenn sie vorerst nur auf dem Papier standen – der verbreiteten Ansicht, daß etwas geschehen müsse. Am 29. Dezember 1890 setzte die Bürgerschaft tatsächlich einen Ausschuß zur Untersuchung der Frage ein.[58] Dieser machte sich allerdings mit einer selbst nach Hamburger Maßstäben gemächlichen Gangart an die Arbeit: Sein erster Bericht erschien erst 1899, nach nahezu zehn Jahren.

Der Grund, warum das Problem der Luftverschmutzung sich als unlösbar erwies, lag darin, daß es – wie so viele andere Fragen der öffentlichen Gesundheit – zu einem Streitpunkt zwischen den Interessen der verschiedenen Fraktionen des Kapitals in der Stadt wurde. Rauch und Ruß wirkten sich in erster Linie negativ auf die Gewinne der Vermieter aus. Mieter waren nicht bereit, viel Geld für Wohnungen zu bezahlen, die der Ruß naher Fabriken verschmutzte und unwohnlich machte. Selbst die Substanz der Gebäude war gefährdet, wie der Hamburger Bezirksverein Deutscher Ingenieure 1882 anmerkte:

«Der Ruß ist uns Allen nicht nur der Unreinlichkeit wegen der unangenehmste Bestandtheil des Rauchs, er verdirbt und zerstört auch unsere Sachen bezw. Stoffe, Möbel, Teppiche etc., ferner ist auch genugsam bekannt, daß derselbe auf Zinkdächer zerstörend wirkt, da durch den

Niederschlag des Rußes darauf und der Feuchtigkeit der Atmosphäre, infolge seiner Zusammensetzung in Verbindung mit schwefliger Säure, die sich beim Verbrennen der Kohle in dem darin mehr oder weniger enthaltenen Schwefelkies bildet, das galvanische Element hergestellt wird.»[59]

Nahezu zwei Jahrzehnte später stellte 1899 ein Ausschuß fest, es sei offenkundig, «daß die Rauchplage eine erhebliche Schädigung des Eigentums durch Beschmutzung der öffentlichen und privaten Bauten, der Denkmäler und Kunstwerke, der Kleider der Menschen, der in offenen Lägern und Schaufenstern ausgestellten Waaren mit sich bringt»[60]. Tatsächlich gingen Rauch und Ruß in der Stadt wohl vorwiegend auf die Hausfeuerung zurück.[61] «Fachleute behaupten», hieß es 1898 in einer Zeitung, «... daß an dem permanent umherfliegenden ‹Sott›, der in der ganzen Stadt das Fensteröffnen zeitweilig geradezu unmöglich macht, die Schornsteine und Kamine der Privathäuser neben ungenügender Kohlenheizung die Hauptschuld tragen.»[62] Doch die Vermieter waren nicht bereit, eine Gesetzgebung zu unterstützen, die eine Verwendung raucharmer Brennmaterialien oder eine gründlichere oder häufigere Reinigung der Kamine vorschrieb, denn ihnen war klar, daß die damit verbundenen Kosten entweder ihre Gewinnspanne bei den Mieten vermindern oder die Zahlungsfähigkeit der Mieter beeinträchtigen würden, wenn nicht gar beides.[63] Wie die «Neue Hamburger Zeitung» 1899 schrieb: «Mit der Reinigung der Schornsteine ist es in Folge der hier herrschenden völlig freien Konkurrenz im Schornsteinfegergewerbe bekanntlich nicht immer zum Besten bestellt.»[64]

Daher wollte der Grundeigentümerverein die Einführung von Beschränkungen der von der Industrie und nicht der vom Hausbrand ausgehenden Luftverschmutzung. Die Mehrzahl der Männer, deren Antrag die Bürgerschaft dazu veranlaßte, 1890 den Ausschuß zur Untersuchung der Rauch- und Rußfrage einzusetzen, war im Grundeigentümerverein tätig, und die Entschließung, zu der sie schließlich gelangten, trug dem Ausschuß auf, zu überlegen, «welche gesetzlichen Bestimmungen oder Einrichtungen in sanitärer Hinsicht auch in Hamburg für erforderlich zu erachten sind, um die Beseitigung von Rauch und Ruß, namentlich bei gewerblichen Betrieben zu veranlassen»[65]. Als der Ausschuß 1899 Bericht erstattete, betonte er erneut: «Was ... den Ursprung der Rauch- und Rußbelästigung anlangt, so ist die öffentliche Meinung bekanntlich geneigt, denselben vorwiegend bei den Fabriken und gewerblichen Betrieben zu suchen.»[66] Er empfahl ein schärferes Vorgehen gegen Fabriken, die unausgesetzt rußhaltigen Rauch ausstießen, und regte an, die Betriebe zur Verwendung raucharmer Brennstoffe zu verpflichten.[67] Es überrascht nicht, daß den Fabrikbesitzern nahestehende Kreise sich beschwerten, solche Empfehlungen seien «einseitig nur gegen die gewerblichen Feuerungsanlagen gerichtet», wohingegen es den Haushaltungen gestattet sei, «ruhig ihren Rauch und Ruß an ihre Umgebung abzugeben».[68] «Die Industrie», sagte ein Redner in der Bürgerschaft, «ist auch nicht die Hauptschuldige, denn die Industrie spart Feuerung, wo sie kann; die Schuld liegt an dem verkehrten Heizen in den Hausständen.» Die vom Ausschuß empfohlenen Maßnahmen bedeuteten «eine große Belästigung für die Industrie»[69]. Zu einem ähnlichen Interessenkonflikt kam es 1896, als eine Anzahl von Bewohnern des Hafengebiets und von dort ansässigen Firmen klagte, daß das Verbrennen billiger Kohle durch Schwimmkräne, Schlepper und Dampfboote «einen Rauch entwickelte, der oftmals das Tageslicht verdunkele, ein Öffnen der in den Comptoiren und Lagerräumen befindlichen Fenster verhindere und den in den Speichern gelagerten Waaren empfindlichen Schaden zufüge». Obwohl das die Interessen der Kaufleute berührte, traf ein Versuch des Senats, die Bootsführer zur Verwendung von Koks zu veranlassen, auf «den größten Widerspruch»[70].

Schließlich fand man einen für die Umweltpolitik Hamburgs durchaus typischen Kompromiß. Alle Betroffenen erklärten übereinstimmend, die eigentlich Schuldigen an der Luftverschmutzung durch Fabriken und Dampfschlepper seien unwissende und schlecht ausgebildete Heizer. Also unternahm man Schritte, deren Ausbildung zu verbessern.[71] Von amtlicher Seite wurde nicht mehr wegen Luftverschmutzung gegen Fabrikbesitzer vorgegangen; ohnehin waren solche Maßnahmen meist erfolglos gewesen oder bei Einspruch zurückgenommen worden.[72] Statt dessen befürwortete der Senat die Gründung eines Vereins für Feuerungsbetrieb und Rauchbekämpfung, dem er einen jährlichen Zuschuß von 10000 Mark als eine Art Pauschalbeitrag für alle staatlichen Einrichtungen wie beispielsweise die Müllverbrennungsanlage und den Schlachthof zusagte. Dieser von der Industrie-Commission der Handelskammer ins Leben gerufene Verein experimentierte mit neuen Rauchreinigungsanlagen und neuen Arten raucharmen Brennstoffs.[73] Man hoffte, auf diese Weise die Frage der Luftverschmutzung auf freiwilliger Basis zu lösen, eine Hoffnung, die selbstverständlich zuschanden wurde. Zu groß waren die auf dem Spiel stehenden finanziellen Interessen, als daß freiwillige Maßnahmen dagegen viel hätten ausrichten können.

Bedrohlich scheint das Problem von Rauch und Ruß, zumindest den Quellen nach zu urteilen, in Hamburg erst in den achtziger Jahren geworden zu sein, denn inzwischen war die Verwendung von Kohle als Hausbrand weit verbreitet. Außerdem hatte die Entstehung des Freihafens auch zu einer starken Zunahme umweltbelastender Betriebe der Zulieferindustrie geführt. Bei der altgewohnten Umweltverschmutzung durch Tiere ergibt sich ein anderes Bild des zeitlichen Ablaufs und der Verschärfung des Problems. Während Kühe und Schweine zu Beginn des 19. Jahrhunderts fast ganz aus der Innenstadt verschwanden, führte eine wachsende Übervölkerung vermutlich zu einer Vermehrung von Ungeziefer, der durch die Einrichtung öffentlicher Bäder nur zum Teil, durch private Waschgelegenheiten, die vor allem in den Gängevierteln wahrscheinlich schnell herunterkamen, überhaupt nicht entgegengewirkt wurde. Der zunehmende Schiffsverkehr im Hafen brachte immer mehr Ratten nach Hamburg; durch die Ausdehnung der Stadt nahmen nicht nur die Zahl der Schweine, sondern auch die mit ihnen verbundenen Belästigungen in den Vororten zu. Dieser Art Umweltverschmutzung konnten Besitzende leichter entkommen als die Armen. Wie wir im ersten Kapitel gesehen haben, begannen die Wohlhabendsten vor allem zwischen den sechziger Jahren und der Jahrhundertwende, aus der Stadt zu ziehen, sobald die Wohnbedingungen beengt und ungesund wurden – zuerst in die Vororte und später noch weiter fort, in Villen an der Elbe, die jenseits der Stadtgrenze auf preußischem Gebiet lagen. Der alte Brauch, ein Sommerhaus auf dem Land zu haben, zeugte wie der allmählich einsetzende Aufbruch in behagliche Vororte flußabwärts nicht allein von einer Sehnsucht nach dem Landleben, und noch weniger darf man darin ein Anzeichen für eine beginnende «Feudalisierung» von Hamburgs Bürgertum sehen. In Wahrheit flohen die Reichen im Sommer aus der Innenstadt mit Rücksicht auf ihre Gesundheit, ähnlich wie die Briten zur Zeit ihrer Herrschaft über Indien mit Beginn der heißen Jahreszeit in die Berge reisten. Wie Heinrich Merck später schrieb, ging dieser Brauch schon auf die Zeit zurück, als die Kaufleute in der Innenstadt lebten: «Da die einzelnen Grundstücke ... schmal waren, Wand an Wand bebaut wurden und hinten an die sicherlich oft übelriechenden Fleete stießen, muß es um Licht und Luft nicht zum Besten bestellt gewesen sein. So ist es verständlich, daß die Hamburger, die es sich leisten konnten, schon vor Generationen dazu übergingen, nur zur Winterszeit in der Stadt zu wohnen, für den Sommer aber sich in der weiteren Umgebung ein Landhaus einzurichten.»[74]

Im Jahr 1842 besaßen 18 und 1861 14 Senatoren Sommervillen auf dem Land, obwohl die meisten von ihnen ihren ständigen Wohnsitz in der Innenstadt hatten.[75] Praktisch alle Plagen, die in Hamburg auftraten – verdorbene Lebensmittel und saure Milch, Rauch und Staub, Ausdünstungen von Tieren und ihren Ausscheidungen, Ungeziefer, Parasiten und Ratten –, waren in den Sommermonaten am schwersten erträglich. Die wohlhabendsten Steuerzahler taten kaum etwas zur Verbesserung der Umwelt in der Stadt, bis sie dazu gezwungen wurden, da sie ihr jederzeit entfliehen konnten, wenn es ihnen zuviel wurde. Wer blieb – die große Masse der Armen und Mittellosen – mußte die Hauptlast der Mißstände tragen, die sich im weiteren Verlauf des Jahrhunderts ständig verschlimmerten.

Die Ursachen der Verschmutzung

I

Die im 19. Jahrhundert in Hamburg von den Kaufleuten geschaffene Welt war eine schmutzige Welt. Beinahe das erste, was einem Besucher beim Betreten der Stadt ins Auge fiel, vor allem, wenn man sich von den Hauptstraßen entfernte, war der Unrat auf den Straßen. Der lehmige Untergrund, auf dem große Teile Hamburgs errichtet waren, hatte die Wirkung, wie es in einem 1879 veröffentlichten Bericht hieß, «daß jede größere Verkehrs-Belastung sofort einen zähen, fettigen Schmutzstoff durch die Spalten des Straßenpflasters nach oben dringen läßt; derselbe wird während der kürzeren trockenen Jahreszeiten zu Staub, in der ungleich längeren Periode des feinen, staubregenartigen Niederschlages aber zu jener bekannten Schmutzmasse, welche einer gründlichen Säuberung durchaus widersteht und bei etwas längerer Dauer stets die allgemeine Klage herbeiführt.»[1] Außer Tausenden von Pferden verunreinigten auch Hunde die Straßen – wie heute noch. Bereits 1810 gab es in der Stadt eine, wie es hieß, «ungeheure Menge» Hunde, vielleicht um die 25000. Die täglich auf dem Weg zum Markt oder Schlachthof durch die Stadt getriebenen zahlreichen Kühe, Kälber, Ochsen, Schweine, Schafe, Ziegen, Hühner, Enten und Gänse steuerten gleichfalls ihren Teil zu der beträchtlichen Anhäufung von Schmutz auf den Straßen bei. Man schätzte im Jahr 1888, daß von Berlins Straßen jährlich mehr als 190000 Kubikmeter Unrat und 100000 Wagenladungen Mist eingesammelt wurden, während auf den Straßen des weit kleineren Bremen immerhin an die 20000 Kubikmeter Mist und sonstige Abfälle zusammenkamen. Pferde und andere Tiere hinterließen Jahr für Jahr wahrscheinlich über 7000 Tonnen Mist auf Hamburgs Straßen.[2] Die Mengen an tierischen Ausscheidungen, die täglich anfielen, schufen dort zu jeder Jahreszeit ernsthafte Probleme. Da die Bewohner der Stadt im Winter trotz häufiger Hinweise und Geldstrafen im allgemeinen kaum je daran dachten, die Anordnungen der Polizei zur Schneeräumung um ihre Häuser zu befolgen[3], wurde, wie ein Kommentar vom Anfang des Jahrhunderts anmerkte, «der festgetretene Schnee zu Eis, und diese Massen, durch das täglich darauf gegossene Spülwasser, und den von den Dächern und aus den Höfen geworfenen Schnee, noch mehr erhöht, und am Ende so hügelig, daß man die von den Ärmeren bewohnten Straßen nur mit Lebensgefahr befahren kann»[4].

Selbstverständlich gerieten die Straßen, in denen die Reichen wohnten, nur selten in einen so beklagenswerten Zustand; sie ließen den Schnee einfach durch ihre Dienstboten beseitigen.

Bildete im Winter mit Straßenschmutz und Kot vermischter Schnee ein Problem, war im Sommer der Staub die Hauptplage. Ausscheidungen von Mensch und Tier vermengten sich auf Höfen und Straßen mit der Asche aus den Öfen in den Wohnungen zu einem feinen Staub, der die Kleidung beschmutzte und das Atmen erschwerte. Schon von alters her ließ der Senat an solchen Tagen die Straßen sprengen, damit der Staub gebunden wurde. Der Haken bei der Sache war, daß die Anwohner der jeweiligen Straßen den größten Teil des von den Sprengwagen verbrauchten Wassers selbst bezahlen mußten.[5] Aus einer Anzahl von Petitionen, die der Zentralausschuß Hamburger Bürgervereine im Mai 1889 einreichte, geht das mit wünschenswerter Klarheit hervor:

«Es wird bekanntlich gegenwärtig eine kleine Zahl von Straßen der inneren Stadt und ein Theil der belebteren Staats-Chausseen wie ‹An der Alster› etc. von staatswegen gesprengt; in der weit überwiegenden Anzahl von Straßen müssen dagegen die Kosten für die Besprengung durch die städtischen Wasserwerke mittelst privater Sammlungen zusammengebracht werden; ein dritter Theil unserer Stadt endlich, in dem es an Männern fehlt, welche Mühe und Abweisungen nicht achten, oder in dem geringerer Verkehr Übelstände mangelnder Befeuchtung nicht so fühlbar macht, entbehrt der Bespülung auch während der heißesten Wochen des Jahres gänzlich!»

«Dieses System» schloß die Bittschrift, «welches diesen Namen doch wohl kaum verdient, birgt in sich große Gefahren für die Gesundheit»[6] – eine Ansicht, die man allgemein teilte. «Die Zustände, welche rücksichtlich der Straßenreinigung in Hamburg herrschen, sind einer Großstadt vollkommen unwürdig», ließ sich ein Ausschuß der Bürgerschaft 1885 vernehmen, «sie nähern sich dem, was in vereinzelten Provinzialstädten, die weitab von der großen Heerstraße liegen, in Geltung ist, und was dort auch durchaus angebracht sein mag.»[7]

Das einzig wirklich erfolgreiche Mittel, die Straßen gründlich vom angesammelten Abfall zu reinigen, war ein schwerer, langer Gewitterregen. Die meisten Straßen besaßen in der Mitte einen Rinnstein, durch den das Putz-, Koch- und Abwaschwasser aus den zu beiden Seiten der Straße stehenden Häusern floß. Diese Rinnsteine erfüllten nicht immer ihren Zweck: Beispielsweise zeigte eine Untersuchung aus dem Jahr 1871, daß viele der kleineren Straßen in der Altstadt schlecht gepflastert, «die Rinnsteine mangelhaft» waren und «Schmutzhaufen an vielen Stellen» lagen.[8] Doch früher oder später fand das Wasser zum größten Teil seinen Weg in eines der Fleete, die Hamburg durchzogen, vor allem in der Altstadt. Viele Häuser, die mit ihrer Rückseite an einen solchen Kanal stießen, hatten an den Außenwänden über dem Wasser angebrachte Toiletten, und so fielen die Exkremente einfach in das Fleet. Wie ein Beobachter zu Anfang des 19. Jahrhunderts notierte:

«Wer an einem Fleth wohnt, darf es ungescheut zum Recipienten seiner thierischen Ausleerungen machen, und das thut auch ein jeder. Außerdem werden noch von den Brücken in jeder Nacht eine Menge von Nachteimern ausgeleert, und noch dazu mit einer solchen Sorglosigkeit, daß ein großer Theil ihres ekelhaften Inhaltes auf der Brücke selbst liegen bleibt.»[9]

Neben einigen der breiteren Straßen und über den Pferdemarkt verliefen auch flache, offene Gräben, die mit einem «ewigen Schlamm» gefüllt waren. Man nannte sie «Hasenmoore», und über sie heißt es: «Wenn nach einer langen Dürre ein Gewitterregen erfolgt, so hebt sich die ganze Masse mit einem abscheulichen Gestank und fließt in die Alster, die Elbe oder ein Fleth.»[10]

Von Menschen wie von Tieren stammender Unrat wurde in Hamburg wie auch in anderen deutschen Städten hauptsächlich durch die Abfuhr beseitigt. Private Unternehmer transportierten Asche, Küchenabfälle und sonstigen Müll aus der Stadt. Bis in die vierziger Jahre des 19. Jahrhunderts boten diese privaten Unternehmer – von Gräben und Kanälen abgesehen – die einzige Möglichkeit, den Unrat aus der Stadt zu entfernen. Die Behörden erteilten Einzelpersonen oder Firmen, die die niedrigste Gebühr dafür forderten, eine Konzession für Straßenreinigung und Abfallbeseitigung.[11] Sie waren gehalten, die sogenannten «Gassenkummerwagen» täglich durch alle Straßen zu schicken, doch wenn man bedenkt, auf welcher Grundlage solche Konzessionen erteilt wurden, überrascht es nicht weiter, daß die Dienstleistung unzulänglich war. Zu Anfang des Jahrhunderts berichtete Dr. Johann Rambach:

«Allen Theils kommen die Wagen nicht alle Tage in jede Straße... Sie sind so undicht, daß sie einen Theil ihrer ekelhaften Ladung wieder verlieren, und unbedeckt. Daher hüllt sie jeder nur etwas stärkere Wind in eine Wolke von Asche, die den Vorübergehenden fast den Athem benimmt. Aus eben dem Grunde verbreiten sie manchmal einen abscheulichen Geruch, besonders in engen Straßen und Gängen, wo man ihnen kaum ausweichen kann.»

«Vor dem Eingang der Höfe und Gänge», berichtete ein anderer Beobachter 1810 über einen Spaziergang durch die Neustadt, «lagen ungeschützte Nachtstühle, Stroh-Haufen und anderer Unrath hochaufgestapelt», obwohl es Wagen gab, deren Aufgabe es war, diesen Unrat abzufahren.[12] Überdies wurde von den Betreibern der Gassenkummerwagen nicht erwartet, daß sie Tierkadaver abtransportierten, da diese Aufgabe dem Abdecker der Stadt oblag. Im frühen 19. Jahrhundert blieben verendete Tiere häufig tagelang auf den Straßen liegen. Ein Beobachter notierte 1810: «Auf einem Wege durch die Neustadt zählten wir neunzehn Cadaver von Hunden und Katzen, die auf den Gassen hin und wieder moderten.» Besonders schlimm scheinen die Zustände in St. Georg gewesen zu sein. Dr. Rambach berichtete von dort, er habe «monatelang todte Schweine und Hunde liegen sehen, an denen Tausende der ekelhaftesten Würmer nagten, und die nicht eher aufhörten, den Ruch der Vorübergehenden zu empören, als bis sie durch jenes Heer von Anatomen skelettirt waren».[13]

Die ersten zögernden Schritte zur Verbesserung der Lage wurden 1819 unternommen, als es hieß, der gegenwärtige Inhaber der Konzession habe lediglich «22 Wagen gehalten, welches offenbar für die ganze Stadt eine zu geringe Zahl ist, dahero denn die Reinigung, wie solches notorisch, äußerst mangelhaft ausgefallen». Man hielt eine Mindestzahl von 35 Fahrzeugen für erforderlich, wenn die Stadt täglich gründlich gesäubert werden sollte. Nach längeren Berechnungen der möglichen Kosten beschloß man, den Vertrag erneut zur Verhandlung zu stellen und neue, schärfere Bedingungen zu formulieren, denen der Konzessionsnehmer genügen mußte.[14] Auf diese Weise hoffte der Senat zu erreichen, daß «die Klagen über außerordentlichen Schmutz der Gassen aufhören» würden, und setzte gleichzeitig eine Verfügung von 1814 erneut in Kraft, in der es hieß, niemand dürfe

«1. ... Unreinlichkeiten aus seiner Wohnung auf die Straße oder öffentlichen Plätze gießen oder werfen bey 1 Rthlr. Strafe für jeden Contraventionsfall...

2. Mit gleicher Strafe sollen auch diejenigen belegt werden, die sich ihrer Unreinigkeiten, es sey bey Nacht oder Tage, an den Mauern oder Planken entledigen, und werden die Eltern erinnert, ihre Kinder von solcher ekelhaften Unsauberkeit ernstlich abzuhalten, widrigenfalls sie selbst dafür angesehen werden sollen.
3. In die Flethe und Canäle darf niemand Stroh oder andern Unrath werfen, bey 2 Rthlr. Strafe.»[15]

Doch kümmerte sich in den dreißiger Jahren kaum noch jemand um diese Verfügungen. Beispielsweise wurde im Februar 1831 ein Konzessionsnehmer getadelt, weil «in vielen Straßen der Neustadt, die jetzt von Schnee und Eis frei sind, viel Unrath zurückgeblieben ist, der von Ihnen weggeschafft werden müßte; namentlich hat man sich darüber beschwert, daß solcher Unrath sowohl angehäuft als über das Pflaster verbreitet liegt»[16]. Weitere Klagen gab es 1836[17], während 1852 moniert wurde, daß die Wagen der Konzessionsnehmer nach wie vor ihre Ladung in der von Dr. Rambach ein halbes Jahrhundert zuvor so anschaulich beschriebenen Weise überquellen ließen.[18]

Als der Senat 1850 dazu überging, den Zuschlag nicht mehr dem Bewerber mit der geringsten Forderung zu geben, sondern dem, der am meisten dafür bot, wurden die Zustände noch schlimmer. Die ungewöhnliche Situation, daß jetzt der Fuhrunternehmer für das Recht der Abfuhr von Abfall, Mist und menschlichen Exkrementen aus Straßen und Höfen der Stadt noch bezahlen mußte, dauerte bis 1869. Im Jahr 1855 bescherte diese Quelle dem Senat eine Einnahme von 14925 Mark Courant.[19] Er war auf diese Lösung verfallen, weil man gemerkt hatte, daß die Unternehmer beträchtliche Einnahmen damit erzielten, daß sie den aus der Stadt abgefahrenen Unrat als Dünger an Bauern verkauften. Beispielsweise brachte der Konzessionär 1831 Abfall und Exkremente regelmäßig über die dänische Grenze nach Pinneberg, denn dort, erklärte er, hätten die «benachbarten Orte ... seit ... Jahren ihren Viehstand und ihre ganze Wirtschaft darauf eingerichtet, daß sie ihre Felder mit dem von mir erkauften Gassenkummer bedüngen»[20]. Noch 1874 wurde der «Gassenkummer» an Bauern im Herzogtum Holstein und an Gärtnereien in den nahen Vierlanden verkauft.[21] Der Brauch, Abfall sowie menschliche und tierische Exkremente aus der Stadt auf den nahen Feldern auszubringen, erwies sich für die auf dem Land und in den Vorstädten lebenden Armen als sehr nützlich. Wie Wilhelm Kaisen schrieb, der in den achtziger und neunziger Jahren als Sohn eines Bauarbeiters in Alsterdorf unmittelbar außerhalb der Grenzen Hamburgs aufwuchs:

«Mit diesem Müll sollten die leichten Sandböden der Felder zusätzlich gedüngt werden, damit sich der spärliche Getreidewuchs verbessere. Da die Haushalte in Hamburg alle noch auf Kohle- oder Koksöfen angewiesen waren, fand sich in den rauhen Mengen der anfallenden Asche immer noch mancher brauchbare Rest von Kohle oder Koks, der mit auf die Felder Alsterdorfs gelangte. Das war eine Fundgrube für uns Kinder. Wir sammelten im Herbst oftmals auf diesen mit Schütt überzogenen Feldern fast unsere gesamte Winterfeuerung zusammen.»[22]

Es bedarf bezweifelt werden, ob der Hamburger Senat an diese Art der Nutzung dachte, als er befand, die Bewohner des umliegenden Landes könnten den Abfall der Stadt noch verwenden.

Im Deutschland des 19. Jahrhunderts war die Ansicht weit verbreitet, Kloakenwasser lasse sich einer nützlichen Verwendung zuführen. Ein amtlicher preußischer Bericht aus dem Jahr 1865 kam zu dem Ergebnis, daß «die National-Ökonomie und die Landwirtschaft keinen Augenblick darüber im Zweifel sein könnten, daß sie die Erhaltung der in den Städten abfallenden Dungstoffe mit nachdrücklichem Ernste verlangen müssen»[23]. In Karlsruhe besaß der Verein der Grundeigentümer sogar eine «Guano-Fabrik» zur Verarbeitung dieser Abfälle.[24] Professor Bokkendahl, ein keineswegs unbekannter Vorkämpfer der öffentlichen Gesundheit, konnte nicht umhin, im Jahr 1871 klagend festzustellen, als er es sich angelegen sein ließ, die Verwendung der bedeutenden britischen Erfindung des Wasserklosetts durchzusetzen, «daß bei uns jeder Verbesserung in dieser Beziehung jeder in Angriffnahme dieses Gegenstandes die engherzigste Selbstsucht entgegentritt; daß mit einem Schlage dasjenige Eigenthum, welches vordem sorglos und gedankenlos mißachtet wurde, eifrig gegen Eingriffe der Gesamtheit verteidigt wird; daß jeder Herr und König sein und bleiben will auf seinem Misthaufen, und die Behauptung, daß sein Misthaufen die Nachbarn schädigen werde, als eine wunderliche Einbildung betrachtet, deren Festhalten ihn schließlich ernsthaft beleidigen werde»[25].

Versuche, Deutschlands Städte durch staatliche Intervention sauberzuhalten, befand er, seien mithin zwangsläufig zum Scheitern verurteilt und England sei in dieser Hinsicht fortgeschrittener als Deutschland. Das lag nicht zuletzt daran, daß um die Mitte des Jahrhunderts englische Städte weit mehr Abfall produzierten, als die Landwirtschaft verwenden konnte. So war um die achtziger Jahre die Anlage von Rieselfeldern zur Beseitigung von Abwasser allgemein verbreitet.[26] Da von der Mitte des Jahrhunderts an große Guanomengen aus Südamerika in Deutschland eingeführt wurden und später die deutsche Kunstdüngerindustrie florierte, verfügten die Bauern über eine billigere und wirksamere Möglichkeit zur Ertragssteigerung, als sie der Kauf menschlicher und tierischer Exkremente bot. In dem Maße, in dem die Städte wuchsen, stiegen die Kosten für die Beseitigung dieser Hinterlassenschaften, so daß Kanalisationssysteme auf zunehmendes Interesse stießen; sie waren wirksam, funktionierten ununterbrochen und ohne Wartungsaufwand, und sie kosteten nicht viel mehr als die alten Verfahren.[27]

Doch erst in den späten siebziger Jahren erhielt die Hauptstadt Preußens und des Deutschen Reiches ein umfassendes unterirdisches Kanalisationssystem, an das die Wasserklosetts angeschlossen waren. Bis dahin hatte man dort die menschlichen Ausscheidungen durch vom zentralen Wasserwerk ständig unter Wasser gesetzte offene Rinnsteine in den Straßen abgeleitet und unbehandelt in die Wasserläufe entlassen. In der ersten Hälfte der achtziger Jahre wurden über 90 % der in der Reichshauptstadt neu errichteten Häuser an die Kanalisation angeschlossen, im Jahr 1890 dürfte dies fast für den gesamten Hausbestand Berlins gegolten haben. In kleineren Städten ließ der Fortschritt länger auf sich warten. Im Jahr 1883 lebten in Preußen rund 9,7 Millionen Menschen in Städten mit über zweitausend Einwohnern. Nur ein Viertel von ihnen wohnte in Kommunen, die sich einer Kanalisation rühmten, und nicht alle von ihnen in Häusern, die an die Kanalisation angeschlossen waren. Noch 1907 gab es in Preußen für rund zwanzig Millionen Menschen, die auf dem Land lebten, weder Kanalisation noch Spülklosetts. Mithin waren in ganz Deutschland die Menschen bis zur Jahrhundertwende und darüber hinaus weiterhin auf Abfall- und Sickergruben, Ascheklosetts und ähnliche Möglichkeiten angewiesen, sich ihrer Exkremente zu entledigen.[28]

II

Was die Abfallbeseitigung betraf, unterschied sich die Lage Hamburgs in mancher Hinsicht von der der meisten anderen deutschen Städte. Erstens standen, weil man mindestens bis 1850 Mist und Exkremente auf Kosten der Öffentlichkeit beseitigt hatte, kaum Gruppeninteressen gegen die Einführung einer Kanalisation, und zweitens bot der Große Brand von 1842 der Stadt auch hier eine ungewöhnlich günstige Gelegenheit, mit vergleichsweise geringfügigen Eingriffen ein Sielsystem anzulegen. Man darf bezweifeln, ob die Stadt ohne den Großen Brand eine gründliche

Reform der gesundheitsrelevanten städtischen Infrastruktur ernsthaft erwogen oder in Angriff genommen hätte. Ihren guten Ruf auf diesem Gebiet verdankte sie also einem traurigen Zufall. Die Bedingungen für eine umfassende und einflußreiche Bewegung zur sanitären Reform, wie sie in England existierte, waren in Deutschland zu jener Zeit einfach nicht gegeben[29], aber der Große Brand hatte eine günstige Atmosphäre für eine solche Reform geschaffen. Die Einführung eines unterirdischen Kanalisationsnetzes in Hamburg geht auf den englischen Ingenieur William Lindley zurück, dem die Stadt, wie wir gesehen haben, auch ihre Pionierrolle bei der Einführung öffentlicher Bade- und Waschhäuser auf dem Kontinent verdankte. Er legte nach dem Großen Brand von 1842 detaillierte Vorschläge für den Wiederaufbau der Stadt vor, die sich auf die neuesten sanitären Entwicklungen in seiner Heimat stützten. So wie er beim Import des öffentlichen Badehauses ausdrücklich Liverpool als Modell herangezogen hatte, benutzte er als Vorbild für das vorgesehene neue Entwässerungssystem London. Dorthin reiste er im November 1842, um mit Edwin Chadwick über das Kanalisationsprojekt für London zu sprechen und dessen Fortschritte zu begutachten. Nach seiner Rückkehr machte er sich daran, das Londoner System Hamburgs Besonderheiten anzupassen, und legte im März 1843 auf Wunsch der städtischen Behörden einen sorgfältig ausgearbeiteten Plan mit einer Anzahl von Anhängen und Erläuterungen vor. Die Kanalisation sollte, wie er im Juli erklärte, zur «Beseitigung der früheren, durch Abfluß des schmutzigen Sielwassers in die Binnen-Alster, die Kleine Alster, die Bleichenfleth und die anderen kleinen Canäle entstandenen Unzuträglichkeiten» dienen. Zur Bekräftigung seiner Argumente fügte er offene Briefe von Edwin Chadwick bei, die sich für sein Projekt aussprachen. Einer seiner Vorschläge allerdings erwies sich schon bald als ganz und gar undurchführbar, nämlich, einen Teil der Kosten dadurch wiedereinzubringen, daß man die Exkremente den Bauern als Dünger verkaufte. Entscheidender Gedanke seines Projekts war jedoch der einer zentralen Sammelanlage für die Abwässer, die nur an einer Stelle in die Elbe eingeleitet werden sollten. Daß die Verwirklichung eines solchen Projekts sehr kostspielig war, kann nicht überraschen.[30]

Lindleys Plan stieß schon bald auf heftigen Widerstand, hauptsächlich aus Kostengründen. Jedenfalls weist nichts darauf hin, daß sich die Bewohner Hamburgs beispielsweise deshalb dagegen ausgesprochen hätten, weil sie darin so etwas wie eine Enteignung ihres Privatbesitzes – in Gestalt ihrer Exkremente – durch den Staat gesehen hätten. Heinrich

Hübbe, Wasserbaudirektor der Stadt, der es für seine Pflicht hielt, die Ausgaben, wo immer möglich, niedrig zu halten, legte einen Gegenplan für ein weit billigeres, dezentralisiertes System vor, bei dem die Abwässer getrennt aus jedem einzelnen Häuserblock in die Alster oder die Fleete fließen sollten. Nachdem Lindley diesen Plan im Mai 1843 im zuständigen Ausschuß zu Fall gebracht hatte, ging Hübbe an die Öffentlichkeit. Eine gewaltige Kontroverse folgte, bei der Schmähschriften und Anschuldigungen in alle Richtungen flogen. Hübbe und die Befürworter seines Projektes vermochten es, die Unterstützung des oppositionellen Teils der Erbgesessenen Bürgerschaft für sich zu gewinnen, der argumentierte, die Behörden hätten kein Recht, eine solche Anlage zu errichten, ohne zuvor die Genehmigung der Bürgerschaft dafür einzuholen. Damit wurde das Projekt in die Verfassungskämpfe der Zeit vor der 1848er Revolution verwickelt. Schließlich trug man die Sache tatsächlich der Erbgesessenen Bürgerschaft vor. Sie billigte jetzt Lindleys Plan, allerdings mit dem Vorbehalt, es müsse Geld dadurch eingespart werden, daß man die Abwasserleitung in den Hafen münden lasse statt weiter elbabwärts an der Grenze zu Altona.[31]

Bald begann der Bau, wobei sich die Kosten für elf Kilometer Kanalisation anfänglich auf 1,2 Millionen Mark beliefen. Erhebliche technische Schwierigkeiten waren zu überwinden – unter anderem mußte Hamburgs erster Tunnel gebaut werden –, bevor das Kanalnetz 1853 in Dienst genommen werden konnte. 1859 wurde St. Pauli angeschlossen, und 1860 gab es in der Stadt knapp fünfzig Kilometer Abwasserleitungen.[32] Senat und Bürgerschaft beschlossen 1865, einen Ausschuß einzusetzen, der eine Verbesserung des Systems vorschlagen sollte, denn noch flossen die Abwässer unmittelbar in den Hafen. Man einigte sich auf eine weitere Zentralisierung, und so wurde flußabwärts an der Grenze zu Altona so weit wie möglich von der Innenstadt entfernt eine neue Einleitung vorgesehen. In den siebziger Jahren schloß man auch die äußeren Vororte an, und die Verwaltung übte mit einer Reihe von Vorschriften starken Druck auf die Hausbesitzer aus, ihre Häuser mit dem Kanalisationsnetz verbinden zu lassen. Die gesetzgeberische Tätigkeit fand ihren Höhepunkt im Sielgesetz von 1875, das die Verwendung offener Toiletten über den Fleeten untersagte. Anfang der neunziger Jahre teilte die Behörde mit, alle Häuser in der Stadt seien an das zentrale Abwassersystem angeschlossen.[33]

Die allmähliche Erweiterung des Kanalisationsnetzes im Verlauf der fünfziger und sechziger Jahre verringerte nach und nach die Dungmenge, die von den Inhabern der Straßenreinigungskonzession an die Bauern verkauft werden konnte. Gleichzeitig belastete die Konzessionäre jedoch das rasche Wachstum der Stadtbevölkerung zusätzlich, denn nunmehr mußten andere, weniger profitable Abfälle beseitigt werden. Daher waren sie immer weniger bereit, dem Senat Geld für das Recht zu zahlen, die Straßen zu säubern und den Abfall zu beseitigen; ihre abnehmenden Gewinne zwangen sie überdies zu immer schärferen Einsparungen bei der Durchführung ihrer Aufgabe. Beispielsweise zahlte zu jener Zeit ein Konzessionsnehmer seinen Angestellten keinerlei Gehälter, so daß diese ausschließlich auf Trinkgelder der Hausbesitzer angewiesen waren. Ende der sechziger Jahre bot selbst der Meistbietende dem Staat «fast gar nichts mehr» für die Konzession. Wie es in einem amtlichen Bericht hieß: «Durch die Ausbreitung des Sielsystems ist jeder Dungwerth fast überall und definitiv aufgehoben und eine Verwerthung des Unraths überhaupt gar nicht mehr in Anschlag zu bringen.» Also kehrte der Senat 1869 zum System der geringsten Forderung zurück.[34] Doch das Kind war schon in den Brunnen gefallen. So sehr hatten die Konzessionäre ihre Aufgabe vernachlässigt, daß sich die Polizei 1870 verpflichtet sah, eine amtliche «Aufforderung an die Gassenreinigungspächter zur besseren Reinigung der ihnen überwiesenen Districte» ergehen zu lassen. Obwohl die Konzessionsinhaber in ihrer Antwort erklärten, nicht nur hätten sie «Alles vortrefflich besorgt», sondern könnten überhaupt «nicht begreifen, ... woher die Klagen kommen», mußten sie sich fortan eine Überwachung durch die Polizei gefallen lassen.[35]

Inzwischen sah sich der Senat erneut genötigt, beachtliche Beträge für die Straßenreinigung aufzuwenden – für die Innenstadt und die anschließenden Vorstädte St. Pauli und St. Georg 1873 immerhin 116000 Mark Courant.[36] So überrascht es nicht, daß die Behörden beständig ein offenes Ohr für Vorschläge hatten, wie man einen Teil dieser Verluste wieder ausgleichen konnte – beispielsweise durch eine Reinigung der Abwässer, bevor sie die Elbe erreichten. Keines dieser Projekte erwies sich in irgendeiner Weise als durchführbar.[37] Der einzige verkäufliche Bestandteil im gesamten Abfallbeseitigungssystem waren der Pferdemist und die Ausscheidungen anderer Tiere, die sich in immer größeren Mengen auf den Straßen ansammelten.[38] Verständlicherweise also richteten die Straßenreinigungskonzessionäre «ihre Arbeit so, daß weniger auf Reinmachen, als auf Gewinnung der Dungstoffe gesehen wurde»[39]. Die Klagen brachen deshalb in den siebziger Jahren nicht ab. Der Senatssyndikus Dr. Behn erklärte 1874: «Der Zustand [sei] nicht wesentl. besser geworden als früher», fügte aber im selben Atemzug hinzu, «er ist nicht schlechter als in anderen großen Städten»[40]. Die Dungpächter ihrerseits räumten bereitwillig ein, daß es zuwenig Straßenkehrer gab; es schien tatsächlich so, daß die Straßenkehrer die Abfallwagen fuhren und sich hauptsächlich darauf beschränkten, der Form halber zwischen den einzelnen Fuhren flüchtig ein bißchen zu fegen.[41] Schließlich gestand der Erste Polizeiherr, Senator Carl Petersen, bereitwillig ein, «daß die von seinen Unterbeamten geübte Controlle nicht überall so ist, wie sie vielleicht sein könnte»[42].

In den äußeren Vororten, die in den siebziger und achtziger Jahren zügig gebaut wurden, erschien die Lage, soweit das überhaupt möglich war, noch ungünstiger. Die Verstädterung von Bezirken wie Barmbeck und Billwärder Ausschlag vollzog sich viel zu rasch, als daß Straßenreinigung und Abfallbeseitigung damit hätten Schritt halten können. Auch hier wurde das Geschäft mit dem Abfall zunehmend weniger gewinnträchtig und damit teurer. Beispielsweise wurde 1875 berichtet, Heinrich Schlemann, der Konzessionär für den Billwärder Ausschlag, bekomme für seine Tätigkeit gerade 300 Mark pro Jahr. «Wahrscheinlich», wurde hinzugefügt, «wird der Genannte seine Forderung steigern, und zwar insofern nicht ohne Grund, weil in Folge der Anlage von Water-Closets weniger Dungstoffe in die Abfuhrwagen gelangen.»[43] Einsparungen führten zu Klagen. So berichtete der Bürgerverein für den Billwärder Ausschlag 1880, der Straßenreinigungskonzessionär vernachlässigte hier «seine Pflichten in gröbster Art!». Zumindest eine der Hauptstraßen befinde sich «in einem aller Beschreibung spottenden verwahrlosten Zustande; zollhoher Schmutz lagert auf demselben und diejenigen, welche gezwungen sind, den Fahrweg zu passieren, haben förmlich den Morast zu durchwaten».[44]

Ähnliche Proteste hörte man jahrelang immer wieder. Die Polizei notierte 1882, in zahlreichen Straßen habe «der Schmutz stellenweise recht dick im Rinnstein daselbst» gelegen.[45] Die Klagen wurden so zahlreich, daß 1884 dem Pächter die Konzession für den Bezirk entzogen wurde.[46] In Borgfelde hieß es 1882, einige Straßen würden von den Abfuhrwagen überhaupt nicht aufgesucht.[47] Trotz aller Diskussionen im Jahrzehnt zuvor hatten sich die Zustände in der Innenstadt und in den Vorstädten St. Pauli und St. Georg inzwischen nicht sonderlich gebessert. Beispielsweise beschäftigte der Konzessionär Roggenbau aus Eppendorf die siebzig Männer, die er angeheuert hatte, damit sie in der Innenstadt über Nacht die Straßen reinigten und den Abfall beseitigten, gleichzeitig tagsüber als landwirtschaftliche Arbeitskräfte. Es ist daher nicht überraschend, daß es hieß, sie führten ihre Aufgaben im Halbschlaf aus.[48] Als Ergebnis, notierte die Polizei, werde «die Reinigung der Straßen schlecht, ja sehr schlecht beschafft». In der Nähe der Droschkenstände lagen Haufen von Pferdemist auf der Straße, und «sehr viele Übertretungen» wurden berichtet, die in der Mehrzahl von der Polizei ungeahndet blieben. Für den ganzen Bezirk Hammerbrook, der zu jener Zeit zügig bebaut wurde, gab es nur vier Müllkutscher und Straßenreiniger.[49] Der bereits erwähnte Pächter Roggenbau schob einen Großteil der Schuld an den Zuständen den unreinlichen Gewohnheiten der Bevölkerung zu und beschwerte sich, übereifrige Polizeibeamte, die die Lage nicht richtig einzuschätzen wüßten, verfolgten ihn.[50] Allerdings wirkten seine Beteuerungen angesichts der aus allen Richtungen einlaufenden Beanstandungen kaum überzeugend.

Die Erfahrung von mehr als einem halben Jahrhundert hatte also die Unzulänglichkeiten des bestehenden Straßenreinigungs- und Müllabfuhrsystems hinreichend nachgewiesen. Der Senat hatte mit einer Geste die Mißstände zu beheben versucht, indem er den Vertrag schärfer faßte und seine Ausführungsgehilfen durch die Polizei überwachen ließ.[51] Aber weil Privatunternehmer den Dung leichter verkaufen konnten als der Staat, behauptete der Senat weiterhin mit Nachdruck, eine Übernahme dieser Dienstleistungen werde «die exorbitantesten finanziellen Leistungen erfordern»[52]. Ein nach längeren Diskussionen 1878 zur Untersuchung der Frage eingesetzter Bürgerschaftsausschuß empfahl, einen staatlichen Straßenreinigungs- und Müllabfuhrdienst einzuführen, mit der Begründung, nur damit, daß man diese beiden Dienstleistungen unter der Aufsicht des Staates zusammenfasse, ließen sich zufriedenstellende Ergebnisse erzielen.[53] Zwar schloß sich der Senat dieser Ansicht dem Grundsatz nach an, lehnte den Vorschlag aber aus Kostengründen ab.[54] Auch im Grundeigentümerverein hegte man Zweifel. Seinem Vorsitzenden Dr. Gieschen erschien, wie er am 9. März erklärte, «der Regiebetrieb der theuerste und schlechteste»[55]. Den Grundbesitzern war nicht allein deshalb darum zu tun, eine Übernahme der Müllabfuhr durch den Staat zu verhindern, weil die bedeutet hätte, daß staatliche Beauftragte ihre Höfe betreten und kraft Gesetzes ihr Eigentum abholen konnten, sondern weil sie unter dem Strich zweifellos über eine Erhöhung der Grundsteuer für diese Dienstleistung würden zahlen müssen.[56] Weit einfacher war es zu behaupten, der Staat habe die Pflicht, auf öffentlichen Straßen befindliche Abfälle zu beseitigen, und die Kosten dafür müßten über eine der Allgemeinheit aufzubürdende Steuer aufgebracht werden.

Dementsprechend stimmten schließlich Senat und Bürgerschaft 1886 einer Übernahme der Straßenreinigung durch den Staat zu. «Hamburg», schrieb befriedigt ein Bürger im Januar 1886, «tritt jetzt als zweite Stadt Deutschlands mit einer guten Straßenreinigung in die Schranken, da bis jetzt nur Berlin in dieser Beziehung wirklich Vollkommenes leistete und durchweg einer Großstadt würdige Einrichtungen besaß.» Andere allerdings waren sich darin weniger sicher, und schon wenige Monate später griffen kritische Stimmen das Abfuhrwesen an, «wie es erbärmlicher in keiner anderen Stadt Deutschlands vorhanden» sei.[57]

III

«Hamburg», verkündete Heinrich Gieschen 1885 stolz, «müßte mit seiner Wasserleitung und seinem Sielsystem die sauberste Stadt der Welt sein.»[58] In Wirklichkeit war die Stadt keineswegs so gesund, wie er meinte. Der Senat beschloß 1882, eine «Abfuhr-Ordnung» auszuarbeiten, die Vorschriften zur Beseitigung menschlicher Exkremente aus nicht an die Kanalisation angeschlossenen Wohnungen enthielt. Sie wurde am 14. Januar 1884 eingebracht, aber am 19. Februar 1886 ausgesetzt, denn erst wollte der Senat untersuchen lassen, wie viele Wohnungen davon betroffen seien – schließlich hing davon der Umfang der zu ergreifenden Maßnahmen wie auch die Höhe der dafür aufzuwendenden Mittel ab.[59] Zur Verzögerung mag beigetragen haben, daß gemäß den Vorschriften die Kosten dafür den betroffenen Hausbesitzern aufgebürdet wurden.[60] Am 17. Dezember 1887 wurde der Bericht über diese Nachforschungen vorgelegt: Zur Überraschung des Senats zeigte sich, daß insgesamt 4945 Abtritte in der Stadt und den Vorstädten nach wie vor nicht an die Kanalisation angeschlossen waren. «Etwa 400 Aborte», hieß es da, «befanden sich in der Altstadt-Südertheil, welche auch jetzt noch größtentheils am Wandrahm und Holländischen Brook vorhanden sind und dort ins Fleth entwässern.» Trotzdem befand der Bericht, die Zahl dieser Abtritte rechtfertige die Einführung spezieller Vorschriften nicht – und so wurde der Antrag zu den Akten gelegt.[61] Mithin gab es weder sanitäre Vorkehrungen zur Reinigung und Desinfektion von Erdklosetts noch Vorschriften über die Art der zu verwendenden Behältnisse. Noch 1871 fanden sich in den Höfen der Neustadt zahlreiche «Eimerclosets», und es wurde Klage über «die in der Gegend der Niedernstraße und Steinstraße allgemein gebräuchlichen Schmutztonnen» geführt, «ohne Deckel, in welchen die Excremente nicht selten ganz offen zu Tage liegen».[62]

Wie ein weiterer Bericht 1892 zeigte, entsprach die Zahl von 5000 Abtritten der Gesamtheit der in Kiel existierenden, und sie hatte sich sicherlich seit 1887 nicht verringert. Man hörte Klagen «daß die Eimerprivets sich theilweise in sehr vernachlässigtem Zustande befänden, theilweise auch sehr unpassend und sanitätswidrig in den Schlafzimmern und Küchen untergebracht seien. Vielfach wurde auch Klage darüber geführt, daß die gefüllten unverdeckten Eimer des Nachts resp. die geleerten Eimer in ungereinigtem und undesinficiertem Zustande selbst in den Morgenstunden auf der Straße ständen und Auge und Nase der Passanten belästigten.»[63]

«Stinkende Pissoirs» im Hafengebiet und «primitive Abtritte» unter zahlreichen Brücken entließen nach 1892 ihre Abwässer unmittelbar in den Hafen.[64] Selbst 1898 waren 900 Gebäude mit mehr als 2000 Toiletten nicht an die Kanalisation angeschlossen, und man schätzte, «daß die Zahl derjenigen Personen, deren Dejectionen auf anderen Wegen als durch die Siele beseitigt werden müssen, sich auch heute noch auf insgesamt kaum weniger als 20000 belaufen wird». Vorschriften über die Beseitigung dieser Exkremente wurden erst 1899 endgültig erlassen.[65]

In älteren Stadtteilen wie beispielsweise den Gängevierteln lagen die Toiletten, sofern es überhaupt welche gab, auf dem Hof und wurden von allen Bewohnern der umliegenden Wohnungen benutzt. Über den in der Altstadt Nord nahe der Steinstraße gelegenen Pelikanhof sagte ein Bewohner später: «Die Toilette befand sich auf dem Treppenabsatz. Der Raum war so eng, daß man kaum sitzen konnte. Er war finster, hatte kaum eine Fensteröffnung, noch einen Luftabzug. Da der Eimer nur einmal in der Woche geleert wurde, war der Geruch kaum zu ertragen.»[66] Doch nicht nur in den Gängevierteln waren die Bedingungen unhygienisch. In neuen, oft in Billigbauweise errichteten Mietshäusern für Angehörige der Arbeiterklasse in Barmbeck und anderen Außenbezirken der Stadt war häufig pro Stockwerk nur ein Spülklosett vorgesehen, das sich noch mehr Menschen als in den Gängevierteln teilen mußten. Die Ansteckungsgefahren waren bei diesen Gemeinschaftstoiletten noch größer als unter dem alten System. So bestand der Fortschritt großenteils lediglich darin, daß die menschlichen Exkremente nicht mehr öffentlich sichtbar waren. Noch Ende der sechziger Jahre scheint niemand viel dabei gefunden zu haben, daß Menschen in Gegenwart anderer urinierten oder ihren Darm entleerten.[67] Bei einer Diskussion über die Unterbringung von Angehörigen der Arbeiterklasse hieß es in Straßburg 1886, «für die große Masse der Stadtbewohner und insbesondere die Landbewohner war es möglich, sich jederzeit und allerorten seiner Notdurft zu entledigen»[68]. Doch förderte ein zunehmendes Scham- und Züchtigkeitsgefühl im Bürgertum das Bedürfnis, derlei intime Erledigungen vor den Augen der Öffentlichkeit zu verbergen; Euphemismen traten an die Stelle der alten unverblümten Begriffe für Körperfunktionen, und offene Toiletten, wie sie noch in den Gängevierteln existierten, wurden nunmehr als Beleg für die Entartung ihrer Bewohner fotografiert und angeprangert.

Dennoch war man in den neunziger Jahren in Hamburg keineswegs vor dem Anblick, dem Geruch und der öffentlichen Gegenwart menschlicher Exkremente sicher. Verschiedene Faktoren spielten zusammen, um die Wirksamkeit des in den Jahrzehnten nach dem Großen Brand angelegten Kanalisationssystems zu mindern. Erstens wurden die Abwässer in keiner Weise gereinigt, sondern einfach in die Elbe geleitet. Darüber hinaus geschah das nur an einer einzigen Stelle, an der Grenze zu Altona, wo «die Schmutzwasser... mit dem Ebbstrom vorwiegend längs des nördlichen Flußufers hinfließen, ohne sich recht mit dem Flußwasser zu mischen. Erst mit dem Einsetzen der Fluth tritt eine größere Durchmischung ein.» In Hamburg klagte im Jahr 1893 eine Anzahl von Vereinen, «daß gerade in den heißen Sommermonaten bei niedrigem Wasserstande (wenn, wie es im Volksmunde heißt, ‹das Wasser blüht›), im Hafen pestilenzartige Ausdünstungen entsteigen, daß ferner bei den St. Pauli-Landungsbrücken jede größere Schiffsschraube den Unrath von Sielausflüssen in ekelerregender Weise aufwühlt». Erst um die Jahrhundertwende wurde an der Einmündung der Kanalisation bei Altona «eine Einrichtung zum Abfangen der schwimmenden Bestandtheile und gröbsten Sinkstoffe» gebaut.[69] So trieb die Flut häufig die unbehandelten Abwässer stromaufwärts in den Hafen; führte die Elbe aber infolge Trockenheit wenig Wasser, sammelten sich die im Abwasser mitgeführten Feststoffe in einer immer größeren Masse um die Einmündung der Kanalisation in den Fluß.

Besonders unangenehm wurde es bei schweren Sturmfluten. Sie traten alle zwei oder drei Jahre auf und setzten die tiefer gelegenen Teile der Neustadt einen halben bis einen Meter unter Wasser, was zahlreiche Bewohner dieses Stadtteils nötigte, ihre Häuser zu verlassen oder sich in höher gelegene Stockwerke zu flüchten. Nach einer solchen Sturmflut beschwerte sich im Dezember 1894 der Bürgerverein von Neustadt Süd (1884): «eine große Zahl von Unterhäusern und Kellern» sei «volle vier

Tage und Nächte überschwemmt» gewesen. Schlimmer aber sei gewesen, daß «das Wasser aus den Sielen ausgetreten und in die Keller u.s.w. gedrungen ist. Dieser Umstand ist seit dem Anschluß sämmtlicher Wohnungen an das Stammsiel bedeutend verschlimmert worden, indem in früheren Jahren nur reines Elbwasser in die Keller lief, heute aber dieselben mit dem ekelerregenden Cloakenschmutz angefüllt werden...» Das, klagte der Bürgerverein, sei «wiederholt in früheren und hauptsächlich im letzten Jahre» geschehen, und es kam erneut 1896 dazu.[70] Über ähnliche Katastrophen hatten auch häufig die Bewohner anderer Stadtteile zu klagen. Vor dem Bau des Freihafens in den achtziger Jahren bestand für den südlichen Teil der Altstadt bei Hochwasser grundsätzlich Überflutungsgefahr. Ein früherer Bewohner erinnerte sich: «In den Wohnungen schwammen Tische und Stühle umher und stießen manchmal sogar an die Decken der Räume... Jede Überschwemmung brachte für die heimgesuchten Bewohner viel Arbeit mit sich. Wenn sich das Wasser verlaufen hatte, ging es an die Säuberung der Höfe und ‹Buden›, denn alles war mit einer dicken Schlammschicht bedeckt.»[71] Auch in den Arbeiterstadtteilen Eilbeck und Barmbeck kam es häufig zu Überschwemmungen, denn, wie ein Bürgerschaftsabgeordneter 1896 erklärte: «In den Vororten seien die Siele zu eng für die großen Terrassen und Etagenhäuser und jeder stärkere Regen bringe sie zum Überfluthen.»[72]

Der positiven Wirkung der neuen Kanalisation auf die öffentliche Gesundheit in Hamburg abträglich war die fortgesetzte Verwendung der Fleete als Abladeplatz für allerlei Müll und Unrat, einschließlich des Inhalts von Nachttöpfen. Es fehlte in Hamburg an einer hinreichenden Zahl ordentlicher öffentlicher Toiletten – so gab es davon 1850 zwar dreißig, doch waren viele nicht an die Kanalisation angeschlossen. Also unternahm man zwischen 1882 und 1885 einen neuen Anlauf zur Behebung dieses Mißstandes und erteilte einem Privatunternehmen die Konzession zum Bau und Betrieb einiger weiterer solcher Bedürfnisanstalten.[73] Viele Menschen scheinen ihre Notdurft einfach in die Fleete verrichtet zu haben. Obwohl diese von der Flut täglich zweimal durchgespült wurden, hieß es in einem Bericht vom Anfang des 19. Jahrhunderts: «Die Flethe nehmen aus Gassen und Häusern eine Menge Unreinigkeiten auf, die theils nicht ganz von der Ebbe fortgerissen werden können, theils bei anhaltend niedrigem Wasser liegen bleiben, und die Luft verderben.» Längst schon war es verboten, «todte Hunde, Steine, Kehricht, Mist» und dergleichen in die Fleete zu werfen. Doch hielt sich kaum jemand daran, und sobald im Frühling Tauwetter einsetzte, gelangten mit dem

Schmelzwasser Sand, Steine und Asche in die Fleete. Sie verschlammten daher im Lauf des Jahrhunderts so stark, daß viele von ihnen schließlich nur noch bei Flut Wasser führten.[74] Sie müßten, schrieben zwei Ärzte und ein Ingenieur, die im Herbst 1871 eine amtlich geförderte Untersuchung des Gesundheitswesens vornahmen, «richtiger als Cloaken bezeichnet werden»[75].

Viele, wenn nicht gar alle Fleete in der Altstadt waren mit Unrat aller Art gefüllt, der bei Ebbe sichtbar wurde, und so mußten sie ausgebaggert werden. Außerdem waren die «überall an den Seiten, neben den Häusern und Vorsetzen, sich ansammelnden Schmutzhaufen» zu beseitigen.[76] Die «Hasenmoore» und die alten Sammelgruben unter einigen der alten Häuser befanden sich in einem «sehr bedenklichen Zustand», da sie voller Schlamm und Müll waren.[77] «Die Klagen über die gemeinschädlichen Ausdünstungen solcher Gruben», hieß es 1865, «sind hinlängst bekannt», und «Fleete und Canäle der Stadt» seien «in ekelhafter Weise verunreinigt».[78] Doch der Senat war sichtlich nicht bereit, für die Säuberung und Instandhaltung dieser Wasserstraßen viel Geld auszugeben, auch wenn die Stadt viele Jahre hindurch sogenannte Fleetenkieker dafür bezahlt hatte, daß sie die Kanäle kontrollierten und aus ihnen widerrechtlich abgeladenen Unrat entfernten.[79] Zwar konnten diese Männer, die bei Ebbe durch die Fleete wateten, die auffälligsten Hindernisse beseitigen, vermochten aber nichts dagegen auszurichten, daß sich beständig und fast unmerklich Sand und Schlamm ansammelten, bis 1890 die Mehrzahl der Fleete nur noch dem Namen nach als Wasserstraßen anzusehen waren.

Der letzte Grund dafür, daß zwangsläufig nur von begrenzter Wirkung war, was Hamburg zur Beseitigung seines Abfalls unternahm, lag darin, daß der Senat keinen Einfluß auf das Tun und Treiben der unter preußischer Verwaltung stehenden Gemeinden stromaufwärts hatte. Viele von ihnen wuchsen gegen Ende des 19. und Anfang des 20. Jahrhunderts rasch an, und Hamburg begann die Folgen davon bald zu spüren. Die Außenalster wurde 1884 ausgebaggert, da sie unerträglich verschmutzt war; außerdem wurden um sie herum und entlang ihrer Zuflüsse Kanalisationsrohre verlegt. Allerdings verdreckten die Zuflüsse sehr schnell, weil auf preußischem Gebiet weiter stromaufwärts ungeklärte Abwässer eingeleitet wurden.[80] Von dem Flüßchen Osterbeck in Barmbeck hieß es 1894, es rieche «eigenthümlich nach Hefenwasser», und sein Wasser sei gelblichweiß und trüb. Im selben Jahr floß die Eilbeck schwarz und schaumig von preußischem Gebiet über die Grenze nach

Hamburg und roch dabei «stark fäcalartig». Eine bakteriologische Untersuchung ergab, daß ihr Wasser pro Milliliter durchschnittlich 210000 Bakterien enthielt – nach normalen Maßstäben eine ungeheure Menge. Es kam 1896 zu einem öffentlichen Aufschrei wegen der «pestilenzartigen Ausdünstungen des vollkommen stagnierenden Wassers des Canals bei Eimsbüttel». Die Bewohner der Bismarckstraße in Eimsbüttel beschwerten sich: «Bei der jetzigen Hitze ist der Gestank (denn Geruch kann man es nicht mehr nennen), nicht mehr auszuhalten...» Die Isebeck galt bis 1882 auf der ganzen Ausdehnung ihres Laufs in Hamburg als «schmutziger, übelriechender Graben», und selbst, nachdem man eine Kanalisation gelegt und das Bett des Flüßchens gereinigt hatte, hörten die Klagen nicht auf. Noch 1903 erklärten die Bewohner nahe gelegener Häuser: «... die neue Sielanlage scheint... noch nicht den gewünschten Erfolg gehabt zu haben.»[81] Ein Sonderausschuß des Senats berichtete im Dezember 1896 über die Verschmutzung dieser Wasserläufe und wies darauf hin, daß die von ihnen transportierten Verunreinigungen bald «zu einer Kalamität für die ganze Stadt» werden und ernsthafte Auswirkungen auf die Alster haben würden. Verhandlungen mit der preußischen Verwaltung von Wandsbeck, das für einen großen Teil dieser Verschmutzung verantwortlich war, schleppten sich mehrere Jahre ergebnislos hin, und erst eine ganze Weile nach der Jahrhundertwende trat eine Besserung ein.[82]

Kaum anders waren die Zustände an der Bille, die durch Hamburgs östliche Vororte in die Elbe floß. Klagen über eine Verschmutzung liefen bei den Behörden in den achtziger Jahren ein, und 1891 wurde eine gründliche Untersuchung vorgenommen. Allerdings kam nichts dabei heraus, und die Klagen wiederholten sich 1894. Offensichtlich pflegten die Bewohner der von ihr durchflossenen Stadtteile, in erster Linie war das der Billwärder Ausschlag, ihr Wasser im Haushalt zu verwenden. Empört schrieben sie:

«Das Wasser in der Bille wird durch den Zulauf schädlicher Substanzen immer mehr und mehr verpestet und hat jetzt einen derartigen Geruch angenommen, den man einfach als Gestank bezeichnen kann, wodurch der Verbrauch des Billwassers unmöglich gemacht wird, ohne zu großen, die Gesundheit schädigenden Gefahren Veranlassung zu geben. Wenn man durch den Billwärder Ausschlag den Weg nach der Blauen Brücke zu verfolgt, führt die Nase ans Ziel dieses entsetzlichen Übelstandes, welcher sobald als möglich beseitigt werden muß. Die Klagen der Bewohner an der Bille werden täglich schlimmer...»[83]

Wieder einmal kamen die Verunreinigungen von flußaufwärts über die preußische Grenze, diesmal aus dem Regenbach und aus Bergedorf. Dort «fließt aus dem Bergedorfer Eisenwerk der Urin von etwa 300 Arbeitern der Bille zu», hieß es in einem Bericht aus dem Jahr 1896.[84] 1909 erreichten dann die ungeklärten Exkremente von 1500 Arbeitern dieses Betriebs die Bille; mehrere Versuche, die Verunreinigungen zu beseitigen, waren «bisher trotz langwieriger Erörterungen nicht gelungen»[85]. Die Bewohner der an die Bille stoßenden Stadtteile, notierten die medizinischen Stellen im Jahr 1909 mit einer gewissen Selbstgefälligkeit, fühlten sich durch die ihr entsteigenden üblen Gerüche nicht besonders belästigt, da sie in einer Gegend lebten, «wo oft große Landflächen mit faulenden Fischen gedüngt wurden»[86]. Das hinderte sie nicht daran, sich zu beschweren, wie wir gesehen haben. Aber nichts geschah.

Da zumindest seit den achtziger Jahren aus all diesen Quellen Schmutz und Unrat in die Elbe gelangte, ist es kaum verwunderlich, daß sie davon in Mitleidenschaft gezogen wurde. Bereits 1876 hatte die Verschlammung ihres Bettes im Hafen derart zugenommen, «daß es den Arbeitern unmöglich wurde, in den unter Wasser gebrachten Taucherglocken zu arbeiten, da trotz reichlicher Luftzuführung die Lichter infolge der aufsteigenden Gase erloschen und die Atmung ernstlich gefährdet wurde»[87]. Während Weich- und Schalentiere immer zahlreicher auftraten, vor allem um die Auslässe der Kanalisation und in den Fleeten[88], beschwerten sich Fischer um die Jahrhundertwende, daß in der Elbe zunehmend weniger «Störe, Butte, Quappen, Stinte und vor allem Lachse» ins Netz gingen. Speziell der letztgenannte Fisch schwamm durch Hamburgs Hafen nicht mehr stromaufwärts, denn «das übelriechende, verjauchte Wasser schreckt[e] ihn zurück». Üblicherweise hielten die Fischer ihren Fang bis unmittelbar vor dem Anlegen der Boote in Netzen unter Wasser. Da es zu jener Zeit noch keine technischen Kühlmöglichkeiten gab, war dies praktisch die einzige Möglichkeit, die Fische frisch zu halten. Nun aber büßten sie die Hälfte davon ein, da die Tiere im verseuchten Hafenwasser eingingen.[89] Doch sperrte sich der Hamburger Senat nach wie vor gegen Verbesserungen, obwohl es noch 1874 hieß: «Das Wasser der Elbe, welches durch fast alle Auswurf- und Abfallstoffe der großen Städte Hamburg und Altona verunreinigt ist, wird von den Schiffern vielfach getrunken.»[90] Diese Gewohnheit bestand noch bis in die frühen neunziger Jahre, denn manche Hausfrauen holten Wasser für den Haushalt aus den Fleeten, wenn der Wasserdruck in den Leitungen zu gering war.[91] Den zahlreichen, in den neunziger Jahren und im ersten

Jahrzehnt des 20. Jahrhunderts stets wiederholten Klagen, die Feststoffe aus ungeklärten Abwässern würden ans Ufer gespült, und «üble Ausdünstungen ... in den Fluß geschwemmter Fäkalien und Papiermassen» belästigten die Menschen, hielt man einfach entgegen, nach wie vor scheine Tausenden von Menschen das Wasser gesund genug zu sein, um darin zu baden. Man erklärte, die Kritiker stellten die Sache übertrieben dar; Hamburg sei «eine der gesündesten Städte», und es bestehe keinerlei Notwendigkeit, eine Kläranlage zu bauen.[92] In anderen Städten und Gemeinden weiter flußaufwärts dachte man ähnlich. Welche kumulative Wirkung von all diesen verschiedenen Verschmutzungsquellen ausging, ließ sich lange vor den neunziger Jahren im Hamburger Hafen deutlich erkennen; wie gefährlich sie für die Bewohner der Stadt war, sollte sich bald zeigen.[93]

Trübe Wasser

I

Mit zunehmender Verschmutzung der Elbe und ihrer Nebenflüsse und der ständig wachsenden Bevölkerung im 19. Jahrhundert wurde das Problem immer drängender, die Bewohner Hamburgs mit frischem Wasser zum Trinken, Kochen und Waschen zu versorgen. In den ersten Jahrzehnten des Jahrhunderts entnahm man das benötigte Wasser meist Brunnen, dem Hafen oder den Fleeten. Außerdem zogen Wasserträger durch die Stadt wie zum Beispiel der sprichwörtlich bekannte «Hummel». Wer über die erforderlichen Mittel verfügte, konnte ab Beginn der dreißiger Jahre sein Haus an die Wasserversorgung anschließen lassen. Vier Unternehmen boten diese Dienstleistung im vorigen Jahrhundert an, von denen eines allerdings ausschließlich Brauereien belieferte. Zwar filterte keines der Wasserwerke das Wasser, bevor es in die Häuser geleitet wurde, doch entnahm die 1839 gegründete Smith'sche Wasserkunst das Wasser der Elbe, die zu jener Zeit deutlich weniger verschmutzt war als die Alster, aus der die anderen Versorgungsunternehmen das Wasser bezogen. Da alle Wasserwerke, die die Alster anzapften, beim Großen Brand von 1842 zerstört wurden, konnte Smith seine Aktivität ausweiten und an ihre Stelle treten. Allerdings hatte inzwischen der allzeit rührige William Lindley einen weit ehrgeizigeren Plan vorgelegt, den er gemeinsam mit William Chadwell Mylne, dem Leitenden Ingenieur der New River Waterworks in London, ausgearbeitet hatte. Beide erklärten, Hamburgs Wasserbedarf lasse sich künftig ausschließlich durch eine staatlicher Leitung unterstehende zentrale Wasserversorgung sichern. Nach ihrer Meinung könne allein diese Lösung gewährleisten, daß in allen Stadtteilen genug Wasser zur Verfügung stehe, um eventuell auftretende kleinere Brände zu löschen, womit sich eine Wiederholung des Großen Brandes verhindern lasse. Die Bürgerschaft stimmte diesem Plan, dessen Verwirklichung 1,7 Millionen Mark kosten sollte, im Jahr 1844 zu.[1]

Das Wasser wurde jetzt der Elbe an einer einzigen Stelle entnommen, die zwei Kilometer oberhalb der Stadt in Rothenburgsort lag, und durch einen 800 Meter langen gemauerten Kanal in drei große Klärbecken geleitet, wo sich Schweb- und Trübstoffe absetzen konnten. Wie Lindley schrieb: «Es ist ein einfaches Prinzip, welches Jedem klar sein muß, daß unreine Abflüsse *unterhalb* der Städte in die Flüsse geleitet werden müssen und Wasserkünste dagegen *oberhalb* derselben ihr Wasser zu entnehmen haben, nicht aber umgekehrt.»[2] Von den Klärbassins aus wurde das Wasser «mit gemauerten Kanälen in die Pumpbrunnen unter den Maschinen geleitet, unterwegs eine Sielvorrichtung passierend». Mehrere leistungsfähige Dampfpumpen förderten es dann über einen hohen Wasserturm in die Leitungen, die es in der Stadt verteilten.[3] Da der Druck nicht ausreichte, um das Wasser ständig in die oberen Stockwerke zu pumpen, wurde er jeweils nachts für zwei Stunden erhöht, damit das Wasser die unter den Dächern vieler Häuser befindlichen Wasserkästen füllen konnte und so als Vorrat am folgenden Tag zur Verfügung stand.[4]

Wie alle Projekte Lindleys stieß auch das städtische Wasserwerk auf beträchtlichen Widerstand interessierter Kreise. Besonders tat sich bei diesen Auseinandersetzungen der Grundeigentümerverein hervor, der den Plan als Geldverschwendung bezeichnete und fürchtete, seine Verwirklichung werde bald zu einer Erhöhung der Grundsteuer führen. Als Ergebnis des von ihm ausgeübten Drucks verweigerte die Erbgesessene Bürgerschaft, die das Projekt drei Jahre zuvor befürwortet hatte, im Jahr 1846 die für seine Vollendung erforderlichen Mittel. Nach erneutem Streit wurden sie schließlich doch bereitgestellt, so daß die Stadtwasserkunst 1848 in Betrieb gehen konnte. Ende 1850 waren von den 11500 Häusern der Stadt rund 4000 angeschlossen, und der tägliche Wasserverbrauch stieg bis 1860 auf 70000 Kubikmeter. Bis 1890 waren mehr als 400 Kilometer Rohrleitungen verlegt, und nahezu jedes Haus der Stadt verfügte entweder im Inneren oder auf dem Hof über mindestens einen Wasserhahn.[5]

In vielerlei Hinsicht war Hamburg mit Recht stolz auf sein umfassendes und ausgeklügeltes System der Wasserversorgung. Beispielsweise gab es noch 1895 erst in 42 % der Stadtgemeinden Preußens mit mehr als 2000 Einwohnern Leitungswasser; die übrigen 58 % waren auf Brunnen und Quellen, Fluß- oder Regenwasser angewiesen. Landgemeinden standen noch schlechter da, doch besaßen 1895 rund 87 % der deutschen Städte mit mehr als 10000 Einwohnern eine zentrale Wasserversorgung. Die meisten von ihnen waren wie in Hamburg um die Jahrhundertmitte oder kurz danach eingerichtet worden. Zwar wohnte in diesen Orten nur eine Minderheit der Bevölkerung des Deutschen Reiches[6], doch gehörten praktisch alle Großstädte dazu. In Berlin gab es seit 1856 Leitungswasser, allerdings wurde es ursprünglich nur durch die offenen Rinnsteine gepumpt, die einen großen Teil des Abfalls der Stadt durch die Straßen ableiteten. Die Leistungsfähigkeit der Wasserwerke war gering; sie konnten zwischen 1856 und 1873 lediglich 54 % der in Berlin neu erbauten Häuser versorgen. Ältere Gebäude wurden erst nach dem Bau eines neuen, weit größeren Wasserwerks Ende der siebziger Jahre angeschlossen. So verfügten 1875 erst 43 % aller Wohngebäude in der Reichshauptstadt über Leitungswasser, doch hatte sich ihre Zahl bis 1885 praktisch auf 85 % verdoppelt, und 1890 betrug sie rund 93 %.[7]

Obwohl sich Hamburg, was Bau und Erweiterung seiner zentralen städtischen Wasserversorgung anging, keineswegs im Hintertreffen befand, hinkte es aus einem entscheidenden Grund in Wahrheit weit hinter Berlin her: Dort reinigte man schon von Anfang an, nämlich seit 1856, das Wasser mit Hilfe der Sandfiltration. Nachdem es oberhalb der Stadt der Spree entnommen worden war, durchlief das Wasser eine Reihe von Filterbecken, in denen es durch mehrere Schichten feinen Sandes sikkerte, woraufhin es mit Hilfe eines Systems unter den Becken liegender Rohre gesammelt und dann in das Leitungsnetz gepumpt wurde. Dieses System tötete schädliche Mikroben ab, weil dabei Bakterien ins Wasser gelangten, die sie vernichteten. Zwar hat der Historiker Reinhard Spree vor einiger Zeit erklärt, Berlins Wasser sei seinerzeit unhygienisch gewesen, weil es der Spree entnommen wurde, in Wirklichkeit jedoch sorgte die Sandfilteranlage dafür, daß keine Erreger ansteckender Krankheiten auf den Menschen übertragen wurden.[8] Weniger entscheidend als die Entnahmestelle war die Behandlung, die man dem Wasser angedeihen ließ.

Hamburgs zentrale Wasserversorgung besaß eine solche wirksame Filteranlage nicht. Wie wir gesehen haben, entnahm man das Wasser oberhalb der Stadt der Elbe und speicherte es in großen Becken, bevor es in die Stadt gepumpt wurde. Der Direktor der Stadtwasserkunst, Samuel Samuelson, war 1880 davon überzeugt, daß diese Bassins mit Sicherheit Verunreinigungen beseitigten, die aus dem Fluß in das System gelangten:

«Sobald das Wasser den fließenden Strom entzogen ist, welcher die Sinkstoffe mit sich reißt u. sich mit den sonstigen schwimmenden Unreinigkeiten hin und her wirft, scheiden sich die leichten, schwimmenden Theile von den schweren. Die leichten, bestehend aus Schaum, Korken, Holzstücken u.s.w., dann und wann todte Fische oder sonstige Kadaver, soweit sie in das betreffende Gewässer gelangen können, treiben je nach der Windrichtung an irgend ein Ufer des betreffenden Gewässers; die Sinkstoffe lagern sich dagegen auf dem Boden ab. Wird das Wasser in der richtigen Höhe und in der richtigen Art und Weise entnommen, so kann man ein Mitreißen beider vermeiden. Der Schaum und seine Begleiter können durch Menschenhände leicht entfernt werden.»[9]

Seiner Ansicht nach war eine Sandfiltration nicht wirklich notwendig; ihm jedenfalls schien das Wasser sauber genug zu sein.

Doch in Wirklichkeit konnte das System der Bassins nicht verhindern, daß zahlreiche Kleinlebewesen aus dem Fluß in das Leitungsnetz gerieten. Oberingenieur Meyer schrieb sogar, die Innenwandungen von Hamburgs (insgesamt etwa 220 Kilometer langen) Wasserleitungen seien mit Schlamm und Muscheln bedeckt, und im Wasser fänden sich kleine Fische und andere lebende Tiere, da das Elbwasser ungefiltert in die Leitungen gelange.[10] In einem 1885 unter dem Titel «Die Fauna der Hamburger Wasserleitung» veröffentlichten Artikel berichtete der Zoologe Karl Kraeplin, er habe bei aus den unterirdischen Wasserleitungen entnommenen Proben «in allen Fällen ein wirres Durcheinander der mannigfachsten Lebewesen» gefunden, und zwar nicht weniger als sechzig verschiedene Arten, unter ihnen «Wirbeltiere, Insekten, Spinnen, Schnecken, Muscheln, Krebse, Molluscoiden, Ringelwürmer, Rundwürmer, Plattwürmer, Rädertiere, Darmlose und Urtiere». Zu ihnen zählten acht verschiedene Arten von Schnecken und deren vier von Muscheln. Der Zoologe schloß daraus, sicherlich zutreffend, «es sind zweifellos die niedriger organisierten *Detritusfresser*, auf deren Existenz sich das ganze höhere Tierleben der Leitung aufbaut». Sie lebten von beständig aus den Vorratsbecken herangeführter abgestorbener pflanzlicher und tierischer Nahrung. Er fügte allerdings beruhigend hinzu, man könne «nicht behaupten, daß das Vorkommen lebender Organismen in der Leitung als erheblicher Übelstand oder gar als schwer zu ertragende Kalamität allgemein empfunden werde. Wird doch das zum Trinken, Bereiten der Speisen etc. bestimmte Wasser zuvor meist durch Hausfiltration gereinigt, während andererseits das nicht filtrierte Wasser in großen Absatzbassins auf den Böden der Häuser, den sogenannten Wasserkasten, ein gut Teil seiner organischen Verunreinigungen, sowohl der abgestorbenen als der lebenden, zurückläßt. Zudem dürfte das

Gros der in der Leitung hausenden Tierwelt Widerstandskraft genug besitzen, um nicht aus dem weiteren horizontalen Kanalnetz der Straßen in die engen vertikalen Steigrohre der Häuser emporgerissen zu werden.»[11]

Andere schlossen sich dieser Einschätzung an. So behauptete der konservative Hamburger Rechtsanwalt Carl August Schröder (Senator von 1899 bis 1918) in seinen Erinnerungen: «das Leitungswasser wurde, eben weil es nicht gereinigt war und vielfach Teile von Algen und kleine Fische, ja sogar dünne Aale enthielt, eigentlich von niemand zum Trinken benutzt oder doch, wo es in Privathaushalten geschah, durch kleine Filter vorher gründlich gereinigt. Man trank regelmäßig das Wasser aus Pumpen und Gesundbrunnen, das in zahlreichen Wasserwagen durch die ganze Stadt gefahren wurde.»[12]

Die Überzeugung, daß die Wasserversorgung keine wirkliche Gefahr für die öffentliche Gesundheit darstellte, wurde auch von der großen Mehrheit der Ärzte in der Stadt geteilt. So berichtete Professor Theodor Rumpf, Leiter des Neuen Allgemeinen Krankenhauses Eppendorf, in seinen Erinnerungen, er habe sich unmittelbar nach seiner Ankunft in Hamburg zu Beginn des Jahres 1892 bei einer geselligen Abendveranstaltung im Hause Dr. Gläsers, Oberarzt an seinem Krankenhaus, erkundigt, woher die Stadt ihr Trinkwasser beziehe, und die Antwort erhalten:

«‹Aus der Elbe, nachdem es in einigen großen Bassins seinen Schmutz abgesetzt hat.› Als ich darauf sagte, daß das eine vorsündflutartige Schweinerei sei, fielen alle Anwesenden über mich her. ‹Das Elbwasser ist das gesundeste Getränk›, schallte es mir entgegen. ‹Alle großen Ozeandampfer nehmen Elbwasser in der Gegend von Blankenese als Trinkwasser an Bord, weil es sich tadellos hält.› Entgegnet wurde mir weiter, daß die chemische Untersuchung des Wassers einen vorzüglichen Befund gegeben habe. Von Bakteriologie hielt Oberarzt Dr. Gläser nichts. Ich konnte naturgemäß meine Auffassung nicht ändern, erhielt aber als Nichthamburger eine mitleidige Verzeihung für meine Ketzerei.»[13]

Tatsächlich genoß Elbwasser, wie es diese Unterhaltung andeutet, bis 1892 einen durchaus guten Ruf. Seeleute und Hafenarbeiter erfrischten sich an heißen Tagen regelmäßig mit einem kräftigen Schluck aus dem Fluß, selbst mitten in Hamburgs geschäftigem Hafen. So erklärte der offizielle Sprecher des Medizinalkollegiums 1873, während der letzten Cholera-Epidemie vor 1892, daß «im Publikum die allgemeinste Zufriedenheit über die Beschaffenheit des Wassers» herrsche.[14]

Doch verdiente 1892 das Elbwasser diesen Ruf längst nicht mehr. Die zahlreichen Lebewesen, die sich in den Wasserleitungen aufhielten, gelangten häufig bis in die Häuser, ganz gleich, was der Autor von «Die Fauna der Hamburger Wasserleitung» dazu sagen mochte. Heinrich Merck, Sproß einer der führenden Familien Hamburgs, erinnerte sich später: «Bei uns in der Papenhuderstraße wurde einmal ein kleiner, zierlicher lebender Aal aus dem Hahn am Handstein gezogen»; und Leo Lippmann, der in einer der wohlhabenden jüdischen Familien Hamburgs aufwuchs, sprach in seinen Erinnerungen von «einem großen Aal, der kurz vor Ausbruch der Cholera zum Gaudium von uns Kindern von einem Mechaniker aus dem Wasserkasten unserer Wohnung gefischt wurde».[15] Dergleichen kam so häufig vor, daß Hamburger Kinder in der Wasserleitung gefundene Tiere förmlich sammelten, was zu einer beliebten Freizeitbeschäftigung wurde. So berichtet Johannes Schult, der in jener Zeit in einem Arbeiterbezirk Hamburgs aufwuchs:

«Die Jungen auf den Straßen sammelten sich im Sommer gern bei den Sprengwagen. Wenn der Kessel mit Hilfe eines Hydranten gefüllt war, ertönte ein Glockenzeichen, der Kutscher stellte das Wasser ab. Er schraubte den Schlauch los und ließ das überflüssige Wasser auf die Straße rinnen. Zur Freude der Jungen enthielt dieses Wasser oft Aale und kleine Fische, die dann im Triumph nach Hause getragen wurden.»[16]

Bei anderen Gelegenheiten verstopften diese Tiere die Wasserleitungen in den Häusern. Es kam auch durchaus vor, daß tote Mäuse und andere kleinere Tierkadaver aus den Klärbecken durch die Leitung geschwemmt wurden, wobei sie häufig nicht nur das Wasser verdarben, sondern auch die Leitung blockierten.

Selbst der Verfasser von «Die Fauna der Hamburger Wasserleitung» sah sich zu dem Eingeständnis veranlaßt, daß «vereinzelte Wasserasseln und Flohkrebse in den Küchen und Haushaltungen keine Seltenheit sind und namentlich die Zu- und Abflußöffnungen der Reservoirkasten auf den Hausböden häufig genug durch Aale, ‹Leitungsmoos› und dergleichen verstopft werden». Zwar boten Straßenhändler regelmäßig frisches Quellwasser feil, doch konnten sich das lediglich die Wohlhabenden leisten. Fischweiber priesen häufig in den letzten Jahren des Jahrhunderts auf den Straßen ihre Ware mit Rufen wie «Aale! Aale! Frisch aus Lindleys Wasserleitung!» an. Ein in einer Zeitung Hamburgs veröffentlichtes Spottgedicht faßte die angesichts dieser Zustände weit verbreitete Unruhe unter den Bürgern wie folgt zusammen:

Vom Tier in Hamburgs Wasserrohr,
Da kommen 16 Arten vor:
Ein Neunaug', Stichling und ein Aal,
Drei Würmer leben in dem Strahl,
Drei Muscheln und drei träge Schnecken,
Sich mit den muntern Asseln necken.
Ein Schwamm, ein Moostier, ein Polyp,
Die dringen lustig durch das Sieb.
An toten Tieren kommen raus
Der Hund, die Katze und die Maus;
Noch nicht gefunden sind, Malheur,
Der Architekt und Ingenieur![17]

Weit schlimmer als Aale und Mäuse waren jedoch die weniger aufsehenerregenden, aber potentiell gefährlicheren Verschmutzungen, die noch so viele Vorratsbehälter oder Metallfilter in den Häusern nicht aus dem Wasser entfernen konnten. Sie fielen vor allem im Frühjahr auf, wenn schmutziges Schmelzwasser dafür sorgte, daß das Wasser in den Leitungen ein «völlig lehmfarbenes undurchsichtiges» Aussehen hatte.[18]

Zwar lag die Einmündung der Kanalisation in die Elbe mehrere Kilometer flußabwärts von der Stelle, an der das Wasser für das Leitungsnetz entnommen wurde, doch gelangten die Exkremente der Besatzungen von Schleppkähnen, die die wichtige Binnenwasserstraße Elbe benutzten, alle unmittelbar in den Fluß. Darüber hinaus gab es in Hamburgs Hafengebiet zahlreiche primitive Toiletten, deren «Produkte» weit oberhalb der Haupt-Abwasserleitung in den Fluß geleitet wurden.[19] Auch pflegte zumindest ein Teil der Menschen, die entlang der die ganze Stadt durchziehenden Fleete wohnten, ohne Umschweife ihre Nachttöpfe in diese Kanäle zu entleeren.[20] Hamburgs Wasser wurde also gegen Ende des 19. Jahrhunderts durch eine ganze Reihe von Ursachen verschmutzt. Private Brunnen boten nur einem winzigen Bruchteil der Bevölkerung eine Alternative; auch durch einen Verzicht auf Leitungswasser zugunsten von Mineralwasser war nichts gewonnen. Wie es in einem Bericht von 1878 hieß:

«Die Verunreinigung des Bodens und der Wasserläufe in großen Städten durch in Zersetzung begriffene organische Substanzen und die in Folge davon täglich zunehmende Verschlechterung des Trinkwassers haben die Entwicklung der Industrie der sogenannten Mineralwässer Vorschub geleistet. Viele Personen bedienen sich dieser künstlichen Mineralwässer, weil sie glauben, auf diese Weise gegen Krankheiten geschützt zu sein, welche durch den Genuß schlechten Trinkwassers bedingt werden. Dieser Schutz ist aber ein illusorischer.»[21]

Nach diesem Bericht entnahmen die meisten Mineralwasserabfüller dem nächstgelegenen Flußlauf Wasser und versetzten es mit Kohlendioxid. Da die zur Herstellung des Kohlendioxids verwendeten Chemikalien (unter ihnen Schwefelsäure) nicht selten Arsenverbindungen enthielten, die zusammen mit Kupfer und Blei aus den Leitungen der Maschinen im Herstellerbetrieb ihren Weg in das Erzeugnis fanden[22], war es letztlich vielleicht sogar besser, bei Leitungswasser zu bleiben.

Das aber war, wie wir gesehen haben, keineswegs frei von Verschmutzungen. Die Lage des Einlaufs der Hamburger Kanalisation in die Elbe an der Grenze zu Altona bot gewiß keine Garantie dafür, daß das Wasser in Hamburgs Leitungsnetz nicht mit menschlichen Exkrementen und den darin enthaltenen Bakterien verseucht wurde. Ende der neunziger Jahre spülte die Flut verschmutztes Hafenwasser mit solcher Regelmäßigkeit stromaufwärts an die Entnahmestelle der Stadtwasserkunst, daß man den Einlaß generell bei Flut absperrte. Um die Mitte des Jahrzehnts durchgeführte bakteriologische Untersuchungen erwiesen, daß das Flußwasser dort mehr als 3000 Bakterien pro Milliliter enthielt.[23] Die von Samuelson beschriebenen Klärbecken mochten verhindern, daß die Kadaver großer Tiere in das System gelangten, boten aber weder einen Schutz vor den Mikroorganismen, die sich in ihnen vermehrten, noch vermochten sie die in den menschlichen Exkrementen enthaltenen Bakterien abzutöten, die, in welcher Verdünnung auch immer, aus der Elbe in die Bassins gelangten. Allein eine Sandfilteranlage hätte wirksam Abhilfe schaffen können.

II

Da die Nachbarstadt Altona darauf angewiesen war, ihr Wasser unterhalb Hamburgs der Elbe zu entnehmen, hatte man dort die Notwendigkeit eines wirksamen Reinigungssystems beizeiten erkannt und bereits 1859 eine Sandfilteranlage eingerichtet. Gleichzeitig hatte William Lindley, der geistige Vater der Hamburger Stadtwasserkunst, 1853 den Versuch unternommen, eines der Klärbecken in Rothenburgsort in ein Filterbecken umzuwandeln. Zwar hatte die Bürgerschaft die für das Projekt erforderlichen Gelder bewilligt, doch hatte Lindley sie für den Bau eines vierten Beckens ohne Filter verwendet, das 1860 fertiggestellt wurde. Der Wasserbedarf stieg so rasch an, daß das zusätzliche Klärbecken unerläßlich geworden war, und ein einziges Filterbecken hätte inzwischen längst nicht mehr genügt, die ungeheuren Mengen an Wasser zu reinigen, die täglich verbraucht wurden. Überdies schnellten die Grundstückspreise dort, wo die Anlage stand, so steil in die Höhe, daß Lindley es für tunlich hielt, unverzüglich den für das vierte Bassin erforderlichen Grund und Boden zu erwerben, statt mehrere Jahre zu warten, bis die Bürgerschaft die Gelder dafür zur Verfügung stellte. Daher erklärte er 1860 seine Absicht, erst später eine Filteranlage zu bauen.

Im selben Jahr lehnte die Bürgerschaft den Vorschlag des Senats ab, Lindley im Rahmen eines Generalplans zur Koordinierung und Rationalisierung der Baubehörde zum Oberingenieur zu machen. Er hatte bisher zu keinem Zeitpunkt eine Amtsstellung in der Stadt innegehabt und war in typisch hamburgischer Manier lediglich als «Berater» beschäftigt worden. Das bedeutete, daß er von seinen Beziehungen zu führenden Kaufleuten und mächtigen Männern in der Stadt abhing. Nun waren inzwischen viele seiner alten Verbündeten in den Ruhestand getreten oder gestorben, während der Machtzuwachs der Bürgerschaft durch die Verfassung von 1860 seinen Gegnern endlich die Oberhand gab. In der Vergangenheit hatte sich Lindley durch seine Pläne, in St. Georg durch die Entwässerung des Hammerbrooks die Voraussetzungen für die Errichtung eines neuen Stadtteils zu schaffen, wie auch mit seinem Projekt einer Hafenerweiterung neue Feinde gemacht. Für die Verwirklichung beider Pläne war es erforderlich, Grundstücke von beträchtlicher Größe – und sei es auf dem Enteignungswege – zu erwerben, was erneut den Zorn des Grundeigentümervereins weckte. Dieser nutzte jetzt mit seinen Verbündeten in der Bürgerschaft die günstige Gelegenheit und verlangte, Lindley müsse die Stadt verlassen – was er 1860 auch tat.[24] Seine bemerkenswerten Aktivitäten führten ihn danach in andere Teile Europas. Er entwarf und baute Wasserversorgungssysteme in Düsseldorf, Chemnitz, Krefeld, Elberfeld und Basel; zusammen mit seinen drei Söhnen, Ingenieuren wie er, war er für ähnliche Anlagen in Budapest, Warschau und St. Petersburg verantwortlich. Nach den in Hamburg gemachten Erfahrungen achtete er stets darauf, dort eine ordnungsgemäße Anstellung zu bekommen, wo man beim Bau komplizierter Sanitärprojekte seine Hilfe in Anspruch nahm.

Als Lindley 1865 in Frankfurt eine Abwasseranlage entwerfen und bauen sollte, machte er zur Bedingung, daß man ihn als Baurat mit weitgehenden Vollmachten einstellte. «Ich war nicht bereit», erklärte er, «noch einmal den törichten und böswilligen Widerstand zu erleben, der unseren Fortschritt in Hamburg so lange verzögert hat.» Er achtete sogar darauf, daß sein Sohn Stadtbaurat wurde, als er selbst das Amt in Frankfurt niederlegte; der Jüngere bekleidete die Position von 1879 bis zu seiner Rückkehr nach England im Jahr 1896, wo er schließlich wegen seiner Verdienste um das Ingenieurwesen in den Ritterstand erhoben wurde. Vater Lindley zog sich 1879 nach England zurück und verschied 1900 mit 91 Jahren in Blackheath.[25] Seine Laufbahn bietet ein Beispiel dafür, wie weit Einfluß und Tätigkeit britischer Ingenieure auf dem Höhepunkt der industriellen Vorherrschaft Großbritanniens in Europa reichten. Lindleys Abschied aus Hamburg im Jahr 1860 erwies sich als schwerer Schlag für die weitere Entwicklung der Sanitärprojekte, die er so energisch betrieben hatte. Seine Pläne zur Umwandlung des vierten Klärbeckens in eine Filteranlage verstaubten bis zum Ende des Jahrzehnts, und die übrigen Ingenieure in der Stadt blickten selbstgefällig auf die Leistungen der Ära Lindley zurück, statt sie als Grundlage für weitere Verbesserungen zu nutzen. Erst in den siebziger Jahren führte eine Anzahl von Neuerungen zu einem frischen Anstoß, die gesundheitsrelevante Infrastruktur der Stadt weiterzuentwickeln. In der Zwischenzeit jedoch zehrte Hamburg von dem guten Ruf, den es durch die sanitäre Reform nach dem Großen Brand dreißig Jahre zuvor gewonnen hatte.

Das Medizinalkollegium gab 1872, möglicherweise darin bestärkt durch den neuen Oberingenieur der Stadt, Dr. Franz Andreas Meyer, ein wissenschaftliches Gutachten über Hamburgs Wasserversorgung in Auftrag. Aus ihm ging hervor, daß das Wasser keineswegs so sauber war, wie man allgemein angenommen hatte. Daher drängte das Medizinalkollegium nach der Cholera-Epidemie von 1873 auf den Bau von Sandfilteranlagen, und der Leiter der staatlichen Wasserwerke, Samuel Samuelson, legte im selben Jahr dem Senat diesbezügliche Pläne vor. «Diese Anträge», berichtete Samuelson später, «fanden indessen nicht den Beifall der Finanzdeputation und des Senates; vielmehr zogen sich die Verhandlungen darüber in die Länge.»[26] Schließlich wurde 1875 eine gemischte Senats- und Bürgerschaftskommission eingesetzt, die die Sache weiter verfolgen sollte. Die Bürgerschaft wies den Antrag des Senats zurück, dem Ausschuß ein Budget von etwa 2000 Mark zur Verfügung zu stellen, und zwang ihn auf diese Weise, mit 1000 Mark auszukommen. Doch konnte auch mit diesem Betrag eine kleine Gruppe amtlicher Vertreter, unter ihnen auch der Medizinal-Inspektor Dr. Johann Caspar Theodor

Kraus, und Franz Andreas Meyer, Oberingenieur der Stadt, eine Reise nach Paris und London unternehmen. Dort wollten sie sich darüber informieren, wie diese Städte ihre Wasserfiltrationsanlagen betrieben.[27]

Doch es kam zu weiteren Verzögerungen des Projekts, die auf eine zunehmende Feindseligkeit zwischen den beiden dem Ausschuß beigegebenen technischen Hauptexperten zurückgingen, Oberingenieur Meyer und dem Direktor des Wasserwerks, Samuelson. Um das Ende des vorigen Jahrhunderts war Franz Andreas Meyer (1837–1901) in Hamburg eine mächtige und einflußreiche Gestalt. Wer ihn gut kannte, sprach beeindruckt von «der ganzen Wucht seiner Persönlichkeit», von seinem ungestümen Wesen, seiner häufigen «Zornrede» und seiner «außergewöhnliche[n] Arbeitskraft».[28] Von Geburt und Erziehung her gehörte er zweifelsfrei Hamburgs herrschenden Kreisen an. Er war 1837 als Sohn eines Handelsherrn in der Stadt zur Welt gekommen und hatte dieselbe Schule besucht wie alle Söhne aus Hamburgs führenden Familien, das Johanneum. Zu seinen Schulkameraden hatten Johann Georg Mönckeberg und Gerhard Hachmann gehört, zwei der herausragendsten Mitglieder des Senats zur Zeit der Cholera-Epidemie 1892; mit letzterem blieb er sein Leben lang freundschaftlich verbunden.[29] Allerdings ging Meyer einen damals ungewöhnlichen Weg, denn er besuchte die Polytechnische Schule in Hannover. Später wirkte er in Bremen beim Bau des Hauptbahnhofs mit und kehrte 1866 nach Hamburg zurück, um sich dem System der Wasserversorgung zu widmen. Daß er danach rasch Karriere machte, mag auch auf seine Eheschließung mit einer Enkelin des Senators Johann Heinrich Gossler zurückgehen. Er wurde 1869 Bezirks-Ingenieur der Innenstadt und 1872 Oberingenieur der Baudeputation und Stadtwasserkunst. Dies Amt bekleidete er fast dreißig Jahre lang und konnte dadurch bei der Umgestaltung Hamburgs gegen Ende des 19. Jahrhunderts eine zentrale Rolle spielen. Noch heute sind in zahlreichen Teilen der Stadt Zeugnisse seines Wirkens zu sehen, unter anderem Brücken (wie zum Beispiel die Trostbrücke), landschaftsgärtnerisch gestaltete Freiflächen wie die Wallanlagen zwischen Dammtor und Holstentor und vor allem die in den achtziger Jahren entstandene riesige neue Hafenanlage, zu der auch die eindrucksvolle Speicherstadt gehört.

Eine Bestätigung der unerschöpflichen Energien Meyers wie auch seiner persönlichen Freundschaft zu führenden Angehörigen der herrschenden Schicht Hamburgs lieferte der Leiter von Hamburgs statistischem Büro, Dr. Georg Koch, der unter dem 3. Juli 1893 in seinem Tagebuch notierte, er habe an einem feinen «Herrenessen» für dreißig Personen teilgenommen, und Meyer habe im Anschluß daran eigenhändig sechs der Gäste um zwei Uhr morgens über die Außenalster gerudert.[30] Gefürchtet waren die Kraft seiner Persönlichkeit und sein weitreichender Einfluß, und die Weigerung der Bürgerschaft, städtische Beamte als Abgeordnete wählen zu lassen, wurde nicht zuletzt auf ihre Angst vor der Macht zurückgeführt, die Meyer zweifellos ausgeübt hätte, wäre er Mitglied der Bürgerschaft geworden. «Es gibt einen Papst in Rom», sagte einer seiner Kritiker 1893 erbittert, «und einen Papst in Hamburg», denn es sei klar, «daß Alles geschieht, was Oberingenieur Meyer will». In den neunziger Jahren war Meyer daher eine in der Stadt wohlbekannte Gestalt; als er 1901 starb, wurde er mit einem prunkvollen Staatsbegräbnis geehrt.[31]

Wenn Meyer einen Fehler hatte, so den, daß er nicht viel Geduld mit Unfähigen aufbrachte. Vor allem machte er kein Hehl aus seiner Verachtung für den ihm untergebenen Direktor der Stadtwasserkunst, Samuel Samuelson. Als dieser 1875 im Anschluß an die Besichtigungsreise nach Paris und London den Entwurf eines Berichts über die Einführung der Sandfiltration vorlegte, verdammte Meyer diesen sogleich als «oberflächlich». Da der Bericht, wie er behauptete, «falsche Daten» enthalte, änderte er ihn, ohne sich mit seinen Kollegen darüber zu beraten. Allerdings war zu jener Zeit Meyers Ernennung zum Oberingenieur noch recht neuen Datums, und länger im Amt befindliche Beamte hatten noch die Möglichkeit, sich ihm zu widersetzen. So beschwerte er sich, Samuelson habe ihn öffentlich angeprangert, als er den geänderten Bericht vorgelegt bekam.[32] Nunmehr folgte eine Flut gegenseitiger Anschuldigungen. Die Affäre zog sich über mehrere Jahre hin, und erst 1878 konnte die Kommission ihren Bericht vorlegen, der weitgehend Oberingenieur Meyers Ansichten enthielt. Offenkundig hatte er in der Zwischenzeit die Einwände seiner Kollegen aus dem Wege geräumt, indem er immer wieder dagegen angegangen war. Samuelson beklagte sich, das Projekt enthalte «einige sehr wesentliche Punkte», die «gegen meinen Wunsch und meine Ansicht hineingekommen» seien, und ging prompt daran, sich jedem gegenüber, der ihm zuzuhören bereit war, nach allen Regeln der Kunst abfällig über den Bericht zu äußern.

III

Die Art und Weise, wie Samuelson seine Argumente gegen Meyers Projekt vortrug, das er für zu teuer hielt, fand in Senat und Bürgerschaft bereitwillige Aufnahme. Meyer wollte, daß oberhalb der neuen Filteranlage weitere Auffangbecken gebaut würden, doch Samuelson erklärte, das sei nicht erforderlich und werde viel zu kostspielig. Wie wir bereits gesehen haben, verteidigte er bis 1880 das bestehende System der Auffangbecken in einem Bericht, den Meyer mit Randnotizen wie «Unsinn!» und «unerhört!» spickte und schließlich als «gänzlich verfehlt und unbrauchbar» verdammte.[33] Die einzige Möglichkeit, die Samuelson für eine Finanzierung des neuen Projektes sah, war die Erhöhung des Wassergeldes und der Einbau von Wassermessern in allen Häusern. Das jedoch mißfiel der Bürgerschaft, die die Angelegenheit weitere drei Jahre verschleppte, während wieder einmal eine Kommission darüber diskutierte. Nachdem man von einer Anzahl außenstehender Fachleute Gutachten über das Projekt eingeholt hatte, erstattete schließlich der am 16. September 1878 ernannte Bürgerschaftsausschuß im März 1881 Bericht. Am 29. Juni 1881 wurde das Projekt dem Grundsatz nach gebilligt mit der Auflage, daß verschiedene Veränderungen daran vorzunehmen seien. Nach acht Jahren schien die Sache endlich ausgestanden zu sein und Meyer mit seinen Argumenten wieder einmal die Oberhand behalten zu haben.[34]

Es zeigte sich aber, daß die Forderung nach Änderungen zur Quelle für weitere Verzögerungen wurde. Da es volle vier Jahre dauerte, diese Änderungen vorzunehmen, wurde der endgültige Plan dem Senat erst am 16. Mai 1885 vorgelegt. Inzwischen war die Filterung des Wassers mit zwei weiteren Fragen verquickt. Es war strittig, wer die Kosten dafür übernehmen und für welche Dienstleistungen bezahlt werden sollte. Der Senat hatte die Absicht, von jedem Haushalt eine pauschale Wassersteuer zu erheben und je nach Verbrauch einen gewissen zusätzlichen Betrag in Rechnung zu stellen. Die verbrauchte Menge lasse sich durch einen an der Hauptleitung zum Haus installierten Wassermesser ermitteln. Außerdem verlangte er, daß für das Sprengen der Straßen im Sommer die Anlieger aufkamen – denn dafür würde natürlich auch eine große Menge Leitungswasser verwendet werden. Auf diese Weise hoffte der Senat – womit er den Vorstellungen der Finanzdeputation folgte –, die beträchtlichen Aufwendungen im Zusammenhang mit der neuen Sandfiltration so weit wie möglich zu begrenzen. Der Grundeigentümerverein und seine Abgeordneten in der Bürgerschaft, von Dr. Heinrich Gieschen angeführt, verwahrten sich scharf gegen diese Absichten, denn der Vorschlag laufe darauf hinaus, die Filteranlage weitgehend auf Kosten der Grundeigentümer zu erstellen. Gieschen erklärte 1885: «Es ist nicht zu billigen, daß der Staat aus dem nothwendigsten Lebensmittel, das niemand entbehren kann, eine so erhebliche Einnahme erzielt.»[35]

Damit war die Filterung des Leitungswassers zu einem weiteren Streitpunkt zwischen den verschiedenen Fraktionen des Kapitals in der Stadt geworden. Eigentlich hatte die Frage den Keim zu diesem Streit von Anfang an enthalten, doch begann die Auseinandersetzung Mitte der achtziger Jahre geradezu epische Ausmaße anzunehmen. Der Grundeigentümerverein versuchte jetzt mit Nachdruck vier Hauptforderungen durchzusetzen. Die erste lautete, nicht die Vermieter, sondern die Mieter sollten die Wassersteuer zahlen. In diesem Sinn schlug er 1884 vor, die Wasserwerke könnten statt mit den Hausbesitzern mit jedem einzelnen Verbraucher einen gesonderten Liefervertrag schließen. Dem hielt der Senat entgegen, es seien bereits 14000 Einzelverträge mit der Stadtwasserkunst abgeschlossen worden; gäbe man der Forderung der Hausbesitzer nach, werde deren Zahl so anschwellen, daß ein kleines Heer von Beamten zu ihrer Verwaltung erforderlich sei. Das wiederum werde zu weiteren Verwaltungskosten führen, die man unvermeidlich in Form höherer Steuern auf die Hausbesitzer abwälzen müsse. Offenkundig befürchteten die Mitglieder des Grundeigentümervereins, daß sie, sofern Mieter ihren Zahlungsverpflichtungen nicht nachkamen oder sich heimlich aus dem Staub machten, aus eigener Tasche einen beträchtlichen Teil des Wasserverbrauchs bezahlen müßten. Der Senat antwortete auf den Vorschlag, die Mieter sollten die Wassersteuer zahlen, daß jene in diesem Fall zweifellos einfach Gemeinschaftswasserhähne oder solche in anderen nahe gelegenen Gebäuden benutzen würden.

Als zweites wies der Grundeigentümerverein den Vorschlag einer pauschalen Wassersteuer zurück und plädierte für eine gleitende, am Mietwert der jeweiligen Wohnung, mit anderen Worten also an der Zahlungsfähigkeit der Mieter, orientierte Gebührenskala. Wohl waren die Vermieter darauf aus, die Kosten für den Wasserverbrauch auf die Mieter abzuwälzen, wollten sie aber nicht so stark damit belasten, daß ihre Möglichkeiten zur Zahlung der Miete beeinträchtigt würden. In gewisser Weise waren diese Forderungen sogar gerechtfertigt. Bereits 1852 hatte der Grundeigentümerverein nachdrücklich und wiederholt eine Senkung der Wassersteuer verlangt, denn ihm war klar, daß die von ihm vertretenen Handwerker, Ladeninhaber, Kleingewerbetreibenden und kleinen Geschäftsleute – noch mehr aber die Mieter, die die Steuer zahlen sollten – stets pro Liter verbrauchten Wassers mehr würden zahlen müssen als die wohlhabenden Kaufleute und deren Angehörige der Kreise, aus denen die Senatoren stammten. Wie Gieschen hervorhob, waren diese Forderungen «umso gerechter, als die einzelnen Localitäten in den Gelassen, welche zu niedrigen Miethspreisen abgelassen werden, viel kleiner sind als die entsprechenden Localitäten in theuren Wohnungen. Erstere bedürfen deshalb zur Reinigung geringerer Quantitäten Wasser als die großen Säle in Wohnungen der Wohlhabenden.»[36] Die Reichen besaßen eher Spülklosetts und Badezimmer, lebten in Häusern mit Gärten, die sie im Sommer regelmäßig gossen, und hielten sich Pferde für Geschäftszwecke oder zum Vergnügen. Immerhin trank ein Pferd pro Tag bis zu 45 Liter Wasser und brauchte weitere knapp 20 Liter für die Pflege, während noch größere Mengen für das Säubern der Ställe aufgewendet werden mußten.[37] Also war klar, daß die Angehörigen der besseren Kreise pro Kopf weit mehr Wasser verbrauchten als die Ärmeren. Kein Wunder, daß der Senat versuchte, einen pauschalen Mindestbetrag für die Wassersteuer festzusetzen; kein Wunder aber auch, daß die «kleinen Leute», die dem Grundeigentümerverein angehörten, so beharrlich gegen deren Einführung kämpften und in ihren Bemühungen nicht lokkerließen, die hochfliegenden Pläne Lindleys, Meyers und der mit ihnen Verbündeten zu Fall zu bringen.

Die dritte Forderung des Grundeigentümervereins ergab sich ganz natürlich aus den beiden anderen und lautete, der Senat möge von seiner Absicht Abstand nehmen, in jedem Haus von Amts wegen einen Wassermesser anbringen zu lassen. Von allem, worüber im Zusammenhang mit der Wasserversorgung Uneinigkeit herrschte, rief die Frage der Wassermesser die größte Erregung hervor. Man hat sogar behauptet, sie habe bei allen Wahlen zur Bürgerschaft von den achtziger Jahren bis zur Jahrhundertwende den Hauptstreitpunkt gebildet. Jedenfalls wurde sie im Lauf der Zeit geradezu ein Symbol der Ungleichheit, die der Senat den Bewohnern Hamburgs in ihrer Eigenschaft als Wasserverbraucher aufzuzwingen versuchte, und löste sich, wie das bei symbolischen Auseinandersetzungen stets der Fall ist, nach und nach immer mehr von den eigentlichen Problemen ab. Der Grundeigentümerverein wollte entweder gar keine Wassermesser oder das Recht, eigene anzubringen; keinesfalls war man bereit zuzulassen, daß die Behörden genormte Wassermesser einbauten. Am deutlichsten faßte die Bedeutung dieses Punktes ein

Zeuge der Gegenseite anläßlich einer Debatte im Jahr 1896 zusammen, in deren Verlauf die Hamburger Bürgerschaft das äußerst seltene Schauspiel großer Erregung bot.

«Man habe gesagt, die Instrumente taugten nichts, oder die Staatskasse würde großen Schaden haben, der wirkliche Grund der Ablehnung sei aber nur, daß die Grundeigenthümer die Belastung fürchteten. Wenn es gegolten hätte, die Wasserbeiträge von den Miethern einzuziehen, so würden dieselben Leute die Wassermesser als große Erfindung gepriesen und für ihre Einführung gestimmt haben (Unruhe).»[38]

Nicht nur befürchteten die Grundeigentümer, daß amtliche Kontrolleure in ihre Privatsphäre eindringen könnten, sondern auch, auf Gnade oder Ungnade durstigen Mietern ausgeliefert zu sein, wenn sie selbst eine Wassersteuer entsprechend dem Verbrauch bezahlen mußten, denn der Staat hatte sich nicht bereit erklärt, in jeder einzelnen Wohnung einen Wassermesser zu installieren. Mithin gäbe es für den Vermieter keine Möglichkeit, die Wasserabgabe gerecht unter seinen Mietern aufzuteilen, es sei denn, er bürdete sich die beträchtlichen Kosten auf, die dem Vermieter entstünden, wenn er selbst in jeder Wohnung eine Meßuhr einbauen ließe – das aber wollte der Grundeigentümerverein unbedingt vermeiden. Darin, daß sich die Hausbesitzer für das Recht einsetzten, ihre eigenen Wassermesser anbringen zu lassen, läßt sich nicht nur ihre Befürchtung erkennen, der Staat könne seine Wassermesser zu ihrem Nachteil manipulieren, sondern vielleicht auch ihre Hoffnung, sie selbst könnten dies mit der entgegengesetzten Wirkung bei ihren eigenen tun.

Die letzte Frage schließlich, die in der Debatte um die Filterung des Wassers aufgeworfen wurde, war die des Besprengens der Straßen in den Sommermonaten. Bis 1885 kamen, wie wir gesehen haben, für diese Dienstleistung weitgehend die Hausbesitzer auf. Gieschen und seine Mitstreiter jedoch erklärten jetzt, die Kosten dafür müsse ausschließlich der Staat übernehmen. Sofern dieser durch die Erhebung einer Wassersteuer einen Überschuß erziele, argumentierten sie, sei es «eine einfache Forderung der Gerechtigkeit, daß ein verschwindend kleiner Theil dieses Überschusses angewendet wird, um denen eine Erleichterung zu schaffen, die solcher am meisten bedürftig sind»[39]. Dem hielt der Senat die Forderung entgegen, die Eigentümer der Grundstücke, die an die vom Staat gesprengten Straßen stießen, sollten pro laufenden Straßenmeter fünfzig Pfennig zahlen. Jedoch verweigerte sich die Bürgerschaft diesem Antrag mit dem Argument, das Interesse der Grundeigentümer sei zugleich das der Mehrheit der Bevölkerung:

«Der Staub, der bei den scharfen Winden, denen Hamburg mehr als eine Binnenstadt ausgesetzt ist, in den Straßen aufgewirbelt wird, belästigt nicht nur die Passanten und selbst die Hausbewohner, sondern ist in hohem Grade gesundheitsgefährlich. Der Staub ist ein vortrefflicher Träger für zahlreiche Infections-Krankheiten und es ist nicht unwahrscheinlich, daß diese Krankheiten dadurch befördert werden, daß die Kommune sich um die Straßenbesprengung nicht bekümmert, sondern es wohlwollenden Privatpersonen überläßt, das hierzu Erforderliche in die Hand zu nehmen.»

«Wenn die Unthätigkeit des Staates, beziehentlich der Kommune in Beziehung auf diesen sanitär wichtigen Umstand unwürdig [ist]», schloß der Ausschuß, der 1885 über diese Frage der Bürgerschaft Bericht erstattete, «so ist die Thätigkeit der Privaten geradezu lächerlich.»[40] Bürger, hieß es darin, sollten es nicht nötig haben, mit dem Hut in der Hand von Tür zu Tür gehen und um Geld dafür zu bitten, daß man einen Wagen mieten könne, der die Straßen sprenge. Der Senat beharrte jedoch weiterhin auf der Gebühr von fünfzig Pfennig. «Schließlich», erklärte er, «wird man von jeder ähnlichen Maßnahme des Staates – wie im erhöhten Maaße z. B. von der Wasserfiltration – mit gewissem Rechte sagen können, sie diene dem allgemeinen Wohle, ohne daß es deshalb richtig wäre, von einem solchen theilweisen Erlaß der Kosten durch die zunächst und direct Betheiligten abzugehen und dieselben ganz auf die Gesammtheit abzuwälzen.»[41]

Diese vier Hauptpunkte wurden auf beiden Seiten während der ganzen zweiten Hälfte der achtziger Jahre zunehmend heftiger diskutiert. So groß waren die Befürchtungen des Grundeigentümervereins, daß seine in der Bürgerschaft vertretenen Mitglieder bei mehr als einer Gelegenheit versuchten, das ganze Projekt der Wasserfiltration in Frage zu stellen. Als Meyers Plan am 28. September 1887 in der Bürgerschaft diskutiert wurde, versuchte daher Heinrich Gieschen nachzuweisen, daß das Projekt mangelhaft ausgearbeitet sei, und behauptete, die Stelle, an der das Wasser entnommen werden solle, liege zu weit elbabwärts. Es gelang ihm, die Bürgerschaft dazu zu überreden, einen weiteren Ausschuß einzusetzen, der die ganze Frage noch einmal untersuchen sollte. Dieser Ausschuß behandelte, wie eines seiner Mitglieder später erklärte, «alle schon von der gemischten Kommission im Jahre 1878 als völlig unausführbar zurückgewiesenen Vorschläge über die Versorgung durch Quellwasser oder artesische Brunnen nochmals». Aussagen von Fachleuten vermochten zu jener Zeit alle technischen Einwände rasch auszuräumen, die zuvor schon ausführlich widerlegt worden waren. Schließlich nahm die Bürgerschaft das Projekt ohne Begeisterung an und bewilligte am 6. Juni 1888 mit 65 gegen 60 Stimmen die erforderlichen Mittel. Zugleich aber lehnte sie den Senatsvorschlag ab, Grundeigentümer sollten unabhängig vom Verbrauch zumindest drei Viertel des neuen Wassergeldes zahlen, und nahm dagegen einen Antrag an, demzufolge diese das Recht haben sollten, jede beliebige Art von Wassermesser einbauen zu lassen, ohne daß der Staat dabei ein Mitspracherecht besaß. Ganz offenkundig hatte der Senat den Eindruck, man könne den Hausbesitzern nicht über den Weg trauen, und befürchtete wohl, sie würden nicht korrekt messende Geräte einbauen lassen. Da der Senat erst dann bereit war, das Projekt in die Praxis umzusetzen, wenn es solide finanziert war, wies er die Vorschläge der Bürgerschaft zurück.[42]

Wieder einmal war es zu einer Pattsituation gekommen. Weitere 18 Monate gingen ins Land, in denen Senat und Bürgerschaft versuchten, Einigkeit über die Finanzierung der neuen Wasserversorgung zu erzielen. Als die Sache am 22. Januar 1890 in der Bürgerschaft ausführlich debattiert wurde, bot der von Senator Lehmann vertretene Senat an, die Kosten der bislang üblichen Straßenbesprengung an heißen Tagen zu übernehmen, widersetzte sich aber nach wie vor dem Vorschlag, die Wassersteuer auf die Mieter abzuwälzen. Das werde, erklärte Lehmann, «eine ganz ungemeine Vermehrung der Arbeit der ganzen Verwaltung» bedeuten, «die direkt gar keinen Nutzen bringe». Außerdem sei der Senat nicht bereit, von seiner Forderung abzurücken, daß behördlich Beauftragte genormte Wassermesser einbauen sollten. In seiner Antwort darauf stellte Heinrich Gieschen als Sprecher der Hausbesitzer das ganze Prinzip der Filtration erneut in Frage. Sie habe, erklärte er, ohnehin keinen Einfluß auf Bakterien, und da die ganze Anlage keinerlei Verbesserung der Wasserqualität bewirke, bedeute sie nichts als Geldverschwendung. «Lassen Sie das jetzige System bestehen», verlangte er. Er beharrte auf der Forderung, das Wassergeld auf die Mieter abzuwälzen, und setzte sich erneut dafür ein, daß die Kosten nach dem Verbrauch zu berechnen seien. Oberingenieur Meyer erklärte als Vertreter des Senats, Wassermesser seien erforderlich, um verschwenderischen Wasserverbrauch aufzuspüren und in Grenzen zu halten, und Dr. Johann Julius Reincke sprach sich als Vertreter der Ärzteschaft grundsätzlich für eine Filtration aus. Die Bürgerschaft aber schloß sich Gieschens Ansicht an und schob eine endgültige Entscheidung erneut hinaus.

Die mit diesen Manövern noch nicht zufriedenen Vertreter der Grundeigentümer schlugen außerdem vor, die Bürgerschaft möge eine beträchtliche Herabsetzung der jährlichen Wassersteuer beschließen. Sie vertraten die Ansicht, dem Senat seien «in dieser Angelegenheit so erhebliche Concessionen gemacht, daß es jetzt großes Unrecht sei, bei der günstigen Lage der Finanzen der Wassergesellschaft der Mittelbevölkerung diese Lasten aufzubürden». Die Anhänger des Senats vertraten die Ansicht, inzwischen sei genug über die Sache geredet worden, ließen aber den Gesichtspunkt gelten, die Steuer treffe den Mittelstand, und die Bürgerschaft stimmte für die niedrigere Gebühr. Im Juli 1890 jedoch entdeckte der Senat einen unerwarteten Haushaltsüberschuß und bekräftigte, der sich endlos hinziehenden Angelegenheit überdrüssig, nicht nur seine Bereitschaft, für das Sprengen der Straßen allein aufzukommen, so daß die Hausbesitzer nichts dafür zahlen mußten, sondern stimmte auch einer niedrigeren Wassergebühr mit einer Gleitskala entsprechend dem Mietwert zu, wobei teure Häuser und Wohnungen besonders belastet wurden.[43] Mithin konnte er der Bürgerschaft am 9. Juli mitteilen, die Filtrationsanlage werde nunmehr gebaut. Diese Entscheidung wurde «mit lautem Bravo» begrüßt.

Die ganze Debatte lieferte ein klassisches Beispiel dafür, auf welche Weise die Interessen zwischen den verschiedenen Fraktionen des Kapitals ausgeglichen wurden, und das war letztlich die Hauptfunktion solcher Institutionen, die es in der Öffentlichkeit repräsentierten. Sie zeigte auch, welchen Verzögerungen kostspielige soziale und sanitäre Reformen durch das in Hamburg übliche System der Gesetzgebung ausgesetzt waren. Der im Juli 1890 schließlich gefundene Kompromiß wurde zu einem Preis erreicht, der sich letztlich als äußerst hoch erwies. Zwischen dem ersten Vorschlag, der nach der Cholera-Epidemie von 1873 gemacht worden war, und der endlich getroffenen Entscheidung, eine neue Wasserversorgung mit einer Filtrationsanlage für die Stadt einzurichten, war der erstaunliche Zeitraum von 17 Jahren verstrichen. Eine ganze Anzahl von Gründen war für diese ungewöhnliche Verzögerung verantwortlich. Auf manche, wie den Streit zwischen Meyer und Samuelson, ging lediglich ein vergleichsweise kurzfristiger Aufschub zurück; andere hingegen, wie beispielsweise das Phänomen, daß die Ärzteschaft nicht wirklich nachhaltigen Druck ausübte, wirkten sich eher negativ als positiv aus. Wichtiger aber war, daß in die Jahre, in denen das Projekt beraten wurde, der sündhaft teure und zeitraubende Bau neuer Hafenanlagen fiel, die für Hamburgs Beitritt zum Deutschen Zollverein 1888 errichtet wurden. Den größten Teil der achtziger Jahre hindurch band dies Projekt, das um die 113 Millionen Mark verschlang, die Energien von Oberingenieur, Senat und Bürgerschaft. Verglichen damit wirkte die Frage einer Filtrationsanlage für die Wasserversorgung als zweitrangig, zumal sie – und das war von entscheidender Bedeutung – keinerlei Profit abzuwerfen versprach. Die Grundeigentümer unterstützten zudem den Bau des Freihafens, weil sie annahmen, dadurch würden Grundstückspreise und Mieten steigen, denn der Abriß der Häuser auf dem für den Freihafen vorgesehenen Gelände verminderte den Wohnungsbestand.[44]

Sofern Senat und Bürgerschaft bei Vorhaben, die hohe Kosten verursachten, aber keinen Gewinn versprachen, zu einer Übereinkunft kamen, handelte es sich eher um Prestigeprojekte wie beispielsweise den Bau des neuen Rathauses, eines grandiosen Gebäudes im Renaissancestil, das wie so vieles andere in jenen Jahren die schwindende Macht der Stadtväter symbolisch bekräftigen sollte. Vor die Wahl gestellt, 6,75 Millionen Mark für das neue Rathaus auszugeben oder einen etwas höheren Betrag für eine unauffällige und keinen sichtbaren Ruhm verheißende Sache wie die Filtrationsanlage für die Wasserversorgung aufzubringen, konnte es keinen Zweifel geben, wofür sich Hamburg entscheiden würde. Im Juni 1885, einen Monat, nachdem der Senat das Projekt der Wasserwerke an die Finanzdeputation weitergeleitet hatte, wo es zwei weitere Jahre schmorte, bis es auf den Schreibtisch des Senats zurückkehrte, billigten dieser und die Bürgerschaft endgültig den Bau des Rathauses. Eine prunkvolle Feier wurde für die offizielle Grundsteinlegung inszeniert, doch nichts dergleichen geschah, als endlich mit dem Bau des Wasserwerks begonnen wurde. Überdies gingen die Arbeiten an der Filtrationsanlage eher schleppend voran, vielleicht nicht zuletzt deshalb, um die Kosten auf mehrere Jahre zu verteilen und dem Stadtsäckel eine zu große Belastung zu ersparen. So sollen Mitte August 1892 nur 14 Männer auf der Baustelle beschäftigt gewesen sein, obwohl es eine für Bauarbeiten günstige Jahreszeit war; allgemein rechnete man damit, daß das Projekt noch mindestens ein weiteres Jahr bis zu seiner Vollendung brauchen würde.[45]

Etwas anderes zu essen

I

Umweltverschmutzung im Hamburg des 19. Jahrhunderts bedeutete nicht nur verseuchtes Wasser, Rauch und Ruß in der Luft, Straßen, Flüsse und Fleete voller Unrat – sie hatte auch tiefgreifende Auswirkungen auf alles, was die Menschen aßen und tranken. Wohl ist die Qualität der Nahrungsmittel einer der unauffälligsten Aspekte des Zustands der Umwelt, aber sicherlich zählt er zu den wichtigsten. Sofern man «Umwelt» als etwas ansieht, das alle für die Erhaltung des menschlichen Lebens erforderlichen Qualitäten der Welt um uns herum einbegreift, gehören Nahrungsmittel zusammen mit Luft und Wasser zweifellos dazu; dasselbe gilt, wenn wir die Definition, was möglicherweise sinnvoll ist, so erweitern, daß alles dazu gerechnet wird, was uns umgibt: nicht nur Erde, Wasser und Luft, sondern auch Tiere und Pflanzen, die im wesentlichen die Grundlage der Nahrung bilden, auf die wir angewiesen sind.

Hamburg genoß im größten Teil Deutschlands einen hohen Ruf als Zentrum der Gastronomie. Allgemeiner Ansicht nach aß man in Hamburg gut. «Der Hamburger», schrieb 1801 Johann Jakob Rambach, ein am Ort ansässiger Arzt, «liebt überhaupt nahrhafte Speisen. Die meisten Gerichte werden in Fleischbrühe und mit vielem Fett gekocht, und zwar wenig gesalzen, aber stark gewürzt...» Es erschien ihm bemerkenswert, daß dazu «äußerst wenig Brot gegessen» wurde. Allerdings, fuhr er fort, sei insbesondere Rindfleisch «eine Lieblingsspeise der Hamburger». So gebe es, wie er schrieb, von «Menschen, die täglich Rindfleisch essen... nicht wenige».[1] Nicht nur Fleisch wurde im Hamburg des frühen 19. Jahrhunderts verzehrt, sondern allerlei Gemüse. Heringe und andere Fische waren sehr beliebt, wenn sie auch nicht mehr so reichlich zur Verfügung standen wie noch wenige Jahre zuvor. Vor allem schätzte man «Erdbeeren, eine Lieblingskost der Hamburger». Während des Sommers, schrieb Rambach, esse sie «jeder Hamburger dann täglich wenigstens einmal als kalte Schale mit Wein und Milch». Tagsüber nahmen die Menschen nur kleinere Mahlzeiten zu sich, die «noch dazu meistens schnell gegessen [wurden], weil den tätigen Hamburger nach Tische gleich wieder Geschäfte erwarten». Doch bei großen Diners, die erstaunlich häufig gegeben wurden, genossen die Menschen «die Raffinements der Küche aller Nationen; da gibt es Ragouts, Puddings, Farzen, Pasteten und Pastetchen mit ihrem Inhalt aus vier Weltteilen, Fasanen aus Böhmen und Rehbraten vom Harze mit ihren Trabanten...»

Auf diese «Heere von Gerichten», fuhr er begeistert fort, folge «noch ein fast eben so langer Schweif von Torten, Konfekt, Cremes, Gallerten, Schnee und Eis». All dies wurde selbstverständlich mit einem «Schwarm von feinen Weinen» hinuntergespült.[2] Solch üppigen Diners kam, wie wir gesehen haben, für den von informellen Strukturen gekennzeichneten Herrschaftsmechanismus Hamburgs im 19. Jahrhunderts besondere Bedeutung zu; führende Senatoren und führende Persönlichkeiten der Stadt nahmen allmonatlich wohl an mehreren teil. Es war Rambach selbstverständlich klar, daß dieser Luxus den meisten Bewohnern Hamburgs nicht zugänglich war. Das einfache Volk konnte sich, wie er berichtete, die meisten Fischarten nicht leisten – Hering bildete im Jahr 1800 mehr oder weniger eine Ausnahme –, und die Menschen aßen vorwiegend dunkles Roggenbrot und Klöße. Auch frisches Gemüse war für viele zu teuer, wenn durch schlechtes Wetter bedingt nicht viel angeliefert wurde. Doch Rambach zufolge kam bei vielen besser verdienenden Angehörigen der arbeitenden Bevölkerung täglich Fleisch auf den Tisch, und er betonte, trotz ihrer einfacheren Ernährung befinde sich «unsre ärmere Volksklasse sehr gut dabei und strotzt von Gesundheit»[3].

Wie aber stellte sich die Lage ein Jahrhundert später dar? Konnten sich Arbeiter nach wie vor täglich Fleisch leisten, oder hatte ein Jahrhundert des Wachstums der Städte und der Industrialisierung die Verhältnisse verschlechtert? Bei Hans-Jürgen Teuteberg, eigentlich der einzige deutsche Historiker, der seine Aufmerksamkeit auf die Frage des Lebensmittelverbrauchs konzentriert hat, heißt es dazu, «eine rapide Verbesserung des Lebensstandards im 19. Jahrhundert infolge der Industrialisierung» habe zu einer allgemeinen Verbesserung der Ernährungslage geführt.[4] Allmählich seien die Menschen in den Genuß abwechslungsreicherer Kost und besser zubereiteter Mahlzeiten gekommen. Teuteberg schätzt, «daß sich die Energiezufuhr im 19. Jahrhundert im langen Trend ständig verbesserte»[5]. «Seit der Jahrhundertwende und damit seit dem Eintritt in die Hochindustrialisierung in Deutschland hat sich die Nährwerthöhe pro Kopf und Jahr dann im Grunde auf der gleichen Höhe gehalten.» Bis zum Jahr 1900 habe die Industrialisierung die Ernährung in Deutschland zumindest hinsichtlich der Menge auf ihr «Optimum» gebracht, auch wenn sie sich seither in Vielfalt und Geschmack verbessert habe. Selbstverständlich ist sich Teuteberg im klaren darüber, daß zwischen Armen und Reichen Unterschiede beim Nahrungsmittelkonsum bestanden, und er räumt ein, daß die beispielsweise den Insassen von Arbeitshäusern vorgesetzte Minimalernährung in mancher Hinsicht Mängel aufwies. Dennoch, so behauptet er, hätten auch die unteren Klassen Nutzen aus der allgemeinen Verbesserung des Ernährungsstandards gezogen, zu der es im Verlauf des 19. Jahrhunderts gekommen sei. Die Hungersnöte früherer Zeiten seien in dem Maße verschwunden, wie sich die Verkehrsverbindungen verbesserten, und zum Ende des Jahrhunderts hin habe Abwechslungsreichtum wie auch Protein- und Energiegehalt der Nahrung der Massen zugenommen.[6] Die Öffentlichkeit sei in der richtigen Zubereitung von Nahrungsmitteln unterwiesen worden; früher an bestimmten Orten oder in bestimmten Schichten übliche Besonderheiten seien verschwunden. Vor allem der Verbrauch von Fleisch, worunter in erster Linie Schweinefleisch zu verstehen sei, habe sich von 1830 bis 1900 verdoppelt, vor allem deshalb, weil es sich die Angehörigen der unteren Schichten zunehmend hätten leisten können.[7]

Diese Argumente wurden von deutschen Historikern weithin übernommen. Beispielsweise weist ihnen Reinhard Spree in seiner Arbeit über die Abnahme der Sterblichkeit einen zentralen Platz zu.[8] Gestützt werden sie von einer Fülle anderer statistischer Untersuchungen des Lebensstandards, die Historiker wie zum Beispiel Walther Hoffmann durchgeführt haben.[9] Dennoch ist Teutebergs Arbeit nicht in jeder Hinsicht befriedigend. Ein Argument, das sich auf Indexzahlen steigender Reallöhne stützt, um eine Verbesserung der Ernährung nachzuweisen, und anschließend diese Verbesserung der Ernährung durch einen Anstieg der Reallöhne erklärt, riecht förmlich nach einem Zirkelschluß. Darüber hinaus sind Versuche wie der Hoffmanns, aus dem Lebensmittelverbrauch Kalorien- und Proteinwerte zu errechnen, scharf kritisiert worden und müssen als unzuverlässig gelten.[10] Auch gibt es Schwächen bei einer Anzahl von Details. So läßt sich unter Umständen die Zunahme des Schweinefleischverkaufs – eine der Grundlagen von Teutebergs Berechnungen – einfach darauf zurückführen, daß die Haltung von Schweinen zum Eigenverbrauch zurückging (worüber zu Anfang des Jahrhunderts vermutlich kaum Aufzeichnungen gemacht wurden). Noch schwerer aber wiegt, daß Teuteberg die Qualität der verzehrten Lebensmittel nicht einbezieht. Zahlen, die eine Zunahme des Lebensmittelverbrauchs belegen, haben wenig oder nichts zu bedeuten, wenn die Nahrung zugleich kalorienärmer und unhygienischer war oder durch Zusätze usw. in ihrem Nährwert beeinträchtigt wurde.[11] Vor allem hat Teuteberg keinen wirklichen Versuch der Differenzierung zwischen den gesellschaftlichen Klassen unternommen. Seine These, die allgemeine Steigerung des Lebensmittelverbrauchs sei so bedeutend gewesen, daß sie unmöglich ohne die unteren Klassen habe zustande kommen können, bleibt bloße Vermutung.[12] Der englische Historiker John Burnett hat in seiner Untersuchung der Ernährungsgewohnheiten im England des 19. Jahrhunderts dazu ausgeführt:

«Wer vom ‹durchschnittlichen› Verzehr spricht, unterläßt es, die wahrhaft wichtigen wirtschaftlichen Ergebnisse einzubeziehen, die von der Industrialisierung hervorgebracht wurden – eine Verbesserung für manche Gruppen der Arbeiterschaft und eine Verschlechterung für andere. Überdies wird dabei vernachlässigt, daß die erste Hälfte des 19 Jahrhunderts das Heraufkommen einer ganzen neuen sozialen Klasse sah, deren Konsumgewohnheiten, zumindest was Lebensmittel betrifft, denen des Landadels entsprachen. Auch wenn das Bürgertum um 1850 noch zahlenmäßig klein war, trug es doch mit seinen großen Familien und den Scharen von ihnen beschäftigter Dienstboten weit mehr zum Gesamtverzehr von Lebensmitteln bei, als man der bloßen Zahl nach annehmen sollte.»[13]

Diese Beobachtung gilt vor allem für Hamburg mit seinem hohen Mittelschichtanteil. Da Teuteberg die durch den industriellen Kapitalismus erzeugte sehr weitgehende gesellschaftliche Differenzierung nicht berücksichtigt und dazu neigt, die deutsche Gesellschaft in eine «relativ dünne Oberschicht»[14] und einen großen Rest einzuteilen, bleiben seine globalen Schlußfolgerungen für die konkrete historische Analyse weitgehend wertlos.

In der Arbeiterklasse hing die Qualität der Ernährung im 19. Jahrhundert von zahlreichen Faktoren ab. Es wäre falsch anzunehmen, allein entscheidend sei das Einkommen gewesen; wir dürfen aus dem Anstieg der Löhne nicht einfach die Schlußfolgerung ziehen, daß die Menschen besser aßen.[15] Lebensmittel bedeuteten nur einen Ausgabeposten unter vielen, selbst in der Arbeiterklasse, die deutlich mehr als die Hälfte ihres Einkommens dafür aufwendete. Wie wir gesehen haben, war für die Verteilung der Ausgaben innerhalb der Arbeiterschaft die Miethöhe von grundlegenderer Bedeutung; Arbeiter stimmten ihre Ausgaben für die Ernährung auf den Betrag ab, den sie für ihre Unterkunft zu zahlen hatten – und nicht etwa umgekehrt. Vieles hing auch von der Größe der Arbeiterfamilie und vom Alter der Kinder ab. Je mehr Kinder ein Arbeiter hatte, desto weniger konnte er für jedes einzelne ausgeben. Kinder, die noch zu jung zum Arbeiten waren, aber schon so alt, daß sie ordentlich essen mußten, dürften einen Arbeiterhaushalt finanziell am meisten belastet haben. Zu weiteren Ungleichheiten kam es dadurch, daß Kleinkinder und Kinder in gewissem Umfang anders ernährt wurden als die Eltern (beispielsweise brauchten sie mehr Milch) und der Familienvater wohl ganz selbstverständlich jeweils die größte Portion auf den Teller gelegt bekam. Außerdem müssen Art und Kosten der Lebensmittel selbst einbezogen werden. Ihr Preis, vor allem der für ein Grundnahrungsmittel wie Brot, schwankte im Lauf der Zeit beträchtlich, auch konnten örtliche und kulturell bestimmte Besonderheiten bei Eßgewohnheiten und Geschmack das Ausgabeverhalten eines Arbeiters in beträchtlichem Maß beeinflussen. Als Beispiel sei angeführt, daß man in Hamburg Kaffee den Vorzug vor Tee sowie Bier vor Wein gab und lieber Kartoffeln als Nudeln aß.

Doch der bei weitem wichtigste Aspekt der Ernährung lag in der Qualität der Nahrung. Da eine Verschlechterung der Qualität ohne weiteres eine quantitative Steigerung zunichte machen konnte, überrascht es, daß Teuteberg in seinen zahlreichen Veröffentlichungen zur Geschichte der Ernährung den Aspekt der Qualität nahezu vollständig außer acht läßt. Gerade er ist aber von besonderer Bedeutung, denn im 19. Jahrhundert verschlechterten sich zahlreiche Lebensmittel spürbar – zum einen aus Gründen mangelnder Hygiene, zum anderen aber aufgrund der um sich greifenden Lebensmittelverfälschung. Diese war dort äußerst selten, wo die Menschen ihre Lebensmittel selbst erzeugten, und nahezu ebenso selten in Kleinstädten, wo Gemüsehändler, Brauer oder Metzger in unmittelbarer Nachbarschaft ihrer Kunden lebten. Eine Großstadt wie Hamburg jedoch bot Lebensmittelverfälschern ein nahezu ideales Betätigungsfeld. Seit langem übliche Qualitätskontrollen bei Nahrungsmitteln ließen sich dort nur schwer durchführen; ohnehin wurden sie zunehmend durch die Ideologie des freien Wettbewerbs außer Kraft gesetzt. Ganze Klassen von Zwischenhändlern entstanden: In einer großen Stadt wie Hamburg mahlten Bäcker nicht mehr selbst, sondern kauften ihr Mehl beim Müller, Gastwirte brauten nicht mehr, sondern ließen sich von Brauereien beliefern, und Gemüsehändler bezogen ihre Ware immer häufiger vom Großhändler und nicht mehr vom Erzeuger. Auch Milch, Butter und andere landwirtschaftliche Erzeugnisse wurden von den Bauern nicht mehr selbst vermarktet, sondern gelangten über den Zwischenhandel an die Verbraucher. Aus diesen Gründen wuchsen die Möglichkeiten einer Verfälschung und ebenso die Schwierigkeiten, Betrug bis zu seinem Ursprung zurückzuverfolgen.

Zugleich nahm in der zweiten Hälfte des 19. Jahrhunderts die Konkurrenz unter den Einzelhändlern zu; immer mehr versuchten ihren Lebensunterhalt damit zu verdienen, daß sie die Bewohner der wachsenden Städte mit dem Lebensnotwendigen versorgten. Zeitgenössische Wirtschaftsfachleute haben geschätzt, daß 1861 in Deutschland auf jeweils 83 Einwohner ein Einzel- oder Großhändler kam, 1882 bereits einer auf 54, und 1907 einer auf 30. Natürlich waren darunter Besitzer kleiner Läden ebenso vertreten wie Großhandelsfirmen mit mehr als fünfzig Angestellten; alle mußten aber in einer Atmosphäre schärfsten Wettbewerbs überleben. Die Gewinnspanne wurde seit Ende der siebziger Jahre durch Besteuerung und Einfuhrzölle beschnitten.[16] Da sich Bäcker, Milchträger, Gemüsehändler und Metzger bemühten, einander bei ihren Verkaufspreisen zu unterbieten, wurde die Versuchung, Waren dadurch zu strekken, daß man sie verdünnte oder ihnen Ersatzstoffe beigab, nahezu unwiderstehlich. Zur gleichen Zeit entwickelte die expandierende chemische Industrie neue Substanzen und Methoden zur Verfälschung von Lebensmitteln, die von den Händlern begierig aufgegriffen wurden, kaum daß sie auf dem Markt waren. All diese Einflüsse bewirkten geradezu eine Explosion verfälschender Aktivitäten im 19. Jahrhundert. John Burnett hat die Vermutung geäußert, daß fast alle Lebensmittel und Getränke, die in Großbritannien während der Epoche der Industrialisierung verkauft wurden, mehr oder weniger stark verfälscht waren[17]; es gibt keinen Grund zur Annahme, daß sich die Lage in Deutschland zur Zeit der Industrialisierung anders darstellte. Zwar gab es in den meisten Städten – häufig schon sehr alte – Vorschriften für die Qualität der Lebensmittel. Doch ohne Stichproben und angemessene chemische Überprüfungsmethoden waren sie meist nichts als tote Buchstaben, und so konnte sich die Verfälschung von Lebensmitteln ungehindert ausbreiten.[18]

Anfang des 19. Jahrhunderts war Hamburg bereits so groß, daß solche Praktiken allgemein üblich waren. J. H. Scholz klagte 1810 darüber, daß es beim Verkauf von Lebensmitteln so gut wie keine Hygieneuntersuchungen und Kontrollen gab:

«Wenn man durch die Gassen Hamburgs geht, findet man häufig Gelegenheit, den Mangel einer exacten und thätigen Polizei in diesem Punkte zu bemerken. Schlechte Citronen und Pommeranzen, verdorbene Mandeln, Feigen und Rosinen, stinkender, von Würmern wimmelnder Käse, unreifes und halb verfaultes Obst, Bücklinge und Heringe, gekochte Krebse und geräucherte Aale auf Schiebkarren an den Straßenecken ausgerufen und feilgehalten, werden ihrer Wohlfeilheit wegen von der ärmeren Volksklasse häufig gekauft, was die schädlichsten Folgen für die Gesundheit haben muß. Im Verkauf von Seefischen wird durch Bestreichen der Kiemen mit Rindsblut betrogen, ohne aus dieser ‹Industrie› ein Geheimnis zu machen. Wein- und Bierverfälschungen sind in kleinen Handlungen wie beim Brennen bekannt... Dahin gehören endlich noch Butter-, Milch-, Brot-, Gewürz-, Mehl-, Branntwein-, Kaffeeverfälschungen, die alle mehr oder weniger hier im Schwunge gehen und von keiner höheren Autorität gerügt werden.»[19]

Nicht nur wurden keinerlei wirksame Kontrollen eingeführt, die Lage verschlimmerte sich im Lauf der Zeit sogar noch. Mit dem Wachstum der Städte und der Industriegebiete wurde es immer schwieriger, Lebensmittel von Verunreinigungen frei zu halten. Selbst in vergleichsweise kleinen Städten waren sie nun an der Tagesordnung. «Auch hier in Kiel», klagte beispielsweise 1877 eine am Ort erscheinende Zeitung, «welches sonst als so solide galt, sind über Bier, Butter, Milch u. s. w. oft schwere Klagen zu führen.»[20]

Den Grund dafür, daß «Klagen über Fälschung der Lebensmittel sehr allgemein und dringend geworden» waren, mußte man einer anderen Zeitung zufolge darin suchen, daß «der Individualismus, welcher die gegenwärtige Zeit beherrscht, ... im gesellschaftlichen Leben als krasse Selbstsucht auf[tritt], welche das Gebot der Ehre und des Gewissens dem Triebe des Geldmachens unterordnet und die entgegentretende Konkurrenz durch die größere Täuschung des Publikums zu überwinden trachtet».[21] Solche Tendenzen wurden vor allem durch die Wirtschaftskrise verschärft, die 1873 einsetzte und die Gewinne der Erzeuger wie der Groß- und Einzelhändler von Lebensmitteln und sonstigen zum Verzehr bestimmten Produkten stark verringerte. So hieß es in einem dem Bundesrat vorgelegten Bericht 1878: «Die Klagen über Verfälschung der zum Verkaufe ausgebotenen Nahrungs- und Genußmittel sind von Jahr zu Jahr lauter geworden.»[22] All die zahlreichen 1877/78 zu diesem Thema veröffentlichten Artikel tragen den Stempel einer organisierten Pressekampagne, die von der Regierung in einem frühen Stadium der Wende zu einer konservativeren Innenpolitik inspiriert war. Wir haben aber keinen Anlaß, am Wahrheitsgehalt der in dieser Kampagne vorgebrachten Behauptungen zu zweifeln, zumal sich selbst die liberale Presse daran beteiligte. Was dabei ans Tageslicht kam, war, wie wir sehen werden, so alarmierend, daß es gerechtfertigt schien, den Skandal der Sphäre der Parteipolitik zu entziehen.

Die Anzahl der im Bericht aus dem Jahr 1878 aufgeführten Verfahren und Mittel zur Lebensmittelverfälschung war ebenso erschreckend wie der Erfindungsreichtum, der sich darin äußerte. Mehl wurde durch Beigabe von Baryt (Schwerspat), Gips, Kreide und anderen Substanzen um 20 bis 30% gestreckt. Zu demselben Zweck wurde in «großen Städten, namentlich in Hamburg, Altona usw.»[23] Infusorienerde hinzugefügt, während häufig getrocknete und gemahlene Erbsen, Linsen, Bohnen, Lupine, Maiskörner, Kartoffeln und andere pflanzliche Substanzen als Ersatzstoff dienten. Feuchtes und säuerliches Mehl wurde mit Hilfe von Alaun, Kupfervitriol (Kupfersulfat) oder gar Zinksulfat belebt, «damit es eine weiße Farbe bekam und der Teig sich leichter kneten ließ»[24]. Wie oben berichtet, war Brot das Hauptnahrungsmittel der Arbeiterklasse. Es lieferte den Armen einen großen Teil ihrer Arbeitskraft. Möglicherweise wurde das Brot in Deutschland weniger stark verfälscht als in England. Dort diente ein großer Teil der betrügerischen Machenschaften dazu, das zur Herstellung des allgemein verzehrten Weißbrots erforderliche Weizenmehl als erstklassiges Erzeugnis ausgeben zu können. Daß in Deutschland hingegen vorwiegend Schwarz- oder Graubrot aus Roggenmehl gegessen, Weißbrot hingegen nicht so häufig verlangt wurde, stieß in England auf Erstaunen und wurde von Politikern, die darauf bedacht waren, die deutschen Zollgesetze in Mißkredit zu bringen, auf die hohen Kosten des Weizens in Deutschland zurückgeführt. Eine 1910 nach Deutschland entsandte Delegation englischer Arbeiter, die die Auswirkungen der Schutzzölle auf die Lebensmittel der Arbeiter untersuchen sollte, probierte dunkles Roggenbrot. Da die Männer es recht wohlschmeckend fanden, sahen sie sich genötigt zuzugeben, daß die Deutschen es wohl aus freier Entscheidung aßen.[25]

Aber auch Roggenbrot ließ sich billiger herstellen, wenn man dazu Mehl von schlechter Qualität verwendete oder solches, das mit Ersatzstoffen wie zum Beispiel Kartoffeln gestreckt war, wenn es nicht gar – im Fall von Mischbrot – mit Gips oder Kalk vermengt wurde. Angesichts der zentralen Bedeutung des Brotes im Ernährungshaushalt der Arbeiterklasse konnte schon eine vergleichsweise geringe Verfälschung durchaus ernste Folgen haben. Bestrich jemand sein Brot mit Butter, war die

Wahrscheinlichkeit sehr groß, daß sie eine Beimengung enthielt. Von 122 in Hamburg 1889 untersuchten Butterproben waren 72 (mehr als 60%) verfälscht, meist mit Margarine. Obwohl die Kampagne zur Qualitätssteigerung der Butter, die in jenem Jahr einsetzte, einen gewissen Erfolg zeitigte (die Zahl der verfälschten Proben ging bis 1892 drastisch auf 12% zurück)[26], litten die Bewohner Hamburgs noch bis zur Jahrhundertwende und darüber hinaus unter «den sogenannten Butterbauern... die als angeblich biedere Landleute ihr Gemisch von Margarine, Fett usw. als selbst erzeugte Landbutter auf dem Weg des Hausierens» vertrieben.[27]

Im Süden Deutschlands vertraten in gewissem Umfang Teigwaren die Stelle von Brot und Kartoffeln, sie wurden gleichfalls weithin verfälscht. Beispielsweise gab man mit Urin vermischte Pikrinsäure billigem Teig bei, damit «Eiernudeln» die gewünschte gelbe Farbe annahmen. Färbemittel waren nur wenig wirksamen Kontrollen unterworfen, und da Kuchen und Gebäck mit Chromgelb (Blei-Chromat), Kupferoxid, Mirbanessenz (Nitrobenzol) und anderen Schadstoffen «geschönt» wurden, waren «die Werkstätten der Konditoren», wie es im Bericht von 1878 hieß, «zu vollständigen Ateliers für eine fast gewerbsmäßige Anwendung von Giften gemacht» worden.[28] Die Wohlhabenden konnten es sich leisten, für viel Geld Gebäck oder Konfekt zu kaufen, deren Reinheit mehr oder weniger garantiert war, doch wenn Angehörige der breiten Masse auf ihre Speisezettel etwas Abwechslung bringen oder ihre Kinder mit ein wenig Schokolade trösten oder beruhigen wollten, kamen nur die billigsten Erzeugnisse in Frage.[29] Für diesen Massenmarkt ersetzten Hersteller und Verarbeiter die teure echte Schokolade durch Hammel- oder Kalbsfett, Reis und sogar Stärkekleister und Gummi, während «Vanille»-Schokolade ihren Geschmack kaum je der echten Vanille verdankte, sondern Aromastoffen wie beispielsweise dem Benzoeharz.[30] Wollten die Bewohner Hamburgs zu ihrem Brot und Kuchen wie die Engländer Tee trinken, war es sehr wahrscheinlich, daß sie bereits schon einmal aufgebrühte Teeblätter bekamen, die mit Kupfersulfat oder Chromgelb aufbereitet, anschließend getrocknet und mit zerstäubtem Magnesiumkarbonat oder Specksteinpulver behandelt und als frisch verkauft wurden. Häufig waren sie mit den Blättern anderer Pflanzen vermischt, beispielsweise mit denen von «Eschen, Hollunder, Erdbeerstaude, Weißdorn, Heckenrose, Weide, Ulme», die mit Preußischblau und Chromgelb gefärbt waren.[31]

Das beliebteste Getränk in Hamburg war der Kaffee. Er bot dem skrupellosen Verfälscher ein weites Betätigungsfeld, konnte er ihn doch mit gebranntem Getreide, Zichorie oder sogar Sand vermischen. In dem Bericht hieß es dazu:

«Rohe grüne Kaffeekörner werden in besonders dafür bestehenden Fabriken aus Thon oder anderen Pasten nachgebildet... Die ungebrannten Bohnen unterliegen vielfachen Färbungen. Es giebt sogar besondere Fabriken in Hamburg welche alle Farbnüancen für diesen Zweck liefern. Die Bestandtheile sind Berlinerblau, Chromgelb (chromsaures Blei), Schüttgelb, diverse Ockerarten, Indigo... – Eine höchst verwerfliche Art der Kaffeefärbung ist ferner das Rollen desselben in Fässern mit Bleikugeln... Auch gebrannte Kaffeebohnen werden künstlich dargestellt, theils aus Thon mit gebranntem Zucker, theils aus Mehlteig, theils aus schon ausgezogenem gebranntem Kaffee unter Zusatz von Mehlteig.»[32]

Wie wir gesehen haben, tranken die Arbeiter Hamburgs und ihre Familien nahezu täglich Kaffee; die billigeren Sorten, die sie kauften, enthielten höchstwahrscheinlich unzulässige Ersatzstoffe. Bei einer 1878 privat vorgenommenen medizinischen Überprüfung wurden von 26 Kaffeeproben elf als verfälscht erkannt.[33] Da Wein in Hamburg nicht sonderlich beliebt war, hatten die weitverbreiteten Manipulationen, die man an ihm vornahm – bei derselben Untersuchung von 1879 waren es zehn von 28 Fällen[34] –, nur geringe Auswirkungen auf die Menschen in der Stadt. Bier hingegen wurde in großen Mengen getrunken, und hier bedienten sich die Brauer, Großhändler, Gastwirte und Schankkellner einer ganzen Reihe von Kniffen, um die Kosten zu senken.

Bereit 1810 beklagte sich ein Beobachter: «Bei den jetzigen hohen Preisen des Hopfens bedienen sich die Brauer vielerlei Surrogate.»[35] Untersuchungen des Kaiserlichen Gesundheitsamts aus den siebziger Jahren zeigten, daß billiger Rübenzucker häufig den natürlichen Malzzucker ersetzen sollte. Oft wurde anstelle bereits gebrauchten oder verdorbenen Hopfens Benzoesäure verwendet, oder man half mit einer Vielzahl von Substanzen nach, unter anderem Aloe, Belladonna, «Spanischer Pfeffer», Fieberklee, Enzianwurzel, Pikrinsäure oder Opiaten.[36] Wurde das Bier wolkig, klärte man es bisweilen mit Kalziumbisulfit, Tannin oder Schwefelsäure und Alaun. Vorsichtige Gastwirte gaben ihrem Bier gelegentlich Borax bei, damit es sich länger hielt, während hin und wieder Koriander zugefügt wurde, um der Schaumkrone auf dem Glas zu einer längeren Lebensdauer zu verhelfen.[37] Wiederholte Versuche, die Qualität des Biers durch gesetzgeberische Maßnahmen zu gewährleisten, scheiterten daran, daß gründliche oder ständige Kontrollen angesichts der wenigen verfügbaren Leute und der aufwendigen technischen Verfahren nahezu unmöglich waren. Gegen Ende des 19. Jahrhunderts spielte Bier in der Ernährung eines Arbeiters eine große Rolle. Herkömmlicherweise hätte es nach dem Reinheitsgebot gebraut werden müssen, dem zufolge Bier nichts als Malz, Hopfen, Hefe und Wasser enthalten darf.[38] Im 19. Jahrhundert jedoch war die Wirklichkeit weit davon entfernt. Bei einer 1894 in Hamburg vorgenommenen Stichprobe erwiesen sich von 33 untersuchten Bieren 24 als so verfälscht, daß ihre Qualität hinsichtlich des Nährwerts ernstlich beeinträchtigt war. Selbst Bismarck sah sich 1877 veranlaßt, Klage darüber zu führen, daß es keinerlei Ähnlichkeit zwischen diesen Flüssigkeiten und dem gab, was man landläufig als Bier und Wein bezeichnete.[39] Der amerikanische Historiker James Roberts hat überzeugend nachgewiesen, daß für Arbeiter im Deutschland des 19. Jahrhunderts Bier ebensosehr ein Lebensmittel war wie ein Rauschmittel. Von der Jahrhundertwende an begann der Bierkonsum abzunehmen, ein weiteres Indiz dafür, daß es den Arbeitern endlich möglich war, sich nahrhaftere Lebensmittel zu leisten, ebenso wie der Anstieg des Bierverbrauchs von 1850 bis in die siebziger Jahre als Hinweis auf einen sich verschlechternden Ernährungsstandard während jener Jahrzehnte interpretiert werden darf. Die weithin übliche Verfälschung scheint das Bier zu einem noch weniger befriedigenden Ersatz für andere Arten der Ernährung gemacht zu haben, als bisher angenommen wurde.[40]

Lebensmittel wurden um die Mitte des 19. Jahrhunderts zweifellos in Großstädten wie Hamburg und Berlin in großem Umfang verfälscht. Natürlich ließ sich das wahre Ausmaß dieser Praktiken kaum abschätzen. Die Mehrzahl der verfügbaren Angaben stammt aus den achtziger und neunziger Jahren. So wurde beispielsweise im Jahr 1890 aus Berlin berichtet, daß von 240 Lebensmittel- und Getränkeproben 63 (das sind etwa 24%) Anzeichen einer Verfälschung aufwiesen, angefangen von Pfeffer, der zum Teil aus Asche bestand, bis hin zum Cognac «ohne Cognakgehalt»[41]. Zwei Jahrzehnte zuvor mag das Ausmaß der Verfälschungen sogar noch größer gewesen sein. Der Bericht aus dem Jahr 1878 führte 1879 zum Erlaß eines Gesetzes, das für das ganze Deutsche Reich Qualitätskontrollen bei Grundnahrungsmitteln festsetzte. Für Hamburg war das allerdings eher bedeutungslos, denn dort gab es keine Stelle, die die erforderlichen Überprüfungen hätte vornehmen können. Das am ehesten dafür zuständige Chemische Staatslaboratorium war überlastet, denn es mußte sich um alles mögliche kümmern, von der Untersuchung gerichtlich verwertbarer Beweismittel bei Straftaten bis hin zur Prüfung des Zements, der im Baugewerbe verwendet wurde. Daher überprüfte es Lebensmittel nur dann, wenn aus der Öffentlichkeit Klagen eingingen. Den größten Teil der achtziger Jahre hindurch erledigten die in diesem Labor ausgebildeten Polizeibeamten in erster Linie «anderweitige dienstliche Pflichten». Ernsthafte Stichproben scheint man erst 1889 durchgeführt zu haben und auch dann nahezu ausschließlich bei Butter, da über sie vermutlich verbreitet Klagen eingingen.[42] Es ist kennzeichnend für Hamburg, daß die öffentliche Debatte des Themas 1878 zur Gründung eines freiwilligen und ehrenamtlichen Zusammenschlusses führte. Ziel dieser Vereinigung war es, gegen üble Machenschaften vorzugehen. Auf Initiative von Handwerksmeistern, Gastwirten und anderen, denen durch manche Verfälschungspraktiken finanzielle Verluste drohten, versuchte der Verein gegen die Verfälschung der Lebensmittel in Hamburg den Senat dazu zu bewegen, daß er für diese Aufgabe eine eigene Untersuchungsstelle einrichtete. Diesen Bemühungen aber war kein Erfolg beschieden, und der Verein scheint nicht besonders lange bestanden zu haben.[43]

Erst nach Gründung des Hygienischen Instituts im Jahr 1892 beschäftigte der Senat ausgebildete Chemiker, die imstande waren, bei Lebensmitteln und Getränken Stichproben durchzuführen und der Polizei die erforderlichen Beweismittel an die Hand zu geben, die nach den Bestimmungen des Gesetzes von 1879 zu einer Anklage führen konnten.[44] Die Arbeit dieses Instituts deckte Verfälschungen ungeheuren Ausmaßes auf. Anfänglich hatte es eine viel zu geringe Zahl von Mitarbeitern, und so dauerte es einige Jahre, bis es ihm gelang, die betrügerischen Machenschaften auf ein mehr oder weniger annehmbares Niveau zu drücken. Hamburgs Arbeiter durften wohl frühestens ab 1900 darauf vertrauen, daß die billigen Nahrungsmittel, auf die sie angewiesen waren, mehr oder weniger frei von schädlichen Zusätzen oder unzulässigen Stoffen waren, die sie strecken sollten. Doch auch noch lange nach der Jahrhundertwende waren Verfälschungen an der Tagesordnung; ein Bericht aus dem Jahr 1902 brauchte 132 Seiten, um alle noch üblichen Spielarten aufzuführen.[45] Noch 1909 klagte die liberale «Frankfurter Zeitung» über eine «zunehmende Verfälschung von Nahrungsmitteln» und erklärte, «vor allem wird das Konsumgebiet der Großstädte und Industriebezirke von minderwertigen Produkten überschwemmt».[46]

Die Verfälschung führte zu einer ganzen Reihe von Gefahren für Leib und Leben. Manche der zugesetzten Fremdstoffe wirkten bei Einnahme in hinreichend großer Menge oder über längere Zeit hin giftig, andere, wie Kupfersulfat, Chromgelb und sonstige anorganische Substanzen, konnten zum Tod führen. In geringen Mengen aufgenommen, lagerten sich Blei, Kupfer oder Arsen im Körper an und konnten zu einer allmählichen Schwächung des Verdauungssystems führen. Alaun hemmte die Verdauung und verringerte damit den Nährwert von Lebensmitteln. Vor allem aber setzte die Verwendung wertloser Substanzen anstelle wirklicher Nährstoffe – Gummiharz statt Schokolade, Wasser im Bier, Kalk im Mehl usw. – den Protein- und Energiegehalt herab und verminderte damit noch weiter den Nährwert der für die meisten Armen bereits unzulänglichen Ernährung.[47] Sofern diese gegen Ende des 19. Jahrhunderts eher in den Genuß einer abwechslungsreicheren Kost kamen als an seinem Anfang, geschah dies möglicherweise nicht immer in dem Sinn, an den die Historiker dachten, die diese Behauptung aufgestellt haben. Schließlich hatte die Lebensmittelverfälschung, wie John Burnett angemerkt hat, auch einen moralischen Aspekt. Immerhin erleben wir hier, wie ein beachtlicher Teil des Bürgertums und des Kleinbürgertums Betrug und Täuschung als selbstverständliche Methode im Wirtschaftsleben akzeptiert. «Die Moral im Geschäftsleben», schließt Burnett mit Worten, die gleichermaßen für Hamburgs Kaufleute und Fabrikanten gelten wie für die in London, «war nie so gering wie zu der Zeit, da das Christentum am augenfälligsten zur Schau getragen wurde.»[48]

II

Die Verfälschung war im sich industrialisierenden Deutschland zwar der dramatischste Aspekt bei der Verschlechterung der Lebensmittel, die Trennung von Erzeuger und Verbraucher setzte aber auch die Maßstäbe für Hygiene außer Kraft und führte gleichfalls zu gesundheitlichen Gefahren. Zwar kann man nicht sagen, Nahrungsmittel seien auf dem Land besonders sauber gewesen, auf jeden Fall aber bekam man sie hier frischer als in der Stadt, und die Zahl möglicher Ursachen für Verschmutzung war geringer. Die Mehrzahl der Lebensmittel wurde im Hamburg des 19. Jahrhunderts nicht in Läden und auch nicht auf den Märkten verkauft. «In Bezug auf den Verkehr mit den meisten Nahrungsmitteln», hieß es in einem Bericht aus dem Jahr 1900, «besteht in Hamburg noch immer die alte Sitte, daß sie durch Zwischenhändler auf den Straßen ausgerufen und an den Consumenten in die Häuser gebracht werden. Nur die Gasthöfe, die großen Anstalten und die nächsten Anwohner des Hopfenmarktes und Meßberges pflegen auf den dort abgehaltenen Märkten zu kaufen; Markthallen gibt es gar nicht.»[49] Diese malerischen Handelsleute mögen das Straßenbild mit ihren altüberlieferten plattdeutschen Rufen und Liedern belebt haben, in denen sie ihre Ware anpriesen, aber die Lebensmittel, die sie verkauften, waren doch mancherlei Infektionsgefahr ausgesetzt. Beispielsweise wurde 1899 über die geringe Hygiene an Obstständen geklagt, und ein erboster Leser schrieb an eine Hamburger Zeitung: «Da sieht man sodann oft solche Händler in recht mäßig sauberer Kleidung, welche außerdem tagsüber noch jedem Straßenstaube ausgesetzt ist, mit außerordentlich unsauberen Händen, ihre freiliegende, jedem Staube, jeder Unreinlichkeit ausgesetzte Waare feilhalten, und häufig genug Waare von minderer Qualität.»[50]

Milch vor allem, die in den neunziger Jahren einer Reihe besonders gründlicher Untersuchungen unterzogen wurde, war unhygienischen Einflüssen ausgeliefert. In Hamburg wurden ungeheure Mengen Milch getrunken – beispielsweise 1897 mehr als 60 Millionen Liter, also rund 100 Liter pro Person und Jahr. Im Jahr 1906 tranken die Bewohner der Stadt pro Tag 282000 Liter Milch. Drei Viertel davon wurden von rund 1000 bis 1500 meist auf eigene Rechnung arbeitenden Milchträgern ins Haus geliefert.[51] Sie gestatteten den Bauern nicht, die Milch vor dem Verkauf zu kühlen, da sich der Rahm leichter abschöpfen ließ, solange sie warm war.[52] Anschließend fügten sie oft gelbe Farbe zu, damit das Verbleibende aussah wie die fette Vollmilch, die der Kunde schätzte. Als 1894 erstmals Überprüfungen durchgeführt wurden, zeigte sich, daß 25% aller Proben Wasserzusätze oder zu wenig Fett enthielten. Bevor man überhaupt mit Kontrollen rechnen mußte, lag dieser Anteil sicherlich weit höher. Beispielsweise zeigte sich bei einer in Hamburg 1878 auf Privatinitiative durchgeführten medizinischen Untersuchung, daß 36 von 47 Milchproben (an die 80%) verfälscht waren.[53] Das zugefügte Wasser war häufig schmutzig und wimmelte von Krankheitserregern. Von den im Jahr 1895 untersuchten Proben enthielten 23% – und von den im Juli untersuchten nahezu alle – Borax und Borsäure, die ein Schlechtwerden der Milch verhindern sollten. Es gab sogar Händler, die nicht davor zurückschreckten, für diesen Zweck Formaldehyd zu verwenden.[54]

Die Milchträger füllten die von den Bauern gekaufte Ware in rotbemalte Holzeimer, die sie dann auf Hundekarren durch die Stadt fuhren. Diese Eimer wurden nur selten wirklich gründlich gereinigt, und in den achtziger Jahren wurde wegen der «mangelnden *Bedeckung* der Eimer»

Klage geführt, «die bei Regen, Wind, Sonnenhitze oder Staub ohne Deckel am Wagen hängen». Weiter heißt es: «Von einer *Controle* im Milchgeschäft ist in unserer Stadt wohl nicht viel zu sagen.»[55] Einige Versuche wurden unternommen, den Hygienestandard zu verbessern und die Milchträger zu zwingen, ihre Eimer zu bedecken. In erster Linie muß hier das «Gesetz betreffend den Milchhandel» vom April 1894 genannt werden. Es schrieb vor, daß die Eimer regelmäßig zu reinigen und mit Deckeln zu versehen seien, zwang aber die Milchträger nicht, sie auch ständig zugedeckt zu halten. So hieß es in einem Bericht des Hygienischen Instituts Hamburg aus dem Jahr 1900:

«Wenn man auf einem Morgenspaziergange die verschiedenen Milchträger und Milchkarren betrachtet, und die Manipulationen verfolgt, die mit den Milchkarren vor sich gehen, sieht, wie gelegentlich nicht allein der Hund, der den Karren zieht, seine durstende Zunge an den träufelnden Milchgefäßen labt, sondern wie auch fremde Hunde Beziehungen mancherlei Art zu den gelegentlich auf dem Trottoir oder auf den Treppen vor den einzelnen Häusern aufgestellten Milchkannen gewinnen, und wenn man sich dann alle weiteren mit diesem verzettelten Milchverkehr zusammenhängenden Gefahren überlegt, so sieht man sich immer wieder vor die Frage gestellt, von welcher Seite die unbedingt nöthige gründliche Abhülfe gegen diese, einer Großstadt von der Bedeutung Hamburgs völlig unwürdigen Zustände zu erwarten sein möchte.»[56]

Zwar kam es inzwischen nur noch relativ selten zu einer Beimischung von Kalk, Gips, Mehl und anderen Verdickungsmitteln, doch waren die hygienischen Bedingungen bei der Erzeugung und Vermarktung von Milch insgesamt nach wie vor ziemlich schlecht.[57] Erst in den neunziger Jahren scheinen Sterilisationseinrichtungen allgemein verfügbar geworden zu sein, und selbst sie waren für die meisten zu teuer.[58] Nur wenig wurde vor der Jahrhundertwende gegen die von tuberkulösen Kühen ausgehende Infektionsgefahr unternommen; die Erforschung des Problems war schwierig, die Pasteurisierung der Milch kostspielig, und einer Zwangsschlachtung solcher Kühe widersetzten sich die Bauern mit aller Macht. Sofern man sich hier auf vergleichbare Erfahrungen in England stützen kann, dürften bis zur Hälfte der Kühe, die in den Schlachthof gelangten, infiziert gewesen sein.[59]

Die Milch war nur eines der zahlreichen Lebensmittel, bei denen die Hygiene deutlich zu wünschen übrigließ. Das 1870 in Hamburg erlassene Nahrungsmittelgesetz wollte beseitigen, was später als «arge Mißstände auf dem Gebiet des Handels mit Nahrungsmitteln» bezeichnet wurde. Es wirkte sich in der Praxis aber nur wenig aus, da die Gerichte nicht imstande waren, solche Fälle durchgehend aufzugreifen und zu verfolgen. Lebensmittelkonserven, insbesondere Fischkonserven, waren in den achtziger und neunziger Jahren häufig die Ursache von Massenvergiftungen, die auch nach der Jahrhundertwende immer wieder auftraten. Frische Lebensmittel waren ebenso gefährlich. Verdorbener Fisch wurde billig den Armen verkauft und rief ebenfalls Lebensmittelvergiftungen hervor.[60] Die hygienischen Zustände in Bäckereien waren oft äußerst primitiv; beispielsweise erinnerte sich Wilhelm Wachendorf, daß es in den achtziger Jahren in der Niedernstraße eine alte Bäckerei gegeben hat, «die wegen ihrer wohlschmeckenden Rundstücke berühmt war, obwohl – oder vielleicht gerade weil – man häufig einen eingebackenen Feuerwurm herausschneiden mußte»[61].

Metzger und Fleischverkäufer färbten verdorbenes Hackfleisch wie auch früher schon mit Cochenillefarbe, damit es frisch aussah, oder versetzten die Würste mit Karmin, um über deren hohen Getreideanteil hinwegzutäuschen.[62] Kranke Tiere wurden häufig schwarz geschlachtet und ihr Fleisch billig verkauft. In den siebziger Jahren kam es in verschiedenen Teilen Deutschlands zu einigen berüchtigten Fällen von schwerer Erkrankung, zum Teil mit Todesfolge, nachdem Menschen verdorbenes Fleisch gegessen hatten. In Wurzen waren davon beispielsweise 206 und in Zeitz 197 Personen betroffen[63], und bis 1914 traten regelmäßig weitere Massenvergiftungen auf.[64] Nicht nur Krankheiten wie Milzbrand und Tuberkulose, sondern auch gefährliche Infektionen mit Parasiten – wie die Trichinose – wurden auf diesem Weg auf den Menschen übertragen. Finniges oder für den Verzehr nicht freigegebenes Fleisch wurde oft in Würsten oder Hackfleisch zusammen mit einwandfreiem verarbeitet, um den Geschmack und das Aussehen des schlechten Fleisches zu vertuschen. Gebessert wurde die Lage in Hamburg möglicherweise zum einen durch die frühe Einführung des Verbotes, außerhalb des Schlachthofs zu schlachten (1753), wie auch durch die Errichtung eines (1892 durch einen weit größeren auf St. Pauli ersetzten) zentralen Schlachthofs in der Neustadt im Jahr 1839, das 1855 erlassene Verbot, finniges Fleisch zu verkaufen, sowie das 1866 darauf folgende Verkaufsverbot von Fleisch, das von trichinösen Tieren stammte. Aber erst 1894 wurde eine ordnungsgemäße Fleischbeschau eingeführt, und selbst danach bereitete es Schwierigkeiten zu verhindern, daß billiges Hackfleisch und Würste verdorbenes Fleisch enthielten.[65]

Lebensmittel aller Art waren in Deutschlands Großstädten im 19. Jahrhundert häufig Ursache von Infektion und Krankheit. Vermutlich waren die Zustände auf dem Land nahezu ebenso unhygienisch wie in der Stadt, da Kontrollen und Untersuchungen dort äußerst schwierig durchzuführen waren. Doch zumindest waren die Landbewohner den Gefahren der Verfälschung nicht in dem Maße ausgesetzt wie die Städter, und durch ihre Nähe zum Erzeuger dürfte die Lagerung von Lebensmitteln weniger schwierig gewesen sein. Obst und Gemüse, Milch und Butter, Käse, Brot und Fleisch waren auf ihrem Weg vom Bauernhof in die Straßen der Stadt mancherlei Gefahren ausgesetzt. Noch bevor sie den Einzelhändler erreichten, bestand die Gefahr einer weitgehenden Verfälschung, die den Nährwert minderte und in etlichen Fällen Lebensmittel zu einer Gefahr für die Gesundheit werden ließ. Während Händler sie von Haus zu Haus feilboten, nachdem diese sie häufig ein weiteres Mal verfälscht hatten, waren sie allen Gefahren der Umwelt – von Ruß und Smog bis hin zu Staub und Schmutz – und den unerwünschten Aufmerksamkeiten schmuddeliger Straßenkinder, streunender Hunde und anderer Tiere ausgesetzt. In den Wohnungen wurden sie ungekühlt und unter häufig unhygienischen Bedingungen gelagert, sie konnten durch die vielen Arten von Schmutz infiziert werden, der in der häuslichen Umgebung vorkam. Die Wohlhabenden waren diesen Gefahren in geringerem Maße ausgesetzt, dank der zahlreichen ihnen zur Verfügung stehenden Dienstboten und der ungleich besseren Lagermöglichkeiten. Wer es sich leisten konnte, gute Fleischstücke zu kaufen, altes Brot fortzuwerfen und verdorbene Milch wegzugießen, dem blieben die von diesen Lebensmitteln ausgehenden Gesundheitsgefahren ebenso erspart wie deren unangenehme Auswirkungen auf den Gaumen. Hierzu schrieb 1909 die «Frankfurter Zeitung»: «... je billiger das Publikum einzukaufen gezwungen ist, desto mehr läuft es Gefahr, für sein gutes Geld solche verfälschte Ware zu erhalten.»[66] Entsprechendes galt für minderwertige, verdorbene oder verunreinigte Lebensmittel.

Vom heutigen Wissensstand aus läßt sich nicht mit Sicherheit sagen, ob die Dinge woanders ebenso schlimm standen; aber angesichts der Größe Hamburgs und seiner Bevölkerungszahl kann man es als durchaus wahrscheinlich ansehen, daß von allen deutschen Städten lediglich in Berlin die Bedingungen im Hinblick auf Reinheit und Haltbarkeit von Lebensmitteln ebenso ungünstig waren. Hamburgs Bedeutung als Zentrum lebensmittelverarbeitender Industrien und das beharrliche Festhalten der Stadt an überlieferten Gepflogenheiten wie beispielsweise der, daß Lebensmittel auf der Straße verkauft wurden, mögen dafür gesorgt haben, daß deren Qualität sogar noch schlechter war als in der Reichshauptstadt. Wie wir im ersten Kapitel gesehen haben, muß die seit Mitte des Jahrhunderts, vor allem aber in den achtziger Jahren erfolgte Mieterhöhung für Arbeiterwohnungen in Proletarierfamilien zu einschneidenden Sparmaßnahmen bei den Ausgaben für Lebensmittel geführt haben. Durch den scharfen Anstieg der Lebensmittelpreise in den Jahren 1888 bis 1890 und die weitverbreitete, mit dem Wirtschaftsabschwung von 1890 bis 1892 einhergehende Arbeitslosigkeit muß die Lage geradezu verzweifelt geworden sein. Unglücklicherweise trafen diese Entwicklungen zu einer Zeit aufeinander, als Hygiene und Qualität der Lebensmittel noch nicht besser überwacht wurden und der Anreiz für Zwischen- und Einzelhändler, ihre Waren zu verfälschen, besonders groß war. In Hamburg ernährte sich ein durchschnittlicher, körperlich tätiger Arbeiter im letzten Jahrzehnt des 19. Jahrhunderts demnach kaum besser als seine Vorfahren zu Anfang des Jahrhunderts – in mancher Hinsicht möglicherweise sogar deutlich schlechter.

III

Am Beispiel der Lebensmittel läßt sich erkennen, daß die Umwelt, in der die Bewohner Hamburgs lebten, im 19. Jahrhundert zahlreichen bedeutsamen Veränderungen unterlag. Auch wenn man sich vor Verallgemeinerungen hüten sollte, darf man doch vermuten, daß die Finanzkrise des Staates, die Armut der äußerst beengt lebenden Bevölkerung und das Verwaltungschaos in den ersten 15 Jahren des Jahrhunderts zu einer Verschlechterung der Umweltqualität führten; nach den Aussagen von Zeitgenossen wie Rambach und Scholz scheint die Verwaltung der Stadt in so schlechtem Zustand gewesen zu sein, daß die Straßen kaum gereinigt wurden, Lebensmittelhändler auf den ersten Blick als verdorben erkennbare Nahrungsmittel ungestraft zum Kauf anbieten konnten und die Gewohnheiten der Bevölkerung in Sachen Hygiene und Sauberkeit viel zu wünschen übrigließen. Die Rückkehr Hamburgs nach dem Ende der Napoleonischen Kriege zu einer geordneten und finanziell soliden Regierung, die Umorganisation der Polizei und die Reform des Straßenreinigungssystems mögen einige der schlimmsten Übelstände abgestellt haben, auch wenn das Verbot der Schweinehaltung in der Stadtmitte möglicherweise ein Schritt zurück war. Doch das anhaltende Wachstum der Bevölkerung und die kontinuierliche Zunahme der Wirtschaftstätigkeit die zu einer immer größeren Zahl von Pferden auf den Straßen führte, scheinen die Lage bald wieder verschlechtert zu haben, wenn man den Beschwerden glauben kann, die seit den dreißiger Jahren laut wurden.

Nach dem Großen Brand von 1842 verbesserten sich die Umweltbedingungen dank der von William Lindley eingeführten zentralen Wasserversorgung und des Kanalisationsnetzes sowie durch die 1855 erfolgte Eröffnung des ersten öffentlichen Badehauses. Wenn diese Neuerungen Hamburg auch den wohlverdienten Ruf der Fortschrittlichkeit auf dem Gebiet des Sanitärwesens einbrachten, waren sie doch alle miteinander unmittelbare Folgen der Brandkatastrophe oder auf die eine oder andere Weise mit ihr verbunden: Ohne den Großen Brand wäre es sicherlich weder so rasch noch so umfassend zu diesen Einrichtungen gekommen. Da sie, einmal eingeführt, nicht ständig verbessert wurden, war Hamburg zu Beginn der achtziger Jahre nicht mehr Zentrum einer fortschrittlichen Politik auf dem Gebiet des Gesundheitswesens, wie vor 1860, dem Jahr, da man Lindley gezwungen hatte, die Stadt zu verlassen. In anderer Hinsicht setzte nach der Jahrhundertmitte sogar eine Verschlechterung der Umweltbedingungen ein. Nachdem man 1850 dazu übergegangen war, mit Straßenreinigung und Abfallbeseitigung nicht mehr die Unternehmer zu betrauen, die am wenigsten dafür verlangten, sondern jene, die am meisten dafür boten, kam es bald zu einem Rückgang der Gewinne aus dem Verkauf von Dung, weil die Bauern zunehmend zu billigeren Düngemitteln übergingen; außerdem fiel durch die Erweiterung der Kanalisation auch weniger Dung an. Die Unternehmer sparten an allen Ecken und Enden, die verminderte Leistungsfähigkeit des Systems war die Folge; als man 1869 wieder zu dem Grundsatz überging, Abfuhr und Reinigung dem Unternehmer zu übertragen, der am wenigsten dafür verlangte, hatte das Bevölkerungswachstum – vor allem in den Vororten – bereits ein solches Tempo angenommen, daß die Unternehmer damit nicht Schritt halten konnten. Erst als 1886 der Staat die Sache selbst in die Hand nahm, besserten sich die Verhältnisse allmählich. Doch gab es zweifellos auch dann noch Übergangsschwierigkeiten, deren Lösung Zeit brauchte; beispielsweise wurde erst mehr als ein Jahrzehnt später eine Müllverbrennungsanlage errichtet.

Zudem begann das in den sechziger Jahren einsetzende rasche Bevölkerungswachstum die Kanalisation übermäßig zu beanspruchen. Um die Mitte der achtziger Jahre wurde die Menge unbehandelter Abwässer, die in die Elbe gelangten, zu einer ernsthaften Gesundheitsgefahr. Zu jener Zeit waren mehr als 5000 Toiletten noch immer nicht an die Kanalisation angeschlossen, und viele davon belasteten nach wie vor unmittelbar die Fleete. Überdies zogen ab Anfang der achtziger Jahre von flußaufwärts gelegenen Gemeinden und Fabriken eingeleitete Abwässer Hamburgs Wasserläufe mehr und mehr in Mitleidenschaft. Das Leitungswasser blieb unfiltriert, weil man sich nicht darüber einigen konnte, wer die Kosten für den Bau der Filterbecken übernehmen sollte, und die Gefahr ernsthafter Infektionen wuchs in dem Maße an, in dem die Verschmutzung aus diesen Quellen zunahm. Die Expansion der Zulieferindustrien und die häufigere Verwendung von Kohle als Hausbrand in einer ständig wachsenden Zahl von Wohnungen in der Stadt, in den Vorstädten und in den Vororten führte in den achtziger Jahren erneut zu einer stärkeren Luftverschmutzung. Die durch beengte Wohnverhältnisse und Ungeziefer in den Häusern hervorgerufenen Gefahren für die Gesundheit dauerten fort und nahmen möglicherweise noch zu. Je mehr Schiffe ein- und ausliefen, desto schlimmer wurde die Rattenplage im Hafen. Das Ausgreifen der Vororte auf einst ländliches Gebiet, wo nach wie vor Schweine und andere Tiere gehalten wurden, führte zu weiterer Belästigung. Schließlich scheint die Frage der Lebensmittelverfälschung und Lebensmittelhygiene mit dem Wachstum der Stadt drängender geworden zu sein; erst in den neunziger Jahren fand man wirksame Mittel, um diesem Problem zu begegnen. Daher kann man sagen, daß seit dem Ende der fünfziger Jahre in Hamburg eine allgemeine Verschlechterung der Umweltbedingungen einsetzte, die unvermindert bis zum Ende der achtziger Jahre anhielt.

Doch wird die Umwelt von den Menschen auch unterschiedlich wahrgenommen. Man kann in dem, was Rambach zu Beginn des Jahrhunderts notierte, die Anfänge eines Kreuzzugs der sich langsam konstituierenden Ärzteschaft erkennen, der auf ein allgemeines Gesundheitsbewußtsein in der Gesellschaft unter ihrer eigenen Führung zielte; die Tiraden, mit denen Scholz den Schmutz anprangerte, in dem die Straßen Hamburgs 1810 förmlich zu versinken drohten, spiegeln nicht nur das Chaos wider, das die Besetzung der Stadt durch Napoleons Truppen bewirkt hatte, sie verleihen auch dem Wunsch, das französische Joch abzuschütteln, metaphorischen Ausdruck. Später ließen die auf den Großen Brand folgenden Reformen den Chor der Klagen über die Umwelt verstummen, den man seit den dreißiger Jahren vernahm, er ertönte aber vom Ende der fünfziger Jahre an aufs neue und immer durchdringender. In ihm dominierten Vertreter des Bürgertums, an ihrer Spitze Ärzte, Anwälte, Bürgervereine, Bürgerschaftsabgeordnete und andere Mitglieder oder Organe der dominierenden Klassen.

Die zunehmende Sorge um die Umwelt war Teil der allgemeinen Ausprägung des bürgerlichen Bewußtseins im Zeitraum zwischen 1850 und 1880. Bürgertum und Kleinbürgertum begannen sich von der Arbeiterklasse abzusetzen. Zu den Werten, denen sie ihr Leben unterstellten, gehörten nicht nur Fleiß und Sparsamkeit, sondern auch Ordnung und Selbstzucht. Schmutz bedeutete Unordnung, und der Bürger sah im Schmutz auch symbolisch sein Gegenteil verkörpert, an dem er das Ausmaß seiner eigenen gesellschaftlichen Leistung messen konnte. Der Abstand, den das Bürgertum zwischen sich und die Arbeiterschicht legen wollte, drückte sich immer mehr darin aus, daß man das «einfache Volk» zunehmend als schmutzig und übelriechend ansah, als Menschen, die von Hygiene nichts wissen wollten. Diesen Eindruck verstärkte ein rasch wachsender Verbrauch von Parfums und anderen Duftwässerchen. Das Bürgertum begann sich von seinen eigenen Körperfunktionen zu distanzieren; Sittsamkeit, Schamhaftigkeit und schließlich Prüderie wurden die bürgerlichen Gegenstücke zum aristokratischen Ehrenkodex. Den veränderten Wahrnehmungen, die sich in diesen Haltungen verkörperten, konnte man unmittelbar begegnen, als beispielsweise das rasche Bevölkerungswachstum in einem Stadtteil wie dem Billwärder Ausschlag oder Barmbeck zu einem Zusammenprall zwischen dem Lebensstil von Landbewohnern und Arbeiterklasse einerseits und den Empfindlichkeiten der bürgerlichen Mitglieder des dortigen Bürgervereins andererseits führte.[67]

Doch wirkten sich diese Wahrnehmungen nicht nur prägend auf den Geruchssinn aus, sie führten auch zu einer weitergehenden Angst vor dem Pöbel, wie deutlich an William Lindleys Begeisterung für die gesellschaftlichen und politischen Vorzüge der öffentlichen Badeanstalt erkennbar ist. Zur Revolution würde es durch mangelnde Reinlichkeit zwar nicht kommen, sie war eher das äußere Zeichen einer inneren Ablehnung bürgerlicher Wertvorstellungen und damit der bürgerlichen Gesellschaft. So konnten diese Wahrnehmungen als Verstärkung bürgerlicher Ängste wie auch des hier und da auftretenden Gefühls dienen, der Arbeiterklasse überlegen zu sein. Von gelegentlichen Ausnahmen wie Lindleys Badeanstalt abgesehen aber führten sie erst dann zu einer allgemeinen Reinlichkeits- und Moraloffensive gegen das Proletariat, als die Klassengegensätze ein wirklich gefährliches Ausmaß angenommen hatten. Als es 1890 soweit war, vertraute das Bürgertum in Hamburg den von ihm verinnerlichten Tugenden Reinlichkeit und Ordnung so sehr, daß es sich imstande fühlte, sie der Arbeiterklasse aufzuzwingen, sollten deren Schmutz und Unordnung zu einer ernsthaften Gefahr werden. Eine solche Gefährdung wurde nicht unbedingt als unmittelbare und persönliche betrachtet; die allgemeinste Wahrnehmung der Umweltverschmutzung, ob sie von übelriechenden Flüssen oder mit Pferdemist bedeckten Straßen ausging, konnte eine metaphorische Übertragung der Furcht vor gesellschaftlicher Unordnung sein wie auch den unmittelbaren Versuch bedeuten, die Umweltverschmutzung aus dem öffentlichen Raum zu verbannen, den das Bürgertum besetzt hielt. Schon die Begriffe, mit denen man die Verschmutzung beschrieb – «verpestet», «pestilenzartig», «gemeinschädlich», «Ausdünstungen» – lassen erkennen, was man befürchtete: daß die dahinterstehende Gewalt die gesamte Gesellschaft infizieren könnte, wenn man sie nicht unter Kontrolle brachte. Die Umweltverschmutzung war im Hamburg des späten 19. Jahrhunderts durchaus real; doch für die dominierenden Klassen der Stadt schien sie weniger unmittelbare und greifbare Folge der kapitalistischen Expansion zu sein, zu deren Entstehung sie selbst so viel beigetragen hatten, als vielmehr symbolischer Ausdruck der Bedrohung von unten, die diese Entwicklung in Frage stellte.

3. IM ANGESICHT VON KRANKHEIT UND TOD

Sterblichkeitsmuster

I

Die Historiker scheinen sich im allgemeinen darauf verständigt zu haben, daß im 19. Jahrhundert, wie Robert Woods und John Woodward feststellen, «das Leben in der Stadt im großen und ganzen ungesünder war als auf dem Land. Ansteckende Krankheiten traten dort mit größerer Wahrscheinlichkeit endemisch auf; es kam häufiger zu Epidemien, die sich auch ungehinderter ausbreiteten; ungünstige sanitäre Bedingungen bedeuteten, daß Nahrungsmittel, Milch und Wasser häufig verschmutzt waren; während als Folge der Überbelegung von Wohnungen psychische Belastungen zunahmen und Krankheiten leichter um sich griffen.»[1]

Es fehlt nicht an Belegen, die Woods' und Woodwards Aussage stützen. Anthony Wohl hat darauf hingewiesen, daß «nicht die auf dem Lande herrschenden Bedingungen gut waren, sondern sich in den verstopften und wuchernden Städten ein Großteil des für die Gesundheit der Öffentlichkeit Erforderlichen weit schwieriger zur Verfügung stellen ließ»[2]. Die Zahl der Todesfälle auf tausend Einwohner lag 1876 für die 22 größten Städte Preußens bei 30,0; für Preußen insgesamt bei 27,5. Den größten Teil des Jahrhunderts hindurch nahmen diese Zahlen kaum ab; erst im letzten Viertel des Jahrhunderts begannen sie in Berlin und anderen Großstädten zu sinken.[3]

Diese durchgehend hohe Sterblichkeitsziffer fand sich auch im Hamburg des 19. Jahrhunderts; sie betrug nahezu bis zu dessen Ende im Jahr durchschnittlich 25 auf tausend Einwohner. Die Vergleichszahl für Städte in hochindustrialisierten Ländern lag gegen Ende des 20. Jahrhunderts bei knapp über 10. Bis ins letzte Jahrzehnt des Jahrhunderts schwankte, wie Abbildung 2 zeigt, die allgemeine Sterblichkeitsziffer innerhalb recht enger Grenzen und unterlag langfristig keinen dauerhaften Veränderungen. In den achtziger Jahren übertraf sie sichtlich die von Hamburgs kleinerer Schwester-Hansestadt Bremen, wo sie 20,4‰ betrug, wie auch die von Frankfurt am Main, Deutschlands Finanzzentrum, wo sich die Sterblichkeit auf lediglich 19,6‰ belief. Leipzig war mit 21,6‰ eine weitere deutsche Großstadt, die von sich behaupten konnte, deutlich gesünder zu sein als Hamburg. In anderen Städten jedoch lag die Sterblichkeitsziffer in den achtziger Jahren eher in der Nähe des Hamburger Wertes. Beispielsweise verzeichnete Dresden auf tausend Einwohner 23,8 Todesfälle, Düsseldorf 24,0, und auch Köln wies mit 26,6‰ eine ähnliche Sterblichkeitsziffer auf wie Hamburg. Deutlich höher lag sie in München (30,8‰), Breslau (30,5‰) und Chemnitz (30,1‰). Im internationalen Vergleich muß Hamburgs Sterblichkeitsziffer für eine Großstadt jener Zeit als in etwa durchschnittlich bezeichnet werden. So hat man für die achtziger Jahre in Liverpool 25,8‰ ermittelt und für Manchester 26,6‰. Zwar braucht Hamburg also im Vergleich mit anderen Städten nicht als außergewöhnlich ungesund angesehen zu werden, einen Grund zum Stolz bot die Sterblichkeitsziffer jedoch nicht.[4]

Hinter diesen pauschalen Sterblichkeitsziffern verbergen sich deut-

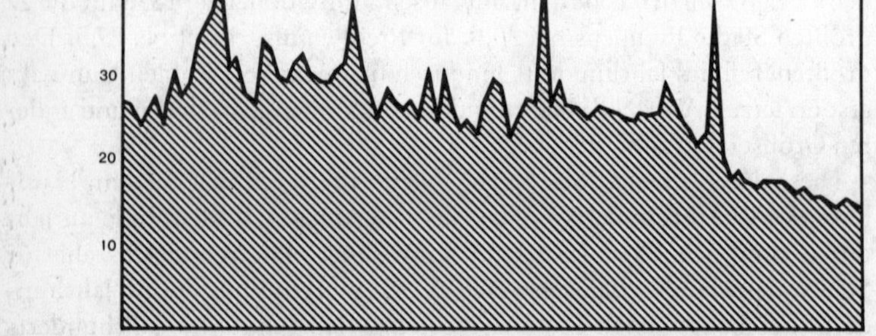

(Quellen: Die Gesundheitsverhältnisse Hamburgs im 19. Jahrhundert, Hamburg 1901, S. 106f; SHS, 26, 1912, S. 59. Die Zahlen gelten bis 1871 für die Stadt und die Vorstädte; danach für das Staatsgebiet Hamburgs.)

Abb. 2 Sterblichkeitsziffer für Hamburg, 1820 bis 1910

liche Unterschiede von einem Stadtteil zum anderen. Von Mitte bis Ende der achtziger Jahre war für einen Bewohner der Innenstadt die Wahrscheinlichkeit zu sterben mehr als eineinhalbmal so hoch wie für jemanden, der in Harvestehude lebte, während sie für einen Bewohner des Billwärder Ausschlags verglichen mit einem im Stadtteil Rotherbaum etwa doppelt so hoch lag. Selbstverständlich waren das die Extremwerte, doch lag die Sterblichkeitsziffer, wie Karte 18 zeigt, in der Neustadt Süd, in Barmbeck und anderen vorwiegend von Arbeitern bewohnten Stadtteilen deutlich höher als in den wohlhabenderen Gegenden um die Alster. Diese Unterschiede zwischen den einzelnen Stadtteilen zeigen eindrucksvoll die in Hamburg bestehende gesellschaftliche Ungleichheit im Angesicht von Krankheit und Tod.

Doch sagen uns die Zahlen selbst nichts über die Ursachen der Ungleichheit, die sie enthüllen. Vor hundert Jahren spielten statistisch gesehen Herzversagen und Krebs, heute in den hochindustrialisierten Ländern die häufigsten Todesursachen, eine eher untergeordnete Rolle; am

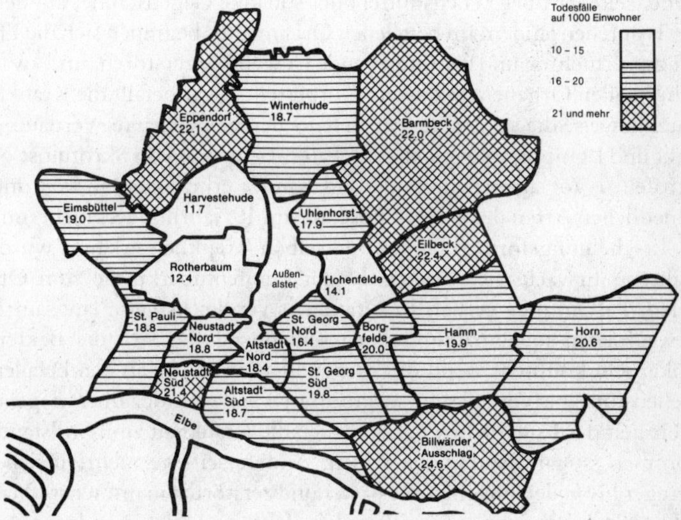

(Quelle: berechnet nach SHS, 15 [1894], S. 57, S. 67, S. 77, S. 87, S. 97)

Karte 18 Durchschnittliche Sterblichkeitsziffer pro Jahr für Hamburg, 1887 bis 1891, nach Stadtteilen

häufigsten erlagen die Menschen seinerzeit Infektionskrankheiten. Zum Teil hängt diese Veränderung bei den Todesursachen mit dem Rückgang tödlicher Infektionskrankheiten bei Kleinkindern zusammen, darin spiegelt sich aber auch, daß vor einem Jahrhundert zahlreiche Fälle von Krebs und Kreislaufversagen nicht als solche erkannt wurden, sondern nach den Symptomen eingeordnet wurden, die sie hervorriefen. Die Kategorie «Tod durch Altersschwäche», die in den medizinischen Statistiken des 19. Jahrhunderts eine bemerkenswerte Zu- und Abnahme erlebte, ist für diese Unterscheidung bei der Klassifikation nur ein Beispiel.[5] Aber selbst wenn wir diese Umstände berücksichtigen, sehen wir uns immer noch der unbestreitbaren Tatsache gegenüber, daß im 19. Jahrhundert weit mehr Erwachsene als heute an Infektionskrankheiten starben.

Die häufigste tödliche Infektionskrankheit war die Tuberkulose, deren Erreger 1882 von Robert Koch entdeckt wurde. Das von ihm als «Tuberkelbazillus» bezeichnete Bakterium kann Tiere wie Menschen befallen und zum Beispiel mit der Milch infizierter Kühe übertragen werden. Durch Husten oder Spucken können an Tuberkulose Erkrankte eine Tröpfcheninfektion auslösen. Dabei erfolgt die Infektion über die Atemwege, seltener über Lebensmittel oder sonstige Gegenstände, auf denen die Tröpfchen landen. Im befallenen Organismus beginnen sich die Erreger zu vermehren und das umgebende Gewebe zu zerstören, und zwar in nahezu allen Organen und jedem Körperteil. Zwar befällt die Krankheit vorzugsweise die Lunge, aber auch Knochen und Gelenke, Verdauungstrakt und Lymphknoten (in diesem Fall spricht man von Skrofulose oder Skrofeln). Vor allem Säuglinge und Kinder erkrankten an den unterschiedlichen Arten der Tuberkulose, die im 19. Jahrhundert nicht immer als Erscheinungsformen ein und derselben Krankheit erkannt wurden, während Erwachsene vorwiegend der Lungentuberkulose zum Opfer fielen. Fast immer verlief die Krankheit vergleichsweise langsam; bei Erwachsenen sogar häufig äußerst schleppend. Da sich die Bakterien einkapseln konnten, wenn die körpereigene Abwehr an den befallenen Stellen für eine Verkalkung sorgte, traten sogar in der überwiegenden Mehrheit der Fälle Phasen ein, in denen die Krankheit zum Stillstand zu kommen, sogar abzuklingen schien. Andererseits vermehrten sich die Erreger bisweilen ungehemmt weiter und zerstörten in immer stärkerem Ausmaß lebenswichtige Gewebe, ob in der Lunge oder in anderen Organen, bis schließlich der Tod eintrat.[6]

Im 19. Jahrhundert war die Tuberkulose eine weitverbreitete Krankheit. Eine Untersuchung europäischer Städte ergab 1930, daß sie durchschnittlich 20 % der Kinder in den ersten beiden Lebensjahren befiel; die Hälfte bis zum fünften und 90 % bis zum 15. Lebensjahr. Nur drei von jeweils hundert Erwachsenen wiesen einen negativen Befund beim Tuberkulin-Test auf, der bei jedem positiv ausfällt, der sich irgendwann im Lauf seines Lebens mit Tuberkulose infiziert hat. Angesichts dessen, daß nahezu jeder Stadtbewohner irgendwann an dieser Krankheit gelitten zu haben scheint, überrascht es kaum, daß selbst eine vergleichsweise niedrige Zahl von Todesfällen pro hundert Erkrankungen (die sogenannte fallspezifische Sterblichkeit) dafür sorgte, daß von allen Krankheiten die Tuberkulose am häufigsten zum Tode führte. So hat man geschätzt, daß ihr zwischen 1851 und 1910 in England und Wales nahezu vier Millionen Menschen zum Opfer fielen. Etwa drei Viertel von ihnen hatten an Lungentuberkulose gelitten. Am stärksten heimgesucht wurden junge Erwachsene: In der Altersgruppe der Zwanzig- bis Vierundzwanzigjährigen ging die Hälfte aller in jenem Zeitraum verzeichneten Todesfälle auf Tuberkulose zurück.[7]

In Industriestädten wirkte sich die Tuberkulose geradezu verheerend aus. Am stärksten betroffen waren in Deutschland 1892/93 das Ruhrgebiet, Oberschlesien, Mittelfranken und die Pfalz mit dem anstoßenden rechtsrheinischen Gebiet. Dort ballten sich große Industrien mit starker, von der Industrie hervorgerufener Verschmutzung. Der Staub in den Fabriken und in der Atmosphäre bot der Tuberkulose und anderen Erkrankungen der Atemwege günstige Bedingungen; da sich die Menschen gezwungen sahen, ihre Fenster geschlossen zu halten, um Rauch und Ruß auszusperren, wirkte sich die Luftverschmutzung letztlich auch in einer verringerten Lüftung der Wohnräume aus, was die Ausbreitung der Infektion in den Häusern förderte. Die Tuberkulosesterblichkeit überstieg bei den Fünfzehn- bis Sechzigjährigen in den Regierungsbezirken Münster und Osnabrück 4,5 ‰, während sie in den Regierungsbezirken Köln, Düsseldorf und Minden kaum geringer war und immer noch über 4,0 ‰ betrug. In diesen Gebieten Westfalens und des Rheinlandes lagen wichtige Industriezentren. In Hamburg betrug der Wert 1892/93 mit knapp unter 3,5 ‰ kaum weniger, in den weit im Osten gelegenen ländlichen Gebieten um Bromberg und Köslin erreichte er noch knapp über 2,5 ‰, weiter östlich fiel er sogar unter 2,0 ‰. Damit nahm Hamburg unter den größeren deutschen Städten einen Platz im Mittelfeld ein. Im Vergleich mit dem Ausland zeigt sich, daß diese Werte in keiner Weise Ausnahmen darstellten. Die Lungentuberkulosesterblichkeit lag in britischen Städten für alle Altersgruppen zwischen 1881 und 1890 bei 3,6 auf tausend Einwohner und betrug in ganz England und Wales in den fünfziger Jahren 2,8, in den Siebzigern 2,3 und in den Achtzigern 1,99‰. Mithin war sie in Hamburg etwa genauso hoch wie in einer durchschnittlichen Stadt Englands zur selben Zeit.[8]

Diese Zahlen lassen erkennen, daß die Faktoren beengtes Wohnen, schlechte Ernährung, Luftverschmutzung und Armut, die bei der Verbreitung der Tuberkulose eine so große Rolle spielten, im späten 19. Jahrhundert in nahezu allen Industriestädten Europas gegeben waren. Trotz der besonderen Hindernisse, die Hamburgs gesellschaftliche und politische Struktur wirksamen Reformen des öffentlichen Gesundheitswesens in den Weg legte, scheint die Lage in dieser Hinsicht dort nicht schlimmer gewesen zu sein als in anderen Städten der industrialisierten Welt zu jener Zeit. In dem Maße, wie die Tuberkulose in den meisten Städten Europas allmählich zurückging, trat sie auch in Hamburg immer weniger häufig auf. Wie Abbildung 3 zeigt, ist ab Beginn der fünfziger bis zu den frühen sechziger Jahren eine deutlich erkennbare Abwärtstendenz der durch diese Krankheit bewirkten Sterblichkeit zu erkennen. Hamburgs Medizinalkollegium sah in ihr «eine Erscheinung, die kaum anders als durch die nach dem Großen Brande eintretende Sanirung der Stadt... erklärt werden kann». Davon abgesehen führten sie diese Tendenz auch auf «die Zunahme des allgemeinen Wohlstandes und die damit zusammenhängende Hebung der gesammten Lebensführung, nämlich der Ernährung» zurück, die ihrer Ansicht nach beim Rückgang der Tuberkulosesterblichkeit im betreffenden Zeitraum eine bedeutende Rolle spielte.[9]

Diese Ansicht läßt sich nur schwer verifizieren. Wir haben bereits gesehen, daß von Senatssekretär Lappenberg in Hamburg vorgetragene ähnliche Aussagen nur wenig mit den Tatsachen zu tun hatten. Einige Autoren haben die Ursache für die Verminderung der Tuberkulosesterblichkeit im 19. Jahrhundert in einer verbesserten Ernährung gesucht, doch gibt es, wie im zweiten Kapitel geschildert, keine verläßlichen Belege dafür. Dennoch bleibt es möglich, daß ein gesteigerter Kartoffelverbrauch die Aufnahme schädlicher Giftstoffe aus Getreideerzeugnissen vermindert und damit zu dieser Abnahme beigetragen hat.[10] In ihrer neueren Untersuchung der Tuberkulose in England und Wales hat die Medizinhistorikerin Gillian Cronjé den Einfluß einer möglichen Verbesserung der Wohnbedingungen auf den Rückgang der Tuberkulosesterblichkeit heruntergespielt. Die englischen Statistiken zeigen allerdings eine klare Beziehung zwischen Tuberkulose und beengtem Wohnen, doch bestand, wie Cronjé richtig feststellt, keine unmittelbare Wechselbeziehung zwischen veränderter wirtschaftlicher Lage und Wohnqualität: «... eine weitaus durchgreifendere Verbesserung der Wohnqualität, als Reformer des 19. Jahrhunderts sie für realistisch gehalten hätten, war erforderlich, um den Einfluß beengten Wohnens auf die Sterblichkeit zu vermindern.»[11]

Darüber hinaus liegen nur wenige Hinweise darauf vor, daß es in dieser Hinsicht in Hamburg zu einer Verbesserung gekommen wäre; eher hat sich die Situation in den achtziger Jahren verschlechtert. Die zunehmende Übervölkerung einiger Stadtteile dürfte als wichtiger Grund dafür angesehen werden, daß dort nach Anfang der sechziger Jahre der Rückgang der Tuberkulosesterblichkeit zum Stillstand kam, vor allem in der Neustadt Nord, wo sie von 1885 bis 1890 auf demselben Wert verharrte, sowie in der Altstadt Nord und Süd, wo ein Rückgang erst 1889 einsetzte. In einigen Stadtteilen stieg die Ziffer sogar noch, nachdem man begonnen hatte, für die Angehörigen der Arbeiterklasse Billigstwohnungen zu errichten. Am auffälligsten war hier Winterhude, wo sie sich

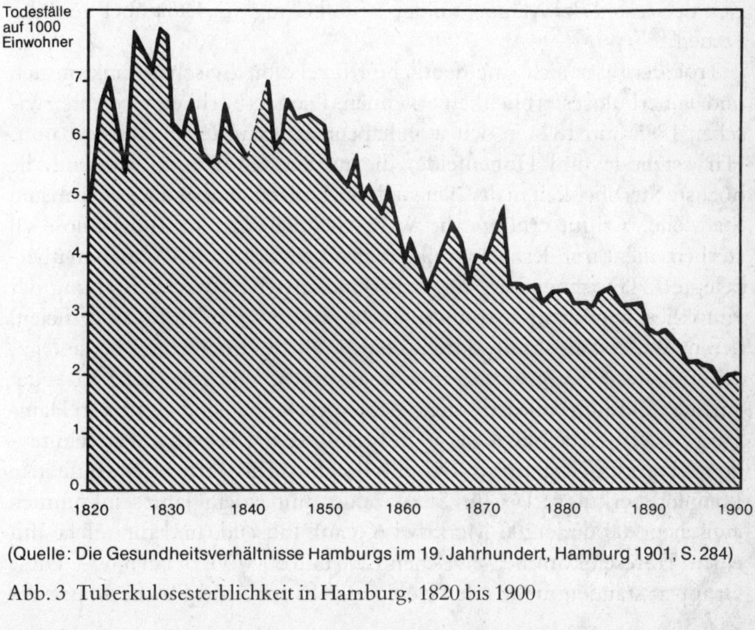

(Quelle: Die Gesundheitsverhältnisse Hamburgs im 19. Jahrhundert, Hamburg 1901, S. 284)

Abb. 3 Tuberkulosesterblichkeit in Hamburg, 1820 bis 1900

von 1,4‰ (1885) erst auf 2,1‰ (1889) und dann auf 3,5‰ (1891) erhöhte. In Winterhude nahm sie also von 1885 bis 1895 um 22% zu, in Eilbeck im selben Zeitraum um lediglich knapp über 8%. Daß die Tuberkulosesterblichkeit Anfang der sechziger Jahre nicht weiter zurückging, läßt sich wahrscheinlich auf den Prozeß der Industrialisierung, die Entstehung einer Arbeiterklasse und die zu jener Zeit einsetzende Verschlechterung der Umweltbedingungen zurückführen. Im allgemeinen fand sich die höchste Tuberkulosesterblichkeit, wie auf Karte 19 zu sehen ist, in der Innenstadt (Altstadt und Neustadt) oder den inneren Vorstädten (vor allem auf St. Pauli, wo sie in der nördlichen Hälfte der Vorstadt zwischen 1885 und 1889 von 3,1 auf 3,3‰ anstieg). Vororte wie Barmbeck und der Billwärder Ausschlag, in denen die Überbelegung von Wohnraum weniger stark ausgeprägt war, wiesen eine deutlich geringere Tuberkulosesterblichkeit auf, obwohl sie nach Einkommen gerechnet zu den vier ärmsten Stadtteilen gehörten. Dazu mag auch beigetragen haben, daß die Krankheit Männer häufiger befiel als Frauen: Beispielsweise starben 1892 in Hamburg doppelt so viele Männer wie Frauen über 20 Jahren an Tuberkulose; sie waren am Arbeitsplatz häufiger der Ansteckung durch Tuberkulosekranke ausgesetzt, überdies lag in der Innenstadt zu jener Zeit der Anteil der Männer an der Bevölkerung um 10% über dem der Frauen.[12]

Trotzdem läßt sich eine deutliche Korrelation zwischen Einkommen und Tuberkulosesterblichkeit erkennen. Die Sterblichkeit erreichte zwischen 1885 und 1894 in den wohlhabendsten Stadtteilen (Rotherbaum, Harvestehude und Hohenfelde) die niedrigsten Werte, während die höchste Sterblichkeit in der Neustadt Süd auftrat, einem der vier ärmsten Stadtteile. Armut erhöhte die Wahrscheinlichkeit, an Tuberkulose zu sterben, nicht nur deshalb, weil damit oft ein beengtes Wohnen in überbelegten Häusern einherging, was ohnehin schon die Ausbreitung der Krankheit begünstigte, sondern auch, weil ihr jene zum Opfer fielen, deren Widerstandskraft durch unzulängliche Ernährung bereits geschwächt war, wenn die Krankheit ausbrach. Von 1886 bis 1900 – der einzige Zeitraum, für den solche Zahlen verfügbar sind – nahm in Hamburg die Wahrscheinlichkeit, an Tuberkulose zu sterben, mit zunehmendem Einkommen stetig ab. Die durchschnittliche jährliche Mortalität an Lungentuberkulose lag für Steuerzahler mit einem Jahreseinkommen zwischen 900 und 1200 Mark bei 6,6 auf Tausend, und für solche mit einem Jahreseinkommen zwischen 1200 und 2000 Mark bei 5,6‰. Diese Gruppen standen mehr oder weniger stellvertretend für die Masse der

Arbeiterklasse und die unteren Ränge des Kleinbürgertums. Bei den Ärmsten, die die Steuerschwelle gar nicht erreichten, dürften diese Zahlen noch höher gewesen sein. Den Angehörigen der wohlhabenderen Schichten jedoch wurde die Krankheit weit weniger gefährlich. Auf tausend Steuerzahler mit einem Jahreseinkommen zwischen 2000 und 3500 Mark starben jährlich lediglich 3,6; wohingegen die Mortalität bei denen mit einem Einkommen von 3500 bis 5000 Mark 2,3‰ und bei den Wohlhabenden und Reichen mit einem Einkommen von über 10000 Mark pro Jahr lediglich 1,9‰ betrug. Mithin lag die Tuberkulosesterblichkeit der niedrigsten Klasse von Steuerzahlern nahezu dreieinhalbmal so hoch wie in der höchsten. Bestätigt werden diese Ergebnisse durch Vergleichszahlen aus der Zeit von 1864 bis 1873 für Braunschweig, wo die Tuberkulosesterblichkeit in der ärmsten Einkommensschicht (weniger als 100

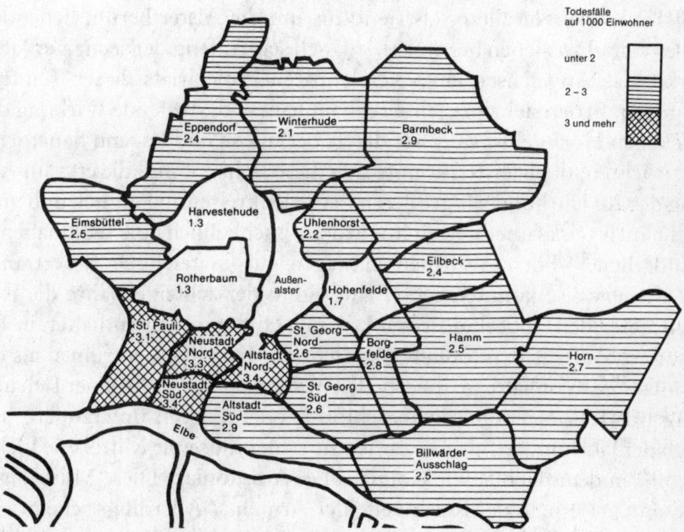

(Quelle: MS, 1894, Abb. 3)

Karte 19 Durchschnittliche Anzahl der Sterbefälle an Schwindsucht in Hamburg, 1885 bis 1895, nach Stadtteilen

Mark pro Jahr) 4,3‰ betrug, in der Einkommensgruppe derer, die zwischen 100 und 200 Mark verdienten, 3,4‰, zwischen 200 und 250 Mark 2,8‰ und über 250 Mark nur noch 1,9‰.[13] Eine Wirtschaftskrise wie die der frühen neunziger Jahre wirkte sich bei den Armen sofort dahingehend aus, daß eine noch schlechtere Ernährung als sonst ihre Widerstandskraft weiterhin schwächte. Beispielsweise stieg die Tuberkulosesterblichkeit in Barmbeck, nachdem sie während der achtziger Jahre zurückgegangen war, 1890 erneut auf 2,2‰, 1891 auf 2,3‰ und 1892 auf 2,7‰, während sie sich in Uhlenhorst im selben Zeitraum von 1,8‰ auf 2,3‰ erhöhte. In den wohlhabenderen Stadtteilen war dergleichen nicht oder kaum zu beobachten.[14]

Am auffallendsten an den Tuberkuloseziffern im Hamburg des 19. Jahrhunderts war möglicherweise nicht der Rückgang auf lange Sicht, sondern die relative Stabilität der Zahlen von Anfang der sechziger bis Ende der achtziger Jahre. Die Häufigkeit der durch diese Krankheit hervorgerufenen Todesfälle im Bürgertum und im Großbürgertum, deren Lebensstandard sich von der Mitte des Jahrhunderts an nachhaltig verbessert hatte, ging vermutlich ab Ende der vierziger Jahre kontinuierlich zurück, vor allem, als sie in die um die Alster herum liegenden Villenviertel zu ziehen begannen.[15] Doch seit Anfang der sechziger Jahre wirkte das Anwachsen eines verelendeten Proletariats dieser Tendenz entgegen. In den siebziger Jahren erkannte man die heilende Wirkung der trockenen Hochgebirgsluft auf die Tuberkulose und begann Sanatorien einzurichten, doch leisten konnte sich diese Behandlung, die erst am Anfang des 20. Jahrhunderts größeren Personenkreisen zugänglich und vielleicht auch wirksamer gestaltet wurde, ausschließlich eine wohlhabende Minderheit.[16] Für die Armen hingegen gab es reichlich Lebertran.[17] Möglicherweise konnten schon zu Beginn der achtziger Jahre die Reichen unter den Tuberkulosekranken mit Hilfe von Aufenthalten in Sanatorien häufiger den tödlichen Folgen der Krankheit entrinnen als die Armen.[18] Zuvor hatte man sie vielleicht zur Ader gelassen, einer Behandlung mit Kalomel (Quecksilberchlorid) oder Opium unterzogen, und nach der Jahrhundertmitte bekamen sie schleimlösende Mittel wie Ipekakuanha und anregende wie Cognac oder Ammoniak. Diese Mittel lagen allesamt außerhalb der Reichweite der Armen.[19] Allerdings scheint sich keine der damals praktizierten Behandlungen – mit Ausnahme eines Sanatoriumsaufenthalts – günstig auf den Verlauf der Krankheit ausgewirkt zu haben.[20] Eine Krankenhausbehandlung stand nicht zur Verfügung. In den Armenvierteln der Stadt hausten nach wie vor Familien, bei denen der Vater (weniger häufig die Mutter) arbeitsunfähig zu Hause blieb, von Hustenanfällen gequält allmählich immer schwächer wurde und sich immer weniger um sich selbst zu kümmern vermochte, bis er (oder sie) schließlich starb. Tuberkulosekranke bürdeten den betroffenen Familien oft auf Jahre zusätzliche wirtschaftliche Sorgen und seelisches Leid auf.[21]

II

Wenn beengtes Wohnen und schlechte Lüftung zu den Hauptursachen der hohen Sterblichkeit an Lungentuberkulose zählten, so führten Unterernährung, unzulängliche sanitäre Verhältnisse und unhygienische Lebensumstände zu einer ganzen Reihe anderer häufig tödlich verlaufender Erkrankungen. Die vielleicht wichtigsten regelmäßig wiederkehrenden tödlichen Infektionskrankheiten dieser Art unter Erwachsenen waren Fleckfieber (auch «Flecktyphus» genannt) und Typhus (auch als «Unterleibstyphus» bekannt). Sie gelten jetzt als getrennt voneinander zu betrachtende Krankheiten, wurden aber bis Mitte des 19. Jahrhunderts gewöhnlich zusammengefaßt, in erster Linie wegen der Ähnlichkeit ihrer Symptome. Zwar äußerte sich Fleckfieber in roten Flecken, die den ganzen Körper mit Ausnahme von Gesicht, Handinnenflächen und Fußsohlen bedeckten und bisweilen zu einer Art Ausschlag verschmolzen, aber auch von Typhus Befallene zeigten einen roten Ausschlag. Beide Krankheiten wurden von hohem Fieber begleitet, auch Übelkeit und Delirium waren häufige Merkmale. Die gefährlichere der beiden Krankheiten war das Fleckfieber; an ihm starben zwischen 20 und 50% der Erkrankten, wohingegen die Sterblichkeit beim Typhus zwischen etwa 15 und 20% geschwankt zu haben scheint. Der Tod trat beim Fleckfieber gewöhnlich durch Herzversagen ein, während er bei Typhus häufiger auf Durchfall und Darmblutungen zurückging. Der auffälligste Unterschied zwischen beiden Krankheiten ist die Art ihrer Übertragung. Den (1909 entdeckten) Fleckfiebererreger Rickettsia prowazeki übertragen Läuse von einem Menschen zum anderen; der den Typhus auslösende Mikroorganismus wird von infizierten Menschen weitergegeben, gewöhnlich über eine Verunreinigung des Wassers, der Milch oder anderer Lebensmittel durch menschliche Ausscheidungen. Beide Krankheiten hingen also mit der Ernährung sowie mit beengten und unhygienischen Wohnverhältnissen zusammen, auch wenn die Möglichkeit, daß der Typhus durch ungefiltertes Wasser verbreitet werden konnte, sein Auftreten schlechter voraussagbar machte.[22]

Obwohl Fleckfieber nur in Kriegs- und Hungerzeiten epidemische Ausmaße anzunehmen pflegte, forderten beide Krankheiten den größten Teil des 16., 17. und 18. Jahrhunderts hindurch jahrein, jahraus ihren Tribut von den Völkern Europas. Die Zahl der von ihnen im 19. Jahrhundert dahingerafften Opfer läßt sich schwer abschätzen. Die Verfasser der medizinischen Statistik Hamburgs mußten zugeben, man könne nicht «bezweifeln, daß noch bis in die neueste Zeit hinein manche unter ‹typhösen› Symptomen endende Fälle von Pneumonie, Pleuritis, Meningitis, Miliartuberculose u. s. w. irrthümlich als Typhus bezeichnet sind». Sie vertraten die Ansicht, daß die Diagnose des Typhus seit den vierziger Jahren besser geworden sei, rieten aber immer noch zur Vorsicht, was die Interpretation der Zahlen betraf.[23] Wohl scheint es seit der Jahrhundertmitte in Hamburg zu einem Rückgang der durch diese beiden Krankheiten verursachten Todesfälle von einem jährlichen Durchschnitt um 1,5 auf tausend Einwohner zwischen 1825 und 1845 bis auf etwa 0,5‰ in der Zeit von 1880 bis 1890 gekommen zu sein. Das mag zum Teil auf ein minder häufiges Auftreten des Fleckfiebers zurückzuführen sein, zum Teil aber auch, wie wir gesehen haben, auf verbesserte Diagnosemethoden. An Abbildung 4 ist erkennbar, daß schwere Epidemien in der Mitte der fünfziger, der sechziger und gegen Ende der achtziger Jahre diesen

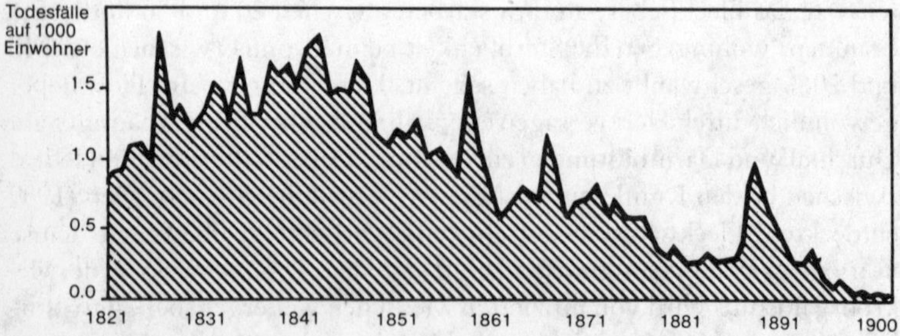

(Quelle: Die Gesundheitsverhältnisse Hamburgs im 19. Jahrhundert, Hamburg 1901, S. 222; die Zahlen bis etwa 1850 schließen Typhusfälle ein; der Gipfel von 1859 schließt wahrscheinlich Cholerafälle ein.)

Abb. 4 Fleckfieber bzw. Typhus in Hamburg, 1820 bis 1900

Rückgang unterbrachen. Damit blieb Hamburg eine der am schlimmsten betroffenen deutschen Städte. Bei Fleckfieber und Typhus als Todesursachen wurde es zwischen 1878 und 1887 lediglich von Königsberg übertroffen, wo die Häufigkeit bei 0,6 ‰ lag, sowie von Posen mit 1,0 ‰. Diese Städte lagen im Osten des Deutschen Reiches, dort sorgten nicht nur polnische und russische Wanderarbeiter, sondern auch eine ganz allgemeine und im Umland der Städte besonders ausgeprägte soziale Rückständigkeit dafür, daß Fleckfieber in einem weiter im Westen unbekannten Ausmaß auftrat. So kam es dort 1880 und 1890 zu größeren Epidemien. In Frankfurt am Main, Köln, Dresden, Leipzig, Bremen, Nürnberg und zahlreichen anderen Städten betrug die Sterblichkeit an Fleckfieber und Typhus die Hälfte oder ein Viertel des Wertes von Hamburg, sie lag selbst in München und Berlin zu jener Zeit ein gutes Drittel darunter. Wenn wir annehmen, daß das Fleckfieber damals nur im Osten ein ernsthaftes Problem war, heißt das, daß Hamburg in den achtziger Jahren von allen deutschen Städten die höchste Typhussterblichkeit aufwies.[24]

Der Hauptgrund für das gehäufte Auftreten von Typhus in Hamburg war zweifellos die Verschmutzung des Leitungswassers aus der zentralen Wasserversorgung. Da es, wie im zweiten Kapitel geschildert, nicht filtriert wurde, konnten in den achtziger Jahren Krankheitskeime in nahezu jedes Haus der Stadt gelangen; überdies nahm die Gefahr einer Verseuchung des Trinkwassers durch unbehandelte Abwässer immer mehr zu.[25] Da diese Zustände einer Typhusepidemie nahezu ideale Bedingungen boten, überrascht es nicht, daß 1886/87 prompt eine solche ausbrach. Insbesondere im Jahr 1887 erreichte die Typhussterblichkeit in Hamburg Werte, wie sie (außer im Epidemiejahr 1865) seit den fünfziger Jahren nicht mehr verzeichnet worden waren. Die relativ geringe Abweichung in den Auswirkungen der Krankheit zwischen den einzelnen Stadtteilen lag höchstwahrscheinlich daran, daß die Krankheit über die zentrale Wasserversorgung verbreitet wurde.[26] Wie es bei dem englischen Medizinhistoriker Bill Luckin heißt, hat «der Typhus im Unterschied zum Fleckfieber üblicherweise seine Opfer sowohl unter den Armen wie auch unter den relativ Wohlhabenden gefunden, vor allem in Gesellschaften, in denen es für Wasser und Lebensmittel keine wirksamen öffentlichen Gesundheitsvorschriften gab»[27]. Gewiß war, wie Tabelle 2 zeigt, die durchschnittliche Erkrankungsziffer an Typhus (also die Zahl der Erkrankungen pro tausend Einwohner) in den von Armen bewohnten Bezirken der Alt- und Neustadt von 1885 bis 1888 hoch, am höchsten aber lag sie im wohlhabenden Bezirk Harvestehude.[28]

Allerdings bedeutete das nicht, daß es beim Auftreten des Typhus keine gesellschaftlichen Unterschiede gegeben hätte. So hat Dr. Johann Julius Reincke in seiner detaillierten Untersuchung der Hamburger Epidemie von Mitte bis Ende der achtziger Jahre erklärt, in der Innenstadt, auf St. Pauli und in St. Georg, seien mehr Männer als Frauen erkrankt, in Harvestehude, Eimsbüttel, Hohenfelde und einigen weiteren Stadtteilen hingegen habe es sich umgekehrt verhalten. Er führte das darauf zurück, daß in der Innenstadt zahlreiche junge und schlechtbezahlte männliche Arbeiter von auswärts lebten und in den wohlhabenderen Vororten eine große Zahl junger weiblicher Dienstboten, seiner Ansicht nach jeweils besonders gefährdete Gruppen. Doch darf man seinen Zahlen nicht trauen, da er nicht berücksichtigte, daß mehr als ein Drittel aller Fälle auf Säuglinge und Kinder unter 15 Jahren entfiel. Zwar lag

Tabelle 2 Durchschnittliche geschlechtsspezifische Sterblichkeit an Typhus bei Erwachsenen in Hamburg, 1885 bis 1888, nach Stadtteilen

Stadtteil	Erkrankung auf 1000 Angehörige der männlichen Bevölkerung von 15 Jahren und darüber	Erkrankung auf 1000 Angehörige der weiblichen Bevölkerung von 15 Jahren und darüber
Altstadt Nord	11,6	7,4
Altstadt Süd	11,0	7,7
Neustadt Nord	10,6	7,5
Neustadt Süd	10,2	6,1
St. Georg	10,2	5,6
St. Pauli	7,9	6,0
Rotherbaum	12,5	9,0
Harvestehude	16,1	12,7
Eimsbüttel	3,1	3,4
Eppendorf	5,3	5,7
Winterhude	3,8	3,7
Uhlenhorst	7,5	7,6
Barmbeck	6,6	4,4
Hohenfelde	6,0	6,1
Eilbeck	6,7	4,0
Borgfelde	8,3	5,6
Hamm	6,6	7,1
Horn	4,1	2,9
Billwärder Ausschlag	9,8	6,0
alle Stadtteile	N = 1805 Durchschnitt = 8,3	N = 1307 Durchschnitt = 6,1

(Quelle: berechnet nach J.J. Reincke: Der Typhus in Hamburg. Mit besonderer Berücksichtigung der Epidemien von 1885 bis 1889, Hamburg 1890, S. 19; SHS, 16 [1894], S. 24f)

bei den Erwachsenen der Anteil an Typhuserkrankungen in Harvestehude mit 12,7‰ und in Rotherbaum mit 9,0‰ deutlich höher als in jedem anderen Bezirk; so belief er sich in der Altstadt auf durchschnittlich 7,6‰ und erreichte selbst im Billwärder Ausschlag lediglich 6,0‰. Neun von jeweils hundert Opfern waren weibliche Dienstboten, und es ist durchaus wahrscheinlich, daß sie überproportional stark betroffen waren, weil sie am ehesten mit verunreinigten Lebensmitteln, infizierten Wasserklosetts und dergleichen in Berührung kamen. Weitere 17% der Erkrankten waren erwachsene Frauen, die nicht der Gruppe der Dienstboten angehörten. Ihre Ansteckung ging im großen und ganzen auf ähnliche Quellen zurück.[29]

Gleichzeitig jedoch verzeichneten die wohlhabenden Stadtteile Harvestehude und Rotherbaum unter der erwachsenen männlichen Bevölkerung mit jeweils 16,1 und 12,5‰ den höchsten Anteil an Opfern. Der

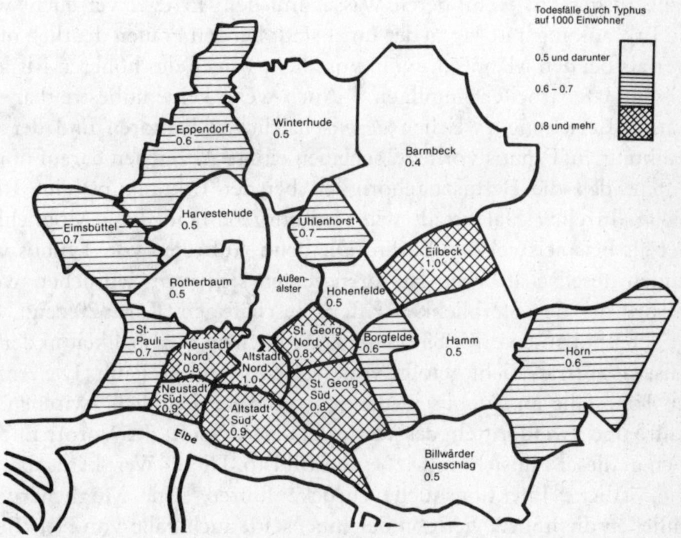

(Quelle: berechnet nach J. J. Reincke: Der Typhus in Hamburg, Hamburg 1890, S. 18f)

Karte 20 Durchschnittliche Typhussterblichkeit in Hamburg, 1885 bis 1888, nach Stadtteilen

Unterschied zwischen diesen und anderen Stadtteilen war nicht so auffällig wie bei den Frauen, aber doch erkennbar. Über die Gründe kann man nur Vermutungen anstellen. Es gab in diesem Stadtteil eine ganze Anzahl Brunnen, möglicherweise waren einige verseucht. Aber ohne genaue Angaben darüber, wer in der männlichen Bevölkerung erkrankt war, läßt sich unmöglich eine gesicherte Aussage über die Ursachen der hohen Erkrankungsziffer treffen. Jedenfalls lassen diese Zahlen das Argument eher zweifelhaft erscheinen, die Erkrankungen unter den Dienstboten seien weithin für die hohe Krankheitsziffer unter Frauen in diesen Stadtteilen verantwortlich. Leichter zu erklären ist der große Unterschied zwischen der Innenstadt mit einer durchschnittlichen Gesamt-Erkrankungsziffer von 10,9 auf tausend Bewohner und den Vororten ganz allgemein, in denen sie deutlich darunter lag (beispielsweise lauteten die Werte für Barmbeck 6,6‰, für Eppendorf 5,3‰ und für Winterhude 3,8‰). In der Innenstadt dürfte der hohe Anteil junger männlicher Hafenarbeiter an der Bevölkerung die wahrscheinlichste Erklärung liefern. Da sie gewöhnt waren, ihr Trinkwasser unmittelbar der Elbe zu entnehmen, waren sie der Infektionsgefahr in besonderem Maße ausgesetzt, wenn deren Wasser mit dem Erreger verseucht war. Die Erkrankungsrate lag in der Innenstadt bei den Frauen deutlich niedriger als bei den Männern, wohl vor allem wegen des höheren Risikos, das die Hafenarbeiter eingingen.[30] Auch wenn keine unbestreitbar eindeutige Beziehung zwischen gesellschaftlichen Faktoren und der Erkrankung an Typhus vorliegt, scheinen einige Anzeichen darauf hinzudeuten, daß die Berufszugehörigkeit bei der Erkrankung eine Rolle spielte. In einer Hafenstadt wie Hamburg bestand diese Möglichkeit eher als beispielsweise in Berlin. Die beim Auftreten von Typhus wirkenden gesellschaftlichen Faktoren zeigen sich weit deutlicher, wenn wir uns mit den Sterblichkeitsziffern beschäftigen. Karte 20 zeigt, daß bei der Epidemie von 1885 bis 1888 die höchste Sterblichkeit in der Innenstadt auftrat, dicht gefolgt von St. Georg und St. Pauli. Die Anzahl der Todesfälle an Typhus in den Vororten lag lediglich zwischen der Hälfte und zwei Dritteln des Wertes in der Altstadt; der Vorort Eilbeck wich in dieser Hinsicht mit 1‰ vom Bild ab. Dieser Wert kann aber auf eine örtliche Infektionsquelle zurückzuführen sein. Möglicherweise schließen die hohen Werte in der Innenstadt auch Fälle von Fleckfieber ein, dessen Auftreten die beengten Wohnverhältnisse dort und das gehäufte Vorkommen von Ungeziefer begünstigten. Doch berücksichtigt man, daß zu jener Zeit schon allgemein zwischen Fleckfieber und Typhus unterschieden wurde, ist eher anzunehmen, daß die hohe Sterblichkeit in der Innenstadt wieder mit ihrer Nähe zum verseuchten Wasser des Hafens und der Fleete zusammenhängt. Ungünstige sanitäre Bedingungen und die beengten Wohnverhältnisse können ohne weiteres zur Sterblichkeitsziffer in diesen Stadtteilen beigetragen haben, denn sie lag bei Säuglingen besonders hoch. Die Widerstandskraft gegen die Krankheit war unter der dort ansässigen Bevölkerung ohnehin recht gering, denn die fallspezifische Sterblichkeit (das heißt die Zahl der Todesfälle auf tausend Erkrankungen) lag hier vergleichsweise hoch: 8,4 % aller Erkrankungen in der Alt- und Neustadt verliefen tödlich, bei denen in den Vorstädten St. Georg und St. Pauli betrug der Wert 7,7 %, in Rotherbaum und Harvestehude jedoch lediglich 5,9 %. Diese im allgemeinen vergleichsweise niedrige fallspezifische Sterblichkeit zeigt übrigens, daß wir es hier mit Typhus zu tun haben: Die Sterblichkeit lag beim Fleckfieber deutlich höher.[31] Daher scheint die Schlußfolgerung zulässig, daß die Verteilung des Typhus in der Gesellschaft in gewissen Grenzen ungleich war und daß der Rückgang der Sterblichkeitsziffer bei den Wohlhabenden seit der Mitte des Jahrhunderts unter Umständen deutlicher ausfiel als bei den Armen.

Entscheidende Bedeutung kommt der hohen Gesamtsterblichkeit an Typhus in Hamburg während der zweiten Hälfte der achtziger Jahre zu. Sie überstieg in jedem einzelnen Bezirk die Rate der am schlimmsten betroffenen Teile Londons im selben Zeitraum.[32] Nach der Tuberkulose bildete unter den fünfzehn- bis fünfundzwanzigjährigen Bewohnern Hamburgs über den gesamten Zeitraum von 1872 bis 1896 der Typhus die häufigste und in praktisch allen anderen Altersgruppen eine der häufigsten Todesursachen.[33] Eine ganze Anzahl der Faktoren, die in anderen europäischen Ländern zum Rückzug des Typhus führten, waren in Hamburg Anfang der neunziger Jahre noch nicht gegeben. Das Leitungswasser wurde noch nicht filtriert, Milch und andere Lebensmittel waren nicht hinreichend geschützt, die Abwässer gelangten ungereinigt in die Elbe, das allgemeine sanitäre Niveau in der Stadt war unzulänglich, und die beengten Wohnverhältnisse in der Innenstadt verschlimmerten sich während der achtziger Jahre noch, als die Bewohner der Häuser, die abgerissen wurden, um Platz für den neuen Freihafen zu schaffen, Zuflucht in der Stadt suchten.[34] Daß die Umwelt- und Lebensbedingungen in diesen Punkten nicht verbessert wurden, führte unmittelbar zur Typhusepidemie von Mitte bis Ende der achtziger Jahre. Die immer höhere Belegung der Wohnungen könnte sogar zu einer geringen Zunahme des Auftretens an Fleckfieber geführt haben, obwohl das eher unwahrscheinlich sein dürfte. Luckin hat mit Recht darauf hingewiesen, daß das Auftreten von Fleckfieber eher mit Menschen zusammenhing, die häufig Kleiderläuse hatten (im Fall von England und Wales waren damit die Iren gemeint)[35], als mit besonderen Umweltbedingungen. Als einzige fielen in Hamburg möglicherweise die Wanderarbeiter aus Polen in diese Kategorie. Allerdings blieben sie selten sehr lange in der Stadt, und in den achtziger Jahren war die polnische Kolonie in der Stadt nicht besonders groß. Daher müssen wir eine Erklärung der hohen Typhussterblichkeit von Mitte bis Ende der achtziger Jahre in dem Umstand suchen, daß Senat und Bürgerschaft keine wirksamen sanitären Maßnahmen durchgeführt hatten und das Leitungswasser nach wie vor nicht filtriert wurde.

III

Die überragende Rolle, die Tuberkulose und Typhus als todbringende Infektionskrankheiten im 19. Jahrhundert spielten, kam ihnen nicht zuletzt deswegen zu, weil sie mit Ausnahme der Säuglinge und der über Siebzigjährigen alle Altersgruppen mehr oder weniger gleichmäßig befielen.[36] Bei anderen Infektionskrankheiten, vor allem bei Kinderkrankheiten wie Masern, Keuchhusten, Scharlach und Diphtherie, sah die Altersverteilung weniger gleichförmig aus. Während der Jahre 1872 bis 1896 kamen in Hamburg jährlich drei von tausend Einwohnern im Alter von 0 bis 3 Jahren und 2,2‰ im Alter von 1 bis 5 Jahren durch Masern ums Leben; Keuchhusten raffte alljährlich durchschnittlich 6‰ aller Kinder im Alter von 0 bis 1 Jahr und 2‰ der Ein- bis Fünfjährigen dahin; bei Scharlach betrug der Wert für Kinder von 1 bis 5 Jahren 0,4‰ und bei solchen von 5 bis 15 Jahren 0,6‰, während sich die Diphtherie für jeweils 1,8 von tausend Säuglingen, für 4,4‰ der Kinder von 1 bis 5 Jahren und bei 1,3‰ derer von 5 bis 15 Jahren als tödlich erwies. Insgesamt fielen diesen vier Infektionskrankheiten in jenem Zeitraum jährlich 11,2‰ der Säuglinge, 9,0‰ der Kinder von 1 bis 5 und 2,0‰ der Kinder von 5 bis 15 Jahren zum Opfer. Gelegentlich stiegen die Werte noch an; insbesondere die Diphtherie erreichte 1886 einen Höhepunkt, als 7,1‰ der gesamten Bevölkerung daran erkrankte.[37]

Epidemisch traten all diese Krankheiten häufig nur an bestimmten Orten auf und waren dabei mit bestimmten Infektionsquellen verknüpft.

Da Diphtherie und Scharlach häufig durch verseuchte Milch übertragen wurden, konnten sie leicht sowohl in die Häuser der Reichen wie in die der Armen gelangen.[38] Die medizinische Statistik zeigt hinsichtlich des Auftretens dieser Krankheiten in Hamburg kein nach sozialer Schichtzugehörigkeit klar unterschiedenes Muster. Auch lag die Sterblichkeit bei diesen Infektionen im Vergleich mit der anderer Städte nicht besonders ungünstig. Wie Diphtherie und Scharlach wurden auch Masern und Keuchhusten häufig durch Tröpfcheninfektion übertragen, so daß man beengtes Wohnen und schlechtes Lüften als wichtige Faktoren für deren gehäuftes Auftreten annehmen muß. Masern und Keuchhusten galten weithin als Krankheiten der Armen, von denen man annahm, daß sie Infektionen eher ausgesetzt seien und eine geringere Widerstandskraft gegen sie besäßen als die Wohlhabenderen.[39]

Bei einem Vergleich der einzelnen Stadtteile ergibt sich für das Auftreten dieser Krankheiten kein eindeutiges Verteilungsmuster. Bis Mitte der zwanziger Jahre dieses Jahrhunderts ließ sich bei Keuchhusten und Masern kein deutlicher Rückgang der Erkrankungen erkennen. Die Diphtherie- und Scharlachsterblichkeit nahm Ende der siebziger und im Verlauf der achtziger Jahre sogar noch zu.[40] Auch hier scheinen Umweltfaktoren – Verseuchung von Milch und anderen Lebensmitteln sowie die Überbelegung von Wohnungen – eine Rolle bei der Verbreitung und der Auswirkung der Infektion gespielt zu haben.

Diese Krankheiten befielen Kinder und Jugendliche, doch lauerten auf Ältere und Alte noch deutlicher erkennbar mit der Umwelt verknüpfte Gesundheitsgefahren. Sieht man einmal von der pauschalen Diagnose «Tod durch Altersschwäche» ab, unter der so manches subsumiert wurde, waren unter den Bewohnern Hamburgs über fünfzig Jahren die bei weitem häufigsten Todesursachen Erkrankungen der Atemwege – meist Bronchitis und Lungenentzündung. Von 1872 bis 1896 betrug im Jahresdurchschnitt die Sterblichkeit an akuten Erkrankungen der Atemwege 5,4 auf tausend Einwohner zwischen 50 und 70 Jahren, bei den über Siebzigjährigen immerhin 22,4‰. In der letztgenannten Altersgruppe machten übrigens auf Herzversagen zurückgehende Todesfälle zu jener Zeit jährlich 7,9‰ aus und auf Krebs zurückgehende 8,0‰. Diese Zahlen müssen mit gebührender Zurückhaltung interpretiert werden, da in jenen Jahren immerhin 68,4‰ der Todesfälle pro Jahr «anderen Todesursachen» zugeschrieben wurden (meist «Altersschwäche»). Viele davon, wenn nicht die meisten, würden heutzutage wohl als Herzversagen oder Krebs diagnostiziert. Dennoch bleibt die hohe Zahl der Todesfälle durch akute Infektionen der Atemwege eindrucksvoll. Für einen über siebzigjährigen Bewohner Hamburgs lag zu jener Zeit die Aussicht, daran zu sterben, vierundzwanzigmal so hoch wie bei einem Menschen zwischen 25 und 50, und etwa hundertmal so hoch wie bei einem zwischen 15 und 25 Jahren.[41] Insgesamt starben von 1881 bis 1890 durchschnittlich 13,2‰ der Bevölkerung Hamburgs jährlich an akuten Infektionen der Atemwege; weitere 12,5‰ an «Katarrh und Influenza» und noch einmal 6,7‰ an chronischen Infektionen der Atemwege. Zusammengerechnet entsprach das etwa dem gleichen Bevölkerungsanteil wie die Zahl der jährlichen Opfer der Lungentuberkulose (32,5‰ verglichen mit 29,9‰). Mit anderen Worten, pro Jahr starb ein Sechzehntel der Bevölkerung in der Stadt an Erkrankungen der Atemwege.[42] Kalte, feuchte Wohnungen und die allgegenwärtige Luftverschmutzung waren Faktoren, die zu dieser hohen Sterblichkeit beitrugen und dafür sorgten, daß sie – wenn sich das auch mangels verläßlicher statistischer Belege nicht eindeutig nachweisen läßt – bei den Armen wahrscheinlich deutlich höher lag als bei den Reichen.

Nicht bei all diesen Infektionskrankheiten nahm die Häufigkeit der Fälle in Hamburg im Verlauf des 19. Jahrhunderts ab. Bei Typhuserkrankungen wurde gegen Ende der achtziger Jahre ein starker Anstieg verzeichnet. Über das Auftreten von Typhus vor der Mitte des Jahrhunderts ist zu wenig bekannt, als daß man daraus einen Rückgang auf lange Sicht ableiten könnte. Erkrankungen der Atemwege scheinen 1890 ebenso weit verbreitet gewesen zu sein wie ein Jahrhundert zuvor.[43] Weder Scharlach noch Diphtherie nahmen vor dem Ende der achtziger Jahre deutlich ab. Die mörderischste Krankheit von allen, die Tuberkulose, forderte zwar zwischen den vierziger und sechziger Jahren immer weniger Todesopfer, zumindest im Bürgertum. Sofern sich aber dieser Rückgang auf die Gesamtsterblichkeit auswirkte, wurde er durch einen gleichzeitigen Anstieg bei der Säuglingssterblichkeit ausgeglichen. Wir haben bereits gesehen, daß manchen Infektionskrankheiten vorwiegend ganz junge Menschen zum Opfer fielen. Säuglinge und Kleinkinder waren, wie wir noch sehen werden, jedoch zahlreichen weiteren Gefahren ausgesetzt.

IV

In der Statistik der Todesfälle im Hamburg des 19. Jahrhunderts fällt vor allem eines ins Auge: die sehr hohe Säuglingssterblichkeit. Sie lag in den siebziger und achtziger Jahren etwa zehnmal höher als die durchschnittliche jährliche Sterblichkeit der Gesamtbevölkerung der Stadt. Nahezu jedes vierte in diesen Jahrzehnten geborene Kind starb vor der Vollendung des ersten Lebensjahres. In den achtziger Jahren betrug in Hamburg die Sterblichkeit im ersten Lebensjahr 24,2% der Lebendgeburten pro Jahr. Sie lag damit unwesentlich unter der Vergleichszahl für Berlin (27,8%), obwohl deutlich unter denen für München (33,3%) oder Chemnitz (36,7%), aber immer noch erheblich höher als die für Frankfurt am Main (17,9%) und die Schwester-Hansestädte Bremen (21,1%) und Lübeck (18,2%). Hamburg nahm also bei der Säuglingssterblichkeit unter den deutschen Großstädten etwa einen Mittelplatz ein, schnitt aber in dieser Hinsicht deutlich ungünstiger ab als beispielsweise England und Wales, wo sich in den achtziger Jahren des vorigen Jahrhunderts die jährliche Säuglingssterblichkeit durchschnittlich auf 14% der Lebendgeburten belief. Im letzten Viertel des 19. Jahrhunderts wiesen selbst die ärmsten Viertel englischer Industriestädte wie beispielsweise in Bradford eine geringere Säuglingssterblichkeit auf als der Durchschnitt aller Hamburger Stadtteile, der armen wie der reichen.[44]

Die Säuglingssterblichkeit nahm aber in Hamburg im Verlauf des Jahrhunderts eher noch zu, überstieg nach 1840 zum erstenmal den Wert von 20% der Lebendgeburten und erreichte in den siebziger bis achtziger Jahren einen Gipfelpunkt. War in den zwanziger Jahren in Hamburg etwa jeder fünfte Tote ein Säugling unter einem Jahr gewesen, hatte sich dieser Anteil in den achtziger Jahren auf ein Drittel erhöht. Das Medizinalkollegium sah sich im Jahr 1900 genötigt einzuräumen:

«Trotz aller Fehlerquellen, welche den Zahlen aus den früheren Jahrzehnten anhafteten, kann es kaum zweifelhaft sein, daß in den Zeiten vor dem Großen Brande im Verhältniss weniger Kinder gestorben sind als später. Das hängt sicher nicht von den allgemeinen sanitären Zuständen der Stadt in jener Zeit ab, sondern davon, daß damals, vor der Freizügigkeit, vor der Gewerbefreiheit, vor dem Emporkommen der Industrie, die Mehrzahl der Eltern wirthschaftlich und social in sehr viel besseren Verhältnissen lebte, als die Schaaren unserer gegenwärtigen, jung heirathenden Arbeiter, welchen die Mittel und Erfahrungen fehlen, für ihre Nachkommen ebenso gut zu sorgen, wie es früher geschehen ist.»[45]

Diese Begründung mit ihren sozial-konservativen Untertönen darf man nicht ohne weiteres gelten lassen. Zahlreiche der in ihr enthaltenen Behauptungen lassen sich nur schwer, wenn überhaupt, bestätigen oder widerlegen. Auffällig ist, daß der Rückgang der Tuberkulosesterblichkeit auf den unter Federführung des Senats erfolgten Wiederaufbau der Stadt nach dem Großen Brand 1842 zurückgeführt, die Zunahme der Säuglingssterblichkeit hingegen der Arbeiterklasse angelastet wird. Man muß zudem berücksichtigen, daß in Hamburg die Geburtenziffer bis zu den achtziger Jahren anstieg – zu jener Zeit erreichte sie kurzzeitig über 40 Lebendgeburten auf tausend Einwohner –, zweifellos gerade eine Folge der Zuwanderung junger Arbeitskräfte beiderlei Geschlechts, die das Medizinalkollegium so sehr beklagte. Allein diese Tatsache erklärt bereits zum Teil, daß die Säuglingssterblichkeit in der Stadt zwischen 1820 und 1880 von einem Fünftel auf ein Drittel aller Todesfälle anstieg; zum letztgenannten Zeitpunkt hatten Neugeborene einfach einen höheren Anteil an der Bevölkerung in der Stadt, so daß

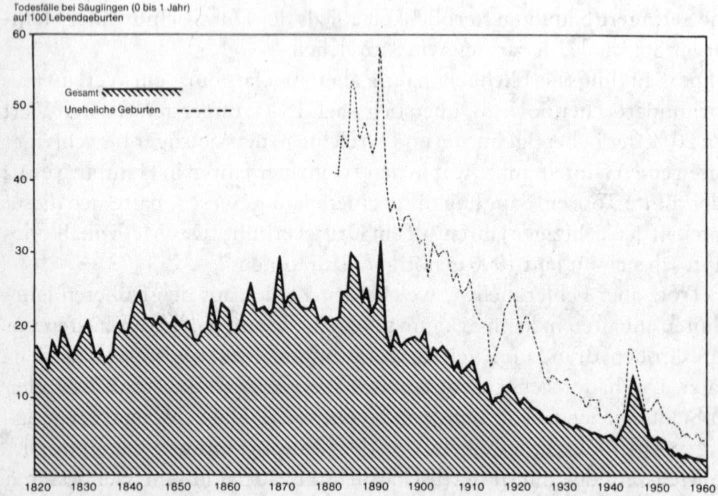

(Quelle: Hugo Meyer-Delius: Die Säuglingssterblichkeit in Hamburg seit dem Jahre 1820, in: Hamburger Ärzteblatt, 19 [1965], S. 3)

Abb. 5 Säuglingssterblichkeit in Hamburg, 1820 bis 1960

sich auf jeden Fall ihr Anteil an der Zahl der Sterbefälle insgesamt vergrößern mußte.[46]

Doch auch unter Berücksichtigung dieser Faktoren bleibt nach wie vor die Tatsache, daß in den siebziger Jahren, wie aus Abbildung 5 deutlich hervorgeht, ein höherer Anteil an Säuglingen starb als ein halbes Jahrhundert zuvor. Ein Blick auf die spezifischen Todesursachen hilft bei der Erklärung der dahinterstehenden Gründe. Die häufigste Ursache für den Tod von Säuglingen im Hamburg des 19. Jahrhunderts war «Durchfall und Brechdurchfall», oft als «Sommer-Brechdurchfall» bezeichnet. Die auf ihn zurückgehende durchschnittliche jährliche Sterblichkeit bei Säuglingen von 0 bis 1 Jahr betrug von 1872 bis 1896 71 ‰ und nahm in der zweiten Hälfte des 19. Jahrhunderts erkennbar zu, wie aus Abbildung 6 zu erkennen ist.

Zwischen 1873 und 1883 starben an Brechdurchfall etwa 46,6 ‰ der in Hamburg geborenen Säuglinge; diese Zahl stieg von 1884 bis 1889 steil auf 74,1 ‰ an. Es gibt keinen Hinweis darauf, daß dieser Anstieg auf Veränderungen bei der Diagnose oder Registrierung zurückging. Das ist auch eher unwahrscheinlich, da die Symptome unschwer zu erkennen sind. Zwei weitere Hauptursachen der Säuglingssterblichkeit,

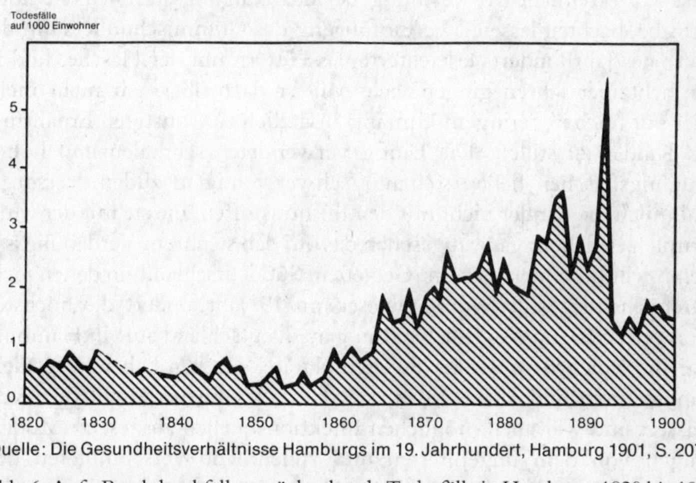

(Quelle: Die Gesundheitsverhältnisse Hamburgs im 19. Jahrhundert, Hamburg 1901, S. 207)

Abb. 6 Auf «Brechdurchfall» zurückgehende Todesfälle in Hamburg, 1820 bis 1900

nämlich Krämpfe, an denen 30,0‰ der zwischen 1879 und 1883 und 30,4‰ der zwischen 1884 und 1889 geborenen Kinder starben, sowie Auszehrung des Neugeborenen, der 30,7‰ der zwischen 1879 und 1883 und 53,4‰ der zwischen 1884 und 1889 in der Stadt geborenen Säuglinge zum Opfer fielen, waren hauptsächlich symptomatisch für Störungen im Verdauungstrakt, die sich in erster Linie auf unzulängliche und unhygienische Ernährung zurückführen ließen. Diese drei mit der Verdauung zusammenhängenden Krankheiten verursachten von 1884 bis 1889 bei Säuglingen 61 % aller Todesfälle.[47]

Das offizielle statistische Handbuch für Hamburg teilte 1891 in seinem Bericht darüber mit, «die Ursachen der großen Säuglingssterblichkeit sind in der mangelhaften Ernährungsweise der Kinder zu suchen und zwar hauptsächlich darin, daß in immer wachsenden Maße an Stelle der natürlichen Nahrung Kuhmilch oder künstliche Ersatzmittel treten»[48]. Am höchsten war die Säuglingssterblichkeit stets in den Sommermonaten und erreichte ihren Spitzenwert zwischen 1872 und 1896 jeweils im August mit durchschnittlich 34 Todesfällen auf tausend Einwohner im Alter von 0 bis 1 Jahr, verglichen mit 21‰ bzw. 22‰ für die Zeiträume Februar bis Mai und Oktober bis November.[49] Das läßt den Schluß zu, daß diese hohe Säuglingssterblichkeit vorwiegend auf Lebensmittel zurückzuführen war, die in der Sommerhitze verdarben, vor allem auf Milch. In den zwanziger Jahren des 19. Jahrhunderts hatte sich diese jahreszeitliche Abweichung bei der Säuglingssterblichkeit noch nicht beobachten lassen. Die Einführung des Gummischnullers um die Mitte des Jahrhunderts erleichterte das Füttern mit der Flasche, und in den achtziger Jahren gingen viele Mütter dazu über, gar nicht mehr oder nur noch in geringem Umfang zusätzlich zur sonstigen Ernährung des Kindes zu stillen. Die häufig verwendeten schmalen und hohen Säuglingsflaschen ließen sich nur schwer reinigen, zudem versorgte Kuhmilch die Kinder nicht mit den Immunstoffen, die sie mit der Muttermilch erhielten, ganz abgesehen davon, daß sie ihrem Verdauungssystem nicht besonders bekam. Gebiete in Süddeutschland, in denen nicht durchgehend gestillt wurde, wiesen im 19. Jahrhundert die höchsten Werte der Säuglingssterblichkeit in ganz Deutschland auf. In Hamburg war die Milch, wie wir im zweiten Kapitel gesehen haben, vor allem unhygienisch und nicht sauber, sie wurde häufig verfälscht oder verwässert und war allen möglichen Infektionsquellen ausgesetzt. Zudem gingen von dem ungefilterten und zunehmend verschmutzten Leitungswasser, in dem die Säuglinge gebadet wurden und das ihrer Milch oder sonstigen Nahrung zugesetzt wurde, weitere Gefahren für ihr ohnehin schon geschwächtes Verdauungssystem aus. Daß von den fünfziger Jahren an einem immer größeren Anteil der Bevölkerung Leitungswasser zur Verfügung stand, trug höchstwahrscheinlich in beachtlichem Umfang zur Zunahme der Säuglingssterblichkeit in den folgenden Jahrzehnten bei.[50]

Weitere Hauptursachen der Säuglingssterblichkeit waren Infektionen der Atemwege und allgemeine Schwäche. Einer Schätzung zufolge waren Atemweginfektionen in den Jahren von 1872 bis 1896 in Hamburg für 31 Todesfälle auf tausend Säuglinge verantwortlich; nach einer anderen Klassifizierungsmethode wurde diese Erkrankung bei 26 pro Tausend der in den Jahren von 1884 bis 1889 geborenen Kinder als Todesursache angegeben. In jenen Jahren führte man 10 % aller bei Säuglingen auftretenden Todesfälle auf Atemweginfektionen zurück. Schließlich war allgemeine Schwäche, vor allem als Folge von zu früher Geburt, zwischen 1879 und 1883 für 38,9 Todesfälle auf tausend Geburten verantwortlich und für 45,8‰ von 1884 bis 1889. Zwischen 1884 und 1889 schrieb man 8 % der Todesfälle bei Säuglingen einer «Lebensschwäche der Neugeborenen» zu. Diesen drei Syndromen – allgemeine Schwäche, Atemweginfektionen und Erkrankungen des Verdauungstrakts – fielen nahezu neun von zehn Säuglingen, die zwischen 1884 und 1889 im ersten Lebensjahr starben, zum Opfer. Die übrigen erlagen zumeist den im vorigen Abschnitt behandelten Infektionskrankheiten.[51]

Verseuchtes Wasser und verunreinigte Milch waren für einen Großteil der bei Säuglingen durch Erkrankungen des Verdauungstrakts auftretenden Todesfälle verantwortlich; feuchte und zu kalte Wohnungen, schlechte Lüftung und der bekannte Hamburger Smog der Herbst- und Wintermonate förderten bei Säuglingen wie bei älteren Menschen Brust- und Rippenfellentzündung, Lungenentzündung und Bronchitis; unhygienische Lebensbedingungen, unzulängliche Abwasserbeseitigung, Schmutz und Ungeziefer sorgten für eine Ausbreitung von Infektionen, für die Säuglinge besonders anfällig waren. Die meisten dieser Faktoren trafen die Armen härter als die Reichen. Wie wir gesehen haben, galt dies sogar für die Luftverschmutzung; sie war in den ärmsten Stadtteilen in der Nähe der Fabriken und des Hafens am schlimmsten. Mithin war Armut letztlich Ursache des überwiegenden Teils der Säuglingssterblichkeit. Der Historiker Reinhard Spree hat gezeigt, daß die Säuglingssterblichkeit in Preußen in der zweiten Hälfte des 19. Jahrhunderts in Familien ungelernter Arbeiter und in geringerem Umfang in denen gelernter Arbeiter und Dienstboten zunahm, nicht zuletzt wegen des höheren Anteils unehelicher Geburten in diesen Gruppen, während sie in der Mittelschicht abnahm.[52] Vergleichszahlen für Hamburg liegen nicht vor, doch finden sich bei der Säuglingssterblichkeit erwartungsgemäß Unterschiede zwischen reicheren und ärmeren Stadtteilen. Die Zahlen für Säuglingssterblichkeit nach Stadtteilen sind für Hamburg erst ab 1894 verfügbar. Obwohl sie zu jener Zeit schon den Gipfelwert der achtziger Jahre überschritten hatten und abnahmen, sind die Unterschiede noch deutlich erkennbar. Wie auf Karte 21 zu sehen ist, waren sie in der Neustadt Süd, der Altstadt Nord, den Arbeitervororten und im Billwärder Ausschlag am höchsten, wohingegen die Stadtteile Harvestehude, Rotherbaum und Hohenfelde die niedrigsten Zahlen aufwiesen. Für ein Kind, das im Billwärder Ausschlag zur Welt kam, lag die Wahrscheinlichkeit, vor Vollendung des ersten Lebensjahres zu sterben, dreimal so hoch wie bei einem in Harvestehude geborenen.

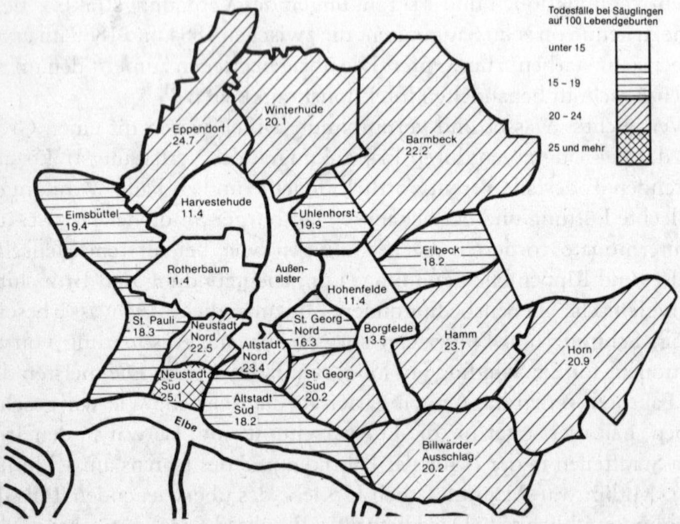

(Quelle: berechnet aus MS, 1894, S. 44; SHS, 20 [1902], S. 26f)

Karte 21 Säuglingssterblichkeit in Hamburg, 1894, nach Stadtteilen

Darin spiegelten sich letzten Endes die ungeheuren Einkommensunterschiede zwischen den beiden Bezirken, die sich der Karte 4 entnehmen lassen.

Diese Unterschiede sind eigentlich noch auffälliger, als sie im kalten Licht der Statistik erscheinen, da die Geburtenziffer, wie wir Karte 22 entnehmen können, in den ärmeren Stadtteilen höher lag als in den reicheren. Wer viele Kinder hatte, dem fiel es weniger leicht, für jedes einzelne zu sorgen; im allgemeinen ging eine geringere Zahl an Geburten Hand in Hand mit einer niedrigeren Säuglingssterblichkeit. Wohlhabendere hatten nicht nur weniger Kinder, sondern überdies Dienstboten, die sich um sie kümmerten, und sie mußten nicht unter räumlicher Enge leiden. Armut war in zweierlei Hinsicht eine Ursache der Säuglingssterblichkeit: Unterernährte Mütter brachten häufig Frühgeburten oder untergewichtige Kinder zur Welt, und deren Überlebensaussichten waren im allgemeinen sehr gering. Bei Frauen, die selbst in Armut aufge-

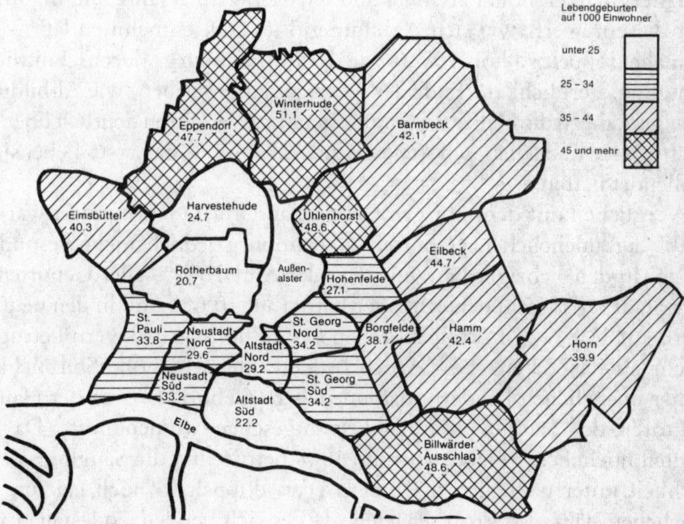

(Quelle: MS, 1892, Tab. 13g)

Karte 22 Geburtenziffer in Hamburg, 1892, nach Stadtteilen

wachsen waren und an Rachitis und anderen Mangelkrankheiten litten, war oft das Becken zu eng, was häufig zu Totgeburten führte (in den achtziger Jahren in Hamburg zwischen 3% und 4% aller Geburten). Sofern zur Erleichterung der Geburt ein chirurgischer Eingriff erforderlich war, folgten häufig gefährliche Komplikationen für Mutter und Kind.[53] Fehlende Möglichkeiten zur Körperhygiene und zum Sauberhalten der Wäsche, Schmutz und Ungeziefer in den Wohnungen sowie feuchte, schlecht gelüftete und sonnenlose Räume unterstützten die Verbreitung von Infektionen und schwächten die Widerstandskraft.[54] Die Säuglingssterblichkeit lag in vielen Teilen Deutschlands bei den Armen höher als bei den Reichen: Beispielsweise betrug sie in Berlin zwischen 1883 und 1888 unter Beamtenkindern 22,3% und erreichte unter den Kindern von Tagelöhnern 36,7%.[55]

Noch auffälliger als diese sozialen Unterschiede waren jedoch die abweichenden Sterblichkeitsziffern zwischen ehelichen und unehelichen Kindern. Beispielsweise starben in preußischen Städten von 1893 bis 1897 19,7% der ehelich geborenen Kinder im ersten Lebensjahr, hingegen 37,3% der unehelich geborenen.[56] Als zu Beginn der achtziger Jahre die Aufzeichnungen einsetzten, lag in Hamburg bei unehelichen Kindern die Sterblichkeit höher als 40% und blieb ein ganzes Jahrzehnt hindurch auf diesem Wert, wie sich Abbildung 5 (S. 260) entnehmen läßt – ein beinahe doppelt so hoher Wert wie der für Hamburgs durchschnittliche Säuglingssterblichkeit. Ende der achtziger Jahre starben, wie Abbildung 5 zeigt, nahezu die Hälfte und mindestens in zwei Jahren deutlich über die Hälfte aller unehelich geborenen Kinder, bevor sie das erste Lebensjahr vollendet hatten.

Verglichen mit dem übrigen Deutschland im 19. Jahrhundert war die Zahl der unehelichen Geburten in Hamburg jedoch nicht besonders hoch. In den siebziger Jahren betrug der Anteil 9,5% aller Geburten in der Stadt; er stieg in den achtziger Jahren auf 10,6% und in den neunzigern auf 11,8%.[57] In einigen Teilen des katholischen Bayern betrug er mehr als das Zweifache.[58] Doch bedeutet die sehr hohe Sterblichkeit unter unehelichen Kindern, daß uneheliche Geburt als einer der Hauptfaktoren der Säuglingssterblichkeit angesehen werden muß. Da der Anteil unehelicher Geburten rund 10% betrug und die Säuglingssterblichkeit unter unehelichen Kindern etwa doppelt so hoch lag wie bei ehelichen, läßt sich grob schätzen, daß es sich bei den Todesfällen von Säuglingen in Hamburg in jedem fünften Fall um ein uneheliches Kind gehandelt haben muß. Uneheliche Geburten waren in den armen Gängevierteln der Altstadt und der Neustadt besonders häufig, was zweifellos zum Ruf dieser Gebiete als Brutstätten von Unmoral und Unordnung beitrug. In den wohlhabenden Bezirken Rotherbaum und Hohenfelde erreichten sie nur ein Viertel dieses Wertes. Aber ganz allgemein bestand zwischen der Zahl der unehelichen Geburten und der Säuglingssterblichkeit in den einzelnen Stadtteilen Hamburgs keine besonders enge Beziehung. Wie Karte 23 zeigt, hing das damit zusammen, daß der Anteil der unehelichen Geburten in den neueren Arbeitervororten wie Barmbeck und Hammerbrook sowie in St. Georg Süd vergleichsweise niedrig lag. Uneheliche Geburten konzentrierten sich auf die Innenstadt, wo die im Hafen als Gelegenheitsarbeiter Tätigen, die Prostituierten und andere Unverheiratete lebten. Die Bauweise der Häuser in jenem Teil der Innenstadt erleichterte es, einzelne Zimmer zu mieten, auch der Anteil von Einlogierern und Schlafgängern lag in den Haushalten jener Stadtteile sehr hoch.[59] Die Annahme scheint berechtigt, daß unverheiratete Mütter im allgemeinen arm, wohl auch jung waren, kei-

(Quelle: SHS, 20 [1902], S. 7)

Karte 23 Prozentanteil unehelicher Geburten in Hamburg, 1892, nach Stadtteilen

nerlei Unterstützung durch die Gesellschaft erwarten durften und sich häufig gezwungen sahen, ihren Lebensunterhalt mit Arbeit zu verdienen, die den ganzen Tag in Anspruch nahm. All diese Faktoren wirkten sich nachteilig auf die Überlebenschancen ihrer Kinder aus.

Auch hier führten mangelnde Hygiene, das Fehlen von sanitären Einrichtungen, Armut, Unterernährung und das Fehlen eines sozialen Netzes zu einer höheren Sterblichkeitsziffer unter den Armen als unter den Wohlhabenderen. In jüngerer Zeit hat Reinhard Spree in seiner bahnbrechenden Untersuchung zur sozialen Ungleichheit vor Krankheit und Tod betont, welchen Einfluß die hohe Geburtenziffer in der Arbeiterklasse auf die hohe Säuglingssterblichkeit besaß. Wohl war Überbevölkerung ein wichtiger Faktor, dennoch muß hervorgehoben werden, daß nicht die hohe Geburtenziffer als solche zu einer hohen Säuglingssterblichkeit führte, sondern eher die hohe Geburtenziffer im Zusammenspiel mit Armut und allgemeiner sozialer Deprivation. Spree erklärt, die Wohlhabenderen hätten im 19. Jahrhundert, indem sie Geburtenkontrolle übten, bei der «Zunahme von Rationalität in der Lebensführung» eine Vorreiterrolle übernommen. Damit einhergegangen sei «ein wachsendes Bewußtsein für die Möglichkeit, selbstgestalterisch über das eigene Schicksal zu verfügen und mit herkömmlichen, fatalistischen, vor allem religiös und mystisch geprägten Normenvorstellungen brechen zu können»[60]. Doch hebt Spree auch den sozial abgestuften Zugang zu Gütern hervor, die sich auf die Gesundheit auswirken (Wohnungen, sanitäre Einrichtungen, sauberes Wasser), wie auch die unterschiedliche Intensität medizinischer Behandlung. Dazu muß bemerkt werden, daß die notorisch entchristianisierte Hamburger Arbeiterschaft des späten 19. Jahrhunderts kaum Anzeichen von «religiös und mystisch geprägten Normenvorstellungen» erkennen ließ. Überdies konnte zu jener Zeit für eine Arbeiterfamilie angesichts der Notwendigkeit, zusätzliche Einkommensquellen zu erschließen, eine hohe Kinderzahl durchaus vernünftig sein, vor allem, wenn man bedenkt, wie weit (oft im Verborgenen geleistete) Kinderarbeit verbreitet war. In ähnlicher Weise ist es möglich, daß Beamte die Größe ihrer Familien als Reaktion auf die nicht unbedingt rationalen Forderungen einer statusbewußten Gesellschaft begrenzten, damit sie imstande waren, einen Lebensstil mit einem hohen Maß an sichtbarem Konsum zu pflegen.

Dennoch hat Spree, wie sich am zweiten Kapitel dieses Buchs erkennen läßt, mit seiner Aussage recht, daß die Verfügbarkeit sanitärer Einrichtungen und in geringerem Maße die von sauberem Wasser sowie die für häusliche Hygiene geltenden Normen je nach Gesellschaftsschicht unterschiedlich waren. Während er die Bedeutung der Erziehung bei der Übernahme hoher Maßstäbe für Sauberkeit und Hygiene betont, muß doch berücksichtigt werden, daß den Wohlhabenden die Beschäftigung von Dienstboten, die ihnen das Haus sauberhielten, wie auch das Vorhandensein von Badezimmern, Toiletten und sonstigen Einrichtungen eine hygienische Lebensweise relativ einfach machten. Darüber hinaus läßt sich der Einfluß der Ärzte auf den Rückgang der Säuglingssterblichkeit – ein Moment, das Sprees Auffassung einer «vernunftbestimmten» Haltung der Frage gegenüber hervorhebt – keineswegs leicht feststellen. Natürlich soll damit nicht gesagt werden, daß der Ärzteschaft die hohe Säuglingssterblichkeit im Hamburg des späten 19. Jahrhunderts unbekannt war; sie reagierte im Gegenteil mit großer Besorgnis darauf.

Die Ärzte am Scheideweg

I

Im Jahr 1804 sah sich der Hamburger Senator Bartels zu der Feststellung genötigt: «... die öffentliche Gesundheitsfürsorge ist bei uns verlassener, als in jeder kleinen Landstadt.»[1] Mit dieser Ansicht stand er damals nicht allein. Ein Arzt, der sich 1802 zu Besuch in der Stadt aufhielt, äußerte sich in diesem Sinn abfällig über das Fehlen einer guten «medizinischen Polizei» in Hamburg.[2] In derartigen Klagen spiegelte sich nicht nur der äußerst unzulängliche Zustand wider, in dem sich um die Jahrhundertwende das öffentliche Gesundheitswesen der Stadt befand, sie waren auch Ausdruck einer einflußreichen neuen Ideologie. Der von dem Arzt verwendete Begriff «medizinische Polizei», einer der großen Schlachtrufe der Epoche, meinte nicht etwa eine Abteilung der Polizei, sondern eher eine Anzahl von Steuerungs- und Überwachungsmaßnahmen, zu deren Durchsetzung man allerdings Fachleute, beispielsweise Armenärzte, hätte einstellen müssen. Am ausführlichsten dargelegt findet sich das mit diesem Begriff Gemeinte in Johann Peter Franks «System einer vollständigen medicinischen Polizey», einem Werk, das 1779 in nicht weniger als sechs umfangreichen Bänden erschien.[3] Eine Historikerin hat es jüngst eine «totalitäre Utopie» genannt[4]; Franks «System» entwarf das Bild einer Zeit, in der der Staat, um die Gesundheit der dann lebenden Menschen wie auch künftiger Generationen sicherzustellen, in nahezu alle Bereiche des täglichen Lebens eingreift, von den Arbeitsbedingungen über die Eheschließung bis hin zu Schwangerschaft und Kindererziehung.

Franks Vorschlägen lag die Absicht zugrunde, den Wert des Arztberufs nachzuweisen, dessen Angehörige selbstverständlich für die Durchführung der wichtigsten Aufgaben seiner «medicinischen Polizey» verantwortlich gewesen wären. Sie bestanden im wesentlichen darin, die Bevölkerungspolitik des absolutistischen Staates durchzusetzen. Mitteleuropas Fürsten und Monarchen klagten im 18. Jahrhundert ständig über die zu geringe Bevölkerung ihrer Staaten (zum Teil noch eine Folge des Dreißigjährigen Krieges) und suchten nach Mitteln und Wegen, die daraus resultierende Knappheit an Landarbeitern, Handwerkern und Soldaten zu beheben, damit ihre Einnahmen zu erhöhen und ihre Armee zu vergrößern. Manche absolutistischen Staatswesen, wie beispielsweise Preußen, förderten zu diesem Zweck mit Nachdruck die Einwanderung und versuchten mittels weitreichender Gesetzesformen einen Anstieg der Geburtenzahl zu erreichen – beispielsweise, indem sie kinderlosen Paaren die Ehescheidung erleichterten.[5] Aus diesen Gründen durfte Frank damit rechnen, daß seine Vorschläge Gehör fanden.

Zur gleichen Zeit jedoch gab es klare Grenzen für die Bereitschaft des Staates, unter den im 18. und frühen 19. Jahrhundert herrschenden Bedingungen die Vorstellung einer solchen «medicinischen Polizey» umzusetzen. Der Medizinhistoriker George Rosen hat einmal gesagt, diese Utopie sei mit ihrem «autoritären und paternalistischen Kern» kennzeichnend für das politische System Deutschlands, das keine «individuelle Freiheit und Initiative» gekannt habe.[6] Doch wie Ute Frevert gezeigt hat, war sich der absolutistische Staat durchaus der Unmöglichkeit bewußt, Franks Vorstellungen so strikt und umfassend durchzusetzen, wie es der Autor gewünscht hatte.[7] Dem Staat standen nicht genug Arbeitskräfte zu Gebote, um auch nur einen Teil von Franks Vorstellungen zu verwirklichen, auch waren die Kommunikationsmöglichkeiten im Deutschland des 18. Jahrhunderts so unzulänglich, daß sich große Teile der Landbevölkerung über lange Zeiträume hinweg jeglicher Kontrolle durch die Zentralregierung entziehen konnten. Ein «System einer vollständigen medicinischen Polizey» ins Leben zu rufen hätte überdies weit mehr gekostet, als der Staat dafür auszugeben bereit war. Hinzu kam, daß der preußische Staat den von Frank und seinen Kollegen vorgetragenen Ansprüchen der Ärzteschaft mit gerechtfertigter Skepsis gegenüberstand.

Immerhin war die Ärzteschaft im ausgehenden 18. Jahrhundert alles andere als die allgemein respektierte Berufsgruppe, zu der sie später aufstieg. Mediziner mit einem Universitätsabschluß waren häufig für den Umgang mit Kranken und Sterbenden schlecht vorbereitet; mit nichts als theoretischem Wissen gerüstet, standen sie weitgehend noch in der Tradition der Säftelehre der alten Griechen. In der Krankheit, lernten sie, drücke sich ein Ungleichgewicht zwischen den vier «Säften» des Leibes aus: Blut, Schleim, gelbe und schwarze Galle. Die häufigsten Behandlungsmethoden waren demzufolge der Aderlaß (durch Ansetzen von Blutegeln) und durch Purgativa herbeigeführtes Erbrechen. Auf diese Weise sollte ein Überschuß des einen oder anderen Saftes vermindert werden; mit der äußerlichen oder innerlichen Anwendung von Alkohol, Heilmitteln aus Kräutern und chemischen Präparaten hingegen sollten Säfte ergänzt werden, von denen der Körper zuwenig zu enthalten schien. Insofern eine solche Behandlung überhaupt wirksam war, ähnelte sie sehr der Hausmedizin, wie sie Frauen aller Gesellschaftsschichten zur Behandlung kleinerer Beschwerden und minder schwerer Leiden anwendeten.

In Konkurrenz zu den Medizinern standen die Wundärzte, die aufgrund ihrer praktischen anatomischen Ausbildung besser als jene imstande waren, Knochenbrüche und andere Verletzungen zu behandeln. Zwar war das gesellschaftliche Ansehen dieser Wundärzte geringer, da sie auf ihren Beruf durch eine Lehre und nicht durch ein Universitätsstudium vorbereitet wurden, doch waren sie im Volke beliebter, da ihre Arbeit häufig so offensichtliche Erfolge zeigte, wie sie akademisch ausgebildete Mediziner nur schwer vorweisen konnten. Eben wegen der ungewissen Wirkungen ihrer Bemühungen waren die Ärzte außerdem gezwungen, die überall praktizierenden Quacksalber und Kurpfuscher zu dulden, deren Behandlungen häufig keineswegs gefährlicher und weniger wirksam waren als ihre eigenen.[8]

Die Mediziner der damaligen Zeit waren obendrein, da es keinerlei staatliche Krankenversicherung oder staatliches Gesundheitswesen gab, auf das Honorar angewiesen, das ihnen die Patienten zahlten. In der Praxis bedeutete das, daß sie einen großen Teil ihrer Zeit damit verbrachten, wohlhabende Hypochonder aufzusuchen und sich deren eingebildeter Wehwehchen anzunehmen. Das Anwachsen des städtischen Bürgertums im Deutschland des späteren 18. Jahrhunderts schuf für diese Dienstleistung einen expandierenden Markt, vor allem angesichts des Wertes, den die Angehörigen des Bürgertums einem geordneten, gemäßigten, disziplinierten und gesunden Lebensstil beimaßen. Die akademisch ausgebildeten Ärzte versuchten, diese steigende Nachfrage zur Verbesserung ihrer Stellung zu nutzen, indem sie das anerkannte Streben des absolutistischen Staates nach einer größeren Zahl gesünderer Untertanen für ihre Ziele einspannten. Im Ergebnis wurde gegen Ende des 18. Jahrhunderts die Vorstellung einer «medicinischen Polizey» zunehmend einflußreicher und fand schließlich Ausdruck in neuen Verfügungen, die eine Anzahl deutscher Staaten zu jener Zeit erließen, um das Gesundheitswesen zu verbessern und zu ordnen. Auch wenn noch ein weiter Weg zwischen diesen Regelungen und der von Frank befürworteten vollständigen Unterstellung der Gesellschaft unter den Primat der Medizin lag, trugen sie den Medizinern beachtliche Vorteile ein. Sie legten schärferes Einschreiten gegen Quacksalber und Kurpfuscher fest, formulierten Grundregeln ärztlichen Verhaltens und bestimmten, mit welchen Mitteln gegen größere Epidemien vorgegangen und auf welche Weise chronisch Kranke betreut werden sollten. Viele, wenn nicht die meisten der akademisch ausgebildeten Ärzte, waren neben ihrer eigentlichen Tätigkeit noch als «Physici» (von den Behörden bestallte Ärzte) tätig. Zu ihren Aufgaben gehörte es, für die Einhaltung medizinischer Vorschriften zu sorgen, Apotheker und Hebammen zu prüfen und sich um die örtlichen Krankenhäuser zu kümmern. Dafür bekamen sie ein bescheidenes Gehalt, das ihre Abhängigkeit von der Unsicherheit des Privatpatienten-«Marktes» etwas verringerte. Der von der Vorstellung einer Gesundheitspolizei ausgehende, zunehmend stärkere Einfluß bedeutete für Einkommen und Prestige der Ärzteschaft einen beachtlichen Schritt nach vorn.[9]

Da «medicinische Polizey» wie Regelungen für das Gesundheitswesen ihre Existenz in erster Linie der Bevölkerungspolitik des absolutistischen Staates verdankten, überrascht es wohl nicht sehr, daß eine liberale Handelsstadt wie Hamburg, der in keiner Weise an einem Wachstum ihrer Bevölkerung gelegen war und in der Zunftregeln zum Teil noch deswegen galten, um die Bevölkerungszahl zu begrenzen, dem Beispiel Preußens nur zögernd folgte. Im Jahr 1796 wurde endlich der erste Entwurf einer amtlichen «Medizinal-Ordnung» für die Stadt ausgearbeitet. Bedingt durch das Chaos der folgenden Jahre, vor allem während der langen französischen Besatzung, wurde sie erst zwei Jahrzehnte später eingeführt. In diesen zwanzig Jahren war der Senat erheblichem Druck ausgesetzt. Wundärzte und Apotheker wollten ihre Privilegien gesichert wissen, Ärzte wiederum forderten mit der Behauptung, die Prüfung der Wundärzte sei nichts als «eine lächerliche Farce», diese Leute als «Quacksalber» zur Rechenschaft zu ziehen. Obwohl Freihandel nach Hamburger Grundsätzen einem Monopol vorzuziehen war, scheint der Senat schließlich entschieden zu haben, daß die Regelung der medizinischen Leistungen eher unter vorbeugende polizeiliche Maßnahmen als unter die Zunftordnungen oder die den Wettbewerb des Handels regelnden Grundsätze falle. So trat schließlich am 19. Februar 1818 die Medizinal-Ordnung der Stadt in Kraft. Sie sah einen Gesundheitsrat vor, der aus zwei Angehörigen des Senats, sechs weiteren nicht-medizinischen Mitgliedern, zwei «Physici», zwei weiteren Ärzten und einem Apotheker bestand. Zu seinen Aufgaben gehörte es, den Senat in Fragen der öffentlichen Gesundheit und der medizinischen Versorgung zu beraten und Denkschriften zu allen Gesetzgebungsvorhaben auszuarbeiten, in denen es um Medizin und Gesundheitswesen ging. Für die Verwaltungspraxis der Stadt war kennzeichnend, daß man die öffentliche Gesundheit einem aus Senatoren, Laien und Fachleuten bestehenden Kollegium anvertraute, dem die «Physici», die eigentlichen Fachleute, als Teilzeitbeamte mit lediglich beratender Stimme angehörten. Deshalb mußten sie neben ihrer Mitgliedschaft im Gesundheitsrat auch ihre Privatpraxen beibehalten. Zu ihren Hauptaufgaben gehörte es, unter verdächtigen Umständen aufgefundene Leichen zu untersuchen und (zum Beispiel bei Vergewaltigungen) andere Polizeiarztpflichten zu übernehmen, den Gesundheitszustand von Rekruten festzustellen, Ärzte, Wundärzte, Apotheker und Hebammen zu prüfen, in Fällen von Geistesgestörtheit Bescheinigungen auszustellen, Quacksalber vor Gericht zu bringen und Epidemien zu bekämpfen. Mit Erfolg widmete sich der Gesundheitsrat in der ersten Hälfte des 19. Jahrhunderts einigen Hauptzielen der «medicinischen Polizey». Dazu gehörten unter anderem die Einführung der Meldepflicht für alle Fälle von Infektionskrankheiten, Obduktionen und natürlich die Ausarbeitung von Vorschriften gegen Quacksalber und Kurpfuscher. Allerdings bemängelte die Medizinerschaft im Lauf der Zeit immer mehr, daß der Gesundheitsrat vorwiegend aus Laien bestand und ausschließlich beratende Funktion besaß.[10]

Gegen Ende der sechziger Jahre waren die Forderungen nach einer Reform von Hamburgs Medizinal-Ordnung durch die Ärzte am Ort so dringlich geworden, daß man sie nicht mehr überhören konnte. Dr. Hermann Gustav Gernet, einer der beiden führenden «Physici», erklärte 1870: «Eine Reform unseres Medicinalwesens... ist jetzt unabwendbar, weil sich mit den alten, zum Theil ganz unbrauchbar gewordenen Formen in der neuen Zeit nicht mehr arbeiten läßt.»[11] Eine auf Dilettanten gestützte Organisation der medizinischen Leistungen, für die Ärzte nur während eines Teils ihrer Zeit zur Verfügung standen, erklärte er, sei einer großen Industrie- und Hafenstadt wie Hamburg nicht angemessen. Voll Neid verwies er auf England, wo die allmächtigen Medical Officers of Health (medizinisch ausgebildete Gesundheitsbeamte) bei der Reform des Gesundheitswesens federführend waren. «Was uns fehlt», schrieb er, «ist zunächst ein zeitgemäßes, auf der Höhe der heutigen Wissenschaft und Erfahrung stehendes Medicinalgesetz und eine einheitlich centralisirte Medicinalverwaltung.» Den bestehenden Gesundheitsrat nannte er «ein ganz ungeeignetes Organ», und er drängte darauf, ihn durch eine professionelle medizinische Verwaltung zu ersetzen, an deren Spitze ein Vollzeit-Mediziner ohne Privatpraxis stehen müsse.[12]

Allerdings erfüllte das Reformgesetz, zu dem er und seine Kollegen den Senat bewegten und das am 26. Oktober 1870 erlassen wurde, diese hochgespannten Erwartungen bei weitem nicht, auch wenn ein Medizinal-Kollegium, in dem die Ärzteschaft eine eindeutige Mehrheit besaß, an die Stelle des Gesundheitsrates trat. Neben den im Kollegium verbliebenen beiden Senatoren gab es nur zwei weitere Laienmitglieder, die Zahl der «Physici» hingegen wurde auf vier und die der anderen Ärzte auf drei erhöht. Dem Apotheker wurde noch ein Chemiker zugesellt, außerdem war ab 1880 der medizinische Leiter des Allgemeinen Krankenhauses im Kollegium vertreten, das jetzt aus acht medizinisch gebildeten Mitgliedern und sechs Laien bestand. Wohl hatte die Ärzteschaft endlich die oberste medizinische Behörde Hamburgs unter ihren Einfluß gebracht, doch war es ihr nicht gelungen, für diese Einrichtung eine größere Machtfülle zu erreichen. Ihre Aufgaben beschränkten sich nach wie vor auf die Beratung, und die Anwesenheit der beiden Senatoren im neuen Gremium war ein deutlicher Hinweis darauf, daß sich der Senat nach wie vor das Recht vorbehielt, Vorschriften zur öffentlichen Gesundheit zu erlassen. Einer der «Physici» wurde zum Medizinal-Inspektor (ab 1878 mit dem Titel Medizinalrat) befördert und mit Oberaufsicht über die öffentliche Gesundheit und die Ärzteschaft in der Stadt betraut. Auch diese Aufgaben waren ausschließlich beratender Art, und er übte sein Amt neben seiner ärztlichen Praxis aus. Die wirkliche Macht lag bei dem Vorsitzenden des Medizinal-Kollegiums, einem Senator, der gewöhnlich gleichzeitig das Amt eines Ersten Polizeiherrn, also des Polizeichefs, bekleidete. Vom ersten Arzt, der zum Medizinal-Inspektor ernannt wurde, hieß es, daß es «Staunen erregt hatte, als er überhaupt ein Bureau verlangte»[13]. Daß den Medizinal-Inspektor oder später den Medizinalrat keine bezahlten Beamten oder Angestellten bei seiner Arbeit unterstützten, setzte die Tradition der Verwaltung durch Amateure fort, die dem Hamburger Senat so am Herzen lag. Die Medizinal-Ordnung von 1818 wurde nicht weiter überarbeitet und blieb bis zum Ende des Jahrhunderts in Kraft.

II

Die hamburgische Medizinal-Ordnung von 1818 und die Änderung in der Zusammensetzung des Medizinal-Kollegiums, zu der es 1878 kam, hat – zusammen mit weiteren Veränderungen in den neunziger Jahren – ihr fleißigster Chronist, Heinrich Rodegra, als Musterleistung einer fortschrittlichen und den Interessen ihrer Einwohner gegenüber aufgeschlossenen Stadtverwaltung hingestellt. Immerhin habe sie damit, heißt es da, «eine straffe Organisation ohne ein Zuviel an Eingriffen in persönliche Freiheiten und Privilegien» erreicht. Rodegra sah in der Medizinal-Ordnung ein Ergebnis beständiger Bemühungen des Senats, «der Bevölkerung wieder die Sicherheit zu verschaffen, im Krankheitsfall von wirklich qualifizierten Ärzten behandelt zu werden und damit dem Unwesen der Quacksalberei unbedingt Einhalt zu gebieten».[14] Doch gibt es keine Hinweise auf eine solche Absicht des Senats, und so mutet, wie es bei der Historikerin Ute Frevert heißt, «der Verweis auf den angeblichen Wunsch der Behörden, jedem Bürger einen ‹wirklich qualifizierten› Arzt zur Seite stellen zu können, ... angesichts der sehr prekären Situation der zeitgenössischen Medizin(er) eher naiv, auf jeden Fall aber unhistorisch an»[15].

In Wirklichkeit entwickelte sich im 19. Jahrhundert die Gesundheitspolitik des Hamburger Senats unter dem Druck zweier einander widerstrebender Einflüsse. Auf der einen Seite wollten die Großkaufleute, deren Ansichten das Handeln des Senats letztlich bestimmten, Eingriffe in das Wirtschaftsleben möglichst gering halten und möglichst viel vom freien Spiel der Kräfte bewahren, auf dem die Wirtschaft der Stadt beruhte. Daher konnten sie gar nicht anders, als den Forderungen der Ärzteschaft nach einem Monopol auf dem Gesundheitsmarkt ebenso mißtrauisch zu begegnen wie deren Bemühungen, das Medizinal-Kollegium des Staates zu dominieren und die Gesellschaft durch eine Ausweitung der medizinischen Vorschriften einer Art Medizinerherrschaft zu unterwerfen.

Während der langen Vorbereitungsphase der Medizinal-Ordnung von 1818 hatte sich anfänglich der mit dieser Aufgabe betraute Senatsausschuß mit der Begründung, freier Wettbewerb sei auf dem Gebiet der Medizin ebenso erstrebenswert wie anderswo auch, dafür ausgesprochen, keine Klausel aufzunehmen, die eine Bestrafung von Quacksalbern vorsah.[16] Sicherlich hing es auch mit ähnlichen Zweifeln zusammen, daß die Medizinal-Ordnung von 1818 erst nach langer Verzögerung zustande kam; auch die fehlende Bereitschaft, den Ärzten auf dem Gebiet der öffentlichen Gesundheit mehr als eine bloß beratende Rolle zuzubilligen, dürfte auf ähnliche Erwägungen zurückgegangen sein. Dazu paßt ebenfalls, daß man 1870 die Medizinal-Odnung nicht durch schärfere Vorschriften ersetzte. Eine «medicinische Polizey» würde, sofern man sie so weit trieb, wie die Ärzteschaft es wünschte, nicht nur gegen die Lehre vom freien Wettbewerb und vom Nachtwächterstaat verstoßen, sondern auch den Senat zu beachtlichen Ausgaben für das öffentliche Gesundheitswesen zwingen. Von beiden Standpunkten aus war es nicht weiter verwunderlich, daß man dem Begehren der Medizinerschaft nicht stattgab.

Auf der anderen Seite wirkte die Zugehörigkeit der Ärzte (als akademisch ausgebildete Fachleute) zu den dominierenden Klassen der Stadt in gewissem Umfang dem Einfluß des Hamburger Wirtschaftsliberalismus entgegen. Man konnte ihre Forderungen nicht einfach so vom Tisch wischen wie beispielsweise die der gesellschaftlich untergeordneten Handwerkerzünfte. Immerhin handelte es sich um gebildete Männer aus gutem Haus, die in der Stadt etwas darstellten und zum Teil – im Lauf des Jahrhunderts und mit zunehmender Achtbarkeit des Medizinerberufes immer häufiger – sogar aus den großen Handelsfamilien stammten. So war der 1842 geborene Dr. Johann Julius Reincke, später einer der führenden Ärzte Hamburgs, mit der Familie Sieveking verschwägert, aus der später gleichfalls ein Arzt hervorging, der 1867 geborene Hermann Sieveking.[17] Senator Johann Otto Stammann (1835–1902) war Sohn eines Arztes wie auch Senator Gerhard Hachmann (1838–1904). Trotz allem genossen Medizin und Mediziner aber nach wie vor kein besonders hohes Sozialprestige. Unschwer lassen sich zum Beispiel die Namen mehrerer Senatoren anführen, die Apothekersöhne waren – beispielsweise Versmann oder Johann Heinrich Burchard (1852–1912) –, und der gesellschaftliche Abstand zwischen diesen beiden Berufen scheint während des 19. Jahrhunderts vergleichsweise klein gewesen zu sein. Sofern jemand aus einer der Hamburger Großbürgerfamilien Arzt wurde, war das immer die zweite Wahl gegenüber der Möglichkeit, ins Familienunternehmen einzutreten oder Jurist zu werden. Vielleicht entschieden sich Männer zu diesem Schritt, die aus dem einen oder anderen Grund nicht fähig schienen, den Belastungen einer Arbeit in Übersee oder der täglichen Anwesenheit an der Börse gewachsen zu sein. Es dürfte wohl kein Zufall sein, daß Johannes Amsinck (1832–1899), eines der wenigen Mitglieder des mächtigen und wohlhabenden jüngeren Zweiges dieser bedeutenden Familie, das den Arztberuf ergriff, als Kind kränklich war und von Jugend an hinkte. Die Entscheidung, Arzt zu werden, konnte man also respektieren; aber auch Hamburger Ärzte, die nicht aus einer der großen Familien stammten, waren durchaus imstande, sich über Studienfreunde, ihre Zugehörigkeit zu einer Studentenverbindung oder die Mitarbeit in den führenden Institutionen der Stadt auf dem Gebiet von Politik und Verwaltung einen Platz im gesellschaftlichen Leben der herrschenden Kreise zu erobern; eine andere Möglichkeit bot die Nachbarschaft zu den Großkaufleuten in den besseren Vierteln der Stadt. Beispielsweise wohnte Dr. Gernet in Harvestehude in der Nachbarschaft der Mercks, Woermanns und anderer bedeutender Familien. Auch spielten Ärzte, die aufgrund ihres Einkommens selbstverständlich das Bürgerrecht erworben hatten, eine wichtige Rolle in den Wohlfahrtseinrichtungen der Stadt. Nicht nur übernahmen sie leitende Aufgaben in den Bürgervereinen, sie waren auch eifrig darauf bedacht, sich in die Bürgerschaft wählen zu lassen, die in den Jahrzehnten nach der Verfassungsreform von 1860 regelmäßig zu 5 bis 6 % aus Ärzten bestand.[18]

So bildete Hamburgs Ärzteschaft eine Gruppe, auf die man in den inneren Kreisen der dominierenden Klassen hören mußte, auch wenn sie, vor allem gegen Anfang des Jahrhunderts, von eher untergeordneter Bedeutung war. Wie Gernet 1863 schrieb, gab es «ein nicht zu verkennendes gewisses Mißtrauen unter den bislang bei uns eigentlich herrschenden Berufsclassen, den Juristen und Kaufleuten, gegen die Bestrebungen der Ärzte... Das Mißtrauen mag entsprungen sein einmal aus der etwas eifersüchtigen Furcht vor Eingriffen der Ärzte in die bis dahin ziemlich unbestrittene Herrschaft dieser beiden Berufsclassen, hauptsächlich aber aus einer kaum glaublichen Unkenntnis und Indifferenz der Mehrzahl hinsichtlich dessen, was man öffentliche Gesundheitspflege nennt... Die meisten glauben, mit gelegentlichen polizeilichen Verfügungen und mit Besorgung der gerichts- und polizeiärztlichen Geschäfte sei das Notwendigste erledigt... Wir sind in dieser Beziehung gegen andere Staaten ohne Zweifel zurück.»[19]

Wie die Juristen, gerieten auch die Ärzte zwischen zwei gegenläufige Tendenzen, die ihr Bewußtsein formten. Auf der einen Seite konnten sie es sich nicht leisten – eben weil sie den unteren Rängen der dominierenden Klassen angehörten –, die zentralen Dogmen von Hamburgs herrschender Schicht in Frage zu stellen, wollten sie nicht einbüßen, worauf sie für ihr Einkommen angewiesen waren: ihren Platz beim abendlichen Diner oder am Krankenbett in den Kaufmannsfamilien. Diese Dogmen hießen Primat des Handels, freier Wettbewerb und Abscheu vor einem paternalistischen Staat. Auf der anderen Seite waren sie durch ihre Universitätsausbildung und ihre weitreichenden medizinischen Kontakte den Einflüssen der Lehre einer «medicinischen Polizey» ausgesetzt, für die ein Eingreifen des Staates Voraussetzung war.

Im Unterschied zu England, wo die Ausbildung der Ärzte in nichtstaatlichen und von der Ärzteschaft selbst überwachten medizinischen Einrichtungen erfolgte, studierten sie in Deutschland an staatlichen Universitäten. Da sich Hamburg beharrlich weigerte, eine eigene Universität zu gründen, mußten künftige Mediziner – ebenso wie künftige Juristen – eine preußische oder süddeutsche Universität besuchen, um die für ihre Laufbahn unerläßliche Qualifikation zu erwerben. Dabei gerieten sie unter den Einfluß von Medizinprofessoren, die wie Johann Peter Frank unerschütterlich die auf ein Eingreifen des Staates abzielende Lehre von der «medicinischen Polizey» befürworteten. Auch blieb es nicht aus, daß sie sich im Studium mit ähnlich gesinnten Medizinern aus anderen Teilen Deutschlands anfreundeten. Solche Kontakte wurden bei außerhalb Hamburgs stattfindenden Medizinerkongressen gepflegt, an denen selbstverständlich auch Hamburger Ärzte regelmäßig teilnahmen.

Diese einander widersprechenden Einflüsse auf die Ärzteschaft schlugen sich in der dramatischen Spaltung eines Ausschusses nieder, der Anfang der sechziger Jahre über die vorgeschlagene Reform der Medizinal-Ordnung beraten sollte. Die vier medizinischen Mitglieder aus dem Medizinal-Kollegium sprachen sich für eine beratende Gesundheitsbehörde unter der Führung eines Senators aus, wie auch für ein allgemeines Vorgehen, das «den hiesigen eigenthümlichen Verhältnissen» gerecht würde und sich «nicht allzuweit von dem Bestehenden entfernt» (zugleich sollte es natürlich «Forderungen, welche die *Neuzeit* macht, ... nicht unberücksichtigt» lassen). Doch wollte die Mehrheit der Ausschußmitglieder – sie vertrat die im Ärztlichen Verein organisierte Ärzteschaft – ein System nach englischem Muster, bei dem Medizin und polizeiliche Überwachung getrennt waren und dem Gesundheitswesen als selbständigem Zweig der Verwaltung ein eigener Stellenwert eingeräumt wurde. Sie verlangten, «die Aufgabe der Medicinal-Verwaltung nach dieser Seite hin unendlich» zu erweitern, es müsse «der ganze große Einfluß einer wissenschaftlich geleiteten öffentlichen Gesundheitspflege vollständig zur Geltung gebracht werden». Man konnte sich nicht einigen, und so verließ die Minderheit den Ausschuß unter Protest. Obwohl die Ausschußmehrheit 111 Ärzte zusammenbrachte, die im Mai 1862 deren Vorschläge in einer Bittschrift unterstützten, hatte die unter Anführung der beiden «Physici» stehende Minderheit die besten Aussichten, ihre Vorschläge durchzusetzen. Von allem anderen einmal abgesehen, ließen sie sich mit Sicherheit deutlich kostengünstiger verwirklichen als die Vorschläge der Ärzteschaft.[20]

Der Senat hatte sich willens gezeigt, vom Grundsatz des freien Wettbewerbs im Fall der Ärzteschaft abzurücken, indem er sich schließlich bereit erklärte, in die Medizinal-Ordnung von 1818 Sanktionen gegen «Quacksalber» aufzunehmen. Als Gegenleistung wurde von den Hamburger Ärzten jedoch erwartet, daß sie den Primat des Handels anerkannten und sich in Angelegenheiten der öffentlichen Gesundheit auf eine beratende Rolle beschränkten. Erst als der von der Ärzteschaft im übrigen Deutschland ausgeübte Druck überwältigend wurde, wie beispielsweise in den sechziger Jahren, unternahmen Ärzte am Ort einen ernsthaften Versuch, in Hamburg den in anderen Teilen Deutschlands bereits erreichten Stand einzuführen. Auf Gebieten aber, auf denen die Medizin im allgemeinen noch keine deutlich ausgeprägte Haltung einnahm, vermochten sie dem Sog von Hamburgs besonderer Ideologie nur schwer, wenn überhaupt, zu widerstehen. Angesichts des zwischen Großbürgertum und Ärzteschaft bestehenden Ungleichgewichts behielt ersteres gewöhnlich die Oberhand; nur unter besonderen Umständen und wenn sich Krisen zuspitzten, konnte sich das Kräfteverhältnis zugunsten der Ärzteschaft verschieben.

III

Wie medizinisches Eingreifen in die Gesellschaft Hamburgs im 19. Jahrhundert aussah, läßt sich trefflich am Beispiel der Säuglingssterblichkeit demonstrieren. Zwar unternahm der Staat verschiedentlich Versuche, die hohe Quote zu verringern, doch suchte man die Ursache weniger in den Unzulänglichkeiten der städtischen Umwelt oder in den ungleich verteilten irdischen Gütern, sondern eher in der Handlungsweise einer bestimmten Gruppe von Menschen, in diesem Fall der von Ammen und Pflegeeltern.

Schon seit langem war es üblich, Säuglinge und Kleinkinder, für die man in der Stadt nicht angemessen sorgen konnte, im Umland in Pflege zu geben. «Hamm und Horn», berichtete 1851 ein Hamburger Arzt, «sind nämlich von Kostkindern sowohl aus der Hamburger Armenanstalt als auch von Kindern meist nicht verehelichter Privatpersonen förmlich überschwemmt.» Von manchen Frauen hieß es, daß sie sich um drei Säuglinge aus der Stadt gleichzeitig kümmerten und sie zu stillen versuchten. In dieser Frage gebe es keinerlei Kontrolle oder Überwachung, klagte der Arzt und merkte an, er habe «ein solches Kostkind von der Hamburger Armenanstalt bei den schmutzigsten, trunkfälligsten und widerlichsten Leuten, den Eheleuten Wiske in Horn, im bedauernswürdigsten Zustande» angetroffen, die bereits eines ihrer eigenen Kinder durch Vernachlässigung verloren hatten. In jener Gegend hatten mehrere Eltern ihre Kinder mit Syphilis infiziert, dennoch nahmen sie Pflegekinder aus der Stadt auf.[21] Ein anderer Arzt berichtete im Dezember 1850, oft gäben Pflegeeltern ihren Kostkindern die Schuld daran, daß Infektionen aus der Stadt eingeschleppt wurden, obwohl häufig das Gegenteil der Fall war. Staatliche Kontrollmaßnahmen gebe es nicht, erklärte er und drängte den Senat, von den Frauen, die Pflegekinder aufnahmen, den Nachweis eines «moralischen Lebenswandels» sowie in jedem Einzelfall eine medizinische Untersuchung zu verlangen.[22]

Tatsächlich waren seit 1822 umfassende Vorschriften in Kraft, die eine Untersuchung der Ammen vorsahen, bevor sie ihre Tätigkeit aufnahmen. Überdies hatte man bestimmte Mindestanforderungen an die Pflege festgelegt und den Ammen verboten, mehr als einen Säugling gleichzeitig aufzunehmen. Auch vor Erlaß dieser Vorschriften hatte es verschiedene Ansätze zur Registrierung gegeben, doch meist auf freiwilliger Basis, so daß der Staat deren Durchsetzung nicht erzwingen konnte.[23] Wie Dr. Hermann Gernet rund drei Jahrzehnte später bestätigte, hatten sich diese Vorschriften als nicht besonders wirksam erwiesen, und so sahen sich 1852 die Behörden zu dem Eingeständnis gezwungen, «daß die bisherige Art und Weise, wie die sogenannten Kostkinder im Landgebiete auf die Brust oder sonst in Pflege gegeben worden, an wesentlichen Mängeln leidet und namentlich aller Aufsicht und Controlle entbehrt»[24]. Die Kinder waren in dunklen, feuchten und schmutzigen Räumen untergebracht, den Launen betrunkener Pflegemütter preisgegeben und Krankheiten ausgesetzt. Viele von ihnen, schrieb Gernet, hatten Glück, daß sie nicht sogenannten Engelmacherinnen in die Hände fielen, die es darauf anlegten, sie früh ins Grab zu bringen.[25]

Die Gewohnheit, Kinder Ammen zu übergeben, wurde von vielen Beobachtern für einen Großteil der Todesfälle bei Säuglingen im 18. und 19. Jahrhundert verantwortlich gemacht. Hugo Meyer-Delius wandte in seiner 1965 veröffentlichten Untersuchung über die Säuglingssterblichkeit in Hamburg ab 1820 sein besonderes Augenmerk den Engelmacherinnen sowie jenen Ammen und Pflegemüttern zu, die – häufig von der Kindsmutter dazu angehalten – vor allem ihnen anvertraute uneheliche Kinder mit voller Absicht vernachlässigten, was zumeist den Tod der Kinder bedeutete.[26] In einem 1893 herausgegebenen offiziellen Senatsdokument hieß es, «daß ohne eine allgemeine Controlle des Kostkinderwesens zahllose Kinder in den ersten Lebensjahren einer sorglosen Vernachlässigung oder gar dem schändlichen Gewerbe der sog. Engelmacherei zum Opfer fallen». In den Jahren 1852, 1873 und später immer wieder unternommene Versuche, diesen Teil der Kinderpflege unter staatliche Aufsicht zu bringen, hatten nur wenig Erfolg.[27] Der «Hamburgische Correspondent» schrieb sogar 1894, «die Zahl der gewissenlosen Eltern und Mütter, die ihre Kinder gegen geringe Vergütung sich vom Halse schaffen wollten, [ist] in erschreckendem Maße gestiegen. Und», so hieß es in der Zeitung weiter, «es ist bekannt genug, welches Schicksal häufig diese unglücklichen Wesen erwartet.»[28]

Im Hamburg des 18. und frühen 19. Jahrhunderts gaben in erster Linie Angehörige der ärmsten Schichten ihre Kinder Ammen auf dem Land zur Pflege. Besonders häufig sahen sich alleinstehende Mütter zu diesem Schritt genötigt. Die Wohlhabenden beschäftigten Ammen im Haus, für die die oben erwähnten Vorschriften in erster Linie gedacht waren und bei denen sie auch durchgesetzt wurden.[29] Der amerikanische Historiker William L. Langer hat darauf hingewiesen, in der europäischen Gesellschaft sei das Übergeben unerwünschter Säuglinge an Ammen Bestandteil eines größeren Musters der Familienplanung durch Kindstötung gewesen und habe bis zur zweiten Hälfte des 19. Jahrhunderts vorgeherrscht. Thomas McKeown hat sogar erklärt, der Rückgang der Kindstötungen im 19. Jahrhundert sei, zusammen mit der Verringerung der Todesfälle durch Verhungern und neben der Eindämmung der Infektionskrankheiten, die bedeutendste Einzelursache für das Bevölkerungswachstum in Europa gewesen.[30] Niemand wird das Leiden der Säuglinge und Kleinkinder unterschätzen wollen, die Engelmacherinnen und schmutzigen, nachlässigen oder kranken Pflegeeltern zum Opfer gefallen sind, doch ebensowenig darf man die Verbreitung dieser Praktiken überschätzen oder den Anteil, den sie an der Kindersterblichkeit hatten. So erwähnt Hugo Meyer-Delius in seinem Aufsatz bezeichnenderweise zwar, daß noch 1904 in Hamburg eine Engelmacherin verurteilt und hingerichtet wurde, er unterläßt es aber hinzuzufügen, daß die betreffende Frau die Kinder aus eigenem Antrieb getötet hatte, ohne von der jeweiligen Mutter einen Wink bekommen zu haben, und daß sie schließlich durch die Nachforschungen beunruhigter Eltern vor Gericht kam.[31] Die zahllosen und nie endenden Klagen von Ärzten und Beamten über die Mängel des Ammen- und Pflegeelternwesens waren Bestandteil einer weiter gefaßten Diskussion innerhalb der besorgten gebildeten Kreise, die im moralischen Fehlverhalten der Armen die eigentliche Ursache von Tod, Krankheit und Entbehrung sahen. Dieser Diskurs ist in jüngerer Zeit durch jene Historiker wieder aufgenommen worden, die die These vertreten, die große Mehrheit der Menschen habe in der Vergangenheit der Gesundheit und dem Wohlergehen ihrer Kinder gleichgültig und gefühllos gegenübergestanden. Philippe Ariès, Lawrence Stone und Edward Shorter haben übereinstimmend erklärt, das Fehlen wirksamer Empfängnisverhütung, materielle Armut und eine ohnehin hohe Säuglingssterblichkeit hätten zu einer unmenschlichen Vernachlässigung der Kinder geführt; einen prominenten Platz in ihrer Argumentation nimmt die Rolle bezahlter Ammen bei der wirksamen Beseitigung unerwünschter Kinder ein.[32]

Im Hamburg des 19. Jahrhunderts blieb unverheirateten Müttern, besonders wenn sie allein standen oder von ihren Familien verstoßen wurden, kaum eine andere Wahl, als ihre Kinder Pflegeeltern zu überlassen, damit sie weiterhin ihren Lebensunterhalt verdienen konnten. Viele Frauen starben im Kindbett, und so sahen sich auch die Armenvorsteher gezwungen, die überlebenden Kinder einer Amme anzuvertrauen. Unterernährte Mütter hatten häufig nicht genug Milch, um ihre Kinder zu stillen. Arme verheiratete Frauen mußten oft einen langen Arbeitstag außerhalb des Hauses verbringen; amtliche Regelungen, die für werdende und stillende Mütter eine ganztägige oder stundenweise Befreiung von der Arbeit vorsahen, wurden erst Ende der siebziger Jahre eingeführt und ohnehin häufig mißachtet. Bis zur Erfindung des Gummischnullers, um die Mitte des 19. Jahrhunderts, konnten Säuglinge nicht ohne weiteres ausreichend mit Kuhmilch ernährt werden[33], so daß das Stillen durch eine Amme die einzige wirkliche Alternative war. Nirgends findet sich ein Hinweis darauf, daß arme Mütter ihre Säuglinge gefühllos oder gleichgültig behandelt hätten. Ganz im Gegenteil, es existieren zahlreiche Belege für liebevolle Zuneigung und starke Gefühlsbindungen zwischen Eltern und Kindern in früheren Gesellschaften. Die gegenteilige Ansicht hat sich nicht zuletzt deshalb in den Vordergrund geschoben, weil sich so viele Historiker auf Gerichtsakten und andere Dokumente gestützt haben, in denen es um jene Eltern geht, deren Verhalten die Aufmerksamkeit der Behörden auf sich zog.[34] Im 19. Jahrhundert waren weder Kindstötung noch das Aussetzen von Säuglingen oder ihre Weggabe an Ammen besonders weit verbreitet. Auch wenn die Hamburger Behörden zu keinem Zeitpunkt Zahlen darüber vorgelegt haben, scheint die Anzahl der Fälle nicht besonders groß gewesen zu sein.

Welche Nachteile auch immer mit dem Aufenthalt bei einer Amme verbunden gewesen sein mögen, wichtiger war, daß es den ihrer Fürsorge anvertrauten Säuglingen nahezu mit Sicherheit besser ging als denen, die gar nicht gestillt wurden. Aus reichlich verfügbarem statistischem Material geht hervor, daß Kinder, die die Brust bekamen, weit bessere Überlebenschancen hatten als die anderen.[35] Angesichts der unhygienischen Umstände, unter denen im 19. Jahrhundert die Milch angeliefert wurde, kann das kaum überraschen. Gewiß waren uneheliche Kinder, wie wir gesehen haben, einer weit höheren Gefahr ausgesetzt, doch obwohl es bisweilen heißt, die große Mehrheit der unehelich Geborenen sei Ammen übergeben worden[36], findet sich kein statistisches Material, das diese Behauptung erhärtet. Der Verein zum Schutze der Haltekinder in Altona und Ottensen berichtete beispielsweise im Jahr 1880, daß 67 % der dort im Vorjahr vor Vollendung des ersten Lebensjahres gestorbenen unehelichen Kinder nicht gestillt worden waren. Die Säuglingssterblichkeit betrug 1879 in Altona insgesamt 20,8 %, bei unehelichen Kindern aber 37,3 %.[37] Wer nicht gestillt wurde, war definitionsgemäß auch keiner Amme übergeben worden, und daß Säuglinge – aus welchem Grund auch immer – nicht die Brust bekamen, scheint eine weit wichtigere Ursache der hohen Sterblichkeit unter unehelich geborenen Kindern gewesen zu sein als die Übergabe an skrupellose Ammen.

Auch hier wieder erschien es Senat wie Bürgerschaft und zuständigen Behördenvertretern, unter ihnen Angehörige der Ärzteschaft, einfacher, die hohe Sterblichkeit bei Säuglingen dem unmoralischen Verhalten der Arbeiterklasse anzulasten, als sich um die in der Infrastruktur liegenden wirklichen Ursachen zu kümmern, für die sie selbst verantwortlich waren. Gegen Ammen, die vom Pfad der Rechtschaffenheit abwichen, konnte die Polizei einschreiten, und gegen die schlimmsten Auswüchse des Handels mit verwaisten Kleinkindern der Armen konnte man Verordnungen erlassen; diese Fälle aber machten nur einen winzigen Bruchteil der in der Stadt zu verzeichnenden Todesfälle bei Säuglingen aus. Zu einem entschlossenen Vorgehen gegen die Hauptursachen der Säuglingssterblichkeit – die Überbelegung ohnehin schon unzulänglicher Wohnungen, unsauberes Leitungswasser, unhygienische Milch, eine verschmutzte Umwelt und Krankheiten – sahen sich Senat und Bürgerschaft jahrzehntelang außerstande. Eine wirkliche Verbesserung der Lage ließ sich ohne durchgreifende staatliche Intervention nicht herbeiführen, und sie hätte die wichtigsten Interessen aller Fraktionen des Kapitals berühren müssen.

IV

Selbst wenn es um Bereiche ging, in denen die Medizin vergleichsweise einfach in die Gesellschaft eingreifen konnte, handelte Hamburg nur widerwillig. Das wohl auffälligste Beispiel für dieses Zaudern erkennen wir in der Haltung der Behörden den Pocken gegenüber. Zu den Symptomen dieser auch als Blattern bezeichneten ansteckenden Krankheit gehören hohes Fieber, Kopfschmerzen, Erbrechen und vor allem die charakteristischen Pusteln, die den ganzen Körper bedecken. Sie verschorfen später, so daß für den Rest seines Lebens von tiefen Blatternarben entstellt ist, wer die Pocken übersteht.[38] Im 18. Jahrhundert gehörten sie zu den häufigsten Krankheiten. Epidemien brachen in unregelmäßigen Abständen überall in Europa aus. Zwar fielen ihnen in erster Linie Säuglinge und Kleinkinder zum Opfer, doch suchten sie in gewissem Umfang alle Altersgruppen heim. Ein deutscher Arzt schätzte im Jahr 1798, daß vier von fünf Kindern diese Krankheit bekamen, 5 % der gesamten Bevölkerung durch sie «Gesundheit oder Schönheit» einbüßten und 10 % an ihren Folgen starben.[39] Die Pocken sind bis heute nicht heilbar, es gab aber im 18. Jahrhundert einige Versuche, ihnen dadurch vorzubeugen, daß man Menschen mit ihrem gering konzentrierten Erreger impfte. Diese Praxis dürfte allerdings letztlich mehr zur Verbreitung der Krankheit als zu ihrer Eindämmung beigetragen haben. Zwar mag auf diese Weise der eine oder andere gegen Pocken immun geworden sein, doch erkrankten andere als Ergebnis der Impfung und wurden damit zu Überträgern für weitere Ansteckungen.[40] Dennoch ließ sich die Ärzteschaft nicht daran hindern, eine Impfung zu empfehlen, allein schon deshalb, weil damit bei den wohlhabenden Patienten, die sich in erster Linie impfen ließen, beträchtliche Honorare zu verdienen waren.[41]

Der britische Arzt Edward Jenner propagierte 1798 eine neue Schutzmaßnahme, die ihre Nützlichkeit rasch bewies. Die Patienten wurden mit Kuhpocken infiziert, einer den Blattern ähnlichen, aber weniger gefährlichen Krankheit. Wer mit dem Kuhpockenerreger geimpft wurde, war immun gegen die Geißel der Menschenpocken. Allerdings war auch das neue Verfahren nicht ohne Tücken: Die Impfung wurde häufig stümperhaft durchgeführt, führte nicht immer zur erhofften Wirkung und erfolgte oft unter so unhygienischen Bedingungen, daß Fälle bekannt wurden, wo durch die Verwendung unsterilisierter Nadeln andere Krankheiten übertragen wurden, unter anderem Syphilis. Die Kuhpockenimpfung («Vakzination») war im frühen 19. Jahrhundert ein sonderbarer und angsteinflößender, häufig mit schmerzhaften und unangenehmen Nebenwirkungen verbundener Vorgang.[42] Darüber hinaus – und darauf hat der Medizinhistoriker Thomas McKeown hingewiesen – war eine Massenimpfung mit dem Kuhpockenerreger als Schutzmaßnahme nicht unbedingt wirksam, denn die Immunität hielt nicht besonders lange vor, und der Staat war im frühen 19. Jahrhundert nicht imstande, dafür zu sorgen, daß eine Impfung wirklich alle Teile der Bevölkerung erfaßte. Dennoch war die Ärzteschaft der Ansicht, daß die Vorzüge des Verfahrens die Nachteile überwogen. Manche Historiker haben in neuerer Zeit seinen Erfolgen gegenüber eine zu skeptische Haltung eingenommen. Zweifellos dämmte die Impfung das Auftreten der Pocken ein, vor allem, wenn man zudem beim Ausbrechen der Krankheit sofort die Opfer identifizierte, von der gesunden Bevölkerung isolierte und festzustellen versuchte, mit wem sie in Berührung gekommen waren, um die Kontaktpersonen zu impfen.[43]

Binnen kürzester Zeit vermochten die Ärzte den König von Preußen zu einem Erlaß zu bewegen, der die örtlichen Behörden aufforderte, die Bevölkerung zu bestärken, sich impfen zu lassen. Gleichzeitig wurde die zuvor geübte und im Volk zu Recht mit Mißtrauen angesehene Praxis der Schutzimpfung durch eine Infizierung mit dem abgeschwächten Erreger der Menschenpocken gesetzlich verboten. Die Ärzte hatten sie in erster Linie bei den Wohlhabenderen praktiziert – aus ihnen bestand die überwiegende Mehrheit ihrer Patienten –, doch der preußische Staat, der den militärischen und wirtschaftlichen Nutzen einer Verminderung der Pockengefahr in der Bevölkerung erkannte, entzog den Ärzten das Monopol der vorbeugenden Behandlung und gestattete fortan auch Wundärzten, Pfarrern, Lehrern und Hebammen die Schutzimpfung mit dem Kuhpockenerreger.

In diesem Zusammenhang wurde eine ganze Reihe amtlicher Verordnungen erlassen, bis Preußen schließlich diese Impfung 1818 als Pflicht vorschrieb. In Bayern mußten sich die Bürger von 1807 an mit dem Kuhpockenerreger impfen lassen; Baden, Hessen und andere deutsche Staaten folgten diesem Beispiel einige Jahre später. Wie Ute Frevert gezeigt hat, zog der preußische Staat es vor, sein Ziel dabei eher mittelbar als über den kostspieligeren direkten Zwang zu erreichen. Doch da Kinder und Jugendliche nur dann eingeschult, konfirmiert, rekrutiert usw. wurden oder Lehrstellen bekamen, wenn sie ein Impfzeugnis vorlegten, war das Ergebnis letztlich dasselbe. Überdies galt bei einem epidemischen Auftreten der Pocken ohnehin unmittelbarer Zwang, wozu auch Pflichtimpfungen gehörten, und die Polizei bestrafte Eltern erkrankter Kinder, wenn sich herausstellte, daß sie nicht geimpft worden waren. Die Impfung mit dem Erreger der Kuhpocken fand allgemeine Verbreitung. So wurden beispielsweise in Berlin von 1844 bis 1863 auf hundert Geburten durchschnittlich 66 und in Bayern zwischen 1862 und 1871 70 Impfungen vorgenommen. Es hieß, in Preußen sei die jährliche Zahl der auf Pocken zurückgehenden Todesfälle von 40000 im Jahr 1818 (vor der Einführung der Pflichtimpfung) bis 1826 auf «bloße» 3000 gefallen.[44] Die Pockensterblichkeit betrug im Jahr 1816 in Preußen 0,5 auf tausend Einwohner; sie stieg in den darauffolgenden Jahrzehnten bis 1860 in kaum einem Jahr über 0,1 ‰ oder 0,2 ‰ an. In Brandenburg fiel die Pockensterblichkeit, die zwischen 1776 und 1780 jährlich 2,2 ‰ betragen hatte, nach Einführung der Impfpflicht zwischen 1816 und 1850 auf 0,2 ‰; in Württemberg sank die Zahl der jährlichen Todesfälle durch Pocken von 23000 zwischen 1780 und 1789, 32000 zwischen 1790 und 1799 sowie 22000 zwischen 1800 und 1809 auf weniger als 1000 in den Jahren 1811 bis 1830. Jetzt erkrankten nur noch Ungeimpfte oder Personen, die nicht die erforderliche Nachimpfung erhalten hatten, denn deren Bedeutung war noch nicht in vollem Umfang erkannt worden.

Möglicherweise war die Eindämmung der Pocken mit Hilfe der Impfpflicht im 19. Jahrhundert eine der großen Leistungen der Medizin im engeren Sinn, da sie unmittelbar zu einer deutlichen Verminderung der Sterblichkeit führte. Allerdings wurde sie erreicht auf Kosten eines massiven Eingriffs des Staates in das Recht der freien Verfügung des einzelnen über seinen Körper. Verglichen mit den in Bayern üblichen drastischen Zwangsmaßnahmen mag das preußische Impfsystem eher lax erscheinen, doch verglichen mit der Situation in Hamburg lief Preußens dichtes Netz von Vorschriften und Verfügungen, wonach allenthalben auf der Vorlage der äußerst wichtigen Impfbescheinigung bestanden wurde, auf überaus wirksame «exekutive Zwangsmittel» hinaus.[45] Tatsächlich wurde die Impfpflicht auch weithin so verstanden. Im spätabsolutistischen Preußen ließ sich die Impfpflicht relativ leicht durchsetzen, denn dort war es gang und gäbe, daß der Staat die Bevölkerung paternalistisch lenkte. Im selbstbewußt-liberalen Hamburg, wo man derartige staatliche Eingriffe in die Freiheit des einzelnen mit tiefstem Mißtrauen betrachtete, sah die Sache ganz anders aus. Noch Jahrzehnte nach der allgemeinen Einführung der Impfpflicht im übrigen Deutschland setzte Hamburg wie gewohnt auf den Grundsatz der Freiwilligkeit. Die Ärzteschaft besaß in der Stadt, wie wir gesehen haben, während der ersten Hälfte des Jahrhunderts keine besonders starke Position, und tatsächlich blieb ihr Einfluß auf den Senat bis zur Reorganisation des Gesundheitsrats im Jahr 1870 sehr begrenzt. Ein Patient konnte sich von seinem Arzt jederzeit privat impfen lassen, und viele wohlhabende Bürger taten das zweifellos auch, was den Ärzten in Hamburg eine beachtliche Einkommensquelle eröffnet haben dürfte. Doch davon, daß «Impfanstalten» eingerichtet wurden, die den Bürger kostenlos betreuten, wie beispielsweise in Berlin, konnte keine Rede sein. Niemand war bereit, dafür aufzukommen, schon gar nicht der Senat.

Zwar richtete der Ärztliche Verein eine solche Impfstelle ein, doch fanden sich nur selten Ärzte, die dort Dienst taten. So hieß es 1871 aus der Ärzteschaft, die «Impfanstalt» sei «ganz verwaist gewesen». Lediglich zwölf Personen wurden 1856 geimpft (natürlich ging man in Epidemiezeiten entschlossener vor); in den 56 Jahren, die diese Stelle existierte, wurden im Durchschnitt 720 Impfungen pro Jahr vorgenommen. Das war angesichts der Hunterttausende von Einwohnern Hamburgs nicht viel. Die Ärzte der Stadt teilten die dort herrschende Ideologie so weit, daß sie die Begeisterung ihrer preußischen Kollegen für die Impfpflicht angesichts der Besonderheit der Hansestadt als eher unpassend ansahen. Zwar wurden, worauf Dr. Hermann Gernet 1856 hinwies, nur ordnungsgemäß geimpfte Kinder in die Armenschule der Stadt aufgenommen, und eine Impfpflicht bestand auch im jenseits der Stadtgrenzen gelegenen und bis 1868 von Hamburg gemeinsam mit Lübeck verwalteten Bezirk Bergedorf. Doch wenn solche Zwangsmaßnahmen bei rechtlosen Armen und Landbewohnern zulässig schienen, so kamen sie doch für freie Bürger nicht in Frage. Die Durchsetzung der bei der Epidemie von 1823 erlassenen Verordnungen wurde nie erzwungen. Für Hamburg galt, wie Gernet berichtete: «Die große Masse der Ungebildeten, besonders der Armen, sieht die Nothwendigkeit nicht ein, oder ist zu indolent, scheut die Kosten.»[46]

Inzwischen begann aber die Hamburger Ärzteschaft zunehmend Druck auszuüben, weil sie stärker an den Angelegenheiten der Stadt beteiligt werden wollte. Dieser Druck wirkte sich zumindest teilweise bei der Reorganisation des Gesundheitsrats im Jahr 1870 aus. Nachdem ein halbes Jahrhundert lang die anderen deutschen Staaten (und ab 1835 sogar England)[47] den Beweis angetreten hatten, daß sich dank der Pflichtimpfung die Zahl der auf Pocken zurückgehenden Todesfälle vermindern ließ, empfanden die Ärzte Hamburgs ein deutliches Unbehagen – immerhin konnte man der Stadt in dieser Hinsicht allzu leicht Rückständigkeit vorwerfen. Es muß ihnen peinlich gewesen sein, in Gesprächen mit ihren Kollegen aus anderen Teilen Deutschlands, denen sie auf den für die Medizin zu jener Zeit immer wichtiger werdenden Kongressen begegneten, zuzugeben, daß sie die Verwaltung ihrer Stadt nicht hatten überzeugen können, auch nur diesen einfachen und allgemein anerkannten Schritt hin zu einer Verbesserung des Gesundheitsstandes der Bevölkerung zu tun. Natürlich blieb eine Pockenepidemie unter diesen Umständen eine durchaus reale Bedrohung. Wie Gernet 1856 bemerkte: «Dem directen Impfzwange in den uns umgebenden Bundesländern haben wir es zum Theile zu verdanken, daß Pocken sich meist nur sporadisch bei uns zeigen.»[48]

Dementsprechend unternahm die Hamburger Ärzteschaft in den sechziger Jahren einen entschlossenen Vorstoß, um die Einführung der Pflichtimpfung durchzusetzen. Ihre Vorschläge aber wies die Bürgerschaft immer wieder zurück – unter anderem mit dem Argument, «daß das Zwangs-Impfen ein unerhörter Eingriff in die Freiheits-Rechte des Menschen sei!»[49]. Medizinal-Inspektor Dr. Buek konnte im April 1860 nicht durchsetzen, daß ein Impfgesetz erlassen wurde[50], und auch Dr. Caesar Gerson, einer der eifrigsten Befürworter größerer Vollmachten für die Medizin in der Gesellschaft Hamburgs, blieb erfolglos, als er zu einem späteren Zeitpunkt im selben Jahrzehnt die Bürgerschaft zur Einführung der Impfpflicht zu bewegen versuchte.[51] Eine solche Maßnahme, hieß es 1871 in der Bürgerschaft, greife «mehr als jedes andere, das im Interesse des Gemeinwohls gegeben wird, in die persönliche Freiheit [ein]» und beeinträchtige «das erste Selbstbestimmungsrecht des Menschen, das der freien Verfügung über seinen Körper».[52] Zweifellos verbarg sich hinter diesen großartigen Grundsatzerklärungen auch die Befürchtung, es werde für den Staat recht teuer, die Impfpflicht durchzusetzen. Angesichts dessen, daß es im 19. Jahrhundert in Hamburg keine größere Pockenepidemie gegeben hatte, spielte gewiß auch ein hohes Maß an Selbstzufriedenheit mit. Schließlich hielt man solche Maßnahmen kaum für erforderlich, denn Hamburg war, wie Dr. Hermann Gernet 1870 angemerkt hatte, «im Ganzen ein gesunder Platz, fast nie treten Epidemien bei uns so verheerend auf wie an anderen Orten»[53].

Kaum ein Jahr darauf jedoch erhielt Gernets Überheblichkeit einen kräftigen Dämpfer, als aus dem Krieg gegen Frankreich nach Hamburg zurückkehrende Soldaten den Pockenerreger einschleppten. Bald schon litten Hunderte von Hamburgern an Pocken. Anfänglich schienen die Gesundheitsbehörden entschlossen, von diesem Ausbruch keine Notiz zu nehmen, und so beschwerte sich am 19. Juli 1871 eine liberale Zeitung, das «Hamburger Fremdenblatt»:

«Noch immer hüllt sich unser Gesundheitsrath in tiefes Schweigen. Während die Blattern-Epidemie immer mehr sich verbreitet, während die Sterblichkeitsziffer immer größer wird, treffen wir auch auf keine einzige Maßregel, welche darnach angethan wäre, dem Übel vorzubeugen, oder dasselbe zu lindern, und mit Recht fragt sich das Publikum: Ja, wozu haben wir denn eigentlich einen Gesundheitsrath? ... Selbst in der Aufstellung der statistischen Ziffern über Verbreitung, Mortalität etc. in der Seuche, herrscht eine Nachlässigkeit, die in einem civilisirten modernen Staate nicht vorkommen sollte.»[54]

Bis Ende Mai hatten die Pocken bereits an die 900 Todesopfer gefordert, und das war erst der Anfang. In Hamburg erlagen ihnen 1871 insgesamt 4053 Einwohner, was einer Sterblichkeit von 15,4 ‰ entspricht. Damit war die Pockenepidemie von 1871 die schlimmste aller im 19. Jahrhundert in Hamburg aufgetretenen Epidemien. Gemessen an der Einwohnerzahl forderte sie mehr Todesopfer als Cholera oder Typhus, einschließlich der Cholera-Epidemie von 1892. 9055 Opfer kamen ins Krankenhaus, 918 davon starben.[55] Falls dies Zahlenverhältnis auch für Fälle gilt, die nicht im Krankenhaus behandelt wurden, mögen insgesamt an die 40000 Menschen an Pocken erkrankt gewesen sein. 29 % aller Todesfälle, zu denen es 1871 in Hamburg kam, gingen auf die Pocken zurück.[56]

Die Pocken wüteten vor allem unter Säuglingen und Kleinkindern. In der Altersgruppe von 0 bis 1 Jahr betrug die Sterblichkeit bis zu 89 ‰. Allerdings bedeutete die auf andere Ursachen zurückgehende hohe Säuglingssterblichkeit, daß sich in jenem Jahr lediglich 24 % der Todesfälle bei Säuglingen und Kleinkindern dieser Krankheit zuschreiben lassen. Doch waren die Pocken der Grund von 47 % aller Todesfälle bei Kindern von 0 bis 5 Jahren – bei dieser Gruppe erreichte die Sterblichkeit 33 ‰ – und von genau der Hälfte aller Todesfälle bei Kindern und Jugendlichen von 5 bis 15 Jahren, gewöhnlich der gesündesten aller Altersgruppen der Bevölkerung; hier betrug die Pockensterblichkeit lediglich 8 ‰. Auf die höheren Altersgruppen entfielen bei der Epidemie von 1871 nicht mehr als zehn Todesfälle je 1000 Einwohner, doch war sie unter den Fünfzehn- bis Fünfzigjährigen für 30 % und unter den Fünfzig- bis Siebzigjährigen für 21 % der Todesfälle verantwortlich[57] – wahrhaft erschreckende Zahlen. Nirgendwo in Deutschland gab es ähnliche Werte. In Berlin waren 5216 Todesfälle zu beklagen, das entspricht einer Sterblichkeit von lediglich 6,3 ‰, weniger als in Hamburg, obwohl es auch im folgenden Jahr eine kleinere Epidemie gab, bei der weitere 1198 Menschen ums Leben kamen (eine Sterblichkeit von 1,4 auf 1000 Einwohner). Keine deutsche Stadt außer Danzig hatte 1871 eine auch nur annähernd so hohe Pockensterblichkeit zu verzeichnen wie Hamburg. Wie es später in der offiziellen Medizingeschichte der Stadt heißt, zeichnete sich Hamburg «vor ganz Deutschland aus durch die Schwere seiner Pockenepidemie»[58].

Die Pockenepidemie von 1871 rief hauptsächlich deshalb einen Proteststurm hervor, weil Hamburg keine gesetzliche Impfpflicht eingeführt hatte. Wie Hermann Gernet am 13. Juli zugab: «Es ist unglaublich, wie groß die Zahl der Ungeimpften bei uns war und noch ist.» Im übrigen ist es bezeichnend, daß er bei dieser Gelegenheit trotz seiner früheren Kritik am Senat und an den Gesundheitsbehörden als deren Verteidiger auftrat. Die «Hamburger Nachrichten» befanden am 20. Juli: «Die Zahl der Todesfälle an Pocken in Hamburg aber erscheint im Verhältniß zur Einwohnerzahl bedeutender als die in irgend einer europäischen großen Stadt, z. B. in London, weil bei uns nicht einmal die erste Impfung gesetzlich vorgeschrieben ist.»[59] Dr. Fischer, der dreißig Jahre lang an einer Impfstelle in Westfalen tätig gewesen war, erklärte, die Epidemie habe in Hamburg schlimmer gewütet als anderswo, und kritisierte in scharfen Worten die Untätigkeit der Hamburger Behörden auf diesem Gebiet.[60] Bereits am 3. August richtete der Senat 15 «Impfanstalten» ein und setzte ein umfangreiches Impfprogramm in die Tat um.[61]

Immerhin lieferte die Epidemie auch ein Argument für die Einführung der Pflichtimpfung, dem deren Gegner in der Stadt nichts entgegenzusetzen hatten. Das Ausmaß der Katastrophe war so groß, daß sich der Senat gezwungen sah, unverzüglich etwas zu unternehmen, um das Vertrauen der Öffentlichkeit wiederzugewinnen. Im selben Jahr wurde ein Gesetz zur Impfpflicht verabschiedet, und zwei Jahre später berichtete Medizinal-Inspektor Dr. Johann Caspar Theodor Kraus: «Bald stellte es sich heraus, daß der Anspruch des Publikums weit größer war, als man vermutet hätte.»[62] Nach dem Schock von 1871 wurde Pockenimpfung mit einem Mal Mode, und die Krankheit suchte die Stadt nie wieder in Form einer Epidemie heim. Doch war Hamburg dem Reich nur um weniges zuvorgekommen: Drei Jahre später, 1874, machte das Reichsimpfgesetz im ganzen Deutschen Reich die Pockenschutzimpfung verbindlich. Seither nahm die Pockensterblichkeit überall in Deutschland deutlich ab; in Preußen sank die Ziffer von 0,2 oder 0,3‰ im Jahresdurchschnitt ab 1876 auf weniger als 0,05‰. In den Epidemiejahren 1871/72 starben in Preußen insgesamt 125000 Menschen an den Pocken; 1877 lag die Zahl bei lediglich 88. Nach 1872 wurde die Zahl der Krankheitsfälle in Hamburg verschwindend klein.[63]

Die Pockenepidemie von 1871 zeigte ebenso wie die im Jahr zuvor erlassene Medizinal-Reform, daß der Einfluß der Ärzteschaft in Hamburg begrenzt war. Trotz des länger als ein Jahrzehnt währenden Drucks vermochte sie den Senat nicht dazu zu bewegen, daß er Geld für eine Schutzimpfung ausgab – und das zu einer Zeit, da nahezu überall in Deutschland Impfpflicht herrschte. Das Streben nach weitergehender medizinischer Intervention in die Gesellschaft war an der machtvollen hamburgischen Ideologie des Nachtwächterstaates gescheitert. Die Bereitwilligkeit, mit der die Ärzteschaft der Stadt den Senat nach Ausbruch der Epidemie verteidigte, lieferte zugleich einen überdeutlichen Hinweis auf ihre Stellung im Machtgefüge Hamburgs. Männer wie Caesar Gerson, die das Versagen des Senats auf dem Gebiet medizinischer Reformen frontal angriffen, waren in der Minderheit. Wer offen Kritik am Senat übte, stellte sich auf eine Stufe mit den geschmähten Hamburger «Demokraten» – von Hamburgs dominierender Schicht wurde nur akzeptiert, wer sich angesichts einer Krise mit ihr solidarisierte. Natürlich verlangten die Ärzte einen Preis für ihre Loyalität, und als unmittelbare Folge der Pockenepidemie von 1871 wurden die 1870 im Medizinal-Kollegium beschlossenen Veränderungen umgesetzt.[64] Die Ärzte wußten, daß sie unter dem Strich mehr zu gewinnen hatten, wenn sie sich den Behörden gegenüber solidarisch verhielten, als wenn sie in Opposition zu ihnen gingen.

Auch die Verbreitung der Blattern wurde vor allem durch beengtes Wohnen sowie schlecht belüftete Wohn- und Arbeitsräume gefördert. Deshalb litten die Armen am stärksten unter dieser Krankheit wie schon unter der Tuberkulose, der anderen Geißel des 19. Jahrhunderts. Unglücklicherweise liegen für die Hamburger Epidemie von 1871 keine statistischen Angaben vor, die die schichtspezifische Verteilung nachzuweisen vermögen; doch zeigen Zahlen aus Braunschweig für die Jahre 1864 bis 1873, daß in der Einkommensgruppe derer, die weniger als 75 Mark verdienten, im Durchschnitt 5,1 ‰ an Pocken erkrankten, während die Ziffer bei denen, die zwischen 75 und 100 Mark verdienten, auf 2,8 ‰ zurückging und in den höheren Einkommensgruppen noch stärker fiel. Die Zahlen sehen für die höheren Einkommensgruppen wie folgt aus: 100 bis 150 Mark 2,3 ‰, 150 bis 200 Mark 1,2 ‰, 200 bis 250 Mark 0,8 ‰ und über 250 Mark 0,3 ‰. Die Verteilung der Todesfälle entsprach dem in etwa, wobei die Pockensterblichkeit in der untersten Einkommensgruppe 0,6 ‰ betrug, in den beiden nächsthöheren 0,3 ‰, in der Gruppe 150 bis 200 Mark 0,2 ‰. In den Einkommensgruppen darüber waren keine auf Pocken zurückzuführenden Todesfälle zu verzeichnen.[65]

Der Hamburger Senat reagierte auf die Pockenepidemie von 1871 so, als gebe es sie nicht. Seine Losung hieß Vertuschen und Untätigkeit. Zweifellos bemühte er sich, auf diese Weise Handelsinteressen zu schützen und zu verhüten, daß andere Häfen Quarantäne über Schiffe aus Hamburg verhängten. Vielleicht fürchtete er auch, durch eine aufsehenerregende öffentliche Bestätigung des Ausbruchs der Krankheit eine Panik unter der Bevölkerung hervorzurufen. Dieses Verhalten war für die Hamburger Behörden bei Epidemien durchaus kennzeichnend und ließ sich bei zahlreichen anderen Gelegenheiten im Verlauf des 19. Jahrhunderts beobachten, wie wir in den nächsten Kapiteln sehen werden. Dennoch unterschieden sich die Pocken von allen anderen epidemisch auftretenden Krankheiten jener Epoche in einem entscheidenden Punkt: Anders als bei Typhus, Tuberkulose oder Cholera ließ sich ihr Auftreten durch eine einfache Prophylaxe in Gestalt einer Impfung verhindern. Wenn Senat und Ärzteschaft zu jener Zeit nicht einmal fähig waren, eine so unkomplizierte Maßnahme durchzusetzen, um damit eine Katastrophe zu vermeiden – was durfte man dann bei den anderen tödlichen Krankheiten erhoffen, vor denen nur sehr weitgehende Reformen des Gesundheitswesens und der gesellschaftlichen Infrastruktur schützten?

Die Geißel aus Asien

I

Zu Beginn der dreißiger Jahre des 19. Jahrhunderts sahen sich die Europäer unvermittelt einer gänzlich neuen und überaus gefährlichen Krankheit gegenüber: der Cholera. Sie kam aus Asien, profitierte vom Aufschwung der Industrie und des Handels in Europa und faßte sogleich in der sich damals herausbildenden europäischen Industriegesellschaft Fuß. Sie nutzte viele der auffallendsten Kennzeichen dieser Gesellschaft, angefangen von der Verstädterung und der Zusammenballung von Menschen bis hin zur Umweltverschmutzung und zur gesellschaftlichen Ungleichheit, und machte sie darüber hinaus noch deutlicher erkennbar. Wenn diese Krankheit, die auf dem indischen Subkontinent lange endemisch aufgetreten war, im frühen 19. Jahrhundert durch eine Kombination verschiedener Faktoren die übrigen Teile der Welt erreichen konnte, so war an ihrer Verbreitung unter anderem die Expansion des britischen Weltreichs mit seinen in großem Maßstab abgewickelten Waren- und Menschenbewegungen beteiligt wie auch die rasche Zunahme des Handels zwischen Indien und Europa als Begleiterscheinung der industriellen Revolution im Vereinigten Königreich.

Ein größerer Ausbruch der Cholera, zu dem es 1817 in Bengalen gekommen war, erreichte zwei Jahre später die Insel Mauritius; im Jahr 1824 hatte sich die Cholera in ganz Südostasien ausgebreitet. Als noch verhängnisvoller erwies sich, daß Händler die Seuche durch Afghanistan weiterschleppten; auf diesem Weg erreichte sie 1823 Astrachan an der Mündung der Wolga ins Kaspische Meer. Nach einer kurzen Atempause um die Mitte der zwanziger Jahre tauchte sie wieder in Persien auf, überquerte erneut das Kaspische Meer und drang im August 1829 weiter nordwärts vor bis Orenburg am Südwestrand des Urals. Kaufleute auf dem Weg zur und von der alljährlich stattfindenden bedeutenden Messe in Nischnij-Nowgorod verbreiteten sie von diesem neuen Zentrum aus, außerdem zog sie unabhängig davon an Astrachan vorbei wolgaaufwärts, im September 1830 erreichte sie dann Moskau. Ein größeres russisches Kommandounternehmen gegen einen Aufstand in Polen sorgte 1831 dafür, daß sie weiter nach Westen gelangte; im Juli hatte sie den Ostseehafen Riga erreicht.[1]

Schon bald trafen in Westeuropa Berichte über diese neue gräßliche und todbringende Krankheit ein. Anfangs empfanden ihre Opfer ein unbestimmtes Unwohlsein, wozu auch das Gefühl einer leichten Taubheit gehörte. Dem folgte sehr schnell ein Stadium heftiger und lange anhaltender Anfälle von Erbrechen und Durchfall; die Ausscheidungen wurden dann gewöhnlich als dem «Reiswasser» ähnlich beschrieben, und die Opfer konnten bis zu einem Viertel ihrer Körperflüssigkeit verlieren. Kein Wunder, daß darauf ein Zusammenbruch folgte, in dessen Verlauf sich das Blut verdickte, so daß der Körper den Kreislauf nicht mehr aufrechterhalten konnte. Die Haut wurde blau und «wellig», die Augen lagen tief in ihren Höhlen und blickten stumpf, Hände und Füße waren eiskalt. Schmerzhafte Muskelkrämpfe marterten die Opfer und ließen sie immer wieder zusammenzucken. Ihrer Umgebung gegenüber schienen sie nun gleichgültig zu sein, obwohl sie nicht in allen Fällen das Bewußtsein verloren. In diesem Zustand kam es in etwa der Hälfte aller Fälle durch Herz- und Nierenversagen infolge akuter Dehydration und des Verlustes lebenswichtiger Elektrolyte und anderer gelöster Stoffe zum Tode, oder aber der Kranke erholte sich mehr oder weniger rasch. All diese Symptome konnten binnen fünf bis zwölf Stunden auftreten, gewöhnlich dauerte es aber etwa drei oder vier Tage, bis das Endstadium erreicht war. Die heutige Medizin fügt die Erkenntnis hinzu, daß die Inkubationszeit mindestens 24 Stunden und höchstens fünf Tage zu betragen scheint. Der infektiöse Status dauert gewöhnlich etwa ebenso lange an (24 Stunden bis acht Tage), er kann aber auch von längerer Dauer sein.[2]

Als Erreger der Krankheit wird das Bakterium Vibrio cholerae angesehen, das unter feucht-warmen Bedingungen gedeiht, vor allem in stehendem Wasser und in Brackwasser. Es vermehrt sich überaus rasch in warmem Wasser, überlebt aber auch bei niedrigen Temperaturen bis zu zwanzig Tagen. Obwohl die Übertragung am leichtesten über das Wasser erfolgt, kann Vibrio auch auf Lebensmitteln überdauern, vor allem auf Obst und Gemüse, die mit verseuchtem Wasser gewaschen wurden. In Butter hält er sich bis zu einem Monat, Milch bietet ihm ebenfalls ein gastliches Milieu. Diese Fakten sind wichtig, denn ausbrechen kann die Krankheit nur, wenn der Erreger in den Verdauungstrakt des Menschen gelangt. Das geschieht immer über den Mund, wozu es schon genügt, die Lippen mit infizierten Händen zu berühren, obwohl die Cholera eigentlich nur von einer massiven Infektion mit dem Bakterium ausgelöst wird. Weitere Möglichkeiten der Ansteckung entstehen durch die Ausscheidungen Cholerakranker, in ihnen überlebt das Bakterium bis zu 15 Tagen, eine Woche bleibt es im gewöhnlichen Staub virulent. Kontaminierte Kleidungs- und Wäschestücke, vor allem die Bettwäsche Infizierter, sind wichtige Übertragungsquellen, sofern jemand sie anfaßt, der später die Hand an den Mund führt. Die Übertragung von einem Menschen zum anderen erfolgt häufig durch die Kontaminierung von Lebensmitteln, Kleidungsstücken oder Badezimmer- und Toiletteneinrichtungen. Auch Fliegen können Überträger der Cholera sein.

Die beste Möglichkeit, den Cholera-Erreger zu bekämpfen, bietet besonders sorgfältige Körperhygiene. Unerläßlich ist häufiges Händewaschen, vor allem nach dem Kontakt mit infizierten Personen und kontaminierten Gegenständen (zum Beispiel nach der Benutzung einer Gemeinschaftstoilette). In Leitungswasser, Milch oder auf Lebensmitteln befindliche Bakterien lassen sich durch Hitze (Abkochen oder Bakken) abtöten. In Wein oder anderen alkoholischen Getränken halten sie sich nur wenige Minuten, in Bier mehrere Stunden. Säuren – und dazu gehören auch die Magensäure und viele Desinfektionsmittel – verträgt der Erreger nicht. Durch Sandfiltration läßt sich verhindern, daß er in die Wasserversorgung gelangt, denn im Wasser auftretende Bakterien greifen bei diesem Verfahren die Vibrionen an und vernichten sie rasch. Aus all dem geht hervor, daß Cholera-Epidemien bevorzugt in feuchtwarmen Klimazonen ausbrechen und häufig über verseuchtes Leitungswasser verbreitet werden, vor allem im Verein mit unzulänglicher Abwasserbeseitigung. Auch Körperkontakte spielen eine Rolle. Besonders gefährlich sind schmutzige und beengte Wohnungen sowie Gemeinschaftstoiletten. Im größeren geopraphischen Rahmen wird die Krankheit durch Kranke und Überträger verbreitet, die im Land umherreisen. Verseuchtes Flußwasser trägt die Krankheit flußabwärts weiter. Diese Faktoren insgesamt bedeuten, daß eine Hafenstadt mit einem unzulänglichen öffentlichen Sanitärsystem der Cholera besonders günstige Bedingungen für ihre Verbreitung bieten mußte.[3]

Im Empfinden des 19. Jahrhunderts war die Cholera eine Krankheit mit wahrhaft entsetzlichen Folgen. Die Gesellschaft hatte sich weithin mit der Säuglingssterblichkeit wie auch mit den schleichenden und ständig drohenden Krankheiten zum Tode, beispielsweise der Schwindsucht, abgefunden; sie hatte ein ganzes System von Verhaltensweisen und Einstellungen entwickelt, die ihr halfen, sich einer Wirklichkeit zu stellen, in der solche Todesfälle an der Tagesordnung waren. Das 19. Jahrhundert war das Zeitalter des schönen Todes, wie ihn Philippe Ariès beschrieben hat. Die Literatur war voll erbaulicher Szenen am Sterbebett, sie malten aus, wie der Tod den Menschen allmählich ergriff und körperliches Leiden in ätherische Schönheit verwandelte, die dem Sterbenden langsam, aber sicher eine im Alltagsleben unerreichbare moralische Reinheit verlieh.[4] Die beständige Anwesenheit des Todes in der Familie ließ ihn leichter erträglich scheinen. In den meisten Fällen, in denen er ausnahmsweise rasch und gewaltsam eintrat, wie beispielsweise auf dem Schlachtfeld, konnte man sich gewöhnlich über die Ideologie des Heldentums, der ritterlichen Tugend oder der Selbstaufopferung mit ihm abfinden. Selbst für einen schändlichen Tod wie den durch Selbstmord oder am Galgen gab es genau festgelegte Rituale – den Abschiedsbrief, in dem häufig ein edles Motiv in Anspruch genommen wurde, die Henkersmahlzeit, die Ansprache vom Schafott herab.[5]

Der Tod durch die Cholera war aber alles andere als schön. Man hatte es hier mit einer neuen Krankheit zu tun, die die Menschen nur mit Mühe in ihre im Verlauf von Jahrhunderten dem Tod gegenüber entwickelten Verhaltensmuster einzufügen vermochten. Darüber hinaus trat sie so selten epidemisch auf, daß man sie ohne weiteres aus dem Bewußtsein verdrängen konnte. Da sie keine ständige Bedrohung bedeutete, ihr Auftreten sich nicht vorhersagen ließ, ihre Ursachen unbekannt oder doch umstritten waren und sie jede Bevölkerungsgruppe befiel, ließ sie sich auch psychisch nicht bewältigen.[6] Wenn dann eine Cholera-Epidemie ausbrach, machte sie sich mit der Gewalt einer Naturkatastrophe im Bewußtsein der Öffentlichkeit bemerkbar. Zwar forderte die Tuberkulose mehr Todesopfer, der Krankheitsverlauf war gewöhnlich jedoch langsam, und die Krankheit verbreitete sich so gemächlich, daß niemand merkte, ob sie nun häufiger oder weniger häufig auftrat. Die Cholera raste mit entsetzlicher Geschwindigkeit durch die Bevölkerung. Jemand konnte an einem Tag ohne irgendwelche Symptome völlig normal seinen Geschäften nachgehen und am nächsten Morgen tot sein. Bisweilen genügte das bloße Auftreten der Symptome, um den Tod auszulösen, denn die grauenerregende und unvorhersagbare Plötzlichkeit, mit der die Krankheit ihre Opfer überfiel, ängstigte die Menschen. Es konnte ohne weiteres vorkommen, daß ein Geschäftsmann, der morgens ein geordnetes Heim verlassen hatte, bei der Rückkehr am Abend eine Mitteilung an der Tür fand, in der es hieß, seine Frau und Kinder seien ins Krankenhaus eingeliefert worden, weil die Cholera sie im Verlauf des Tages befallen hatte. Auch geschah es, daß sich jemand mit gesundem Appetit an den Abendbrottisch setzte und den Nachtisch nicht mehr erlebte. Solche Berichte, die man bei Epidemien immer wieder hörte, bestätigen, daß einer der furchterregendsten Aspekte der Cholera die Plötzlichkeit war, mit der sie die Menschen überfiel.[7]

Hinzu kommt, daß ihre Symptome für das Empfinden des Bürgertums im 19. Jahrhundert besonders gräßlich waren. Schwindsuchtkranke zeigten nur wenige Symptome, die den Zeugen der Krankheit Peinlichkeit oder Unbehagen bereiteten, und das auch nur von Zeit zu Zeit. Im großen und ganzen wurden solche Menschen einfach blaß und interessant. Selbst Typhus galt trotz einiger unangenehmer Erscheinungen als gesellschaftlich akzeptabel und forderte eine Anzahl prominenter Opfer. Man konnte das dabei auftretende Fieber, das einige Wochen dauerte, als Drama verstehen, bei dem es um Leben und Tod ging, so daß die Angehörigen häufig wie Zuschauer am Krankenbett saßen, die der Vorstellung beiwohnten und in den lichten Momenten, die von Zeit zu Zeit eintraten, mit dem Kranken redeten.[8] Nicht so bei der Cholera. Das blaue und «wellige» Aussehen der Haut, der stumpfe Blick der eingesunkenen Augen verwandelten den Körper der an der Krankheit Leidenden binnen Stunden so sehr, daß es sich nicht mehr erkennbar um Mitmenschen, Freunde oder Verwandte handelte, sondern um lebende Leichname. Noch schlimmer war, daß der erhebliche Verlust an Körperflüssigkeit, das beständige Erbrechen und Ausscheiden ungeheurer Mengen flüssiger Exkremente in einer Epoche, die Körperfunktionen mehr als jede andere zu verbergen suchte, widerwärtig und zutiefst ekelerregend wirken mußten.

Wie wir gesehen haben, lag der bürgerlichen Gesellschaft mit dem Fortschreiten des Jahrhunderts zunehmend daran, die Intimsphäre auf alles auszudehnen, was mit den alltäglichen Körperfunktionen zusammenhing, und so zu tun, als existiere es nicht.[9] Die Cholera durchbrach die im Namen der Kultur gegen die Leiblichkeit errichteten Schranken. Der bloße Anblick ihrer Symptome war bedrückend; die Vorstellung, von einem Augenblick auf den anderen in der Pferdebahn, in einem Gasthof oder auf der Straße in Anwesenheit Dutzender oder Hunderter achtbarer Mitbürger von unbeherrschbarem Durchfall überwältigt zu werden, muß für jene Menschen nahezu ebenso entsetzlich gewesen sein wie der Gedanke an den Tod selbst. Es ist kennzeichnend, daß stille Krankheiten wie Krebs und Tuberkulose weithin als literarische Metaphern dienten, die Cholera in der Literatur des 19. Jahrhunderts hingegen selten auftritt. Die Literaturkritikerin Susan Sontag hat auf den Gegensatz hingewiesen:

«In ‹Tod in Venedig› führt die Leidenschaft zum Zusammenbruch all dessen, was Gustav von Aschenbach einzigartig gemacht hat – seine Vernunft, seine Hemmungen, seine Überempfindlichkeit. Die Krankheit reduziert ihn weiter. Am Ende der Geschichte ist Aschenbach ein Cholera-Opfer wie alle anderen. Seine letzte Erniedrigung besteht darin, daß er der Krankheit erliegen muß, die zu jener Zeit in Venedig so viele andere befallen hat. Als bei Hans Castorp im ‹Zauberberg› Tuberkulose festgestellt wird, ist das eine Aufwertung. Seine Krankheit macht ihn unvergleichlicher und intelligenter, als er vorher war. Ist die Krankheit in einem Roman (die Cholera) die Strafe für heimliche Liebe, ist sie im anderen (die Tuberkulose) deren Ausdruck. Die Cholera ist die Art Kraft, die im Rückblick ein komplexes Ich vereinfacht und in eine kranke Umgebung hinabgewürdigt hat. Die Krankheit, die individualisiert, den Menschen von der Umgebung abhebt, ist die Tuberkulose.»[10]

Wie die Syphilis, die gleichfalls begrenzt zur Metapher taugte, wurde die Cholera als vulgäres und herabsetzendes Leiden empfunden. Ihr Ruf als Krankheit der Armen verstärkte noch ihre abstoßende Wirkung. Sie konnte nur als Schmähwort dienen, wie es Trotzki auf Stalin oder Julius Langbehn auf die Juden angewendet hat.[11] Ihr Name war wie der der Pest gleichbedeutend mit Abscheu und Entsetzen, nichts weiter. Eine Cholera-Epidemie größeren Ausmaßes verbreitete Schrecken allein schon durch die Plötzlichkeit, mit der sie ausbrach, und die Schnelligkeit, mit der sie sich verbreitete: Hier war eine Krankheit, die ihre Opfer binnen Stunden dahinraffte und innerhalb weniger Wochen nach ihrem Ausbruch Tausende zu töten vermochte. Auch ihre psychische Wirkung war erschreckend, denn dieser Krankheit haftete nichts Versöhnliches an. Es gab keine Möglichkeit, sich mit der erniedrigenden Gewalt abzufinden, mit der sie den Körper heimsuchte. Für den Fall, daß sie den Sieg über das Leben davontrug, gab es keinerlei Trost.

Das also war die Krankheit, die am 5. Oktober 1831 in Hamburg ausbrach, als der siebenundsechzigjährige einstige Seemann Peter Petersen, der hauptsächlich vom Betteln lebte, heftiges Erbrechen und Durchfall bekam. Der Polizei-Chirurg Hauptfleisch fand ihn am 6. Oktober, von schweren Krämpfen geschüttelt, «die Extremitäten eiskalt, Hände und Füße blau, und die Augen eingefallen». Am selben Tag um sechs Uhr abends starb Petersen.[12] Jetzt erfuhren die Behörden von einem weiteren Fall, der am 2. Oktober an Bord eines Lastkahns auf dem Weg von Wittenberge elbabwärts aufgetreten war. Die Krankheit war höchstwahrscheinlich durch Verseuchung des Flußwassers oberhalb von Hamburg, wo der Lastkahn im Hafen von Geesthacht in Quarantäne lag, in die Stadt gelangt. Vermutlich war Petersen aus irgendeinem Grund in Berührung mit Elbwasser gekommen, oder es hatte die Sauermilch verseucht, die er zu trinken pflegte. Noch weitere der 41 Bewohner seiner in einem Kellerraum liegenden Unterkunft, die «sämmtlich aus Herumtreibern und Bettlern...» bestanden, wie es später, in einem Bericht aus dem Jahr 1831 über die Epidemie, hieß, erkrankten und zeigten die gleichen Symptome. Nicht anders erging es einigen von Petersens Gefährten aus der Bettlerzunft.[13] Bald wurden aus der ganzen Stadt weitere Krankheitsfälle berichtet. Schon am 11. Oktober hörte man von 14 neuen Erkrankungen; am 16. Oktober waren es 44, und am 18. Tag erreichte die Epidemie mit 51 neuen Fällen ihren Höhepunkt. Danach ging die Zahl rasch zurück, und Hamburg atmete auf.[14] Alles in allem war die Epidemie weit weniger ernst verlaufen, als viele befürchtet hatten.[15]

Inzwischen griff die Cholera weiter nach Westen aus, sie erreichte im Verlauf des Monats Oktober 1831 Großbritannien und im folgenden Jahr Amerika und Kanada.[16] Doch war sie aus Hamburg keineswegs verschwunden. Offiziell sah man die Epidemie im Januar als beendet an und lockerte die verschiedenen von den Behörden angeordneten Vorsichtsmaßnahmen. Im Februar und März traten keine weiteren Fälle auf, doch bereits am 1. April wurde eine neue Erkrankung berichtet. Bis der Senat schließlich am 27. April 1832 zu dem Ergebnis kam, daß die Cholera erneut ausgebrochen sei, waren nochmals acht Fälle gemeldet worden, wobei insgesamt fünf Menschen starben. Die Krankheit breitete sich den ganzen Mai und Juni hindurch aus und erreichte am 16. Juni einen ersten Höhepunkt – im Verlauf weniger Stunden wurden 92 Neuerkrankungen gemeldet. Im Juli ging die Zahl zurück, und gegen Ende des Monats wurden täglich nur etwa ein halbes Dutzend Fälle verzeichnet. Doch im August nahm die Intensität der Krankheit erneut zu; am 26. wurden dreißig neue Erkrankungen gemeldet. Den ganzen September und Oktober hindurch schien die Cholera nicht weichen zu wollen, täglich registrierte man zwischen fünf und 15 neue Fälle. Schließlich schwächte sich die Epidemie im November ab, und der letzte Fall wurde am 17. Dezember berichtet. Alles in allem erkrankten in Hamburg während der Epidemie von 1832 zwischen April und Dezember 3349 Menschen, von denen 1652 starben.[17] Die Epidemie von 1831/32 zog Hamburg letzten Endes also doch stark in Mitleidenschaft.

Wie sich Ärzteschaft und Behörden zu dieser neuen Krankheit stellten, hing davon ab, worin jeweils die Ursache gesehen wurde. Hier waren die Ansichten geteilt. Auf den ersten Blick schien die Cholera ins Krankheitsmuster der Pest zu passen, und so behandelten die Russen sie auch. Der Gesundheitsrat von St. Petersburg berichtete 1830, die Cholera sei eine ansteckende Krankheit, und in einigen Fällen hätten sich Quarantänemaßnahmen zweifellos als wirksam erwiesen. Eine Anzahl britischer Ärzte in Indien vertrat dieselbe Ansicht.[18] Zwei Berliner Mediziner schrieben 1831, die Krankheit werde «einzig und allein durch einen Ansteckungsstoff hervorgebracht und weiter forgepflanzt», der sich mit dem Atem der Menschen, ihrer Kleidung, ihren Ausscheidungen und den Gegenständen verbreite, die sie berührten. Aus ihrer Theorie zogen sie optimistische Schlußfolgerungen. Wenn jedoch ein Miasma (also ein in der Atmosphäre oder in Ausdünstungen des Bodens enthaltener krankheitslösender Stoff) die Cholera auslöse, erklärten sie, gebe es für den einzelnen keine Möglichkeit, sich zu schützen.[19] Gehe hingegen die Krankheit auf eine Infektion zurück, stünden jedem einzelnen Mittel zur Verfügung, um eine Ansteckung zu vermeiden. Diese Ansichten fanden sich auch bei Thomas Jensen, keinem Mediziner, sondern einem Geistlichen, der gleichfalls 1831 schrieb, es sei «sehr wahrscheinlich», daß sich die Krankheit «durch Berührung von angesteckten Menschen und Waaren und das Einathmen ihrer giftigen Ausdünstungen fortpflanzte».[20] Auch eine weitere, 1831 in Berlin mit amtlicher Unterstützung herausgegebene Schrift schloß sich der Ansicht an, die Cholera werde durch Berührung, über die Kleidung und den Atem der von ihr Befallenen weitergegeben.[21]

Die Lehre von der Existenz ansteckender Stoffe, die man «Contagien» nannte, war schon sehr alt und ging mindestens bis auf die Pestärzte des 16. Jahrhunderts zurück, die eine Übertragung durch Berührung, kontaminierte Kleidungsstücke oder Gegenstände und (in Ausnahmefällen) durch das Einatmen verseuchter Atmosphäre vermuteten.[22] In den dreißiger Jahren des 19. Jahrhunderts jedoch hatten zahlreiche wissenschaftlich ausgebildete Mediziner die Contagienlehre (Kontagionismus) ernsthaft in Zweifel gezogen. Eine zweite Theorie betonte die Bedeutung örtlich auftretender Ausdünstungen oder Miasmen, die angeblich die Luft durch bestimmte Faktoren an bestimmten Orten vergifteten. Auch sie war schon alt, und Parallelen dazu finden sich in der Pestmedizin des Mittelalters.[23] In jüngerer Zeit hatte die Miasmalehre dadurch an Glaubwürdigkeit gewonnen, daß Benjamin Rush und Daniel Webster sie als plausible Erklärung des Gelbfiebers in den Vereinigten Staaten vorgeschlagen hatten. Eine ganze Anzahl britischer Ärzte in Indien sprach sich für diese Deutung der Cholera aus, vermochte aber in den zwanziger Jahren des 19. Jahrhunderts in Europa nicht viele Menschen vom Gewicht ihrer Argumente zu überzeugen.[24]

Bevor noch die Krankheit in Hamburg auftrat, war die dortige Ärzteschaft in dieser Frage gespalten. Am 21. Juni 1831 entschied der Ärztliche Verein, einmal wöchentlich zur Untersuchung und Diskussion von Berichten über Cholera-Erkrankungen zusammenzukommen, die aus dem Osten einliefen, und sich auf einen möglichen Ausbruch der Krankheit vorzubereiten. Briefe von Ärzten in Königsberg, St. Petersburg, Warschau und anderen Städten, in denen die Krankheit ausgebrochen war, wurden laut verlesen und besprochen. Hier kam es zu den ersten Auseinandersetzungen zwischen den Anhängern der Ansteckungslehre (den Kontagionisten) und denen der Miasmalehre. Wie der Verfasser der offiziellen Geschichte des Ärztlichen Vereins 1896 anmerkte: «Die Gegner kämpften ungefähr mit denselben Mitteln wie heutzutage, und ebenso wie heute blieb jeder nach Schluß der Discussion bei seiner vorgefaßten Meinung.» Nachdem die Krankheit in Hamburg ausgebrochen war, wurde die Auseinandersetzung zwischen den beiden Hauptrednern, S. L. Steinheim auf der Seite der Kontagionisten und Heinrich Wilhelm Buek auf der Seite der Anhänger der Miasmalehre, so heftig, «daß sie selbst von den drei vom Verein eingesetzten Kampfrichtern nicht mehr in parlamentarischen Schranken gehalten werden konnten. Der Streit wurde deshalb abgebrochen und die Kampfrichter legten ihr Amt nieder.»[25]

Was die Gegner der Ansteckungslehre vor allem beeindruckte, war das ärztliche Versagen aller Quarantänemaßnahmen. Immer wieder wurde dies als Hauptgrund für die Schlußfolgerung angegeben, daß die Krankheit nicht ansteckend sei. Typisch war die Ansicht Dr. K. G. Zimmermanns, der als einer der eifrigsten Chronisten der Krankheit in Hamburg darauf hinwies, daß sich Quarantänemaßnahmen in ganz Europa als nutzlos erwiesen hätten. Dennoch sei es nicht überall, wo die Cholera aufgetreten war, zum Ausbruch einer Epidemie gekommen. In manchen Gebieten habe es nur vereinzelte Fälle gegeben, und dadurch sei bewiesen, daß «an diesen Orten die Bedingungen zur Entwicklung einer solchen Epidemie ihre Reife noch nicht erlangt hatten». Zimmermann bezeichnete den Kontagionismus als «längst unhaltbar»[26]. Tatsächlich wagten von den rund vierzig in Hamburg zwischen 1830 und 1832 veröffentlichten Schriften über die Cholera nur wenige den Kontagionismus zu vertreten. Einige der Verfasser sahen die Krankheit mit solcher Sicherheit als nicht-ansteckend an, daß sie erklärten, die Cholera werde Hamburg nie erreichen. Der uns bereits aus dem Ärztlichen Verein als Anti-Kontagionist bekannte Stadtphysikus Dr. Heinrich Wilhelm Buek teilte im Dezember 1830 als seine feste Überzeugung mit, «daß aber diese orientalische Krankheitsform in dem Herz von Deutschland erscheinen sollte... halte ich... für sehr unwahrscheinlich, ja fast nicht denkbar»[27].

Doch sie erschien; und weil die Quarantäne nicht wirksam funktioniert hatte, geriet der Kontagionismus schon bald in Mißkredit. Die Ärzte schlossen sich mehr und mehr der Ansicht an, die Cholera werde durch ein Miasma hervorgerufen.[28] F. Siemerling, ein Arzt aus Stralsund, nannte sie in seiner Schrift 1831 «Malaria animata» oder «belebte Sumpfluft» und erklärte, sie werde durch verfaulende Pflanzen im Marschland freigesetzt. Ihrem Einfluß schrieb er eine ungeheure Anzahl von Krankheiten zu. Siemerlings Schrift wurde in Hamburg gedruckt, und viele Angehörige der Ärzteschaft in der Stadt teilten seine Überzeugung von der Richtigkeit der Miasmalehre.[29] Dr. F. von Brandenburg schloß sich der Meinung an, ein Miasma sei für die Entstehung der Krankheit verantwortlich, erklärte aber, es werde durch das Abschmelzen von Eisbergen erzeugt, von denen kontaminierte Wolken aufstiegen, die der Wind dann nach Europa blase. Die Cholera bezeichnete er als fortgeschrittene Form des Rheumas, eine Vorstellung, die sich mit der Ansicht derer zu decken schien, die sie als eine Art extreme Abkühlung des Körpers betrachteten. Der letzte Ursprung der Krankheit, erklärte er, liege damit im «chaotisch-chronischen Pro- und Destruktionssystem der ewig wirkenden Natur»[30]. Eine konventionellere Ansicht vertraten Dr. J. C. Buchheister und der Apotheker S. Noodt, die beide im 1832 eingerichteten besonderen Cholera-Hospital in Hamburg arbeiteten. Sie zeigten sich fest davon überzeugt, daß die Cholera eine epidemische Krankheit sei, «hervorgerufen durch ein vom kranken Erdboden aus erzeugtes Miasma». Sie trugen überdies die Erkenntnis bei, das Miasma wirke zuerst auf das Geflügel ein, unter dem die Krankheit in den Wochen vor dem Auftreten der Cholera so gewütet habe, «daß mehreren Wirthen von sechzig Gänsen nach Verlauf von vierzehn Tagen nur noch vier übrig waren». Typhus und andere fiebrige Erkrankungen wurden von ihnen als milde Formen der Cholera beschrieben.[31]

Wenn die Cholera durch ein jeweils lokales Miasma erzeugt wurde, wie konnte sie dann aber von einem Ort zum anderen übertragen werden? Einer der Autoren, Karl Preu, dem auffiel, daß sie sich über Wasserstraßen auszubreiten schien, entwickelte die Theorie, das Miasma werde von den «an solchen großen Flüssen vorwaltenden stärkeren Luftströmungen» weiter befördert und sinke von dort in den Erdboden der Flußufer. Er bestritt, daß es durch irgendeine besondere Art von Wetter hervorgebracht werde.[32] Dr. C. F. Nagel aus dem unter dänischer Herrschaft stehenden Altona vertrat in seiner Schrift einen «bedingten Kontagionismus» und erklärte, die Krankheit gehe zum Teil auf den Zustand des Erdbodens zurück, der allerdings noch nicht richtig verstanden werde, und scheine auch durch «Ansteckung mittelst Personen, vielleicht auch mittelst Waaren und Effekten» weitergegeben zu werden. Obwohl Nagel nicht im von der Freihandelsideologie beherrschten Hamburg praktizierte, ging er nicht so weit, als Vorbeugungsmaßnahmen Quarantäne und Isolierung zu fordern, sondern zog es statt dessen vor, das Hauptgewicht seiner Vorschläge auf das Verhalten der Menschen zu legen. «Nichts begünstigt aber den Anfall dieser Krankheit mehr, als übermäßige, anhaltende Furcht derselben». Wer sich ruhig verhalte und eine «unordentliche... Lebensweise» meide, sei vor der Krankheit sicher. Insbesondere Schmutz, Feuchtigkeit und ungünstige Lebensumstände, vor allem aber der «Mißbrauch geistiger Getränke» bestärke die Infektion. «Alte Säufer» seien besonders anfällig. Auf diese Weise verwob Nagel seine Theorie mit einer starken Meinungsströmung, die die Krankheit der moralischen Schwäche der von ihr Befallenen zuschrieb.[33]

Die Neigung, eine Ansteckung auf die moralische Schwäche oder seelische Gestörtheit der Opfer zurückzuführen, war sehr weit verbreitet. «Nur nicht ängstlich!» hieß ein Rat, «sei mäßig und nüchtern!»[34] Furcht, schrieb Wilhelm Cohnstein aus Glogau in einer vor dem Ausbruch der Cholera in Hamburg im Umlauf befindlichen Broschüre, habe eine «lähmende Einwirkung auf das Nervensystem». Auch er bot eine Mischtheorie an. Sie führte die Krankheit teils auf ein Miasma und teils auf Ansteckung zurück, legte aber das Hauptgewicht auf psychische Faktoren. «Fröhlichkeit und heiterer Muth ist bekanntlich das vorzüglichste Präservativ gegen alle Epidemien und ansteckende Krankheiten.» Einige medizinische Autoren vertraten sogar die Ansicht, ob jemand die Cholera bekomme oder nicht, lasse sich nahezu ausschließlich damit erklären, daß manche von ihrer körperlichen Konstitution her eher dafür anfällig seien als andere. Der eifrige Dr. K. G. Zimmermann beispielsweise hielt Kontagionismus wie Miasmalehre für gleichermaßen irrig. Falls die Krankheit auf ein Miasma zurückgehe, fragte er, warum sei sie dann nicht schon früher ausgebrochen? Er schrieb sie lieber unbekannten, sich «wiederholenden cosmisch-tellurischen Einflüssen» in der Stadt zu, die das Gangliensystem des Menschen dazu veranlaßten, mit einem Mal «krampfhaft überreizt» zu reagieren. So komme es dazu, daß der Krankheit erliege, wer von ihr befallen sei und Furcht empfinde. «Contagiosität» heißt es bei Zimmermann, «ist nur *psychisch*!»[35] Die Krankheit sei in Wahrheit eine Weiterentwicklung verschiedener in Hamburg seit vielen Jahren anzutreffender Arten von Fieber. «Traurigkeit und Furcht», meinte eine andere Abhandlung, die 1831 veröffentlicht wurde, «brächten Menschen leicht dazu, der Krankheit zu erliegen.»[36] Die Schlußfolgerung schien zu sein, daß ein plötzliches «Umkippen» des inneren Gleichgewichts im Körper die Cholera hervorrufe – ein Gedanke, der zum Teil auf die alte Säftelehre zurückgehen mochte, andererseits aber auch eine verblüffende Ähnlichkeit mit den heutigen Vorstellungen von psychosomatischen Erkrankungen aufweist.

Im großen und ganzen scheinen also in den frühen dreißiger Jahren in Hamburg hauptsächlich drei nicht ohne weiteres miteinander vereinbare Erklärungen der Cholera im Umlauf gewesen zu sein: Die eine führte die Krankheit auf Infektion zurück, die zweite auf Miasmen und die dritte auf moralische oder psychische Ursachen. Dr. S. L. Steinheim, der als eifriger Kontagionist galt und sich in den Debatten des Ärztlichen Vereins von 1833 als führender Gegner der Miasmalehre profilierte, vertrat zugleich etwas, das er «Polaritätslehre» nannte. Ihr zufolge befiel die Cholera Menschen, indem sie das Gleichgewicht der «Sympathien» und «Antipathien» innerhalb des Körpers veränderte. «Vollkommen grundlos», erklärte er, sei «die Behauptung, daß die Cholera nur solche ergriffe, die sich für sie durch grobe Diätfehler und deprimierende Affekte disponirten».[37] Die Anhänger der Miasmalehre hingegen hoben hervor, welchen Einfluß eine mäßige Lebensweise darauf habe, daß der Körper vom Miasma unbeeinträchtigt bleibe. Viele Autoren erwiesen sich in der Tat als Befürworter der Theorie des «bedingten Kontagionismus» und nahmen die Existenz eines Mediums an, das die Krankheit in den Flüssen oder durch die Luft von einem Ort zum anderen beförderte, zugleich aber beharrten sie darauf, ein Ausbruch an einem bestimmten Ort hänge von den dort jeweils herrschenden Bedingungen in der Atmosphäre oder dem Boden ab, die darüber bestimmten, ob ein Miasma entstehe oder nicht.

Auch hier wieder bedachten, wie wir bereits gesehen haben, zahlreiche Anhänger der Miasmalehre die Vorstellung einer Übertragung von Ort zu Ort angesichts der offenkundigen Unwirksamkeit von Quarantänemaßnahmen mit Hohn und Spott. Alles in allem war die Epidemie von 1831/32, wie der Verfasser der «Geschichte des Ärztlichen Vereins» betrübt schrieb, nicht imstande, in der Ärzteschaft eine Übereinstimmung hinsichtlich Art und Ursachen dieser Krankheit herbeizuführen.[38] Doch die Erfahrung der ersten Epidemie genügte, um die meisten Ärzte in Hamburg – wie auch in anderen Teilen Europas – davon zu überzeugen, daß die Cholera, was auch immer sie sein mochte, keine Infektionskrankheit im herkömmlichen Sinn war. So merkte Zimmermann 1832 an: «Die Überzeugung von der Nicht-Contagiosität der Cholera hat sich bei uns wie fast überall Ärzten und Leyen so fest eingeprägt, daß es schwer halten würde, sie einer andern zu belehren.»[39] Von besonderer Bedeutung war, daß Stadtphysikus Heinrich Wilhelm Buek (1796–1879) von Anfang an ein überzeugter Gegner des Kontagionismus war; zweifellos trug sein Einfluß nach 1831 zur Verbreitung der gegen ihn gerichteten Ansichten in der Hamburger Ärzteschaft bei. In seinem amtlichen Bericht über die nächste größere Cholera-Epidemie, die im Jahr 1848 die Stadt heimsuchte, wiederholte Buek, «daß eine Einschleppung, eine Übertragung von einem Kranken auf den Andern, eine Annahme, die noch immer hie und da wieder auftaucht, hier *nicht* stattgefunden hat». Für bewiesen hielt er diese Aussage dadurch, daß die ersten Fälle in verschiedenen Teilen der Stadt aufgetreten seien und daher nicht miteinander in Verbindung stehen könnten. Doch: «Die Art und Weise, wie die Cholera sich *verbreitet*», so mußte er eingestehen, «ist noch immer ein Räthsel, auch diese Epidemie hat uns darüber keine Aufschlüsse gegeben.»[40] Tatsächlich schien die Frage so schwer lösbar, daß der Ärztliche Verein es nicht für der Mühe wert hielt, sie 1848/49 überhaupt zu diskutieren.[41] Die Ärzteschaft blieb mehrheitlich bei der Ansicht, die Krankheit werde nicht über eine Ansteckkung verbreitet (wie Buek erklärt hatte, lasse sich eine Unterstützung des Kontagionismus nur noch «hie und da» finden), aber diese Einigkeit entstand im großen und ganzen ex negativo: Zu einigen vermochten sich die Ärzte über das, was die Cholera nicht war, sie sahen aber keinerlei Möglichkeit zu erklären, was sie denn tatsächlich sei.

II

Um 1860 allerdings hatte sich das Bild geändert. Eine vom bayerischen Naturwissenschaftler Max von Pettenkofer entwickelte neue Theorie über die Cholera war auf den Plan getreten, die eine Lösung all dieser Fragen zu liefern schien.[42] Pettenkofer wurde 1818 in Lichtenheim bei Neuburg an der Donau geboren und wuchs in München auf unter der Obhut eines Onkels, der Apotheker war. Nach seinem Medizinstudium an der Universität München, das er 1843 abschloß, konzentrierte er sich auf Pharmakologie, vermutlich unter dem Eindruck der im Haus des Apothekers verbrachten Kindheitsjahre. Schon bald ging er nach Gießen und arbeitete bei Justus von Liebig, dem Begründer der organischen Chemie. Seine Erfahrungen in Liebigs berühmtem Labor scheinen seine schöpferischen Energien freigesetzt zu haben: Sehr schnell waren ihm auf erstaunlich vielen unterschiedlichen Gebieten der Naturwissenschaft zahlreiche Entdeckungen und Erfindungen gelungen. Er war an der Entwicklung eines Verfahrens zur Herstellung von Fleischextrakt beteiligt, der noch heute unter Liebigs Namen bekannt ist, entwickelte ein Kupferamalgam für Zahnfüllungen und erfand eine neue Art «guten deutschen Zements». Mit Hilfe seines Verfahrens, aus Holz Leuchtgas zu gewinnen, wurden in München ein Theater und der Hauptbahnhof beleuchtet. Daneben ersann er eine neuartige Methode, mit der sich der gesprungene Firnis von Ölgemälden restaurieren ließ, und regte bedeutende Verbesserungen der Prägetechnik bayerischer Münzen an. Diese Verdienste und Leistungen treten jedoch hinter seinem Hauptwerk auf dem Gebiet der öffentlichen Hygiene zurück. Seine unerschöpfliche Energie verwendete er auf eine Vielzahl von Veröffentlichungen zu diesem Thema, unter ihnen 55 Aufsätze und Bücher zu sehr unterschiedlichen Aspekten von Gesundheit und Umwelt. So wies er in einer Abhandlung das Vorkommen von Zink in der Atmosphäre nach und demonstrierte mit einem anderen Versuch, daß die Luft den Boden durchdringt. Dazu setzte er einen Kanarienvogel zwischen zwei Erdschichten und stellte fest, daß der Vogel dort zu überleben vermochte.

Pettenkofer gehörte demnach zum Typus der großen Erfinder, den das 19. Jahrhundert so gerne heroisierte. Den größten Ruhm aber brachten ihm im Lauf der Jahre seine insgesamt 71 Schriften zur Cholera ein, die Tausende von Seiten umfassen. Bereits 1869 trug er den Gedanken vor, die Cholera werde zum Teil durch einen Keim oder Pilz hervorgerufen. Von Anfang an räumte er ein, daß dieser Erreger von einem Ort zum anderen gelangen könne, hielt es allerdings nicht für möglich, daß er ohne Mitwirkung anderer Faktoren einen Menschen infizieren könne. Daher läßt sich Pettenkofer bestenfalls als Vertreter der Lehre vom «bedingten Kontagionismus» bezeichnen. Allerdings darf man das Ausmaß, in dem ihn das Gedankengut der Kontagionisten beeinflußt hat, nicht zu stark betonen, denn zu seiner Zeit war er wohl ihr bekanntester und seiner eigenen Ansicht nach auch ihr unerbittlichster Gegner. Seine Anschauungen entwickelten sich im Lauf der Jahre und änderten sich in mancherlei Hinsicht, doch die Hauptbestandteile seiner Theorie bleiben unverändert, nachdem sie einmal ausgereift war. Es ist unerläßlich, sie kurz zu betrachten, da sie sowohl praktische als auch theoretische Folgen zeitigten.

Pettenkofers Theorien zur Cholera gründeten auf den Gedanken seines Mentors Justus von Liebig. Sie hoben unter anderem hervor, welch große Bedeutung die Gärung sich zersetzender Stoffe angeblich dafür besaß, ob ein bestimmtes Gebiet für epidemische Krankheiten empfänglich sei.[43] Diese Vorstellungen Pettenkofers gingen in seinen Bericht über die Epidemie von 1854 in München ein, der im folgenden Jahr veröffentlicht wurde. Zwar akzeptierte er die Existenz eines ansteckenden Elements, das die Cholera von einem Ort zum anderen übertragbar machte, bestritt aber, daß die Krankheit «durch Ansteckung im engeren Sinne des Wortes» verbreitet werde. Keinesfalls sei sie durch das Trinkwasser übertragbar; diese Ansicht habe er mit seinem Bericht über die Epidemie von München ein für allemal widerlegt. Durch kontaminierte Kleidungsstücke oder Gegenstände werde die Krankheit ebenfalls nicht verbreitet, sondern höchstwahrscheinlich durch Menschen, auch durch solche, die selbst nicht an der Cholera erkrankt seien. Sie könnten aber erst dann ansteckend wirken, wenn sie mit ihren Ausscheidungen den Boden verseuchten.

Beeinflußt von Liebigs Arbeiten über die Gärung entwickelte Pettenkofer zwischen 1855 und 1865 eine ausgefeilte Theorie der Bedingungen, unter denen ein Choleramiasma entstehen konnte. Dieses hänge nämlich von einer Folge von Veränderungen des Grundwasserspiegels ab. Wenn dieser mit einem Mal ansteige, nehme die Feuchtigkeit des Bodens zu. Dann müsse sich eine Trockenperiode anschließen, in deren Verlauf das Grundwasser wieder absinke und die Feuchtigkeit des Bodens zurückgehe. Damit bleibe für die Übertragung der Krankheit eine durchfeuchtete Bodenschicht oberhalb des Grundwassers; in ihr keime die Cholera, immer vorausgesetzt, daß der Boden mit ihrem Erreger verseucht sei. In diesem Fall entstehe ein Miasma, das die Krankheit durch die über die Gärung verunreinigte Luft übertrage. Daher seien Menschen in höher gelegenen Gebieten oder auch schon in den oberen Stockwerken von Mietskasernen vergleichsweise immun, am gefährdetsten hingegen solche, die in Tiefebenen, sumpfigem Gelände, Kellergeschossen oder in beengten Wohnungen mit eingeschränkter Luftzirkulation lebten.

Damit wurde Pettenkofer zum selbsternannten Vorkämpfer einer Lehrmeinung, die mit besonderem Nachdruck auf meteorologische Einflüsse verwies, von denen Wirkungen auf den Grundwasserspiegel ausgingen. Obwohl er der Cholera eine ansteckende Komponente zubilligte, hielt er diese nicht für besonders wichtig. Die Mehrzahl seiner Schriften über dieses Thema beschäftigte sich entweder mit dem Nachweis, daß die Krankheit nicht durch Trinkwasser übertragen werden könne, oder mit dem Versuch, seine eigene Grundwassertheorie weiter zu verfeinern, abzusichern und für seine wichtigsten Behauptungen eine statistische Grundlage zu schaffen. Seine Auffassung in diesen Grundsatzfragen änderte er im Lauf der Jahrzehnte nicht. Pettenkofers Theorie fand weite Verbreitung, wozu sein ungeheurer Einfluß auf dem Gebiet der experimentellen Hygiene beitrug, als deren Begründer man ihn mit Recht ansehen darf.

Im Jahr 1847 wurde er zum außerordentlichen Professor für medizinische Chemie an der Universität München ernannt, 1853 zum Ordinarius und 1864/65 zu ihrem Rektor. König Maximillan II. von Bayern, dessen Aufmerksamkeit er mit seiner Entdeckung eines Herstellungsverfahrens für goldgesprenkeltes Aventurin-Glas auf sich gelenkt hatte, hatte ihn schon 1850 als Hofapotheker bestellt. Pettenkofer nutzte seinen Einfluß bei Hof dahingehend, daß an den drei bayerischen Universitäten Lehrstühle für Hygiene eingerichtet wurden; der Lehrstuhl in München wurde ihm 1865 übertragen. Er wirkte schulbildend, so daß es um die Jahrhundertwende an deutschen und ausländischen Universitäten mehr als dreißig Leiter von Hygienischen Instituten oder Professoren für Hygiene gab, die durch seine Ausbildung gegangen waren und seine Gedanken mehr oder weniger vertraten. Schließlich brachte er die bayerische Regierung dazu, in München ein Institut für Hygiene einzurichten, vor allem aufgrund seiner Drohung, andernfalls eine ähnliche Stellung in Wien anzunehmen. Dieses Institut wurde 1878 eröffnet, und Pettenkofer übernahm die Leitung. Inzwischen fanden seine Gedanken Verbreitung in zwei eigens gegründeten Zeitschriften, die er und seine Schüler herausgaben und für die sie auch weitgehend die Beiträge lieferten: in der

«Zeitschrift für Biologie» und dem «Archiv für Hygiene». Schließlich wurde er 1890 zum Präsidenten der Bayerischen Akademie der Wissenschaften ernannt.[44]

Ansehen und Einfluß Pettenkofers gründeten sich nicht auf seine Arbeiten zur Cholera, sondern eher auf seine vielseitigen Talente als Vorkämpfer des öffentlichen Gesundheitswesens. Der Ruf, den er auf diesem Gebiet errungen hatte, trug in hohem Maße dazu bei, daß amtliche Stellen seine Ansichten zur Cholera übernahmen. Die Reichsregierung in Berlin bot ihm 1876 den Vorsitz des neu eingerichteten Kaiserlichen Gesundheitsamtes an, das dem Reichskanzler (zu jener Zeit Bismarck) unmittelbar unterstand. Pettenkofer lehnte ab, da er nicht bereit war, seine Tätigkeit als Hochschullehrer aufzugeben, erklärte sich aber bereit, als wissenschaftlicher Berater mitzuarbeiten. In dieser Stellung war sein Einfluß auf die Haltung des Kaiserlichen Gesundheitsamtes in der Frage der Cholera Ende der siebziger Jahre entscheidend. Schon in den Jahren davor bestimmte er maßgeblich die Haltung Berlins gegenüber dieser Krankheit, seine Ansichten waren bereits um die Mitte der sechziger Jahre weithin einflußreich. Er war die treibende Kraft und ab 1873 Vorsitzender der gleichfalls dem Reichskanzleramt unterstellten Cholerakommission für das Deutsche Reich, in mancher Hinsicht eine Vorgängerorganisation des Kaiserlichen Gesundheitsamtes.

Diese beiden Institutionen waren mit dem Ziel gegründet worden, das Vorgehen aller Bundesstaaten des Deutschen Reiches bei Epidemien und ansteckenden Krankheiten zu koordinieren; sie konnten sich auf die Autorität des Reichskanzlers stützen, wenn es darum ging, ein von ihnen für richtig gehaltenes Vorgehen im ganzen Reich durchzusetzen. Beispielsweise arbeitete 1873 die Cholerakommission im Auftrag des Kanzlers einen «Untersuchungsplan zu Erforschung der Ursachen der Cholera und deren Verhütung» aus und leitete ihn den Bundesstaaten zu. Er wurde als offizielle Drucksache des Bundesrats veröffentlicht und verlangte genaue Angaben über das jeweilige Klima und die geologische Beschaffenheit befallener Gebiete. Für den Fall, daß die Cholera unter Schiffsbesatzungen ausgebrochen war, mußten die oben genannten Einzelheiten für den Einschiffungshafen angegeben werden. Das Schriftstück wurde von Pettenkofer gemeinsam mit August Hirsch abgefaßt, einem Berliner Professor, der die meisten Vorstellungen Pettenkofers zur Cholera teilte.[45]

Pettenkofers Grundwassertheorie und seine Ablehnung der Vorstellung, daß Cholera durch das Wasser übertragen werden könnte, beherrschten in den sechziger und siebziger Jahren die Haltung von amtlichen Stellen und von Medizinern in Deutschland. Allerdings waren seine Gedanken nie unumstritten, und viele Ärzte wiesen unverdrossen darauf hin, welche Bedeutung sie moralischen und sonstigen Faktoren für die Entstehung der Cholera beimaßen, doch Pettenkofers Einfluß ist unverkennbar, nicht nur in einer Vielzahl medizinischer Schriften zur Cholera, sondern auch in der von den Behörden eingenommenen Haltung.

Wie läßt sich dieser Einfluß erklären? Gewiß wäre er ohne Pettenkofers unermüdliche Energie und den unablässigen Strom von Veröffentlichungen zur Cholera aus seiner Feder nicht möglich gewesen. Ebenso sicher ist, daß er viel Einfluß seinem außergewöhnlichen Ruf auf dem Gebiet der Sozialhygiene verdankte, denn schon lange wurde anerkannt, daß die Frage der Cholera eng mit ihr verknüpft war, auch wenn man sich hitzig darüber stritt, in welcher Weise. Daneben gab es aber noch weitere, eher allgemeine Gründe für diesen Einfluß Pettenkofers. Er war ein Vorkämpfer der Präventivmedizin, befürwortete breit angelegte Initiativen, um dieses Ziel zu erreichen, und glaubte an öffentliche Erziehung als einem Mittel, das Gesundheitswesen zu verbessern. Gegen den Widerstand aus den Reihen seiner eigenen Universität machte er sich entschlossen daran, seine Ansichten in Wort und Schrift unters Volk zu bringen. Er propagierte Mäßigkeit, Sauberkeit, regelmäßiges Baden, eine «vernünftige Ernährung», warme Kleidung und vor allem frische Luft. Wenn es irgend jemand verdient, «Frischluftfanatiker» genannt zu werden, dann Max von Pettenkofer. Gegen Alkoholgenuß wandte er sich nicht zuletzt deshalb, weil er in der «entsetzlichen Atmosphäre» verräucherter und überfüllter Kneipen stattfand. Er erklärte auch, «die Gesundheit unserer Kinder leidet, wenn sie mehrere Stunden hindurch der Atmosphäre schlecht belüfteter Klassenzimmer ausgesetzt werden». Für die altüberlieferte Furcht der Deutschen vor Zugluft hatte er mit Recht nichts als Spott und Hohn übrig, und er war voller Bewunderung für die englische Gewohnheit, in allen Wohnräumen ein offenes Feuer zu unterhalten. Treffend bemerkte er dazu: «... der Kamin der Engländer heizt sehr schlecht, lüftet aber sehr gut.» Alle von ihm angestrebten Verbesserungen waren seiner Überzeugung nach durch eine öffentliche Erziehung und Propaganda zu erzielen. Nicht nur schienen ihm gesetzgeberische Maßnahmen in diesem Zusammenhang weitgehend unnötig, sondern auch undurchführbar.[46]

Gewiß, Pettenkofer befürwortete staatliche Eingriffe und Reformen durch den Staat, wo er sie für unerläßlich hielt, um zu verhindern, daß durch Bodenverseuchung ein ungesundes Miasma entstand. Er setzte sich für Abfallbeseitigung und für den Bau von Kanalisationssystemen ein und war davon überzeugt, daß man alle Wohnungen bis hin zur kleinsten Mansarde an eine zentrale Wasserversorgung anschließen müsse, weil sich die Menschen dann häufiger waschen würden, als wenn sie das Wasser über größere Entfernungen heranschaffen mußten.[47] Das Wasser, so meinte er, hatte sauber zu sein, denn wenn schmutziges Wasser mehrfach zum Waschen verwendet wurde, konnten an den Körperstellen, mit denen es in Berührung kam, Brutherde für Krankheiten entstehen.[48]

Es war weitgehend Pettenkofers Beharrlichkeit zu verdanken, daß München 1878 einen Schlachthof bekam, die Stadt eine neue Wasserversorgung mit Gebirgswasser anlegte und eine neue Kanalisation baute, die die Abwässer unterhalb der Stadt in die Isar leitete, so daß sie nicht in den Boden gelangten, wo sie Pettenkofers Ansicht nach so großen Schaden anrichteten. Er warnte vor der Annahme, Abwässerbeseitigung und Frischwasserversorgung seien alles, was man zur Verbesserung des öffentlichen Gesundheitswesens brauche, weit wichtiger waren in seinen Augen gesunde Ernährung und frische Luft. Eine Filteranlage für die Wasserversorgung scheint er allerdings nicht für erforderlich gehalten zu haben. Ihm genügte, daß das zugeführte Wasser von einer unmittelbaren Verseuchung durch Kontakt mit dem Grundwasser im Boden bewahrt blieb. Da er aus den Bergen herangeführtes Quellwasser gegenüber dem Brunnenwasser aus der Stadt für gesünder hielt, wurde das Wasser, mit dem auf sein Betreiben München versorgt wurde, nicht filtriert. Obwohl schon kurz nachdem es zu fließen begonnen hatte, eine schwere Typhusepidemie die Stadt heimsuchte, die durch die neue Wasserversorgung übertragen wurde, war Pettenkofer nicht von seiner Überzeugung abzubringen, daß sich epidemisch auftretende Krankheiten auf diesem Wege nicht ausbreiten könnten. Er setzte sich für eine Verbesserung der beengten Wohnverhältnisse ein, die er als «teils durch Erziehung und teils durch Vorschriften» bedingt ansah, erklärte aber auch hier wieder unbeirrt, «wir lösen das Problem nicht, indem wir die Armen mit dem Notwendigsten an Nahrung, Bekleidung und Obdach versehen, wenn wir sie nicht zugleich in peinlichster Sauberkeit unterweisen».[49]

Er bemühte sich, diese begrenzten staatlichen Eingriffe auf eine Weise zu präsentieren, die den Manchester-Liberalen annehmbar erschien. Hygiene, schrieb er, bedeute für die Gesundheit dasselbe wie die Wirtschaftwissenschaft für die Wirtschaft:

«Wie in der Nationalökonomie nicht bloß die Furcht vor der Einbuße, sondern noch vielmehr das Streben nach höherem Gewinne die treibende Kraft ist, so muß es auch in der Hygiene als Gesundheitslehre werden. Die Hygiene hat die Wertigkeit aller Einflüsse der natürlichen und künstlichen Umgebung des Organismus zu untersuchen und festzustellen, um durch diese Erkenntnis dessen Wohl zu fördern. Gesundheit ist wirklich ein Gut und ein Vermögen, das wohl in der Regel ererbt wird, was aber auch einmal vom Besitzer erworben werden mußte und sowohl vermehrt als vermindert werden kann.»[50]

Er nannte die Hygiene eine «Wirtschaftslehre von der Gesundheit» und wollte nachweisen, daß sich mit Vorbeugung erhebliche Krankenhauskosten einsparen ließen, da sie die Zahl der Erkrankungen vermindere. Das, erklärte er, werde den städtischen Behörden eine beachtliche Rendite ihrer Investitionen sichern. Vorbeugende Maßnahmen wie eine funktionierende Kanalisation und die Versorgung mit einwandfreiem Trinkwasser seien das Minimum des für ein reibungsloses Wirtschaftsleben unerläßlichen staatlichen Eingreifens, ähnlich wie die Normung von Maßen und Gewichten oder – in Hamburg – der Bau des Hafens. Sobald diese Leistungen zur Verfügung gestellt seien, liege die eigentliche Verantwortung für Gesundheit und Wohlergehen beim einzelnen.

In Übereinstimmung mit dieser voluntaristischen Haltung Gesundheitsfragen gegenüber widersetzte sich Pettenkofer der von den Kontagionisten befürworteten massiven staatlichen Intervention. Vorbeugung, davon war er überzeugt, war alles; sei eine Epidemie erst einmal ausgebrochen, könne der Staat gegen ihre Ausbreitung nichts unternehmen. In einer Reihe 1886/87 veröffentlichter Artikel bezeichnete er Quarantänemaßnahmen gegen die Cholera als ihrem Wesen nach wirkungslos, da sie nichts mit dem entscheidenden Faktor zu tun hätten, dem Zustand des Bodens. Die Isolierung Cholerakranker nach dem Ausbruch einer Epidemie stellte er als sinnlos hin. Entsprechendes gelte auch für spezielle Cholerakrankenhäuser. Selbstverständlich hielt er eine Desinfizierung der Ausscheidungen von Cholerapatienten für ebenso unwirksam wie die Isolierung der Patienten, weil seiner Ansicht nach die Kranken kein wirklich infizierendes Material absonderten. Eine Flucht vor der Krankheit hingegen nannte er vernünftig, denn sie halte Menschen von den Miasma-Einflüssen am Ort fern. Märkte und Jahrmärkte zu schließen und andere Menschenansammlungen zu verhindern, bewirke nichts, es sei denn, diese fänden an einem Ort statt, wo der Boden eine machtvolle Ausdünstung erzeuge. Schließlich wies er kategorisch die Behauptung zurück, die Cholera werde durch das

Trinkwasser übertragen; daher fruchteten seiner Meinung nach auch Maßnahmen nichts, während einer Epidemie die Menschen mit anderem als dem üblichen Leitungswasser oder mit abgekochtem Wasser zu versorgen.[51]

Die Parallelen zwischen liberalen Staatslehren und Pettenkofers Theorie der Cholera sind offensichtlich. Unterstützung in der Medizinerschaft fand er deswegen, weil er eine Synthese aus zahlreichen früheren Vorstellungen anbot und sie mit dem anerkannten wissenschaftlichen Prinzip der Gärung verknüpfte. Aber die Breitenwirkung seiner Ideen ging noch weiter. Dem deutschen Bürgertum war die Bedeutung, die er sanitären Maßnahmen, Sauberkeit, frischer Luft und vernünftiger Ernährung beimaß, zu einer Zeit, da sich die Lebensverhältnisse und die Umwelt in der Stadt rasch verschlechterten und sich dem Bewußtsein der Bürger das Vorhandensein von Schmutz und Exkrementen, schädlichen Rauchschwaden und verunreinigter oder verfälschter Nahrung immer stärker einprägte, mehr als willkommen. Das Gewicht, das er auf Mäßigkeit und Regelmäßigkeit legte, paßte ebenso zu den bürgerlichen Tugenden wie die von ihm vertretene Überzeugung, eine Verbesserung der Hygiene hänge in erster Linie vom einzelnen ab. Die von Pettenkofers Theorien ausgehende Verlockung reichte jedoch noch weiter. Wie wir im folgenden sehen werden, stießen seine Vorstellungen nicht nur wegen der darin ausgedrückten Werte und des Versprechens einer Verbesserung der Umwelt auf offene Ohren, sondern auch, weil sie unmittelbar auf das Eigeninteresse des Bürgertums abzielten.

III

Als die Cholera in Europa zum erstenmal auftrat, gaben sich Regierungen allenthalben die größte Mühe, ihrem Vorrücken Einhalt zu gebieten. In Rußland riegelte Militär verseuchte Gebiete ab; das Habsburgerreich verhängte scharfe Quarantänemaßnahmen – eines wie das andere meist ohne Ergebnis. Nicht nur gelang es nicht, mit Hilfe dieser Maßnahmen die Cholera aufzuhalten, sie führten auch zu Unruhe in der Bevölkerung. Das Auftauchen von Regierungsvertretern und Militär in den betroffenen Gebieten, die Isolierung von Opfern im Krankenhaus und das plötzliche Auftreten einer großen Zahl von Ärzten, unter ihnen viele aus anderen Gegenden und fremden Ländern, die sich alle einfanden, um die Krankheit zu beobachten, überzeugten manchen russischen Bauern davon, daß ihm die Regierung nach dem Leben trachte. Bei verbreitet auftretenden Unruhen wurden Ärzte und Beamte umgebracht, im Habsburgerreich wurden Schlösser gestürmt und Ärzte sowie Hilfsbeamte niedergemacht, die für die Einhaltung der Quarantänebestimmungen sorgen sollten. Als die Krankheit Preußen erreichte, trafen amtliche Versuche zu ihrer Eindämmung auf eine ähnliche Reaktion. Der Widerwille gegen Eingriffe der Behörden in die Lebensführung von Tagelöhnern, Bauern, Gewerbetreibenden und vielen anderen fand symbolischen Ausdruck im Glauben, die Krankheit sei Ergebnis einer von Ärzten insgeheim betriebenen Vergiftungskampagne zur Verminderung des Bevölkerungsüberschusses. Man munkelte im Volk, die Ärzte bekämen drei Taler Belohnung für jeden Choleratoten, den sie dem König melden konnten. So berichteten im September 1831 die Behörden in Stettin:

«Seit dem Ausbruche der Cholera-Krankheit in Stettin hat sich bei der, vorzugsweise dieser Seuche ausgesetzten, niederen Volksklasse des Ortes, die Meinung verbreitet, daß jene Krankheit ein, von den Wohlhabenden gewähltes, oder doch befördertes Mittel sei, sich der Armen zu entledigen. Dieser Wahn ist so tief eingewurzelt, daß ungeachtet der sorgfältigsten Vorkehrungen in dem hier eingerichteten Cholera Lazareth, die Aufnahme der Kranken in dasselbe nur mit großem Widerstreben ihrer Angehörigen und Bekannten bewirkt werden konnte, am 1. d. M. aber an mehreren Orten der Stadt Zusammenrottungen und Tumulte stattgefunden haben, welche... den gefährlichsten Character angenommen haben.»

Größere Menschenmengen hatten zu verhindern versucht, daß man Choleraopfer aus ihren Häusern fortbrachte, und anschließend das Haus des zuständigen Beamten gestürmt und geplündert. Die Ordnung wurde erst durch den Einsatz der örtlichen Miliz wiederhergestellt, die fünf der Aufständischen verwundete (einige von ihnen starben später) und weitere 29 festnahm. In Memel drang eine Menschenmenge ins Cholerakrankenhaus ein, holte einen Patienten nach Hause zurück, verlangte, daß die Choleratoten auf dem Friedhof beerdigt würden, und behauptete, «daß der Fleischer Schadewald durch die Behandlung der Aerzte im Dampfbade verbrühet und deshalb gestorben sey»[52].

Am heftigsten war die öffentliche Unruhe in Königsberg. Sie ging zum Teil auf einen beachtlichen Anstieg der Lebensmittelpreise zurück, eine Folge der Quarantäne und des um die Stadt gelegten Cordon sanitaire. Am 28. Juli 1831 hieß es, ein an der Cholera erkrankter Gipser sei gestorben, nachdem er Vitriolöl eingenommen habe, statt sich damit einzureiben. Das Volk, «welches an die Existenz der Cholera nicht glauben will ... faßte die Meinung auf: – daß die Ärzte im Einverständnisse mit den Apothekern, die Kranken vergiften». Die Polizei verweigerte dem Mann eine Beisetzung auf dem Friedhof «und reizte durch diese ... Maßregel die Wuth des in seinem religiösen Gefühl verletzten Volks – aufs höchste auf». Eine aufgeregte Menschenmenge stürmte die Polizeiwache. In einem Bericht darüber heißt es: «Die ganze Polizeiregistratur, Schränke, Stühle und andere Möbel wurden unter dem Ausrufe ‹Da ist die Cholera drin, das muß vernichtet werden› auf die Straße geworfen und vernichtet.» Man rief Militär zu Hilfe, doch als die Kavallerie eintraf, sah sie sich von Polizeiakten behindert, die sich auf dem Marktplatz zu Bergen türmten. Anschließend strömte die Volksmasse in die Vorstädte, wobei sie unterwegs Fenster zerschlug, «Ärzte mißhandelte, zwei Apotheken gänzlich demolirte» und schließlich in eine Waffenhandlung einbrach, um sich zu bewaffnen. Die Behörden waren hilflos. Die Rettung kam in Gestalt hundert bewaffneter Studenten, fünfzig untergeordneter Beamter, der Miliz und dessen, was von den Truppen noch da war. Sie eröffneten unter der Führung des Rector magnificus der Universität das Feuer auf die Menge, wobei sieben der Aufständischen getötet und eine große Anzahl verwundet wurde; der Rest zerstreute sich. Man schätzte den durch die Ausschreitungen angerichteten Schaden auf 14660 Taler. Insgesamt 177 Personen wurden festgenommen und mit Geldstrafen belegt, in erster Linie Handwerksgesellen und Tagelöhner. Zwar erkannten die Behörden erleichtert, «daß dieser Tumult weder von einer politischen Tendenz, noch von verbreiteter Unzufriedenheit mit der Regierung des Staats ausging», dennoch zeigte man sich aufs höchste beunruhigt.[53]

Während sich die Cholera-Epidemie 1831 über Ost- und Mitteleuropa ausbreitete, stand bei den Erwägungen der Behörden die öffentliche Ordnung weit im Vordergrund. Nicht einmal Hamburg blieb verschont; im September 1830 drückte sich die Unruhe des Volkes in der Stadt in länger anhaltenden, wenn auch nicht besonders gewalttätigen Kundgebungen gegen die Juden aus.[54] Doch ebenso wie die Behörden in anderen Teilen Europas beschloß der Stadtstaat im Sommer 1831 in einem Versuch, die Cholera aufzuhalten, dem freien Verkehr von Menschen und Waren Beschränkungen aufzuerlegen. Einlaufende Schiffe und Lastkähne wurden von Sommer 1831 bis Anfang 1832 unter Quarantäne gestellt.[55] Vom 8. Oktober an fertigte der Senat für auslaufende Schiffe keine «reinen Gesundheitspässe» mehr aus.[56] Während der Dauer der Epidemie wurde über Hamburg eine medizinische Quarantäne verhängt, die für den Handel schwere Einschränkungen mit sich brachte.

Der Senat war bei den Maßnahmen, die er zum Kampf gegen die Krankheit ergriff, als sie doch in der Stadt auftrat, nicht minder rigoros. Bereits im Juli 1831 erließ er vorsorglich eine Reihe wohldurchdachter Verfügungen, die in Kraft treten sollten, sobald die Krankheit auftrat, was Anfang Oktober der Fall war. Eine Allgemeine Gesundheits-Commission wurde eingerichtet, die in den verschiedenen Stadtteilen durch Unterausschüsse vertreten war. Ihnen mußten alle Krankheitsfälle unverzüglich gemeldet werden. Unter anderem wurde gefordert, daß Häuser, in denen die Cholera auftrat, zu isolieren und zu desinfizieren seien. «Das Haus, worin jemand mit der Cholera befällt, wird, damit ein Jeder wisse, daß dasselbe angesteckt sei, sofort mit einer Tafel, worauf das Wort ‹Cholera› steht, bezeichnet.» Eine besondere Reinigungskommission wurde zur Überwachung der Desinfektionsarbeiten eingesetzt. Dazu gehörte eine «Chlorräucherung» der Straßen, mit deren Hilfe die Luft gereinigt werden sollte. Das billige Logierhaus, in dem die Krankheit ausgebrochen war, wurde etwa fünf Tage nach der Meldung des ersten Falles evakuiert und ausgeräuchert. Ähnlich verfuhr man mit anderen betroffenen Häusern. Auf Bürgermeister Bartels' Betreiben erschien regelmäßig eine in Zusammenarbeit mit dem Ärztlichen Verein herausgegebene «Cholerazeitung» mit statistischen und medizinischen Informationen über die Epidemie. Die Behörden ordneten an, daß zwei spezielle Cholerakrankenhäuser geschaffen wurden, in denen man die Kranken isoliert halten und behandeln konnte. Man riegelte das Allgemeine Krankenhaus in St. Georg streng ab: Patienten wurden nicht entlassen, und Besucher erhielten keinen Zutritt. Selbstverständlich gründeten sich all diese Maßnahmen auf die Annahme, daß es sich bei der Cholera um eine Infektionskrankheit handele.[57]

Aber diese Maßnahmen stießen auf immer heftigere Kritik, je weiter die Zeit voranschritt. Erstens vermochten sie offenkundig nicht zu verhindern, daß die Krankheit in die Stadt gelangte noch sich inner- und außerhalb ihrer ausbreitete. Zweitens sah man in ihnen in Hamburg wie auch andernorts eine Gefahr für die öffentliche Ordnung. Gleich anderen Städten Deutschlands war auch Hamburg in den dreißiger Jahren des vorigen Jahrhunderts noch mit Wall und Graben umgeben; die Tore wurden allnächtlich geschlossen. Aber das auf die Ausweitung des Handels zurückgehende Wachstum hatte bereits auf St. Pauli und in St. Georg zur Entstehung großer Vorstädte jenseits der Stadtbefestigungen geführt. Die Bewohner dieser Viertel ärgerten sich darüber, daß sie von Hamburgs Verwaltung ausgeschlossen sein sollten. Sie hatten schon eine Weile gleiche Rechte eingefordert, doch mit geringem Erfolg. Als nach der Gründung der Allgemeinen Gesundheits-Commission im Juli der Vorsitzende der Bürgermilitär-Einheit von St. Georg einen Sitz darin verlangte, mußte er sich gefallen lassen, daß man ihn als «Unruhestifter» hinstellte. Das führte zu einer Reihe von Demonstrationen, mit denen die Bewohner der Vorstadt gewaltsam die nächtliche Schließung des Stadttors zu verhindern suchten, das Symbol dafür, daß man sie von der gleichberechtigten Teilhabe an den Angelegenheiten der Stadt ausschloß. Zwar wurde die Frage gelöst, aber jetzt mutmaßte der Senat, organisatorische Anordnungen der Behörden gegen die Epidemie könnten die Stimmung im Volk in ähnlicher Weise beeinflussen. Schließlich waren die 1831 ergriffenen Maßnahmen sehr kostspielig. Zu ihnen gehörte beispielsweise die Einstellung von rund 700 Arbeitskräften zur Durchführung der vom Senat angeordneten Maßnahmen – Quarantäne, Ausräucherung und Transport der Erkrankten ins Krankenhaus. Auch der Bau der Isolierstationen und besonderen Krankenhäuser zur Aufnahme der Choleraopfer hatte viel Geld gekostet.[58]

In ganz Europa wandte sich inzwischen die Meinung von Ärzten wie Bürgern gegen die Quarantäne und andere bei der ersten Cholera-Epidemie ergriffene behördliche Maßnahmen. Nicht nur nutzlos sei die Quarantäne, hieß es in einer 1831 in Danzig erschienenen Abhandlung, sondern geradezu gefährlich. Sie erschöpfe die staatlichen Finanzen, schnüre den Handel ab und fördere damit die Armut. In der Bevölkerung rufe sie Angst und panische Flucht hervor und verhindere die Unterstützung der betroffenen und isolierten Familien durch die Wohlfahrtseinrichtungen. Wieder einmal ging es um die entscheidende Frage, ob die Krankheit ansteckend sei oder nicht:

«Das Wohl der Staaten und der Menschheit ist bei Beantwortung dieser Frage im Spiel. Oder sollten die erschöpften Kräfte des armen zerrissenen Deutschland im vergeblichen Kampfe mit dem unsichtbaren Dämon an 39 Landesgrenzen sich völlig verzehren? – soll durch Fortdauer der Sperren Handel und Gewerbe völlig zu Grunde gehen und alles verarmen? Sollen die arbeitenden Klassen ganz erwerbslos und zur Verzweiflung getrieben, sollen die Flammen des Aufstandes, während wir besorgt nach Westen blicken, nun durch einen giftigen Hauch von Osten herüber geweht werden?»[59]

Daher fand die Entscheidung der Hamburger Behörden, Anfang 1832 alle im Vorjahr gegen die Cholera ergriffenen Vorkehrungen aufzuheben, weitgehende Unterstützung. Man war davon überzeugt, daß sie «die Börse besuchende Herren» unter anderem in «Angst und Schrekken» versetzt hätten und die Abriegelung der Grenzen durch die preußischen und dänischen Behörden dem Handel unermeßlichen Schaden zugefügt hätte. In seiner Entscheidung bestärkt sah sich der Senat sowohl durch den allgemeinen Umschwung in der Haltung der Ärzteschaft, die jetzt den Anti-Kontagionisten zuneigte, wie auch dadurch, daß die Epidemie letztlich nicht annähernd so verheerend gewütet hatte wie ursprünglich befürchtet. So wurden die Quarantänemaßnahmen nicht erneuert und die zum Kampf gegen die Krankheit eingerichteten staatlichen Sanitätswachen aufgelöst.

Als die Cholera im Lauf des Jahres mit größerer Heftigkeit wieder ausbrach, lag die Bürde des Kampfes gegen sie ausschließlich auf den Schultern der Ärzteschaft. Der Ärztliche Verein richtete in seinen eigenen Räumen eine tagsüber mit jeweils zwei einander ablösenden Ärzten besetzte Sanitätswache ein. Nach zehn Uhr abends allerdings gab es keinerlei ärztliche Hilfeleistung. Auch fiel dem Ärztlichen Verein die Aufgabe zu, Listen mit den Namen der Kranken und Toten zu erstellen. Die Ärzteschaft, und nicht der Staat, sorgte dafür, daß die Opfer ins Krankenhaus kamen, und beschaffte Krankenträger und Pflegepersonal. Allerdings konnten die für diese Maßnahmen angefallenen Ausgaben nachträglich von den Behörden zurückgefordert werden. Es gab weder Quarantänemaßnahmen noch Isolierstationen; Cholerakranke wurden einfach zusammen mit den anderen Krankenhauspatienten untergebracht. Da keine neuen Fälle amtlich bekanntgegeben und die Existenz einer Epidemie nicht von den Behörden bestätigt wurde, überrascht es kaum, daß der Ausbruch der Cholera im Jahr 1832, obwohl deutlich ernsterer Natur als der des Vorjahres, die Behörden lediglich 20000 Mark Courant kostete, während sie für 1831 noch eine volle halbe Million hatten ausgeben müssen.[60] Das weitverbreitete Interesse an der Cholera als Problem der individuellen Moral fand auch Eingang in die medizinischen Handbücher, in denen der Bevölkerung geraten wurde, wie die Krankheit zu vermeiden sei. Die Cholera wurde dort jedoch weniger als Folge der Unmoral denn als Ergebnis seelischer Unausgeglichenheit und Erregung dargestellt. Genau diesen Faktor sah man auch als Wurzel der Aufstände und Unruhen an, mit denen die Cholera so häufig einherging. In praktisch der ganzen frühen Literatur einschließlich des 1831 herausgegebenen amtlichen Flugblatts[61] wurde persönliche Reinlichkeit gefordert, und häufig fanden sich darin auch Ernährungsratschläge. Einer davon hieß, man solle «säuerliche, wässerige und den Magen und den Unterleib erkältende Speisen» meiden.[62]

Anhänger der Miasmalehre betonten die Notwendigkeit der frischen Luft, wohingegen der weitverbreitete Glaube, die Cholera sei eine extreme Form der gewöhnlichen Erkältung, manche zu der Mahnung veranlaßte, man müsse sich unbedingt warm halten.[63] Am verbreitetsten war der mit größter Beharrlichkeit immer wieder gegebene Rat, auf körperlichem wie seelischem Gebiet Exzesse zu vermeiden. Viele Ärzte vertraten 1831 die Ansicht, Furcht vor der Krankheit sei geradezu eine Aufforderung an diese, den Betreffenden zu befallen.[64] Dementsprechend drängten sie auf einen nüchternen und mäßigen Lebenswandel[65] und forderten dazu auf, «Leidenschaften» zu meiden, auf Gott zu vertrauen und auf eine «ordentliche Lebensweise» zu achten.[66] Die klassische Formel lieferte der preußische Arzt Wilhelm Cohnstein. Er erklärte, eine gelassene und zuversichtliche Haltung sei am einfachsten zu erreichen durch «unbedingtes Vertrauen I. in die göttliche Vorsehung und II. in die Anordnung der Behörden»[67]. Die Berliner Behörden selbst bestärkten die Bürger darin, auf eine «regelmäßige Lebensweise» zu achten und «Furcht, Angst, Traurigkeit» sowie «eine übermäßige Anstrengung des Geistes» zu vermeiden. «Solche Gemüthszustände dagegen», hieß es, «welche mit einer angenehmen Stimmung der Seele verbunden sind, wie Frohsinn, Heiterkeit, Zuversicht usw., vermehren auch die Kräfte des Körpers und machen denselben dadurch dem Erkranken weniger geneigt.»[68]

Die unterstellte Verbindung zwischen Cholera und Unmoral des einzelnen ging auf diese Weise in die Theorien selbst ein, mit denen die Mediziner das Auftreten der Krankheit zu erklären suchten. Sie glaubten, übermäßige Empfindungen könnten eine erhöhte Empfänglichkeit für die Infektion verursachen. Es gab aber einen weiteren Grund für den weithin angenommenen Zusammenhang zwischen Cholera und mangelnder Selbstbeherrschung. Nicht nur führte die Krankheit zu öffentlicher Unruhe, sondern die von ihr ausgehende Drohung wurde dadurch verstärkt, daß sie im allgemeinen auftrat, wenn es in Europa zu Spannungen kam. Auf gesellschaftliche wie internationale Konflikte zurückgehende umfangreiche Truppenbewegungen führten zu einer schnelleren und weiträumigeren Ausbreitung der Epidemie. Diese Truppenbewegungen waren 1830/31 überall in Europa an der Tagesordnung, von Polen, wo das russische Militär einen nationalen Aufstand niederschlug, bis in den Westen, wo im Zusammenhang mit den mehr oder weniger erfolgreichen Revolutionen jenes Jahres in vielen Ländern Militäraktionen stattfanden. Während der revolutionären Unruhen von 1848/49 kam es zu noch umfangreicheren Truppenbewegungen, denn die russische Armee rückte bis Wien und die preußische im Südwesten Deutschlands bis nach Baden vor. In ähnlicher Weise brachten Bismarcks Kriege (1866 gegen Österreich und 1870/71 gegen Frankreich) die Cholera nach Hamburg und sorgten dafür, daß sie sich auch anderswo ausbreitete.[69] Da bekannt war, daß sie zu Zeiten akuter politischer Spannungen auftrat, ist wohl nicht überraschend, daß die Behörden Ruhe als erste Bürgerpflicht ausriefen.

Eine solche Mahnung wurde verständlicherweise mit größerem Nachdruck denn je im Revolutionsjahr 1848 ausgesprochen. Bei jener Gelegenheit drängte der Hamburger Arzt Dr. Friedrich Simon darauf, daß Gaststätten während der Dauer der Epidemie früh zu schließen seien, und forderte von den Lesern seiner Schrift «eine mäßige, nüchterne und regelmäßige Lebensweise», bei der sie jedes Übermaß meiden sollten. Damit meinte er keineswegs nur den Alkohol, denn er erklärte:

«Überhaupt ist ein möglichst gleichmäßiger Gemüthszustand ein wesentliches und wichtiges Schutzmittel... Anstrengende Geistesarbeit, besonders tief in die Nacht hinein, wirkt nachtheilig; aber eben so sehr sind starke und anhaltende geistige Aufregungen andrer Art, heftige Leidenschaften, Gemüthsbewegungen, selbst übertriebene Freude und Munterkeit zu meiden...»[70]

Ohne Zweifel war für den Hamburger Senat im Jahr 1848 die Wahrung der öffentlichen Ordnung von größter Dringlichkeit. Im Juli kamen die ärztlichen Mitglieder des Gesundheitsrates zu einer Sitzung zusammen, um darüber zu beraten, was man angesichts dessen unternehmen könne, daß nach 16 Jahren die Cholera die Stadt von Osten her erneut bedrohte:

«Das Erste, was wir vor allem anderen auszusprechen uns gedrungen fühlten, ist der Wunsch, daß das Publicum so wenig als möglich allarmirt und beunruhigt werde. Deshalb möchten wir bei den Vorkehrungen bis zum wirklichen Ausbruche der Epidemie alles Aufsehen vermieden sehen, keine öffentliche Anzeige mit Hinweisung auf die von so Vielen gefürchtete Krankheit erlassen, aber auch später, wenn die Epidemie wirklich ausgebrochen, keine Maaßregeln ergreifen, welche die Krankheit als eine besonder gefährliche, außerordentliche erscheinen läßt.»

Derlei würde ihrer Ansicht nach nur Panik hervorrufen und alles noch schlimmer machen. Zweifellos habe die vorhergehende Epidemie gezeigt, führten sie zur Begründung an, daß die Cholera nicht ansteckend sei. Daher wurde beschlossen, keine Quarantäne zu verhängen, die Kranken nicht zu isolieren und auch keine besonderen Vorkehrungen für die Beerdigung der Todesopfer zu treffen. Solche Maßnahmen, erklärten die Ärzte warnend, «helfen durchaus nichts, schaden aber unendlich durch die Aufregung der Gemüther». Äußerstenfalls müsse man eine Druckschrift mit Ratschlägen für das Verhalten im Fall einer Epidemie herausgeben sowie Vorkehrungen treffen, um die Armen zu speisen, die Qualität der Lebensmittel auf dem Markt zu überprüfen, die Sauberkeit und Lüftung von Arbeiterherbergen zu gewährleisten und von der Krankheit Befallene, sofern es welche gab, ins Krankenhaus zu bringen. Diese Anordnungen sollten von einer ärztlichen Cholerakommission überwacht werden, der es außerdem oblag, Listen zu führen, in denen täglich Erkrankungen und Todesfälle festgehalten wurden.[71]

Der den Bürgern Hamburgs – nach dem Ausbruch der Epidemie – 1848 amtlich erteilte Rat wiederholte in allen Einzelheiten die bereits bekannte Aufforderung zu einer geordneten Lebensführung. Etwas anderes steht eigentlich kaum darin. Man mahnte:

«Wer gewohnt ist, im Essen und Trinken mehr zu sich zu nehmen, als der Mensch bedarf, wer ein ausschweifendes Leben führt, an Trunk, Spiel und nächtlichen Gelagen Gefallen findet, der beschränke diese bösen Gewohnheiten... Man hüte sich vor heftigen Leidenschaften, sie mögen nun belebender oder niederdrückender Art sein. Man vermeide jeden heftigen Ausbruch der Freude, des Ärgers, des Zornes, und hüte sich vor dem übermäßigen Genuß sinnlicher Liebe.»

Zu meiden sei alles, hieß es, was den Magen kühle oder zu einer übergroßen Säureproduktion anregen könne. Dazu gehörten auch Obst, ob roh oder gekocht, Milch, Fett, wasserhaltiges Gemüse und vor allem alkoholische Getränke. Eine Mahlzeit, die aus Fleisch bestand und mit einer mäßigen Portion «eines guten rothen Weines» heruntergespült wurde, galt hingegen als «vortheilhaft». Die meisten Bewohner Hamburgs konnten sich nicht einmal schlechten Rotwein leisten und besaßen auch nicht die Mittel, täglich noch so minderwertiges Fleisch zu kaufen. Aber der Rat dürfte das Bürgertum der Stadt beruhigt haben – und Milch wie Obst zu meiden war sicherlich von Vorteil. Auch riet die Schrift, Wasser nur zu trinken, wenn es aus einem Brunnen stammte oder abgekocht war, denn dann bleibe man mit größerer Wahrscheinlichkeit von der Cholera verschont als jemand, der diesen Rat nicht befolgte.[72]

In der ungewöhnlich starken Aufmerksamkeit, die der öffentlichen Ordnung galt, spiegelte sich wider, daß die politischen Konflikte und Unruhen des Revolutionsjahrs in der ersten Septemberwoche ihren Höhepunkt erreicht hatten, gerade, als die Cholera ausbrach. Die Hamburger Behörden reagierten auch darauf mit Tatenlosigkeit; offensichtlich war es ihnen darum zu tun, den Angehörigen der Unterschichten keinen weiteren Anlaß zur Unzufriedenheit zu liefern, die bereits im August zur Errichtung von Barrikaden und zu Demonstrationen geführt hatte.[73] Daher wurde wie schon 1832 praktisch nichts gegen die Epidemie unternommen. Die offizielle Senatsakte über den Ausbruch der Krankheit im Jahr 1848 trägt den Titel «Acta betreffend das im Jahre 1848 stattgehabte epidemische Grassieren der s. g. asiatischen Cholera in Hamburg, gegen welche keine Absperrungsmittel, keine Hospitäler oder sonstige bedeutende Vorkehrungen und Maßnahmen angewandt worden sind». Der Senat beschloß sogar am 23. Oktober, «daß keine regelmäßige Bekanntmachungen über den Stand der Cholera zu erlassen, daß indessen ein beruhigender Artikel für den Gang der Krankheit u. deren Abnahme zu veranlassen» sei. Um zu verhindern, daß Schiffe aus Hamburg in fremden Häfen der Quarantäne unterworfen wurden, beantragte die Handelsdeputation sogar am 1. November, man möge ab sofort nicht mehr auf deren Gesundheitspässen vermerken, daß in Hamburg die Cholera ausgebrochen war.[74] Wie zuvor richtete der Ärztliche Verein in seinen Räumen eine Sanitätswache als Informations- und Hilfszentrum ein, die von seinen Mitgliedern in zweistündigen Schichten betreut wurde und sich zwischen dem 12. September und 9. November um 640 Kranke kümmerte. Im Jüdischen Krankenhaus behandelte man die Cholera als Infektionskrankheit und brachte die Patienten auf Isolierstationen unter – nicht so in den anderen Krankenhäusern.[75]

IV

Die Epidemien von 1832 und 1848 begründeten im Ergebnis also eine feste Tradition in Hamburg, der zufolge der Staat praktisch nichts zur Verhütung oder Bekämpfung der Cholera unternahm und auch nichts in die Wege leitete, um ihr Auftreten in der Stadt anzukündigen oder zu bestätigen. Die Aufgabe, mit der Cholera fertig zu werden, fiel statt dessen der Ärzteschaft und freiwilligen Organisationen wie dem Ärztlichen Verein zu. Auch in letzteren herrschte, wie wir gesehen haben, die Ansicht vor, es handelte sich bei der Cholera nicht um eine ansteckende Krankheit. Stadtphysikus Dr. Buek, der schon vor ihrem Auftreten 1831 den Anti-Kontagionisten zugeneigt hatte, blieb auch während der Epidemie von 1848 seiner Überzeugung treu. Wie Abbildung 7 zeigt, gab es in den fünfziger Jahren weitere weniger schwere Epidemien, 1859 und 1866 jedoch zwei schwere.

Der Ärztliche Verein diskutierte die Epidemie der fünfziger Jahre nicht besonders ausführlich, doch zeigte 1867 eine Debatte über den Ausbruch der Cholera im Vorjahr, daß die Zahl von Pettenkofers Anhängern zunahm. Zwei Vorträge von Dr. Benjamin und Dr. Engel-Reimers über die Beziehung zwischen Cholera und Grundwasser stießen bei den versammelten Medizinern auf keinerlei Widerspruch oder Einwände. Dementsprechend gab es bei den Vorkehrungen gegen die Cholera während der minder heftigen Ausbrüche der fünfziger Jahre und der beiden ernsteren von 1859 und 1866 kaum Veränderungen.[76]

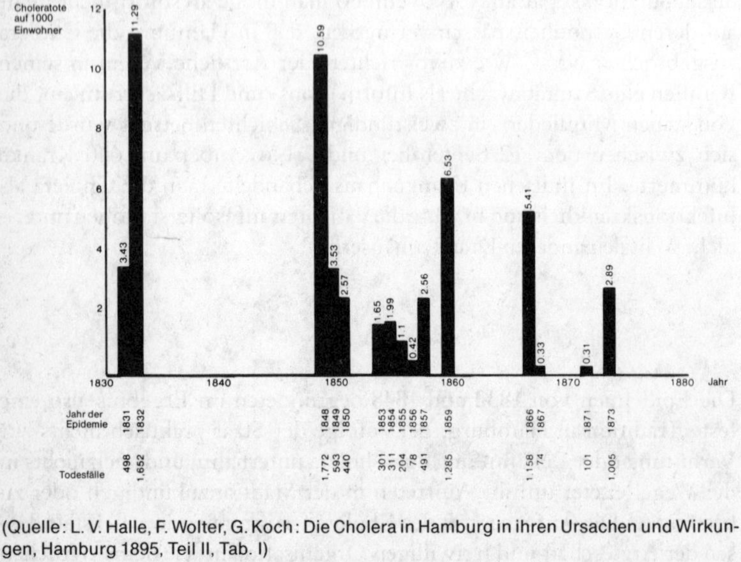

(Quelle: L. V. Halle, F. Wolter, G. Koch: Die Cholera in Hamburg in ihren Ursachen und Wirkungen, Hamburg 1895, Teil II, Tab. I)

Abb. 7 Die Cholera in Hamburg vor 1892

Bis in die sechziger Jahre hinein zeigte sich in den Maßnahmen, die ergriffen wurden, deutlich der Einfluß von Pettenkofers Vorstellungen. Man bemühte sich, dafür zu sorgen, daß keine Exkremente den Boden verseuchten; und dieses Bestreben scheint während der Epidemie von 1866 zu einer geringfügigen Zunahme der behördlichen Aktivitäten geführt zu haben. Doch die schon traditionelle Tatenlosigkeit des Senats und der Verwaltung wurde noch dadurch verstärkt, daß man zu Bueks Nachfolger als Stadtphysikus (nunmehr Medizinal-Inspektor) Dr. Johann Caspar Theodor Kraus ernannte, «einen überzeugten Anhänger Pettenkofer'scher Anschauungen», wie es später in seinem Nachruf hieß. Er war 1826 in Altona zur Welt gekommen, hatte in Kiel studiert und war 1871 zum Zeitpunkt seiner Ernennung 45 Jahre alt.[77] In seinem Bericht über die Cholera-Epidemie des Jahres 1873 zeigt sich eine pessimistische, ja geradezu fatalistische Haltung gegenüber der Möglichkeit einer Vorbeugung. Die von den Behörden während der Epidemie geforderten Maßnahmen, erklärte Kraus, hätten «einen relativ geringen Werth» gehabt. Eine Desinfektion sei nutzlos, weil sie unmöglich so gründlich durchgeführt werden könne, daß alle Keime dabei abgetötet würden. Auch eine Quarantäne habe keinen Zweck, denn es werde immer wieder einzelnen gelingen, durch das Netz zu schlüpfen. In den «stärker befallenen Gegenden konnten sie als Ursachen der Verbreitung der Verunreinigung des Erdbodens und der Gräben in der Nähe der Wohnungen durch Abfallstoffe und das mangelhafte Trinkwasser angesehen werden. Die Beseitigung dieser Ursachen durch durchgreifende Abfuhr-Gesetze, -Verordnungen und -Einrichtungen und durch Zuleitung eines reinen gesunden Trinkwassers kann man aber bei einer zahlreichen Bevölkerung nicht rasch schaffen.» Mithin sah Kraus zahlreiche Hindernisse beim Versuch voraus, Pettenkofers Grundsätze der Hygiene auf Hamburg zu übertragen.

Darüber hinaus scheint seine Auslegung der Theorien Pettenkofers die Zweifel besonders zu betonen, die der große Hygieniker hinsichtlich der Möglichkeit hegte, einer Epidemie vorzubeugen. Das war nicht die Haltung, mit der man den Senat davon überzeugen konnte, die Vorkehrungen gegen die Cholera auszubauen. Tatsächlich gelang es dem energischen und zum Jähzorn neigenden Oberingenieur Franz Andreas Meyer weitaus eher, Druck auszuüben, um Verbesserungen im Sanitätswesen zu bewirken, als dem pessimistischen und zutiefst von der Unwirksamkeit staatlichen Handelns überzeugten Dr. Kraus. «Zur Zeit der Cholera», erklärte Kraus nach den Ereignissen des Jahres 1873, «fühlt sich Mancher berufen, einzelne sänitäre Unzuträglichkeiten, namentlich solche, welche den Geruchssinn beleidigen, zur Anzeige zu bringen und auf Abhülfe zu dringen. Eine durchgreifende Abhülfe verletzt aber so manche wirkliche oder vermeintliche Rechte und Gewohnheiten, erfordert einestheils eine solche Menge von Vorbereitungen, anderntheils eine so bedeutende Geldausgabe, daß sie unmöglich erscheinen mußte; seine Abhülfe an einzelnen Orten bringt aber gar keinen Nutzen.» Dieser aus dem Jahr 1873 stammende Bericht war fast ganz von einer negativen Grundstimmung geprägt. Schon zu Anfang seiner Amtszeit scheint Kraus zu der festen Überzeugung gelangt zu sein, daß sich nichts unternehmen ließ, um einen Ausbruch der Cholera zu verhindern.[78]

Sein Verhalten bei der Epidemie von 1873 trug ihm erhebliche Kritik ein.[79] Gegen Anfang September begann man in der Bürgerschaft Fragen zur Epidemie zu stellen. Dr. Buek, der jetzt das Medizinal-Kollegium vertrat, berichtete, «die Epidemie habe sich in mäßigen Schranken gehalten und werde sich hoffentlich ferner in möglichst engen Schranken halten». Das genügte den «Demokraten» nicht, und am 10. September erinnerte der zu ihnen gehörende Jurist Dr. Banks die Bürgerschaft, obwohl Kraus wöchentliche Statistiken über Erkrankungen und Sterbefälle veröffentlichte, habe schon im Juli «das Gerücht cursirt, daß diese Veröffentlichungen falsch seien, in dem schon damals Cholerafälle vorgekommen sein sollten, die nicht bekannt gemacht seien». Die Cholera, erklärte er, befinde sich seit Ende Juni in der Stadt, doch vollständige Listen von Erkrankungen und Todesfällen habe man erst im August veröffentlicht. «Es sei nun höchst bedauerlich, wenn Hamburger Behörden anscheinend wissentlich falsche Thatsachen veröffentlichten; derartiges sei bisher nie bekannt geworden und sei nicht genug zu rügen; denn nichts könne demoralisierender wirken. Das Gerücht sei boshaft genug gewesen, zu behaupten, das sei geschehen um gewisse kaufmännische Geschäfte zu schützen, die durch das Bekanntwerden Schaden zu fürchten gehabt...»

Dr. Buek sah sich als offizieller Sprecher das Medizinal-Kollegiums außerstande, im einzelnen auf Banks' Anschuldigungen einzugehen, da ihm sowohl die notwendigen Angaben wie auch die Erlaubnis der Gesundheitsbehörde fehlten, derlei mitzuteilen. Das befriedigte die «Demokraten» nicht; ein weiterer Abgeordneter, Dr. Caesar Gerson, ging auf breiter Front zum Angriff über: Er fragte, warum es keine Desinfektion gegeben habe, warum nicht genug Leute zum Transport der Kranken bereitstünden und warum man keine besonderen Krankenhäuser eingerichtet habe. Eine Woche später kehrte Buek mit der erforderlichen Ermächtigung zurück. Kraus habe ihm gesagt, teilte er der Bürgerschaft mit, man habe die Erkrankungen vom Juni und Juli ursprünglich als unechte Cholera registriert, die auch «Cholera nostras» oder «Cholerine» genannt wurde. Deren Veröffentlichung geschehe nach «einem ganz bestimmten Plan, der beruhe auf der Unterscheidung der nur sporadisch auftretenden Cholera und der echten asiatischen Cholera».

Doch Ende Juli habe sich statt der sporadischen Todesfälle das Muster einer Epidemie abgezeichnet und keinen Zweifel daran gelassen, daß auch die früheren Erkrankungen in Wahrheit auf die asiatische Cholera zurückzuführen seien. Daher habe man die Statistiken revidiert. Er fügte hinzu: «... für ein System großartiger Maßregeln, wie Dr. Gerson dasselbe gewollt, sei... kein Anlaß gewesen.» Diese würden «bei großen Kosten jedenfalls den Nachtheil gehabt haben, daß sie die Bevölkerung beunruhigt hätten» – eine Antwort durchaus im Sinn hanseatischer Tradition. Sie war aber kaum dazu angetan, die Kritiker des Senats zu beruhigen, und zeigte darüber hinaus wieder einmal Kraus' Entschlossenheit, jede Bestätigung des Auftretens von Cholera in der Stadt so lange wie möglich hinauszuzögern. In dem «ganz bestimmten Plan», auf den sich Buek bezog, war wohl vorgesehen, daß Beamte der Gesundheitsbehörde automatisch sogar bei Todesfällen, die auf die Cholera zurückgingen, als Ursache Cholera nostras notierten, solange solche Fälle nur gelegentlich oder «sporadisch» auftraten. Noch 1873 stellte die Medizin in solchen Fällen Diagnosen lediglich aufgrund der Symptome. Die Choleradiagnose mittels Isolierung und Züchtung des Erregers wurde erst ein Jahrzehnt später eingeführt. Die Symptome der Cholera nostras konnten in der Tat denen der schwereren und weit gefährlicheren asiatischen Cholera ähneln, obwohl sie sich in wirklich ernsten Fällen von ihnen durchaus unterscheiden lassen. Kraus war entschlossen, das Auftreten der Krankheit erst einzugestehen, wenn alle Kennzeichen einer Epidemie vorlagen.

Eines der auffälligsten Merkmale in der Geschichte der Gesundheitsbehörden im Hamburg des 19. Jahrhunderts ist die Kontinuität der ranghöchsten Beamten. Stadtphysikus Dr. Buek hatte mit allen Epidemien von 1831 bis 1873 zu tun gehabt, und Medizinal-Inspektor Dr. Kraus, dessen erste Erfahrung mit der Cholera auf das Jahr 1873 zurückging, war 1892 noch im Amt. Wie wir sehen werden, brachte nichts von dem zwischen 1873 und 1892 Geschehenen – nicht einmal Robert Kochs Entdeckungen – Kraus zu einer Änderung seines Standpunkts. In seinen Augen war die Cholera nach wie vor keine Infektionskrankheit, und so gingen er und das Medizinal-Kollegium noch 1892 nach jenem «ganz bestimmten Plan» vor, der sie dazu verpflichtete, das Auftreten der asiatischen Cholera in Hamburg zu leugnen, bis es das Ausmaß einer Epidemie erreicht hatte.

In gewissem Umfang ließ sich diese Vorgehensweise durch die von Kraus vertretene Ansicht erklären, die Cholera sei nicht ansteckend, doch konnte nur wenig Zweifel daran bestehen, daß sie auf die Befürchtung zurückging, der Stadt würden sofort Quarantänemaßnahmen drohen, wenn man den Ausbruch einer Cholera-Epidemie offiziell zugab. Nicht wenige mißbilligten 1873 ein solches Verfahren. In der Bürgerschaft hatte der «Demokrat» Dr. Banks den Medizinalrat Kraus geradezu der Vertuschung beschuldigt: «Es bewahrheitet sich wieder das Wort», erklärte er am 10. September, «daß Lügen eine Kunst sei.» Kraus reagierte auf diesen Angriff damit, daß er dem Senat seinen Rücktritt anbot – eher ein demonstrativer Akt, der einer Bitte um Unterstützung gleichkam, als ein ernstzunehmendes Eingeständnis von Irrtum oder Schuld. Der Senat, in der festen Überzeugung, Kraus habe den rechten Weg beschritten, indem er die Bestätigung der Cholera hinauszögerte, nahm den Rücktritt nicht an. Nachdem von oben kein Zweifel signalisiert worden war, erklärte Kraus am 29. Oktober: «Die Hamburger Ärzte haben in einer mir übergebenen Adresse vom 11. October erklärt, daß sie mein Bleiben wünschen.» Mit diesen Beweisen amtlicher Unterstützung gewappnet, verlangte Kraus jetzt, die Bürgerschaft möge sich offiziell von Banks' Angriff distanzieren.

Damit aber erwartete er sogar von einer Körperschaft zu viel, der «Demokraten» eher lästig waren, und so mußte er mit der Versicherung von Banks und dem Präsidenten der Bürgerschaft vorliebnehmen, die Erklärung sei weder persönlich gemeint gewesen, noch habe man ihm eine Lüge unterstellt. Auch habe es jedem ferngelegen, einen der im Medizinal-Inspektorat Tätigen kritisieren zu wollen. Die Debatte endete mit einer Wiederholung dieser Versicherung aus dem Mund des Vorsitzenden, nachdem Banks seine Ansicht wiederholt hatte, «daß in den berügten Veröffentlichungen Erkrankungen und Todesfälle, welche an der Cholera erfolgt waren, mit Absicht fälschlich als durch Cholerine veranlaßt, bezeichnet worden sind». Danach hatte die Bürgerschaft ganz offenkundig den Eindruck, es sei genug geredet worden, und lehnte einen Antrag ab, das Verhalten der Behörden während der Epidemie untersuchen zu lassen. Eine solche stürmische Auseinandersetzung war in der

Bürgerschaft äußerst ungewöhnlich, und möglicherweise drückten sich in Dr. Banks' harschen Worten bereits die ersten Anzeichen der Schizophrenie aus, zu deren Behandlung er bald in eine Heilanstalt nach Bonn gebracht werden sollte, wo ihn Kraus zehn Jahre später «entschieden geisteskrank» vorfand, denn Banks leide, wie er erklärte, an «Verfolgungswahn und Wahnvorstellungen». Doch wie übertrieben er auch die Sache dargestellt haben mag, die Bürgerschaft war eindeutig davon überzeugt, Banks habe gute Gründe, bei der Epidemie von 1873 seine Unzufriedenheit mit der Haltung der Behörden zu formulieren.

Da Pettenkofers seit den fünfziger Jahren wirkender Einfluß die Aufmerksamkeit der Ärzteschaft auf die Frage gelenkt hatte, welcher Einfluß vom Boden ausging, waren andere Fragen in den Hintergrund getreten. Oft neigte man dazu, wie es 1874 übereinstimmend hieß, «als directe Ursache etwa im Boden vorhandene Schädlichkeiten zu vermuthen»[80]. Doch hielten Pettenkofer und seine Anhänger es zu keiner Zeit für möglich, «diese Schädlichkeiten» ganz und gar zu beseitigen. Sie nahmen an, der Ausbau von Kanalisation und Müllabfuhr würden hilfreich sein – und tatsächlich war es auf diesen Gebieten seit der Mitte des Jahrhunderts zu bedeutenden Verbesserungen gekommen. Da aber die feste Überzeugung vom Nutzen einer zentralen Versorgung mit Wasser, das nicht, wie es bei Brunnenwasser häufig vorkam, durch verseuchtes Grundwasser verunreinigt war, nicht mit der Auffassung Hand in Hand ging, daß auch eine Filtration wichtig sei, wirkte Pettenkofers Einfluß in Hamburg wie eine Bekräftigung dafür, alles beim alten zu belassen.

Seit der Kontagionismus 1831 eine Niederlage erlitten hatte, taten Ärzteschaft und Senat wie bei allen früheren Cholera-Epidemien auch im Jahr 1873 ihr Äußerstes, um das Auftreten der Krankheit in der Stadt nicht amtlich bestätigen zu müssen, und unternahmen, als sich diese Erklärung nicht mehr vermeiden ließ, keinen Versuch, für eine Quarantäne zu sorgen, die Opfer der Krankheit zu isolieren oder Desinfektionsmaßnahmen zu treffen. Immerhin war der Senat ab 1871 in begrenztem Maß zu staatlichem Eingreifen bereit: Er betraute die Polizei mit der Aufgabe, die Kranken in die Krankenhäuser zu bringen und die Toten wegzuschaffen, außerdem stellte er Geldmittel zur Verfügung, damit der Verseuchung des Grundwassers Einhalt geboten werden konnte. Höchste Priorität aber genoß nach wie vor die Vermeidung von Ausgaben und die Aufrechterhaltung der öffentlichen Ordnung. Nur eine verschwindend kleine Minderheit mißbilligte dies passive Verhalten des Staates.[81]

Der Aufstieg des Bakterienreichs

I

Inwieweit unterschied sich das Verhalten Hamburgs gegenüber der Cholera von dem in anderen Teilen Deutschlands? Beim gegenwärtigen unzulänglichen Stand der historischen Forschung müssen zwei Gegenbeispiele von sehr unterschiedlichen Dimensionen genügen: Das erste ist Lübeck, weit kleiner als Hamburg, aber nicht nur wie dieses eine vom Handel lebende Hansestadt und gleichermaßen bürgerlich, sondern ebenfalls ein autonomer Bundesstaat innerhalb des Reiches, das zweite Preußen, der größte Bundesstaat.

Als vorbeugende Maßnahme gegen die Cholera ernannte der Lübecker Senat 1831 eine besondere und mit beträchtlichen Vollmachten ausgestattete Gesundheits-Kommission. Da die ihr angehörenden Ärzte die Ansicht vertraten, Cholera sei eine ansteckende Krankheit, sahen sie umfangreiche Quarantäne-, Desinfektions- und Isolierungsmaßnahmen vor. Sie fanden im Juni bei aus Riga einlaufenden Schiffen erstmals Anwendung, und im September legte der Senat außerdem einen Cordon sanitaire um die Stadt. Diese Absperrung galt auch für Reisende aus Hamburg, als die Cholera dort im Oktober ausgebrochen war. In allen der Senatshoheit unterstehenden Dörfern mußten beim Auftreten der Cholera an den Straßen Mitteilungen angebracht werden, denen Reisende entnehmen konnten, daß sie sich in ein Choleragebiet begaben; diese Dörfer wurden dann von der Außenwelt abgeschnitten und von außerhalb mit Lebensmitteln versorgt. Diese und weitere Vorkehrungen gründeten sich auf die Erfahrungen, die man im 18. Jahrhundert mit der Pest gemacht hatte, und gingen deutlich weiter als die in Hamburg angewendeten, wo die Meinung unter den Ärzten, wie wir gesehen haben, weniger einmütig der Ansteckungstheorie zuneigte.

Als die Cholera im Juni 1832 schließlich in Lübeck ausbrach, wurden Quarantäne und Cordon sanitaire aufgegeben. Da man zum erstenmal in der Stadt selbst mit ihr zu tun hatte, war es dem Senat offenkundig nur recht, zumindest einige der 1831 für den Kampf gegen die Cholera entwickelten ausgeklügelten und teuren Maßnahmen anzuwenden. Die Gesundheits-Kommission organisierte den Transport der Erkrankten in ein Isolierkrankenhaus (oder sorgte dafür, daß sie zu Hause isoliert wurden), kam für die Bestattungskosten derer auf, die der Krankheit erlagen, und unterstützte Menschen, die durch die Epidemie in Not geraten waren. Insgesamt verzeichnete Lübeck von Juni bis August 1832 1243 Erkrankungen und 695 Todesfälle. Die für Folgekosten der Epidemie aufzuwendenden 88700 Mark entsprechen einem Zehntel des Lübecker Senatsbudgets für 1832.[1] Doch schon seit Mitte des Jahres hatte der Senat begonnen, von der bis dahin vertretenen Haltung der strengen Intervention abzurücken. Er beschloß am 27. Juni 1832 offiziell, das Auftreten der Krankheit in der Stadt nicht amtlich bekanntzugeben und auch keine täglichen Listen der Choleratoten zu veröffentlichen, weil das in der Bevölkerung Unruhe hervorrufen und durch in fremden Häfen gegen Lübeck ergriffene Quarantänemaßnahmen den Handel schädigen würde. Dem Rat von Hamburgs Senator Dammert folgend, der seinen Lübecker Kollegen mitteilte, «daß man hier allgemein die Nicht-Contagiosität der Cholera annahm», wurde das 1831 erlassene Verbot von Beerdigungen innerhalb der Stadtmauern aufgehoben.

Inzwischen wendete sich auch in Lübeck die Ärzteschaft gegen die Vorstellung, die Cholera sei ansteckend, und schloß sich der andernorts vertretenen Ansicht an, die Krankheit trete vor allem bei Menschen auf, die besonders dazu neigten. Folglich ergriff der Senat bei der Epidemie von 1848 keine Quarantäne- oder Desinfektionsmaßnahmen und unternahm auch keinen Versuch, die Opfer in einem besonderen Krankenhaus zu isolieren. Nur 125 Cholerapatienten kamen im Verlauf dieser Epidemie ins Krankenhaus, bei der nicht weniger als 500 Menschen starben, in deutlichem Gegensatz zur Epidemie von 1832, bei der man alles unternommen hatte, die Opfer in Krankenhäuser zu bringen. Die Polizei eröffnete lediglich ein Gesundheitsbüro, um zu erfahren, welchen Verlauf die Krankheit nahm. Der Senat verhielt sich so untätig, daß sich der Ärztliche Verein von Lübeck gezwungen sah, am Tag vor dem Ausbruch der Epidemie anzufragen, ob es Pläne zur Einstellung von Krankenträgern und Krankenschwestern gebe, ob man den Erkrankten ein Krankenhaus zur Verfügung stellen werde und überhaupt Maßnahmen gegen die Krankheit zu treffen gedenke. Dieselbe Untätigkeit charakterisierte das Verhalten des Lübecker Senats während der Epidemien von 1850, in deren Verlauf 506 Menschen starben, von 1853 sowie der Epidemie von 1856 bis 1859.[2]

Inzwischen allerdings begannen Pettenkofers Ansichten die Ärzteschaft Lübecks zu beeinflussen. Der Senator Theodor Curtius machte sie sich 1856 zu eigen und forderte öffentlich eine Säuberung des Erdbodens, in dem Pettenkofer zufolge die «Cholerakeime» ausgebrütet würden. Der Ärztliche Verein unterstützte 1872 Curtius' Forderung nach verbesserter Kanalisation und Hygiene, ordentlicher Entwässerung und einer zentralen Wasserversorgung. Gleichzeitig gründete Emil Cordes, der in Lübeck als Arzt praktizierte, einen Verein zur Erforschung der lokalen Ursachen der Cholera in Lübeck. Dieser griff den Senat an, weil er nichts gegen die Krankheit unternehme. Diese Initiativen führten in den sechziger Jahren zu mehreren Reformen des Gesundheitswesens. Eine zentrale Wasserversorgung – wegen des hohen Mineralgehalts des Wassers am Ort mit einer Filtrationsanlage – nahm 1867 den Betrieb auf, neue Vorschriften zur Verbesserung und Erweiterung der Kanalisation wurden 1869 erlassen, und der Bau neuer Vorstädte außerhalb der Stadtmauern wurde geplant. Pettenkofers Ansichten schienen in Lübeck ihre Bestätigung darin zu finden, daß es dort mit Ausnahme eines kleineren Ausbruchs der Krankheit 1866 zu keiner weiteren Cholera-Epidemie kam.[3]

Am entgegengesetzten Ende der Skala von Größe und Macht im Deutschland des 19. Jahrhunderts stand das Königreich Preußen, unser zweites Beispiel. Bezeichnenderweise schließen die Akten über die Cholera im Archiv bruchlos an die 1804 mit Quarantänevorschriften gegen die Beulenpest begonnenen an. Anfänglich ergriff man 1831 gegen die Cholera dieselben Maßnahmen wie 1804. Ein vor Ausbruch der Epidemie zu ihrer Erforschung eingesetzter Ausschuß aus Ärzten und Beamten – die Commission der Räthe der Ministerien und der Ärzte – kam nach Sichtung der Literatur zu dem Ergebnis, sie werde eher «durch ein an dem erkrankten Individuum entwickeltes Contagium verursacht», als daß sie Ergebnis eines «in der Luft verbreiteten Ansteckungsstoffs» sei.[4] Quarantäne, Ausräucherung, Überwachung des Personenverkehrs, Cordons sanitaires und öffentliche Aufklärung über die Krankheit wurden auf eine in Hamburg unvorstellbare Weise gerechtfertigt: «Die daraus für Einzelne erwachsenden Nachtheile werden durch die für das Ganze gewonnene Sicherheit, wie jeder Unbefangene fühlen wird, bei weitem überwogen.»[5] Die Kommission sagte zu, diesen Maßnahmen werde «ein günstiger Erfolg» beschieden sein, und sah einen Ausbruch der Krankheit in Berlin als «kaum zu besorgenden Fall» an. Obwohl jedem, der die Quarantäne mißachtete, eine mehrjährige «Festungs- und Zuchthausstrafe» drohte und sogar die Todesstrafe für den Fall, daß ein solcher Verstoß zu einem Ausbruch der Cholera führte[6], gelangte die Krankheit doch nach Berlin und breitete sich dort aus. Die Behörden befahlen die Isolierung Erkrankter in ihren Häusern und das Ausräuchern ihrer Wohnungen; mit wahrhaft preußischer Gründlichkeit wurde außerdem angeordnet, daß Hunde und Katzen in befallenen Häusern zu töten und Vögeln die Flügel zu stutzen seien.

Nur in einem Punkt machten die Behörden Zugeständnisse an die Vorstellung von der Ausbreitung der Krankheit durch Miasmen; ausnahmsweise wurde vom 23. September 1831 bis 15. Februar 1832 «das Tabackrauchen auf den hiesigen öffentlichen Plätzen und Straßen, so wie im Thiergarten erlaubt... um denjenigen, welche darin ein Schutzmittel gegen die Cholera zu finden glaubten, dasselbe nicht zu entziehen». Doch schon bald nahm man die strengsten Maßnahmen zurück und kam im September zu dem Ergebnis, die Cordons sanitaires hätten «bereits auf den gewerblichen Verkehr der Einwohner ungünstig eingewirkt und drohen, bei verlängerter Dauer, den Wohlstand vieler Familien zu zerrütten und dem Lande verderblicher zu werden als die Krankheit selbst». Also wurden die Absperrmaßnahmen gelockert und schließlich ganz aufgehoben, so daß der Verkehr freigegeben war. Ende Oktober wurden auch die Quarantänemaßnahmen fallengelassen, und die Regierung erwog eine Begnadigung derer, die man beim Bruch der Quarantänevorschriften gefaßt hatte, nachdem sich diese jetzt als unwirksam herausgestellt hatten.[7]

Bis dahin hatte sich die amtliche Auffassung davon, wie der Cholera entgegenzutreten sei, in Preußen mehr oder weniger genauso entwickelt wie in Hamburg und Lübeck – doch dann begannen sich die Wege zu trennen. Die nächste von der Immediat-Commission zur Abwehrung der Cholera erlassene Anweisung beschäftigte sich vorwiegend mit der Aufrechterhaltung der öffentlichen Ordnung, ermahnte die örtlichen Polizeikräfte, Choleraopfer nicht gegen den Wunsch des Familienoberhaupts aus ihren Wohnungen zu holen, gebot ihnen, dafür zu sorgen, daß es nicht zu «Anhäufungen von Menschen» kam, und riet, Choleratote erst nach Einbruch der Dunkelheit zu beerdigen. Doch die Bestimmungen, die eine Meldepflicht von Erkrankungen, die Isolierung, Desinfektion, Kontrollen des Schiffsverkehrs auf den Flüssen und die Ausstellung von Gesundheitspässen verlangten, blieben in Kraft. Nachdem die Immediat-Commission ihre Aufgabe erfüllt hatte, wurde sie Anfang 1832 aufgelöst; fortan setzten Polizei und an den jeweiligen Orten gebildete Sanitätskommissionen die von ihr beschlossenen Maßnahmen durch.[8] 1835 wurde diese interventoristische Art des Vorgehens durch eine umfassende Sammlung der Vorschriften, die als Grundlage für die spätere Praxis Preußens bei Cholera-Epidemien diente. Die asiatische Cholera, hieß es in den «Lektionen über ansteckende Krankheiten», die man diesen Vorschriften beigab, «ist ansteckend und wird... unter den verschiedenartigsten Verhältnissen der Klimate, Jahreszeiten, Witterung, Windfrische, Territorien usw. durch Ansteckung weiter verbreitet». Im Grundsatz vertrat diese Schrift also die Vorstellung, daß die Krankheit ansteckend sei. Als einziges Zugeständnis wurde eingeräumt, daß die Empfänglichkeit für eine Infektion von einem Menschen zum anderen unterschiedlich ausgeprägt sein könne. Entsprechendes galt für Weisungen, die ausführlich wiederholten, was bereits die von den örtlichen Behörden einzusetzenden Sanitätskommissionen festgelegt hatten: Isolierung aller Erkrankten, Überwachung des Verkehrs auf den Flüssen, Ausräucherung, Desinfektion usw.[9] Diese Vorschriften bekamen Gesetzeskraft und galten auch 1850 noch.[10]

Auch wenn Berlin bei der Cholera von 1832 glimpflicher davonkam als 1831, führte das in keiner Weise zu einer Lockerung der Maßnahmen; eher schrieb man ihnen in gewissem Umfang das Verdienst am Rück-

Tabelle 3 Cholera-Erkrankungen und -sterblichkeit in Berlin, 1831 bis 1873

Jahr	Fälle	Todesfälle	Bevölkerung	Fälle auf 1000 Einwohner	Todesfälle auf 1000 Einwohner
1831	2274	1423	229843	9,9	6,2
1832	613	412	234171	2,6	1,8
1837	3557	2338	265394	13,4	8,8
1848	2407	1595	400557	6,0	4,0
1849	5361	3552	401802	13,1	8,8
1850	1185	711	405707	2,9	1,8
1852	247	165	413517	0,6	0,4
1853	1405	940	415425	3,4	2,3
1855	2172	1385	419241	5,2	3,3
1866	8186	5457	658251	12,4	8,3
1871	68	55	826341	0,1	0,8
1873	1074	740	918841	1,2	0,8

(Quelle: E.H. Müller: Die Cholera-Epidemie zu Berlin im Jahre 1873. Amtlicher Bericht, Berlin 1874; Exemplar im Stadtarchiv Berlin, Rep. 01 B 220)

gang der Krankheit zu.[11] Doch suchte sie, wie Tabelle 3 zeigt, in den Jahren 1837, 1848, 1849 und 1850 die Hauptstadt Preußens erneut heim.[12] Auch 1852, 1853 und 1854 gab es kleinere Ausbrüche, 1855 dann einen schwereren, bei dem in Berlin über 1300 Menschen der Cholera erlagen.[13] Daß sie auch 1837 auftrat, in einem Jahr, für das in Hamburg keine Fälle gemeldet wurden, läßt die Vermutung zu, daß zu jener Zeit Seehäfen nicht cholerageführdet waren. Da ein Großteil der Waren aus dem Osten von Flußschiffen transportiert wurde und die Cholera mit ihnen reiste, konnte die Krankheit im Prinzip fast alle größeren Städte erreichen. Zu den häufigsten und ernsthaftesten Heimsuchungen kam es im allgemeinen in den östlichen Provinzen Preußens nahe der russischen Grenze, wo der Warentransport auf der Straße als Überträger diente.[14] Trotzdem änderte man das Vorgehen nicht, für das man sich beim Kampf gegen die Krankheit einmal entschieden hatte. Beispielsweise wurde in Berlin 1852 ein weiterer Ausbruch angekündigt. Obwohl es sich, wie es hieß, dabei keineswegs um eine bedeutende Epidemie handelte, wurde der Öffentlichkeit eine «offizielle Anzeige wohl auch deshalb... nicht vorenthalten... damit Jedermann in der Lage sei, eine immer anräthliche Vorsicht in der Lebensweise zu beobachten».

Der Gegensatz zu Hamburg konnte nicht augenfälliger sein. Ihn unterstrich ein amtlicher Erlaß der Berliner Behörden während der Epidemie von 1866, der nicht nur die Cholera als ansteckend bezeichnete, sondern auch scharfe Isolier- und Desinfektionsmaßnahmen vorsah sowie die sofortige Meldung aller Krankheitsfälle und die Einsetzung von Regierungsausschüssen verlangte, die sich mit der Krankheit zu befassen hatten.[15] Inzwischen machte sich jedoch allmählich Pettenkofers Einfluß bemerkbar. Schon in den 1866 erlassenen und oben zitierten Anweisungen hatten sich die Behörden gezwungen gesehen einzuräumen, daß die Cholera zwar «schlechterdings nur auf dem Wege des menschlichen Verkehrs verbreitet» werde und daher Quarantäne, Isolierung und Desinfizierung nach wie vor gerechtfertigt seien, sie dennoch höchstwahrscheinlich dort auftrete, wo der Erreger «mit menschlichem Auswurf... in den Erdboden gelangen» könne.[16] In Berlin las man gründlich, was Pettenkofer über die Münchener Epidemie von 1866 schrieb.[17] Ein amtlicher Bericht über die Berliner Epidemie des Vorjahres nannte im Jahr 1867 Pettenkofer als führende Autorität auf diesem Gebiet und beschäftigte sich eingehend mit dem Zustand des Bodens in den befallenen Stadtteilen.[18] Von jenem Zeitpunkt an konzentrierte sich in Berlin die Behandlung der Cholera in erster Linie darauf, Pettenkofers Ansichten nachhaltig Geltung zu verschaffen, denn genau das hielt man für erforderlich.[19] Neue Verfügungen der Polizei zur Desinfektion und Reinigung von Rinnsteinen, Abortgruben und öffentlichen Toiletten wurden 1867 erlassen und bei den Epidemien von 1871 und 1873 in großem Umfang angewendet. Allerdings erreichte keine von beiden das Ausmaß derer von 1866.[20]

Im wesentlichen konnte also in Preußen lediglich bei den Epidemien von 1871 und 1873 die Lehrmeinung der Nicht-Kontagiosität größeren Einfluß auf das Vorgehen gegen die Cholera gewinnen. Im großen und ganzen verließen sich die Behörden – allen voran die Militärbehörden, die sich selbstverständlich wegen der Gefahr besorgt zeigten, die Krankheit könne sich unter den Soldaten verbreiten (eine in den Jahren 1866 und 1871 keineswegs zu unterschätzende Gefahr) – wieder auf das bewährte Schema amtlicher Eingriffe. Die offizielle Politik sah auch noch während der Epidemie von 1871 vor, die Habe Erkrankter zu desinfizieren, Cholerakranke ins Krankenhaus zu bringen und vor dem Genuß «unreinen Trinkwassers» zu warnen. Häufig erlegten sogar Beamte in Provinzorten der Bevölkerung Maßnahmen auf, die weit über die Vorschriften von 1835 hinausgingen. Obwohl sich in ihnen die unter der Ärzteschaft weithin verbreitete Ansicht, es handele sich bei der Cholera nicht um eine Infektionskrankheit, in keiner Weise niederschlug, blieben diese Maßnahmen bis weit in die neunziger Jahre hinein amtlicherseits in Kraft.[21]

Dieses Vorgehen rief bei Kaufleuten und anderen Bürgern, die sich durch die Störung des Handels beeinträchtigt fühlten[22], einigen Widerstand hervor. Auch städtische Behörden schlossen sich dieser Ansicht an und erhoben Einwände gegen mit der Durchführung der angeordneten Maßnahmen verbundene Ausgaben.[23] Vor allem die Isolierung von Kranken wurde von Anfang an kritisiert. «Die Sperren werden zu kostbar», klagten Berlins Bürger schon im Oktober 1831, sie «hemmen den Erwerb», zumal solche Maßnahmen ohnehin «nur gegen die ärmere Classe ausgeführt» würden. Überdies seien sie «Furcht und Angst erregend», und die Krankheit «habe sich auch nicht ansteckend gezeigt».[24] Diese Ansicht von der Nicht-Kontagiosität der Cholera scheint unter dem Bürgertum in den Städten Preußens von dem Augenblick an weit verbreitet gewesen zu sein, als dies die nachteiligen Wirkungen von Quarantäne und Isolierung zu spüren bekam, und die Ärzte teilten sie weitgehend. Beispielsweise wurde sie bei einer Umfrage zu Pettenkofers Lehrmeinung, auf die 39 Ärzte im Regierungsbezirk Merseburg antworteten, von vier Ärzten abgelehnt, sechs schlossen sich ihr an, und 29 verbanden ihre Zustimmung mit der kritischen Bemerkung, Pettenkofer sei zu sehr von der ansteckenden Wirkung der Cholera überzeugt![25] Die öffentliche Meinung in Berlin erklärte jedoch bald, «daß es wünschenswerth sei, der Magistrat dächte ein bischen mehr an die Pettenkofer'sche Choleratheorie». Das bezog sich vor allem auf die Reform von Berlins System der Abwasser- und Abfallbeseitigung, die damals, wie wir gesehen haben, noch weitgehend den offenen Rinnsteinen in den Straßen überlassen blieb. Tatsächlich hat die Verbreitung von Pettenkofers Ansichten möglicherweise bei den wichtigen Reformen eine Rolle gespielt, die Berlin in der zweiten Hälfte des Jahrzehnts durchführte. Offenkundig herrschte der Eindruck vor, daß die Behörden auf das falsche Pferd setzten. Angesichts der Hartnäckigkeit, mit der die Polizei Preußens 1871 die Durchsetzung der Desinfizierungs- und Isolierungsmaßnahmen betrieb, darf es kaum überraschen, daß in der Stadt eine Protestversammlung abgehalten wurde, in deren Verlauf man die «Berücksichtigung des Cholera-Regulativs von Griesinger, Pettenkofer und Wunderlich von 1866» forderte.[26]

In dem Maße, in dem Pettenkofers Einfluß zunahm, scheinen die Behörden Preußens und des Reiches nach und nach ihr bis dahin gegen Epidemien praktiziertes Vorgehen gelockert zu haben. So scheint man nach 1831 die Cordons sanitaires und 1873 selbst die verschärfte Kontrolle des Flußverkehrs über die Grenzen hinaus aufgegeben zu haben – in den Akten findet sich jedenfalls kein Hinweis auf die Anordnung einer Quarantäne. Wie Karte 24 zeigt, waren Flüsse weiterhin der Weg, auf dem sich die Krankheit 1873 ungehindert von Rußland aus in die preußischen Provinzen im Osten ausbreitete. Das 1876 gegründete Kaiserliche Gesundheitsamt bot Pettenkofer, wie wir gesehen haben, eine weitere Gelegenheit, seine Ansichten durchzusetzen. Bereits 1877 drang er auf eine eingehendere Untersuchung der in deutschen Städten vorherrschenden meteorologischen Bedingungen und des Grundwassers und erklärte, «Reinlichkeit und Lufterneuerung» seien die Schlüssel zum Sieg über Epidemien, denn ein wirksames Desinfektionsprogramm sei «wohl niemals durchführbar».[27] Diese Ansichten konzentrierten die Aufmerksamkeit der preußischen Behörden noch mehr auf die «Reinhaltung des Bodens», wie es 1883 in einem offiziellen preußischen Regierungsschreiben hieß.[28]

Dennoch ist ein scharfer Kontrast zu beobachten: Die Verwaltung liberaler Handelszentren wie Hamburg und Lübeck gab den Kampf gegen die Cholera unmittelbar nach der ersten Epidemie von 1831 auf, während ein militärisch und bürokratisch geprägter Staat wie Preußen weitere 35 bis 40 Jahre hindurch auf seiner interventionistischen Haltung beharrte. Erst mit der Gründung des Norddeutschen Bundes und des Deutschen Reiches scheint man sich in Preußen zu einer Änderung bequemt zu haben, die eher der nicht-kontagionistischen Ansicht der zeitgenössischen Ärzteschaft und breiter Kreise des Bürgertums entsprach. Letzten Endes vertrat Preußen stets die Meinung, daß die staatlichen Organe «gewisse Maßregeln treffen und die Ausführung dieser Maßregeln sicherstellen müssen, die, ganz gleichgültig, ob sie die Cholera nach der einen oder anderen Auffassung ansprechen, nothwendigerweise in Kraft zu setzen sind»[29]. Aber selbst diese bedingt liberale Praxis hielt nicht besonders lange vor, wie wir sehen werden.

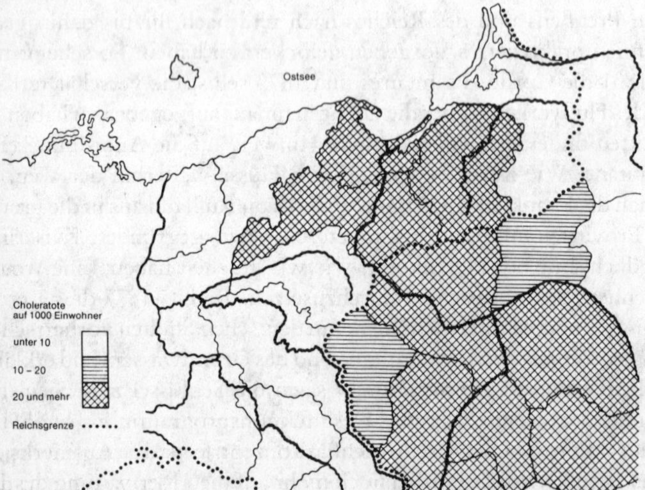

(Quelle: StA Hbg, MK III W4, Bl. 136)

Karte 24 Todesfälle durch Cholera an der deutsch-russischen Grenze, 1873

II

Die Ärzte im Regierungsbezirk Merseburg konnten Max von Pettenkofer für einen Kontagionisten halten, weil er die Existenz eines von Menschen übertragenen «Cholerakeims» postulierte, auch wenn er behauptete, dieser Keim sei harmlos, solange er nicht im Boden der Gärung unterworfen werde. Er wich insofern vom Standpunkt seines Lehrers Justus von Liebig ab, als er in der Gärung keinen chemischen Prozeß sah, sondern etwas von einem lebenden Organismus Ausgelöstes. Daher kann man ihn zu jenen Wissenschaftlern rechnen, die mitgeholfen haben, der Infektionstheorie und damit der Bakteriologie den Weg zu bereiten, und die andere darin bestärkt haben, die Jagd nach einem Erreger aufzunehmen, den er, wie viele andere auch, für einen wesentlichen Teil des Mechanismus hielt, der die Cholera auslöste. An der Spitze dieser Jagd, die um die siebziger Jahre des vorigen Jahrhunderts in vollem Gange war, stand inzwischen Louis Pasteur. Der Franzose hatte sich, ganz wie Pettenkofer, ursprünglich mit der Gärung beschäftigt und war durch seine Forschung zu dem Ergebnis gekommen, diese werde von einem in der Luft befindlichen lebenden Organismus hervorgerufen. Davon ausgehend entwickelte er eine allgemeinere Erregertheorie, die er bestätigt sah, als er 1868 in «Bazillen» die Ursache der Seidenraupenkrankheit und als Vorbeugemaßregel dagegen die Zellengrainierung entdeckte. Jetzt war der Weg frei für weitere ähnliche Entdeckungen. 1880 wandte Pasteur seine Aufmerksamkeit der Hühnercholera zu, einer Art Geflügelpest, und wies nicht nur nach, daß sie durch Bakterien hervorgerufen wurde, sondern es gelang ihm auch, die Tiere zu immunisieren, indem er sie mit abgeschwächten Kulturen impfte. Später glückte ihm die Entwicklung eines ähnlichen Verfahrens für die Tollwut. Diese Entdeckungen trugen Pasteurs Ruhm durch ganz Europa.[30]

Natürlich war die Erregertheorie keineswegs Pasteurs Erfindung. In unterschiedlichen Ansätzen hatten andere sie vor ihm entwickelt, darunter auch deutsche Wissenschaftler. Einer von ihnen war der zu jener Zeit an der Universität Göttingen lehrende Pathologe Jakob Henle. Ihn interessierten vor allem die Veränderungen, die Krankheiten am Körpergewebe und den inneren Organen hervorrufen, und er wies nach, daß ein Mikroorganismus die Ursache solcher Krankheiten war. Seine Verfahren verfeinerte später sein brillantester Schüler, Robert Koch (1843–1910), der Sohn eines preußischen Bergbaubeamten. Koch stellte unter anderem die Postulate auf, der Mikroorganismus sei aus dem von ihm befallenen Körper zu isolieren, damit man mit ihm dieselbe Krankheit experimentell in einem Tier hervorrufen könne. Als nächstes sei dann der Mikroorganismus aus diesem Tier zu isolieren. Außerdem mußte das Experiment wiederholbar und der Mikroorganismus in allen befallenen Lebewesen vorhanden sein. Koch machte sich die in den fünfziger und sechziger Jahren des vorigen Jahrhunderts erzielten Verbesserungen in der Technik des Mikroskopierens zunutze und begann nach seiner Niederlassung als Königlicher Kreisphysikus im ländlichen Bezirk Wollstein (Kreis Bomst) im preußischen Regierungsbezirk Posen 1872 den Milzbrand zu untersuchen. Mit dieser schweren Krankheit, die Rinder und Schafe, aber auch Menschen befiel, kam er als Landarzt immer wieder in Berührung. Im Jahr 1876 gelang es ihm, den Milzbranderreger zu isolieren und Versuchstiere erneut damit zu infizieren. Er erforschte die Entwicklungsstadien des Erregers und wies nach, welche Bedeutung der Sporenbildung dabei zukam. Ein Vortrag, den er an der Universität Breslau über das Thema hielt, sowie seine Schrift «Zur Ätiologie des Milzbrandes» trugen ihm sofortige Anerkennung ein.

Zwischen 1871 und 1881 legte Koch zahlreiche Veröffentlichungen über seine bakteriologischen Untersuchungen vor. Unter anderem beschrieb er, wie er die Bakterien mit Anilinfarben kennzeichnete und die neue Methode der Mikrofotografie einsetzte. Als Zeichen der Anerkennung wurde ihm 1880 im Kaiserlichen Gesundheitsamt in Berlin ein Labor eingerichtet. Einer seiner Assistenten dort war Georg Gaffky (1850 bis 1918), der später bei der Epidemie in Hamburg – wie Koch selbst – eine Rolle spielen sollte. Mit Kochs Umzug nach Berlin begann die Periode seiner berühmtesten Entdeckungen. So stieß er 1882 auf den Erreger der Tuberkulose, den er «Tuberkel-Bazillus» nannte. Bis dahin hatten manche Lehrmeinungen diese Geißel der Menschheit, die im 19. Jahrhundert von allen Krankheiten die höchste Zahl an Todesopfern forderte, nicht für eine einzige Krankheit gehalten, sondern für verschiedene, je nachdem, welchen Körperteil sie befiel.[31] Diese Entdeckung machte Koch zu Deutschlands führendem Bakteriologen. So verlangte das nationale Prestige, daß er beim Ausbruch einer Cholera-Epidemie 1883 nach Ägypten entsandt wurde, denn es war bekannt, daß Frankreich, dessen Leistungen in der Medizin durch Pasteuers Entdeckungen auf dem Gebiet der Bakteriologie internationalen Ruhm genossen, ebenfalls eine Gruppe von Wissenschaftlern dorthin geschickt hatte.

Damit war der Wettstreit um die Entdeckung und Isolierung des Cholera-Erregers entbrannt. Koch traf am 24. August 1883 mit seinen Assistenten, unter ihnen Georg Gaffky, sowie fünfzig deutschen Mäusen in Alexandria ein. Er schrieb, er habe «noch am Tage unserer Ankunft einige Cholerakranke und auch eine Choleraleiche auftreiben» können, «um unsere Untersuchungen sofort zu beginnen».[32] Unglücklicherweise erwiesen sich alle Versuche, die Mäuse zu infizieren, als erfolglos, denn die Epidemie war praktisch vorüber. Da mithin eine weitere Forschungsarbeit unmöglich war, kehrte die rivalisierende französische Expedition enttäuscht nach Hause zurück. Koch aber, der nicht an Aufgabe dachte, brach nach Kalkutta auf, wo die Krankheit endemisch auftrat. Anfang Januar 1884 gelang es ihm und seinen Assistenten schließlich, den Mikroorganismus zu identifizieren und in Kultur zu nehmen, von dem sie vermuteten, daß er die Cholera hervorrufe. Wegen seiner Gestalt gab ihm Koch den Namen «Komma-Bazillus» und erklärte am 2. Februar nach weiteren Experimenten, es handele sich einwandfrei um den Cholera-Erreger.

Bei ihrer Rückkehr nach Deutschland wurden Koch und seine Helfer als Nationalhelden gefeiert. Der Kaiser begrüßte sie höchstpersönlich und überschüttete sie mit Ehrungen. Koch wurde mit dem Kronenorden zweiter Klasse (mit Stern) ausgezeichnet, Gaffky und Fischer erhielten den Roten Adlerorden (dritter Klasse allerdings – Entdeckungen auf dem Gebiet der Medizin waren zwar ruhmreich, aber in keiner Weise den Leistungen von Militärs an die Seite zu stellen). Auf den Empfang beim Kaiser folgte ein weiterer im Kaiserlichen Gesundheitsamt, bei dem Koch eine lebensgroße Büste und seinen Assistenten gerahmte Fotografien des alten Wilhelm I. überreicht wurden. Solche Beweise allerhöchster Gunst zählten in Berlin und wiesen auf die enge Beziehung zwischen dem Kaiserlichen Gesundheitsamt und dem bestehenden Herrschaftssystem hin. Koch war sich der politischen Tragweite seiner Entdeckung durchaus bewußt und erklärte bei einem der zahlreichen Bankette, die in jenem Sommer ihm zu Ehren gegeben wurden, «das für Deutschland speziell erfreuliche Resultat der Expedition sei die Steigerung des Ansehens, welche die deutsche Wissenschaft im Auslande infolge des glücklichen Gelingens erfahren habe, und somit könne er nur dankbar dafür sein, daß man ihm eine so ehrenvolle Aufgabe anvertraut habe». Die Regierung gab zu erkennen, daß sie die politische Bedeutung von Kochs Entdeckung zu würdigen wußte, und brachte den Antrag im Reichstag ein, Kochs Arbeitsgruppe eine Belohnung von insgesamt 135000 Mark zuzusprechen. Die Vorlage wurde rasch unter allgemeinem Beifall verabschiedet, wobei man noch einmal hervorhob, man werde «dieses werthvolle Ergebniss ... über die Grenzen unseres Vaterlandes hinaus als ein glänzendes Zeugnis von der Ausdauer und Gründlichkeit deutscher wissenschaftlicher Forschung» ansehen.[33]

Nunmehr durfte Koch sicher sein, daß die Reichsregierung ihn nachhaltig bei seinem Versuch unterstützen würde, bei medizinischen Autoritäten des Reichs seine Vorstellungen davon durchzusetzen, wie man der Cholera vorbeugen könne. Er wurde bereits im Juni 1884 zum Mitglied des Preußischen Staatsrates ernannt, außerdem kooptierte ihn die Cholera-Kommission des Deutschen Reiches, in der bisher Pettenkofer maßgeblichen Einfluß ausgeübt hatte. Bald schon wurde Koch die treibende Kraft in dieser Institution, er veranstaltete im selben Jahr einen Kurs über die Diagnose der Cholera und die gegen sie zu ergreifenden Vorbeugungsmaßnahmen. An ihm nahmen 146 Mediziner teil, unter anderem 97 Zivilärzte (das heißt Nicht-Militärärzte) aus allen Teilen Deutschlands und zwanzig weiteren Ländern. Koch wurde 1885 zum Ordinarius für Hygiene an der Universität Berlin ernannt und 1891 auf den Posten des Leiters eines eigens für ihn geschaffenen Instituts für Infektionskrankheiten berufen. Diese Ämter erlaubten es ihm, seine Vorstellungen und Verfahren zahlreichen Schülern nahezubringen. Außerdem verbreitete sich sein Einfluß über frühere Schüler wie Georg Gaffky, der 1888 in Gießen einen Lehrstuhl für Hygiene übernahm. Mit einem weiteren engen Mitarbeiter, Carl Flügge (1847–1923), Professor für Hygiene in Göttingen von 1883 bis 1887 und in Breslau von 1887 bis 1906, schuf Koch ein Forum für die Verbreitung seiner Vorstellungen, die «Zeitschrift für Hygiene und Infektionskrankheiten». Damit besetzten er und seine Schüler rasch die Schlüsselstellen auf dem Gebiet der Hygiene, die Max von Pettenkofer als akademische Disziplin ins Leben gerufen und seither beherrscht hatte.[34]

Vom Wert der Quarantäne und der Desinfektion war Koch fest überzeugt. Was er in Kalkutta gesehen und im Verlauf seiner Experimente erkannt hatte, bestärkte ihn in seiner Ansicht, daß der Cholera-Erreger die besten Überlebens- und Vermehrungsbedingungen im Wasser vorfand – also auch im Trinkwasser. Zur Infektion, erklärte er, komme es in erster Linie dadurch, daß Erkrankte das Wasser verseuchten, das dann andere zu sich nahmen, sei es als Trinkwasser, sei es durch den Verzehr darin gewaschener Lebensmittel (vor allem Obst). Daher verlangte er, daß einer Quarantäne unterworfen würde, wer aus befallenen Gebieten kam, und drängte auf eine besonders strenge Kontrolle des Verkehrs auf den Flüssen. Seiner Überzeugung nach brauchte man über die meisten

Güter (mit Ausnahme getragener Kleidung) keine Quarantäne zu verhängen. Da der Erreger Koch zufolge in siedendem Wasser nicht überleben konnte, riet das Kaiserliche Gesundheitsamt der Bevölkerung, bei Epidemien alles Wasser abzukochen. Nach Kochs Ansicht war Karbol gegen den Erreger besonders wirksam, er empfahl den Behörden, die von ihm Anfang der achtziger Jahre in einer Reihe von Experimenten erarbeiteten Prinzipien der Desinfektion anzuwenden. Bei Ausbruch von Epidemien sollten künftig auf Anordnung des Kaiserlichen Gesundheitsamtes alle tatsächlich oder auch nur möglicherweise kontaminierte Kleidung und Bettwäsche desinfiziert werden, denn wie Koch erkannt hatte, überlebte der Erreger darin besonders lange. Strenge Quarantäne und umfassende Desinfektion waren Kochs Überzeugung nach die geeignetsten Methoden der Choleraprophylaxe.[35]

So war also in bemerkenswert kurzer Zeit Pettenkofers «Bodentheorie», die auf der Annahme fußte, die Cholera werde nicht einfach durch eine Infektion übertragen, aus den führenden Gremien des Kaiserlichen Gesundheitsamtes verbannt und durch eine neuartige Variante des Kontagionismus ersetzt worden, wobei die praktischen Folgerungen mehr oder weniger dieselben waren wie bei der bisher vertretenen Ansteckungslehre. Koch ließ jetzt von Berlin aus einen Schwall von Ratschlägen ergehen, wie sich die Cholera mit Hilfe eben jener Methoden verhüten lasse, die Pettenkofer dreißig Jahre lang als ganz und gar nutzlos hingestellt hatte. Der Wandel der offiziellen Lehrmeinung wäre ohne das Bestehen einer zentralen, leitenden Behörde kaum so einfach vonstatten gegangen. Die Kurse, in denen Koch jetzt Ärzten aus ganz Deutschland seine Ansteckungslehre nahebrachte, drohten Pettenkofer in die Rolle eines Mannes zu drängen, der ohnmächtig mitansehen muß, wie sein Lebenswerk auf diesem Gebiet zerstört wird. Welches waren die Gründe für Kochs Triumph? Die gängigen medizingeschichtlichen Werke bezeichnen ihn als den ganz simplen Fall eines Siegs der wahren Wissenschaft über eine obskurantische Irrlehre. In Wirklichkeit aber waren die Gründe dafür, daß sich die Ansteckungslehre ab Mitte der achtziger Jahre durchsetzte, weit komplexer. Entsprechendes gilt auch für den Prozeß, der vordem zur Vorherrschaft der Miasmatheorie geführt und diese gefestigt hatte.

Medizinische Theorien setzen sich nicht einfach deshalb durch, weil sie richtig sind – auch gesellschaftliche, wirtschaftliche und politische Faktoren spielen dabei eine Rolle. In bestimmter Hinsicht ruhte Kochs Entdeckung des Cholera-Erregers auf wenig soliden Grundlagen. Die Cholera läßt sich in Tieren praktisch nicht reproduzieren, und es ist daher nicht weiter verwunderlich, daß Koch 1883/84 bei der Erforschung der Rolle, die der Erreger spielt, auf erhebliche Schwierigkeiten gestoßen war. Seine eigenen Postulate hatten hier schlicht und einfach versagt. Die von ihm selbst aufgestellten Regeln hinderten ihn daran, die Ursache der Cholera zu entdecken, und jedem anderen wäre es genauso gegangen, der sich dieser Aufgabe unterzogen hätte. Daß er am 2. Februar 1884 verkünden konnte, sie gelöst zu haben, beruhte letztlich auf der Annahme, daß übliche Verfahren nicht anwendbar seien. Darüber hinaus hat man in neuerer Zeit nachgewiesen, daß Koch nicht als erster dem Cholera-Erreger auf die Spur kam. Die Schiedskommission des Internationalen Ausschusses für bakteriologische Nomenklatur spricht inzwischen das Verdienst, schon 1854 Vibrio cholerae entdeckt zu haben, dem italienischen Wissenschaftler Filippo Pacini (1812–1883) zu. Mindestens vier weitere in den fünfziger Jahren des vorigen Jahrhunderts auf diesem Gebiet tätige Naturwissenschaftler können ebenfalls Anspruch darauf erheben, als Entdecker des Erregers bezeichnet zu werden, allerdings mit geringerer Berechtigung als Pacini.[36]

Warum also heimste Koch den Ruhm ein? Die Schlußfolgerung scheint unausweichlich, daß sein Erfolg vor allem auf gesellschaftliche und politische Faktoren zurückging. Insbesondere drei Einflüsse dürften dabei eine entscheidende Rolle gespielt haben. Einer davon war der Nationalismus. Wir haben bereits gesehen, wie die deutsche und die französische Regierung ihre im Wettstreit miteinander liegenden Arbeitsgruppen nach Ägypten schickten, in der Hoffnung, die Suche nach dem Cholera-Erreger erfolgreich zu beenden. Bei dieser Aufgabe stand viel nationales Prestige auf dem Spiel. Schließlich war es kaum länger als ein Jahrzehnt her, daß Deutschland in einem wichtigen Krieg Frankreich besiegt hatte. In eben das Jahr, in dem Koch seine Entdeckung machte, also 1884, fiel auch der Beginn des Wettlaufs um neue Kolonien in Afrika, mit dem der Imperialismus seinem Höhepunkt zustrebte. Wie die Deutschen bemühten sich Franzosen, Briten und andere Völker verzweifelt darum, im Namen der Kultur Territorien zu annektieren, und wetteiferten ebenso entschlossen darin, mit Hilfe der Wissenschaft Krankheiten zu besiegen. Kein Wunder also, daß die Reichsregierung Koch bei seiner Rückkehr als Helden feierte. Man stellte seine Leistung so groß heraus, daß niemand in Unkenntnis der Entdeckung des Cholera-Erregers bleiben konnte.

Zweitens verlieh Kochs Leistung nicht einfach nur dem Nationalstolz des jungen deutschen Reiches Auftrieb, sie fiel auch mit einer sich verstärkenden Tendenz der Regierung zusammen, sich in Angelegenheiten der Gesellschaft einzumischen. Mit der Einführung von Einfuhrzöllen und -quoten endete 1879 das Zeitalter des Freihandels, im Jahr zuvor war das Sozialistengesetz erlassen worden. Kochs Überzeugung, die Cholera sei ansteckend, bedeutete die Notwendigkeit umfassender Quarantänemaßnahmen. Sie durchzusetzen war die Reichsregierung in Berlin in diesem von staatlicher Intervention geprägten neuen Klima der achtziger Jahre nicht abgeneigt. Die weithin vertretene Ansicht von der Vorherrschaft der Antikontagionisten in der Epoche, als Freihandel und Liberalismus den Ton angaben, findet im Fall Deutschlands eine besonders deutliche Bestätigung. Die sechziger Jahre und siebziger Jahre des 19. Jahrhunderts, in denen Pettenkofers Einfluß am größten war, fielen in Deutschland mit dem Zeitalter des Freihandels zusammen, während Kochs Einfluß nahezu ins Unermeßliche wuchs, als protektionistische Maßnahmen ergriffen wurden. Überdies war Pettenkofer ein Liberaler, dessen Ernennung zum Professor in München konservative Minister bis 1847 hintertrieben hatten, also bis zum Vorabend der Revolution; Koch hingegen verkörperte insgesamt den unpolitischen, aber seinem Wesen nach konservativen preußischen Beamten. Damit kam er in den konservativen achtziger Jahren dem damaligen Regierungsstil deutlich mehr entgegen als Nationalliberale wie Pettenkofer, deren Ansehen in Berlin zu schwinden begann.

Drittens entsprach Kochs Befürwortung umfassender staatlicher Eingriffe auch den Notwendigkeiten der Reichspolitik, sich gegenüber den im Reich zusammengefaßten Königreichen, Fürstentümern und Einzelstaaten deutlicher Geltung zu verschaffen. Das 1876 gegründete Kaiserliche Gesundheitsamt war eine der wenigen zentralen staatlichen Einrichtungen im Reich, die diesem Zweck dienten. Wie wir bereits im Fall Hamburgs gesehen haben, war die Mehrzahl der innenpolitischen Aufgaben (im Unterschied zur Außenpolitik und zu Angelegenheiten des Militärs) dezentralisiert und wurden auf der Ebene der Bundesstaaten wahrgenommen. Kochs Tätigkeit im Kaiserlichen Gesundheitsamt markierte, im Gegensatz zu der seines Vorgängers Pettenkofer, eine deutlich stärkere Einmischung der Zentralregierung in die inneren Angelegenheiten der Einzelstaaten. Mit diesem Amt besaß Berlin ein wichtiges Instrument, um das Reich auf dem Feld der Hygiene und der Gesundheit zusammenzuhalten und den Bundesstaaten seinen Willen aufzuzwingen. Dementsprechend wurde es zwangsläufig mit der Beherrschung durch Preußen gleichgesetzt, vor allem, nachdem der Preuße Koch die Stelle des Bayern Pettenkofer als dessen einflußreichster Vertreter eingenommen hatte.[37]

Das waren die entscheidenden Faktoren für den politischen Triumph der Theorie Kochs. Man kann aber darüber hinausgehend behaupten, es habe noch andere Gründe für ihren Erfolg gegeben, die nichts mit den politischen Gegebenheiten zu tun hatten, sondern weit mehr mit dem eigentlichen wissenschaftlichen Inhalt der Theorie. Der Medizinhistoriker Roger Cooter hat die Behauptung aufgestellt, man dürfe die Miasmalehre nicht einfach als Widerspiegelung bestimmter gesellschaftlicher und wirtschaftlicher Interessen sehen, sondern müsse auch erkennen, daß sie eine «Vermittlung der grundlegenden Veränderung der gesellschaftlichen Beziehungen der Produktion im Zusammenhang mit dem Voranschreiten des Industriekapitalismus in den Städten» verkörpere. Die Vorstellung eines «Miasma», eines durch die Luft wirkenden Auslösers, eines Giftes aus unsichtbarer Quelle, sei, wie Cooter erklärt, eine naturwissenschaftliche Parallele zu der «unsichtbaren Hand», die laut Adam Smith das Leben des einzelnen in der kapitalistischen Wirtschaft bestimme. Daß sich die Vertreter der Miasmalehre auf die Atmosphäre konzentrierten, «verminderte die Bedeutung einer unmittelbaren persönlichen Berührung (die Grundlage gegenseitiger Hilfe) und hob die Bedeutung einer äußeren, entpersönlichten Umgebung hervor, durch die es zur Beziehung von Mensch zu Mensch kommen muß. Luft kann mithin in der Vorstellung der Antikontagionisten als Mittel gesehen werden, auf andere Weise die in Erscheinung tretenden Wirklichkeiten der städtischen Umgebung des industriellen Kapitalismus wahrzunehmen: Die Luft enthielt unbekannte Gifte, sie nahm in den neuen Industriestädten dem Menschen feindliche Eigenschaften an. Wie die Stadt bedurfte die Luft der Säuberung, und in diesem Sinn ist der Begriff der Luft mit dem auf die Utilitaristen zurückgehenden Ehrgeiz verknüpft, den Einzelmenschen dadurch moralisch zu machen, daß man die Rahmenbedingungen der Gesellschaft moralisch gestaltet.»[38] Gerade weil die Miasmalehre so sehr dem scheinbar gesunden Menschenverstand und den herkömmlichen Erklärungen einer Übertragung von Epidemien zuwiderlief, nahmen die Spezialisten der Statistik und der Wissenschaft die ausschließliche Macht über die Vorbeugung für sich in Anspruch. Das bloße Vermeiden einer persönlichen Berührung nützte nach Ansicht der Vertreter dieser Lehre nichts; lediglich von wissenschaftlichem Geist geleitete Reformen zur Beseitigung der Quelle des Miasmas könnten zu dauerhaften Ergebnissen führen, verkündeten sie.

Von diesem Standpunkt aus läßt sich leicht erkennen, warum die Bakteriologie innerhalb der Ärzteschaft so weitgehende Unterstützung fand. Indem Koch einen unsichtbaren Erreger als Überträger der Krankheit ansetzte und die Mittel zur Verfügung stellte, mit denen man ihn identifizieren und unschädlich machen konnte, vermochte er die Ansteckungslehre auf eine Weise neu zu formulieren, daß die wissenschaftliche Medizin für die Choleraverhütung noch dringlicher gebraucht wurde. Da Kochs Theorie so unkompliziert war, konnte sie weithin auf die Hilfe der Meteorologen, Statistiker und anderer verzichten, deren Beiträge beim Miasmamodell bedeutungsvoll gewesen waren, wie schon ein flüchtiger Blick in die Schriften Pettenkofers und seiner Nachfolger zur Cholera zeigt. Die Miasmalehre wies die Schlüsselfunktion bei der Vorbeugung gegen die Cholera den Generalisten auf dem großen interdisziplinären Feld der Sozialhygiene zu – eben Männern wie Pettenkofer selbst. Die Bakteriologie holte sie von dort zurück und vertraute diese Rolle hochspezialisierten Laborwissenschaftlern wie Koch an. Die Zivilbehörden griffen erneut zu Quarantäne, Isolierung und Desinfizierung als wichtigste Waffen im Kampf gegen die Cholera, doch während dieses Verhalten bislang bei jeder größeren Epidemie eine Art herkömmlicher Verwaltungsreaktion gewesen war, wurde daraus jetzt ein systematischer Feldzug gegen einen identifizierbaren Feind, der gemäß den klaren Anweisungen spezialisierter Mediziner und unter ihrer Überwachung geführt wurde. Selbst dafür, daß das Berühren von Personen zu vermeiden sei, gab es jetzt eine wissenschaftlich begründete Erklärung, denn von der Medizin gutgeheißene Verfahren wie Waschen, Desinfizieren, die Behandlung mit heißem Wasser und dergleichen töteten den Erreger ab. So gesehen bestand Kochs Leistung darin, daß er den Kontagionismus auf eine mit der Professionalisierung der Medizin vereinbare Weise neu gedeutet hatte.

Jedoch fällt die Vorstellung schwer, man könne die Choleratheorien als symbolische Darstellungen des Industriekapitalismus betrachten. Wie wir bereits gesehen haben, ist die Idee eines Miasmas als Verursacher epidemisch auftretender Krankheiten alt und reicht mindestens bis ins Mittelalter zurück. Während man sich allerdings dazu bereit finden mag, sie mit dem Aufstieg des industriellen Kapitalismus in England zu verknüpfen, bleibt immer noch die Frage, wie es zu ihrer Vorherrschaft unter den Ärzten Deutschlands oder in Rußland kam – in Deutschland hatte 1830 das Industriezeitalter noch nicht recht begonnen, und in Rußland sollte bis zu dessen Einsetzen noch einmal ein halbes Jahrhundert vergehen. Gewiß existierten in Hamburg in der ersten Hälfte des 19. Jahrhunderts bereits kapitalistische Produktionsverhältnisse, doch ebenso gewiß im Zarenreich nicht. Dennoch besaß im einen wie im anderen Fall die Miasmalehre gleichermaßen großen Einfluß. Auch die bakteriologische Sehweise läßt sich nur schwer in dies Modell einbauen. In Deutschland kam es als Folge der schweren Wirtschaftskrise von 1873 bis 1878 zur Kartellbildung; jene Epoche markierte den Beginn des Übergangs vom Wettbewerbs- zum Monopolkapitalismus (oder «organisierten» Kapitalismus, wie bundesdeutsche Historiker gern sagen). Doch ist nur schwer vorstellbar, wie man Kochs Choleratheorie als symbolische Darstellung dieses Übergangs ansehen könnte oder warum der Wandel in den Produktionsverhältnissen den Symbolgehalt der Miasmalehre in diesem Zusammenhang als unbefriedigend erscheinen lassen sollte.

Trotz dieser Schwierigkeiten darf man wohl annehmen, daß Choleratheorien in beträchtlichem Maß mit politischem Symbolismus befrachtet waren. Am offenkundigsten war wohl die konservative Vorstellung, die revolutionäre Ideologie sei eine Art Gift. Der Gedanke eines von infizierten Menschen und anderen Überträgern in der ganzen Gesellschaft weitergegebenen, tödlich wirkenden Erregers stand in offenkundiger Beziehung zu der in den achtziger Jahren – zur Zeit des Sozialistengesetzes in Deutschland – bei Behörden wie Bürgern grassierenden Sozialismus-Furcht. Auch in den offiziellen Kreisen anderer Länder herrschte deswegen weithin Panik. Erst in späterer Zeit wurden bakteriologische Metaphern allgemeiner in der Politik verwendet, vor allem von den Nationalsozialisten. Doch dürften den Berliner Behörden im 19. Jahrhundert die Parallelen ebenso klargewesen sein.

Die in Deutschland verbreiteten Choleratheorien der achtziger Jahre des 19. Jahrhunderts waren auch noch auf eine andere, deutlichere Weise politisch. Pettenkofer und seine Anhänger stellten sich selbst stets als Lokalisten hin. Ihre Theorie betonte das Übergewicht der *örtlichen* Bedingungen bei der Verursachung der Krankheit. Bereits 1831 hatten Vertreter der Miasmalehre erklärt, «daß die Cholera in jeder Stadt einen anderen Character annimmt und eine andere Behandlung verlangt, woher denn bis jetzt noch kein General-Mittel hat gefunden werden können»[39]. In diesem Sinn war Pettenkofer eine Art naturwissenschaftlicher Partikularist; und darin, daß sich die Miasmalehre besonders in Hamburg so lange zu halten vermochte, spiegelte sich die Stärke des dort herrschenden Partikularismus. Spezielle örtliche Bedingungen verlangten nach spezifischen Heilmitteln, die auf deren Kenntnis gründeten. Jeder Teil Deutschlands besaß seine besonderen, nur ihm eigenen Kennzeichen und war deshalb von mit ihm vertrauten Menschen zu behandeln. Kochs Theorie hingegen war ihrem Wesen nach zentralistisch, da sie die Ausbreitung der Krankheit aus einer einzelnen zentralen Quelle betonte. Die Folge der Ansteckungslehre war die zentrale Koordinierung von Maßnahmen zur Bekämpfung der Krankheit und ihrer Ausbreitung. Überall ließen sich dieselben Maßnahmen anwenden, und das geschah unter Kochs Aufsicht auch – wenn nötig, sogar gegen die Einwände der Behörden am Ort.

Mithin waren die im 19. Jahrhundert zwischen der medizinischen Wissenschaft, den wirtschaftlichen Interessen und der politischen Ideologie bestehenden Beziehungen alles andere als einfach. Weder die Miasmalehre noch die Ansteckungstheorie bildete ein monolithisches oder zusammenhängendes Gedankengebäude. Entsprechendes galt übrigens auch für den politischen Liberalismus wie für den Konservatismus. Um sich die Komplexität dieser Beziehungen deutlich vor Augen zu führen, lohnt es sich, einen kurzen Blick auf Leben und Ansichten Rudolf Virchows zu werfen, nicht nur der führende Pathologe jener Zeit, sondern auch eine in linksliberalen Kreisen wichtige Gestalt. Er, der viele Jahre lang Reichstagsabgeordneter und als Befürworter zahlreicher liberaler Projekte wohlbekannt war, übte so beharrlich und offen Kritik an der Regierung, daß ihn Bismarck einmal sogar zum Duell forderte. Eine seiner zahlreichen Leistungen, deren sich Virchow rühmen konnte, war es, daß er für den zwischen dem Staat und der katholischen Kirche in den siebziger Jahren des vorigen Jahrhunderts ausgebrochenen Streit den Begriff «Kulturkampf» prägte. Dabei unterstützte er wie die überwiegende Mehrheit der Liberalen kräftig den bismarckschen Staat bei dessen Bemühungen, etwas niederzuschlagen, was ihnen als Bedrohung durch ultramontanes Dunkelmännertum erschien. Als führende Gestalt auf dem linken Flügel der Liberalen war Virchow ein überzeugter Vertreter des Freihandels und widersetzte sich 1878 im Reichstag mit Nachdruck der Einführung von Schutzzöllen. Leider behandelt die Biographie Virchows aus der Feder des Medizinhistorikers Erwin H. Ackerknecht medizinische und politische Aktivitäten getrennt voneinander und unternimmt keinen Versuch, Verbindungslinien zwischen ihnen zu ziehen; doch legt alles, was wir über Virchows politische Aktivitäten wissen, den Gedanken nahe, daß er epidemischen Krankheiten gegenüber eine ausgeprägte antikontagionistische Haltung vertreten haben dürfte.[40]

Das stimmt auch im großen und ganzen. So erwies er sich 1848 gegenüber Fleckfieber und Typhus als Verfechter der antikontagionistischen Lehre und bezweifelte in seinen Untersuchungen zur Cholera ihren angeblich ansteckenden Charakter. Doch wies er die von Pettenkofer in den fünfziger Jahren entwickelten Theorien zurück und warf ihrem Autor in der Frage des Einflusses, den das Grundwasser auf die Entstehung des Miasmas habe, eine übermäßig dogmatische und deterministische Haltung vor. Noch 1884 stand Virchow Pettenkofers Theorie äußerst kritisch gegenüber. Von seinen früheren Ansichten rückte er 1868 ab, indem er erklärte, ein «Pilz» übertrage die Cholera. Er begrüßte die 1884 gelungene Entdeckung des Erregers durch Koch und neigte im Lauf der Zeit im Hinblick auf die Cholera immer mehr der Ansteckungstheorie zu. In einer Kontroverse mit Pettenkofer behauptete er 1892, diese Krankheit lasse sich von einem Menschen auf den anderen oder über zahlreiche Zwischenmedien übertragen, zu denen auch die Wasserversorgung gehöre. Doch bildeten seine Ansichten zur Cholera verglichen mit seinen sonstigen Vorstellungen von der Ätiologie der Krankheiten eine Ausnahme. Er war nicht bereit, anzuerkennen, daß ein «Bazillus» die Diphtherie hervorrief, und wollte von Semmelweis' Erkenntnissen zum Kindbettfieber nichts wissen. Noch bemerkenswerter ist, daß er die Theorie ablehnte, der «Tuberkel-Bazillus» löse die Tuberkulose aus, obwohl dessen Entdeckung durch Koch weithin Anerkennung gefunden hatte. Mithin war Virchow zu keinem Zeitpunkt seiner beruflichen Laufbahn einfach «Kontagionist».[41]

Er hielt in der Tat jede einfache und mechanistische Erklärung von Krankheiten für falsch, ob Pettenkofers Grundwassertheorie oder Kochs Bakteriologie. Die Behauptung der Bakteriologen, das Wirkungsprinzip infektiöser Krankheiten entdeckt zu haben, war für ihn ihrem Wesen nach übertrieben, und in ihrer Auswirkung erschien sie ihm unglücklich. Als radikaler Liberaler strebte Virchow eine – nach Ackerknecht – soziologische Epidemiologie an, die zwischen der auf Klimaeinflüssen gründenden und der bakteriologischen Epidemievorstellung des 19. Jahrhunderts vermitteln sollte.[42] Virchow war fest davon überzeugt, die Hauptursachen großer Epidemien seien gesellschaftlicher Natur. Er sah Epidemien als Produkte einer verfehlten Zivilisation an, die sich nicht auf alle Klassen in gleicher Weise auswirkte. Weil Epidemien meist die Armen heimsuchten, mußte in der Armut der hauptsächliche Grund liegen, weswegen sie auftraten. Epidemien wiesen seiner Ansicht nach auf Probleme in der Struktur des Staates oder der Gesellschaft hin, sie trafen daher in erster Linie jene Klassen, die nicht die Vorzüge der Zivilisation genossen.

Man könne zwar atmosphärische oder kosmische Bedingungen oder ähnliche Faktoren hinzuziehen, meinte er, doch nie riefen sie allein Epidemien hervor. Zu ihnen komme es nur dort, wo Menschen aufgrund ungünstiger gesellschaftlicher Bedingungen eine bestimmte Zeit in unnormalen Verhältnissen leben mußten. Epidemien ähnelten deshalb seiner Ansicht nach auffälligen Warnzeichen, an denen der wahre Staatsmann eine Störung in der Entwicklung seines Volkes ablesen könne, die selbst eine sorglose Politik nicht länger ignorieren dürfe.[43]

Aus diesem Grund suchte Virchow bei Epidemien Möglichkeiten der Heilung primär im gesellschaftlichen Umfeld. Ihm ging es nicht um Quarantäne oder Desinfektion, nicht um Frischluft oder wirksame sanitäre Maßnahmen wie Kanalisation, sondern um Wohlstand für alle und um eine Gesellschaftsreform. In seinem berühmten Bericht über den Typhus, der 1848 in Oberschlesien gewütet hatte, legte er dar, es gebe keine wirksamere Möglichkeit, einen erneuten Ausbruch dieser Krankheit zu verhindern, als zum Nutzen der Bewohner des Gebiets eine funktionsfähige Industrie anzusiedeln, die Landwirtschaft zu verbessern, Straßen zu bauen, die Menschen zu bilden, ihnen Wohlstand, Freiheit, Demokratie und Selbstverwaltung auf Gemeindeebene zu verschaffen. Da Epidemien durch gesellschaftliche Krisen hervorgerufen würden, liege die Heilung in einer Gesellschaftsreform. Obwohl sich Virchow für Verbesserungen der sanitären Bedingungen nach englischem Muster einsetzte und auch in den siebziger Jahren bei der Schaffung eines wirksamen Kanalisationssystems in Berlin seinen Einfluß in die Waagschale warf, gab er nie seine Überzeugung auf, daß Demokratie die beste aller Prophylaxen sei. Der Arzt sollte seiner Ansicht nach weder – wie Pettenkofer – ein auf Verbesserungen bedachter Verwalter des Gemeinwesens sein noch – wie Koch – ein auf dem Gebiet der Bakteriologie forschender Wissenschaftler, sondern ein politisch tätiger Demokrat und Gesellschaftsreformer wie er selbst.[44]

Eine solche Haltung war gegen Ende der achtziger Jahre längst nicht mehr in Mode. Linksliberale wie Virchow waren auf dem Feld der Politik in der Minderheit, radikaldemokratische Ärzte noch seltener. Auch wenn seine Meinung von der Pettenkofers abwich, stellte sich Virchow bei den meisten entscheidenden Fragen auf die Seite des Münchner Professors, nicht nur mit seiner Ablehnung der überaus ehrgeizigen und weitreichenden Ansprüche der Bakteriologen, sondern auch mit seiner Skepsis gegenüber der Theorie, daß Mikroorganismen praktisch alle Infektionskrankheiten hervorriefen. Er teilte auch Pettenkofers Überzeugung, daß Wohlstand der Gesundheit förderlich sei, und war schließlich mit ihm einer Meinung, daß man am ehesten über eine Verbesserung der Umweltbedingungen etwas gegen Krankheiten ausrichten könne, nicht aber mit Hilfe der Laborwissenschaft. Anderer Ansicht als Pettenkofer war er vor allem insofern, als Virchow die Vorbedingungen der Gesundheit in politischer Veränderung, einer demokratischen Reform und wirtschaftlichem Wohlergehen sah, eine Überzeugung, von der er nicht abrückte. Er hielt nichts von sozialer Medizin oder einem Nationalen Gesundheitsdienst, wohl aber forderte er ein (mit Ärzten besetztes) Gesundheitsministerium auf nationaler Ebene. Er vertrat freiheitliche Ideen und setzte sich auch nachdrücklich für die Vorstellung ein, daß der Ärzteschaft bei einer Reform des Sanitär-, Hygiene- und Gesundheitswesens die Führungsrolle zukomme. Außerdem bekämpfte er die Vorstellung einer staatlichen Einflußnahme aufs schärfste. Einzig die Freiheit von autoritärer Herrschaft garantierte nach seiner Meinung, frei zu sein von Infektionskrankheiten.

Bedenkt man, daß sich Virchow mit dem extremsten Flügel der Linksliberalen identifizierte, verwundert es angesichts der radikalen politischen Konsequenzen seiner Vorstellungen zum Thema Epidemie nicht besonders, daß seine Gedanken in Hamburg auf wenig Gegenliebe stießen. In der Fülle der Schriften, die Hamburgs Mediziner vor 1892 über die Cholera verfaßten, fanden Virchows Theorien kaum Widerhall; sie wurden eigentlich kaum erwähnt. Eher fühlte man sich im einen oder anderen Punkt von Pettenkofers Vorstellungen angesprochen: Statt tiefgreifender politischer Veränderungen genügten begrenzte Reformen auf dem Gebiet der Hygiene; man räumte der Freiwilligkeit einen höheren Stellenwert ein als staatlichem Eingreifen und machte der Lehre der Kontagionisten nur wenig Zugeständnisse. Die von Pettenkofer vorgeschlagenen prophylaktischen Maßnahmen durften durch William Lindleys Wirken in den vierziger Jahren weitgehend als verwirklicht gelten; seine Vorstellungen geboten, daß man tatenlos blieb, wenn eine Epidemie ausgebrochen war. Virchows Theorien mangelte der symbolische Wert, der Pettenkofers und Kochs Ansichten so verlockend machte, und ihre unübersehbare politische Zielrichtung mißfiel den dominierenden Klassen Hamburgs ganz und gar. Schließlich eilte Pettenkofer der Ruf voraus, Fachmann auf dem Gebiet der Cholera zu sein, und sei es nur durch die Fülle seiner Veröffentlichungen zu diesem Thema, Virchow hingegen hatte sich seinen Ruf als Pathologe erworben, und seine wenigen Schriften zur Cholera ließen sich leicht als politisch gemeinte Ausflüge des

Mediziners auf ein Gebiet abtun, auf dem er nicht wirklich zu Hause war. Erst unter den ungewöhnlichen Umständen des Jahres 1892 sollte Virchows soziologisch begründete Epidemiologie in Hamburg Wirkung zeigen.

In Virchows Theorie tritt deutlich zutage, was zu jener Zeit allen Theorien über die Cholera und andere Infektionskrankheiten mehr oder weniger gemeinsam war: die Verknüpfung von Medizin, Wirtschaftsinteressen und politischer Ideologie. Welche Bedeutung dieser Verknüpfung zukommt, mußte nicht nur deshalb ausführlich dargestellt werden, weil sie in der jüngeren Literatur bestritten wird, sondern mehr noch, weil es ohne sie einfach nicht möglich ist, die Haltung zu verstehen, die in der Mitte und am Ende des 19. Jahrhunderts Hamburger Behörden und Ärzte gegenüber epidemisch auftretenden Krankheiten einnahmen. Auch ließe sich sonst unmöglich begreifen, warum 1892 unter allen europäischen Städten allein Hamburg von einer größeren Cholera-Epidemie heimgesucht wurde. Wie sich im folgenden zeigen wird, waren die Auseinandersetzungen zwischen Pettenkofer, Koch und Virchow nebst ihren Anhängern keineswegs ein abstruser akademischer Streit: Wie sehr auch immer sie bewußt oder unbewußt von gesellschaftlichen und politischen Erwägungen beeinflußt sein mochten, besaßen sie doch eine durchaus reale Auswirkung auf die Maßnahmen, mit denen der Staat der Herausforderung durch die Cholera begegnete.

III

Robert Kochs Triumph von 1884 führte nicht nur zur unverzüglichen, machtvollen Wiederauferstehung des Kontagionismus, er mobilisierte auch die Mittel des Staates in einem Ausmaß wie seit der Zeit der Cordons sanitaires von 1831 nicht mehr. Sehr schnell wurde Kochs Ansichten in Preußen in vollem Umfang Geltung verschafft. Wie aber nahm man sie in Hamburg auf? Hier sollte man sich vorsichtshalber an die Klage des Medizinhistorikers Norman Howard-Jones erinnern: «Alle Werke der Medizingeschichte vereinfachen die Tatsachen übermäßig. Koch hat 1884, wie es heißt, den Choleravibrio ‹entdeckt›, und man gewinnt den Eindruck, damit sei die Sache erledigt gewesen. Die Wahrheit sieht ganz anders aus, denn viele Jahre hindurch ließen sich Kochs Gegner nahezu ebenso lautstark vernehmen wie seine Verteidiger.»[45] Es gab viele Gründe dafür, warum Kochs zahlreiche Kritiker, ob Laien oder Fachleute, über so viele Jahre hinweg seine Ansichten weiterhin angreifen konnten. Denn seine Entdeckung des Vibrio cholerae ruhte, wie wir bereits gesehen haben, auf einer recht schwachen Grundlage: So wie die Krankheit beschaffen war, konnte man Kochs Postulate, die vorschrieben, daß sich der Erreger in einem Versuchstier reproduzieren ließ, unmöglich erfüllen. Übrigens war das nicht Kochs erster Ritt über den Bodensee. Seine Entdeckung des Tuberkulose-Erregers im Jahr 1882 weist interessante Parallelen auf zu der Entdeckung des Cholera-Erregers zwei Jahre später. Koch verband seine Ankündigung von der Entdeckung des «Tuberkel-Bazillus» mit dem Nachweis, daß dieser mit dem Speichel der Erkrankten übertragen werde. Daraus leitete er die Infektiosität der Tuberkulose ab, eine Schlußfolgerung, der sich Ärzte weithin widersetzten. Viele von ihnen sahen in Verhaltensweisen wie der Ächtung Schwindsüchtiger oder dem Verbrennen ihres Besitzes nach ihrem Tod barbarische Überbleibsel mittelalterlichen Aberglaubens. Kochs erneut vorgetragene Behauptung, die Tuberkulose sei ansteckend, bedeutete für sie das Wiederaufleben einer diskreditierten und veralteten Theorie. Koch erklärte später auch, daß die von ihm zur Diagnose der Krankheit entwickelte Substanz – das «Tuberkulin» – zugleich zu ihrer Heilung dienen könne. Tatsächlich zeitigten erste Erprobungen einige eindrucksvolle Ergebnisse, doch wurde bald klar, daß das Tuberkulin nur auf das Körpergewebe einwirkte, auf dem das Bakterium wuchs, nicht aber auf den Erreger selbst. Es schien sogar die Bakterien in Bereichen, in denen sie ruhend vorhanden waren, zu aktivieren. Kochs Behauptung, er habe ein Mittel zur Heilung der Schwindsucht entdeckt, erwies sich als unrichtig. Erst nach 1945 stand mit dem Streptomycin ein wirksames Medikament zur Verfügung. Mithin waren die Zweifel von Medizinern an Kochs Leistungen in gewissem Maße berechtigt, obwohl die politischen Autoritäten des Reichs ihn feierten.

Für Hamburg bedeutete die Lautstärke, mit der Berlin Kochs Ansichten unterstützte, keinen Grund, sie für besonders glaubwürdig zu halten, zumal Pettenkofers anhaltende Kritik an der Lehre der Kontagionisten die Ärzte Hamburgs nachdrücklich darin bestärkte, weiterhin der von ihnen so lange vertretenen Überzeugung anzuhängen, daß ein Miasma die Krankheit verursache.[46] Kennzeichnend für diese Ansicht war beispielsweise der von Dr. Johann Julius Reincke zur Typhusepidemie der späteren achtziger Jahre abgefaßte ausführliche Bericht. In ihm folgte er ausschließlich Pettenkofers Vorstellungen und stützte seine Ergebnisse auf komplizierte graphische Darstellungen von Temperatur, Niederschlagsmenge und all den anderen Faktoren, die Pettenkofer so wichtig erschienen. Die Luft, schloß Reincke 1890, sei die wichtigste Infektionsquelle.[47] Ein außenstehender Beobachter schrieb in einem Bericht über Hamburgs Ärzteschaft, die Boden- oder Miasmalehre sei dort 1890 «allein herrschend» gewesen.[48] Durch Kochs Einfluß war es schwierig geworden, Quarantäne, Isolierung und weitgehende Desinfektionsmaßnahmen zu verhindern, wenn eine Cholera-Epidemie erst einmal amtlich bestätigt war. Aus diesem Grund wuchs die Entschlossenheit der Hamburger Ärzte, dafür zu sorgen, daß es nicht zu einer solchen amtlichen Bestätigung kam, gehörten sie doch, wie wir gesehen haben, den dominierenden Klassen der Stadt an und standen in engen Beziehungen – wenn auch nicht von gleich zu gleich – zum aus Kaufleuten bestehenden Großbürgertum. Nach wie vor hielt man es in Hamburg für vordringlich, den Handel zu schützen, dem Senat Ausgaben zu ersparen und die öffentliche Ordnung aufrechtzuerhalten.

Langfristig jedoch war es unmöglich, Anhänger von Kochs Ansichten daran zu hindern, sich in Hamburg als Ärzte niederzulassen. Eine der ersten Breschen in die Front der Verfechter der Miasmalehre schlug Anfang 1892 die Ernennung eines neuen Leiters für das Neue Allgemeine Krankenhaus Eppendorf. Der neue Amtsinhaber, Professor Theodor Rumpf, war 1851 in der Nähe von Kassel zur Welt gekommen und galt in Hamburg als Außenseiter. Einen Großteil seines Berufslebens hatte er in Bonn zugebracht; 1887 war er auf einen Lehrstuhl an der dortigen Universität berufen worden. In dem Drama, das schon bald nach seiner Ernennung in Hamburg begann, sollte er zu einem der Hauptakteure werden. Er kam als überzeugter Anhänger Kochs in die Stadt und hielt sogar 1893 in Wiesbaden einen Vortrag zur Unterstützung von Kochs Theorien. Zwar unbestreitbar ein fähiger, energischer Verwalter, scheint es ihm aber an Takt gefehlt zu haben. Als neu Zugezogener weckte er zweifellos das Mißtrauen der ortsansässigen Ärzteschaft. Entscheidend geschwächt wurde seine Position auch noch dadurch, daß er sich auf Neurologie spezialisiert hatte. Dieses Gebiet hatte so wenig mit der Cholera zu tun, daß man Rumpf ohne weiteres Unwissenheit vorwerfen konnte.

Während der Epidemie von 1892 hatte Rumpf einen schweren Stand; seine 1925 veröffentlichten Erinnerungen lieferten ihm in gewissem Umfang Gelegenheit zu einer späten Rache an jenen, von denen er sich mißachtet fühlte. Er scheint in seinen Memoiren aber im großen und ganzen bei der Wahrheit zu bleiben, auf jeden Fall sind sie es wert, in diese Darstellung einbezogen zu werden. Seine Ansichten zur Cholera – bei diesem Thema war seine Unwissenheit keineswegs größer als die der meisten seiner Kollegen – waren Hamburgs Ärzten sichtlich ein Dorn im Auge, allen voran dem Medizinalrat Johann Caspar Theodor Kraus, über den er schreibt, «ein vortrefflicher Mann, der bei den ersten Besprechungen mich dringend bat, nur keinen Fall von *cholera nostras* als echte Cholera zu melden, und aus vereinzelten Fällen von Cholera keine Cholera-Epidemie zu diagnostizieren, deren Veröffentlichung dem Hamburger Handel unermeßlichen Schaden bringen werde»[49]. Erwähnenswert ist, daß diese Unterhaltung kurz nach Rumpfs Ernennung zu Anfang des Jahres 1892 stattgefunden haben soll. War eine Epidemie erst einmal amtlich erklärt, konnte Hamburg kaum noch verhindern, daß Koch und das Kaiserliche Gesundheitsamt die Quarantäne verhängten und weitere Anordnungen trafen, die in der Hansestadt als nutzlos und schädlich galten. Zweifellos würden die Preußen eine Quarantäne über den Hafen verhängen; und da der Außenhandel ganz eindeutig Angelegenheit des Reiches war, sah sich Hamburg auf die Entscheidungen des Deutschen Zollvereins angewiesen, dem es 1888 beigetreten war. Somit wurde die Frage der Diagnose ausschlaggebend für alles andere.

Auch hier hatten sich die Dinge seit 1873 gewandelt. Bei früheren Epidemien war die Diagnose nicht einfach gemäß den Symptomen erfolgt, sondern auch entsprechend einem Häufigkeitsmuster: Einzelfälle konstituierten noch keine Epidemie und wurden deshalb nicht als asiatische Cholera diagnostiziert; erst bei einem massiven Ausbruch konnte die Cholera als tatsächlich vorliegend angesehen werden. Diese Vorgehensweise verschaffte Kraus sogar die Möglichkeit, nachträglich erneute Diagnosen früherer Fälle anzuordnen, sobald der Ausbruch einer Epidemie offiziell bestätigt worden war.

Obwohl Rumpfs Bericht über das kurz nach seiner Ernennung stattgefundene Zusammentreffen mit Kraus den Eindruck erweckt, als habe der Medizinalrat 1892 noch immer an seinen «ganz bestimmten Plan» von 1873 gedacht, gelangte mit dem Triumph, den die Bakteriologie in Berlin gefeiert hatte, zweifellos ein neuer Faktor in die Diagnose. Schon seit Mitte der achtziger Jahre hatte das Kaiserliche Gesundheitsamt apodiktisch erklärt, die einzig richtige Art, die asiatische Cholera – im Unterschied zum weniger virulenten Brechdurchfall – zu diagnostizieren, bestehe darin, dem Stuhl vermutlich Befallener eine Probe zu entnehmen, sie zu isolieren und dann aus ihr eine Reinkultur herzustellen, die das charakteristische rasche Wachstum des Vibrio zeigte, der Kochs Ansicht nach die schweren Symptome der asiatischen Cholera hervorrief.

In der Theorie mußte daher eine solche Einzelfalldiagnose oder äußerstenfalls die einer Handvoll von Fällen genügen, Medizinalrat wie Senat dazu zu veranlassen, ein Auftreten der asiatischen Cholera in der Stadt auch dann zu erklären, wenn sie nicht epidemisch war – mit allen schrecklichen Folgen, die der Stadt aus diesem Schritt erwuchsen. In der Praxis allerdings erwiesen sich im Jahr 1892 die Umstände für eine erneute Durchführung von Kraus' «bestimmtem Plan» als nicht so ungünstig, wie es auf den ersten Blick scheinen mochte. Vor allem eines war klar: Der Senat brauchte den Ausbruch einer Epidemie erst dann öffentlich bekanntzugeben, wenn eine vollständige bakteriologische Diagnose vorlag. Anders gesagt: Ohne eine solche Diagnose würde auch dann niemand von Cholera sprechen, wenn zahlreiche Fälle mit den charakteristischen Symptomen der asiatischen Cholera auftraten. Außerdem war es bekanntermaßen schwierig, eine bakteriologische Diagnose zu stellen – selbst Koch war es 1883/84 nur mit Mühe gelungen, eine Reinkultur der Choleravibrionen zu erzeugen. Zwar hatte man seither gewisse Fortschritte bei den technischen Verfahren erzielt, doch waren damit nur wenige Ärzte in Hamburg vertraut. Von den Ärzten, die 1892 in der Stadt eine einflußreiche Stellung innehatten, gehörte keiner zu den Teilnehmern eines der von Koch 1884 abgehaltenen Einführungskurse zur Choleradiagnose; seither hatten keine weiteren Kurse stattgefunden.

Ein sich rasch vermehrender Stamm des Erregers ließ sich nur erzeugen, wenn man die Kultur in eine Lösung gab, deren Bestandteile in einem genauen Verhältnis gemischt sein mußten; die Lösung mußte dann unter den günstigen Bedingungen für ein schnelles Wachstum gehalten werden. Wer damit nicht die nötige Erfahrung besaß, dem konnte der Versuch ohne weiteres mißlingen. Überdies beschäftigte sich der Ärztliche Verein, die einflußreichste gesellschaftliche und berufsständische Vereinigung, in der Hamburger Ärzte regelmäßig zur Besprechung wissenschaftlicher Fragen zusammenkamen, in den 15 oder mehr Jahren vor 1892 in keiner Weise mit der Cholera, hauptsächlich deshalb nicht, weil gewöhnlich der Vortragende einen Patienten präsentierte, um an diesem die Fragen zu veranschaulichen, um die es jeweils ging. Bei der Cholera kam dies natürlich nicht in Betracht. Wahrscheinlich spiegelte sich in der Zurückhaltung dem Thema Cholera gegenüber auch das in der Hamburger Ärzteschaft bestehende einmütige Urteil, Kochs Vorgehen ziele ohnehin in die falsche Richtung. Man sah die Miasmalehre als so selbstverständlich an, daß über sie nicht länger debattiert werden mußte.[50] Da somit 1892 in Hamburg kaum jemand imstande war, die asiatische Cholera entsprechend der behördlich gebilligten Methode rasch zu diagnostizieren, hatte Kraus' Plan, mit der amtlichen Erklärung über das Auftreten der Krankheit in der Stadt zu warten, bis sie das Ausmaß einer Epidemie angenommen hatte, nach wie vor gute Erfolgsaussichten.

Sechs Jahrzehnte Erfahrung mit Cholera-Epidemien hatten Verhaltensweisen üblich werden lassen, die in ihren wesentlichen Momenten von den Entdeckungen der achtziger Jahre unbeeinflußt blieben. Die meisten Hamburger Ärzte vertraten weiterhin eine antikontagionistische Haltung. Nicht nur waren sie mit den Verfahren zur bakteriologischen Diagnose der Cholera kaum vertraut, sie hingen auch nach wie vor der Meinung an, daß die Krankheit nicht durch das Trinkwasser verbreitet werde. Sie teilten die Besorgnis des Senats, die der bestimmende Einfluß der Kontagionisten in Berlin noch verstärkte, daß eine zu frühe oder voreilige Mitteilung, die asiatische Cholera sei in der Stadt aufgetreten, Quarantänemaßnahmen auslösen könnte, die den Handel aufs schwerste schädigen müßten. Seinerseits begnügte sich der Senat mit der seit langem üblichen Politik der Nichteinmischung. Nicht nur existierte kein allgemeiner Plan für den Notfall einer Epidemie, es gab auch keine Einzelpläne für bestimmte Maßnahmen, vertrat man doch die Ansicht, Desinfektion und Isolierung seien ebenso nutzlos und nahezu ebenso kostspielig wie eine Quarantäne. Für die Behandlung im Krankenhaus und die Beerdigung der Opfer konnten wie gewohnt Ärzte oder Privatpersonen sorgen, so daß auch hier keine Vorkehrungen getroffen wurden. Ohnehin schien die Zeit häufig auftretender schwerer Epidemien vorüber zu sein, denn im Jahr 1892 waren seit dem letzten großen Ausbruch der asiatischen Cholera nahezu zwei Jahrzehnte ins Land gegangen, und selbst der Ausbruch von 1873 war im Vergleich zu 1832 und 1849 nur unbedeutend gewesen. Niemand hätte vermutet, daß die Cholera mit einer in der Geschichte der Stadt bis dahin ungekannten Heftigkeit erneut ausbrechen könnte.

Zu Beginn der neunziger Jahre bot der Bau eines Eisenbahnnetzes im russischen Reich, das vom Kaukasus bis nach Kongreß-Polen reichte, der Cholera, die in jeder Hinsicht eine Krankheit des Industriezeitalters war, eine ganz neue Möglichkeit, rasch von Zentralasien bis zur deutschen Grenze vorzudringen.[51] So breitete sich 1892 auf diese Weise von Afghanistan eine neue Welle der Krankheit nach Rußland aus, verursachte zahlreiche Todesfälle und rief an vielen Orten Unruhen hervor. Im Juli erreichte die Cholera Moskau, Mitte August Kiew. Auf den Rat Kochs und des Kaiserlichen Gesundheitsamtes hin riegelten die preußischen Behörden die Grenze ab, und diesmal, wie Karte 25 zeigt, durchaus mit Erfolg.[52] Vom 18. Juli an wurden Auswanderer, die über Hamburg und Bremen nach den Vereinigten Staaten ausreisen wollten, in versiegelten Sonderzügen durch Deutschland transportiert, die nur aus technischen Gründen hielten, wobei die Fahrgäste nicht aussteigen durften. Geschah das doch, wurde der Bahnhof nach Abfahrt des Zuges geräumt und desinfiziert. Man wiederholte dies Verfahren im Ersten Weltkrieg, als die deutschen Behörden den Bazillus des Bolschewismus in Gestalt Lenins und seiner Genossen auf deren Weg aus dem Schweizer Exil in das von Konflikten zerrissene Rußland durch ihr Gebiet beförderten. Allerdings hoffte die Reichsregierung im Jahr 1917, die ideologische Infektion werde sich nach dem Eintreffen jener «Erreger» am Bestimmungsort so rasch wie möglich ausbreiten. Ein Vierteljahrhundert zuvor hingegen,

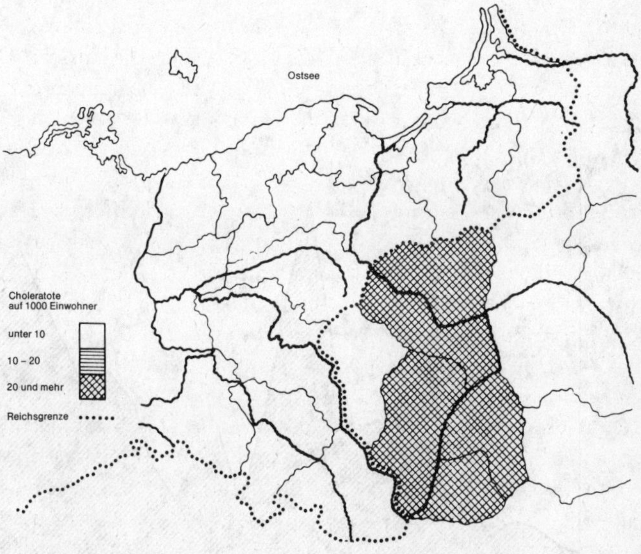

(Quelle: StA Hbg, Medizinalkollegium MK III w 4, Bl. 136: Kaiserliches Gesundheitsamt: Übersicht über den Verlauf der Cholera im Deutschen Reiche während des Jahres 1894. Die 1894 getroffenen Maßnahmen entsprachen denen von 1892).

Karte 25 Todesfälle durch Cholera an der deutsch-russischen Grenze, 1894

1892, unternahm sie alles in ihren Kräften Stehende, die biologische Infektion schon unterwegs dadurch zu bekämpfen, daß sie anordnete, in den Zügen regelmäßige medizinische Untersuchungen und Desinfektionen durchzuführen.[53]

Wie Abbildung 8 zeigt, schiffte sich zu jener Zeit eine außergewöhnlich große Zahl von Auswanderern von Hamburg und Bremen aus nach den Vereinigten Staaten ein. Die Hungersnot von 1891/92 und die Vertreibung der Juden aus Moskau zu Anfang des Jahres 1892 hatten sie aufbrechen lassen, um jenseits des Atlantiks ein neues Leben zu suchen.[54] Um sie alle vor der Einschiffung unterbringen zu können, wurden im Hafengebiet von Senat und HAPAG gemeinsam finanzierte Baracken errichtet. Hierhin wurde die große Mehrheit der Auswanderer unmittelbar nach Ankunft der Sonderzüge geführt und sogleich einer ärztlichen Untersuchung unterzogen. Anschließend mußten sie ihre Habe zur Desinfektion aushändigen. Allerdings machte man Ausnahmen, denn «eine kleinere Anzahl von Auswanderern, welche hinreichende Mittel besaßen

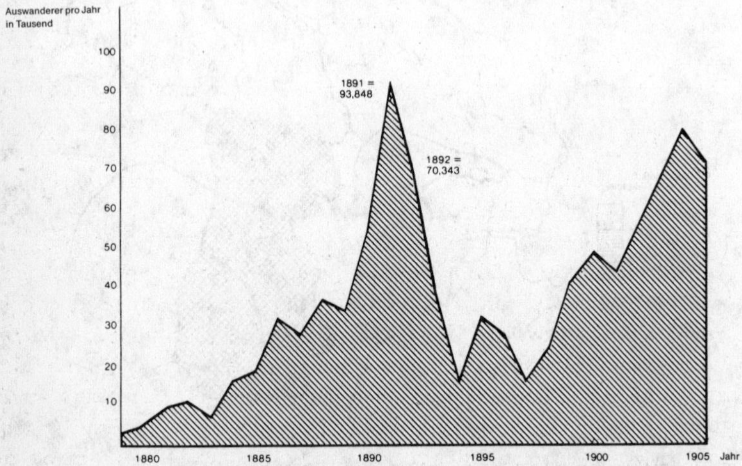

(Quelle: Imre Ferenczi [Hg.]: International Migrations, Bd. I, New York 1929, S. 807)

Abb. 8 Über Hamburg und Bremen nach den USA ausgewanderte russische Staatsangehörige, 1879 bis 1905

und in der Stadt bei den Auswandererwirten zu wohnen wünschten, wurden mit Genehmigung des Arztes nach Untersuchung und Desinfektion entlassen»[55]. Bedingt durch die Eile, mit der man die provisorischen Unterkünfte errichtet hatte, boten sie der Mehrheit zwangsläufig nur sehr primitive Einrichtungen. So wurden die ungeklärten Abwässer der Gemeinschaftstoiletten unmittelbar in die Elbe geleitet.

In den Baracken gab es Räume oder Schlafsäle, die nach Geschlechtern oder Familien getrennt waren, Desinfektionsräume, Einrichtungen zur ärztlichen Versorgung, eine Küche und eine Kantine. Die Verpflegung bestand morgens aus Brot und Tee, mittags gab es eine warme Mahlzeit mit Brot und Fleisch und abends erneut Brot und Tee. Bezahlen dafür mußten die dort Untergebrachten selbst. Waren sie mittellos, übernahmen Reederei, Auswanderungsagenten oder Hamburgs Jüdisches Komitee zur Unterstützung mittelloser jüdischer Auswanderer die Kosten. Eine solche Situation bot skrupellosen Beamten reichlich Gelegenheit, sich bestechen zu lassen und die Unglücklichen auszubeuten. Nur ein Jahr später hieß es in Zeitungsberichten, die Unterkünfte seien unbeschreiblich schmutzig und die für die Auswanderer zuständigen Polizeibeamten hätten sich in verschiedenen Punkten unkorrekt verhalten; anscheinend mußte der Arzt, der sich um den Gesundheitszustand der Auswanderer zu kümmern hatte, wegen unmoralischen Verhaltens entlassen werden.[56] Ob nun diese Anschuldigungen gerechtfertigt waren oder nicht, Medizinalrat Kraus machte kein Hehl aus seiner Ansicht, die ärztliche Untersuchung, der man die Auswanderer bei der Ankunft in den Baracken unterzog, sei alles andere als gründlich gewesen.[57]

Die Behörden standen 1892 vor einem ernsten Problem: Sie mußten verhindern, daß die Auswanderer aus Rußland die Cholera in Hamburg einschleppten. Die Gesundheitsbehörde der Stadt war allerdings nicht davon überzeugt, daß von den Auswanderern eine Gefahr ausgehe. Wie wir gesehen haben, vertrat Kraus wie auch die große Mehrheit seiner Berufskollegen Pettenkofers Ansicht, die Cholera könne nur als Ergebnis besonderer örtlicher Umstände ausbrechen. Quarantäne, ärztliche Untersuchung, Desinfektion, versiegelte Züge – all das waren von den preußischen Behörden oder dem Kaiserlichen Gesundheitsamt unter Kochs Einfluß angeordnete Maßnahmen. Noch am 20. August 1892 drückte Kraus seine Zweifel gegenüber der von Senator Hachmann am Vortag vorgeschlagenen Maßnahme aus, der die Auswanderer zur Beobachtung in den Baracken isolieren wollte, und schrieb: «... wenn nun die Auswanderer gleich nach einer den Umständen nach immer oberflächlichen Beobachtung im Schuppen auf dem Quai wieder frei in den Verkehr der Auswandererhäuser in der Stadt zugelassen werden, so ist der Nutzen der Isolierung illusorisch.»[58] Es gehe ihm weniger darum, diese Kontakte zu unterbinden, als die vollständige Isolierung zu verhindern.

Selbst als man sich am 22. August dazu entschloß, alle Neuankömmlinge in den Baracken festzuhalten, durften die Agenten, die sich um deren Überfahrt kümmerten, wie zuvor nach Belieben kommen und gehen. Im übrigen bewohnten viele Auswanderer billige Unterkünfte in den Gängevierteln der Innenstadt. Ein Bericht von Mai 1893 kam zu dem Ergebnis, daß die Bedingungen in zehn der 39 Auswandererhäuser schlecht seien: dunkle, überfüllte Räume, enge Treppenhäuser und unzulängliche sanitäre Einrichtungen. Mehr als ein Viertel der Auswandererhäuser entsprach nicht den Mindestanforderungen der Gesundheitsbehörde. Zwölf weitere, das heißt ein knappes Drittel, wurden als «mäßig» eingestuft, unter ihnen zwei in der Niedernstraße befindliche. Nur die wenigsten – 15, also knapp 39 %, galten als «gut». Im Gefolge der Cholera-Epidemie hatte man sich mit einiger Wahrscheinlichkeit in manchen Logierhäusern bemüht, die sanitären Einrichtungen zu verbessern. Derartige Unterkünfte gab es in beträchtlicher Menge, was nicht überrascht, wenn man sich die riesige Zahl der Auswanderer vor Augen hält, die durch die Stadt geschleust wurden. Die Aufnahmekapazität der im Bericht vom Mai 1893 aufgeführten 39 Häuser betrug 1865 Menschen, im Durchschnitt also knapp 48 pro Haus. Noch Mitte September 1892 hielten sich 142 Auswanderer in solchen Häusern auf.[59]

Sie kamen, wie die Berliner Behörden 1892 vermerkten, «zumeist aus Gegenden…, wo in diesem Jahre die Cholera weite Verbreitung gefunden hatte»[60]. Von dort, vor allem aus der Umgebung der Städte Kiew, Tschernigow und Poltawa, sowie aus Podolien und Wolhynien brachten sie in der zweiten Augustwoche 1892 die Krankheit nach Hamburg.[61] Bald war das Hafengebiet mit dem Erreger kontaminiert: von den primitiven Latrinen in den Schuppen, den Nachttöpfen und Sickergruben, die in den Gängevierteln in Gebrauch waren, wo sich so viele der Auswanderer aufhielten, direkt über die Fleete oder durch Spülklosetts, deren Abwässer durch die Kanalisation in die Elbe geleitet wurden. Wahrscheinlich war der Erreger bereits am 14. August, möglicherweise sogar schon am 13. August ins Hafengebiet gelangt. Dort fand er ideale Bedingungen vor. Das Wasser der Elbe war nach einer langen Hitzeperiode warm gegen Ende des Monats wurde eine Wassertemperatur von 22 °C registriert. In dieser gastlichen Umgebung begann der Erreger mit der für Mikroorganismen kennzeichnenden erstaunlichen Geschwindigkeit sein exponentielles Wachstum. Spätestens am 15. August befand er sich bereits in der Kanalisation und deren oberhalb Altonas gelegener Einmündung in die Elbe; zur selben Zeit verbreitete er sich höchstwahrscheinlich rasch von den Auswandererbaracken und der Alstermündung sowie den Fleeten stromab- und stromaufwärts weiter. Es war nur noch eine Frage der Zeit, bis die ersten Fälle gemeldet wurden. Würde man die Gefahr früh genug erkennen und Maßnahmen ergreifen, damit aus dem Auftreten der Cholera keine größere Epidemie wurde?

4. DIE GROSSE EPIDEMIE

Vom Verschweigen zur Katastrophe

I

Den ganzen Juli und August 1892 hindurch wußten Hamburgs Verwaltungs- und Gesundheitsbehörden sehr wohl, daß ihrer Stadt erneut eine Epidemie drohte. So notierte Senator Johannes Versmann schon am 3. August ihr Nahen besorgt in seinem Tagebuch.[1] Inzwischen hatten sich die Reichsbehörden Kochs Ansichten zu den Ursachen wie zur Ausbreitung der Cholera zu eigen gemacht. Die Vertreter der Gesundheitsämter waren verpflichtet, in allen Verdachtsfällen Untersuchungen auf Anzeichen des Cholera-Erregers durchzuführen. Mit den Untersuchungsmethoden war die Mehrzahl der Hamburger Ärzte allerdings nicht vertraut. Hinzu kam, daß viele von ihnen sich «nicht entschließen konnten, die *sehr verantwortungsvolle* Diagnose ‹Cholera asiatica› auszusprechen». Wie wir gesehen haben, wurde in Hamburg starker Druck auf die Mediziner ausgeübt, keine solche Diagnose zu stellen; immerhin drohten dem Handel erhebliche Einbußen durch die damit zwangsläufig verbundenen Quarantänemaßnahmen. Wie schon 1872 sollte Medizinalrat Dr. Johann Caspar Kraus jenen «ganz bestimmten Plan» befolgen; zu ihm gehörte, bei Einzelfällen keinesfalls Cholera zu diagnostizieren und erst nach Ausbruch einer Epidemie das Auftreten der Krankheit zu bestätigen.[2]

Ohnehin litten im Sommer viele Menschen an akuten Verdauungsstörungen, und die Ärzte am Ort dürften sich mehr als nur über die Verpflichtung geärgert haben, bei jedem dieser Fälle mühevoll nach dem Choleravibrio zu suchen. Diese Aufgabe schien ihnen auch nicht besonders vordringlich. Mit der Frage der Diagnose waren zudem alle möglichen wissenschaftlichen und medizinischen Kontroversen verknüpft, die einer einfachen Anwendung von Kochs Verfahren im Weg standen. In dieser Situation wurde Dr. Hugo Simon, Arzt in der preußisch regierten Nachbarstadt Altona, in der Nacht vom 14. auf den 15. August um drei Uhr morgens zu einem Bauarbeiter namens Sahling gerufen, der den Auslaß der Kanalisation und andere Anlagen am Kleinen Grasbrook zu überwachen hatte und auf dem Rückweg von der Arbeit schlagartig erkrankt war. Er litt an heftigen Anfällen von Erbrechen und Durchfall. Simon stellte bei seinem Patienten am 15. August die Diagnose asiatische Cholera; sein Vorgesetzter, der Geheime Sanitätsrat Dr. Wallichs, mit dem er allerdings nicht gut stand, da er ihn verdächtigte, dafür gesorgt zu haben, daß Simon wegen seiner angeblich antipreußischen Einstellung nicht Mitglied im Hamburger Ärztlichen Verein werden konnte, wollte diese Diagnose ohne Nachweis des Erregers allerdings nicht anerkennen. Da Simon der Nachweis nicht gelang, sah er sich genötigt, als Ursache von Sahlings Tod, der noch am 15. August eintrat, «Brechdurchfall» anzugeben.[3]

Am nächsten Tag jedoch gingen Hinweise darauf ein, daß ähnliche Fälle bemerkenswert häufig auftraten, selbst wenn man berücksichtigte, daß es Mitte August und heiß war. In der Nacht vom 16. auf den 17. wurde ein weiterer Bauarbeiter, der vierundzwanzigjährige Maurer Köhler, mit ähnlich beunruhigenden Symptomen ins Allgemeine Krankenhaus Eppendorf gebracht. Er starb am Abend des 17. Am selben Tag machte sich der Leiter des Krankenhauses, Professor Theodor Rumpf, mit seinem Assistenten Dr. Rumpel an eine bakteriologische Untersuchung von Köhlers Stuhl. Sie fanden «neben vielen anderen Mikroorganismen, insbesondere den bacterium coli, sowie auch einige gekrümmte, aber auffallend große Stäbchen». Beunruhigt vom Auftreten dieser ungewöhnlichen «Stäbchen», die sie noch nie zuvor gesehen hatten, entschlossen sich Rumpf und sein Assistent zu einer Autopsie.[4] Der dafür zuständige Arzt, Physikus Dr. Erman, war ein entschiedener Gegner von Kochs Ansichten; tatsächlich schrieb er später einen Artikel, in dem er sich über die Vorstellung lustig machte, Cholera werde durch das Leitungswasser verbreitet.[5] Ihm fielen diese «Stäbchen» gleichfalls auf, und er versuchte die Keime in Kultur zu nehmen, was ihm aber bis zum 20. August nicht gelang.[6]

Inzwischen wurden die Fälle immer häufiger: Zwei traten am 16. August auf, vier am 17. und nicht weniger als zwölf am 18.[7] Insgesamt 31 Fälle wurden am 19. August von Ärzten untersucht, die sich jetzt erstmals ernsthaft zu sorgen begannen. Ein Arzt mit privater Praxis teilte am Freitag, dem 19., mit, bei einem seiner Patienten bestehe Verdacht auf asiatische Cholera, und im Verlauf des 20. erreichten mehrere solche Mitteilungen den Leiter der Hamburger Gesundheitsbehörde, Medizinalrat

Kraus. Wie einer der Ärzte einige Tage später schrieb: «Seit Sonnabend wußte ich schon, daß an der Diagnose Cholera asiatica nicht zu zweifeln war.»[8] Inzwischen waren in der Bevölkerung bereits Gerüchte in Umlauf, nach denen die asiatische Cholera in der Hansestadt ausgebrochen sei, und die Zeitungen brachten beunruhigende Meldungen.

Am 19. August wurden auch in Hamburgs Nachbarstadt Altona bei Kranken Cholerasymptome festgestellt. Ein schwedischer Seemann und ein Hamburger Zigarrenarbeiter erkrankten am 19. August, und alles wies darauf hin, daß beide an der asiatischen Cholera litten. Stabsarzt Dr. Weisser, der über beträchtliche Erfahrung mit bakteriologischen Untersuchungen verfügte, äußerte am 20. August den Verdacht, daß der Erreger in beiden Männern vorhanden sei. Er teilte seine Vermutung sogleich dem für Altona zuständigen Kreisphysikus mit – ein Verhalten, das in scharfem Kontrast zu dem in Hamburg üblichen stand, wo keiner der zuständigen Ärzte, selbst Rumpf nicht, gewagt hatte, auch nur den Verdacht auf asiatische Cholera weiterzugeben, obwohl die von ihnen beobachteten Symptome mehr als nur bedenklich waren. Inzwischen lagen im Krankenhaus von Altona weitere Fälle mit den klassischen Symptomen der Krankheit. Der Kreisphysikus erklärte der Polizei am 20. August, wahrscheinlich handele es sich um Cholera. Davon wurde der Oberpräsident der preußischen Provinz Schleswig-Holstein am 21. telegraphisch in Kenntnis gesetzt, er informierte seinerseits unverzüglich die Berliner Behörden.

Während dieser Vorgänge in Altona spielten sich in Hamburg Szenen ab, die man komisch nennen könnte, wäre ihr Hintergrund nicht so tragisch. Während Dr. Erman weiterhin im Allgemeinen Krankenhaus Eppendorf über seinen Bakterienkulturen saß, wurden immer mehr Patienten mit den unverkennbaren Symptomen der asiatischen Cholera eingeliefert. Im Stuhl eines von ihnen (ein einundzwanzigjähriger Arbeiter aus Wilhelmsburg namens Rubbert), der am Vortag ins Krankenhaus gekommen war, wurde am Vormittag des 22. der Erreger festgestellt. Professor Rumpf begab sich, zutiefst beunruhigt, ins Alte Krankenhaus nach St. Georg, wo in der Nacht fünf Fälle mit Cholerasymptomen eingeliefert worden waren. Während seiner Abwesenheit kam es zum entscheidenden Durchbruch. Der am 22. August aus dem Urlaub zurückgekehrte Dr. Eugen Fraenkel hatte sich die Petrischalen aushändigen lassen, auf denen der unglückliche Dr. Erman nach wie vor versuchte, Bakterien in Kultur zu nehmen, die von dem sechs Tage zuvor eingelieferten Maurer Köhler stammten. In wenigen Stunden gelang Fraenkel, der mit

Kochs Verfahren vertraut war, was Erman nahezu eine Woche lang nicht zustande gebracht hatte. So besaß er am Mittag des 22. August nicht nur Reinkulturen der Bakterien, die aus der an Köhler vorgenommenen Autopsie stammten, sondern auch solche von anderen Opfern, unter anderem eines Falles, der erst am selben Tag eingeliefert worden war. Wahrscheinlich von Fraenkel beflügelt oder unterwiesen, gelang auch Erman selbst am 22. August die Anlage einer Reinkultur des Erregers aus Proben, die von einem am 19. eingewiesenen Arbeiter namens Koch stammten.

Dieser am 21. und 22. August ausgebrochene plötzliche Aktivismus konnte eigentlich nur bedeuten, daß es lediglich eine Frage von Stunden war, bis man amtlicherweise das Auftreten der asiatischen Cholera bekanntgab. Doch war das Kapitel schicksalhafter und aberwitziger Verzögerungen noch nicht abgeschlossen. Am 20. August hatte Erman Hamburgs oberstem Medizinalbeamten, Dr. Kraus, mitgeteilt, man habe den Erreger in den Proben gefunden und anschließend am 22. eine Kultur angelegt. Kraus hielt sich nach wie vor an seinen zuletzt 1873 angewandten Plan, demzufolge Einzelfälle nicht berücksichtigt werden sollten. Nicht nur blieb er untätig, er leitete auch die Mitteilung nicht einmal an seinen Vorgesetzten, Senator Gerhard Hachmann, weiter, der Präses des Medizinal-Kollegiums war. In seiner Entschlossenheit, nichts zu unternehmen, konnte er sich dadurch bestärkt fühlen, daß Rumpf Köhlers Erkrankung am Abend des 20. August offiziell als Cholera nostras und nicht als echte asiatische Cholera diagnostiziert hatte. Am Vormittag des 22. suchte Rumpf jedoch Kraus in seinem Büro auf, um ihm mitzuteilen, daß die asiatische Cholera in der Stadt grassiere. Die Symptome, erklärte er, seien unverkennbar, den Erreger habe man bereits bei mehreren Patienten entdeckt. Fraenkel und Erman säßen an der Herstellung von Reinkulturen, in einer der Schalen ließen sich bereits verdächtige, wenn nicht sogar unwiderlegliche Hinweise auf ein Wachstum erkennen. Daher könne es keinen Zweifel daran geben, daß es sich um die asiatische Cholera handele.

Medizinalrat Kraus war dennoch nicht bereit, auf diese Mitteilung von Amts wegen zu reagieren. Rumpf kehrte also fuchsteufelswild ins Krankenhaus Eppendorf zurück und schickte ein Telegramm an Kraus, in dem er ihm das Vorliegen der Krankheit mitteilte. Zwar wäre das nicht erforderlich gewesen, denn Rumpf hatte Kraus weniger als eine Stunde zuvor persönlich mit diesem Tatbestand bekannt gemacht, doch damit war die Sache schwarz auf weiß festgehalten. Da Kraus diese amtliche Mitteilung unmöglich ignorieren konnte, begab er sich am frühen Nachmittag zu Senator Hachmann und setzte ihn pflichtgemäß davon in Kenntnis, daß der «Verdacht» bestehe, in der Stadt seien Cholerafälle aufgetreten. Er fügte jedoch hinzu, solange man keine Reinkultur des Erregers besitze, gebe es keinen Anlaß, etwas zu unternehmen, beispielsweise das Auftreten der Krankheit amtlich zu bestätigen.[9]

Noch als Kraus sich mit dem Senator besprach, traf in seinem Büro ein zweites Telegramm von Rumpf ein. Darin hieß es, Fraenkel habe aus dem Stuhl eines der Choleraopfer eine Reinkultur angelegt. Es ist nicht verbürgt, ob Kraus am selben Nachmittag einfach nach Hause ging oder noch einmal ins Büro und das Telegramm las. Jedenfalls kam er erst am Vormittag des 23. August dazu, an Senator Hachmann und die Berliner Behörden Fraenkels Bestätigung der Krankheit weiterzuleiten. Das hamburgische System der Kollegialverwaltung gab Hachmann keine Handhabe, aus eigenem Antrieb etwas zu unternehmen. Da alle Entscheidungen vom Senat in Plenarsitzung zu treffen waren, hätte es keinen Sinn gehabt, den Ausbruch der Krankheit bereits am 22. bekanntzugeben, denn die nächste reguläre Senatssitzung war schon für den 24. vorgesehen. Damit dieser Punkt auf deren Tagesordnung kam, genügte eine Mitteilung Hachmanns auch noch am 23.[10]

Währenddessen weigerten sich Dr. Kraus und Senator Hachmann nach wie vor, das Auftreten der Cholera öffentlich einzugestehen. Am 22. August versicherte Hachmann dem amerikanischen Vizekonsul Charles Burke ausdrücklich, es gebe in Hamburg keine Cholera.[11] Etwa zur selben Zeit – leider läßt sich das genaue Datum nicht feststellen – machte Friedrich Werner, Hilfsprediger in Hamm-Süd, eine ähnliche Erfahrung mit einem von Hachmanns Kollegen. In seinen Erinnerungen heißt es dazu:

«Als ich eines Vormittags mich von Herrn Senator Schemmann in der Landherrschaft verabschiedete, hielt er mich zurück und ersuchte mich, auch in meinen Kreisen, wenn etwa die Rede darauf käme, daß in Hamburg die asiatische Cholera ausgebrochen sei, die Leute aufzuklären und zu beruhigen. Er könne mir die Versicherung geben, daß keine asiatische Cholera in Hamburg sei. Der Herr Senator war aber, wie ich noch am gleichen Tage erfahren sollte, sehr im Irrtum.»

Als Werner unmittelbar nach der Rückkehr in seine Gemeinde zu einer Sterbenden in der Nachbarschaft gerufen wurden, sagte ihm der Arzt, der ihm auf der Treppe begegnete, es handelte sich bei der Patientin zweifellos um einen Fall von asiatischer Cholera. Die Frau starb noch in derselben Nacht, und Werner wurde am folgenden Tag zu verschiedenen weiteren Kranken gerufen. Es gibt für Werners Bericht keine Bestätigung, doch er wirkt glaubhaft, wenn man bedenkt, daß Hachmann am 22. August eben das tat, was von Schemmann berichtet wurde.[12]

Inzwischen hatten die preußische Regierung und das Kaiserliche Gesundheitsamt gehandelt – rascher als Hamburgs Gesundheitsbehörden und Senat. Medizinalbeamte in Altona hatten bereits am 21., also zwei Tage zuvor, das Auftreten der Krankheit festgestellt und die Regierungsmaschinerie Preußens und des Reiches in Gang gesetzt. Am selben Tag hatte der Oberpräsident von Schleswig-Holstein den preußischen Gesundheitsminister vom Auftreten der Krankheit in Altona informiert. Dieser hatte angeordnet, Bakterienkulturen an Robert Koch nach Berlin zu schicken, und hinzugefügt, man solle unverzüglich alle Maßnahmen ergreifen, die erforderlich seien, um einer Epidemie zu begegnen. Am 22. August brachte Stabsarzt Dr. Weisser die Kulturen des Cholera-Erregers mit der Bahn von Altona nach Berlin (zum Glück dürften die Mitreisenden kaum geahnt haben, was er im Gepäck hatte!). Koch untersuchte sie in seinem Labor und bestätigte dem Minister noch am selben Tag, daß in Altona die Cholera ausgebrochen war. Am frühen Morgen des 23. August gab der Minister Koch den Auftrag, nach Hamburg zu reisen, um über die in jüngerer Zeit dort beobachteten choleraähnlichen Symptome zu berichten. Dies ereignete sich, bevor die Hamburger Behörden es fertiggebracht hatten, das Auftreten der Krankheit in ihrer Stadt bekanntzugeben. Erst im Verlauf des bewußten 23. August benachrichtigten Hachmann und Kraus das Kaiserliche Gesundheitsamt in Berlin offiziell davon, daß in Hamburg eine Cholera-Epidemie herrschte; am 24. August, nicht weniger als acht Tage nach dem Auftreten des ersten Falles, berieten die Senatoren über zu ergreifende Maßnahmen.[13]

Hätte man den ersten Cholerafall vom 18. August ordentlich diagnostiziert, wäre der Senat möglicherweise in der Lage gewesen, den Bewohnern der Stadt Verhaltensmaßregeln zu geben – beispielsweise den Hinweis, ihr Trinkwasser abzukochen. Am 24. war es dafür zu spät. In Norddeutschland war es schon seit längerer Zeit recht heiß und der Wasserstand der Elbe so niedrig, daß die Flut weiter stromaufwärts gelangte als sonst. Bei diesen Umweltbedingungen – immerhin betrug die Wassertemperatur 22 °C – vermehrten sich die Cholera-Errerger ungewöhnlich rasch und gelangten bald mit den Ausscheidungen infizierter Flußschiffer viele Kilometer elbaufwärts ins Wasser. Spätestens am 19. oder 20. August gerieten sie auch in den Haupteinlaß von Hamburgs zentraler Wasserversorgung.[14] Wie im zweiten Kapitel beschrieben, hatten zahlreiche Einwände und Verzögerungen bewirkt, daß die in den siebziger Jahren für die zentrale Wasserversorgung der Stadt vorgeschlagene Filtrationsanlage erst 1890 genehmigt worden war. Ihre Fertigstellung war für 1894 vorgesehen. Bis dahin leitete man bis zu 160000 Kubikmeter Wasser pro Tag unmittelbar aus der Elbe in Klärbecken und pumpte sie von dort in die Häuser der Stadt. Während einer Hitzewelle wie der vom August 1892 dürfte der Verbrauch eher noch höher gelegen haben als sonst; es wurde vermutlich also mehr Wasser der Elbe entnommen. Die Wasserführung des Flusses war aber durch die Trockenheit schon zurückgegangen, so daß ein ungewöhnlich hoher Anteil an Flußwasser verbraucht wurde. Als das Elbwasser stromaufwärts bis zur Entnahmestelle für die zentrale Wasserversorgung in Rothenburgsort verseucht war, konnte es daher nur noch wenige Stunden dauern, bis der Erreger über die Wasserleitung in die Häuser gelangen mußte. Höchstwahrscheinlich war das Wasser bereits am 19. oder 20. August verseucht. Die Folgen ließen nicht lange auf sich warten. Am 23. August waren alle Stadtteile betroffen. Tausende, die nichtsahnend das verseuchte Wasser getrunken hatten, wiesen schon bald Symptome der Cholera auf und steckten weitere Menschen an. Da die Menschen in der Stadt Obst und andere Nahrungsmittel mit dem verseuchten Wasser wuschen, wurden diese gleichfalls Überträger der Krankheit.

Obwohl seinerzeit heftig darüber gestritten wurde, kann es keinem Zweifel unterliegen, daß der Hauptgrund für die rasche Ausbreitung der Krankheit die Verseuchung des Leitungswassers in Hamburg war. Den schlagenden Beweis dafür liefert ein Vergleich mit Altona. So miteinander verwachsen waren die beiden Städte, daß die Grenzlinie zwischen ihnen, wie wir gesehen haben, nur an den Polizeibeamten zu erkennen war, die in bestimmten, die Grenze querenden Straßen patrouillierten. Wie Karte 26a zeigt, lag die Bevölkerungsdichte zu beiden Seiten der Grenze ähnlich hoch, vor allem im am dichtesten besiedelten Gebiet in Richtung Süden zur Elbe.[15] Altonas Leitungswasser wurde seit 1859 durch Sand gefiltert, das Hamburgs nicht. Mithin traten auf Hamburger Seite, wie Karte 26b zeigt, deutlich mehr Cholerafälle auf. Selbst in den südlichen Teilen des Grenzgebietes mit gleich großer Bevölkerungsdichte lag die Zahl der Erkrankungen auf der Hamburger Seite deutlich höher als auf der Altonaer (s. Karte 26c). Das gilt auch, wie sich Karte 26d entnehmen läßt, ganz allgemein für die Zahl der Todesfälle. Vollends unwiderleglich wird der Beweis für die Verursacherrolle des Trinkwassers durch das Beispiel des «Hamburger Hofs». So hieß ein Wohnblock

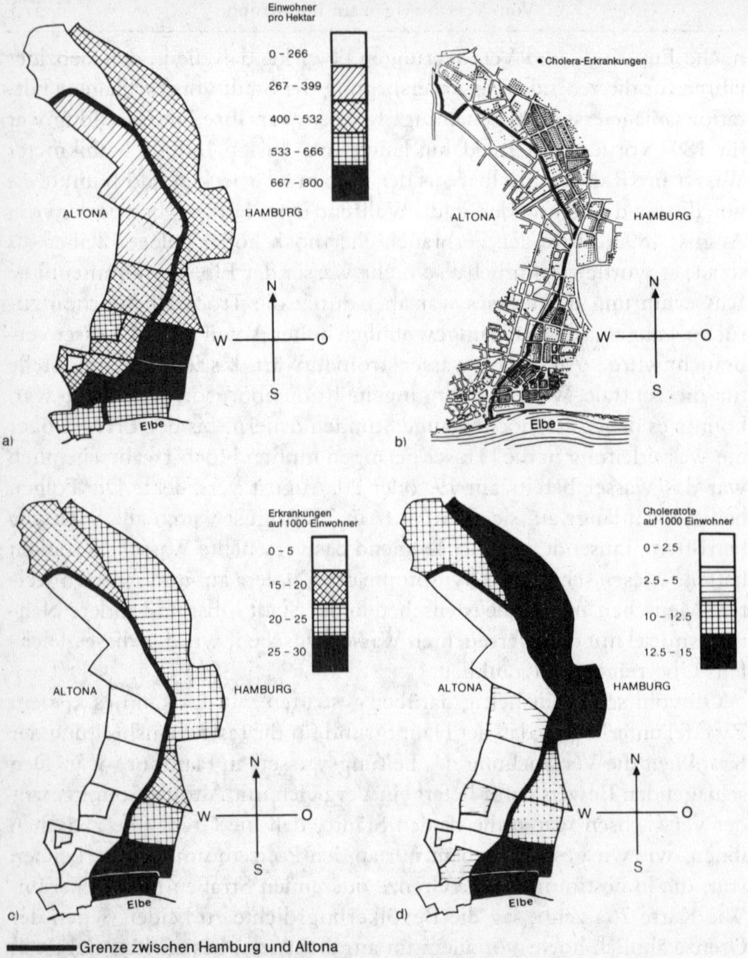

a) Bevölkerungsdichte an der Grenze zwischen Hamburg und Altona, Dezember 1891 (Hamburg), Dezember 1890 (Altona)
b) Cholera an der Grenze zwischen Hamburg und Altona, August bis November 1892: einzelne Fälle
c) Cholera an der Grenze zwischen Hamburg und Altona, August bis November 1892: Erkrankungsziffern
d) Cholera an der Grenze zwischen Hamburg und Altona, August bis November 1892: Sterblichkeit

(Quelle: T. Deneke: Nachträgliches zur Hamburger Cholera-Epidemie, in: Münchener Medizinische Wochenschrift, 41 [1895], S. 6f)

Karte 26 Cholera an der Grenze zwischen Hamburg und Altona, August bis November 1892

am Schulterblatt – einer der Grenzstraßen – mit 345 Einwohnern, der verwaltungsrechtlich zu Hamburg gehörte, aber aus verschiedenen Gründen von Altona mit Wasser versorgt wurde. In ihm trat 1892 nicht ein einziger Fall von Cholera auf.[16]

Die Verseuchung von Hamburgs Leitungswasser ließ Tausende von Menschen in der Stadt gleichzeitig erkranken. Abbildung 9 zeigt deutlich, wie explosionsartig die Krankheit ausbrach. Binnen weniger Tage erreichte die Zahl der täglich gemeldeten neuen Fälle rund 1000 und blieb acht Tage lang etwa bei diesem Wert, bis sie schließlich ab 2. September sank. Bereits drei Tage nach dem ersten amtlichen Eingeständnis, die Cholera sei ausgebrochen, hatte die Epidemie ein entsetzliches und noch nie dagewesenes Ausmaß erreicht. Bis Ende Augst waren mehr als 7000 Fälle gemeldet worden – bloß eine Woche nach der ersten offiziellen Zusammenkunft, bei der beschlossen werden sollte, welche Maßnahmen man zu ergreifen gedachte. Die Abbildungen 9 und 10 sowie Tabelle 4 zeigen die Zahl der ab 16. August täglich gemeldeten Neuerkrankungen an Cholera und die auf sie zurückgehenden Todesfälle. Dabei läßt sich erkennen, daß die Cholera ab dem 25. August epidemische Ausmaße anzunehmen begann.

Die Cholera-Epidemie von 1892 kostete in Hamburg ebenso viele Menschenleben wie alle anderen Cholera-Epidemien des 19. Jahrhunderts zusammen. Zumindest nach den amtlichen Statistiken kamen dabei 13,4‰ der Bevölkerung um; weit mehr als 1832 oder 1848. Wahrscheinlich lag diese Ziffer noch höher. Verglichen mit dem Auftreten der Cholera zu anderen Zeiten und an anderen Orten scheint die Hamburger Epidemie von 1892 jedoch weniger gravierend gewesen zu sein. Zwar überstieg in London auch während der schlimmsten Epidemie, der des Jahres 1849, die Cholerasterblichkeit zu keinem Zeitpunkt 6,6‰ der Bevölkerung, doch erreichte sie 1832 in Glasgow 15‰ und in Paris im selben Jahr 21,8‰. Noch höher lag die Zahl mit 30‰ in Dublin. Doch verblassen diese Werte vor der Epidemie von 1834 in Stockholm, wo 43 Tote auf 1000 Einwohner gezählt wurden; auch in St. Petersburg waren es zwei Jahre zuvor an die 40‰ gewesen. Selbst das wirkt verglichen mit der Epidemie des Jahres 1873 in Ungarn noch recht harmlos, denn in jenem Jahr waren dort 65 Tote auf 1000 Einwohner zu beklagen. Eine halbe Million Ungarn erlag der Cholera, und die Gesamtbevölkerung des Landes nahm um 2% ab. Soweit bekannt, wurden weder Land noch Stadt in Europa je so schlimm heimgesucht wie das kanadische Montreal, wo im Jahr 1832 jeder dreizehnte Einwohner an der Cholera starb, eine Sterblichkeitsrate von 74‰. Im Gesamtvergleich des 19. Jahrhunderts gehört daher Hamburgs Cholera-Epidemie von 1892 keinesfalls zu den ungewöhnlich schweren.[17]

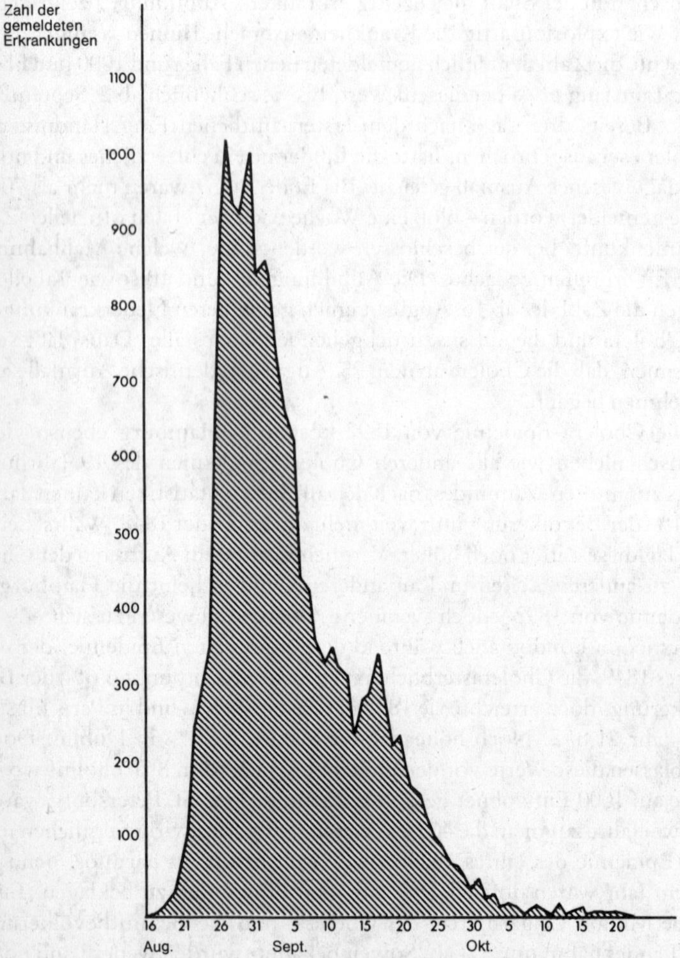

(Quelle: MS, 1892, S. 29f)

Abb. 9 Cholerafälle in Hamburg, August bis Oktober 1892

Doch was die Auswirkungen der Epidemie auf die Stadt betrifft, stellt sich die Sache in gänzlich anderem Licht dar. Abbildung 11 zeigt die monatliche Gesamtsterblichkeit in Hamburg zwischen 1886 und 1893. Sie beträgt nie, nicht einmal während der Typhusepidemie des Jahres 1887, mehr als 3‰ der Bevölkerung – mit Ausnahme der Monate August und September 1892. Hingegen liegt die Gesamtsterblichkeit im August 1892 mit annähernd 8‰ etwa viermal so hoch wie der zu erwartende Durchschnittswert und hat im September mit nahezu 12‰ fast das Sechsfache dieses Wertes erreicht. Im August gehen 55% aller Todesfälle auf die Cholera zurück; im September ist sie für 70% aller Todesfälle

Tabelle 4 Gemeldete Cholerakranke und Choleratote, Hamburg 1892

Datum	Erkrankungen	Todesfälle	Datum	Erkrankungen	Todesfälle
16. Aug.	2	–	15. Sept.	294	141
17.	4	2	16.	344	167
18.	12	–	17.	285	130
19.	31	8	18.	221	143
20.	66	24	19.	237	126
21.	113	17	20.	192	112
22.	249	70	21.	171	94
23.	338	89	22.	160	59
24.	358	107	23.	134	96
25.	608	218	24.	109	59
26.	903	313	25.	91	52
27.	1024	414	26.	70	44
28.	936	427	27.	69	45
29.	925	428	28.	58	26
30.	1008	537	29.	36	27
31.	850	435	30.	46	16
1. Sept.	863	444	1. Okt.	23	22
2.	843	561	2.	26	11
3.	732	426	3.	15	11
4.	664	402	4.	17	10
5.	627	371	5.	13	7
6.	446	308	6.	6	2
7.	430	257	7.	9	6
8.	362	249	8.	15	5
9.	337	202	9.	8	5
10.	351	185	10.	1	4
11.	325	197	11.	14	2
12.	317	168	12.	2	5
13.	241	140	13.	5	3
14.	286	125	14.	8	4

Vom 15. Oktober bis 12. November: 26 Erkrankungen, 20 Todesfälle
Bis 19. September: 16944 Erkrankungen, 8594 Todesfälle
Bis 12. November: 16956 Erkrankungen, 8605 Todesfälle

(Quelle: MS, 1892, S. 29f)

verantwortlich. Eine andere Möglichkeit, die Auswirkung der Cholera auf die Sterblichkeit zu bewerten, besteht darin, für das Jahr 1892 die *zusätzliche Sterblichkeit* (Übersterblichkeit) zu berechnen. Wir fragen: Um welchen Betrag lag die (sämtliche Todesursachen einbeziehende) Gesamtsterblichkeit des Jahres 1892 über der (sämtliche Todesursachen einbeziehenden) durchschnittlichen jährlichen Gesamtsterblichkeit? Wird der Index der jährlichen Sterblichkeit mit dem Durchschnitt der Jahre 1882 bis 1891 gleich hundert gesetzt, beträgt für 1892 der Wert 160.[18] Daran zeigt sich, daß sich die Cholera auf das Sterblichkeitsmuster in Hamburg 1892 in durchaus erheblichem Maße auswirkte. Sie trat in jenem Jahr nicht einfach an die Stelle anderer Todesursachen, sondern kam hinzu, bedeutete zusätzlich eine erhebliche meßbare Last an Leiden und Tod.

Selbstverständlich forderten andere schwere Krankheiten, auch wenn sie nicht so spektakulär auftraten wie die gelegentlichen Cholera-Ausbrüche, ebenfalls Monat für Monat, jahrein, jahraus ihren Tribut. Ein

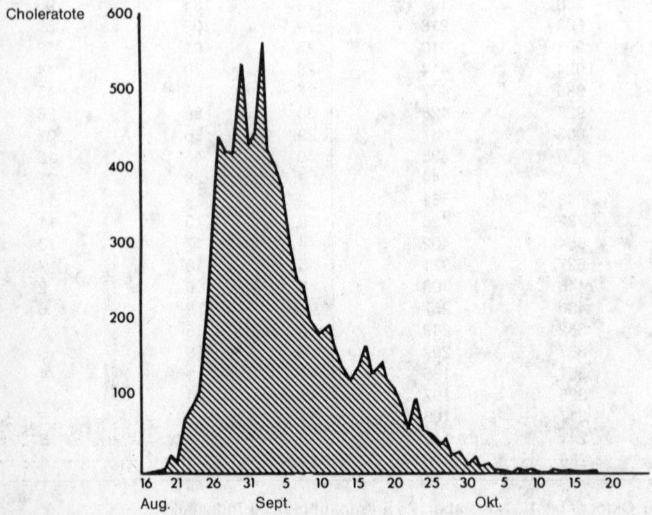

(Quelle: MS, 1892, S. 29f)

Abb. 10 Choleratodesfälle in Hamburg, August bis Oktober 1892

Beispiel dafür ist die Tuberkulose. Ihr erlagen von 1872 bis 1895 in Hamburg mehr als 46000 Menschen, während die Diphtherie an die 9000 und die Cholera 9631 Todesopfer forderte. Die Cholera überflügelte jedoch 1892 alle anderen Todesursachen, obwohl sie nur in eineinhalb von zwölf Monaten auftrat. Abbildung 12 gibt die auf die acht Haupttodesursachen zurückgehenden Todesfälle für das Jahr 1892 in absoluten Zahlen an. In ihr findet sich geradezu ein Übergangsstadium in der Kunst oder Wissenschaft der Diagnose widergespiegelt, denn ursprünglich war manche Todes«ursache», zumal bei Kleinkindern, nichts anderes als eine Beschreibung der Krankheitssymptome.[19] Von diesem Vorbehalt abgesehen liefern die Abbildungen ein im großen und ganzen zutreffendes Bild der hauptsächlichen Todesursachen in Hamburg im Jahr 1892. Nur auf die verschiedenen Kinderkrankheiten gingen gemeinsam in etwa ebenso viele Todesfälle zurück wie auf die Cholera. Allerdings dürfte sich, vor allem in der Kategorie «Brechdurchfall», hinter manchen anderslautenden Diagnosen die Cholera verborgen haben. Unter den vorwiegend bei Erwachsenen auftretenden Krankheiten betrug Tuberkulose, der großen Geißel des 19. Jahrhunderts, die Anzahl der Todesfälle nur ein Fünftel der auf Cholera zurückgehenden Todesfälle, wohingegen sich zu jener Zeit

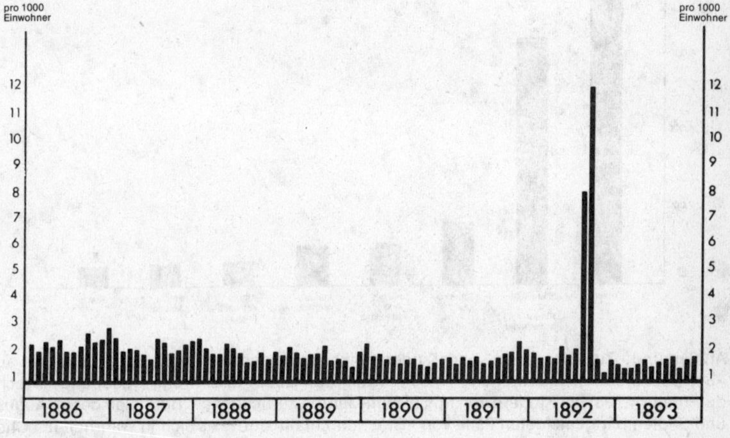

(Quelle: MS, 1892. S. 16)

Abb. 11 Monatliche Sterblichkeit bezogen auf tausend Einwohner für Hamburg, 1886 bis 1893

Herzversagen und Krebs, im 20. Jahrhundert die Haupttodesursachen, noch vergleichsweise wenig auswirkten. Selbst wenn wir annehmen, daß es sich bei der großen Mehrheit der Tuberkulosefälle in Wirklichkeit um Lungenentzündung handelte und sie daher der vierten und fünften Hauptgruppe der Todesursachen zugeordnet werden muß (Katarrh, Influenza und Lungenentzündung), womit sich die allgemeinere Kategorie «Erkrankungen der Atemwege» ergibt, beträgt hier die Gesamtzahl der Todesfälle mit 3740 immer noch weniger als die Hälfte der 1892 auf Cholera zurückgehenden. Wie einschneidend letztere im Vergleich zu den endemisch auftretenden Krankheiten gewirkt hat, erkennt man daran, daß sie 1892 selbst dann noch (sieht man von Säuglings- und Kinderkrankheiten ab) die Haupttodesursache gebildet hätte, wenn sie sich in Hamburg in jenem Jahr so vergleichsweise harmlos ausgewirkt hätte wie zwei Jahrzehnte zuvor. Da sie aber 1892 in Wirklichkeit viermal stärker auftrat als 1873[20], verursachte sie eine deutlich höhere Sterblichkeit.

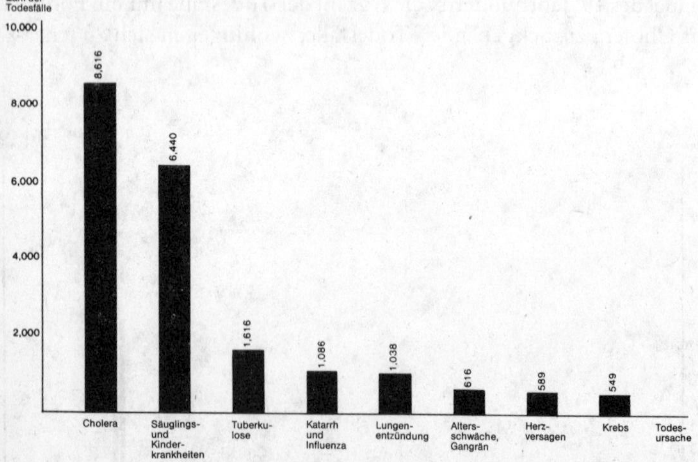

Anmerkung: Zu «Säuglings- und Kinderkrankheiten» gehören auch Todesfälle, die auf «Schwäche des Neugeborenen» (1059), «Krämpfe» (905), Auszehrung (1683) und «Brechdurchfall» (2793) bei Kindern von null bis fünf Jahren zurückgehen. Bei vielen der im August und September gemeldeten Fälle von «Brechdurchfall» dürfte es sich in Wahrheit um Cholera gehandelt haben.

(Quelle: SHS, 19, [1902], S. 12f)

Abb. 12 Haupttodesursachen in Hamburg, 1892

Weit eindrucksvoller wirkte das Ausmaß der Cholera von 1892 in Hamburg deshalb, weil in jenem Jahr keine sonstige deutsche oder westeuropäische Stadt von einer größeren Epidemie heimgesucht wurde. Wie Karte 27 zeigt, konzentrierte sich die Krankheit vor allem auf Hamburg und das Umland sowie auf Gebiete in der Nähe der Elbe. Nahezu alle Fälle im übrigen Deutschland ließen sich auf eine von Hamburg ausgehende Ansteckung zurückführen. Selbst die sonst so gefährdeten Landstriche nahe der russischen Grenze blieben von der Krankheit verschont. Die überwältigende Mehrheit der Erkrankungen und Todesfälle trat in Hamburg auf, wie ein Vergleich von Abbildung 13 mit den Abbildungen 9 und 10 zeigt.

Zahlreiche Gründe lassen sich dafür nennen, warum die Krankheit im

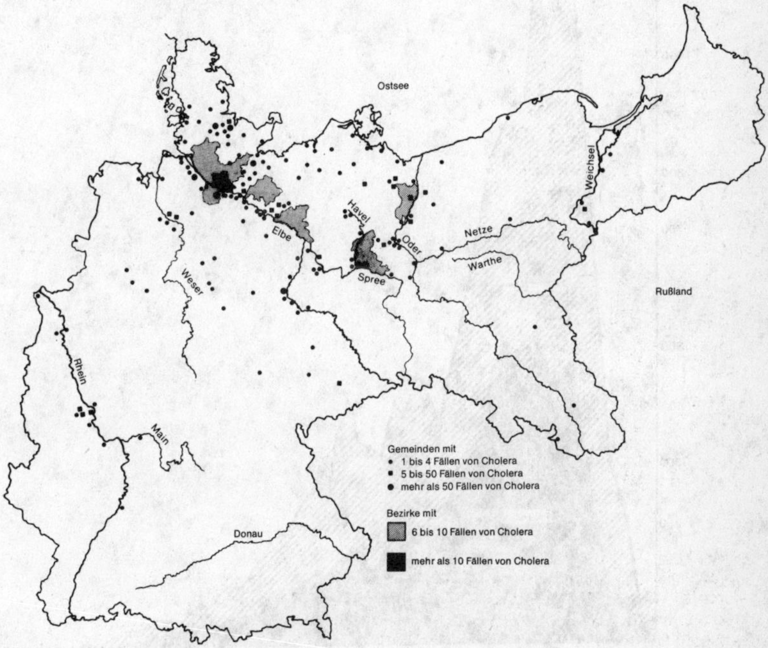

(Quelle: [Georg Gaffky:] Amtliche Denkschrift über die Cholera-Epidemie 1892, Berlin 1895)

Karte 27 Die Cholera im Deutschen Reich, 1892

übrigen Reich nicht in Erscheinung trat. Denn größten Anteil daran hatten anfänglich die an den Grenzen durchgeführten Quarantänemaßnahmen. Zwar war Hamburg wegen der zahlreichen russischen Auswanderer besonders verwundbar, doch gilt das auch für die Hansestadt Bremen, die von allen anderen deutschen Städten am ehesten vergleichbar ist. Was sich 1892 dort abspielte, wird die Gründe genauer erkennen lassen, warum Hamburg bei der Cholera-Epidemie jenes Jahres eine so unglückliche Hauptrolle spielte.

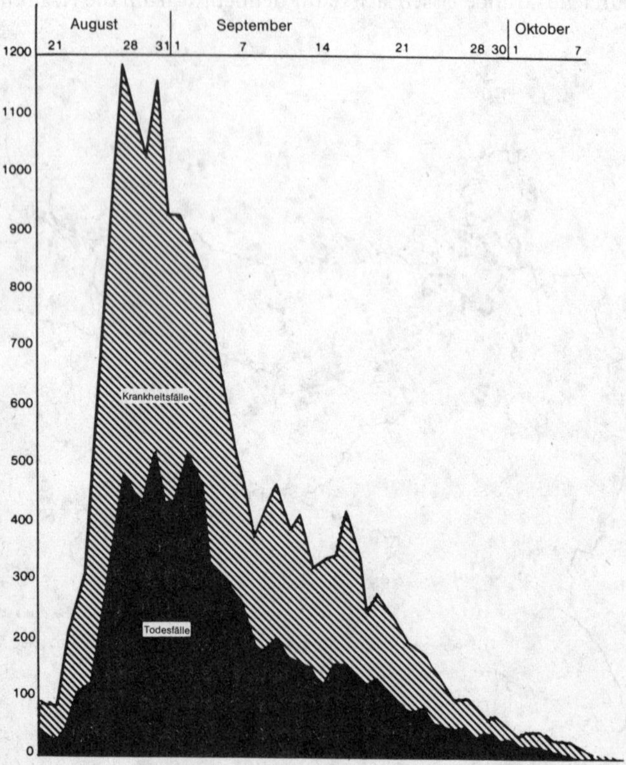

(Quelle: [Georg Gaffky:] Amtliche Denkschrift über die Cholera-Epidemie 1892, Berlin 1895)

Abb. 13 Die Cholera im Deutschen Reich, 1892

II

Zwar zählte Bremen im Jahr 1890 mit knapp 180000 Einwohnern weniger als ein Drittel der Einwohnerschaft Hamburgs, das aber glich die Stadt durch ihre Aktivitäten als Handelszentrum aus, bei denen sie der Schwesterstadt mehr als nur die Waage hielt. Bremens Schiffahrtslinie, der Norddeutsche Lloyd, verhaßte Konkurrenz von Hamburgs HAPAG, beförderte einen stattlichen Anteil der Auswanderer, die in die Neue Welt wollten, über den Atlantik. Von 1881 bis 1885 verließen insgesamt 127000 nichtdeutsche Emigranten Bremen, nahezu alle mit dem Ziel Nordamerika. Diese Zahl lag nicht allzusehr unter den 190000, die im selben Zeitraum über Hamburg auswanderten. Um die Jahrhundertwende hatte Bremen die Konkurrentin sogar überrundet, denn von 1901 bis 1905 schifften sich dort 680000 nichtdeutsche Auswanderer ein, in Hamburg hingegen nur 480000. Zwischen 1890 und 1900 wurden alljährlich etwa 25000 nichtdeutsche Auswanderer durch Bremen geschleust, das Jahr 1892 bildete dabei keine Ausnahme.[21] Die Sonderzüge von der russischen Grenze fuhren nach Bremen wie nach Hamburg, und so kannten beide Städte einen vergleichbaren Zustrom russischer Auswanderer. Bremens Verwaltungs- und Regierungssystem mit Bürgerschaft und Senat ähnelte dem Hamburgs auffallend. Die Wahl der Bürgerschaftsabgeordneten erfolgte in einem atemberaubend komplizierten Verfahren, bei dem es nicht weniger als acht verschiedene Wählerklassen gab. Sie wählten einen aus 18 Männern bestehenden Senat auf Lebenszeit, dem mindestens zehn Juristen und fünf Kaufleute angehören mußten. Auch in der Bremer Alt- wie Neustadt gab es Elendsquartiere und Armut, auch dem Hamburger Gängeviertel vergleichbare «Gangwohnungen». Über sie sagte ein Behördenvertreter kurz nach der Jahrhundertwende, sie entsprächen «zum Teil auch mäßigen gesundheitlichen Anforderungen nicht». In diesen Bezirken lag von 1890 bis 1894 die Sterblichkeit im Jahresdurchschnitt 33% über der in der gesamten Stadt.[22] Bremen hatte also mit Hamburg drei der Hauptmerkmale des Lebens gemeinsam, die man, wie wir sehen werden, in erster Linie für die Cholera-Epidemie verantwortlich machte. Dennoch fielen 1892 dort lediglich sechs Menschen der Cholera zum Opfer. Nur zwei von ihnen erkrankten in Bremen: alle anderen brachten die Krankheit von außerhalb mit – drei aus Hamburg und der vierte von einem Weserschleppkahn. Weitere Cholerafälle wurden in der Stadt nicht verzeichnet. Das nahe der Wesermündung gelegene Bremerhaven meldete lediglich einen Fall.[23]

Wie läßt sich dieser verblüffende Gegensatz zu Hamburg erklären? Dafür dürfte eine Kombination verschiedener Faktoren verantwortlich gewesen sein, die in jedem Entwicklungsstadium einer potentiellen Epidemie sozusagen wie Sicherheitsnetze wirkten. Erstens scheinen in Bremen die Mediziner weit besser organisiert gewesen zu sein und sich den Gefahren einer Epidemie gegenüber deutlich umsichtiger verhalten zu haben als Hamburgs Ärzte. Bremens Ärztlicher Verein hatte bereits 1883 über die Leistungen der neuen Wissenschaft Bakteriologie diskutiert.[24] Einige seiner Mitglieder hatten 1884 an Robert Kochs Kursus in Berlin teilgenommen, der die Teilnehmer mit dem Cholera-Erreger, dessen Kultur und den gegen ihn wirksamen Maßnahmen vertraut machen sollte – obwohl die Bremer Polizei 1892 eine Wiederholung des Kurses anscheinend für angeraten hielt.[25] So wurden im selben Jahr weitgehende Vorkehrungen gegen Infektionskrankheiten getroffen: Man richtete in Bremerhaven ein Quarantänebüro ein, legte einen Vorrat gelber (Quarantäne-)Flaggen an, erwarb eine Desinfektionsmaschine und baute Isolierbaracken. Einlaufende Schiffe ließen sich schon in Bremerhaven an der Weiterfahrt nach Bremen hindern, überhaupt war der Schiffsverkehr auf der Weser insgesamt leichter unter Kontrolle zu halten als auf der Elbe.[26]

Bremens Ärzteschaft, die in diesen Fragen die volle Unterstützung des Senats gehabt zu haben scheint, reagierte rasch und positiv auf die Flut von Hinweisen aus Caprivis Amt, die im Sommer 1892 vor der sich nähernden Epidemie warnten. Bereits am 15. Juli verabschiedete der Senat Pläne für den Notfall, die unter anderem die Errichtung eines speziellen Cholerakrankenhauses vorsahen. Am 21. Juli wurden besondere Verwaltungsmaßnahmen beschlossen, die dafür sorgen sollten, daß alle *mutmaßlichen* Cholerafälle unverzüglich gemeldet wurden.[27] Offensichtlich gedachten Senat und Gesundheitsbehörden Bremens nicht abzuwarten, bis eine vollständige Diagnose vorlag – obwohl man dort mit einer solchen rascher rechnen durfte als in Hamburg. Jeder, bei dem auch nur der Verdacht auf Cholera bestand, kam sogleich in eine Isolierbaracke, wo dann die bakteriologische Untersuchung stattfand. Damit folgte man einem in Preußen längst erprobten Vorgehen. Es ist einsichtig, daß Bremen, kleiner und weniger wohlhabend als Hamburg, nicht annähernd im selben Maße in der Lage war, seine traditionelle Selbständigkeit zu bewahren, und daß die Stadt weit weniger beharrlich partikularistische Interessen verfocht. Schon zu Anfang der siebziger Jahre hatte Hamburg die Führung als Wahrerin hanseatischer Traditionen übernommen, einschließlich jener, die zu verteidigen Bremen sich nicht imstande gesehen hatte. In den frühen neunziger Jahren folgte Bremen im Kampf gegen Infektionskrankheiten jedoch dem preußischen Vorbild. Da man allgemein davon überzeugt war, daß es sich bei der Cholera um eine Infektionskrankheit handelte, vertrauten Verwaltungs- und Gesundheitsbehörden auf die Wirksamkeit von Quarantäne und Isolierung. Eine größere Cholera-Epidemie schadete ihrer Ansicht nach den Interessen der Stadt weitaus mehr als zeitweilige Beeinträchtigungen des Handels. Die Überzeugung, daß Cholerakranke die Krankheit weiterverbreiteten, veranlaßte die Behörden Bremens dazu, umfassenden und unverzüglich einsetzenden Vorbeugungsmaßnahmen einen hohen Stellenwert einzuräumen. Daher wurde man schon beim kleinsten Verdacht auf Cholera tätig, statt erst auf das Ergebnis einer vollständigen Diagnose zu warten.[28]

Die Aufmerksamkeit der Bremer Behörden war auch Ende Juli noch nicht erlahmt. Ab 27. galten für russische Auswanderer schärfere Überwachungsmaßnahmen, sie durften sich mit sofortiger Wirkung zumindest bis Anfang August nur noch in den ihnen zugewiesenen Unterkünften aufhalten. Besonders auf der Hut war die Quarantänestelle in Bremerhaven ab dem 9. August.[29] Am 11. übergab der Senat den Bremer Zeitungen eine ausführliche und von den Behörden gebilligte Liste mit Ratschlägen, wie man eine Ansteckung mit Cholera vermeiden könne. Gewarnt wurde vor dem Verzehr von Obst; Milch und Wasser sollten abgekocht werden. Da es hieß, die Cholera werde über die Ausscheidungen Erkrankter weitergegeben, empfahl die amtliche Mitteilung häufiges Händewaschen, auch sollte man Desinfektionsmittel benutzen, öffentliche Ansammlungen meiden und keine Besucher aus verseuchten Gebieten bei sich aufnehmen.[30] Diese Empfehlungen wurden in einer großen Anzeigenkampagne am 26. und 27. August wiederholt.[31] Besonders eindrucksvoll ist, daß die Bremer Behörden die Anzeigen veröffentlicht hatten, lange bevor die Epidemie in Hamburg ausbrach. Danach reagierten sie noch schärfer, verboten nicht nur Tanzveranstaltungen und das Abhalten des Marktes[32], sondern ordneten auch ab 24. August für aus Hamburg kommende Züge eine sofortige, ärztlich überwachte Quarantäne an. Die jetzt aus Berlin fast ununterbrochen eingehenden Anweisungen wurden von Bremen akkurat befolgt.[33] Ein Senator der Stadt wohnte einer von Robert Koch am 27. August in Berlin einberufenen Sondersitzung bei, und als Koch am 3. September nach Bremen kam, zeigte er sich befriedigt, daß man alle erforderlichen Schritte unternommen hatte.[34]

Wie wir sehen werden, waren die Hamburger Behörden nicht einmal dazu imstande; sie reagierten anfänglich nicht im geringsten auf die von Berlin aus erteilten Ratschläge. Dies wog jedoch weniger schwer als die Tatsache, daß in Bremen eine ganze Reihe von Vorkehrungen schon lange vor dem Ausbruch der Cholera in Kraft getreten waren. Zu fragen ist also nicht, auf welche Weise man in Bremen verhinderte, daß die Krankheit von Hamburg aus auf die Stadt übergriff, sondern eher, was man in Bremen tat, daß sie nicht zur selben Zeit und durch dieselben Ursachen wie in Hamburg bedingt ebenfalls ausbrach. Ein Teil der Antwort liegt in der größeren Wachsamkeit der Gesundheitsbehörden.

Die Bremer waren vorgewarnt und ergriffen bereits Anfang August vorbeugende Maßnahmen. Die wenigen Fälle von Verdacht auf Cholera, die in der Stadt auftraten, wurden sogleich in den vorausschauend errichteten Cholerabaracken isoliert. Wenn diese Fälle der Aufmerksamkeit der Behörden entgangen sein sollten und die Weser mit dem Erreger verseucht wäre, sicherte eine weitere Verteidigungslinie die Stadt. Bis 1873 hatte die Stadt ihr Wasser aus öffentlichen und privaten Trinkwasserbrunnen bezogen. Schon damals waren diese Brunnen, bedingt durch die Zunahme der Stadtbevölkerung, längst nicht mehr in der Lage, den Wasserbedarf zu decken. So wurde als Ergebnis einer 1857 getroffenen Entscheidung zwischen 1871 und 1873 eine zentrale Wasserversorgung geschaffen. Zum Teil lag der Grund für die lange Frist zwischen dem Entschluß und seiner Verwirklichung darin, daß sich zuerst angestellte Versuche als erfolglos erwiesen, natürlich gefiltertes Wasser zu erhalten, etwa nach dem in Hamburg bis 1893 verwendeten System. Das Wasser wurde nicht weit stromaufwärts von der Stadt der Weser entnommen, vermischte sich aber in versuchsweise angelegten Speicherbecken mit Grundwasser und war wegen seines hohen Eisengehalts untrinkbar. Da zu jener Zeit noch kein Verfahren bekannt war, dem Wasser Eisen zu entziehen, entschloß man sich statt dessen zum Bau einer Wasserversorgung mit Sandfiltration. Wie wir gesehen haben, gab es kein wirkungsvolleres Filterverfahren, um Bakterien aus dem Trinkwasser fernzuhalten. Das neue System zahlte sich sogleich aus, denn die Zahl der Typhuserkrankungen ging rasch von 6,7 auf tausend Einwohner im Jahr 1872 auf 3,9‰ im Jahr 1873 und auf 0,7‰ im Jahr 1877 zurück. Danach verschwand die Krankheit fast vollständig. Fünftausend Häuser waren 1875 an das Leitungsnetz angeschlossen, das 1890 die überwiegende Mehrheit der Haushalte in der Stadt mit Wasser versorgte. Somit hatte Bremen sein Leitungswasser ganz unbeabsichtigt gegen die asiatische Cholera «immunisiert».[35]

Doch selbst wenn das nicht der Fall gewesen wäre, dürfte Bremens Bevölkerung vermutlich vor einer Sekundärinfektion – bei der ein Erkrankter den Erreger an andere Menschen weitergibt – weitgehend geschützt gewesen sein. Dafür sorgte eine Besonderheit, die Bremen nicht nur von Hamburg unterschied, sondern wohl in ganz Deutschland einmalig war. In der Stadt gab es nämlich, teils wegen ihres vergleichsweise langsamen Wachstums, noch mehr aber wegen bestimmter lokaler Traditionen, vorwiegend Einfamilienhäuser. Noch 1900 lebten in keinem Wohngebäude Bremens mehr als zehn Familien, und über die Hälfte aller Häuser wurde von einem einzigen Haushalt genutzt. Im selben Jahr betrug in Berlin die durchschnittliche Zahl der Bewohner pro Wohngebäude knapp über fünfzig, in Hamburg etwa 23, in Bremen aber weniger als acht. Dort waren die Häuser nicht unbedingt besonders hygienisch oder gut gebaut, und mindestens ein Drittel dieser sogenannten Einfamilienhäuser scheint von mehr als einer Familie bewohnt gewesen zu sein, aber eine so starke Überbelegung der Wohnungen, wie sie in vielen Teilen Hamburgs gang und gäbe war, kam in Bremen selbst in den hygienisch unbefriedigenden Häusern der Bremer Alt- und Neustadt so gut wie nicht vor. Daher hätte sich die Cholera in der Stadt auch dann langsamer ausgebreitet und leichter eindämmen lassen als in Hamburg, wenn sie als Epidemie ausgebrochen wäre.[36]

Die in Bremen und – mit Ausnahme Hamburgs – dem übrigen Deutschland 1892 gemachten Erfahrungen sind ein deutlicher Hinweis auf die Wirksamkeit der von Koch empfohlenen Vorkehrungen. Gewiß waren Quarantäne, Desinfektion und Isolierung – darauf hat der Historiker Reinhard Spree hingewiesen – so, wie sie zuvor gehandhabt wurden, keineswegs zufriedenstellend. Doch wie sich an den Jahren 1892 und 1894 erkennen läßt, war es dem Staat gelungen, diese Mittel im letzten Jahrzehnt des Jahrhunderts wirksam einzusetzen. Allerdings will Spree von einem erkennbaren Einfluß dieser drei Maßnahmen auf die von Infektionskrankheiten hervorgerufene Sterblichkeit nichts wissen. Er behauptet, eine weit deutlichere Auswirkung in dieser Hinsicht sei bei der Abwasserbeseitigung und der Wasserversorgung zu beobachten. Entscheidend erscheint ihm insbesondere die Existenz eines zentralen Wasserleitungsnetzes und einer zweckdienlichen Anlage zur Abwasserbeseitigung.[37] Doch war es wie in Hamburg während der Cholera-Epidemien von 1892 und (möglicherweise auch schon) 1859 durchaus möglich, daß eine zentrale Wasserversorgung, sofern nicht zugleich eine Sandfilteranlage die Bakterien zurückhielt, die Zahl der Erkrankungen sogar noch steigerte. Diese Folgewirkung hatte sich auch bei der Münchner Typhusepidemie bestätigt, die kurz nach Pettenkofers Reformen ausbrach. In ähnlicher Weise besaß die bloße Einführung einer Kanalisation vergleichsweise geringen Einfluß; worauf es ankam, war die Zahl der an sie angeschlossenen Haushalte und die Art und Weise, wie die Abwässer beseitigt wurden. Auch hier nützen pauschale statistische Angaben nur wenig; ausschließlich an Ort und Stelle durchgeführte Untersuchungen vermögen ein vollständiges Bild zu liefern, worauf Spree freilich auch selbst hingewiesen hat.[38]

Das Beispiel Bremen läßt vermuten, daß in Hamburg drei Gründe für Ausbruch und Ausmaß der großen Cholera-Epidemie von 1892 genannt werden können. Der am wenigsten wichtige Grund war der Komplex von chronischer Überbelegung der Wohnungen, Armut und Mangelernährung, drei Übel, die, wie wir oben gesehen haben, vor allem nach dem Bau des neuen Hafens in den achtziger Jahren in praktisch allen ärmeren Stadtteilen anzutreffen waren. Dieser Faktor wurde allerdings nur dann wirksam, wenn auch die beiden anderen vorlagen.[39] Überbevölkerte Wohnungen, Armut und schlechte Ernährung verschärften die Wirkung der Krankheit, da sie deren rasche Übertragung von einem Menschen zum anderen begünstigten. Wirksam werden konnten sie aber nur deshalb, weil der Krankheitserreger mit dem Leitungswasser praktisch in alle Haushalte der Stadt gelangte. Die hauptsächlichen Gründe dafür, daß die Krankheit in Hamburg epidemische Ausmaße annahm, liegen darin, daß zum einen Senat und Bürgerschaft viel zu spät dem Bau einer zweckmäßigen Filteranlage für die Wasserversorgung zustimmten und zum anderen kein umfassendes System der Abwässerbeseitigung und -klärung existierte.[40] Andere Städte – wie beispielsweise Bremen – blieben von einer größeren Epidemie verschont, weil ihre Wasserversorgung mit einer Sandfilteranlage verbunden war. Der wichtigste Grund jedoch war die Verzögerungs- und Vogel-Strauß-Politik der Hamburger Behörden.[41] Im Unterschied zu Bremen erhielten die Einwohner Hamburgs weder Warnungen noch Hinweise vor Ausbruch der Epidemie; für den Notfall einer Epidemie lagen keine sinnvollen Pläne vor, und die Behörden traten nicht schon beim Verdacht eines Ausbruchs der Krankheit in Aktion. Die ersten Erkrankungen an Cholera wurden nicht eindeutig diagnostiziert, und noch über eine Woche nach dem Auftreten der Krankheit dachten Hamburgs Behörden nicht daran, den Ausbruch einer Epidemie zu bestätigen. Vor allem die anfängliche Verzögerung führte dazu, daß sich ein unter Umständen vergleichsweise unbedeutender Cholera-Ausbruch, der sich vorwiegend auf das Hafengebiet und die Innenstadt beschränkt hätte, zu einer größeren Epidemie ausweiten konnte, die alle Stadtteile heimsuchte. Wären die ersten Fälle fachkundig diagnostiziert worden, dann hätte man die Bewohner Hamburgs bereits am 19. oder 20. August vor der Verwendung nicht abgekochten Wassers warnen und sie auffordern können, alle gebotenen hygienischen Vorsichtsmaßnahmen zu ergreifen. Solche Hinweise hätten sogar schon früher, nämlich am 17. oder 18. ergehen können, wenn Hamburg wie die hanseatische Schwesterstadt Bremen schon beim ersten Auftreten von Symptomen tätig geworden wäre, statt eine vollständige Diagnose abzuwarten. Wie wir gesehen haben, gaben die Bremer Behörden solche Empfehlungen bereits am 11. August, lange bevor irgendein Anzeichen der Cholera aufgetreten war. Hätten die Hamburger Behörden unverzüglich gehandelt, wäre möglicherweise nicht nur ein Eindringen von Erregern in die Wasserversorgung verhindert worden, sie hätten auch mit der Warnung vor dem Genuß des Leitungswassers Tausende von Menschenleben retten können. Doch scheint es in Hamburg niemandem in den Sinn gekommen zu sein, das Trinkwasser könne verseucht sein. Der erste, der auf diese Möglichkeit hinwies, war Koch bei seinem Besuch in der Stadt am 24. August.[42]

Es überrascht kaum, daß Hamburgs Gesundheits- und Verwaltungsbehörden wegen ihrer Saumseligkeit bald angegriffen wurden. Robert Koch selbst machte den Anfang mit unverblümten Vorwürfen an die Adresse der für die erste Diagnose zuständigen Ärzte. Ihre Fähigkeit, eine bakteriologische Untersuchung durchzuführen, erklärte er, lasse viel zu wünschen übrig. Obwohl er keine Namen nannte, bezog er sich eindeutig auf Rumpf und Erman, was wohl jedem Mediziner in Hamburg klar war, der Kochs Artikel las.[43] Rumpfs Ansehen erholte sich nie wieder vom Makel dieser Kritik durch einen der bedeutendsten Namen der deutschen Medizin.[44] Der Senat mußte sich sogar noch schwerere Vorwürfe als den der bloßen Unfähigkeit gefallen lassen. Reichskanzler Caprivi schickte ein persönlich unterzeichnetes Schreiben an Bürgermeister Johann Georg Mönckeberg, in dem er sich «in ziemlich gereiztem Ton» über die Verzögerung der amtlichen Bekanntgabe der Krankheit durch den Senat beklagte.[45] Als genüge dieser Vorwurf nicht, machte sich die Presse daran, den Sachverhalt mit noch größerem Nachdruck an die Öffentlichkeit zu bringen. So prangerte am 29. August der Hamburger «General-Anzeiger», ein liberales Blatt, «die Verschleppungs- und Verdeckungspolitik der Hamburger Behörden der Epidemie gegenüber» an und fragte spitz, warum der Senat nicht die Quarantänemaßnahmen angewendet habe, mit deren Hilfe es den Preußen gelungen war, die Krankheit abzuwehren.[46]

Am 15. September wiederholte die «Kölnische Volkszeitung» diese Rüge und erklärte: «Leidige Interessenpolitik, unselige Rücksichten verheimlichten die unheilsschwangere Gefahr... Gewissenhafte Ärzte, die schon sehr früh die Behörden auf die Existenz der Cholera aufmerksam machten, schalt man als ängstlich und übereifrig.»[47] Bereits am 25. August äußerte die angesehene «National-Zeitung» den Verdacht, die Hamburger Behörden hätten die Epidemie «verheimlicht». Sie zitierte die «Schlesische Zeitung», in der es hieß, die Krankheit sei bereits zwei Wochen in der Stadt gewesen, und wies am 28. August pointiert auf die Beweggründe hin, «aus denen man in Hamburg acht Tage lang das Vorhandensein der Cholera verheimlicht hat».[48] Die den Gewerkschaften nahestehende «Eisenbahn-Zeitung» vertrat am 31. August die Ansicht, erst der von Koch ausgehende Druck habe die Hamburger Behörden gezwungen, das Vorliegen der Krankheit einzugestehen. Sie wies auf «die Saumseligkeit des Hamburger Senats» hin und auf «die Tatsache, welche die Hamburger Behörden, aus Gründen, die leicht zu errathen sind, einige Tage geheimgehalten hatte».[49] Auch die Londoner «Times» kritisierte das hinhaltende Taktieren der Hamburger Behörden und warf ihnen am 29. August «beklagenswerte Apathie und Geheimnistuerei vor»[50]. Insgesamt jedoch vertrat die britische Presse die Ansicht, etwas anderes sei nicht zu erwarten gewesen. Wie es am 25. August in der «St. James' Gazette» hieß: «Es ist nie einfach, die genaue Wahrheit über Heimsuchungen dieser Art zu erfahren, da den Gesundheitsbehörden von Städten im Ausland nichts daran liegt, wahre und genaue Berichte über das Vordringen von Epidemien zu veröffentlichen.»[51]

Vom 24. August an ruhten die Augen der Weltöffentlichkeit auf Hamburg. Der deutschen und internationalen Presse war von Anfang an klar, daß ausschließlich dort eine gefährliche Epidemie ausgebrochen war. Die Londoner «Times» berichtete, mit Ausnahme Hamburgs sei keine einzige Stadt wirklich ernsthaft in Mitleidenschaft gezogen worden, obwohl bis Ende August der Cholera in ganz Europa 160000 Menschen zum Opfer gefallen waren. Beispielsweise seien in Moskau lediglich 160 und in St. Petersburg 505 Todesfälle zu verzeichnen gewesen (auch wenn es später noch weitere geben sollte). Gleich anderen

Blättern brachte die «Times» lange und ausführliche Berichte über die Hamburger Epidemie, während das Auftreten der Cholera in Paris, Le Havre oder Rouen als nebensächlich behandelt wurde. «Die schlimmsten Nachrichten», erklärte sie, «kommen aus Hamburg» - und bald entsandte sie, wie auch andere Zeitungen, einen Sonderkorrespondenten an den Schauplatz der Katastrophe.[52]

III

Der am 1. September 1892 in Hamburg amtierende Senat, in dessen Händen die Verantwortung für den Kampf gegen die Cholera-Epidemie lag, bestand aus jeweils neun Juristen und Kaufleuten mit einem Durchschnittsalter von 61 Jahren und zwei Monaten. Die beiden 1892 amtierenden Bürgermeister gehörten unterschiedlichen Generationen an.[53] Der Erste Bürgermeister Carl Petersen, 83 Jahre alt, war seit 1855 Senator, nachdem er 1848 auf der Seite der Gemäßigten an der Revolution teilgenommen hatte. Bekannt war er wegen seiner Bildung, seines raschen Verstands und seines leidenschaftlichen Engagements in Zeitfragen. Mißbilligend sagte einer seiner Kollegen von ihm: «... er ging mit Worten weit über das Ziel hinaus.»[54] Im Mai 1892 hatte er sich eine Erkältung zugezogen, die sich rasch zu einer ernsthaften Krankheit entwikkelte, so daß er im Sommer nicht mehr imstande war, seine Repräsentationspflichten wahrzunehmen oder Senatssitzungen beizuwohnen. Während der gesamten Dauer der Epidemie war er amtsunfähig und wurde Anfang September auf eigene Bitte aus seinem Sommerhaus in Övelgönne in sein Stadthaus gebracht, wo sich sein Zustand so weit besserte, daß er Besucher empfangen konnte. «Mein armes Hamburg!» soll er auf dem Krankenbett ausgerufen haben, «ich liege hier nun müßig und kann nichts helfen!» Am 14. November starb er nach einem kurzen fiebrigen Rückfall.[55]

So ruhten während der Epidemie Bürde und Macht des Bürgermeisteramtes auf den Schultern seines Stellvertreters, des Zweiten Bürgermeisters Johann Georg Mönckeberg, der über dreißig Jahre jünger war als Petersen. Mönckeberg, ein Hamburger Patrizier von klassischem Typus, zweifellos fähig und erfolgreich, gehörte dem Senat seit mehr als 16 Jahren an und hatte bereits 1889 und 1890 seine erste Amtszeit als Zweiter und Erster Bürgermeister absolviert. Mit seinen erstklassigen Verbindungen, seinem Wohlstand und einer Spur Überheblichkeit[56] war er eine der für das hamburgische Verwaltungssystem unerläßlichen, seltenen Persönlichkeiten, die kraft ihres Intellekts und ihrer Herkunft schon in jungen Jahren in den Senat gelangten. Er besaß in vollem Maße die legendäre Kühle und Zurückhaltung des Hamburger Großbürgers. Aus seinen Briefen wie aus seinem Tagebuch geht hervor, daß er human und tolerant war, wobei er allerdings eine äußerst hohe Meinung von sich selbst und ein scharfes Auge für die Schwächen und Fehler anderer hatte. Er war nicht nur ein fähiger Verwaltungsmann, sondern vor allem ein geschickter Diplomat, der genau wußte, wie er die Politik des Senats ins beste Licht rücken konnte. Obwohl er zu jung war, als daß er in den Reihen der Alt-Hamburger Partikularisten eine Rolle hätte spielen können, war er doch mit vielen von ihnen persönlich bekannt gewesen, und seine Amtszeit im Senat überschnitt sich mit der einiger ihrer großen Gestalten im 19. Jahrhundert, wie zum Beispiel Kirchenpauer. Mönckeberg sah sich 1892 in einer schwierigen Lage. Da der Erste Bürgermeister auf den Tod krank war, stand er zwar dem Senat vor und bestimmte die Richtlinien von dessen Arbeit, doch fehlte ihm als Zweitem Bürgermeister zumindest ein Teil der dazu erforderlichen Amtsgewalt. Seine Stellung litt außerdem darunter, daß er trotz der 16 Jahre, die er bereits dem Senat angehörte, mit seinen 53 Jahren dessen drittjüngstes Mitglied war.[57] Fünf der kaufmännischen Senatoren waren länger im Amt, und die Mehrzahl der dienstjüngeren juristischen Senatoren war älter als er. In einer Gesellschaft, in der informelle Hierarchien besonders großen Einfluß ausübten, dürfte dies eine erhebliche Einschränkung von Mönckebergs Autorität bedeutet haben.

Überdies mußte er sich mit Johannes Versmann auseinandersetzen, einem juristischen Senator, der weit älter war als er und turnusgemäß auf ein Jahr aus dem Bürgermeisteramt ausscheiden sollte, womit er wieder den Rang eines gewöhnlichen Senators einnahm. Nicht nur war er im Jahr vor Mönckebergs Amtseinsetzung Erster Bürgermeister gewesen, er hatte auch den größten Teil der achtziger Jahre hindurch als Bürgermeister amtiert und gehörte dem Senat seit mehr als dreißig Jahren an.[58] Auch Versmann befand sich in einer kniffligen Lage. Da Hamburgs Verfassung nichts für den Fall vorsah, daß jemand an die Stelle eines durch schwere Krankheit amtsunfähigen Bürgermeisters trat, hatte er zumindest theoretisch nicht mehr Rechte als jeder der anderen Senatoren. Mithin mußte er behutsam zu Werke gehen, wenn er in Mönckebergs Zuständigkeiten eingreifen wollte. Doch er war nahezu zwei Jahrzehnte lang die beherrschende Gestalt im Senat gewesen und nicht der Mann, der in einer Krise tatenlos zusah. Seine Fähigkeit, politische Realitäten zu erkennen und seine Kollegen dazu zu bringen, sich mit ihnen abzufinden, war ungebrochen; doch seine möglicherweise wichtigste Eigenschaft war zu jenem Zeitpunkt seine Aufgeschlossenheit für Fragen der Reichspolitik. Er war in den achtziger Jahren Hamburgs Bevollmächtigter im Bundesrat gewesen, der aus Vertretern aller Bundesstaaten einschließlich Preußens bestand. So besaß er nicht nur ein einzigartiges Wissen darüber, wie man die Angelegenheiten Hamburgs im Reich sah, sondern auch ein sicheres Gespür dafür, wie sich lokale Ereignisse auf Reichsebene auswirkten. 1892 war er 71 Jahre alt und nicht besonders gesund. Den größten Teil des Sommers hindurch plagten ihn Kreuzschmerzen und Steifheit so sehr, daß er ernstlich erwog, sein Senatsamt niederzulegen.[59] Doch da er sich im August zu erholen begann, wies er solche Gedanken wieder von sich. Eher noch beeinträchtigte die urlaubsbedingte Abwesenheit des Senatssyndikus Roeloffs, Versmanns rechte Hand, seine Handlungsfähigkeit, denn auf ihn stützte er sich immer dann, wenn es galt, seine Vorstellungen in die Tat umzusetzen. Doch sollten die Ereignisse zeigen, daß Versmann selbst nichts von seiner Fähigkeit eingebüßt hatte, in Krisenzeiten entschlossen zu handeln.

Nach Mönckeberg und Versmann war 1892 das wichtigste Mitglied des Hamburger Senats zweifellos Gerhard Hachmann, zur Zeit der Epidemie 54 Jahre alt. Er war Sohn eines Hamburger Arztes, hatte eine bemerkenswerte musikalische und sprachliche Begabung und blickte auf eine ziemlich abwechslungsreiche Laufbahn zurück. Seit siebeneinhalb Jahren gehörte er dem Senat an, seit 1886 war er Polizeiherr und Präses des Medizinal-Kollegiums. Seine Rechtsstudien hatte er in Leipzig und Heidelberg absolviert. Im Anwaltsberuf hatte er sich anfänglich als Versager erwiesen, denn als er in den sechziger Jahren zu praktizieren begann, war er nicht imstande, vor Gericht zu plädieren, und mußte für Handelssachen einen Sozius in seiner Kanzlei aufnehmen. Das bedeutete in zweierlei Hinsicht eine Katastrophe. Erstens hatte er sich damit vom schnellsten und sichersten Weg abgeschnitten, als Anwalt Erfolg zu haben – und schließlich in den Senat zu gelangen –, und zweitens stritt sich sein Sozius, ein Vetter, bald mit ihm über Familienangelegenheiten und zog sich aus der gemeinsamen Kanzlei zurück. Hachmann bemühte sich, den jungen Johann Georg Mönckeberg als Sozius zu gewinnen, doch dieser erklärte später, er habe nicht geglaubt, «daß diese Societät für mich vorteilhaft sein würde». Nachdem Hachmann eine Weile mit einem anderen Sozius zusammengearbeitet hatte, gab er seine Anwaltspraxis auf.[60] Was er als nächstes in den sechziger Jahren unternahm, erwies sich als noch größere Katastrophe. Als Leiter der Hanseatischen Baugesellschaft büßte er nicht nur sein ganzes Vermögen ein, sondern lud sich auch die Verantwortung für einen großen Teil des Eigentums dieser Gesellschaft auf, was ihm «bis an sein Lebensende Sorge bereitet» hat. Als er sich schließlich erneut dem Recht zuwandte und mit Embden einen zuverlässigeren Sozius bekam, wendete sich sein Glück. Da die Kanzlei bald große Erfolge verzeichnete, wurde Hachmann 1868 in die Bürgerschaft gewählt.

Dort entdeckte er zum erstenmal seine eigentlichen Fähigkeiten als Redner. Die Bürgerschaft wählte ihn 1868 zum Schriftführer, 1869 zum Stellvertretenden Präsidenten und schließlich 1877 zum Präsidenten. Dies Amt nutzte er im Unterschied zu seinem Vorgänger dazu, die Ansichten der Bürgerschaft zu vertreten und bei Verhandlungen mit dem Senat ihre Rechte mit einer Geschicklichkeit und einem Takt wahrzunehmen, die ihm Achtung auf beiden Seiten eintrug. Vor allem aufgrund dieser Leistungen wurde er 1885 in den Senat gewählt. Verschiedene Eigenschaften Hachmanns scheinen ihm in seiner Karriere besonders nützlich gewesen zu sein. Da war zum einen seine offenkundige Vermittlergabe, zweitens das Geschick, mit dem er tüchtige Untergebene auswählte, an die er einen großen Teil seiner Geschäfte delegieren konnte, und drittens seine Fähigkeiten als Verwaltungsfachmann mit einer ausgesprochenen Vorliebe für Neuerungen. So berief er beispielsweise den anerkannten Experten Emil Münsterberg, damit dieser in Hamburg das System der Armenpflege nach dem Elberfelder Modell neu organisierte. Vor allem aber gehörte er wie Mönckeberg und Versmann zu den Senatoren, die schwer arbeiteten und ihre Pflichten ernst nahmen. Doch trotz all dieser lobenswerten Eigenschaften fehlte Hachmann die Fähigkeit, seine eigenen Ansichten nachdrücklich zu vertreten. Ihm war darum zu tun, Übereinstimmung herzustellen. Als jemand, der Vollmachten delegierte, überließ er außerdem die Einschätzung der Lage häufig anderen, vor allem dann, wenn sie über Erfahrungen auf Gebieten verfügten, auf denen er sich nicht auskannte. So war es ihm im Amt des Polizeiherrn weit weniger als seinem Vorgänger gelungen, dem von Berlin ausgeübten Druck zu widerstehen, der auf ein scharfes Durchgreifen abzielte. In ähnlicher Weise neigte er als Präses des Medizinal-Kollegiums dazu, sich schnell die Ansicht der Ärzte zu eigen zu machen. Mönckeberg fällte ein scharfes Urteil über ihn, das aber im Licht der Ereignisse des Jahres 1892 nicht ungerecht zu sein scheint. «Ich habe ihn von Jugend auf gekannt», schrieb er, «und bin der Ansicht, daß seinen reichen Gaben und Talenten keine entsprechende Schärfe des Urteils und Stärke des Willens gegenüberstand.»[61]

Die erste Senatssitzung nach der amtlichen Bekanntmachung, daß in Hamburg die asiatische Cholera ausgebrochen sei, fand am Mittwoch, dem 24. August, statt. Dabei geschah kaum mehr, als daß Senator Hachmann in seiner Eigenschaft als Polizeiherr und Präses des Medizinal-Kollegiums Bericht erstattete und erklärte, in der Stadt seien Cholerafälle amtlich bestätigt worden. Man stehe allerdings im Begriff, Vorkehrungen zu treffen, die dafür sorgen sollten, daß weitere Fälle den Behörden zur Kenntnis gebracht würden. Doch zeigte sich, daß sie beschämend unwirksam waren. Schiffe wurden überprüft; wenn Cholerakranke an Bord waren, wurden die Schiffe isoliert und daran gehindert, den Hafen zu verlassen.[62] Selbst dieser harmlose Eingriff in den Handel der Stadt und deren kaufmännische Aktivitäten stieß bei den unmittelbar davon betroffenen Reedern auf Widerstand. In erster Linie galt die Sorge der dienstälteren Senatsangehörigen (wie beispielsweise Versmann) nach wie vor dem Schaden, den von ausländischen Häfen über Hamburger Schiffe verhängte Quarantänemaßnahmen für die Stadt bedeuten konnten. Erst nach dem 25. August traten beispielsweise in Versmanns Tagebuch die täglichen Schwierigkeiten, mit der Epidemie fertig zu werden, gegenüber der Quarantänefrage als Hauptsorge in den Vordergrund.[63] Vielleicht läßt sich die Untätigkeit der Senatoren damit erklären, daß sie auf den Rat Robert Kochs warteten, der den Cholera-Erreger entdeckt hatte und, wie von Berlin am 23. August amtlich mitgeteilt worden war, als offizieller Vertreter des Reichskanzlers nach Hamburg entsandt werden sollte. Vermutlich kommt jedoch die Annahme der Wahrheit näher, daß sie nach wie vor hofften, die Epidemie sei nicht ernsthafter Natur, so daß sich Quarantänemaßnahmen erübrigen würden. Ohnehin gab es keinerlei Pläne für den Notfall einer Epidemie, nicht zuletzt deshalb, weil Medizinalrat Kraus der Ansicht war, daß man nur wenig tun könne. Wären vor Kochs Ankunft energische Maßnahmen gegen die Epidemie unternommen worden, hätte man ihn und den Reichskanzler vor vollendete Tatsachen stellen und auf diese Weise eine weitere Einmischung in Hamburgs Angelegenheiten durch Berlin verhindern können.

Das unter preußischer Herrschaft stehende Altona hatte die als zweckmäßig angesehenen Maßnahmen so zügig durchgeführt, daß Koch nach seiner Ankunft am 25. August dort nichts zu tun blieb, als das Vorgehen der Ortsbehörden zu billigen. Allerdings war in Preußen seit Jahren bekannt, worum es dem großen Wissenschaftler ging, und vermutlich hätten Altonas Ärzte Kochs Grundsätze selbst in dessen Abwesenheit befolgt. In Hamburg standen die Dinge ganz und gar anders. Dort beharrten der Senat und dessen Gesundheitsbeamte eigensinnig auf ihrer Ablehnung der Theorien und Methoden Kochs, obwohl es 1892 keine Alternative zu ihnen gab im Sinne eines praktischen und politisch durchsetzbaren Verwaltungshandelns. Kennzeichnenderweise erkannte Versmann diese grundlegende politische Realität als erster. Mit systematischer Sorgfalt stellte er eine Liste der verschiedenen in Altona durchgeführten Maßnahmen zusammen, wobei ihm nicht entging, daß sie Kochs Billigung gefunden hatten. Wie so häufig zeigte sich Versmann klarsichtiger als seine Kollegen. Als einfacher Senator aber hatte er nicht die Amtsgewalt, diese Maßnahmen durchzusetzen, obwohl sich bald herausstellte, daß er der einzige im Senat war, der sich in dieser Hinsicht kundig gemacht hatte.[64]

Als Robert Koch am 24. August in Hamburg eintraf, um sich in der Stadt umzusehen, bevor er dem Senat seine Empfehlungen aussprach, stieß er auf eine Situation, in der praktisch nichts unternommen worden war. Der zuständige Senator, Gerhard Hachmann, hatte sich bislang darauf beschränkt, den Empfehlungen des Medizinalrats Kraus zu folgen[65], der nicht im entferntesten daran dachte, sich nach dem Beispiel seiner Altonaer Kollegen zu richten. In seinen Augen unterschied sich die Lage 1892 in nichts von der des Jahres 1873, bei der er die von Koch später befürworteten Maßnahmen wie Quarantäne, Desinfektion und Isolierung für ganz und gar nutzlos und undurchführbar gehalten hatte.[66] Wie der Verfasser von Kraus' Nachruf später erklärte:

«Ihm, einem überzeugten Anhänger Pettenkofer'scher Anschauungen, imponierte die zwecklose Vielgeschäftigkeit nicht, die damals an der Tagesordnung war, und weil er auch eine solche nicht zur Schau trug, hielt man ihn für teilnahmslos und pflichtvergessen... Er selbst wußte aus Erfahrung, daß man wohl durch Assanirung eine Stadt vor dem Einbruch einer Seuche schützen könne, daß aber, sobald diese einmal ihren Einzug gehalten, alle Maßregeln vergeblich sind.»[67]

Professor Rumpf, dem Leiter des neuen Allgemeinen Krankenhauses Eppendorf, zufolge, verursachte Kraus immer wieder Verzögerungen und Verwirrung. Als er Kraus vorschlug, sie könnten gemeinsam Robert Koch bei seiner Ankunft am 24. August abholen, um ihm über den neuesten Stand der Epidemie zu berichten, lehnte dieser rundheraus ab.[68] So mußte Koch, als er am 24. zusammen mit Rumpf um neun Uhr morgens im Medizinalamt eintraf, eine halbe Stunde warten, bis Kraus an seinem Arbeitsplatz erschien. Ein echter Preuße, wenn es um Pünktlichkeit ging, stieß Koch die lässige Art des Medizinalrats zutiefst ab.[69] Das allein schon ließ für Kraus nichts Gutes ahnen. Nach einem kurzen Gespräch, in dem Kochs Mißbilligung von Kraus' Dienstauffassung recht deutlich wurde, machte sich Koch mit einer Gruppe amtlicher Vertreter auf und besuchte die Krankenhäuser der Stadt. Kurz vor halb zwölf trafen die Männer im neuen Allgemeinen Krankenhaus Eppendorf ein, wo sie dessen Leiter Theodor Rumpf erwartete. Koch fragte sofort, ob sie Cholerafälle im Krankenhaus hätten, und Rumpf nannte ihm die Zahl. Daraufhin wandte sich Koch – wie sich Rumpf später stolz erinnerte – an seine Begleiter und sagte: «Der erste Mensch in Hamburg, der uns die Wahrheit sagt!» Dann führte Rumpf die Patienten vor und zeigte Koch seine Kulturen, der die von ihm angeordneten Maßnahmen billigte. Auch wenn Koch später sehr scharfe Kritik an Rumpf übte, schienen beide im Augenblick gut miteinander auszukommen und verabredeten sich zum Abendessen in Weinschmidts Restaurant.[70] Koch setzte mit seinem Gefolge die Runde durch die Stadt fort, um die anderen Krankenhäuser, die Desinfektionszentren und die Unterkünfte der Auswanderer zu besichtigen[71], bevor er einen kurzen Spaziergang durch einige der am schlimmsten heimgesuchten Gebiete im Gängeviertel in der Stadtmitte unternahm.

Das Ausmaß der Epidemie entsetzte ihn sichtlich, und am 25. August faßte er in einem Brief an seine Geliebte, die achtzehnjährige Kunststudentin Hedwig Freiberg, seine ersten Eindrücke vom Stand der Dinge zusammen:

«Als ich nach Hamburg kam, glaubte ich ein paar Kranke anzutreffen, von denen man nicht recht wußte, ob sie die Cholera hätten oder nicht. Aber wie anders habe ich es gefunden. In ein paar Tagen hat die Krankheit mit Riesenschritten um sich gegriffen, und die Toten zählen schon nach Hunderten. Gestern bin ich den ganzen Tag unterwegs gewesen von einem Hospital zum anderen, im Hafen zu den Auswanderern und auf die Schiffe. Es war mir zu Muth, als wanderte ich über ein Schlachtfeld. Überall Menschen, die noch wenige Stunden vorher von Gesundheit strotzend und lebensfroh in den Tag hineingelebt hatten und nun in langen Reihen dalagen von unsichtbaren Geschossen dahingestreckt, die einen mit dem eigenthümlich starren Blick der Cholera-Kranken, andere mit gebrochenen Augen, noch andere bereits tot: kein Jammern hört man, nur hier und da ein Seufzer oder das Röcheln der Sterbenden. Es ist ein Anblick, der selbst für den Arzt, und wenn er schon öfters derartiges erlebte, immer etwas grausiges hat. Das ist die Cholera, die hier offenbar in ihrer fürchterlichsten Gestalt aufgetreten ist. Wenn das Anwachsen der Epidemie in gleicher Weise wie in den letzten Tagen fortgeht, dann können sich schreckliche Zustände entwickeln.»[72]

Noch mehr als das Ausmaß, das die Epidemie bereits wenige Tage nach ihrem Ausbruch erreicht hatte, entsetzten ihn die elenden Wohnverhältnisse, auf die er bei seinem Weg durch das Gängeviertel in der Innenstadt stieß. «Etwas Schlimmeres als die Arbeiterquartiere im Gängeviertel», erklärte er, «habe ich weder im Judenviertel in Prag noch in Italien kennengelernt. In keiner anderen Stadt habe ich solche ungesunden Wohnungen, Pesthöhlen und Brutstätten angetroffen.» Der Anblick der engen Gassen, der heruntergekommenen Gebäude, der ungesunden Höfe und der stinkenden Wasserläufe in der Altstadt scheint ihn an seine Erlebnisse in Alexandria und Kalkutta erinnert zu haben, und was er zu seinen Begleitern sagte, sprach mehr als jede andere Äußerung ein vernichtendes Urteil über die Regierung Hamburgs, ihre Sozialpolitik und das politische System, auf dem sie beruhte: «Meine Herren, ich vergesse, daß ich in Europa bin.»[73]

Ein solcher Ausspruch, der zu einer Zeit fiel, da der Imperialismus seinen Höhepunkt erreicht hatte, war dazu angetan, die Empfindlichkeiten der dominierenden Klassen Hamburgs in einem Ausmaß zu verletzen, wie es sonst niemand vermocht hätte. Während man ihn im ganzen Land aufnahm und wiederholte, sahen sich Presse, Politiker und bürgerliche Öffentlichkeit genötigt, ihre Scham einzugestehen angesichts der Tatsache, daß es in Deutschland Grund zu einer solchen Äußerung gab, deren Wahrheitsgehalt nicht bestritten werden konnte. Sie sollte langfristig beträchtliche Auswirkungen haben. Doch im Augenblick sah sich Koch der Schwierigkeit gegenüber, die Hamburger Behörden überhaupt zu irgendeiner Art von Tätigkeit zu bewegen. Nach der Besichtigung des Gängeviertels führte er eine zweite, förmlichere Unterredung mit Medizinalrat Kraus, diesmal in Anwesenheit Senator Hachmanns. Sie verlief nicht besonders erquicklich, wie er Rumpf bei ihrem abendlichen Zusammentreffen in Weinschmidts Restaurant mitteilte, denn es sei in ihrem Verlauf zu «unerfreulichen Zusammenstößen» gekommen.[74] Kochs entschiedene Aussage, die Infektion werde durch das Flußwasser übertragen, und seine Vorschläge zu Desinfektionsmaßnahmen und Quarantäne trafen bei Kraus wie bei Hachmann mehr oder weniger offen auf Zweifel. Da es Koch überdies mißbilligte, daß sich Hamburg zu keiner der in Altona ergriffenen Maßnahmen verstehen wollte, setzte er für den folgenden Tag eine Besprechung an, bei der er, gestützt auf seine Autorität als Entdecker des Cholera-Erregers und als Vertreter des Reichskanzlers, Hachmann und Kraus seinen Rat als dessen Beauftragter erteilen wollte. Dabei stützte er sich auf die bei seiner Besichtigung der Stadt am 24. gemachten Beobachtungen.

Obwohl der Senat am 24. August offiziell das Vorliegen einer Epidemie anerkannt hatte, wurden ernsthafte Schritte zur Bekämpfung der Krankheit erst unternommen, nachdem Koch am 25. mit Senator Hachmann und verschiedenen zuständigen Beamten in einer offiziell anberaumten Besprechung zusammengekommen war. Deren größten Teil bildete eine Situationsschilderung durch Koch, die an Schärfe nichts zu wünschen übrigließ. Unverzüglich zu lösen, erklärte er, sei die Frage, wie sich die Bewohner der Stadt mit unverseuchtem Wasser versorgen ließen. Dazu möge die Polizei Wasserwagen der Bill-Brauerei requirieren, die den Arbeiterbezirk Hammerbrook mit frischem Wasser versorgen sollten. Auf den Straßen seien Möglichkeiten zum Abkochen des Wassers zu schaffen, und auf Plakaten müsse die Bevölkerung vor dem Genuß nicht abgekochten Wassers und nicht abgekochter Milch gewarnt werden. Öffentliche Bäder seien zu schließen, und rohes Obst dürfe nicht mehr von Wagen auf der Straße verkauft werden.[75] Befallene Häuser müßten desinfiziert und alle Vorkehrungen getroffen werden, damit sich die Krankheit nicht weiter ausbreite. All diese und noch weitere Empfehlungen Kochs wurden vom Senat in seiner Sitzung vom 26. August bestätigt. Er schloß, Kochs Anregungen folgend, am 26. August alle Schulen und verbot alle öffentlichen Tanzveranstaltungen und anderen Zusammenkünfte. Am 27. wurden auch Tanzvergnügungen in Gaststätten und Unterhaltungslokalen verboten. Ab sofort waren auch keine Besuche in Gefängnissen, im Arbeitshaus, im Armenhaus und ähnlichen Einrichtungen mehr gestattet. Plakate sollten gedruckt und angeschlagen werden, auf denen die Bevölkerung vor dem Genuß nicht abgekochten Wassers gewarnt wurde. Außerdem wollte man dafür sorgen, daß ein von Dr. Paul Sachse, Geheimer Sanitätsrat in Berlin, leichtverständlich abgefaßtes Flugblatt mit dem Titel «Schutzmaßregeln gegen die Cholera» gedruckt und verteilt wurde.[76] Zusätzlich wurde die Sanitätskolonne der Polizei, die aus sechs ausgebildeten Sanitätern bestand, in Alarmbereitschaft versetzt und verstärkt, auch traf man Vorkehrungen, die Zahl der Krankenwagen zu vergrößern – beim Ausbruch der Epidemie hatte es in ganz Hamburg vier davon gegeben.[77]

Koch hatte also den Senat dazu gezwungen, tätig zu werden. Viele der Maßnahmen, die man auf Kochs Veranlassung durchführte, wurden von den Senatoren als übertrieben angesehen. Beispielsweise war Versmann überzeugt, daß das Verbot von Tanzveranstaltungen[78] über das Ziel hinausschieße. Kraus gab sich keine Mühe, seine Auffassung zu verbergen, daß praktisch jede dieser Maßnahmen sinnlos sei. Diese Skepsis hing zum Teil damit zusammen, daß die Behörden nach wie vor annahmen, es handele sich nicht um eine größere Epidemie. Zu welchen Verzögerungen und Ungewißheiten es bei den amtlichen Berichten über Cholerafälle kam, läßt sich daran erkennen, daß Versmann die in seinem Tagebuch notierten Zahlen ständig nach oben korrigieren mußte. Am 23. August notierte er, es habe bisher 123 Fälle gegeben, doch bereits am folgenden Tag mußte er einräumen, daß die Zahl viel zu niedrig lag und es in Wirklichkeit 219 seien. Erst am 26. August gab er schließlich zu, daß die Cholera «offenbar sehr heftig» auftrete. Er nahm inzwischen an, daß es sich bis einschließlich 23. August um 295 Fälle handelte[79], aber in Wirklichkeit waren es nicht weniger als 815![80] Doch auch wenn die Behörden während der ganzen Zeit über das wahre Ausmaß der Epidemie im unklaren blieben, der wirkliche Grund für ihre Untätigkeit lag darin, daß sie Kochs Theorie von den Ursachen der Krankheit für falsch hielten. Die am 25. August angeordneten Maßnahmen hatten sie weitgehend wider «besseres Wissen» und gegen ihren Willen ergriffen.

IV

Als Hachmann Kochs Forderung nach einer umfassenden Kampagne zustimmte, mit deren Hilfe die Bevölkerung darüber informiert werden sollte, wie sich eine Ansteckung vermeiden ließ, hatten er und seine Senatskollegen nicht sogleich begriffen, auf welche Aufgabe sie sich eingelassen hatten. Ein Plakat zu entwerfen und drucken zu lassen, auf dem der Bevölkerung nahegelegt wurde, Trinkwasser abzukochen, war nicht besonders schwierig. Umgehend gab man bei einer Hamburger Druckerei 20000 Exemplare in Auftrag und schlug sie in der Stadt an. Doch bei Sachses Flugblatt lagen die Dinge anders. Da Koch darauf bestand, daß jeder Haushalt der Stadt sogleich eines bekam, mußten buchstäblich über Nacht mindestens 250000 Exemplare gedruckt und verteilt werden. Den Senatoren war bekannt, daß nur eine einzige Organisation einer solchen Aufgabe gewachsen war: So ermächtigte Hachmann am 27. August seine

Untergebenen, Kontakt mit den Sozialdemokraten aufzunehmen. Sie sollten herausfinden, ob diese sich bereit zeigten, das Flugblatt in ihrer Druckerei herzustellen und über ihre gut eingespielte Verteilerorganisation für Flugblätter in der ganzen Stadt unters Volk zu bringen.[81]

Die sozialdemokratische Führung zierte sich nicht lange und stimmte zu, zumal die Polizei jedem, der bei der Verteilung mitwirkte, je nach Stundenaufwand insgesamt drei bis zehn Mark zu bezahlen versprach. Auer & Co., die Druckerei der Sozialdemokratie, ließ in der Nacht vom 27. auf den 28. August die Pressen laufen, und am nächsten Vormittag lag eine Viertelmillion Flugblätter bereit. Die Druckkosten deckte (knapp) eine von der Polizei zur Verfügung gestellte Aufwandsentschädigung von 2000 Mark.[82] Dennoch gab es Verzögerungen. Erstens hatte Hachmann nahezu zwei Tage verstreichen lassen, bevor er den Sozialdemokraten seinen Wunsch vortrug, das Flugblatt drucken und verteilen zu lassen. Theoretisch hätte er das bereits am 25. August tun können, nachdem die Entscheidung gefallen war. Ein Grund für das Abwarten bis zum 27. könnte darin bestanden haben, daß er und seine Kollegen sich uneins in der Frage waren, ob es ratsam sei, die Sozialdemokraten an dieser Maßnahme des Senats zu beteiligen. Allerdings finden sich keine Indizien dafür, daß es zu einem solchen Meinungsstreit kam. Eher darf man annehmen, daß Hachmann und die anderen Senatoren zuwarteten und mit Bedacht die Verteilung auf den nächsten Sonntag (den 28. August) legten, um Arbeitsunterbrechungen durch die Flugblattverteiler zu vermeiden, die gleichbedeutend gewesen wären mit Einbußen der Arbeitgeber. Wäre die Verteilung am 26. oder 27. erfolgt, hätten sich Tausende von Parteihelfern der Sozialdemokraten – überwiegend Arbeiter – von ihrem Arbeitsplatz beurlauben lassen, und da der Wunsch der Polizeibehörde dahinterstand, wäre es für die Arbeitgeber kaum möglich gewesen, darauf mit Geldstrafen oder disziplinarischen Mitteln zu antworten.

Doch erwies sich letztlich selbst die glänzend organisierte Sozialdemokratische Partei Hamburgs außerstande, eine Aktion dieses Ausmaßes in so kurzer Zeit durchzuführen. Sie mußte einräumen, «die gestellte Anforderung, dasselbe von Sonnabend Abend bis Montag Morgen auszuführen, habe sich nicht so ausführen lassen, wie es gewünscht, da mehrere Vorsitzende nicht in Hamburg anwesend waren». Man muß also vermuten, daß eine beträchtliche Anzahl aktiver Sozialdemokraten in den ersten Tagen der Epidemie aus der Stadt geflohen war. So gab der sozialdemokratische Ortsverein des dritten (und größten) Hamburger Reichstagswahlkreises eine weitere Anzahl Flugblätter in Auftrag – diesmal ohne Zuschüsse der Polizei – und wiederholte am Donnerstag, dem 30. August, und am Tag darauf die gesamte Operation, «da sie beim ersten Mal nicht genügend» gewesen sei.[83] Das bedeutete, daß sie diesmal während der Arbeitszeit stattfand, was zu weiteren Verzögerungen führte.[84] Daher hatten die Anweisungen an die Bevölkerung, wie sie eine Ansteckung vermeiden könne, erst am 31. August alle Haushalte in der Stadt erreicht – eine volle Woche, nachdem Koch die Hamburger Behörden dazu überredet hatte, das Flugblatt verteilen zu lassen.

Inzwischen hatte Hachmann begonnen, sich mit einer anderen Frage zu beschäftigen, die ihm offenkundig bedeutend wichtiger erschien als das Problem der Flugblätter. Dabei ging es um die Hunderte russischer Auswanderer, die sich nach wie vor in den Baracken im Hafen und den Logierhäusern in der Stadt aufhielten. Ihre Geldmittel waren begrenzt, manche waren gänzlich mittellos. Keiner von ihnen hatte damit gerechnet, länger als einige Tage in Hamburg zu verbringen, und weder sie noch die Agenturen, die viele Auswanderer unterstützten, würden wochen- oder monatelang für ihren Unterhalt aufkommen können. So lange aber würde ihr Aufenthalt in der Stadt dauern, wenn ausländische Häfen, unter ihnen New York, Quarantänemaßnahmen verhängten – und damit mußte man rechnen. Aller Wahrscheinlichkeit nach würden sie also dem Hamburger Senat zur Last fallen. Angesichts dieser Situation beschlossen Hachmann und seine Kollegen, sich ihrer so rasch wie möglich zu entledigen; im Rückblick wird klar, daß sie dabei keine großen Skrupel plagten.[85] In den Augen der Behörden konnte gar nichts Besseres geschehen, als daß die Auswanderung ihren gewohnten Gang nahm. Ein HAPAG-Dampfer, die «Moravia», hatte Hamburg bereits am 17. August verlassen, von Charles Burke, dem amerikanischen Vizekonsul am Ort, auf Empfehlung der Gesundheitsbehörden der Stadt mit einem «reinen Gesundheitspaß» versehen (einer Unbedenklichkeitsbescheinigung, aus der hervorging, daß an Bord keine Seuchen herrschten). Doch der Erreger reiste mit: Bis das Schiff in New York einlief, waren 22 Passagiere der Cholera erlegen.

Selbstverständlich bereitete Burke die Möglichkeit Sorgen, die Cholera könne durch die HAPAG in seine Heimat gelangen, doch behauptete er später, Hachmann habe ihn noch am 22. August mit der Versicherung beruhigt, es gebe in der Stadt keine Cholera. Am 21. August verließ dann die «Rugia» Hamburg mit einem reinen Gesundheitspaß und einer Ladung Cholera-Erreger; auch auf diesem Schiff kam es während der Überfahrt zu Erkrankungen.[86] Als nächstes HAPAG-Schiff sollte am

26. August die «Normannia» nach New York auslaufen, und wieder ließ sich Charles Burke am 25. August dazu überreden, ihm einen reinen Gesundheitspaß auszustellen. Niemand weiß heute, ob Hachmann und seine Kollegen wußten, daß die Cholera auf der rund acht Tage zuvor ausgelaufenen «Moravia» ausgebrochen war; es gibt keine Unterlagen darüber, ob vor dem 25. irgendein Schiff in Hamburg anlegte, das mit ihr unterwegs Kontakt hatte. Marconis «drahtloser Telegraph» wurde erst 1896 patentiert und ein Jahr später erstmals in der Seefahrt eingesetzt. Doch selbst, wenn der Senat, was anzunehmen sein dürfte, nicht ahnte, daß auf der «Moravia» die Cholera ausgebrochen war, handelte er verantwortungslos, als er Burke dazu veranlaßte, der «Normannia» am 25. einen reinen Gesundheitspaß auszustellen, insbesondere wenn man bedenkt, daß zahlreiche ihrer Passagiere in Logierhäusern in der Stadt untergebracht gewesen waren, und noch mehr angesichts der von Koch nachdrücklich vertretenen Meinung, daß die Auswanderer die Cholera überhaupt in die Stadt gebracht hätten.[87]

Am 26. August dampfte die «Normannia» pünktlich elbabwärts. Kaum hatte sie die offene See erreicht, als die ersten Passagiere die unverkennbaren Symptome der asiatischen Cholera aufwiesen. Unter dem 26. August wurde im Krankenjournal des Schiffes eingetragen, daß aus dem Zwischendeck zwei Cholerakranke auf die Krankenstation gebracht worden waren, ein dreiunddreißigjähriger Mann und ein kleines Mädchen von elf Monaten. Im Fall eines dritten Passagiers, eines Mannes von 45 Jahren, der in der Kabinenklasse reiste und als erster erkrankte, verzeichnet das Krankenjournal «Brechdurchfall» – sei es aus Achtung vor seiner gesellschaftlichen Stellung, sei es, weil man sich zu diesem Zeitpunkt noch nicht eingestehen mochte, daß es sich um Cholera handeln könnte. Als Befund zu seinem am 31. August eingetretenen Tod hieß es, er sei in einem «diabetischen Koma» gestorben. Doch ließen die anderen Fälle keinen Zweifel daran, daß die Cholera an Bord war. Nachdem das Schiff am 27. kurz in Southampton angelegt hatte, wurde aus der Fahrt rasch ein Alptraum. Zwei weitere Cholerafälle wurden am 27. August gemeldet, am 28. gab es einen, der als «akuter Eingeweide-Katarrh» eingetragen wurde, und drei weitere Fälle traten am 29. auf. Ein Passagier schrieb nach Hamburg: «Die armen Kinder sind auf dem Schiff hingestorben... wie die Fliegen.» Bald hatte die Krankheit zehn Menschenleben gefordert. Mithin waren wohl mindestens zwanzig Menschen von ihr befallen, auch wenn im Krankenjournal lediglich zwölf Fälle verzeichnet waren. Einige der Erkrankten dürften ihren Namen nach russische Auswanderer gewesen sein, doch gibt es hier keine sicheren Indizien. Die Haltung von Kapitän und Besatzung während der Schreckensfahrt hat offenkundig viel zu wünschen übriggelassen, und ein Passagier beschwerte sich, die deutsche Besatzung habe «kein Herz».[88]

Am 3. September traf die «Normannia» in New York ein und wurde von den Einwanderungsbehörden gleich einer strengen Quarantäne unterworfen. Bewaffnete Posten riegelten das Schiff vollständig ab. Die noch nicht erkrankten Passagiere dürfte wohl inzwischen angstvolle Verzweiflung erfaßt haben, weil die Cholera auf dem Schiff grassierte. Ihren Höhepunkt erreichte sie am 7. September: An diesem Tag wurden immerhin 14 neue Fälle verzeichnet, obwohl der Schiffsarzt sie jetzt in einem Versuch, die Behörden New Yorks über die wahre Natur der Krankheit zu täuschen, nicht mehr «Cholera» nannte und im Krankenjournal alle Fälle als «Brechdurchfall» oder «akuten Eingeweide-Katarrh» vermerkte. Insgesamt 53 Passagiere und Besatzungsmitglieder wiesen Symptome der Cholera auf. Die Beamten der amerikanischen Einwanderungsbehörde vereitelten unerbittlich jeden Versuch, schwimmend das Ufer zu erreichen, und die Bedingungen an Bord wurden immer unerträglicher. «Alles in Unordnung», klagte ein Passagier.[89] Am 4. September jedoch wurden die Zwischendeckspassagiere von Bord geholt und isoliert, außerdem beobachtete man einige der Erkrankten ein, zwei Wochen lang. Acht Heizer der «Normannia» wurden in New York bis zum 8. Oktober unter Quarantäne gestellt und ihre gesamte Habe verbrannt; dafür bekamen sie jeweils zwischen 80 und 120 Mark Entschädigung.

Die Kabinenpassagiere ließ man nach einer Woche Aufenthalt auf dem im Hafen liegenden Schiff am 10. und 11. September von Bord, doch traten ihnen, als sie am 12. September auf Fire Island an Land gehen wollten, dreihundert Austernfischer mit Revolvern, Bootsriemen und anderen Waffen drohend entgegen. Die Menge brüllte den Einwanderern zu, sie sollten nach New York zurückkehren, und gab zu verstehen, daß man sie nicht an Land gehen lassen werde. Der offizielle Beauftragte des Gouverneurs von New York, der die Weisung hatte, die Einwanderer unterzubringen, verlas das Dokument, das ihn ermächtigte, das Surf Hotel zu requirieren, doch ein Beamter der Gemeinde erklärte, er sei nicht bereit, die Amtsgewalt des Gouverneurs anzuerkennen. Inzwischen drohte die Menge den Beauftragten ins Wasser zu werfen, und er zog sich in aller Eile zurück. Ein zweiter Versuch scheiterte daran, daß ein Anwalt die einstweilige Anordnung eines Gerichts schwenkte – in den Vereinigten

Staaten schon damals eine ebenso machtvolle und beliebte Waffe wie ein Revolver. So blieb vielen Passagieren nichts anderes übrig, als nach Europa zurückzukehren. Die Affäre wirkte sich bald in einer deutlichen Verschärfung der amerikanischen Einwanderergesetze aus.[90]

Während sich diese Vorfälle jenseits des Atlantiks ereigneten, unternahmen die Hamburger Behörden einen letzten verzweifelten Versuch, sich der verbleibenden Auswanderer zu entledigen, bevor es zu spät war und doch noch eine Quarantäne verhängt wurde. Vor allem waren sie entschlossen, alle aus dem Land zu schaffen, für deren Überfahrt Verwandte oder künftige Arbeitgeber in Amerika aufgekommen waren. Einige traten während der folgenden Tage mit einem weiteren Schiff der HAPAG, der «Scandia», die Überfahrt an. Sie verlor bis zu ihrem Eintreffen in New York am 9. September 32 Passagiere durch die Cholera. Weitere, schon in Preußen eingereiste Auswanderer wurden nach Stettin umgeleitet und mit der «Polaria» nach Amerika gebracht. Das letzte Schiff, das Hamburg mit diesem Ziel verließ, war die «Bohemia» der HAPAG. Auf ihr wollte der Senat alle verbleibenden Passagiere, deren Überfahrt bereits bezahlt war, am 1. September aus der Stadt schaffen. Zu jenem Zeitpunkt waren wegen der Cholera-Epidemie ausländische Reedereien schon nicht mehr bereit, Passagiere aus Hamburg zu übernehmen. Die Polizei forderte alle Agenten von Auswanderern, deren Passage bezahlt war, auf, sie unverzüglich auf der «Bohemia» einzuschiffen. Doch erhob die HAPAG am 30. August bei den Behörden förmlichen Einspruch mit der Begründung, sie habe ohnehin genug Schwierigkeiten, ihre eigenen Fahrgäste an Bord unterzubringen, und könne unmöglich noch ihr zwangsweise zugewiesene Zwischendeckspassagiere aufnehmen, die ursprünglich auf Schiffe anderer Linien gebucht waren. Sofern der Senat die Reederei zur Übernahme solcher Passagiere nötige, habe diese keine andere Wahl, als beträchtliche Summen rückzuerstatten für bereits bezahlte Passagen ihrer eigenen Passagiere, die sie dann abweisen müsse. Der Senat konterte mit der Drohung, von der Linie alle Kosten einzuklagen, die die Auswanderer während der Epidemie in Hamburg verursachten. Also gab die Reederei unter Protest nach, und die «Bohemia» lief am 1. September mit 682 Fahrgästen an Bord aus. Erst am 3. September räumte Hachmann endlich ein, daß weitere Überfahrten keinen Sinn hätten, denn die Quarantänemaßnahmen im Ausland bedeuteten, daß man keinem Passagier aus Hamburg mehr gestattete, an Land zu gehen, man würde sie einfach zurückschicken.[91]

Die Behörden konnten sich also beglückwünschen, daß es ihnen gelungen war, praktisch alle seit Mitte August in Hamburg eingetroffenen Emigranten fortzuschaffen, denn diese hätten während der Dauer der Epidemie eine zusätzliche Belastung des Stadtsäckels bedeutet. Die einzige Ausnahme bildeten rund 260 Auswanderer, die erklärten, sie würden lieber nach England als sofort nach Amerika reisen. Da sich die Briten aber weigerten, sie aufzunehmen, und Preußen nicht bereit war, ihnen mit der Bahn die Rückkehr nach Rußland über sein Gebiet zu gestatten, saßen sie in Hamburg fest. Bald darauf stießen 240 weitere Auswanderer zu ihnen, denen man in den Vereinigten Staaten verwehrt hatte, an Land zu gehen, oder die unterwegs in englischen Häfen zurückgewiesen worden waren. Sie alle blieben während der gesamten Epidemie in den Baracken «völlig abgeschlossen», und Polizeiposten hinderten sie, als seien sie Gefangene, ihre Unterkünfte zu verlassen oder Besucher zu empfangen.[92] Damit hatte sich das Vorgehen des Senats keineswegs als voller Erfolg erwiesen, zumal bald Einzelheiten über das Täuschungsmanöver durchsickerten. Der amerikanische Vizekonsul Charles Burke legte aus Empörung darüber, daß man ihn zum Narren gehalten hatte, öffentlich Protest beim Senat ein, und so kamen die Machenschaften, die gewiß kein Ruhmesblatt für Hamburg bedeuteten, ans Licht.

Die umstrittenste der auf Kochs Anraten in der Sitzung vom 25. August beschlossenen Maßnahmen war ein umfassendes Desinfektionsprogramm. Es sah vor, alle betroffenen Häuser gründlich zu desinfizieren. Die Bewohner sollten kontaminiertes Bettzeug und anderes Material in Desinfektionszentren bringen, wo es entweder behandelt oder verbrannt würde. Ein besonderes Desinfektionszentrum für Schiffe auf der Elbe und im Hafen sollte eingerichtet werden, und Lebensmittelgeschäfte in befallenen Gebieten waren bis zu ihrer Desinfektion von der Polizei zu schließen.[93] Die in Hamburg für ein solches Programm verfügbaren Mittel wären selbst dann unzulänglich gewesen, hätte die Epidemie in der folgenden Woche kein so großes Ausmaß angenommen. In einer Situation aber, in der bald über tausend neue Fälle pro Tag gemeldet wurden, waren sie praktisch nicht vorhanden. Ein Wiener Arzt, der am 28. August eintraf, beschwerte sich über die vollständige Unwirksamkeit der Desinfektionsmaßnahmen: «Im Park des Spitals stehen zwei mit Carbol wohlgefüllte Spritzen. Mit diesen werden die aus dem Spital fahrenden Wagen und Begleiter der Cholerakranken angespritzt: das ist die ‹Desinfektion›.» All diese Vorkehrungen seien ausnahmslos improvisiert, und er fuhr mit seiner Klage fort: «Eine Desinfektion von Wohnungen, in welchen Cholera-Erkrankungen vorkamen, wird von Seite der Behörde nicht vorgenommen, sondern den Parteien überlassen. Nur die mobilen Gegenstände werden mit improvisierten Desinfektionsapparaten desinfiziert.»[94] Im allgemeinen scheint sich die Haltung der Behörden drei Tage nach Kochs Besprechung mit dem Senat kaum geändert zu haben. Der Arzt aus Wien berichtet weiter:

«Gleich nach meiner Ankunft begab ich mich zum Polizei-Präsidenten, Senator Hachmann, ins Rathaus, dort wurde mir bedeutet, daß Herr Senator Hachmann eine sehr wichtige Konferenz mit den Kriegervereinen wegen der Feier der Schlacht von Sedan hatte. Nach einer halben Stunde wurde ich vorgelassen. Auf alle Fragen erhielt ich ausweichende Antworten. Trotzdem Hamburg von der Epidemie überrascht worden sei, meinte der Polizei-Präsident, gehe Alles in bester Ordnung.»[95]

Es lag aber noch mehr im argen. In seinem am 28. August vorgelegten ersten Bericht an den Senat über die von Koch angeordneten Maßnahmen ließ Hachmann mit keiner Silbe erkennen, daß er die Dringlichkeit der Situation begriffen hatte.[96] Eine besondere Cholerakommission sollte zum Kampf gegen die Krankheit eingesetzt werden, aber damit eilte es Hachmann nicht, und fünf Tage nach Kochs Ankunft war sie immer noch nicht eingesetzt.

Es dauerte nicht lange, bis Senator Johannes Versmann, den Hachmanns Untätigkeit entsetzte, zu dem Ergebnis gelangte, es werde nichts besonders Wirksames geschehen, wenn er die Sache nicht selbst in die Hand nehme. Wie er in seinem Tagebuch notierte, gab es Verzögerungen bei der Einberufung der Cholerakommission, die «am 31/8 endlich eingesetzt» wurde. Die zahlreichen Briefe und Telegramme des Reichskanzlers, die zum größten Teil genaue Anweisungen und Ratschläge des Kaiserlichen Gesundheitsamtes enthielten, waren, wie vorgeschrieben, an die zuständigen Senatoren weitergeleitet worden, doch scheint niemand sie gelesen zu haben. Über Senator Hachmann, der dem Namen nach für die Bekämpfung der Epidemie verantwortlich war, schreibt Versmann: «... er ist offenbar der Ansicht gewesen, daß Alles in bester Ordnung sei.» Das aber war, wie Versmann deutlich sah, keineswegs der Fall. Er betrachtete Hachmann ganz offenkundig als unfähig und äußerte sich vernichtend über «seinen unglaublichen Ersten Bericht vom 28. Aug.». Also ging er selbst daran, Ordnung zu schaffen. Am 28. August kehrte Versmanns rechte Hand, Senatssyndikus Roeloffs, vorzeitig von seinem Urlaub im Schwarzwald zurück und suchte unverzüglich seinen Vorgesetzten auf. Dieser ordnete sogleich an, daß sich Roeloffs am nächsten Tag zu Senator Hachmanns Verfügung zu halten habe. Da das de facto auf eine kaum bemäntelte Übernahme von Hachmanns Aufgaben durch Versmann hinauslief, darf es niemanden überraschen, daß sich Hachmann diesem Versuch Roeloffs' ebenso widersetzte wie auch anderen gleichzeitig getroffenen Vorkehrungen wie der sofortigen Einsetzung der Cholerakommission.[97]

Doch jetzt hatte Versmann die Sache entschlossen in die Hand genommen, denn er wollte Kritik – und, was noch schlimmer wäre, ein unmittelbares Eingreifen – durch den Reichskanzler in Berlin vermeiden, und so konnte Hachmann nicht viel ausrichten. Bei der ersten Sitzung der Cholerakommission am 1. September trug Versmann alle Anregungen und Maßregeln vor, die er sich während der vergangenen Tage notiert hatte. Einige Maßnahmen, die in Altona bereits ergriffen und von Koch am 25. August gebilligt worden waren, hatte Versmann sorgfältig in seinem Tagebuch vermerkt. «Jetzt endlich kommt Zug in die Sache», schrieb er befriedigt am 2. September.[98] Bald fuhren 68 Wasserwagen durch die Straßen, 43 Stellen zum Abkochen des Wassers wurden in Betrieb genommen, neue Anordnungen ergingen, um Märkte zu schließen und andere öffentliche Zusammenkünfte zu verhindern, und die medizinischen und hygienischen Kontrollen an den Bahnhöfen und im Hafen wurden verschärft. Die wichtigste Maßnahme war das Desinfektionsprogramm, von dem die Cholerakommission befand, es komme nicht schnell genug voran.[99]

Inzwischen hatte die Epidemie ein solches Ausmaß angenommen, daß eine umfassende Desinfektion von Häusern unmöglich war, sofern nicht weitere Leute eingestellt wurden. Vorgesehen war die Einrichtung mobiler «Desinfektionskolonnen» oder «Sanitätskolonnen», die sich jeweils mit einer Desinfektionsanlage auf einem Karren in der Stadt an die Arbeit machen sollten. Am 1. September um sechs Uhr abends wandte sich die Polizei erneut an die Sozialdemokraten und fragte, ob diese vierhundert «vertrauenswürdige Arbeiter» für eine Tätigkeit in diesen Kolonnen abstellen könnten. Wieder einmal schienen die Sozialdemokraten den Behörden diejenige Organisation zu sein, die am ehesten fähig war, in kurzer Zeit eine große Zahl zuverlässiger und ihre Aufgabe gründlich erledigender Männer aufzubieten. Man kam überein, jedem Arbeiter pro Tag eine Entschädigung von 6 Mark zu zahlen – «eine viel zu winzige Summe, wenn man bedenkt, welchen Gefahren diese Tapferen ausgesetzt sind», hieß es am 1. Oktober in einer sozialdemokratischen Zeitung.[100] Auch diesmal reagierte die Partei bereitwillig und schnell: Schon am nächsten Morgen, dem 2. September, meldeten sich um acht Uhr die von ihr ausgewählten vierhundert Arbeiter zum Dienst, und die Desinfektionskolonnen machten sich unverzüglich an die Arbeit.

Sehr bald zeigte sich jedoch, daß die Sozialdemokraten bei der Auswahl ihrer vierhundert Männer nicht besonders sorgfältig vorgegangen sein mochten. Am 3. September berichtete der Vorsitzende der Cholerakommission, «daß der Dienst, der den 21 Desinfektionsanstalten attachierten Sanitäts-Kolonnen, wie er gestern eingerichtet worden sei, zu vielen Klagen Veranlassung gegeben habe, weil unter den 400 angenommenen von der Sozialdemokratischen Partei gestellten Arbeitern sich viele unlautere Elemente befunden haben, welche sich Diebstähle und Übergriffe aller Art haben zu schulden kommen lassen. Da eine Reduzierung des Personals sich als nicht angängig erwiesen, sei eine Musterung desselben angeordnet worden und Unterstellung jeder Kolonne unter die Führung eines zuverlässigen Polizeibeamten allgemein in Aussicht genommen.»[101]

Verständlicherweise hatte die Polizei während der Epidemie keine Zeit, den Leumund der in den Desinfektionskolonnen Beschäftigten zu überprüfen, machte sich aber an die Arbeit, als es in Hamburg etwas ruhiger wurde. So konnte sie am 24. Juli 1893 einen vollständigen Bericht vorlegen. Während der Epidemie hatten insgesamt 671 Männer in den Desinfektionskolonnen gearbeitet. Da man sie registrieren mußte, um sie bezahlen zu können, waren ihre Namen bekannt und wurden mit Polizei- und Gerichtsakten verglichen. Insgesamt 82 hatten sich irgend-

Tabelle 5 Vorstrafen von Arbeitern, die 1892 in den Desinfektionskolonnen in Hamburg beschäftigt wurden

Art der Straftat	Zahl der Verurteilungen	Art der Straftat	Zahl der Verurteilungen
Diebstahl	55	Übertretung der Straßenordnung	11
Unterschlagung	28	Hehlerei	3
Bettelei	44	Führung falschen Namens	3
Hausfriedensbruch	15	Strafbarer Eigennutz	4
Beleidigung	16	Mißhandlung	3
Widerstand gegen die Staatsgewalt	14	Übertretung des Nahrungsmittelgesetzes	3
Betrug	12	Ruhestörender Lärm	3
Körperverletzung	12	Grober Unfug	22
Sittlichkeitsverbrechen	4	Fahenflucht	3
Sachbeschädigung	6	Obdachlosigkeit	5
Bedrohung	3	sonstige	23

(Quelle: StA Hbg, PP S 3469: Meldungen für die Sanitätskolonne, 24. Juli 1893)

welcher Verstöße schuldig gemacht. In der Mehrzahl handelte es sich um minder schwere Straftaten, ein Hinweis darauf, in welchem Umfang im wilhelminischen Deutschland Arme gegen Gesetze verstießen, um überleben zu können. Hier zeigte sich nicht nur der ganze Umfang des beständigen Kleinkriegs, den sie gegen die Behörden führten, sondern in gewissem Maße auch die gewalttätigere und unordentlichere Seite der «Kultur der Armut» in Hamburgs Unterschicht. Zu den Straftaten gehörten Urkundenfälschung, falsche Anschuldigungen und andere in Tabelle 5 aufgeführte Delikte. Die in der Liste genannten elf Verurteilungen wegen «Übertretung der Straßenordnung» gehen darauf zurück, daß in beträchtlichem Ausmaß Straßenhändler, die die Epidemie brotlos gemacht hatte, den Desinfektionskolonnen angehörten. Unter den 82 vorbestraften Arbeitern befanden sich 15 Straßenhändler; die Mehrheit wurde entweder als «Arbeiter» (45) aufgeführt (damit sind ungelernte Arbeiter gemeint) oder mit ihrer genauen Berufsbezeichnung. Die meisten Männer in dieser Gruppe verfügten über eine handwerkliche Ausbildung, und viele gehörten einer Zunft an (22). Unter ihnen befanden sich drei Ewerführer, drei Mechaniker sowie je ein Schmied, Schlosser, Schneider, Korbmacher, Steinmetzgeselle, Dreher, Schauermann, Seemann, Stellmacher, Kesselreiniger, Tapezierer, Fischer, Lithograph, Kellner und Botenjunge. Mit Ausnahme der Straßenhändler dürften die meisten von ihnen im Hafen gearbeitet haben.

Nur wenige der Vorbestraften könnte man als Berufs- oder Gewohnheitsverbrecher bezeichnen. Typisch waren eher Männer wie der 1856 geborene Friedrich Georg Baack, den man 1877 wegen Diebstahls zu zehn Tagen, 1878 wegen des gleichen Delikts zu vier Wochen Gefängnis verurteilt hatte, 1881 dann hatte er vier Wochen wegen Unterschlagung bekommen; der 1834 geborene Arbeiter Johann Hagdstein mit neun Vorstrafen wegen Bettelns und Obdachlosigkeit sowie je einer wegen Diebstahls, Unterschlagung, Betrugs und Körperverletzung; der 1846 geborene Händler Franz Kämpfer, den man 1891 wegen Verstoß gegen die Straßenordnung verurteilt hatte; oder der 1849 geborene Arbeiter Karl Krieger, der ebenfalls 1891 wegen Diebstahls verurteilt worden war. Die Mehrzahl der Straffälligen in der Liste hatten sich kleine Vergehen zuschulden kommen lassen. Allerdings gab es auch einige schwerere Fälle wie beispielsweise den des 1855 geborenen Händlers Bernhard Feindt, der dreimal wegen Diebstahls zu insgesamt fünf Jahren und viermal wegen Betrugs zu drei Jahren und fünf Monaten Haft verurteilt worden war; außerdem hatte er einmal zwei Tage wegen groben Unfugs im

Gefängnis verbracht. In diese Kategorie gehört auch der 1844 geborene Arbeiter Carl August Hochheim, der 1879, 1880 und 1882 wegen Diebstahls und Betrugs und 1889 wegen Diebstahls, Körperverletzung und Bedrohung verurteilt worden war, der 1853 geborene Schneidergeselle Carl Hokendorf, offenbar ein Zuhälter, den man 1880 wegen wiederholter Sittlichkeitsverbrechen zu zwei Jahren Zuchthaus verurteilt hatte, oder der 1858 geborene Arbeiter Justus Völcker, auf dessen Kerbholz drei Verurteilungen wegen groben Unfugs, fünf wegen Diebstahls und jeweils eine wegen Bettelei, Führung falschen Namens, Hausfriedensbruchs, Widerstands gegen die Staatsgewalt und Sittlichkeitsverbrechen standen.[102]

Vermutlich hatte das Verhalten von Leuten wie Völcker am ehesten Anlaß zur Klage gegen die Tätigkeit der Desinfektionskolonnen gegeben; doch bedenkt man die elende wirtschaftliche Lage zwischen August und Oktober 1892 und die Versuchung, in der sich diese Männer befanden, ist wahrscheinlich, daß eine ganze Anzahl der in den Kolonnen Beschäftigten, und keineswegs nur die Vorbestraften, die Gelegenheit nutzten, aus einigen der desinfizierten Häuser Wertgegenstände und anderes an sich zu bringen, was nicht niet- und nagelfest war. Für diese Vermutung sprechen einige Indizien. Als ein an der Cholera erkrankter Maschinenarbeiter, dessen Frau und vier Kinder durch die Epidemie ums Leben gekommen waren, nach einem mehrwöchigen Krankenhausaufenthalt in seine Wohnung zurückkehrte, war ein Großteil seiner Habe entwendet und alles übrige durch die Desinfektion schwer beschädigt.[103] Ein Arbeiter wurde gefaßt, als er aus dem Haus, das er gerade desinfizierte, ein goldenes Kreuz mit Kette stahl, wofür er vor Gericht gestellt und zu einer Haftstrafe verurteilt wurde.[104] Zwei Desinfektionsarbeiter kamen im Januar 1893 jeweils für eine Woche ins Gefängnis, weil sie für die Rückgabe desinfizierter Gegenstände an ihre Eigentümer Bezahlung verlangten.[105] Ein Krankenträger mit mehreren Vorstrafen wurde erneut verurteilt, weil er nicht nur die Kleidungsstücke der von ihm ins Krankenhaus Geschafften, sondern auch mehrere Betten aus ihren Wohnungen an sich gebracht hatte.[106] Es gab auch allgemein Anschuldigungen des Inhalts, daß Arbeiter in den Sanitätskolonnen «roh und frivol vorgegangen» seien.[107] Die unübersehbare Diskrepanz zwischen den patriotischen Absichten der Sozialdemokraten und der nackten Realität von Verbrechen und Beschimpfung illustriert deutlich, welche Kluft zwischen der Achtbarkeit der Sozialdemokratie und den Verhaltensnormen vieler Arbeiter bestand.[108]

Schlimmer aber als Diebstahl und ungehobeltes Betragen war die Sorglosigkeit, mit der die Desinfektionskolonnen ihrer Arbeit nachgingen. Schon bald kamen Klagen darüber, wie leichtfertig alles in Reichweite Befindliche mit Karbol eingesprüht wurde. Ein Mitglied der Gesundheitskommission für St. Georg Nord, das desinfizierte Häuser besichtigte, bemängelte, daß es keine wirksamen Desinfektionsgeräte gebe, und notierte:

«Da, wie schon erwähnt, die mangelhafte Einrichtung der Desinfektionsapparate und die dadurch bewirkte Beschädigung der desinfizierten Gegenstände durch Nässe die Furcht der Bevölkerung vor der Desinfektion ihrer Betten, Kleidung usw. verursacht hat, so die direkte Veranlassung ist zur Geheimhaltung von Krankheitsfällen, nicht nur von Cholera, sondern von Infektionskrankheiten überhaupt, so müssen wir hier besonders darauf hinweisen und hinzufügen, daß nach Ansicht unserer Ärzte neue Krankheiten durch die durchnäßten Betten entstehen können.»[109]

Ein anderer, in Barmbeck tätiger Inspektor äußerte sich über «bei der polizeilichen Desinfektion verbrannte und ruinierte Sachen» und stellte Strohsäcke für die Menschen zur Verfügung, deren Betten nicht länger zu gebrauchen waren.[110] Friedrich Werner, Hilfsprediger in Hamm-Süd, berichtete gleichfalls, daß er sich genötigt gesehen hatte, ein Großteil der desinfizierten Betten zu ersetzen.

«Wo die Betten durch die am Anfang nicht sorgfältig arbeitende Desinfektion übel zugerichtet waren, wurde das Nötige verabfolgt und mit Dank angenommen. Oft sah es auch unsagbar traurig aus. Die aus der Desinfektionsanstalt zurückgebrachten Betten rochen übel, waren feucht, und in den Stuben war ein penetranter Geruch von Chlorkalk und ähnlichem.»[111]

Mit den Verwüstungen, die diese Desinfektionskolonnen anrichteten, mußten sich die Gerichte noch Monate später beschäftigen, als sie festzustellen versuchten, wer für die Zerstörungen verantwortlich war. Kennzeichnend war der Fall eines Hausmädchens, das auf dem Höhepunkt der Epidemie an Cholera starb. Im Bewußtsein seiner bürgerlichen Pflichten brachte ihr Arbeitgeber ihre Kleidungsstücke umgehend zu einem der Desinfektionszentren, von wo sie ebenso umgehend verschwanden. Ob das auf die auflösende Wirkung des Karbols zurückzuführen war oder (wohl eher) auf die Habgier der dort beschäftigten Arbeiter, wurde vom Gericht nicht entschieden. Der Vater des Mädchens verklagte als Erbe den Arbeitgeber auf Schadensersatz und bekam mit der Begründung den vollen Betrag zugesprochen, jener habe die Gegenstände auf eigene Gefahr zum Desinfizieren gebracht, denn ebensogut habe er das dem Vater des Mädchens überlassen können. Der gesetzliche Anspruch von Erben auf ihr Eigentum verdiene auch zu einer Zeit geschützt zu werden, in der einzelne im Interesse der Gesamtheit Opfer bringen müßten. Zwar bedachte die bürgerliche Presse das Urteil mit kritischen Kommentaren, es wurde aber nicht revidiert.[112]

Bald verwandelte die Desinfektion die Luft in der Stadt auf eine Weise, die von den einen als beruhigend – «Chlor ist jetzt das beste Parfum», wie eine Bewohnerin der Stadt in ihrem Tagebuch notierte[113] –, von anderen aber als unangenehm empfunden wurde. Bereits am 30. August schrieb Bürgermeister Mönckeberg, daß «wir überall Karbol, Lysol, Kreolin und sonstige Übelgerüche zu genießen haben». Auch seine Frau klagte: «Alles riecht nach Lysol», und seine Tochter schrieb, der Geruch nach den Desinfektionsmitteln «verpestet die Luft».[114] Am 3. September hieß es, der Geruch nach Karbol und Lysol liege überall in der Luft.[115] Auch nachdem das Leben in Hamburg zur Normalität zurückgekehrt war, hing er noch lange in der Stadt und mahnte weiterhin an die Gefahr einer Ansteckung für den Fall, daß die Menschen in ihrer Aufmerksamkeit nachließen und vergaßen, daß die Cholera noch nicht besiegt war. Ein Berichterstatter, der sich Ende September in der Stadt aufhielt, notierte, im allgemeinen Straßenbild lasse «sich gar nichts von der herrschenden Epidemie erkennen», doch werde man «durch die verschiedenen behördlichen Anschlagzettel an den Häusern und Litfaßsäulen, oder zuweilen durch eine Nase voll Kreolin oder Chlorkalkgeruch daran erinnert, daß man sich in einer von Cholera heimgesuchten Stadt befindet».[116] Noch über vierzig Jahre später schrieb Leo Lippmann, der in seiner Jugend die Epidemie erlebt hatte: «Wenn ich an unserer alten Wohnung am Schwanenwiek vorbeigehe, glaube ich, heute manches Mal den scharfen Geruch des Lysols zu riechen, das damals zur Desinfektion auf die Fußböden, in das Waschwasser und in die Siele geschüttet wurde.»[117] Ein merkwürdiges Nebenprodukt der Kampagne waren ganze Scharen von Mäusen auf der Straße, die der abstoßende Geruch des Karbols aus den desinfizierten Häusern getrieben hatte.[118] Möglicherweise war unter anderem auf diese Maßnahmen zurückzuführen, daß die Zahl der Neuinfektionen zurückging, wenn auch nicht vor Anfang September, als die Desinfektionskampagne zum letzten Mal auf breiter Basis organisiert wurde. Das war sicherlich wirksamer als das herkömmliche Verfahren des Ausräucherns der Straßen mit einer oxidierfähigen Chlorlösung, die man auf Kochs Anweisungen hin einige Jahre zuvor aufgegeben hatte.[119] Doch die Geruchsbelästigung war ähnlich. Wie auf einen Schlag überdeckten von Desinfektionsmitteln aufsteigende, reinigende Schwaden die an heißen Sommertagen – wie im August 1892 – besonders üblen Gerüche der großen Stadt, die schier unerträglich geworden waren durch den Gestank der Ausscheidungen jener Unglücklichen, die die Cholera auf den Straßen, in Straßenbahnen und an anderen öffentlichen Orten überfallen hatte – und alles schien wieder gesund und sauber zu sein.

Bis Ende August jedoch gab es kaum konkrete Anzeichen dafür, daß überhaupt etwas unternommen wurde, was die Öffentlichkeit hätte beruhigen können. Koch hatte den Senat am 25. August gezwungen, tätig zu werden, doch wirkte sich die Schließung von Schulen, Tanzhallen und Vergnügungsstätten nicht vor dem 26. und 27. auf das öffentliche Leben in der Stadt aus. Flugblätter mit Ratschlägen zur Hygiene wurden erst am 31. in größerem Umfang verteilt, eine eigene Verwaltungsabteilung, die den Kampf gegen die Krankheit organisieren sollte, machte sich erst am 1. September an die Arbeit, eine Desinfektionskampagne von angemessenem Ausmaß wurde erst am 2. in die Wege geleitet, und selbst sie zeigte bald schädliche Nebenwirkungen. Überdies waren die Verzögerungen und Organisationsmängel in der Öffentlichkeit nicht unbemerkt geblieben. Schon wurde Hamburgs Verwaltung angegriffen, und zwar wegen ihrer Saumseligkeit bei der amtlichen Erklärung der Epidemie wie auch wegen der Täuschung der amerikanischen Behörden über den Gesundheitszustand der zu jener Zeit nach wie vor nach New York eingeschifften Auswanderer. Es sollte aber noch schlimmer kommen, denn bald wurde deutlich, daß die von der Stadt für die Unterbringung und Behandlung der Opfer der Krankheit in Krankenhäusern getroffenen Vorkehrungen gleichfalls nur im Ansatz vorhanden und obendrein unzulänglich waren.

Die Kranken heilen

I

Hamburg verfügte nur ansatzweise über Pläne für den Fall eines vergleichsweise leichten Cholera-Ausbruchs, ganz zu schweigen von einem so katastrophalen wie dem des Jahres 1892. Wie im dritten Kapitel ausgeführt, hatte der Senat bei allen Epidemien seit 1831 in seinen Augen unnötige Ausgaben zu vermeiden getrachtet und dem Ärztlichen Verein die Aufgabe zugeschoben, mit der jeweiligen Krankheit fertig zu werden. Doch spielte dieser beim Kampf gegen die Epidemie von 1892 so gut wie keine Rolle. In seiner offiziellen Geschichte wird das damit erklärt, «daß der Ärztliche Verein als solcher durch seine große Mitgliederzahl für derartige Aufgaben zu schwerfällig geworden [ist], und daß deshalb für solche Zwecke in anderer Weise gesorgt werden müsse». Der Staat hatte bei keiner der Epidemien seit 1831 dafür gesorgt, daß etwa weitere Krankenträger eingestellt oder zusätzliche Einrichtungen zur Behandlung der Kranken geschaffen wurden. Beraten von Männern wie Medizinalrat Kraus, der die Auffassung vertrat, Isolierung bedeute Geld- und Zeitverschwendung, hatte der Senat nach dem ersten Ausbruch der Krankheit weder ein spezielles Cholerakrankenhaus noch besondere Cholerastationen eingerichtet. Zwar existierten 1892 in begrenztem Umfang Pläne für den Fall einer Epidemie, doch war der Senat im großen und ganzen wohl der Ansicht, die Einrichtungen des Allgemeinen Krankenhauses Eppendorf genügten für alle denkbaren Notfälle, und so traf ihn die explosionsartige Ausbreitung der Cholera 1892 gänzlich unvorbereitet.[1]

Senator Gerhard Hachmann war als Polizeiherr und Präses des Medizinal-Kollegiums für die Koordinierung von Maßnahmen gegen die Epidemie zuständig. Ein Senatskollege berichtete später, er habe sich trotz der «alarmierenden Nachrichten», die ihn in der letzten Augustwoche des Jahres 1892 erreichten, «nicht aus der Fassung bringen» lassen, sondern die «größte Ruhe und Besonnenheit» an den Tag gelegt und damit «auch auf alle Mitglieder der Behörde beruhigend» gewirkt.[2] Wie wir bereits gesehen haben, ist zweifelhaft, ob das Ausdruck seiner Tüchtigkeit oder lediglich seiner Selbstgefälligkeit war – Versmanns Ansicht nach scheint es letzteres gewesen zu sein. Der Grund dafür, daß Hachmann die Frage der Epidemie nicht als dringlich behandelte, lag nicht zuletzt darin, daß er ihr wahres Ausmaß immer wieder unterschätzte. Sie erreichte mit deutlich über tausend gemeldeten neuen Fällen am 27. August einen ersten Höhepunkt und mit noch einmal über tausend am 30. einen zweiten. Die höchste Zahl an Toten eines einzigen Tages – 561 – wurde am 2. September verzeichnet. Erst dann setzte ein erkennbarer Rückgang ein, wenn auch nur allmählich.[3] Doch die meisten Menschen vermuteten bereits am 29. August, das Schlimmste sei überstanden. Kochs Stellvertreter, Dr. Rahts, erklärte an diesem Tag: «Es sei ein Stehenbleiben, vielleicht noch ein kleines Fortschreiten, angesichts der jetzigen Maßnahmen aber nach ziemlich kurzer Frist eine Abnahme und ein Erlöschen der Epidemie wahrscheinlich.»[4] Am 30. August, gerade als die Epidemie ihren zweiten schrecklichen Höhepunkt erreichte, notierte Senator Versmann, die Choleratransporte hätten «etwas abgenommen»[5]. Sein Kollege, Bürgermeister Mönckeberg, äußerte sich zwar ähnlich: «In den letzten Tagen scheint zwar die Epidemie etwas nachgelassen zu haben», war aber doch vorsichtig genug hinzuzufügen: «das kann sich aber täglich wieder ändern.» Und Senator Gustav Hertz drückte am 2. September seine Überzeugung aus, das Schlimmste sei vorüber, weil er weniger Leichenwagen als am Vortag auf den Straßen gesehen hatte.[6] Während der gesamten ersten Woche der Epidemie waren sich also die Behörden über deren wahres Ausmaß nicht im klaren. Gewiß gründete sich nicht zuletzt darauf die Selbstgefälligkeit Hachmanns, die neben den fehlenden Plänen für den Fall einer Epidemie dazu beitrug, daß die Zustände immer chaotischer wurden, bis schließlich am 28. August Versmann eingriff.

Die Stadt verfügte nicht einmal über ausreichende Transportmittel, um die Kranken ins Krankenhaus zu schaffen. Beim Ausbruch der Epidemie gab es in Hamburg lediglich vier Krankenwagen mit insgesamt sechs Trägern. Deren Zahl zu erhöhen war eine der ersten Maßnahmen, die am 25. August ergriffen wurden.[7] Doch die Krankenwagen waren sehr langsam und benötigten bis zu drei Stunden von der Stadtmitte nach Eppendorf, wenn man die Zeit einrechnet, die das Anschirren der Pferde brauchte. Die beiden Hauptkrankenwagen konnten jeweils nur einen Patienten transportieren. Zwar hatten in der «Pocken-Droschke» und einer weiteren Kutsche je vier Personen gleichzeitig Platz, doch war keine von beiden für Cholerapatienten geeignet. Ein Hamburger Arzt, schrieb die in Berlin erscheinende liberale «Vossische Zeitung» am 26. August, habe sich darüber beklagt, daß nach wie vor in ganz Hamburg lediglich elf Krankenwagen zur Verfügung stünden. «Die Kranken und Todten liegen 5 bis 6 Stunden, ehe eine Abholung erfolgt.»[8] In diesen ersten Tagen der Epidemie warteten die Kranken oft bis zu 15 Stunden in Polizeizellen «auf den kalten Steinen oder Fußböden und jammerten, man möge sie doch endlich fortschaffen»[9]. Noch am 7. September kamen Klagen, daß sich die Unglücklichen, die der Cholera zum Opfer gefallen waren, bis zu zwölf Stunden gedulden mußten, bis man sie ins Krankenhaus brachte. «Ist denn kein Moltke da?» hieß es in einer Zeitung voller Entsetzen über das Chaos und auf der verzweifelten Suche nach Vorschlägen, wie sich etwas Ordnung in das Desaster bringen ließe.[10] Offensichtlich meinte man, nur jemand vom Kaliber des Generals, der 1866 und 1870/71 die Preußen zum Sieg geführt hatte, sei imstande, Hamburg zu helfen. Am 28. August war die Zahl der Krankenwagen auf dreißig erhöht worden, und insgesamt fünfzig Krankenträger waren aktiv, viele davon Freiwillige, andere wieder wurden vom Staat bezahlt.[11]

Selbst diese Zahl genügte nicht angesichts von täglich mehr als tausend neuen Krankheitsfällen in der Stadt. Karl Wagner, ein Wiener Journalist, der auf dem Höhepunkt der Epidemie zwei Tage als Krankenträger arbeitete, hat einen der eindringlichsten Berichte über jene Tage geliefert.

«Die zu benutzenden Gefährte waren Kutschwagen, aus denen die Polster entfernt waren, so daß die Kranken, die wir in eine Decke wickeln mußten, auf dem Sitzkasten befördert wurden. Geradezu unbegreiflich war es, daß in den Boden des Wagens fünf bis sieben große Löcher gebohrt worden waren, die den Auswurf der Kranken auf die Straße beförderten!!! Zuerst holte ich ein vierzehnjähriges Mädchen, eine alte Frau und einen Knaben ab; die Frau starb unterwegs... Die Wohnungen starrten vor Schmutz, so daß ich mehr Ekel vor diesem, als vor der Cholera selbst empfand. Während meiner Thätigkeit habe ich 132 Kranke befördert, von denen fast die Hälfte unterwegs verstarb.»[12]

So planlos verfuhr die Einlieferung in Krankenhäuser, daß Ehegatten häufig an verschiedene Orte gebracht und Eltern von ihren Kindern getrennt wurden, wenn in einer Familie mehrere Menschen gleichzeitig erkrankten.[13] Friedrich Werner, Hilfsprediger in Hamm, schrieb: «Viele wußten in der ersten Zeit der großen Verwirrung gar nicht einmal, wo der Kranke, der aus dem Hause geholt war, untergebracht war.»[14] Wagner behauptete, auf der Straße mit Herzversagen oder einem Schlaganfall zusammengebrochene Patienten seien zusammen mit den Choleraopfern ins Krankenhaus geschafft worden.[15] Max Nonne, Arzt im Allgemeinen Krankenhaus Eppendorf, berichtete sogar, die Ambulanzen hätten «aus Versehen» zahlreiche Gesunde abtransportiert.[16]

Im Krankenhaus harrten der Choleraopfer weitere Schrecken. Die beiden größten Hamburger Krankenhäuser verfügten zusammen über 3820 Betten, von denen die Mehrzahl bereits belegt war. Doch trafen dort vom 26. August an täglich über vierhundert neue Cholerafälle ein, und bis Ende August wurden mehr als 3000 aufgenommen.[17] Sie alle mußten nicht nur isoliert, sondern auch behandelt werden. In beiden Krankenhäusern wirkte 1892 ein neuer Direktor. Keiner von beiden konnte auf frühere Erfahrungen in der Krankenhausverwaltung zurückgreifen. Dem Direktor des Neuen Allgemeinen Krankenhauses Eppendorf, Professor Theodor Rumpf, der sein Amt im Frühjahr angetreten hatte, fiel es ganz offenkundig schwer, sich an die Hamburger Zustände zu gewöhnen. Noch weniger Praxis besaß der Leiter des Alten Allgemeinen Krankenhauses St. Georg, Hauptmann Weibezahn. Er hatte sein Amt am 1. August angetreten und mithin weniger als drei Wochen Zeit gehabt, sich dort einzuarbeiten, als die schwerste Belastungsprobe in der Geschichte der Institution zu meistern war, der er jetzt vorstand. Sein Mangel an Erfahrung wurde gleich zu Anfang offenbar. Da ihm wohl die üblichen Vorkehrungen gegen eine Ansteckung mit Cholera unbekannt waren, infizierte er sich selbst nahezu umgehend, und obwohl er sich schließlich erholte, mußte das Alte Allgemeine Krankenhaus während der gesamten Epidemie ohne seinen Direktor auskommen.[18] Wie auch anderen in Hamburg war ihm anfangs das wahre Ausmaß der Katastrophe unklar.

Als am Ausbruch der Cholera nicht mehr gezweifelt werden durfte, riet Rumpf am 22. August dem für die Gesamtleitung der Krankenhäuser zuständigen Senator Lappenberg, Maßnahmen zu ergreifen, damit die zu erwartende Zunahme an Einlieferungen bewältigt werden konnte. Am 23. kam man überein, auf dem Gelände des Alten Allgemeinen Krankenhauses St. Georg und des kleinen Seemannskrankenhauses insgesamt acht Cholerabaracken zu errichten. Pläne dafür existierten bereits, und man hoffte, die Gebäude Ende des Monats ihrer Bestimmung übergeben zu können. Doch bald zeigte sich, daß die acht Baracken nicht ausreichen und zu spät fertiggestellt sein würden. Zahlreiche bereits in den

Krankenhäusern untergebrachte Patienten wurden entlassen oder zogen in kleinere private Einrichtungen um, doch am 27. August ergriff Rumpf drastischere Maßnahmen und verlegte einen Großteil der Rekonvaleszenten der chirurgischen Abteilung und weniger ernsthaft erkrankte Patienten, insgesamt 2400 Menschen, aus den Krankenhäusern in Notlazarette, die man in leerstehenden Schulen eingerichtet hatte. Kaum waren die Baracken fertig, und zwar schneller als vorgesehen schon am 29. August, gab man die Errichtung weiterer in Auftrag. Doch auch das war nicht genug. Da er sich außerstande sah, alle Cholerapatienten unterzubringen, telegraphierte Rumpf am 28. August verzweifelt dem Generalstab des preußischen Heeres und forderte ein Feldlazarett mit fünfhundert Betten und den nötigen Leuten an – ein aufsehenerregendes Eingeständnis der Unfähigkeit, in Hamburg ohne Hilfe von außen mit der Krise fertig zu werden. Das Feldlazarett wurde am 7. September eingerichtet, die Baracken des zweiten Bauabschnitts standen am folgenden Tag zur Verfügung. Am 20. September wurde ein letzter Bauabschnitt der Baracken fertig, der den Namen «Station Erika» trug und unter Oberingenieur Franz Andreas Meyers Aufsicht errichtet worden war. Alles in allem standen schließlich 1784 Notbetten bereit, doch kamen all diese Maßnahmen zu spät, um die Situation noch zu retten.[19]

Selbst Rumpf sah sich zu dem Eingeständnis genötigt, «daß am 26. und 27. Mangel an Platz in den Krankenhäusern sich bemerkbar machte». Er fügte hinzu, es sei außerdem wirklich schwer gewesen, «in der ersten Zeit das notwendige Pflegepersonal zu beschaffen». Hinter diesen dürren Worten verbarg sich eine Welt des Elends und des Entsetzens in den Krankenhäusern. Anfänglich wurden die meisten Fälle ins Alte Allgemeine Krankenhaus eingeliefert, weil es näher an der Stadtmitte lag. Seit dem 26. August bemühte man sich, die Situation dadurch in den Griff zu bekommen, daß die Krankenhäuser im Wechsel jeweils zwölf Stunden lang für die Aufnahme von Patienten geschlossen wurden, später sogar für volle 24 Stunden, damit die «Ruhepause zum Ordnen der Aufnahmelisten, Instandsetzung der Betten von den zahllosen Toten und zum Schaffen neuer Aufnahmeräume benutzt werden konnte». Doch wie Rumpf zugab, ließ sich dies Vorgehen «in völliger Strenge nicht durchführen».[20] Soweit es aber doch geschah, schien es nur weitere Schwierigkeiten heraufzubeschwören; später beklagte sich ein Krankenträger, «daß man uns den Schluß der Krankenhäuser St. Georg und Eppendorf nicht mittheilte, so daß wir oft stundenlang mit Kranken und Toten herumfahren mußten»[21].

Die Zustände, die in der letzten Augustwoche auf den Cholerastationen herrschten, wurden als «schrecklich» beschrieben.[22] Über St. Georg hieß es: «Die Zimmer sind geradezu furchtbar überfüllt, oft liegen sechszig Kranke in einem Raume, wo kaum für dreißig Platz ist.» – «Jammern und Schreien, Ächzen und Stöhnen tönten grausig durch den Raum.» Die Zahl der Ärzte in beiden Krankenhäusern war mit 35 ganz und gar unzulänglich. Rumpf bat um Freiwillige aus anderen Städten, doch traf die Mehrzahl der rund neunzig Ärzte, die schließlich kamen, erst nach Anfang September ein. Obwohl religiöse und wohltätige Organisationen am Ort einige zusätzliche freiwillige Pfleger und Schwestern zur Verfügung stellten, nahmen auch die meisten von ihnen – schließlich immerhin insgesamt sechshundert – ihre Arbeit erst um die Mitte der zweiten Woche nach der amtlichen Erklärung vom Ausbruch der Epidemie auf.[23]

Die Szenen, die sich vor Ende August auf den Krankenstationen abspielten, fanden in der Presse weithin Widerhall. Die Berichte darüber lesen sich nicht angenehm. Einer der freiwilligen Pfleger schrieb:

«In den großen, luftigen Sälen lagen Bett an Bett gereiht die armen Kranken, die sich in starken Muskelkrämpfen windend, dort den Wärter um ein Stechbecken oder um ein Getränk [baten]... dritte hatten heftige Erbrechungen und beschmutzten Bett und Fußboden in ekelerregender Weise, andere lagen schwer röchelnd in den letzten Zügen und viele verschieden während meiner Anwesenheit... Ein kräftiger, dem Schifferstande angehöriger Mann war gestorben, dessen Leiche sollte nunmehr nach dem Corridor geschafft werden. Blau angelaufen, mit durch Schmerz verstelltem Gesichte, weit geöffneten Augen lag er auf seinem, im letzten Augenblicke stark beschmutzten Bette. Die Berührung der Leiche erschien mir unmöglich, der penetrante Geruch, der dem letzten in das Bett gegangenen Stuhlgang entströmte, beraubte mich fast meiner Sinne...»[24]

Außerhalb der Station, berichtete er weiter, lagen Leichen entlang der Gänge, da niemand sie abholte. Dr. Gustav Hülsemann aus Soest, der am 26. August seine Arbeit in Hamburg aufnahm, schrieb, es habe zehn Stunden gedauert, bis Leichen aus den Stationen entfernt wurden, auf denen er arbeitete. Oft blieben sie noch mehrere Stunden in ihren Betten oder auf den Gängen, bis man sie fortschaffen konnte; sie wurden auf dem Krankenhausgelände in langen Reihen ins Gras gelegt, und schließlich hatten eigens angestellte Tischler «das schreckliche Geschäft, die Särge oder Holzkisten zuzunageln, von denen oft 100 auf einmal im Garten standen und gar nicht so rasch geschlossen werden konnten, wie es wünschenswert erschien. Dabei schwärmten um die halboffenen Särge Fliegen und Brummer, die den Krankheitskeim weitertrugen.»[25]

Die als Särge dienenden Weichholzkisten waren so klein, daß sie der Volksmund «Nasenquetscher» nannte.[26]

Man requirierte Möbelwagen und andere geschlossene Fahrzeuge als Behelfsleichenwagen, und die für die öffentlichen Leichenhallen Zuständigen wurden aufgefordert, so viele Tote aufzunehmen, wie sie konnten. Doch noch am 7. September liefen Klagen ein, daß Leichen bis zu zwölf Stunden in den Häusern lagen, bevor sie abgeholt wurden[27], und Carl August Schröder berichtete später, man habe «an verschiedenen Stellen der Stadt größere Plätze mit Planken umzäunt und... dort unter freiem Himmel zahlreiche Leichen gelagert, die dann bei Tag und bei Nacht nach Ohlsdorf gefahren wurden» (dort lag Hamburgs Hauptfriedhof).[28] Vom Krankenhaus aus rumpelte ein nahezu ununterbrochener Zug von Leichen- und Möbelwagen nach Ohlsdorf.[29] Dort beerdigten 250 Tag und Nacht in Schichten arbeitende Totengräber täglich bis zu fünfhundert Leichen in Massengräbern von 18 Metern Länge, 3 Metern 70 Breite und gut einem Meter Tiefe.[30]

Diese Szenen führten zu entsetzten Kommentaren von Außenstehenden wie dem Journalisten Karl Wagner aus Wien oder dem Arzt Gustav Hülsemann aus Soest, welcher klagte: «Hamburg hatte nichts in Ordnung für eine solche Epidemie.»[31] Sie zogen auch unter der Bevölkerung am Ort weithin Furcht vor der Möglichkeit nach sich, ins Krankenhaus zu kommen. Wie Wagner schrieb, sträubten sich viele Kranke «mitzufahren und mußten mit Hilfe eines Konstablers fortgebracht werden»[32]. Professor Rumpf soll bekannt haben, «es bestehe in Hamburg eine gewisse Abneigung gegen das Krankenhaus, weil die dortigen Ärzte in der Stadt im Verdacht ständen, mit den Kranken zu viele Versuche zu machen»[33]. Auch gegen das Wegschaffen der Kinder von Krankheitsopfern aus befallenen Häusern erhob sich starker Widerstand.[34] Offenkundig genoß das Krankenhaus im 19. Jahrhundert in der Bevölkerung einen üblen Ruf. Bei früheren Epidemien hatten Aufrührer – in Rußland auch bei der Epidemie von 1892 – immer wieder Ärzte und Krankenhäuser als Hauptangriffsziele betrachtet.[35] Angesichts der chaotischen und entsetzlichen Zustände in Hamburgs Krankenhäusern in der letzten Augustwoche des Jahres 1892 könnte man ein solches Mißtrauen auf den ersten Blick für gerechtfertigt halten. Doch muß man fragen, ob handfeste Beweise vorliegen, die diese Ansicht stützen; man sollte auch die Behandlungsmethoden der Ärzte genauer untersuchen, wobei die Frage nicht unterbleiben darf, ob diese die Überlebensaussichten der Kranken verbesserten oder verschlechterten.

Noch lange nach dem Jahr 1800 kümmerten sich in Deutschland Krankenhäuser vorrangig um gesellschaftlich benachteiligte Menschen wie beispielsweise chronisch kranke und alleinstehende Tagelöhner, Prostituierte und Arme wie auch um alte Menschen ohne Angehörige, die für sie sorgen konnten. Bei den meisten Patienten kam die Armenfürsorge für die Kosten auf. Das Bürgertum und – soweit es ihnen möglich war – die Kleinbürger leisteten sich häusliche Pflege. Sie mieden das Krankenhaus, weil dort keine Möglichkeit existierte, von der Masse der armen Patienten getrennt untergebracht zu werden. Im Laufe der Zeit dienten Krankenhäuser zunehmend dazu, Ärzten und Wundärzten ihre medizinische Ausbildung zu vermitteln und neue Behandlungsverfahren zu erproben. Da dort fiebrige Erkrankungen und Infektionen übertragen wurden, gerieten diese Institutionen in den Ruf, eher eine «Quelle der Sterblichkeit, als des gesuchten Heils» zu sein; Kranke versuchten um so entschlossener das Krankenhaus zu meiden, als man dort die Patienten militärischer Disziplin unterwarf. Wer im Krankenhaus starb, konnte zudem in der Anatomie seziert werden, ein Los, das aus religiösen Gründen zu weitverbreiteter Furcht und Ablehnung führte.[36] In der zweiten Hälfte des 19. Jahrhunderts änderte sich die Lage allmählich; auf den Gebieten der Antiseptik und der Narkosemittel wurden Fortschritte erzielt, immer mehr setzten sich Krankenhäuser mit getrennten Klassen durch. Doch nach wie vor haftete dem Krankenhaus allgemein der Ruf an, daß vor allem dort Experimente vorgenommen wurden; die Feindseligkeit der Öffentlichkeit hielt sich bis zur Jahrhundertwende, wenn nicht gar darüber hinaus. Waren diese überall kursierenden Befürchtungen nun begründet oder nicht?[37]

Bei den vorhergehenden Epidemien waren nur vergleichsweise wenige Choleraopfer in Hamburger Krankenhäusern behandelt worden: im Jahr 1831 und bis Ende Januar 1832 bei einer geschätzten Gesamtzahl von 940 Opfern 326, davon 247 Männer und 79 Frauen.[38] Während im Jahr 1832 430 Fälle eingeliefert wurden, behandelte man im Jahr 1848 von 3687 Fällen 517 im Krankenhaus (also lediglich 14 %), unter ihnen ein hoher Anteil alter Menschen. Die meisten Krankenhauspatienten lebten nach Schätzung der Ärzte unter so ungünstigen Umständen, daß eine ordnungsgemäße Pflege zu Hause nicht gewährleistet war.[39] Noch weniger Kranke wurden 1849 im Krankenhaus behandelt – von 1191 gerade

163.[40] Bis 1892 hatte sich die Lage geändert, einmal durch den Bau des Neuen Allgemeinen Krankenhauses Eppendorf und zum anderen, weil in den vergangenen 15 Jahren eine vom Staat finanziell mitgetragene Krankenversicherung eingeführt worden war. Die Reichen ließen sich nach wie vor in ihren Häusern behandeln, das Krankenhaus war aber nicht mehr ausschließlich für die Ärmsten der Armen da, es war ein Zentrum medizinischer Betreuung der Massen geworden.

Dennoch betrachteten Krankenhausärzte im allgemeinen von ihnen behandelte Patienten, die hauptsächlich aus der Arbeiterschicht stammten, als Objekte therapeutischer Versuche. Wütende Angriffe in der Presse folgten beispielsweise auf Professor Ferdinand Hueppes Aktivitäten in Eppendorf. 1852 im Rheinland geboren, hatte er nach seiner Ausbildung in Berlin im Kaiserlichen Gesundheitsamt gearbeitet und war 1889 auf einen Lehrstuhl an der Prager Karls-Universität berufen worden. Ursprünglich ein Bewunderer und Mitarbeiter Kochs, wandte er sich mehr und mehr gegen viele Ansichten seines Lehrers.[41] Hueppe hielt sich zur Kur in Bad Reichenhall auf, als die Meldung kam, in Hamburg sei die Cholera ausgebrochen. Sogleich schrieb er an Rumpf und kündigte an, er habe nach mehrjähriger Forschung eine Medizin entdeckt, «welche specifisch gegen Cholerabakterien» wirke, «ungefähr so wie Chinin gegen Malaria». Er erbat die Erlaubnis, diese neue Medizin, «die bis jetzt noch nicht im Großen geliefert werden könnte und [die]... ich... nicht aus meiner Hand geben kann», an Choleraopfern in Hamburg erproben zu dürfen. Als Rumpf am 25. August Hueppes Brief erhielt, nahm er das Angebot unverzüglich an. Hueppe traf am 2. September ein, und ihm wurden im Neuen Allgemeinen Krankenhaus die Frauenstation Nr. 26 und die Männerstation Nr. 41 unterstellt, wo er bis zum 21. September arbeitete. Er war zwar nicht bereit, Rumpf das Geheimnis seiner Medizin anzuvertrauen, doch entnahm dieser Gesprächen mit dem Kollegen, in denen es um die angebliche Wirkung ging, «daß es sich um Desinfection des Darms handle und daß die betreffenden Mittel von Gesunden schon in größeren Mengen ohne Schaden genommen seien».

Möglicherweise war Rumpf nicht gut beraten, Hueppes Angebot anzunehmen; doch wie er später erklärte, handelte es sich um einen bekannten und geachteten Wissenschaftler mit einem hervorragenden Ruf. Die Ergebnisse waren freilich katastrophal. In erster Linie scheint es Hueppe darum gegangen zu sein, das eigene Ansehen zu mehren, indem er ausstreuen ließ, man habe ihn eigens nach Hamburg eingeladen, damit er gegen die Epidemie vorgehe, während er in Wirklichkeit Rumpf seine

Mitwirkung selbst angetragen hatte. Das ärgerte diesen so sehr, daß er nach Hueppes Abreise eine Presse-Kontroverse über diese Frage in Gang brachte. Weit ernsthafter als dieser eher alberne Streit war jedoch, daß Hueppes Methode nichts bewirkt zu haben scheint als den Tod einer beunruhigend hohen Anzahl von Patienten. Von den 31 zwischen dem 3. September und Hueppes Abreise in die Frauenstation Nr. 26 aufgenommenen Fällen starben bis zum 1. Oktober 15, während von den 22 Fällen, die nach dem 4. September in die Männerstation Nr. 41 eingewiesen wurden (am Vortag hatte Hueppe sie übernommen), fünf die Krankheit gar nicht hatten und von den 17 verbleibenden elf starben. Insgesamt lag die durchschnittliche fallspezifische Sterblichkeit auf Hueppes Station bei 57 % und damit beträchtlich über dem Durchschnittswert aller anderen Stationen im selben Zeitraum. Hueppe versuchte das zu bestreiten oder hinwegzuerklären und betonte, man habe die Statistik auf die Fälle stützen müssen, die sich bei seiner Ankunft bereits auf den Stationen befanden, wie auch auf solche, die nach seinem Arbeitsantritt eingeliefert worden waren. Er behauptete, einige der Todesfälle seien gar nicht auf die Cholera, sondern auf andere Ursachen wie beispielsweise «Lungenentzündung» zurückzuführen, und beteuerte, die Toten seien nicht nach seiner Methode behandelt worden, sondern von den Assistenzärzten auf seinen beiden Stationen nach Rumpfs Methode.

Diese Erklärungsversuche wirkten wenig überzeugend; die auf Hueppes Stationen tätigen Ärzte meinten übereinstimmend, er sei ein «großer Optimist», wenn er glaube, daß seine Behandlung Erfolgsaussichten habe. Noch mehr hat Rumpf wohl Hueppes Erklärung geschadet, die Zustände seien so chaotisch gewesen, daß man wissenschaftliche Experimente nicht ordnungsgemäß habe durchführen können; und wahrscheinlich war dieser Angriff gegen die Leitung des Krankenhauses die eigentliche Ursache für Rumpfs Zorn. Hueppe hat allerdings seine eigenen Einstellungen und Motive der Epidemie gegenüber hinreichend mit seiner Aussage illustriert, er sei bei seiner Ankunft in Hamburg erstaunt gewesen, daß man ihm die Zuständigkeit für zwei Krankenpavillons übertragen habe, statt ihm einfach die Möglichkeit zu geben, seine Experimente durchzuführen, aber auch mit seiner abschließenden Bemerkung, Rumpf sei ein Nervenspezialist, der «sich bis dahin noch niemals mit der Choleraforschung nach irgendeiner Seite beschäftigt hatte. Andererseits hatte meine Forschung die Kenntnis der Cholera nach vielen Richtungen erweitert.»[42]

Hueppes Behandlung stützte sich auf eine Art abführendes Verfahren.

Das war nichts Neues. Die Ansichten der Ärzteschaft zur Choleratherapie hatten sich freilich seit 1831 in gewisser Hinsicht geändert. Man unterschied aufgrund der Symptome jetzt meist zwischen zwei Stadien des Krankheitsverlaufs. Als erstes sah man das Stadium an, in dem es zu den bekannten heftigen Muskelkrämpfen und dem Verlust von Körperflüssigkeit kam, während man annahm, im zweiten setze das Delirium ein, wobei die Krankheit in mancher Hinsicht dem Typhus ähnele. Man hatte sich auch auf die Unterscheidung zwischen «leichten», «mittelschweren» und «schweren» Fällen geeinigt; die Zuordnung zu diesen Kategorien wurde gewöhnlich bei der Einlieferung ins Krankenhaus vorgenommen. So konnte die Behandlung entsprechend der Schwere, mit der die Symptome auftraten, und dem Stadium, das sie erreicht hatten, variiert werden. Doch trotz all dieser Änderungen mußten die Berichterstatter der Presse einräumen, daß die 1831/32 angewandten Behandlungsmethoden «noch heute benutzt [werden], denn die Therapie der Cholera hat seitdem nur geringe Fortschritte gemacht»[43]. Dr. G. Häger kam zu folgendem Ergebnis:

«Bezüglich der Behandlung der Cholera hat die letzte große Cholera-Epidemie von Hamburg im Jahre 1892 etwas Neues von bleibendem Wert nicht zu Tage gefördert. Dagegen sind wohl fast alle angewandten Heilmittel, sowie viele neue, die, nach den bis jetzt angestellten Beobachtungen, sich eine weitere Empfehlung für die Praxis nicht erringen konnten, ausgiebig versucht worden.»[44]

Die Entdeckung des Erregers durch Koch richtete in Hamburg nicht mehr aus, als die herkömmliche Behandlung neu zu rechtfertigen. In der Tat war bemerkenswert, welche Kontinuität bei der Behandlung der Cholera seit über sechzig Jahren herrschte.

Schon bevor die Ärzte 1892 ans Werk gingen, waren ihre Erfolgserwartungen mehr als gedämpft. Sie wußten, «daß es zur Zeit ein Specifikum gegen diese Infektionskrankheit in ihrer ausgeprägten Form nicht gibt, daß alle als ein solches empfohlenen Mittel der Probe nicht standgehalten haben. Uns hat die Epidemie die Überzeugung erneut, daß wir bislang *in erster Linie* uns auf *symptomatische* Mittel beschränken müssen... in den *leichten* und besonders den *mittelschweren* Verlaufsformen kam es in erster Linie darauf an, das Krankheitsgift aus dem Körper zu schaffen oder es durch eingeführte Medikamente nach Kräften unwirksam zu machen, dem Organismus die verlorene Wärme wieder zuzuführen, die veränderte Cirkulation zu regulieren, in selteneren Fällen selbst einen allzustarken Wasserverlust zu paralysieren.»[45]

Die am weitesten verbreitete Behandlung der Cholera war also das Purgieren. Eine warme, zweiprozentige Gerbsäurelösung wurde mehrfach in einer Dosis von jeweils zwei Litern verabreicht. Die Ärzte behaupteten, das bewirke eine erkennbare Besserung des Zustandes beim Patienten. Gelegentlich wurde das Tannin durch Kreolin oder Seife ersetzt; mit welchem Ergebnis, ist nicht bekannt. Die großen Mengen, in denen diese Lösungen verabreicht wurden, mögen in Einzelfällen dem Flüssigkeitsverlust entgegengewirkt haben, der das ernsthafteste Symptom der Cholera ist. Die Ärzte vertraten die Ansicht, solche Lösungen könnten den Verdauungskanal «auswaschen» und die «Bazillen» abtöten.[46]

Doch wurden auch drastischere Abführmittel angewandt. So verabreichten die Ärzte vielen Patienten «die aus früheren Epidemien bekannten Mittel; der Gedanke, daß sie desinficierende, antibacilläre Wirkungen im Digestionstrakt entfalten möchten, leitete zu ihrer Wahl». Diese Desinfektionsmittel wurden nicht in großen Mengen verabreicht, was wahrscheinlich nur gut war, da zu ihnen nicht nur Salol (Salicylsäure-Phenyläther) gehörte, sondern auch Chlorwasser, Milchsäure, Wismut, Kalomel (Quecksilberchlorid), Jod, Chinin, Kreosot, Salzsäure, Strychnin und Arsen! Angesichts der Beschaffenheit dieser Substanzen, die das verzweifelte medizinische Personal den unglückseligen Patienten einflößte, überrascht kaum, daß diese daraufhin noch stärker an Erbrechen litten (oder, wie man im amtlichen Bericht zurückhaltend formulierte, es durch deren üblen Geschmack «zu unwillkommenen Nebenwirkungen» kam). Am häufigsten wurden Salol und Kalomel angewendet – letzteres seit der frühesten Epidemie von 1830 ein sehr beliebtes Mittel –, unverdünnt und in Dosen bis zu einem halben Gramm. In den frühen Stadien der als leicht eingestuften Fälle wurden Abführmittel gegeben, weil man hoffte, damit die Eingeweide zu entleeren, bevor sich der Erreger vermehren konnte. Da in ernsthaften Fällen wegen des wiederholten starken Erbrechens die Anwendung von Desinfektionsmitteln sinnlos war, wurde lediglich Kalomel gegeben. Eine andere Möglichkeit bestand darin, den Körper zu wärmen – die meisten Patienten froren stark – und in warmen Bädern mit bis auf 36 °C erwärmtem Wasser die Durchblutung zu verbessern. Das verschaffte Erleichterung bei den mit der Krankheit gewöhnlich einhergehenden schmerzhaften Muskelkrämpfen und war bei den Patienten beliebt. Man versuchte auch, den Puls durch subkutane Infusionen zehnprozentiger Lösungen aus Kampferöl und Äther zu stimulieren. Andere, weniger unangenehme Möglichkeiten zur Anregung des Kreislaufs bestanden darin, den Patienten mit heißem Tee und Kaffee oder gar mit Wein und Champagner zu laben; diesen Methoden widersetzten sich allerdings die Krankenhausverwaltungen, weil sie sich als recht kostspielig erwiesen.[47]

Das beliebte Kalomel färbte die Ausscheidungen der Choleraopfer grün (in den dreißiger Jahren des 19. Jahrhunderts galt dies offenkundig als günstiges Zeichen). Auch Chlor und Kampfer wurden 1831 bereits verwendet, bisweilen mit anderen Substanzen zu einem Arzneitrank vermischt oder in Wein aufgelöst.[48] Manche Ärzte bevorzugten das spektakuläre Arsen, andere Wismut und Ipekakuanha (Brechwurz). Alle dienten als Brechmittel und wurden den Patienten mit der Absicht gegeben, das Gift der Krankheit so schnell wie möglich aus dem Körper zu treiben.[49] Eine kurze Diskussion der Choleratherapien im Ärztlichen Verein zu Hamburg zeigte 1848, daß Kalomel und Wismut die beliebtesten Mittel zur Behandlung innerer Krankheiten waren.[50] Oft wurden sie gemeinsam mit Opium gegeben, was eine gewisse Erleichterung bei den Symptomschmerzen (vor allem Muskelkrämpfe) verschaffte, die gewöhnlich die Krankheit begleiteten. Auch Dr. Buchheister im Krankenhaus Hornwerk bevorzugte 1831 Opium als Mittel gegen Cholera.[51] Chinin, Magnesium und andere Mittel wurden ebenfalls verwendet. Bisweilen wurde auf aromatische Substanzen zurückgegriffen, um den Körper vom Gift der Cholera zu reinigen, und so legte man Patienten «aromatische Pflaster auf die Magengegend» oder gab ihnen große Mengen aromatischen Tee zu trinken.[52] Kamillenblüten dienten einem «erfahrenen praktischen Arzt» in Hamburg als Heilmittel, der etwas melodramatisch behauptete, den Trank «nach den sehr ausführlichen und bestimmten Aussagen einer besonders hellsehenden Somnambule» zusammengebraut zu haben.[53]

Auch schon bei früheren Epidemien hatte man sich häufig bemüht, Kreislauf und Puls durch Erwärmen des Körpers zu unterstützen. Hamburgs Ärztlicher Verein widmete 1831 der «Anwendung von Massage und warmen Bädern, besonders von Dampfbädern» große Aufmerksamkeit und nahm an einem geradezu schwärmerischen Vortrag «Über günstige Wirkungen von Öleinreibungen» teil.[54] Eine andere Möglichkeit, den Kreislauf an der Körperoberfläche und in den Extremitäten wieder in Gang zu bringen, bestand in Ammoniumeinreibungen.[55] Opfer der Krankheit mußten ständig warm gehalten[56] und häufig heiß gebadet werden.[57] Wahrscheinlich konnten es sich nur die Begüterteren unter ihnen leisten, dem 1831 von zwei Berliner Ärzten, den Professoren Horn und Wagner, erteilten Rat zu folgen, die ihre Patienten aufforderten, sich eine Dreiviertelstunde lang in eine mit auf 30 °R (24 °C) erwärmtem Wein gefüllte Badewanne zu legen.[58] Noch exotischer waren die von Dr. Buchheister in Hamburg im selben Jahr als Behandlung bei einem Cholerapatienten angewendeten «Frictionen». Der Arzt berichtete: «... ich ließ ihn mit Bürsten, die mit Rum stark angefeuchtet waren, stark bürsten.»[59] Der Erfolg dieser Behandlung wurde daran gemessen, daß Schweiß austrat, ein Zeichen dafür, daß die Körperflüssigkeiten wieder zu fließen begannen. Eine Abhandlung aus dem Jahr 1831 forderte ihre Leser sogar auf, die Opfer erst dann schlafen zu lassen, wenn sie ins Schwitzen geraten waren.[60] Der Rat, Schweißausbrüche mit Hilfe heißer Umschläge, warmer Abreibungen, heißer Getränke und dergleichen herbeizuführen, wurde in Hamburg 1848 mit amtlicher Unterstützung wiederholt.[61] Auch 1892 fanden solche Verfahren weithin Anwendung, und als die chaotische Anfangsphase der Epidemie vorüber war, wurden heiße Bäder geradezu zur Standardbehandlung für Cholerakranke.

Eine 1831 weit verbreitete dritte Art der Therapie bestand im Aderlaß. So berichtete beispielsweise der Polizei-Chirurg Hauptfleisch, er und seine Kollegen hätten bei Choleraopfern unter anderem «Aderlaß, spanische Fliegen, Blutegel» zur Behandlung angewendet[62], auch Dr. Buchheister hatte im Krankenhaus Hornwerk zur Ader gelassen.[63] Als 1832 bei einer Zusammenkunft des Ärztlichen Vereins die Behandlung der Cholera zur Sprache kam, zeigte sich, daß der Aderlaß das am häufigsten praktizierte Verfahren war.[64] Man glaubte damit den Kreislauf nahe der Hautoberfläche erneut zu beleben, wo ihn das Auftreten der Cholerasymptome offenkundig beeinträchtigte. Der englische Historiker Michael Durey hat in seiner Untersuchung der Epidemie von 1832 in Großbritannien behauptet, der Aderlaß sei eine Reflexhandlung des Arztes beim Betreten des Krankenzimmers gewesen – ähnlich wie ein heutiger Allgemeinmediziner automatisch sein Thermometer hervorholt: «Der Aderlaß war die wichtigste einleitende Maßnahme, sie bereitete einer abgewogenen Diagnose den Weg.»[65] In Hamburg jedoch wurde der Aderlaß als Behandlung der Cholera *nach* der Diagnose eingesetzt, solange sich dem Patienten Blut entnehmen ließ. Überdies scheint die weitverbreitete Annahme von Medizinhistorikern[66] irrig zu sein, derzufolge er 1848 nicht mehr in großem Umfang praktiziert worden sei. Eine Debatte im Ärztlichen Verein Hamburgs zeigte im Gegenteil, daß «vor allen Dingen der Aderlaß die meisten Anhänger» hatte.[67] Zwar kam er nach 1848 aus der Mode, doch gab es, wie wir bald sehen werden, erstaunlicherweise auch 1892 noch Umstände, unter denen er angewendet wurde.

Ein viertes Verfahren wirkte dem Flüssigkeitsverlust der Opfer durch intravenös gegebene Kochsalzlösungen entgegen. Diese Methode wurde von den Ärzten Hermann und Jaenichen in Moskau entwickelt. Sie behaupteten, unmittelbare Ursachen des Todes sei die Verdickung des Blutes, die den Kreislauf behindere; deshalb schlugen sie vor, Flüssigkeit zuzuführen, um das Blut wieder zu verdünnen. Über O'Shaughnessy und Latta, die dies Verfahren 1832 in Großbritannien anwendeten, gelangte es nach Hamburg und wurde in einer Sitzung des Ärztlichen Vereins diskutiert. So heißt es: «Am 3. Juli 1832 theilte Gumprecht die Erfolge mit, welche Latta in Edinburgh mit intravenösen Kochsalzinfusionen erzielt hatte. Am 4. September berichtete Zimmermann, daß er mit dieser Methode einen schweren Fall geheilt hatte.» Doch mußten andere Mitglieder Fehlschläge bei ihrer Anwendung einräumen. Die Schwierigkeit bestand darin, daß durch die dicken Infusionsnadeln jener Zeit Luft in den Blutstrom gelangte, was zu Embolien, Schlaganfällen oder auch – da die Nadeln nicht ordnungsgemäß sterilisiert waren – zu Blutvergiftungen (Septikämie) führte. Das Verfahren scheint 1848 nicht mehr in Gebrauch gewesen zu sein und wurde auch im Ärztlichen Verein nicht wieder diskutiert.[68] In Krankenhäusern fand es 1892 mit Sicherheit Anwendung, doch sprach man ihm nur begrenzten Nutzen zu und vertrat im allgemeinen die Ansicht, «daß in der Kochsalzlösung kein Heilmittel der Cholera zu sehen sei, sie ist nur ein Rettungsmittel, das in einem Teil der Fälle über die Schwere des ersten Stadiums hinweghilft, jedoch nicht den schlimmen Ausgang eines eintretenden ‹Typhoid› [= Typhus]-Stadiums abwenden kann.» Man sah in ihm «ein kräftiges Reizmittel, welches die Thätigkeit des Herzens wieder anregt», und glaubte, das Verfahren helfe auch, «die im Körper vorhandenen Gifte, welche der Cholera-Erreger ausscheidet, zu verdünnen». Daß es dem Flüssigkeitsverlust, der ein so entscheidendes Symptom der Krankheit ist, entgegenwirkte, galt als wenig wichtig. Im Jahr 1892 erhielten 1659 Krankenhauspatienten, bisweilen mehrfach, intravenös oder subkutan Salzlösungsinfusionen zwischen 1500 und 2000 Milliliter (ml). Die Ergebnisse waren eindrucksvoll:

«Der Puls hebt sich rasch, wird voll und kräftig, die Cyanose und die graue Verfärbung der Haut verschwindet, die tief eingesunkenen Augen beleben sich, die Atmung wird tiefer und regelmäßiger, es tritt eine Rötung des Gesichtes ein, manchmal mit Schweißausbruch. Der Kranke hat das Gefühl innerer Wärme und wesentlicher Besserung. Die Patienten, welche vorher apathisch, komatös dalagen, die auf Anrufen nicht reagierten, auf die Verletzung, welche durch den Hautschnitt, das Freilegen der Vene bedingt ist, gar nicht achteten, wachen beim Einfließen der Kochsalzlösung oft wie aus einem tiefen Schlafe auf, und die rauhe, heisere Cholerastimme wird klar und verständlich.

Unter dem Einflusse der in den Körper einströmenden warmen Kochsalzlösung lassen die Krämpfe der Muskulatur nach oder verschwinden ganz. Das Bild ist wie durch einen Zauberschlag verändert, der Schwerkranke scheint nach der Infusion ein der Genesung entgegengehender Patient zu sein.»

Zwar genasen einige der auf diese Weise Behandelten, doch viele erlagen der Krankheit noch nach vier oder fünf aufeinanderfolgenden Infusionen. Die Flüssigkeitsmenge, ob oral, intravenös oder subkutan zugeführt, genügte in keiner Weise als Ausgleich für den enormen Flüssigkeitsverlust, an dem die Patienten litten, was diese instinktiv spürten, denn, wie sich ein freiwilliger Pfleger zu erklären genötigt sah, die von den Ärzten erlassene Vorschrift, «den Consum von Getränken auf das Allernothwendigste zu beschränken», stieß weithin auf Protest. Durch sie sollte erreicht werden, daß die Patienten nicht weiter erbrachen: «In dieser Beschränkung sahen die Kranken oftmals bösen Willen und schwer war es, ihnen begreiflich zu machen, daß die Vorenthaltung der Getränke nur in ihrem eigenen Interesse begründet läge.»[69]

Medizinische Berichte aus dem Jahr 1892 betonten eigens, es könne keine Rede davon sein, daß Luftblasen in den Blutstrom gerieten oder unsterilisierte Nadeln Infektionen hervorriefen. Sie gaben sich zuversichtlich, daß die Gefahren, die um die Mitte des 19. Jahrhunderts zum Verzicht auf Infusionen geführt hatten, jetzt überwunden seien. Doch wenn die Behandlung auch nicht mehr ausgesprochen gefährlich war, so galt sie doch als enttäuschend unwirksam. Rückblickend kann man vermuten, daß der Grund eine unzulängliche Flüssigkeitsmenge bei den Infusionen war oder die Patienten anschließend nicht genug zu trinken bekamen; es kann aber auch an mangelnder physiologischer Ausgewogenheit der Lösung gelegen haben. Wie auch immer – intravenös gegebene Infusionen von Salzlösungen hatten bisweilen unangenehme Nebenwirkungen. Ida Neubauer, die in Winterhude mit den entlassenen Patienten zu tun hatte, notierte beispielsweise, eine Frau habe «noch große Beulen von Salzeinspritzungen»[70] aufgewiesen.

II

Welchen Einfluß besaßen diese Behandlungsmethoden auf die Sterblichkeit in den Krankenhäusern? Den besten therapeutischen Erfolg versprach wohl die Infusion von physiologischer Kochsalzlösung; es scheint, daß jedoch nur Schwerkranke intravenös damit behandelt wurden, gewöhnlich am ersten Tag im Krankenhaus. Von 193 Fällen, die Dr. Rieder im Alten Allgemeinen Krankenhaus auf diese Weise behandelte, wurden 191 als «schwere Cholera, vorzugsweise *Stadium algidum*» eingestuft. Von ihnen starben 125, eine fallspezifische Sterblichkeit von 65%. Bei den achtzig verbleibenden unbehandelten Fällen auf Dr. Rieders Cholerastationen betrug die Todesziffer immerhin 90%. Von diesen unbehandelten Patienten starben 24 binnen zwölf Stunden nach ihrer Einlieferung, waren aber «zum Teil schon moribund aufgenommen» worden. Obwohl es unter den mit Infusionen Behandelten ähnliche Fälle gab, dürfte ihre Zahl geringer gewesen sein; normalerweise wurde niemand behandelt, der bei der Einlieferung offensichtlich schon im Sterben lag. Auch wenn wir die Zahl der unbehandelten Patienten um die 24 «moribunden» Fälle vermindern, liegt die Sterblichkeit noch immer bei 86%. Überdies bekamen acht von denen, die sich erholten, subkutane Infusionen. 301 schwer Erkrankte wurden mit Cantani's Gerbsäurelösung behandelt, 231 davon erhielten sie in Form einer Infusion. Die fallspezifische Sterblichkeit lag hier bei 67%, während sie bei allen 2283 Cholerapatienten zusammen 79% betrug, so daß die Behandlung hier tatsächlich einen geringfügigen Einfluß gehabt haben mag. Doch hatten rund 80% der Schwerkranken, die sich wieder erholten, keinerlei Behandlung mit Kochsalzlösung erfahren, so daß die Wirkung dieser Therapie, gemessen an der Zahl der Heilungen, nur geringfügig war. Allerdings besteht die Möglichkeit, daß ihr andere Therapien entgegengewirkt haben.[71]

Einzelne Patienten wurden über mehrere Tage hinweg einer ganzen Reihe unterschiedlicher Behandlungen unterzogen. Beispielsweise kam die Patientin W., eine einunddreißigjährige Frau, am 4. September 1892 ins Krankenhaus. In den ärztlichen Aufzeichnungen zu ihrem Fall heißt es: «... viel Durchfälle; heute abend 2 mal Erbrechen, viel Muskelkrämpfe, viel Kreuz- und Magenschmerzen, Füße kalt, völlig collabiert, Körper kalt, aphonisch. Ca. 8 Uhr Gesicht grau, Augen eingefallen.» Sie erklärte, ausschließlich abgekochtes Wasser getrunken zu haben, doch waren einige Nachbarn in ihrem Haus bereits an Cholera gestorben, so daß sie höchstwahrscheinlich von diesen mittelbar oder unmittelbar angesteckt worden war. Kurz nach der Einlieferung erhielt sie eine subkutane Infusion von 2000 ml Kochsalzlösung, doch hatte dies kaum erkennbare Wirkung auf ihren Zustand, sie klagte weiterhin über großen Durst, so daß man ihr intravenös weitere 2000 ml gab. Dadurch wurde ihr Puls wieder tastbar – zuvor hatten ihn die Ärzte nicht fühlen können – und sie selbst etwas lebhafter. «Patient macht die Augen spontan auf, erkundigt sich nach ihrem Kinde etc.» Am folgenden Tag blieb ihr Puls kräftig. Sie litt an «viel Durchfall, Erbrechen weniger». Das hielt am 6. September an, dann wurde der Puls der Patientin wieder schwächer, und man gab ihr vierzig Tropfen Kreolin und 0,01 ml Morphin. Am 7. September wurden ihr mittels eines Katheters 100 ml Urin entnommen, am 8. weitere 300 ml. Da die Patientin nach wie vor erbrach und über Magenkrämpfe klagte, bekam sie etwas Wismutpulver. Eine weitere Infusion von Kochsalzlösung am 9. September führte zu einer erneuten Verbesserung des Pulses. Es hieß, sie «fühlte sich frischer». Am 10. September erbrach sie nicht mehr, und der Durchfall hatte nahezu vollständig aufgehört. Jetzt aber klagte sie über starke Schmerzen in der linken Seite, «Stiche in der rechten Seite» und «Herzklopfen». Am 11. überfielen sie «ganz akut einsetzende Delirien. *Casus gravissimus*». Sie bekam Morphin zur Beruhigung und starb am Vormittag des 13. Septembers um neun Uhr: «... ganz akut *Exitus*», wie es im medizinischen Bericht heißt.[72]

In einem anderen Fall jedoch zeigten in großer Menge gegebene Infusionen von physiologischer Kochsalzlösung eine günstigere Wirkung, vielleicht, weil sie rasch nacheinander verabfolgt wurden. Der am 31. August eingelieferte Patient G. war «bei der Aufnahme fast bewußtlos, collabiert, nicht zu vernehmen, hat enorme Muskelkrämpfe, Durchfälle und fortdauerndes Erbrechen schwärzlicher, flüssiger Massen». Sein Puls war nicht tastbar. Er bekam Kampferinjektionen und wurde mehrfach heiß gebadet. Wichtiger aber war wohl, daß er in den ersten beiden Tagen im Krankenhaus bei fünf Infusionen ingesamt achteinhalb Liter Kochsalzlösung intravenös erhielt. Im ärztlichen Bericht heißt es darüber: «... kolossales Erbrechen, Würgebewegungen und zahllose Cholerastühle». Der Patient erbrach sich bis zum 6. September, begann sich dann zu erholen. Am 25. wurde er entlassen.[73] Andere Patienten erhielten über einen weit längeren Zeitraum Infusionen von Kochsalzlösung in großen Mengen, ohne sich zu erholen.[74] Es schien bei dieser Behandlung kein klar erkennbares Muster zu geben; und obwohl man von Infusionen allgemein annahm, daß sie zeitweilige Erleichterung verschafften, galten

1 Bürgermeister Johann Georg Mönckeberg (Staatsarchiv Hamburg, Bildsammlung)

2 Senator Gerhard Hachmann (Staatsarchiv Hamburg, Bildsammlung)

3 Senator Johannes Versmann (Staatsarchiv Hamburg, Bildsammlung)

4 Dr. Heinrich Gieschen, von 1878 bis 1896 Erster Vorsitzender des Grundeigentümer-Vereins (aus: Renate Hauschild-Thiessen: Hundertfünfzig Jahre Hamburger Grundeigentümer-Verein, Grundeigentümer-Verein zu Hamburg, 1982)

5 Hamburger Fleete. Das Herrengrabenfleet bei Ebbe (Staatl. Landesbildstelle, Hamburg)

6 Überschwemmung in der Neustadt (Zeichnung von C. Förster, in: J. C. Wendt und C. E. L. Kappelhoff: Hamburgs Vergangenheit und Gegenwart. Eine Sammlung von Ansichten, Hamburg 1896, S. 259)

7 Im Gängeviertel. Der «De scheebe Stebel» genannte Hof im Johannisbollwerk (aus: Fritz Lachmund und Rolf Müller: Hamburg Seinerzeit zur Kaiserzeit, Topographikon-Verlag Rolf Müller, Hamburg ^{4}1976, S. 38)

8 Auswandererunterkunft und Laden eines Lumpenhändlers in den Binnenkajen (Staatliche Landesbildstelle Hamburg)

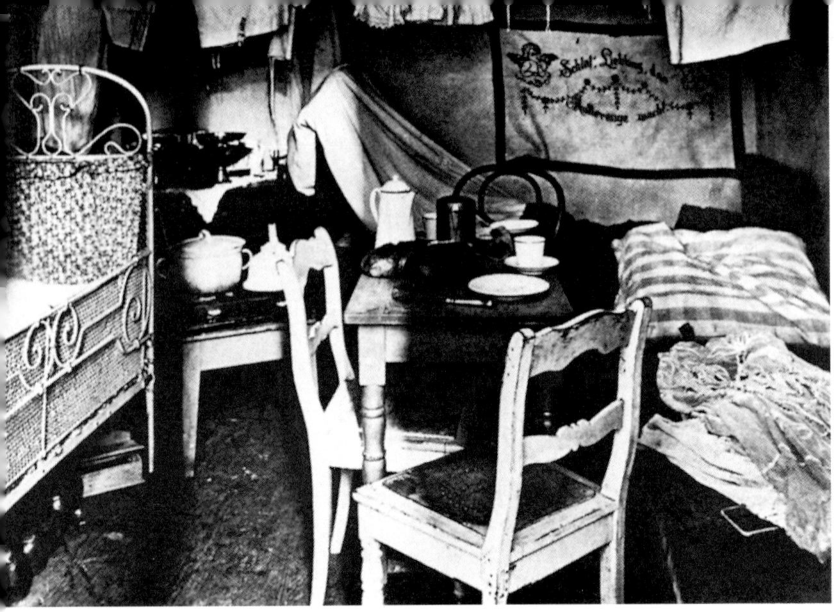

9 Eine Ein-Zimmer-Wohnung im Gängeviertel; Rademachergang, 1896 (Staatliche Landesbildstelle Hamburg)

10 Abtritte im Gängeviertel. Gemeinschaftstoiletten im «Langen Jammer», um 1890. Im Jahre 1890 waren noch nicht alle Toiletten an die Kanalisation angeschlossen. (Staatliche Landesbildstelle Hamburg)

11 Abriß von Wohnquartieren in den achtziger Jahren des 19. Jahrhunderts auf der Brook- und Kehrwieder-Halbinsel, um Platz für den neuen Hafen zu schaffen, 1885 (aus: Lachmund und Müller: Hamburg Seinerzeit, S. 10)

12 Der deutsche Kronprinz bei einer Besichtigung der Abwasserkanäle in Hamburg (Druck von H. Kaesebers, 1895; Museum für Hamburgische Geschichte)

13 William Lindley, Ingenieur (Staatsarchiv Hamburg, Bildsammlung)

14 Robert Koch (Staatliche Landesbildstelle, Hamburg)

15 Max von Pettenkofer (BBC Hulton Picture Library)

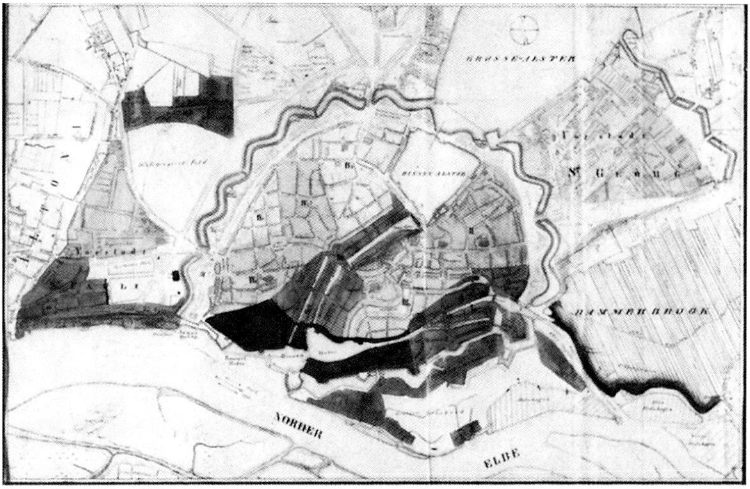

16 Die Cholera in Hamburg 1832. Die Sterblichkeit war entlang der Flußläufe und Fleete am höchsten (Karte aus: J. N. C. Rothenburg: Die Cholera-Epidemie des Jahres 1832 in Hamburg, Hamburg 1836; Exemplar im Staatsarchiv Hamburg)

17 Pastor Friedrich Werner, zur Zeit der Epidemie 1892 Hilfsprediger in Hamm Süd (Staatsarchiv Hamburg, Plankammer)

18 Ein Cholerafall in der Straßenbahn (aus: Über Land und Meer. Deutsche Illustrierte Zeitung, 4, 1892, S. 80; Staatliche Landesbildstelle Hamburg, Sammlung Thinius)

19 Cholerakranke werden ins Krankenhaus eingeliefert («Enlèvement de cholériques dans la Niedernstrasse», aus: L'Illustration 2586, 17. Sept. 1892, S. 233; Staatsarchiv Hamburg, Plankammer 272, Medizinalwesen Mappe I)

20 Krankenwagen der Stadtambulanz (Staatsarchiv Hamburg, Medizinalkollegium II N 3, Vol. I, Bl. 82)

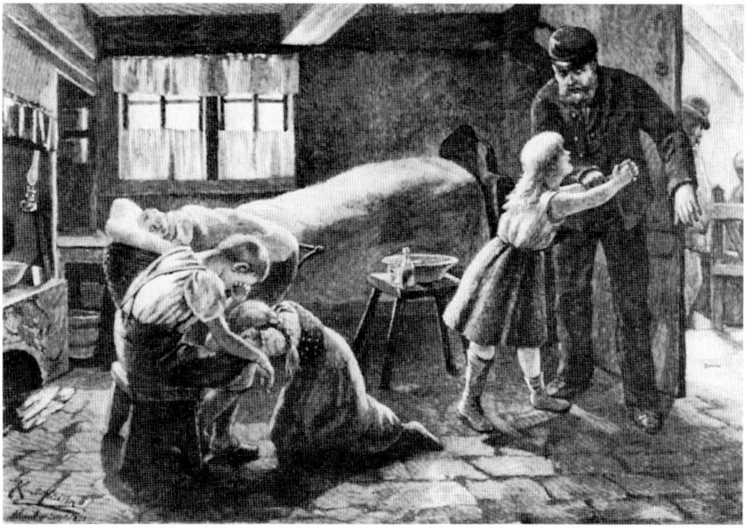

21 Choleratod in der Wohnung («Verwaist», aus: Die Gartenlaube, 43, 1892, S. 717; Staatsarchiv Hamburg, Plankammer 272, Medizinalwesen Mappe I)

22 Cholerabaracke und Feldlazarett in Hamburg 1892 («Armee-Feldlazareth, errichtet für Cholerakranke», aus: Nr. 4 der «Hamburger Bilder aus der Cholera-Zeit», Lichtdruck und Verlag von Knackstedt und Näther, Hamburg-Eppendorf 1892; Staatsarchiv Hamburg, Plankammer 272, Medizinalwesen Mappe I)

23 In der Cholerabaracke, Oktober 1892 («Inneres einer Cholerabaracke vor dem Marienkrankenhaus»; Staatliche Landesbildstelle Hamburg, Museum für Hamburgische Geschichte)

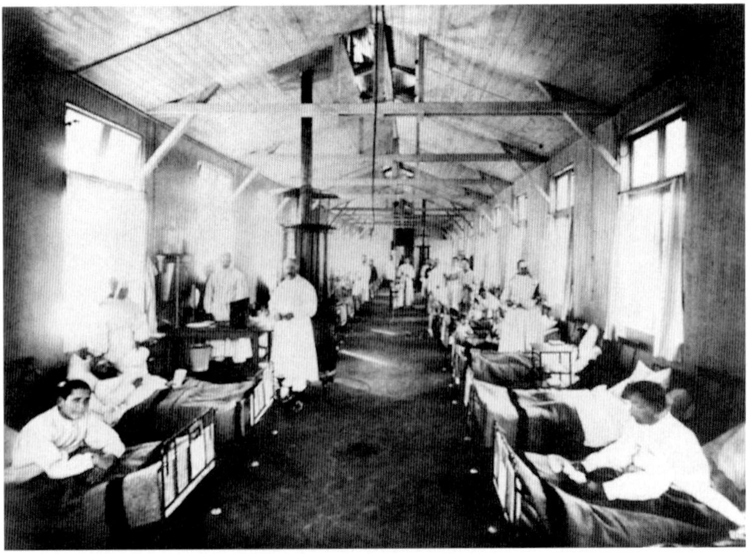

24 Beisetzung in einem Massengrab («The Cholera-Stricken City: An Open Grave in the Cholera Cemetery at Hamburg», aus: The Graphic 46, Nr. I, 193, 8. Okt. 1892, S. 424)

25 Der städtische Friedhof während der Epidemie von 1892 («Begräbnisstätte der Choleraleichen», aus: Illustrierte Zeitung 2569, 24. Sept. 1892, S. 375; Staatsarchiv Hamburg, Plankammer 272, Medizinalwesen Mappe I)

26 Angst in Hamburg: Der Apotheker macht ein Bombengeschäft. Man beachte die zahlreichen Dienstboten, die für ihre Herrschaften Besorgungen machen. («Vor einer Apotheke», aus: Illustrierte Zeitung, 2569, 24. Sept. 1892, S. 344; Staatsarchiv Hamburg, Plankammer 272, Medizinalwesen Mappe I)

27 «Verteilung gekochten Wassers am Messberg» (Nr. 3 der «Hamburger Bilder aus der Cholera-Zeit»; Staatsarchiv Hamburg, Plankammer 272, Medizinalwesen Mappe I)

28 Eine Desinfektionskolonne posiert vor der Desinfektionsanlage für den Fotografen. Man beachte die beiden Polizeibeamten. («Angestellte der provisorischen Desinfektionsanstalt», Amateuraufnahme [Herr Feuerbach], 1892, G 35 dI; Staatsarchiv Hamburg, Plankammer 272, Medizinalwesen Mappe I)

29 Die Desinfektionskolonne bei der Arbeit («Eine Desinfektionskolonne vertheilt Anweisungen», aus: Illustrierte Zeitung, 2569, 24. Sept. 1892, S. 344; Staatsarchiv Hamburg, Plankammer 272, Medizinalwesen Mappe I)

30 Gejagte Jäger. Karikatur aus dem «Kladderadatsch» vom 25. September 1892. «Das Augsburger Gemeindekollegium hat, wie das ‹Bayerische Vaterland› berichtet, im Hinblick auf die Choleragefahr beschlossen, die Eröffnung der Hasenjagd zu verschieben.» (Staatsarchiv Hamburg)

31 Der cholerafreie Stadtrat. Karikatur aus dem «Kladderadatsch» vom 25. September 1892. «Die Firma Angstmeier & Comp. erhält ein Patent für cholerasichere Ratsherrnstühle, die alsbald von den Gemeindevätern in Augsburg, Peine, Ballenstedt, Altruppin und in andern Orten angeschafft werden.» (Staatsarchiv Hamburg)

32 Bismarck wird desinfiziert. Karikatur aus dem «Kladderadatsch» vom 25. September 1892. Der ehemalige Reichskanzler Otto von Bismarck (mit Pfeife), in Begleitung von Hund und Sohn Herbert auf dem Weg vom Bismarck-Landsitz Friedrichsruh in unmittelbarer Nähe Hamburgs nach Wien zu Herberts Hochzeit, wird an der österreichischen Grenze von Beamten angehalten, die alle drei mit Karbol besprühen wollen. In Wirklichkeit hatten sie Wien bereits am 26. Juni verlassen. Die Bildunterschrift lautet: «Ein gewisser Ehrenbürger von Hamburg ist erfreut, daß er jetzt nicht österreichischen Boden betreten muß; er würde sonst gründlich auf höhere Weisung hin desinficirt werden.» (Bismarck war seit 1871 Ehrenbürger Hamburgs.) (Staatsarchiv Hamburg)

33 Karitative Bemühung. Eine während der Epidemie errichtete Behelfssuppenküche («Speisehalle Hansaplatz», Amateuraufnahme [Herr Feuerbach], P51–918a; Staatsarchiv Hamburg, Plankammer 272, Medizinalwesen Mappe I)

34 Sanierung des Gängeviertels, 1913 (Abriß von Gebäuden im Gebiet südlich der Steinstraße, aus: Lachmund und Müller: Hamburg Seinerzeit, S. 89)

35 «Der Abschied der Cholera.» Karikatur aus der Zeitschrift «Deutsche Wespen», 30/42, 1892. Während die Cholera Hamburg mit ihrer Beute an Leichen verläßt, beeilen sich die Bürger in typisch altmodischer Kleidung, ihr die Rückkehr zu verwehren, indem sie das Stadttor schließen, über dem die Inschrift prangt: «Reform der Verwaltung». Die Bildunterschrift lautet: «Hoffentlich wird in Hamburg hinter der scheidenden Cholera die Thür so geschlossen, daß der schlimme Gast nicht zurückkehren kann.» (Staatsarchiv Hamburg)

36 Gedenkblatt (Staatsarchiv Hamburg)

sie nach allgemeiner Ansicht nicht als Behandlungsmethode mit guten Heilungsaussichten.

Inzwischen gründet sich die Choleratherapie auf Erkenntnisse, die Norman Howard-Jones 1972 dargestellt hat:

«Todesursache ist eine auf die ungeheuren Verluste von Wasser und Elektrolyten durch beständigen Durchfall und Erbrechen zurückgehende Unterversorgung des Körpers mit Flüssigkeit. Dieser Flüssigkeitsverlust ist auch der Grund für die teerartige Beschaffenheit des Blutes und dafür, daß es aus den peripheren Blutgefäßen praktisch verschwindet. Cholerapatienten bedürfen zur Wiederherstellung einer hinreichenden Blutversorgung und Dünnflüssigkeit des Blutes dringend einer Rehydrationstherapie, anfänglich durch die intravenöse Infusion von physiologischer Kochsalzlösung und später durch das Trinken großer Flüssigkeitsmengen.»

So war also grundsätzlich jede Behandlung ausgesprochen schädlich, die weitere Flüssigkeitsverluste hervorrief. Das gilt selbstverständlich für alle den Cholerakranken verabreichten Abführ- und Brechmittel, denn sie bewirkten vermehrtes Erbrechen und Durchfall. Die Schlüsse, die Howard-Jones daraus gezogen hat, waren in der Tat eindeutig. Im 19. Jahrhundert, schrieb er, «haben Ärzte wohl Tausende von Cholerapatienten durch die Anwendung dieser Therapien ins Grab gebracht».[75]

In neuerer Zeit hat sich Michael Durey bemüht, die Ärzteschaft jener Zeit in Schutz zu nehmen. Er behauptete, solche Therapieverfahren hätten in Wirklichkeit kaum Einfluß auf den Krankheitsverlauf gehabt. So habe man beim Aderlaß, den man lediglich als vorläufige Vorsichtsmaßnahme angesehen habe, jeweils nur sehr geringe Mengen Blut abgenommen. Da aber der Aderlaß 1831/32 und 1848 in Hamburg nicht zur Vorsicht praktiziert wurde, sondern als Therapie, dürften die Blutmengen generell größer gewesen sein. Sogar 1892 wurden auch den Patienten in Einzelfällen – sozusagen um Platz für die Salzlösung zu schaffen – bis zu 800 ml Blut entnommen, was ernsthafte Folgen nach sich ziehen konnte. Durey schätzt, daß sich der Zustand des Patienten bereits verschlechterte, wenn man ihm mehr als 20 oder 30 ml Blut abnahm, er gibt darüber hinaus zu bedenken, daß Ärzte wohl nicht weiterhin zur Ader gelassen hätten, wenn das tatsächlich mit den von Howard-Jones behaupteten katastrophalen Folgen verbunden gewesen wäre.[76] Doch scheint diese Vermutung reine Spekulation. In ähnlicher Weise legt Durey den Abführ- und Brechmitteln Kalomel und dergleichen gegenüber eine bemerkenswert positive Haltung an den Tag. Zwar ist er zu vorsichtig, um für diese Mittel Erfolge in Anspruch zu nehmen, doch die Art, wie er über sie schreibt, ist alles andere als neutral. «Die meisten Mediziner trafen eine kluge Wahl... relative Wirksamkeit... es ginge zu weit, wollte man behaupten, daß Kalomel in *bedeutendem Umfang* Leben gerettet hat» – und so weiter. Diese Formulierungen legen doch den Schluß nahe, jene Methoden seien wirksam gewesen. Im großen und ganzen, schließt Durey, habe die Medizin im 19. Jahrhundert mit den ihr geläufigen Vorstellungen und verfügbaren Mitteln ihr Bestes getan, und läßt durchblicken, sie habe eher das Leben von Choleraopfern gerettet als – wie von Howard-Jones behauptet – deren Tod beschleunigt oder gar verursacht.

Der Versuch, diese konkurrierenden Argumente überzeugend zu bewerten, trifft auf ernsthafte Schwierigkeiten. Beispielsweise bringt Durey vor, die Behandlung sei 1853/54 wirksam gewesen, weil die Sterblichkeit unter den einer Kalomel- und Schwefelsäuretherapie unterzogenen Cholerakranken bei 45–47%, die normale fallspezifische Sterblichkeit hingegen bei 50–75% gelegen habe. Doch sind diese Zahlen unbefriedigend, weil keine anderen Variablen mit einbezogen wurden. Beispielsweise ist denkbar, daß lediglich die minder schweren Fälle zur Behandlung ausgewählt oder in erster Linie Kranke in der Altersgruppe mit der geringsten fallspezifischen Sterblichkeit und den günstigsten Genesungsaussichten behandelt wurden. Immerhin hing die fallspezifische Sterblichkeit vom Lebensalter ab, wie wir im fünften Kapitel sehen werden. Falls nun die mit Kalomel und Schwefelsäure Behandelten vorwiegend einer Altersgruppe angehörten, in der die fallspezifische Sterblichkeit durchschnittlich 25–30% betrug – und im allgemeinen wählte man die leichteren Fälle für die Behandlung aus –, liefe eine Rate von 45–47% auf das Gegenteil der Schlußfolgerung hinaus, die uns Durey nahelegen möchte: In diesem Fall müßten wir annehmen, daß Kalomel und Schwefelsäure die Krankheit nur noch verschlimmerten.

Einen Eindruck davon, wie wirksam 1892 Krankenhausbehandlung und -pflege bei Cholera waren, vermittelt uns die allgemeine Krankenhausstatistik. Von den insgesamt 8296 an Cholera Erkrankten, die in Hamburger Krankenhäuser eingeliefert wurden, starben 3994, nach Hause entlassen wurden 4302. Also betrug die fallspezifische Cholerasterblichkeit unter diesen Patienten 48%. Da die durchschnittliche Cholerasterblichkeit für die Gesamtheit aller Fälle 51% ausmachte, scheint ein Krankenhausaufenthalt – unter Berücksichtigung der zahllosen Möglichkeiten von Statistikfehlern – keinen großen Einfluß gehabt zu haben.[77] Im Vergleich zu früheren Epidemien bedeutete dies eine gewisse Verbesserung, denn 1848 lag beispielsweise unter den Patienten von Cholerakrankenhäusern die Sterblichkeit mit 56% über dem Durchschnitt.[78] Doch wurde bei früheren Epidemien, wie wir gesehen haben, ein weit geringerer Anteil der Erkrankten ins Krankenhaus eingeliefert. Während der ersten beiden Wochen der Epidemie von 1892 wurde offensichtlich Schwerkranken Vorrang bei der Aufnahme eingeräumt. Als «schwer» wurden 79% der zwischen dem 22. und 28. August eingelieferten Fälle eingestuft; in der zweiten Woche, vom 29. August bis 4. September, ging dieser Anteil auf 69%, in der dritten Woche auf 64% zurück, und auf diesem Wert verharrte er bis zum Ende der Epidemie. Angesichts dieser Umstände kann es nicht überraschen, daß die Sterblichkeit in der ersten Epidemiewoche hoch lag und 67% der zwischen dem 22. und 28. August mit Cholera ins Krankenhaus Eingelieferten starben. Schon in der folgenden Woche war die fallspezifische Sterblichkeit unter Krankenhauspatienten auf 56% zurückgegangen und pendelte vom 4. bis 25. September um die 50%-Marke, was etwa den Werten der fallspezifischen Sterblichkeit in Hamburg insgesamt entsprach.[79] Die Sterblichkeit im Krankenhaus liefert demnach allgemein eher einen Hinweis auf Veränderungen bei der Aufnahmepraxis als auf eine Wirksamkeit der Behandlung.

Es existiert also keinerlei schlüssiger Nachweis dafür, daß eine Krankenhausbehandlung die Genesungsaussichten Cholerakranker insgesamt verschlechterte oder verbesserte. Möglicherweise bedeuteten Behandlungsmethoden wie die Infusion von Kochsalz- oder Gerbsäurelösungen geringfügig bessere Überlebensaussichten für die Patienten; andere Therapien, wie beispielsweise die von Professor Hueppe und anderen durchgeführte Behandlung mit Brech- und Abführmitteln, wirkten möglicherweise marginal in die Gegenrichtung. Morphin und Opium trugen wahrscheinlich in erheblichem Maße dazu bei, das entsetzliche Leiden der Kranken zu lindern.

Für alle, die das Unglück hatten, in den ersten beiden Wochen der Epidemie ins Krankenhaus geschafft zu werden, muß die Einlieferung ein beunruhigendes und erschreckendes Erlebnis gewesen sein, allenfalls gemildert durch die Apathie, die bei der Cholera dem Delirium voranzugehen pflegt. Mitten unter Patienten, die an den schwersten Symptomen der Cholera litten, nur gelegentlich, wenn überhaupt, von den überarbeiteten, viel zu wenigen Ärzten und Schwestern betreut, können die Kranken nur geringe Hoffnung auf Genesung gehabt haben. Um sie herum wurden jeweils zwei von drei Patienten der Stationen Opfer eines furchtbaren Todes. Wer dazu imstande war, konnte in den Korridoren und auf dem Krankenhausgelände Hunderte von Leichen und Särgen sehen. Oft brachte man im frühen Stadium der Epidemie Choleraopfer ins Krankenhaus, ohne daß Angehörige und Verwandte etwas davon wußten. Isoliert und ohne die Möglichkeit, mit ihren Lieben in Verbindung zu treten, litten und starben sie einsam, die elendesten unter den vielen Opfern der Epidemie.

Angst und Panik

I

Die Schrecken, die Patienten auf den Cholerastationen durchlitten haben müssen, waren lediglich der extremste Ausdruck einer allgemeinen Angst, die 1892 die Menschen in Hamburg gefangenhielt. «Weite Kreise der Bevölkerung waren von einer Panik ergriffen», notierte ein Beobachter.[1] Der Anblick der Choleraopfer und die Tatsache, daß die tödliche Bedrohung nicht sichtbar war, mache die Menschen «nervös», hieß es[2], und weiter: «... der Bevölkerung hatte sich große Furcht bemächtigt.»[3] Doris Viersbeck, Dienstmädchen in einem bürgerlichen Haus Hamburgs, schrieb: «... die Angst um die lieben Angehörigen, es könnte einer von dieser schrecklichen Seuche erfaßt werden, und auch noch die Sorge um sich selbst, man könnte von Unwohlsein befallen werden, und man würde dann erbarmungslos als choleraverdächtig zwischen diese Kranken gebettet werden (denn man konnte täglich solche Vorkommnisse lesen), versetzte einen in einen aufgeregten, fiebernden Zustand.» Selbst über Senatorengattinnen sagten Bekannte, sie seien «krank vor Angst», und überall, hieß es, habe man «ängstliche Gesichter» gesehen.[4] Es dauerte nicht lange, bis allerlei Gerüchte in der Stadt umliefen. Die Angst vor der Cholera wandelte sich zu einer allgemeinen Angst; schon bald munkelte man, auch Fleckfieber sei ausgebrochen, und in einem Bericht hieß es sogar, in Hammerbrook gebe es eine Epidemie der «schwarzen Pokken»[5]. Gerüchte kursierten schon, bevor der Ausbruch der Krankheit amtlich bekanntgegeben war; als die ersten Cholerafälle auftraten, berichteten die Hamburger Zeitungen darüber. Zuerst erschienen vereinzelte Meldungen in der Spalte «Vermischtes», dann wurden sie häufiger, bis das Zusammentreffen so vieler Fälle mit «choleraähnlichen Erscheinungen» zu beunruhigend wurde, als daß man noch hätte darüber hinweggehen können.[6] Am 20. August, lange bevor die Behörden das Auftreten der Cholera in der Stadt bestätigten, berichtete das «Hamburger

Fremdenblatt», es seien Gerüchte über eine Epidemie im Umlauf, bemühte sich allerdings gleichzeitig, sie zu entkräften. Dasselbe Blatt teilte am 22. August mit, diese Gerüchte hätten ein beunruhigendes und übertriebenes Ausmaß angenommen, und forderte eine amtliche Stellungnahme.[7] Wahrscheinlich waren sich vor dem 18. und 19. August nur wenige Menschen einer drohenden Gefahr bewußt, doch müssen die 66 neuen Fälle, die am 20. auftraten, geradezu eine Welle von Spekulationen ausgelöst haben. Als sich dann am 21. bei weiteren 113 Menschen die Symptome der Cholera zeigten – häufig in aller Öffentlichkeit –, dürfte kaum noch jemand daran gezweifelt haben, daß irgend etwas ganz und gar nicht stimmte.[8]

Gerüchte und Befürchtungen fanden am 22. August ihren Ausdruck in einer Massenflucht aus der Stadt. Abbildung 14 zeigt, daß, unter Berücksichtigung der jährlichen Zuwachsrate von 10,5 % bei Bahnfahrten zu jener Zeit und der allwöchentlich zu verzeichnenden Zunahme des Verkehrs an Sonntagen, am 22. August über 8000 und am 23. August 4000 Eisenbahnfahrkarten mehr gekauft wurden, als zu erwarten gewesen wäre. Vom 24. August an hingegen nahm die Zahl der Reisenden ab, kaum daß das Auftreten der Cholera amtlich bekanntgegeben worden war.[9] Wie ein Reporter der «Kölnischen Zeitung» am 28. August notierte: «Der Bann, welcher mehr oder weniger auf jedem Gemüt lastet, beginnt zu weichen; die Cholera-Furcht, welche thatsächlich in den letzten Tagen Tausende aus Hamburg getrieben, hat nicht mehr jenen unheimlichen Charakter, der unausgesprochen auf jeder Lippe zitterte.»[10] Wie das Zitat erkennen läßt, war die Massenflucht (die genannten mindestens 12000 Personen entsprechen 2 % der damaligen Bevölkerung der Stadt) am 22./23. August nicht unbemerkt vor sich gegangen.[11] «Daß viele schwache Seelen weglaufen», schrieb Bürgermeister Johann Georg Mönckeberg am 30. August 1892 seinem Sohn, «oder die unglaublichsten Torheiten begehen, um ihr kleines Leben möglichst zu konservieren, versteht sich von selbst.» Seine Tochter notierte am selben Tag in ihrem Tagebuch: «Die halbe Menschheit reist fort.»[12] Eine Hamburgerin, die in der Stadt geblieben war, schätzte am 25. September, daß seit dem Einsetzen der Epidemie 40000 Menschen vor der Cholera geflohen waren.[13] Im amtlichen Bericht des Kaiserlichen Gesundheitsamtes hieß es ebenfalls, «daß eine große Zahl von Hamburger Einwohnern sich der Ansteckungsgefahr durch die Abreise zu entziehen suchte»[14]. Ähnlich äußerte sich am 2. September Georg Koch, Direktor des Statistischen Büros der Stadt, der sich während der gesamten Epidemie in der Stadt

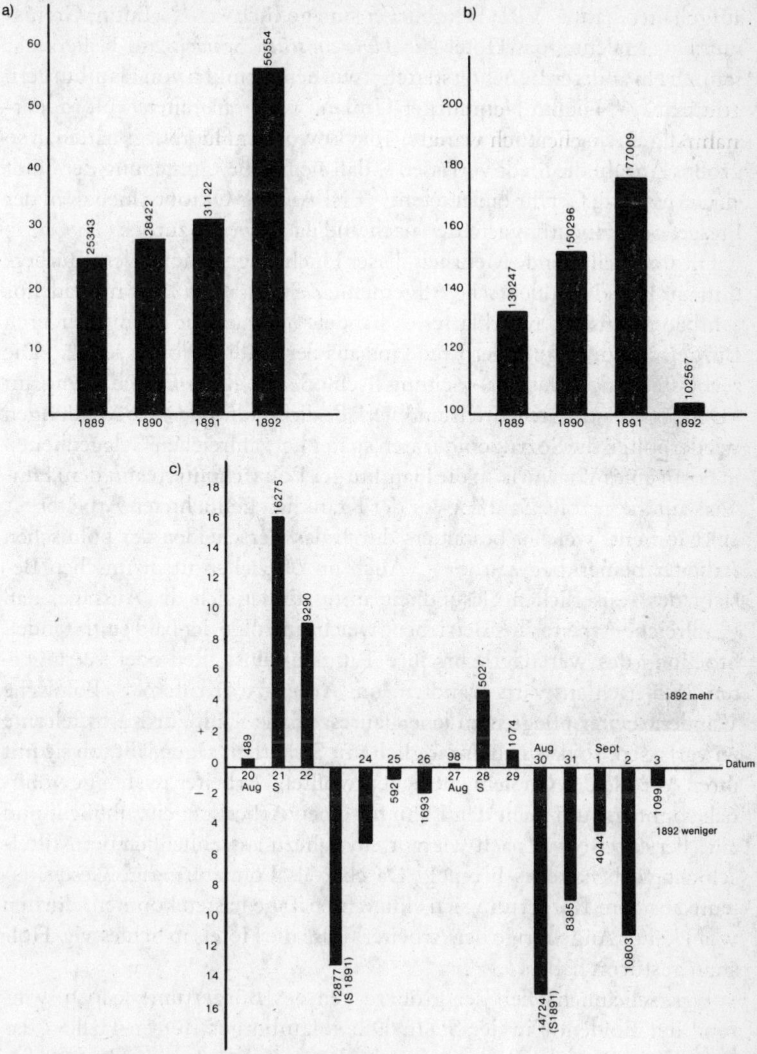

a) Am 20., 21. und 22. August 1889–1892 in Hamburg und Altona gekaufte Eisenbahnfahrkarten (in Tausend) 1889–1892

b) Vom 23. August bis 3. September in Hamburg und Altona gekaufte Eisenbahnfahrkarten (in Tausend) 1889–1892

c) In Hamburg und Altona 1892 gekaufte Eisenbahnfahrkarten, verglichen mit dem jeweils entsprechenden Tag im Jahr 1891 (in Tausend; S = Sonntag)

(Quelle: StA Hbg, Cholerakommission, S. 13: Flüchtlinge)

Abb. 14 Die Flucht aus der Stadt im August 1892

aufgehalten hatte: «Viele Hamburger sind geflüchtet.»[15] «Eutin, Gremsmühlen, Malente, das Hotel *Zur Holsteinischen Schweiz* am Kellersee», schrieb ein anderer Berichterstatter, «wurden förmlich von Hamburgern gestürmt.»[16] Die im Hamburger Umland weit verbreitete «Norddeutsche Allgemeine Zeitung» klagte, «die Bewohner Hamburgs hätten in so großer Anzahl die Stadt verlassen», daß sie für die Umgebung der Stadt eine ernsthafte Gefahr bedeuteten.[17] Erst Anfang Oktober hieß es in der Presse, «die Flüchtlinge kehren nach und nach wieder zurück»[18].

Die überwältigende Mehrheit dieser Flüchtlinge gehörte dem Bürgertum an. Die «Norddeutsche Allgemeine Zeitung», ein Blatt mit tadellos achtbaren Ansichten, erklärte, es handele sich um die vermögenderen Bürger, die zu Beginn der Epidemie aus der Stadt geflohen seien.[19] Die rechtsstehende «National-Zeitung» schloß sich dieser Einschätzung an: «Der besser situierte Mittelstand verläßt die Stadt.»[20] Diese Meldungen wiederholten die Sozialdemokraten später bei zahlreichen Gelegenheiten in Form eines Vorwurfs[21]; die Hamburger Polizei konterte mit dem Hinweis auf die «große Zahl der vor der Krankheit geflüchteten Arbeiter ... ein Moment, welcher besonders durch das Verscheiden der polnischen Arbeiter bemerkbar wurde»[22]. Auch im offiziellen medizinischen Bericht des Kaiserlichen Gesundheitsamtes findet sich die Aussage, daß «zahlreiche Arbeiter aus Betrieben, welche in Folge der bald eintretenden Stockung des Warenverkehrs ihre Tätigkeit einstellten oder verringerten, sich nach auswärts wandten, um Arbeit zu erhalten»[23]. Polnische Wanderarbeiter pflegten zu jener Jahreszeit die Stadt zur Kartoffelernte zu verlassen, so daß sich unmöglich mit Sicherheit sagen läßt, ob sie mit ihrer Abreise der Cholera entfliehen wollten. Arbeiter reisten gewöhnlich sonntags, um nicht den Lohn für einen Arbeitstag einzubüßen, und eine Ferienreise war nach wie vor ein nahezu ausschließlich der Mittelschicht vorbehaltenes Privileg. Da eher als Lohnabhängige Geschäftsleute aus dem Bürgertum sich einige freie Tage leisten konnten, dürften wohl kaum Angehörige der Arbeiterklasse die Hotels in Schleswig-Holstein gestürmt haben.

Wahrscheinlich blieb der größere Teil des Bürgertums jedoch während der Epidemie in der Stadt. Die «Hamburger Börsen-Halle», das hauseigene Blatt der Börse, nahm das Bürgertum gegen den Vorwurf in Schutz, es habe die Flucht ergriffen; der folgende Bericht vom 12. September 1892 stellt die eigentlichen Prioritäten in Hamburg möglicherweise deutlicher heraus als beabsichtigt:

«Während Massenansammlungen längst als überaus gefährlich verboten oder freiwillig aufgegeben sind, dauert die größte tägliche Menschenansammlung unserer Stadt, die Börse, unverändert fort. Pflichtgefühl und Gewohnheit führten dort nach wie vor und selbst in den allerschlimmsten Tagen für ein bis zwei Stunden Tausende zusammen, die ganz genau wußten, welcher Gefahr sie sich aussetzten und doch hingingen. Das ist ‹die Feigheit der Kaffee- und Pfeffersäcke›!»[24]

Hier galt also zweierlei Maß: eines für die Reichen und ein anderes für die Armen. Es überrascht vielleicht, daß sich die Sozialdemokraten zwar bereitwillig damit einverstanden erklärten, ihre eigenen Versammlungen abzusagen, aber sich nicht zu den Zusammenkünften an der Börse äußerten. Schließlich trieb nicht in erster Linie das Pflichtgefühl die Händler dazu, den Gefahren der Ansteckung zu trotzen und sich weiterhin in großer Zahl an der Börse zu versammeln, sondern wohl eher der Lockruf des Profits oder – unter den waltenden Umständen wahrscheinlicher – die Furcht vor dem Ruin. Da mochte die «Börsen-Halle» tönen, wie sie wollte. Ein Reporter jedoch, der am 6. September berichtete, die Börse sei wie üblich abgelaufen und bis zu 2000 Menschen seien dort gewesen, fügte hinzu, daß sich zu Beginn des Monats etwa 1500 regelmäßige Börsenbesucher nicht gezeigt hätten.[25] Eine Woche zuvor, am 28. August, schrieb ein anderer Berichterstatter: «Die Börse weist kaum die Hälfte der ständigen Besucher auf.»[26] Am 10. September klagte eine Hamburger Zeitung, Rechnungen blieben unbezahlt liegen, denn: «Leider ist ein großer Teil der zahlungspflichtigen und zahlungsfähigen Hamburger abwesend.»[27] Demnach hielten sich sehr viele doch fern.

Viele Angehörige des Hamburger Bürgertums waren außerhalb der Stadt in der Sommerfrische, als die Epidemie ausbrach. Bürgermeister Mönckeberg berichtete am 30. August: «... zu meiner Freude sind aber alle, deren Amt und Pflicht es fordert, treu am Platz und z. T. von ferne her aus den Ferien schleunigst zurückgekehrt.»[28] Caesar Amsinck, Rechtsanwalt aus einer der bedeutendsten und mächtigsten Kaufmannsfamilien der Stadt, kehrte ebenfalls am 27. August aus den Ferien zurück, um sich den Schwierigkeiten zu widmen, mit denen seine Geschäfte zu kämpfen hatte.[29] Eine ganze Anzahl von Beamten, wie beispielsweise der Senatssyndikus Roeloffs, brachen ihren Urlaub ab, auch die meisten Ärzte der Stadt, die sich außerhalb aufhielten, reisten zurück, sobald sie vom Ausbruch der Epidemie erfuhren.[30] Andere kamen aus persönlichen Gründen wieder, so Ida Neubauer, Hausdame in der Familie des Reeders Karl Laeisz. Sie verließ gegen den Rat ihres Arztes ihre Sommerfrische auf Norderney, weil sie bei ihren Geschwistern sein wollte, die gleichfalls in Hamburg lebten.[31] Es gab aber auch solche, die zögerten. Die Familie Goverts, die während der zweiten Augusthälfte gleichfalls Urlaub machte und bis zum 1. September fortbleiben wollte, verbrachte den Abend vor ihrer Heimreise mit einer Diskussion darüber, ob man die Fahrt verschieben solle oder nicht, vor allem weil das Familienoberhaupt, Dr. Ernst Goverts, an einer Magenverstimmung litt. Sie hielten schließlich an ihrem ursprünglichen Plan fest.[32]

Viele Angehörige der Schicht, die sich Ferien leisten konnte, zögerten aber ihre Rückkehr in die Stadt hinaus. Beispielsweise riet Pastor Gustav Ritter brieflich seiner Gattin Henny, die sich bei Ausbruch der Epidemie in Travemünde aufhielt, sie möge nicht reisen. Ihm scheint klargewesen zu sein, daß sie einen gewissen moralischen Druck zur Rückkehr empfand, denn er fügte hinzu, sie brauche kein schlechtes Gewissen zu haben, wenn sie bleibe: Schließlich sei sie nicht vor der Epidemie geflohen, sondern habe sich lediglich bei ihrem Ausbruch zufällig außerhalb der Stadt aufgehalten. Henny Ritter blieb bis zum 26. September in Travemünde, dem Zeitpunkt, da die Epidemie praktisch vorüber war.[33] Senior Behrmann schickte beim Ausbruch der Epidemie Frau und Kinder, die erst kurz zuvor von einem Ferienaufenthalt aus Travemünde zurückgekehrt waren, wieder dorthin; und die kleine Reederfamilie Reuss-Löwenstein, die mit einem einzigen Dienstboten auf St. Pauli lebte, reiste am 27. oder 28. August nach Gremsmühlen, wo sie bis zum Ende der Epidemie bei einem wohlhabenden Onkel blieb.[34] Auch prominentere Familien ergriffen solche Vorsichtsmaßnahmen. So brachte Rudolf Hertz, Sohn des Senators Gustav Hertz, am 28. August Frau und Kind «und das Mädchen (das bei der Idee strahlte)» nach Hannover.[35] Gustav Petersen, Bürgermeister Carl Petersens Sohn, schrieb aus seiner Sommerfrische – wo die Familie den ganzen September hindurch blieb –, er zögere «wegen der Cholera» mit der Heimreise.[36] Senator Refardts Tochter Edith wollte nach Hamburg zurückkehren, weil sie der Ansicht war, «daß mein Platz zuhause ist», stieß mit diesem Plan aber auf heftigen Widerstand ihrer Familie.[37] Senator Johannes Versmann, vorsichtig wie eh und je, schickte am 30. August seine Angehörigen nach Kassel. Sie kehrten eine Woche später zurück.[38] So kann man sagen, daß Senatoren und führende Beamte zwar auf ihren Posten geblieben sein mögen, doch viele von ihnen ihre Familien in Sicherheit brachten.

Die Angst, die zahlreiche Angehörige des Bürgertums aus der Stadt trieb, drückte sich auch in Verhaltensänderungen jener aus, die blieben. «In den besseren Ständen», schrieb ein Zeitgenosse, «herrscht... häufig eine übertriebene Furcht, so daß viele Familien die ganze Lebensweise ändern.»[39] Wer aus den «besseren Ständen» es sich leisten konnte, mied, soweit es eben ging, mögliche Infektionsherde. «Man sondert sich gänzlich ab, lebt wie ein Gefangener», vertraute Friederike Birt am 25. September ihrem Tagebuch an.[40] «Wer es nicht nötig hatte», erinnerte sich Max von Schinkel später, «ging überhaupt nicht auf die Straße», und Bürgermeister Mönckebergs Gattin notierte am 28. August: «Jede Gesellschaft wird abgesagt.»[41] Das gesellschaftliche Leben kam in diesen Kreisen fast vollständig zum Erliegen. Jakob Loewenberg, ein alleinstehender junger Mann, fand das Leben während der Epidemie äußerst trübselig. «Wenn nur die Abende nicht so lang wären! Wohin soll man gehen? Die Cafés, die Restaurants sind leer. Man wird erstaunt angesehen, wenn man hineintritt, und es wird einem bange, wenn man ganz allein in dem großen Raum sitzt.»[42] Auch wer sonst solche Stätten häufig aufsuchte, blieb jetzt zu Hause. «In der trüben Cholerazeit», schrieb Dr. Ernst Goverts in sein Tagebuch, «...hatten wir, wie alle unsere Verwandten und Bekannten, vollkommen ruhig gelebt, an Geselligkeit dachte Niemand.»[43]

Besonders Ärzte waren zu einem solchen Leben beinahe verpflichtet. Der Leiter des Neuen Allgemeinen Krankenhauses Eppendorf, Professor Theodor Rumpf, berichtet in seinen Lebenserinnerungen:

«Meine Frau und ich wären in der schweren Cholerazeit 1892 ganz vereinsamt gewesen, hätten wir uns nicht mit der Familie Kümmell häufiger getroffen. Dr. Kümmell leitete damals das Marienkrankenhaus als Chirurg. Da er aber auch Cholerakranke behandelte, wurde auch er und seine Familie als ansteckungsgefährlich gescheut. Sehr mit Unrecht. Bei einiger Vorsicht ist die Gefahr der Choleraübertragung von Mensch zu Mensch sehr gering.»[44]

Hamburgs gutsituierten Bürgern war diese Form von isoliertem Dasein möglich, weil sie über Dienstboten verfügten, die sie mit den nötigen Kontakten zur Außenwelt beauftragen konnten. Gleichzeitig bedeutet dies – wie R. J. Morris zur Epidemie 1832 in Großbritannien bemerkt hat –, daß in bürgerlichen Haushalten von den Dienstboten eine Ansteckungsgefahr ausgegangen sein dürfte.[45] Bereits am 28. August forderten Briefe an die Hamburger Zeitungen nachdrücklich die Dienstboten auf, im Haus zu bleiben. Versuche, sie dort zu halten, beschworen Konflikte herauf, wenn sie kranke oder sterbende Verwandte besuchen wollten. Solche Besuche erfüllten ihre Arbeitgeber mit Angst, denn sie fürchteten, die Dienstboten würden ihnen die Krankheit ins

Haus bringen. Doris Viersbeck zum Beispiel erinnerte sich später daran, wie es in dem Haushalt zuging, in dem sie damals arbeitete:

«Geschäftsleute wurden am Fenster abgefertigt, damit man nicht in nähere Berührung mit ihnen kam. Ausgehen durften wir natürlich nicht, man hatte auch keinen Mut dazu. Nur einmal hatten meine Schwester und ich uns verabredet, um einmal bei unserem Bruder vorzusprechen, aber welcher Schreck durchfuhr uns, als uns an der Tür gesagt wurde, er sei leicht an Cholera erkrankt, es wäre wohl besser, wir kämen nicht näher mit ihm in Berührung. Nein, das durften wir nicht, denn das hatten wir unserer Herrschaft versprochen, uns von jedem wenn auch nur leicht Erkrankten fernzuhalten. Schweren Herzens gingen wir nach Hause.»[46]

Nicht alle Dienstboten waren so folgsam wie Doris Viersbeck. Einem Dienstmädchen wurde am 22. September gekündigt, weil ihre Herrschaft dahinterkam, daß sie trotz Verbots weiterhin ihre Schwester in Hammerbrook besuchte und sich von dieser besuchen ließ. Empört über diese Behandlung, klagte das Dienstmädchen wegen ungerechtfertigter Entlassung und forderte den ausstehenden Lohn und eine Entschädigung für Kost und Logis. Doch das Gericht befand, der Arbeitsvertrag von Dienstboten habe in gewissem Maße den Charakter eines «Familienkontraktes» und verpflichte jene, ganz allgemein dafür zu sorgen, daß von ihnen keine Gefahr für Leib und Leben anderer Haushaltsangehöriger ausgehe. Nach Meinung des Gerichts bilde gerade die Cholera eine solche Gefahr, vor allem, da «die Angehörigen oder Bekannten von Dienstboten meist in solchen Gegenden und Quartieren wohnten, welche mehr oder minder starke Seuchenherde gebildet haben». Deshalb, so das Gericht, sei die Entlassung gerechtfertigt gewesen.[47]

Während das Bürgertum seine bereits vorher bestehende Furcht vor Kontakten mit dem Proletariat so weit trieb wie nie zuvor, sich in seine Häuser einschloß und dort der Ordnung und der Sauberkeit absolute Priorität einräumte, solange die Epidemie andauerte[48], drückte die Arbeiterklasse ihre Angst auf ganz andere Weise aus. Wie Pastor Christian Stubbe sagte: «Es ist eine sehr betrübende, aber unleugbare Thatsache, nicht nur in unserer Stadt, sondern, wie schon verschiedene Mäßigkeitszeitungen berichten, auch an anderen Orten, daß der Branntweingenuß während der Cholera-Epidemie in hohem Grade sich wieder vermehrt hat.»[49] Ein weiterer Beobachter bestätigte am 16. September, «daß wir niemals so viele Betrunkene in unseren Straßen gesehen haben, wie zur Zeit dieser Epidemie»[50]. Besonders stark war die Nachfrage nach Alkohol unter Kranken- und Leichenträgern, Totengräbern, Desinfektionsarbeitern und freiwilligen Pflegern, die in unmittelbare körperliche Berührung mit den Cholerakranken kamen. Krankenträger bekamen täglich «eine halbe Flasche Wein und Kognak» zum Mittagessen[51], und sogar die Polizeibeamten, die in den ersten Tagen der Epidemie den Auftrag hatten, die Kranken ins Krankenhaus zu bringen, kauften flaschenweise Schnaps, «um den Ekel hinunter zu spülen, der Einem überkommt, wenn man Tag und Nacht zwischen den Todten und Kranken herumwühlt»[52]. So groß war der Bedarf, daß sich die Behörden gezwungen sahen, am 28. August zu erklären, ein widerrechtlicher Alkoholverkauf im Freihafen werde nicht mehr verfolgt.[53] Am 16. September wurden die Desinfektionsarbeiter darauf hingewiesen, man werde sie für den Kauf von Kognak nur so weit entschädigen, «als das Bedürfnis bei plötzlichen Erkrankungen unter dem bei den Desinfektions-Anstalten angestellten Personal es notwendig macht». Unter diesen Umständen überrascht es wohl nicht besonders, daß der Dichter Detlev von Liliencron, der sich seinerzeit in Hamburg aufhielt, die «Polizei-(Sanitäts-)beamten alle besoffen» fand.[54]

Der Alkoholkonsum sorgte jeweils dort für Spannungen, wo Bürgertum und Arbeiterklasse aufeinanderstießen. So klagte Anfang September ein freiwillig diensttuender Arzt: «Disziplin zu halten in diesen Nachtstunden in den Baracken, wo die Wärter von 2 Uhr an betrunken sind (wohl auch in dem Glauben, das schütze), ist schwer.»[55] Max Nonne, ebenfalls Arzt, erinnerte sich später, die Fahrer der Leichenwagen seien «meistens stark betrunken» gewesen, «ebenso die Wärter auf der Anatomie». In diesem Zustand, so beschwerte er sich, falle es ihnen schwer, die notwendigen hygienischen Vorkehrungen zu beachten. Auch sah er häufig, wie Leichenkutscher nach dem Abladen ihrer Fracht in der Leichenhalle «fast immer angetrunken von den meist auch angetrunkenen Desinfektoren mit einem Schlauch mit Karbolwasser angespritzt wurden, d. h. ein feiner Strahl fiel auf einen Teil des Gummimantels» – nicht nur seiner Ansicht nach keine ordnungsgemäße Desinfektion.[56] Die Überzeugung «Schnaps ist gut für Cholera», wie es in einem volkstümlichen Lied heißt, war im Proletariat weit verbreitet. «Kognak ist das sicherste», ließ Jakob Loewenberg eine der Personen in seinem autobiographischen Roman über die Epidemie äußern.[57] «‹Kognak› und hundertfach ‹Kognak›», merkte ein weiterer Beobachter an, «findet man in den Schaufenstern angepriesen, daneben ‹Cholera-Bitter›, ‹Cholera-Wein›, Portwein und andere ‹Abwehr-Getränke›.»[58]

Der Alkohol sollte die Menschen nicht nur vor der Ansteckung schützen, sondern auch ihre Angst betäuben. Als Getränke waren Kognak und Bier gewiß sicherer als Wasser, doch sie konnten auch zur Sorglosigkeit verführen. Allerdings war nicht das der Grund für die Warnung des Medizinal-Kollegiums vom 9. September an die Öffentlichkeit, «daß der übertriebene Genuß von Spirituosen den Ausbruch der Krankheit eher fördert als hindert»[59]. Schon seit langem wurde in der medizinischen Literatur darauf hingewiesen, daß Alkoholismus eine bedeutende, wenn nicht sogar die Hauptursache der Anfälligkeit für Cholera bilde. In den Jahren 1831/32 schrieben die Autoren nahezu einstimmig eine Ansteckung im großen Umfang dem «übermäßigen Genuß geistiger Getränke»[60] zu und warnten: «Der Körper wird namentlich für die Cholera durch nichts mehr empfänglich gemacht als durch Trunksucht.»[61] Die Opfer, hieß es, seien «ohne Ausnahme große Säufer, deren manche täglich 3–4 Flaschen Branntwein leeren konnten»[62]. Dr. Buek stimmte 1848 der Ansicht zu, es sei das «Laster des *Trunkes*, von dem es bekannt genug ist, daß es der Cholera eine besonders reiche Beute zum Opfer bringt»[63]. Vor allem der in der Arbeiterklasse häufig getrunkene Schnaps galt als Ursache der Krankheit; Wein, den das Bürgertum vorzog, wurde im Gegenteil als vorbeugendes Mittel empfohlen und sogar in der medizinischen Behandlung verwendet.[64] Darauf allerdings, daß Alkoholismus die Infektion mit Cholera begünstigen könne, gab es kaum stichhaltige Hinweise. In Hamburg schienen 1832 von über 3000 Cholerakranken nur 85 «notorische Säufer» gewesen zu sein, und deren Überlebenschance war mit 60% sogar günstiger als die des Durchschnitts.[65] Dr. Buek mußte 1848 einräumen, daß lediglich 21 der in jenem Jahr in Hamburg verzeichneten über 3000 Cholerakranken als «Säufer» bekannt waren – keine sehr eindrucksvolle Zahl.[66] Dieser allem Anschein nach unausrottbare Glaube an die Verquickung von Alkohol und Cholera hing letztlich eng mit dem nur allzu vertrauten Klischee zusammen, das Krankheiten aller Art in erster Linie moralischer Schwäche und mangelnder Selbstbeherrschung zuschrieb und beide mit der Armut als Beweis dafür verknüpfte, daß die ungleichmäßige Verteilung von Gütern und Gesundheit letztlich der Verantwortung des einzelnen und nicht der Gesellschaft insgesamt unterlag.

Angst und Panik wurden insbesondere dann ein machtvoller Einfluß auf die Anfälligkeit für Cholera zuerkannt, wenn sie Menschen dazu verleiteten, ihre Zuflucht im Alkohol zu suchen. Man stellte sie als natürliche Bestandteile der Psychologie der Armut hin, als letzte und fatale Erzeugnisse einer abwärts gerichteten Spirale moralischen wie körperlichen Verfalls und rasch schwindender Selbstachtung, die nur zum Tod führen konnte. Die Opfer fanden sich, wie ein Kommentator 1831 schrieb, gewöhnlich unter «durch Ausschweifungen verdorbenen, aber auch... durch Armuth und Unglück gefallenen und durch Furcht bestimmten Menschen»[67]. Ein anderer hieb in dieselbe Kerbe und schrieb, «daß die Cholera ihre Opfer aus der Zahl der Trunkenbolde, einer liderlichen Lebensweise Ergebenen, und durch gesteigerte Furcht entnervten Menschen herausnimmt»[68]. Doch gab es offenbar auch eine rational begründete Furcht vor der Cholera, denn was sonst hätte das Bürgertum dazu gebracht, ein ganzes Arsenal bürgerlicher Tugenden ins Spiel zu bringen, von Mäßigkeit und Selbstbeherrschung bis hin zu Sauberkeit und Ordnung? Sogar daß man von der Szene des Geschehens verschwand und das Weite suchte, ließ sich als Akt der Vernunft hinstellen. Hatte nicht Max von Pettenkofer die Cholera als Ergebnis örtlicher Umstände bezeichnet und erklärt, die sicherste Methode, sich zu schützen, sei es, sich vom Ort der Miasmen zu entfernen? Um 1892 hatten Kochs Triumphe und die Tatsache, daß die Behörden die von ihm geforderten Maßnahmen unterstützten und er durch seinen Status als Entdecker des Erregers legitimiert wurde, das Bürgertum überzeugt: «... in unserem Stand, wenn man nur vorsichtig sei, habe es nichts auf sich»[69]. Proletarier hingegen hätten deshalb stark zu leiden, weil sie «leider noch immer sehr unvernünftig sind, theilweise auch sich wohl nicht so in Acht nehmen *können*, wie unsereins...»[70]. Doch obwohl sich die Angehörigen des Bürgertums vergleichsweise sicher fühlen durften, solange sie die empfohlenen Maßregeln befolgten, war ihre Angst vor Ansteckung so groß, daß niemand je völlig sicher sein konnte, nicht der Krankheit zum Opfer zu fallen. Und daher versteckten sich viele oder flohen in gesündere Gegenden.

II

Die Angst trieb Menschen nicht nur dem Alkohol in die Arme, sondern ließ sie auch Zuflucht in der Kirche suchen. In ganz Hamburg hielten Pfarrer, sobald die Epidemie offiziell bestätigt war, besondere Fürbitte-Gottesdienste ab, in denen für eine Errettung vor der Seuche gebetet wurde. Wie Senior Christian Behrmann sagte:

«Es wird jetzt die traurige Tatsache offenbar, daß wir Pastoren für die große Masse der Bevölkerung nicht mehr sind, was wir sein sollten:

Freunde in der Not, Helfer zum Glauben und Hoffen. Wir täuschen uns darüber hinweg, weil wir doch noch immer gerufen werden, um gewisse Wendepunkte im Leben mit Weihe zu umgeben; aber was will das heißen, wenn man uns nicht braucht in der Trübsal!»[71]

Hilfsprediger Werner aus Hamm berichtete, Pastor Palm, sein unmittelbarer Vorgesetzter, habe seinen Urlaub in Berchtesgaden abgebrochen, als er vom Ausbruch der Epidemie erfuhr: «Sofort richtete er eine tägliche Abendandacht in der Dreifaltigkeitskirche ein.»[72] Inzwischen bemühten sich seine Amtsbrüder der verschiedenen Kirchengemeinden der Stadt, eine geistliche Betreuung in Krankenhäusern und Cholerabaracken einzurichten.[73] Am 2. September regelte der Kirchenrat diese Frage, indem er die Gemeinden in Bezirke unterteilte, für die Lieferung von Bibeln an die Krankenhäuser sorgte und Vorkehrungen traf, daß Cholerakranke im Krankenhaus wie auch zu Hause systematisch besucht werden konnten.[74]

Allerdings hielten sich nicht alle Pfarrer an diese Pläne, und man darf bezweifeln, daß es regelmäßig oder umfassend zu solchen Angeboten geistlichen Beistands kam. Beispielsweise erhielt Pastor Gustav Ritter, als er sich am 10. September um die Patienten in den Cholerabaracken kümmern wollte, den Rat, das zu unterlassen: «Die Cholera», teilte man ihm mit, «wirke, wenn sie schärfer einsetze, wie ein sehr heftiger Vergiftungsprozeß, und so wenig dabei ein seelsorgerischer Zuspruch Zweck habe, so wenig bei der Cholera, vor allem, als 20 Kranke zusammenliegen.»[75] In den meisten Stadtteilen fanden regelmäßig Gottesdienste und abendliche Andachten statt, wenn nicht täglich, dann doch wenigstens mehrmals in der Woche. Die Kirchenbehörden übten Zurückhaltung bei ihrer Einschätzung des Erfolgs dieser Veranstaltungen:

«Die Frage, ‹ob in Folge der schweren göttlichen Heimsuchung sich ein erhöhtes religiöses Bedürfnis in den Gemeinden zeige›, konnte anfänglich nur mit großer Rückhaltung bejaht werden; aber im Fortschritte der schweren Zeit hat es dann Gottlob nicht an dem übereinstimmenden Zeugnisse sämmtlicher Geistlichen gefehlt, das nach dem ersten, alle Kräfte der äußeren Abwehr in Anspruch nehmenden Anprall der Krankheit doch der religiöse Gedanke und das religiöse Bedürfnis in weiten Kreisen ernstlich hervorzutreten anfing.»[76]

Sondergottesdienste wie der am Sedanstag (2. September) wurden «außerordentlich besucht». Vor allem die Andachten, hieß es, «haben einen sehr zahlreichen Besuch gefunden und sind auch von sonst kirchenfremden Schichten der Bevölkerung besucht»[77]. Der Kirchenrat hoffte, durch sie werde «manches zerrissene Band mit der Kirche wieder angeknüpft»[78]. Die Begeisterung jener, die damals in die Kirchen strömten, scheint durchaus echt gewesen zu sein. Nicht nur berichtete Hilfsprediger Werner, daß die Andachten in seiner Gemeinde «in den ersten Wochen überaus besucht» waren, sondern sich auch der 91. Psalm und das Kirchenlied «Schwing Dich auf zu Deinem Gott, Du betrübte Seele» besonderer Beliebtheit erfreut hätten: «Kaum zu einer anderen Zeit ist dieses Lied so gewaltig und inbrünstig gesungen worden wie in jener.»[79]

Häufig benutzten die Gottesmänner die Cholera lediglich als Predigtvorlage, ohne bestimmte Lehren daraus zu ziehen.[80] Beispielsweise soll am 21. September Senior Behrmann eine brillante Predigt gehalten haben, in der er die Wasserwagen auf der Straße mit Christi Botschaft verglich.[81] Was die Kirche der großen Zahl der ihr fern Stehenden nahebringen wollte, die jetzt bei den täglichen Gottesdiensten und Andachten die Bänke füllten, war wohlvertraut. Die Menschen wurden darauf hingewiesen, daß die Epidemie Gottes Strafe für ihre Sünden sei, sowohl in der von Senior Behrmann verfaßter und vom Kirchenrat zur Verlesung in allen Hamburger Kirchen gebilligten sowie in 30000 Exemplaren öffentlich verteilten besonderen Ansprache als auch in einer beliebten Predigt jener Zeit, die den Titel trug «Ich bin der Herr, Dein Arzt». Sie enthielt besondere Hinweise auf die Cholera-Epidemie, und der Kirchenrat ließ sie in einer Auflage von 70000 Stück drucken. Darin heißt es unter anderem:

«Mit tiefer Bewegung müssen wir gestehen, daß Unglaube und Weltlust der verschiedensten Art viele von Gottes Wort und Gottes Haus abwendig gemacht haben. Aber jetzt sollten Jedem die Augen darüber aufgehen, wie unsicher das irdische Leben ist, wie rasch vergänglich alle Güter desselben, wie ernst der Gedanke an Tod und Gericht: so daß nichts Anderes bleibt als auszurufen (Ps. 39,8): Nun, Herr, was soll ich mich trösten? Ich hoffe auf dich.»[82]

In diesen Predigten diente die Cholera als Bild für eine «todkranke» Welt, aus der Gott die rettete, die da glaubten.[83] Solche Empfindungen konnten dazu beitragen, die Angst der Kranken oder derer zu vermindern, die Gefahr liefen, sich anzustecken; und dieser psychologischen Funktion ihrer Dienste bewußt, stellte die Kirche besondere Gebete und Texte für die von der Epidemie hervorgerufenen Seelenzustände zur Verfügung. Am bemerkenswertesten davon war vielleicht «Wider die Todesfurcht»[84].

Doch vermittelten diese Texte auch praktische, weltliche Botschaften.

Als die Geistlichkeit bei einem besonderen Dankgottesdienst zum Ende der Epidemie am Buß- und Bettag (25. November) vor der Gemeinde zu Gott bekannte, «Wir erkennen Deine Heimsuchung und fühlen, daß Deine Gerichte gerecht sind!»[85], vertrat sie damit nicht die Ansicht, die leeren Kirchen aus der Zeit vor der Cholera hätten Gott dazu gebracht, die Schale seines Zorns über dem Volk Hamburgs auszugießen. Beispielsweise sagte Carl Manchot, Pfarrer in der Gemeinde St. Gertrud, am 18. September in seiner Predigt:

«Zu leiden nach Gottes Willen, müssen wir alle täglich neu lernen; zunächst, indem wir die Zucht weiter üben, welche während dieser Seuche herrscht, von jedem gefordert wird. Wehe dem Leichtsinnigen, der in diesen Tagen nicht rechtschaffen sorgt für den Schutz, der ihm anvertraut ist; dem die Mühe zu viel, der Dienst zu unangenehm wird. Wehe dem Frevelhaften, der in diesen Tagen nicht bloß sich selbst, sondern andere in Gefahr bringt.»

«Pflicht, Gehorsam und Treue» waren die Tugenden, die Manchot seinen Gemeindemitgliedern predigte. Selbstverständlich tat er damit mehr, als den behördlichen Hinweisen auf die Vorsichtsmaßregeln gegen die Cholera den Stempel der religiösen Legitimation aufzudrücken. Hier gab es auch eine allgemeingültige Botschaft: Hamburgs Bürger hatten es unterlassen, die ihnen von Gott aufgetragene Aufgabe zu erfüllen; es hatte den Zorn des Allmächtigen erregt, daß sie ihren Oberen gegenüber pflichtvergessen gewesen waren, ihren Herren nicht gehorcht, nicht treu gedient hatten. In dieser Predigt zeigt sich deutlich die Funktion der deutschen evangelischen Kirche als Legitimationsinstanz der bestehenden Struktur von Staat und Gesellschaft.[86]

Um so interessanter war es daher, daß ein weiterer Pfarrer, Albrecht Krause (1838–1902), der am 2. Oktober in St. Katharinen sprach, die Gelegenheit nutzte und scharfe Sozialkritik übte. Er war umstritten; seine frühen Predigten waren in den sechziger Jahren von seinen Vorgesetzten scharf getadelt worden, was seine Karriere dreißig Jahre lang behindert hatte. Hamburg, erklärte er, habe die Seuche verdient, weil die Stadt so weltlich geworden und die Religion aus ihr praktisch verschwunden sei, junge Menschen seien voller «Selbstsucht» und jagten dem «Genuß der Weltsucht» nach. Das habe dazu geführt, daß die Menschen ihr Verantwortungsgefühl eingebüßt hätten. Da Arbeitgeber so geringe Löhne zahlten, daß kein Familienvater damit auskomme, müßten Frauen arbeiten gehen und könnten sich nicht länger um den Haushalt kümmern, wie es sich gehöre. Man habe zugelassen, daß aus dem

Gängeviertel ein Zentrum der Armut und Erniedrigung geworden sei. Besonders der Satz «Die Reichen haben in ihren Palästen gewohnt und die Heimstätten zu Gegenständen der Speculation werden lassen»[87] dürfte den wohlhabenderen Mitgliedern seiner Gemeinde nicht angenehm in den Ohren geklungen haben, er zeigt aber, daß sich zumindest in einigen Teilen der evangelischen Kirche ein neuer Geist der Sozialkritik regte, der schließlich um die Jahrhundertwende, in Männern wie Adolf Harnack und Friedrich Naumann verkörpert, einen wichtigen Beitrag zur Erneuerung des Linksliberalismus leisten sollte.[88] Sechzig Jahre früher hätte man von keiner Kanzel solch radikale Äußerungen gehört.[89] Tatsächlich lag es nicht zuletzt an der religiösen Toleranz des Hamburger Senats, daß sie 1892 gesagt werden konnten.

Die Kirche beschränkte sich in jenem Jahr nicht darauf, besondere Gottesdienste abzuhalten und flammende Ermahnungen zu verkünden. Von Beginn der Epidemie an besuchten Pfarrer die Kranken und Sterbenden, für viele von ihnen ganz offenkundig eine nur mit Mühe zu bewältigende Aufgabe. «Es ist ja auch in der Tat schwer», schrieb Pastor Gustav Ritter am 11. September, «so plötzlich und so massenhaft Leid und Jammer und Tod zu sehen.» Ritter machte übrigens Hausbesuche bei Erkrankten nur, wenn man ihn rief, und ausschließlich dann, wenn ihm ein Arzt versicherte, er halte das «bei Vorsicht auch für ungefährlich».[90] Andere bedachten sich nicht so lange; und viele Geistliche, die wohl von der allgemeinen areligiösen Haltung der Bewohner Hamburgs entmutigt waren, erfüllte, was sie hörten und sahen, mit frischer Begeisterung für ihre Aufgabe. Friedrich Werner, Hilfsprediger in Hamm-Süd, hatte während der Epidemie seine tröstendsten und erhebendsten Erlebnisse an den Totenbetten der Choleraopfer. Mit wahrhaft pietistischer Inbrunst schrieb er:

«Einen seelig heimgehen zu sehen, dem man als Pastor hat dienen können, oft in Schwachheit und lange ohne Furcht zu bemerken, das ist für einen Pastor und Jünger Jesu eine wunderbare Stärkung und ein süßer Lohn ... im Tode gibt kein Unglaube und keine Philosophie Herzensruhe, sondern nur die Gewißheit, daß man zum Heilande geht. Christus hat dem Tode die Macht genommen.»[91]

In der Tat besteht Werners Bericht über die Epidemie in erster Linie aus einer Reihe erbaulicher Sterbeszenen. Es ist unbestritten, daß er ein Mann von eindrucksvollem Mut und erstaunlicher Hingabe an seine Gemeindemitglieder war («Furcht hatte ich nicht. Ich wußte, was die Pflicht meines Amtes war.»). In seinen Lebenserinnerungen erklärte er, «kleine Leute» seien für ihn am wichtigsten gewesen. «Ich bin aus dem Volke», schrieb er und machte deutlich, daß er nur wenig für die Welt der Amtskirche übrig hatte oder für die Gottesdienste à la mode in den Kirchen des Stadtzentrums.[92]

Der zur Zeit der Epidemie erst siebenundzwanzigjährige Junggeselle Werner besaß noch den Schwung und in gewissem Maß auch die Ungebärdigkeit der Jugend. Als er am Borstelmannsweg eintraf, wo die Cholera bereits ausgebrochen war, fand er die Höfe der Mietshäuser voller weinender Frauen. Er sammelte sie um sich und las ihnen den 91. Psalm vor. Den Rest des Tages verbrachte er mit ähnlichem Tun.[93] Wie sein Bericht zeigt, gingen die Männer, die in Straßen wie dem Borstelmannsweg lebten, nach wie vor zur Arbeit, so daß er es hauptsächlich mit ihren Frauen zu tun hatte. Die Lossagung von der Kirche war vorwiegend unter der männlichen Bevölkerung verbreitet. In Stadt und Land gingen vor allem Frauen zum Abendmahl – in Hamburg lag ihr Anteil im späten 19. Jahrhundert bei etwa 64 %.[94] Die Kirche bot den Frauen soziale Einrichtungen als Alternative zu der von Männern beherrschten Freizeitkultur der Arbeiterklasse in Gastwirtschaften und Vereinen. Wie der Religionshistoriker Hugh McLeod gezeigt hat, waren ihnen die Attacken der Kirche auf die unter Männern weit verbreitete Trunksucht und Gewalttätigkeit möglicherweise willkommen, sie ergriffen zudem gerne die Gelegenheit, einander außerhalb des Hauses zu begegnen, denn die bot sich selten in einer Gesellschaft, in der – zumindest den Aussagen von Zeitgenossen zufolge – unter Angehörigen der Arbeiterklasse die Kameradschaftsehe ungewöhnlich war. Aus diesen Gründen hielten es Frauen eher mit der Religion, während Männer sie zunehmend aufgaben[95], vor allem, wenn sie in der Wolle gefärbte Sozialdemokraten waren. Zu Beginn der neunziger Jahre gehörte nur eine Handvoll Frauen der Partei an; die große sozialdemokratische Frauenbewegung blieb der Zeit nach der Jahrhundertwende vorbehalten. Es war zu jener Zeit keineswegs ungewöhnlich, daß die Frauen aktiver Sozialdemokraten der Kirche sogar um den Preis die Treue hielten, daß sie mit ihren Männern ernsthaft aneinandergerieten.[96] Die Sozialdemokratische Partei war aktiv antireligiös: Sie sah in der katholischen Kirche eine gefährliche und machtvolle Institution (viele Arbeiter stimmten für die katholische Zentrumspartei) sowie einen Faktor, der zur Spaltung der Arbeiterbewegung führen konnte, die evangelische Kirche war in ihren Augen der geistliche Arm des Obrigkeitsstaates.[97] Welche Konflikte Frömmigkeit der Frauen und sozialdemokratischer Antiklerikalismus bisweilen in der Familie erzeugten oder offen ausbrechen ließen, geht deutlich aus Hilfsprediger Werners Bericht über die Seelsorge im Borstelmannsweg hervor. Diese Straße hatte einen solchen Ruf als Brutstätte der Sozialdemokratie, daß er sogar «einen tüchtigen Spazierstock» mitnahm, als er sich zum erstenmal dorthin wagte.

Bei einem seiner zahlreichen späteren Besuche fand Werner in einer Wohnung im Borstelmannsweg eine junge Frau, die mit der Cholera kämpfte.

«Ich sah die Angst in ihren Augen, welche hin und her gingen. Ich beugte mich über sie und sprach den 23. Psalm und einige Bibelsprüche und Liederverse. Da wurde sie ganz ruhig, die Angst war aus den Augen verschwunden. Ich fragte sie: ‹Glaubst du das?› Sie nickte: Ja. ‹Dann›, sagte ich, ‹kannst du ruhig sterben, du gehst zu Jesus.› Plötzlich legte sich eine Hand auf meine Schulter, und eine ärgerliche Stimme sagte: ‹Herr Pastor, lassen Sie den Unsinn, meine Frau glaubt das doch nicht.› Ich kümmerte mich nicht um den Mann, sondern fragte die Frau noch einmal: ‹Glaubst du das?› Auf das leise kaum hörbare ‹Ja› der Sterbenden sagte ich ihr wieder: ‹Du kannst ruhig sterben, du gehst zu Jesus in den Himmel.› Der Mann nahm mich mit ins Nebenzimmer. An der Wand ein großes Bild von der roten Freiheit, auf dem Tisch gottlose Schriften mit der Überschrift: ‹Schafft hier das Leben gut und schön, kein Jenseits gibts, kein Auferstehn!› Wörtlich fügte er hinzu: ‹Das ist mein Glaube, meine Frau verreckt heute, ich verrecke vielleicht morgen!› Ich schaute ihn sehr ernst an und sprach: ‹Irre dich nicht, Gott läßt sich nicht verspotten!› Erschüttert ging ich aus der Wohnung.»

Mit makaber wirkender Schadenfreude fügte Werner, sozusagen als Fußnote, hinzu: «Etwa ein Jahr später hörte ich, daß der Mann gestorben sei an einer schimpflichen Krankheit.»[98] Doch Werners Genugtuung über das Los, das seinen Gegner getroffen hatte, kann nicht darüber hinwegtäuschen, daß die Bewohner Hamburgs, vor allem die Arbeiter, in ihrer großen Mehrheit der Religion normalerweise gleichgültig gegenüberstanden. Während der Epidemie trafen Pfarrer auch auf andere, ihnen gleichermaßen feindliche Reaktionen. «Nun wollen sie uns ja wohl mit Gewalt bekehren!», hörte man einen Mann auf der Straße sagen, als Exemplare von Behrmanns Predigt über die Cholera-Epidemie öffentlich verteilt wurden.[99] Eine sozialdemokratische Zeitung – allerdings nicht aus Hamburg – klagte während der Epidemie: «... das drückende Gefühl, welches auf der Bevölkerung lastete, es mußte noch vergrößert werden durch Androhung von Hölle und göttlichem Strafgericht.»[100]

Wie lange hielt die von der Epidemie ausgelöste religiöse Begeisterung an? Der Kirchenrat war, wie wir gesehen haben, kühn genug anzunehmen, zumindest einige abgefallene Christen seien durch die Erfahrung der Cholera auf immer in den Schoß der Kirche zurückgekehrt – und dies war zweifellos auch so. Allgemeiner gesagt trugen Mut und Hingabe eines Mannes wie des Hilfspredigers Werner wahrscheinlich viel dazu bei, die Feindseligkeit mißtrauischer oder politisch entfremdeter Gemeindemitglieder ein Stück weiter abzubauen: Werner selbst erklärte, als Ergebnis seines Einsatzes während der Epidemie sei ihm Vertrauen entgegengebracht worden, «selbst von Leuten, welche der Kirche ganz ferne standen» [101]. Sicherlich führten auch die karitativen Aufgaben, die von der Kirche während der Epidemie wahrgenommen wurden, ihr Menschen zu.[102] Zwar wurde eine geringe Zunahme des Anteils der evangelischen Bevölkerung verzeichnet, der zum Abendmahl ging – er stieg von 8,98 % zwischen 1880 und 1884 auf 10,02 % zwischen 1891 und 1895 und lag 1896 immer noch bei 9,58 % –, war aber auch nach der Epidemie nach wie vor der niedrigste in ganz Deutschland.[103] Alle verfügbaren Quellen legen den Schluß nahe, daß sich zwar während der Epidemie möglicherweise antireligiöse Gefühle etwas schwächer manifestierten, doch war die von vielen Menschen an den Tag gelegte religiöse Begeisterung lediglich vorübergehend. Beispielsweise berichtete Werner: «... nach und nach mit Abnehmen der Seuche nahm die Zahl der Besucher ab.»[104] Schließlich hörten die täglichen Andachten und Sondergottesdienste auf; nur die regelmäßigen Gottesdienste boten den wenigen, die weiterhin ihre neu entdeckte religiöse Inbrunst ausdrücken wollten, Gelegenheit dazu.

Bemerkenswerterweise spielte die Religion bei der Legitimierung staatlicher Politik in Hamburg während der Cholera-Epidemie nur eine unbedeutende Rolle. Ohnehin setzte selbst der Senat nur wenig Vertrauen in die Wirksamkeit der Maßnahmen, zu denen ihn Koch veranlaßt hatte – die Desinfektionskampagnen, die Verteilung von Wasser usw. Die Politik, die der Senat gern legitimiert gesehen hätte – nämlich Untätigkeit –, war nicht mehr möglich. Die Faktoren, die den Wert der Religion als einer Stütze der staatlichen Politik minderte, waren der fortgeschrittene Antiklerikalismus in der breiten Masse, die aktive Gegnerschaft zur Kirche bei den Sozialdemokraten, die vergleichsweise geringe Feindseligkeit der Öffentlichkeit gegenüber den Ärzten, die intensiven Bemühungen sämtlicher Behörden, die breite Masse zu einfachen Maßnahmen zu erziehen, mit deren Hilfe man einer Ansteckung vorbeugen konnte, und die allgemeine Überzeugung, die wesentliche und daher im Grund beherrschbare Ursache der Krankheit sei die Ansteckung über das Wasser und von Person zu Person.

Seit den dreißiger Jahren des 19. Jahrhunderts hatte sich in Deutschland wie auch anderswo eine radikale Trennung zwischen wissenschaftlicher Theorie und religiösem Glauben herausgebildet. Die rationale Haltung des frühen 19. Jahrhunderts – die ihren Höhepunkt in David Friedrich Strauss' «Das Leben Jesu» (1835) fand – hatte durch weltliche Forschungsmethoden einige der geistigen Grundlagen des Christentums unterminiert. Allerdings griff erst weit später die Vorstellung von der Unvereinbarkeit der Naturwissenschaft mit dem Christentum um sich. Im Jahr 1892 hatte sich jedoch religiöses Denken nicht nur vom wissenschaftlichen, sondern auch vom moralischen abgelöst. Bei früheren Epidemien hatte es geheißen: «Auf Gott vertrauen und der Obrigkeit gehorchen»; als Grund für die Cholera galt der Niedergang der Moral, wozu unzweifelhaft auch die Gottlosigkeit gehörte. Zur Zeit der Epidemie von 1892 hatte sich die Diskussion über die moralischen Ursprünge der Krankheit selbst weitgehend säkularisiert. Nun machte man der Arbeiterschaft Vorwürfe. Man sah sie als trunksüchtig, verantwortungslos und in Alltagsfragen gleichgültig an, aber niemand – mit Ausnahme der Kirche – hielt ihr vor, daß sie nichts von der Religion wissen wollte. Wohl konnte die Kirche in einer Zeit der Angst eine vorläufige Zuflucht bieten und damit zur wichtigen Aufgabe beitragen, Ruhe in der Bevölkerung zu verbreiten; sie war aber kaum imstande, die Politik des Senats während der Epidemie unmittelbar zu unterstützen.

III

Hamburgs verängstigte Bewohner stürmten die Bahnhöfe, füllten die Kirchen oder griffen zur Flasche, doch versuchten sie sich auch mit Hilfe volkstümlicher Hausmittel selbst zu heilen. Menschen, die vorbeugende Mittel haben wollten, belagerten förmlich die Apotheken; diese sollen am 28. August 1892 praktisch 24 Stunden geöffnet gewesen sein. «Drogisten und Weinhändler wetteiferten miteinander, die ‹besten› und ‹einzig wirksamen› Cholera-Vorbeugungsmittel zu empfehlen.»[105] So groß war die Nachfrage nach Desinfektionsmitteln, daß deren Preise ungeahnte Höhen erklommen, und skrupellose Hausierer begannen auf den Straßen schwindlerische Nachahmungen zu vertreiben.[106] Es erstaunt daher nicht, daß das Chemieunternehmen Schering 1892 gegenüber dem Vorjahr eine Steigerung seines Gewinns um eine viertel Million Mark verzeichnete.[107] Die Hamburger Zeitungen waren voller Anzeigen, die beispielsweise – natürlich zu entsprechendem Preis – ein «unfehlbares Heilmittel, das binnen 48 Stunden die Krankheit im Keime erstickt», anpriesen.[108] Am beliebtesten waren die «Choleratropfen», ein Mittel, das ein wenig Kampfer enthielt und wie schon bei früheren Epidemien auch 1892 in großen Mengen verkauft (und getrunken) wurde.[109] Ein Gastwirt aus Bromberg bot ein nicht näher beschriebenes Mittel an, «welches den Cholerakranken auch heilt», gegen Zahlung von «50000 Mark, fünfzig Tausend Mark, nicht mehr und nicht weniger».[110]

Krankenhäuser und Verwaltungen wurden mit Werbebriefen und -schriften für Heil- und Vorbeugungsmittel überschwemmt. In manchen Fällen waren sie ebenso teuer wie ungenau beschrieben. So ging beim Medizinal-Kollegium das großartig aufgemachte Schreiben eines «Duca di Bustelli Foscolo, Generale di divisione; Inviato Straordinario e Ministrio Plenipotenziario della Repubblica di Honduras in situo 12 Lawence Road, Noting Hill [sic!], W. London» ein, mit dem er «un remècde *infallible*» anbot und sich bereit erklärte, «le secret de la composition du dit remède moyennant une compensation» zu enthüllen.[111] Häufiger jedoch machten die Absender solcher Briefe nur allzu deutlich, was sie zu bieten hatten. So wurde den Kranken von verschiedenen Seiten geraten, Tee oder Schnaps zu trinken, gebranntes und gemahlenes Roggenmehl zu essen, Blauspänswasser (Senfgeist), Terpentin, Chlorwasser oder andere Flüssigkeiten zu sich zu nehmen. Oft gingen solche Heilmittel auf ältere Quellen zurück. «Ein halber Eßlöffel feinen Sandes ist viel besser als Opium», schrieb einer. Reste mittelalterlicher medizinischer Theorien fanden sich in der Ansicht, «frisch bereiteter, warmer Kuhdreckbrei drückt die Cholera unten heraus, weil er eben schon verdaut und schlammig ist». Diese Kur war, wie der Einsender zugab, in der Stadt nicht leicht durchzuführen, «da aber diese Medicin nicht länger als einen Tag alt sein kann, so müssen genügend Kühe in der Nähe gehalten werden». Andere sprachen sich für Schwarzpulver-Infusionen aus.

Weniger unappetitlich waren da eher schon Vorschläge, große Mengen roher Zwiebeln oder Salzheringe zu essen, Berliner Weiße zu trinken oder täglich drei Eßlöffel Worcestershire-Sauce zu sich zu nehmen. Wieder andere hielten neuzeitliche Verfahren den älteren für überlegen: So wurde vorgeschlagen, elektrischen Strom durch die Badewanne von Patienten zu leiten oder gar das ganze Haus unter Strom zu setzen. Ein anderer Vorschlag lautete, man möge Kohlenmonoxid oder Äther in den Körper pumpen, denn das, betonte man, werde die Keime sicherlich töten – und, wie man vermuten darf, auch den Patienten. Zu den vorbeugenden Maßnahmen gehörte das Rauchen von Kampfer- oder Mentholzigaretten, Gurgeln mit Kampfer, die Einnahme von Lysol im Frühstückskaffee, das Einreiben des Körpers mit Petroleum oder das Abwaschen des ganzen Leibes mit Chlorwasser. Alternativ hieß es, man möge den Körper mit Kalk bedecken. Ein gewisser Hugo Schüssler, Mitglied des Stadtrates im Berliner Vorort Köpenick, bot eine ausgeklügelte Maschine an, mit der sich das Leitungswasser der Stadt angeblich an der Verteilungsstelle abkochen ließ. Dieser Art vorbeugender Desinfektion an die Seite stellen lassen sich andere Ratschläge, deren Ziel es war, den Erreger am Eindringen in den Körper zu hindern: Man solle, hieß es, um den Mund herum einen Maulkorb anbringen oder durch die Nase trinken. Stracks aus dem Mittelalter kam die Empfehlung an die Stadtväter, eine Kanone abfeuern zu lassen. Das würde die Luft in Bewegung setzen und die Erreger abtöten, von denen sich der Urheber dieses Rates wohl vorstellte, daß sie frei in der Luft herumschwebten; ein anderer Vorschlag riet, man solle die ganze Stadt mit Salz bedecken.[112]

Wohl zu ihrem Glück folgten die Hamburger Behörden keiner dieser Anregungen. Doch das freie Unternehmertum sorgte dafür, daß der Strom der Vorschläge, wie man vorbeugen oder heilen könne, nicht abriß. Die meisten von ihnen stammten von Einzelpersonen und gingen erkennbar auf Gewinnstreben zurück. Die alternative Medizin hatte den Cholerapatienten wenig zu bieten und vermied es, sie zu behandeln. Die Zeitungen am Ort gaben sich bereits 1831 skeptisch. In Berichten über die Behandlung von Choleraopfern in Wien hieß es da: «Die allopathischen Ärzte stellen zwar auch viele Kranke von der eigentlichen Cholera her, [es] treten aber bald darauf, vielleicht durch die Heftigkeit der Heilmittel veranlaßt, Nervenleiden ein, welche in Nervenfieber und Schlag endigen.» Es wurde eingeräumt: «Die Homöopathen... haben bewundernswerthe Curen mit Veratrum, Kampher und Phosphor vollbracht»[113], doch scheint das in Hamburg kaum ein Echo gefunden zu haben. Stadtphysikus Dr. Buek merkte 1848 an: «Die Homöopathie, die sich in der frühen Epidemie in manchen Orten eines so überaus glücklichen Erfolgs *rühmte*, ist hier in Hamburg, soviel ich weiß, nur durch einen bekannten älteren Arzt vertreten.» Selbst dieser soll aber seine Cholerapatienten allopathisch behandelt haben. Insgesamt 24 Kranke hatten sich seiner Fürsorge anvertraut, von ihnen waren 16 geheilt worden. «An die Stelle der Homöopathie ist die neue Modegöttin, die Hydropathie getreten, die dann auch, was das *Rühmen* ihrer glücklichen Erfolge betrifft, diesen Platz würdig ausgefüllt hat.»[114]

Doch scheinen Choleraopfer und ihre Verwandten nicht mit großem Nachdruck alternative Behandlungsmethoden gesucht zu haben. Zu heftig waren die Symptome der Krankheit, zu rasch ihr Fortschritt und zu hoch die auf sie zurückgehende Sterblichkeit, als daß Menschen besonders viel Vertrauen in die von diesen alternativen Richtungen angebotenen milden Vorbeugungs- und Heilmittel gehabt hätten. Wie auch bei früheren Epidemien stand die öffentliche Meinung 1892 in ihrer überwältigenden Mehrheit auf der Seite der Kontagionisten. Wer in den Desinfektionskolonnen, als Totengräber oder Leichenkutscher beschäftigt gewesen war, bekam anschließend häufig nur schwer Arbeit. Einer von ihnen erklärte deshalb recht trübselig: «Man hat mir auch stellenweit erklärt, die Leute, welche bei der Cholera gearbeitet haben, können wir nicht gebrauchen.» In der Tat scheinen viele dieser Arbeiter diese Ansicht geteilt zu haben; so erklärte einer von ihnen: «Natürlich sitzen wir steif voll von Bazillen, das ist doch selbstverständlich, daß man uns nicht nimmt.»[115] Unter diesen Umständen schienen die von den Homöopathen, Hydropathen und Allopathen angebotenen Heilmittel kaum imstande, die Erreger zu vertreiben. Die Menschen kauften in großen Mengen vorbeugende Patentmedizin, die sie von den Ärzten nicht bekommen konnten, ebenso wie sie sich dem Schnaps zum Teil als Vorbeugungsmaßnahme zuwandten. Sobald es aber um ärztliche Heilverfahren ging, waren Zweifel und Unglauben an der Tagesordnung. Die Erfahrung schien zu lehren, daß es nur wenig Hoffnung auf Rettung gab, wenn die Cholera erst einmal zugeschlagen hatte. Jeder griff begierig nach angebotenen Mitteln, die Schutz versprachen, doch nur wenige wollten sich kollektiven Bewegungen der Abwehr anschließen, die verfügbar zu machen das erklärte Ziel der alternativen Medizin war.

Verschiedene Arten der Selbsthilfe einzelner dienten lediglich auf die eine oder andere Weise dazu, Chaos und Unordnung zu vergrößern, denen die Stadt ohnehin zu erliegen schien. Man berichtete:

«Die Besitzer der Eimerprivets übergaben denselben jetzt in der Angst vor der Seuche plötzlich der Hausunrathsabfuhr. In einigen Gegenden, so z. B. auf der Veddel, wurde die Masse dieser flüssigen Stoffe so groß, daß dieselben nicht mehr von dem übrigen Hausunrath aufgesogen werden konnte, sondern aus allen Fugen des Wagens hervorquoll.»[116]

Während die Abfuhrunternehmer mit einem Mal weit mehr Unrat als sonst beseitigen mußten, vor allem, wenn Häuser von Desinfektionskolonnen geräumt wurden, verschwanden ihre Arbeitskräfte eilends von der Bildfläche. Ähnlich verhielten sich auch die Männer, deren Aufgabe es sonst war, in Gebieten wie dem Borstelmannsweg die Abortgruben zu leeren, «so daß die Gruben überfüllt wurden, überflossen und in der Umgegend wahrhaft schauderhafte Zustände entstanden»[117]. In der Eile, mit der viele Häuser und Wohnungen geräumt wurden, kam es vor, daß sich niemand um Haustiere kümmerte, und so verunreinigten Katzen und Hunde die Räume oder streunten auf den Straßen herum. Vor dem Krankenhaus Eppendorf umringten große Menschenmengen jeden eintreffenden Krankenwagen, um die Kranken fortzubringen.[118] Journalisten begannen in der Presse darüber zu fabulieren, welche phantastischen Möglichkeiten zu heimtückischen Verbrechen die Epidemie bot. So schrieb einer: «Wie furchtbar mag die Versuchung sein, die zu solcher Zeit an verbrecherische Menschen herantritt, welche es wissen, daß einige Schluck dieses Wassers einer lästigen oder verhaßten Persönlichkeit beigebracht, ihr mit größter Wahrscheinlichkeit den Tod bringen werden, ohne daß derselbe auf ein begangenes Verbrechen zurückgeführt werden könnte.»[119] Im Senat hat wohl die Kenntnis der öffentlichen Unruhen, wie frühere Epidemien sie hervorgerufen hatten – und wie sie gerade zu jener Zeit in Rußland stattfanden –, große Besorgnis ausgelöst. Wie wir gesehen haben, war Widerstand gegen eine Krankenhausunterbringung häufig; die Überzeugung, die Krankenhäuser seien eher Stätten des Experiments als der Behandlung, scheint 1892 ebenso weit verbreitet gewesen zu sein wie 1831.[120]

Trunkenheit in der Öffentlichkeit und Massenflucht waren weitere Hinweise darauf, in welchem Ausmaß Panik und Angst die Stadt in ihren Fängen hielten. Doch trotz alledem konnte Leo Lippmann im Rückblick auf die Ereignisse des Jahres 1892 sagen, «nicht *ein* Auflauf, nicht *eine* Ausschreitung hat stattgefunden»[121]. «Übrigens», schrieb Senator Gustav Hertz am 8. September sichtlich erleichtert, «lobe ich mir unsere Hamburger, die Ruhe sowohl mit der sie jede Anwandlung von Furcht oder Aufregung hintanhalten, die musterhafte Ordnung...»[122]. Daß es 1892 in der Stadt weder zu Aufruhr noch zu öffentlichen Unruhen kam, stand im scharfen Gegensatz zu den Erfahrungen, die man an anderen Orten und zu anderen Zeiten mit der Cholera gemacht hatte. Wir haben bereits gesehen, wie 1831 in Memel und Königsberg das weitverbreitete Mißtrauen gegenüber Ärzten und die allgemeine Ablehnung eiliger Massenbegräbnisse in ungeweihtem Boden zum Aufruhr geführt hatten.

Der französische Historiker René Baehrel hat auf eine enge Beziehung zwischen «épidémies et terreurs» aufmerksam gemacht, und Jean Delumeau in seiner großen Untersuchung der Angst im Abendland darauf hingewiesen, daß seit dem 14. Jahrhundert und mindestens bis zum Ausbruch der Cholera in Frankreich 1884 im Volk hinsichtlich des Ursprungs von Epidemien immer wieder Verschwörungstheorien im Umlauf waren. Er zieht daraus den Schluß: «In der Geschichte der Mentalitäten, des kollektiven Bewußtseins, müssen wir uns demnach von den Chronologien und Epochenmodellen lösen, die wir aus der Politik- und Wirtschaftsgeschichte kennen.»[123] In auffälliger Weise fehlten aber 1892 in Hamburg diese Verhaltensmuster, angefangen vom Schrecken, den der Ausbruch einer Epidemie auslöst, über die Suche der Öffentlichkeit nach einem Sündenbock (gewöhnlich Ärzte oder Behörden) bis hin zur kollektiven Gewalttätigkeit und Revolte. Das lag nicht etwa daran, daß es keinen Hang zur kollektiven Gewalttätigkeit mehr gegeben oder die Arbeiterbewegung ihn in die Kanäle nützlicher politischer Aktivität geleitet hätte. 1890 war es in den Gängevierteln zu schweren Ausschreitungen gekommen, auch 1897 und 1906 traten dort erneut Unruhen auf, wie es auch im und nach dem Ersten Weltkrieg in der Stadt Revolten im Zusammenhang mit der Lebensmittelversorgung gegeben hat.[124] Die Gängeviertel wurden 1892 von der Cholera hart getroffen; man vertrat sogar weithin die Ansicht, sie hätten die Hauptlast der Epidemie tragen müssen. Dennoch kam es in ihrem Verlauf dort nicht zu Unruhen, nicht einmal zu kleinen Vorfällen aus kollektiver Feindseligkeit den Behörden gegenüber.

Für diese Ruhe lassen sich mehrere Gründe anführen. Die zu Anfang der neunziger Jahre in der Hamburger Arbeiterklasse gegenüber der Religion zu beobachtende Gleichgültigkeit bedeutete, daß eine in amtlichen Berichten über frühere Cholera-Unruhen immer wieder genannte Hauptursache der Tumulte entfiel, nämlich die auf religiöses Empfinden zurückgehende Erbitterung des Volkes über die Beerdigung der Toten in Massengräbern ohne Mitwirkung der Kirche. Außerdem muß berücksichtigt werden, daß frühere Cholera-Unruhen ihren Grund häufig im Hunger und in der Panik hatten, die auf das Abriegeln von Städten und anderen Ortschaften durch militärische Cordons sanitaires folgten. Ein drittes kommt hinzu: Da die Cholera aus bereits dargestellten Gründen im allgemeinen zu Zeiten ausbrach, in denen politische Unruhe, gesellschaftliche Konflikte und sogar Revolutionen ohnehin zahlreiche Anlässe für Gewalttätigkeit schufen, lieferte sie häufig eher den Vorwand für Ausschreitungen, als daß sie deren Ursache war; der populäre Vorwurf, die Behörden versuchten die Armen umzubringen, wozu sie sich der Ärzteschaft bedienten, war symbolischer Ausdruck eines tief verwurzelten und letztlich nicht ganz unrealistischen Haßgefühls der Bevölkerung gegen die Unterdrückung durch die Staatsmacht und gegen die Gleichgültigkeit, die der Staat dem Elend der Massen entgegenbrachte. Auf keinen Fall sollte man vergessen, daß aus allen genannten Gründen, vor allem aber weil 1831 / 32 und 1848 die sozialen Konflikte in Hamburg nur schwach ausgeprägt waren, nicht nur während der Epidemie von 1892 keine ernsthaften öffentlichen Unruhen auftraten, sondern auch bei keiner der vorausgegangenen Epidemien, wobei 1832 vielleicht zum Teil eine Ausnahme bildet. Schließlich trugen das Prestige von Kochs Entdeckung und das gewachsene Ansehen der Ärzte seit den dreißiger Jahren dazu bei, daß die Ärzteschaft 1892 weniger Feindseligkeit auf sich zog als noch sechzig Jahre zuvor.

Zweifellos spielten auch die Sozialdemokraten in Hamburg eine Rolle bei der Beschwichtigung der Befürchtungen des Volkes. So schrieb Polizeikommissar Rosalowsky nach dem Ende der Epidemie:

«Charakteristisch für alle sozialdemokratischen Demonstrationen hieselbst ist übrigens die musterhafte Ordnung, in der dieselben zu verlaufen pflegen, sodaß die Polizei-Behörde fast niemals einzuschreiten genötigt ist. Die Führer vermeiden es aufs Sorgfältigste, sich mit den Behörden in offenen Widerspruch zu setzen. Interessant sind in dieser Beziehung auch die Erfahrungen, welche während der vorjährigen Choleraepidemie gemacht wurden. Auf Veranlassung der Polizei-Behörde erklärten sich bereits am 23. Aug. – am Tage nach dem Ausbruch der Seuche – die Führer der politischen sowie diejenigen der gewerkschaftlichen sozialdemokratischen Leitung bereit, dahin wirken zu wollen, daß sowohl politische als auch gewerkschaftliche Versammlungen während der Dauer der Epidemie verhindert wurden und am 25. August brachte das Hauptorgan der hiesigen Sozialdemokratie, das ‹Hamburger Echo› einen Aufruf, alle nicht unbedingt notwendigen Versammlungen so lange aufzuschieben, bis die Seuche erloschen sei. Auch das vom Redaktionspersonal dieser Zeitung gegebene Versprechen, aufregende Artikel während der Epidemiezeit zu vermeiden, wurde vollständig gehalten und während ein Teil der bürgerlichen Presse maßlose Angriffe gegen die Behörden richtete, sandte das ‹Hamburger Echo› die seiner Redaktion eingereichten kritisierenden Artikel und Beschwerden der Polizei-Behörde ein.»[125]

Welche Haltung die Behörden gegenüber den Sozialdemokraten einnehmen wollten, scheint am 23. August entschieden worden zu sein, noch bevor der Ausbruch der Epidemie amtlich bekanntgegeben wurde – ein verblüffendes Zeugnis für die absolute Priorität, die in den Augen Senator Gerhard Hachmanns der Frage der öffentlichen Ordnung zukam. Seine Rolle als Polizeichef war ihm ganz offenbar wichtiger als die eines Präses des Medizinal-Kollegiums, und im Rückblick muß man es als recht unglücklich bezeichnen, daß er gleichzeitig beide Ämter versah. Die Art, wie er am 23. Verbindung mit den Sozialdemokraten aufnahm, zeigt, daß er zu raschem und entschlossenem Handeln fähig war, wenn die Situation dies zu erfordern schien und er nicht auf den Rat von Fachleuten zu hören brauchte.

Hachmann wußte sehr wohl, daß die Sozialdemokraten am Vorabend der Epidemie in eine heftige Auseinandersetzung mit dem aus Preußen stammenden Hamburger Staatsanwalt Romen verwickelt waren, der sich bemüht hatte, sozialdemokratische Zeugen im Prozeß gegen einen straffällig gewordenen Streikbrecher zu diskreditieren. Romen hatte behauptet, sie hätten aus politischen Gründen Meineide geschworen; kein Eid, sagte er, nicht einmal der heiligste, bedeute dieser gottlosen Partei etwas. Die Parteizeitung, das «Hamburger Echo», reagierte mit wütenden Ausfällen gegen den Staatsanwalt, so daß die Polizei eine Reihe von Ausgaben beschlagnahmte und in mehreren Fällen Verleumdungsklage erhoben wurde. Am 9. August 1892 hielten die Sozialdemokraten sechs Massenkundgebungen ab, auf denen Romens Entlassung gefordert wurde, und noch bis zum 20. August kam es immer wieder zu kleineren Protestversammlungen, bei denen Resolutionen dieses Inhalts verabschiedet wurden. Schließlich wurden die Redakteure 1893 verurteilt, und Romen legte sein Amt nieder, um anderswo eine neue Stelle anzutreten: Der Boden Hamburgs war ihm zu heiß geworden. So bescherte im August 1892 die Erklärung der Partei, sie sei bereit, alle Versammlungen abzusagen, den durch die Kampagne zweifellos in die Defensive gedrängten Behörden eine willkommene Verschnaufpause.[126]

Die Bereitwilligkeit, mit der die Führung der Sozialdemokraten auf den Appell der Polizei reagierte, war ebenso überraschend wie die Schnelligkeit, mit der dieser Appell erfolgte. Schon lange, bevor amtliche Verbote öffentlicher Zusammenkünfte ergangen waren, hatte die Sozialdemokratische Partei von sich aus beschlossen, keine Versammlungen mehr abzuhalten. Noch verblüffender war die vom «Hamburger Echo», der Tageszeitung der Partei, geübte Selbstzensur. Schlichtweg erstaunlich ist, daß Beschwerdebriefe von Lesern an die Polizei weitergeleitet wurden. Selbst wenn die Redakteure der Ansicht gewesen sein sollten, deren Verfassern einen Gefallen zu tun, indem sie ihre Ansichten den Behörden bekanntgaben, statt sie dem von der Zeitung beschlossenen Veröffentlichungsstopp zu unterwerfen, war ihnen sicherlich auch klar, daß ein solches Vorgehen die Briefschreiber in den Augen der Polizei als Unruhestifter brandmarken würde. Von einem Augenblick auf den anderen legte die sozialdemokratische Presse in Hamburg dem Senat gegenüber eine größere Willfährigkeit an den Tag als die bürgerlichen Blätter. Das «Hamburger Echo» ging sogar so weit, ihn gegen eine Kritik in Schutz zu nehmen, die das in Berlin erscheinende wichtigste Organ der Sozialdemokraten, der «Vorwärts», veröffentlicht hatte. Später berichtete die Polizei: «Man hatte das Schauspiel, daß die beiden sozialdemokratischen Blätter, der Berliner ‹Vorwärts› und das ‹Hamburger Echo› während der Epidemie sich auf das heftigste befehdeten.» Am 30. August warf das «Echo» dem «Vorwärts» «unwahre, übertriebene, sensationslüsterne Nachrichten» aus Hamburg vor und erklärte am 31.: «Mit Angriffen auf die Behörden rettet man keine Kranken, behütet man keine vor dem Tode.» Noch am 18. September hieß es im «Echo» mit Nachdruck: «Es ist dringend nothwendig, daß die Parteipresse unserm wiederholten Ersuchen nachkommt und die wirklichen Verhältnisse in Hamburg schildert.» Kein Wunder, daß Polizeikommissar Rosalowsky berichten konnte, es sei den Behörden gelungen, «die Sozialdemokratie der Polizei-Behörde dienstbar zu machen».[127]

Diese Dienstbarkeit bestand in erster Linie darin, zu rechtfertigen, was die Ärzteschaft tat. Bei früheren, anderswo aufgetretenen Epidemien hatten die Unterbringung von Kranken in Krankenhäusern, die Isolierung befallener Häuser und die Beerdigung von Toten in Massengräbern fast immer Übergriffe gegen Ärzte und Behörden ausgelöst. Indem die Sozialdemokraten ärztliche Ratschläge in Gestalt von Sachses Flugblatt «Die Sicherheitsmaßregeln gegen die Cholera» verteilten, unterstützten sie die von der Ärzteschaft unter Kochs Führung vorgebrachten Erklärungen zur Cholera. Sie stärkten die Autorität der Ärzte, und wenn sie auch für den Fall einer weiteren Epidemie ihre eigenen Sanitätskolonnen aufzustellen planten, sollten diese lediglich den Behörden unterstellt und keinesfalls als Selbsthilfeorganisation tätig werden wie ihr Gegenstück in Berlin.[128] Ohnehin kam es im allgemeinen zu jener Zeit in Hamburg ausschließlich dann zu Aufruhr, wenn sich die Sozialdemokraten bereits an die Spitze eines öffentlichen Angriffs gegen die Behörden gestellt hatten oder eine schon angelaufene politische oder gewerkschaftliche Aktion den Auslöser für Gewalttätigkeiten lieferte. Beispiele dafür sind die Revolten des Jahres 1890 während des Gasarbeiterstreiks, die Unruhen von 1897 nach dem Hafenarbeiterstreik oder die Demonstrationen im Zusammenhang mit der Forderung nach allgemeinem Wahlrecht 1906 – der erste politisch motivierte Generalstreik in Deutschland. Da die Sozialdemokraten 1892 jede Kritik an den Behörden umgehend einstellten und keinerlei öffentliche Versammlungen mehr einberiefen, entzogen sie politisch begründeten öffentlichen Unruhen den Boden.

Daß die Partei 1892 mit der Polizei zusammenarbeitete, hatte verschiedene Gründe. Sie sah in der Verteilung der Flugblätter durch Arbeiter zu einer Zeit hoher Arbeitslosigkeit eine Art Arbeitsbeschaffungsmaßnahme, und daher versuchte sie auch eine Entlohnung der von ihr aufgebotenen Arbeiter durchzusetzen. Tatsächlich waren alle Desinfektionsarbeiter vor der Übernahme ihrer neuen Tätigkeit arbeitslos gewesen. Anschließend bemühten sich die Sozialdemokraten, das Verdienst für die Beschaffung nicht nur der Desinfektionsarbeiter an ihre Fahnen zu heften, sondern auch der Leichenträger und Pfleger, die aber in Wirklichkeit durch öffentliche Werbung rekrutiert worden waren. Außerdem behaupteten sie später, «die Verbreitung der Flugblätter durch die sozialdemokratische Parteiorganisation» sei «unentgeltlich besorgt» worden, obwohl die Männer für diese Arbeit zwischen 3 und 10 Mark bekommen hatten. Allerdings waren Druck und Verteilung der neuen Auflage am 29. bis 31. August als Ehrensache kostenlos erfolgt, weil dem ersten Versuch der gewünschte Erfolg versagt geblieben war. Auer & Co., die Druckerei der Sozialdemokraten, hatte mit den von der Polizei gezahlten 2000 Mark gerade die Kosten der ersten Auflage decken können; die Unterstellung eines Senators, sie habe mit Hilfe der Behörden ein «gutes Geschäft» gemacht, ging mit Sicherheit zu weit. Auch die später vom liberalen «Hamburger Fremdenblatt» verbreitete Behauptung stimmte nicht ganz, «daß man damals im Senat die Sozialdemokratie bei guter Laune erhalten wollte» und die Partei nur aus diesem Grund um Mitarbeit ersucht hatte, denn ohne weiteres «hätte das Bürgertum die Flugblätter selbst drucken und verteilen können».[129] Der erste Teil dieser Aussage mag der Wahrheit entsprochen haben, für den Rest gilt das mit Sicherheit nicht.

Vorwürfe und Gegenbeschuldigungen dieser Art wurden noch Jahre nach der Epidemie vorgebracht, als die Sozialdemokraten nachzuweisen versuchten, daß sie zum Kampf gegen die Epidemie in der Stadt geblieben seien, während das Bürgertum das Weite gesucht habe.[130] Zu jener Zeit stand dahinter weniger der Wunsch, eine patriotische Pflicht zu erfüllen, als vielmehr ein Gefühl des Stolzes und der Erleichterung darüber, daß «der Senat in den Sozialisten nicht mehr eine Bande von Verschwörern und Umstürzlern sieht, die außerhalb der Möglichkeit eines Verkehrs stehen, sondern Leute, die zur Mitarbeit herangezogen werden können». Das hatte Anfang Oktober 1892 Wilhelm Liebknecht gesagt, neben August Bebel die führende Gestalt in der Partei.[131] Einfache Parteimitglieder in Hamburg empfanden ähnlich. Der Polizei fiel, als sie über eine sozialdemokratische Zusammenkunft vom 13. Oktober berichtete, unter anderem folgende Ansprache eines Aktivisten auf, der sich über seine Tätigkeit in einer Gesundheitskommission wie folgt äußerte:

«Genosse R. Müller, Eimsbüttlerstr. 14, Hilfsmann Eimsbüttel, führt aus... daß er auch Mitglied der Gesundheitskommission ist. Durch diese Stellung sei das Wort des Herrn Dr. Borghardt [sic!], welches er im Reichstage geäußert – daß sie noch nicht so weit gekommen seien, zur Aufrechterhaltung der Ruhe und Ordnung Sozialdemokraten zu gebrauchen, dieses könne die Polizei noch allein – widerlegt, denn in meiner Person steht heute ein Polizei-Commissair vor ihnen; auch glaube ich, daß es dem Herrn Senator Dr. Hachmann schwer gefallen ist, meine Karte zu unterzeichnen.»[132]

Hier erkennt man Parallelen zur Haltung der Sozialdemokraten, die im August 1914 bereitwillig dem Ruf des Staates folgten und sich in der Krise um ihn scharten; hier liegen auch die Anfänge einer langen Zusammenarbeit mit dem Staat auf dem Gebiet des öffentlichen Gesundheitswesens – wenn es auch letztlich etwas ganz anderes bedeutet, für die Polizei zu arbeiten, als sich an demokratischen Wahlen zu Gremien der Krankenversicherungen zu beteiligen. Nur im Zusammenhang der erschütternden Ereignisse des Jahres 1892 ist letztlich zu verstehen, daß die Partei dem Hamburger Senat gegen den Angriff der Berliner Sozialdemokraten beisprang, wie auch, daß sie Beschwerdebriefe an die Polizei weiterleitete.[133]

Wie 1914 erwarteten die Sozialdemokraten auch 1892, daß ihnen der Staat ihre Treue lohne. Von Stund an tauchte der Dienst, den sie ihm bei der Cholera-Epidemie geleistet hatte, in der an Senat und Öffentlichkeit gerichteten Propaganda wie ein Refrain immer wieder auf, so daß schließlich Konservative in der Stadt schon bedauerten, daß man je an die Sozialdemokraten herangetreten war. So hieß es 1906 in den «Hamburger Nachrichten»:

«Damals konnte der Polizeichef Herr Dr. Hachmann nicht wissen, welch' einen schweren Fehler er beging, als er sich an die sozialdemokratische Parteiorganisation mit dem Ersuchen um Mitwirkung wandte. Wie hat die skrupellose Großmäuligkeit der sozialdemokratischen Presse diese Tatsache aufgebauscht und zur Förderung ihrer engen Parteizwecke ausgenützt!»[134]

In der Krise hatte der Senator jedoch allen Grund, dankbar zu sein. Nicht nur unterließen die Sozialdemokraten Kritik am Senat, sie verteidigten ihn sogar in der Öffentlichkeit. Das ließ sich von der bürgerlichen Presse nicht sagen. Deren Rolle sollte im nächsten Akt des Dramas von entscheidender Bedeutung sein.

Die Suche nach den Schuldigen

I

Als Reaktion auf die öffentliche Erklärung vom 24. August 1892, daß in Hamburg eine Cholera-Epidemie ausgebrochen sei, unterwarfen die Handelspartner der Stadt unverzüglich alle Schiffe, die aus der Elbe kamen, einer Quarantäne und Gesundheitskontrollen. Eine ganze Reihe europäischer Regierungen beschränkten oder verboten die Wareneinfuhr aus Hamburg. Vor allem ging es dabei um die Einfuhr von getragenen Kleidungsstücken, Obst und Gemüse, Häuten und Fellen, Lumpen, Fleisch, Molkereiprodukten und dergleichen. Andere verhängten ärztliche Kontrollen über alle aus deutschen Häfen einlaufenden Schiffe.[1] Die dänische Grenze wurde abgeriegelt, und schon bald kamen Klagen über das «unmenschliche» Verhalten dänischer Zollbeamter.[2] Die Regierungen einiger Länder in Übersee verboten nicht nur alle Einfuhren aus Hamburg, sondern weigerten sich auch, Postpakete ins Land zu lassen, die von dort kamen.[3] Ausländische Schiffe liefen Hamburg nicht mehr an, da man befürchtete, die Besatzungen würden sich anstecken. Bereits am 17. September nannte die «Kölnische Zeitung» den Schaden für den Handel «unberechenbar».

«Die erste deutsche Handelsstadt ist in Acht und Bann erklärt; dem früheren Gesamtumsatz von wöchentlich 50 Millionen Mark stehen heute wenige Tausende Mark gegenüber, weil die Schiffahrt mehr und mehr stockt. Die stolzen Fahrzeuge, die sonst mit größter Eile den Ocean durchfurchten, um die Schätze aller Weltteile dem ‹nordischen Venedig› zuzuführen, liegen jetzt vielfach in fremden Häfen, von der über sie verhängten Quarantäne festgehalten.»[4]

Dieser Zustand dauerte nicht nur einige Wochen, sondern mehrere Monate, denn noch am Jahresende waren die Quarantänevorschriften weitgehend in Kraft.[5]

Ebenso ernst zu nehmenden Beschränkungen wurden Hamburgs Kontakte mit dem übrigen Deutschland unterworfen. Während die Preußen rasch darangingen, die Grenze für weitere russische Auswanderer zu schließen, verabschiedete eine Sonderkonferenz der Bundesstaaten am 27. August eine Anzahl von Quarantänemaßnahmen, die am 29. in Kraft traten. Sie konzentrierten sich auf die Desinfektion und Isolierung aus Hamburg kommender Waren und erkennbar kranker Menschen sowie auf die Fertigung und Verteilung von Flugblättern für Eisenbahnbeamte, Besatzungen von Flußschiffen wie auch die gesamte Bevölkerung. Am 12. September wurden auf der Elbe strenge Kontrollen eingeführt und Freiherr von Richthofen zum besonderen Reichskommissar für die Gesundheitspflege im Stromgebiet der Elbe ernannt. Da er sich auf die Autorität des Reichskanzlers Caprivi stützen konnte, war dafür gesorgt, daß sein Rat auch befolgt wurde. Zwischen dem 13. September und dem 29. November 1892 untersuchte man über 57000 Boote, Lastkähne und Schiffe auf der Elbe gründlich und desinfizierte nahezu 33000 davon. Maßnahmen ähnlichen Umfangs wurden auf Oder und Rhein durchgeführt. Koordiniert wurde das Programm durch eine am 11. September eingerichtete Cholerakommission des Reiches, an deren Spitze der Präsident des Kaiserlichen Gesundheitsamtes stand und die sich aus Vertretern einiger Bundesländer einschließlich Hamburgs zusammensetzte. Ihre erste Zusammenkunft am 12. September fand in Gegenwart von Robert Koch statt. Da er vermutete, Spree und Havel könnten schon von der Cholera befallen sein, überredete er die Kommission dazu, ihre Aufmerksamkeit auf sanitäre Kontrollen der Flüsse zu richten; die von Flüssen ausgehende Infektion sei «eine Erscheinung... auf welche bisher nicht Acht gegeben worden war»[6]. Man wollte die Kontrollen und Überprüfungen zu Lande und zu Wasser allerdings nicht allumfassend gestalten. Wie Koch der Kommission am 1. November erklärte:

«Durch den Verkehr von Hamburg wurde die Seuche nach nahezu 300 Orten verschleppt und es sah anfangs aus, als ob in Kurzem ganz Deutschland mit Cholera infizirt werden würde. Um zu verhüten, in solcher Weise von Ansteckungsstoffen überschwemmt zu werden, wurde ein anderes Verhalten als früher beobachtet. Der menschliche Verkehr wurde nicht wie ehemals beschränkt, da die Erfahrung gelehrt hat, daß dadurch nicht viel erreicht wird. Die heutzutage geltenden bestimmten und zielbewußten Maßregeln (die auch für andere Epidemien Geltung haben) zielen besonders dahin, daß die ersten Fälle an jedem Orte gründlich behandelt werden, damit eine örtliche Epidemie nicht erst zum Ausbruch kommt. In fast allen Fällen, die von Hamburg aus verbreitet wurden, gelang es, in dieser Weise der Cholera Herr zu werden.»[7]

Wie Abbildung 15 zeigt, war diesem Verfahren recht großer Erfolg beschieden, und schon Anfang September hatte man der Ausbreitung der Krankheit im Deutschen Reich wirksam Einhalt geboten. Doch häufig gingen lokale Behörden weit über Kochs Absichten hinaus. Viele drohten harte Strafen an für den Fall, daß jemand aus Hamburg es wagte, den Fuß auf ihr Gebiet zu setzen. Manche übergossen nicht nur alle Post aus der von der Cholera befallenen Stadt mit Desinfektionsmitteln – und ruinierten sie damit vollständig –, sondern auch Bahn- und Postbeamte, ganz gleich ob sie in Hamburg gewesen waren oder nicht. Gemeinden und Städte nahe Hamburgs Grenzen untersagten häufig jegliche Einfuhr aus der Stadt, desinfizierten Flüchtlinge zwangsweise, verwehrten ihnen eine Unterkunft oder schafften sie einfach fort. Selbst Altona verordnete eine Quarantäne. Aus einem Dorf wurde berichtet, daß die Einwohner versucht hätten, einen Flüchtling aus Hamburg mit Arsen zu waschen, weil das auf dem Vieh lebendes Ungeziefer abtöte.[8] «Es kam nicht nur vor», erinnerte sich einer der Bewohner der Stadt, «daß man sich alle Correspondenz mit Hamburg verbat, sondern, daß man selbst telephonische Gespräche von Berlin oder Magdeburg von dort abbrach, aus wahnwitziger Furcht und Dummheit, dadurch angesteckt zu werden.»[9]

Hamburger Bürger, die sich während der Epidemie außerhalb der Stadtgrenzen befanden, hatten es oft schwer. Die dreiundzwanzigjährige Tochter eines der reichsten Hamburger Kaufleute, Olga O'Swald, traf im nahe gelegenen Travemünde Vorbereitungen zu ihrer Hochzeit, als die Epidemie ausbrach. «Jeden Morgen bekam ich ein Telegramm, ob noch alle gesund wären. Das war nervenaufreibend!» schrieb sie später. Die aus der Stadt am 3. September eintreffende Hochzeitsgesellschaft mußte sich desinfizieren lassen, wobei der Pastor merkwürdigerweise von der Prozedur ausgenommen blieb. Auf der Hochzeitsreise wurde das junge Paar, «bewaffnet mit vielen Attesten», im Zug zweimal ärztlich untersucht, und wohin sie auch kamen, überall gingen ihnen die Menschen aus dem Weg. «Auf der Fahrt in der Kleinbahn nach Heiligendamm», schrieb die junge Frau, «hörte ich eine Dame sagen, ‹Das sind gewiß Hamburger, wollen wir nicht nebenan gehen?› ... In Heiligendamm, wo es sich herumgesprochen hatte, wurden wir ganz gräßlich angeguckt, was natürlich sehr unangenehm war...» Später, auf

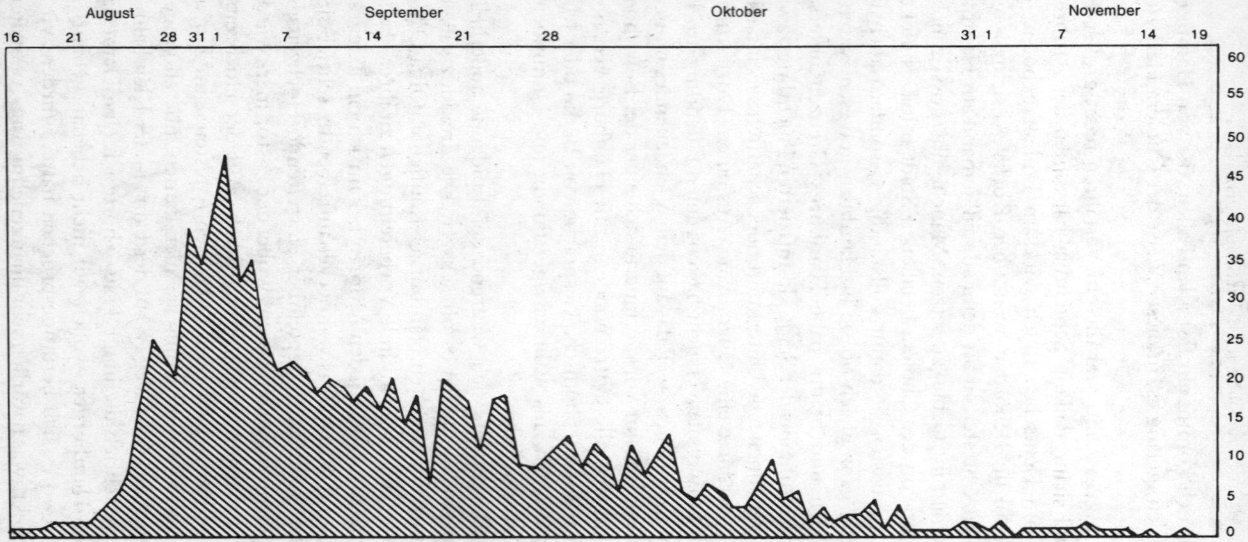

(Quelle: [Georg Gaffky:] Amtliche Denkschrift über die Cholera-Epidemie 1892, Berlin 1895)

Abb. 15 Zahl der Gemeinden und Kreise im Deutschen Reich, die im Jahr 1892 Cholerafälle meldeten, aufgeschlüsselt nach Tagen

dem Weg nach Berlin, wurden sie in eine hitzige Diskussion gezogen, als ein Herr im Zug anfing, «ganz furchtbar auf Hamburg zu schimpfen».[10] Reisende aus Hamburg mußten nicht nur Feindseligkeit und Mißtrauen ertragen, sondern auch ärztliche Untersuchungen und Desinfektionen über sich ergehen lassen. Viele, die sich zur Zeit des Ausbruchs der Epidemie bereits außerhalb der Stadt befanden, wurden gezwungen, sich ärztliche Atteste zu beschaffen, aus denen hervorging, daß sie frei vom Verdacht der Cholera seien.[11] Von ähnlichen Erfahrungen berichtete Ida Neubauer, die während der Epidemie von Norderney nach Hamburg zurückkehrte.

«Als in Bremen ein Zug aus Hamburg eintraf, mußte jeder Aussteigende drei Männern in weißen Röcken – damals ein ungewohnter Anblick – die Zunge zeigen. Dieses Verfahren entbehrte nicht einer gewissen Komik. In Norddeich sprach ich mit einem Senator aus Bremen, als sich ein Herr zu uns gesellte und mir sagte: ‹Sie sind Hamburgerin. Da muß ich Ihnen doch sagen, wie empört ich über die Verhältnisse in Hamburg bin.› Meine Antwort war: ‹Ich glaube, Sie wenden sich besser an die Hamburger Behörden, ich habe nichts damit zu tun.›»[12]

An vielen Orten wurden Reisende aus Hamburg gezwungen, ihr Gepäck desinfizieren zu lassen, wobei dessen Inhalt oft unbrauchbar wurde.[13] «Die Bahnhöfe», berichtete Rudolf Hertz bereits am 27. August, «stinken nach Carbol, sind abgesperrt, und nach Hamburg fuhr ich heute fast als einziger Gast.»[14]

Wie wir gesehen haben[15], nahm der Eisenbahnverkehr schlagartig ab, als das Auftreten der Cholera amtlich bekanntgegeben wurde. Am 17. September berichtete die «Kölnische Zeitung»: «Der Eisenbahnbetrieb deckt längst die Kosten nicht mehr; immer mehr Züge werden eingestellt, da der Personenverkehr über Hamburg sich nicht eher wieder einstellen will, als bis die unheimliche Seuche ganz aus Hamburg verschwunden ist.»[16] Die Einnahmen der preußischen Staatsbahn im September waren im Vergleich zum September des Vorjahrs um 25% zurückgegangen. Im Bezirk Altona nahm die Staatsbahn aus dem Verkauf von Fahrkarten eine Million Mark oder 50% weniger ein als im September 1891. Am 6. September fuhr in Berlin der Schnellzug nach Hamburg um 8.45 Uhr ohne einen einzigen Fahrgast ab. Die drei täglichen D-Zug-Verbindungen von Hamburg nach Berlin wurden eingestellt, so daß auf der Strecke einschließlich des Nachtzugs nur noch sechs Personenzüge verkehrten. Quarantänemaßnahmen an verschiedenen Staatsgrenzen sorgten für weitere Störungen des Bahnbetriebs, und selbst der berühmte Orient-Expreß, der auf seinem Weg in die Habsburgermonarchie Deutschland durchquerte, verkehrte eine Zeitlang nicht.[17] Wie Abbildung 16 zeigt, zogen im September 1892 vielleicht an die 2000 Menschen weniger nach Hamburg, als zu erwarten gewesen wäre; aus Abbildung 17 ergibt sich ein ähnlich deutlicher Rückgang bei den Hotelübernachtungen in Hamburg wie auch, daß sich der Fremdenverkehr bis November noch nicht wieder erholt hatte.

Diese Maßnahmen wirkten sich äußerst nachteilig auf Handel und Wirtschaftsleben aus. Bereits am 2. September notierte der Leiter des Statistischen Büros der Stadt, Georg Koch, in seinem Tagebuch: «Der Schiffsverkehr elbeaufwärts wie über See ist fast gänzlich eingestellt.»[18] Ein Reporter, der die Stadt am 6. September besuchte, teilte seinen Lesern mit, im Hafen würden «kaum ein Dutzend Koks- oder Kohlenschiffe» gelöscht oder beladen; gewöhnlich gab es davon zu dieser Jahreszeit bis zu zweihundert. «Traurig, tieftraurig... sieht es noch immer

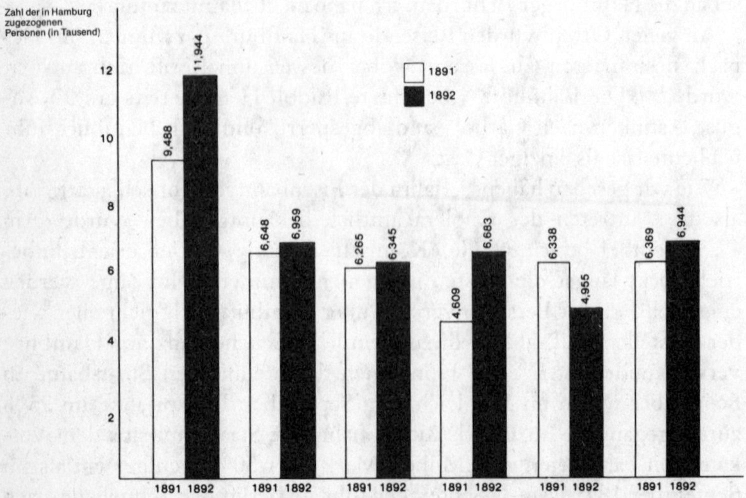

(Quelle: StA Hbg, Senat Cl, XI, Generalia Nr. 2, Vol. 61, Fasc. 1: Denkschrift vom 4. Nov. 1892 [Einwohner-Melde-Bureau])

Abb. 16 Anmeldung zuziehender Personen in Hamburg 1891 und 1892, jeweils Mai bis Oktober

an der eigentlichen Verkehrsader des Hamburgischen Handels, dem Hafen und der Speicherstadt aus.»[19] Die Schiffsführer klagten über die «zum großen Theil zwecklosen und unbegründeten Verbote» mit Bezug auf «alle möglichen Güter, welche ihren Weg immer über Hamburg nehmen», und die zahlreichen Verzögerungen, zu denen es durch die Desinfektion von Schleppkähnen und das Verbot von Nachtfahrten kam: «Die Flußschiffahrt hat also durch diese Epidemie Geld und Zeit und somit wieder Geld verloren.»[20] Größere Reedereien erlitten noch bedeutendere Verluste. Die Hamburg-Amerika-Paketfahrt-Aktiengesellschaft (HAPAG) beklagte «sehr schwere Verluste» durch die Epidemie, die Gewinne, hieß es im Geschäftsbericht dieser Reederei, seien «um Millionen verringert». Allein für nicht benutzte, vorausbezahlte Passagen mußte eine halbe Million Mark zurückgezahlt werden.[21] Die Handelskammer sah sich im Dezember genötigt zu berichten: «Fast jeder Kaufmann hat in größerem oder geringerem Umfange effektive Verluste erlitten, die vielfach noch nicht zu übersehen sind.»[22] Daß Dividenden bisweilen um die Hälfte verringert wurden, spiegelte den von

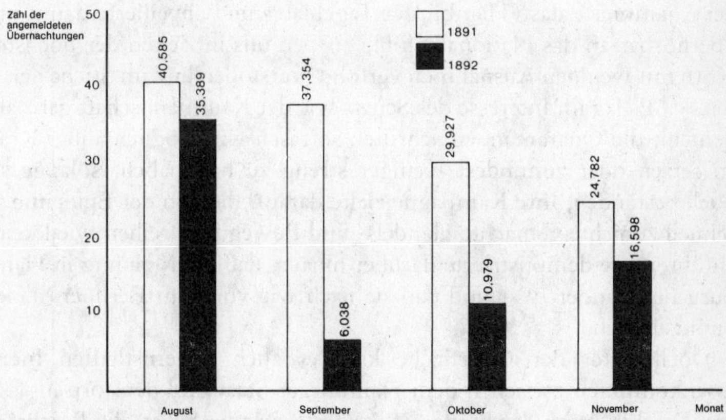

(Quelle: StA Hbg. PP S 3490, Vol. 1: Hamburger Fremdenblatt, 7. Dez. 1892)

Abb. 17 Angemeldete Übernachtungen in Hamburger Hotels, 1891 und 1892, jeweils August bis November

der Epidemie bewirkten starken Gewinnrückgang.[23] Es war, wie die Handelskammer erklärte, «ein schlimmes Jahr»[24].

Schon sehr bald, nachdem sich die ersten Auswirkungen der Quarantäne bemerkbar machten, begann der Senat eine Gegenoffensive. Bereits am 26. September gelang es ihm, die Cholerakommission des Reichs dazu zu veranlassen, daß die Kontrollen von Postsendungen weniger scharf gehandhabt wurden.[25] Am 5. November stellte er sogar in aller Form einen Antrag an die Kommission, sie möge alle Beschränkungen aufheben und eine amtliche Erklärung herausgeben, aus der hervorgehe, daß Hamburg «seuchenfrei» sei. Auf Kochs Anraten hin wurde dieser Antrag abgelehnt, denn seiner Ansicht nach bestand nach wie vor die Gefahr, daß sich die Krankheit von Hamburg aus auf andere Teile des Reiches verbreitete; ein von der Kommission am 14. November behandelter erneuter Antrag sorgte dafür, daß die Mehrzahl der Beschränkungen aufgehoben wurde, obwohl der Stadt weiterhin die amtliche Bestätigung versagt blieb, frei von der Cholera zu sein.[26] Zahlreich waren die Beschwerden, in denen Handelskammer wie auch verschiedene öffentliche Körperschaften klagten, die Quarantänemaßnahmen würden zu streng gehandhabt.[27] Diesen Druck verstärkte eine Öffentlichkeitskampagne in der Hamburger Presse, die ausführliche Klagen gegen die Quarantänemaßnahmen erhob und behauptete, diese bedeuteten eine «Verletzung der Reichsgesetze»[28]. «Unsere deutschen Brüder», jammerte das «Hamburger Tageblatt» und appellierte damit unüberhörbar an das Nationalgefühl, «haben uns in Zeiten der höchsten Noth mit wenigen Ausnahmen verfolgt, verstoßen und im Stiche gelassen.»[29] Es lag im Interesse des Senats wie der Kaufmannschaft ganz allgemein, die Quarantänevorschriften so rasch wie möglich außer Kraft zu setzen oder zumindest weniger streng zu handhaben, solange sie noch beständen. Ihre Kampagne zielte darauf, die von der Epidemie so schnell zunichte gemachte Handels- und Bewegungsfreiheit wiedereinzuführen; sie demonstrierte darüber hinaus, daß die Meinung in Hamburg unverändert war und daß sie nach wie vor vom Berliner Standpunkt abwich.

Doch unter der Oberfläche kam es auch zu ernsthaften Interessenkonflikten zwischen dem Hamburger Staat und dem ortsansässigen Kapital. Nach der Epidemie weigerte sich der Senat, die Beschränkungen aufzuheben, die er dem Auswandererverkehr auferlegt hatte; die HAPAG, die das Auswanderergeschäft an andere Häfen zu verlieren fürchtete, erklärte in ihrem Jahresbericht 1893, sie werde ihre Zentrale nach Bremen verlegen und künftig ausschließlich von der Weser aus operieren. Das hätte für die Hamburger Wirtschaft, zu der die HAPAG schätzungsweise jährlich 60 Millionen Mark beisteuerte, einen vernichtenden Schlag bedeutet. Angesichts einer solchen Drohung gab der Senat nach und hob die Beschränkungen auf.[30] Das war lediglich die erste in einer Reihe eindrucksvoller Machtproben, bei denen das Kapital unter Beweis stellte, daß es die Reformpläne durchkreuzen konnte, die der Staat nach der Epidemie verwirklichen wollte. Auf jeden Fall gab diese Machtprobe zu erkennen, daß sich hinter dem Bild der Einigkeit, das Hamburgs Bürger der feindlichen Welt auf Betreiben des Senats bieten sollten, ernsthafte Meinungsunterschiede in der Stadt verbargen. Sie hatten mit den Ursachen, dem Verlauf und den Folgen der Epidemie zu tun.

II

Schon vor den Drohungen und Intrigen der HAPAG hatte sich der Senat innerhalb der herrschenden Klassen der Stadt einem allmählich wachsenden Widerstand gegenübergesehen. Da er und die Bürgerschaft gemeinsam regierten, mußte so rasch wie möglich eine Krisensitzung der Bürgerschaft einberufen werden, damit diese die außergewöhnlichen Ausgaben billigte, die zur Finanzierung der Desinfektion und weiterer beschlossener Maßnahmen erforderlich waren. Diese Sitzung fand am 29. August statt, und der Senat kam in ihr nicht ungeschoren davon. Sie begann harmlos damit, daß Hachmann in einer kurzen, sachlichen Rede die Maßnahmen beschrieb, die («theilweise durch Geheimrath Koch beeinflußt», wie er betonte) ergriffen worden waren, sowie mit einem entschlossenen Versuch des Senats, der sich nachzuweisen bemühte, daß er rechtzeitig Vorbeugungsmaßnahmen getroffen und das Auftreten der Krankheit unverzögert bekanntgegeben habe. Doch bald schon zeigte sich, daß diese Erklärungen nicht kritiklos hingenommen werden würden – und die Kritik kam keineswegs ausschließlich aus den Reihen der geschmähten Minderheit der «Demokraten».

Der erste, der seine Stimme erhob, war Dr. Hagedorn, ein Bürgerschaftsabgeordneter aus dem Ärztestand. Er erklärte, es hätte höchstens 24 Stunden dauern dürfen, um eine Kultur des Erregers zu erzeugen:

«Das Hamburger Medicinalbureau, unter Oberleitung des Medicinal-Inspectors Dr. Kraus, habe aber dazu drei Tage gebraucht; dadurch sei das Vorhandensein der asiatischen Cholera in Hamburg anstatt am 19.

erst am 22. August festgestellt worden. Während von Altona aus das Auftreten der asiatischen Cholera bereits am 21. August nach Berlin gemeldet worden sei, habe Dr. Kraus diese Meldung erst 24 Stunden später ergehen lassen, dadurch sei eine unverzeihliche Verschleppung der Meldung entstanden, die sich furchtbar an Hamburg gerächt habe. Die ersten Vorbeugungsmaßnahmen der Behörden seien deshalb zu spät erfolgt.»

Tatsächlich waren Kraus und seine Untergebenen, wie wir wissen, noch saumseliger gewesen; die Verzögerung hatte nicht vier, sondern sieben oder gar acht Tage betragen. Nach Hagedorn erhob sich Amandus Gérard, ein Abgeordneter der Fraktion Linkes Zentrum, und forderte unnachsichtig, daß Kraus sein Amt unverzüglich niederzulegen habe: «... für den Mann muß bei dieser Gelegenheit als Beamter die letzte Stunde geschlagen haben.» Bei diesen Worten «erschallte aus den dichtbesetzten Zuhörerbänken so lauter und anhaltender Beifall, daß der Vorsitzende drohte, die Tribünensitze räumen zu lassen, falls sich derartige Beifallsäußerungen wiederholten».[31] Unübersehbar stand Kraus jetzt in der Schußlinie. «Wenn Dr. Kraus seines Amtes entsetzt würde, so wäre dies gerechtfertigt», hieß es am 31. August im «Vorwärts», dem Organ der Berliner Sozialdemokraten.[32]

Kraus wurde nicht nur angegriffen, weil man ihm den Vorwurf machte, den Ausbruch der Epidemie verheimlicht zu haben, sondern auch, weil man weithin der Meinung war, er habe in deren weiterem Verlauf eine Verschwörung angezettelt, um ihr wahres Ausmaß zu verbergen. Am 27. August berichtete Rudolf Hertz seinem Vater Gustav Hertz, daß «alle Ärzte ... entsetzte Gesichter machen, von seltener (oder nicht erlebter) Heftigkeit des Auftretens der Krankheit reden und die offiziellen Zahlen für gefälscht erklären». Diesen Verdacht bekräftigte für Rudolf Hertz «die Kleinheit der offiziellen Zahlen in Anbetracht der vielen Leichenwagen».[33] Die in der Zeitung benannten Zahlen waren kaum zuverlässiger, denn sie stammten ebenfalls von Kraus. Ein «Hamburger Arzt» klagte am 26. August, «die Zeitungen vertuschen leider Vieles»; und weiter hieß es: «Man verlasse sich nur nicht auf die Angaben der Hamburger Zeitungen und die papiernen Bekanntmachungen der Behörden.» Er fuhr fort: «Die Zahl der Opfer ist sicher viel größer, als die Beamten angeben.»[34] Anfänglich mag der Grund für Hachmanns Zögern, tätig zu werden, wie wir gesehen haben, in der Unkenntnis des wahren Ausmaßes der Epidemie gelegen haben.[35] Doch der Verdacht, daß die amtlichen Zahlen nicht stimmten, wollte auch nach den Ereignissen des 28. nicht verstummen.[36] Die Presse bemühte sich besonders eifrig, Belege für die Manipulation der Tatsachen aufzuspüren, sobald offenkundig geworden war, daß die Behörden versucht hatten, den Ausbruch der Krankheit zu vertuschen. «Nachdem... die Wahrheit endlich heraus ist», teilte eine Zeitung am 28. August mit, «wird man ihr hoffentlich auch in Hamburg ferner die gehörige Ehre geben.»[37]

Einen besonders ungünstigen Eindruck hinterließ ein Interview, das Kraus der Presse am Vormittag des 6. September gab. Seine Versuche zu leugnen, daß es Verzögerungen bei der Erklärung vom Ausbruch der Epidemie gegeben habe, überzeugten nicht. So sagte er dem Reporter:

«Sie fragen, ob die Cholera bereits vor dem 20. August vorhanden gewesen ist – ich muß das verneinen. Am 20. August wurde mir der erste Fall von asiatischer Cholera gemeldet, und sofort wurden zwei Herren im Neuen Krankenhaus zu Eppendorf, darunter der Prosector, mit der bakteriologischen Untersuchung betraut. Das Ergebnis war die Feststellung der asiatischen Cholera, und zwar am 22. August, 1 Uhr mittags.»

Dieser Aussage mangelte es nicht nur an Überzeugungskraft, sie war schlichtweg unwahr. Was auch immer Kraus erfahren haben mochte, der erste Kranke war am 16. August eingeliefert worden, und bakteriologische Untersuchungen hatten weit vor dem 20. begonnen. «Was halten Sie», fragte ihn der Reporter, «von der Rede des Bürgerschaftsmitgliedes Dr. Hagedorn, welcher behauptet, daß die Cultur des Komma-Bacillus nach dem heutigen Stande der Wissenschaft in 24 Stunden festzustellen sei?» Die Antwort darauf war kurz und bündig: «Wenn Dr. Hagedorn das kann, so mag er es thun – ich kann es nicht.»

Schlimmer noch schien dem Reporter, daß die Hamburger Gesundheitsbehörde vom wirklichen Ausmaß der Epidemie günstigstenfalls keine Vorstellung hatte und es schlimmstenfalls absichtlich nicht bekanntgab. «Die Zeitungen», sagte er zu Kraus, «sprechen von 2000 Gestorbenen, die vom Medicinalbureau nicht gemeldet worden sein wollen.» Kraus gab zur Antwort: «Meine Beamten werden Ihnen die nötige Aufklärung geben, ich kann nicht alle Zeitungen lesen.» Als sich der Reporter an die Beamten wandte, stellte er fest, daß deren Unterlagen, was die Zahl der Erkrankten und Toten anging, um mehrere Tage nachhinkten. «Vielleicht in 14 Tagen ist die Liste vollständig über den heutigen Tag», teilte man ihm mit. Einer seiner Kollegen machte sich zu der Stelle auf, an der die Leichen gesammelt wurden. «Der meinen Gewährsmann begleitende Arzt klagte über die frühere Unordnung im Totenschuppen.» Eine ordnungsgemäße Zählung war schon lange nicht mehr möglich, weil die zugehörigen Papiere fehlten. Wahrscheinlich hatten sich die

Zustände erst gebessert, nachdem Versmann und Roeloffs die Dinge in die Hand genommen hatten. «Jetzt», rühmte sich der Arzt, «herrscht eine musterhafte Ordnung im Schuppen.» «Und die Zahl der Gestorbenen?» «– beträgt über 5000.» «Eine furchtbare Nachricht», kommentierte der Reporter, «– aber ich hörte die Wahrheit.» Seine Leser zweifelten nicht daran, daß niemand je die Wahrheit erfahren hätte, wären die Dinge Dr. Kraus überlassen geblieben.[38]

Unbestreitbar waren die von Kraus und seinen Beamten veröffentlichten Zahlen viel zu niedrig. Beispielsweise teilte der Senat am 6. September mittags mit, bisher seien 6798 Erkrankungen und 2940 Todesfälle zu verzeichnen. Eine Woche später wurden neue Zahlen veröffentlicht, aus denen hervorging, daß bis zum 6. September 11424 Menschen an der Cholera erkrankt und 4900 gestorben waren. Das war mehr als eine geringfügige Abweichung, denn immerhin waren 4626 Fälle oder mehr als 40% der Gesamtzahl ursprünglich nicht aufgeführt worden; Entsprechendes galt für 1960 Tote, ebenfalls 40% der Gesamtzahl.[39] Wie Senator Johannes Versmann am 5. September in seinem Tagebuch klagte, hätte Kraus seine Zahlen korrigieren müssen. «Erst nachdem R[oelof]fs dort leist[ung]sfähige Beamte eingestellt hat auf dem Medizinalbureau, kommt Ordnung in die Zahlen!» Bei der Befragung verschiedener Beamter zeigte sich, daß Kraus lediglich die ihm von Ärzten gemeldeten Fälle aufgeführt, die Zahlen der Krankenhäuser aber mit der Begründung unberücksichtigt gelassen hatte, sie seien bereits in den von den Ärzten übersandten Meldungen enthalten. Doch war es unter den Bedingungen der Epidemie unvermeidbar, daß Tausende von Menschen ohne vorherige ärztliche Behandlung ins Krankenhaus gebracht wurden. Auf eine weitere Fehlerquelle, die für deutsche Vorstellungen von Verwaltung geradezu unfaßlich gewesen sein muß, stieß man, als sich herausstellte, daß ein Beamter das falsche Dokument gestempelt und damit vorläufige Zahlen zu endgültigen erklärt hatte. Erneut war Kraus ein Versehen unterlaufen, das Versmanns Ansicht nach keineswegs eine läßliche Sünde war. «Das ist arg», heißt es dazu in seinem Tagebuch.[40]

Am 6. September trat Hamburgs Cholerakommission zu einer Erörterung dieser beträchtlichen Diskrepanzen zusammen. Senator Gerhard Hachmann versuchte seinen Medizinalrat zu decken und erklärte, die von Kraus veröffentlichten Zahlen seien in Wahrheit eher zu hoch gegriffen als zu niedrig – ein deutlicher Hinweis auf seine nach wie vor bestehende Selbstgefälligkeit diesem Thema gegenüber. Versmann und Mönckeberg allerdings wiesen Hachmanns Behauptung unverzüglich zurück.

Die Kommission faßte den offiziellen Beschluß, anzuerkennen, daß ernsthafte Abweichungen zwischen den verschiedenen veröffentlichten Zahlen bestanden, und befand, deren Ursprung müsse der Presse erklärt werden. Am selben Abend kamen Versmann und Mönckeberg überein, daß Kraus seines Amtes enthoben werden sollte. Versmann überzeugte Mönckeberg davon, daß Hachmann am nächsten Morgen vor der anberaumten Senatssitzung unbedingt eine Zusammenkunft des Medizinal-Kollegiums einberufen müsse, um eine auf dessen Autorität gestützte Empfehlung in dieser Richtung zu erwirken und die vorläufige Einsetzung eines Nachfolgers anzuregen. Es kostete Versmann einige Mühe, Mönckeberg so weit zu bringen, daß er dem wartenden Boten die erforderlichen Anweisungen erteilte; es gab, wie er berichtete, «eine recht verschiedene Auffassung über die Bedeutung und Tragweite des beklagenswerthen Ereignisses zwischen uns»; doch zu guter Letzt setzte er sich, wie so oft, bei seinen Kollegen durch.

Am 7. September herrschte im Senat eine so feindselige Einstellung Kraus gegenüber, daß man lange und ernsthaft einen Antrag debattierte, ihn ohne Pension zu entlassen. Schließlich kam man überein, Kraus solle offiziell darum nachsuchen, aus Gesundheitsgründen von seinen Pflichten entbunden zu werden.[41] In seinem Entlassungsgesuch berief er sich auf seinen schlechten Gesundheitszustand und schrieb, er habe sich nicht in der Lage gefühlt, während der Epidemie zurückzutreten, könne das jetzt aber tun, da das Schlimmste vorüber sei.[42] Tatsächlich litt Kraus schon seit längerem an Lungenkrebs; im Nachruf auf ihn, der in der «Geschichte des Ärztlichen Vereins» veröffentlicht wurde, hieß es später, er sei seit 1891 krank gewesen. «Körperlich gebrochen» (und wegen seiner Entlassung vielleicht auch seelisch), legte er sein Amt am selben Tag nieder und starb, noch bevor das Jahr um war. Wie auch immer sich die Dinge verhalten haben mochten, sein Rücktritt lieferte der herrschenden Schicht der Stadt einen willkommenen Sündenbock. Caesar Amsinck, der einer der reichsten und angesehensten Kaufmannsfamilien Hamburgs angehörte und mit mehreren Senatoren verschwägert war, schrieb am 8. September, man habe Kraus entlassen, weil er die Nachricht von der Epidemie in der ersten Woche nach ihrem Ausbruch unterdrückt habe. Diese Behauptung stellte, milde gesagt, eine starke Vereinfachung dar.[43] Inzwischen gab es jedoch keinen Zweifel mehr daran, daß der Ruf von Hamburgs Verwaltung weiter gelitten hatte. Hachmann selbst sah sich gezwungen, im zweiten Bericht der Cholerakommission, den Roeloffs abgefaßt hatte und der am 13. September 1892 veröffentlicht wurde, öffentlich einzugestehen, daß die amtlichen Zahlen, bedingt durch verzögerte und unvollständige Arztberichte und weil man den Meldungen aus den Krankenhäusern nicht genug Aufmerksamkeit geschenkt habe, «sehr mangelhaft» gewesen seien.[44]

Nach Kraus' Ausscheiden vertraute man seine Aufgaben anderen, zupackenderen Händen an und bestimmte den erfolgreichen Hamburger Arzt Johann Julius Reincke zu seinem Nachfolger. Er war 1842 als Sohn eines Altonaer Kaufmanns zur Welt gekommen; da er mit der Senatorendynastie der Sievekings verschwägert war, nahm er einen festen Platz in der Hamburger Gesellschaft ein. Als Bürgerschaftsabgeordneter gehörte er in den Jahren 1879 bis 1890 der Senatspartei an, also der Fraktion der Rechten.[45] Durch seine Verbindungen war es ihm gelungen, eine so einträgliche Praxis aufzubauen, daß er für die Übernahme der Leitung des Medizinalbüros eine Entschädigung von 15000 Mark für entgangenes Einkommen verlangte. Zwar hielt man es für «unthunlich», die mit dem Amt verbundene Besoldung sogleich zu erhöhen, doch bekam Reincke die Zusicherung, man werde darüber befinden, sobald die Epidemie vorüber sei.[46] Noch 1890 war er Pettenkofer-Anhänger gewesen; doch brachten ihn die Ereignisse des Jahres 1892 rechtzeitig dazu, sich Robert Kochs Lehre von der Verbreitung der Cholera durch Ansteckung zuzuwenden.[47] Der Senat konnte sich darauf verlassen, daß Reincke einen passenden Kompromiß zwischen der herrschenden medizinischen Theorie jener Zeit und den Bedürfnissen und Anforderungen des Staates finden würde, dem zu dienen er jetzt aufgerufen war.

Pastor Ritter notierte am 7. September: «Die Angaben der medizinischen Behörde sind freilich so konfus und unzuverlässig, daß der Senat hier die Statistik genommen und dieselbe Dr. Georg Koch (Statistisches Büro) übergeben, damit sie brauchbar werde.»[48] Koch stellte fest, «daß die bisher vom Medicinalbureau geführte Statistik der Erkrankungen und Sterbefälle an Cholera sehr lückenhaft war und ganz offenbar viel zu niedrige Zahlen ergab». Daher war er, wie er sich in seinem Tagebuch beklagte, an den verbleibenden Sonntagen des September sowie auch an den meisten Oktobersonntagen ins Amt gegangen. Nach etwa einer Woche lagen endlich zuverlässige Zahlen vor; allerdings zu spät, um die Hamburger Behörden vor einem nahezu allgemeinen Zorn über ihre beständige Unterschätzung des wahren Ausmaßes der Epidemie zu bewahren.[49] Am Tag nach Kraus' erzwungenem Rücktritt notierte Senator Versmann in seinem Tagebuch:

«Mit dem Rücktritt des Dr. Kraus als Medicinal-Inspector schließt der erste Akt dieses Trauerspiels. Als Ergebnis sehen wir das Wüthen einer nie vorher in solcher Heftigkeit gekannten Cholera-Epidemie, der heute wohl schon 5–6000 Menschen zum Opfer gefallen sind, in Stadt u. Vororten eine drohende Gefahr weiterer Opfer an Menschenleben;

die moralische Discreditirung der h[am]b[urgi]schen Regierung u. der h[am]b[urgi]schen Behörden in der ganzen civilisirten Welt;

Noth und Elend in weiten Kreisen der ärmeren Bevölkerung und eine ganz unberechenbare Schädigung unseres Nationalwohlstandes, die dem durch den Brand von 1842 verursachten kaum nachstehen wird;

eine mit einem Schlage eingetretene Discreditirung unserer hygienischen Einrichtungen u. ihrer Grundlagen, der Siele und Wasserversorgung, deren Sanirung viele Millionen verschlingen wird.»[50]

Der Gang der Ereignisse sollte Versmann recht geben. Der erste Akt des Trauerspiels war in der Tat vorüber. Nach zwei Wochen Chaos hatte der Senat endlich Entscheidungen getroffen, um in den Lauf der Dinge einzugreifen. In Wirklichkeit aber war dies erst der Anfang.

III

Die «moralische Discreditirung der hamburgischen Regierung», von der Versmann in seinem Tagebuch am 8. September schrieb, hatte bereits wenige Tage nach dem Ausbruch der Cholera begonnen, als man die Verzögerungen und das Durcheinander im Zusammenhang mit der Erklärung vom Auftreten der Epidemie in der Stadt enthüllte. Am 14. September trat die Bürgerschaft erneut zusammen und wurde von Bürgermeister Mönckeberg aufgefordert, eine Million Mark zu bewilligen, die die Kosten des Kampfes gegen die Epidemie decken sollten. Zwar wurden Mönckebergs Vergleich der Katastrophe mit der des Großen Brandes 50 Jahre zuvor und sein Appell an die patriotischen Gefühle der Abgeordneten gut aufgenommen, doch später, wie Versmann am selben Abend in seinem Tagebuch notierte, «greifen die Senatssprecher leider nicht autoritativ ein, so daß die Reden der Bürgerschaft sich ungehindert in den unglaublichsten Taktlosigkeiten überbieten dürfen»[51]. Als die Bürgerschaft am 1. Oktober wieder zusammentrat, stand auf der Tagesordnung etwas, das weit schwerer wog als «Taktlosigkeiten»: Dr. Heinrich Gieschen, Erster Vorsitzender des Grundeigentümer-Vereins, nutzte die Gelegenheit zu einem der nicht gerade seltenen Angriffe der Fraktion der Linken auf die Rolle der Notabeln im Wahlsystem. Er stützte sich auf die Klagen des amerikanischen Vizekonsuls Burke, die inzwischen der Öffentlichkeit Gesprächsstoff boten, und nannte es «geradezu ein Verbrechen», daß man der «Normannia» und anderen Auswandererschiffen reine Gesundheitspässe ausgestellt hatte.[52] Niemand (außer dem Stadt-Physikus Erman), sagte er, könne jetzt noch daran zweifeln, daß die Krankheit über das Trinkwasser verbreitet worden war; eine geradezu schamlose Behauptung, wenn man bedenkt, daß Gieschen zuvor Robert Kochs Theorie angegriffen hatte, als es im Interesse der Grundeigentümer lag, die Filterung des Leitungswassers hinauszuzögern.[53]

«Wenn die Cholera vorüber ist», fuhr er fort, «tritt wieder der alte Schlendrian ein. Die Bürgerschaft ist nicht Schuld daran, daß die Verzögerungen eingetreten sind... Wenn wir aus der heutigen Bürgerschaft die Notablen los wären, dann könnte man besser auf den Senat wirken.» Wie diese bessere Einwirkung während der Debatten über die Wasserversorgung seit 1873 ausgesehen hätte, war eine ganz andere Frage. Doch griff Gieschen am 12. Oktober den Senat noch schärfer an als zuvor. «Hätte der Senat nicht 1878 die Tariffrage mit der Filtration verquickt, hätte diese schon 1890 beschafft sein können.» Angesichts der Vorwürfe, mit der die Presse jetzt die Grundeigentümer wegen ihrer Rolle bei der Verzögerung überhäufte, hielt Gieschen offensichtlich den Angriff für die beste Verteidigung. Luft machte sich die gespannte Atmosphäre in einem der in der Bürgerschaft so seltenen Ausbrüche, als sich Carl Möring erhob, der älteste der kaufmännischen Senatoren, und Klage führte: «In den letzten Wochen wird systematisch vorgegangen, die Verwaltung und ihre Beamten zu verdächtigen und schlecht zu machen.» Gieschen fiel ihm mit einem «Das ist gar nicht möglich» ins Wort, was Möring sogleich mit «Ein unverantwortlicher Ausdruck» quittierte. Die Folge war «Lärm» in der Versammlung. «Unser System», schloß Gieschen, «ist trostlos. Das ist schlimmer als die Epidemie selbst. Entweder Reformation an Haupt und Gliedern oder wir gehen bei den nächsten Calamitäten zu Grunde.»[54]

Verglichen mit dem Angriff, den schon bald die Sozialdemokraten Hamburgs gegen das politische und soziale System der Stadt richteten, waren Gieschens etwas heuchlerische Anschuldigungen gemäßigt. Den größten Teil des September hindurch enthielt sich das sozialdemokratische «Hamburger Echo», wie wir gesehen haben, jeglicher Kritik am Senat und brachte es sogar fertig, der kleinen Gruppe von Radikalen in den Reihen der Sozialdemokraten das Sprachrohr für mögliche Proteste vorzuenthalten. Doch wie die Polizei im Blick auf die Angriffe, die zu Dr. Kraus' Rücktritt geführt hatten, notierte, gelangten die Dinge schon bald dahin, daß «die Haltung der Hamburgischen Presse, des ‹General-Anzeigers›, des ‹Fremdenblatts› etc. die hamburgische Zeitschrift (d. h. das ‹Echo›) in weit größerem Maße zu einem radikaleren Auftreten zwang, als es den Bestrebungen der radikaleren Hamburger Gruppe, aller Anstrengungen ungeachtet, gelungen war»[55]. Nach Ansicht der Polizei spielten nunmehr die Ereignisse der radikalen Minderheit in die Hände. Die Sozialdemokraten trugen unter dem Einfluß sowohl der Radikalen als auch der Gruppe kleinbürgerlicher Demokraten, die gegen Ende der achtziger Jahre zur Partei gestoßen waren, von zwei Seiten einen Angriff vor, mit dessen Hilfe sie die Arbeiterklasse wie auch das Kleinbürgertum auf ihre Seite bringen wollten.

Darüber berichtete Polizeikommissar Rosalowsky:

«Der gegebene Angriffspunkt, durch dessen Verfolgung man gleichzeitig einen Theil des sozialdemokratischen Programms zur Ausführung zu bringen sucht, war die Hamburgische Verfassung, für welchen das nichtsozialdemokratische Kleinbürgertum, der Unterstützungspunkt, die angebliche ‹Bekämpfung der Arbeitslosigkeit›, für welche die Masse der arbeitenden Bevölkerung gewonnen werden konnte.

Unstreitig war der Augenblick, welchen die Sozialdemokratie für den Angriff wählte, richtig getroffen. Schwer lasteten die Folgen der Epidemie auf der Bevölkerung. Überall waren die Grenzen gesperrt, der Hafen lag voller Schiffe, doch keines lud oder löschte. Die Eisenbahn hatte den Verkehr eingestellt. Niemand in der Bevölkerung dachte an Neuanschaffungen oder Reparaturen, Luxusanschaffungen fanden nirgends statt, so daß der Arbeiter ohne Beschäftigung dem immer mehr wachsenden Elend, der Kleinhändler in seinem leeren Geschäftslokal dem Ruin entgegen sah.»

In dieser Situation also begannen Ende Oktober, als die Epidemie endlich vorüber zu sein schien, die Hamburger Sozialdemokraten, von der linken Opposition gedrängt, und obendrein durch die radikale Haltung der bürgerlichen Presse beinahe beschämt, ihre Kampagne mit dem Ziel der Vollbeschäftigung und der Verfassungsreform.[56]

Am 4. November veranstaltete ihre Parteiorganisation in der Stadt neun gleichzeitig stattfindende Massenkundgebungen zum Thema «Die Cholera, die Hamburger Staatsverfassung und die Sozialdemokratie». Sie lockten Zuhörer in großer Zahl an: Selbst der bürgerlichen Presse zufolge besuchten insgesamt 30000 Menschen die neun Veranstaltungen.[57] Eine der Kundgebungen, die bei Sagebiel abgehalten wurde, lockte über 6000 Besucher, und in Barmbeck zog Otto Stolten, der Lokalmatador der Partei, den Schätzungen der Polizei nach, eine Zuhörerschaft von 3500 an.[58] All diese Versammlungen kreisten um ein Thema: die Epidemie als Ergebnis der Unfähigkeit und Gewinnsucht des Hamburger Senats. Zu einer solchen Katastrophe wäre es nicht gekommen, hieß es, hätte die Verwaltung der Stadt in den Händen einer demokratisch gewählten Körperschaft gelegen. Man müsse deshalb, wolle man vermeiden, daß sich ein solches Ereignis wiederhole, sofort das allgemeine Wahlrecht einführen.[59]

Mit meist nur unbedeutenden Abwandlungen stießen alle neun Redner bei den Massenversammlungen in dasselbe Horn. Wilhelm Koenen, der in Hamm vor 2000 (Polizeiangaben zufolge 500) Zuhörern sprach, war möglicherweise der Radikalste von allen. Er begann seine Rede mit dem Satz: «Als die Epidemie hier ihren Einzug hielt, wurde das Auftreten derselben von den Behörden verschwiegen und nur als ‹Cholerine› bezeichnet.» Diese Anschuldigung scheint keiner der anderen Sprecher erhoben zu haben, obwohl Ehlers in Eilbeck den Behörden vorwarf, es habe acht Tage gedauert, bis sie das Auftreten der Cholera zugaben.[60] Die meisten folgen aber Koenen insofern, als sie ihren Angriff darauf konzentrierten, daß es der Hamburger Senat für richtig gehalten hatte, den Bau einer Filtrationsanlage zugunsten anderer, lukrativerer Projekte oder – wie im Fall des prächtigen Rathauses – solcher Vorhaben zurückzustellen, die mehr Prestige versprachen. Koenen sagte weiter:

«Mit den Arbeiten bei der Filtrationsanlage gehe es... schneckenartig, wie überhaupt bei sämtlichen Arbeiten, welche für das Wohl der Gesamtheit ausgeführt werden. Die besitzende Klasse finde ja auch wenig Interesse an einer Beschleunigung, da dieselbe trotzdem im Stande ist, sich genießbares Trinkwasser zu verschaffen. Die Freihafenanlagen seien in der kürzesten Zeit fertiggestellt worden, weil es im Interesse der besitzenden Klasse liege. Ebenso seien die Arbeiten am Rathspalast beschleunigt worden.»[61]

Andere Sprecher schlossen sich dieser Klage an und fügten den Vorwurf hinzu, der Senat habe es außerdem versäumt, geeignete Schritte zur Verbesserung der Wohnungen zu unternehmen, in denen Hamburgs Arme hausten. So erklärte Emil Fischer: «Das Bürgertum trage die Schuld an der fürchterlichen Katastrophe», und ergänzte: «Schlechtes Trinkwasser, schlechte Wohnungen und die schlechte Ernährung der großen Masse hätten Schuld, daß die Cholera den großen Umfang annehmen konnte.» Denn wie ein anderer Redner ausführte, der in Eimsbüttel vor über 1500 Zuhörern sprach, gehe die Cholera nicht nur auf das Trinkwasser zurück. «Jedes Kind weiß heutzutage, daß ungesunde Wohnungen und hungrige Mägen Vorbedingungen aller Krankheiten sind.» Als Folge dessen «wäre es [notwendig] gewesen, gewisse Mietskasernen auszuräumen und niederzureißen». In ähnlicher Weise stellten die Sprecher bei Sagebiel in Eilbeck und im Marienhof in Grünerdeich die Wohnungsfrage und das Problem der Wasserversorgung heraus. Otto Stolten in Barmbeck faßte das Problem zusammen, wobei er mit einem anschaulichen Bild des Wohlstandes begann:

«Die Leute, die auf Gummirädern fahren, kennen von Hamburg nur die Villenquartiere und die Außenseite der Hauptstraßen. Sie kennen den Jungfernstieg, aber nicht die Niedernstraße, die Springeltwiete und ähnliche schöne Gegenden (Stürmischer Beifall) ... Die 120 Millionen, die der Zollanschluß gekostet, waren viel leichter zu haben, als die 7½ Millionen, die die Beschaffung besseren Trinkwassers erfordern soll (Lebhafter Beifall) ... Erst mußte eine furchtbare Katastrophe kommen, um den Blick des Senats auf das Elend zu lenken.»[62]

Das also waren die drei Hauptpunkte des Angriffs, den die Sprecher gegen den Senat richteten: die Vernachlässigung der Wasserversorgung, die unterbliebene Verbesserung der Wohnbedingungen für die Arbeiterklasse und die undemokratische Zusammensetzung des Senats nach dem Muster einer Plutokratie.

Die meisten Redner gingen nicht auf Einzelheiten der Epidemie ein. Beispielsweise sagte Karl Frohme praktisch nichts darüber und begnügte sich mit der Anmerkung: «Seitdem aber die Seuche verschwunden ist, geht Alles wieder in dem alten Geleise weiter und jede Neuerung wird ängstlich vermieden.»[63] In dieser Hinsicht waren die von Wilhelm Koenen vorgetragenen Anschuldigungen weit ausführlicher.

«Die Kranken- und Leichentransporte seien in sehr mangelhafter Weise ausgeführt worden... Als die Epidemie über Hamburg hereingebrochen war, und die vielen Kranken- und Leichentransporte ausgeführt werden mußten, glaubte man, die Transporte würden vom Staate unentgeltlich besorgt werden. Aber weit gefehlt! Jetzt, da die Seuche uns ziemlich verlassen, schickt man von der Cholera Heimgesuchten Rechnungen, und wenn dieselben dann nicht im Stande sind, zu bezahlen, sogar den Gerichtsvollzieher auf den Hals. Hätte die Bourgeoisie eher eingegriffen, die Seuche zu bekämpfen, so hätte Hamburgs Handel nicht die vielen Millionen eingebüßt...»

Während der Diskussion nach dieser Rede ging einer der Zuhörer mit seinen Anschuldigungen sogar noch weiter und erklärte: «Da aber durch das Bekanntwerden derselben (d. h. der Cholera) der Handel geschädigt werde und die Hälfte der Senatoren Handelsherren seien, so sei die Seuche verheimlicht worden.» An dieser Stelle rief ihn der von Amts wegen anwesende Polizeibeamte zur Ordnung.[64]

Alle Versammlungen endeten mit der Forderung nach dem allgemeinen Wahlrecht, darüber hinaus ertönte der Ruf nach einer Sanierung der Slums, dem Bau neuer Wohnsiedlungen in den Vororten, die durch die Eisenbahn mit der Stadtmitte verbunden werden sollten, und der Beschaffung von Arbeit für die Arbeitslosen durch den Staat.[65] Die Polizei hielt die auf die Verfassung bezogenen Forderungen für eine Taktik, mit der die Sozialdemokraten das Kleinbürgertum auf ihre Seite ziehen wollten, «um den Eintritt ihrer [d. h. der SPD] Angehörigen in die gesetzgebenden Körperschaften herbeiführen zu können»[66]. Darüber hinaus nahm Rosalowsky an, die Sozialdemokraten seien darauf aus, wegen der während der Epidemie erlittenen Verluste bei den bevorstehenden Reichstagswahlen von 1893 «einen starken Zuwachs aus den bisher ihr feindlich gegenüber stehenden Kreisen des Kleinbürgertums» zu gewinnen.[67] Doch sei diese Taktik dem Hauptzweck der Partei untergeordnet, der nach Ansicht der Polizei darin bestand, das Gleichgewicht der politischen Macht in Hamburg zu verändern. Hamburg solle zu einem Präzedenzfall für die Ausbreitung des Sozialismus in anderen Teilen Deutschlands werden, vor allem was die Verwendung staatlicher Gelder für Arbeitsbeschaffungsmaßnahmen und Arbeitslosenhilfe angehe. Überdies bedeute der Kampf um die Demokratisierung von Hamburgs Verfassung ganz offenkundig eine ernsthafte Bedrohung der dominierenden Klassen. Damit hatten die Sozialdemokraten fast zum erstenmal ihre Aufmerksamkeit auf politische Strukturen im Stadtstaat selbst gerichtet. Bezieht man auch die gleichzeitig vorgebrachten Rufe nach einer Verfassungsreform durch die Fraktion der Linken und die Grundeigentümer mit ein, so ließ dies nichts Gutes ahnen für den Fortbestand der Hegemonie kaufmännischer Interessen in Hamburg.

IV

In mancherlei Hinsicht noch bedrohlicher waren die von außen gegen Hamburg geführten Angriffe, die bereits vor Ende August einsetzten. Der sozialdemokratischen Presse in anderen Teilen Deutschlands waren die Hemmungen fremd, die zu jener Zeit das «Hamburger Echo» zögern ließen, bestimmte Dinge zu veröffentlichen. Das Zentralorgan der Partei, der «Vorwärts», vertrat bereits am 31. August die Ansicht, daß nicht nur Dr. Kraus seines Amtes zu entheben sei, sondern «mit ihm müßte der ganze Patrizierklüngel, der die Freie und Hansestadt Hamburg kraft seiner Geldsack-Vorrechte beherrscht, kurzer Hand fortgeschickt werden. Kraus ist nur ein Beamter jener Geschlechter-Klique, die in Hamburg regiert, während die große Masse der Steuerzahler ‹nix to seggen› hat. Das schofelste Krämer-Interesse ist die Triebfeder der hamburgischen Bourgeois-Politik, die Angst vor einer Schädigung des ‹großen Handels› war die Hauptursache jener Taktik des Todtschweigens, die nicht mit Menschenleben, sondern mit Kaffeesäcken, nicht mit Staatsbürgern, sondern mit Petroleum-Tankschiffen rechnet, und nicht blos Hamburg, sondern ganz Deutschland bedroht.»[68]

Andere sozialdemokratische Zeitungen spielten weitere Variationen dieser Themen durch; sie erklärten, Hamburg werde von Sonderinteressen regiert[69], und in den Gängevierteln herrschten Verhältnisse, «die zum Teil eines russischen Dorfes unwürdig sind»[70].

Eine Münchner sozialdemokratische Zeitung behauptete sogar, in Hamburg sei Typhus ausgebrochen. «Hier Hunger-Typhus, dort Speicher voll Brot und Getreide.» In einem Punkt waren sich alle einig: Die Schuld für die Epidemie sei in der Herrschaft der Kaufleute zu suchen und darin, daß die Stadtregierung nicht nach demokratischen Prinzipien ausgeübt werde. Der «Vorwärts» griff den Hamburger Senat hemmungslos wegen seiner Verheimlichung der Epidemie in den ersten Wochen an. «Offen, sofort offen eingestehen, daß die asiatische Cholera in Hamburg ihren Einzug gehalten hat, heißt die Beute der Reeder, der Kaffeekönige, der Händler, der Makler, der Börsenspekulanten, der Assekuradeure um etliche Procente herabsetzen. Und heilig, dreimal heilig ist das Eigentum.» Auch von den Versuchen des Senats, gegen die Epidemie vorzugehen, zeigte sich das Hauptorgan der Sozialdemokraten nicht beeindruckt. «Ratlos und hilflos steht die Hamburger Geldsack-Koterie der Seuche gegenüber, die nur da erntet, wo bodenlose Loddrigkeit der Verwaltung, engherzigste Kapitalisten-Selbstsucht, unglaublichste Beschränktheit des verzopften, verwetterten und leistungsunfähigen Geschlechterregiments gesäet haben.» Das Blatt verlangte, Hamburgs regierende Klasse und ihre «verrottete Protzenwirtschaft»[71] seien einer rücksichtslosen Kritik zu unterziehen.

Eine ganz andere Art von Angriff gegen Hamburgs politisches System kam aus den Reihen der zahlenmäßig kleinen, aber desto lautstärkeren antisemitischen Bewegung, die sich in den achtziger Jahren des 19. Jahrhunderts in Deutschland etabliert hatte. Die dieser Richtung nahestehende Zeitschrift «Deutsch-Soziale Blätter», die in Leipzig verlegt wurde, brachte in der zweiten Oktoberhälfte eine Artikelserie über «Hamburg an der Elbe: Eine jüdisch-patrizische Aktien-Gesellschaft». Sie bot ein charakteristisches Gemisch aus populistischer Kritik und demagogischen Lösungen und begann:

«Der Nicht-Hamburger erkennt regelmäßig die Thatsache, daß Hamburg ein vom übrigen Deutschland streng abgeschlossenes Territorium bildet, dessen Bewohner von einem ganz eigenartigen, starren und unbeweglichen mammonistischen Kliquen-Geist beherrscht werden. Er wird innerhalb eines mächtigen Ringes geldstolzer Kaufmanns-Familien gehegt und gepflegt, und entwickelt hervorragend internationale antivaterländische Neigungen. Ja, man muß sagen, daß innerhalb dieses Ringes überhaupt moralische Anschauungen allein vertreten werden, die einen entschiedenen Gegensatz gegen die natürlichen teutonischen Sitten-Begriffe erkennen lassen.»

Regiert werde Hamburg, hieß es weiter, von einer winzigen Gruppe «Börsen-Senatoren», deren ausschließliches Interesse dem Geld und dem Profit gelte. Der von ihnen vertretene feile Geist habe auch die Mehrheit der Bevölkerung durchdrungen. «Man fragt in Hamburg nicht, ‹Wie ist der Mann?›, sondern ‹Wieviel ist er wert?›» Status gewinne man dort ausschließlich aufgrund seines Einkommens; das kulturelle Leben bestehe aus einer sklavischen Befolgung der neuesten Mode, geschmacklosem Luxus und der Zurschaustellung dessen, was man besitzt.

Diese Umstände, fuhr der antisemitische Artikel fort, zeigten, daß die Stadt vom «Korruptionsbazillus des Judaismus» befallen sei – eine naheliegende biologische Metapher, wenn man an den Anlaß der Artikel denkt, aber dennoch kennzeichnend für den neuen, rassistischen Antisemitismus, der im Deutschen Reich seit einigen Jahren organisiert aufgetreten war. Es hieß dann weiter:

«Der ganze hamburgische Staat ist heute thatsächlich nichts weiter, als eine Domäne zur Kultivierung jüdisch-patrizischer Interessen. Der Senat ist der Börse unterthänig, und mehrere seiner Mitglieder sind jüdischer Abkunft. In der Bürgerschaft führen rabulistische jüdische Advokaten das entscheidende Wort. Sie mauscheln rücksichtslos alles nieder, was sich irgendwie dem allmächtigen jüdischen Einfluß entgegenzustellen wagt. Die gesamte einflußreiche Presse: der ‹Hamburgische Correspondent›, das ‹Hamburger Fremdenblatt›, das ‹Hamburger Tageblatt› (letzteres die Fortsetzung der verkrachten ‹Reform›) besorgen ausschließlich die Geschäfte des Judentums und haben es noch bis vor wenigen Jahren verstanden, die Hamburger Spießbürger über die Existenz einer mächtigen antijüdischen Bewegung im Reich hinwegzutäuschen.»

Das Blatt klagte über die Hamburger Juden: «Auf der Straße, im Pferdebahn-Wagen, im Omnibus, im Theater, in den Wirtschaften, kurz, überall machen sie sich in einer Weise unangenehm auffällig, die selbst die Berliner Verhältnisse in den Schatten stellt.»

Es war kennzeichnend für die Antisemiten, daß sie überall Juden witterten; auch Adolf Hitler bemerkt in «Mein Kampf», als er sich zum Antisemitismus bekehrt habe, sei es ihm plötzlich wie Schuppen von den Augen gefallen, und er habe überall Juden gesehen, wohin auch immer er schaute. Kennzeichnend war ebenfalls, daß sie die Juden mit Schmutz in Verbindung brachten – mit diesem symbolischen Mittel sollte zwischen Menschen und Juden unterschieden werden. So hieß es, in Hamburgs Straßen sei «ein unsagbarer Schmutz permanent aufgehäuft» und die «sexuellen Verhältnisse [spotteten] jeder Beschreibung». Ins selbe Horn stieß die Behauptung: «Die Schamlosigkeit der Hamburger Damen auf öffentlicher Straße grenzt an's Unglaubliche.» Schließlich sei die Epidemie nicht zuletzt durch «den massenhaften Zuzug jüdischer Auswanderer und die Unreinlichkeit in der hamburger Wasserleitung hervorgerufen worden». Daraus folgte: «... mit vollem Recht kann man Hamburg als eine gottlose Stadt, als ein modernes Sodom und Gomorrha beschreiben.» Die antisemitische Schmähung gipfelte in der Anschuldigung, Hamburg sei nach wie vor ein Fremdkörper im Deutschen Reich. Es habe bei der deutschen Einigung nie eine führende Rolle gespielt, und seine Interessen lägen ganz und gar außerhalb des Reiches. «Die Patrizier und ihr Anhang sind nämlich mangels jeden Verständnisses für die nationale deutsche Sache eine Art von Halbblut-Engländern.» Daher sei es unumgänglich, daß «ihnen eine fremde Regierung aufgezwungen werden wird, die den Geldsack rücksichtslos in seine Schranken zurückweist, wo seine Interessen mit denen des öffentlichen Wohls in Konflikt kommen». Ein Reichskommissar müsse in Hamburg eingesetzt werden, um Ordnung in die dortigen Zustände zu bringen, und die Verfassung müsse geändert werden, um die Macht des Patriziats zu brechen.

Solche Vorschläge verquickten auf eine für die Antisemiten sehr kennzeichnende Weise Populismus und Autoritätsgläubigkeit; nicht die letzte ihrer Sorgen galt der Annahme, daß die in der Stadt herrschenden Bedingungen dem Wachstum der «gottlosen» Sozialdemokratischen Partei einen nahezu idealen Nährboden boten.[72]

Selbstverständlich waren die von den Antisemiten erhobenen Vorwürfe blühender Unsinn; Hamburg wurde keinesfalls von Juden beherrscht, und keiner der Senatoren war jüdischer Abstammung. Zwar kannte Hamburgs Großbürgertum weit weniger Vorurteile gegen Juden als beispielsweise die Hofgesellschaft in Berlin, nicht zuletzt, weil gegen Ende des 19. Jahrhunderts die Juden in Hamburg vorwiegend den besseren Ständen angehörten. Wie Karte 28 zeigt, auf der die frühesten verfügbaren Zahlen verzeichnet sind, wohnte die Hälfte der Hamburger Juden, die der Israelitischen Gemeinde angehörten, in den beiden wohlhabendsten Bezirken Rotherbaum und Harvestehude, wo zweifellos auch noch zahlreiche getaufte Juden lebten. Auch wenn sich einige jüdische Kleinbürger um den als «Judenbörse» bekannten Straßenmarkt in der Neustadt konzentrierten, durfte man nicht an der allgemeinen Assimilierung der jüdischen Gemeinde an das Handelsbürgertum der Stadt und an die freien Berufe zweifeln. Zwar waren die Juden in Hamburg bis 1860 nicht vollständig emanzipiert gewesen: Erst 1849 war ihnen eine Mitgliedschaft in den Zünften gestattet, und vor 1851 hatten sie keine Nicht-Juden heiraten dürfen – aber jüdische Bankiersfamilien wie die Warburgs und die Heines wurden von den führenden Kaufleuten ohne Umschweife als Verbündete in Geschäft und Politik akzeptiert. Salomon Heine wurde bereits 1843 zum Ehrenmitglied der Patriotischen Gesellschaft ernannt. Neun Juden wurden 1859 in die Bürgerschaft gewählt; einige von ihnen, Isaac und Albert Wolffson vor allem, gelangten im Lauf der Zeit zu großem Einfluß in dieser Körperschaft.[73] Albert Wolffson wurde sogar Vorsitzender der Fraktion der Rechten und übte bei der Wahl von Senatoren einen solchen Einfluß aus, daß man ihn allgemein «Königsmacher Wolffson» nannte.[74] Um die Jahrhundertwende ernannte der Senat als Sekretär und führenden Beamten in der Finanzdeputation den Juden Leo Lippmann; er erinnerte sich in seinen Memoiren, die er nach seiner plötzlichen Entlassung durch die Nazis 1933 niederschrieb, daß er bei seiner Arbeit für den Senat vor dem Ersten Weltkrieg nie auch nur auf eine Spur Antisemitismus gestoßen sei.[75] Julius von Eckardt hat bemerkt, daß in Hamburgs Oberschicht eine gegen die Juden gerichtete Haltung so gut wie nicht zu verzeichnen gewesen sei «und daß noch in den Tagen der im übrigen Deutschland grassierenden Antisemiten-Seuche ein Jude zum Direktor der Stadtbibliothek, ein anderer zum staatlichen Fabrikeninspektor gewählt wurde». Darüber hinaus war er davon überzeugt, «daß der Eingewöhnung Hamburgs in die Zustände und Ordnungen des neuen Deutschlands von seiten der dortigen Juden große und wichtige Dienste erwiesen worden» seien.[76]

Allerdings machte er die Einschränkung: «Trotz entschiedener Judenfreundlichkeit schloß sich aber das Althamburgerthum in sozialer Rücksicht gegen das jüdische Element ab.» Die Juden, «ob getauft oder nicht getauft», hätten «eine Welt für sich» gebildet.[77] Kein Jude konnte je Senator werden, andernfalls hätte ein Mann wie Albert Wolffson längst eine Senatskarriere gemacht. Überdies hatte es 1819, 1830 und 1835 antisemitische Unruhen in der Stadt gegeben, bei denen Juden auf der Straße angepöbelt und mit Gewalt aus Kaffeehäusern vertrieben worden waren. Sie allerdings waren in keiner Weise so schwerwiegend wie ähnliche antisemitische Unruhen, zu denen es während jener Zeit an anderen Orten Deutschlands kam. Außerdem nahm der Senat die Juden in Schutz, eingedenk des Schadens, den der Handel erleiden würde, wenn man sie aus der Stadt vertriebe.[78] In den vierziger Jahren des 19. Jahrhunderts war der öffentliche antisemitische Protest erloschen – vielleicht eine Folge der

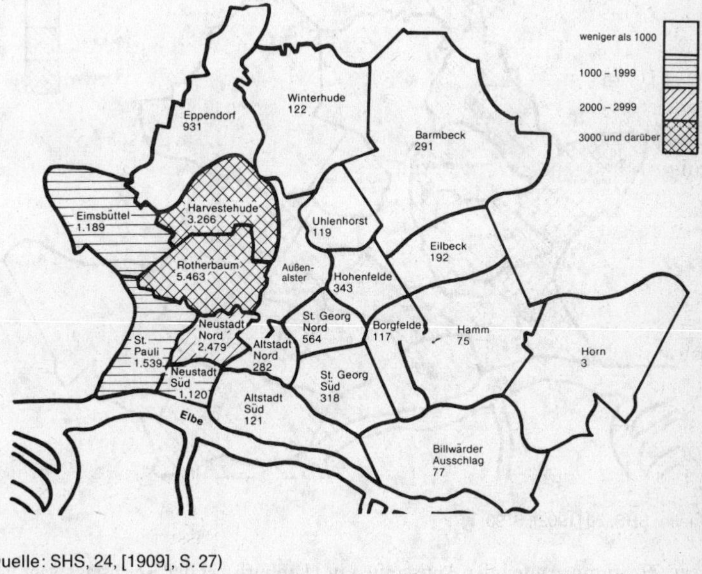

(Quelle: SHS, 24, [1909], S. 27)

Karte 28 Mitglieder der Israelitischen Gemeinde in Hamburg, 1905, nach Stadtteilen geschwundenen Macht der Zünfte. Trotz des Versuchs antisemitisch eingestellter Politiker, die Cholera-Epidemie von 1892 für ihre Zwecke auszuschlachten, kam es auch in den neunziger Jahren zu keinen gewalttätigen antisemitischen Ausbrüchen. Dennoch erzielten die Antisemiten bei der Reichstagswahl vom 15. Juni 1893 einige beachtliche Erfolge. Wie Karte 29 zu entnehmen ist, vermochten sie in vier Bezirken mehr als 10 % und in zwei weiteren (Hohenfelde und Rotherbaum) nahezu 10 % der Stimmen zu gewinnen, nachdem sie 1890 in ganz Hamburg im Durchschnitt lediglich 0,5 % erreicht hatten.[79]

Sicherlich spielte bei der antisemitischen Propaganda des Winters 1892/93 die Cholera-Epidemie eine Rolle. Bereits 1891 hatten die Antisemiten verlangt, jüdische Einwanderer sollten nicht mehr über Hamburg geleitet werden; als Lohn ihrer Agitation untersagte ihnen die Poli-

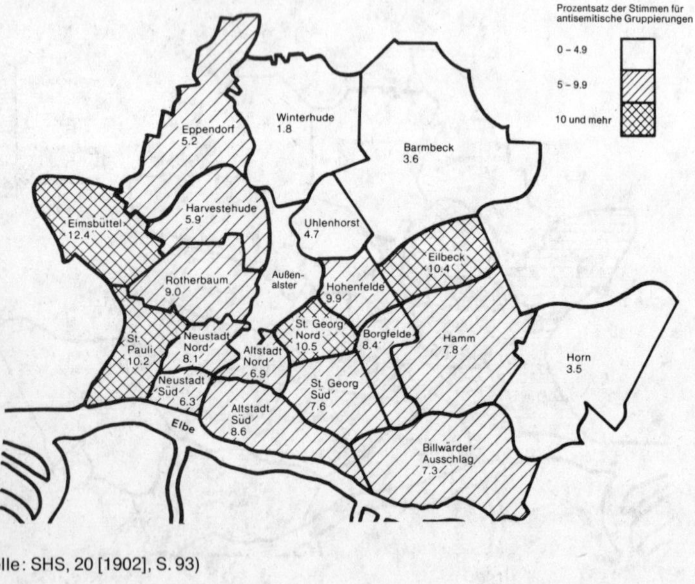

(Quelle: SHS, 20 [1902], S. 93)

Karte 29 Stimmenanteil der Antisemiten in Hamburg bei der Reichstagswahl von 1893, nach Stadtteilen

zei 1891 alle öffentlichen Versammlungen auf unbestimmte Zeit. Deshalb konnten sie 1982/93 behaupten, der Senat hätte die Epidemie verhindern können, wenn er auf ihre Warnungen gehört hätte, und hier und da wurde ihnen auch Glauben geschenkt. Doch da keine russischen Auswanderer mehr durch Hamburg kamen, hatte diese Frage ihre unmittelbare Bedeutung verloren, und so durften die Antisemiten im Juni 1893 im Rahmen ihres Wahlkampfs erneut öffentliche Versammlungen abhalten. Angriffe gegen den Senat wegen des Verbots antisemitischer Versammlungen und wegen der Hintergründe der Cholera-Epidemie spielten im Wahlkampf der Antisemiten von 1893 nur eine sehr untergeordnete Rolle. Wie bei allen Reichstagswahlen ging es in erster Linie um Fragen der Reichspolitik – in diesem Fall um Caprivis Heeresvorlage –, obwohl sich der Wahlkampf der Nationalliberalen im Gegensatz zu allen anderen auf die Frage von Hamburgs Vertretung im Reichstag konzentrierte, wie im Ersten Kapitel gezeigt wurde. Daß die Antisemiten vergleichsweise erfolgreich abschnitten, verdankten sie einer neuen, radikaleren Führung, unter der sie sich nach der Wahlschlappe von 1890 neu formiert hatten. Wichtig war auch der Umstand, daß im Lauf der allgemeinen Bemühungen der Antisemiten, eine Aufhebung des Verbots ihrer politischen Versammlungen zu erreichen, die Differenzen zwischen den alten christlich-sozialen Antisemiten und den neuen rassistisch orientierten in Vergessenheit geraten waren. Zwar trat dieser Zwist im Wahlkampf von 1893 erneut in den Vordergrund, das aber schadete den Antisemiten nur wenig.

Zu ihrem Erfolg trug in erheblichem Umfang bei, daß sie sich ausdrücklich an das Kleinbürgertum wandten und dies zu einer Zeit geschah, da es – teilweise als Ergebnis der Epidemie – weder Klein- und Einzelhandel noch Handwerk besonders gut ging. Unterstützung fanden die Antisemiten bei zahlreichen kleinen Staatsbediensteten, man vermutete, daß sie unter den Zoll- und Polizeibeamten des einfachen Dienstes viele Sympathisanten besaßen. In erster Linie aber wurden sie von den Ladenbesitzern, Angestellten und Handwerkern unterstützt, von denen viele 1890 offenbar die Sozialdemokraten gewählt hatten. Manche Handwerker und einige Zweige des Einzelhandels (so der Gemüsehandel) litten 1892/93 – durch die Epidemie bedingt – besonders, möglicherweise mußten während der schwierigen wirtschaftlichen Lage auch manche Angestellten Gehaltseinbußen hinnehmen. Genau aus diesen Gründen fanden die Antisemiten in einem Bezirk wie St. Georg Nord mit einem vergleichsweise hohen Anteil an Kleinbürgerstimmen ein so großes Maß an Unterstützung. Von dort kam schließlich 1898 auch der erste antisemitische Bürgerschaftsabgeordnete. Interessanterweise war der nächste Bezirk, der einen Antisemiten wählte, der nahe dem Hafen gelegene Billwärder Ausschlag, wo die sozialen Gegensätze zwischen Kleinbürgertum und Arbeiterklasse wohl beträchtlich waren. Dort wohnten nicht nur viele Zollbeamte, dieser Stadtteil verzeichnete auch den größten Anteil von Beamten des einfachen Dienstes aller Bezirke mit Ausnahme Eimsbüttels (wo die Antisemiten bei der Reichstagswahl 1893 den höchsten Stimmenanteil in Hamburg erreichten).[80]

Aus diesen Gründen und wegen ihrer Angriffe auf die Hochfinanz wollten einige Mitglieder der Sozialdemokratischen Partei in Eppendorf – einer Bastion der Antisemiten – 1893 mit ihnen gemeinsam einen Reichstagskandidaten aufstellen: «Denn die Antisemiten bezwecken ja bald den selben Zweck wie wir, sie sind ja von unserer Partei hervorgegangen, denn wo Sozialdemokraten sind, da sind auch Antisemiten.»[81] Zweifellos waren manche Arbeiter der Ansicht, daß die Antisemiten «sehr recht» hatten, denn «den Juden muß mal ordentlich auf die Finger gesehen werden». Dabei handelte es sich aber nur um eine unbedeutende Minderheit, und derartige Einstellungen wurden von aktiven Sozialdemokraten fast immer zurückgewiesen.[82] Wie Karte 29 zeigt, waren die Antisemiten in Stadtteilen mit hohem sozialdemokratischem Stimmenanteil wie Barmbeck nur wenig erfolgreich. Die meisten Arbeiter hielten die Antisemiten für «dumme Leute» mit «blödsinnigen Ansichten». Von einem Arbeiter hörte man die Meinung vertreten: «Die Spitzbuben müssen was auf die Schnauze haben», und in der Arbeiterschaft war man ganz allgemein der Ansicht, die Antisemiten würden sich über kurz oder lang ausnahmslos der Sozialdemokratischen Partei anschließen.[83] Die Mehrzahl der antisemitischen Wahlversammlungen wurde durch sozialdemokratische Zwischenrufer gestört, und die Parteien des Establishments – Nationalliberale und Liberale, die inzwischen in einem verzweifelten Versuch, die Sozialdemokraten auszubooten, ein Wahlbündnis geschlossen hatten – nahmen es den Antisemiten äußerst übel, daß sie in die einst geschlossenen Reihen des Bürgertums eingebrochen waren. In ihren Augen waren die Antisemiten nichts anderes als «ein wirksamer Diensthelfer der Socialdemokratie»[84]. Sie standen schließlich 1892/93 so sehr am Rande der Ereignisse, daß sich niemand besondere Sorgen wegen ihrer Kandidatur bei den Reichstagswahlen oder ihrer Angriffe gegen die Epidemie machen mußte. Ihre Phantastereien, in denen Hamburg hauptsächlich deswegen als «jüdisch» erschien, weil dort der Geist kapitalistischen Geldwesens und des freien Unternehmertums herrschte, konnte man für den Augenblick als Wahnvorstellungen einer unzufriedenen Minderheit abtun, die niemand ernst zu nehmen brauchte.

Weit bedeutsamer als das Treiben der Antisemiten war die von der seriösen liberalen und konservativen Presse gegen Hamburgs Regierungssystem gerichtete Kritik. Die in Berlin erscheinende angesehene liberale «Vossische Zeitung» schrieb es Hamburgs «Patrizierregiment» zu, daß keine hygienische Wasserversorgung zur Verfügung stand, niemand richtig auf die Epidemie vorbereitet war, falsche Statistiken veröffentlicht und der Versuch unternommen wurde, die Nachricht vom Ausbruch der Krankheit zu unterdrücken. Ein Exemplar des Artikels wurde mit dem Vermerk «Pfui! Pfui! Im Namen hundert Berliner Frauen» dem Senat zugesandt.[85] Die «Post», ein Blatt der Rechten, stellte die Behauptung auf, Hamburgs patriarchalisches Regierungssystem sei zu seiner Zeit vielleicht ganz sinnvoll gewesen, jetzt aber «veraltet und den neuen Aufgaben der Zeit nicht gewachsen», und so hätten sich «Schlendrian und gelegentliche Korruption wie von selbst eingestellt».[86] Die meisten liberalen und konservativen Blätter befürworteten eine Lösung, die für Hamburg nichts Gutes verhieß, nämlich die Übernahme der Gesundheitsverwaltung der Stadt durch das Reich. So schrieb am 28. August die «National-Zeitung», Sprachrohr der Nationalliberalen in Berlin:

«... hier zeigt sich an einem höchst eklatanten Falle, in dem auch der hartgesottenste ‹Föderalist› keinen Spaß verstehen dürfte, die Schädlichkeit der seit einem Jahrzehnt aufgekommenen Taktik, nicht blos die Rechte, sondern auch die Wünsche und Vorurtheile der einzelstaatlichen Regierung als ein ‹Kräutlein rühr mich nicht an› zu behandeln – als ob es nicht auf die Interessen des deutschen Volkes ankäme, sondern darauf, daß eine Anzahl kleinstaatlicher Regierungen im Vollbesitz derjenigen Funktionen bleiben, die sie in 1866 oder 1870 besaßen.»[87]

So weit verbreitet waren solche Ansichten, daß der Berliner Korrespondent der Londoner «Times» am 29. schrieb, er halte es für wahrscheinlich, daß man das öffentliche Gesundheitswesen Hamburgs bald der Zuständigkeit des Kaiserlichen Gesundheitsamtes in Berlin unterstelle. Das liberale «Berliner Tageblatt» verstieg sich sogar zu dem Vorschlag: «Das einfachste ist, wir nehmen Hamburg unter Reichsverwaltung und machen damit dem Unfug für alle Zeit ein Ende.»[88]

Besondere Aufregung rief in Hamburg eine in der Zeitschrift «Export» erschienene Artikelserie hervor. Es handelte sich um das Sprachrohr des Centralvereins für Handelsgeographie und Förderung deutscher Interessen im Ausland, und da dieser davon überzeugt war, ganz Deutschlands Handelsinteressen litten unter den wegen der Hamburger Epidemie im In- und Ausland erlassenen Beschränkungen, richtete er seinen Tadel an die Adresse, wohin er seiner Ansicht nach gehörte. Nicht nur habe sich der Senat, hieß es im «Export», in der Frage der Wasserversorgung egoistisch und zynisch verhalten, er habe sich außerdem bei der Bekämpfung der Epidemie, nachdem sie einmal ausgebrochen war, nicht zu rechtfertigende Säumigkeit zuschulden kommen lassen. Das Organ forderte seine Leser auf, zu überlegen, ob sie nicht ihre Geschäfte über Bremen abwickeln wollten, und regte an, Hamburgs Gesundheitsverwaltung in die Hände des Reiches zu legen. Die Verteidiger der Stadt äußerten sich dazu in der nächsten Ausgabe, und da die Kontroverse in den folgenden Nummern fortdauerte, stieg binnen weniger Wochen die Zahl der in Hamburg verkauften Exemplare der Zeitschrift auf das Vierfache an. Nicht nur in den Spalten des «Exports» reagierte die regierende Fraktion des Hamburger Bürgertums heftig auf derartige Kritik und Anregungen, sondern auch auf breiterer Ebene.[89] Am 12. September führte die «Hamburgische Börsen-Halle» einen machtvollen Gegenstoß, der auf die Kritiker der Stadtverfassung zielte. Das Blatt klagte, die Feindseligkeit, die Hamburg nach der katastrophalen Epidemie von 1892 aus den anderen Teilen des jetzt vereinten Deutschland entgegenschlage, stehe in bedrückendem Gegensatz zum allgemeinen Mitgefühl, das die übrigen, damals nicht vereinten Teile Deutschlands beim Großen Brand von 1842 der Stadt entgegengebracht hatten. Weiter heißt es in dem Blatt:

«Es ist dem entsetzlichen Schicksalsschlage, der plötzlich über uns hereingebrochen war, nicht nur die Theilnahme versagt worden, sondern es hat sich eine Härte und eine Lieblosigkeit Hamburg gegenüber gezeigt, die hier nur auf das Schmerzlichste berühren konnte und berührt hat. Eine höchst betrübende Erfahrung ist es in der That, die wir seit dem Auftreten der Seuche gemacht haben. Tadel und Schmähsucht haben sich in der häßlichsten Weise breit gemacht, und kein Wort schien zu hart, keine Schmähung zu gelinde für die unglückliche Stadt. Die Anklagen gegen unsere leitenden Behörden gingen ins Maßlose und Ungeheuerliche.»

Selbstverständlich seien Fehler gemacht worden, räumte die «Börsen-Halle» ein. So habe man die Filterung des Trinkwassers zu lange vernachlässigt – nicht etwa, weil kein Geld zur Verfügung gestanden, sondern weil man die Sache nicht energisch genug betrieben habe. Auch sei die Stadt, hieß es weiter, von der Epidemie überrascht worden, und:

«Auf eine so unerhörte, beispiellose Ausbreitung der Krankheit konnte man sich nicht vorbereiten.» Als die Epidemie erst einmal mit voller Wucht ausgebrochen war, wurde betont, habe man ihr aktiv und entschlossen Widerstand geleistet. Niemand habe den Kopf verloren; die Behörden hätten ihre Pflicht getan, Privatleute ungeheure Beträge gespendet, um den am schlimmsten Betroffenen zu helfen. Doch all das habe die Außenwelt nicht zur Kenntnis genommen, sondern die Stadt lediglich mit Schmähungen überhäuft. Am schlimmsten gewesen seien überdies die zeitlich nicht begrenzten und übertriebenen Quarantänemaßnahmen, die man im übrigen Deutschland gegen Hamburg verhängt hatte. Es sei an der Zeit, daß Vernunft, Mäßigung und menschliches Mitgefühl in den Vordergrund träten.[90]

Die «Norddeutsche Allgemeine Zeitung» wollte von all dem nichts wissen und sprach der Hamburger Presse in einem am 28. September veröffentlichten Leitartikel das Recht ab, das übrige Deutschland zu einem Zeitpunkt anzugreifen, «in welchem das schwere Mißgeschick, unter dem Hamburg zu leiden hat, die werkthätige Theilnahme der Nation vom Thron bis zur Hütte findet». Die Kampagne gegen die angeblich schlechte Behandlung von Hamburgs Bürgern in anderen Teilen Deutschlands nannte das Blatt «ein Gebaren ... welches darauf hinausläuft, von der Untersuchung der Ursachen abzulenken und das größere Übel nicht in den eigenen Fehlern, sondern in dem Verfahren Dritter zu suchen, die denn doch auch unter der Gefahr der Weiterverbreitung des Unheils zu leiden haben». Die Bewohner Hamburgs seien für die strengen Quarantänemaßnahmen selbst verantwortlich; sie hätten die Stadt nicht in so großer Zahl verlassen dürfen, um der Epidemie zu entkommen. «Der Secession der Hamburger ist die Furcht vor der Seuche in den krankheitsfreien Landstrichen unter den obwaltenden Umständen ganz naturgemäß gefolgt, und wenn diese Furcht in diesen Folgen den Flüchtigen unbequem geworden ist, so haben sie ein gut Theil der Schuld sich selbst beizumessen.»[91] Diesen Vorwurf mußte man besonders ernst nehmen, kam er doch von einer Zeitung, die gewöhnlich als den Regierungskreisen in Berlin nahestehend galt.

Da die Reichsregierung dem Hamburger Senat so kritisch gegenüberstand, wundert es nicht, daß auch die Cholera-Epidemie in den schon lange schwelenden Streit zwischen Kaiser Wilhelm II. und dem einstigen Reichskanzler Bismarck hineingezogen wurde. Ende November hieß es, der Kaiser habe in einer Rede Hamburg «in sehr scharfem Ton» kritisiert und sein Bedauern darüber ausgedrückt, daß die Hamburger die ersten

Cholerafälle «verheimlicht» hätten. Zur Verteidigung der Stadt, deren Ehrenbürger er war, unternahm Bismarck einen Gegenangriff, als er im Oktober für Maximilian Hardens «Die Zukunft» interviewt wurde. Er nutzte die Epidemie zu einem gegen die Regierung in Berlin gerichteten gehässigen Ausfall und erklärte, er habe «dem mir befreundeten Oberbürgermeister [damit meinte er Bürgermeister Petersen] und anderen Bekannten» sein Mitgefühl ausgesprochen. «Du lieber Gott», entfuhr es dabei dem einstigen «Eisernen Kanzler», jetzt ein zorniger alter Herr im politischen Abseits, «ich habe in meinem Leben so manchen Cholera-Kranken gepflegt und bin angstfrei.» Es hieß, er habe schließlich den Wunsch ausgedrückt, die Regierung möge ihre bisherige Politik in der Frage der Epidemie neu überdenken.

«Ich spräche gern wieder mit meinen Hamburgern. Man hat mit dem pharisäischen Geschimpfe schweres Unrecht gethan; der Boykott der Hamburger war ungesetzlich, und die Regierung hatte die Pflicht, sofort und wirksam die Freizügigkeit zu schützen. Ebenso wäre es ihre Pflicht gewesen, nachdem sie von ihren Consuln längst die Cholera-Berichte empfangen hatte, öffentlich vor der Seuche zu warnen; besonders Preußen als Grenznachbar mußte den Verkehr überwachen. Wenn die officiösen Blätter Recht haben, that man aber gerade, was man jetzt Hamburg vorwirft: man wollte die Handelsinteressen schonen und schwieg.»[92]

Das stimmte natürlich vorn und hinten nicht und zeigte nicht nur, in welchem Maße Bismarck bereit war, nahezu jeden Vorwand zu nutzen, um seine Nachfolger anzugreifen, sondern auch, wie wenig er vom wirklichen Ablauf der Ereignisse wußte. Noch im Juni 1893 erneuerte sein Sprachrohr, die «Hamburger Nachrichten», den Angriff, diesmal mit einer fulminanten Anklage an die Adresse Robert Kochs und einer Verurteilung von dessen Theorie, die Cholera werde durch das Wasser übertragen. Die Attacke trug ihm eine rasche Erwiderung der «Kölnischen Zeitung» ein, die häufig von der Regierung zur Verfügung gestelltes Material brachte. In einem aus Berlin eingesandten Artikel, der ganz offensichtlich aus amtlichen Kreisen stammte, beschuldigte die Zeitung die «Nachrichten», sie verbünde sich einfach deshalb in noch nie dagewesener Weise mit der Sache des hanseatischen Partikularismus, um die Regierung in Berlin kritisieren zu können. Der liberale Hamburger «General-Anzeiger» rieb Salz in die Wunde, indem er sarkastisch fragte, wie es komme, daß die «Hamburger Nachrichten» mehr über die Cholera zu wissen vorgaben als der weltberühmte Professor Koch.[93] Inzwischen war die Auseinandersetzung bis in den Reichstag gedrungen, wo die

Cholera-Epidemie am 22. Februar 1893 Gegenstand einer kurzen Debatte war. In ihr fiel erneut die Bereitschaft der sozialdemokratischen Abgeordneten Hamburgs zu einer unkritischen Haltung auf. Senator Johann Heinrich Burchard lobte anschließend sogar den Beitrag Karl Frohmes, sozialdemokratischer Abgeordneter für Altona, als «maßvoll» und «anscheinend nicht agitatorisch». Er fuhr fort: «Der Herr Abgeordnete Frohme hat meines Erachtens praktische Politik getrieben.» Ähnliche Lobesworte fand er für die Rede Wilhelm Metzgers, ebenfalls einer der Hamburger Reichstagsabgeordneten der Sozialdemokraten, die er als «ruhig» charakterisierte.

Aber so ungerupft sollte Hamburg in der Reichstagsdebatte vom 21./22. April 1893 über die Seuchenvorlage nicht davonkommen. Der Sozialdemokratische Abgeordnete Emil Wurm richtete einen heftigen Angriff gegen die «furchtbaren Mißstände», die seiner Ansicht nach die Cholera offengelegt hatte. «Hat man nicht in Hamburg seit Jahrzehnten die Wasserfrage in einer Weise verschleppt, daß sie wirklich, wie ich glaube, zum Ruhme aller deutschen Städte ohne gleichen ist?» Er fuhr fort mit der Erklärung, die kapitalistische Wirtschaftsordnung zwinge dem Arbeiter «elende Wohnungsverhältnisse» auf, die er mit den Worten anprangerte: «...man raubt dem Arbeiter Luft, Licht und Nahrung», und: «... dann kommt die Epidemie und die Pest und tödtet den Arbeiter in erster Linie.» Er erhob den Vorwurf, daß seither nichts unternommen worden sei, um die Lage zu verbessern. Am zweiten Tag der Debatte folgte mit Hermann Molkenbuhrs Rede ein weiterer Angriff von sozialdemokratischer Seite. Er sagte, zwar seien in vielen Teilen Deutschlands vergleichsweise schlechte Wohnverhältnisse zu beklagen, doch bestehe in Hamburg wegen des Einflusses, den die Grundeigentümer in der Bürgerschaft ausübten, kaum Aussicht auf eine Änderung zum Besseren. Er forderte eine Demokratisierung des Wahlsystems in Hamburg und zugleich ein Reichswohnungsgesetz, mit dem Hamburg und andere Staaten gezwungen werden sollten, ordentliche Wohnverhältnisse zu schaffen.

Senator Burchard – seinerzeit Hamburgs Vertreter in Berlin – verknüpfte in seiner Gegenrede eine Verteidigung der Leistungen der Stadt mit der Zusage einer baldigen Reform sowie einem Appell an das Gefühl der nationalen Einheit und der Solidarität mit dem schwer mitgenommenen Stadtstaat. Er betonte wiederholt, die Verhältnisse seien in Hamburg nicht ungünstiger als in anderen Städten des Reiches, und bemühte sich, die Stoßrichtung des von den Sozialdemokraten geführten Angriffs mit der Behauptung abzulenken, die ungesunden und beengten Wohnverhältnisse in vielen Teilen Hamburgs gingen auf «Fremde, zum Theil ausländische Arbeiter» zurück. Als er jenen einen negativen Einfluß auf die gewöhnlich in sauberen Verhältnissen lebenden einheimischen deutschen Proletarier zuschrieb, trug ihm das von den Sozialdemokraten mehrfach den Zuruf «Hört, hört!» ein. In ähnlicher Weise wies er die Kritik an Hamburgs Wahlsystem zurück, indem er die Masse der kleinen Hausbesitzer in Schutz nahm und die Schuld den Bauspekulanten in die Schuhe schob. Gegen deren «rücksichtslose Ausbeutung des Grund und Bodens», so versprach er, werde man entschlossen vorzugehen wissen.

Bemerkenswert war Burchards Rede nicht nur wegen der Raffinesse seines politischen Appells, sondern auch wegen ihrer kühnen Mißachtung der Wahrheit. Leitungswasser aus der zentralen Wasserversorgung, erklärte er, diene in erster Linie der Brandbekämpfung und zur Toilettenspülung; das Trinkwasser stamme vorwiegend aus Brunnen, und über eine Filtration sei erst gesprochen worden, als man zu dem Ergebnis gekommen war, die Bevölkerung sei für eine Versorgung aus den Brunnen zu rasch gewachsen. Es bestehe weithin Uneinigkeit über die Notwendigkeit, das Trinkwasser aus Gesundheitsgründen zu filtern; viele Menschen bezögen es ohnehin lieber aus Holstein statt aus der Elbe, und man müsse bedenken, daß «unsere Behörden und Techniker... in ganz außerordentlicher Weise durch die Vorbereitungsarbeiten für den Zollanschluß in Anspruch genommen» gewesen seien. Jede dieser Behauptungen über Hamburgs Wasserversorgung war so weit von der Wahrheit entfernt wie die andere, und es überrascht daher kaum, daß am nächsten Tag Redner auftraten, um ihnen zu widersprechen.[94] Burchards Rede, in der er Hamburgs Fähigkeit herausstrich, sich um seine eigenen Angelegenheiten zu kümmern, war zwar ein rhetorisches Meisterstück, doch ging die Sache nicht ohne bedeutende Konzessionen ab. Der von innen und außen auf den Hamburger Senat mit dem Ziel, Veränderungen zu bewirken, ausgeübte Druck dauerte den Winter 1892/93 hindurch unvermindert an und schien während der Reichstagsdebatten im April so stark wie eh und je zu sein.

Buchstäblich alle Schattierungen des politischen Meinungsspektrums, von den Sozialdemokraten bis hin zu den Antisemiten, vertraten übereinstimmend die Ansicht, Hamburg müsse umgehend nicht nur die Wohn- und Sanitärverhältnisse in der Stadt verbessern, sondern auch die Filtrationsanlage für die Wasserversorgung fertigstellen und sein dilettantisches und unwirksames Verwaltungssystem reformieren. Kaum jemand widersprach der allgemeinen Ansicht, daß die Epidemie nicht zuletzt deswegen aufgetreten sei, weil man in der Hansestadt zu vieles den Handelsinteressen unterordnete; und kaum jemand scheint an der Notwendigkeit gezweifelt zu haben, das Wahlrecht auszuweiten, damit eine ausgeglichenere Berücksichtigung der nicht auf den Handel gegründeten und bezogenen Interessen in der Gesetzgebung der Stadt gewährleistet werde. Hinter diesen Forderungen stand die ausdrückliche Drohung des Reiches, in die inneren Angelegenheiten der Stadt einzugreifen, entweder auf Teilgebieten durch gesetzgeberische Initiativen wie beispielsweise mit einem Seuchen- und einem Wohnungsgesetz, oder uneingeschränkt durch die Einsetzung eines Reichskommissars oder durch die Einverleibung Hamburgs in Preußen. Dieser massiv auf Veränderung zielende Druck hielt nicht zuletzt deshalb an, weil man für 1893 eine Wiederholung der Epidemie des Vorjahres befürchtete. Ein Abgeordneter sagte in der Reichstagsdebatte, das Deutsche Reich habe leiden müssen, «weil in Hamburg Zustände bestanden, die gesundheitsgefährlich waren, weil gewisse Einrichtungen versäumt waren, die nothwendig waren»[95]. Die Angst trieb die Menschen in Hamburg und außerhalb dazu, fast verzweifelt Reformen anzustreben, die verhindern sollten, daß sich diese Katastrophe wiederholte. Solche Reformen würden, sofern man sie in vollem Umfang durchführte, die Hegemonie der dominierenden Klassen der Stadt ernsthaft gefährden.

Doch wie sollten diese Reformen aussehen? In welche Richtung sollten sie gehen? Zwar schien man allgemein darin übereinzustimmen, daß das Wahlrecht auszuweiten sei – doch in welchem Umfang? Niemand bezweifelte, daß die Wohnungssituation dringend verbessert werden müßte. Müßten aber dazu, wie einige meinten, die Gängeviertel abgerissen werden, oder existierten gar, wie beispielsweise Burchard erklärte, gleichermaßen bedenkliche sanitäre Zustände in den von Spekulanten hochgezogenen Wohnblocks der Vororte? Kaum jemand bestritt das Vorhandensein von Schmutz und unhygienischen Zuständen. Die Frage war nur, wer die Schuld daran trug – der Senat, das Proletariat oder die Zuwanderer nach Hamburg? Von den Antworten der Zeitgenossen auf diese Fragen hingen die für notwendig erachteten Maßnahmen ab; und davon, welche Antworten der Historiker darauf gibt, hängt die Einschätzung des Vorgehens ab, zu dem man sich letzten Endes entschloß. Daher müssen wir uns jetzt mit der Frage beschäftigen, die im Mittelpunkt der Cholera-Epidemie von 1892 steht: Wer hat unter dem Wüten der Krankheit am meisten gelitten und aus welchen Gründen? Zu ihrer Beantwortung ist es erforderlich, die vorhandenen Statistiken gründlich zu prüfen; doch werden wir uns auch noch einmal mit qualitativen Belegen beschäftigen, die viel über die Beziehung zwischen den Klassen und über die Strukturen und Werte aussagen, von denen das Alltagsleben in der Stadt geprägt wurde.

5. DIE DIMENSIONEN DER UNGLEICHHEIT

Reich und Arm

I

Wie wir im dritten Kapitel gesehen haben, wurden im Hamburg des 19. Jahrhunderts in erster Linie Angehörige der Arbeiterklasse Opfer der verheerendsten Infektionskrankheiten, einschließlich der Pocken, der Tuberkulose und, wenn auch in geringerem Ausmaß, des Typhus. Galt das für die Cholera ebenfalls? Sicherlich waren viele führende Vertreter des Hamburger Bürgertums 1892 dieser Meinung. Beispielsweise schrieb Carl Bertheau, der vierzehnjährige Sohn des Pastors der Michaelis-Kirche, am 26. August, die Opfer der Epidemie seien in erster Linie «die in den engen Straßen und Höfen wohnenden Leute» [1]. Senator Gustav Hertz' Sohn notierte am nächsten Tag in ähnlichem Sinn: «Unsere Gegend ist bisher übrigens anscheinend noch ziemlich verschont.» [2] Auch die Ärzte teilten diese Ansicht. So bemerkte der für Wandsbeck, eine an Hamburg grenzende preußische Gemeinde, zuständige Medizinalbeamte, als er die Auswirkungen der Krankheit in seinem Bezirk in Augenschein nahm: «Es bestätigt sich aufs Neue, daß die Cholera vorwiegend die unteren Volksklassen aufsucht» [3], und in den Aufzeichnungen eines Hamburger Arztes hieß es am 26. August: «Die Fälle sind meist in den Proletarierkreisen, die oberen Schichten sind weniger stark befallen.» [4] Vier Tage später, am 30. August, bekannte sich auch Bürgermeister Johann Georg Mönckeberg zu dieser Ansicht: «Bisher kommen die Erkrankungen nur oder fast nur in den unteren Volksschichten vor.» [5] Am 20. September schrieb der Richter Caesar Amsinck, Sohn des Senatssyndikus Wilhelm Amsinck und Sproß einer der größten und reichsten Kaufmannsfamilien Hamburgs, seinem Freund Hugo Beneke:

«So schrecklich die diesjährige Epidemie ist, und so sehr man Grund hat, vorsichtig zu sein u. sich in Acht zu nehmen, so beschränkt sich die Sterblichkeit doch eigentlich ausschließlich auf die Arbeiterbevölkerung u. sog. kleinen Leute... In den Kreisen unserer Bekannten und unserer

Stände sind aber wirklich nur *ganz wenige* Fälle vorgekommen; es sind aus diesen Kreisen nicht mehr Leute gestorben als zu anderen Zeiten.»[6]

Die Besitzbürger, deren Meinungen uns überliefert sind, stimmten also in der Ansicht überein, daß zwischen Cholera und Armut eine enge Beziehung bestand. Soweit uns bekannt ist, wagte ihnen 1892 zu keinem Zeitpunkt der Epidemie jemand zu widersprechen; am allerwenigsten die Sozialdemokraten, die von Anfang an diese Ansicht vertreten hatten.[7]

Doch so eindrucksvoll die Übereinstimmung auch war, mit der sie vorgetragen wurde, der Historiker kann diese Meinung nicht einfach ungeprüft übernehmen. Die große Mehrheit jener, die der Cholera zum Opfer fielen, mag arm gewesen sein; doch das galt ebenso für die große Mehrheit der Bewohner der Stadt. Es ist immerhin denkbar, daß das Bürgertum proportional gesehen im selben Umfang heimgesucht wurde wie das Proletariat, das Leiden der Kranken aus dem Bürgertum aber einfach deswegen weniger offenkundig wurde, weil sie nicht so zahlreich waren oder weil sie sich privat oder in ihrer Wohnung behandeln ließen und nicht unter dem Blick der Öffentlichkeit ins Krankenhaus gebracht oder zu einem Massengrab transportiert wurden. Sobald man nach handfesten Belegen zu suchen beginnt, mit denen sich überprüfen läßt, ob die Meinung der Zeitgenossen stimmt, stellen sich die Dinge nicht mehr ganz so eindeutig dar. Allerdings scheinen die ersten ernsthaften Untersuchungen der Cholera durch Historiker unserer Tage die zeitgenössische Ansicht von der ungleichen gesellschaftlichen Verteilung der Krankheit zu bestätigen. Der französische Historiker Louis Chevalier und seine Mitarbeiter stellten in ihrer Untersuchung zur Cholera in Frankreich in den dreißiger und vierziger Jahren des 19. Jahrhunderts fest, daß die Bewohner von Armenbezirken in Lille und Paris stärker betroffen waren als die Bewohner der wohlhabenderen Stadtviertel. (Der Autor eines Berichts über Marseille allerdings meint – ohne der Sache weiter nachzugehen –, Angehörige der höheren Berufsstände seien ebenso stark heimgesucht worden.) Verantwortlich für die höhere Zahl an Cholera-Erkrankungen und die höhere Sterblichkeit unter den Armen waren nach Ansicht dieser Historiker in erster Linie Faktoren wie unzulängliche Ernährung, lange Arbeitszeit, unhygienische Lebensbedingungen und schon vor der Epidemie auftretende Wirtschaftskrisen.[8] In diesem Sinn stellt Daniel Panzac in seinem Aufsatz über die Epidemie von 1835 in Aix-en-Provence fest, daß Arbeiter, Tagelöhner, Bettler, Arme, Handwerker, kleine Händler und Kleinbauern in größerem Umfang an Cholera erkrankten, als es ihrem Anteil an der arbeitenden Bevölkerung entsprach. Nach Panzacs Meinung blieben die gutsituierten Einwohner vor allem deswegen verschont, weil sie über bessere Möglichkeiten verfügten, die Stadt zu verlassen.[9] R. J. Morris kam in seinem Buch über die Cholera-Epidemie, die 1832 in Großbritannien grassierte, zu dem Ergebnis, daß die Mittelschicht, «Kaufleute, Fabrikbesitzer und Anwälte, der Krankheit entkamen», Ärzte bildeten jedoch eine Ausnahme von dieser Regel. Die Hauptlast der Epidemie, heißt es weiter, trugen Lohnempfänger und auf Gelegenheitsarbeiten angewiesene Arme, doch seien auch Steuereintreiber, Lehrer und kleine Ladeninhaber angesteckt worden, weil sie alle mit den Armen in Berührung kamen.[10] In den Augen all dieser Autoren lieferte die Cholera ein klassisches Beispiel für die gesellschaftliche Ungleichheit im Angesicht von Krankheit und Tod.[11]

Doch bereits 1961 hat Asa Briggs diesen Standpunkt in Zweifel gezogen und in seinem grundlegenden Aufsatz über Cholera und Gesellschaft im 19. Jahrhundert darauf hingewiesen, daß einige hochindustrialisierte Regionen wie beispielsweise die um Lyon oder das nordenglische Lancashire 1832 vollständig von der Epidemie verschont blieben. Wegen ihrer «exzentrischen» regionalen Verteilung, heißt es bei Briggs, sei die Cholera kaum ein geeigneter Maßstab für gesellschaftliche Ungleichheit. «Zahlreiche Orte mit ungünstigen sanitären Bedingungen entgingen ihr, und vielerorts waren die Reichen (auch deshalb, weil die Krankheit durch die Wasserversorgung übertragen wird) nicht gegen sie gefeit.»[12] In neuerer Zeit hat Michael Durey dieses Argument mit dem Hinweis untermauert, zumindest im Zusammenhang mit Großbritannien gebe es für das Jahr 1832 keine statistischen Belege für gesellschaftliche Unterschiede im Hinblick auf Erkrankungen an und Tod durch Cholera. Im Gegenteil, das vorliegende Material liefere Indizien dafür, daß Mittel- und Oberschicht vor allem bei schweren Epidemien oder wenn eine Epidemie wieder aufflammte, gleichermaßen in Mitleidenschaft gezogen wurden. Der entscheidende Faktor war Dureys Ansicht nach die Versorgung mit Trinkwasser. Eine zentrale Wasserversorgung steigerte die Heftigkeit der Epidemie; eine dezentrale, auf verschiedene Quellen gestützte hingegen verlangsamte ihre Ausbreitung oder gebot ihr sogar Einhalt. Nach Durey bestand aber keine Beziehung zwischen Wasserversorgung und gesellschaftlicher Lage, so daß der Schluß sich anbot, die Cholera tauge nicht als Indikator für gesellschaftliche Ungleichheit: «Die Cholera läßt sich nicht mit den fiebrigen Erkrankungen vergleichen, deren Ausbreitung in erster Linie auf Schmutz und Überbelegung von Wohnraum zurückging.»[13]

Briggs, Morris und Durey vertraten die Ansicht, die Cholera sei lediglich als Verstärker gesellschaftlicher Spannungen und als Prüfstein für die Reaktion einer Gesellschaft auf eine Krise von Bedeutung. Diese Auffassung war Ende der siebziger Jahre weitgehend an die Stelle der älteren getreten, die den Akzent auf die Krankheit als Ausdruck wirtschaftlicher Ungleichheit legte.[14] Dennoch hat F. B. Smith in jüngerer Zeit die Frage nach der gesellschaftlichen Verteilung der Krankheit erneut angesprochen in seiner umfassenden Untersuchung der Volksgesundheit im Großbritannien des 19. Jahrhunderts. Während weder Morris noch Durey imstande waren, ihre Behauptungen durch überzeugendes statistisches Material zu stützen, bemühte sich Smith, für verschiedene englische Städte, insbesondere Hull, Liverpool und London, die Cholerasterblichkeit auf 1000 Einwohner getrennt nach reichen und armen Wohnbezirken aufzuschlüsseln. So hat er beispielsweise für London nachgewiesen, daß die Cholerasterblichkeit 1849 wie auch 1853/54 in den armen Stadtteilen wie Bermondsey oder Rotherhithe zwischen sechs- und zwölfmal höher lag als in wohlhabenderen Wohngegenden wie zum Beispiel Kensington, St. James oder Westminster. Als London 1866 zum letztenmal von einer Cholera-Epidemie heimgesucht wurde, ließ sich jedoch kein Unterschied erkennen.[15] Briggs hat seinerseits behauptet, der Zeitpunkt, von dem an im Hinblick auf die Cholera zwischen Arm und Reich kein Unterschied mehr bestand, liege zumindest in Großbritannien weit früher. Er setzte dafür das Jahr 1848 an, in dem die Cholera «alle Bevölkerungsschichten befiel». Zu jenem Zeitpunkt, erklärte er, habe die Cholera-Epidemie die Klassen- und Standesschranken niedergelegt, so daß die Krankheit diese nicht mehr habe deutlich werden lassen.[16]

Hartmut Kaelble ist in seiner Untersuchung der Literatur zu diesem Thema zu folgendem Ergebnis gekommen:

«Die Wohlhabenden... blieben sicher von der Epidemie nicht völlig verschont. Trotzdem zeigt das, was bisher an hartem statistischem Material verfügbar ist, keine soziale Gleichheit vor der Cholera. Auch wenn der Grad der Ungleichheit von Ort zu Ort verschieden war, scheinen arme Viertel stärker betroffen gewesen zu sein als wohlhabende Viertel, die Unter- und Mittelschicht insgesamt stärker als die Oberschicht. Nachdem die Cholera-Epidemien ihren Höhepunkt in den fünfziger bzw. sechziger Jahren überschritten hatten, verschwanden freilich diese speziellen sozialen Unterschiede vor dem Tod und damit auch ein wichtiger, wenn auch manchmal etwas exzentrischer Seismograph für die soziale Ungleichheit im Zeitalter der Industrialisierung.»[17]

Dennoch gibt es in den von Kaelble zur Unterstützung seiner Schlußfolgerung zitierten Untersuchungen ungelöste Probleme. Panzacs Analyse der Cholera in Aix-en-Provence schlüsselt die Fälle lediglich nach Berufen auf, die nur eine von vielen Determinanten gesellschaftlicher Ungleichheit waren. Smith hat Stadtteile miteinander verglichen, aber andere variable Größen wie die Nähe zum Fluß und die Art der Wasserversorgung nicht einbezogen; anders gesagt, er dürfte mit seinen Zahlen einer Art «ökologischer Täuschung» aufgesessen sein. Somit waren diese Analysen, auch wenn sie Anregungen bieten, nicht wirklich zwingend. Dasselbe läßt sich über andere Forschungsarbeiten sagen, die Kaelble nicht zitiert hat. Beispielsweise ist Arthur Imhof, der in Deutschland auf diesem Gebiet bahnbrechend war, bei der Untersuchung der Cholera in Halle im Zeitraum von 1855 bis 1874, in dem drei recht schwere Epidemien auftraten, auf Anzeichen gesellschaftlicher Ungleichheit gestoßen. So gingen in der Klasse I (höhere Beamte, Ärzte, Anwälte, Geistliche, Großkaufleute) lediglich 3,8 % aller Todesfälle auf die Cholera zurück, aber bereits 10 % in der Klasse VI (Dienstboten, Arbeiter, einfache Angestellte). Da eine nach Gesellschaftsgruppen aufgeschlüsselte Statistik der Choleratodesfälle auf 1000 Personen nicht vorliegt, müssen diese Werte mit Zurückhaltung behandelt werden.[18] Sein begrenztes Quellenmaterial gestattet es Imhof nicht, die gesellschaftliche Verteilung der Krankheit wirklich in Einzelheiten nachzuzeichnen.

Die Epidemie von 1892 in Hamburg war zwar eine isolierte Erscheinung, zugleich zählte sie jedoch zu den schweren Ausbrüchen der Cholera. Deshalb zog sie nicht nur die kritische Aufmerksamkeit von Journalisten und Politikern auf sich, sondern auch die wissenschaftliche Neugier der Statistiker. Im Unterschied zu den meisten früheren Epidemien trat sie zu einer Zeit auf, in der die Methoden des Datensammelns und der statistischen Analyse schon weit fortgeschritten waren; sie fand geradezu auf dem Höhepunkt des ersten statistischen Zeitalters statt. Daher ist über die Opfer der Epidemie von 1892 in Hamburg viel mehr bekannt als über die aller anderen Cholera-Ausbrüche im Europa des 19. Jahrhunderts. Allerdings befriedigt die große Masse des verfügbaren statistischen Materials bei weitem nicht unsere Ansprüche. Welchen Einfluß die Miasmalehre (oder Bodentheorie) ausübte, läßt sich immer noch an den Tabellen der Grundwasserstände und des atmosphärischen Drucks erkennen, die einige der wichtigeren Untersuchungen schmükken. Im großen und ganzen aber richtete man sich beim Sammeln von Daten nach Kochs Ansteckungstheorie, ganz im Unterschied zu früheren Epidemien. Auch das erhöhte die Brauchbarkeit der gewonnenen Angaben. Schließlich besitzen wir noch eine Fülle genauer und detaillierter statistischer Angaben über sonstige Aspekte der Bevölkerung Hamburgs in den neunziger Jahren – weit mehr als für die Zeit der Epidemien, die zwei Jahrzehnte davor aufgetreten waren. Das bedeutet, daß wir bei der Formulierung einer Beziehung zwischen der Cholera und anderen gesellschaftlichen Kennziffern sehr viel weiter gehen können, als das bei Untersuchungen früherer Epidemien möglich war.

Das über die Hamburger Cholera-Epidemie von 1892 verfügbare reichhaltige und komplexe statistische Material bildet die Grundlage dieses Kapitels. Dabei werden, wenn immer möglich, verstreute Daten über frühere Epidemien einbezogen, ob sie nun in Hamburg auftraten oder an anderen Orten. Fünf Hauptfragen müssen beantwortet werden: Hat die Cholera alle Einkommensgruppen und Klassen der Gesellschaft gleichermaßen betroffen; hat sie die verschiedenen Stadtteile gleichmäßig oder ungleichmäßig heimgesucht; hat sie sich in bestimmten Berufsgruppen stärker bemerkbar gemacht als in anderen; hat sie auf jung und alt in gleicher Weise eingewirkt, und hat sie Männer häufiger getroffen als Frauen oder umgekehrt? Außerdem ist noch zu fragen, ob die Muster, die sich für die Hamburger Epidemie von 1892 aus den Statistiken ergeben, auch für andere Zeiten und Orte gelten. Zu untersuchen sind auch die von der Cholera offengelegten komplexen Wechselbeziehungen zwischen den verschiedenen Dimensionen der sozialen Ungleichheit. Insbesondere aber ist es Zweck dieses Kapitels, danach zu fragen, warum manche Personengruppen stärker betroffen wurden als andere und in welcher Beziehung dieses Faktum zu den Strukturen von Gesellschaft, Politik und Mentalitäten in der Stadt insgesamt stand.

II

Wir können mit der einfachen Frage beginnen, ob in Hamburg bei der Epidemie von 1892 die Armen mit größerer Wahrscheinlichkeit an der Cholera erkrankten und starben als die Reichen. Abbildung 18 zeigt das Auftreten der Cholera nach Einkommensgruppen. Unter den Bürgern mit einem Jahreseinkommen von 10000 Mark oder darüber gab es lediglich 85 Erkrankungen und 49 Tote, unter denen mit einem Jahresverdienst von 5000 bis 10000 Mark nur 175 Erkrankungen und 88 Todesfälle. Unter den Personen mit einem bescheidenen, aber ausreichenden

Einkommen zwischen 2000 und 5000 Mark jährlich, eine weit größere Gruppe der Bevölkerung, gab es 928 Erkrankungen und 524 Todesfälle. Alle anderen Opfer, deren Einkommen bekannt war, verdienten wenig als 2000 Mark im Jahr. So überrascht es kaum, daß jeder in der Cholera eine Krankheit der Arbeiterklasse zu sehen glaubte, gehörte doch die überwältigende Mehrheit derer, die daran erkrankten, der materiell am schlechtesten gestellten Bevölkerungsschicht an. Bei der Sterblichkeit aber gab es – wenn jemand erst erkrankt war – zwischen den Einkommensgruppen nur geringe Unterschiede. Die fallspezifische Sterblichkeit (die Zahl der Todesfälle auf eine bestimmte Anzahl Erkrankungen) lag für alle Einkommensgruppen mit Ausnahme der beiden höchsten etwa gleich hoch zwischen 50 und 57%. Da in der höchsten Einkommensgruppe (50000 Mark und darüber) lediglich fünf Personen erkrankten, ist

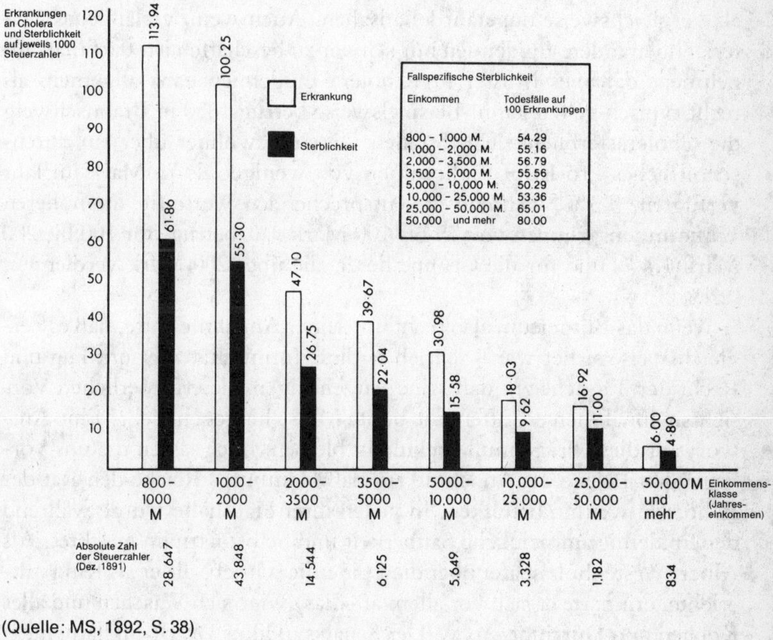

(Quelle: MS, 1892, S. 38)

Abb. 18 Cholerafälle und Choleramortalität nach Einkommensklassen in Hamburg, 1892

die fallspezifische Sterblichkeit in dieser Gruppe, statistisch betrachtet, mehr oder weniger bedeutungslos. Auch in der nächsten Einkommensgruppe (25 000 bis 50 000 Mark) ist die Zahl der Erkrankungen zu gering, als daß die fallspezifische Sterblichkeit eine große statistische Aussagekraft haben könnte. In jenen großbürgerlichen Kreisen starb auch 1892 nur äußerst selten jemand an der Cholera. Insgesamt wird deutlich, daß der Unterschied zwischen den Einkommensgruppen gleichbedeutend mit einem Unterschied in der Erkrankungshäufigkeit war; zwar bekamen Arme die Cholera mit größerer Wahrscheinlichkeit als Reiche, aber, einmal erkrankt, war die Wahrscheinlichkeit, an ihr zu sterben, nicht größer für die einen als für die anderen.

Aus technischen Gründen, auf die hier nicht näher eingegangen werden kann, ist es wahrscheinlich, daß Abbildung 18 die unterschiedliche Auswirkung der Cholera auf die einzelnen Einkommensgruppen etwas übertrieben darstellt, doch insgesamt darf man wohl den Schluß ziehen, daß sich die Mittelschicht und vor allem das Großbürgertum mit Recht als vergleichsweise ungefährdet ansahen. Auch wenn verläßliches Material über andere Epidemien nur schwer zu beschaffen ist, darf man annehmen, daß dies Muster für Cholera-Epidemien ganz allgemein als recht typisch gelten kann. Beispielsweise betrug 1850 in Braunschweig die Cholerasterblichkeit in Straßen, deren Bewohner über ein durchschnittliches Pro-Kopf-Einkommen von weniger als 75 Mark im Jahr verfügten, 5,3‰, während die entsprechenden Werte für die höheren Einkommensgruppen von 75 bis 100 Mark 3‰ betrug, für 100 bis 200 Mark 1,4‰ und für die Gruppe derer, die über 200 Mark verdienten, 0,3‰.[19]

Wenn das Bürgertum also recht mit seiner Annahme hatte, daß es vergleichsweise sicher war – schrieb es diese Immunität aber mit Fug und Recht der Tatsache zu, daß seine Angehörigen alle erforderlichen Vorsichtsmaßnahmen ergriffen, die breite Masse hingegen nicht? Eine Antwort auf diese Frage muß spekulativ bleiben, doch lassen die uns vorliegenden Belege die Annahme zu, daß Hamburgs Reiche den Rat der Behörden weithin befolgten. In vielen ihrer Haushalte wurde während der Epidemie auf peinliche Sauberkeit und Selbstdisziplin geachtet. Als Albert Westenholz später über die Epidemie schrieb, die er als Kind miterlebte, erinnerte er sich vor allem an «das ewige sich Waschen und alles Kochen und Durchhitzen»[20]. Der Senatssyndikus Dr. Buehl hatte nicht vergessen, daß in seinem Elternhaus nicht nur Trinkwasser und Milch, «nicht nur das Spülwasser, sondern selbst das Wasser zum Reinigen der

Fußböden» abgekocht und die Bettwäsche im Backofen des Herdes sterilisiert wurde. «Diese Vorsichtsmaßregeln erstreckten sich über Wochen, ja Monate.»[21] In Leo Lippmanns wohlhabendem jüdischem Elternhaus wurde «selbst das aus einem – zehn Minuten entfernten – artesischen Brunnen geholte Wasser» abgekocht.[22] Bei ihrer Rückkehr aus dem Urlaub stellte die Pastorengattin Henny Ritter am 26. überrascht fest, daß überall in ihrem Hamburger Haus Gefäße mit abgekochtem Wasser standen.[23] Im Haushalt des Reeders Carl Laeisz wurde alles Wasser abgekocht: «Alles, was ins Haus gebracht wurde, wie Brot, Wäsche usw., mußte erst im Ofen auf einen bestimmten Grad erhitzt werden.»[24]

So weitgehende Vorsichtsmaßnahmen konnten die Wohlhabenden in erster Linie deshalb ergreifen, weil sie über den unschätzbaren Vorzug verfügten, im Haushalt Dienstboten zu beschäftigen. «Unsere Mädchen», schrieb Senator Gustav Hertz selbstgefällig am 2. September, «haben sich die endlich ertheilten Vorschriften zu Nutzen gemacht und nur gekochtes Wasser benutzt.»[25] Wir dürfen annehmen, daß jemand, der im Jahr über 5000 Mark verdiente, normalerweise mindestens einen Dienstboten beschäftigte; im Großbürgertum waren Haushalte mit mehreren Dienstboten durchaus nichts Ungewöhnliches. Für sie bedeutete die Epidemie viel zusätzliche Arbeit. Das Dienstmädchen Doris Viersbeck erinnerte sich: «In unserem Hause wurde kein Tropfen ungekocht verbraucht, den ganzen Tag hatte ich Töpfe auf dem Feuer, um so viel wie möglich im Vorrat zu kochen. Es gehörte nicht wenig dazu, denn nicht nur Wasch- und Trinkwasser, sondern auch Wasser zum Reinmachen mußte gekocht werden.»[26] Es war also für die Reichen nicht schwer, in ihrem Haushalt ein hohes Maß an Sauberkeit zu verlangen, wenn Dienstboten Milch und Wasser für sie abkochten und alles reinigten und desinfizierten, was sie im Haushalt benutzten.[27]

Da in der Arbeiterklasse niemand das Schleppen der schweren Zuber und das Abkochen des Wassers auf Dienstboten abwälzen konnte, sah der Alltag hier ganz anders aus. Am 30. August beklagte die Polizei in einer «öffentlichen Warnung», viele Menschen befolgten nach wie vor nicht den Rat, das Wasser abzukochen.[28] Auch nach dem Ende der Epidemie berichtete ein Ausschuß in St. Georg Nord: «Die Beobachtungen der unerläßlichen sanitären Vorschriften ließ in den Kreisen unserer Bevölkerung, die hauptsächlich von der Seuche heimgesucht wurden, oft viel, wenn nicht alles, zu wünschen übrig.»[29] Dr. Petri, ein während der Epidemie in Hamburg tätiger Schüler Robert Kochs, schrieb später: «Es waren in der Nähe der Entnahmestellen von Stecknitzwasser an den

Häusern Plakate angebracht, welche die Entnahme des Wassers verboten. Trotzdem kamen Frauen aus den benachbarten Häusern, um sich unbeirrt ihren Bedarf aus der Stecknitz bzw. aus der Elbe zu holen. Auf die Frage, weshalb sie trotz des Verbotes dies thäten, meinten sie, ‹solche Papiere lese man ja doch nie – und lesen könnten sie sowieso nicht›.»[30]

In vielen Arbeiterhaushalten dürfte dem von den Sozialdemokraten verteilten Informationsblatt dasselbe Los beschieden gewesen sein. Else Hueppe, eine Arztgattin, die während der Epidemie im Allgemeinen Krankenhaus Eppendorf arbeitete, kam zu dem Ergebnis: «Die meisten Verordnungen und Rathschläge passen nur für Gebildete oder schon einigermaßen gut Situirte und bei diesen sind sie meist überflüssig ... Für die Armen sind die Verordnungen ... meist ganz einfach unverständlich und überhaupt unausführbar.»[31] Die Sozialdemokraten waren sich offensichtlich der praktischen Schwierigkeiten bewußt, mit denen die Befolgung der von ihnen verteilten Anweisungen verbunden war. Da sie das Hauptgewicht auf die Notwendigkeit legten, die Menschen zu unterweisen, mögen sie wohl das Maß an Unverständnis unterschätzt haben, auf das diese Anweisungen in der Klasse stießen, die zu vertreten sie beanspruchten. Eine Vielzahl von Haushalten in der Arbeiterklasse besaß kein fließendes Wasser, so daß oft über große Entfernungen herbeigetragen werden mußte, was im Haushalt an Wasser gebraucht wurde. Manchen war jedoch der Weg zu den an öffentlichen Plätzen aufgestellten Wasserwagen, wo einwandfreies Wasser ausgegeben wurde, nicht zu lang. Ida Neubauer, Hausdame des Reeders Carl Laeisz, äußerte sich über die Verteilung sauberen Wassers durch die Brauereien und merkte an: «Manche kümmerten sich nicht darum: ‹Wi mööt ja doch starben!›» Ein derartiges Verhalten, das häufig Empörung bei den Wohlhabenderen hervorrief, brachte Beobachter dazu, vom «Fatalismus» der Unterschichten gegenüber der Cholera zu sprechen.[32] So schrieb Pastor Ritter am 9. September: «Frau Ewald ertappte ich heute dabei, wie sie ungekochtes und undesinfiziertes Wasser zum Feulen [Aufwischen] nehmen wollte. Die Leute», fügte er grollend hinzu, «sind wirklich zu indolent und zu bequem.»[33] Dabei waren sie keineswegs fauler als die Angehörigen der besseren Stände, die ihren Diensboten einfach den Auftrag erteilten, alle erforderlichen Maßnahmen zu treffen. Angehörigen der Arbeiterklasse kamen diese Vorkehrungen häufig teuer zu stehen oder sie ließen sich gar nicht ausführen. In Paul Schureks Roman über die Cholera-Epidemie, «Das Leben geht weiter», ruft die Frau einer der handelnden Personen aus, während ihr Mann ihr die Empfehlungen zum Kochen des Wassers erklärt: «Kochen, zum Aufwaschen, meine Güte! Du bist doch sonst so sparsam!»[34] Wie die Lokalzeitung der Sozialdemokraten, das «Hamburger Echo», hervorhob: «In Hamburg wie in allen anderen Großstädten zählt man Hunderte von Proletarierwohnungen ohne jeden heizbaren Raum. Es fehlt vielfach an Heizmaterial, an Geräthen und an Arbeitskraft, um die erforderlichen Vorräthe von gekochtem Wasser bereit zu stellen.»[35]

Überdies herrschten unter den 12000 bis 15000 Menschen oder mehr, die nach Ausbruch der Cholera die Stadt verlassen hatten oder fortblieben, bis die Epidemie vorüber war, die Angehörigen der wohlhabenderen Familien vor.[36] Im Unterschied zu den meisten der ärmeren Bewohner der Stadt verfügten sie über Geld und Zeit, um sich dies leisten zu können. Wer von ihnen während der Epidemie in Hamburg blieb, sonderte sich häufig in einem Maße von der Außenwelt ab, wie es für das Proletariat überhaupt nicht in Frage kam. Es war nicht schwer, anderen aus dem Weg zu gehen, wenn man in einer freistehenden Villa lebte und über Personal gebot, das alles ins Haus brachte, was man brauchte. Beim Mittelstand sah es anders aus, dort mußte der Familienbetrieb oder der Laden weitergeführt werden. Noch weniger konnten sich all diejenigen von anderen fernhalten, die beengt in überbelegten Terrassen und Mietshäusern hausten, darauf angewiesen, das zum Leben Notwendige auf dem Markt, von Straßenhändlern oder in Läden zu kaufen und außerdem Tag für Tag zur Arbeit zu gehen. Überliefertes nachbarschaftliches Verhalten und die in den Arbeitervierteln übliche gegenseitige Hilfeleistung, aber auch die Gewohnheit, einen Teil der freien Zeit zusammen mit anderen auf der Straße oder im gemeinsamen Hof zu verbringen, sorgten dafür, daß sich Menschenmengen ansammelten, wenn ein Choleraopfer fortgebracht wurde, und jeder Krankenwagen «von Neugierigen umringt» wurde, wie ein Beobachter berichtet.[37]

Besonders schwierig war es für die Angehörigen der Arbeiterklasse, ihre Kinder im Auge zu behalten, vor allem deshalb, weil während der Epidemie die Schulen vom 24. August bis 13. Oktober geschlossen blieben. Wie es im «Hamburger Echo» hieß: «Oft auch sind Proletarierkinder in der Wohnung tagsüber sich selbst überlassen, weil Vater und Mutter außerhalb des Hauses dem Broterwerb nachgehen müssen.»[38] Am 13. September beklagte Senator Stammann, daß überall Kinder auf den Straßen spielten, was die Infektionsgefahr beträchtlich erhöhe.[39] Auch Senior Christian Behrmann beobachtete, «zahlreicher als sonst spielten... die Kinder... auf den freien Plätzen», und oft, schrieb er, waren ihre Spiele «ganz zeitgemäß: die Kinder hatten sich Baracken gebaut und Friedhöfe abgesteckt und trugen einander als Kranke und Tote weg».[40] Für Kinder aus dem Bürgertum stellte sich das Leben anders dar. «Wir Kinder», erinnerte sich Leo Lippmann, «durften das Haus und den Garten fast nie verlassen.»[41] Ernst Goverts beschreibt, wie die Dienstboten die Kinder, solange diese im Haus waren, ständig beaufsichtigen mußten, damit sichergestellt war, daß sie nicht entwischten – und die hygienischen Vorschriften befolgten.[42] Auch in Haushalten der Mittelschicht mit nur einem Dienstboten war meist die Mutter zu Hause und konnte sich um die Kinder kümmern. In kleinen, von Familien geführten Läden war der Geschäftsgang während der Epidemie schleppend, und Ehefrauen, die hinter der Theke mithalfen, hatten mehr Zeit, sich um die Familie zu kümmern, auch wenn es Angehörigen des Mittelstandes, die seltener Dienstboten beschäftigten, natürlich schwerer fiel, die verlangten Maßregeln zu befolgen.

III

Nicht nur bei hygienischen Vorkehrungen, wo es von Dienstboten unterstützt wurde, fiel es dem Bürgertum leicht, Vorbeugung zu betreiben. Einen der Gründe dafür, warum Hamburgs ärmere Familien die von den Behörden erteilten Ratschläge nicht befolgten, lieferte später Robert Neddermeyer, das älteste von fünf Kindern einer Hafenarbeiterfamilie, zur Zeit der Epidemie fünf Jahre alt. Die Neddermeyers lebten, wie wir im ersten Kapitel gesehen haben, in bitterer Armut: Die fünf Kinder schliefen in einem einzigen Bett, und die Familie war auf die 18 Mark Wochenlohn des Vaters angewiesen, zu denen der Untermieter weitere 2,50 Mark beisteuerte. Alle Familienmitglieder waren unterernährt, und die vier jüngeren Geschwister litten an Rachitis, der «englischen Krankheit», wie sie damals hieß. Vor diesem Hintergrund muß man den Bericht Neddermeyers über seine Erlebnisse als Kind während der Epidemie lesen:

«Was die Menschen normalerweise als eine fürchterliche Gefahr ansehen, brachte uns armen Teufeln einmal unerwartet Freude. Die Cholera, diese gefährliche Seuche, brach 1892 in Hamburg und Altona aus... Kaum ein Mensch wagte es in dieser Zeit, Obst zu essen. Es war aber Spätsommer, und die Händler boten die herrlichsten Pflaumen an. Da sie niemand kaufen wollte, wurden sie ständig im Preis gesenkt. Statt zehn bis fünfzehn Pfennige das Pfund, kosteten sie zuletzt nur noch eineinhalb bis zwei Pfennige. Deshalb kaufte sie die Mutter. Sie hatte damit – das war meine Meinung als Kind – vollkommen recht gehandelt. Unter normalen Umständen bei normalen Preisen konnte sie uns keine Pflaumen kaufen. Jedenfalls hatten wir Kinder nun die Bäuche mit den herrlichsten Früchten voll und – blieben gesund.»[43]

Ein Mann aus dem Bürgertum, hier der Held in Jakob Loewenbergs autobiographischem Roman über die Epidemie, berichtete, daß ihn, während er als Mitarbeiter einer Desinfektionskolonne durch die Straßen zog, «eine Art Polizeigefühl» überkommen habe. Er habe die Kinder von den Trinkbrunnen fortgetrieben, einem Jungen einen Korb mit frischen Pflaumen entrissen und in den Rinnstein geworfen.[44] Auch die amtlich eingesetzten Stellen in Gestalt der Cholerakommission klagten am 13. September darüber, daß die Leute weiterhin rohes Obst aßen, und sagten voraus, wenn man dem kein Ende setze, werde das zu einem Anstieg der Zahl der Cholera-Erkrankungen führen.[45] Tatsächlich wurden am 14. September 23 Fälle mehr gemeldet als am Vortag.[46] Schließlich ernährte sich aber das Bürgertum so abwechslungsreich und gesund, daß es eine Weile auch ohne Obst auskommen konnte.

Die bessere Ernährung der Begüterten verschaffte ihnen angesichts der Epidemie möglicherweise einen weiteren Vorteil. Wir haben darauf hingewiesen, daß die Cholera nur in einer Minderheit der Fälle extreme und gefährliche Symptome hervorrief. Oft war ein milder Durchfall die einzige Folge der Infektion, und in vielen Fällen waren keine Symptome zu beobachten. Daher mag die unterschiedliche Verteilung der schweren Fälle in den einzelnen Gesellschaftsschichten in gewissem Umfang auch ein unterschiedliches Maß an Resistenz widerspiegeln. So war bei den Vermögenderen unter Umständen die Aussicht größer, daß sie den Erreger ohne nachteilige Folgen aufnahmen, und da sie keine ernsthaften Symptome aufwiesen, wurden sie auch nicht als Cholerafälle verzeichnet. Entscheidend war dabei die Konzentration der Magensäure. Da Vibrio cholerae in einer sauren Umgebung nicht existieren kann, überlebt der Erreger im Wirtsorganismus nur dann, wenn die Magensäure verdünnt ist. Deren Konzentration verringert sich aber bei Unter- und Fehlernährung wie auch bei Anwesenheit von Würmern und anderen Parasiten im Körper. Wie es schon in einem damals viel gesungenen Lied hieß:

Ja für die Cholera
Gibt's kein Mittel
In der Welt.
Bist du dick,
Ist's dein Glück.
Bist du dünn,
Bist du hin.
Ja für die Cholera
Gibt's kein Mittel
In der Welt.[47]

Unterernährt waren zur Zeit der Epidemie von 1892 vor allem Hamburgs Arbeiter und ihre Angehörigen. Die Schuld daran trugen in erster Linie die stark angestiegenen Nahrungsmittelpreise im Gefolge des Beitritts der Stadt zum Deutschen Zollverein 1888. Hinzu kam, daß der Teil des Einkommens, der den Arbeiterfamilien für Nahrungsmittel blieb, abgenommen hatte, denn die Mieten waren gleichzeitig gestiegen, vor allem in der Innenstadt. Es fällt auf, daß gerade in den Zeiträumen Epidemien die Stadt heimsuchten, in denen die Preise für Grundnahrungsmittel vor dem Hintergrund ständig steigender Mieten anzogen – Mitte der vierziger bis Mitte der fünfziger Jahre, um 1873 sowie von 1887 bis in die frühen neunziger Jahre. Immer handelte es sich um Cholera, im zuletzt genannten Zeitraum kam noch Typhus hinzu. Somit kann auch die Unterernährung ihren Beitrag zur hohen Sterblichkeit jener Jahre geleistet haben.[48]

Materielle Faktoren wie diese – Qualität der Nahrung, Art der Unterkunft, Beschäftigung von Dienstboten, Besitz von Geldmitteln, um aus der Stadt zu fliehen, Möglichkeiten, die von außen drohende Infektion in Schranken zu halten – bestimmten die jeweiligen Reaktionen, die die Epidemie in den unterschiedlichen Gesellschaftsklassen hervorrief. Dem Großbürgertum gab das während der Epidemie zu befolgende strenge häusliche Reglement die Möglichkeit, bürgerliche Tugenden wie Ordnung, Reinlichkeit, Sparsamkeit und Mäßigung in einem normalerweise kaum möglichen Maß zu praktizieren. Wie Senator Gustav Hertz am 2. September selbstgerecht notierte: «Der Wegfall so mancher Genüsse, Sorge und Vernunft bringen von selbst eine Mäßigkeit zuwege, die schließlich auch von Vortheil ist, wie denn schon lange die Bemerkung gemacht ist, daß eine solche Epidemie mehr Leben erhält als tötet.»[49] Den Frauen, die für dieses häusliche Leben der Mäßigung und Selbstzucht den Rahmen schaffen mußten, schien das weniger sicher: «Wie unbequem jetzt das Hausstandsführen ist!», seufzte Bürgermeister Mönckebergs Gattin am 12. September.[50] Während das Bürgertum, zumindest dessen männliche Hälfte, die Gelegenheit genoß, ein Leben größter Ordnung und Zucht zu führen, stand die große Masse des Proletariats den Mahnungen Robert Kochs und seiner Mitstreiter mehr oder weniger gleichgültig gegenüber. Die Arbeiterschaft war noch unvollkommen «medikalisiert». Sie brachte der Medizin, wie sie von den Behörden vertreten wurde, kein allzu großes Vertrauen entgegen. In jeder der amtlichen Verlautbarungen schwang ein moralisierender und disziplinierender Unterton mit, hinter allen standen die bürgerlichen Werte und Normen; die aus dem Bürgertum stammenden Ärzte waren die Erfüllungsgehilfen bei ihrer Umsetzung. Für die Bewohner der Gängeviertel bedeutete das nichts anderes als weitere, ihnen vom Staat auferlegte Verhaltensmaßregeln und Vorschriften, sie lehnten sie also ab und gingen ihnen aus dem Weg. In Stadtteilen, in denen sich die Polizei nur in Zweierstreifen auf die Straße wagen konnte, gab es für den Sanitätsinspektor kaum Hoffnung; tatsächlich beantragten Wohlfahrts- und Gesundheitspfleger sehr oft Polizeischutz, wenn sie in diesen Gegenden ihrer Arbeit nachgingen.[51]

Von den insgesamt 90000 Arbeitern in Hamburg waren 1892 rund 20000 Gelegenheitsarbeiter. Wie Michael Grüttner in seiner vorzüglichen Untersuchung über die Hamburger Hafenarbeiter in jener Zeit bemerkt hat, waren diese Gelegenheitsarbeiter dem protestantischen Arbeitsethos, das dem Hamburger Bürgertum so am Herzen lag, entfremdet; vielen war die Unabhängigkeit, die ihnen der freie Markt für Gelegenheitsarbeit bot, lieber als die Einengung in Vorschriften, die ihnen eine regelmäßige Tätigkeit auferlegt hätte. Auf ihrer Werteskala stand das Leben in der Gegenwart obenan, und ein Zeitgenosse erklärte dazu: «Die Hafenarbeiter sind Augenblicksmenschen.» Das führte bei ihnen nicht nur zu einer Verachtung der Obrigkeit, sei es in ihren Wohnungen im Gängeviertel oder bei ihrer Arbeit im Hafen, sondern auch zu einer Gleichgültigkeit einem geordneten und geregelten Leben gegenüber, zu einer Abneigung, Pläne zu machen oder Vorsorge zu treffen, sowie zu einem Hang, sich nicht weiter um die Zukunft zu kümmern.[52] Auch in anderen Teilen der Arbeiterklasse Hamburgs bedeuteten die Unsicherheiten des Alltagslebens, besonders in Zeiten einer Wirtschaftskrise, wie sie in den frühen neunziger Jahren herrschte, daß sich Männer und Frauen, die nicht das Glück hatten, einer festen und lohnenden Beschäftigung nachzugehen, kaum leisten konnten, über die Arbeit oder die Mahlzeit des nächsten Tages hinauszudenken. Die Armut verdammte sie zu einem Leben in der Gegenwart; die Last ihrer Existenz war schon schwer genug, auch ohne die zusätzliche Arbeit und Sorge, die es bedeutete, Vorsichtsmaßnahmen gegen eine unsichtbare und unbekannte Gefahr ergreifen zu müssen. Die Verteilung der Cholera auf die einzelnen Gesellschaftsschichten hing nicht einfach mit dem Einkommen, sondern auch mit der Werteordnung zusammen. Wer die Werte umsetzen wollte, die eine Ansteckung vermeiden halfen, brauchte auch Geld; und damit überstiegen sie 1892 die finanziellen Möglichkeiten der meisten Angehörigen der Hamburger Arbeiterklasse.

Vom Villenquartier zum Gängeviertel

I

Kein Aspekt der sozialen Ungleichheit in der Verteilung der Cholerafälle ist so gründlich untersucht worden wie der räumliche – vor allem deshalb, weil das Verfahren, Erkrankungen und Todesfälle nach Stadtteilen zu verzeichnen, die Zusammenstellung von Zahlen vielerorts einfach gemacht hat. Die geographische Verteilung der Krankheit wurde in der Auseinandersetzung zwischen den Anhängern der Miasmalehre und den Kontagionisten zu einer der zentralen Fragen der Empirie, denn während die eine Lehrmeinung versuchte, das Auftreten der Krankheit mit den geographischen Gegebenheiten sowie der unterschiedlichen Bodenbeschaffenheit und dem Grundwasserspiegel in den jeweiligen Gebieten zur Deckung zu bringen, bemühte sich die andere um den Nachweis, daß alles auf die Wasserversorgung ankam. Unglücklicherweise interessierten sich die meisten Zeitgenossen hauptsächlich für diesen Streit, so daß nur äußerst selten Versuche unternommen wurden, die räumliche Verteilung der Krankheit mit der Sozialgeographie der Städte und Gemeinden in Zusammenhang zu bringen, in denen sie auftrat. Beispielsweise lieferte August Hirsch in seiner sehr detaillierten Untersuchung der Epidemie des Jahres 1866 in Berlin Zahlen für die Sterblichkeit, die nicht nur nach Stadtteilen, sondern sogar nach Straßen und Häuserblocks aufgeschlüsselt waren, er unternahm aber andererseits keinen Versuch, die gesellschaftlichen Bedingungen jener Örtlichkeiten näher zu beschreiben. Ihm ging es allein darum, «eine bestimmt ausgesprochene Abhängigkeit von Bodenverhältnissen» nachzuweisen.[1]

Aus Roderick McGrews späterer Untersuchung der Cholera in Rußland gehen zwar für 1830 nach Moskauer Stadtbezirken geordnete absolute Zahlen für Erkrankungen und Todesfälle hervor, nicht aber die Bevölkerungszahl der jeweiligen Bezirke.[2] Für die Cholera-Epidemie von 1834 in Stockholm gelang es Brita Zacke, Sterblichkeitszahlen nach

Stadtteilen zu ermitteln, weitere quantitative Angaben aber konnte sie nicht machen.[3]

Dineur und Engrand lieferten Erkrankungs- und Sterblichkeitsquoten für die verschiedenen Bezirke der nordfranzösischen Stadt Lille in den Jahren 1831/32, sonst aber nichts; sie konnten aber immerhin für die fünf Stadtbezirke den Prozentanteil amtlich registrierter Armer im jeweiligen Bezirk herausarbeiten. So wies der Stadtteil mit dem geringsten Anteil an Armen (24%) auch den geringsten an Cholera-Erkrankungen (12,5‰) auf; bei den anderen Stadtteilen hingegen lag der Wert trotz Abweichungen beim Anteil der Armen an der Bevölkerung jeweils auf annähernd gleicher Höhe (19‰–23‰). Daher waren die Zahlen letzten Endes nur von geringer Beweiskraft.[4] Michael Durey hat in seiner Untersuchung der Epidemie, die 1832 Großbritannien heimsuchte, eine Fülle von Daten über die Geographie der Krankheit vorgelegt, sich aber vorwiegend um die Verteilung der als Ansteckungsquelle in Frage kommenden Wasserversorgung gekümmert.[5] Lediglich F. B. Smith hat einen entschlossenen Versuch unternommen, mit Hilfe der Sozialgeographie der Cholera deren Verteilung in der Gesellschaft herauszuarbeiten.[6]

Für alle größeren Epidemien, die im 19. Jahrhundert Hamburg heimsuchten, steht zur Frage ihrer jeweils unterschiedlichen Auswirkung auf verschiedene Teile der Stadt reiches Material zur Verfügung; wir besitzen sogar für 1832, 1848, 1859 und 1866 Erkrankungs- und Sterblichkeitsziffern für jede einzelne Straße.[7] Doch sind diese Zahlen für sich genommen nur von geringer Aussagekraft, denn wir können sie nicht ohne weiteres mit der Sozialstruktur in der jeweiligen Straße in Beziehung setzen. Mit einiger Sicherheit läßt sich lediglich sagen, daß die Krankheit anfänglich im Hafengebiet und um die Fleete herum am heftigsten auftrat. Das fiel auch den Zeitgenossen auf. So hieß es beispielsweise 1832, die Cholera habe «anfangs mehr am Hafen, dem Ufer der Elbe, ihren Armen und Canälen» gewütet «allmählig vom 11. Oct. an, drang sie mehr in das Innere der Stadt, und die Vorstädte, Hamburgerberg und Stadtdeich, hielt sich aber vorzugsweise am Wasser».[8] Was sofort auffällt, wenn man die Verteilung der Erkrankungen (Karte 30) und der Todesfälle (Karte 31) für das Jahr 1873 betrachtet, ist die größere Konzentration im Hafengebiet. Die Wasserversorgung war in jenem Jahr vermutlich nicht betroffen, ohnehin schöpften damals noch viele Menschen ihr Wasser unmittelbar aus dem Hafen oder den Fleeten.[9] Außerdem lebte noch eine beträchtliche Anzahl von Menschen in den Stadtteilen südlich der Elbe. Beispielsweise lag die Zahl der Erkrankungen an

Cholera mit 21,2‰ in Steinwärder (1873: 2168 Einwohner) hoch, obwohl man die Sterblichkeit mit 6,7‰ als niedrig bezeichnen kann. Vororte wie Eppendorf und Eimsbüttel waren 1873 noch weitgehend ländlich geprägt; die Neustadt litt noch nicht unter Übervölkerung. Zu ihr kam es erst durch den starken Zustrom der achtziger Jahre, als viele Wohnhäuser abgerissen wurden, vor allem auf der Brook-Insel, um Platz für den Hafenausbau und die Speicherstadt zu schaffen. Die Altstadt Süd war zu jener Zeit noch ein reines Wohngebiet mit kleinen Geschäften; von den großen Bürogebäuden und modernen Gewerbebauten, die gegen Ende des Jahrhunderts dort errichtet wurden, war noch nichts zu sehen. Kurz, die Sozialgeographie der Hamburger Cholera-Epidemie von 1873 läßt die Annahme zu, daß die Nähe zum Wasser eine wichtigere Einflußgröße auf die Zahl der Erkrankungen und die Sterblichkeit war als 1892. Sie weist auch auf einige der Veränderungen hin, zu denen es während der dazwischenliegenden zwei Jahrzehnte in der Sozialgeographie der Stadt kam.

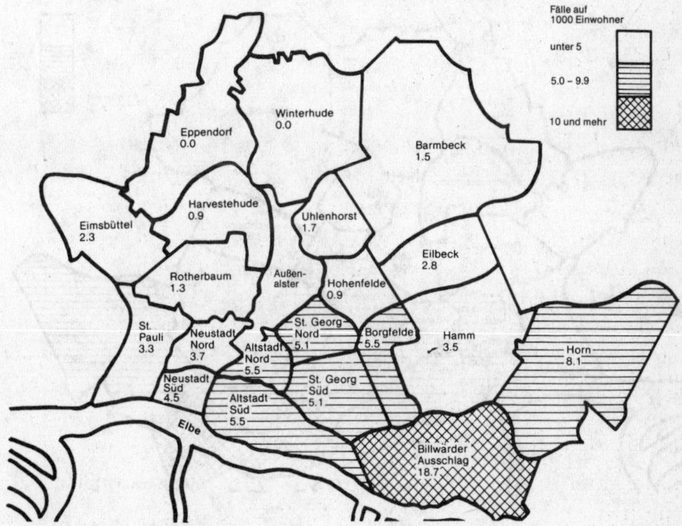

(Quelle: SHS, 7 [1875], S. 49f)

Karte 30 Cholerafälle auf 1000 Einwohner in Hamburg, 1873, nach Stadtteilen

Fehlt eine zentrale Trinkwasserversorgung, dann läßt sich die unterschiedliche Auswirkung der Cholera auf die einzelnen Stadtteile nicht als verläßlicher Indikator gesellschaftlicher Ungleichheit der Krankheit gegenüber werten, da die Stadtteile über verschiedene Versorgungssysteme verfügten. Das gilt in Hamburg vor allem für die frühesten Epidemien. Erst 1892, als die überwältigende Mehrheit der Bewohner in der Stadt ihr Wasser aus ein und demselben zentralen Leitungsnetz bezog, spiegelten die unterschiedlichen Werte für die verschiedenen Stadtteile deutlich gesellschaftliche und wirtschaftliche Faktoren. Für 1892 besitzen wir dann hinreichende Angaben über die soziale Zusammensetzung der Stadtteile, mit deren Hilfe sich diese Hypothese überprüfen läßt. Aus Karte 4 geht hervor, daß es beim durchschnittlichen Pro-Kopf-Einkommen große Unterschiede gab.[10] Die dort erkennbaren Muster passen recht gut zu denen von Karte 32; danach erkrankte ein Bewohner der Neustadt Süd im Jahr 1892 mit fast doppelt so hoher Wahrscheinlichkeit

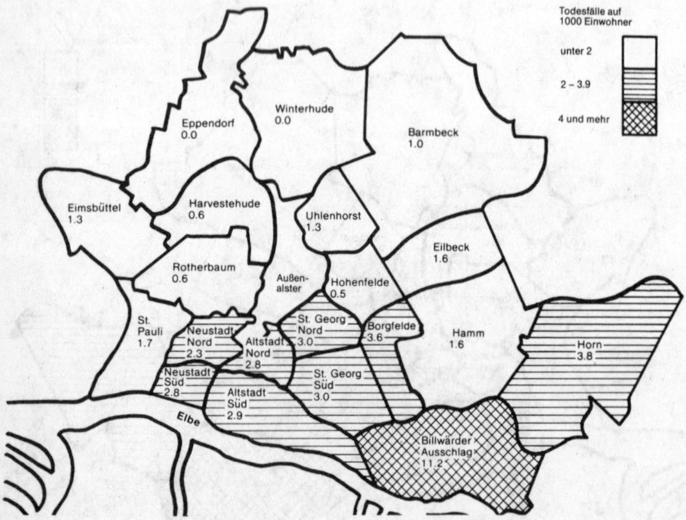

(Quelle: SHS, 7 [1875], S. 49f)

Karte 31 Cholerasterblichkeit auf 1000 Einwohner in Hamburg, 1873, nach Stadtteilen an Cholera wie jemand, der in Winterhude, Eppendorf oder St. Georg Nord lebte, und mit fast viermal so hoher Wahrscheinlichkeit wie ein Bewohner von Rotherbaum oder Harvestehude. Dies Verhältnis läßt sich auch als deutlich negative Korrelation (−0.57) ausdrücken zwischen dem durchschnittlichen Pro-Kopf-Einkommen und der Zahl der Cholera-Erkrankungen in jedem der zwanzig Stadtteile – das heißt also, je höher das Einkommen, desto geringer war der Anteil an Erkrankungen.

Ein durchaus ähnliches Bild zeigt Karte 33 mit der nach Stadtteilen aufgeschlüsselten Cholerasterblichkeit für das Jahr 1892. Auch hier finden sich die höchsten Zahlen in den ärmsten Vierteln (Billwärder Ausschlag, Neustadt Süd, Altstadt Nord, St. Georg Süd, Hamm), selbst wenn die Unterschiede nicht ganz so ausgeprägt sind. Die geringste Sterblichkeit verzeichneten – was ebenfalls zu vermuten war – die wohlhabenden Villenviertel Harvestehude und Rotherbaum, während die anderen Bezirke zwischen diesen Extremwerten lagen. So war 1892 für einen Bewohner der Neustadt Süd bei einer Sterblichkeit von nahezu 20‰ die Wahr-

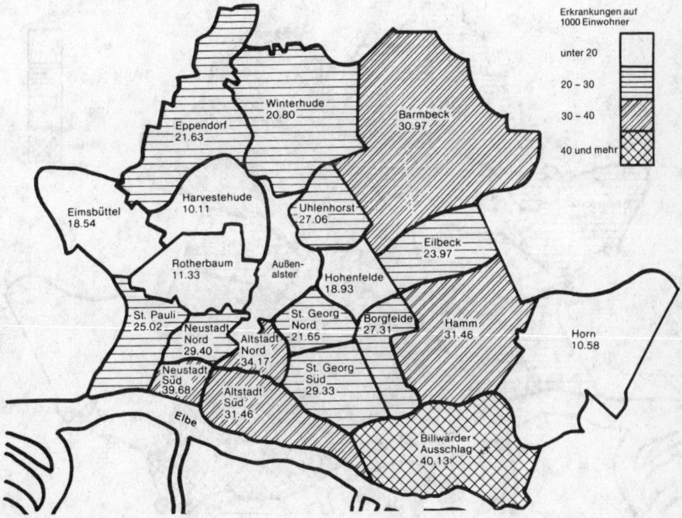

(Quelle: MS, 1892, Tab. 33g)

Karte 32 Cholerafälle auf 1000 Einwohner in Hamburg, 1892, nach Stadtteilen

scheinlichkeit, an Cholera zu sterben, doppelt so hoch wie für einen Bewohner von St. Georg Nord und Hohenfelde oder von Eimsbüttel und Eppendorf am nordwestlichen Rand der Stadt; sie lag fast viermal so hoch wie bei einem Bewohner von Harvestehude oder Rotherbaum, den Vierteln der Reichen an der Alster. Wer in einem der neueren Arbeitervororte wie Barmbeck lebte, hatte es etwas besser als die Armen der beiden Innenstadtbezirke, doch auch dort betrug die Wahrscheinlichkeit, an der Cholera zu sterben, immer noch etwa das Dreifache des Wertes, der für die Bewohner des Villenviertels galt. Am schlimmsten dran war wieder einmal das an der Elbe gelegene Elendsviertel Billwärder Ausschlag. Die Korrelation zwischen Cholerasterblichkeit und Einkommensverhältnissen nach Stadtteilen in Hamburg 1892 ergibt mit −0.61 einen ebenfalls durchaus bezeichnenden Wert.

Über diese grundlegenden statistischen Daten zur Häufigkeit der Erkrankungen und der Todesfälle hinausgehend ist zu fragen, wie stark die Epidemie die normale Sterblichkeit in den verschiedenen Bezirken be-

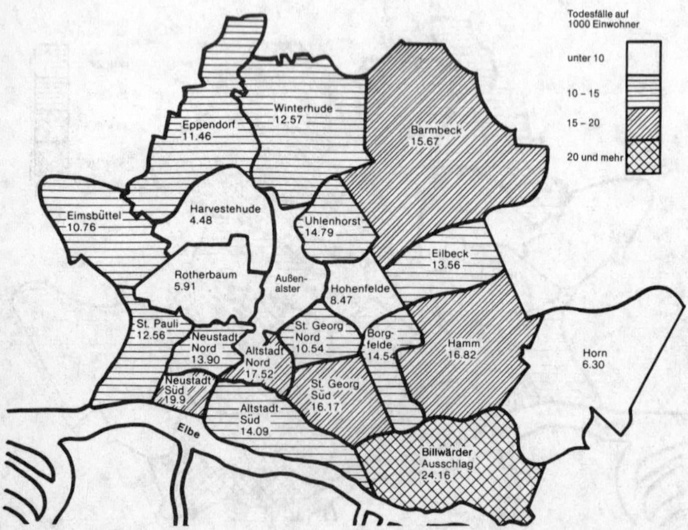

(Quelle: MS, 1892, Tab. 33c)

Karte 33 Cholerasterblichkeit in Hamburg, 1892, nach Stadtteilen

einflußte. Wie aus dem vierten Kapitel hervorgeht, trat die Cholera 1892 nicht einfach an die Stelle anderer Todesursachen, sondern bürdete den Menschen weiteres Leid auf. Wenn die Cholera aber zusätzliche Todesfälle bewirkte, in welchem Maße schwankte dann deren Anteil von einem Stadtteil zum anderen? Eine einfache Möglichkeit, diese Frage zu beantworten, besteht darin, daß man in jedem Stadtteil für die fünf Vorjahre (1887 bis 1891) die jährliche Durchschnittssterblichkeit ermittelt. Die Gesamtzahl der 1892 eingetretenen Todesfälle auf je tausend Einwohner eines jeden Stadtteils (Karte 34) läßt sich dann als Prozentsatz dieser «normalen» jährlichen Sterblichkeit ausdrücken. Die daraus errechnete *Übersterblichkeit* zeigt Karte 35.

Als erstes fällt auf, daß in den wohlhabendsten Stadtteilen Harvestehude und Rotherbaum, die in normalen Jahren gewöhnlich die geringste Sterblichkeit aufwiesen, 1892 gleichfalls eine Übersterblichkeit auftrat, die allerdings zu den niedrigsten aller Stadtteile gehörte. Dasselbe gilt abgeschwächt für Hohenfelde, den drittreichsten Stadtteil, wie auch für

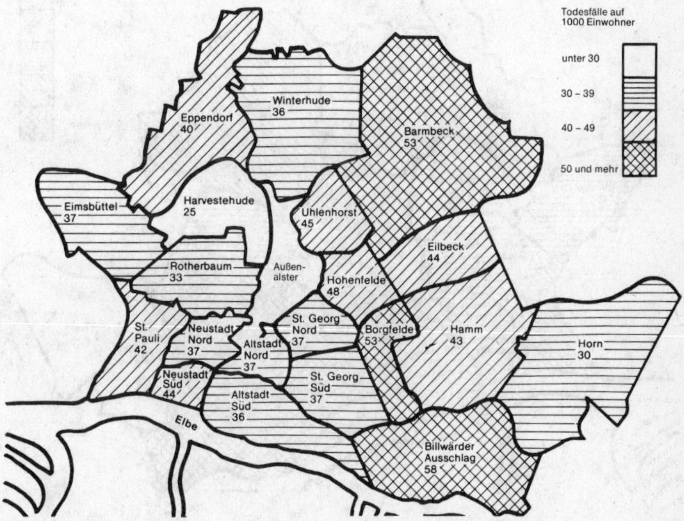

(Quelle: MS, 1892, Tab. 13a)

Karte 34 Allgemeine Sterblichkeit in Hamburg, 1892, nach Stadtteilen den viertreichsten St. Georg Nord, die beide 1892 ebenfalls eine vergleichsweise geringe Übersterblichkeit aufwiesen. Auf der anderen Seite verzeichnet der ärmste aller Stadtteile, der Billwärder Ausschlag, 1892 die höchste Übersterblichkeit aller Stadtteile; sie erreichte nahezu das Doppelte des Normalwerts, obwohl dieser bereits der höchste aller Stadtteile war. In ähnlicher Weise wies Barmbeck, im Jahr 1892 einer der vier ärmsten Stadtteile mit einer normalerweise hohen Sterblichkeit, ebenfalls eine hohe zusätzliche Sterblichkeit auf. Auch ein weiterer armer Stadtteil, die Neustadt Süd, in der ein Teil der berüchtigten Gängeviertel lag, verzeichnete 1892 eine hohe Übersterblichkeit. Also scheint die Cholera in den Stadtteilen am schlimmsten gewütet zu haben, die auch früher schon eine hohe Sterblichkeit aufwiesen, und am ehesten die verschont zu haben, in denen die Sterblichkeit normalerweise niedrig lag. Sie zeigte nicht einfach bestehende Ungleichheiten zwischen den Bezirken Hamburgs auf, sondern verstärkte sie geradezu.

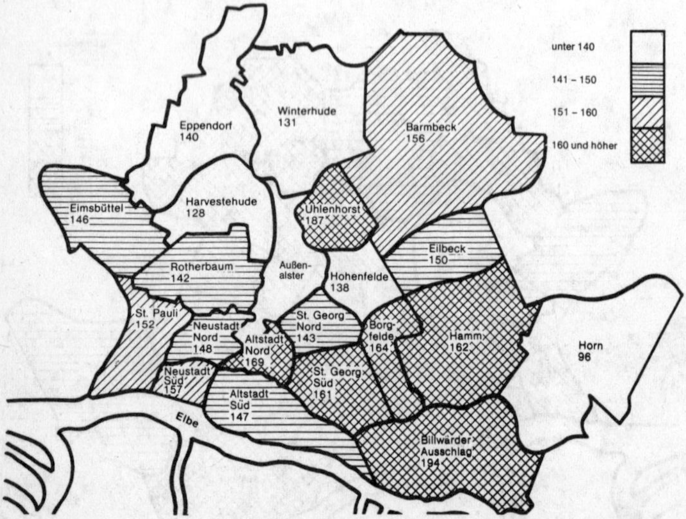

(Quellen: berechnet nach: SHS, 15 [1894], S. 57, S. 67, S. 77, S. 87, S. 97; SHS, 20 [1902], S. 7)

Karte 35 Zusätzliche Sterblichkeit in Hamburg 1892, nach Stadtteilen (1887 bis 1891 = 100)

Die Karten lassen auch einige interessante Ausnahmen von diesem allgemeinen Muster erkennen. Horn, 1892 ebenfalls einer der ärmsten Stadtteile, erfuhr in jenem Jahr trotz der Cholera-Epidemie einen Rückgang der Sterblichkeit. In diesem nach wie vor ländlichen Gebiet, das von allen Hamburger Stadtteilen den höchsten Prozentanteil von Einfamilienhäusern und Häusern mit Garten aufwies, wirkte sich die Krankheit so wenig aus, daß sie keinen Einfluß auf die seit Mitte der achtziger Jahre zu beobachtende Abnahme der Sterblichkeit hatte. Nur wenige der Bauernhöfe und Häuser dort waren an die zentrale Wasserversorgung angeschlossen, und so entgingen die meisten der Katastrophe. Außerdem war Anfang August 1892 durch einen merkwürdigen Zufall unter dem Vieh in diesem Stadtteil die Maul- und Klauenseuche ausgebrochen. So mußten entsprechend einem Gesetz aus dem Jahr 1873 umfassende Maßnahmen ergriffen werden, um die Ausbreitung dieser Krankheit zu verhindern, und dazu gehörte die Isolierung der befallenen Gebiete. Es ist ohne weiteres möglich, daß auf diese Weise große Teile Horns vom Rest der Stadt abgeschnitten blieben – und damit war die Wahrscheinlichkeit geringer, daß sich die Bewohner dieses Vororts mit Cholera ansteckten.[11]

Am anderen Ende der Skala trat in Uhlenhorst 1892 ein außergewöhnlich hohes Maß an Übersterblichkeit auf, obwohl es sich um einen der wohlhabenderen Vororte handelte. Wie wir aber im ersten Kapitel gesehen haben, war Uhlenhorst scharf in ein nahe der Alster gelegenes bürgerliches Viertel und ein östlich davon gelegenes Arbeiterviertel geteilt, das nach Barmbeck hinüberreichte. Zweifellos konzentrierte sich die hohe Übersterblichkeit in jenem Arbeiterviertel.[12] Schließlich: während in Winterhude die Cholera nur eine geringe Abweichung bei der Sterblichkeit bewirkte, lag diese 1892 auf St. Pauli, wo die normale Sterblichkeit nahezu denselben Wert wie dort hatte, um 21 % höher (152 % verglichen mit 131 % in Winterhude). Die Ursache ist in der Nähe des Stadtteils St. Pauli zum todbringenden Wasser des Hafens zu suchen. Doch erschüttern diese offenkundigen Ausnahmen die allgemeine Schlußfolgerung nicht, die sich auch wieder in Eilbeck bestätigte, wo das durchschnittliche Pro-Kopf-Einkommen zu den geringsten gehörte und die normale Sterblichkeit lediglich von der des Billwärder Ausschlags übertroffen wurde. Da die Sterblichkeit dort 1892 dennoch 150 % des Normalwertes erreichte, bedeutet dies, daß die Cholera die Sterblichkeit in Stadtteilen, in denen sie gewöhnlich einen hohen Wert erreichte, stärker beeinflußte als in solchen, in denen sie normalerweise niedrig lag.

II

Wie läßt sich die Sozialgeographie der Cholera verständlich machen, die sich für das Jahr 1892 abzeichnet? Zuerst ist zu fragen, ob für Hamburg 1892 die von Durey formulierte Annahme galt, nach der die Art der Wasserversorgung mit der jeweiligen Klasse der Gesellschaft nichts zu tun hatte; immerhin verfügte ja die Stadt über ein zentrales Leitungsnetz. Die Bewohner mancher Häuser in Winterhude, Eppendorf, Horn und Teilen von Eimsbüttel, die mit Wasser aus privaten Brunnen versorgt wurden, blieben im allgemeinen von einer Ansteckung verschont. In Eppendorf, Winterhude, Barmbeck und Horn betrug bei den Einwohnern, denen das zentrale Netz Wasser lieferte, die Cholerasterblichkeit im Durchschnitt 16,5‰.[13] Viele von Arbeitern bewohnte Häuser in diesen Stadtteilen bezogen ihr Wasser aus Brunnen, doch gehörte ein überproportional hoher Anteil dieser Brunnen Angehörigen des Bürgertums. Davon abgesehen trat weder in Hamburgs Zentralgefängnis (1100 Insassen) und der Besserungsanstalt (600 Insassen), die beide in Fuhlsbüttel lagen, noch in den Alsterdorfer Anstalten (dort lebten 575 Menschen) und dem Pestalozzi-Stift in Barmbeck (94) auch nur ein einziger Fall von Cholera auf. Sie alle verfügten über eine eigene Wasserversorgung. In der Psychiatrischen Anstalt Friedrichsberg mit 1300 Patienten hingegen, die ihr Wasser aus der zentralen Wasserversorgung bezog, erkrankten 123 Insassen, von denen 64 starben.[14] Doch gab es 1892 in der Stadt nur noch sehr wenige private Brunnen, und in allen Briefen, Tagebüchern und Erinnerungen von Hamburgern aus dem Bürgertum findet sich kein einziger konkreter Hinweis darauf, daß einer von ihnen in Gebrauch gewesen wäre.

In vielen Haushalten der Wohlhabenden hatte man sich seit der Typhusepidemie der späten achtziger Jahre angewöhnt, Trinkwasser grundsätzlich abzukochen, wie es in der medizinischen Statistik für das Jahr 1892 heißt.[15] So blieben zumindest einige dem Bürgertum angehörende Familien allein durch diese Gewohnheit von der Krankheit verschont. Als man die Ärmeren am 26. oder 27. August aber aufforderte, das Wasser abzukochen, war es in vielen Fällen bereits zu spät. Darüber hinaus blieb möglicherweise den Hamburgern, die auf höher gelegenem Gelände lebten – vor allem in bürgerlichen Bezirken wie Rotherbaum und Harvestehude –, auch dann mehr Zeit, sich auf die neue Lage einzustellen, wenn sie nicht schon seit den achtziger Jahren regelmäßig alles Trinkwasser abkochten. Da der Wasserdruck dort niedrig war und das

Wasser nur in Intervallen in diese Stadtteile gepumpt wurde, speicherten die Bewohner eine gewisse Menge in Wasserkästen, die sich im Haus befanden. In den tieferliegenden Teilen der Stadt, und das waren häufig die ärmsten (Beispiele dafür sind die Altstadt und die Neustadt), wurden die Leitungen ständig unter Druck gehalten, und damit dürfte verseuchtes Wasser weit rascher zu den Verbrauchern gelangt sein. Dieser Unterschied wurde noch dadurch verstärkt, daß der Gesamtverbrauch in dichter bevölkerten Teilen der Stadtmitte höher war als in den Villenvierteln der Vorstädte. Robert Koch vertrat außerdem die Ansicht, daß sich der Erreger bei einem Intervall-Pumpen in den Leitungen absetzte und damit wirkungslos wurde.[16] Allgemein erreichte die Epidemie ihren Höhepunkt in den Vororten etwas später als in der Stadtmitte, wofür hauptsächlich der Einfluß des Hafens verantwortlich war. Auf jeden Fall lag in den Häusern der Wohlhabenden der Pro-Kopf-Verbrauch von Wasser weit höher, denn sie besaßen Badewannen, die gefüllt, Gärten, die gesprengt, Pferde, die getränkt und Ställe, die gesäubert werden mußten. So dürfte von all den angesprochenen Punkten lediglich die Gewohnheit, zum Trinken abgekochtes Wasser zu verwenden, einen wirklichen Unterschied bedeutet haben. Sie aber hatte nichts mit der Wasserversorgung selbst zu tun, sondern war eine Frage des Umgangs mit dem Wasser, das im Haus verbraucht wurde.

Weit wichtiger als dieser vergleichsweise untergeordnete Gesichtspunkt war die Überbelegung von Wohnungen. Sie bedeutete eine weit höhere Wahrscheinlichkeit einer raschen Ansteckung durch Tröpfcheninfektion oder über Lebensmittel und Haushaltsgegenstände, die erst von Trägern der Krankheit infiziert und dann von anderen Menschen berührt oder gegessen wurden. Schlechtes Lüften erhöhte die Gefahr einer Ansteckung, und über Gemeinschaftstoiletten konnte sich die Cholera noch besser verbreiten. Aus den Berichten der örtlichen Gesundheitskommissionen über die befallenen Häuser geht hervor, welche Bedingungen die Epidemie begünstigten, wenn sie erst einmal in ein Gebäude eingeschleppt worden war.[17] Die Gesundheitskommission für die Altstadt Süd fand in der Katharinenstraße 4–5 «das Closet auf dem Hof derartig voll Schmutz, daß man nicht hinein konnte», über das Haus Lembkentwiete 4, in dem vier Menschen an Cholera erkrankten, hieß es, dort sei «nur ein Closet vorhanden, welches von 24 Personen benutzt wird». In der Neustadt Nord stieß die Kommission auf eine einzige Toilette im Hof, die sich die 50 Bewohner des Hauses Marienstraße 2 teilen mußten, einmal ganz davon zu schweigen, daß auch viele Passanten sie benutzten.

In St. Georg Nord trug die Gesundheitskommission Erkrankungs- und Sterblichkeitszahlen für den großen Wohnblock Hinter dem Strohhause 22 und die daran stoßenden Gebäude mit den Nummern 18 bis 32 zusammen. Dort verfügten einige Wohnungen über Toiletten mit Wasserspülung, andere Bewohner hingegen mußten mit Gemeinschaftstoiletten vorliebnehmen. Wie Tabelle 6 zeigt, lagen die Zahlen für die Wohnungen mit solchen Gemeinschaftstoiletten höher. Den Grund dafür finden wir im zweiten Bericht der Gesundheitskommission für Harvestehude, in dem es heißt:

«Wenn eine direkte Übertragung der Cholera von Person zu Person möglich ist, so bietet sich auf diesem Wege dazu die beste Gelegenheit. Aber viel größer ist der indirekte Schaden, der dadurch angerichtet wird, daß die Reinigung derartiger Closets erfahrungsgemäß sehr vernachlässigt wird, indem jede Familie dieses Geschäft den anderen überlassen möchte.»[18]

Auch hier also findet sich wieder der Vorwurf an Arbeiterfamilien, sie seien faul und kümmerten sich nicht um Hygienevorkehrungen. In einer Gesellschaftsklasse, in der alle Familienangehörigen zur Sicherung des Lebensunterhalts täglich viele Stunden arbeiten mußten, in der die Menschen ständig müde und von Sorgen geplagt waren, in der das Herbeischleppen und Abkochen von Wasser treppauf, treppab mit langen Wegen verbunden war und in der es schon eine größere Anstrengung bedeutete, auf die Kinder aufzupassen, fiel es jedoch schwer, diese Vorsichtsmaßregeln zu befolgen. Wie wichtig Dienstboten für die Hygiene waren, wird an den nach Stadtteilen ermittelten Korrelationen zwischen Haushalten mit Dienstboten und der Cholera-Erkrankungsziffer (−0.65) einerseits und der Sterblichkeit (−0.72) andererseits deutlich. Sie lagen höher als die sich aus den Einkommensgruppen ergebenden Korrelationen. Wie sich Karte 17 entnehmen läßt, verfügten nur wenige Arbeiterfamilien über ein eigenes Badezimmer. Der Prozentsatz der

Tabelle 6 Erkrankungs- und Sterblichkeitsziffer im Wohnblock Heine's Platz, Hinter dem Strohhause 22, Wohnungen mit und ohne Wasserklosett

Wohnungen	Bewohner	Erkrankungsziffer		Sterblichkeit	
		absolut	‰	absolut	‰
mit WC	242	11	45,5	6	24,8
ohne WC	368	28	76,1	16	43,5

(Quelle: MK III A 13, VI: St. Georg-Norderteil, S. 15)

Haushalte mit eigenem Badezimmer weist eine deutlich negative Korrelation (−0.66 und −0.69) mit der Cholera-Erkrankungs- und -sterblichkeitsziffer nach Stadtteilen auf (Karten 32 und 33). Der Wert dieser negativen Korrelation zwischen Haushalten mit Badezimmern und der Cholera-Erkrankungsziffer lag höher als der zwischen der Einkommensstufe und der Cholera-Erkrankungsziffer. Weniger eindrucksvoll, aber dennoch bemerkenswert, ist die nach Stadtteilen ermittelte positive Korrelation, die zwischen Haushalten ohne Heizmöglichkeit (um Wasser abzukochen) und Cholera-Erkrankungen (0.51) und -sterblichkeit (0.37) auf jeweils 1000 Einwohner herrschte, obwohl 1892 nur noch so wenige dieser Haushalte existierten, daß ihr Vorhandensein in einem bestimmten Stadtteil keine besonders überzeugende Korrelation mit der Mehrzahl der anderen sozialen Indikatoren ergab.

Ein Bericht Johann Julius Reinckes, der im Amt des Medizinalrats auf Johann Caspar Kraus folgte, beschrieb anschaulich und in Einzelheiten einige der Infektionsquellen in einem heruntergekommenen Arbeiterviertel.

«In der Kastanienallee 37 fanden wir, daß die undichten Closets der oberen Etagen in die Wasserkästen der darunter liegenden Wohnungen leckten; in einem anderen Hause, wo eben ein Kind gestorben und das Krankenzimmer noch mit Dejektionen beschmutzt war, hingen die ungereinigten Kindertücher eines anderen, an Durchfall leidenden Kindes am Herde über den offenen und gefüllten Speisetöpfen. Die Küche wimmelte von Fliegen. An anderen Stellen fanden wir Kinder ohne Aufsicht, neben den krank im Bett liegenden Eltern.»[19]

Besonders wichtig war in diesem Zusammenhang die Genauigkeit von Reinckes Beschreibung. Jeder Satz deutete auf eine bestimmte Infektionsquelle hin. Im Gegensatz dazu gingen die meisten Autoren nicht auf Einzelheiten ein, sondern begnügten sich mit einem Appell an die Emotionen, indem sie ganz allgemein dunkle, feuchte und schlecht belüftete kleine Wohnungen als Seuchen- oder Choleraherde hinstellten. Reincke unterstützte als einer von wenigen Ärzten Hamburgs Kochs Theorien, zu denen er sich während der Epidemie von 1892 bekehrt hatte. Er wies darauf hin, wie schwierig es sei, genau anzugeben, in welchem Ausmaß allgemeine Faktoren wie Licht- und Luftmangel oder auch Feuchtigkeit eine Rolle spielten. Auch wenn Feuchtigkeit durchaus die Verbreitung des Cholerabakteriums im befallenen Gebiet unterstützen konnte, hätte sie sich über große Flächen ausbreiten müssen, um eine wirkliche, ins Gewicht fallende zusätzliche Infektionsquelle darzustellen. Weit wichtigere Infektionsherde waren Gemeinschaftstoiletten und eine unzureichende Kanalisation. Bei Reincke findet sich die Aussage, daß in guten Häusern durchaus Menschen leben konnten, die nicht auf Sauberkeit achteten, und peinlich saubere in schlechten. Allerdings räumte er ein, daß Ärmere im Durchschnitt weniger sauber waren als Reichere. Diese Beobachtung traf, wie wir gesehen haben, mit großer Wahrscheinlichkeit zu. Wie auch Senator Burchard war Reincke der Ansicht, daß die gebürtigen Hamburger reinlicher waren und mehr auf Hygiene achteten als die Arbeiter, die aus dem Osten kamen. Sie galten als schmutzig, wohnten in den ärmsten Stadtteilen und trugen zu deren ohnehin schon hoher Erkrankungs- und Sterblichkeitsziffer bei. Allerdings beruhte diese Behauptung weitgehend auf Lokalpatriotismus. Zu Anfang der neunziger Jahre scheinen Einwanderer recht gleichmäßig über die verschiedenen Bezirke der Stadt verteilt gewesen zu sein, und nichts weist darauf hin, daß sie von der Krankheit stärker betroffen wurden als die gebürtigen Hamburger. Wer während der Epidemie als Fremder in die Stadt kam, neigte seinerseits dazu, die aus Hamburg stammenden Arbeiter als ungewöhnlich schmutzig anzusehen.[20]

Die bei weitem wichtigste Infektionsquelle in den Behausungen der Arbeiterklasse war die dort dicht zusammengedrängt lebende große Zahl von Menschen. Wie Karte 3 zeigt, besteht eine positive Korrelation von 0.54 und 0.59 zwischen der Zahl der Einwohner pro Quadratkilometer bebauten Landes und der Cholerasterblichkeit nach Stadtteilen im Jahr 1892 (Karten 32 und 33). Das wiederum hing ab von der Armut der Bewohner; es dürfte daher eigentlich nicht überraschen, daß zwischen der Miethöhe und der Erkrankung an Cholera wie auch der Cholerasterblichkeit eine Korrelation besteht, die durchaus zu denken geben

Tabelle 7 Cholera-Erkrankungen und Cholerasterblichkeit auf 1000 Einwohner, aufgeschlüsselt nach der durchschnittlichen Wohnfläche pro Person

Quadratmeter pro Person	Erkrankungen auf 1000 Einwohner	Todesfälle auf 1000 Einwohner	Todesfälle auf 100 Erkrankungen
weniger als 10	33,6	17,2	51,1
10–50	24,3	12,5	51,5
50–100	20,2	10,2	50,7
100–200	20,3	9,6	47,1
mehr als 200	20,0	9,2	45,9

(Quelle: [Georg Gaffky:] Amtliche Denkschrift über die Cholera-Epidemie. Kaiserliches Gesundheitsamt, Berlin 1895, Anhang, S. 32)

kann. Die Korrelation zwischen dem Anteil an Wohnungen mit einer Jahresmiete von weniger als 300 Mark und der Erkrankung an Cholera nach Stadtteilen beträgt 0.42; die für die Cholerasterblichkeit 0.51. Wie im ersten Kapitel geschildert, nahmen viele Arme Untermieter auf, um die Belastung durch die Miete zu vermindern, doch scheint das für die Epidemie kein besonders wichtiger Faktor gewesen zu sein, obwohl man in der Öffentlichkeit viel darüber sprach. Für das Jahr 1892 zeigt sich eine geringe, allerdings nicht bedeutende positive Korrelation zwischen dem Anteil der Haushalte mit Untermietern und den Erkrankungen an Cholera sowie der Sterblichkeit nach Stadtteilen. Der Koeffizient für Erkrankungen liegt bei 0.41 und für die Sterblichkeit bei 0.32. Doch war die Beziehung zwischen der Bevölkerungsdichte und dem Auftreten der Krankheit unverkennbar wichtiger, wie Tabelle 7 zeigt.

Zusammengefaßt läßt sich daher sagen: Die Sozialgeographie der Cholera 1892 unterstreicht die Tatsache, daß es sich im wesentlichen um eine Arbeiterkrankheit handelte. Die Einwirkung der Cholera auf einen bestimmten Stadtteil nahm in dem Maße zu, in dem das Pro-Kopf-Einkommen sank, und die Krankheit ging Hand in Hand mit beengtem Wohnen, ungünstigen sanitären Bedingungen und Überbelegung der Wohnungen. Doch dies war noch nicht alles: Zwar fiel Zeitgenossen die Beziehung zwischen Cholera und Armut auf, aber sie wiesen auch darauf hin, daß sich die Krankheit auf die Innenstadtbezirke konzentrierte. Diese hatten in der Tat auch schwer gelitten, wie wir gesehen haben, doch übertraf sie der Billwärder Ausschlag, auch Barmbeck und Hamm machten ihnen den Spitzenplatz streitig. Obwohl Senator Burchard in seiner Anklage gegen Grundstücksspekulanten auf diese Bezirke hinwies, nannte sie kaum einer von jenen, die sich zu der Frage geäußert haben, als Zentren der Ansteckung. Um die Gründe dafür festzustellen, bedarf es einer detaillierteren Untersuchung der Sozialgeographie der Cholera.

III

In den Gängevierteln trat zweifellos eine außergewöhnlich hohe Zahl von Cholera-Erkrankungen auf.[21] In manchen Wohnblocks dort lagen die Erkrankungs- und Sterblichkeitsziffern 1892 doppelt so hoch wie der Durchschnitt für Hamburg und höher als die jedes einzelnen Stadtbezirks mit Ausnahme des Billwärder Ausschlags.[22] Für einen exakten Vergleich aber müssen wir auch bestimmte Straßen oder Wohnblocks in anderen Bezirken untersuchen. Solche Zahlen sind nicht leicht zu erhalten, doch die wenigen verfügbaren sind aufschlußreich. Beispielsweise lag in St. Georg Nord in dem um einen Hof gruppierten Mietshaus Hinter dem Strohhause 22 die Zahl der 1892 an Cholera Erkrankten bei 39 von 610 Bewohnern, das entspricht 60,8‰. Von ihnen starben 22, damit belief sich die Sterblichkeit auf 34,2‰.[23] Diese Wohngebäude waren vergleichsweise neu, wie auch die Mietwohnungen in der Abendrothstraße (Uhlenhorst), wo die Untersuchungen eine Erkrankungsziffer von 105‰ und eine Sterblichkeit von immerhin 40,2‰ ergaben – nach allen Maßstäben ungewöhnlich hohe Werte.[24] Im übrigen konnten sich die am schlimmsten befallenen Straßen in den Neubaugebieten der äußeren Vororte Hamburgs ohne weiteres mit den Teilen des Gängeviertels und des «Verbrecherviertels» um die Niedernstraße in der Altstadt Nord messen, denen so viel Aufmerksamkeit galt.[25] Bisweilen wiesen die Zeitungen sogar darauf hin, daß es in neu errichteten Mietshäusern besonders häufig zu Cholera-Erkrankungen mit einer hohen Sterblichkeit kam. «Die Uhlenhorst», hieß es da, «ist in ihrem nordöstlichen Theil und den nach Barmbeck führenden Querstraßen ganz mit Terrassen und kleinen Wohnungen bedeckt.»[26]

Auch in anderen Straßen mit Terrassen (den für Hamburg spezifichen Wohnhöfen) außerhalb der alten Stadtmitte waren 1892 viele Cholera-Erkrankungen und eine hohe -sterblichkeit zu verzeichnen. Eimsbüttel, schrieb der «Hamburgische Correspondent», «hatte in einigen der mit modernen Terrassen bebauten Straßen sehr viele und schwere Fälle»[27]. Die statistischen Angaben für Winterhude ließen sehr «deutlich den schlimmen Einfluß der seit Eröffnung des neuen Friedhofes in Ohlsdorf entstandenen vielen Etagenhäuser erkennen». In Borgfelde gab es «einige sehr schlechte Straßen, die dicht mit Terrassen- und Arbeiterwohnungen besetzt» waren. Nach der Epidemie schrieb jemand, der im Auftrag der Sozialdemokraten Nachforschungen anstellte, über ein erst sieben Jahre zuvor gebautes Mietshaus:

«Wenn man sich enge und kleine Wohnungen ansehen will, dann braucht man nicht nur in den Specksgang zu gehen und der dort im Hause Nr. 7 im Hofe befindlichen Miethskaserne einen Besuch abzustatten, man findet auch solche in anderen, als den Gängevierteln. In der Baumeisterstraße 5 in St. Georg wohnen in der *sechsten* Etage Familien bis zu sechs Köpfen stark in *einem* Zimmer, zu dem nur noch eine kleine Küche gehört.»[28]

Nicht nur überbelegt waren diese Wohnungen, die Häuser waren häufig auch im Auftrag von Spekulanten, denen es um möglichst schnellen Gewinn ging, in Billigbauweise errichtet und einfach nicht solide genug gebaut, um den Beanspruchungen standzuhalten, denen die vielen darin wohnenden Menschen sie aussetzten; außerdem hatten sich die Erbauer nicht die Mühe gemacht, sie mit ordnungsgemäßen sanitären Einrichtungen auszustatten.

Eine solche Straße war der Borstelmannsweg in Hamm, eine der ganz wenigen bebauten Straßen in diesem noch stark ländlichen Stadtteil. Dort lebten im Jahr 1892 in einer mehrstöckigen Wohnanlage 3486 Menschen. Nicht einmal die primitivsten Gemeinschaftseinrichtungen waren vorhanden, und wie Pastor Friedrich Werner, damals Hilfsprediger in diesem Vorort, später notierte, war die Straßenbeleuchtung so schlecht, daß Menschen, die bei Nacht über die Straße gingen, Gefahr liefen, in Gräben zu stürzen. In seinen Erinnerungen liest man: «Bei anhaltendem Regen oder bei der Schneeschmelze war der Borstelmannsweg so schlecht zu passieren, daß, trotzdem an einigen besonders schwierigen Stellen Bretter gelegt waren, die am unteren Borstelmannsweg wohnenden Kinder ihre Schule an der Hammer Landstraße nicht erreichen konnten.» Am schlimmsten von allem aber war es um die sanitären Einrichtungen bestellt. Über sie schrieb Pastor Werner:

«In der Cholerazeit traf ich am Borstelmannsweg Doctor Taubmann, der Polizeiarzt war, Herrn Jauch und einige andere Herren. Sie sagten mir, die Gesundheitsbehörde habe erfahren, daß die Abortverhältnisse in vielen Wohnungen am Borstelmannsweg nicht einwandfrei seien. Sie wollten sich die Sache einmal näher ansehen. Ich schloß mich den Herren an, konnte, weil ich meinen Borstelmannsweg kannte, sogar auf mancherlei Übel hinweisen. Es waren in der Tat schauderhafte Zustände. Der Inhalt der Aborte ging vielfach direkt in die Gräben hinter dem Hause.»[29]

Werners Bericht über seine Tätigkeit während der Epidemie konzentrierte sich, wie wir gesehen haben, auf den Borstelmannsweg. Das ist kaum überraschend, denn immerhin erkrankten 224 der dort wohnenden an der Cholera, und 96 von ihnen starben. Das bedeutete für die Straße eine Erkrankungsziffer von 64,3‰ und eine Sterblichkeit von 27,5‰ – Werte, die ohne weiteres mit denen der Gängeviertel oder des sogenannten Verbrecherviertels vergleichbar sind.[30] Das überrascht bei der schlampigen Bauweise der Häuser am Borstelmannsweg nicht weiter. Beispielsweise berichtete 1892 ein Gutachter, der im Auftrag der Sozialdemokratischen Partei der Sache nachging, daß in den oberen Stockwerken des Gebäudes Borstelmannsweg 137/139 die Toiletten-Abflußrohre dort gebrochen waren, wo sie durch einen Verschlag unter der Treppe führten, «so daß die ekle Flüssigkeit meistens 1½ Fuß hoch in dem Raume steht»[31]. Zwei Männer und sieben Kinder starben dort an der Cholera, und die Verhältnisse an anderen Stellen des Wohngebietes waren, wie aus Pastor Werners Darstellung hervorgeht, häufig kaum weniger schlimm.

Ein Polizeibericht aus dem Jahr 1892 über eine allgemeine Hygieneuntersuchung in Hamm und Horn faßte die Schwierigkeit zusammen und wies erneut auf die bedenklichen Bedingungen am Borstelmannsweg hin.

«Die Besichtigung hat so entsetzliche Zustände zutage gefördert, daß unerklärlich ist, wie die Baupolizeibehörde solche hat entstehen lassen. Mit der peinlichsten Platzausnutzung wurde hier darauf losgebaut auf Kosten aller hygienischen Forderungen. Die Bewohner sind wegen der hohen Mieten gezwungen, in den engen, oft halbdunklen Räumen, deren Lüftung nicht möglich ist, noch Einlogierer zu halten oder die Wohnung mit einer anderen Familie zu teilen. Dazu kommt, daß sämtliche Bewohner eines Hauses auf die gemeinschaftliche Benutzung eines auf dem Hofe befindlichen Klosetts angewiesen sind. Auf dem Borstelmannsweg in Hamm existieren noch in den dichtbevölkerten Höfen die alten Abtritte.»[32]

Wie diese Beispiele zeigen, war einigen Zeitgenossen durchaus klar, daß die Gängeviertel nicht die einzigen Seuchenherde in Hamburg waren. So merkte die unermüdliche Gesundheitskommission für St. Georg Nord über ein 1877/78 in der Baumeisterstraße 5 errichtetes Mietshaus an, die Toiletten seien dunkel, feucht und unbelüftbar gewesen, die Abflüsse in der Küche unzulänglich und die Innenräume stickig und ohne angemessene Beleuchtung. «Ähnliche Übelstände und Mängel bestehen in einer großen Anzahl unserer modernen Etagenhäuser und sind als eine Hauptursache der starken Verbreitung der Cholera in diesen in Hauptstraßen z. B. Rostockerstraße u. Steindamm belegenen Häusern zu betrachten.»[33] Diese Bemerkung klang zwar verdächtig nach der Miasmalehre, vor allem die Hinweise auf die Unzulänglichkeit der Entwässerung taten dies, sie hatte aber doch eine gewisse Beziehung zur Epidemie. Wichtiger aber war, daß sich diese Aussagen auf ein nicht einmal 15 Jahre altes Gebäude bezogen. In ähnlicher Weise vermerkte die Gesundheitskommission für Winterhude, daß in jenem Bezirk bis zum 7. September 104 Cholerafälle aufgetreten waren, davon allein 31 in der Geibelstraße, weit mehr als in jeder anderen. Dort standen keine alten Häuser, sondern neue. Die Gesundheitskommission erklärte das gehäufte Auftreten der Cholera dort mit der – völlig unbegründeten – Annahme, in diesen Gebäuden wohnten hauptsächlich «Ausländer», Fremde von außerhalb Hamburgs oder außerhalb der deutschen Grenzen. Die Kommission nutzte die Gelegenheit und schrieb die Schuld an den Zuständen deren angeblicher Unsauberkeit zu, statt den Mängeln der Gebäude, in denen diese lebten.[34]

IV

Warum aber suchte man die Seuchenherde mit solchem Nachdruck in den älteren Stadtvierteln? Zwar wurden in den neueren Arbeitervorstädten manche Straßen und Häuser ebenso schwer von der Cholera getroffen wie solche in der Alt- oder Neustadt, doch waren es weniger, und sie lagen außerdem nicht so dicht beisammen wie jene. Neun der zwanzig Straßen, auf die der «Hamburgische Correspondent» im Dezember 1892 als Stellen hinwies, wo es zu mehr als 50 Erkrankungen auf jeweils tausend Einwohner gekommen war, lagen in der Neustadt. Die beiden am stärksten betroffenen Straßen lagen in der Altstadt Nord, und 15 der 35 Straßen mit der höchsten Cholerasterblichkeit lagen ebenfalls teils in der Neustadt, teils in der Altstadt. Nur drei der acht 1892 am schlimmsten betroffenen Straßen der Stadt – mit 60 oder mehr Cholera-Erkrankungen und einer Sterblichkeit von 25 oder mehr auf jeweils tausend Einwohner – befanden sich außerhalb der Innenstadt: der Borstelmannsweg in Hamm, die Stückenstraße in Barmbeck und Hinter dem Strohhause in St. Georg Nord. Somit darf man wohl vernünftigerweise annehmen, daß die vier Teile der Innenstadt eine größere Konzentration von Straßen und Wohnblocks aufwiesen, in denen es zu einer hohen Erkrankungsziffer und Sterblichkeit gekommen war, als die Vorstädte und Vororte.[35]

Zudem lagen Alt- und Neustadt eher im Blick des Bürgertums als Vororte wie beispielsweise Barmbeck, Hamm oder der Billwärder Ausschlag. Bemerkenswerterweise stammen zwei der wenigen bisher bekannten und hier zitierten negativen Äußerungen zu diesen Vororten von sozialdemokratischen Gutachtern und eine von einem sozial engagierten Pfarrer, dessen Pflichten ihn ohnehin in das betreffende Gebiet führten und der in seinen Lebenserinnerungen erklärte, er habe sich selbst stets den «kleinen Leuten» zugehörig gefühlt, während sich drei in den Berichten örtlicher Gesundheitskommissionen finden, zu deren Aufgaben eine gründliche Begutachtung der neuen Mietshäuser in ihren Bezirken gehörte. Berichte in der bürgerlichen Presse, von Politikern der Stadt oder aus anderen Quellen konzentrierten sich nahezu ausschließlich auf die Gängeviertel. Der Borstelmannsweg, an dem ebenso üble Zustände herrschten wie in der Neustadt, war nie Gegenstand von Sensationsmeldungen in der Presse. Er lag vor der Stadt in einem noch vorwiegend ländlich geprägten Gebiet und war ausschließlich zu Pferd oder mit dem Wagen über schlechte Wege erreichbar; Barmbeck – damals ohne Bahnverbindung – war noch weiter vom Zentrum der Dinge entfernt. Altstadt Nord und Neustadt hingegen lagen nur wenige Schritte vom Rathaus, der Börse und den wichtigsten Geschäfts- und Handelsvierteln der Stadt; Geschäftsleute und Senatsangestellte mußten sie auf dem Weg zum Hafen durchqueren. Den Behörden bereitete es keine Mühe, für Besucher rasche Besichtigungen dieser Stadtteile zu arrangieren, und Reporter konnten sie von ihren Hotels aus zu Fuß erreichen. Es war also kein Zufall, daß Robert Koch und seine Mitarbeiter diese Stadtteile in Augenschein nahmen; sie hätten einfach nicht die Zeit gehabt, die Verhältnisse weiter draußen in den Mietshäusern von Barmbeck und Hamm zu untersuchen, wenn man den sehr gedrängten Terminplan bedenkt, in den Koch bei seinem Aufenthalt in Hamburg eingezwängt war.

Kochs Anprangerung der hygienischen Zustände in den Gängevierteln galt rasch als berühmtester aller Kommentare zu den Wohnbedingungen in Hamburg[36] und trug entscheidend dazu bei, das Augenmerk der Öffentlichkeit auf diesen Teil der Stadt zu lenken. In erster Linie entsetzten ihn drei Aspekte der dort herrschenden Lebensumstände: die unzulänglichen hygienischen Bedingungen, die Nässe (insbesondere die bei Hochwasser häufige Überflutung durch die schmutzstarrenden Fleete) und die Übervölkerung. Anhänger seiner Ansichten wie beispielsweise Reincke wiesen darauf hin, in welcher Weise diese drei Faktoren zusammenwirkten und die Gefahr einer Ansteckung mit Cholera durch Kontakt mit den Ausscheidungen Infizierter erhöhten. Nach Kochs Meinung konnte es kaum verwundern, daß sich viele Menschen infizierten, wo sich Dutzende eine einzige Toilette teilen mußten, keine ausreichende Waschgelegenheit existierte, Exkremente regelmäßig in die Kanäle geleitet wurden und bei Hochwasser in bewohnte Keller- und Erdgeschoßräume von Wohngebäuden drangen, in denen Menschen zu dritt oder viert in einem Bett schliefen.

Doch lag es nicht nur an Kochs berühmt gewordenem Verdikt, daß man ganz allgemein die Gängeviertel der Stadt mit dem Begriff «Seuchenherd» gleichsetzte, sondern auch am kollektiven Gedächtnis, hatte doch eine ganze Anzahl der 1892 besonders schwer in Mitleidenschaft gezogenen Häuser und Straßen bereits bei früheren Epidemien schwer gelitten. Eine Straße wie der Große Bäckergang beispielsweise war mit einer Erkrankungsziffer von 46,8‰ und einer Sterblichkeit von 22,5‰ nicht nur 1892 ein stadtbekanntes Zentrum der Cholera, er hatte auch schon 1873 (Erkrankungsziffer 7,6‰, Sterblichkeit 4,5‰), 1866 (Sterblichkeit 5‰), 1859 (Sterblichkeit 7,3‰), 1848 (Sterblichkeit 10,9‰) und 1832 (Erkrankungsziffer 35,0‰, Sterblichkeit 23,1‰) die Statistiken angeführt. Bei allen Epidemien, mit Ausnahme der von 1832, hatte die Cholera diese Straße weit stärker in Mitleidenschaft gezogen als die Stadt allgemein. Selbstverständlich waren vor der Epidemie von 1892 manche früher besonders stark heimgesuchten Straßenzüge Sanierungsmaßnahmen zum Opfer gefallen, vor allem auf der Brookinsel in der Altstadt Süd, auf der man in den achtziger Jahren alle Gebäude abgerissen hatte, um im Zusammenhang mit Hamburgs Beitritt zum Deutschen Zollverein Platz für die neuen Hafenanlagen und die Speicherstadt zu schaffen. Während aller früheren Cholera-Epidemien hatte dort die Krankheit am schlimmsten gewütet. Bei denen der Jahrhundertmitte (1848, 1859 und 1866) wiesen 23 Straßen der Stadt eine über dem Durchschnitt liegende Cholerasterblichkeit auf. Acht von ihnen – mehr als ein Drittel – lagen auf der Brookinsel. Da sie weit in die Mitte des alten Hafens vorstieß (es handelte sich genaugenommen um eine Halbinsel), waren dort die Bedingungen für eine Ansteckung über verseuchtes Wasser, das für alle möglichen Zwecke im Haushalt verwendet wurde, besonders günstig. Bei den drei Epidemien der Jahrhundertmitte lag die Cholerasterblichkeit auf der Brookinsel regelmäßig mehr als doppelt so hoch wie im Durchschnitt der Stadt. Doch auch bei denen von 1873 und 1892 gab es in der übrigen Stadt noch 22 Straßen mit einer im Verhältnis zum Stadtteil, in dem sie lagen, überdurchschnittlichen Erkrankungs- und Sterblichkeitsziffer. Vier davon, unter ihnen Springeltwiete und Steinstraße, lagen in der Altstadt Nord und acht in der Neustadt. In nahezu allen hatte man auch bei früheren Epidemien eine bedeutende Zahl von Erkrankungen und Todesfällen verzeichnet.[37]

Demnach spielten mehrere Gründe zusammen, warum sich 1892 die

Aufmerksamkeit der Zeitgenossen auf die Gängeviertel und die älteren Teile der Stadt als Seuchenherde richtete: Dort war die Konzentration stark heimgesuchter Straßen höher als in irgendeinem anderen Stadtviertel, sie waren für Berichterstatter aus dem Bürgertum deutlicher im Blick als die Vororte, und sie waren Gegenstand der inzwischen berühmten Untersuchung durch Robert Koch, der die Verhältnisse dort angeprangert hatte. Höchstwahrscheinlich war die Erinnerung lebendig, daß bei den immer wiederkehrenden schweren Cholera-Epidemien Straßen wie zum Beispiel der Große Bäckergang besonders stark gelitten hatten. Dennoch bleibt festzuhalten, daß diese Stadtteile 1892 Krankheit und Tod keineswegs gepachtet hatten. Viele neue Straßenzüge und Mietshäuser in Außenbezirken wurden ebenso schwer von der Epidemie heimgesucht. Beengtes Wohnen, unzulängliche Hygiene und sanitäre Einrichtungen, verseuchtes Wasser, fehlende Möglichkeiten, das Wasser abzukochen, und schlecht belüftete Räume trugen dazu bei, die Infektion zu verbreiten, wo immer sich Umstände der beschriebenen Art fanden. Ungesunde Häuser waren keineswegs immer alt.

Kaufmann und Kutscher

I

Zuverlässige Statistiken über die Verteilung der Cholera nach Berufen lassen sich bekanntlich nur schwer beschaffen. Selbst für die Hamburger Epidemie von 1892 haben die Zeitgenossen resigniert den Versuch aufgegeben, derartige Zahlen zusammenzustellen. So läßt lediglich die ausführliche Berufszählung des Jahres 1895 eine rückblickende Berechnung zu. Die meisten Historiker, die sich früher mit der Geschichte der Cholera beschäftigt haben, konnten zwar eine Aufschlüsselung der Opfer nach Berufen vornehmen, es war ihnen aber selten möglich, diese Daten mit der nach Berufen differenzierten Gesamtbevölkerung zu verbinden. In der von Dineur und Engrand durchgeführten Untersuchung über Lille im Cholerajahr 1832 tauchen keine Angaben über Erkrankungen bei Angehörigen der freien Berufe, der *rentiers*, Industriellen und Grundeigentümer auf, dafür trifft die Cholera eine ziemlich große Anzahl von *commerçants* (eine Kategorie, zu der zahlreiche Einzelhändler gehörten) und sehr viele Arbeiter, insbesondere in der Textilindustrie. Zu ähnlichen Ergebnissen ist R. J. Morris gelangt: Die meisten Opfer der Cholera-Epidemie von 1832 in Großbritannien waren Handwerker und Arbeiter; allerdings konnte Morris die absoluten Zahlen nicht in Prozentwerte überführen.[1] Roderick McGrew hatte bei seiner Untersuchung der Moskauer Epidemie von 1830 insofern mehr Glück, als er sich auf eine zeitgenössische Studie stützen konnte, in der eine solche Umlegung vorgenommen worden war. Sie unterscheidet jedoch statt nach beruflichen eher nach ständischen Kategorien, die als sozioökonomische Indikatoren nicht recht befriedigen können. Auf ähnliche Schwierigkeiten stieß Brita Zackes Untersuchung der Epidemie von 1834 in Stockholm. Die Einteilung nach Berufen geschah zum Teil nach Kriterien des Standes; zudem lagen keine Gesamtzahlen vor, aus denen sich Quoten hätten errechnen lassen. Allerdings ließ das vorliegende Material erkennen, daß arme

Frauen, Krankenpfleger und Krankenschwestern und Putzfrauen ebenso wie Soldaten, Seeleute und Handwerker besonders gefährdet waren.[2]

Die Untersuchung der 1832 im Département Seine-et-Oise aufgetretenen Epidemie durch Rollet und Souriac liefert zwar Zahlen für die Cholerasterblichkeit, doch beziehen sich diese, da sich die Untersuchung auf eine Berufszählung aus dem Jahr 1851 stützt, lediglich auf drei sehr breit angelegte Kategorien – Bauern, *rentiers* und «Handwerker-Arbeiter». In den meisten Arrondissements konzentrierten sich 1832 rund 70% der Todesfälle durch Cholera auf die zuletzt genannte Gruppe, die aber nur wenig mehr als 30% der 1851 insgesamt Erwerbstätigen umfaßte. Am überzeugendsten sind die Zahlen in der Untersuchung von Bourdelais und Raulot über die Cholera im Département Haute-Marne im Jahr 1854. Daraus wird ersichtlich, daß die Textilarbeiter mit einer Cholerasterblichkeit von 212‰ sowie die gewöhnlichen Arbeiter (140‰) ganz besonders hart getroffen wurden; Beamte (24‰) und Priester (15‰) kamen glimpflich davon.[3] Meist dient bei solchen Studien die Verteilung der Krankheit nach Berufsgruppen einfach als Hinweis darauf, daß sich die Cholera bei den Armen stärker auswirkte als bei den Reichen. Doch man kann auch darüber hinausgehend nachweisen, daß manche Berufe ganz besonders gefährdet waren. Wenn sich zeigt, daß Angehörige bestimmter Berufe mit größerer Wahrscheinlichkeit an der Cholera erkrankten und starben als die anderer Berufsgruppen, und wenn die in ihnen Tätigen schlecht bezahlt wurden, sind wir auf einen weiteren wichtigen Grund dafür gestoßen, warum die Krankheit die Armen überproportional in Mitleidenschaft zog – vorausgesetzt, es gelingt uns außerdem der Nachweis, daß Angehörige dieser Berufe eine höhere Gefahr liefen, sich in Ausübung ihrer Tätigkeit anzustecken und die Cholera nicht einfach deshalb bekamen, weil sie in überbelegten oder ungesunden Häusern wohnten oder weil sie sich keine Dienstboten leisten konnten.

Abbildung 19 zeigt die Erkrankungs- und Sterblichkeitsziffern für die zwölf hauptsächlichen Berufsgruppen, in denen die überwältigende Mehrheit der Bevölkerung Hamburgs ihren Lebensunterhalt verdiente. Sie lassen sich in fünf grobe Kategorien aufteilen, denen wir uns anschließend zuwenden werden. Am rechten Rand von Abbildung 19 finden sich die Berufsgruppen mit den geringsten Anteilen an Kranken und Toten, links die von der Cholera am schlimmsten in Mitleidenschaft gezogenen Gruppierungen. Bei jeder Gruppe stellen sich drei Hauptfragen: Erstens, in welchem Umfang beschwor der Beruf eine unmittelbare Gefahr der

Ansteckung mit Cholera herauf, beispielsweise durch Kontakt mit Lebensmitteln oder dem Waschwasser, den Ausscheidungen, dem Bettzeug oder den Kleidungsstücken Infizierter; zweitens, inwieweit hing die von ihm ausgehende Gefahr damit zusammen, daß die Mehrheit der diesem Beruf Nachgehenden im Hafen arbeitete; und drittens, wurde diese Tätigkeit gut oder schlecht entlohnt? Unglücklicherweise liegt uns keine Statistik aus der Zeit vor 1900 vor, die Auskünfte über die örtliche Verteilung der in Hamburg ausgeübten Berufe geben könnte; deshalb müssen die Zahlen von 1900 als ungefähre Richtschnur dafür dienen, welche Tä-

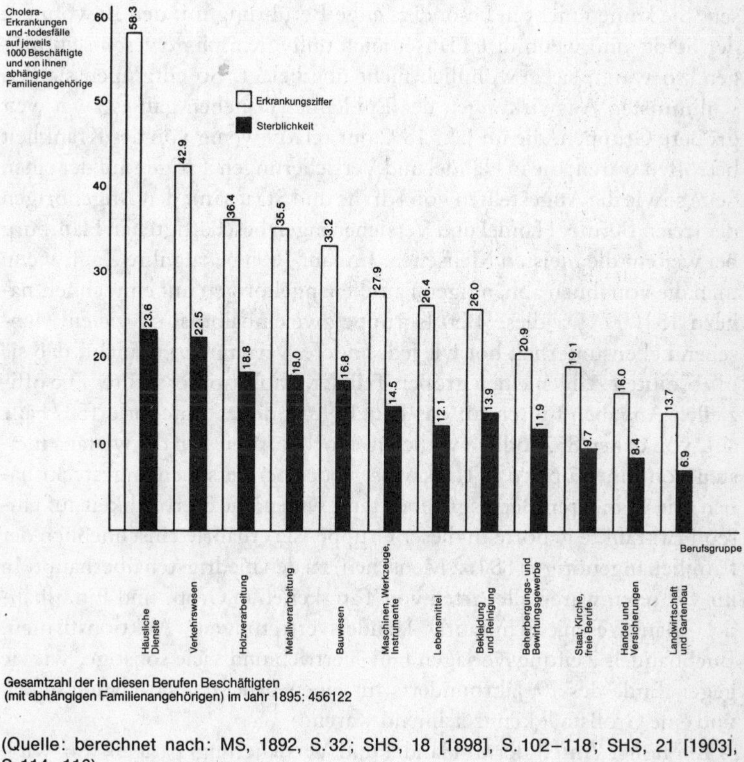

(Quelle: berechnet nach: MS, 1892, S. 32; SHS, 18 [1898], S. 102–118; SHS, 21 [1903], S. 114–116)

Abb. 19 Berufsspezifische Cholera-Erkrankungen und -todesfälle in Hamburg, 1892

tigkeiten sich 1892 auf das Hafengebiet (Freihafen, Altstadt Süd, Steinwärder und Kleiner Grasbrook) konzentrierten, wobei man die Veränderungen einbeziehen muß, die in den Jahren dazwischen stattfanden.[4] Die sich daraus ergebenden Zahlen decken sich in gewissem Umfang mit den Erwartungen, doch kommt es zumindest in Einzelfällen durchaus zu Überraschungen.

Mit diesen Einschränkungen können wir uns jetzt der von der Cholera 1892 am wenigsten betroffenen Berufsgruppe zuwenden: den in Landwirtschaft und Gartenbau Beschäftigten. Die meisten von ihnen lebten außerhalb des dicht bebauten Hamburger Stadtgebiets, und ihre Häuser waren größtenteils nicht an die zentrale Wasserversorgung angeschlossen. Sie kamen nicht in besonders enge Berührung mit den Bewohnern der Stadt, und wenn ihre Häuser auch unhygienisch gewesen sein mögen, so waren sie gewöhnlich nicht überbelegt. So entgingen sie den schlimmsten Auswirkungen der Epidemie. Daneben gab es zwei weit größere Gruppen, die im Jahr 1892 nur relativ wenig von der Krankheit betroffen waren: die in Handel und Versicherungen Tätigen auf der einen Seite sowie die Angestellten von Kirche und Staat samt den Angehörigen der freien Berufe. Handel und Versicherungen beschäftigten in Hamburg bei weitem die meisten Menschen. Im Jahr 1895 betrug ihre Zahl, wenn man die von ihnen abhängigen Familienangehörigen mit einrechnet, nahezu 154000. Da diese Berufsgruppe zweieinhalbmal so vielen Menschen Lebensunterhalt bot wie jede andere, verwundert es nicht, daß sie in absoluten Zahlen einen großen Teil der Choleraopfer stellte. Die offiziellen Angaben führen für das Jahr 1892 in dieser Kategorie 1537 Fälle auf, von denen 857 tödlich verliefen. Doch dürften sich die weitaus meisten von ihnen über das Trinkwasser oder bei Personen angesteckt haben, die in anderen Berufsgruppen tätig waren; die Sterblichkeit auf tausend Erkrankte gehörte in dieser Gruppe (sie ernährte einschließlich der Familienangehörigen 88162 Menschen) zu den niedrigsten überhaupt. In ihr vertreten waren alle Arten von Tätigkeiten in Groß- und Einzelhandel, Bankwesen, Schiffahrt, Handelsvertretungen, Auktionsfirmen, Buchhandel, Zeitungsverlagen und -vertrieb und viele sonstige, wie sie gegen Ende des 19. Jahrhunderts für einen bedeutenden Handelshafen und eine Großstadt kennzeichnend waren.

Ein hoher Anteil der in Handel und Versicherung Tätigen war wirtschaftlich selbständig (36% im Jahre 1895). Nicht ihnen drohte in erster Linie eine Ansteckung mit Cholera, wohl aber den in den verschiedenen Handelsunternehmen beschäftigten Arbeitern, wie beispielsweise Stauern, Schauerleuten, Markthelfern, Packern, Lastenträgern usw. – insgesamt 29204 Personen. Unter den Einzelhändlern waren selbstverständlich diejenigen besonders gefährdet, die Milch, Butter, Käse und Obst verkauften, sie wurden aber in der Cholerastatistik nicht getrennt aufgeführt, da sie in der Gesamtkategorie «Handel» lediglich eine vergleichsweise kleine Gruppe bildeten. Grob gesprochen deckte in Hamburg 1895 die Kategorie «Handel» zusammen mit den im Versicherungswesen Tätigen den größten Teil des Mittelstandes ab – ihr gehörten Angestellte wie auch Ladeninhaber und kleine Einzelhändler an. Rund 20% der in Handel und Versicherungen Beschäftigten arbeitete im Jahr 1900 im Hafengebiet. Daher bestand 1892 zweifellos die Hauptgefahr für diesen Personenkreis. Doch dürfen wir mit einer gewissen Sicherheit annehmen, daß die meisten von ihnen kaum auf die Idee verfallen sein dürften, sich mit einem kräftigen Schluck Elbwasser zu erfrischen, und sie haben wohl auch angemessene Vorkehrungen gegen die Ansteckungsgefahr getroffen. Daher läßt sich sagen, daß hier Hamburgs Rolle als Zentrum von Handel, Schiffahrt und Wirtschaft eher die Auswirkungen der Cholera abschwächte, als daß es sie verstärkte. Im Jahr 1886 versteuerten lediglich 32% der in dieser Gruppe Beschäftigten weniger als 1000 Mark jährlich; bei weiteren 29% lag das Einkommen zwischen 1000 und 2000 Mark; bei 22% zwischen 2000 und 5000 und bei 17% über 5000 Mark im Jahr.[5] Das war eine weitere Einflußgröße, die der Cholera in den mittleren und höheren Einkommensgruppen der Stadt einen Teil ihrer Wirkung nahm.

Im wesentlichen aus den gerade genannten Gründen wurden 1892 nur vergleichsweise wenige Personen von der Cholera befallen, die für Staat, Kirche[6] und in freien Berufen tätig waren. Zwar wurden in dieser Berufsgruppe amtlich 744 Erkrankungen und 386 Todesfälle verzeichnet, doch handelte es sich um eine sehr große Gruppe, die im Jahr 1895 nahezu 50000 Menschen ernährte, und die Erkrankungsquote lag deutlich unter dem Durchschnitt aller Berufsgruppen. Die meisten in ihr Tätigen (23486) dienten als Polizeibeamte, waren in behördlichen Wohlfahrtseinrichtungen (Waisenhäusern und dergleichen) tätig, arbeiteten als Gefängniswärter oder als Verwaltungsbeamte auf unterschiedlichen Dienstebenen. Wer seinen Arbeitsplatz im Hafen hatte (das waren 1900 lediglich 8%), war vermutlich eher gefährdet als der Durchschnitt. In einem Zeitungsbericht vom 30. August hieß es, «im Freihafengebiet» seien «einzelne Zollbeamte» von der Krankheit befallen worden.[7] Ebenfalls gefährdet waren Polizeibeamte, die sich häufig auf der Straße mit Kranken und Sterbenden beschäftigen mußten.

Vor allem in den Anfangstagen der Epidemie, als noch keine Krankentransporte organisiert waren, oblag es in erster Linie der Polizei, Erkrankte ins Krankenhaus zu bringen.[8] In einem Brief an eine Hamburger Zeitung zeichnete einer dieser Beamten oder jemand, der mit ihnen empfand, ein anschauliches Bild von den Gefahren, denen sie ausgesetzt waren:

«Kranken-Transporteure waren nicht zu haben, folglich mußten die Officianten selbst Hand anlegen, wenn sie die Kranken oder Todten überhaupt befördern wollten. Es ist hierbei oft vorgekommen, daß die Kleidung der Beamten von den Kranken beschmutzt wurde, weite Strecken Weges mußten dieselben oft getragen werden, die Barkassen wurden fast jedes mal von den Kranken verunreinigt und mußten von den Officianten wieder gereinigt werden. Dann an den Wachen! Da dieselben räumlich fast alle sehr beschränkt sind, mußten die Kranken, um sie nicht auf der Straße liegen zu lassen, an denselben untergebracht werden, oft in demselben Zimmer, worin die Mannschaft sich aufhielt; auch hier ging es ohne Verunreinigung selten ab. Bei diesem Anblick nun essen! Guten Appetit!»[9]

Darüber hinaus nahmen die Polizeibeamten ihre Uniformen mit nach Hause, um sie von ihren Frauen waschen zu lassen, lauter Faktoren, die die Ansteckungsgefahr bedeutend erhöhten. Neben den Polizeibeamten waren auch das Krankenpflegepersonal sowie Ärzte und Krankenwärter – insgesamt 5365 Personen – stärker gefährdet als der Durchschnitt, doch weisen alle Belege, die wir für das Jahr 1892 besitzen, darauf hin, daß die große Mehrheit von ihnen mit äußerster Sorgfalt die notwendigen hygienischen Vorkehrungen beachtete, wahrscheinlich im Unterschied zu ihren Vorgängern im Jahr 1832. Auch in dieser Kategorie war ein beachtlicher Anteil des höher qualifizierten Mittelstandes zu finden. Im Jahr 1886 versteuerten 22 % der bei Kirche und Staat Beschäftigten und 33 % der in akademischen Berufen Tätigen ein Jahreseinkommen von über 2000 Mark. Vermutlich war bei ihnen das Risiko, sich am Arbeitsplatz anzustecken, äußerst gering. Daß hier Beamte des einfachen Dienstes – wie Polizeibeamte – zahlenmäßig überwogen, wirkte ausgleichend und führte zu einer Erkrankungsquote, die deutlich, wenn auch nicht aufsehenerregend, unter dem Durchschnitt lag.

Hier haben wir mithin zwei Berufsgruppen, bei denen sich die Auswirkung der Cholera deutlich unterhalb des Durchschnittswertes bewegte, was nicht anders zu erwarten war. Wir wenden uns nun einer dritten Kategorie zu, bei der man vergleichsweise starke Auswirkungen der Cholera vermuten könnte. In Wirklichkeit aber lagen sie nicht höher als der Durchschnitt und in einem Fall sogar deutlich darunter. Es handelt sich zum einen um die im Beherbergungs- und Bewirtungsgewerbe Tätigen, zum anderen um die Beschäftigten in Bekleidung und Reinigung und in der Lebensmittelindustrie. In diesen Gruppen hing die Gefahr einer Ansteckung eher mit der eigentlichen Berufstätigkeit zusammen als damit, daß die Arbeit im Hafengebiet geleistet wurde, denn weniger als 10 % aller in diesen Bereichen Erwerbstätigen arbeiteten 1900 im Umkreis des Hamburger Hafens. In dieser ziemlich gemischten Gruppe gab es auch einige Beschäftigte, die sich bei ihrer Arbeit nur einem sehr geringen Ansteckungsrisiko aussetzten, wohingegen andere am Arbeitsplatz deutlich stärker gefährdet waren. Beispielsweise arbeiteten viele der in der Lebensmittelindustrie Tätigen in Unternehmen, die statt Leitungswasser Brunnenwasser verwendeten. Im Jahr 1895 verdienten 2728 Personen für sich und ihre Angehörigen den Lebensunterhalt in der Brauereiindustrie, 1958 in Branntweindestillerien und weitere 435 mit dem Abfüllen von Wein und Champagner auf Flaschen.

Reines Wasser wurde bisweilen auch in der Mineralwasser- und Eisindustrie verwendet, von der weitere 2211 Arbeitskräfte mit ihren Angehörigen abhingen. Von solchen und anderen Arbeitskräften durfte man erwarten, daß sie sich eher an Vorschriften hielten, die der Hygiene dienten (beispielsweise ihre Hände wuschen), als die Mehrzahl der Arbeitskräfte in anderen Gewerbezweigen. Daher dürften einige von ihnen – wie Müller, Bäcker, Konditoren sowie mit der Verarbeitung von Tabak, Kaffee, Schokolade oder der Herstellung von Nudeln, Kaffee-Ersatz und dergleichen Beschäftigte – vor einer Ansteckung vergleichsweise sicher gewesen sein, auch wenn bei ihrer Arbeit viel Leitungswasser verwendet wurde. Im übrigen waren im Jahr 1900 lediglich 8 % der Erwerbstätigen in dieser Gruppe im Hafengebiet tätig. Am gefährdetsten von ihnen waren wohl diejenigen, die mit Käse, Butter, Kondensmilch und anderen Molkereiprodukten zu tun hatten; ihre Zahl belief sich 1895 auf insgesamt 2219, wenn man alle miteinbezieht, die sich mit der Weiterverarbeitung jeglicher Art von Nahrungsmitteln tierischen Ursprungs beschäftigten, wie beispielsweise dem Pökeln von Fisch. So ist alles in allem eine Erkrankungsziffer, die nicht höher liegt als der Durchschnitt, mehr oder weniger genau das, was wir für Menschen in der Lebensmittelbranche erwarten würden.

Auf den ersten Blick sollte man annehmen, daß die im Beherbergungs-

und Bewirtungsgewerbe Tätigen (einschließlich ihrer Angehörigen 23876 Personen) einem vergleichsweise hohen Ansteckungsrisiko ausgesetzt waren, da sie nicht nur hinter den Gästen aufräumen und mit Lebensmitteln umgehen mußten, sondern auch Schiffsbesatzungen und andere Leute im Hafengebiet mit Lebensmitteln versorgten. Doch auch hier muß berücksichtigt werden, daß nur äußerst wenige von ihnen im Hafengebiet tätig waren – lediglich 9,8 % gemäß der Berufszählung von 1900 –, so daß sie einer Ansteckungsgefahr erst vergleichsweise spät ausgesetzt waren. Vielleicht waren sie auch mehr als die meisten Menschen darauf bedacht, eine Ansteckung zu vermeiden, indem sie die Vorschriften zur Choleravorbeugung befolgten. Ein sehr hoher Anteil von ihnen war selbständig, sie konzentrierten sich deutlich in der Einkommensgruppe, die man gewöhnlich mit dem Mittelstand und den oberen Rängen der Arbeiterklasse gleichsetzt. Im Jahr 1886 verdienten 49 % von ihnen weniger als 1000 Mark jährlich, 40 % zwischen 1000 und 2000 und 10 % zwischen 2000 und 5000 Mark. Außerdem dürfte ihnen einen gewissen Schutz vor der Krankheit geboten haben, daß das Geschäft von Hotels, Restaurants und ähnlichen Betrieben nach dem 25. oder 26. August deutlich zurückging.

Auch bei im Kleiderhandel Beschäftigten und bei denjenigen, die mit der Säuberung von Kleidungsstücken zu tun hatten, sollte man eine über dem Durchschnitt liegende Erkrankungsziffer erwarten, da viele von ihnen mit verschmutzter und möglicherweise verseuchter Bekleidung in Berührung kamen. Die Gesamtzahl der in Wäschereien und verwandten Betrieben Tätigen betrug 8166, von denen die meisten einer sehr hohen Ansteckungsgefahr ausgesetzt gewesen sein dürften. Friseure und Barbiere, zusammen mit ihren Angehörigen im Jahr 1895 2970 Personen, waren gleichfalls ansteckungsgefährdet, da sie mit Menschen in enge Berührung kamen und bei ihrer Tätigkeit viel mit Leitungswasser arbeiteten. Die übrigen Angehörigen jener Kategorie hingegen waren hauptsächlich Schuhmacher, Schneider, Näherinnen und dergleichen, deren Tätigkeit mit keinen besonderen Gefahren verbunden war. Überdies arbeitete im Jahr 1900 nur ein winziger Bruchteil dieser Gruppe – weniger als 3 % – im Hafen. Man sollte annehmen, daß das einer der Hauptfaktoren war, der für eine niedrige Erkrankungsziffer sorgte. Das bei dieser Berufstätigkeit verwendete Wasser war überdies meist so stark erhitzt, daß Cholera-Erreger abgetötet wurden. Schließlich wiesen die am letzten August-Wochenende an alle Einwohner Hamburgs verteilten amtlichen Flugblätter ganz besonders auf schmutzige Kleidung als Infektionsquelle hin, und die Desinfektionskampagne war noch stärker auf Kleidung und Wäsche der Krankheitsopfer gerichtet als auf die von ihnen bewohnten Häuser und deren Sanitäreinrichtungen oder die Wasserversorgung. So scheinen all diese Einflüsse zusammengenommen die Auswirkungen der Cholera auf die Angehörigen einer Berufsgruppe zu vermindern, die man auf den ersten Blick als stark gefährdet einstufen würde.

Noch eine vierte Kategorie gibt es, in der die Erkrankungsziffer um den Durchschnitt oder sogar darunter lag. In ihr sind zahlreiche Tätigkeiten zusammengefaßt, bei denen nur eine geringe Gefahr bestand, während der Arbeit mit der Cholera angesteckt zu werden; die einzige wirkliche Gefährdung ging hier davon aus, daß die Arbeit im Hafengebiet ausgeübt wurde. Nur in einer dieser Branchen – der Werkzeugmaschinenindustrie- und Instrumentenherstellung – arbeitete eine große Zahl von Menschen, daher wird diese Branche in Abbildung 19 aufgeführt. Im Jahr 1900 waren immerhin 44 % der Angehörigen dieser Gruppe im Hafengebiet beschäftigt, vorwiegend im Schiffbau und in Zulieferbetrieben. Zweifellos liegt hier der Grund dafür, daß die Zahl der Cholera-Erkrankungen deutlich höher lag, als nach der Art ihrer Tätigkeit zu erwarten gewesen wäre. Ähnliches galt für die Papier- und Lederindustrie, die 1892 eine Erkrankungsziffer von 28,6‰ aufwies. Ein überdurchschnittlich hoher Anteil der Betriebe lag 1900 im Hafengebiet, in ihnen arbeiteten 24 % aller in der Papierindustrie und 13 % aller in der Lederindustrie Beschäftigten. Drucker und Angehörige ähnlicher Berufe waren 1892 mit 26,9‰ Erkrankungen in etwa durchschnittlichem Ausmaß von der Cholera betroffen; von ihnen arbeiteten im Jahr 1900 um 22 % im Hafengebiet.

Schwieriger läßt sich eine ähnliche Abweichung bei den Angehörigen jener Berufe erklären, die mit der Herstellung von Streichhölzern und anderen Zündmaterialien sowie der Weiterverarbeitung von Ölen, Lacken und Fetten zu tun hatten. Das waren im Jahr 1895 etwa 5525 Beschäftigte. 37 % davon arbeiteten 1900 im Hafen, doch betrug die Cholera-Erkrankungsziffer 1892 lediglich 18,5‰, ein Wert, der unter dem Durchschnitt lag. Das mag daran gelegen haben, daß diese Tätigkeiten in einer heißen und trockenen Umgebung ausgeführt werden, ein hohes Maß an Sauberkeit erforderten, bei der Arbeit Schutzkleidung getragen wurde, oder einfach daran, daß sie von den anderen Beschäftigten im Hafengebiet getrennt arbeiteten. Aber auch hier war die Abweichung nach unten nur gering und keineswegs ungewöhnlich. Im Gegensatz dazu waren im Jahr 1900 nur 2 % der Beschäftigten in Betrieben tätig, die

Bergbauprodukte, Steine und Erde verarbeiteten, im Hafengebiet; in diesen Betrieben arbeiteten 1895 ingesamt nur 695 Leute, so daß die Erkrankungsziffer von 19‰ unter Umständen nicht sehr genau ist. Wir können dazu lediglich sagen, daß sie in dieser Berufsgruppe etwa dem Durchschnitt entsprach oder ein wenig darunter lag. In der Textil- und der chemischen Industrie waren, mit (im Jahr 1900) jeweils 10 % der Beschäftigten im Hafengebiet, 19,3 ‰ beziehungsweise 18,0 ‰ an Cholera erkrankt. Daß mehr als die Hälfte der in der Textilindustrie Beschäftigten Frauen waren, hatte auf die Wahrscheinlichkeit einer Cholera-Erkrankung keine erkennbare Auswirkung.

II

Der Hinweis auf eine enge Beziehung zwischen der Erkrankung an Cholera und der Beschäftigung im Hafen wird noch verstärkt, wenn wir uns der nächsten Kategorie von Berufen zuwenden, der der Arbeiter im Baugewerbe, in der Metallverarbeitung, der Holzverarbeitung und im Verkehrswesen. Ingesamt boten diese Tätigkeiten im Jahr 1895 annähernd 175000 Menschen in Hamburg ihren Lebensunterhalt. In zwei dieser Gruppen – Baugewerbe und Holzverarbeitung – waren im Jahr 1900 vergleichweise wenige Menschen im Hafengebiet beschäftigt (8 % bzw. 14 %). Doch in beiden Fällen war eine große Anzahl von Arbeitskräften einer hohen Ansteckungsgefahr ausgesetzt, weil sie unmittelbar am Wasser arbeiteten, sei es, daß sie in Holzlagern beschäftigt waren oder mit dem Bau von Kaianlagen, Lagerhäusern und ähnlichen Projekten (zum Beispiel dem Bau der Filterbecken für die neue Wasserversorgung). Außerdem bedeuteten vermutlich der weitere Ausbau des Hafens in den neunziger Jahren und die Tatsache, daß im Vergleich zum Jahr 1900 noch ein hoher Anteil hölzerner Segelschiffe gebaut, gewartet und repariert wurde, daß 1892 im Hafen wesentlich mehr Angehörige der Bau- und Holzverarbeitungsberufe tätig waren als acht Jahre später. Weitere Arbeitskräfte dieser Kategorien dürften darüber hinaus an und um Hamburgs zahlreichen Fleete beschäftigt gewesen sein, die ebenfalls Ansteckungsherde waren. Von den in der dritten Gruppe in dieser Kategorie, der Metallbearbeitung, Beschäftigten arbeiteten im Jahr 1900 20 % im Hafen. Auch unter ihnen befand sich eine große Zahl im Schiffbau Tätiger. Da zu diesen Kategorien einige der am schlechtesten entlohnten Tätigkeiten in der ganzen Stadt gehörten, waren die dort beschäftigten Arbeiter einer zusätzlichen Ansteckungsgefahr durch ungesunde Unterkünfte, Fehl- und Mangelernährung und andere Faktoren ausgesetzt, die einer Verbreitung der Cholera Vorschub leisteten. Obwohl es in dieser Kategorie eine Spitzengruppe besser bezahlter und ständig beschäftigter Arbeiter gab, verdienten 1886 von Hamburgs Bauarbeitern 78 % weniger als 1000 Mark im Jahr, ein höherer Anteil als in jeder anderen Berufsgruppe mit Ausnahme der Dienstboten.

In diesen drei Gruppen lag die Zahl der Erkrankungen an Cholera erkennbar, wenn auch nicht wesentlich höher als der Durchschnitt. Die vierte war die der im Transportwesen Beschäftigten mit (1895) etwas mehr als 58000 Personen einschließlich ihrer Angehörigen. Hier erkrankten weit mehr Menschen als der Durchschnitt. Für einige von ihnen, wie beispielsweise Eisen- und Straßenbahner, Postangestellte und Droschkenkutscher, lag das Ansteckungsrisiko vermutlich nicht sehr über dem Durchschnitt, auch wenn sie durch ihre Tätigkeit bedingt ständig mit anderen Menschen in Berührung kamen. Zu den im Transportwesen Beschäftigten wurden konsequenterweise auch die Totengräber gerechnet; sie waren 1892 außergewöhnlich ansteckungsgefährdet. Zudem verdienten viele der im Transportwesen Beschäftigten ihren Lebensunterhalt in Verbindung mit dem Hafen oder der Elbe: Sie waren Besatzungsmitglieder von Binnenschiffen oder seegängigen Schiffen, sie transportierten im Hafen Waren und Menschen in Barkassen und Schuten oder beluden oder löschten Schiffe aller Art. Im Jahr 1900 arbeiteten rund 45 % der im Transportwesen Beschäftigten im Hafen, und Menschen, die ihren Lebensunterhalt im Hafengebiet verdienten, waren 1892, wie Abbildung 19 zeigt, einer sehr hohen Ansteckungsgefahr ausgesetzt. Zu ihnen gehörten auch mit dem Ausbaggern des Flußbetts und der Hafenbecken beschäftigte Arbeiter, die auf sogenannten Baggerschuten zu sechst in einer Kabine lebten. Bezeichnend ist der Hinweis: «Von circa 300 in Privatbetrieben beschäftigten Sandbaggern sind etwa 30 an der Cholera gestorben.» [10] Wie die meisten Arbeitskräfte in dieser Kategorie wurden auch sie sehr schlecht entlohnt. So verdienten 70 % der in Hamburg im Transportwesen Beschäftigten 1886 weniger als 1000 Mark jährlich. Auch eine sehr kleine Berufsgruppe mit im Jahr 1895 lediglich 1293 Angehörigen samt Familienmitgliedern wurde von der Cholera stark heimgesucht: Kunstmaler, Bildhauer und andere Künstler. Im Jahr 1892 verzeichneten die Gesundheitsbehörden Hamburgs unter ihnen 44 Cholera-Erkrankungen und 23 Todesfälle. Da lediglich 5 % der in dieser Kategorie Versammelten im Jahr 1900 im Hafen arbeiteten, kam die Gefahr wahrscheinlich aus der häufigen Verwendung von Leitungswasser, die mit ihrer Arbeit verbunden war. Abgesehen davon waren die Künstler vielleicht einfach zu undiszipliniert und zu achtlos, sie dachten nicht daran, die erforderlichen Sicherheitsvorkehrungen zu beachten.

Am härtesten traf es die Dienstboten. Zu dieser Berufsgruppe gehörten 1895 einschließlich der abhängigen Familienangehörigen 22000 Menschen. Die amtlichen Statistiken führen für 1892 unter den Cholerakranken 855 Dienstboten und ihre Angehörigen auf, von denen 321 der Krankheit erlagen. Mit einer Ziffer von über 58‰ lag bei ihnen die Wahrscheinlichkeit, an der Cholera zu erkranken, doppelt so hoch wie beim Durchschnitt aller Berufe. Die Gesundheitskommission für Harvestehude nannte fünf Hauptgründe für die hohe Erkrankungs- und Sterblichkeitsziffer unter weiblichen Dienstboten.

«1) Das Umgehen mit Wasser und Schmutz
2) Wenn jemand mit ungekochtem Wasser zu tun hatte, so sind es die Dienstmädchen
3) Die Dienstmädchen bekommen in erster Linie diejenigen Speisen roh in die Hände, deren Genuß in rohem Zustande als gefährlich gilt (rohes Obst und Gemüse, rohe Milch, ungekochte Elbfische)
4) Es ist nicht zu zweifeln, das gerade die Dienstmädchen, denen eine Hauptlast bei der Cholera-Prophylaxe zufällt (Wasserkochen) besonders geneigt sind, sich durch Unterlassungs-Sünden das Leben bequemer zu machen
5) Den Dienstmädchen ist fast in jeder Wohnung eines der schlechtesten, oft ein hygienisch recht ungünstig gelegenes Zimmer zum Schlafen angewiesen. Viele Mädchenzimmer haben ungenügend Licht und Luft, besonders in Etagenhäusern, oder liegen im Keller.»[11]

Im letzten Punkt war, wie in so vielen Erklärungen, die 1892 dafür vorgebracht wurden, daß sich die Cholera unterschiedlich auswirkte, die weitverbreitete Annahme enthalten, schlechte Belüftung erhöhe die Ansteckungsgefahr. Das aber galt lediglich, wenn sich in einem solchen Raum jemand aufhielt, der die Krankheit schon in sich trug und durch Tröpfcheninfektion weitergeben konnte. Bei weitem wichtiger sind die vier erstgenannten Punkte. Speziell der vierte spiegelt zweifellos einen allgemeinen Hang der Arbeitgeber, den Angestellten Nachlässigkeit vorzuwerfen. Vermutlich beschäftigten die meisten Mitglieder der Gesundheitskommission für Harvestehude selbst Dienstboten. Eine Gefährdung der Dienstboten bedeutete aber auch ihre schlechte Bezahlung. Wohl erhielten sie Kost und Logis im Haus ihres Arbeitgebers, doch besaßen sie angesichts dessen, daß der Verdienst vor mehr als 10% der Dienstboten unter der Steuerschwelle blieb und von den Steuerpflichtigen 93% weniger als 1000 Mark jährlich verdienten, kaum Möglichkeiten, sich zur Verbesserung ihrer Ernährung etwas zu kaufen. Wir haben bereits gesehen, daß Fehl- und Mangelernährung aller Wahrscheinlichkeit nach die Widerstandskraft gegen die Krankheit deutlich schwächte.

Ganz offensichtlich waren die Angehörigen bestimmter Berufsgruppen besonders stark der Ansteckungsgefahr durch die Cholera ausgesetzt. Wie nicht anders zu erwarten, fielen diese Berufe in zwei Gruppen: Zum einen waren dies im Hafen und auf der Elbe Beschäftigte (Ewerführer, Fischer, Schauerleute, aber auch Bauarbeiter und diejenigen, die eine der vielen industriellen Tätigkeiten im Hafen ausübten). Sie alle schwebten in der Gefahr, sich durch das verseuchte Elbwasser anzustecken, entweder weil sie es in größeren Mengen tranken, wie das viele taten, um bei der von Mitte bis Ende August 1892 herrschenden Hitze ihren Durst zu stillen, oder weil sie sich einfach ab und zu mit ungewaschenen nassen Händen den Mund wischten, was vermutlich allgemein üblich war. Ähnlich gefährdet waren die Angehörigen einer zweiten Berufsgruppe, die zwar nicht unbedingt mit dem Hafen zu tun hatten, aber mit verseuchten Lebensmitteln, Kleidungsstücken und Bettwäsche umgehen mußten, kontaminierte Toiletten oder Wohnräume zu säubern hatten oder mit verseuchtem Wasser waschen, abwaschen, putzen oder andere Aufgaben erfüllen mußten. Am stärksten gefährdet waren in dieser Gruppe die Dienstboten. Die in Hotels, Restaurants und anderen Lokalen, im Altkleiderhandel und in Wäschereibetrieben Tätigen erwiesen sich letztlich als weniger anfällig. Allerdings bestand große Wahrscheinlichkeit, daß jemand, der sich die Krankheit am Arbeitsplatz zuzog, anschließend seine Angehörigen sowie diejenigen ansteckte, mit denen er Wohnung oder Sanitäreinrichtungen teilte. Auf jeden Fall war die Art der Berufstätigkeit bei der Cholera-Epidemie von 1892 eine wichtige Infektionsquelle. Wahrscheinlich galt das auch bei früheren Epidemien; sie dürfte für das Verbreitungsmuster der Cholera in den Jahren 1831/32, 1848, 1859, 1866 und 1873 eine noch weit wichtigere Rolle gespielt haben als 1892.

Der Einfluß der zentralen Trinkwasserversorgung auf die Ausbreitung der Cholera über die ganze Stadt war bei den meisten früheren epidemischen Ausbrüchen von weit geringerer Bedeutung, außer unter Umständen im Jahr 1859. Im Zuge der Industrialisierung Hamburgs diversifizierte sich mit dem Wachstum der Produktions-, Verarbeitungs- und Dienstleistungsbetriebe seine Wirtschaft. Je weiter wir in die Geschichte der Stadt zurückgehen, desto größer ist ihre Abhängigkeit von Handel und Schiffahrt und desto höher der Anteil der im Hafen beschäftigten Arbeitskräfte. Unglücklicherweise läßt sich für frühere Epidemien keine berufsspezifische Erkrankungs- und Sterblichkeitsstatistik erstellen, doch die hier und da vorliegenden Angaben, über die wir verfügen, illustrieren diese Entwicklung bis zu einem gewissen Grad. Beispielsweise fanden sich 1832 die höchsten absoluten Zahlen nach Berufsgrupen in den Kategorien «Arbeitsleute» (239), Matrosen (152), Dienstmädchen (137), Schiffer und Steuerleute (83), Gastwirte (64), Wäscherinnen (60), Schuster (59) und Tischler (54). In keiner sonstigen Berufsgruppe traten mehr als 31 Fälle auf, in den meisten nur eine Handvoll. Die hohe Zahl der Erkrankungen unter Dienstboten, Wäscherinnen und Gastwirten stützt die Schlußfolgerung, daß es sich dabei ganz allgemein um Berufsgruppen mit einem hohen Risiko handelte; dabei standen diejenigen, die unmittelbar im Hafen oder auf dem Wasser arbeiteten, 1832 noch mehr im Vordergrund als sechzig Jahre später.[12]

Ein in den Grundzügen ähnliches Bild bietet sich für das Jahr 1848, in dem nicht weniger als 555 «Arbeiter» die Cholera bekamen. Die nächsthöhere Zahl fand sich unter Dienstboten und Matrosen (jeweils 155), diese Gruppe wurde dicht gefolgt von Schiffern (82) und Tischlern (73). Sofern wir noch Kapitäne und Schiffszimmerleute hinzunehmen, haben wir weitere 47 Opfer der Krankheit, die auf Schiffen oder Werften tätig waren. Wäscherinnen scheinen mit 43 Fällen im Jahr 1848 minder stark betroffen gewesen zu sein, doch gehörten Gastwirte mit fünfzig Fällen erneut zu den am härtesten betroffenen Gruppen, zusammen mit Schneidern (48) und Lohnkutschern (37).[13] Im großen und ganzen standen also 1832 und 1848 die gleichen Berufsgruppen an der Spitze der Choleraopfer. In seinem amtlichen Bericht über die Epidemie von 1848 vermerkte Medizinal-Inspektor Dr. Buek, daß eine ganze Anzahl der Opfer Berufe ausübten, «welche besonders auf dem Wasser und an dem Wasser betrieben werden». Das scheint insbesondere auch 1831/32 der Fall gewesen zu sein.[14] Ob das ebenfalls für die Epidemie von 1859 galt, läßt sich unmöglich sagen, weil nur bei weniger als einem Viertel der Erkrankten die Berufe verzeichnet wurden.[15] Für das Jahr 1873 allerdings ist ein mehr oder weniger ähnliches Muster zu beobachten: 174 der 693 von der Krankheit Befallenen waren Seeleute, Ewerführer oder Fischer, weitere 245 «Arbeiter» und 810 Handwerker der einen oder anderen Art.[16] Viele von ihnen waren aller Wahrscheinlichkeit nach auch im Hafen beschäftigt.

Während sich einige dieser gefährdeten Berufe in nahezu jeder Stadt des 19. Jahrhunderts fanden – wobei möglicherweise die Dienstboten die bedeutendste Rolle spielten –, besteht kein Zweifel daran, daß Hamburgs Rang als bedeutender See- und Flußhafen die Bewohner der Stadt auf mancherlei Weise einem erhöhten Ansteckungsrisiko aussetzte. Nicht nur verbreiteten sich die meisten Cholera-Epidemien über das Meer und die Binnenwasserstraßen, wodurch Häfen gefährdeter waren als Städte im Binnenland, die Krankheit befiel auch besonders häufig Seeleute, Ewerführer, Hafenarbeiter und andere, die einen hohen Anteil der Arbeitskräfte in Häfen ausmachten. Schiffs- und Bootsbesatzungen stellten 1831/32 bis zu 14,4% der Opfer, deren Beruf bekannt war. Im Jahr 1848 betrug ihr Anteil 9,9%, 1873 waren es 25%, und 1892 mögen es 4% gewesen sein.[17] Von allen Epidemien war die des Jahres 1873 mit Abstand die am wenigsten schwere, und der außergewöhnlich hohe Anteil an Schiffs- und Bootsbesatzungen unter ihren Opfern läßt vermuten, daß sich die Krankheit auch bei den anderen, weniger heftigen Epidemien vorwiegend auf diejenigen konzentrierte, die auf dem Fluß oder im Hafen arbeiteten. Die drei schwersten der Hamburger Cholera-Epidemien – die von 1832, 1848 und 1892 – wirkten sich gerade deshalb so verheerend aus, weil sie in größerem Umfang als die anderen über das Hafengebiet hinausgelangten.[18] Der sinkende Anteil der Schiffs- und Bootsbesatzungen unter den Opfern der Epidemien von 1831/32, 1848 und 1892 spiegelte andererseits auch den abnehmenden Anteil dieser Berufsgruppen in der Beschäftigungsstruktur der Stadt insgesamt.

Wie sich die Cholera auf eine Stadt auswirkte, mochte also, kurz gesagt, unter anderem auch ein Zeichen dafür sein, daß es für die Krankheit besonders anfällige Berufe gab. Sie wiederum konzentrierten sich fast ausnahmslos am unteren Ende der Gesellschaftspyramide. Dort bestand eine positive Korrelation zwischen dem Anteil der lohnabhängigen Handarbeiter im Jahr 1895 und der Cholera-Erkrankungsziffer 1892 (0.62) sowie der Cholerasterblichkeit (0.70) und eine jeweils weniger ausgeprägte, wenn auch immer noch aussagekräftige negative Korrelation zwischen der Zahl der Cholera-Erkrankungen und den Angestellten (−0.56 Erkrankung, −0.55 Sterblichkeit) sowie den wirtschaftlich Selbständigen (−0.53 Erkrankung, −0.66 Sterblichkeit) unter der berufstätigen Bevölkerung eines jeden Stadtteils in Hamburg.

III

Die Häufigkeit der Cholera nach Berufsgruppen hing auch mit ihrem Auftreten in den einzelnen Altersgruppen zusammen, denn die verschiedenen Berufe wiesen unterschiedliche Altersstrukturen auf. Manche wurden vorwiegend von jüngeren Menschen ausgeübt, während andere ein breiteres Altersspektrum kennzeichnete. Vor allem Erwachsene im besten Alter arbeiteten im Deutschland des 19. Jahrhunderts für ihren Lebensunterhalt. Zwar war Kinderarbeit weit verbreitet, aber meist handelte es sich nur um Teilzeitbeschäftigungen. In späteren Lebensjahren zwangen Schwäche und Krankheit die Älteren, Arbeiten aufzugeben, die Körperkraft und gute Gesundheit verlangten. Somit bedeuteten während der Epidemie von 1892 die Mehrzahl der Berufe, in denen die Ansteckungsgefahr hoch war, für junge Erwachsene und Menschen in mittleren Jahren ein zusätzliches Risiko. Tabelle 8 bestätigt den Eindruck, den zahlreiche Zeitgenossen teilten, daß die Opfer vorwiegend aus diesen besonders gefährdeten Altersgruppen stammten. Die meisten Opfer waren Erwachsene; die zweitgrößte Gruppe stellten Säuglinge und Kleinkinder. Immerhin 697 Fälle, davon 626 mit tödlichem Ausgang, betrafen Säuglinge von unter einem Jahr; weitere 624 cholerakranke Kinder (von denen 490 starben) waren zwischen einem Jahr und zwei Jahren alt. In den Altersgruppen darüber fiel die Zahl der Opfer recht deutlich ab, mit 432 Fällen und 289 Toten unter den Zwei- bis Dreijährigen, 348 Fällen und 219 Toten unter den Drei- bis Vierjährigen und 297 Fällen und 175 Toten unter den Vier- bis Fünfjährigen. Demnach scheinen die Allerjüngsten besonders schwer

Tabelle 8 Cholera-Erkrankungen und -todesfälle nach Altersgruppen in Hamburg 1892

Alter	Zahl der Erkrankungen	Prozentsatz der Erkrankten	Zahl der Todesfälle	Prozentsatz der Toten
0–5	2398	14,1	1799	20,9
5–25	1731	10,2	776	9,0
15–25	1959	11,6	744	8,6
25–50	7127	42,0	3520	40,9
50–70	2002	11,8	1369	15,9
70 und älter	486	2,9	376	4,4
nicht bekannt	1253	7,4	21	0,2
gesamt	16956	100,0	8605	100,0

(Quelle: MS, 1892, S. 31)

betroffen gewesen zu sein. Das aber ändert nichts daran, daß die überwiegende Mehrheit der Opfer in mittleren Lebensjahren stand.[19]

Doch wie so oft trügt auch hier der erste Eindruck. Wenn wir uns Abbildung 20 zuwenden, die Erkrankungen und Sterblichkeit in der jeweiligen Altersgruppe auf jeweils tausend Einwohner bezogen darstellt, zeigt sich ein ganz anderes Bild. Eine deutliche U-Kurve wird erkennbar; die höchste Erkrankungsziffer und die höchste Sterblichkeit liegt bei den unter Fünf- und den über Fünfundzwanzigjährigen. Kleinkinder bis zu einem Jahr liefen in Hamburg 1892 zweieinhalbmal mehr Gefahr, an Cholera zu erkranken, als Kinder, Heranwachsende und junge Erwachsene von fünf bis 25 Jahren. Zwar ist die Altersgruppe der Fünfundzwanzig- bis Fünfzigjährigen ziemlich groß, doch darf man wohl mit einiger Sicherheit sagen, daß jemand innerhalb dieser großen Altersgruppe die Krankheit um so wahrscheinlicher bekam, je älter er oder sie war. Noch auffälliger als bei der Zahl der Erkrankungen in den verschieden Altersgruppen waren die Unterschiede im Hinblick auf die Sterblichkeit. Die Cholerasterblichkeit für Kinder lag 1892 in den beiden ersten Lebensjahren sehr hoch; sie fiel für solche von zwei bis fünf und für Erwachsene

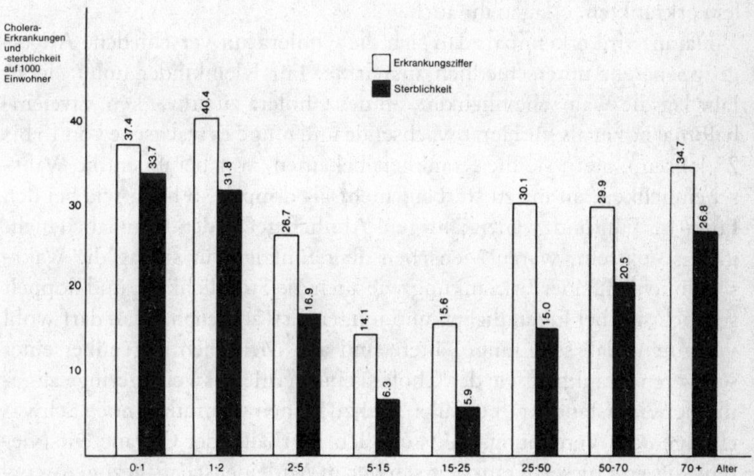

(Quelle: MS, 1892, S. 31)

Abb. 20 Alterspezifische Cholera-Erkrankungen und -sterblichkeit in Hamburg 1892

von 25 bis 50 Jahren auf etwa die Hälfte dieses Wertes ab. Kinder, Jugendliche und junge Erwachsene von fünf bis 25 Jahren kamen noch besser davon; ihre Sterblichkeit betrug weniger als ein Fünftel der bei Kleinkindern verzeichneten. Unter den Älteren und Alten stieg die Sterblichkeit dann wieder an; für über Fünfzigjährige lag die Aussicht, an der Cholera zu sterben, zwar viermal so hoch wie für Fünf- bis Fünfundzwanzigjährige, doch immer noch niedriger als für Kleinkinder. Noch deutlicher erkennbar wird das bei Betrachtung der Zahl der Todesfälle pro hundert Erkrankungen. Diese *fallspezifische Sterblichkeit* ist für das Jahr 1892 in Hamburg nach Altersgruppen aufgeschlüsselt. Die Zahlen von Abbildung 21 zeigen, daß von den Kleinkindern, die an Cholera erkrankten, nahezu rund 90 % starben – ein erschütternd hoher Anteil. Die Krankheit verlief also bei Kleinkindern nahezu immer tödlich, und sie wurde Kindern im Alter von einem bis zwei Jahren kaum weniger gefährlich, denn von ihnen starben immerhin 80 %. Danach nahm die Ziffer rasch ab, so daß in der Altersgruppe der Fünf- bis Fünfundzwanzigjährigen, die an Cholera erkrankten, 38 % an ihr starben. Die fallspezifische Sterblichkeitsziffer pendelte bei den Fünfundzwanzig- bis Fünfzigjährigen um den Durchschnitt (nahe 50 %) und stieg mit zunehmenden Alter wieder an. Mehr als drei Viertel der über Siebzigjährigen, die 1892 an der Cholera erkrankten, erlagen ihr auch.

Daran wird erkennbar, daß sich die Cholera auf verschiedene Altersgruppen sehr unterschiedlich auswirkte. Für Kleinkinder unter einem Jahr lag die Wahrscheinlichkeit, an der Cholera zu erkranken, zweieinhalbmal höher als für Heranwachsende und junge Erwachsene von 15 bis 25 Jahren; sofern sie die Krankheit bekamen, war bei ihnen die Wahrscheinlichkeit, an ihr zu sterben, mehr als doppelt so hoch wie bei den Fünf- bis Fünfundzwanzigjährigen. Ähnlich gefährdet, wenn auch nicht ganz so extrem, waren Menschen über fünfzig. Für sie lag die Wahrscheinlichkeit einer Erkrankung wie auch die Sterblichkeit rund doppelt so hoch wie bei Jugendlichen und jungen Erwachsenen. Man darf wohl vermuten, daß sehr junge, ältere und alte Menschen gegenüber einer schweren Krankheit wie der Cholera eine vergleichsweise geringe allgemeine Widerstandskraft besaßen. Hinzu kamen vermutlich noch Schwächungen des Verdauungstrakts und lebenserhaltender Organe wie Nieren, die von dieser Krankheit schwer in Mitleidenschaft gezogen wurden. Kleinkinder litten offenkundig stärker unter Verdauungsstörungen als größere Kinder, und daher verwundert kaum die Häufigkeit, mit der die Cholera, die sich im Verdauungsstrakt so verheerend auswirkt, bei

Neugeborenen und unter einjährigen tödlich verlief. Außerdem war es bei Angehörigen dieser Altersgruppen sehr schwer, die strengen Forderungen nach Hygiene und Sauberkeit zu erfüllen, die so wichtig für jeden waren, der der Cholera entgehen wollte. Sehr kleinen Kindern konnte man nicht ohne weiteres beibringen, wie eine Ansteckung zu vermeiden war.[20] Die Älteren und Alten hatten vielleicht nicht immer an die nötigen Maßnahmen gedacht, waren in ihren Gewohnheiten so eingefahren oder geistig und körperlich nicht mehr imstande, die für die Gesundheitsvorsorge notwendigen Anstrengungen auf sich zu nehmen und die Sorgfalt und bisweilen Mühe erfordernden Vorbeugungsmaßnahmen zu praktizieren. Unter Umständen waren manche der Alten auch ans Haus gefesselt, so daß sie die kostenlose Verteilung von einwandfreiem Wasser auf den Straßen nicht mehr nutzen konnten. Anders als Menschen in den besten Jahren ihres Lebens waren sie von ihrer Konstitution her den Belastungen weniger gut gewachsen, die eine Krankheit wie die Cholera für ihren Körper bedeutete.

Somit scheint die Erklärung vergleichsweise einfach, warum Kleinkinder sowie ältere und alte Menschen häufiger Opfer der Cholera-Epi-

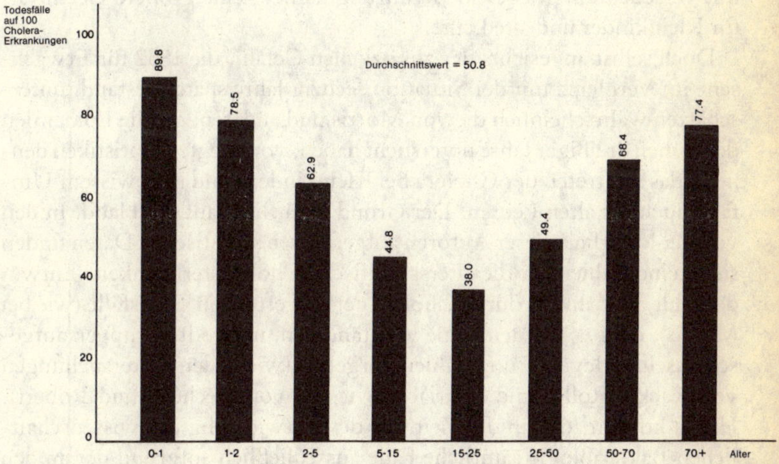

(Quelle: MS, 1892, S. 31; Durchschnittliche fallspezifische Sterblichkeit: 50,8 %)

Abb. 21 Fallspezifische Cholerasterblichkeit nach Altersgruppen in Hamburg, 1892

demie des Jahres 1892 wurden als junge Menschen und solche in mittleren Lebensjahren. Dennoch widerspricht dies Ergebnis deutlich bei anderen Cholera-Epidemien gesammelten Beobachtungen. So hat Roderick McGrew festgestellt, daß nachfolgende Erfahrungen immer wieder eine Grundtatsache der Cholera-Epidemiologie bestätigten, wonach sich die Krankheit auf Menschen in mittleren Lebensjahren stärker auswirkte als auf alte Leute und Kleinkinder.[21] Möglicherweise lagen die Verhältnisse 1892 in Hamburg anders als in anderen untersuchten Städten. Binnenwasserstraßen waren in den frühen dreißiger Jahren des 19. Jahrhunderts, vor der Eisenbahnzeit also, in Frankreich wie England die bei weitem wichtigsten Transportwege. Rollet und Souriac haben deutlich gezeigt, wie sich die Krankheit 1832 im Département Seine-et-Oise entlang der Flußläufe verbreitete. So ist es zu erklären, daß 1832 weit mehr Industriearbeiter, ja auch alle anderen Arbeiter bei ihrer Arbeit, mit verseuchtem Wasser in Berührung kamen als 1892. Glasgow war 1832 ein bedeutender Hafen; die Cholera scheint über einen Kanal von der Ostküste aus die Mündung des Clyde erreicht zu haben. Auch Stockholm war ein bedeutender Seehafen; und Kanäle, die als Haupttransportwege für Industriegüter dienten, durchzogen selbst das im Binnenland gelegene Lille.[22] Diese Faktoren bedeuteten für erwachsene Arbeitskräfte, da diese mit verseuchtem Wasser in Berührung kamen, eine größere Gefahr als für Kleinkinder und alte Leute.

Doch selbst angesichts der zusätzlichen Gefahr, die 1832 für Erwachsene im Vergleich mit der Situation sechzig Jahre später bestand, unterschätzen wahrscheinlich die von Morris und anderen, die die Epidemien der frühen dreißiger Jahre untersucht haben, vorgelegten Statistiken dennoch das Auftreten der Cholera bei Kleinkindern und in gewissem Umfang auch bei alten Leuten. Der Grund dafür liegt auf der Hand. In den von der Mehrheit dieser Autoren aufgeführten statistischen Daten finden sich keine Zahlen für die altersspezifische Cholerasterblichkeit. Entweder fehlt die Zahl der durch Cholera hervorgerufenen Todesfälle (wie bei Morris), oder es werden keine vollständigen, nach Altergruppen aufgeschlüsselten Bevölkerungszahlen vorgelegt (wie in den Untersuchungen von Zacke, Rollet und Souriac sowie der von Dechêne und Robert). Hinzu kommt, daß in der Zeit vor der Entwicklung der wissenschaftlichen Bakteriologie sämtliche Fälle ausschließlich aufgrund der an den Opfern der Krankheit festgestellten Symptome diagnostiziert wurden. In allen untersuchten Städten lag die Säuglings- und Kleinkindersterblichkeit ohnehin sehr hoch, wie das für die damalige Zeit nicht anders zu erwarten ist. Sie betrug in Lille Anfang der vierziger Jahre des 19. Jahrhunderts in der Altersgruppe bis fünf Jahre selbst in den wohlhabenden Stadtvierteln immerhin 21 % und erreichte im selben Zeitraum in den Arbeiterbezirken 59 %.[23] In Glasgow lag 1830 die Begräbnishäufigkeit bei Kindern unter fünf Jahren mehr als fünfzehnmal höher als die von Morris für das Jahr 1832 angegebenen Werte für die Begräbnishäufigkeit bei Choleratoten.[24]

In den Sommermonaten kam es unter den Angehörigen der jüngsten Altersgruppen ungewöhnlich häufig zu Todesfällen, bei denen Erbrechen und Durchfall als Symptome zu beobachten waren. Selbst in den von der Bakteriologie geprägten neunziger Jahren wurden aller Wahrscheinlichkeit nach Hunderte von Choleratodesfällen unter Kleinkindern irrtümlich einem «Brechdurchfall» zugeschrieben. Entsprechendes gilt für die bei alten Leuten diagnostizierte Todesursache «Altersschwäche». Denn auch 1892 noch ermittelten Ärzte gelegentlich die Todesursache nach den Symptomen. In den dreißiger Jahren des vorigen Jahrhunderts, als praktisch alle Todesfälle entsprechend den Krankheitssymptomen klassifiziert wurden, muß die Zahl der Choleratoten in diesen Altersgruppen noch weit stärker unterschätzt worden sein.[25] Die zu jener Zeit herrschende allgemeine Ansicht, die Cholera sei in erster Linie eine Krankheit, der junge Erwachsene und Menschen in mittleren Lebensjahren erlagen, dürfte die Neigung bestärkt haben, Todesfälle bei sehr jungen Menschen nicht der Cholera zuzuschreiben, sondern sie als Ergebnis von «Brechdurchfall», «Krämpfen», «allgemeiner Lebensschwäche», «Darmkatarrh» oder ähnliche Ursachen anzusehen. Auch wenn die Schlußfolgerung hart erscheinen mag: Alle statistischen Angaben über die Altersstruktur von Opfern der Cholera-Epidemien der dreißiger Jahre müssen als wertlos angesehen werden.

Verläßliche zeitgenössische Untersuchungen, die genaue altersspezifische Sterblichkeitsziffern für Cholera-Epidemien im 19. Jahrhundert liefern, zeigen ausnahmslos die Altersstruktur der Opfer, wie sie für die Hamburger Epidemie von 1892 ermittelt wurde. August Hirschs Untersuchung der Berliner Epidemie von 1866 hat beispielsweise eine Cholerasterblichkeit von 30 ‰ bei Kleinkindern ergeben, die bei den Zehn- bis Fünfzehnjährigen auf 5 ‰ und den Fünfzehn- bis Zwanzigjährigen auf 4‰ zurückging. Bei den Zwanzig- bis Dreißigjährigen betrug sie 6 ‰, danach aber stieg die Sterblichkeit wieder an, wie wir das anhand der Werte für Hamburg 1892 auch erwarten würden. Sie erreichte in der Altersgruppe von dreißig bis vierzig Jahren 9 ‰ und in der von vierzig bis fünfzig Jahren 11‰. Bei den Fünfzig- bis Sechzigjährigen stieg sie auf 16‰, bei den Sechzig- bis Siebzigjährigen schließlich auf 18‰. Die für über Siebzigjährige mit 19‰ angegebene Sterblichkeitsziffer dürfte zu niedrig gegriffen sein. Dies Muster zeigt, daß während der Epidemie unter Kleinkindern aufgetretene Fälle von «Sommer-Cholera» als asiatische Cholera erfaßt worden sein müssen, was man 1832 offenbar nicht getan hatte. Hirschs 1866 für Berlin ermittelte Zahlen sowie diejenigen von Bourdelais und Raulot für ausgewählte französische Départements zwischen 1832 und 1884 bestätigen demnach die Aussage, daß sich die Cholera bei Kleinkindern stärker auswirkte als in jeder anderen Altersgruppe.[26]

Dieselbe Schlußfolgerung läßt sich aus der offiziellen Statistik der Hamburger Behörden für die Cholera-Epidemie von 1873 ziehen. Die höchsten Erkrankungs- und Sterblichkeitsziffern traten in den Altersgruppen bis zu einem Jahr und von einem bis zwei Jahren auf, die fallspezifische Cholerasterblichkeit betrug bei Kleinkindern unter einem Jahr 74% und hielt sich bei den Ein- bis Zweijährigen auf demselben Wert. Mit anderen Worten: in Hamburg starben 1873 etwa drei von vier Kleinkindern, die an Cholera erkrankten, auch an dieser Krankheit. Bei älteren Kindern und Jugendlichen lagen die Werte für Erkrankung und Sterblichkeit deutlich darunter und erreichten bei den Zehn- bis Fünfzehnjährigen einen Tiefststand. Weniger als 40% der in dieser Altersgruppe an Cholera Erkrankten erholten sich nicht wieder. Von zwanzig Jahren an aufwärts nahm die fallspezifische Sterblichkeit zu und erreichte in der Altersgruppe der Fünfundzwanzig- bis Dreißigjährigen 50%, in der von 40 bis 45 Jahren 62%, in der von 55 bis 60 Jahren 66% und in der von 65 bis 70 Jahren 80%. Dieser stetige Anstieg der fallspezifischen Sterblichkeit vom jungen Erwachsenenalter an entspricht dem Muster, das Abbildung 21 oben für die Epidemie von 1892 zeigt.[27] Wenn Zeitgenossen über die Cholera-Epidemien des 19. Jahrhunderts schrieben, daß «wie auch sonst und anderswo bemerkt wurde, das mittlere Alter von einunddreißig bis vierzig Jahren am meisten der Erkrankung ausgesetzt war», dürfte das darauf zurückzuführen gewesen sein, daß «die Zahl der Individuen dieses Alters in der Bevölkerung die überwiegende ist», wie ein Beobachter der Hamburger Epidemie von 1832 schrieb.[28] Beim Vergleich der Zahl der Erkrankungen und Todesfälle nach Altersgruppen mit der tatsächlichen Alterszusammensetzung der Bevölkerung ergibt sich, wie wir gesehen haben, etwas ganz anderes: Die anfälligsten und am härtesten betroffenen Gruppen waren keineswegs junge Erwachsene und Menschen in mittleren Lebensjahren, sondern Kleinkinder und alte Leute. Soweit wir dies an Quellen überprüfen können, scheint dieses Muster auch für andere Cholera-Epidemien des 19. Jahrhunderts gegolten zu haben. Dennoch ist das natürlich keinesfalls die ganze Wahrheit. Um in der Sache weiterzukommen, müssen wir jetzt in die Behandlung des Themas eine neue Dimension einführen: die unterschiedliche Auswirkung der Cholera auf Männer und Frauen; mit anderen Worten, ihre *geschlechtsspezifische* Verteilung.

Männer und Frauen

I

Nur die wenigsten Historiker, die der Geschichte der Cholera nachgehen, haben bisher der unterschiedlichen Anfälligkeit von Männern und Frauen ihre Aufmerksamkeit gewidmet.[1] Beispielsweise hat Morris diese Frage in seiner Untersuchung der Epidemie von 1832 in Großbritannien nicht nur gänzlich außer acht gelassen, sondern allem Anschein nach auch angenommen, alle Opfer seien Männer gewesen («wenn sie starben, fielen die Witwen und Waisen zusätzlich der Armenpflege zur Last»).[2] Zwar spricht Roderick McGrew von der in Rußland seinerzeit allgemein verbreiteten Annahme, daß Frauen der Cholera leichter erlägen als Männer, doch zeigen seine Zahlen, daß zumindest 1830/31 in Moskau mehr Männer als Frauen starben. Allerdings konnte er dieser Frage nicht weiter nachgehen, da für das damalige Moskau keine nach Geschlechtern getrennten Bevölkerungszahlen vorliegen.[3] Aus den von Dineur und Engrand für Lille gelieferten absoluten Zahlen für Choleratote nach Alter und Geschlecht ergibt sich, daß in allen Altersgruppen von 15 Jahren aufwärts sich weit mehr Frauen als Männer mit Cholera ansteckten und auch weit mehr an ihr starben. Allerdings haben die Autoren hinzugefügt: «Das ist möglicherweise einfach auf einen größeren Anteil der Frauen an der Bevölkerung Lilles zurückzuführen.» Diese Annahme mag angesichts der bedeutenden Rolle der Textilindustrie für das Wirtschaftsleben der Stadt zutreffen, doch lassen sich ohne getrennte Zahlen für Männer und Frauen in der Stadt keine endgültigen Schlüsse ziehen.[4] Brita Zacke fand heraus, daß es bei der Stockholmer Epidemie von 1834 in allen Altersgruppen unter fünfzig Jahren viel mehr männliche Choleraopfer als weibliche gab, wobei die Abweichung in der Altersgruppe von 30 bis 39 Jahren am stärksten ausgeprägt war. Allerdings kennt sie keine Zahlen für die Gesamtbevölkerung, so daß sich aus diesen Angaben keine endgültigen Schlüsse ziehen lassen.[5] Rollet und

Souriac zeigen, daß im Département Seine-et-Oise 1832 die zusätzliche Sterblichkeit unter Frauen von fünfzig bis siebzig Jahren höher lag als unter den Männern derselben Altersgruppe und in allen anderen Altersgruppen annähernd gleich war; aber auch sie haben keine geschlechtsspezifischen Angaben zur Cholerasterblichkeit vorzuweisen.[6] Da die Untersuchung von Dechêne und Robert über die Epidemie von 1832 in Québec am selben Mangel leidet, muß der dort aufgestellte Behauptung, es habe bei der Auswirkung der Cholera auf Männer und Frauen keine Unterschiede gegeben, mit Zurückhaltung begegnet werden.[7]

Diese Schwierigkeiten der Forschung spiegeln nicht nur die allgemeine Unzulänglichkeit der Statistik im 19. Jahrhundert wider, sie illustrieren auch, daß Zeitgenossen auf diesen Aspekt der Ungleichheit gegenüber der Cholera weniger achteten als auf andere. Daher läßt sich in Ermangelung von Quellenmaterial weder in absoluten Zahlen noch relativ feststellen, wie viele Männer und Frauen in Hamburg 1892 an der Cholera erkrankten. Allerdings besitzen wir Material, das uns in den Stand setzt, zu ermitteln, wie viele Männer und Frauen jeweils an der Krankheit starben. Als Grundlage einer sinnvollen Diskussion müssen auch diese Zahlen wieder nach Altersgruppen aufgegliedert dargestellt werden. Abbildung 22 zeigt die uns schon vertraute U-Kurve mit der

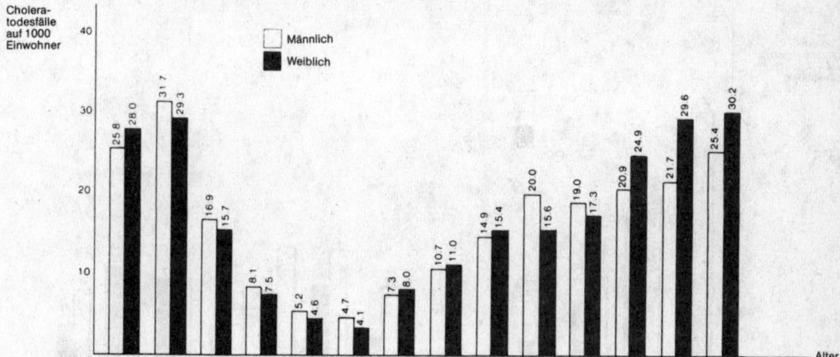

(Quelle: berechnet nach SHS, 20 [1902], S. 12f; Alter unbekannt: zwölf männlich, neun weiblich. Gesamtzahl der Personen, deren Alter bekannt war: 4277 männlich, 4339 weiblich. Durchschnittliche Cholerasterblichkeit im Jahr 1892: 13,4 auf tausend Einwohner.)

Abb. 22 Geschlechtsspezifische Cholerasterblichkeit nach Altersgruppen in Hamburg, 1892

höchsten Zahl der Todesfälle bei den sehr Jungen und den Älteren. Sie ist ein wenig detaillierter als Abbildung 20, so daß wir erkennen können, daß die Sterblichkeit tatsächlich bei den Fünfundzwanzig- bis Dreißigjährigen etwas geringer ist als bei den Dreißig- bis Sechzigjährigen, was sich aus Abbildung 20 nicht ersehen läßt. In Abbildung 21 werden die Fünfundzwanzig- bis Fünfzigjährigen als eine einzige Altersgruppe behandelt, doch zeigt Abbildung 22, daß die Sterblichkeit von der Gruppe der Zwanzig- bis Fünfundzwanzigjährigen an aufwärts stetig zunahm. Die Unstimmigkeiten zwischen der Sterblichkeit bei Männern und Frauen, die sich aus Abbildung 22 ergeben, sind im großen und ganzen nicht besonders bedeutsam, auf keinen Fall bei den jüngeren Bevölkerungsteilen. Allerdings zeigen sich bei den über Vierzigjährigen zwei aufschlußreiche Abweichungen. Nehmen wir fürs erste an, die Gefährdung der im Hafen arbeitenden großen Zahl von Männern zwischen 15 und 60 Jahren, die dadurch entstand, daß sie immer wieder mit verseuchtem Wasser in Berührung kamen, sei durch die zusätzliche Ansteckungsgefahr ausgeglichen worden, der (wie wir sehen werden) Frauen im gebärfähigen Alter, also von etwa 15 bis 40 Jahren, ausgesetzt waren. In diesem Fall müßte, da bei den über vierzigjährigen Frauen diese zusätzliche Gefährdung entfiel, bei Männern oberhalb dieses Alters die fortgesetzte Be-

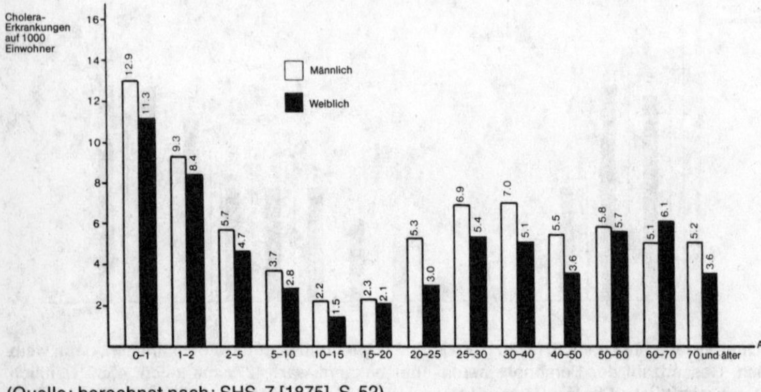

(Quelle: berechnet nach: SHS, 7 [1875], S. 52)

Abb. 23 Geschlechtsspezifische Cholera-Erkrankungen nach Altersgruppen in Hamburg, 1873

schäftigung im Hafen den Hauptfaktor für die höhere Cholerasterblichkeit unter Männern von 40 bis 60 Jahren bilden. Von den über sechzigjährigen Männern allerdings arbeitete eine vergleichsweise geringe Zahl im Hafen. Somit genügte die zusätzliche Gefahr, der Frauen bei der Erledigung ihrer häuslichen Aufgaben ausgesetzt waren – mit dieser Gefahr werden wir uns etwas später noch ausführlich beschäftigen –, um bei Frauen von 60 Jahren und darüber die Cholerasterblichkeit höher zu treiben. Alles in allem jedoch zeigt sich für das Auftreten der Cholera unter Berücksichtigung der bei der Zusammenstellung und Berechnung von Statistiken unvermeidbaren Fehlerspanne ganz deutlich eine relativ geringe Abweichung zwischen Männern und Frauen.

Aus den Abbildungen 23 und 24, die jeweils die nach Alter und Geschlecht aufgeschlüsselten Zahlen für die Erkrankung und die Sterblichkeit bei der Cholera-Epidemie von 1873 liefern, wird ein Muster ähnlich dem erkennbar, das sich für 1892 beobachten läßt: die Erkrankungs- und Sterblichkeitsziffer liegt bei Männern in den besten Jahren höher. Auch scheinen hier die Männer in praktisch allen Altersgruppen unterhalb sechzig bis siebzig Jahren stärker gelitten zu haben. Vermutlich sollte man den jüngsten Altersgruppen kein zu großes Gewicht auf die Unterscheidung zwischen männlich und weiblich legen, denn wie wir gesehen haben, war bei ihnen die Diagnose von Cholera besonders problematisch. In den obersten Altersgruppen allerdings springt sogleich ein auf-

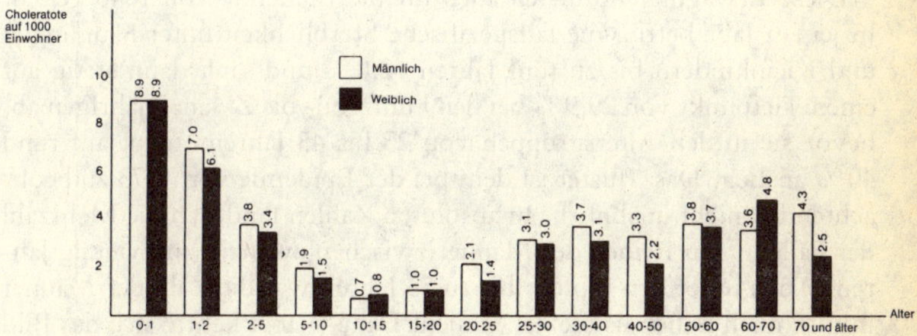

(Quelle: berechnet nach: SHS, 7 [1875], S. 52)

Abb. 24 Geschlechtsspezifische Cholerasterblichkeit nach Altersgruppen in Hamburg, 1873

fälliger Unterschied zwischen den Zahlen für 1892 und 1873 ins Auge: Während die Cholerasterblichkeit 1892 vom fünfundzwanzigsten Lebensjahr an mit zunehmendem Alter weiterhin recht deutlich anstieg, war das 1873 nicht der Fall.[8] Wie ist diese Diskrepanz zu erklären? Einen wichtigen Hinweis finden wir im recht undramatischen Verlauf der Epidemie von 1873. Wahrscheinlich traten im Juni die ersten Erkrankungen auf, von diesen Cholerakranken starben insgesamt sechs. Im Juli gab es regelmäßig einige Fälle pro Tag, alles in allem 116, von denen 76 tödlich verliefen. Vom 11. bis 25. August strebte die Epidemie mit durchschnittlich zwanzig Toten pro Tag ihrem schwach ausgeprägten Höhepunkt entgegen, erreichte ihn während der nächsten fünf Tage mit dreißig Toten pro Tag, und nahm anschließend nach und nach wieder ab. Diese allmähliche Ausbreitung der Epidemie läßt die Vermutung zu, daß der Erreger 1873 nicht ins Trinkwasser der Stadt gelangte. Höchstwahrscheinlich befand sich der Herd im Hafengebiet und an den Fleeten, von wo aus der Erreger von einem Menschen auf den anderen übertragen wurde. Das begünstigte ein gehäuftes Auftreten unter Hafenarbeitern, bei denen die Altersgruppe der Zwanzig- bis Fünfzigjährigen stark dominierte. All die anderen Gruppen, die 1892 in Mitleidenschaft gezogen wurden, liefen 1873 kein annähernd so hohes Ansteckungsrisiko. Die Sterblichkeit in der älteren Bevölkerung war geringer, weil deren Angehörige der Infektion weniger ausgesetzt waren. Nur wenn der Erreger in die Wasserversorgung gelangt wäre, hätten die verschiedenen Einflüsse, die mit zunehmendem Alter eine höhere Sterblichkeit begünstigen, sich ebenso auswirken können wie 1892.[9]

Diese Erwägungen dürften auch für die Epidemie von 1848 gelten. In jenem Jahr betrug die fallspezifische Sterblichkeit unter Säuglingen und Kleinkindern bis zu fünf Jahren 62,0% und sank dann stetig auf einen Tiefpunkt von 29,9% bei den Fünfzehn- bis Zwanzigjährigen ab, bevor sie in den Altersgruppen von 25 bis 45 Jahren erneut auf rund 40% anstieg. Das Muster ist dem bei der Epidemie von 1873 zu beobachtenden nicht unähnlich. In absoluten Zahlen fand sich die Mehrzahl der Fälle in den Reihen der Männer zwischen zwanzig und vierzig Jahren. Auch unter den Opfern bis zu 55 Jahren war die Zahl der Männer immer noch höher als die der Frauen. Danach aber kehrte sich das Bild um. Der Grund dafür lag höchstwahrscheinlich darin, daß überwiegend Männer im Hafen arbeiteten, wo sie dem Erreger wiederholt und in hohen Dosierungen ausgesetzt waren. Das erklärt hinreichend ihre höhere fallspezifische Sterblichkeit in den Altersgruppen der Fünfzehn- bis

Fünfundzwanzigjährigen und der Fünfundzwanzig- bis Vierzigjährigen.[10]

Unglücklicherweise sind fallspezifische Sterblichkeitszahlen alles, was wir zur Epidemie von 1848 für die verschiedenen Altersgruppen besitzen; doch scheint die Annahme vertretbar, daß die gleichen Erkrankungs- und Sterblichkeitsmuster nach Altersgruppen vorlagen wie 1873, und zwar weitgehend aus denselben Gründen. Andere mögliche Erklärungen für das Fehlen einer deutlich steigenden Tendenz bei den Erkrankungen und der Sterblichkeit mit zunehmendem Alter in der Hamburger Epidemie von 1873 scheinen nicht wirklich zu den Fakten zu passen. Zwischen 1873 und 1892 änderte sich die Altersstruktur der Bevölkerung nicht in bedeutsamer Weise. Der scharfe Anstieg der Erkrankungs- und Sterblichkeitsziffern zwischen den Altersgruppen der Fünfzehn- bis Zwanzigjährigen und der nächsthöheren (20–25) im Jahr 1873 legt ebenfalls ausdrücklich die Annahme nahe, daß die plausibelste Erklärung im überwiegenden Auftreten der Krankheit unter Hafenarbeitern zu finden ist. Von diesem Faktor abgesehen, dürften wahrscheinlich Erkrankungs- und Sterblichkeitsziffern in einer allmählichen Kurve angestiegen, aber bis zur Altersgruppe der Vierzig- bis Fünfzigjährigen deutlich unter den tatsächlich erreichten Werten geblieben sein. Ein solcher allmählicher Anstieg ist 1892 zu verzeichnen. Hier also haben wir ein wichtiges Bindeglied zwischen den Auswirkungen der Cholera nach Altersgruppen, Geschlecht und Beruf.

Allerdings stellen diese Zahlen die Auswirkungen der Cholera isoliert dar; sie zeigen, wie sich die Krankheit 1892 einerseits auf verschiedene Altersgruppen innerhalb der Bevölkerung und andererseits auf Männer und Frauen ausgewirkt hat, ohne daß dabei ein anderer Faktor einbezogen würde. Übertragen wir aber diese Zahlen in den Zusammenhang des *normalen* Sterblichkeitsmusters, ergibt sich ein ganz anderes Bild. Bisher haben wir einfach die Frage gestellt, wie wahrscheinlich es war, daß Menschen unterschiedlichen Alters und Geschlechts an der Cholera starben. Die Antwort auf eine weitere Frage, nämlich, um wieviel *wahrscheinlicher* es war, daß Menschen unterschiedlichen Alters und Geschlechts im Cholerajahr 1892 starben als in einem normalen Jahr, liefert Abbildung 25. Die aus dieser Fragestellung resultierende Statistik gibt die Prozentsätze der *zusätzlichen* Übersterblichkeit an. Dazu wird die durchschnittliche allgemeine Sterblichkeit pro Jahr im Jahrzehnt vor 1892 gleich hundert gesetzt und ein nach Geschlecht und Altersgruppen aufgeschlüsselter Index der allgemeinen Sterblichkeit für das Jahr 1892 erstellt.

Hier verläuft die aus den Abbildungen 20 bis 24 bekannte U-Kurve umgekehrt. Abbildung 25 spiegelt wider, daß angesichts der bei Säuglingen, Kleinkindern, Älteren und Alten ohnehin hohen Sterblichkeit selbst eine größere Cholera-Epidemie wie die von 1892 in Hamburg keinen großen Unterschied ausmachte. Am schwersten getroffen wurden im Vergleich zu einem normalen Jahr die gewöhnlich gesunden Bevölkerungsgruppen: Jugendliche, junge Erwachsene und die Menschen mittleren Lebensalters. In absoluten Zahlen gesehen, bestand für diese Altersgruppen zwar eine weit geringere Wahrscheinlichkeit, an der Cholera zu sterben, als bei den ganz Jungen, den Älteren und Alten, doch war unter ihnen die Wahrscheinlichkeit noch geringer, an anderen Ursachen zu sterben, so daß die Cholera für sie relativ gesehen eine größere Bedrohung bedeutete als für die Altersgruppen darunter und darüber.

Hierin liegt einer der Gründe, warum die Cholera die Vorstellungskraft der Zeitgenossen so stark in ihren Bann schlug. Daß Kleinkinder und alte Leute starben, war im 19. Jahrhundert eine allgemein akzeptierte Alltäglichkeit, und die Menschen hatten die damit verbundenen quälenden Empfindungen auf sehr unterschiedliche Weise zu überwinden gelernt. Der Tod von Männern und Frauen in den «besten Jahren» aber war ein weit weniger alltägliches Ereignis, mit dem man sich nicht ohne wei-

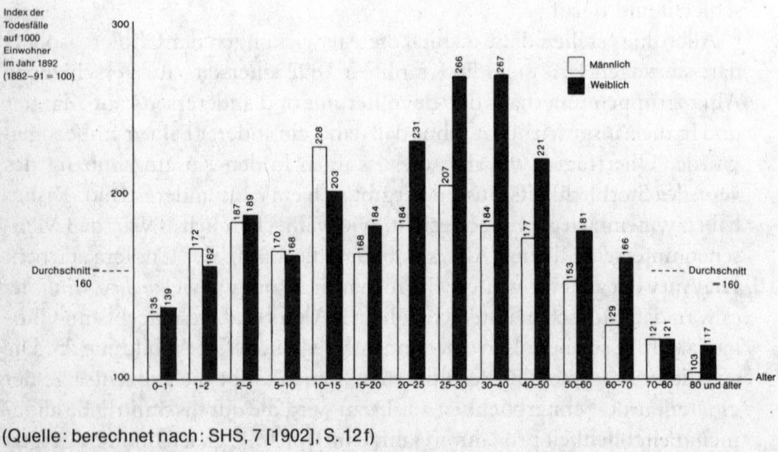

(Quelle: berechnet nach: SHS, 7 [1902], S. 12f)

Abb. 25 Geschlechtsspezifische Übersterblichkeit in Hamburg, 1892, nach Altersgruppen (1882–91 = 100)

teres abfinden konnte. In ihrer Mehrheit standen sie in Lohn und Brot, sie waren Ehegatten, Mütter oder Väter und spielten eine zentrale Rolle in den wichtigsten gesellschaftlichen Institutionen wie der Familie. In Hamburg wie auch andernorts war die Gesellschaft schlecht gewappnet gegenüber einer Epidemie, die das Leben solcher Menschen forderte und die von ihnen Abhängigen am Leben ließ. Die Betroffenen kannten auch keine Möglichkeit, mit dieser Art Verlust emotional fertig zu werden. Den plötzlichen Tod eines Menschen in der Blüte seiner Jahre konnte man beim besten Willen nicht verstehen. Auf diesen Aspekt der Cholera-Epidemie wurde häufiger als auf andere hingewiesen. Zweifellos war das ein weiterer Grund dafür, warum Zeitgenossen – und in ihrer Nachfolge die Historiker – die Cholera im allgemeinen als Krankheit angesehen haben, die die normalerweise gesunden Erwachsenen härter traf als jede andere Bevölkerungsgruppe.

Aus Abbildung 25 geht auch hervor, daß die Übersterblichkeit in Hamburg 1892 bei Frauen von 20 bis 25 Jahren um 47 % höher lag als bei gleichaltrigen Männern; bei Frauen von 25 bis 30 Jahren lag dieser Wert um 59 % und bei solchen von 30 bis 40 Jahren immerhin um 83 % über dem bei Männern der jeweils gleichen Altersgruppe. Mit höherem Lebensalter nahm der Unterschied leicht ab, war aber mit 44 % bei den Vierzig- bis Fünfzigjährigen, 28 % bei den Fünfzig- bis Sechzigjährigen und 37 % bei den Sechzig- bis Siebzigjährigen noch alles andere als eine zu vernachlässigende Größe. Zweifellos lag der wichtigste, eigentlich sogar der einzige Grund für diesen Unterschied im Auftreten der Cholera, denn ausschließlich unter dem Aspekt der Epidemie wichen die Sterblichkeitsmuster des Jahres 1892 von denen normaler Jahre ab. Als Ergebnis von Arthur Imhofs grundlegender Arbeit zum Thema der geschlechtsspezifischen Sterblichkeit wurde weithin angenommen, für Frauen habe im Deutschland des 19. Jahrhunderts allgemein eine höhere Sterblichkeit gegolten als für Männer. Diese These wurde mit dem Argument gestützt, speziell Frauen aus der Arbeiterklasse seien überarbeitet und im Vergleich zu den Männern unterernährt gewesen. Da sie nicht krankenversichert waren, seien sie nicht ohne weiteres zum Arzt gegangen. Beide Gründe treffen in gewissem Maße zu – auch wenn es vermutlich nicht besonders schadete, nicht zum Arzt zu gehen. Doch diese Umstände wurden durch die häufigen Berufsunfälle und Berufskrankheiten der arbeitenden Männer mehr als ausgeglichen. Imhofs Daten beziehen sich ausschließlich auf Dörfer und sehr kleine Städte; er wollte mit ihnen lediglich die ungleiche Verteilung der Lasten illustrieren, der die Frauen in der ländlichen Gesellschaft ausgesetzt waren. Für Großstädte und Industriezentren weisen alle Belege darauf hin, daß während des ganzen 19. Jahrhunderts die Sterblichkeit bei Männern mit wenigen Ausnahmen höher lag als bei Frauen.[11] Das war auch der Hauptgrund dafür, warum sich unter der weiblichen Bevölkerung die Cholera in einer so hohen Übersterblichkeit auswirkte. Der ungewöhnlich große Unterschied gegenüber der normalen Sterblichkeit unter Frauen erfordert daher eine gründliche Untersuchung.

II

Soweit diese Unterschiede in der geschlechtsspezifischen Häufigkeit der Cholerafälle den Zeitgenossen überhaupt auffielen, neigten sie dazu, mit ihrer Hilfe die überkommenen Vorurteile von Männern aus dem Bürgertum gegen proletarische Frauen zu stützen. Die Herren der Gesundheitskommission für die Neustadt Nord schoben einen großen Teil der Schuld für die Epidemie insgesamt den Frauen zu und beschwerten sich über «das weibliche Geschlecht, welches keine Freude mehr an ihrem Heim haben und alles lieber thun, als ihre Wohnungen zu säubern und zu putzen; wie ganz anders sah es damit vor 20 Jahren aus!»[12] Das «Hamburger Tageblatt» stimmte dem zu und erklärte, die Frauen wüßten nicht mehr, wie man einen Haushalt führt. Den Grund dafür suchte es darin, daß junge Frauen aus der Arbeiterklasse lieber in die Fabrik gingen, statt irgendwo in Dienst zu treten. Das gäbe ihnen Gelegenheit, die Grundlagen der Haushaltsführung zu erlernen und sich an Sauberkeit und Hygiene zu gewöhnen:

«Dort war Zwang; dort mußte das junge, kaum der Schule entwachsene Mädchen doch allabendlich zu Hause sitzen und die wenigen freien Abende rechtzeitig sich nach guter bürgerlicher Sitte wieder zu Hause einstellen. Wie verführerisch lauteten dagegen die Erzählungen der Freundinnen, welche in einer Fabrik oder einem anderen gewerblichen Etablissement in Arbeit standen. Keine Hausarbeit, Mittagessen in einer Speisewirtschaft und abends frei, dann gehts zum Tanz. Es ist ein lustiges Leben für ein junges Ding. Auf dem Tanzboden wird die Bekanntschaft mit flotten jungen Männern gemacht und schließlich einer geheiratet. Von den nun an sie herantretenden Pflichten hat die junge Frau keine Ahnung. Sich mit dem Verdienste des Mannes, soweit dieser ihr ausgehändigt wird, einzurichten, versteht sie nicht. Unfriede und Vernachlässigung des Hausstandes ist die Folge – und Schmutz das Resultat.» Deshalb, so mahnte der Artikel, sei Unterricht in Haushaltsführung für junge Mädchen aus der Arbeiterklasse dringend erforderlich.[13]

Dieser Ansicht schloß sich die bürgerliche Presse quer durch die weltanschaulichen Lager an. Ein Leser des linksliberalen «Hamburger Fremdenblatts» erklärte am 24. August, nachdem das Auftreten einer Epidemie schließlich bestätigt worden war: «Die Frau muß *tüchtig* sein», und fügte hinzu: «Die Hausfrauen, die auf Fabriken gearbeitet haben, und nie Hausstandführen gelernt haben, sind es vielfach *nicht*, namentlich nicht, wenn sie *auch* jede freie Zeit dem Vergnügen gewidmet haben.»[14] Ein Arzt, der sich zu Besuch in der Stadt aufhielt, vertrat die Ansicht: «Durch das moderne Fabriksleben zum Theil dem Hause fern gehalten, durch die sozialdemokratischen Ideen über Frauenemancipation dem Familienleben und dem Hause noch mehr entfremdet, hat die Frau des Arbeiters in ihrer Häuslichkeit keinen Stützpunkt. Diese Dinge», fuhr er fort, «finden sich mit ihren Folgen in allen modernen Städten, aber nirgends habe ich dies in so trostloser, krasser Form gesehen wie in Hamburg.»[15]

In Wirklichkeit ging die Katastrophe nicht etwa auf die Unfähigkeit der Frauen zurück, den ihnen von der Gesellschaft abverlangten Pflichten nachzukommen, sie war im Gegenteil Ergebnis des Erfolgs, mit dem sie sich dieser Aufgaben entledigten. Zur Katastrophe wuchs sich das Ganze im übrigen nicht für die Gesamtgesellschaft aus, sondern für die Frauen selbst. Es gab gegen Ende des 19. Jahrhunderts nur wenige Lebensbereiche, in denen eine so klar umrissene Arbeitsteilung zwischen den Geschlechtern herrschte wie im Haushalt. In allen Gesellschaftsschichten war es Aufgabe der Frau, die Lebensmittel einzukaufen, das Essen vorzubereiten und zu kochen, das Haus, einschließlich der Toilette, zu putzen, Windeln und die Bettwäsche zu wechseln und zu waschen wie auch alles andere zu säubern – nicht nur Kleidungsstücke, sondern auch Töpfe, Pfannen, Geschirr und Besteck. Von jeder dieser Tätigkeiten ging während der Cholera-Epidemie selbstverständlich eine große Gefahr für die Frauen aus. Sie konnten sich beim Kochen und sogar schon beim Einkaufen durch eine Berührung mit verseuchten Lebensmitteln oder verseuchtem Wasser infizieren. Besonders gefährlich war ihre Lage, wenn sich bereits ein Cholerakranker im Haushalt befand. Abbildung 26 zeigt, wie es in Haushalten mit zwei oder mehr Cholera-Erkrankungen oder -todesfällen aussah. In diese Kategorie gehörte 1892 in Hamburg etwa ein Viertel aller Opfer. Am häufigsten waren in Haushalten mit zwei Fällen Mutter und Kind erkrankt; ähnlich sah es bei von der Cholera verursachten Todesfällen aus (das betrifft etwa 30% dieser Haushalte). Daher scheint der Schluß erlaubt, daß die hohe Übersterblichkeit unter der weiblichen Bevölkerung 1892 teilweise zu Lasten der Mütter ging, die sich bei ihren Kindern mit Cholera ansteckten.

Auch werdende Mütter waren gefährdet. So hieß es in einem amtlichen medizinischen Bericht:

«Schon seit dem ersten Auftreten der Cholera in Europa hat man die unzweifelhafte Beobachtung gemacht, daß die Schwangerschaft eine unheilvolle Komplikation für die Cholera abgiebt. Es starben relativ mehr Schwangere als andere Frauen in derselben Epidemie. Die Frucht stirbt im Beginn des Choleraanfalls sehr häufig ab, die Schwangerschaft wird

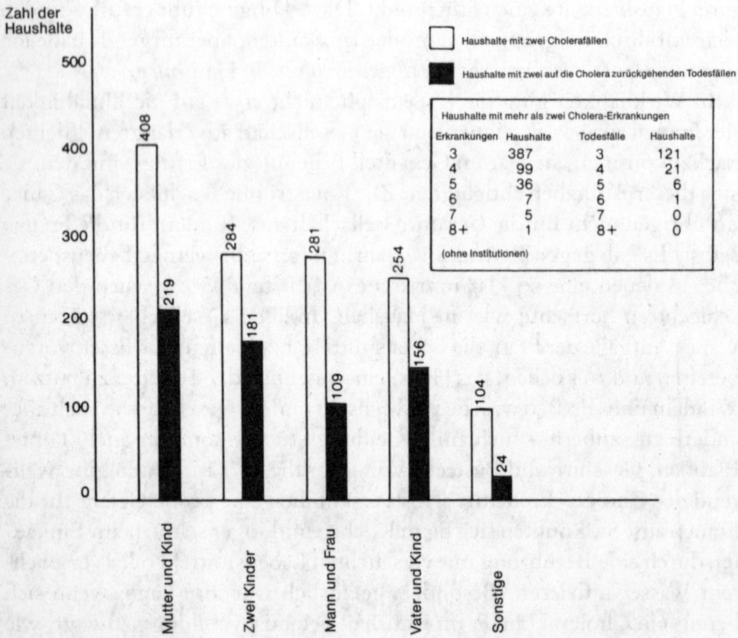

(Quelle: MS, 1892, S. 35)

Abb. 26 Erkrankungen und Todesfälle durch Cholera in Haushalten mit zwei und mehr Cholerakranken oder Choleratoten in Hamburg, 1892

in mehr als der Hälfte der Fälle unterbrochen, ganz abgesehen davon, daß ein hoher Prozentsatz der Schwangeren unentbunden zu Grunde gehen.»

Unter den von diesem Arzt beobachteten 115 Schwangeren, die an Cholera erkrankt waren, gesundeten 28 im Verlauf der Schwangerschaft, 22 brachten ihr Kind zur Welt und genasen, 40 starben, nachdem sie ihr Kind – gewöhnlich tot – zur Welt gebracht hatten, und 25 starben noch während der Schwangerschaft. Damit betrug unter diesen Frauen die Sterblichkeit 56% – kein spektakulär hoher Wert. Vermutlich würde man mit der Annahme nicht fehlgehen, daß die Sterblichkeit der Frau durch eine Schwangerschaft nicht in signifikanter Weise gesteigert wurde. Unter dem Gesichtswinkel menschlichen Leids allerdings bedeutete sie für die betroffenen Frauen eine außerordentliche zusätzliche Belastung.[16]

Eine weitere Gefahrenquelle für Frauen war das Krankenhaus. Einige Indizien sprechen dafür, daß es Frauen, die dorthin gebracht wurden, weniger gutging als erkrankten Männern, die man ins Krankenhaus eingeliefert hatte. Abbildung 27 zeigt die Sterblichkeitsziffern für Männer, Frauen und Kinder von 14 Jahren und darunter für Familien aus St. Georg Nord, in denen mehr als eine Person an der Cholera erkrankt war. Die Zahlen lassen erkennen, daß bei im Krankenhaus behandelten Männern die Wahrscheinlichkeit zu sterben nicht größer war als bei zu Hause behandelten. Bei Frauen und Kindern jedoch, die im Krankenhaus behandelt wurden, lag sie etwa doppelt so hoch, als wenn sie zu Hause blieben. Anders gesagt spielte es für die Überlebensaussichten eines Mannes keine große Rolle, ob er ins Krankenhaus eingeliefert wurde oder nicht, während bei Frauen und Kindern ein Krankenhausaufenthalt die Aussichten auf Genesung verschlechterte. Allerdings beziehen sich diese Zahlen nur auf einen Stadtbezirk, doch sind die Unterschiede in der Sterblichkeit auffällig. Wie lassen sie sich erklären? Man könnte annehmen, daß Ärzte – und vielleicht auch Angehörige – eher zögerten, Frauen, vor allem Hausfrauen und Mütter, ins Krankenhaus einzuliefern als Männer, denn diese waren im allgemeinen nicht krankenversichert. Außer in besonders schweren Fällen wurden Frauen häufig zu Hause behandelt, damit sie sich weiter um die Kinder und den Haushalt kümmern konnten, soweit sie dazu in der Lage waren. Während 66% der Krankenhauspatientinnen als schwere Fälle eingestuft wurden, waren es bei den Männern lediglich 59%.[17] Doch lag bei Patientinnen, die als schwere Fälle im Krankenhaus behandelt wurden, die Sterblichkeit niedriger als bei den Patienten in allen Altersgruppen oberhalb von fünf Jahren, so daß in Wirklichkeit die Gesamtsterblichkeit unter den Krankenhauspatienten für Frauen lediglich 47 % und für Männer in der Altersgruppe von 21 bis 40 Jahren 45 % betrug. Abbildung 27 stützt die Theorie nicht, daß Frauen insgesamt seltener ins Krankenhaus kamen als Männer, so daß dieser Faktor die höhere weibliche Sterblichkeit unter im Krankenhaus Behandelten aller Kategorien nur zum Teil erklärt.

Während die Zahl der ins Krankenhaus eingelieferten männlichen und weiblichen Cholerapatienten mehr oder weniger gleich zu sein schien, wurden Männer meist allein, Frauen hingegen häufig zusammen mit ihren Kindern eingeliefert (zumal es sich dabei um die häufigste Kombi-

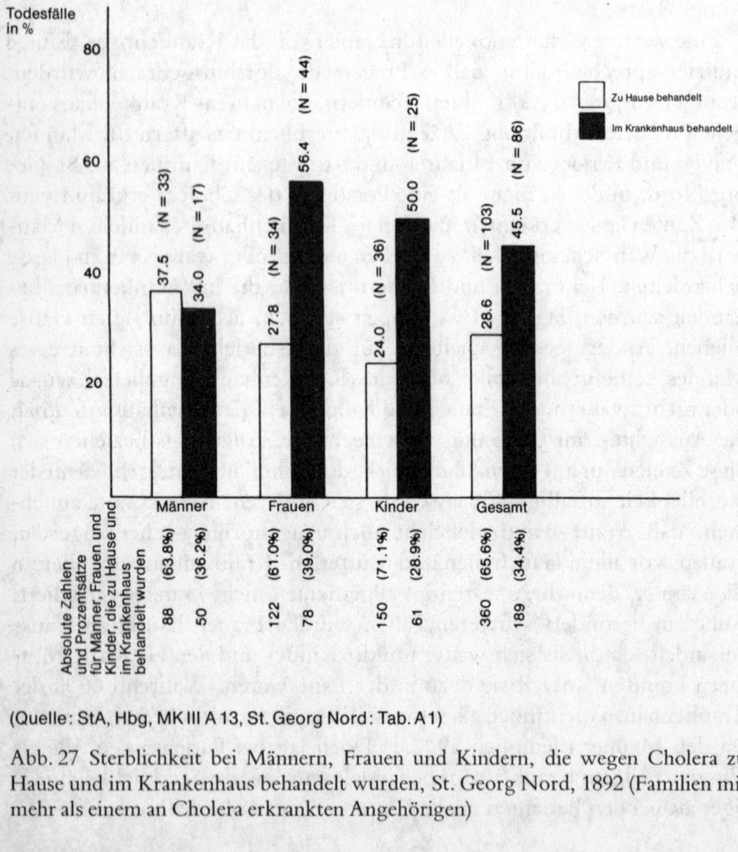

(Quelle: StA, Hbg, MK III A 13, St. Georg Nord: Tab. A 1)

Abb. 27 Sterblichkeit bei Männern, Frauen und Kindern, die wegen Cholera zu Hause und im Krankenhaus behandelt wurden, St. Georg Nord, 1892 (Familien mit mehr als einem an Cholera erkrankten Angehörigen)

tion von Erkrankungen innerhalb einer Familie handelte). Möglicherweise erwies es sich als schwierig, im Krankenhaus Mütter von ihren Kindern zu isolieren, und das hat wohl die Ansteckungsgefahr erhöht, die von Kindern ausging; für sich selbst genommen aber trägt es nicht sehr zur Erklärung der Sterblichkeitsunterschiede bei. Den besten Hinweis liefert vielleicht die *wöchentliche Statistik* der im Krankenhaus behandelten Cholerafälle. Unter den bereits erwähnten Krankenhauspatienten lag die Sterblichkeit bei männlichen Patienten in der ersten Woche (vom 22. bis 28. August) bei 73 %, während sie unter weiblichen Patienten in jener Woche nur 60 % betrug. Doch waren die Patientenzahlen vergleichsweise gering. Viele der Männer waren Hafenarbeiter; und die Gesundheitsbehörde ließ, da die Stadt nicht auf eine Krankenhausbehandlung so vieler Patienten vorbereitet war, ausschließlich Schwerkranke in die Krankenhäuser einliefern. Das waren 83 % der männlichen und 75 % der weiblichen Patienten. Als in der zweiten Woche der Epidemie über ein Drittel aller Patienten der hier untersuchten Gruppen eingeliefert wurde, kehrten sich die Proportionen um: Die Sterblichkeit betrug bei weiblichen Patienten 59 % und bei männlichen 52 %. Erneut waren die Unterschiede in der Altersgruppe von 21 bis 45 Jahren besonders auffällig. Aus ihr wurden in der zweiten Woche der Epidemie doppelt so viele Menschen ins Krankenhaus eingeliefert wie in anderen Altersgruppen. Während 49 % der Frauen starben, waren es bei den Männern nur 44 %.

In allen folgenden Wochen lag die fallspezifische Sterblichkeit für diese untersuchte Gruppe unter 50 %. Ausschließlich in den beiden ersten Epidemiewochen wurden viele minder schwere Fälle weiterhin zu Hause behandelt, da nicht genug Krankenhausbetten zur Verfügung standen.[18] Später kamen praktisch alle Choleraopfer ins Krankenhaus. Während der zweiten Woche der Epidemie, als die Sterblichkeit unter den Frauen im Krankenhaus weit höher lag als bei den Männern, herrschten dort besonders ungeordnete und chaotische Zustände: Die Zahl der Eingelieferten hatte ihren Höhepunkt erreicht, bevor die Cholerabaracken und das Feldlazarett errichtet waren. Unter diesen Umständen hat vielleicht der ungewohnte Rahmen des Lebens im Krankenhaus Frauen und Kinder mehr mitgenommen als die Männer, die das Leben in Institutionen kannten, nicht nur vom Militärdienst her, sondern auch durch ihre Aufenthalte in ausschließlich von Männern besuchten Kneipen und Arbeitervereinen, die zu jener Zeit die wichtigsten Orte des gesellschaftlichen Lebens der Arbeiter darstellten, soweit es sich außerhalb der Familie abspielte. Frauen und Kindern hingegen mag es einen Schock versetzt haben, daß man sie plötzlich dem vertrauten Zuhause entriß, und das kann ihre Widerstandskraft vermindert haben. Wenn man die auf den Bezirk St. Georg bezogene Aussage verallgemeinern kann, scheint, aus welchen Gründen auch immer, die Einlieferung ins Krankenhaus für Frauen gefährlicher gewesen zu sein als für Männer.

Wichtiger als dieser Faktor war freilich, daß die Frauen bei ihren Tätig-

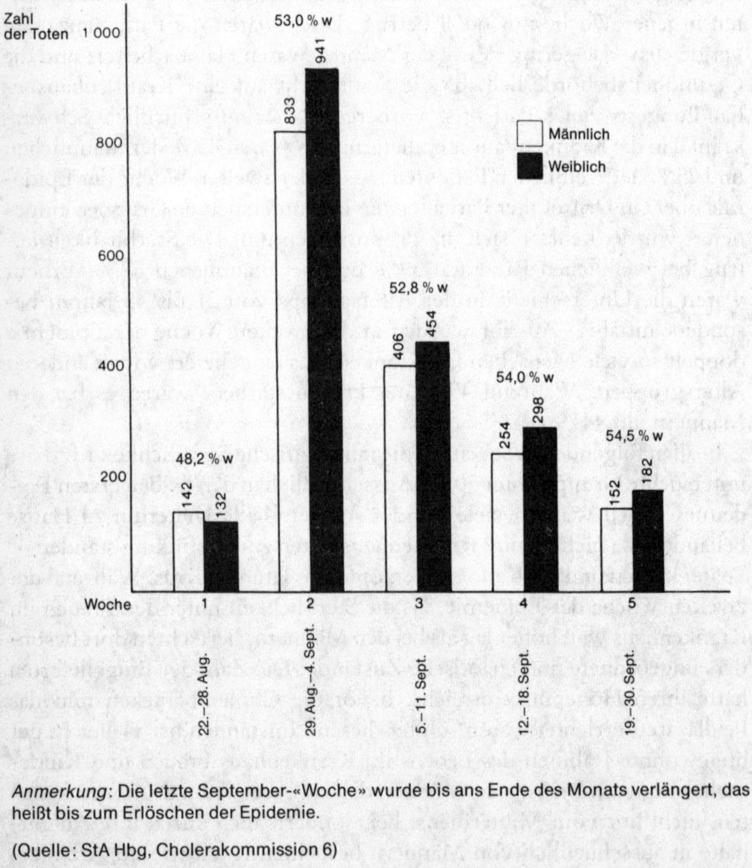

Anmerkung: Die letzte September-«Woche» wurde bis ans Ende des Monats verlängert, das heißt bis zum Erlöschen der Epidemie.

(Quelle: StA Hbg, Cholerakommission 6)

Abb. 28 In Hamburger öffentliche Leichenhallen eingelieferte Choleratote, nach Geschlecht, 22. August bis 30. September 1892

keiten in enge Berührung mit der Cholera kamen, auch wenn die Arbeit im Hafen eine überwiegend männliche Angelegenheit war und kaum bezweifelt werden kann, daß in der Anfangsphase der Krankheit Männer stärker gefährdet waren als Frauen. Abbildung 28 zeigt, daß in der ersten Epidemiewoche mehr männliche als weibliche Tote in die öffentlichen Leichenhallen eingeliefert wurden. Wir haben auch gesehen, daß in jener ersten Woche die Sterblichkeit unter männlichen Krankenhauspatienten deutlich höher lag als unter weiblichen, diese Beziehung sich für die übrige Dauer der Epidemie jedoch umkehrte. Sobald der Cholera-Erreger in das Leitungsnetz gelangt war und eine große Anzahl von Menschen infiziert hatte, steckten sich Frauen als Ergebnis ihrer Arbeit im Haushalt an. Die Berufstätigkeit der Frauen stellte in den neunziger Jahren des vorigen Jahrhunderts in größerem Umfang als zuvor oder danach eine Ausweitung ihrer häuslichen Rolle auf den Arbeitsmarkt dar. Im Jahr 1895 waren daher 53 % aller in Hamburgs Textilbranche Tätigen Frauen, 59 % aller im Wasch- und Reinigungsgewerbe sowie in der Bekleidungsindustrie und 39 % der im Hotel- und Gaststättengewerbe Beschäftigten. Zwar arbeiteten in der Textilbranche nur etwa zweitausend Menschen, doch waren die beiden anderen bedeutende Beschäftigungszweige. Außerdem waren den Zahlen von 1895 zufolge 56 % der mit dem Waschen und Reinigen sowie der Herstellung von Kleidungsstücken und 39 % der im Hotel- und Gaststättengewerbe Tätigen selbständig (zumindest dem Namen nach), und viele von ihnen waren wiederum Frauen. In beiden Branchen war die Erkrankungsziffer an Cholera durchschnittlich oder leicht unterdurchschnittlich, obwohl die Zahlen wegen des hohen Anteils an Selbständigen unter Umständen eher ein wenig zu niedrig angegeben wurden.

Am meisten gefährdet waren die Dienstboten. Wie wir gesehen haben, lag bei ihnen und ihren Angehörigen die Erkrankungsziffer sehr hoch, und zwar bei über 58 ‰. Nahezu drei Viertel der in dieser Kategorie Beschäftigten waren der Berufszählung von 1895 zufolge Frauen (genau 73 %). Wie weiter oben in diesem Kapitel erläutert, waren sie durch ihre Pflichten in den bürgerlichen Haushalten mit großer Wahrscheinlichkeit dauernd der Ansteckungsgefahr ausgesetzt. Die in Abbildung 19 erkennbare geringe fallspezifische Sterblichkeit bei Dienstboten täuscht. Man darf nicht vergessen, daß die Werte für Arbeitskräfte und ihre Angehörigen einschließlich Säuglingen und Kleinkindern berechnet wurden, bei denen die fallspezifische Sterblichkeit extrem hoch lag. Da Dienstboten vorwiegend unverheiratet waren, hatten sie kaum Kinder. Zudem gehörte das Gros der Dienstboten in die Altersgruppe von 15 bis 35 Jahren, in der die fallspezifische Sterblichkeit ohnehin am niedrigsten lag.

Diese beiden Merkmale trafen ausschließlich auf Dienstboten zu und verringerten beträchtlich ihre fallspezifische Sterblichkeit und die der von ihnen Abhängigen. Dennoch lag die Cholerasterblichkeit in dieser Gruppe im Jahr 1892 mit geschätzten 23,6‰ nahezu doppelt so hoch wie die durschnittliche Cholerasterblichkeit in der Stadt ingesamt und war höher als bei irgendeiner anderen Berufsgruppe. In den bürgerlichen Stadtteilen war die Cholera unter Frauen vorwiegend eine Dienstbotenkrankheit. Beispielsweise berichtete die Gesundheitskommission für Harvestehude, daß 26 der 47 Frauen, die 1892 an Cholera erkrankten, Hausangestellte waren, also rund 65 %, während lediglich zwanzig Männer und nur 14 Kinder die Krankheit bekamen. Diese Zahlen lassen erneut erkennen, wie gut die Dienstboten das Bürgertum gegen die Cholera abschirmten.[19] Daß in erster Linie Frauen diesen Schutzwall bildeten, trug weiter zur hohen Übersterblichkeit unter den Frauen bei, vor allem in der Altersgruppe von 20 bis 30 Jahren, in geringerem Umfang jedoch auch in den Altersgruppen von 15 bis 20 und von 30 bis 40 Jahren.

Die Schlußfolgerung scheint deshalb nahezuliegen, daß vor allem die von Frauen im Haushalt ausgeführten Arbeiten, nämlich die Vorbereitung und das Kochen des Essens, das Waschen und Putzen, das Spülen und die Betreuung von Säuglingen und Kleinkindern, sie unmittelbar der Ansteckung mit Cholera aussetzten und zu einer Sterblichkeitsziffer beitrugen, die weit über dem Normalwert unter Erwachsenen lag. Ein weiterer Umstand, der die hohe Übersterblichkeit der Frauen zusätzlich beeinflußte, war deren Beschäftigung in gefährdeten Berufen, insbesondere als Dienstmädchen. Schließlich liegen Hinweise darauf vor, daß Frauen der Cholera leichter erlagen, wenn sie aus ihrer vertrauten häuslichen Umgebung in die fremde Welt des Krankenhauses gebracht wurden. Das galt vor allem während der zweiten Woche der Epidemie, in der besonders chaotische Bedingungen herrschten. Dagegen müssen wir natürlich die Tatsache setzen, daß die vorwiegend am Hafen und an der Elbe tätigen Männer für die Krankheit besonders anfällig waren.

Aussagefähige Zahlen liefert in diesem Zusammenhang die Vorstadt St. Georg Nord mit ihrer sozial gemischten Zusammensetzung. Weniger als 5 % ihrer Bewohner waren im Jahr 1900 im Hafen beschäftigt. An Tabelle 9 läßt sich erkennen, daß Erkrankungs- und Sterblichkeitsziffern unter Frauen deutlich höher lagen als unter Männern – eben weil kein größerer Anteil der im Hafen tätigen Männer dort wohnte. In Städten, die keinen Hafen von Hamburgs Bedeutung hatten, bot sich ein ähnliches Bild. Beispielsweise lag bei der Berliner Epidemie von 1866 in der Altsgruppe der Zwanzig- bis Dreißigjährigen die Cholerasterblichkeit der Frauen bei 8‰ und damit mehr als doppelt so hoch wie bei Männern (bei ihnen betrug sie lediglich 3‰). Dieser Wert war in allen Altersgruppen darüber für Frauen gleichfalls höher, wobei der geringste Unterschied bei den Fünfzig- bis Sechzigjährigen und der größte bei den über Siebzigjährigen auftrat, denn in dieser Gruppe wurden 25‰ der Frauen, aber nur 12‰ der Männer Opfer der Cholera. Hirsch war der Ansicht, daß Schwangerschaft und Kindbett cholerakranke Frauen zusätzlich belasteten, und betonte, «hauptsächlich aber dürfte jene in der That enorme Prävalenz davon abhängen, daß der erwachsene Theil des weiblichen Geschlechtes sich in der Beschäftigung und Reinigung der von den Cholera-Dejectionen besudelten Leib- und Bettwäsche in einem weit höheren Grade der Infection exponirt, als der entsprechende Theil des männlichen Geschlechtes».

Im Unterschied zur Hafenstadt Hamburg war Berlin in erster Linie eine Residenzstadt; daher waren weit weniger männliche Arbeitskräfte bei ihrer Arbeit unmittelbar der Cholera ausgesetzt als 1892 in Hamburg. Das ist zweifellos der Grund für die im Vergleich zur männlichen Bevölkerung höhere Cholerasterblichkeit unter den Frauen in der preußischen Hauptstadt.[20]

Bei früheren Epidemien hatte in Hamburg die Ziffer der Cholera-Erkrankungen und der sich daraus ergebenden Sterblichkeit bei Männern weit höher gelegen als bei Frauen. Beispielsweise betrug 1848 die Ziffer der Cholera-Erkrankungen in der Stadt selbst sowie in St. Georg und auf St. Pauli für Männer 26,6‰, für Frauen 19,6‰; auch die Sterblichkeits-

Tabelle 9 Cholera-Erkrankungen und -sterblichkeit nach Geschlechtern für St. Georg Nord, 1892

	Bevölkerung	Erkrankungen	Todesfälle	Erkrankungen (in %)	Sterblichkeit (in %)	fallspezifische Sterblichkeit (in %)
Frauen	16222	526	220	32,4	13,6	41,8
Männer	14234	455	126	17,9	8,9	27,6
Kinder (14 Jahre und jünger)	9938	342	148	34,4	14,9	43,5
gesamt	40394	1323	494	32,8	12,2	37,3

(Quelle: StA Hbg. MK III A 13: St. Georg-Norderteil, Bl. 4)

ziffern wiesen einen ähnlichen Unterschied auf (12,9‰ zu 9,5‰). Dr. Buek führte diese Differenz nicht nur darauf zurück, daß in den ansteckungsgefährdetsten Berufen (Hafenarbeiter sowie Angehörige von Schiffs- und Bootsbesatzungen) vorwiegend Männer tätig waren, sondern auch darauf, daß übermäßiger Alkoholgenuß, den er für eine der wichtigsten Ansteckungsursachen hielt, vor allem unter Männern verbreitet war. In manchen Stadtteilen war der Unterschied zwischen den Geschlechtern noch ausgeprägter als im Durchschnitt: Beispielsweise lag die Cholerasterblichkeit unter Männern auf St. Pauli, wo sich die Hafenarbeiter konzentrierten, nahezu doppelt so hoch wie unter Frauen; sie betrug 14,5‰, verglichen mit 7,9‰.[21] Je mehr das Übergewicht der Beschäftigung im Hafen abnahm im Zuge der durch die Industrialisierung bedingten Diversifizierung der Wirtschaft Hamburgs, desto stärker ging auch die Überrepräsentation der Männer unter den Opfern von Cholera-Epidemien zurück. Hamburgs Stellung als Hafen sorgte dafür, daß auch noch 1892 unter den Opfern der Krankheit männliche Hafenarbeiter stark vertreten waren. Auch wenn das in deutlichem Kontrast zur Situation eines im Binnenland gelegenen Verwaltungs- und Industriezentrums wie Berlin stand, kann man deshalb nicht das Bild, das sich in Hamburg bot, als «untypisch» abtun. Vor allem in früheren Jahrzehnten spielten die Wasserstraßen im Binnenland eine weit bedeutendere Rolle als im Eisenbahnzeitalter der siebziger Jahre und danach, und die Flüsse, an denen alle größeren Städte des Binnenlandes lagen, dienten zu einer Zeit, da städtische Wasserwerke noch nicht die Regel waren, auch der Wasserversorgung. Die typische geschlechtsspezifische Verteilung von Choleraopfern mag 1832 und 1848 der in Hamburg 1892 mehr geähnelt haben als der in Berlin 1866.[22] Statt aber nach typischen Merkmalen zu suchen, sollte man doch vernünftigerweise akzeptieren, daß die Erfahrungen einzelner Städte voneinander abwichen, je nach der Anwesenheit ansteckungsgefährdeter Berufe, der Art der Wasserversorgung, dem Ausmaß und der Schwere der Epidemie, den Wohnverhältnissen und Lebensumständen sowie allen anderen in diesem Kapitel behandelten Variablen. Diese Faktoren hingen letztlich alle ebenso von der sozialen und politischen Struktur der Stadt ab wie von den politischen und gesellschaftlichen Ansichten jener, die in ihr lebten.

III

Die soziale Ungleichheit gegenüber der Cholera zeigt viele Gesichter: Arme und Reiche, Junge und Alte, Mann und Frau, alle konnten Opfer der Cholera werden, unterschiedlich war nur das Ausmaß, in dem dies geschah, je nachdem, in welchem Teil der Stadt jemand lebte und welcher Arbeit er oder sie nachging. Doch standen diese Dimensionen der Ungleichheit auch auf mancherlei Weise in Beziehungen zueinander. Ihnen allen lag die gegen Ende des 19. Jahrhunderts so auffällige und durch die Gesellschaftsstruktur bedingte Armut zugrunde. Wem die Gelegenheit vorenthalten wurde, einen Beruf zu erlernen oder höhere Bildung zu erwerben, wer weder Geld noch Gut erbte – und das war die überwältigende Mehrheit der Bevölkerung –, sah sich gezwungen, seine Arbeitskraft billig anzubieten. Für Männer bedeutete das vor allem Hilfs- und Gelegenheitsarbeit im Hafen, für Frauen eine Tätigkeit als Dienstmädchen, auf die später die Ehe und das Führen des eigenen Haushalts folgte. Diese Tätigkeiten erhöhten jede für sich genommen schon die Gefahr einer Ansteckung mit Cholera, doch daß sie schlecht bezahlt wurden, wenn sie nicht gar, wie die Hausarbeit, ohne finanziellen Lohn blieben, verschlimmerte die Lage noch, denn wer solche Arbeiten übernahm, war gezwungen, in beengten und ungesunden Wohnungen zu hausen, in denen es häufig weder ein Badezimmer gab noch die Möglichkeit, warme Mahlzeiten zuzubereiten oder Wasser und Milch abzukochen. Fehl- und Mangelernährung verminderte die Widerstandskraft dieser Menschen; die Armut hinderte sie, die Stadt zu verlassen; da sie gezwungen waren weiter zu arbeiten, konnten sie sich nicht von Ansteckungsherden außerhalb des Hauses fernhalten.

Die Angehörigen der wohlhabenden Kreise Hamburgs waren durch mehrere Umstände vor der Cholera geschützt. Ihre Arbeit brachte sie kaum je in Berührung mit dem todbringenden Wasser des Hafens und der Fleete; sie konnten es sich leisten, in geräumigen und gut belüfteten Wohnungen zu leben, und sie verfügten über ihre eigene Küche. Sie waren offenkundig gut ernährt und hatten Zeit und Geld, um die Stadt zu verlassen, wenn ihnen danach war. Am wichtigsten aber war, daß sie über Personal geboten. Das war nicht wie heute ein Zeichen großen Reichtums, sondern ganz im Gegenteil für Angehörige des Bürgertums nahezu unerläßlich. Wahrscheinlich beschäftigten die meisten jener, die pro Jahr mehr als 5000 Mark verdienten, mindestens einen Dienstboten. Über die Hälfte der Haushalte in Harvestehude und Rotherbaum, den beiden Hochburgen des Hamburger Bürgertums, verfügte über Dienstboten und mehr als 40% im fast ebenso stark bürgerlich geprägten Bezirk Hohenfelde. Dem Bürgertum eröffnete sich so die Möglichkeit, das Wasser abkochen, die Kinder beaufsichtigen, das Haus in Ordnung halten und desinfizieren zu lassen und seine eigenen Kontakte mit der Außenwelt auf ein Mindestmaß zu reduzieren. Außerdem besaßen solche Haushalte ein eigenes Badezimmer für die Familie, sie waren damit nicht der Gefahr ausgesetzt, sich bei Fremden anzustecken. Von allen Faktoren, die es dem Bürgertum erlaubten, einer Ansteckung zu entgehen, war neben dem Besitz einer Wohnung mit eigenem Badezimmer bei weitem der wichtigste, daß sie Dienstboten beschäftigten.[23]

Doch beeinflußten auch andere, nicht in erster Linie materielle Faktoren das Verteilungsmuster der Cholera in der Gesellschaft. Die Ungewißheit, die für das Leben der Proletarier kennzeichnend war, führte dazu, daß sie nicht besonders auf Vorausplanung, Sparen und Vorsorge achteten. Krankheit und Tod waren ihnen so vertraut, daß Fatalismus die einzige Möglichkeit zu sein schien, diese ihr Leben ständig begleitenden Bedrohungen zu ertragen. Da ihnen, vor allen jedoch den Frauen, bis zur Einführung der allgemeinen staatlichen Grundschule im Jahr 1871 eine angemessene Ausbildung vorenthalten wurde, konnten viele von ihnen kaum lesen und hatten Schwierigkeiten, die komplizierte Bürokratensprache der von den Sozialdemokraten verteilten Flugblätter zu verstehen, auf denen Vorbeugungsmaßnahmen gegen die Cholera erläutert wurden. Doch selbst wenn sie diese Anweisungen hätten befolgen wollen, waren die praktischen Schwierigkeiten ohne eine entsprechende Wasserversorgung und geeignete Heizmöglichkeiten unüberwindlich. Der übliche Kinderreichtum der Armen machte ihre Lage nur noch schlimmer. Die hohe Geburtenziffer im Proletariat ging weniger auf Unwissenheit zurück, obwohl es die sicherlich auch gab, sie war wohl eher mit dem dauerhaften Bedürfnis zu erklären, der Familie zusätzliche Einkommensquellen zu erschließen. Kinder aus der Arbeiterklasse mußten so früh wie möglich mit anpacken, nicht nur, um die Familie ganz allgemein zu unterstützen, sondern auch um eine Art Sicherheitsreserve für den Fall zu schaffen, daß einer der Hauptverdiener durch Krankheit oder Arbeitsunfähigkeit ausfiel. Eine größere Zahl von Säuglingen und Kleinkindern war ohne Dienstboten schlecht zu beaufsichtigen; von ihnen ging rasch eine nicht unbedeutende Ansteckungsgefahr aus, weil sie im allgemeinen für die Cholera anfälliger waren als andere Altersgruppen. Fehl- und Mangelernährung und unhygienische Lebensumstände trugen dazu bei, daß die Arbeiterkinder von der Cholera am härtesten getroffen wurden.

Das Bürgertum hingegen hatte bereits damit begonnen, die Kinderzahl im Streben nach größerem Wohlstand und höherem Status zu beschränken. Es bestand eine durchaus bemerkenswerte negative Korrelation zwischen der Geburtenziffer und der Zahl wirtschaftlich Selbständiger in der berufstätigen Bevölkerung eines jeden Stadtteils (−0.69); dazu paßt eine entsprechende positive Korrelation zwischen der Geburtenziffer und dem Arbeiteranteil (0.67). Kinder bedeuteten für die bürgerliche Familie nicht nur deshalb eine Belastung, weil sie eine kostspielige Ausbildung benötigten, sondern auch, weil man es nicht für richtig hielt, sie schon in jungen Jahren zur Arbeit zu schicken. Während der Cholera-Epidemie kamen überdies die bürgerlichen Werte der Sauberkeit und Vorsicht ins Spiel; manch einem war es schon seit der Typhusepidemie der späten achtziger Jahre zur Gewohnheit geworden, Leitungswasser vor dem Gebrauch abzukochen. Die Ehrfurcht, die der Bürger der Autorität entgegenbrachte, vor allem wenn diese in Gestalt von Deutschlands berühmtestem Mediziner Robert Koch auftrat, führte dazu, daß die empfohlenen Vorsichtsmaßnahmen verstärkt beachtet wurden. Dies war selbstverständlich nur möglich mit Hilfe der Scharen von Dienstboten, die die Villenviertel um die Außenalster herum bevölkerten, doch entsprach die in vielen bürgerlichen Haushalten während der Epidemie und auch noch eine Weile danach beachtete Grundregel peinlichster Sauberkeit und Ordnung ohnehin vollkommen dem bürgerlichen Empfinden. Sie galt so uneingeschränkt, daß einige Bürger, wie wir gesehen haben, diese Normen gänzlich Fremden auf der Straße aufzuzwingen versuchten und sich empörten, wenn sich die Angehörigen der Arbeiterklasse nicht in ihre Angelegenheiten hineinreden ließen.[24]

Besonders aufgebracht reagierten die Angehörigen der herrschenden Klassen während der Epidemie auf das, was sie als Schlampigkeit der Arbeiterfrau ansahen. Das bürgerliche Ideal der «getrennten Sphären» – Wirkungsstätte der Frau war das Haus, das Feld des Mannes dagegen die Welt – galt zu jener Zeit ohne Einschränkung, die Angst des Bürgertums vor dem Einfluß der Sozialdemokratie auf die Familie nahm jedoch schon zu. Sozialdemokratische Theorie und Propaganda standen der Familie als Institution zu jener Zeit gewiß kritischer gegenüber als später, doch fand die Partei damals bei den Frauen nur geringe Unterstützung. Noch waren Sozialdemokraten, im Gegensatz zu der Zeit nach der Jahrhundertwende, nicht daran interessiert, ihre Frauen zum Eintritt in die Partei zu ermuntern.[25] Auch in der Arbeiterklasse waren die «getrennten Sphären» Wirklichkeit, denn die Männer führten in Gaststätten und Arbeitervereinen, bei Gewerkschafts- und Parteiversammlungen ihr eigenes Leben, während sich die Frauen um die Wohnung kümmern mußten. Die Arbeiterfrauen hatten auch weniger Beziehung zur institutionalisierten Medizin als die Männer und setzten weniger Vertrauen in sie. Daß sie nicht imstande waren, die von ihnen während der Epidemie von 1892 verlangten neuen hygienischen Vorkehrungen zu beachten, lag zum Teil daran, daß ihnen die Möglichkeiten dazu fehlten, vielen aber fehlte auch die Zeit, vor allem wenn sie einer Erwerbstätigkeit außerhalb des Hauses mit langen Arbeitszeiten nachgingen, was bei den meisten der Fall war.

Seit Mitte des Jahrhunderts hatte eine Offensive des Bürgertums allmählich an Stoßkraft gewonnen, die den Arbeiterfamilien bürgerliche Vorstellungen von Sauberkeit und Ordnung nahebringen wollte; Wohlfahrtsorganisationen (in denen häufig Frauen aus dem Bürgertum federführend waren) hatten für Hausfrauen aus dem Proletariat Hauswirtschaftsunterricht einzurichten versucht. In immer größerer Zahl waren Bücher auf den Markt gekommen, die Rat und Hilfe bei der Haushaltsführung anboten, und selbst der Gesetzgeber tat das Seinige, indem er für berufstätige Mütter Mittagspausen und eine Höchstarbeitszeit einführte.[26] Doch bis zum Beginn der neunziger Jahre konnte diese hygienische Offensive kaum Erfolge vorweisen; erst nach der Jahrhundertwende begannen sich greifbare Ergebnisse abzuzeichnen. Wie weit der Weg noch war, ließ sich deutlich an den Erfahrungen der Frauen bei der Epidemie von 1892 erkennen. Sie, die kochen, putzen, und sich um die Kinder kümmern mußten, waren unter den Bedingungen einer Cholera-Epidemie ohne strenge Hygienevorkehrungen einer deutlich größeren Ansteckungs- und Lebensgefahr ausgesetzt als normalerweise, wenn ihre Arbeit im Haushalt nur wenige von ihnen mit so offenkundigen Gefahren in Berührung brachte. Das äußerte sich darin, daß bei den Frauen die Sterblichkeit gewöhnlich niedriger lag als bei den Männern. Wurden sie aber aus ihrer eigenen Sphäre herausgerissen und in die furchterregende, fremde, ungeordnete Welt des Cholerakrankenhauses gebracht, kostete das weiteren Blutzoll, und zwar einen weit höheren als unter Männern.

So befiel also die Epidemie von 1892 nicht nur unterschiedliche Bevölkerungsgruppen auf unterschiedlichen Wegen und in unterschiedlichem Ausmaß, sie legte auch verborgene soziale Gegensätze frei. Die gesellschaftliche Grundwirklichkeit bürdete der Arbeiterklasse größere Opfer auf als den anderen. Doch wir haben gesehen, daß die Art, wie dies wahrgenommen wurde, und in noch stärkerem Maße die Vorstellungen davon, auf welche Ursachen dieser Tatbestand zurückging, je nach gesellschaftlichem und politischem Standpunkt der Beobachter weit voneinander abwichen. Daher war die Reaktion auf die Epidemie weder einheitlich, noch war sie einfach der Reflex auf eine objektive Tatsache; eher könnte man sagen, daß die Reaktion durch eine Vielzahl damals bestehender wirtschaftlicher Interessen, gesellschaftlicher Gegensätze und politischer Ideologien gefiltert wurde. Der Druck, der sich während der Epidemie aufbaute, war in mancherlei Hinsicht unwiderstehlich: Hier drängte man auf eine Reform des Gesundheits- und Sanitärwesens und eine Verbesserung der Wohnbedingungen; dort wurde eine umfassende Ausweitung des staatlichen Eingreifens in die Gesellschaft verlangt; die einen machten sich für die Unterordnung kaufmännischer Interessen unter das Gemeinwohl stark, andere verlangten nach einer demokratischen Verfassungsänderung. Doch während sich diesem Druck niemand vollständig widersetzen konnte, ließ er sich in Richtung auf die bereits im Gang befindliche Umstrukturierung bürgerlicher Herrschaft ablenken, ihr anpassen oder gar in sie einbauen. Der sich daraus ergebende Prozeß richtete das Parallelogramm der gegen die herrschenden Klassen in Hamburg 1892 wirkenden Kräfte neu aus; die von den Kaufleuten geschaffene Welt wurde umgestaltet. Die Art und Weise aber, wie das geschah, war oft überraschend und führte zu Ergebnissen, die im Herbst 1892 kaum jemand vorauszusagen vermocht hätte.

6. DIE UMGESTALTUNG DER GESELLSCHAFT

Die Grenzen des Mitgefühls

I

In den letzten Jahrzehnten haben sich die Historiker von den Auswirkungen der Cholera auf die Kultur im 19. Jahrhundert immer stärker faszinieren lassen, je mehr die Entwicklung der Sozialgeschichte ihre Aufmerksamkeit von den Fragen der hohen Politik, der Kriege und der Diplomatie fort – und auf den Alltag gewöhnlicher Menschen in der Vergangenheit hingelenkt hat. Der englische Historiker Asa Briggs erklärte 1961, daß «eine Untersuchung der Geschichte der Cholera im 19. Jahrhundert ein wichtiges und bisher vernachlässigtes Kapitel der Sozialgeschichte» sei, und nannte, indem er zu weiteren Arbeiten zu diesem Thema aufrief, eine Anzahl von Gebieten, auf denen seiner Ansicht nach die Bedeutung der Cholera lag. «Die Cholera», schrieb er, «traf die Armen besonders hart, denn sie gedieh unter eben den Bedingungen, unter denen diese lebten. Wo auch immer sie europäische Länder bedrohte, beschleunigte sie die Entwicklung sozialer Ängste. Wo sie auftrat, stellte sie die Leistungsfähigkeit örtlicher Behörden und die Flexibilität ihrer Strukturen auf die Probe und deckte politische, soziale und moralische Mängel schonungslos auf. Sie stand am Anfang von Gerüchten und Mißtrauen sowie gelegentlich heftiger gesellschaftlicher Auseinandersetzungen. Nicht nur Predigten inspirierte sie, sondern auch Romane und Kunstwerke.»[1]

Vier Jahre später heißt es bei dem amerikanischen Historiker Roderick McGrew: «Die Cholera hat Europas soziales Bewußtsein geweckt, die Spannungen jener Epoche verschärft, die Auswirkungen bestehender gesellschaftlicher Schwierigkeiten verstärkt und damit grundlegende Merkmale des Lebens und der Anschauungen in Europa bloßgelegt.» Er forderte zu ihrer Untersuchung unter sozialpsychologischen Gesichtspunkten auf, denn es handele sich bei ihr um «ein ernstes gesellschaftliches Trauma, das die europäische Kultur heimgesucht hat und das, richtig verstanden, die Erkenntnis der Geschichte vertiefen könnte».[2] Ähnlich äußerte sich Charles Rosenberg im selben Jahr:

«Eine Epidemie ruft, wenn sie heftig genug ist, zwangsläufig auf jedem Sektor der Gesellschaft Reaktionen hervor... Beispielsweise zeigen sich in ihrem Verlauf unvermeidlich Werte und Haltungen, vor allem auf dem Gebiet der Religion, der Überlieferung und der Neuerung ... Eine Epidemie... bietet ein wirksames und geeignetes Musterbeispiel, an dem einige der grundlegenden Komponenten, die zu gesellschaftlichem Wandel führen, in ihren strukturellen Zusammenhängen untersucht werden können.»[3]

Schließlich hat Michael Durey angemerkt: «Epidemien lassen sich als Mittel dazu nutzen, vergangene Gesellschaften ingesamt zu untersuchen, denn deren Auftreten hat immer wieder das normale Funktionieren der Gesellschaft außer Kraft gesetzt und latente soziale Gegensätze an die Oberfläche getrieben.» Die Reaktion der Gesellschaft auf die Cholera, führte er aus, könne «viel über ihr Wesen aussagen, was sich in friedlichen und relativ harmonischen Perioden nicht ohne weiteres beobachten läßt, jedenfalls dann nicht, wenn bestehende gesellschaftliche Spannungen von verkrusteten, institutionalisierten gesellschaftlichen Beziehungen verdeckt werden»[4].

Diese Zitate belegen, daß Historiker ohne zu zögern Asa Briggs' Aufruf zu intensiverer Forschung gefolgt sind. Seit der ersten Veröffentlichung seines Beitrags vor drei Jahrzehnten ist zu diesem Thema eine so große Zahl bedeutender Monographien erschienen, daß man nicht mehr behaupten kann, es werde vernachlässigt. Im Vordergrund seines Beitrags stand als einer der Hauptpunkte die Forderung nach internationaler, vergleichender Forschung. «Der Vergleich verschiedener nationaler Reaktionen auf die Cholera», schrieb er, «ist insofern enthüllend, als er allgemeine Probleme auf dem Gebiet der vergleichenden Nationalgeschichte erhellt»: «Ein systematischer Vergleich der Rolle, die in der modernen Sozialgeschichte die Cholera zu verschiedenen Zeiten und an verschiedenen Orten gespielt hat... müßte mindestens fünf Komplexe von Sachverhalten heranziehen. Da wäre erstens die Demographie, und hier wären frühere und spätere Sterblichkeitsziffern sowie das Auftreten der Cholera nach Bezirken, Beruf, Alter und so weiter mit einzubeziehen. Zweitens wären die Gegebenheiten der Wirtschafts- und Sozialstruktur sowie der wirtschaftlichen und sozialen Beziehungen einschließlich solcher Erkenntnisse zu berücksichtigen, die sich auf die Art und Größe der Gemeinschaft und die Beziehungen nicht nur zwischen Reich und Arm, sondern auch zwischen ‹Obrigkeit› und ‹Untertanen› beziehen, und drittens politische Umstände, die das unmittelbare Umfeld der Cholera-Ausbrüche bildeten. Als viertes zu berücksichtigen wären die Struktur von Regierung, Verwaltung und Finanzwesen sowie die Beziehung, die bei der Bekämpfung der Krankheit zwischen den Anstrengungen der Regierung auf der einen und Privatleuten (einschließlich wohltätiger Einrichtungen und von außen geleisteter Hilfe) auf der anderen Seite bestand. Fünftens schließlich wäre es nötig, das Ausmaß medizinischen Wissens und die Haltung der Bevölkerung diesem Wissen gegenüber einzubeziehen.»[5]

Inzwischen sind weitere Monographien über die Cholera in Großbritannien, Frankreich, Rußland, Kanada, den Vereinigten Staaten, Spanien und Schweden erschienen, doch unternimmt keine von ihnen ernsthaft den Versuch, Vergleiche auf internationaler Ebene zu ziehen; alle bleiben weitgehend im Rahmen ihrer jeweiligen nationalen Geschichtsschreibung.[6]

Obwohl Briggs als nächsten Hauptpunkt hervorhob, daß Vergleiche zu ziehen seien zwischen der ersten Epidemie von 1830 bis 1832 und späteren Cholera-Ausbrüchen, zu denen es im Verlauf des Jahrhunderts kam, konzentriert sich die Literatur zu diesem Thema weitgehend auf das erste Auftreten der Cholera in Europa. Norman Longmate widmete mehr als die Hälfte seiner allgemeinen Darstellung der Cholera in Großbritannien, «King Cholera» (1966), der Zeit von 1830 bis 1832, und auch Morris' (1976) und Dureys (1980) Untersuchungen über Großbritannien sowie die von McGrew (1965) über Rußland beschäftigten sich ausschließlich mit diesen Jahren. Chevaliers bereits 1958 erschienene Arbeit über Frankreich konzentriert sich – wie auch Delaportes Studie von 1986 und Bourdelais und Raulots von 1987 – in erster Linie auf die Epidemien, die in den dreißiger und vierziger Jahren des vorigen Jahrhunderts auftraten. Bourdelais und Raulot beziehen auch die Epidemie von 1854 ein. Für Schweden beschränkt sich die wissenschaftliche Literatur zur Cholera auf deren ersten verheerenden Ausbruch im Jahr 1834 und für Spanien nahezu ausschließlich auf denselben Zeitraum (1833–1835). Das mag verständlich sein, da das erste Auftreten der Krankheit in Europa so dramatisch ausfiel. Wie es bei McGrew heißt:

«Die erste Epidemie... kam, als die Krankheit noch allgemein unbekannt war, und ihre Auswirkungen fanden Niederschlag auf einem unbeschriebenen Blatt. Die Unwissenheit verschärfte die Reaktionen der Gesellschaft; die Behörden konnten nicht auf Erfahrung zurückgreifen und behalfen sich hastig mit Maßnahmen, die deutlich die Schwächen ihrer eigenen Organisation aufzeigten, während die Ärzteschaft ihre Möglichkeiten und Erfindungsgabe unter den schwierigsten Umständen bewies. So unvorbereitet Rußland auf die Cholera war, zeigte sich in der Reaktion des Landes die besondere Authentizität unbewußter Reflexe.»[7]

Doch die Cholera-Epidemie der Jahre 1830 bis 1832 war lediglich die erste in einer langen Reihe von Epidemien, die Westeuropa nahezu bis zum Ende des Jahrhunderts heimsuchten und Rußland sogar noch darüber hinaus. In ganz Europa kam es danach zu weiteren schweren Ausbrüchen der Krankheit, und zwar 1847 bis 1849, 1853/54, 1865/66, 1873, 1884 und 1892/93.[8] An diesen späteren Epidemien haben die Historiker aus zwei Gründen bisher nur wenig Interesse gezeigt[9]: weil der Schrekken, den die Cholera in der ersten Hälfte der dreißiger Jahre auslöste, allmählich nachließ, die Macht der Krankheit, die Gesellschaft herauszufordern, also entsprechend abnahm; und weil – zumindest für Deutschland – das Quellenmaterial zur Epidemie von 1831/32 weit reichhaltiger ist als zu den Ausbrüchen der Krankheit im darauffolgenden halben Jahrhundert. Für 1892, jenen einzigartig späten Ausbruch in der Geschichte der Cholera, gilt allerdings keine dieser beiden Erwägungen. Die Ausnahmesituation ließ eine ungeheure Menge an Quellenmaterial entstehen, auch deshalb, weil sich die Epidemie – im Unterschied zu früheren – schon im Zeitalter von Statistik, Fotografie und Massenpresse ereignete. Außerdem setzte die Epidemie, da sie sich auf eine einzige Stadt konzentrierte, Menschen und Institutionen, denen man die Verantwortung dafür zuschob, einem weit stärkeren Druck und weit größeren Anforderungen aus als alles, was seit dem ersten Auftreten der Krankheit sechzig Jahre zuvor verzeichnet worden war.

Die Cholera, heißt es bei manchen Historikern, habe für die Gesellschaft eine ganz allgemeine Herausforderung bedeutet und eine entsprechend breit gefächerte Reaktion hervorgerufen. Wie Morris angemerkt hat, war sie «eine Probe auf den gesellschaftlichen Zusammenhalt. Ihr nachzuspüren bedeutet nicht, wie manche Beobachter behaupten, einer Spur von Schmutz und Armut zu folgen, sondern mit anzusehen, wie Vertrauen und Zusammenarbeit zwischen verschiedenen Teilen der Gesellschaft aufs äußerste belastet wurden». In seiner Untersuchung der Cholera-Epidemie, die 1832 Großbritannien heimsuchte, fragte er daher, ob die britische Gesellschaft «den Zusammenhalt und die Stabilität» besessen habe, sich der Cholera zu stellen, und er kam zu dem Ergebnis, dies sei der Fall gewesen. Das Bürgertum sei nicht in Panik geraten, und obwohl die Epidemie zu der Zeit wütete, da im Zusammenhang mit dem bedeutenden Reformgesetz von 1832 eine schwere politische Krise das Land erschütterte, sei die Gesellschaft binnen kurzem «zum Zustand eines stabilen Gleichgewichts» zurückgekehrt.[10] In seiner neueren und gründlicheren Untersuchung gilt Michael Dureys Augenmerk besonders dem Auftreten von Gewalttätigkeiten und Aufruhr im Volk im Zusammenhang mit der Epidemie, er kommt aber zu dem Ergebnis, daß sich die britische Gesellschaft 1832 als «im wesentlichen stabil» erwiesen habe. Ausgedrückt habe sich diese Stabilität nach Ansicht einiger Historiker in der Art und Weise, wie die Cholera nicht nur als Auslöser einer ganzen Reihe von Gesundheitsreformen wirkte, sondern auch zu zahlreichen Veränderungen in der öffentlichen Gesundheitsverwaltung führte und den Anlaß darstellte für wichtige Projekte zur Sanierung von Elendsquartieren und für langfristige Verbesserungen der allgemeinen Wohn- und Lebensbedingungen. Auch wenn schließlich in einigen Kreisen der Ausbruch dieser schrecklichen und den Menschen Mittel- und Westeuropas bis dahin unbekannten Krankheit tatsächlich ein gewisses Maß an verständlicher Panik hervorrief, habe doch die Öffentlichkeit schon bald gelassener und vernünftiger reagiert, was als weiterer Hinweis auf eine gesellschaftliche Stabilität gelten könne.[11]

Im größten Teil der nicht-medizinischen Literatur zu diesem Thema spielt die Cholera eine zentrale Rolle als Prüfstein des sozialen und politischen Systems. Diese Bedeutung der Krankheit zieht sich wie ein roter Faden auch durch die vorliegende Untersuchung. Doch müssen wir bei dieser Betrachtungsweise mit äußerster Gründlichkeit und Umsicht zu Werke gehen. Weder Morris noch Durey liefert eine Anleitung dafür, wie sich gesellschaftliche Stabilität messen läßt, noch wie ihr Zusammenbruch zu definieren ist. Die meisten Historiker, die sich mit der Cholera-Epidemie des Jahres 1832 in Großbritannien beschäftigt haben, würden als akzeptablen Beleg für das Versagen der gesellschaftlichen Stabilität wohl ausschließlich den Ausbruch eines Bürgerkriegs oder eine soziale Revolution wie die in Frankreich 1789 und in Rußland 1905 oder 1917 gelten lassen: einen Zusammenbruch der Mechanismen, mit deren Hilfe verschiedene Gruppen in einer bestimmten Gesellschaft das Dasein der jeweils anderen dulden. Doch ist für die Zerstörung eines politischen und gesellschaftlichen Systems weit mehr als eine Epidemie erforderlich. So hätten Azteken und Inkas die entsetzlichen Verluste wahrscheinlich überleben können, welche die von den Europäern eingeschleppten neuen Krankheiten unter ihnen forderten, wären die Spanier nicht zugleich als unerbittlicher und skrupelloser, mit unendlich überlegenen Waffen ausgerüsteter Feind in ihre Länder eingefallen, entschlossen, sie zu versklaven und zu vernichten.[12] Selbst in John Wyndhams berühmtem Science-fiction-Roman «Die Triffids», der eine Welt schildert, in der sich die Menschheit gezwungen sieht, zum Naturzustand zurückzukehren, nachdem ein vorüberziehender «Komet» die meisten Menschen mit Blindheit geschlagen hat, ist noch eine Masseninvasion menschenfressender Pflanzen nötig, um den Untergang des Menschengeschlechts zu besiegeln.

Nach der Ansicht Paul Slacks in seiner großen Geschichte der Pest im England des 16. und 17. Jahrhunderts haben Epidemien nur dort einen Zusammenbruch der Gesellschaftsordnung hervorgerufen, wo sie sich wirklich extrem auswirkten. Der plötzliche Tod des größeren Teils ihrer Mitglieder werde jede Gesellschaft lähmen; dort aber, wo einer Epidemie nur eine Minderheit der Menschen zum Opfer fiel, wie das bei der Cholera im Gegensatz zur Beulenpest stets der Fall gewesen sei, bewirke sie wahrscheinlich eher eine Reform der Gesellschaft als ihren Zusammenbruch.[13] So ist also die Vorstellung von der Cholera als einer Herausforderung einer Gesellschaft und eines Prüfsteins ihrer Fähigkeit, unter Belastungen wirksam zu funktionieren, durchaus von Bedeutung. Andererseits ist das Bild von der «gesellschaftlichen Stabilität» aber so unscharf, daß wir nicht viel damit anfangen können, zumal es mit keinerlei Vorstellung davon verknüpft ist, auf welche Weise Gesellschaften sich überhaupt ändern. Eher scheint dieser Metapher die Annahme zugrunde zu liegen, alle Gesellschaften seien funktionell sich selbst regulierende Mechanismen, die lediglich ein Eingriff von außen stören könne. Auch hier taucht eine Schwierigkeit auf, denn wie wir bisher immer wieder gesehen haben, war die Cholera eine vom Menschen heraufbeschworene Krankheit; sie ging auf Industrialiserung und Kolonialismus zurück sowie auf die Konflikte, die sich aus diesen ergaben. Sie war nicht allein ein Anreiz zum Wandel, sondern auch eine Folge des Wandels.[14]

So überrascht es kaum, daß einige Historiker überzogene Erwartungen im Hinblick auf mögliche Auswirkungen der Cholera äußerst skeptisch beurteilt haben. Beispielsweise hat die Medizinhistorikerin Margaret Pelling erklärt, die Cholera sei als Ursache von Hinfälligkeit und Tod in der Mitte des 19. Jahrhunderts vergleichsweise unwichtig gewesen; andere epidemisch auftretende Krankheiten wie Typhus, Pocken und Masern hätten größere Wirkung besessen. Daher lasse sich der Cholera lediglich «ein sehr kleiner Anteil im Bereich der höchsten Sterblichkeit zuschreiben, zu der es unter Säuglingen und Kleinkindern kam»[15], zumal «die zahlreichen Erscheinungsformen der Tuberkulose in Bezug auf Häufigkeit und Auswirkung alle bekannten epidemisch auftretenden Krankheiten übertroffen» hätten. Sie kritisierte die Annahme der Historiker, die Cholera habe, weil es sich bei ihr um eine neue Krankheit handelte, die plötzlich und dann verheerend auftrat, als Anreiz zur Reform gedient. In Wirklichkeit, erklärt sie, habe die Cholera «wahrscheinlich auf allen Ebenen eher eine Ablenkung von Reformen als einen Anstoß zu Reformen bedeutet, und Reformer, die die Reaktion auf die Cholera für ihre eigenen Zwecke einzuspannen versuchten, mußten sich damals große Mühe geben. Das deutlichste Beispiel dafür liefert die Beziehung zwischen dem Interesse an der Cholera und der Besorgnis dem Fieber gegenüber, dessen größere Bedeutung als immer gegenwärtige Ursache von Hinfälligkeit und Tod die Reformer des öffentlichen Gesundheitswesens im 19. Jahrhundert auf jeden Fall erkannt hatten... Gewisse Bemühungen, eine Gesundheitsreform nicht auf die Bedrohung durch die Cholera zu stützen, sondern die Cholera sowohl theoretisch wie auch praktisch in dieselbe Kategorie einzuordnen wie das, was man das ‹gewöhnliche Fieber des Landes› nannte, gab es während der ersten Epidemie, und deutlich mehr unmittelbar vor der zweiten, etwa zwanzig Jahre später. Diese Bemühungen fördern zum Teil die Annahme, die Gesundheitsreform habe mit der ersten Cholera-Epidemie eingesetzt.»[16]

Somit wären die von der Cholera allein ausgehenden Wirkungen auf die Gesundheitsreform unbedeutend, und ihr Nutzen als Quelle von Erkenntnissen für den Historiker wäre begrenzt, soweit es um die hinter der Gesundheitsbewegung des 19. Jahrhunderts stehenden Theorien und Erfahrungen geht.

Allerdings läßt sich an der verheerenden psychologischen Wirkung der Cholera nicht zweifeln, auch ihr Einfluß auf die Säuglingssterblichkeit war weit nachhaltiger, als Historiker wie Pelling bisher annahmen. Die Cholera bedeutete für die Reformer keine Ablenkung, nicht zuletzt deshalb, weil sie sich unschwer in bereits vorliegende Theorien der Krankheitsursachen einfügen ließ. Sie bedienten sich ihrer eher zur Verstärkung ihrer Argumente, als daß sie sie als störende Abweichung ansahen. In der Tat haben zahlreiche Historiker, die sich vor Pelling mit der Cholera beschäftigt haben, darauf hingewiesen, daß die Auswirkungen dieser Krankheit auf die Reform des Gesundheitswesens äußerst begrenzt waren. R. J. Morris hat in seiner Untersuchung aus dem Jahr 1976 betont, die Epidemie habe keinen wirklichen Einfluß auf die Verbesserungen des Gesundheitswesens in Großbritannien ausgeübt, und Charles Rosenberg hat für die Vereinigten Staaten von Amerika angemerkt, alle auf die Epidemien zurückgehenden Verwaltungsreformen seien kurzlebig gewesen und hätten keinerlei bleibende Spuren hinterlassen. Der entscheidende Punkt dieses Arguments verdient Beachtung, ein Blick auf die Belege aus Deutschland bestätigt ohne weiteres diese Einschätzung. Immer wieder wurde vorgebracht, die Cholera sei für Deutschland wie für Großbritannien in den Worten von Florian Tennstedt die «‹große Lehrmeisterin› der praktischen Hygiene und der öffentlichen Gesundheitspflege des 19. Jahrhunderts» gewesen. Tennstedt meint überdies, «die Seuchengefahr bewirkte eine Reihe von Maßnahmen der Stadtsanierung», und zwar angeblich das ganze Jahrhundert hindurch bis hin zu den Nachwehen der Epidemie von 1892. Allerdings liefert Tennstedt keine direkten Belege zur Absicherung seiner Behauptung, er stützt sich statt dessen auf eine einzige zeitgenössische Quelle, in der der Cholera nicht nur das Verdienst zugeschrieben wird, zu Verbesserungen der Wasserversorgung geführt zu haben, sondern auch zu strengeren Kontrollen von Lebensmitteln, zum Bau von Kanalisationssystemen und zur Reform von Vorschriften auf dem Gebiet der Medizin.[17]

Wie wir gesehen haben, lösten die Cholera-Epidemien der Jahre 1831/32 und 1848/49 keine größeren Reformen des Gesundheitswesens und der öffentlichen Hygiene aus. Reformbestrebungen in diesem Bereich gingen nicht ausschließlich auf die Cholera zurück, Beispiele dafür sind die Bewegung, an deren Spitze in den fünfziger und sechziger Jahren Max von Pettenkofer stand, oder auch der 1875 gegründete Deutsche Verein für öffentliche Gesundheitspflege, der auf eine 1869 erstmals erschienene Zeitschrift zurückging. Es ging auch darum, etwas gegen den Typhus und andere fiebrige Erkrankungen zu unternehmen, und man bemühte sich, Epidemien im Zusammenhang mit den Verbesserungen der Hygiene-Infrastruktur zu sehen, statt umgekehrt. Manches spricht dafür, daß die öffentliche Debatte über die Reform des Gesundheitswesens und der öffentlichen Hygiene nach 1866/67 einen neuen Höhepunkt erreichte. Der Grund dafür dürfte allerdings nicht nur in den Auswirkungen der Cholera-Epidemien jener Jahre gelegen haben, sondern auch in der gestiegenen Bereitschaft, im Anschluß an die Gründung des Norddeutschen Bundes und des Deutschen Reiches auf Reichsebene Kongresse zu veranstalten und Organisationen ins Leben zu rufen. Auf jeden Fall wirkte sich – Ute Frevert zufolge – die gegen Ende der sechziger Jahre einsetzende und auf Gesundheits- und Hygienereformen drängende Bewegung nur in geringem Maße unmittelbar auf Gemeinden oder Länder aus. Erst als man in den späten siebziger Jahren annahm, die Choleragefahr habe sich verringert, kam es in Berlin und andernorts zu Reformen des Gesundheitswesens. Dort besaßen epidemische Krankheiten, wie wir gesehen haben, in erster Linie mittelbare Folgen, sie waren nur ein Faktor in einem Bündel verschiedener Einflüsse.[18]

Die Regierungen in Mitteleuropa reagierten 1831/32 fast einheitlich auf das Auftreten der Cholera: Sie bliesen den Staub von den gut ein Jahrhundert alten Akten über die Pest und ordneten noch einmal die Maßnahmen an, die man schon zuvor gegen die großen Epidemien der frühen Neuzeit ergriffen hatte. Als diese Vorkehrungen fehlschlugen, wurden sie dort, wo die Trägheit der Bürokratie angesichts sozialer Bedrohungen immer noch an Kontrollpraktiken festhielt, in abgeschwächter Form fortgeführt, wo aber die Handelsinteressen so mächtig waren, daß sie eine Politik des Gewährenlassens erzwingen konnten, überließ man die Dinge einfach sich selbst. Erst als die Ärzteschaft so viel gesellschaftliches Ansehen errungen hatte, daß sie ihren Einfluß geltend machen konnte, also in den sechziger und siebziger Jahren des 19. Jahrhunderts, traten an die Stelle obrigkeitlicher Eingriffe allmählich medizinische Vorstellungen wie die Pettenkofers. Allerdings kam es dazu selbst unter diesen Umständen erst vor dem Hintergrund weitergehender Veränderungen, wie sie sich im Zeitalter des beginnenden Liberalismus in den Beziehungen von Staat und Gesellschaft allmählich abzeichneten.[19] Eine Choleraprophylaxe war in diesem Zusammenhang nur eine von vielen Erwägungen; in Hamburg zum Beispiel löste nicht etwa die Cholera-Epidemie von 1832 die Reform des Gesundheitswesens aus, sondern der zehn Jahre später ausgebrochene große Brand. Zwar führte die Epidemie von 1873 geradewegs zum Versuch, Maßnahmen wie die Filtration des Leitungswassers und die Erweiterung der Kanalisation durchzusetzen, doch stieß diese Initiative, wie wir im zweiten Kapitel gesehen haben, bald auf Widerstand und hatte nur wenig unmittelbaren Erfolg.[20]

Das Beispiel Deutschlands unterstützt die Ansicht, der Historiker solle mit einiger Skepsis William McNeills These würdigen, im allgemeinen hätten Mikroorganismen im Lauf der Weltgeschichte staatliche Strukturen umgewandelt oder zerstört.[21] Der Medizinhistoriker Bill Luckin hat dazu angemerkt: «Die ‹autonome› Auswirkung von Krankheiten läßt sich zu Lasten einer Analyse der soziopolitischen und wirtschaftlichen Verflechtungen übertreiben, von denen die Sterblichkeit an Massenepidemien weithin bestimmt wurde.»[22] Doch sprechen gute Gründe für die

Behauptung, daß Hamburg im Jahr 1892 in gewissem Sinn eine Ausnahme von dieser Regel bildete. Der Grund dafür war, daß die Cholera in jenem Jahr nirgendwo anders ausbrach. So hat ihr Auftreten in Hamburg – durchaus zu Recht – allgemein dazu veranlaßt, die Besonderheiten der sozialen und politischen Struktur dort als eine der Hauptursachen der Krankheit anzusehen. Doch es gab noch einen weiteren Grund. Die im Gefolge von Epidemien auftretende kollektive Aggression richtete sich in Europa im Mittelalter und der frühen Neuzeit häufig gegen Außenseiter wie Juden, Hexen und andere Sündenböcke, ebensooft auch gegen verhaßte Gruppen innerhalb der Gesellschaft selbst. Gegen den Staat richtete sie sich praktisch aber erst[23], als dieser so stark war, daß er sich imstande sah, Cordons sanitaires einzurichten und besondere überwachende Vorkehrungen bei Kranken und Toten durchzuführen. Anders gesagt, gegen den Staat wandte sich die Aggressivität der Bevölkerung erst im Zeitalter des Absolutismus, das seinen Höhepunkt gegen Ende des 18. Jahrhunderts erreichte.[24] Je stärker der Staat, mit desto größerer Wahrscheinlichkeit wurde ihm die Schuld zugeschoben. Daher gab es bei den auf die Cholera folgenden Aufständen, die Anfang der dreißiger Jahre des 19. Jahrhunderts in ganz Europa aufflammten, so unterschiedliche Aggressionsziele wie die zaristische Bürokratie auf der einen und die britischen Anatomen auf der anderen Seite. Daß in Preußen, beispielsweise 1831 in Königsberg, beide gleichermaßen die Wut der Massen auf sich gezogen zu haben scheinen, spiegelt den Status Preußens zwischen dem Absolutismus Rußlands und dem britischen Laisser-faire wider. Allerdings mußte die Ärzteschaft in ganz Europa – einschließlich des Zarenreichs – für ihre Behauptung, sie habe die Ursachen der Epidemien erkannt, damit zahlen, daß sie weithin Gegenstand von Schmähungen durch das Volk wurde. Zu keinem Zeitpunkt richteten sich die Vorwürfe ausschließlich gegen die Behörden.

Nach Luckin führte das Zeitalter der Medizin für die Massen, die sich auf nationale Regierungen und örtliche Verwaltungen stützte, erst sehr viel später, vor allem im 20. Jahrhundert, dazu, daß sich allgemein verbreitete Anschuldigungen im Zusammenhang mit hohen Sterblichkeitsziffern hauptsächlich gegen den Staat richteten. Bei Luckin heißt es dazu:

«Zu einer Zeit, da die Gesellschaft ingesamt stärker mit der Medizin in Berührung gekommen war, drangen Wut und Verzweiflung im Gefolge von Massensterblichkeit kaum je bis in die oberen Ränge des Staatsapparates vor, das heißt zu einer Zeit, als sich die Reformer mit den medizinischen Problemen der neuen städtisch orientierten Gesellschaft in Nord-

und Nordwesteuropa beschäftigten und medizinische Ideologien und (nützliche oder nutzlose) Formen medizinischer Erklärungen das Bewußtsein der Massen beeinflußt hatten.»

Da die «Medikalisierung» der Gesellschaft auf die Revolution der Epidemiologie folgte, tobte der Kampf «nicht wegen Fleckfieber- und Typhusepidemien, sondern wegen der Unterschiede in der Säuglings- und Müttersterblichkeit und der Beziehung zwischen Arbeitslosigkeit und Krankheit»[25]. Die Gesellschaft in Deutschland stand auf der Schwelle zur «Medikalisierung» der Massen, als 1892 die Cholera Hamburg heimsuchte. Sie fiel als letzte Sumpfblüte des Zeitalters des Epidemien in eine Epoche, in welcher der von Koch und der Bakteriologie ausgehende erzieherische Einfluß bereits eine beachtliche Wirkung auf die öffentliche Meinung entfaltet hatte. Er äußerte sich in Hamburg in der massenhaften Verteilung von Flugblättern, einer umfassenden Desinfizierung, in Zeitungsberichten, die sich an die breiten Massen richteten, usw.[26] So übernahmen politische Aktivisten aller Schattierungen rasch Kochs Theorie, die Cholera gehe auf ungefiltertes Wasser, ungünstige Wohnverhältnisse und mangelhafte sanitäre Einrichtungen zurück. Diese Diagnose verknüpften sie mit der Frage der gesellschaftlichen Ungleichheit und mit dem Fehlen einer auf eine Verfassung gestützten Demokratie und schoben die Schuld dem Staat zu.[27] Der Schock der Cholera führte 1892 weit stärker als bei früheren Epidemien zu massivem Druck mit dem Ziel einer gesellschaftlichen und politischen Reform – und auf diesen Druck mußten Hamburgs dominierende Klassen reagieren.

II

Auf eine Katastrophe wie die Hamburger Cholera-Epidemie von 1892 folgen gewöhnlich inmitten aller Anschuldigungen sofort zwei Reaktionen. Als erstes machen sich Wohltäter und karitative Einrichtungen daran, den Überlebenden zu helfen – und sie ließen auch in Hamburg nicht lange auf sich warten. Nicht nur Kritik ergoß sich über die Stadt, auch große Geldbeträge aus dem übrigen Deutschland und der ganzen Welt strömten nach Hamburg. Allein Kaiser Wilhelm II. stiftete 50000 Mark für die Versorgung der Waisen, eine Geste, die ihm sogar die Anerkennung der «Hamburger Nachrichten» eintrug, dem Organ seines Erzfeindes Bismarck.[28] In jeder Hinsicht weit bedeutsamer war jedoch die

Wohltätigkeit, zu der es in Hamburg selbst kam. Wie wir gesehen haben, hatte die Philanthropie bei der Legitimierung der gesellschaftlichen Ungleichheit in der Stadt stets einen hohen Stellenwert gehabt.[29] In der Krise des Jahres 1892, bei der sich so deutlich wie nie zuvor die in der Stadt bestehenden Unterschiede zwischen Arm und Reich zeigten, wurde diese Philanthropie rasch zum Dreh- und Angelpunkt der Selbstverteidigung der dominierenden Schichten und in späteren Jahren wesentlicher Bestandteil ihrer Bemühungen, die feindseligen Anschuldigungen ihrer Kritiker abzuwehren. Sobald das volle Ausmaß der Epidemie deutlich wurde, entfaltete sich, wie Carl August Schröder, ein konservativer Anwalt und von 1899 bis 1918 Senator, später schrieb, «eine gemeinsame Liebestätigkeit, die nichts von Klassenunterschieden und Parteigegensätzen wußte, die nur Bedrängten helfen und im gemeinsamen Zusammenwirken die Seuche bekämpfen wollte»[30]. Senator Gustav Hertz wies voll Stolz darauf hin, welche «praktische, eifrige und beständige Thätigkeit, die Alle im Interesse Aller entwickeln», sich dort äußerte. Die Solidarität der Gemeinschaft angesichts einer Bedrohung von außen und einer über Hamburg hereingebrochenen Katastrophe wurde in diesen und zahllosen anderen Äußerungen unermüdlich herausgestrichen.[31]

Die Mobilisierung der philanthropischen Kräfte der Stadt setzte ein, nachdem als Ergebnis der Hamburg von außen auferlegten Quarantäne Handel und Geschäftsleben zusammengebrochen waren und Kaufleute, Händler und Industrielle tatenlos in ihren Kontoren herumsaßen und über viel freie Zeit verfügten.[32] Als am 31. August 1892 die Handelskammer öffentlich dazu aufrief, ein «Hülfs-Comité» zu gründen, zeigten sich 331 Firmen und Privatpersonen zur Mitarbeit bereit. Am 2. September führte eine Zusammenkunft in der Handelskammer zur Gründung eines 26 Köpfe starken «Executiv-Ausschuß», der am folgenden Tag die Bürgervereine dazu aufrief, in ihren jeweiligen Stadtteilen «Notstands-Comités» zu gründen. Dort, wo unterschiedliche politischeAnschauungen mehr als einen Bürgerverein hatten entstehen lassen, wurden diese zur Zusammenarbeit aufgefordert. Inzwischen sorgte der Executiv-Ausschuß dafür, daß mindestens vier seiner Mitglieder während der Dienststunden (von 9 bis 17 Uhr) ständig in der Handelskammer anwesend waren, um das Vorgehen zu koordinieren, und allwöchentlich wurden zwei oder drei Vollsitzungen abgehalten. Außerdem ernannte der Executiv-Ausschuß aus seinen eigenen Reihen Beauftragte für die Beziehungen zu jedem der ingesamt 26 örtlichen Komitees, denen freigestellt war, auf welche Weise sie sich organisieren wollten. Gewöhnlich riefen sie in den einzelnen Stadtteilen Unter- und Fachausschüsse ins Leben, so daß binnen kurzem eine bis in feinste verästelte Struktur entstanden war mit insgesamt rund 1500 Personen, die sich aktiv an den Aufgaben beteiligten.

Nach der Epidemie dokumentierten viele dieser Stadtteilkomitees den Stolz auf die von ihnen vollbrachten Leistungen in prächtig gedruckten und aufwendig gebundenen Berichten, die ihr karitatives Handeln in allen Einzelheiten der Öffentlichkeit darstellten. Bedenkt man, wer die Gründung dieser Komitees angeregt hatte und daß sie von den Bürgervereinen organisiert wurden, überrascht es nicht, daß ihnen in erster Linie Männer aus Bürgertum und Mittelstand angehörten. Vor allem Lehrer taten sich hervor – sie stellten beispielsweise 77 der ingesamt 131 Mitglieder des Eimsbütteler Komitees. In den ärmsten Teilen der Stadt spielten auch die wohlhabenderen Angehörigen des Kleinbürgertums eine bemerkenswerte Rolle; so bestand das «Notstands-Comité» in der Neustadt Nord aus fünfzehn Handwerksmeistern, elf Ladeninhabern, elf Kaufleuten, Händlern oder Maklern, je zwei Lehrern, Lehrerinnen, Betreibern von Privatschulen, Hotelbesitzern, Rentiers und Zahnärzten sowie einem Arzt und einem «Künstler». Das entsprach ziemlich genau der sozialen Zusammensetzung der örtlichen Armenvorstände. In manchen Stadteilen, wie beispielsweise der Altstadt Nord, waren im Komitee nahezu alle Armenpfleger vertreten, in vielen anderen Stadtteilen arbeiteten die Mitglieder auf das engste mit der Armenpflege zusammen.[33]

Die Spannweite der Aufgaben, denen sich die Notstandskomitees widmeten, war erstaunlich. Sie stellten abgekochtes Wasser zur Verfügung, Desinfektionsmittel, frische Kleidung und Bettwäsche, beschafften Lebensmittel, übernahmen Mietkosten, sorgten für die Pflege Genesender, kümmerten sich um Verwitwete und Verwaiste, unterstützten Menschen, deren Möbel und sonstige Habe Desinfektionsmitteln zum Opfer gefallen waren oder die ihre Wohnung hatten verlassen müssen. Ganz allgemein unterstützten sie Menschen mit Geld, die wegen der Epidemie zeitweilig einkommenslos waren. Das betraf nicht nur viele Arbeiter, sondern auch eine ganze Reihe von Ladeninhabern, insbesondere Milch- und Gemüsehändler. Die Armenpflege hatte alle Hände voll zu tun, die bereits vor Ausbruch der Epidemie von ihr betreuten Menschen zu unterstützen, obwohl jetzt manche von ihnen zusätzliche Hilfe brauchten und vom Notstandskomitee auch bekamen. Fotografien aus der Zeit der Epidemie liefern zahlreiche Hinweise auf die Vielfalt der philanthropischen Aktivitäten, von Suppenküchen in eilends errichteten

Holzhütten an den Hauptplätzen der Stadt bis hin zu Waisenhäusern und Krippen für die Kleinkinder der unglücklichen Opfer. Während die Männer aus den Bürgervereinen bei der Organisation dieser gewaltigen wohltätigen Aufgabe die Führung übernahmen, wurde häufig die eigentliche Arbeit von den Frauen der Bürgervereinsmitglieder geleistet.[34] Die Nahrungsmittel, aus denen Mahlzeiten für die Bedürftigen zubereitet wurden, kaufte man in Läden, deren Besitzer durch die Epidemie vermutlich Einbußen erlitten hatten. Köchinnen wurden angestellt, und die Kartoffeln schälten bezahlte Arbeitskräfte; verteilt aber wurden die dicken Suppen oder Eintopfgerichte von freiwilligen Helferinnen, unter ihnen manch «reizende junge Dame». Eine von ihnen, berichtete ein Reporter, «sagte mir einmal, sie werde in ihrem Leben wohl nie wieder so recht seelenvergnügt sein können, weil ihre Thätigkeit in der Feldküche sie einen tiefen Blick in das unendlich traurige Elend der unteren Bevölkerungsschichten habe thun lassen». Er räumte allerdings auch ein: «Diese junge Dame gehörte zu den wenigen, die ihre Stellung in der Feldküche dazu benutzten, die verschämte Armuth aufzuspüren.» Die meisten Helfer aus der besseren Gesellschaft, gab er damit zu verstehen, dachten nicht weiter über diese Dinge nach.[35]

Die finanziellen Leistungen des Notstandskomitees nahmen beträchtlichen Umfang an. Beispielsweise sammelte das Komitee von Barmbeck bis zum 17. September annähernd 14000 Mark und bekam schließlich von den Bewohnern des Stadtteils insgesamt deutlich über 20000 Mark zusammen. Zahlreiche Spenden, hieß es, seien von Arbeitern und Handwerkern in jenem stark von der Arbeiterschaft geprägten Vorort gekommen. Der größte Teil der Mittel des Komitees jedoch – insgesamt 114000 Mark – stammte aus dem zentralen Hilfsfonds. Mit diesem Betrag wurden bis März 1893 allmonatlich zwischen 1500 und 2500 Personen unterstützt.[36] Das Notstandskomitee von Uhlenhorst, um ein weiteres Beispiel aufzugreifen, unterstützte vom 3. September bis 1. Dezember mit annähernd 5000 Beihilfen pro Tag mehr als 20000 Personen. Die meisten von ihnen stammten aus Familien, die mehrfach bedacht wurden und beispielsweise einige Wochen hindurch zwei- bis dreimal wöchentlich etwas bekamen.[37] Immer wieder dienten diese Aktivitäten den Verteidigern des Senats als Beleg dafür, wie sehr die Bewohner Hamburgs während der Epidemie Solidarität geübt, welches Pflichtgefühl und menschliche Empfinden das Bürgertum bewiesen hätte und in welchem Ausmaß angesichts der Bedrohung alle Klassenschranken und Trennendes überwunden worden seien. Doch waren die

Realitäten der wohltätigen Bemühungen weit komplexer und stimmten deutlich weniger zuversichtlich, als dies rosige Bild vom Gemeinschaftsgeist wahrhaben möchte.

Ganz im Vordergrund stand die umstrittene Frage, was mit den Sozialdemokraten geschehen solle, auf deren Angaben man offenkundig angewiesen war, wollte man erreichen, daß die wohltätigen Bemühungen denjenigen zukamen, die ihrer am meisten bedurften. So hieß es über die Sozialdemokraten in einem allgemeinen Bericht zur Tätigkeit der Notstandskomitees im Jahr 1892 «daß die Mitglieder dieser Partei, weil sie in ganz unmittelbarer Fühlung mit den eine Notlage veranlassenden Verhältnissen sich befinden, für die Zwecke der Notstandspflege besondere Sachkunde mitbringen. Es konnte sich also weniger darum handeln, ob man in den Mitgliedern der gedachten Partei sachverständige Helfer finden würde, als darum, ob zu befürchten stand, daß sie eine solche Stellung zu Parteizwecken etwa mißbrauchen würden.»[38]

Trotz dieser Bedenken baten verschiedene Stadtteilkomitees einzelne Sozialdemokraten um Mithilfe, und diese wurde ihnen auch gern gewährt – ein weiteres Beispiel für die langersehnte Anerkennung der Partei durch die bürgerliche Gesellschaft. In einzelnen Fällen taten im übrigen die Sozialdemokraten den ersten Schritt. Wie es in einem Bericht der «Börsen-Halle» über die Ereignisse hieß:

«So hat sich Muth, Thatkraft und Menschenliebe hier bethätigt, die socialen und politischen Unterschiede haben sich in dieser Zeit schwerster Noth verwischt. Die socialdemokratische Partei hat sich in Reih und Glied gestellt, und wegen ihrer genauen Kenntnis der Verhältnisse der kleinen Leute ist ihre Mitwirkung in weitem Umfange gern in Anspruch genommen worden.»[39]

Auch das war Teil der Legende, wie sich bald an der Erfahrung der einzelnen Stadtteilkomitees zeigte.

Das Notstandskomitee von Barmbeck (eine der Hochburgen der Sozialdemokratie in der Stadt) bestand aus Besitzbürgern, den Mitgliedern des örtlichen Bürgervereins. Es berichtete später, die Debatte über die Frage, ob die Sozialdemokraten zur Ausschußarbeit mit herangezogen werden sollten oder nicht, habe sich am 4. September zugespitzt. Wörtlich heißt es:

«War es demselben [nämlich dem Komitee], wie auch sein Aufruf hervorhob, darum zu tun, alle Kreise unserer Vorortsbevölkerung anzuspornen, hilfreiche Hand zur Bekämpfung der Cholera zu leisten, so durften wir doch dem von sozialdemokratischer Seite an uns gestellten

Ansinnen, sechs der Ihren in dem Vorstand aufzunehmen und diese sechs mit täglich 6 M. aus den uns zur Verfügung stehenden Mitteln zu besolden, unter keinen Umständen Folge geben.»

Die Vorstellung, den sechs Sozialdemokraten für ihre Tätigkeit ein Tagegeld zu zahlen, sprach allen Regeln der Ehrenamtlichkeit Hohn, durch die sich diese Art Wohltätigkeit auszeichnete. Auf die zitierte Stelle im Bericht folgen zwei weitere, mit einem Stück unbeschriebenen Papiers überklebte Sätze. Im Lauf der Zeit hat sich diese Art der Zensur sozusagen von selbst aufgelöst, und so kann, wer vorsichtig unter das Papier späht, folgendes entziffern:

«Es kam zu aufgeregten Auseinandersetzungen. Trotzdem übernahm die gen. Partei die Verbreitung des Aufrufs und drei der Ihren reihten sich freiwillig in die Schar unserer Pfleger ein, um nach Kräften an unserm Werke mitzuarbeiten.»[40]

Auch von sozialdemokratischer Seite wurde berichtet: «Als wir erklärten, hierfür eine Entschädigung zu beanspruchen, da unsere Leute nur von der Hand in den Mund lebten, da pfiffen die Winde aus einem anderen Loche, da verzichtete man auf unsere Hülfe, weil man glaubte, wir sollten uns freiwillig hierzu melden.»[41] So beschloß dann die Partei, ihre Vertreter, die in den Notstandskomitees mitarbeiteten, aus eigenen Mitteln zu bezahlen und wendete dafür im Lauf der vier Wochen insgesamt 2400 Mark auf. Das konnte sie sich um so eher leisten, als Sozialdemokraten aus Hamburg, dem übrigen Deutschland und anderen Ländern, unter ihnen zahlreiche Sozialisten aus den Vereinigten Staaten, sie mit Spenden von insgesamt nahezu 18000 Mark im Kampf gegen die Epidemie unterstützten.[42] Die Partei gab zwar rund 18100 Mark für die von der Epidemie Betroffenen aus, griff aber den offiziellen Notstandskomitees nicht mit Geld unter die Arme, weil dort die Vertreter der Kapitalisten saßen, die ihrer Ansicht nach die Verantwortung für die Epidemie trugen und daher ruhig das Rettungsunternehmen größtenteils aus ihrer eigenen Tasche finanzieren konnten.[43]

Am 13. Oktober hielt der Sozialdemokratische Verein für den dritten Hamburger Reichstagswahlkreis – den größten in der Stadt – eine Sitzung ab, auf der die Lage eingeschätzt werden sollte. Von den 3000 Mitgliedern waren 352 gekommen, und mehrere schilderten ihre Erfahrungen in den verschiedenen Notstandskomitees. A. Backer teilte mit, der Ausschuß von Barmbeck habe seine Mitarbeit akzeptiert und ihm auch freie Hand gelassen. In ähnlicher Weise erklärte sich H. Schneider vollständig damit zufrieden, wie ihn der Ausschuß von Eilbeck aufgenommen, in den Ausschuß gewählt und seine Aktivitäten gebilligt hatte. Anderen war es weniger gut gegangen. Beispielsweise berichtete K. Scholz, der mit einigen Genossen an den Ausschuß von Uhlenhorst herangetreten war, «daß das Comitee ihre Hülfe abgewiesen hat und ihm gesagt worden ist, daß er wohl seine Schuldigkeit gethan habe, doch habe er oponirt und will er somit zur Thür hinaus gewiesen sein». Ihm pflichtete C. Offen bei, der sich beklagte, «daß er in der Versammlung des Comitees das Wort nicht habe erhalten können». Als er es schließlich doch bekam, regte er an, jeder, dessen Jahreseinkommen 3000 Mark überstieg, möge innerhalb von vier Wochen 3% davon spenden. Es überrascht nicht weiter, daß er mit diesem Vorschlag keine freundliche Aufnahme fand. Andere Vertreter teilten mit, verschiedene Ausschüsse hätten ihre Vorschläge zurückgewiesen und die Sozialdemokraten beschuldigt, ihnen die begonnene Arbeit entreißen zu wollen, oder sie seien erst gar nicht bereit gewesen, deren Vorschläge auch nur zu diskutieren. In Eimsbüttel weigerten sich die meisten Unterausschüsse, Sozialdemokraten als Mitglieder aufzunehmen. Insgesamt fand nur ein einziger Sozialdemokrat – Schneider in Eilbeck – Aufnahme im Notstandskomitee eines Stadtteils; alle anderen durften lediglich als Helfer in den Unterbezirken tätig werden.[44]

Selbst dort kam es offensichtlich zu Zusammenstößen. Ein Notstandskomitee sah sich zu der Klage veranlaßt, «daß die Mitteilungen sozialdemokratischer Helfer nicht immer zuverlässig gewesen, daß namentlich nicht bloß solche Personen aufgegeben worden seien, die nicht bedürftig, sondern auch solche fortgelassen wurden, welche bedürftig gewesen»[45]. Diese Klage beleuchtete eine noch grundlegendere Schwierigkeit als die der Zusammenarbeit mit den Sozialdemokraten. Hamburg war, wie wir im ersten Kapitel gesehen haben, in den Vorjahren auf die Linie des sogenannten Elberfelder Modells der Armenpflege eingeschwenkt, das gerade zur Zeit der Epidemie eingeführt werden sollte.[46] Bedenkt man die engen Beziehungen zwischen den Notstandskomitees und den Armenvorstehern wie auch, daß viele Armenpfleger in ihnen eine aktive Rolle spielten[47], überrascht es kaum, daß sich die karitativen Bemühungen, mit deren Hilfe man das auf die Epidemie zurückgehende Elend lindern wollte, weitgehend an den Grundsätzen des Elberfelder Systems orientierten. Der wichtigste davon hieß: Arbeit statt Almosen. Mit Hilfe strenger Kontrollen sollte sichergestellt werden, daß nur «würdige» Arme Unterstützung erhielten. Wegen der frühen und ziemlich überstürzten Einrichtung der Notstandskomitees wurden diese Grundsätze bald weithin unterlaufen:

«Man erkannte, und zwar ziemlich gleichzeitig in allen Bezirken, daß die verhältnismäßig leichte Gelegenheit, Unterstützung zu erlangen, manche, die nachweislich Arbeit hatten oder erhalten konnten, dazu verführte, sich lieber auf Kosten der Nothstandspflege unterhalten zu lassen, namentlich da hiermit keinerlei öffentliche Nachtheile verbunden waren, als durch Arbeit sich selbst ihren Unterhalt zu verschaffen.»[48]

Wie dieser Bericht erkennen läßt, war mit den milden Gaben vom Standpunkt der Armen aus der Vorteil verbunden, daß sie nicht den Verlust bürgerlicher Rechte bedeuteten, wie das bei der Fürsorge durch die staatliche Armenpflege der Fall war.

Die Ausschüsse versuchten, die Empfänger ihrer Hilfe in den Stand zu versetzen, daß sie für sich selbst sorgen konnten. So heißt es in den Unterlagen des Executiv-Ausschusses:

«Für eine große Anzahl von Frauen wurden Brot-, Grünwaren, Fettwaren- oder Steinzeuggeschäfte eingerichtet, bezw. bestehende derartige Geschäfte angekauft, einige haben einen Mittagstisch eingerichtet, andere einen Wäschereibetrieb angefangen, drei haben Kochen gelernt, drei Unterricht im Frisiren genommen, einigen wurden die Mittel gewährt, einen Cursus für Hebammen durchzumachen, einigen ein Geschäft mit holländischen Waaren eingerichtet. Sehr vielen wurde aber auch nur dadurch geholfen, daß man ihnen eine Nähmaschine anschaffte.»[49]

Ganz im Geist des Elberfelder Systems drängten also die Notstandskomitees die Frauen unter den ihnen Anvertrauten in untergeordnete und unsichere weibliche Beschäftigungen, bei denen sie ausgebeutet werden konnten.[50] Dennoch fürchteten sie beständig, solche Menschen könnten Rosinen im Kopf haben, und sie wiesen daher postwendend den Vorschlag zur Einrichtung einer Lotterie zurück, so gewinnbringend sie auch sein mochte. Als Begründung dafür wurde angegeben, es «würden bei plötzlichem Zufluß einer so großen Summe naturgemäß die Ansprüche der Nothleidenden derart steigen, daß es dem Ausschuß und den Bezirks-Comités dann außerordentlich erschwert werden würde, in rationeller Weise weiterzuarbeiten»[51]. Offenkundig vertrat das Besitzbürgertum die Ansicht, daß die Armen arm bleiben sollten, denn viele der bei den Komitees eingehenden Sachspenden waren, vor allem, wenn sie von außerhalb der Stadt stammten, buchstäblich wert- und nutzlos. «Ich habe selbst gesehen», schrieb eine Mitarbeiterin eines der Ausschüsse, «was für Lumpen man uns sandte.»[52]

Die Komitees achteten geradezu zwanghaft darauf, von Antragstellern nicht betrogen zu werden. Am 13. / 14. Oktober trat der Armenvorstand zusammen, um über Maßnahmen zu beraten, wie «der mißbräuchlichen Ausnützung der Wohltätigkeit vorgebeugt werden» könnte. Er führte rasch eine genaue Arbeitsteilung zwischen der Armenpflege und den Organisationen ein, die sich auf freiwilliger Basis darum bemühten, die Not zu lindern. Die Ausschüsse achteten auch sorgfältig darauf, daß keinem der Antragsteller gleichzeitig Hilfe von anderen privaten mildtätigen Einrichtungen zuteil wurde. Jeder bekam eine Kennkarte, auf der man die ihm ausgezahlten Beträge eintrug, außerdem mußten sich alle regelmäßig in den Räumen der Ausschüsse melden, die anfänglich zwölf Stunden am Tag besetzt waren.[53] Ein Beobachter äußerte sich dazu später wie folgt: «Frechheit, Unverfrorenheit, Faulheit, Habsucht, Unzucht drängten sich sehr oft in den Reihen wirklicher Noth und unverschuldeten Elends.»[54] Die Notstandskomitees zögerten auch nicht, Verfahren gegen solche Empfänger ihrer Wohltaten einzuleiten, von denen sie sich getäuscht fühlten. Im Dezember 1892 wurde jemand verurteilt, weil er sich von zwei verschiedenen Komitees hatte unterstützen lassen. Auch ein Mann, den das Eimsbütteler Notstandskomitee während der Epidemie als Boten beschäftigt hatte, wurde anschließend verurteilt, hatte er doch von Mitgliedern des Ausschusses den fürstlichen Betrag von 14,50 Mark erschlichen. Ein anderer wurde bestraft, weil er sich unter ähnlichen Umständen beim Winterhuder Notstandskomitee in den Besitz des schon deutlich höheren Betrags von 270 Mark gebracht hatte.[55] Doch nicht nur Betrug empörte die Bürger. Als das Notstandskomitee für Winterhude die im Spätherbst und im Winter des Jahres 1892/93 aufgewendeten Unterstützungsbeträge zur Linderung des Elends von insgesamt 408 Familien oder 1575 Einzelpersonen aufführte, fühlte es sich verpflichtet hinzuzufügen:

«Nicht nur ‹Cholera›-Familien, sondern auch ‹anderweitige› Unterstützte entwickelten manchmal recht sonderbare Ansichten über ihr gutes *Recht* auf die *für sie* eingegangenen Gelder, und nicht immer entsprangen diese naiven Anschauungen einer harmlosen Beschränktheit... Es war keineswegs leicht – oft aber einfach unmöglich – festzustellen, ob die Hilfesuchenden sich wirklich ehrlich, aber vergeblich um Arbeit bemüht hatten.»[56]

Hier also fanden sich die Armen gerade so zwielichtig dargestellt, wie die Besitzenden sie sahen: naiv und beschränkt oder raffiniert und unehrlich. Statt für die Hilfe, die ihnen sozial Höher- und Bessergestellte angedeihen ließen, in Dankbarkeit zu ersterben, hatten sie die Stirn, einen

Anteil an dem Geld einzufordern, das jene Menschen verwalteten, die sie zuvor ausgebeutet hatten.

Häufig entsprang diesem Bestreben, sicherzustellen, daß nur dankbaren und würdigen Armen geholfen wurde, eine beträchtliche Härte. Jakob Loewenbergs autobiographischer Roman über die Epidemie schildert die Aktivitäten der Notstandskomitees mit beißender Ironie. Auf dem Weg zu seinen Desinfektionsaufgaben fiel ihm eine offenkundig hilfsbedürftige Familie auf, und so trug er den Fall dem für seinen Bezirk zuständigen Notstandskomitee vor.

«Der Vorsitzende, eine behäbige, robuste Gestalt, hörte mich wohlwollend an. Der Schriftführer, offenbar ein jüdischer Herr, blätterte in seinem Protokollbuch, kniff die Augen ein, blickte über die Brille hinweg und steckte die Feder in das volle dunkle Haar. ‹Kann stimmen›, sagte er, ‹der eine Fall ist schon eingetragen, aber noch nicht untersucht. Herr Petersen hat es übernommen.›

Herr Petersen war noch nicht zurückgekehrt. Man beriet über eine Unterstützung. ‹Nur nicht so eilig! Erst kontrollieren und dann nachkontrollieren. In Hamburg verhungert keiner›, meinte ein wohlbeleibter, recht satt aussehender Herr.

‹Aber Herr Behnke›, entgegnete ein anderer, ‹wenn dem so ist, wie der Mann da sagt –›.

‹Man darf den Leuten nicht gleich alles glauben. Sie wissen doch, das alte Ehepaar Nickel hatte auch um Unterstützung gebeten, und nachher stellte sich heraus, daß sie tüchtig geerbt hatten – – –.›»

«Herr Petersen» wird in dem Roman als eine etwas lächerliche Figur gezeigt – ein freundlicher Herr, der bei jeder Gelegenheit Geld gibt («Wenn Kinder da sind», merkt der Vorsitzende an, «bewilligen Sie gleich jede Bitte.»). Aber seine Menschenfreundlichkeit wird ihm übel gelohnt, denn auch er fällt schließlich der Epidemie zum Opfer, die Hartherzigen hingegen überleben.[57]

Warum es den mildtätigen Bemühungen letztlich nicht gelang, die Kluft zwischen den Klassen zu überbrücken, ganz gleich, was amtliche Berichte darüber sagen mochten, erklärte hellsichtig ein Bewohner Barmbecks, dessen Brief an den «Barmbecker-Lokalanzeiger» uns begreiflich macht, warum die umfangreichen philanthropischen Aktivitäten des Hamburger Bürgertums die Entfremdung zur Arbeiterklasse der Stadt nicht zu überwinden vermochten:

«Eines Theils konnte den gesunden Arbeitern, die gerne arbeiten wollen, mit diesen Unterstützungen keine besondere Gnade erwiesen werden, da es beschämend für sie ist, von Almosen leben zu müssen, anderntheils wurden auch wieder Unwürdige berücksichtigt, während die wirklich Bedürftigen lieber hungerten, als daß sie sich der Armenpflege überweisen ließen. An manchen Stellen wurde die Vertheilung der Gaben mit einer Härte betrieben, die selbst den Muthigsten zurückschrekken ließ, von anderer Seite hat man die Unterstützung so karg bemessen, daß selbst die ökonomischste Eintheilung nicht vor dem langsamen Verhungern schützen konnte. Und doch waren Mittel genug vorhanden, um allenthalben reichlich zu helfen. So sind z. B. an den Miethe-Terminen ganz bedeutende Summen von den betreffenden Hülfs-Comités an die Hausbesitzer ausgekehrt worden. Ich glaube nicht, daß es den edlen Spendern der Hülfsgelder in den Sinn gekommen ist, für die Hamburger Grundeigenthümer zu steuern, die zugeflossenen Gelder sollten jedenfalls nur für die wirklich Nothleidenden verwendet werden.»[58]

Das «Hamburger Echo» seinerseits schrieb, es sei hauptsächliches Anliegen der Notstandskomitees, dafür zu sorgen, daß die Hausbesitzer nicht dem finanziellen Ruin anheimfielen. Tatsächlich zögerten die Komitees nicht, wenn es darum ging, Mietunterstützung zu zahlen oder verpfändete Gegenstände auszulösen: Für solche Aufgaben wendete das Barmbecker Notstandskomitee 25000 Mark auf[59], und selbstverständlich kauften alle Ausschüsse Lebensmittel und Gegenstände des täglichen Bedarfs bei den kleinen Einzelhändlern, deren Vertreter häufig imstande waren, sich den anderen Mitgliedern der Ausschüsse persönlich als «würdige» Arme zu präsentieren. Damit folgten die Hamburger Komitees einem Muster der Mildtätigkeit, das in der Stadt bis ins frühe 19. Jahrhundert zurückreichte.[60]

Häufig steckten die Beauftragten der Notstandskomitees ihre Nase in die persönlichen Angelegenheiten von Antragstellern. So entzogen sie beispielsweise einer Cholera-Witwe die Hilfsgelder, als sich herausstellte, daß sie mit einem Mieter zusammenlebte, der sie materiell unterstützte.[61] Manchen Antragstellern verweigerte man auch deshalb die Hilfe, weil sie von früheren Arbeitgebern als Sozialdemokraten bezeichnet wurden. So hieß es, ein besonders gut dotierter Hilfsfonds, die Altonaer Darlehnskasse von 1892, habe jedem eine Unterstützung abgeschlagen, der im Verdacht stand, der Sozialdemokratischen Partei anzugehören.[62] Da auf diese Weise die Philanthropie zu einem Instrument sozialer Disziplinierung wurde, braucht es niemanden wunderzunehmen, daß sich darüber heftiger Unwille regte. Auch klagten Antragsteller über das komplizierte bürokratische Verfahren, dem sie sich unterziehen mußten. Vor allem wendeten sich registrierte Arme, sobald sie merkten, daß die Armenpflege ihnen nicht half, wenn sie von der Epidemie oder von Desinfektionsmaßnahmen betroffen waren, weiterhin an die Notstandskomitees, so daß diese im Endeffekt beständig über sie klagten. Der Mietunterstützungsverein seinerseits berichtete von zahlreichen Widrigkeiten, die im Verlauf seiner Arbeit auftraten, und beschwerte sich, man solle «für seine Mühe und Sorgfalt... auf Dank nicht rechnen»[63]. Natürlich sind Klagen von Antragstellern nur schwer aufzufinden, doch schrieb ein zurückgewiesener Antragsteller:

«Es Schein alle recht Tüchtige Kerls zu sein bei Noth stand Komite die nicht viel von Noth kennen, wenn alle Leutte einen Blauen brief bekomen zur Miete was keine Miete gieb wo bleib den Daß Geld ob Dachz zu Spahrkaße kömt und zinßen Tragen muß und Die Herrn sich an die ween Flasche Sterken die Fühlen keine Noth. ich wolte die Herrn kapiren Die noth...!»[64]

Bei solch krassen Unterschieden ist es nicht sonderlich überraschend, daß den Sozialdemokraten die Zusammenarbeit mit den Notstandskomitees schwerfiel. Das Aufblühen privater Wohltätigkeit während der Epidemie lieferte Hamburgs dominierenden Klassen bei späteren Gelegenheiten Munition für die politische Propaganda, trug aber kaum etwas zur Verringerung der Gegensätze zwischen den gesellschaftlichen Gruppen jener Zeit bei und beseitigte sie schon gar nicht.

III

Die zweite Reaktion auf eine Katastrophe besteht gewöhnlich darin, die als unmittelbar erkannte Ursache zu beseitigen, so daß sich die Katastrophe nicht wiederholt, jedenfalls nicht auf dieselbe Weise oder im selben Umfang. Da sich in Hamburg das Mißtrauen auf die Wasserversorgung konzentrierte, ließ der Senat die Arbeiten an der neuen Filtrationsanlage, die 1894 fertiggestellt werden sollte, so beschleunigen, daß sie betriebsbereit war, bevor die Wärme des Sommers 1893 die Gefahr einer erneuten Infektion heraufbeschwor. So eingespannt war Oberingenieur Franz Andreas Meyer, um den Termin einhalten zu können, daß im Frühjahr 1893 selbst dieser tatkräftige Mann mit dem Rücktritt drohte und Bekannten gegenüber klagte, die Aufgabe, an der er Tag und Nacht arbeiten müsse, erschöpfe ihn. Trotz aller Schwierigkeiten wurde etwa die Hälfte der neuen Filterbecken am 1. Mai 1893 in Betrieb genommen, die übrigen am 27. Als am 28. Mai der Zulauf zur alten Wasserversorgung geschlossen wurde, kam in der Stadt nur noch sandfiltriertes Wasser aus den Hähnen.[65]

Doch die Furcht, die Epidemie könne erneut ausbrechen, nahm nicht ab, denn noch lange nach Ende der Epidemie wurden regelmäßig einzelne Cholerafälle gemeldet, und immer wieder steckte sich der eine oder andere an irgendwo überlebenden Erregern an.[66] Unmittelbar vor dem Weihnachtsfest 1892 berichtete beispielsweise die «Frankfurter Zeitung»:

«Die Beunruhigung der Bevölkerung über das Wiederauftreten der Cholera nimmt erheblich zu. Thatsächlich ist die Zahl der choleraartigen Erkrankungen nicht unerheblich. Man begegnet der Transportirung von Kranken sowie der Deinficirung benutzter Wagen und Straßen häufig. Die von der Commission veröffentlichten Fälle sind nur solche, bei denen Cholera thatsächlich constatirt ist.»[67]

In Wirklichkeit traten zwar nach wie vor Einzelfälle auf, und es wurden auch Desinfektionen vorgenommen, doch hatten die Krankentransporte wenig mit Cholera zu tun. In einer Stadt von 600000 Einwohnern konnte es nicht ausbleiben, daß Reporter gelegentlich auf Krankentransporte stießen. Dennoch glaubten die Menschen im Januar 1893, wie es im «Hamburger Fremdenblatt» hieß, daß, «was die Veröffentlichungen anbetrifft, der Übereifer von heute fast schädlicher sei, als die Unterlassungen vom August des vorigen Jahres»[68]. Die immer wieder erscheinenden Berichte über neue Fälle riefen an der Börse mehrfach eine Panik hervor, und Angehörige des Bürgertums begannen Vorbereitungen zu treffen, die Stadt im Frühjahr zu verlassen. So hieß es unter anderem, Mitte Januar hätten sich über hundert Hamburger in Wiesbaden aufgehalten, und in einer Hamburger Zeitung konnte man Mitteilungen wie die nachstehende lesen: «In vielen Badeorten, so namentlich im Harz und in Thüringen, sind bereits ganze Hotels von hiesigen Bewohnern für den ganzen Sommer gemietet.»[69]

So sah sich Hamburgs bürgerliche Presse nicht nur der Aufgabe gegenüber, im Zusammenhang mit der Cholera-Epidemie von 1892 die Ehre der Stadt zu verteidigen, sie mußte auch immer wieder die Behauptung zurückweisen, in der Stadt sei eine neue Epidemie ausgebrochen. Solche Gerüchte seien, wie es im «Hamburger Fremdenblatt» am 24. Dezember 1892 hieß, den Interessen der Stadt abträglich, wurden doch «dadurch die Handelsbeziehungen Hamburgs gefährdet und der Stadt und ihrer Bevölkerung nur Schaden zugefügt»[70]. Über einen im Mai des folgenden Jahres aufgetretenen neuen Fall hätte, wie die Zeitung im Juni 1893 erklärte, nicht berichtet werden dürfen, denn das habe die Presse New Yorks zu der Meldung veranlaßt, «daß der asiatische Feind wieder vor den Thoren Hamburgs stehe». So klagte das «Fremdenblatt»: «Dieser Fall kostet Hamburg wieder Millionen!»[71] Die «Hamburger Nachrichten» schlugen im Juni 1893 vor, man möge neue Cholerafälle nicht mehr öffentlich bekanntgeben, um die ständige Wiederholung solcher wirtschaftsschädigenden Panikausbrüche zu verhindern. Dieser Vorschlag führte zu einer ausführlichen Antwort des «Hamburgischen Correspondenten», einem Blatt, das die Ansichten des Senats recht genau wiedergab:

«Gerade durch die prompte Mittheilung des letzten Falles ist aufs Neue der Beweis geliefert, daß die Behörden ihr Versprechen erst dann erfüllen, wenn es sich um eine vereinzelt dastehende Erscheinung handelt, die an sich zu keinerlei Befürchtungen Anlaß giebt. Die auswärtigen Regierungen lassen sich in Folge dessen auch durch andere Angaben nicht mehr irritiren, und die Consuln sind mehrfach in der Lage gewesen, unwahre Nachrichten gewissenloser Korrespondenten über Hamburg in den Blättern ihrer Heimath richtig zu stellen auf Grund der ihnen zugegangenen unantastbaren Mittheilungen. Dies Vertrauen durch eine kurze Verheimlichung einzelner Fälle zu verscherzen, würde wohl kaum von irgend Jemand gebilligt werden können.»[72]

Wenn schon die öffentliche Bekanntgabe neuer Fälle nicht unterbleiben konnte, beschwerte sich das «Hamburger Fremdenblatt» im Juni 1893, möge man doch zumindest die roten Anschläge entfernen, die noch immer in den Straßen der Stadt hingen und der Bevölkerung rieten, nur einwandfreies Wasser zu verwenden. «Gegen den Inhalt der Bekanntmachung ist gewiß Nichts einzuwenden», hieß es da, «aber die Unterschrift, welche mit besonderer Aufdringlichkeit die Firma ‹*Cholera*-Commission des Senats› trägt, muß doch auf jeden Fremden einen unangenehmen Eindruck machen. Es kann sich doch Niemand des Eindrucks erwehren, daß die Verhältnisse hier noch von äußerster Unsicherheit sind, wenn Einem überall die Bezeichnung ‹*Cholera*-Commission› entgegenleuchtet.»[73]

Dieser Standpunkt fand Unterstützung, und der «General-Anzeiger» ging sogar so weit, den «Hamburgischen Correspondenten» und die «Börsen-Halle» zu beschuldigen, sie seien durch voreilige Veröffentlichungen über Cholerafälle, nämlich vor ihrer amtlichen Bestätigung, Urheber einer Panik an der Börse gewesen.[74] Das linksliberale «Berliner

Tageblatt» fragte, auf die «Begründung» sich stützend, daß die Cholera nicht ansteckend sei, warum man über jeden neuen Fall berichten müsse. Das könne nur zu «Schaden für Handel und Verkehr» führen und sei daher zu vermeiden.[75] Wie Bürgermeister Mönckeberg bemerkte, erreichte die Besorgnis am ersten Jahrestag der großen Epidemie einen Höhepunkt.[76] Die wildesten Gerüchte kursierten, und man hörte am 14. August, wie ein Hotelgast behauptete, die Cholera sei in der Stadt. «Das haben wir schon, erklärte ein Anderer, es wird nur geheim gehalten; umsonst fahren die Desinfections-Wagen nicht fortwährend umher. Man will nur den Hamburger Kaufmannsstand nicht schädigen, aber lange kann es doch nicht verheimlicht werden.»[77] Arbeiter rechneten mit der Einführung neuer Quarantänemaßnahmen[78], und das «Berliner Tageblatt» berichtete von einem «panischen Schrecken» unter der Bevölkerung Hamburgs, der zweifellos einen erneuten Massenexodus bewirken werde.[79]

Tatsächlich gab es im September einen kleineren Ausbruch der Krankheit, als versehentlich eine geringe Menge ungefilterten Elbwassers in die Trinkwasserleitung gelangte. Fünf Choleratote wurden am 18. September gemeldet, die bereits am 15. gestorben waren. Diese Verzögerung veranlaßte eine andere Zeitung, wieder einmal «das verhängnisvolle Vertuschungssystem, mit welchem die Hamburger Behörden im vorigen Jahre operirten», anzuklagen.[80] Die erneute Störung von Handel und Geschäftsleben alarmierte eine einflußreiche Gruppe von Kaufleuten und Reedern; sie schickte eine Abordnung an den Senat mit der Forderung, es sollten keine weiteren Fälle bekanntgegeben werden.[81] Der Senat gab nach, eine Eingabe nach Berlin wurde auf den Weg gebracht, und im Oktober stimmte das Kaiserliche Gesundheitsamt zu, daß keine weiteren amtlichen Zahlen veröffentlicht oder Bekanntmachungen herausgegeben würden, sollten weitere Cholerafälle auftreten. Der Leiter des Neuen Allgemeinen Krankenhauses Eppendorf, Professor Theodor Rumpf, dem es diesmal – ein Jahr zu spät – gelungen war, die Krankheit prompt zu identifizieren und die erforderlichen Bakterienkulturen nach Berlin zu schicken, war über diese Entscheidung so empört, daß er sich noch mehr als dreißig Jahre später voll Bitterkeit an sie erinnerte.[82] So hatten alle Vorwürfe wegen Vertuschung und Verzögerung bei der Epidemie von 1892 lediglich eine noch größere Entschlossenheit hervorgerufen, 1893 nicht anders vorzugehen als im Cholerajahr. Das ließ für das Schicksal der von der großen Epidemie in Gang gesetzten Reformen nichts Gutes ahnen.

Pettenkofers letztes Gefecht

I

Obwohl man die Epidemie von 1892 in Hamburg mit den klassischen Methoden der Kontagionisten bekämpft hatte, also mit Quarantäne, Isolierung und Desinfektion, hieß das keineswegs, daß Ärzteschaft und Öffentlichkeit in der Stadt von ihrem ursprünglich antikontagionistischen Standpunkt mit fliegenden Fahnen zur neuen Lehre übergelaufen wären. Auch bedeutete die rasche Fertigstellung der Anlage zur Wasserfiltration in den Jahren 1892/93 nicht etwa, daß der Senat uneingeschränkt die Ansicht vertrat, die Krankheit sei durch die Trinkwasserleitung in die Stadt eingeschleppt worden. In Wahrheit hatte Hamburg kaum eine andere Möglichkeit als die, auf die Linie der Kontagionisten einzuschwenken, wie unbeliebt auch immer die von ihnen vertretene Lehre dort sein mochte. «Während der vorjährigen Cholera-Epidemie», schrieb Bürgermeister Johannes Versmann im Jahr 1893, «hat das Gesundheitsamt des Reichs u. Prof. Koch hier regiert.»[1] Mehrfach fand sich seine Überzeugung nahezu Wort für Wort im «Hamburger Fremdenblatt» wieder, das Anfang 1893 klagte, «daß es eigentlich Herr Koch ist, der heute Hamburg regiert. Das ist das Schlimme und Gefährliche der gegenwärtigen Situation.» Das Blatt hatte nur Spott und Hohn für die Vorstellung übrig, der «Komma-Bazillus» löse die Krankheit aus, fügte aber hinzu: «Herr Koch ist der geistige Vater des Cholerabacillus und so lange er dem Reichsgesundheitsamt vorsteht, wird in dem gegenwärtig geübten Verfahren kaum eine Änderung greifen.»[2]

Bürgermeister Johann Georg Mönckeberg zählte zu den vielen Angehörigen der herrschenden Familien Hamburgs, die während der ganzen Epidemie Kochs Standpunkt gegenüber skeptisch blieben. Er schrieb seinem Sohn Carl, der damals studierte, am 30. August 1892 einen bezeichnenden Brief, aus dem deutlich wird, daß die Ansicht Max von Pettenkofers, der als Kochs Erzfeind und Vertreter der Miasmalehre und

Bodentheorie auftrat, wohl unter anderem deshalb bei den Wohlhabenderen Unterstützung fand, weil sie eine unmittelbare Beziehung zwischen Cholera und Armut herstellte und damit den Reichen sozusagen Immunität versprach. In diesem Brief heißt es:

«Bisher kommen die Erkrankungen nur oder fast nur in den unteren Volksschichten vor, hauptsächlich in den Elb- und Hafengegenden. Wenn aber die Kochsche Theorie begründet ist – mit den hiesigen Erfahrungen scheint sie sich sehr schwer reimen zu lassen! – so liegt ja keine Sicherheit vor, daß wir anderen nicht ebensogut von der Seuche erreicht werden...»

Nahezu einen Monat später, am 20. September, war er immer noch nicht überzeugt und teilte in einem weiteren Brief an seinen Sohn mit:

«Ich habe neulich lange und interessante Sitzungen mit Professor Koch gehabt, der in sehr klarer und geistvoller Weise seine Theorie entwickelte. Dieselbe ist logisch unanfechtbar, wenn man die Vordersätze als richtig zugibt. Das ist aber das große Fragezeichen: ist der Kommabacillus die einzige Ursache der Krankheit und wird derselbe nur in bestimmter Weise übertragen? Koch sagt, ja! Und dann folgt alles andere von selbst...»[3]

Mönckebergs weitere Anmerkungen zu diesem Thema erwecken nicht den Eindruck, daß er sich zu Kochs Ansichten habe bekehren lassen. In ähnlicher Weise attackierte am 8. September auch Senator Gustav Hertz «die lächerlichen Übertreibungen über unser Wasser»[4]. Die Feindseligkeit, die in Hamburg Kochs Ansteckungslehre entgegenschlug, fand auch bei Medizinern Unterstützung. Schon bald erschien eine Reihe von Aufsätzen von Professor Ferdinand Hueppe aus Prag, der sich während der Epidemie in Hamburg aufgehalten hatte. Darin kritisierte er Kochs Ansichten, und seine entscheidende Schlußfolgerung hieß: «Die Cholera asiatica ist eine wesentlich miasmatische Krankheit»[5] – dafür habe die Epidemie von 1892 den Beweis geliefert. Ein weiterer Autor, Dr. Krebs, schlug mit den «Grundwasser-Beobachtungen im unterelbischen Gebiete» in dieselbe Kerbe. Diese Schrift veröffentlichte er im Dezember 1892 zur Unterstützung von Pettenkofers Ansichten.[6] Auch Professor Dr. Gustav Jäger verteidigte Pettenkofer in einem Artikel, in dem er bitter über die «moderne Überwucherung der Bakteriologie»[7] klagte. Der Hamburger Arzt Dr. Gläser unterstützte Pettenkofer gleich mit einer ganzen Reihe von Aufsätzen, in denen er Koch als «Schwärmer» angriff. «Robert Koch's Komma-Bacillus», erklärte er, «ist nicht Ursache der Cholera», und er verwahrte sich schärfstens gegen «die Überhebung des

Herrn Robert Koch und die Erfolglosigkeit seiner Maßregeln gegen Cholera».[8] Die Cholera, behauptete Sanitätsrat Dr. Lachmann aus Krotoschin, werde durch die Luft übertragen.[9] Diese Ansicht findet sich in einer langen Reihe von Briefen wieder, die ein Oberstabsarzt Dr. August Dyers aus Hannover den Hamburger Behörden schrieb.[10] Auch aus den Reihen der Homöopathen wurde Koch mit der Behauptung angegriffen, die Epidemie von 1892 sei in Hamburg selbst «erzeugt» worden, denn man koche dort zu fett, und die Bewohner der Stadt tränken zuviel.[11] Ein anderer Autor, der sich als Sozialdemokrat bezeichnete, ritt eine Attacke gegen die Praxis des Desinfizierens, die er als Ergebnis der Machenschaften der chemischen Industrie hinstellte. Die besten Heilmittel, erklärte er in Worten, die an Pettenkofers Überschwang erinnerten, seien frische Luft, Sonne und frisches Wasser, und er beendete seine Ermahnungen mit der Aufforderung, die Menschen sollten bei offenem Fenster schlafen.[12] Seiner Ansicht schloß sich ein weiterer Autor, H. Fischer, mit einer 1893 in Dresden veröffentlichten Abhandlung an, die den Titel trug «Die Saprophyten, unsere natürlichen, bisher noch nicht gewürdigten Helfer gegen die Cholera». Fischer vertrat die Ansicht, die «relative Feuchtigkeit der Luft» sei der «Kardinalpunkt der ganzen Cholerafrage».[13] Noch ein anderer Autor behauptete am 28. August in der «Kölnischen Zeitung», nicht nur «das berüchtigte Hamburger Elb-Leitungswasser» habe die Epidemie ausgelöst, sondern auch «Straßenaufgrabungen, wie sie massenweise mitten in diesem Sommer erfolgen, das Bloßlegen von Gasröhren, die Jahrzehnte lang schlechte Luft unter der Erde erzeugt haben», sowie die «Hunderte von Höfen, Gängen und ‹Terrassen› mit ihren Jahr ein Jahr aus schlechten Ausdünstungen».[14]

Vor allem unter den Ärzten der Stadt, die die praktischen Auswirkungen von Kochs Theorien am eindringlichsten zu spüren bekamen, stießen diese auf weitverbreitete Skepsis. Zumindest einer der Hamburger Ärzte mißachtete Kochs Rat vollständig und aß weiterhin rohes Obst, und am 9. September 1892 druckte beispielsweise der «Hamburgische Correspondent», von dem allgemein angenommen wurde, daß er die Ansichten des Senats wiedergebe, einen von Dr. Erman vom Allgemeinen Krankenhaus Eppendorf verfaßten heftigen Angriff gegen Kochs Ansicht ab, die Krankheit werde über die öffentliche Wasserversorgung verbreitet.[15] Ein Bericht über den Verlauf der Epidemie im zwischen Norder- und Süderelbe gelegenen Ort Wilhelmsburg durch den dort ansässigen Arzt Hans Wolff atmete ebenfalls den Geist der Miasmalehre, während ein Dr. Doering von der Veddel (eine Insel im Hamburger Hafengebiet) die «emsige Jagd auf den Bacillus» kritisierte und drängte, man möge mehr auf die Mahnungen des «erprobten hygienischen Veterans» Pettenkofer hören, denn die Lehre der Kontagionisten bewirke eine «wahnsinnige Choleraangst», die ihrerseits eine «enorme Schädigung» von Hamburgs «Handel und Gewerbe» herbeiführe.[16] Dr. Otto Paulsen vertrat in einer 1892 veröffentlichten, allgemeiner gehaltenen Gesamtdarstellung über die Hamburger Epidemie die Ansicht, die Cholera könne unmöglich in der Wasserleitung der Stadt aufgetreten sein, da sie sich ausschließlich in stehenden Gewässern finden lasse.[17] Die Vertreter des Miasmalehre verkündeten eilends, daß die wenigen neuen Fälle, über die im November und Dezember berichtet wurde, die Richtigkeit ihrer Theorie bewiesen, denn sie seien lediglich dadurch zu erklären, daß noch nach dem eigentlichen Ende der Epidemie Teile des Miasmas vorhanden gewesen seien.[18] Besonders auffällig war, daß der von einer Anzahl Hamburger Ärzte und Statistiker abgefaßte ausführlichste Bericht über die Epidemie ganz vom Geist der Miasmalehre durchdrungen war – immerhin widmete er einer gründlichen Darlegung der Grundwasserfrage und des Wetters volle dreißig Seiten und noch weit mehr Platz dem Versuch, Robert Kochs Ansichten zu widerlegen.[19]

Kochs Hauptkritiker war in den Jahren 1892/93, wie sich denken läßt, Max von Pettenkofer selbst. Noch 1884 hatte der bayerische Hygieniker großen Einfluß bei der Abfassung der Anweisung des Kaiserlichen Gesundheitsamtes an Medizinal-Inspektoren und andere Vertreter von Gesundheitsbehörden gehabt, in denen es hieß, sie sollten ihre besondere Aufmerksamkeit den klimatischen Bedingungen und dem Grundwasser in befallenen Gebieten zuwenden. Jetzt, nur acht Jahre später, hatte sich das Blatt gründlich gewendet. Die Gesamtleitung des Kampfes gegen die Epidemie lag in Kochs Händen, und die Maßnahmen, die man ergriff – Quarantäne, Isolierung, Desinfinzierung, das Abkochen von Trinkwasser – waren genau die von Pettenkofer in den vorausgegangenen drei Jahrzehnten als ganz und gar wertlos verdammten.[20] Als wolle er seinen Triumph richtig auskosten, setzte Koch noch einen Plan durch, den das Kaiserliche Gesundheitsamt schon seit Jahren erwogen, zu dessen Verwirklichung sich bisher aber noch keine Gelegenheit geboten hatte: den Erlaß eines Reichsseuchengesetzes.[21] Es sollte dafür sorgen, daß in sämtlichen Bundesstaaten kraft Gesetzes alle sich aus seiner kontagionistischen Theorie ergebenden Vorgehensweisen verbindlich werden sollten. In aller Eile berief man einen Fachausschuß ein, dem medizinische Spezialisten aus verschiedenen Gebieten und Institutionen angehörten. Er tagte vom 26. September bis 1. Oktober 1892 in Berlin, und eines seiner Mitglieder war Max von Pettenkofer, der aus München zur letzten großen Konfrontation mit seinem alten Rivalen anreiste. In jenen sechs Tagen arbeitete der Ausschuß die im Kaiserlichen Gesundheitsamt vorbereitete Gesetzesvorlage Punkt für Punkt durch.[22]

Schon am zweiten Tag der Beratungen begann Pettenkofer seine Einwände vorzutragen. Alle vorgeschlagenen Quarantänemaßnahmen, erklärte er, seien nichts als «Beruhigungsmittel für die Bevölkerung. Die Seucheneinschleppung ist dadurch noch niemals verhindert worden, da es unmöglich ist, den menschlichen Verkehr ‹pilzdicht› zu gestalten.» Doch er sprach aus der Erfahrung eines vergangenen Zeitalters. «Koch», heißt es im Sitzungsprotokoll weiter, «hielt einen ‹pilzdichten› Abschluß des Verkehrs bei strenger Durchfahndung und zweckmäßiger Anwendung der Maßnahmen wohl für möglich.» Angesichts der Mittel, die dem modernen Staat zur Verfügung standen, hatte er vermutlich recht. Die Versammlung, durch den Vorsitzenden von der Notwendigkeit der Maßnahmen überzeugt, stimmte im Sinn von Kochs Vorschlag ab.[23] Pettenkofer erneuerte seinen Angriff beim nächsten Punkt, der die Isolierung von Epidemieopfern im Krankenhaus behandelte. Dazu heißt es im Protokoll:

«Pettenkofer sieht in der Überführung eines Cholerakranken in das Hospital keinen Vorteil für die Verhütung der Seuchenverschleppung, da alle derartigen Zwangsmaßregeln überflüssig sind. 1836 verlief eine Choleraepidemie in München ganz besonders mild, obwohl seitens der Behörde die Krankheit für nicht ansteckungsfähig erklärt und alle besonderen Abwehrmaßregeln ausdrücklich verboten wurden. Es fand sogar damals ein von 40000 Personen besuchter Markt in München statt, ohne daß dadurch die Cholera weiterverschleppt worden sei. In Hamburg breitet sich dagegen die Cholera zur Zeit immer weiter aus, obwohl die energischsten Maßregeln gegen die Seuchenverschleppung ergriffen wurden.»[24]

Koch jedoch meldete gegen diesen letzten Punkt sogleich Widerspruch an und bestritt, «daß die bisher in Hamburg ergriffenen Maßregeln energisch» seien. Sie genügten, wie er erklärte, in keiner Weise den Ansprüchen, «welche vom gegenwärtigen wissenschaftlichen Standpunkt aus gestellt werden müssen».[25] Damit spielte er darauf an, daß Pettenkofer seiner Ansicht nach auf dem Gebiet der wissenschaftlichen Forschung nicht auf dem laufenden war.

Diese Dispute gingen am nächsten Tag weiter, während Pettenkofer fortfuhr, sich verächtlich über Quarantäne und Isolierung zu äußern. In einer langen und detaillierten Ausführung zitierte er verschiedene Fälle, in denen es zu keiner Epidemie gekommen war, obwohl man die Kranken nicht isoliert hatte, und er forderte, man solle «mit den Verkehrsbeschränkungen nicht zu weit gehen». Wieder wandte sich Koch scharf gegen ihn und erklärte rundheraus, bei den von Pettenkofer beschriebenen Fällen habe es sich wahrscheinlich ohnehin nicht um Cholera gehandelt; erneut wurde Pettenkofer niedergestimmt. Die Auseinandersetzung im Ausschuß spitzte sich jetzt offensichtlich zu. Während Koch den Antrag stellte, in das Gesetz weitreichende Bestimmungen aufzunehmen, die eine Schließung verseuchter Wasserversorgungssysteme erlaubten und gewährleisteten, daß reines Trinkwasser zur Verfügung gestellt werde, fragte Pettenkofer, dem es darum zu tun war, die Macht des Gesetzgebers möglichst zu beschränken: «... wäre es nicht passend, nur solche Wasserleitungen zu schließen, in denen man Cholerabacillen gefunden habe?» Koch, den diese fortwährenden Einwände offenkundig erbitterten, gab scharf zur Antwort: «Das sei nicht angängig, weil, wie Jeder, der sich mit dem Nachweise von Cholerabacillen beschäftige, wisse, dieser Nachweis ungemein schwierig und zeitraubend sei.»[26]

Er sprach sich weiterhin für eine sehr einschneidende Vorschrift aus, die ganz offensichtlich gegen Hamburg gerichtet war und in der eine von ihm als «Centralinstanz» bezeichnete Körperschaft für die Reform des Hygiene-, Sanitär- und Gesundheitswesens gefordert wurde:

«Die sanitären Verhältnisse (Wasserversorgung, Beseitigung der Abfallstoffe, Reinlichkeitsverhältnisse) sind nicht allein zur Zeit von Epidemien, sondern vielmehr dauernd im Auge zu behalten und zu verbessern, zu dem Zwecke sind Ortsgesundheitsräthe zu schaffen, welche die Angelegenheiten obiger Orte überwachen und fördern, und Medizinalbeamte der Landesregierung eventuell des Reichs mit der Übernahme der allgemeinen Assanirung zu betrauen.»

Das war ein sehr weitreichender Vorschlag, dessen Verwirklichung dem Reich umfangreiche Vollmachten gegeben hätte, sich in die inneren Angelegenheiten von Bundesstaaten einzumischen. Pettenkofer machte sogleich einen Gegenvorschlag und sagte: «In allen Orten, in denen im Zusammenhang mit Seuchen schlechte sanitäre Verhältnisse festgestellt werden, ist nach Ablauf der Seuche für Beseitigung der lokalen Übelstände zu sorgen.» Hier läßt sich deutlich erkennen, daß Koch zentralistischen Vorstellungen anhing, während Pettenkofer einem lokalistischen Ansatz den Vorzug gab. Kein Wunder, daß Koch es für erforderlich hielt, mit allem Nachdruck den ursprünglichen Vorschlag durchzubringen. «Den Antrag v. Pettenkofer's» sagte er, «welcher den Brunnen erst schließen muß, nachdem das Kind hineingefallen sei, könne er höchstens, wenn mehr nicht zu erreichen sei, als Abschlagszahlung annehmen.» Der Ausschuß war angesichts dieser grundlegenden Meinungsverschiedenheit nicht imstande oder nicht willens, mit der Arbeit fortzufahren, und überließ die Sache einem vierköpfigen Unterausschuß, in den sowohl Pettenkofer als auch Koch berufen wurden. Allerdings gibt es keine Hinweise darauf, daß er je zusammentrat. Die Debatte über den strittigen Punkt ging am folgenden Tag weiter, wenn auch in etwas abgeschwächter Form.[27]

Inzwischen aber ließ die Schärfe der Auseinandersetzung deutlich nach. Vermutlich hatten sich Koch und seine Anhänger insgeheim zusammengesetzt und sich darauf geeinigt, künftig einfach keine Notiz von Pettenkofer zu nehmen. Am fünften Sitzungstag, es war der 30. September, beherrschte Koch erneut die Diskussion. Sie drehte sich um die Frage, wer bei einer Typhusepidemie isoliert werden solle und auf welche Weise das zu geschehen habe. Pettenkofer, den die stillschweigende Annahme des Ausschusses, daß Isolierung ein taugliches Mittel sei, erkennbar irritierte, fühlte sich veranlaßt, erneut zu einer Tirade gegen diese Art des Vorgehens anzusetzen («im Großen und Ganzen dürfe man sich keine großen Erfolge davon versprechen»); doch der Ausschuß sprach sich mehrheitlich dafür aus, ohne daß sich jemand die Mühe machte, auf seine Einwände einzugehen. Als nächstes stimmte der Ausschuß über ein ganzes Bündel bis ins einzelne gehender Maßnahmen zur Desinfizierung, Isolierung und all der anderen Maßnahmen ab, die Pettenkofer in seinen umfangreichen Schriften über epidemisch auftretende Krankheiten kübelweise mit Hohn und Spott übergossen hatte.[28] Er muß wohl den Eindruck gewonnen haben, daß der Versuch, Widerstand zu leisten, sinnlos war, denn er meldete sich nur noch ein einziges Mal zu Wort, und zwar am Schlußtag, als es um eine weniger bedeutende Verfahrensfrage ging. Dabei unterstützte Koch ihn sogar, möglicherweise, um ihn zu besänftigen. Insgesamt war die ganze Sache für Pettenkofer demütigend verlaufen. Zuerst hatte ihn Koch zur Zielscheibe seines Sarkasmus gemacht, dann hatte ihn ein vorwiegend aus Jüngeren und Unerfahreneren bestehender Ausschuß einfach unbeachtet gelassen und gezwungen, müßig dabeizusitzen und zuzusehen, wie ein Gesetzesentwurf verfaßt wurde, der nichts anderes zum Ziel hatte als die institutionalisierte Zerstörung seines Lebenswerks auf einem Gebiet, auf dem er sich einen großen Namen gemacht hatte.

In München, wo Pettenkofer Anfang Oktober wieder eintraf, überlegte er, wie er die verfahrene Situation retten könne. Vielleicht hatte er seinen Entschluß bereits auf der Heimreise im Zug oder gar schon vor der Abreise aus Berlin gefaßt. Wie eh und je war er fest davon überzeugt, der Faktor X (der Cholera«bazillus») bleibe ohne Einfluß, wenn man ihn durch den Mund aufnahm. Er glaubte weiterhin daran, daß der Erreger ausschließlich durch die Verseuchung des Grundwassers wirke, und zwar unter jeweils ortsspezifischen hygienischen und klimatischen Bedingungen, die er den Faktor Y nannte. Davon, das war seine unverrückbare Überzeugung, werde eine spezifisch *miasmatische* Infektion (der Faktor Z) ausgelöst. Er hielt es nach wie vor für unwiderleglich, daß die Cholera 1892 deshalb ausschließlich in Hamburg und sonst nirgends aufgetreten war, weil nur dort die klimatischen Bedingungen und die hygienischen Verhältnisse in einer Weise zusammengewirkt hatten, die zu einer Infektion des Grundwassers führte. Aber wie konnte er seine Theorie beweisen? Durch seine Demütigung bei den Ausschußsitzungen vom 26. bis 30. September fast zur Verzweiflung getrieben, entschloß er sich jetzt zu einer letzten kühnen Tat, um seine Theorie zu retten.

II

Anfang Oktober fand Kochs Assistent Georg Gaffky, der als Leiter eines neugegründeten Instituts für Epidemiologie in Hamburg geblieben war, voller Verblüffung in der morgendlichen Post einen Brief Max von Pettenkofers aus München. Darin bat ihn dieser, ihm für wissenschaftliche Forschungszwecke eine Probe einer Cholerabakterien-Kultur zu übersenden. Als zwar verantwortungsbewußter, aber noch vergleichsweise unbedeutender Mediziner sah Gaffky keine Möglichkeit, diese Bitte zurückzuweisen, kam sie doch immerhin von einem der Doyens der wissenschaftlichen Hygiene. Also schickte er die erbetene Probe ab. Kaum hatte Pettenkofer die Sendung empfangen, als er sie öffnete und ihren Inhalt schluckte. Dabei achtete er darauf, dies auf leeren Magen zu tun und der Probe eine bestimmte Menge einer alkalischen Lösung zuzufügen, um die Magensäure zu neutralisieren, die laut Koch imstande war, den Erreger abzutöten. Das Gemisch, das er zu sich nahm, berichtete er, habe «wie reinstes Wasser» geschmeckt. Einige seiner Studenten, denen sein Plan bekannt war, hatten sich angeboten, das Experiment an seiner

Statt durchzuführen, das Anerbieten aber hatte er mit den Worten abgelehnt:

«Ich habe das Recht, mich als ein Corpus vile zu betrachten. Ich bin 74 Jahre alt, leide seit Jahren an Glykosäure, habe keinen einzigen Zahn mehr im Munde, gebrauche beim Essen zum Kauen mein künstliches Gebiß nicht, dessen ich mich nur bediene, wenn ich längere Zeit und vernehmlich zu sprechen habe, und spüre auch sonstige Lasten des hohen Alters. Selbst wenn ich mich täuschte und der Versuch lebensgefährlich wäre, würde ich dem Tode ruhig in's Auge sehen, denn es wäre kein leichtsinniger oder feiger Selbstmord, ich stürbe im Dienste der Wissenschaft, wie ein Soldat auf dem Felde der Ehre.»

Am 9. Oktober, zwei Tage, nachdem Pettenkofer den Erreger aufgenommen hatte, bekam er Durchfall und mußte am 10. Oktober jeweils um 1 Uhr nachts, um 1 Uhr 35 und um 4 Uhr morgens die Toilette aufsuchen. Sein Stuhlgang hatte, wie er berichtete, Farbe und Konsistenz blaßroten Weines. Beständig spürte er ein starkes «Gurren im Darm» und ein «Gurren und Kollern im Unterleib». Der größte Teil seines Berichts besteht aus einer detaillierten Beschreibung seines Stuhlgangs während der nächsten Tage, die wir uns getrost ersparen können. Die Ausscheidungen, die er sofort einer mikroskopischen Untersuchung unterzog, enthielten bis zum 14. Oktober Unmengen von Bakterien. Am 15. Oktober wurde sein Stuhlgang wieder normal, und am 16. fanden sich keinerlei Cholerakeime mehr darin. Am 17. Oktober wiederholte Pettenkofers Schüler Emmerich vor hundert Zeugen den privat durchgeführten Selbstversuch, eine deutliche Demonstration der Macht des deutschen Professors über seine Assistenten. Bei ihm traten die Symptome stärker ausgeprägt als bei Pettenkofer auf – es hieß sogar, sie seien schwerer gewesen als die bei dem Patienten, von dem die Probe stammte – aber auch er überlebte. Diese Versuche nun, erklärte Pettenkofer triumphierend, lieferten den Nachweis dafür, daß die Krankheit (der Faktor Z in seiner Terminologie) in Abwesenheit eines Faktors Y (verseuchtes Grundwasser) nicht ausbrach, obwohl der Faktor X (der Erreger) vorhanden war.[29]

Viele Kommentatoren haben mit großem Scharfsinn zu erläutern versucht, wie es zu diesem berühmtesten medizinischen Selbstversuch kam, und sich zu dessen Ergebnis geäußert. Beispielsweise behauptete ein Autor, er wisse aus zuverlässiger Quelle, daß Pettenkofer zuvor einen schweren Anfall von Cholera gehabt und daher wahrscheinlich noch über eine gewisse Rest-Immunität verfügt habe.[30] Belege dafür gibt es allerdings nicht. Ein anderer Autor hat spekuliert, die Spannung und Erregung, die Pettenkofer zweifellos bei diesem Experiment empfunden habe, könnten die Ausschüttung von Magensäure angeregt und damit die Wirksamkeit des Erregers vermindert haben.[31] Georg Gaffky, der die Probe zur Verfügung stellte, teilte später Pettenkofers Biograph mit, er und seine Kollegen hätten vermutet, was der alte Herr plante, und ihm eine abgeschwächte Kultur geschickt, in der Hoffnung, sie werde ihm nicht allzu sehr schaden. Diesen Bericht bestätigte der Militärarzt, der die Probe mit nach München genommen und übergeben hatte.[32] Spätere Versuche haben ergeben, daß normalerweise tatsächlich eine ordentliche Dosis des Cholera-Erregers erforderlich ist, um die klassischen Symptome der Krankheit zu erzeugen.[33] Also dürfte Pettenkofer davongekommen sein, weil er Kochs Mitarbeiter leid tat. Dennoch zeigten, wie Carl Fraenkel betont hat, die bei Pettenkofer und Emmerich aufgetretenen Symptome, daß bei ihnen die Krankheit in relativ milder Form ablief.[34]

Wie sich später herausstellte, entschloß sich Pettenkofer zu seinem Selbstversuch aus komplexeren Gründen als nur der Hingabe an die Wissenschaft oder persönlichem Stolz. Schon in seiner Begründung des Experiments hatte er, wie wir gesehen haben, seinen Ekel vor den körperlichen Schwächen zu erkennen gegeben, die das Alter mit sich bringt. Dieser Ekel nahm mit den Jahren zu. Um die Jahrhundertwende zeigten sich seine Freunde und Schüler ernsthaft beunruhigt durch den Geisteszustand des alten Herrn, der von den Symptomen körperlichen Verfalls geradezu besessen war. Sie hatten auch Grund zur Sorge, denn er erwarb einen Revolver mit Munition und sprach davon, daß er sich erschießen werde. Am 10. Januar 1901 entzog sich Max von Pettenkofer der Fürsorge derer, die ihm nahestanden, und schoß sich eine Kugel in den Kopf.[35] So kann man im Rückblick den wagemutigen Selbstversuch, dem er sich 1892 unterzog, als frühe Äußerung seines Todeswunsches ansehen, dem er schließlich erlag.

Inzwischen jedoch verschaffte Pettenkofer der Ruhm, den Angriff des Cholera-Erregers überlebt zu haben, zusätzlichen Rückhalt beim Kampf gegen die Lehre der Kontagionisten. Von seinem Stützpunkt München aus begann er, Hilfe gegen die Einführung des vorgesehenen Reichsseuchengesetzes zu mobilisieren. Durch seinen Einfluß gelang es ihm zu erreichen, wie das «Berliner Tageblatt» schrieb, «daß man in Münchener Regierungskreisen, wenn auch nicht unbedingt, doch in Wesentlichem auf dem Boden der Theorien Pettenkofers steht»[36]. Die Münchener Gesundheitsbehörde kritisierte die Gesetzesvorlage als undurchführbar, nannte die darin vorgesehenen Maßnahmen zur Desinfizierung und Isolierung «vielfach übertrieben» und erklärte, sie gingen «über das gebotene Maß hinaus».[37] Auch schlugen Bayerns Vertreter im Bundesrat vor, das Gesetz auf Cholerafälle zu begrenzen und die darin vorgesehenen Isolierungs- und Desinfizierungsmaßnahmen abzuschwächen oder ganz und gar zu streichen.[38] Diesen Widerstand von amtlicher Seite unterstützte eine umfangreiche Kampagne in der bayerischen Presse. «Was hilft es aber», fragte die «Augsburger Abendzeitung» rhetorisch, «wenn die Behörde das Trinkwasser sperrt und der Typhus liegt im Boden oder umgekehrt?» Kochs Ansteckungslehre, klagte das Blatt, habe «im ganzen Lande eine Angst und Furcht erzeugt, wie man sie in früheren Epidemien nicht gesehen hat».[39] Doch von solchen Ansichten ließen sich die Regierungen der anderen Bundesstaaten nur wenig beeindrucken. Am 23. März 1893 erklärte Pettenkofer, er halte nach wie vor «die lästigen Bestimmungen der Vorlage, namentlich der Isolirung, Desinfektion, Grenzsperren und Quarantänen für völlig verfehlt und [bestätige], daß Bayern im Bundesrathe gegen den Entwurf eintrat, aber überstimmt wurde»[40].

Vom Königreich Bayern einmal abgesehen, dessen Haltung einerseits vom Partikularismus geprägt war und andererseits die dort tief verwurzelte Vorherrschaft Pettenkofers und seiner Schule widerspiegelte[41], bildeten die Kritiker der Seuchenvorlage eine bunter als sonst gemischte Gruppe. Sie lieferten ein Beispiel für die ad hoc entstehenden Interessenkoalitionen, die im wilhelminischen Deutschland als treibende Kräfte in Gesetzgebung und Wahlpolitik auftraten. Die katholische Zentrumspartei widersetzte sich, wie es hieß, den Vorschlägen nicht wegen einer partikularistischen Grundhaltung[42], sondern auch aus grundsätzlichen Bedenken. Einer ihrer Abgeordneten erklärte in der Reichstagsdebatte vom 21. April 1893 unter dem Beifall seiner Kollegen zur Frage der im Gesetzesentwurf vorgesehenen Vollmachten zur Zwangsunterbringung in Krankenhäusern: «Das heiligste Recht der Familie auf Pflege eines in ihrem Schoße erkrankten Familienmitglieds wird dadurch in einer Weise untergraben, die ich für meine Person nicht billigen kann, und die gegen mein Gefühl geht.»[43] Auch die Konservative Partei war nicht glücklich über den Entwurf, bedeutete er doch, daß ostelbische Junker einen Teil ihrer Polizeivollmachten an Medizinalbeamte würden abtreten müssen.[44] Weiter zum Rand des politischen Spektrums hin gab es auch starke Einwände von einem als «Mittelpartei» oder «Volkswirtschaftlicher Verband» bekannten Zusammenschluß des Mittelstandes.

Er behauptete, die Vorlage enthalte «unglaubliche Angriffe auf die persönliche Freiheit, auf Handel und Erwerbsleben». Später kam Widerstand auch von den Antisemiten, die sich die Debatte als Vehikel für populistische Angriffe gegen das zunutze zu machen suchten, was einer ihrer Führer, Otto Böckel, bei einer späteren Gelegenheit als «bedenkliche wissenschaftliche Experimente seitens der Ärzte» bezeichnete. Da die Antisemiten ohnehin schon seit langem Außenseitern der Medizin zuneigten, nutzte Böckel die günstige Gelegenheit, zugleich die obligatorische Pockenimpfung und die zu wissenschaftlichen Zwecken durchgeführte Vivisektion anzugreifen.[45]

Die extremsten Ansichten fanden sich in «Professor Dr. G. Jägers Monatsblatt» vertreten, einer Zeitschrift für Naturheilkunde, deren Herausgeber sich selbst «Professor Dr. Gustav Jäger, der Mann des Wollregimes» nannte. Jäger propagierte ganz aus reiner Wolle hergestellte «natürliche» Kleidung als Weg zur Gesundheit. In seiner Zeitschrift hieß es, am besten unternehme man überhaupt nichts; die Cholera und andere Epidemien seien eine «Natureinrichtung», die eine nützliche Funktion als natürliches Selektionsmittel ausübe, wie sich an der Hamburger Epidemie gezeigt habe, der in den «besseren Ständen» lediglich «Feiglinge, Weichlinge oder Wüstlinge» zum Opfer gefallen seien und in der übrigen Bevölkerung ausschließlich «Leute, denen entweder bereits der Tod im Genick saß, oder unheilbares Siechtum und Elend unweigerlich bevorstand, und von denen sicher viele den Tod als eine Erlösung von dem Übel betrachten mußten».[46] Natürlich waren der Ärzteschaft solche Ansichten ein Greuel, ganz gleich, wie die Ärzte jeweils zur Ätiologie der Cholera stehen mochten. Doch waren sie mit dem Gesetzesentwurf selbst alles andere als zufrieden. Gegen ihn wendeten sie ein, daß das Gesetz die Pflicht, Fälle von Infektionskrankheiten zu melden, nicht auf die Ärzteschaft beschränkte, sondern jeden dazu aufforderte, der von ihnen Kenntnis erlangte. Besonders auf diesen Punkt bezog sich Rudolf Virchows Beitrag zur Debatte. Er läßt erkennen, welch zentrale Rolle Virchow den Interessen der Ärzteschaft zu jener Zeit beimaß. Der Deutsche Ärzteverein drückte sein Bedauern darüber aus, daß man ihn während der Ausarbeitung der Vorlage nicht hinzugezogen hatte, und erklärte, die Freiheit für jedermann, Fälle zu melden, werde lediglich dazu führen, der Kurpfuscherei ein gesetzliches Mäntelchen umzuhängen.[47] Der Ärztetag vom 27. Juni 1893 ging noch weiter und verlangte, daß Erkrankungen ausschließlich den Gesundheitsbehörden gemeldet werden dürften, nicht aber der Polizei.[48]

Doch nicht diese absonderliche Interessenkoalition verhinderte, daß die Vorlage Gesetzeskraft erlangte, und auch nicht unbedingt der Eindruck nachlassender Dringlichkeit, der sich um so deutlicher artikulierte, je mehr die Erinnerung an die Epidemie von 1892 schwand. Die Auflösung des Reichstags und die Wahlen vom Juni 1893 bedeuteten für das Gesetz einen automatischen Aufschub, denn die Vorlage mußte im November in die neugewählte gesetzgebende Versammlung eingebracht werden.[49] Vorrangige Themen drängten sie in den Hintergrund, so daß sie während der Legislaturperiode von 1893 bis 1898 gar nicht zur Debatte kam. Kaum schien es, als werde die Seuchenvorlage – ähnlich der Lex Heinze, der Umsturzvorlage, dem von der Presse als «Zuchthausvorlage» abgestempelten Gesetzentwurf zum Schutz der gewerblichen Arbeitsverhältnisse und vielen anderen Vorhaben in der Reichstagsgeschichte der neunziger Jahre – sang- und klanglos untergehen, da erschien am Horizont eine neue Drohung. Sie reichte hin, den Entwurf eiligst wieder aus der Schublade zu holen: Im Jahr 1899 bedrohte die Beulenpest vom Mittleren Osten aus Europa, und die von den Ärzten vertretene Ansicht, sie werde durch Ratten übertragen, gab der Regierung die wissenschaftliche Legitimation, das Seuchengesetz in Kraft zu setzen.[50] Als die Vorlage vor den Reichstag kam, war von der Cholera nicht viel die Rede, und die Fronten bildeten sich mehr oder weniger wie zuvor: Die Zentrumspartei wurde mittels einer Klausel beschwichtigt, die es Angehörigen gestattete, Patienten auf Isolierstationen zu besuchen; mit ihrer Forderung nach dem ausschließlichen Recht, Fälle an die Behörden zu melden, war den Ärzten ebensowenig Erfolg beschieden wie zuvor; die Sozialdemokraten nutzten die Gelegenheit, erneut Attakken gegen die Wohn- und Lebensbedingungen der Arbeiterklasse vorzutragen und außerdem den Zustand der Krankenhäuser im Deutschen Reich zu kritisieren. Doch die meisten unterstützten die Vorlage bei der Abstimmung, bei der kein Fraktionszwang herrschte, und sie erlangte schließlich am 30. Juni 1900 Gesetzeskraft.[51]

So wurde paradoxerweise ein gegen Epidemien gerichtetes zentralistisches Gesetz zu einer Zeit erlassen, als Epidemien keine wirkliche Bedrohung mehr bedeuteten. Um die Jahrhundertwende traten in Deutschland Cholera, Typhus und Pocken nur noch selten auf, und daß sich zu jener Zeit Fleckfieber, Beulenpest oder Gelbfieber in größerem Maßstab verbreiten könnten, war wenig wahrscheinlich. Kein Wunder, daß im Jahr 1900 die «National-Zeitung» klagte, das Gesetz richte sich ausschließlich gegen «exotische Seuchen», und vorbeugende Maßnahmen gegen die «einheimischen gemeingefährlichen Seuchen, die uns jahraus jahrein Hunderte von Millionen Mark kosten», verlangte.[52] Die Gesetzesvorlage, ursprünglich als unmittelbare Reaktion auf die Cholera-Epidemie von 1892 in den Reichstag eingebracht, verschwand, kaum daß die Gefahr einer erneuten Cholera-Epidemie vorüber war, und wurde erst im Jahr 1900 als Abfallprodukt wilhelminischer «Weltpolitik» aus der Versenkung geholt, da man annahm, daß im Zusammenhang mit dieser Politik stehende verstärkte Beziehungen zu mittelöstlichen und überseeischen Gebieten eine erhöhte Gefahr der Ansteckung mit den dort auftretenden exotischen Krankheiten bedeute. In der ursprünglichen Fassung hatte die Vorlage Vollmachten vorgesehen, die es dem Reichskanzler erlaubten, die Bundesstaaten zu zwingen, von Berlin beschlossene Maßnahmen durchzuführen. An der Rolle, die Robert Koch 1892 in Hamburg spielte, wird deutlich, daß diese Vollmachten de facto bereits bestanden; und es war unwahrscheinlich, daß sich eine solche Erfahrung wiederholen würde. Statt dessen mußten die Staaten damit rechnen, daß sich das Kaiserliche Gesundheitsamt immer häufiger und nachdrücklicher in ihre Angelegenheiten einmischte[53] – was allerdings ohnehin längst geschah. Die Geschichte des Seuchengesetzes liefert damit einen weiteren Nachweis dafür, wie begrenzt und vorübergehend die Auswirkungen der Cholera-Epidemie auf die Reform des Medizin- und Hygienewesens waren.

III

Die Debatte über die aus der Versenkung hervorgeholte Vorlage zum Seuchengesetz in den Jahren 1899/1900 kennzeichnet vor allem, daß aus München keine ernsthaften Einwände mehr kamen. Pettenkofers fortgeschrittenes Alter und abnehmende Kräfte beraubten die Fraktion der Antikontagionisten ihres unerschrockensten Vorkämpfers, und selbst die Regierung Bayerns schien zunehmend auf den kontagionistischen Standpunkt eingeschwenkt zu sein. Doch Pettenkofers Theorie ging nicht mit ihrem Urheber dahin. Der unglückliche Rudolf Emmerich, der den Selbstversuch seines Meisters in einer Vorlesung wiederholt hatte, blieb dessen Lehre bis zu seinem eigenen Ende treu. Noch lange nach der Jahrhundertwende veröffentlichten Emmerich und seine Kollegen eine eindrucksvolle sechsbändige Gesamtdarstellung epidemischer Krankheiten, in der sie Kochs Ansichten verspotteten und erneut betonten, örtliche Bodenverhältnisse seien der entscheidende Faktor für das Auftreten solcher Krankheiten; Typhus, Ruhr und Cholera führten sie in erster Linie auf diese Ursache zurück. Im 750 Seiten starken dritten Band kamen Emmerich und fünf seiner Kollegen zu dem Ergebnis, das Trinkwasser spiele bei der Entstehung von Cholera-Epidemien keine Rolle; deren Ausbreitung hänge ausschließlich von den Eigenschaften des Bodens ab.[54] Emmerich und Koch vertraten 1904 ihre einander entgegengesetzten Theorien in einem berühmten Fall vor Gericht. Beide Direktoren sowie Ingenieur und Obermechaniker des Gelsenkirchener Wasserwerks standen unter Anklage, weil sie im Jahr 1901 aus Versehen verseuchtes Ruhrwasser in das Versorgungsnetz der Stadt geleitet und damit eine Typhusepidemie ausgelöst haben sollten, die etwa 240 Menschen das Leben gekostet hatte. Als Zeuge der Verteidigung bestritt Emmerich die von Koch zwischen Verseuchung und Erkrankung hergestellte unmittelbare Beziehung, und der Hauptpunkt der Anklage gegen die vier Männer wurde fallengelassen.[55] Noch 1912 vertrat Georg Sticker in seinem sechshundertseitigen Werk über die Cholera die Ansicht, Emmerich und sein Kollege F. Wolter hätten endlich die Trinkwasser-Hypothese zu Fall gebracht.[56]

Auf längere Sicht hätte sich aus Pettenkofers Grundwasser- und Bodentheorie eine allgemeine Beschäftigung mit der Umwelt entwickeln können, vor allem mit der Luftverschmutzung, die zu Beginn der neunziger Jahre weitverbreitete Besorgnis auslöste, wie wir im zweiten Kapitel gesehen haben. Doch bereits 1893 galten Pettenkofer und Emmerich in der Medizinerschaft als «ganz isolirt»[57]. Weiterhin über Quarantäne, Isolierung, Desinfektion oder bakteriologische Diagnose murren konnten nur noch Laien, denen die praktischen Folgerungen aus Kochs Theorien mißfielen, in erster Linie die Handelsherren, die Hamburg oligarchisch regierten. Doch waren sie schon 1892 nicht mehr imstande, wirksam Widerstand zu leisten. Die 1892 im ganzen Reich, ja auf der ganzen Welt, gegen die Stadt erhobenen Vorwürfe sorgten dafür, daß sie ihren Widerstand nicht mehr in eine allgemeine Politik ummünzen konnten. Nach Johann Caspar Kraus' Rücktritt sahen sie sich der Tatsache gegenüber, daß ihre eigenen Medizinalbeamten, allen voran Reincke und Rumpf, Kochs Ansichten nicht mehr bekämpften, ganz gleich, was untergeordnete Mediziner denken mochten. Man könnte sagen, daß es Koch gemeinsam mit Pasteur gelungen war, ein Paradigma im Sinn des von Thomas Kuhn entwickelten Begriffs einzuführen: eine allgemein gültige Theorie, die als Organisationsprinzip für die Forschung dienen konnte, den Wissenschaftlern zeigte, worauf sie zu achten hatten, und sie erkennen ließ, welche Probleme gelöst werden mußten. Selbst wenn das bakteriologische Modell für Infektionskrankheiten wie andere wissenschaftliche Paradigmata auch nicht sogleich oder allgemein übernommen wurde, kann man jeden, der sich um die Jahrhundertwende dagegen stellte oder nichts davon wissen wollte, ohne weiteres als Randfigur bezeichnen.

Vom Standpunkt der allgemeinen Geschichtswissenschaft aus gesehen hat Kuhns Paradigma zur Geschichte der Wissenschaft, selbst wenn es eher brauchbar ist als ein einfaches lineares Modell sich kumulierender Entdeckungen, jedoch einen wesentlichen Nachteil: Es betrachtet wissenschaftliche Paradigmata isoliert. Kuhn beschreibt den Prozeß von Paradigmabildung, Krise und Revolution in der Wissenschaft streng innerhalb der Grenzen wissenschaftlichen Denkens; er behandelt sogar verschiedene Einzelwissenschaften und Wissenschaftszweige – Optik, elektrotechnische Forschung, Astronomie usw. – sowohl weitgehend isoliert voneinander wie auch herausgelöst aus dem größeren historischen Kontext der Gesellschaft, innerhalb deren sie auftreten. Bei einem Gebiet wie der Physik oder der reinen Mathematik mag sich die Wissenschaftstheorie ohne weiteres entsprechend ihrer eigenen paradigmatischen Logik entwickeln; wissenschaftliche Umwälzungen auf diesen Gebieten mögen tatsächlich keinerlei Beziehung zu gesellschaftlichen, wirtschaftlichen und politischen Faktoren besitzen, die für die Welt ganz allgemein gelten. Doch von den Sozialwissenschaften läßt das sich nicht sagen, und hierin liegt einer der Gründe, warum sich Kuhns Entwurf nur mit Schwierigkeiten auf sie übertragen läßt.[58]

Ob die Medizin den «reinen» Wissenschaften oder den Sozialwissenschaften zugerechnet werden soll, ob folglich die Medizintheorie sich entsprechend ihrer eigenen inneren Logik oder als Reaktion auf eine weitergehende gesellschaftliche und politische Bestimmtheit entwickelt, ist letztlich vielleicht das grundlegende theoretische Problem, um das es bei der Darstellung der Choleratheorien des 19. Jahrhunderts geht. Weder Ansteckungslehre noch Bodentheorie hatten erkennbaren Einfluß darauf, wie wirksam die Behandlung der Krankheit war, und im ganzen 19. Jahrhundert war diese Wirksamkeit minimal, wenn nicht gar negativ. Doch während die Vertreter der Bodentheorie nicht hoffen konnten, auf diesem Gebiet einen Durchbruch zu erzielen, bot zumindest das bakteriologische Modell die Hoffnung – auch wenn diese kurz- und mittelfristig trog –, ein Gegenmittel zu entwickeln, sobald der verursachende Organismus identifiziert war. In diesem Sinn vermochten die Kontagionisten in den neunziger Jahren an der russischen Grenze zu zeigen, daß eine Quarantäne die Ausbreitung der Krankheit zum Stillstand bringen konnte, die Vertreter der Bodentheorie hingegen blieben der Möglichkeit einer wirksamen Vorbeugung gegenüber weiterhin erkennbar skeptisch.[59] Ironischerweise machten es Dampfschiffahrt und Eisenbahn, die der Verbreitung der Cholera so stark Vorschub leisteten und ihr Vordringen so außergewöhnlich beschleunigten, zugleich den Behörden möglich, den Verkehr einfacher, an weniger Stellen und zügiger zu überwachen. Den Rest besorgten die Filtrierung des Trinkwassers und hygienische Vorkehrungen. Nicht zuletzt deshalb triumphierte die Bakteriologie, weil sie in der Realität und ihrem Potential nach für eindeutig erfolgreicher gehalten wurde als die Bodentheorie.

Gerade dieser Erfolg aber war ebensosehr Ergebnis wie Ursache der allgemein günstigen Aufnahme von Kochs Ansichten. Ja, ohne eine solche Aufnahme wären die Maßnahmen, die die Überzeugungskraft des bakteriologischen Modells bestätigten, ebenso undenkbar gewesen, wie sie es zur Zeit der Vorherrschaft von Pettenkofers Ansichten zwei Jahrzehnte zuvor gewesen waren. Ebenso wie Kochs Bericht über die Cholera ohne weiteres auf Unglauben hätte stoßen können, wäre er nicht auf diese Weise bestätigt worden, ging die anfängliche Aufnahme auf andere Faktoren zurück. Einer davon war selbstverständlich die überall zu beobachtende Hilflosigkeit von Vertretern der Miasmalehre und Bodentheorie gegenüber der Cholera. Es gab aber auch andere Einflüsse. Kochs bakteriologisches Vorgehen paßte ideal in ein Zeitalter der Entdeckungen; seine Leistung – nämlich die Isolierung des Bakteriums – wurde als nationale Großtat bejubelt; die Quarantäne- und Desinfektionsmaßnahmen, auf denen seine Theorie bestand, paßten zur protektionistischen und zentralistischen Stimmung in der deutschen Reichsregierung jener Zeit. Zumindest in diesem Fall haben gesellschaftliche, wirtschaftliche und politische Faktoren die medizinische Wissenschaft erkennbar beeinflußt, und hier ist das Kuhnsche Paradigma-Konzept für die Erklärung ihrer Entwicklung nur von begrenztem Nutzen.[60]

Ähnlich wie die Seuchenvorlage, die auf die bakteriologische Theorie zurückging, schien diese auch in mancherlei Hinsicht zum Kampf gegen Krankheiten geeignet, von denen um 1900 keine wirkliche Bedrohung mehr ausging. Die spätere Erfahrung hat eindeutig die Richtigkeit von Kochs Vorgehen bestätigt, vor allem, als es im Ersten Weltkrieg gelang, Fleckfieber, Ruhr, Typhus und Cholera mit Hilfe epidemiologischer Strategien wirksam einzugrenzen, die gegen Ende des 19. Jahrhunderts entwickelt worden waren. Doch das Zeitalter der Weltpolitik, das erst ganz am Ende der neunziger Jahre begann, lenkte die Aufmerksamkeit der Medizin von Epidemien ab und hin zur Frage der Geburtenrate des deutschen Volkes, deren steiler, lang andauernder Niedergang zu jener Zeit gerade begann. Um Reformen bemühte Beamten in Berlin konzentrierten sich mehr und mehr darauf, dieser Entwicklung entgegenzuwirken: Zum einen wies man die Bevölkerung auf die nationale Pflicht hin, Kinder in die Welt zu setzen, und zum anderen unternahm man Schritte zur Verringerung der hohen Säuglingssterblichkeit im Land. Man förderte die rasche Ausbreitung öffentlicher Beratungsstellen für Unbemittelte, mit deren Hilfe man Krankheiten wie die Tuberkulose bekämpfen wollte – 1899 wurde die erste dieser Stellen eröffnet, 1910 gab es immerhin schon 320 davon –, aber auch allgemeineren Problemen wie der Verbesserung der Säuglingspflege galt die Aufmerksamkeit der Behörden. Die erste Beratungsstelle für Säuglingspflege nahm ihre Tätigkeit im Jahr 1905 auf, und auf sie folgten im Lauf des nächsten Jahrzehnts tausend weitere. Hinter dieser neuen Strategie einer wissenschaftlichen Hygiene stand zum einen das Bestreben, ein kriegstüchtiges Volk zu schaffen, zum anderen sollte die Moral der werktätigen Bevölkerung, vor allem auf dem Land, gehoben werden. Sie hatte schließlich dafür zu sorgen, daß man auch künftig kaisertreue Armeen aufstellen konnte.[61]

Zur gleichen Zeit bekehrte sich die Medizinerschaft rasch zu Vorgehensweisen der Gesundheitsfürsorge, die in größerem Umfang auf staatliche Intervention zurückgingen und die Massen einbezogen, als sie das früher geduldet hätte (beispielsweise zu der Zeit, da Pettenkofers voluntaristischer Begriff der Sozialhygiene vorherrschte). Eine kaum überschaubare Vielfalt medizinischer oder paramedizinischer Interessengruppen entstand, angefangen von der Deutschen Gesellschaft für Volkshygiene (1900) bis zur Gesellschaft zur Bekämpfung der Säuglingssterblichkeit (1907). Mit dem Staat arbeiteten sie insofern zusammen, als sie das Netz der Institutionen erweiterten, die zur Verbesserung der öffentlichen Gesundheit und Hygiene, Ernährung und Moral bestimmt waren. Schulen dienten nach der Jahrhundertwende zunehmend als Zentren der Gesundheitsuntersuchung und -pflege. All diese freiwilligen Zusammenschlüsse bildeten ein medizinisches Gegenstück der zur gleichen Zeit gegründeten nationalen Verbände, die in voller Blüte standen, beispielsweise der Flottenverein oder der Ostmarkenverein. Wie diese amtlicherseits unterstützten nationalistischen Bestrebungen sahen sie sich nicht nur einem Widerstand aus anderen Teilen der Reichsbürokratie gegenüber, sondern auch einer mit zunehmender Lautstärke vorgetragenen Herausforderung noch radikalerer Gruppen, als sie selbst es waren. Dabei handelte es sich um die Eugeniker und die Sozialdarwinisten, die eine umfassende staatliche Politik der Rassenhygiene und Selektion forderten.[62]

Diese neuen Bewegungen traten unter anderem deswegen auf, weil die Sozialdemokraten zu jener Zeit immer erkennbarer die bestehende Struktur der Gesundheitsfürsorge in Frage stellten. In frühen sozialistischen Äußerungen zur Krankheit hieß es, ihre Ursachen lägen letztlich in gesellschaftlichen Ungleichheiten der kapitalistischen Produktionsweise. Daher betonten die Sozialdemokraten in den siebziger Jahren des vorigen Jahrhunderts die Notwendigkeit staatlichen Handelns bei der Verbesserung der sanitären Infrastruktur. Wasserversorgung, Abwasserbeseitigung, Straßenreinigung, Lebensmittelverfälschung, Wohnverhältnisse wie auch Dauer, Bedingungen und Bezahlung lohnabhängiger Arbeit – diesen Themen galt zu jener Zeit die Aufmerksamkeit der Sozialdemokraten. Daß der Staat Wasserversorgung und Abwasserbeseitigung in eigene Regie übernahm und reformierte, gehörte zu den von der Partei bis zur Jahrhundertwende und noch darüber hinaus ständig wiederholten Forderungen. Doch verlangten die Sozialdemokraten in den neunziger Jahren außerdem die Schaffung eines nationalen Gesundheitsdienstes mit kostenloser Krankenbehandlung und Krankenhauspflege, die Verstaatlichung von Apotheken und die Beschäftigung von Ärzten als Staatsbeamte. Große Aufmerksamkeit schenkten sie der Kritik am Zustand der deutschen Krankenhäuser, so beispielsweise bei den letzten Debatten über die Seuchenvorlage. Sie waren sich der gesellschaftlichen Ungleichheiten angesichts von Krankheit und Tod durchaus bewußt und erklärten, eine in umfassendem Sinn gesunde Gesellschaft sei erst nach einer sozialistischen Revolution möglich. («Der Sozialismus ist der beste Arzt», hieß eine weithin bekannte Parole.)[63] Obwohl einige dieser Forderungen schließlich erfüllt wurden, zeigte sich doch, daß den meisten von ihnen unter der bestehenden kapitalistischen Gesellschaftsordnung eine Verwirklichung versagt bleiben mußte.

Da sich die Sozialdemokraten mehr und mehr in den Gemeinden kommunalpolitisch engagierten, wo ihnen ein relativ demokratisches Wahlrecht Zugang zum Gemeinderat gewährte, begannen sie, immer detailliertere Forderungen auszuarbeiten, die man nicht ohne weiteres als revolutionären Mumpitz abtun konnte. Um die Jahrhundertwende forderten in vielen Teilen Deutschlands sozialdemokratische Stadtratsmitglieder Maßnahmen zur Verringerung der Säuglingssterblichkeit, zum Kampf gegen Tuberkulose und zum Schutz werdender Mütter. Darüber hinaus verlangten sie nicht nur die Schaffung besonderer örtlicher Gesundheitsämter mit weitreichenden Vollmachten, damit diese «naturwidrige gesundheitsschädliche Lebensbedingungen» abstellen konnten, ihrer Ansicht nach die Ursache aller Krankheiten, sondern auch den Aufbau eines umfassenden Netzes von Kontrollen zur Verbesserung von Lebensmittelhygiene und Ernährung. Desinfektionsmittel sollten kostenlos verteilt und Sanatorien, Bäder, Einrichtungen zur Säuglingsfürsorge und eine ganze Anzahl anderer öffentlicher Gesundheitsinstitutionen auf Staatskosten geschaffen werden.[64] Diese Forderungen nahmen in mancher Hinsicht die von demokratisch-liberalen Ärzten wie beispielsweise Rudolf Virchow 1848 vorgetragene Theorie der sozialen Bedingtheit von Krankheiten auf und führten sie weiter aus. Sie bedeuteten damit eine ernsthafte Kampfansage an den Status quo der Medizinerschaft und hätten zu ihrer Verwirklichung eine beachtliche Umschichtung finanzieller Mittel verlangt.

Doch waren sie nicht unbedingt das ideale Gemisch aus reformerischen und revolutionären Forderungen, das sie auf den ersten Blick zu sein schienen. Sie waren unschwer von den rassistischen und eugenischen Vorschlägen der Vertreter der Sozialhygiene wie Alfred Grotjahn zu unterscheiden, obwohl spätere Historiker bisweilen diese Unterscheidung unglücklicherweise nicht getroffen haben.[65] Zwar bezogen die Ärzte in Deutschland häufig einen beträchtlichen Teil ihres Einkommens aus der Tätigkeit für staatliche Einrichtungen, doch zielten die Vorschläge der Sozialdemokraten darauf ab, ihnen ihre Privatliquidationen zu nehmen, die für sie häufig eine noch wichtigere Einkommensquelle darstellten.[66] Auch war die militärische Stoßrichtung der interventionistischen Politik des Staates, die nach der Jahrhundertwende von reformeifrigen Bürokraten vorangetrieben wurde, den hinter dem Programm der Sozialdemokraten stehenden egalitären Zielsetzungen völlig fremd. Zudem teilten die Sozialdemokraten weder Pettenkofers Pessimismus gegenüber der Möglichkeit, Epidemien zu verhindern, noch hielten sie es mit Koch – trotz ihrer sofortigen Zustimmung zu seinen Theorien –, der den bakteriologischen Aspekt ihrer Verursachung mit solcher Ausschließlichkeit betonte.

Vom Standpunkt derer gesehen, denen diese Bemühungen galten, mag sich letztlich ein Großteil dieser voneinander abweichenden Theorien in der Praxis sehr ähnlich ausgewirkt haben. In einem größeren politischen Zusammenhang betrachtet, triumphierte in gewisser Hinsicht 1892 weniger Kochs Auffassung als die Virchows. Mediziner stritten sich weiterhin über die Cholera, wenn auch im Lauf der Jahre mit nachlassender Erbitterung; die Aussicht auf ein Seuchengesetz, das in allen Teilen dem Geist der Ansteckungslehre verpflichtet war, erfüllte sich erst zur Jahrhundertwende, und dann aus Gründen, die mit der Cholera nur wenig zu tun hatten; Kochs nachdrückliche Empfehlung, angesichts der von Epidemien ausgehenden Bedrohung wachsam zu bleiben, wurde im Herbst 1893 den Interessen des Überseehandels und der Börse geopfert. Während also die große Cholera-Epidemie für die Medizin als Wissenschaft und für die medizinische Praxis weit weniger folgenreich war, als man auf den ersten Blick hätte annehmen können, ließ sich auf der anderen Seite die Bedeutung ihrer Folgen für die Sozialpolitik nicht bezweifeln. Praktisch alle stimmten 1892 darin überein, daß Hauptursachen der Katastrophe soziale Ungleichheit, Armut, ungünstige Wohnverhältnisse, unzulängliche Ernährung und Mängel der öffentlichen und privaten Hygiene waren. Der Wille, diesen Problemen zu Leibe zu rücken, war in Hamburg zu der Zeit, als die Epidemie ausklang, so gut wie einhellig. Wir werden nun zu untersuchen haben, wie rasch und auf welche Weise ihm die Tat folgte.

Armut und der Staat

I

Nach der Epidemie von 1892 widmete sich anfänglich eine «Senats- und Bürgerschaftskommission für die Prüfung der Gesundheitsverhältnisse Hamburgs» der Aufgabe, das Gesundheitswesen in der Hansestadt zu reformieren. Sie trat am 15. September zusammen, in Anwesenheit des Präsidenten des Kaiserlichen Gesundheitsamtes und Robert Kochs, die Reichskanzler Caprivi delegiert hatte. Am Verlauf dieser Sitzung läßt sich erneut erkennen, welche Macht Koch zu dieser Zeit über Hamburg ausübte. Er kritisierte die dort getroffenen Desinfektionsvorkehrungen und ließ sich sofort zusichern, daß geeignete Desinfektionsanlagen beschafft würden. Nicht nur erklärte er Oberingenieur Meyer, wie die Sandfiltration des Trinkwassers zu bewerkstelligen sei, er brachte auch die gemeinsame Kommission dazu, eine Kampagne ins Leben zu rufen, in deren Verlauf die Wasserkästen, in denen viele Bürger der Stadt ihren Trinkwasservorrat aufbewahrten, desinfiziert, verlegt oder beseitigt werden sollten. Diese Wasserkästen nannte er «Brutstätten für die Bacillen, wo dieselben auch leicht überwintern können». Er verlangte ein zusätzliches, noch umfassenderes Programm einer allgemeinen Wohnungsüberprüfung und Desinfektion. Alle seine Vorschläge wurden in die Tat umgesetzt, und sein Schüler Georg Gaffky, der mit einem beachtlichen Gehalt zum Berater der Stadt in Fragen der Hygiene ernannt wurde, vertrat bei späteren Sitzungen der Kommission Kochs Stelle. Um den 28. Oktober beriet die Kommission über weit ausgreifende Projekte. Sie entschied, daß man umfassende Maßnahmen vorsehen müsse, um die sanitären Bedingungen des Wohnungsbestandes zu verbessern, nicht nur mit Hilfe schärferer Bauvorschriften und der Einrichtung einer Wohnungsinspektion, sondern auch durch ein Sanierungsprogramm für die Gängeviertel.[1]

Bereits in den ersten Tagen der Epidemie von 1892 hatte Kochs Beschreibung der «asiatischen» Zustände, auf die er dort gestoßen war, zusammen mit der lebendigen Erinnerung an frühere Epidemien, die in den Gängevierteln gewütet hatten, die Aufmerksamkeit auf die Gefahr gelenkt, die von ihnen ausging. Zudem standen die dort herrschenden Verhältnisse Beobachtern aus dem Bürgertum täglich vor Augen, und die Cholera hatte in einigen Höfen und Straßen der Gängeviertel tatsächlich eine hohe Zahl von Opfern gefordert. Lebhafte Beschreibungen jener Straßenzüge füllten bald die Spalten der Zeitungen in der Stadt, im Land und in aller Welt. Wo die «Hamburger Freie Presse» gegen die «Pesthöhlen der Innenstadt» vom Leder zog, prangerte die «National-Zeitung» bildhaft die dort anzutreffenden Zustände an: «... alles, was hinter den Fronten liegt, mit alten, winkligen, finstern, luftlosen Häusern, den Wohnungen der Armen, vollgepfropft, die mit Schmutz und Miasmen erfüllt sind.»[2] Der Berichterstatter der Londoner «Times» nannte Hamburg gar «die schmutzigste Stadt, die ich je diesseits des Mittelmeers erlebt habe». Er kritisierte die «hohen Häuser, die weder Licht noch Luft in die schmalen Straßenschluchten dringen lassen», und beschrieb Mauern und Gehsteige als «schmierig, schmutzstarrend und abstoßend. Und dann», fügte er hinzu, «diese abscheulichen Fleete. Man sieht förmlich vor sich, wie die Cholera dem stinkenden, trüben Gewässer entsteigt, dessen Ränder schwarzer Schlamm bildet.»[3] Für die Kontagionisten unter der Ärzteschaft stand fest, daß Feuchtigkeit, beengte Wohnverhältnisse, mangelhafte Hygiene und das Fehlen angemessener sanitärer Einrichtungen in den Gängevierteln die Hauptquellen der Infektion waren, während ihre Gegner aus dem Lager der Miasmalehre in dessen tiefer Lage, seiner Nähe zu den Fleeten und zur Elbe sowie in Licht- und Luftmangel ideale Bedingungen für das Entstehen der tödlichen Miasmen sahen.[4]

Der Druck auf den Senat, radikale Schritte gegen die von dort ausgehende Bedrohung zu unternehmen, war also ungeheuer. Bereits im November 1892 verlangte die «Hamburger Freie Presse» «die Niederreißung der Gängeviertel und Wiederaufbau von breiten Straßen»[5]. Dem schlossen sich die Sozialdemokraten an. Sie forderten die Sanierung dieser Gebiete und die Errichtung preisgünstiger und gesunder Wohnungen für die Arbeiterklasse. Ein allgemeines Gefühl des Entsetzens regte sich in breiten Kreisen des Hamburger Bürgertums, als die Zustände dort aufgedeckt wurden. Stellvertretend für eine Vielzahl ähnlicher Äußerungen, privater oder öffentlicher im Herbst 1892, sei Jakob Loewenbergs Kommentar zitiert: «Nie habe ich... geahnt, welches Elend sich hinter den stolzen Prunkbauten der Großstadt birgt, welche grausige Kluft

Vorder- und Hinterhaus trennt. Das sind ja gar nicht mehr Menschen derselben Zeit, desselben Landes, desselben Volkes.»[6] Senator Burchard sah sich angesichts der Drohung eines Reichswohnungsgesetzes gezwungen, im Reichstag grundlegende Reformen zur Verbesserung der Lebensbedingungen in Hamburgs Innenstadt zuzusagen.[7] In der Stadt selbst einigten sich Senat und Bürgerschaft rasch auf die Einsetzung einer gemeinsamen Sanierungskommission zur Verbesserung der Zustände im Gängeviertel. In Gestalt der Enteignungsgesetze, deren man sich beim Bau des neuen Hafens in den achtziger Jahren bedient hatte, stand bereits eine gesetzliche Handhabe zur Verfügung. Weitere Präzedenzfälle waren zum einen die Wexstraße, die man 1885/86 durch einen Teil des Gängeviertels in der Neustadt gebrochen hatte, und zum anderen die im Sommer 1892 als Verbindung zur Wexstraße fertiggestellte Kaiser-Wilhelm-Straße.[8] Die Sanierungskommission begann bald mit dem Abriß der von der Cholera 1892 am schlimmsten betroffenen Häuser.[9] Die von Burchard zugesagte Reform an Haupt und Gliedern schien also in Gang zu kommen.

Doch in dem Maße, in dem der unmittelbare Eindruck der Epidemie zu verblassen begann, ließ auch der reformerische Eifer der gemeinsamen Kommission nach. «Momentan», schrieb Bürgermeister Johann Georg Mönckeberg im Oktober 1892, «steht alles unter dem Zeichen der Hygiene: es wird aber schon wieder eine Reaktion eintreten, wenn die Furcht vergessen ist und die kolossalen Kosten in den Vordergrund treten, welche mit den jetzt behandelten Projekten natürlich verbunden sind...» Wie Abbildung 29 zeigt, bewirkten die dem Senat beim Kampf gegen die Epidemie entstandenen Kosten ein ernsthaftes Defizit im Haushalt für das Jahr 1892, und es dauerte über ein Jahr, bis sich die Staatsfinanzen von diesem Aderlaß erholt hatten. Um seine finanzielle Situation zu verbessern, sah sich der Senat sogar gezwungen, eine beträchtliche Erhöhung der direkten Steuern vorzuschlagen, die 1895 wirksam wurde und die Steuerbelastung in den höheren Einkommensgruppen nahezu verdoppelte, während zugleich die Schwelle für das geringste zu versteuernde Einkommen von 600 auf 900 Mark angehoben wurde. Unter diesen Umständen überlegte es sich der Senat natürlich zweimal, bevor er kostspielige Projekte in Angriff nahm, die eine nochmalige Steuererhöhung erforderlich machen konnten. Hinzu kam, daß die Grundeigentümer in der Bürgerschaft rasch ihre Reihen gegen solche Vorschläge schlossen, die ihrer Ansicht nach zeigten, «welche verderblichen Fortschritte der sozialistische Gedanke in Verfolg der jüngsten deutschen Sozialpolitik schon gemacht hat».[10]

So geschah mehr als vier Jahre lang nichts Bedeutsames. Dann regten sich mit einem Mal Senat und Bürgerschaft erneut. Im Dezember 1896 beschloß letztere weitreichende Vorschläge zur Sanierung der Elendsviertel in der Stadt. Die Finanzierung sollte der Staat sicherstellen. Zu Beginn des Jahres 1897 wurde eine Kommission für die Verbesserung der Wohnverhältnisse eingesetzt; sie legte binnen zwei Jahren einen umfassenden Plan zum Abriß der drei größten Gängeviertel in der Altstadt und Neustadt vor. An ihre Stelle sollten gesunde Behausungen für ihre Bewohner treten. Der Grund für diesen dramatischen Gesinnungswan-

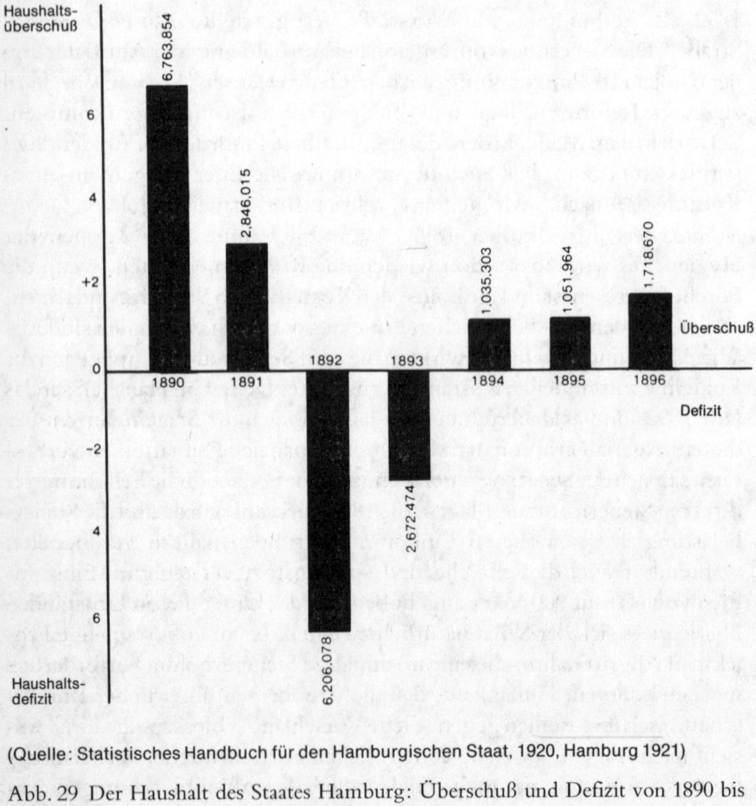

(Quelle: Statistisches Handbuch für den Hamburgischen Staat, 1920, Hamburg 1921)

Abb. 29 Der Haushalt des Staates Hamburg: Überschuß und Defizit von 1890 bis 1896 (in Mark)

del ist in der Reaktion der dominierenden Klassen auf den großen Hafenarbeiterstreik von 1896/97 zu suchen. Zwar beteiligten sich schon bald nach seinem Beginn am 20. November 1896 mehr als 16000 Hafenarbeiter und Seeleute daran, doch endete er am 6. Februar 1897 mit der Niederlage der Streikenden. Diese Ereignisse lenkten die Aufmerksamkeit des ganzen Landes, ja, sogar der Welt, auf Hamburg: Die lange und erbitterte Auseinandersetzung wurde nach dem Bergarbeiterstreik von 1889 zum berühmtesten Konflikt in der Geschichte der Arbeitskämpfe im Deutschland des späten 19. Jahrhunderts. Der Streik, an dessen Spitze weder die Gewerkschaften noch die Sozialdemokraten standen, versetzte Hamburgs dominierenden Klassen einen noch härteren Schlag als die Cholera-Epidemie vier Jahre zuvor.[11] In einem zeitgenössischen Polizeibericht heißt es darüber: «Im Verlaufe der ganzen Bewegung läßt sich nicht ein einziges Moment finden, welches auf die unmittelbare Urheberschaft der politischen Sozialdemokratie hindeutet.»[12] Vorangetrieben und aufrechterhalten wurde der Streik in erster Linie von der Masse unorganisierter Gelegenheitsarbeiter im Hafen, deren Aussichten, während der Wintermonate Arbeit zu finden, ohnehin nicht besonders günstig standen.

Während sich Sozialdemokraten und Gewerkschaften unablässig bemühten, den Streik auch ohne Zugeständnisse der Arbeitgeber zu beenden, rief die starre Haltung des Arbeitgeberverbandes weithin Sympathie für die Streikenden hervor, nicht nur innerhalb der Sozialdemokratie Hamburgs wie des übrigen Deutschland, sondern auch bei einer Minderheit innerhalb des Bürgertums. Feministinnen wie beispielsweise Lida Gustava Heymann sorgten dafür, daß Frauen und Kinder Streikender kostenlose Mahlzeiten bekamen, und eine ganze Anzahl von Angehörigen des Kleinbürgertums, insbesondere Gastwirte, Brauer, Handwerker und die Inhaber kleiner Läden, die auf die Arbeiter als Kunden angewiesen waren, stellten sich hinter die Streikenden, während anfänglich beträchtliche Teile der Kaufmannschaft und sogar der Senat zu vermitteln trachteten. Je erbitterter der Streik wurde, desto mehr griffen jedoch die Behörden im Bemühen, ihn zu unterdrücken, zu scharfen Maßnahmen. Seinen Höhepunkt erreichte der Konflikt unmittelbar nach dem Ende des Streiks, als die enttäuschten Streikenden im Hafengebiet und in der Neustadt Süd Streikbrecher angriffen. Als die Polizei im mittlerweile üblich gewordenen Stil militärischer Konfrontation eingriff und mit Säbeln in alle Richtungen hieb, prasselte aus den Häusern des Gängeviertels ein Hagel von Steinen, Flaschen, Abfall und anderen Gegenständen auf die Beamten. Mehrere tausend Menschen, keineswegs nur die Streikenden, sondern auch deren Frauen, lieferten sich mit den massiert eingesetzten Kräften der Hamburger Polizei zwei Tage lang eine erbitterte Straßenschlacht. Nicht nur das Bürgertum reagierte darauf mit Bestürzung, sondern auch die Gewerkschaftsführung.[13]

Diese Ereignisse sorgten dafür, daß sich das Augenmerk der Öffentlichkeit erneut auf die Gängeviertel als vermeintliches Zentrum moralischen Verfalls und gesellschaftlicher Unordnung richtete. Wie der «Hamburgische Correspondent» am 3. April 1897 erklärte, kamen die «brutalen Ausschreitungen der sogenannten ‹Halbstarken› im letzten Streik» aus den Reihen «roher Burschen, wie sie nur die luft-, licht- und liebeleeren Gängeviertel der Großstadt auszubrüten vermögen». Die in ihnen heimischen Kleinkriminellen und sich den Zwängen bürgerlicher Ordnung entziehenden Existenzen nannte man ganz allgemein «lichtscheues Gesindel»; und ebenso, wie dieser Ausdruck offenkundig metaphorisch gemeint war, haftete auch der (nach Goethe) für die Gängeviertel erhobenen Forderung «Mehr Luft! Mehr Licht!» eine unmißverständlich symbolische Bedeutung an.[14] Deutlicher als je zuvor rückte die von ihnen angeblich ausgehende Gesundheitsgefahr als symbolischer Ausdruck der soziopolitischen Bedrohung, die sich im Streik von 1896/97 zu erkennen gegeben hatte, in den Mittelpunkt der Diskussion. Schon bald drang der Arbeitgeberverband darauf, die «gefährlichen Klassen» aus der Innenstadt in die äußeren Vororte umzusiedeln. Er verlangte, daß zu diesem Zweck eine Vorortbahn gebaut werde, damit die Arbeiter kostengünstig und rasch ihre Arbeitsplätze im Hafen erreichen konnten. Der Senat sollte die fraglichen Gebiete gründlich sanieren und die Straßen verbessern, damit die außerhalb der Stadt lebenden Arbeiter mit dem Fahrrad zur Arbeit fahren konnten, statt über eine Stunde zu Fuß gehen zu müssen, womit ein «großer Theil ihrer Arbeitskraft verloren» gehe, wie geklagt wurde.[15] Die Handelskammer ihrerseits ließ den Senat im Februar 1897 wissen, es sei nach dem Streik wichtig, «daß die Arbeiter den auf ihre Verbitterung gegen die Arbeitgeber zielenden Einflüssen entzogen werden und die Zufriedenheit unter ihnen gefördert wird. Das wirksamste Mittel hierzu scheint die Fürsorge für gute und billige Wohnungen, insbesondere für Wohnungen im Freien, außerhalb der dumpfen Enge der Straßen und dem Gewühle der Großstadt. Die für Gesundheit, Sittlichkeit, Geist und Gemüth nachtheiligen Wirkungen der Concentration immer größerer Bevölkerungsmassen in die Verkehrsmittelpunkte, welche die moderne wirthschaftliche Entwickelung mit sich bringt, können nur ausgeglichen werden durch eine Decentralisation der Wohnungen, dadurch, daß es auch den Arbeitern ermöglicht wird, in freierer Umgebung sich ein freundliches Heim zu verschaffen.»[16]

In den Mittelpunkt der sich anschließenden öffentlichen Debatte rückten vor allem die in den Gängevierteln herrschenden sanitären Mißstände, die speziell in ihrer Rolle als «Seuchenherde» der Cholera-Epidemie von 1892 in Erscheinung getreten waren; doch dahinter war unschwer die Absicht zur Beseitigung dieser Viertel zu erkennen, in denen man Brennpunkte sozialer und politischer Unzufriedenheit sah. Nicht zufällig wurden jetzt Parallelen zu Haussmanns großer Stadtsanierung in Paris unter Napoleon III. gezogen, die gleichfalls sowohl von politischen als auch von sanitären Motiven geleitet wurde.[17]

Nachdem das Sanierungsprogramm angelaufen war, wurde es – wie jedes andere größere Stadterneuerungsprojekt im Hamburg des 19. Jahrhunderts – rasch Gegenstand eines zugespitzten Interessenkonflikts zwischen verschiedenen Fraktionen des Kapitals innerhalb der Stadt. Während den vom Senat unterstützten Kaufleuten und Unternehmern an sozialem Frieden lag – um ihn zu erreichen, wollten sie sowohl in der Stadtmitte wie auch in den Vororten preisgünstige und gesunde Wohnungen zur Verfügung stellen –, waren die Grundeigentümer selbstverständlich darauf aus, die besten Bedingungen herauszuschlagen für die Zwangsenteignung durch die Stadt und für eine möglichst gewinnträchtige Neubebauung mit Wohnungen. Ihre Interessenvertretung in der Bürgerschaft ließ unumwunden durchblicken, daß der Senat seine Pläne nicht ohne beträchtliche Zugeständnisse an die Grundbesitzer würde verwirklichen können, da die beiden souveränen Organe des Staates Hamburg den Kaufpreis billigen mußten. Er wurde so hoch angesetzt, daß sich der Senat gezwungen sah, seinen Plan einer gesetzlich festgelegten Höchstmiete in den Sanierungsgebieten fallenzulassen, denn eine Verwirklichung dieser Absicht hätte den Preis für den Rückverkauf nach dem Neubau so stark gesenkt, daß der Staat bei diesem Geschäft beträchtliche Verluste erlitten hätte. So wurde statt dessen beschlossen, von den im ersten Sanierungsgebiet der Neustadt vorgesehenen 3700 Wohneinheiten 1700 für Kleinwohnungen zu reservieren. Als sie schließlich gebaut waren, lag die Miete doppelt so hoch wie früher, so daß die einstigen Bewohner es sich nicht leisten konnten, dort einzuziehen. Sicherlich verbesserte die zwischen 1900 und 1908 erfolgte Sanierung des Gängeviertels in der Neustadt die Wohnbedingungen in diesem Stadtteil – nicht zuletzt sorgte die Aufschüttung des Terrains dafür, daß es nicht wieder zu Überschwemmungen kam, die in den neunziger Jahren eine Plage gewesen waren. Der Preis dafür war hoch: Mehr als 20000 Menschen wurden aus ihren Wohnungen vertrieben, und nichts wurde unternommen, um andere Unterkünfte für sie zu finden. Ein Bauboom bei Kleinwohnungen, der über die Jahrhundertwende hinaus andauerte, konzentrierte sich auf die Vororte und konnte die von den Sanierungsmaßnahmen gerissenen Lücken nicht schließen.[18]

Der scharfe Anstieg der Mieten in den sanierten Gebieten hatte Folgen, die sich in einem amtlichen Bericht aus dem Jahr 1911 mit beachtlicher Offenheit dargestellt finden:

«Die südliche Neustadt gibt ein Beispiel, welchen Erfolg die Errichtung der kleinen Wohnungen im Innern der Stadt gehabt hat. Nicht eine der früher dort untergebracht gewesenen Familien hat dort wieder Wohnung genommen, weil die Mieten trotz der geringen Grundstückspreise in den kleinen Wohnungen zu hoch sind. Um die Mieten aufbringen zu können, muß auch der besser gestellte Arbeiter an Unverheiratete abvermieten und damit seiner Familie den Wohnraum in erschreckender Weise verkleinern. Das Schlafburschenwesen mit seinen sittlichen Widerlichkeiten steht in der Neustadt wieder in ungeahnter Blüte und diese Blüte muß sich in gleich großem Umfange entfalten auch im Sanierungsgebiet der Altstadt, wenn man hier zur Errichtung kleiner Wohnungen gelangt.»[19]

Der Anteil der Haushalte mit Einlogierern, der 1890 in der Neustadt Süd 28 % betragen hatte, war bis 1910 auf 32 % gestiegen. Diese Zunahme ließ sich ähnlich in den anderen Gängevierteln beobachten; so lag der Wert in der Neustadt Nord 1910 bei 37 % und in der Altstadt Nord bei 34 %.[20] Auch verzeichnete Hamburg nach wie vor von allen deutschen Städten den höchsten Anteil an Kellerwohnungen; noch 1910 lebten 42000 Personen in Kellerräumen. Es muß als bittere Ironie angesehen werden, daß ein Sanierungsprojekt, zu dessen vordringlichen Zielen gehört hatte, die Überbelegung der Wohnungen zu reduzieren, die Notwendigkeit der Aufnahme von Einlogierern und Schlafgängern zu beseitigen und dafür zu sorgen, daß zufriedene Arbeiter in kleinen Familienwohnungen lebten, schließlich kaum eines dieser Ziele erreichte.[21]

Der Senat erkannte, daß es allein schon aus finanziellen Gründen nicht möglich sein würde, das ehrgeizige Projekt zu verwirklichen, die vertriebenen Bewohner der Elendsquartiere in der neubebauten Innenstadt unterzubringen. Das nächste Sanierungsgebiet lag in der Altstadt, in der Nähe der wichtigsten öffentlichen Gebäude der Stadt, und damit geradezu ideal für die Errichtung von Bürogebäuden. Sie boten dem Staat bei einer Sanierung den zusätzlichen Vorteil einer besseren Rendite, als sie bei der Schaffung gesunder Arbeiterwohnungen zu erwirtschaften gewesen wäre. Während der erste Sanierungsabschnitt in der Neustadt Süd dem Staat einen Nettoverlust von rund 20 Millionen Mark eintrug, kostete der zweite bis zum Ausbruch des Ersten Weltkriegs lediglich 2,75 Millionen Mark – und darin waren bereits die Kosten für den Beginn einer Sanierung des Gängeviertels in der Altstadt enthalten. Im Zusammenhang mit diesem von 1908 bis 1911 vorangetriebenen Bauabschnitt wurde die langerwartete Eisenbahnverbindung zu den Vororten gebaut, mit deren Hilfe Arbeiter von dort ins Hafengebiet gebracht werden sollten. Tatsächlich war das Gesuch, möglichst rasch eine solche Linie zu bauen, bereits im November 1892 vorgelegt worden, von 11 000 Unterschriften unterstützt.

Auch in der Altstadt wurden Tausende gezwungen, ihre Wohnungen zu verlassen und sich anderweitig eine Unterkunft zu suchen. Zwar waren die Mieten in den Vororten günstiger, doch glichen die mit dem Pendeln zur Arbeitsstelle verbundene Unbequemlichkeit und die Fahrtkosten die durch den Umzug erreichten Verbesserungen leicht aus, wie selbst Behördenvertreter (allerdings nicht in der Öffentlichkeit) unumwunden zugaben. Zudem war der weitverbreitete passive Widerstand, den die Bewohner der Gängeviertel einer Zwangsumsiedlung entgegensetzten, ein deutlicher Hinweis darauf, daß viele Menschen, wie ein bei diesem Projekt beschäftigter Beamter erklärte, «trotz der fehlenden Sonne und der Baufälligkeit der Häuser nur schweren Herzens das lieb gewordene Heim verließen, um in den neuen, in den Vororten lieblos und nach Schablone gebauten Etagenhäusern eine neue Unterkunft zu finden. Zum Teil mußten sie durch den Gerichtsvollzieher oder die Polizei entfernt werden.»[22]

II

Zwar bedeutete das Wegschaffen der «gefährlichen Klassen» aus der Stadtmitte den sichtbaren Höhepunkt der Furcht vor einer Ausbreitung sozialer Unruhen, die die dominierenden Klassen seit den sechziger Jahren des 19. Jahrhunderts allmählich ergriff, doch war das nicht die einzige Strategie, die gegen Ende des Jahrhunderts zur Sanierung der Wohnviertel des Proletariats eingeschlagen wurde. Die Baufälligkeit vieler Häuser, deren Bewohner am meisten unter der Cholera gelitten hatten, führte zu weitverbreiteten Rufen nach einer Verschärfung der baupolizeilichen Vorschriften. Deren Unzulänglichkeit war durchaus bekannt, denn es war den Grundbesitzern gelungen, alle Versuche zur Einführung schärferer Richtlinien durch ihre Vertretung in der Bürgerschaft zu Fall zu bringen. Selbstverständlich hatte man nach 1842 die Brandschutzvorschriften strenger gefaßt, doch lehnte die Bürgerschaft zwanzig Jahre später vom Ärztlichen Verein unterstützte Forderungen nach sanitären und gesundheitlichen Verbesserungen ab mit der Begründung, «besonders um die Benutzung wertvollen Baugrundes nicht zu sehr zu beschränken, und um nicht mehr als unumgänglich in die Freiheit des Einzelnen einzugreifen»[23]. In den 1865 erlassenen Vorschriften ging es um nicht viel mehr als um die Festsetzung von Mindestmaßen für die Größe von Durchgängen und Höfen, für die Höhe von Stockwerken und für das Niveau von Kellerräumen. Nicht nur galten sie als «im Vergleich mit ähnlichen Gesetzen in anderen Großstädten sehr milde», auch wurde ihre Gültigkeit erst 1872 auf die Vororte ausgedehnt.[24] Zwar kam es 1882 zu einer Verschärfung der Vorschriften; die sehr detaillierten und deutlich strengeren Richtlinien legten nun fest, daß jeder Raum ein nach außen zu öffnendes Fenster besitzen sollte und wieviel Licht und Luft er erhalten mußte. Sie galten aber lediglich für Neubauten, und da außerdem zahlreiche Ausnahmen gemacht wurden, hörte man bald Klagen über «die Lückenhaftigkeit der bisherigen Gesetze», die «in einer fast unglaublichen Weise» ausgenutzt werde.[25]

Nach der Cholera-Epidemie von 1892 handelte der Senat rasch im Sinn einer Verbesserung. Die Zahl der Ausnahmen wurde vermindert, neue Anforderungen an die sanitäre Ausstattung wurden aufgenommen. Allerdings waren diese Vorschriften immer noch nicht besonders wirksam, und die Grundeigentümer achteten darauf, daß die (1893 geänderten) Vorschriften von 1882 bis nach dem Ersten Weltkrieg in Kraft blieben. Auch wurde 1902, diesmal mit voller Unterstützung des Senats, ein neues Gesetz erlassen in der Hoffnung, über eine noch weitergehende Lockerung der Bauvorschriften die Errichtung von Kleinwohnungen zu fördern. Damit hatte sich der Stand der Dinge insgesamt nur sehr wenig verändert.[26] Dagegen wurden die Bauvorschriften für die Villenviertel um die Alster herum unverzüglich verschärft. Konsequent hielt man sie von Fabriken und anderen Bauten frei – hätten diese doch die Ruhe stören können, die das Großbürgertum dort zu finden hoffte.[27] Da in den neunziger Jahren die Arbeiter sogar in diese Quartiere drängten, unternahm der Senat mit einem besonderen Gesetz vom 20. Dezember 1892 den Versuch, das Wachstum der Vororte nördlich der Elbe auf geordnete Weise zu planen. Ein neuer Generalplan sollte 1896 Straßenzüge festlegen und den Verkehr verteilen, sondern auch die Villenviertel vor der Bedrohung durch Wohnblocks bewahren. Da diese Maßnahmen nur unscharf definiert waren, vermochten sie jedoch nur wenig gegen den Vormarsch preisgünstiger Wohnbauten nach Norden auszurichten. Je weniger Wohnraum in der Stadtmitte zur Verfügung stand, desto mehr Grundstücke kauften Bauspekulanten in den dünnbesiedelten Stadtteilen im Norden Hamburgs, wo die Wohlhabenderen von großen Freiflächen umgebene, einzeln stehende Villen bewohnten. Diese Entwicklung veränderte allmächlich den Charakter jener Viertel in einer Weise, die deren ursprüngliche Bewohner gar nicht schätzten. So klagte beispielsweise die Gesundheitskommission für Harvestehude in ihrem zweiten Bericht über die Epidemie:

«Harvestehude ist leider zu einem großen Teil nicht mehr das, was es im Jahre 1870 war. Es vollzieht sich seit der Zeit in Harvestehude ein langsamer Umwandlungsprozeß, der geeignet erscheint, den guten Ruf des Stadtteils in gesundheitlicher Beziehung zu vernichten. Anfangs langsam, aber mit der Zeit immer schneller und zahlreicher wachsen zwischen den Villen Stein-Colosse in die Höhe, Etagenhäuser mit 4, 5 und 6 Stockwerken, Höfe, Gänge, Hinterhäuser und Terrassen.»

Dementsprechend zog das Großbürgertum wieder einmal fort und sorgte diesmal dafür, daß der Frieden, in dem es leben wollte, nicht durch das unwillkommene Eindringen sozial zweifelhafter Elemente gestört wurde – man nahm einfach seinen Wohnsitz in den weiter entfernt gelegenen Vororten elbabwärts.[28]

Die Bemühung, über eine Verschärfung von Bauvorschriften den Wohnungsbestand zu verbessern, genügte allerdings nicht. Bereits im Oktober 1892 erklärte ein Beobachter: «Die Erfahrung lehrt, daß neue, helle, luftige Wohnungen oft in kurzer Zeit durch die Bewohner derartig verwahrlost werden, daß der Aufenthalt in denselben der Gesundheit gewiß nicht zuträglich ist.» Daher forderte er Geldstrafen für Mieter, die ihre Häuser nicht in gutem Zustand hielten.[29] Die ersten Schritte in diese Richtung unternahm man noch während der Epidemie, denn die Bürgervereine setzten örtliche Gesundheitskommissionen ein, deren Aufgabe es war, die Desinfizierung zu organisieren und Ratschläge zur Vorbeugung zu erteilen. Sie arbeiteten gemeinsam mit den Notstandskomitees, wurden aber – was in der Natur der Sache lag – eher von den Ärzten dominiert. Am 20. September forderte die Cholerakommission des Senats sie zu einer eingehenden Inspektion aller befallenen Häuser in ihrem jeweiligen Bezirk auf, bei der nachgeprüft werden sollte, ob sie gründlich desinfiziert worden waren. Außerdem erwartete man von den Kommissionen, daß sie die Polizei über die allgemeinen Lebensbedingungen in diesen Häusern informierten. Da die Polizei sie nicht nur mit Ausweisen versah, sondern ihnen auch riet, Hilfe anzufordern, sofern man ihnen den Zutritt zu Häusern oder Wohnungen verweigerte, bekamen die Kommissionen einen amtlichen Status. In einem Bericht über die Neustadt Nord hieß es, daß Kommissionsmitglieder von den Mietern in den Häusern, die sie aufsuchten, zwar meist freundlich empfangen wurden, Hauswirte ihnen hingegen, in der richtigen Annahme, daß die Desinfizierung sie viel Geld kosten würde, im allgemeinen feindselig entgegentraten. Im gesamten Gebiet der Altstadt Nord war die Gesundheitskommission in der Lage, hundert Haushalte allein zu desinfizieren, bei weiteren 66 aber mußte sie die Hilfe der Polizei in Anspruch nehmen. In der im Gängeviertel gelegenen Niedernstraße, die als Zentrum der Prostitution und Kleinkriminalität berüchtigt war, gelang es ihr lediglich, fünf Haushalte ohne Unterstützung der Polizei zu desinfizieren, die dann diese Aufgabe in nicht weniger als 17 Fällen übernahm. Wohl war diese Feindseligkeit kennzeichnend für die Art und Weise, in der die Bewohner der Gängeviertel Außenstehenden gegenübertraten, doch scheint sich in ihr auch eine treffende Einschätzung der Kontrollfunktionen der Gesundheitskommissionen widergespiegelt zu haben.[30]

Nach dem Abklingen der Epidemie verfielen die Gesundheitskommissionen in eine Art Dornröschenschlaf, auch wenn sie auf dem Papier mindestens bis zum Ende des Jahrhunderts weiter existierten. Da aber dem Senat an einer ständigen, scharfen Gesundheits- und Hygienekontrolle durch die Behörden gelegen war, schlug er am 12. Mai 1893 ein «Gesetz betreffend die Wohnungspflege» vor. Das rief den unmittelbaren Widerstand der Grundbesitzer hervor, und sie brachten den Entwurf vor einen Ausschuß der Bürgerschaft. Dieser wies ihn im Juni 1894 in Bausch und Bogen mit der Begründung zurück, das Gesetz greife auf unannehmbare Weise in die Rechte der Hausbesitzer ein. In der Tat hätten dessen Vorschriften über Mindestgröße und Erhaltungszustand von Wohnungen die Vermieter zu beträchtlichen Ausgaben genötigt, insbesondere, da es in einem seiner eher umstrittenen Absätze empfahl, die neuen Richtlinien nicht nur auf Neubauten anzuwenden, sondern auch auf den alten Wohnungsbestand. Wie so viele der nach der Epidemie in Gang gesetzten Reformvorhaben kam auch dieses binnen kürzester Zeit zum Stillstand. Erst nach dem Hafenarbeiterstreik von 1896 wurden die Anregungen wieder aufgegriffen, und diesmal sahen sie noch umfangreichere Überwachungs- und Kontrollmaßnahmen vor.[31] Der Medizinalrat Johann Julius Reincke schrieb in einem Kommentar zu den damals diskutierten Sanierungsplänen, «daß eine hohe Sterblichkeit in ungünstigen Wohnquartieren nicht ausschließlich durch die Wohnung bedingt wird, sondern auch durch die Lebensgewohnheiten, die Ernährung, den Wohlstand, den Beruf und den Kinderreichtum der Bewohner»[32]. Das sei Grund genug, Maßnahmen zu ergreifen, mit deren Hilfe sich das Leben der Arbeiterschaft in dieser Hinsicht verbessern lasse. So hieß es in einer Schrift des Medizinal-Kollegiums:

«In schlechten und ungesunden Wohnungen verfällt der Mensch in Unlust und Mißmuth, er verliert die Freude am eigenen Heim und wird aushäusig. Die eigene Häuslichkeit aber ist für den erwachsenen Menschen das, was das Elternhaus für den jungen ist, ein Halt in der Unruhe des Lebens, aus dem er immer neue Kraft für des Tages Kampf und Last schöpft. Zufriedenheit im eigenen Heim, Liebe zum eigenen Heim und Stolz auf das eigene Heim sind die Ausgangspunkte für alle bürgerlichen Tugenden. Wohl daher der Stadt, welcher es gelingt, ihrer Bevölkerung gesunde Wohnungen zu verschaffen.»[33]

Deshalb wurde in der Schrift vorgeschlagen, für Wohnungen überprüfbare hygienische Mindestanforderungen festzulegen und deren Einhaltung durch bezahlte Beamte, die «Wohnungspfleger», zu erzwingen.

Für diese Wohnungspfleger sah das Medizinal-Kollegium so weitreichende Vollmachten vor, daß sie im Grunde die Möglichkeit besaßen, den Lebensstil der Arbeiter von Grund auf umzukrempeln. Sie durften Wohnungen nach eigenem Gutdünken betreten, um sie auf Größe und Höhe der Räume, den hygienischen Zustand von Badezimmer und Toilette, auf Feuchtigkeit, Pilzbefall, auf die Anwesenheit von Tieren, Ungeziefer und – welch bezeichnende Nachbarschaft! – Einlogierern hin zu kontrollieren. Außerdem oblag es ihnen festzustellen, ob die Wohnungen hell und luftig genug waren und ob es dunkle oder steile Treppenhäuser gab, die sich nur schwer sauberhalten ließen. Sogar die Begräbnissitten der Arbeiterklasse blieben nicht verschont, weil man überzeugt war: «Leichen, welche über den Todestag hinaus in Wohnungen bleiben, verderben die Luft.» Arbeiterfamilien war es nicht einmal erlaubt, ihre düstere Umgebung mit ein wenig Schmuck etwas freundlicher zu gestalten. «Durch Blumenzucht», befanden die Vorschläge des Medizinal-Kollegiums mit aller Strenge, «können Wohnungen feucht gemacht und die Luft in ihnen verdorben werden. Stark riechende Blumen in den Wohnräumen verursachen Kopfweh und sonstiges Übelbefinden.»[34] Allerdings enthielten sie auch einen recht weitgehenden Angriff gegen die Stellung der Hausbesitzer, denn Reincke und das Medizinal-Kollegium wollten alle Wohnungen in der Stadt der medizinischen Kontrolle durch bezahlte Staatsbeamte unterwerfen. Sie verlangten das Recht, Wohnungen für unbewohnbar zu erklären; vor allem wollten sie Mindestanforderungen für gesunde Wohnungen gesetzlich verankert wissen.[35] Hausbesitzer, deren Gebäude nicht den genau festgelegten und meßbaren Forderungen des Gesetzes im Hinblick auf Lichteinfall, Zahl und Größe der Fenster, Belüftung, sanitäre Einrichtungen und Mindestwohnfläche pro Bewohner entsprachen, sollten für die erforderlichen Verbesserungen aufkommen. Es ist also nicht weiter verwunderlich, daß diese Vorschläge den Hausbesitzern einen «panischen Schrecken» einjagten.[36]

Der Grundeigentümerverein mobilisierte seine Truppen in der Bürgerschaft, um den Reformbestrebungen entgegenzutreten. Auf seinem Weg durch die Bürgerschaft wurde der Gesetzesentwurf aller quantitativ nachvollziehbaren Regelungen entkleidet. Was blieb, waren ungenaue und nicht durchsetzbare allgemeine Ermahnungen. So waren beispielsweise Toiletten in «genügender» Anzahl vorzusehen, es mußte «in ausreichender Weise» für Licht und Luft gesorgt werden usw. Die Anforderungen an die Mindestwohnfläche wurden herabgesetzt und auf Einlogierer, Schlafburschen und Dienstboten beschränkt. An die Stelle der vorgesehenen bezahlten Wohnungspfleger traten ehrenamtliche Kontrolleure, die in etwa den Armenpflegern vergleichbar waren.

Wie wir gesehen haben, kamen diese aus eben den Kreisen des Bürgertums und Kleinbürgertums, die auch die Mehrheit der Mitglieder der Bürgervereine und des Grundeigentümervereins selbst stellten. So gab es auch prompt, als das Gesetz endlich in Kraft trat, weithin Klagen, «daß sehr viele Grundeigentümer zu dem Amt eines Wohnungspflegers berufen werden»[37]. Für den Fall, daß jemand, dem dieses Amt übertragen wurde, selbst nicht Hausbesitzer war, wurde das Zutrittsrecht der Pfleger auf die Stunden des Tages (neun Uhr vormittags bis acht Uhr abends) beschränkt, eine Zeit, in der die meisten Einlogierer ohnehin aus dem

Haus waren. Das Gesetz, das dabei herauskam und am 15. April 1899 in Kraft trat, war mit den Worten der halbamtlichen Zeitung «Hamburgischer Correspondent» «arg verstümmelt»[38]. «Es hat der Berg gekreißt», kommentierte ein anderes Blatt, «und siehe, es war nur eine Maus, die geboren wurde.»[39] Später (1907) vorgenommene Veränderungen führten zu genaueren Anforderungen, die nicht zuletzt deshalb annehmbar waren, weil durch das Sanierungsprogramm der Wohnungsbestand in der Innenstadt ohnehin in entscheidender Weise umgestaltet wurde. Das aber änderte an der Wirkungslosigkeit des Gesetzes nichts, wie spätere Berichte der Behörde für Wohnungspflege deutlich machten. Nur vergleichsweise wenige Wohnungen wurden besucht, die jährliche Zahl erfolgreicher Ahndungen von Verstößen lag in den zwei Jahren vor Ausbruch des Ersten Weltkrieges bei lediglich knapp über hundert – und es überrascht nicht, daß es in diesen Fällen vorwiegend um Mietstreitigkeiten ging.[40]

Wie der Historiker Clemens Wischermann betont hat, wurde die Kontrolle auch durch den zu jener Zeit bestehenden Mangel an Kleinwohnungen und durch die hohen Mieten dafür vereitelt, denn beides ließ den Bewohnern keine andere Wahl, als Einlogierer aufzunehmen, und lieferte den Vermietern zugleich zwingende Gründe dafür, daß sie eine Überbelegung der Wohnung zuließen, um ihre Einkünfte aus Mieten zu sichern.[41] Eine mögliche Alternative bestand in der Gründung von Bausparvereinen oder Bau- und Spargesellschaften, die von vielen als wichtiges Instrument zur Erreichung sozialen Friedens angesehen wurden. So hieß es im März 1897 in den «Hamburger Nachrichten»:

«Der Krebsschaden in der heutigen Gesellschaftsordnung liegt darin, daß zwischen den Gebildeten und Besitzenden und den Nichtbesitzenden eine unüberbrückbare Kluft vorhanden ist. Die Wohlhabenden sind heute vollständig von den Besitzlosen getrennt, so daß es beinahe den Anschein gewinnt, als wenn die beiden Classen sich feindlich gegenüberständen. Dieses feindselige Verhältniß muß verschwinden und zur Anbahnung eines freundschaftlichen Verhältnisses aller Menschen bietet der Bau- und Sparverein die allerbeste Gelegenheit.»[42]

Aber der Grundeigentümerverein widersetzte sich solchen Bau- und Sparvereinen, weil deren Absicht, preisgünstigen Wohnraum für Arbeiter zu errichten, den Wert ihres Hauseigentums vermindern mußte. In einer Sitzung des Vereins vom 11. Mai 1897 erklärte eines seiner führenden Mitglieder, «in der Bürgerschaft dafür sorgen zu wollen, daß an Baugesellschaften keine Unterstützung gewährt werde»[43]. Bau- und Sparvereine erstellten in Hamburg von 1895 bis 1913 kaum mehr als 3 % der neuen Wohnungen, die übrigens im allgemeinen alles andere als billig waren. Die Möglichkeit, daß Sozialdemokraten eine Rolle in diesen Vereinen spielen könnten, veranlaßte einen der Bau- und Sparvereine dazu, 1903 in eine GmbH mit Gesellschaftsanteilen von jeweils 1000 Mark umzufirmieren.

Die Sorge der Grundbesitzer um den Wert ihrer Gebäude läßt auch erkennen, daß der Grundeigentümerverein nicht mehr die kleinbürgerliche Einrichtung war, als die er einst ins Leben getreten war. Bereits 1885 hatte er damit begonnen, für seine Mitglieder Ausflüge in nahe gelegene Erholungsorte zu organisieren. Um die Jahrhundertwende unternahmen diese bis zu zwei Wochen dauernde Reisen – sei es nach London, Paris, Norwegen oder ins Spielkasino von Monte Carlo. Jede von ihnen kostete so viel wie die gesamte Jahresmiete einer Drei-Zimmer-Wohnung bei einem Bau- und Sparverein. In der offiziellen Festschrift des Vereins heißt es dazu: « . . . für das ‹notleidende Grundeigentum› waren diese Reisen gewiß kein überzeugendes Argument.» Auch bei den vom Verein zu jener Zeit organisierten Gesellschaften, Tanzveranstaltungen und Maskenbällen, zu denen jeweils bis zu tausend Mitglieder kamen, wurde ein auffälliger Aufwand getrieben. Die schnell wachsende Zahl der in den Vororten errichteten Wohnungen für die Arbeiterklasse hatte zu einem ähnlich raschen Wachstum des Einkommens von deren Vermietern geführt. Mehr und mehr wohlhabende Hausbesitzer traten wegen der nach 1892 drohenden einschränkenden Gesetzgebung dem Grundeigentümerverein bei. Mieteinnahmen bildeten für viele seiner Mitglieder kein Neben-, sondern ein Haupteinkommen, und «Vermieter» wurde zu einem richtigen Beruf.[44]

Die Haltung der Sozialdemokraten in diesen Auseinandersetzungen war zwiespältig. Zwar teilten sie die allgemeine Ansicht, daß die Gängeviertel ungesund seien und saniert werden müßten, verlangten aber, daß der Staat diese Aufgabe übernehmen und in der Innenstadt Wohnraum zur Verfügung stellen sollte, um die Ausquartierten unterzubringen. Der Hamburger Sozialdemokratie war klar, welche sozialen und psychischen Probleme mit der Zerstörung der alten Lebensweise in den Gängevierteln heraufbeschworen wurden; im «Hamburger Echo» wies sie öffentlich auf die Folgen hin, die Zwangsräumungen für die Betroffenen nach sich zogen. Sie neigte durchaus dazu, die Pläne des Senats zu unterstützen und deren medizinische Rechtfertigung anzuerkennen, wollte aber darüber hinausgehen und erreichen, daß der Staat der arbeitenden Bevölkerung

Wohnraum zur Verfügung stellte. Ihren Widersacher sahen sie in erster Linie im Grundeigentümerverein, der für sie das Haupthindernis auf dem Weg zu einer Reform war. Bezeichnenderweise waren Hamburgs Sozialdemokraten in der Frage der Bauvorschriften gänzlich anderer Ansicht als ihre Berliner Genossen. Der in der Reichshauptstadt erscheinende sozialdemokratische «Vorwärts» rügte den Entwurf des Wohnungspflegegesetzes als «gröbsten Humbug» und erklärte, man könne sich kaum «etwas so Erbärmliches und Nichtssagendes in wohnungspolizeilicher Beziehung» vorstellen. Doch die Hamburger Polizei notierte, «der Artikel sei im Gegensatz zur Meinung der hiesigen Mitglieder der sozialdemokratischen Partei». Tatsächlich waren die Vorschläge des Gesetzes nach Ansicht des «Hamburger Echos» ein «gesunder Fortschritt»[45], den wieder einmal die Grundbesitzer in der Bürgerschaft vereitelt hätten. Die Partei in Hamburg wollte ganz allgemein, daß energische Maßnahmen zum Schutz der Mieterrechte ergriffen und menschenwürdige Wohnungen zur Verfügung gestellt würden. Einfache Parteimitglieder übten scharfe Kritik an den Wohnungspflegern: «Zu was haben wir eigentlich die Baupolizei», fragte einer, «die darauf sehen soll, daß solche gesundheitsschädlichen Zustände bei Neubauten nicht vorkämen, aber darum quälen sich die Herren nicht, sondern gehen den ganzen Tag spazieren und saufen womöglich mit den Bauherrn.»[46] Als Schlüssel zu einer Verbesserung des Wohnungswesens galten also staatliche Kontrolle und Aufsicht. Doch die von den Sozialdemokraten vorgebrachten Forderungen nach öffentlich finanzierten Bauvorhaben gingen weit über alles hinaus, was das Bürgertum selbst im Hamburger Senat mitzutragen bereit war.[47] Sozialdemokratische Ärzte wie beispielsweise Ignaz Zadek forderten überdies die Einrichtung eines Netzes hygienischer Kontrollen der Arbeiterfamilien, vor allem der Frauen, das man fast totalitär nennen muß.

Somit gab die Cholera einen ersten, wenn auch kurzlebigen Impuls zugunsten einer Reform des Wohnungswesens. Wichtiger noch war, daß sie eine metaphorische Rechtfertigung der Reformen lieferte, nach denen später im Anschluß an den entscheidenden Anstoß durch den Hafenarbeiterstreik gerufen wurde. Doch ist die Vorstellung unhaltbar, die Epidemie sei Motor der Gesellschaftsreform in den neunziger Jahren gewesen. Die Reformen von 1892/93 wurden in Angriff genommen, um Hamburgs Autonomie zu verteidigen und zu verhindern, daß Preußen der Stadt teilweise oder gar vollständig das Recht auf Selbstregierung nahm. Je mehr sich diese Gefahr verringerte, desto deutlicher nahm der

Reformwille ab. Betrübt stellte eine Hamburger Zeitung 1898 fest, «daß der Eifer, mit dem zuerst an die Erledigung der großen Aufgaben herangetreten wurde, immer mehr und mehr zurücktritt, je weiter die Zeit sich von dem Unglücksjahr 1892 trennt. Mit dem Verwischen der unmittelbaren Eindrücke trübt sich auch in merklichem Maße der auf das Gesamtwohl gerichtete Blick, es treten Sonderinteressen hervor und aus der ursprünglichen Idee, daß die Einzelinteressen zurücktreten müßten zugunsten des Gesammtwohles, hat sich im Laufe der Zeit der von vielen Bürgerschaftsmitgliedern heute vertretene Grundsatz entwickelt, daß das Gesammtwohl Rücksicht auf die Einzelinteressen zu nehmen habe.»[48]

Selbst die Reformen, die tatsächlich durchgeführt wurden, kennzeichnete ein Kompromiß, der auf Kosten der Arbeiterklasse zwischen den Fraktionen des Kapitals in Hamburg ausgehandelt worden war. Höhere Beamte in der Finanzdeputation hielten nicht viel von all diesen Reformplänen. Der Sekretär dieser Deputation, Leo Lippmann, erklärte später, in den Jahren vor 1914 sei nicht der Bau gesunden, preisgünstigen Wohnraums für Hamburgs Arbeiterklasse wichtigstes Problem in der Wohnungsfrage gewesen, sondern die «Schaffung neuer Villenbauplätze für die wohlhabende Bevölkerung». Da der Platz in der Stadt knapp wurde, begannen die Wohlhabenden bereits, ihre Häuser außerhalb der Grenzen Hamburgs auf preußischem Gebiet zu errichten. Da sie jetzt Steuern an Preußen zahlten, entgingen der Stadt Einnahmen in beträchtlicher Höhe.[49] Angesichts einer solchen Haltung der Finanzdeputation ist es wohl kein Wunder, daß nur wenig zur Verbesserung der Wohnbedingungen der Arbeiterklasse unternommen wurde.

III

Viele der im Gefolge der Cholera-Epidemie von 1892 eingeleiteten Reformen sollten demonstrieren, daß Hamburg bereit war, langfristig Maßnahmen zu ergreifen, mit deren Hilfe sich einem erneuten Ausbruch der Cholera vorbeugen ließ. Doch sah sich die Stadt auch ernsten Problemen gegenüber, die schnell gelöst werden mußten. Das drängendste war die Massenarbeitslosigkeit, die auf die Quarantänemaßnahmen zurückging. Diese wirkten sich bereits Ende August aus und lähmten den Handel noch bis weit ins neue Jahr. Am 12. September wurde berichtet: «Die Arbeitsverhältnisse im Hafen haben sich seit Ausbruch der Cholera recht trostlos gestaltet. Die Zahl der Arbeitslosen vermehrt sich von Tag zu Tag.» Auf den Kais warteten Arbeiter in Gruppen von Hunderten auf Arbeit. Da der Zusammenbruch des Handels rasch zu einer Krise der verarbeitenden Industrie führte, wurden im September beispielsweise mehr als tausend Tabakarbeiter nach Hause geschickt.[50] Bereits Ende August hieß es, 2000 Schneider seien ohne Arbeit, da «unter jetzigen Verhältnissen die Herrschaften von hier fort reisten und diejenigen, die von hier fort seien, kämen von der Reise nicht wieder zurück»[51]. Es wurde berichtet, daß Barbiere ohne Kunden waren[52], und auch bei Malern, Zimmerleuten und in anderen Handwerksberufen kam es zu zahlreichen Entlassungen.[53] Die HAPAG kürzte ihren Arbeitnehmern im Dezember Löhne und Gehälter, da der Schiffsverkehr eingestellt worden war.[54] Bis Januar 1893 hatte die Werft Blohm & Voss ihre Belegschaft, die vor der Epidemie 3000 Leute betrug, auf 700 reduziert[55], und der kalte Winter brachte Hoch- und Tiefbau den ganzen Januar hindurch praktisch zum Erliegen. «Unzählige Arbeitslose» sah man auf den Kais auf Arbeit warten.[56] Im Dezember besetzten siebzig Arbeiter die Baudeputation der Stadt und verlangten Arbeit[57], und am 18. Januar rief eine Menschenmenge, die sich vor einem Arbeitsnachweis versammelt hatte: «Wir wollen Arbeit haben!» Das, hieß es, sei in so «tumultuarischer Weise» geschehen, daß berittene Polizei den Auftrag bekam, die Ordnung wiederherzustellen.[58] Von den im Januar rund 18000 als Arbeitssuchende geführten Männern fanden weniger als 5000 eine Tätigkeit. Vom 3. bis 5. Januar zählte man vor dem Valentinsdepot tausend Männer, die Arbeit als Straßenreiniger suchten; nur 260 Arbeitsplätze waren zu vergeben.[59] Den Berichten zufolge nahmen Straßenbettelei, Diebstähle aus Bäckereien und andere Armutsdelikte ein bis dahin unbekanntes Ausmaß an.[60] Hier zeigte sich ein weiterer Aspekt der unterschiedlichen Auswirkung der Epidemie auf die einzelnen Gesellschaftsklassen.

In privaten Briefen und Akten gestanden führende Senatoren und Beamte der Stadt ein, daß die Krise zu einem scharfen Anstieg der Arbeitslosigkeit geführt hatte, und in ihrem Bemühen, die Quarantänevorschriften aufheben zu lassen, stützte sich die Handelskammer vor allem auf das Argument, daß «die Beschränkung der Fabrikationstätigkeit und die Verminderung der Waarenbewegung durch Arbeiterentlassungen auf die weitesten Kreise der hiesigen Bevölkerung rückgewirkt» habe.[61] Doch verwendeten Sozialdemokraten und Gewerkschaften dies Argument in ganz anderem Sinn. Sie warfen dem Senat vor, Tausende um ihre Arbeit gebracht zu haben, weil er für die Epidemie verantwortlich sei.

Die Gewerkschaften bemühten sich, diese Behauptung mit Hilfe statistischer Angaben zu belegen, doch weniger als 10 % der von ihnen verteilten 172000 Fragebogen wurden ausgefüllt, und die Behörden betrachteten das ganze Unternehmen mit Recht als Fiasko.[62] Dennoch wurden die Sozialdemokraten und ihre Mitstreiter aus dem Gewerkschaftslager nicht müde, staatliche Arbeitsbeschaffungsmaßnahmen zu fordern, die den Arbeitslosen eine Möglichkeit bieten sollten, ihren Lebensunterhalt zu verdienen. Die Polizei erklärte im November 1892, der Arbeitsmarkt normalisiere sich, und es bestehe keine Notwendigkeit für besondere Projekte dieser Art. Sie behauptete sogar, die Sozialdemokraten importierten Arbeitslose mit dem erklärten Ziel nach Hamburg, die Lage schlimmer erscheinen zu lassen, als sie war.[63]

Andere vertraten eine noch härtere Linie. Im November 1892 unterbreitete eine aus den besseren Ständen sich rekrutierende gemeinnützige Organisation, der Verein gegen Bettelei, dem Senat eine förmliche Eingabe, in der sie in aggressiver Weise den «fleißigen, d. h. den in regelmäßiger Beschäftigung stehenden Arbeiter» gegen den «Gelegenheitsarbeiter» ausspielte. Die erstgenannte Gruppe, und zu ihr wurden auch die Bauarbeiter gezählt, die in den Sommermonaten genug sparten, damit sie durch den Winter kamen, bildete nach Ansicht dieses Vereins den «gesunden Stamm der Arbeiterbevölkerung». Dazu heißt es: «Wenn man die Wohnungen solcher Leute betritt, so ist es eine Freude, einen wohlgeordneten, hübschen Hausstand zu sehen, eine sogenannte ‹gute Stube› ist immer vorhanden, und je nach Lage der Verhältnisse geschmackvoll eingerichtet.» Diese Arbeiter, insbesondere Bauarbeiter, bildeten nach Ansicht jener Leute «den Stamm der Socialdemokratie», während das «Stimmvieh» der Partei weitgehend aus Gelegenheitsarbeitern bestehe. In ihnen sah man Männer, die einige Tage arbeiteten und dann alles vertranken. «Zu einem regelmäßigen Leben», wurde da erklärt, «gehört regelmäßige Arbeit.» So nehme es nicht wunder, daß die Wohnungen solcher Menschen unordentlich seien und man dort «zerlumpte, verhungerte Kinder, miserable Mobilien» antreffe. Hinzu kamen Urteile wie «die Betten bestehen aus zweideutigen Decken, Miethe wird wenig oder gar nicht bezahlt und so folgt eine Aussetzung nach der anderen». Nicht in Epidemien oder Wirtschaftskrisen sei die Ursache für das beständige Elend dieser Menschen zu suchen, sondern in ihrer Lebensweise. Ihre Ansprüche seien angeblich «endlos und nicht zu befriedigen», und es wurde behauptet, sie trügen den «Bazillus der Unzufriedenheit» in die Reihen der soliden Arbeiterschicht und hätten wiederholt organisierte Sozialdemokraten zu radikalem Vorgehen veranlaßt, weil die Partei die Stimmen dieser Menschen nicht verlieren wolle. Arbeitslosigkeit, wurde hier unterstellt, gehe auf Müßiggang zurück und führe zu politischer Radikalisierung. Daher sei auf die Arbeitslosen lediglich die Armenordnung anzuwenden. Das werde dafür sorgen, daß sie ihr Stimmrecht einbüßten, und auf diese Weise würden sie «politisch unschädlich gemacht».[64]

Angesichts der mit diesen Vorschlägen verbundenen hohen Kosten und der Schwierigkeit, diese Empfehlung zu einer Zeit in die Tat umzusetzen, in der das Elberfelder System in Hamburg gerade erst eingeführt wurde, durfte man nicht annehmen, daß sie beim Senat auf große Zustimmung stießen. Auch folgte er nicht der politisch motivierten Behauptung, die Arbeitslosigkeit sei von den Sozialdemokraten herbeigeredet. So schrieb Senator Johannes Versmann am 20. Dezember:

«Der stets wiederkehrende Massenandrang zu den Schnee- und Eisarbeiten, das notorische Darniederliegen der Baugewerbe, die durch die Epidemie ohne Frage geschwächte wirthschaftliche Stärke der arbeitenden Klassen – die Nothwendigkeit für die wahrscheinlich bevorstehende Frostzeit mit zeitweiliger Eissperre des Hafens Fürsorge zu treffen – das Alles sind Momente, welche es unthunlich erscheinen lassen, die Klagen über eine herrschende und mehr noch über eine bevorstehende größere Arbeitslosigkeit für bloßes socialdemokratisches Gerede zu halten.»

Daher forderte er, man müsse ernsthafte Anstrengungen unternehmen, um für Hamburgs Arbeiter mehr Beschäftigungsmöglichkeiten zu schaffen. Er regte an, die Erdwälle entlang der alten Stadtbefestigung abtragen zu lassen, eine Maßnahme, mit der sich eine «planmäßige Zuweisung der Arbeit an die Arbeitsuchenden» verbinden lasse. Aus Hamburg stammenden Arbeitskräften sei dabei vor auswärtigen der Vorrang einzuräumen; verheirateten Männern vor unverheirateten, und ältere Männer sollten nicht abgewiesen werden. Dies Projekt schien Versmann auf lange Frist Vorzüge zu bieten, denn es ließ sich nur verwirklichen, wenn die staatliche Baubehörde, die Baudeputation, für diesen Zweck einen Arbeitsnachweis (Vorläufer des Arbeitsamtes) einrichtete, gemeinsam mit dem Notstands-Comité, das sich erbötig gemacht hatte, die Kosten für dessen Errichtung zu tragen. Ein Angebot dieser Art dürfe man nicht zurückweisen. «Aus einem solchen Notstands-Arbeitsnachweis wird sich vermutlich eine dauernde Einrichtung herausbilden.»[65]

Doch wurde bald darauf hingewiesen, daß Hamburgs Arbeiter wohl nur ungern als Hilfsarbeiter bei neuen Bauvorhaben mitwirken würden, zu denen auch die beschleunigte Fertigstellung der Filteranlage gehörte. Polizeikommissar Rosalowsky klagte, «daß zwar Verdienst bei Erdarbeiten zu erlangen war, daß der Hamburger Arbeiter jedoch die Beschäftigung mit Erdarbeiten garnicht wünscht. Die Arbeit ist zu schwer, der Verdienst zu gering. ‹Wozu ist denn das Nothstandscomité da?› In wiederholten Versammlungen haben die Hamburger Arbeiter ihre Abneigung gegen die Erdarbeiten ausgesprochen, und wenn bei den Filteranlagen sich Hamburger Arbeiter meldeten, sind es zumeist Maurer, welche als solche dort Beschäftigung suchten.»[66]

Da mithin die Notwendigkeit blieb, für diese Menschen Arbeit zu finden, wurde Versmanns Vorschlag aufgegriffen, und das Notstands-Comité richtete seiner Anregung folgend einen Arbeitsnachweis ein. Später übernahm ihn die Patriotische Gesellschaft, ein hochangesehener gemeinnütziger Verein. Mit diesem Arbeitsnachweis sollte die Sache des sozialen Friedens gefördert werden, Arbeitern wie Arbeitgebern sollten seine Dienste gleichermaßen annehmbar sein. Das war auch um so nötiger, da es Anfang 1893 zu verbreiteter Unruhe kam, als in Berlin und andernorts radikale Gewerkschaftler versuchten, die bereits große Zahl Arbeitsloser in einer politischen Sammelbewegung links von den Sozialdemokraten zusammenzufassen. Den Höhepunkt dieser Aktivitäten bildeten die Februar-Unruhen von 1892, denen Heinrich Mann in seinem Roman «Der Untertan» ein literarisches Denkmal gesetzt hat. In Hamburg versuchte eine kleine Gruppe von Syndikalisten und Anarchisten aus der Auseinandersetzung über die Cholera-Epidemie Kapital zu schlagen und die Masse der Arbeitslosen zu mobilisieren. Schon bald notierte die Polizei:

«Die hiesige Sozialdemokratie oder doch deren Führerschaft... sträubte... sich gegen die Einberufung von Arbeitslosenversammlungen, und als diese an vielen Orten zu Demonstrationen und sogar Ruhestörungen führten, bekämpfte sie die Abhaltung solcher Versammlungen unter Anwendung ihres vollen Einflusses. Der hier ansässige Reichstagsabgeordnete Frohme hielt es sogar für angezeigt, die Polizei-Behörde vor einer durch ihn befürchteten Demonstration der Arbeitslosen zu warnen und die Erklärung abzugeben, daß, wenn solche dennoch stattfinden sollte, die Demonstranten nicht zu den sozialdemokratischen organisirten Arbeitern gehörten.»

Es versteht sich, daß solche Aktivitäten der Polizei nicht unangenehm waren, denn das machte es für sie leichter, «dahin zu wirken, daß die gemäßigten Elemente der Parthei das Heft in den Händen behalten».

Dennoch gab es in den Wintermonaten 1892/93 eine ganze Anzahl von Massenzusammenkünften und kleineren Demonstrationen der Arbeitslosen in Hamburg, und die Frage, wie das Problem der Arbeitslosigkeit zu lösen sei, wurde um so dringender.[67]

Den Versuch, das Problem der Arbeitslosigkeit durch einen vom Staat geförderten Arbeitsnachweis zu lösen, machte die feindselige Haltung der Arbeitgeber zunichte. Sie waren nicht bereit, den Arbeitsnachweis zu nutzen, und so blieb dessen Tätigkeit vorwiegend auf den Staatskai beschränkt, und selbst dort gab es Klagen des Direktors, daß «seitens des Arbeitsnachweises keine Prüfung der Arbeitssuchenden in der Richtung stattfindet, ob dieselben für die Kaiarbeit geeignet sind und ob sie schon mit den Strafgesetzen wegen Verbrechen gegen das Eigentum in Konflikt geraten, auch ob die Leute nicht etwa wegen Trunkenheit oder sonstiger Vergehen aus dem Kaidienste entlassen worden sind».

Doch der Senat blieb bei seiner Politik der Neutralität, weil er hoffte, auf diese Weise «allmählich auch einen ausgleichenden Einfluß auf die gegenseitige Stellung von Arbeitgebern und Arbeitern ausüben zu können». Hier löste sich der Staat ganz offenkundig von den Arbeitgebern, um die sich aus der Frage der Arbeitslosigkeit ergebenden Konflikte zu entschärfen und auf diese Weise zu erreichen, daß Handel und Wirtschaft nicht gefährdet wurden. Doch bedeutete seine Weigerung, den Wünschen der Arbeitgeber zu entsprechen, keine Absage an soziale Disziplinierung: Im Gegenteil nutzten die Behörden den Arbeitsnachweis als Möglichkeit, die «Arbeitsscheuen» aus dem System der Armenpflege herauszunehmen, denn wer die Armenunterstützung beantragte, wurde jetzt an den Arbeitsnachweis verwiesen. Stellte sich heraus, daß er dort nicht um Arbeit nachgesucht hatte, wurde ihm die Unterstützung wegen mangelnder Arbeitswilligkeit verweigert.[68]

Die Bemühungen des Senats, Arbeitgebern wie Arbeiterschaft und ihren Vertretern den Arbeitsnachweis schmackhaft zu machen, schienen 1895 einen gewissen Erfolg zu zeitigen. Einige Arbeitgeber begannen seine Vorzüge zu erkennen, und die Führung der Hafenarbeitergewerkschaft wie auch die der örtlichen Sozialdemokraten sprach sich dafür aus, diese Institution anzuerkennen. Einmal davon abgesehen, daß den einfachen Arbeitern und Gewerkschaftsmitgliedern verschiedenes daran nicht gefiel, setzte der große Hafenarbeiterstreik von 1896/97 rasch allen weiteren Hoffnungen auf sozialen Frieden ein Ende. Nach dem Streik richteten die Arbeitgeber ihren eigenen Arbeitsnachweis ein und hielten sich mit seiner Hilfe undisziplinierte oder radikale Arbeiter vom Leibe.

Der Senat gab seine früher geübte Neutralität auf und unterstützte diesen Arbeitsnachweis der Arbeitgeber. Diese bemühten sich, einen sorgfältig kontrollierten und dauerhaft beschäftigten Arbeiterstamm heranzuziehen und ihre einstige Abhängigkeit von unzuverlässigen Gelegenheitsarbeitern zu vermindern, was ihnen anfangs auch gelang. Doch da sich die Vermittler, die die Hafenarbeiter einstellten, im Lauf der Zeit durch den passiven Widerstand der Arbeiterschaft gezwungen sahen, zum alten System des Anheuerns von Fall zu Fall zurückzukehren, büßte der neue Arbeitsnachweis, wie der Historiker der Hamburger Hafenarbeiter, Michael Grüttner, gezeigt hat, bis 1905 weitgehend seine Möglichkeiten ein, die Arbeiterschaft zu disziplinieren. Aus dem Blickwinkel der neunziger Jahre gesehen, war auch die Einrichtung des Arbeitsnachweises letztlich nur ein weiteres Beispiel für das Versagen von Reformen, die auf die Cholera-Epidemie zurückgingen. Der anfängliche Versuch des Staates, zwischen Arbeitern und Unternehmern zu vermitteln, erwies sich als kurzlebig. Bis zur Jahrhundertwende hatte er unter dem Eindruck des Hafenarbeiterstreiks sogar den Versuch aufgegeben, auch nur den Anschein der Neutralität zu erwecken.[69]

IV

Wer die wechselvolle Geschichte dieser verschiedenen Reformprojekte von ihren Anfängen zur Zeit der Cholera-Epidemie 1892 bis zur Jahrhundertwende und darüber hinaus verfolgt, der erkennt, daß keines vor dem Hafenarbeiterstreik von 1896/97 sehr weit gediehen war und schließlich auch keines die anfänglich gesteckten Ziele erreichte. Wer sie ihrer wahren Bedeutung nach einschätzen möchte, darf in ihnen nicht Auswirkungen der Cholera-Epidemie sehen, sondern muß sie als Bestandteil eines umfassenderen und langfristigeren Prozesses betrachten, dessen Anfänge in die Mitte der achtziger Jahre zurückreichen. Wie wir im Ersten Kapitel gesehen haben, führten die zunehmenden gesellschaftlichen Gegensätze und politischen Konflikte jener Zeit zur raschen Einführung neuer Kontrollverfahren durch den Staat, von der immer sorgfältiger geplanten Darstellung staatlicher Macht in der Öffentlichkeit bis hin zur Militarisierung der Polizei. Zu Beginn der neunziger Jahre verfügte Hamburgs politische Polizei über ein weitgespanntes Netz von Spitzeln und «Vigilanten»; mit ihrem Wissen über die in der deutschen Arbeiterklasse vertretenen politischen Meinungen konnte man nicht einmal in Berlin konkurrieren. Parallel zu dieser Ausweitung der offiziellen Agenturen staatlicher Gewalt wurden auch mehrere Einrichtungen der sozialen Kontrolle geschaffen, angefangen vom Elberfelder System der Armenpflege bis hin zur Bildung einer mächtigen und geeinten Organisation der größeren Arbeitgeber zur Bekämpfung von Streiks und Unruhen innerhalb der Arbeiterschaft.

Diese letztgenannte Entwicklung – die Gründung des Arbeitgeberverbandes – beruhte auf der zunehmenden Konzentration des Kapitals während des Aufschwungs in Industrie und Handel, der auf Hamburgs Beitritt zum Deutschen Zollverein gefolgt war. Die Macht der Handels-, Bank- und Industrie-Interessen in der Stadt nahm kontinuierlich zu. Durch den Senat vermittelt und in der vorherrschenden Ideologie vom Primat des Handels formuliert, bot diese Entwicklung die Gewähr dafür, daß der Staat auch künftig den Schutz des Geschäftslebens als vorrangige Aufgabe ansehen würde. Deutlich genug gezeigt hatte sich das schließlich auch schon im Vorgehen Senator Hachmanns und seiner Kollegen in der ersten Phase der Cholera-Epidemie. Als sich der Staat – wie zum Beispiel beim Hafenarbeiterstreik von 1896/97 – bemühte, im Interesse des sozialen Friedens unabhängig zu handeln, vermochte er die Arbeitgeber nicht auf seine Seite zu ziehen und mußte schließlich deren Wünschen entsprechen. Beim Versuch des Senats andererseits, dem drohenden sozialen Unfrieden und der Unruhe unter der Arbeiterschaft mit einer Reform der Bauvorschriften, der Einsetzung einer Wohnungsüberwachung und der Sanierung der Gängeviertel entgegenzuwirken, versprach die Unterstützung der Interessen von Handel und Gewerbe – wie bei der Sanierung der Altstadt und ihrer Umwandlung in ein Geschäftsviertel – erst Erfolg, als auch den Interessen der Grundeigentümer entsprochen wurde.

Am Schicksal der nach der Cholera-Epidemie erlassenen Gesetze wird deutlich, daß selbst ein von Berlin ausgehender starker Druck auf seinem Weg durch die verfassungsmäßigen Organe von Hamburgs Selbstregierung bisweilen in eine andere Richtung gelenkt, abgeschwächt oder ganz und gar unwirksam gemacht werden konnte. Dennoch zwang die Epidemie in einigen der verbleibenden Bereiche die Laisser-faire-Ideologie in der Stadt zum Rückzug – so im öffentlichen Gesundheitswesen, einem Gebiet, auf das sich die Augen der Welt und die Kritik aus Berlin ganz direkt gerichtet hatten. Gestützt auf neue Gesetze gegen die Verfälschung von Lebensmitteln und getragen von einer Organisation, die imstande war, den Vorschriften Geltung zu verschaffen, wurde sehr schnell ein für bakteriologische Untersuchungen voll ausgerüstetes Hygienisches Institut eingerichtet. Es arbeitete eng mit der Polizei zusammen und beschäftigte im Jahr 1906 zwanzig Chemiker sowie zehn Assistenten und fünf Bürokräfte.[70] Seine systematischen Untersuchungen von Nahrungsmittel- und Getränkeproben, die aus den Befunden resultierenden Gerichtsverfahren und die damit verbundene Publizität führten zu einem Rückgang der Lebensmittelverfälschungen und zu einer Verbesserung der Hygiene, so daß die Qualität der Lebensmittel schon um die Jahrhundertwende erkennbar höher war als zuvor. So erwiesen sich beispielsweise in den zwanziger Jahren weniger als 3% der untersuchten Milchproben als verfälscht. Die sich entwickelnde Kühltechnik leistete einen entscheidenden Beitrag zur Frische und Hygiene aller verderblichen Lebensmittel. Der Senat stellte außerdem Mittel für den Bau einer Müllverbrennungsanlage zur Verfügung; eine frühere Gesetzesvorlage mit derselben Absicht hatte 1889 keine Zustimmung gefunden, sondern war auf erbitterten Widerstand gestoßen, weil viele meinten, man könne die Abfälle mit Gewinn an die Bauern verkaufen. Oberingenieur Meyer nannte diese Vorstellungen bezeichnenderweise «unreif und kindisch». Schließlich errang er 1896 einen knappen Abstimmungssieg für die Müllverbrennung; die Anlage wurde 1898 in Betrieb genommen.[71]

Nach der Epidemie wurden auch Schritte zur Verbesserung der Kanalisation unternommen. Doch erst unter dem Eindruck einer drohenden Pestepidemie wurden 1899 Vorschriften erlassen, die die Krankenhäuser zwangen, ihre Abfälle zu desinfizieren, bevor sie sie in die Hauptkanalisation leiteten. Zur gleichen Zeit war die Stadt ernsthaft bemüht, dafür zu sorgen, daß sich die unbehandelten Abwässer dort, wo sie an der Grenze zu Altona in die Elbe geleitet wurden, besser mit dem Flußwasser vermischten. Darüber hieß es:

«...wird vor der Ausmündungsstelle der vereinten Hamburger Stammsiele eine Einrichtung zum Abfangen der schwimmenden Bestandtheile und gröbsten Sinkstoffe gebaut und der Ausfluß selbst über drei Rohre verteilt, wovon eins nahe dem nördlichen Ufer, eines in der Mitte des Stromes und eines nahe dem südlichen Ufer münden soll.»[72]

Im Jahr 1895 begann man mit der Arbeit an einer Versuchsanlage zur Abwasserreinigung nahe Finkenwerder, doch ließ eine vollständige Abwasserklärung noch viele Jahre auf sich warten. Unterdessen ergriff man weitere Maßnahmen zur Verbesserung der Qualität des Trinkwassers. Bis 1900 wurden an der gesamten Elbfront Plakate angebracht, die vor dem Genuß des Flußwassers warnten, und entlang der Kais hatte man hundertfünfzig «Zapfstellen» eingerichtet, die an die zentrale Wasserversorgung – mit Sandfilteranlage – angeschlossen waren.[73]

Überdies führte die Epidemie von 1892 zu einem ernsthaften Versuch des Senats, neue medizinische Vorschriften anstelle der seit 1818 geltenden zu erlassen. Allerdings traten sie erst im Jahr 1900 in Kraft. Sie sorgten dafür, daß die Zahl der Ärzte in der Gesundheitsbehörde erhöht wurde, so daß jetzt auf sieben Laienmitglieder und einen Apotheker zehn Mediziner kamen. Auch wenn der Medizinalrat weiterhin lediglich seine beratende Funktion beibehielt, waren Gesundheitsbehörde und medizinische Beamte in Wirklichkeit bei der Kontrolle, die sie über die verschiedenen ihnen unterstellten Einrichtungen ausübten, recht unabhängig – vom neuen Hygienischen Institut bis hin zum Hafenarzt, der gleichfalls 1893 eingesetzt worden war, und zwar gegen die Wünsche der Finanzdeputation, die die Ansicht vertrat, Gesundheitskontrollen im Hafen würden den Schiffahrtsinteressen schaden. Hinzu kam 1897 die Ernennung zweier «Stadtärzte» zur Überwachung der öffentlichen Gesundheit im Stadtgebiet. Zumindest in dieser Hinsicht trug also die Epidemie zu einer gewissen Steigerung des Einflusses und einer Verbesserung des Status der Ärzteschaft Hamburgs bei.[74]

Zur selben Zeit bekämpften die Ärzte der Stadt weniger willkommene Entwicklungen an einer anderen Front. Da die Epidemie die Unzulänglichkeit des Ärztlichen Vereins als Standesorganisation hatte erkennen lassen, wurden verschiedene ärztliche Vereinigungen gegründet, die sich dann zur Ärztekammer zusammenschlossen. Dieser Körperschaft übertrug man die Zuständigkeit für Standesangelegenheiten, während der Ärztliche Verein nur noch wissenschaftliche Vorträge und medizinische Demonstrationen veranstaltete. Der eigentliche Anlaß für die Gründung der Ärztekammer war zweifellos das Bestreben der Hamburger Ärzteschaft, sich zum Schutz ihrer Rechte gegen die zunehmende Macht der Krankenkassen zusammenzuschließen, wie dies schon andernorts geschehen war.[75] Bis in die achtziger Jahre des vorigen Jahrhunderts hatte sich die Krankenversicherung weitgehend auf eine Unzahl kleiner Kassen gestützt, deren Mitglieder im Jahr 1880 höchstens 5 % der Bevölkerung Deutschlands ausmachten und deren Mittel keinesfalls ausgereicht hätten, größeren Katastrophen wirksam zu begegnen. Diese Kassen existierten bis über die Jahrhundertwende hinaus, doch wurden ihre Grenzen deutlich erkennbar, als eine Reihe von Kassen in Hamburg sich nicht in der Lage sah, die durch die Epidemie von 1892 entstandenen Forderungen zu erfüllen.[76] Krankengeld wurde also größtenteils durch die Armenpflege ausgezahlt, mit allen negativen Folgen, die das für die Antragsteller nach sich zog. Weil es keine eigene Krankenversicherung gab, stiegen unter anderem im dritten Viertel des 19. Jahrhunderts in vielen Städten die Ausgaben für die Armenpflege. Bismarcks Sozialgesetzgebung in den achtziger Jahren führte eine Reihe von Versicherungen ein, insbesondere zum Schutz gegen Krankheit, Unfall, Invalidität und Alter. So wurde die Armenordnung mit all ihren unbeliebten Auswirkungen auf die bürgerlichen Rechte und das Ansehen in der Gesellschaft allmählich überwunden. Das Gesetz sorgte dafür, daß die obligatorische Krankenversicherung rasch eine beachtliche Größe erreichte und um 1890 mehr als 6,5 Millionen Mitglieder zählte.[77]

Für wie viele Choleraopfer der Epidemie von 1892 die Krankenversicherung aufkam, läßt sich nicht feststellen, doch wurde über das ganze Jahr rund die Hälfte aller Krankenhauspatienten in Hamburg von (öffentlichen oder freiwilligen) Krankenkassen unterstützt; für die Pflegekosten der großen Mehrheit der übrigen sprang die Armenpflege oder die Polizei ein.[78] Dieser Gruppe dürften wohl die meisten Cholerapatienten angehört haben. Die Pflicht-Krankenversicherung war 1892 eine noch vergleichsweise neue Institution; ihr gehörten um 1900 in ganz Deutschland nahezu zehn und um 1914 mehr als 15,5 Millionen Mitglieder an. Das entsprach nahezu einem Viertel der Gesamtbevölkerung, unter ihnen praktisch die gesamte lohnabhängige Arbeiterschaft. Hand in Hand mit diesem raschen Anwachsen der Pflicht-Krankenversicherung ging eine zunehmende «Medikalisierung» der Bevölkerung Deutschlands. Sie war, wie der Historiker der deutschen Sozialpolitik Gerhard A. Ritter angemerkt hat, weitgehend verantwortlich dafür, daß die Ärztedichte (die Zahl der Ärzte auf 100 000 Einwohner) zwischen 1885 und 1913 von 35 auf 51 anstieg, und trug dazu bei, daß sich die Zahl der verfügbaren Krankenhausbetten um mehr als das Doppelte erhöhte. Außerdem forcierte sie die Einrichtung von Kliniken und den früher schon erwähnten Kampf gegen Säuglingssterblichkeit und Tuberkulose. Indem die Ärzteschaft – wenn auch nicht ohne Protest – in die staatliche Versicherung einbezogen und (um Kosten zu sparen) ebenso großer Wert auf Prophylaxe wie auf Therapie gelegt wurde, ermutigte dieses System medizinischer Versorgung die Angehörigen der Arbeiterklasse, die in der Versicherung Aufnahme fanden, vielleicht, eine weniger fatalistische Haltung Krankheiten gegenüber einzunehmen, als sie sie früher an den Tag gelegt hatten, denn sie durften jetzt, wenn sie krank wurden, eine Gegenleistung für ihre Beiträge erwarten.[79]

Diese zunehmende Medikalisierung der Arbeiterklasse[80] setzte zu einer Zeit ein, in der sich die Umweltbedingungen noch immer verschlechterten. Gegen Ende des 19. Jahrhunderts hatte sich der Staat verpflichtet gesehen, etwas gegen die herkömmlichen Formen der Umweltverschmutzung zu unternehmen, die sich durch das rasche Wachstum der Städte noch verschlimmert hatte. Die von Mensch und Tier erzeugten organischen Abfälle mußten beseitigt werden. Dieses Ziel hatte man durch einen Verzicht auf die inzwischen unwirtschaftlich gewordenen traditionellen Verfahren der Wiederverwendung von Abfällen erreicht. An deren Stelle wurden Abfälle jetzt unter staatlicher Aufsicht verbrannt oder gereinigt. Wesentliche Schritte waren auch unternommen worden, um die Versorgung mit Lebensmitteln und Wasser frei von dieser Art Verschmutzung zu halten. Doch gerade, als man diese Schwierigkeiten zu meistern begann, kamen neue hinzu. Spätestens seit den neunziger Jahren ging von einer neuartigen chemischen Verschmutzung die Hauptgefahr für die Sauberkeit der Flüsse aus und nicht mehr, wie bisher, von Abwässern und organischem Abfall.[81] Vor allem die Abfallprodukte der rasch wachsenden Kali-Industrie erhöhten den Salzgehalt der Elbe. Wasserwerke, Brauereien, Papierfabriken und andere auf sauberes Wasser angewiesene Betriebe sahen sich ebenso wie die Fischerei schon lange vor dem Ausbruch des Ersten Weltkrieges ernsthaft bedroht. Nachweisen läßt sich der Stand der Wasserverschmutzung am Beispiel der Bille. Dieses Flüßchen wurde bereits durch die Einleitung unbehandelter Abwässer verunreinigt und im ersten Jahrfünft des Jahrhunderts noch stärker durch Stahmers chemische Fabrik mit großen Mengen Arsen und Schwefelsäure belastet. Als die Bille 1906 über ihre Ufer trat und die umliegenden Felder überschwemmte, verfärbte sich das Gras schwarz.[82] Zu jener Zeit war die unterhalb der chemischen Fabriken tiefblaue und von einer Ölschicht bedeckte Bille «dauernd mit schlammigem, faulendem und stinkendem Wasser angefüllt»[83]. Im Jahr 1922 färbte sie auch das Wasser der Dove Elbe blau. Ein in jenem Jahr herausgegebener Bericht beklagte unverhüllt «die kaum zu überbietende Verunreinigung der Unterbille»[84].

Auch die Luftverschmutzung erreichte nach der Jahrhundertwende durch die Expansion der chemischen und anderer Industrien ein nie dagewesenes Ausmaß. Ernst Müller, das führende Mitglied des dortigen

Bürgervereins, formulierte 1909 Klagen über die Lage im Billwärder Ausschlag, die ausführlich zu zitieren sich lohnt.

«Im Herzen des Stadtteils ist die frühere Walkhoff'sche Fischindustrie, ... welche sehr häufig verdorbenen Fischgestank sendet, der die Umgegend verpestet... Von den ansässigen chemischen Fabriken dunstet die in der Markmannstraße befindliche schweflige Säure aus, so daß die Fenster blau anlaufen und die Lungen geschädigt werden. Dicht neben dem stark bebauten Stadtteil liegt jetzt der große Güter- und Rangierbahnhof, dessen Lokomotiven sehr scharf in die Geruchsorgane und Lungen stechende Rauchwolken entsenden und ganze Straßenzüge in dieselben einhüllen. Am äußersten Ende liegt das alte Gaswerk, welches... starken Dunst verursacht... Die beiden ätherischen Fabriken am äußeren Hammerbrook und oben am Billwärder Billdeich wollen wir nicht einmal zu den schlimmsten Erscheinungen rechnen, obwohl eine derselben schon auf der Uhlenhorst, wo dieselbe früher gelegen war, stark belästigte, und hellblaue Dunstwolken übers Billtal entsendet... Noch weiter her kommen die Gerüche, die den Deutschen Schmierölwerken, Wilhelmsburg, entstammen, welche auf so große Entfernung noch in einer Weise sich bemerkbar machen, daß man bei geeigneter Windrichtung gezwungen wird, die Fenster zu schließen...»

Er fragte: «Was haben wir denn für unsere Gesundheit noch zu hoffen, wenn die gute Luft nicht erhalten bleiben kann, auf deren Güte man doch ebenso viel Anrecht haben sollte, wie auf gutes Wasser... Ist ein Fabrikbesitzer mehr wert als viele Tausende der Bevölkerung?» Die Antwort, die er bekam, war vorauszusehen: Wenn ihm der Stadtteil nicht gefalle, brauche er nicht dort zu wohnen. Auf jeden Fall, fügten die Gesundheitsbehörden hinzu, gehe von den Dämpfen, über die er sich beschwerte, keine wirkliche Gesundheitsgefahr aus.[85] Das aber war kaum wahrscheinlich. Müllers Belege demonstrieren noch einmal, auf welche Weise neue Quellen der Verschmutzung zu einer Zeit auftraten, da man der alten gerade Herr zu werden schien.

Immerhin verzeichnete die Reform des Sanitärwesens zu jener Zeit einen gewissen Erfolg. Die ab Frühjahr 1893 eingeführte Filtrierung des Trinkwassers führte zu bemerkenswerten Verbesserungen der öffentlichen Gesundheit. Nicht nur kam es in Hamburg nie wieder zu einer Cholera-Epidemie, sondern auch der Typhus, dem zuvor hier mehr Menschen als an anderen Orten Deutschlands zum Opfer gefallen waren, ging sogleich auf vernachlässigbare Werte zurück, wie aus Abbildung 4 hervorgeht. Die Säuglingssterblichkeit, die seit Beginn des Jahrhunderts angestiegen war und in den achtziger und frühen neunziger Jahren einen Höhepunkt erreicht hatte – zu jener Zeit starb nahezu jedes dritte Neugeborene vor Vollendung des ersten Lebensjahres –, sank auf einen niedrigeren Wert ab als zu irgendeinem Zeitpunkt seit den zwanziger Jahren, und dieser fiel von der Jahrhundertwende an stetig weiter. Diese Tendenz hat sich mit einer einzigen Ausnahme, den Jahren unmittelbar nach dem Zweiten Weltkrieg, bis heute fortgesetzt. Seit das Trinkwasser filtriert wurde, ging die Zahl der Todesfälle durch «Brechdurchfall», die seit Ende der fünfziger Jahre zugenommen hatte, auf einen niedrigeren Wert zurück als je seit den sechziger Jahren.[86]

Die Verbesserung des Gesundheitszustandes verdankte sich nicht allein der Tatsache, daß ab 1893 das Wasser filtriert wurde, hierin wirkte sich auch die gestiegene Qualität der Nahrungsmittel aus, für die der vom neuen Hygienischen Institut geführte Feldzug gegen Lebensmittelverfälschung eingetreten war. Unterstützt wurde diese Tendenz von der Jahrhundertwende an durch das Wachstum der Armenkliniken, denen darum zu tun war – häufig aus nationalistischen Gründen –, die Überlebensaussichten von Säuglingen zu erhöhen und Müttern zu einer Zeit, da die Geburtenziffer in Deutschland zurückzugehen begann, eine wirksamere Gesundheitsfürsorge angedeihen zu lassen. Den Einfluß des in diesen Bereichen verbesserten Umweltschutzes und einer verbesserten ärztlichen Betreuung auf die Verringerung der Sterblichkeit muß man auch im größeren Zusammenhang des höheren Lebensstandards sehen. Zwischen 1870 und 1890 blieb der Anteil an Steuerzahlern, der pro Jahr zwischen 900 und 1800 Mark verdiente, unverändert bei 74 bis 75 %, nahm aber von 1890 bis 1900 auf 69 % ab. Hingegen stieg der Anteil derer, die zwischen 1800 und 6000 Mark verdienten, von 18 auf 24 % an, eine Tendenz, die bis zum Ersten Weltkrieg anhielt.[87] Diese Steigerungen verteilten sich aber nicht gleichmäßig. So blieben beispielsweise die Reallöhne für die Mehrzahl der Hafenarbeiter von 1895 bis 1913 unverändert; doch konnte innerhalb dieser Gruppe, wie Michael Grüttner gezeigt hat, die wachsende Anzahl der regelmäßig beschäftigten Arbeiter ihr Einkommen steigern, indem sie mehr Tage pro Woche arbeiteten, so daß die immer mehr an den Rand gedrängten Gelegenheitsarbeiter, die zunehmend ärmer wurden, unter dem Anstieg der Lebenshaltungskosten litten. Gestiegener Lebensstandard und höhere Reallöhne fanden sich vorwiegend auch in Bereichen wie dem Baugewerbe, aus dem sich der aktive Kern der sozialdemokratischen Bewegung rekrutierte.[88]

Eine ganze Reihe sozialer Indikatoren zeigte vom Ende des 19. Jahrhunderts bis zum Ersten Weltkrieg eine bedeutende Verbesserung an. Unter anderem sank die durchschnittliche Wohndichte von ihrem Höchstwert – pro Wohnung 4,8 Personen im Jahr 1889 – auf 4,5 gegen Ende der neunziger Jahre und auf 4,1 und weniger bis zum Jahr 1910 ab; das durchschnittliche Pro-Kopf-Einkommen stieg zwischen 1895 und 1910 von 533 Mark auf 875 Mark.[89] Diese Verbesserungen gingen einher mit einem deutlichen Rückgang der Geburtenziffer. Die Zahl der Geburten auf tausend Einwohner hatte in Hamburg während des größten Teils der siebziger und achtziger Jahre gleichmäßig zwischen 37 und vierzig gelegen, doch ab 1894 begann die Anzahl deutlich abzunehmen; sie fiel auf dreißig im Jahr 1900 und auf 23 im Jahr 1913.[90] Daß sich die Geburtenziffer in kaum mehr als 15 Jahren nahezu halbiert hatte, beeinflußte Gesamtstatistiken, die sich auf Pro-Kopf-Zahlen stützten, einschließlich der Wohndichte und des Durchschnittseinkommens. Die Sterblichkeit auf tausend Einwohner, die während des größten Teils der zweiten Jahrhunderthälfte bei 25–30 gelegen hatte, begann bereits unmittelbar vor der Epidemie von 1892 erkennbar zu sinken; sie lag 1893 bei zwanzig, 1906 bei 15 und war bis 1913 unter 13 gefallen. Wie wir gesehen haben, spiegelten einige dieser Veränderungen verbesserte sanitäre und hygienische Bedingungen wider. Zum Rückgang der Wohndichte und zum Anstieg des Pro-Kopf-Einkommens trat eine ständige Verbesserung der Ernährung. Gestiegene Einkommen, bessere Ernährung und günstigere Lebensbedingungen trugen dazu bei, daß die Tuberkulosesterblichkeit rasch abnahm, die den größten Teil der siebziger und achtziger Jahre hindurch unverändert geblieben war; sie hatten auch Anteil am gleichzeitigen Rückgang der Säuglingssterblichkeit.[91]

Dennoch bewirkte die in der Zeit unmittelbar vor der Jahrhundertwende bis zum Ersten Weltkrieg feststellbare allgemeine Verbesserung der Lebens- und Gesundheitsbedingungen in Hamburg keinen deutlichen Abbau gesellschaftlicher Ungleichheit. Auf den ersten Blick könnte man annehmen, die Kluft zwischen Reich und Arm sei in jener Zeit kleiner geworden. Dem aber war nicht so. Beispielsweise verringerte sich der Einkommensabstand zwischen den wohlhabenderen und den ärmeren Stadtteilen Hamburgs nur geringfügig. Das durchschnittliche Pro-Kopf-Einkommen in den ärmsten Bezirken lag im Jahr 1898 bei 8,9 % dessen in den reichsten Bezirken; noch 1910 betrug es lediglich 10,4 % dieses Wertes, was in einem Vierteljahrhundert eine Verringerung des Einkommensabstands um lediglich 1,5 % bedeutet. Der beste Maßstab für die allgemeine Unterschiedlichkeit der Einkommen zwischen den Bezirken – der sogenannte Variationskoeffizient – stieg in jener Zeit sogar von 83.3 auf 84.7 leicht an. Die Reichen wurden ebenso rasch reicher, wie die Armen allmählich ein gewisses Maß an wirtschaftlicher Sicherheit zu gewinnen begannen. Die Trennung der Wohngebiete war bis zum Ersten Weltkrieg so ausgeprägt wie eh und je. Die von der Sanierung noch wenig betroffenen Gängeviertel – Altstadt Nord und Neustadt Nord – verzeichneten zu jener Zeit, wie sich aus Karte 36 ersehen läßt, nur eine sehr geringe Einkommenssteigerung, wohingegen das Durchschnittseinkommen in den wohlhabenderen Stadtteilen um die Alster sprunghaft anstieg.

Die allgemeine Sterblichkeit stieg zwischen 1890 und 1910 in der Alststadt Nord, wie Karte 37 zeigt, sogar um 17 % an; in der Neustadt Nord nahm sie um lediglich 5 % ab, in der Neustadt Süd hingegen um 21 %. In den neueren Arbeitervierteln war die Abnahme auffälliger – 17 % in Eppendorf, 39 % in Barmbeck und über 50 % in Hohenfelde, Eilbeck und Borgfelde. Allerdings kann in jenen Stadtteilen eine sich verändernde soziale Zusammensetzung gleichfalls eine Rolle gespielt haben. Bezogen auf die Gesamt-Todesrate ist es in der Tat zu einer Verringerung der Unterschiede zwischen den Stadtteilen gekommen, denn immerhin sank der Variationskoeffizient zwischen 1890 und 1910 von 24.5 auf 17.9, während die Sterblichkeit in Stadtteilen mit der geringsten Ziffer von 31 % auf 45 % des Wertes im Bezirk mit der höchsten Ziffer anstieg. Dabei standen sinkende Sterblichkeitsziffern in keiner signifikanten Korrelation zu sinkenden Geburtenraten oder zunehmendem Einkommen. Auf Karte 38 ist zu sehen, daß die wohlhabendsten Stadtteile – Harvestehude, Rotherbaum und Hohenfelde – von 1890 bis 1910 einen deutlichen Rückgang der Geburtenziffer auf 49 %, 42 % und 48 % erlebten; in den ärmeren Gebieten sah das deutlich anders aus, denn der Wert für die Altstadt betrug 36 %, für die Neustadt 40 % und für Barmbeck lediglich 30 %. Unterschiede zwischen den Bezirken blieben bestehen, wobei der Variationskoeffizient leicht von 24.1 auf 28.4 zunahm und die Geburtenhäufigkeit im Stadtteil mit der niedrigsten Geburtenziffer von 36 % auf 35 % des Wertes im Bezirk mit der höchsten Geburtenziffer zurückging.

Auch die Säuglingssterblichkeit nahm in den ärmsten Bezirken vergleichsweise langsam ab, wie Karte 39 zeigt. Hier scheinen die Abstände zwischen den Bezirken sogar größer geworden zu sein, denn von 1894 bis 1910 stieg der Variationskoeffizient von 22.7 auf 27.1, und die Säuglingssterblichkeit nahm im Bezirk mit der geringsten Sterblichkeit

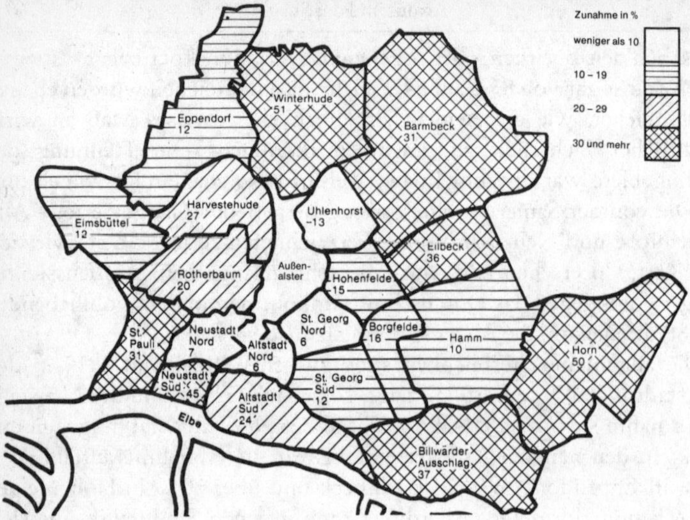

(Quellen: berechnet nach: SHS, 18 [1895], S. 8; MS 1912, Tafel I)

Karte 36 Durchschnittliche Zunahme des Pro-Kopf-Einkommens in Hamburg, 1889 bis 1910, nach Stadtteilen

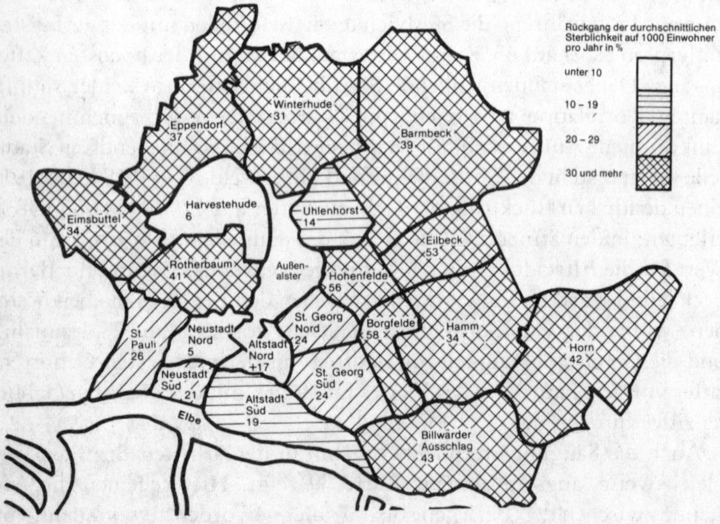

Quellen: berechnet nach: MS, 1890, Tab. 13g; MS 1910, S. 10)

Karte 37 Rückgang der Sterblichkeit in Hamburg, 1890 bis 1910, nach Stadtteilen

von 45 % auf 19 % des Wertes für den Bezirk mit der höchsten Sterblichkeit ab. Die Verbesserungen bei der Gesundheitsfürsorge für Säuglinge, die in jener Zeit eine so große Rolle spielten, scheinen in erster Linie den wohlhabenderen Stadtteilen zugute gekommen zu sein, und es überrascht nicht, daß eine kaum merkliche Beziehung zwischen der Abnahme der Säuglingssterblichkeit nach Bezirken und dem durchschnittlichen Einkommenszuwachs in den jeweiligen Stadtteilen bestand. Der bei weitem deutlichste Rückgang der Säuglingssterblichkeit – 63 % – wurde im reichsten Stadtteil Harvestehude verzeichnet, während ein Rückgang von 37 % bei der Geburtenziffer in einem der ärmsten Stadtteile, der Altstadt Nord, nahezu keinerlei Auswirkung auf die Säuglingssterblichkeit hatte. Ganz allgemein gesagt, bestand keine signifikante Korrelation zwischen dem Rückgang der Geburtenziffern und dem Rückgang der Säuglingssterblichkeit nach Stadtteilen, was gewisse Zweifel an der Hypothese aufwirft, die Verbesserung des Gesundheitsstandards ginge in erster Linie darauf zurück, daß die Familien kleiner wurden.

Im allgemeinen war die nach wie vor bestehende Armut in den älteren Stadtteilen deutlich erkennbar. Wie Karte 40 zeigt, ging die Tuberkulosesterblichkeit in den reichsten Gebieten – Harvestehude und Rotherbaum – von 1894 bis 1910 um 61 % bzw. 53 % zurück, während der Rückgang in den alten Teilen der Stadt, der Altstadt Nord und der Neustadt Süd, jeweils nur 30 % und 45 % ausmachte. In den neueren Arbeitervororten sah es nicht besser aus (beispielsweise 46 % in Barmbeck, 39 % in Uhlenhorst). Auch die soziale Ungleichheit nahm hier zu, denn zwischen 1894 und 1910 stieg der Variationskoeffizient von 21.9 auf 32.4, während zugleich die Zahl der Tuberkulose-Erkrankungen im Stadtteil mit der geringsten Tuberkulosehäufigkeit von 43 % auf 29 % des Wertes im Stadtteil mit der größten Häufigkeit zurückging.

Allerdings war eine geringfügig negative Korrelation (– 0.52) zwischen der Einkommenszunahme und dem Rückgang der Tuberkulosesterblichkeit nach Stadtteilen zu beobachten. Die allgemeine Verbesserung des Gesundheitszustandes, zu der es in den zwei Jahrzehnten nach der Cholera-Epidemie kam, scheint also unter den Wohlhabenden am ausgeprägtesten gewesen zu sein, weniger bedeutsam unter den in relativ sicheren Verhältnissen lebenden Arbeitern der Vororte und am geringsten unter der von Armut heimgesuchten und immer mehr an den Rand gedrängten Bevölkerung der Innenstadt.

Obwohl es zu den Hauptzielen der Versicherungssysteme gehört

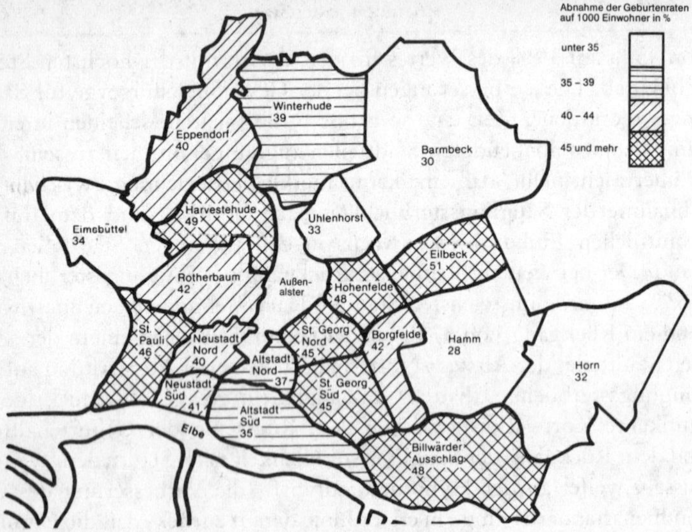

(Quellen: berechnet nach: M,S 1890, Tab. 13a; MS, 1910, S. 83)

Karte 38 Rückgang der Geburtenziffer in Hamburg, 1890 bis 1910, nach Stadtteilen

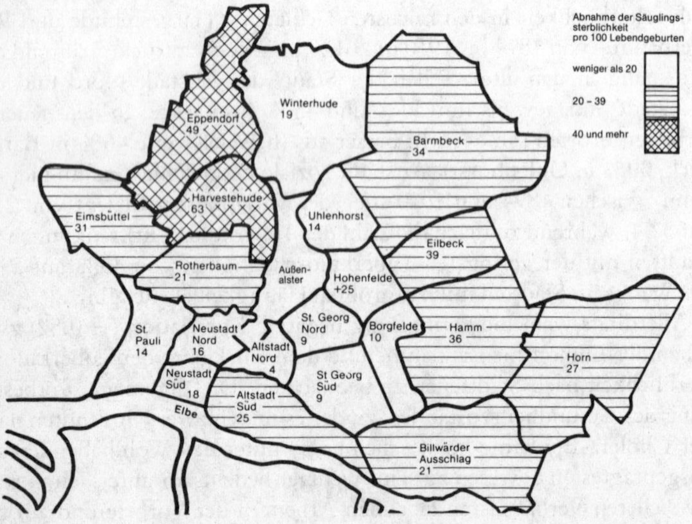

(Quellen: berechnet nach: SHS, 20 [1902], S. 26f; SHS, 27 [1918], S. 79; MS, 1894, S. 44)

Karte 39 Rückgang der Säuglingssterblichkeit in Hamburg, 1894 bis 1910, nach Stadtteilen

hatte, eine zufriedene Arbeiterklasse zu schaffen und die politische Basis der Sozialdemokraten zu schwächen, kam dabei eher das Gegenteil heraus. Nach anfänglichem Zögern hießen Sozialdemokraten und Gewerkschaften die Sozialversicherung willkommen und beteiligten sich aktiv an den Wahlen der örtlichen Krankenversicherungsträger, die allen offenstanden. Florian Tennstedt hat geschätzt, daß die Gewerkschaften schon bald nach der Jahrhundertwende bis zu 6000 Posten in den Krankenkassen innehatten. Bis 1902 soll es in den verschiedenen Ausschüssen der Krankenkassen nahezu eine halbe Million gewählter Delegierter gegeben haben, die sozialdemokratische Arbeiterbewegung stellte einen immer größeren Anteil.[92] Die Sanierung der Elendsviertel, die die Bedrohung durch die «gefährlichen Klassen» der Gängeviertel merklich reduzierte, die Entwicklung einer differenzierteren Industriestruktur und die Herausbildung eines Kerns ständig beschäftigter Ha-

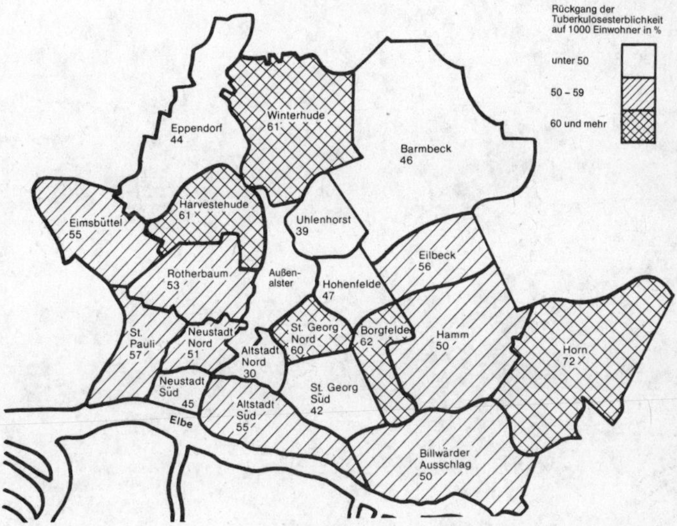

(Quellen: berechnet nach: MS, 1894, S. 53; MS, 1910, S. 10)

Karte 40 Rückgang der Tuberkulosesterblichkeit in Hamburg, 1894 bis 1910, nach Stadtteilen

fenarbeiter in Hamburg führten zum Rückgang der Gelegenheitsarbeit und zu einem Wandel in der Struktur der Arbeiterklasse selbst. In den Vordergrund schoben sich die besser bezahlten und geachteteren Teile der Arbeiterschaft, deren Angehörige sich eher in Vororten wie Barmbeck konzentrierten und die das Rückgrat der aktiven Kader der sozialdemokratischen Arbeiterbewegung und ihrer Organisationen stellten. Allerdings wurden die gesellschaftlichen und politischen Konflikte dadurch nicht geringer – ganz im Gegenteil. Die Arbeitgeber beklagten immer häufiger, daß soziale Reformen wie die Einführung der Krankenversicherung die Arbeiter lediglich zu immer mehr Forderungen veranlaßten.[93] Wie wir im folgenden sehen werden, galt dies in Hamburg auch in einem umfassenderen Sinn.

Hamburg, Deutschland und die Welt

I

Im Gefolge der Cholera-Epedemie von 1892 wurde in vielerlei Hinsicht Druck auf Hamburg ausgeübt. Der stärkste zielte auf eine Reform des Wahlrechts. Weithin wurde die Ansicht vertreten, eine wichtige Ursache der Katastrophe sei die Dominanz merkantiler Interessen im Senat und in der Bürgerschaft gewesen; sie habe dafür gesorgt, daß der Ausbruch einer Epidemie der Öffentlichkeit erst mit einer tödlichen Verzögerung bekanntgegeben wurde, um so lange wie möglich die Verhängung einer Quarantäne zu vermeiden. Nicht nur aus dem Reichstag und der deutschen Presse kamen deutliche Vorwürfe, die in diese Richtung zielten, auch in Hamburg selbst begann eine breite Diskussion. Unterdessen trachteten Gruppen Unzufriedener danach, die Epidemie zu nutzen, um die öffentliche Meinung in der Frage der erstrebten politischen Reformen auf ihre Seite zu bringen. Bereits unmittelbar nach dem Abklingen der Epidemie wandten die Sozialdemokraten, die sich gewöhnlich mit der Reichspolitik zu beschäftigen pflegten, ihre Aufmerksamkeit der Hamburger Verfassung zu. Die Begründung dafür hieß, «daß man in Hamburg keine zehntausend Menschen zum Friedhof hätte tragen brauchen, wenn man in der Hamburger Bürgerschaft vertreten wäre»[1]. Im Verlauf mehrerer gleich nach der Epidemie abgehaltener Massenversammlungen forderte die Partei neben dem allgemeinen Wahlrecht zur Bürgerschaft auch die Abschaffung des Pflichtbetrags von 30 Mark, den jeder zahlen mußte, der sich als Bürger registrieren lassen wollte, sowie des Nachweises eines fünfjährigen Aufenthalts in der Stadt.[2] Solche Reformen würden nicht nur dem Einfluß der Patrizier entgegenwirken, sondern auch die «schandmäßige Ausbeutung der gesamten Miethewelt» durch die Grundeigentümer beseitigen.[3] Es sei «scandalös», daß kein einziger Sozialdemokrat in der Bürgerschaft vertreten sei, während zugleich sozialdemokratische Abgeordnete alle drei Hamburger Reichstagswahlkreise repräsentierten.[4] «Der entscheidende Ansturm gegen dieses Regiment hat begonnen», verkündete das «Hamburger Echo» am 21. September 1892, «er vollzieht sich unter dem Banner der Sozialdemokratie, welchem die erdrückende Mehrheit der Bevölkerung schon seit Jahren folgt.»[5]

Aber nicht nur die Sozialdemokraten verlangten eine Verfassungsreform. Auch die Fraktion der Linken, die in engen Beziehungen zum Grundeigentümerverein stand, hielt eine Verfassungsänderung für erforderlich, und es gelang ihr, innerhalb der Bürgervereine eine breite Front der Unterstützung für ihre Ansichten zu gewinnen. Zu ihren Vorschlägen gehörte die Direktwahl der Senatoren durch die Bürgerschaft, die Abschaffung des Bürgergeldes von 30 Mark sowie der gesonderten Wahl der Notabeln. Außerdem sollten im Senat nicht ausschließlich Kaufleute und Juristen vertreten sein, sondern auch eine Mindestzahl von Angehörigen anderer Berufe.[6] Allerdings kam es über der Frage, wie weit die Reform gehen sollte, bald zu Meinungsverschiedenheiten innerhalb der Fraktion der Linken. Manchen war es nicht recht, auch solchen Männern das Wahlrecht zuzugestehen, die weniger als fünf Jahre in der Stadt lebten; andere wiesen darauf hin, daß eine Abschaffung der Wahl der Notabeln die der Grundeigentümer angreifbar mache, und noch andere machten sich für eine Beibehaltung der Bürgersteuer stark.[7] Es ist also verständlich, daß Beobachter klagten, diese Fraktion wisse selbst nicht, was sie wolle. In einem Brief an die halbamtliche Zeitung «Hamburgischer Correspondent» zu Beginn des neuen Jahres hieß es, man fürchte, die Forderung nach einem Senat, der von einer ausschließlich aus einer allgemeinen Wahl hervorgegangenen Bürgerschaft zu ernennen sei, werde zwangsläufig bedeuten, daß die nächsten drei Senatoren «Bebel, Dietz und Metzger» hießen. Die von «Demokraten» wie Heinrich Gieschen gemachten weitreichenden Vorschläge fanden nicht einmal in der Fraktion der Linken besonders breite Unterstützung. Dreh- und Angelpunkt, erklärte der Verfasser des Briefes, sei es, daß «die bevorstehende Revision der hamburgischen Verfassung ... nicht zu einer Zusammensetzung des Senats wie der Bürgerschaft aus Socialdemokraten führen» dürfe.[8]

Die Fraktion der Linken und die Bürgervereine schwankten also zwischen der Sorge, Sozialdemokraten den Zugang zur Bürgerschaft zu eröffnen, und der Furcht vor der «Unzufriedenheit unter der arbeitetenden Bevölkerung»[9], wenn sie kein Mitspracherecht in der Bürgerschaft bekäme. Die Vertreter des Kleinbürgertums wollten einen ernsthaften Angriff auf die Stellung des Großbürgertums in der Verfassung führen;

den ganzen Winter 1892/93 sowie das Frühjahr 1893 hindurch äußerten sich die Bürgervereine wiederholt zu der Frage, wie dieser Angriff aussehen sollte. Bald schon begrub man die Meinungsverschiedenheiten und gründete einen Verein für Verfassungsreform, an dessen Spitze sieben der radikaleren Bürgervereine standen.[10] Die Streitereien wurden zwar unterbrochen durch die Reichstagswahl von 1893, für die sich die dominierenden Klassen gegen die Sozialdemokraten zusammenschlossen, sie hörten aber nicht auf. Im Oktober organisierten die Sozialdemokraten eine weitere Reihe von Großveranstaltungen zu diesem Thema. Im Frühjahr 1894 gelang es den Reformern, den Zentralausschuß der Hamburger Bürgervereine dazu zu bewegen, ihren Plänen zuzustimmen – einschließlich der Abschaffung des Bürgergeldes und der Zulassung von Angehörigen anderer Berufsgruppen zum Senat, der allein von der Bürgerschaft gewählt werden sollte.[11]

Das Wiederaufleben der Auseinandersetzungen im April 1894 ergab sich aus der Veröffentlichung eines Berichts zur Verfassungsreform, den eine gemeinsame Kommission des Senats und der Bürgerschaft erarbeitet hatte. Seit ihrer Einsetzung am 30. Januar 1893 war diese Kommission 29mal zusammengetreten. Weder die in ihr vertretenen fünf Senatoren, nämlich Versmann, Mönckeberg, O'Swald, Lehmann und Burchard, noch ihre Anhänger unter den Bürgerschaftsabgeordneten, zu denen auch Arthur Lutteroth und Albert Wolffson gehörten, standen Änderungen der Verfassung ablehnend gegenüber.[12] Bereits im November 1892 hatte die «Börsen-Halle», die zusammen mit dem halbamtlichen «Hamburgischen Correspondenten» erscheinende Zeitung der Handelskammer, die Notwendigkeit von Verfassungsreformen eingeräumt, mit deren Hilfe «Erforderliches schneller ins Werk gesetzt werden» könne als bisher. Es hieß dann weiter:

«Auch soll durch jene Veränderungen die Anteilnahme am Staatswesen in weiteren Kreisen der Bevölkerung erweckt und rege gehalten werden... Die unteren Klassen haben nicht die mindeste Ausschreitung begangen, sondern die Bemühungen der Behörden anerkannt und unterstützt; die besser gestellten Klassen haben Alles getan, um die Noth zu lindern, die Hilfsleistungen zu organisieren und das Geeignete zur Abstellung des Nothstandes zu tun.»

Man war also der Ansicht, der Gemeinsinn, der sich in der Epidemie gezeigt hatte, könne als Grundlage für die Einbeziehung weiter unten auf der gesellschaftlichen Stufenleiter stehender Gruppen ins Lager der staatserhaltenden Kräfte dienen.[13] Die Strategie, die dahinterstand, war erkennbar darauf gerichtet, die Macht der Grundeigentümer durch eine Ausweitung des allgemeinen Wahlrechts zu schwächen.

Während die Grundeigentümer die Gelegenheit nutzten, eine Verminderung der Zahl der Notabeln in der Bürgerschaft zu fordern[14], bediente sich der Senat derselben Gelegenheit, um die Stellung der Grundeigentümer anzugreifen. Wie der «Hamburgische Correspondent» erklärte, trage die Schuld an der Epidemie «nicht der Senat, nicht die Behörden; hier herrschte kein Zweifel über das Thatsächliche, nein, es waren die Herren, die heute am meisten über Mißwirtschaft zu perorіren sich berechtigt glauben. An leitender Stelle war man über die Schäden klar, man wußte indeß nicht minder, die Einbringung eines wirksamen Bau- und Wohngesetzes sei in der Bürgerschaft ein vergebliches Unternehmen. Das dort dominirende Grundbesitzerinteresse, nicht das Vorhandensein der Notabeln, hatte schon 1878 dem Baugesetzentwurf die erheblichsten Schwierigkeiten bereitet; damals hatte man eine Reihe der wichtigsten sanitären Einrichtungen nicht durchbringen können, weil sich die Grundbesitzer dadurch in ihrer Ausbeutungsmöglichkeit des Grundes und Bodens allzu sehr beeinträchtigt glaubten. Die Chancen hatten sich inzwischen nicht geändert und Pläne, die den Hauseigenthümerwünschen nicht nachgaben, konnten auf keine Gegenliebe rechnen. ‹Die Vorschläge sind schön, aber aussichtslos›, hörte man häufig; wenn die Grundeigenthümer kein Geld dabei verdienen, geht es in der Bürgerschaft nicht durch!»[15]

Wieder einmal wurde eine im Gefolge der Epidemie angeregte Reform zum Gegenstand von Auseinandersetzungen zwischen den verschiedenen Fraktionen des Kapitals in der Stadt.[16] Wie üblich war das Ergebnis ein Kompromiß. Die gemeinsame Kommission gestand die Abschaffung des Bürgergeldes zu, hielt es aber für unerläßlich, von jedem, der Bürger der Stadt werden wollte, zu verlangen, daß er fünf Jahre lang dort ansässig gewesen war und dabei ein jährliches Durchschnittseinkommen von mindestens 1500 Mark erzielt hatte. Die übrigen Forderungen der Bürgervereine wurden, was nicht überrascht, zurückgewiesen: Noch während der Debatte über die Vorschläge unternommene Versuche, die Sitze der Notabeln abzuschaffen, wurden rundweg abgelehnt. Doch ließ sich die Bürgerschaft in der Frage des Mindesteinkommens auf 1200 Mark jährlich herunterhandeln. Schließlich konnte der Senat die Bürgerschaft davon überzeugen, daß es unter den gegebenen Umständen hieße, die Türen der Bürgerschaft den Sozialdemokraten zu weit zu öffnen, wenn man einer Aufhebung der Wahl der Notabeln oder der Grundeigentümer – oder gar beider – zustimme. Allein die Herabsetzung des geforderten Mindesteinkommens auf 1200 Mark werde nicht nur das gesamte Kleinbürgertum anlocken, sondern auch einen beträchtlichen Teil der Arbeiterschaft.[17]

Doch sie blieb in ihrer Mehrheit nach wie vor ebenso ausgeschlossen wie Arme oder Wander- und Gelegenheitsarbeiter. Die Forderung, fünf Jahre in Hamburg ansässig zu sein und ein nicht unbeträchtliches Durchschnittseinkommen nachzuweisen, bedeutete, daß lediglich der solide Familienvater in mittleren Lebensjahren das Wahlrecht erwerben konnte. Im «Hamburger Fremdenblatt» hieß es dazu:

«Vor diesen braven, seßhaften Arbeitern, die mindestens fünf Jahre Steuern bezahlt und ihre Pflicht gegen Staat und Familie erfüllt haben, braucht man sich nicht zu fürchten. Wenn sie wirklich einige der Ihrigen in die Bürgerschaft wählen, was liegt daran? Die Zusammensetzung der Wahl-Bezirke nach örtlicher Beschaffenheit verhindert zudem jede Majorisierung durch socialdemokratische Elemente.»[18]

Hier sah man in der Trennung von Wohngebieten offenkundig einen Beitrag zur politischen Stabilität. In einer anderen Zeitung hieß es, die Senatspartei könne mit Hilfe der Ausweitung des Wahlrechts genug Sozialdemokraten in die Bürgerschaft bringen, um die Fraktion der Linken auf die eigene Linie einzuschwören. «Mit dem Schrecken der Sozialdemokratie soll die Linke gefügig gemacht werden.»[19] Einige Angehörige der Fraktion der Rechten, unter anderem ihr Wortführer, Dr. Albert Wolffson, gingen im Sinne dieser Taktik noch weiter und verlangten, das Wahlrecht sei auf alle männlichen Steuerzahler unabhängig von ihren Einkommen auszuweiten.[20] Dieser Vorschlag beunruhigte die Fraktion der Linken, wie das «Hamburger Echo» berichtete. «Die Linke glaubt, daß sie bei einer Erweiterung des Bürgerrechtes in dem Umfange, wie sie der Antrag Dr. Wolffsons bezwecken will, von den Notabeln rechts und den Sozialdemokraten links erdrückt werde.»[21]

Derartige Spekulationen und Befürchtungen beherrschen das Denken aller Parteien im Zusammenhang mit dieser Frage. Lange und gewundene Debatten gingen 1894, 1895 und bis weit in das Jahr 1896 hinein über die Bühne.[22] Was dabei herauskam, konnte man nicht als Resultat fein- oder hintersinniger Berechnung ansehen. Zwar stimmten alle zu, daß das stark eingeschränkte Wahlrecht ausgeweitet werden müsse, alle waren aber auch ängstlich darauf bedacht, daß es keinesfalls über die Arbeiteraristokratie und das Kleinbürgertum hinaus ausgedehnt wurde; alle waren aus dem einen oder anderen Grund daran interessiert, den

Sozialdemokraten durch das Wahlrecht nicht zu viel Spielraum zuzugestehen. Bis 1896 war klar, daß der einzige allseits annehmbare Kompromiß in der Abschaffung des Bürgergeldes und der Einführung eines Mindesteinkommens von 1200 Mark bestehen würde, das über einen zusammenhängenden Zeitraum von fünf Jahren hinweg nachzuweisen war. Eine zusätzliche Regelung besagte, daß jeder, der drei Jahre lang mehr als 2000 Mark jährlich verdiente, Bürger werden mußte. Damit wollte man erreichen, daß die mittleren und oberen Einkommensgruppen möglichst viel Gewicht behielten. Diese Klausel war nötig, weil sich unter den zuvor gültigen Regelungen viele, die eigentlich einen Anspruch darauf gehabt hätten, nicht um das Bürgerrecht bemüht hatten, da sie nicht bereit waren, ehrenhalber zeitaufwendige Verwaltungsaufgaben in den Deputationen zu übernehmen, zu denen jeder Bürger verpflichtet war. Der neue Vorschlag wurde mit überwältigender Mehrheit angenommen und erlangte am 2. November 1896 Gesetzeskraft. Der Hafenarbeiterstreik, der erst gegen Ende November ausbrach, beeinflußte die Verabschiedung des Gesetzes nicht. Daher kann es für sich in Anspruch nehmen, eine der wenigen echten Reformen darzustellen, die ihre Existenz vor allem der Cholera-Epidemie von 1892 verdankten. Mit dem Gesetz waren keine größeren Ausgaben verbunden; es schien sich auf das Gleichgewicht der Kräfte im Staat nicht sonderlich auszuwirken, nachdem man sich einmal entschieden hatte, die Verteilung der Sitze zwischen den Notabeln, den Grundeigentümern und den aus allgemeinen Wahlen hervorgegangenen Abgeordneten beizubehalten. Hauptziel dieses Reformgesetzes war es, die Legitimität des bestehenden politischen Systems zu festigen, indem es stärker in der allgemeinen Zustimmung der «respektablen Gesellschaftsklassen» verankert wurde. So notierte Bürgermeister Versmann in seinem Tagebuch, als das Gesetz 1896 verabschiedet wurde: «Wenn die durch die Cholera-Zeit veranlaßte, nunmehr 3 Jahre lang fortgesetzte Action schließlich fruchtlos im Sande verlaufen hätte, so würde darin alle Welt innerhalb u. außerhalb Hamburgs einen Beweis politischer Impotenz und zwar mit Recht erblickt haben.»[23]

Der Zusatz, mit dem die männlichen Einwohner Hamburgs, die über ein jährliches Einkommen von mehr als 2000 Mark verfügten, verpflichtet waren, das Bürgerrecht zu erwerben, ging mit einer umfassenden Reform des Verwaltungssystems einher. Ein Hauptgrund für die vierjährige Verzögerung bei der Durchsetzung dieser Vorschläge war, daß beide Initiativen zum selben Gesetzesbündel gehörten. Die Epidemie hatte weithin Kritik an Hamburgs System einer Regierung durch Amateure ausgelöst, und Senatoren wie Johannes Versmann, die sich lange vergeblich bemüht hatten, eine besoldete höhere Berufsbeamtenschaft für die Verwaltung der Stadt einzuführen, nutzten die Gunst der Stunde. Die gemischte Kommision, die im April 1894 über die Verfassungsänderungen berichtete, legte zugleich weitreichende Vorschläge zur Verwaltungsreform vor. Manche sahen darin eine Möglichkeit, das Augenmerk der Öffentlichkeit davon abzulenken, daß alle zur Reform von Senat und Bürgerschaft gemachten weitergehenden Vorschläge zurückgewiesen worden waren.[24] Die Anregung, Verwaltungsaufgaben einem Berufsbeamtentum zuzuweisen, stieß in der Bürgerschaft auf beträchtlichen Widerstand. Man befürchtete, damit eine Bürokratie à la Preußen einzuführen, die unabhängig von Gesetzgebung und Deputationen zu handeln vermöchte. Der «Hamburgische Correspondent» sah sich genötigt, diese Vorschläge zu verteidigen, erklärte aber: «Gewiß wollen wir von bureaukratischem Stile und dummdreister Überhebung nichts wissen.»[25] Die Beamten würden gebraucht, um dem Senat «unangenehme, untergeordnete und mechanische Geschäfte» abzunehmen.[26] Andere hingegen sahen darin eine finstere Drohung: «Aufbau der Verwaltung in bureaukratischem Sinne, Erweiterung der Machtbefugnisse des Senats, Regelung der Carrière der oberen Verwaltungsbeamten nach preußischem Muster, sind die charakteristischen Merkmale dieser Reform.»[27]

Nachdem die Bürgerschaft diese Vorschläge wiederholt zurückgewiesen hatte, ließ sie sich schließlich 1896 dazu überreden, dem ganzen Bündel zuzustimmen, wobei der Senat nur geringfügige Konzessionen machte – zum Beispiel, was die Wahl zu den Deputationen anging.[28] Wieder einmal hatte sich also der Senat, wenn auch um den Preis einer mehrjährigen Verzögerung, mit der Taktik durchgesetzt, mehrere Fragen zu verquicken, in diesem Fall die des Bürgergeldes und der Verwaltungsreform. Die Reform von 1896 führte in Hamburg das Berufsbeamtentum für den höheren Verwaltungsdienst nach preußischem Muster ein. Tatsächlich wurde 1898 Beamten mit juristischem Examen das Recht zugestanden, nach eigenem Gutdünken zu entscheiden, ohne jeweils den Senat befragen zu müssen. Schließlich übernahm man in der Hamburger Verwaltung im Jahr 1912 die preußischen Titel.[29] Diese Maßnahmen schränkten die Bedeutung der kaufmännischen Senatoren weiter ein. Senator Mönckeberg erklärte 1902: «Vor Allem die Arbeit mit juristisch oder technisch gebildeten Oberbeamten stößt auf Schwierigkeit. Entweder glauben und folgen die Herren unbedingt den Beamten oder sie entwickeln eine Selbständigkeit, die sich über alle Formen einer geordneten Verwaltung hinwegsetzt.»[30] Inzwischen war der Senat in etwa einem Kabinett vergleichbar, denn durch die Reform wurden dort Abteilungen eingeführt, die befugt waren, in weniger wichtigen Angelegenheiten bindende Entscheidungen zu treffen, ohne zuvor, wie es bis dahin üblich gewesen war, die Zustimmung des Senatsplenums einholen zu müssen.[31] Die Aufgabe, detaillierte Gesetzesvorschläge auszuarbeiten und dem Senat vorzulegen, oblag den Abteilungen Äußeres, Handel, Schiffahrt und Zoll (I), Bauwesen, Erziehungswesen und Justiz (II), sowie Finanzwesen, Polizei und Inneres (III); außerdem waren von ihnen die täglichen Verwaltungsaufgaben zu erledigen. Jede Abteilung bestand aus mindestens fünf Senatoren, zwei Syndizi oder Sekretären und einem höheren Beamten. So konnte man sich in der Plenarsitzung auf wichtige allgemeinpolitische Fragen konzentrieren, wie die Diskussion über abstimmungsreife Gesetzesvorschläge, auf Ankündigungen und Mitteilungen an die Bürgerschaft usw.

Reste der alten patriarchalischen Struktur blieben erhalten. So mußten die Senatoren nach wie vor insgesamt rund hundert Deputationen, Ausschüssen und Kommissionen vorsitzen, die in Preußen Beamten unterstanden hätten, und sie nahmen noch nach der Jahrhundertwende gegen eine Gebühr von jeweils 50 Mark Ziviltrauungen vor. Auch wurde die Reform keineswegs reibungslos durchgeführt. Es dauerte lange, bis sich Senatoren an höhere Beamte gewöhnten, und diese waren nur allzu oft die Prügelknaben der Bürgerschaft. Dennoch konnte es keinen Zweifel am Gewicht dieser Veränderung geben.[32] Sie war der entscheidende Schritt, mit dem das alte System der Selbstverwaltung durch die Bürger aufgegeben wurde, und dies bedeutete einen realen Machtzuwachs für den Senat. Dieser wurde zusätzlich gestärkt durch die Einführung wichtiger neuer Vollmachten für die Polizei. Dazu meinte ein Kritiker, «ein Polizei-Regiment... das rüchsichtslos in das Privatleben des Bürgers eingreifen kann», könne nichts Gutes bedeuten.[33] Aber man war der Ansicht, daß diese Neuerungen ausreichend Sicherheit boten gegen eine weitere Zunahme des politischen Gewichts der Sozialdemokraten, zu der es durch die Verfassungsreform von 1896 möglicherweise kommen konnte.

II

In seinem Bericht über die Verfassungsreform von 1896 sagte das liberale «Berliner Tageblatt» im darauf folgenden Frühjahr voraus, daß bei den nächsten Hamburger Wahlen mindestens ein halbes Dutzend Sozialdemokraten in die Bürgerschaft gelangen würden, und warnte: «Die Debatten werden allerdings eine andere Tonart annehmen.» In der Tat waren bis dahin Meinungsunterschiede innerhalb des bürgerlich-liberalen Lagers meist in höflichem Ton ausgetragen worden.[34] Zwar kam bei der Wahl von 1896 kein Sozialdemokrat in die Bürgerschaft, doch führte die Verminderung des Bürgergeldes zu einem sofortigen Anstieg der Zahl derer, die sich um das Bürgerrecht bewarben, und schon bald wurden allwöchentlich sieben- bis achthundert Neubürger vereidigt. Hatte man 1893/94 lediglich 23000 Bürger gezählt, waren es zwischen 1902 und 1904 bereits 44000; diese Zahl entsprach 23% der Reichstagswähler in der Stadt, verglichen mit bloßen 14% zehn Jahre zuvor.[35] Zudem wurde bald deutlich, daß eine beträchtliche Anzahl von Arbeitern ein höheres zu versteuerndes Einkommen angab, als sie tatsächlich verdienten, um das Wahlrecht zu erlangen.[36] Angesichts der für den Erwerb des Bürgerrechts vorgeschriebenen fünf Jahre Wartezeit durften sie damit rechnen, wenn schon nicht bei der Wahl von 1898, dann auf jeden Fall bei der von 1901 mitwählen zu dürfen. Sie ließen sich keineswegs durch ihr neuerworbenes Privileg von den Sozialdemokraten abbringen, sondern nutzten es, um 1901 den ersten Bürgerschaftsabgeordneten der Partei zu wählen und im Jahr 1905 zwölf weitere. Bei diesen allgemeinen Wahlen zur Bürgerschaft errangen die Sozialdemokraten immerhin 38% der Stimmen.[37]

Ganz wie vom «Berliner Tageblatt» vorausgesagt, brachten die neuen Abgeordneten einen bis dahin nicht gehörten Ton in die Debatten der Bürgerschaft. Hatte man früher harsche Worte und scharfe Kritik am Staat nur äußerst selten vernommen, wurden sie jetzt von seiten der sozialdemokratischen Abgeordneten die Regel. Im Unterschied zu den alten Fraktionen waren sie Teil einer organisierten politischen Partei auf Reichsebene, mit allem, was dazugehört, einschließlich Parteiprogramm und Parteidisziplin. Die bisher bei den verschiedenen Vertretern des Kapitals gebräuchliche Art, Kompromisse auszuhandeln, zuvor in Hamburg Kennzeichen der Gesetzgebung, wurde jetzt im Namen der zu kurz gekommenen Mehrheit der Bevölkerung in jedem Stadium heftig bekämpft. Beunruhigt erkannten der Senat wie auch die alten Fraktionen, daß sie den Sozialdemokraten einen Platz in Kommissionen und Deputationen würden einräumen müssen, wodurch sie imstande sein würden, in Verwaltungs- und Gesetzgebungsprozesse einzugreifen. Schon 1904 verabschiedeten daher Senat und Bürgerschaft eilig eine Mitte der neunziger Jahre ausführlich diskutierte, bisher aber nicht in Kraft gesetzte Regelung: die Bedingung, daß ein Kandidat, der in einem Wahlkreis bei den allgemeinen Wahlen gewählt werden wollte, nicht (wie zuvor) eine relative Mehrheit auf sich vereinigen mußte, sondern die absolute Mehrheit. Auf diese Weise wollten sich die Fraktionen die Hintertür offenhalten, notfalls in einem zweiten Wahlgang die zwischen ihnen bestehenden Differenzen zu begraben und den sozialdemokratischen Kandidaten aus dem Felde zu schlagen. Dieselbe Gelegenheit bot sich ihnen gegenüber den Antisemiten, die gleichfalls von der Reform des Jahres 1896 profitiert und bis zum Jahr 1901 drei Abgeordnete in die Bürgerschaft entsandt hatten.[38]

Den meisten bürgerlichen Gruppen ging diese Regelung nicht weit genug, denn die Wahl von 1904 hatte, wie es die Verfassung verlangte, nur in der einen Hälfte der Wahlkreise stattgefunden. Man war davon überzeugt, daß sich bei der für 1907 anstehenden Wahl in der anderen Hälfte der Wahlkreise die Zahl der sozialdemokratischen Abgeordneten in der Bürgerschaft mindestens verdoppeln würde. Andererseits brauchte man es keinesfalls als wahrscheinlich anzusehen, daß die Sozialdemokraten alle achtzig durch die allgemeinen Wahlen zu besetzenden Sitze erringen würden, nur das aber gäbe ihnen die Möglichkeit, Gesetzesvorlagen und Verfassungsänderungen zu blockieren. Bei der Vorstellung, daß es dazu kommen könnte, brach innerhalb der alten Fraktionen geradezu Panik aus. Ein Vertreter der Fraktion der Rechten drückte die Befürchtung aus, daß die «Stände..., auf deren Unternehmersinn, Arbeitsfleiß und Tüchtigkeit das Wohl unserer Stadt... aufgebaut ist, die Kaufleute, Gewerbetreibende usw.... wenig oder gar nicht mehr vertreten» sein würden. Die Arbeiter, hieß es an anderer Stelle, sollten durchaus «eine Vertretung haben, aber sie sollen hier nicht die Macht haben». Eine Flut von Artikeln in den bürgerlichen Zeitungen und Zeitschriften beschäftigte sich eingehend mit diesen Argumenten. Eine sozialdemokratische Mehrheit in der Bürgerschaft, hieß es, werde «unsere ganze Staatsmaschine zum Stillstand bringen». Daraufhin forderte die Bürgerschaft – mit Worten, denen ihre Besorgnis deutlich zu entnehmen war – in aller Form den Senat auf, zur Untersuchung der Frage, «ob und eventuell durch welche Mittel einem übermäßigen Eindringen sozialdemokratischer Elemente in die Bürgerschaft vorgebeugt werden könne», eine

Kommission einzusetzen.[39] Als Ergebnis regte der Senat 1905 eine Aufteilung der allgemeinen Wählerschaften in der Stadt in drei Wählerklassen entsprechend ihrem Einkommen an, von denen jede 24 Abgeordnete in die Bürgerschaft wählen konnte. Die erste Gruppe sollte aus Bürgern bestehen, die über drei Jahre hinweg pro Jahr mehr als 6000 Mark versteuerbares Einkommen erzielt hatten, die zweite aus solchen mit einem Einkommen von 3000 bis 6000 Mark, und die dritte sollte alle anderen männlichen Steuerzahler umfassen. Man nahm an, daß die Sozialdemokraten aus den oberen beiden Klassen kaum mehr als eine Handvoll Stimmen bekommen und damit nie mehr als 24 oder äußerstenfalls 30 Sitze erringen würden.

Hans-Wilhelm Eckhardt hat in seiner Arbeit zum Hamburger Wahlrecht darauf hingewiesen, daß in den acht Wahlkreisen der zu Hamburg gehörenden ländlichen Gebiete weiterhin die alten Regelungen gelten sollten, da man interessanterweise der Ansicht war, die dortige Wählerschaft werde sich auch künftig nicht von den Sirenengesängen der Sozialisten betören lassen. Doch selbst diese Vorschläge gingen der Bürgerschaft noch nicht weit genug, und so wurden sie dahingehend abgeändert, daß es bei den allgemeinen Wahlen schließlich nur noch zwei Einkommensklassen gab – die erste mit einem jährlichen Einkommen von 2500 Mark und darüber, die zweite mit einem Einkommen zwischen 1200 und 2500 Mark. Damit war dafür gesorgt, daß das Stimmrecht auf die finanziell besser gestellten oberen Gruppen der Arbeiterklasse beschränkt blieb, und selbst sie konnten lediglich 24, die Bürger mit einem Einkommen über 2500 Mark hingegen 48 Abgeordnete wählen. Acht Sitze blieben wie vordem den ländlichen Gebieten vorbehalten, und wie gewohnt hatten Notabeln und Grundeigentümer weiterhin Anspruch auf jeweils 40 Sitze. Überdies schlug die Bürgerschaft vor, durch die Einführung einer proportionalen Vertretung bei den allgemeinen Wahlen zu erreichen, daß die bürgerlichen Fraktionen weiterhin auch in der zweiten Einkommensklasse eine Minderheit von Sitzen behielten. Nach wie vor verfügte jeder der Notabeln über drei Stimmen. Die Stellung der Grundeigentümer, von denen jeder zwei Stimmen hatte, wurde dadurch gestärkt, daß diese künftig bei den allgemeinen Wahlen der ersten Einkommensklasse zugerechnet wurden. Nach dem neuen System wog die Stimme eines grundbesitzenden Notabeln 59mal soviel wie die eines Bürgers der zweiten Einkommensklasse, und selbst die eines gewöhnlichen Grundeigentümers besaß immer noch 17mal soviel Gewicht.[40]

Diese Vorschläge rissen in den dominierenden Klassen ganz neue politische Gräben auf. Im Senat wurde die Fähigkeit der Kaufleute wieder deutlich unterstrichen, nötigenfalls die Juristen an die Kandare zu nehmen. Von den beiden Bürgermeistern Johann Georg Mönckeberg und Johann Heinrich Burchard geführt, widersetzten sich sechs juristische Senatoren der von den kaufmännischen Senatoren und einer Minderheit der Juristen unter Anführung von Senator Predöhl befürworteten Reform. Burchard und Mönckeberg gaben zu bedenken, sie werde in der Arbeiterklasse lediglich weitere Bitterkeit und verstärkten Extremismus heraufbeschwören. Als der Senat diese Bedenken vom Tisch wischte und die Reform zu verwirklichen beschloß, platzte Mönckeberg der Kragen – angeblich das einzige Mal, daß dergleichen bei einer Senatssitzung vorkam –, und er erklärte, er sei nicht bereit, sich damit zu «prostituieren», daß er die Reform in der Bürgerschaft verteidigte. Burchard blieb zwar gelassen, weigerte sich aber gleichfalls rundheraus, die Reform in der Öffentlichkeit zu vertreten.[41] Das Abstimmungsergebnis sah schließlich so aus, daß 120 Bürgerschaftsabgeordnete aller Fraktionen für und 35 gegen die Änderung stimmten.

Die nicht den Sozialdemokraten angehörenden Vertreter der Minderheit, die aus allen drei alten Fraktionen stammten, gründeten eine eigene neue Partei, die «Vereinigten Liberalen», mit einer eigenen Organisation und einem umfassenden politischen Programm.[42] Bezeichnenderweise stand an ihrer Spitze Carl Petersen, ein jüngerer Sproß einer der großen Senatorenfamilien Hamburgs. Er hatte einst eine bedeutende Rolle in der Fraktion der Rechten gespielt und wies darauf hin, daß die Sozialdemokraten im allgemeinen «mit der Fraktion der Rechten oder gar, wie letzthin beim Wohnungspflegegesetz, durch Dick und Dünn mit dem Senat gegangen» seien und daß von diesem «Wahlrechtsraub» den größten Nutzen die Grundeigentümer zu erwarten hätten.[43] Auch die Vereinigten Liberalen waren keine Freunde der Sozialdemokraten. So erklärten sie, unter dem Einfluß der in Deutschland vor allem von Friedrich Naumann angestrebten Erneuerung des Linksliberalismus:

«Wir sind grundsätzlich der Ansicht, ... daß die Bekämpfung der Sozialdemokratie nach den Rezepten preußisch-konservativer Staatskunst durch Ausnahmebestimmungen, Ungerechtigkeit und Engherzigkeit keinen Erfolg bringt, im Gegenteil nur die Mitläufer der Sozialdemokratie vermehrt; daß vielmehr nur eine liberale und gerechte Staatspolitik gegenüber dem Arbeiter, die auch diese Schicht der Bevölkerung und ihre parteimäßige Vertretung zur Mitwirkung im Staate heranzieht, den Radikalismus in der Sozialdemokratie zu überwinden geeignet ist.»[44]

Mit ihrem Entschluß, sich mit diesem Ziel vor Augen an einer politischen Bewegung auf Reichsebene Ebene zu beteiligen, leisteten sie einen Beitrag zu einer weiteren Politisierung der Bürgerschaft.

Den Vereinigten Liberalen gehörten 1913 dreißig und den Sozialdemokraten zwanzig Bürgerschaftsabgeordnete an, während die Stärke der in großem Umfang auf die allgemeinen Wahlen angewiesenen Fraktionen (Links und Links-Mitte) von 115 Sitzen im Jahr 1895 auf 68 zurückgegangen und die Fraktion der Rechten ausschließlich auf die Wahl der Notabeln angewiesen war. Auch der alten Vorherrschaft der Kaufleute in der Bürgerschaft läuteten diese Veränderungen das Sterbeglöckchen: Bis zum Jahr 1913 war in dieser Körperschaft der Anteil selbständiger Kaufleute, die das ganze 19. Jahrhundert hindurch eine absolute Mehrheit besessen hatten, auf weniger als ein Drittel geschrumpft und der der akademischen Berufe von 18% im Jahr 1896 auf 14%. Die Vertreter des Kleinbürgertums mußten gleichfalls herbe Verluste hinnehmen, denn der Anteil der Handwerker und Kleinhändler in der Bürgerschaft nahm im selben Zeitraum von 17% auf 10% ab. Gewinner waren die neuen Berufsgruppen der Angestellten und Beamten aus Behörden, Unternehmen, Gewerkschaften oder gemeinnützigen Vereinigungen, aber auch die Lehrer: Der Anteil dieser Gruppen stieg von 6% im Jahr 1896 auf immerhin 32% der Bürgerschaftsabgeordneten unmittelbar vor dem Ersten Weltkrieg. Obwohl sie auf die in der Bürgerschaft vertretenen drei Fraktionen und zwei Parteien verteilt waren, trug ihre Anwesenheit zu einem weiteren Niedergang der alten «unpolitischen Politik» bei, die auf einem Ausgleich der Interessen zwischen Grundbesitz und mobilem Kapital in der Stadt gründete.[45]

So führte die Verbesserung der Lebensbedingungen in der Arbeiterklasse Ende der neunziger Jahre und im ersten Jahrzent des 20. Jahrhunderts auf der politischen Szene Hamburgs nicht zu größerer Stabilität, sondern lieferte lediglich die Grundlage für die Wahl der Sozialdemokraten in die Bürgerschaft, denn immer mehr Arbeiter stiegen in eine Einkommensschicht auf, in der sie sich als Bürger registrieren lassen konnten. Der «Wahlrechtsraub» von 1906 war in Hamburgs Arbeiterschaft Anlaß zu tiefer Verbitterung. Aus Protest gegen diese Entscheidung riefen die Sozialdemokraten einen politisch motivierten Generalstreik aus, den ersten seiner Art in Deutschland. Es kam zu Massendemonstrationen vor dem Rathaus, in deren Verlauf das aggressive Vorgehen der inzwischen konsequent militarisierten Polizei gewalttätige Zusammenstöße mit der Menge heraufbeschwor. Während sich Vertreter der Sozialdemokraten vergeblich bemühten, die Ordnung wiederherzustellen, errichteten Gelegenheitsarbeiter aus dem Hafen und andere Bewohner des Gängeviertels in der Altstadt Barrikaden, bewarfen Polizei mit Steinen und plünderten mehrere Juwelierläden, was eine scharfe Reaktion der Polizei provozierte. Sie säbelte im Verlauf einer kurzen Schreckensherrschaft praktisch jeden nieder, der ihr in der Innenstadt in die Quere kam. Dabei tötete sie zwei Menschen und verletzte zahlreiche andere. Während von seiten der Polizei diese Unruhen als von den Sozialdemokraten mit voller Absicht angezettelte Generalprobe der Revolution hingestellt wurde, pries die bürgerliche Presse sie als vom Himmel gesandte Gelegenheit, der gesellschaftlichen Schicht das Wahlrecht zu entziehen, der man die Verantwortung dafür zuschob: dem Proletariat.[46]

Die Wahrheit war jedoch komplexer. Die Parteiorganisation der Sozialdemokraten bewies ihre durch nichts zu erschütternde Mäßigung, sie forderte zur Besonnenheit auf und verdammte die Aufrührer als Angehörige des Lumpenproletariats, die nichts mit der organisierten Arbeiterbewegung zu tun hätten.[47] Auch der Entzug des Wahlrechts im Jahr 1906 brachte Hamburgs sozialdemokratische Partei nicht von ihrem stetigen und unbeirrbaren Reformkurs ab, der als so selbstverständlich hingenommen wurde, daß man in der Partei kaum darüber diskutierte. Die Versuchung liegt nahe, diese Einstellung der vom englischen Stil geprägten liberalen Haltung zuzuschreiben, die in Hamburg herrschte – im Unterschied zu den autoritären Staatsstrukturen in preußischen Städten wie beispielsweise Düsseldorf, wo sich die Sozialdemokratische Partei weit radikaler gab. Vieles war in Hamburg tatsächlich einfacher: Beispielsweise schritten die Behörden im Unterschied zu anderen Städten nicht gegen die Maifeier der Partei ein, da sie in ihr eine harmlose Möglichkeit der Arbeiterbewegung sahen, einmal im Jahr Dampf abzulassen. Doch wie der «Wahlrechtsraub» und die Militarisierung der Polizei zeigten, darf man die Haltung der dominierenden Klassen in Hamburg der Sozialdemokratie gegenüber als nicht minder autoritär ansehen als die, die an anderen Orten so sehr zur Radikalisierung der Sozialdemokraten beitrug. Außerdem besaß Hamburgs hanseatische Schwesterstadt Bremen vor 1914 einen der radikalsten Ortsvereine der Sozialdemokratie im ganzen Reich.[48] Die Unerbittlichkeit eines autoritären Staates und eine aggressive und durchorganisierte Gruppe von Industriellen, von denen die amerikanische Historikerin Mary Nolan in ihrer Untersuchung der Arbeiterbewegung in Düsseldorf gesagt hat, sie hätten dort Öl ins Feuer der Radikalisierung der örtlichen Parteiorganisation gegossen, scheint in Hamburg nichts anderes als Reformismus bewirkt zu haben.[49]

Auch unterschied sich die soziale Basis der Partei in Düsseldorf nicht stark von der in Hamburg, denn in beiden Städten war die Partei vorwiegend auf die aktive Unterstützung der ständig beschäftigten Facharbeiter im Baugewerbe und anderen Industriezweigen angewiesen, während die Masse der ungelernten, Gelegenheits- und Wanderarbeiter in den Reihen der Partei nicht zu finden war.[50] An verschiedenen Stellen ihres Buches gibt Nolan zu verstehen, die Sozialdemokraten in Düsseldorf seien imstande gewesen, die Kluft zwischen Gelernten und Ungelernten zu überbrücken und eine Gleichsetzung der Interessen beider zu erreichen. Damit hätte die Sozialdemokratie die Arbeiterklasse am Ort buchstäblich «gemacht». Doch stößt diese Interpretation bei der Frage, ob Klassenzugehörigkeit in erster Linie durch Politik bewirkt wird und andere Faktoren (beispielsweise die Erfahrung der Ausbeutung und der Ungleichheit) lediglich sekundär sind, auf Schwierigkeiten. Das führt, wie der englische Historiker Geoff Eley hervorgehoben hat, zur Identifikation der Militanten in der Partei mit den einfachen Arbeitern. Dann aber taucht die Frage auf, warum es der Partei in einer Stadt wie Düsseldorf, in der die überwältigende Mehrheit der erwachsenen Männer Handarbeiter waren, nicht gelang, mehr als die Hälfte der Wählerstimmen zu gewinnen. Auch bleibt dabei unberücksichtigt, ob die Partei am Ort ungelernte, Gelegenheits- und Wanderarbeiter im selben Maß wie die Hamburger Sozialdemokraten als «Lumpenproletariat» fallenließ.[51] Daß es in Düsseldorf im Kampf um die Treue der Arbeiterklasse einen ernsthaften Konkurrenten in Gestalt der Katholischen Zentrumspartei und ihrer sozialen Organisationen gab, steht gewiß im Gegensatz zum durch und durch protestantischen Hintergrund der Hamburger Arbeiterschaft, doch wie Friedhelm Boll in einer anderen Untersuchung zur Geschichte der deutschen Arbeiter nachgewiesen hat, war die Arbeiterbewegung in einer protestantischen Stadt wie Braunschweig ebenso militant wie im zu 70 % katholischen Düsseldorf.[52]

Zur Erklärung des unerschütterlichen Reformismus der Hamburger Sozialdemokraten lassen sich versuchsweise vier Gründe anführen.[53] Der erste war die scharfe Trennung zwischen den Wohnvierteln regelmäßig beschäftigter «respektabler» Mitglieder der Arbeiterschaft in den Vororten und denen der «pöbelhaften» ungelernten Gelegenheitsarbeiter in den Gängevierteln nahe dem Hafen. Schließlich fand diese Kluft ihren Ausdruck während der Weimarer Republik darin, daß mehr als zwei Drittel der Wähler im letzten noch stehenden Gängeviertel, der Neustadt Nord, nicht wie zuvor für die Sozialdemokraten stimmten, sondern für die Kommunisten.[54] Bezeichnenderweise war der bei weitem größte Bezirk der Sozialdemokraten mit 2300 Mitgliedern in den neunziger Jahren Barmbeck-Uhlenhorst. Die Sozialdemokraten unterstützten den Abriß der Gängeviertel und demonstrierten damit, daß auch sie die allgemein bestehende Abneigung gegen Unordentlichkeit und Aufsässigkeit der Bewohner dieser Viertel teilten. Bisweilen zögerten Gewerkschaftsfunktionäre, in den Gängevierteln Beiträge einzusammeln, da sie in ihren Sonntagsanzügen dort als verkleidete Polizeispitzel angesehen und dementsprechend beschimpft und bedroht wurden.[55] Diebstahl, Prostitution, gesetzwidriges Verhalten, Trunksucht, Arbeitslosigkeit, grundlose Gewalttätigkeit und gelegentliche Massenunruhen in diesen Vierteln riefen ein Negativbild hervor, an dem die aktiven Sozialdemokraten aus Barmbeck oder Winterhude ihr Selbstverständnis sozialer und politischer Seriosität und Verantwortlichkeit maßen. Daß es für die Arbeiterschaft getrennte Wohnviertel gab, ging weitgehend auf die Besonderheiten des Arbeitsmarkts in einer großen Hafenstadt zurück und dürfte sich in ähnlich starker Ausprägung kaum in anderen deutschen Städten gefunden haben.[56]

Zweitens konnte Hamburgs Arbeiterbewegung auf eine nach Dauer und Kontinuität praktisch einzigartige Geschichte zurückblicken. Bereits in den vierziger Jahren waren Arbeiterorganisationen und sozialistisch orientierte politische Gesellschaften aufgetreten, und Einrichtungen wie der Arbeiter-Bildungsverein hatten diese Tradition weitergeführt, bis in den sechziger Jahren der Zusammenschluß mit den Lassalle-Anhängern und ein Jahrzehnt später der mit den Sozialdemokraten erfolgte. Hamburgs Status als Großstadt, die zu einer Zeit, da die meisten Städte im Ruhrgebiet noch Dörfer waren, in ganz Deutschland nur von Berlin übertroffen wurde, führte zwangsläufig dazu, daß es schon sehr bald zu einem Brennpunkt der Arbeiterbewegung wurde.[57] Diese Kontinuität sorgte dafür, daß später im Jahrhundert ein kräftiger Strom handwerklicher Traditionen und Werte in die Sozialdemokratische Partei am Ort einging. Dazu trug bei, daß die Zünfte in Hamburg erst 1865 abgeschafft wurden, im Gegensatz zu Preußen, wo sie weit früher verschwanden. In Remscheid, einer Stadt der hochqualifizierten Handarbeit und des Handwerkerstolzes, war die Arbeiterbewegung radikaler, ohne daß ihr dort wie in Hamburg eine große Anzahl ungelernter und Gelegenheitsarbeiter gegenüberstand, deren Werte sich nicht nur in vielerlei Hinsicht von denen unterschieden, die das Bewußtsein der Facharbeiter prägten, sondern sie sogar ernstlich zu unterminieren drohten. Hinzu kam, daß die Tradition der Arbeiterbewegung, wie sie durch die fünfziger und sechziger Jahre des vorigen Jahrhunderts übermittelt wurde, ihrem Wesen nach in Hamburg gemäßigt und dem Reformgedanken ganz besonders verpflichtet war. Von dieser Ausrichtung hing ihr Überleben in jenen Jahren recht eigentlich ab.[58]

Drittens wäre es falsch, den Einfluß ideologischer Faktoren auf die Reformhaltung der Hamburger Sozialdemokraten zu übergehen. Dabei ist der Begriff «ideologisch» nicht im Sinn eines theoretischen Standpunkts oder erklärter Ziele und Absichten zu verstehen, auch nicht als besonderes Verständnis der kapitalistischen Welt – hier gab es keinen Unterschied zur Sozialdemokratie insgesamt –, sondern eher im Sinn der ganz alltäglichen Einstellung gegenüber der Rolle, die die Sozialdemokraten im politischen Leben ihrer Stadt spielen mußten. Als Hansestadt, die stets eigenständig und unabhängig gewesen war und daher auch für die Gegenwart Autonomie beanspruchte, bot Hamburg seinen Bewohnern weit mehr Möglichkeiten zur Identifikation als eine unter preußischer Verwaltung stehende Stadt wie Remscheid oder Düsseldorf. Ihr Status als Deutschlands größter Seehafen gestattete es ihr, weit länger einen partikularistisch geprägten Widerstand gegen eine Einbeziehung ins Deutsche Reich zu leisten als ansonsten vergleichbare, aber kleinere Städte wie Bremen und Lübeck. Selbst als sich die Autonomie allmählich aufzulösen begann, betonte der nachdrücklich vorgetragene Anspruch Hamburgs, auf seinem Staatsgebiet zu herrschen, für den es in keiner der beiden anderen Hansestädte eine Parallele gab, die Identität dieser Stadt als einer eigenständigen Gemeinschaft noch stärker.[59] Die dem Hegemoniegedanken verpflichtete machtvolle Ideologie Hamburgs, die vom Senat und dem sich aus der Kaufmannschaft rekrutierenden Großbürgertum entwickelt und bei jeder Gelegenheit verbreitet wurde, blieb nicht ganz ohne Einfluß auf die Arbeiterbewegung.

Die Sozialdemokraten akzeptierten keineswegs uneingeschränkt, daß diese Ideologie dem Handel den Primat zuerkannte, und daß sie die Gemeinsamkeit der Interessen aller Klassen in der Stadt betonte, wurde als Täuschung durchschaut.[60] Auf der anderen Seite lieferte die Identifizierung der Stadt mit dem Freihandel der Partei eine durchaus reale materielle Basis, der sie zustimmen konnte; einer Politik des Protektionismus, die die Lebenshaltungskosten in die Höhe trieb, traten die sozialdemokraten beharrlich und offen feindselig gegenüber. In der sozialdemokratischen Parteiorganisation Hamburgs scheint der Lokalpatriotismus ausgeprägter gewesen zu sein als in anderen deutschen Städten. Seine politische Bedeutung war möglicherweise zweischneidig, wie sich an der oft wiederholten Behauptung der Partei erkennen läßt, sie habe der Stadt in ihrer Not 1892 zur Seite gestanden, während die Angehörigen des Bürgertums entweder geflohen seien oder den Senat mit hysterischen Anschuldigungen überschüttet hätten. Doch langfristig entstand aus dieser Art von Lokalpatriotismus eine Identifikation mit der Stadt und ihren Überlieferungen, und von ihr ging ein bedeutsamer Einfluß in Richtung Reformismus aus. Als Hamburg nach der Revolution von 1918 eine demokratische Verfassung bekam, wurden die Sozialdemokraten mit absoluter Mehrheit gewählt. Statt jetzt, wozu sie imstande gewesen wären, den Senat, der nun eine der Wählerschaft verantwortliche Parteienregierung war, ausschließlich aus ihren eigenen Reihen zu bilden, trugen sie spontan einem Mitglied der alten Senatorenfamilien, dem Liberalen Werner von Melle, das Amt des Ersten Bürgermeisters und damit das des Oberhauptes der Stadt an. Außerdem überließen sie den Vorsitz der Finanzdeputation einem prominenten Kaufmann, und zwar mit der Begründung, es liege im wohlverstandenen Interesse der Stadt, wenn ihre finanziellen Angelegenheiten in den Händen der für Wirtschaft und Handel Zuständigen ruhten. Darüber hinaus nahmen die Sozialdemokraten auch die Vertreter der Vereinigten Liberalen mit in den Senat auf, so daß jede Partei über neun Senatoren verfügte; bei Stimmengleichheit gab die Stimme des Ersten Bürgermeisters den Ausschlag. In dieser Politik, die sie schon bald viele tausend Wählerstimmen kostete, weil sich große Teile der enttäuschten Arbeiterklasse den Kommunisten zuwandten, muß man auf jeden Fall den Einfluß der hegemonialen Ideologie vom Interessenausgleich und der Führungsrolle des Handels sehen. Sie weist auf eine Zeit weit vor dem Ersten Weltkrieg zurück und mag durchaus dazu beigetragen haben, Hamburgs Sozialdemokraten schon vor der Jahrhundertwende auf Reformkurs zu bringen.[61]

Viertens schließlich sahen sich die Hamburger Sozialdemokraten genötigt, vor allem bei Bürgerschaftswahlen zumindest die unteren Ränge des Kleinbürgertums anzusprechen, wenn sie eine möglichst breite Basis gewinnen wollten. Otto Stolten beispielsweise trat für das Kleinbürgertum mit den Worten ein, «daß die Partei die Kleingewerbler brauche ... Ein Hemmschuh für unsere Bewegung sei nur der reaktionäre Teil des Kleingewerbes.» Da die Genossenschaftsbewegung (die in Hamburg im Jahr 1914 über 70000 Mitglieder zählte) dem Kleinbürgertum ein Dorn im Auge war, wurde sie von Stolten kritisiert; auch die Partei ging aus diesem Grund auf Distanz zu den Genossenschaften.[62] Manches weist darauf hin, daß Erwägungen dieser Art sogar bei Reichstagswahlen eine Rolle spielten, jedenfalls solange die Partei Hamburgs drei Wahlkreise nicht besonders fest in der Hand hatte. Den größten Teil der neunziger Jahre hindurch mußten die Sozialdemokraten um die Stimmen der kleinbürgerlichen Wähler mit den Antisemiten in Wettbewerb treten, denn diese fanden in Stadtteilen mit stark gemischter sozialer Zusammensetzung deutliche Unterstützung. Die Verwaltung der Stadt vertrat weithin die Ansicht, die auf eine Ausweitung des örtlichen Wahlrechts gerichtete Kampagne der Sozialdemokraten ziele großenteils auf mögliche Anhänger unter den Kleinbürgern. In vorwiegend von Arbeitern bewohnten Stadtteilen gab es für kleine Ladenbesitzer und Handwerker aller Couleur, wie auch für Gastwirte und andere zur Sicherung ihres Lebensunterhalts auf Kunden aus der Arbeiterschicht angewiesene Gewerbetreibende gute Gründe, sich zur Sozialdemokratie zu bekennen. Eine Ortsgeschichte des Billwärder Ausschlags, des ärmsten Bezirks der Stadt, hob 1902 «die Zahl der Sozialdemokraten unter den Arbeitern, der Antisemiten unter den Beamten mit dem in beiden Lagern vorhandenen Anhange von Gewerbe- und Geschäftstreibenden» als bemerkenswert hervor.[63] Doch das Augenmerk der Sozialdemokraten galt, wohl kaum überraschend, vor allem der großen und rasch anwachsenden Zahl von Beamten und Angestellten in der Stadt.

So hielt die Partei bei der Reichstagswahl von 1893 für Angestellte und Beamte besondere Versammlungen ab zu Themen wie: «Welchen Kandidaten haben bei der bevorstehenden Reichstagswahl die kaufmännischen Angestellten ihre Stimme zu geben?». Bei solchen Gelegenheiten wurden zwar vor allem Angriffe gegen die Antisemiten geführt, doch bemühten sich Redner der Sozialdemokraten auch, ihre Zuhörerschaft davon zu überzeugen, daß ausschließlich ihre Partei im Reichstag etwas unternommen habe, um auf gesetzgeberischem Wege Verbesserungen für die Lage der Angestellten zu erzielen – nicht zuletzt deshalb, weil Liberale aller Schattierungen zu eng mit den Arbeitgebern verbunden seien. Die wachsende Bedeutung, die in Hamburg dieser Bevölkerungsgruppe zukam und die sich beispielsweise in der rasch ansteigenden Zahl von Bürgerschaftsabgeordneten aus Angestelltenberufen zu erkennen gab, bestärkte die Sozialdemokraten nicht nur darin, sie auf ihre Interessen anzusprechen. Sie unternahmen außerdem den Versuch, ihnen über Gewerkschaften und andere Organisationen Möglichkeiten zur Verwirklichung ihrer

Ziele zu bieten. Damit erstarkte auch die in der Partei ohnehin vorherrschende Tendenz, sich vom «ungehobelteren» Teil der Arbeiterklasse fernzuhalten und sich als Partei eines unerschütterlichen, vernunftgeleiteten Reformgeists darzustellen. Der Aufstieg der Vereinten Liberalen zeigte, daß man nach wie vor auf die Unterstützung dieser Gruppe angewiesen war, vor allem, seit die Wahlrechtsreform von 1906 das Gewicht der Stimmen aus der Arbeiterschaft bei Bürgerschaftswahlen vermindert hatte.[64] Daher läßt sich bei der Sozialdemokratischen Partei in Hamburg, im Unterschied zur Sozialdemokratie in manchen anderen Teilen Deutschlands, nur schwer eine allmähliche Entwicklung zum Reformismus erkennen, die man unter Hinweis auf Erscheinungen wie die Bürokratisierung des Parteiapparats, das Auftreten einer Arbeiteraristokratie oder die Integration der Partei in den Staat erklären könnte. Hamburgs Sozialdemokraten waren von Anfang an Reformisten. Als ihnen bei der Cholera-Epidemie von 1892 die Gelegenheit geboten wurde, zu beweisen, daß sie maßvoll sein konnten, überschlugen sie sich beinahe vor Eifer. Solange es keine vernünftige Alternative gab, versagte ihnen die überwältigende Mehrheit der Arbeiterklasse die Unterstützung an der Wahlurne nicht. Doch mißachteten verschiedentlich große Teile der Arbeiterschaft, vom Hafenarbeiterstreik 1896/97 über die Wahlrechtsdemonstrationen von 1906 bis hin zum Werftarbeiterstreik von 1913, alle Bemühungen der Sozialdemokraten und Gewerkschafter, sie zurückzuhalten, und handelten mit einer Radikalität, die weit über alles hinausging, was die organisierten Gliederungen der Arbeiterbewegung mitzutragen bereit waren. Am deutlichsten zeigte sich das in der Revolution von 1918.[65]

Selbstverständlich spielte bei alldem die sozialdemokratische Lehre eine Rolle, so wie sie durch öffentliche Versammlungen und in Zeitungsartikeln, bei Diskussionen am Arbeitsplatz wie durch Gespräche in Gaststätten weiter verbreitet wurde. Auch auf Nichtorganisierte mußte sie gewisse Wirkungen haben, denn sie weckte Erwartungen und vermittelte ein bestimmtes Bild der kapitalistischen Gesellschaft. Doch den eigentlichen Antrieb lieferten der Arbeiterklasse die tagtäglich gemachten Erfahrungen von Ungerechtigkeit, Ungleichheit und Ausbeutung. Sie erwiesen sich schließlich als stärker gegenüber der von der Partei über Jahre hinweg so sorgfältig genährten und gepflegten Loyalität. Die Kompromisse, die sie während der Weimarer Republik schloß, kosteten sie nicht zuletzt deshalb einen so großen Teil der Unterstützung der Arbeiterklasse, weil die Partei damit im letzten Augenblick den Sieg vergab, auf den die Masse der Arbeiter so lange gewartet und auf den zu hoffen die Partei sie selbst bestärkt hatte. Folgen dieser Kompromisse waren nicht nur eine tiefgehende Spaltung der Arbeiterbewegung, die eine Politik des gemeinsamen Vorgehens gegen die Nationalsozialisten entscheidend schwächte, sondern auch eine politische Blindheit, die darin gipfelte, daß sich Anfang 1933 ein nicht unbeträchtlicher Teil der Gewerkschaftsbewegung den Nationalsozialisten anzuschließen versuchte. Daher ist es kaum verwunderlich, daß während des «Dritten Reichs» die Rolle der Kommunisten im Widerstand in mancherlei Hinsicht die der Sozialdemokraten in den Schatten stellte.[66]

III

Wenn Hamburgs bürgerlich-liberale Traditionen es schon nicht zuließen, sich der Herausforderung zu entziehen, die der Aufstieg der Sozialdemokratie für jeden größeren Bundesstaat und jede Gemeinde bedeutete, erlaubten sie es der Stadt noch weniger, den Schwierigkeiten auszuweichen, die der zerbrechlichen demokratischen Ordnung der Weimarer Republik zu schaffen machten. Trotz der durch eine parlamentarische Verfassung geprägten Geschichte der Stadt und einer weit in die Vergangenheit zurückreichenden liberalen Ideologie, trotz der bereitwilligen Mitarbeit der Sozialdemokraten in allen gewählten Senaten jener Zeit, erlag Hamburg dann den Nationalsozialzisten genauso widerstandslos wie andere Länder des Reichs auch. Tausende strömten ins Lager der NSDAP, obwohl Hitlers Versprechen, Deutschland durch eine autarke Wirtschaftsordnung vom Ausland unabhängig zu machen, die Grundlagen von Hamburgs Existenz als Zentrum des internationalen Handels bedrohte.[67] Neben den davon nicht betroffenen Angehörigen des Kleinbürgertums wählte auch ein beachtlicher Anteil des Groß- und Kleinbürgertums die Nationalsozialisten. Zu den Hochburgen der Partei in der Stadt gehörten vor 1933 bezeichnenderweise die durch und durch bürgerlich geprägten Bezirke Rotherbaum und Harvestehude.[68] Obwohl viele Angehörige des Großbürgertums inzwischen weiter elbabwärts wohnten, fand Hitler zweifellos in den früher herrschenden Familien der Stadt beträchtliche Unterstützung. Die Kontinuität wurde gewahrt; auch im «Dritten Reich» hatte ein Mitglied einer alten Senatorenfamilie das Amt des Bürgermeisters inne. Werner von Melle (1919–1924) und Carl Petersen (1924–1930 sowie 1931–1933) folgten Wilhelm Amsinck Burchard-Motz (1933–1945).[69]

Allerdings war diese Art von Kontinuität inzwischen mehr oder weniger symbolisch geworden. Während von Melle und Petersen dank ihrer Stellung als Erste Bürgermeister noch wirkliche Vollmachten besessen hatten, spielte Burchard-Motz als Zweiter Bürgermeister eine vor allem repräsentative Rolle. Die Stadt regierte ohnehin nicht der Erste Bürgermeister, der Parteigenosse Carl Krogmann, sondern der Statthalter der Partei in Hamburg, Gauleiter Karl Kaufmann. Als Reichskommissar führte er von Berlin erteilte Befehle aus, und damit schwanden die letzten Reste von Hamburgs Autonomie rasch dahin.[70] Dennoch hatte der symbolträchtige Klang der Namen der alten Senatorenfamilien noch so viel Bedeutung, daß die Briten in der provisorischen Regierung von 1945/46 als Ersten Bürgermeister ohne zu zögern ein Mitglied dieser Familien einsetzten, den Geschäftsmann Rudolf Petersen, der zuvor der Politik ferngestanden hatte und ein Bruder Carl Petersens war. Auch mit Kurt Sieveking, der von 1953 bis 1957 das Amt an der Spitze einer von den Christdemokraten beherrschten Mitte-Rechts-Koalition versah, brach die Kontinuität nicht ab. Sie trug zur Entstehung eines zählebigen Mythos bei, der behauptet, es sei Hamburg gelungen, sich in Hitlers «Drittem Reich» aus den schlimmsten Exzessen herauszuhalten.[71]

Die Wahrheit sah aber anders aus. Nicht nur stattete Hitler von 1933 bis 1945 der Stadt 31 Besuche ab, Hamburg lieferte auch in mehr als einer Hinsicht ein Musterbeispiel für ein reibungslos funktionierendes Rädchen in der nationalsozialistischen Maschinerie. Beispielsweise hatte die Stadt 1933, nicht zuletzt auf Anregung der Sozialdemokraten, ihr Netz sozialer Dienstleistungen so stark ausgebaut und so genaue Unterlagen über in Hamburg wohnhafte «asoziale» Elemente angelegt, daß sich dort die Diskriminierungs-, Sterilisierungs- und Vernichtungspolitik des «Dritten Reichs» leichter durchführen ließ als in nahezu allen anderen Teilen Deutschlands. Die war das konsequente, wenn auch keineswegs zwangsläufige Ergebnis der nach der Jahrhundertwende entwickelten eugenischen Vorstellungen und Maßnahmen; darin zeigte sich aber auch, welches Ausmaß von Angst und Verachtung Staat, Bürgertum und zunehmend auch der Apparat der Sozialdemokratischen Partei Menschen wie den Bewohnern des Gängeviertels entgegenbrachten – dessen letzte Reste im «Dritten Reich» abgerissen wurden –, bis man ihnen schließlich das Recht absprach, als Menschen bezeichnet zu werden.[72]

Bereitwillig leistete Hamburgs Großbürgertum, vor allem die höheren Beamten, seinen Beitrag zu all diesen Maßnahmen bis hin zur – und einschließlich der – Judenvernichtung.[73] Deshalb ist es verlockend, Hamburg ohne weiteres in den Zusammenhang neuerer Deutungen zu stellen, die den Zusammenbruch der Weimarer Republik und die Heraufkunft des «Dritten Reichs» in erster Linie als Werk der alten antidemokratischen Eliten betrachten.[74] Doch stand Hamburgs Großbürgertum von seiner Tradition her dem Parlamentarismus keineswegs ablehnend gegenüber – ganz im Gegenteil, wie wir gesehen haben. Noch weniger war es mit dem Erbe früherer Feindseligkeit dem freihändlerischen Kapitalismus, der Industriegesellschaft oder bürgerlich-liberalen Werten gegenüber belastet, worunter die preußischen Junker nach allgemeiner Ansicht gelitten hatten. Weder war es darauf aus, lange erträumte Ziele militärischer Eroberung zu verwirklichen, noch pflegte es tiefverwurzelte antisemitische Vorurteile, und es war ihm auch kein Herzensbedürfnis, eine von feudalen Begriffen wie Ehre und Adel beherrschte Gesellschaft wiederzubeleben. Wie stets hatte nüchternes Kalkül das Hamburger Bürgertum zum Handeln veranlaßt: Furcht vor den Kommunisten, die während der Wirtschaftskrise in der Stadt so stark geworden waren; mangelnder Glaube an die Fähigkeit der Weimarer Republik, die Wirtschaftskrise von 1929 bis 1933 zu bewältigen; Verzweiflung angesichts der unhaltbaren finanziellen Lage der Stadt, deren Mittel durch die Aufgabe, Hamburgs 130000 Arbeitslose zu unterstützen, über Gebühr angespannt waren.[75] Wie sehr auch der Mythos von «Hamburgs Blütezeit» vor 1914 – propagiert von Männern wie Carl August Schröder in seinem 1921 erschienenen und glänzend verkauften Buch dieses Titels – dazu beigetragen haben mag, die Weimarer Republik in der Stadt zu diskreditieren[76], nur die wenigsten können geglaubt haben, man werde das alte System wieder einsetzen. Daß so viele Angehörige des Großbürgertums in der Stadt 1933 den Anbruch des «Dritten Reichs» begrüßten, hatte eher negative als positive Gründe.

Wie können wir das aus wohlhabenden Senatoren und Kaufmannsfamilien bestehende Großbürgertum Hamburgs im 19. Jahrhundert einordnen? Bildete es, wie ein Zeitgenosse um die Mitte jenes Jahrhunderts schrieb, ein hamburgisches «Junkerthum, theils dem kaufmännischen, theils dem juristischen Fache angehörend», das alle «Zeichen und Lebensäußerungen des ehemaligen deutschen Junkerthums an sich hatte», an Verschwendungssucht litt und «übermüthig» und «aufgeblasen» war?[77] Oder war diese Schicht im wesentlichen bürgerlich, die Verkörperung aller bürgerlichen Tugenden und Werte? Handelte es sich um das städtische Gegenstück zum feudalen Element in der deutschen Politik?[78] Oder gar um eine ausländische «englische» Einlagerung ins öffentliche

Leben Deutschlands? Solche Fragen lassen sich nur schwer beantworten, nicht zuletzt wegen der unscharfen, vieldeutigen Begriffe, die zur Debatte stehen. Doch wie auch immer wir den Begriff «feudal» definieren, es scheint kaum sinnvoll, ihn auf eine Gruppe von Menschen anzuwenden, deren wirtschaftliche Grundlage durch und durch kapitalistisch geprägt war. Selbst wenn wir zwischen Kaufmanns- und Industriekapital unterscheiden, was für die vierzigr Jahre des vorigen Jahrhunderts und die Zeit davor zulässig zu sein scheint, und einräumen, daß das Handelsinteresse dem Entstehen der Industrie in mancherlei Hinsicht ablehnend gegenüberstand, bleibt Kapital doch mit Kapital gleichzusetzen. Weder das wirtschaftliche Handeln noch die gesellschaftliche Welt oder auch letzten Endes die politischen Ansichten und Handlungsweisen der Hamburger Kaufleute hatten etwas mit dem zu tun, was man einst, wie vage auch immer, als «feudal» gekennzeichnet hat.

Waren also Hamburgs Kaufleute einfach eine atypische Untergruppe innerhalb des deutschen Bürgertums? Ein großer Teil der Arbeiten zur Geschichte des Bürgertums in Deutschland scheint diese Ansicht zu stützen.[79] Als Idealtyp des Bürgers galten im Deutschland des 19. Jahrhunderts häufig Akademiker – Lehrer, Hochschullehrer, Ärzte, Rechtsanwälte oder Beamte. Später verlagerte sich die Aufmerksamkeit der Historiker zunehmend auf die in gewissen Bereichen wie beispielsweise Kohle, Eisen und Stahl tätigen Industriellen. Sie werden als Klasse beschrieben, die auf ihre Weise ebenso «feudalisiert» gewesen sei wie die Hochschullehrer, deren höchster gesellschaftlicher Ehrgeiz angeblich darin bestand, Reserveoffizier zu werden.[80] Sofern in diesem Zusammenhang Kaufleute, Bankiers und Angehörige ähnlicher Berufe überhaupt Erwähnung finden, sind es gewöhnlich Außenseiter wie Ballin oder Bleichröder.[81] Wir haben aber gesehen, daß im Hamburg des 19. Jahrhunderts zwischen Juristen und Kaufleuten enge wirtschaftliche, gesellschaftliche und familiäre Beziehungen bestanden; Handelsherren und Handelsbankiers waren häufig so gut wie nicht unterscheidbar. In der zweiten Hälfte des Jahrhunderts kam es zu einer weiteren Verschmelzung der Interessen von Kaufleuten, Bankiers, Reedern und Industriellen. Nur eine verzerrte Sicht begreift das Bürgertum ausschließlich als Klasse der Fabrikherren oder Akademiker.

Die zentrale Rolle, die die Kaufleute im Bürgertum des 19. Jahrhunderts spielten, wird noch weit deutlicher, wenn wir uns England zuwenden. Wie W. D. Rubinstein gezeigt hat, waren die wahrhaft Reichen im viktorianischen England nicht Fabrikbesitzer, sondern Kaufleute und Finanziers.[82] Die Vermögen erwarben nicht die Fabrikanten Nordenglands, wie Gareth Stedman Jones angemerkt hat, sondern «Kaufleute, Bankiers sowie Aktien- und Versicherungsmakler, vor allem in den an London angrenzenden Grafschaften»[83]. Während Englands Reiche einen im wesentlichen aristokratischen Lebensstil pflegten und dabei dem Ideal des Gentleman nachstrebten, ihr Geld so ausgaben, daß jeder es sehen konnte, Landbesitz kauften, vor der Aristokratie katzbuckelten und sich, sofern möglich, in deren Dunstkreis aufhielten[84], waren die Wohlhabenden im Hamburg des 19. Jahrhunderts größtenteils strenge Republikaner, die Titeln keinen Wert beimaßen. Sie dachten nicht daran, dem preußischen Adel Ehrerbietung zu zollen, und hielten ihrer städtischen Herkunft und ihrem kaufmännischen Erbe entschlossen die Treue. Die Vorherrschaft aristokratischer Wertvorstellungen im 19. Jahrhundert in England war nicht zuletzt durch das Anwachsen des Empire bedingt, das rasch Überlegenheitsgefühle erzeugte. Hamburgs enge Verbindung zum Imperialismus des Freihandels und seine mit Beginn der achtziger Jahre einsetzende Beteiligung an der Errichtung des deutschen Kolonialreiches bot keinen hinreichenden Ersatz dafür, da damit keinerlei Engagement in der Kolonialverwaltung verbunden war.

Die Patrizierfamilien, die Hamburgs Politik über Generationen hinweg bestimmten, bildeten sich wesentlich im 19. Jahrhundert. Sie waren das Gegenstück zu den «zweihundert Familien» der «grandes dynasties bourgeoises», die für so vieles verantwortlich gemacht wurden, was damals in Frankreich geschah.[85] Der Erbgang war der bürgerlichen Welt zu keiner Zeit fremd; aber der Anspruch mußte in jeder Generation erneut durch den Nachweis fleißiger Arbeit, durch verantwortungsbewußtes Handeln und moralische Selbstdisziplin bestätigt werden. So groß war die Macht des Sozialisationsprozesses, dem die Hamburger Kaufleute ihre Abkömmlinge unterzogen, daß es in dieser Hinsicht im 19. Jahrhundert gewöhnlich keine Schwierigkeiten gab. Sehen wir uns an, was Percy Ernst Schramm, der in den neunziger Jahren in eines der eng verflochtenen Netze aus Senatorenfamilien hineingeboren wurde, über Thomas Manns bedeutenden Roman «Die Buddenbrooks» gesagt hat:

«Als ich, damals noch Gymnasiast, Thomas Manns ‹Buddenbrooks› kennenlernte, war mir der Rahmen, in dem seine Gestalten sich bewegten, sehr vertraut, und Vergleiche zwischen ihnen und meinen Verwandten drängten sich geradezu auf. Unter der Oberfläche gab es keine Entsprechungen: während bei den ‹Buddenbrooks› einer nach dem anderen im Leben versagt oder den Kampf aufgibt, stellten sich ihm meine Verwandten und hatten sogar noch ihre Freude daran: ‹Dekadenz› war für sie ein Fremdwort und für den, der versagte, hatten sie Verachtung, höchstens Mitleid.»[86]

Nach der Jahrhundertwende traten Anzeichen dafür auf, daß sich die republikanische Unabhängigkeit des Hamburger Großbürgertums – möglicherweise das unenglischste seiner gesellschaftlichen Kennzeichen – aufzulösen begann. Männer mit Titeln und Orden ließen sich in Hamburg nieder und drangen in die herrschenden Kreise der Stadt ein. Selbst Abkömmlinge alteingesessener Hamburger Familien empfingen Ehrungen durch den Kaiser. Die bekanntesten unter ihnen waren Karl Freiherr von Merck, Rudolph Freiherr von Schröder und Freiherr John von Berenberg-Gossler (der trotzdem noch Senator wurde). Zwar blieben Titel auf die Allerreichsten beschränkt; doch von den zwanzig Männern, die im Jahr 1912 in Hamburg über ein Jahreseinkommen von mehr als einer Million Mark verfügten, besaßen nur sechs einen Titel (unter ihnen zwei Kommerzienräte).[87] John von Berenberg-Gosslers Schwester, Susanne Amsinck, soll ausgerufen haben, als sie von seiner Erhebung in den Adelsstand erfuhr: «Aber John, unser guter Name!»[88]

Wie begrenzt auch immer diese Assimilation von Hamburgs republikanisch geprägtem Großbürgertum an das deutsche Bürgertum war, hing sie doch von Hamburgs immer stärkerer Eingliederung ins Reich ab. Kaufleute, Industrielle und Finanziers der Stadt beteiligten sich in wachsendem Umfang an Unternehmen in anderen Teilen Deutschlands, immer mehr wohlhabende Auswärtige zogen nach Hamburg, und das sich rasch verdichtende Kommunikationsnetz im Land überwand die Abkapselung der Stadt. Vor allem begann sich die Reichspolitik mit dem Auftreten der Sozialdemokraten und der Vereinigten Liberalen auf Dauer am Ort auszuwirken. Ein charakteristisches Einzelbeispiel dieser neuen Tendenzen lieferte der Mann, der seit der Jahrhundertwende neben Johann Georg Mönckeberg führendes Mitglied im Senat war, nämlich Johann Heinrich Burchard. Während 1870/71 die Alt-Hamburger Partikularisten Schmähungen gegen die Preußen ausstießen, kämpfte Burchard an deren Seite im Krieg gegen Frankreich. Sein Hauptziel als Vertreter Hamburgs im Bundesrat war es nicht, Hamburgs partikularistische Interessen zu vertreten, sondern im Gegenteil «von seiten Hamburgs dem Reich zu geben, was des Reiches ist, und vor allen in innerpolitischen Fragen dem Reichskanzler und dem führenden Bundesstaat nicht zuviel dareinzureden»[89]. Obwohl er der Impulsivität Wilhelms II. und dessen mangelndem politischem Augenmaß kritisch gegenübergestanden haben soll, war er – wie Versmann vor ihm – persönlich mit ihm bekannt und schrieb einmal: «In meinem Leben ist der Kaiser ein erheblicher Faktor. Mein Leben würde ärmer sein, wenn diese Beziehungen nicht beständen. Habe ich den Kaiser längere Zeit nicht gesehen, so wünsche ich eine baldige Begegnung herbei. Ich stehe eben auch, wie so viele andere, im Banne seiner Persönlichkeit.»[90] Wahrscheinlich hielt sich Burchard nicht häufiger in der Reichshauptstadt auf als Versmann und Kirchenpauer, doch war Berlin nach der Jahrhundertwende die großartige Hauptstadt einer bedeutenden Weltmacht und hatte nicht mehr viel mit der relativen Bescheidenheit zu tun, die noch einige Jahrzehnte zuvor dort geherrscht hatte – deshalb vermochte sie Burchard weit leichter zu beeindrucken.

Nichts von dem lief auf eine «Refeudalisierung» des Hamburger Bürgertums hinaus, selbst wenn so etwas bei einer Schicht möglich gewesen wäre, die außer in der Beziehung zwischen dem Senat und den von Hamburg regierten ländlichen Besitzungen kaum etwas Feudales an sich gehabt hatte. Der auf Berlin konzentrierte Prozeß der Assimilierung an die Welt aus höfischem Zeremoniell, Titeln, Ehrenbezeigungen, in der das Militär absoluten Vorrang genoß, ging in Hamburg nie sehr weit. Unter den gegebenen Umständen muß man als eindrucksvoll bezeichnen, in welchem Ausmaß Hamburgs Großbürgertum es fertigbrachte, sich von Pomp und Schaugepränge des Reiches fernzuhalten. Das sagt eine ganze Menge aus über das Selbstvertrauen dieser Schicht, vielleicht noch mehr aber über die gesellschaftliche und moralische Kraft der Verhaltensideale, die sich die Stadt zu eigen gemacht hatte. In dieser Hinsicht allerdings war Hamburgs Bürgertum nicht untypisch für die unternehmerische obere Mittelschicht in Deutschland insgesamt. Im großen und ganzen wurden im kaiserlichen Deutschland nur verhältnismäßig wenige Kaufleute, Finanziers und Industrielle geadelt, heirateten in den Adel ein oder pflegten einen aristokratischen Lebensstil, ganz im Unteschied zum vergleichbaren Personenkreis im viktorianischen England. Hamburgs Bürgertum war, wie in Deutschland ganz allgemein, von aristokratischen Empfindungen weit weniger beeinflußt als die entsprechenden Gruppen im England des 19. Jahrhunderts. Der dort weit verbreitete Kult um die mannhafte Tat, der tragische Helden vom Schlage eines Gordon Pascha oder des Antarktisforschers Robert Scott hervorbrachte, war dem berechnenden, händlerischen Vernunftdenken der Kaufleute in Hamburg gänzlich fremd. Der deutsche Nationalismus und vor allem der Wunsch nach Kolonien und einer starken Flotte entwickelten eine ganz eigene

Macht und Faszination, vor allem seit Ende der neunziger Jahre. Doch war die davon ausgehende Verlockung in spezifischer Weise bürgerlich geprägt. Sie trat nicht nur als Begleitumstand zu Hamburgs Seefahrttradition auf und gründete sich nicht ausschließlich auf die unleugbare Lokkung der mit ihr verbundenen wirtschaftlichen Vorteile, sondern auch auf den moralischen Anspruch eines die Welt umspannenden Zivilisationsauftrags. Damit wollte sie an die Stelle von Englands kolonialer Vorherrschaft etwas setzen, das sich seinem Wesen und seinen Absichten nach allerdings nicht dramatisch davon unterschied.[91]

So stellte Hamburg eine bemerkenswert unverfälschte Form des bürgerlichen Staates dar. Es blieb lange – und auch weit mehr als England – relativ frei von feudalen oder aristokratischen Einflüssen. Wie dort gründete sich die Vorherrschaft des Bürgertums darauf, daß die Arbeiterklasse durch Wahlrechtsbeschränkungen von der Teilhabe an der Politik ausgeschlossen war. Wie in England herrschte ein starker Glaube an den Markt als Ort der Verteilungsgerechtigkeit, wo harte Arbeit belohnt und Müßiggang der gerechten Strafe zugeführt würde. Gesundes Finanzwesen, niedriger Einkommensteuersatz und Eintreten für den Freihandel legten Zeugnis ab für die Macht, die Gladstones fiskalische Bestrebungen auch an den Ufern der Elbe ausübten. Die während der Blütezeit des viktorianischen England dort betriebene liberal-konservative Politik sollte weniger das Wachstum der Industrie fördern als verhindern, daß es zu sozialen und politischen Spaltungserscheinungen führte, und Entsprechendes galt für Hamburg.[92] Auch die Haltung der Hamburger Behörden gegenüber einer Reform der sanitären Einrichtungen war im buchstäblichen Sinn englisch. Die Neuerungen der vierziger Jahre – nicht Ergebnis systematischer Planung, sondern Resultat einer plötzlich eingetretenen Katastrophe – machten Hamburg auf diesem Gebiet zum Pionier auf dem europäischen Kontinent. Wie wir gesehen haben, gehörten dazu der Bau einer zentralen Wasserversorgungsanlage, einer Kanalisation, öffentlicher Bäder und anderes mehr. Eingeführt hatte all das kein Deutscher, sondern der Engländer William Lindley. Als dessen Nachfolger Franz Andreas Meyer die Wasserversorgung verbessern wollte, suchte er ein Vorbild dafür in England. Mit den in den neunziger Jahren von Medizinalrat Johann Julius Reincke und seinen Arztkollegen eingebrachten weitreichenden Vorschlägen für eine Wohnungspflege wurden ganz unmittelbar Maßnahmen nachgeahmt, die Reincke während einer Dienstreise in England bei den dortigen für den Wohnungsbau zuständigen Behörden kennengelernt hatte.

Diese Parallelen mögen daran gemahnen, daß es zu einfach wäre, Eingriffe des Staates in die Gesellschaft als «preußisch» und eine Laisser-faire-Politik als «englisch» anzusehen. Das Ideal des Nachtwächterstaates gründete auf einer stark ausgeprägten moralischen Disziplin, die dafür sorgte, daß der Nachtwächter nicht zu sehr gestört wurde. Das in den dreißiger Jahren des 19. Jahrhunderts in England eingeführte Armengesetz erlegte Menschen, die als müßig oder unwürdig galten, schwere Strafen auf; gestützt wurde es dadurch, daß die Haft von einer Form der Strafe zu einem Instrument moralischer Erziehung umgewandelt wurde. Es entstand parallel zur Schaffung einer uniformierten Polizei, vor allem in London, einer Stadt, die eher von der Regierung beherrscht, als von ihren Bewohnern verwaltet wurde. Die Reform des Sanitär- und Gesundheitswesens als weitere Waffe in diesem disziplinarischen Arsenal verstärkte zugleich die Furcht vor moralischer und sozialer «Ansteckung» in einer Bourgeoisie, die sich einem rasch anwachsenden städtischen Proleratiat gegenübersah. All diese Maßnahmen verlangten ein beträchtliches Maß staatlicher Eingriffe in die Gesellschaft; doch richtete es sich gegen die arbeitenden Klassen und ließ die besitzenden Klassen möglichst ungeschoren, damit diese ungehindert nach Profit und Dividende streben konnten. In England wie in Hamburg war die Triade freie Marktwirtschaft, moralische Zucht für die Armen und Einsatz machtvoller Instrumente staatlichen Zwanges gegenüber der Bedrohung von unten kennzeichnend für die liberal-kapitalistische Gesellschaftsordnung; erneut eingeführt wurde sie im Großbritannien der achtziger Jahre des 20. Jahrhunderts durch die Politik der Thatcher-Regierung.

Kein Herrschaftssystem ist je frei von Widersprüchen; auch hat nie eine kapitalistische Gesellschaft isoliert von den Kräften der Weltwirtschaft und der internationalen Diplomatie der Staaten um sie herum existiert – nicht einmal im viktorianischen England. Die Herrschaft des Bürgertums in Hamburg vermochte die Krise um die Jahrhundertmitte ausschließlich dadurch zu überstehen, daß sie einen Großteil des Kleinbürgertums auf ihre Seite zog. Ab 1860 war diese vor allem im Grundeigentümerverein vertretene Gruppe imstande, einen Großteil der Reformen zunichte zu machen, die der von Kaufleuten beherrschte Senat auf deren Kosten durchzuführen trachtete. Das vom Großbürgertum angestrebte liberal-konservative Ideal der Beziehungen zwischen Staat und Gesellschaft wurde nie anders als unvollkommen und bruchstückhaft in die Praxis umgesetzt. Mehr oder weniger dasselbe könnte man über seine

Durchsetzung in England sagen, wo «die Erreichung eines sich selbst regulierenden Mechanismus, der durch seine eigene Schwungkraft der Gesellschaft ‹viktorianische Werte› einzupflanzen bemüht war, stets als quälende Vision gerade am Horizont sichtbar blieb», wie Gareth Stedman Jones angemerkt hat.[93] In Hamburg stellten sich diesem Ideal vor allem Widersprüche innerhalb der dominierenden Klassen entgegen. Überdies hatte die Stadt mit wiederholten und ab 1866 immer nachhaltigeren Eingriffen von außen zu kämpfen. Ihr Beitritt zum Norddeutschen Bund und später zum Deutschen Reich beraubte die Stadt vieler Besonderheiten und sorgten für eine allmähliche Angleichung an das preußische Modell. Bis zum Ende der achtziger Jahre gelang es Hamburg, den größten Teil der institutionellen und mehr noch der eher informellen Eigenheiten seines Systems der Klassenherrschaft intakt zu erhalten. Selbst das Ende der Freihandels-Ära ging auf einen Kompromiß zurück, der den wirtschaftlichen Verpflichtungen angemessen Rechnung trug, wie sie sich aus einer vollständigen Übernahme der Stadt in den Deutschen Zollverein ergeben hätten. Die rasche Verschärfung der sozialen Konflikte in der Stadt, zu der es in der zweiten Hälfte der achtziger Jahre kam, beschwor eine Krise herauf, gegen die die herrschenden Klassen staatliche Zwangsmittel einsetzten, um so schnell wie möglich eine Verteidigungslinie der Geschäftswelt gegen die Unruhe in der Arbeiterschaft zu errichten. Diese Umwandlung des Staates zu einer disziplinierenden Macht bedeutete eine weitere Annäherung an preußische Vorgaben. Die Ziele aber, denen sie diente, waren, wie aus dem Zeitpunkt ihres Einsatzes hervorgeht, weithin lokal bestimmt. Auch blieben von dieser Entwicklung vor allem dort noch große Bereiche des gesellschaftlichen Lebens unberührt, wo man eine Intervention des Staates als den Interessen des Handels abträglich einschätzte.

Ein solcher Bereich war die Organisation ärztlichen Vorgehens bei Epidemien und die von der Verwaltung gegen die Bedrohung, die von ihnen ausging, gehandhabten Maßregeln. Das hatte entscheidende Bedeutung, denn die Chlorea-Epidemie von 1892 machte die Stadt zur Zielscheibe der Verdammung durch die öffentliche Meinung in der ganzen Welt. Wie alle anderen Epidemien war sie kein der Macht des Menschen entzogenes zufälliges Phänomen, das eigengesetzlich ablief; mehr noch als die meisten anderen Krankheiten war die Cholera ein Produkt menschlichen Handelns, gesellschaftlicher Ungleichheit und politischer Unruhe, ein Ergebnis von industrieller Dynamik und Weltmachtstreben. Sie kam zu einer Zeit, als wirtschaftliche und soziale Ungleichheiten in der Stadt ein bis dahin nicht dagewesenes Ausmaß angenommen hatten. Für einen beträchtlichen Teil der Arbeiterklasse – wahrscheinlich war es die Mehrheit – hatten sich die Lebensbedingungen über Jahre hinweg verschlechtert und dürften kaum besser gewesen sein als ein halbes Jahrhundert zuvor. Gesellschaftliche Konflikte und politische Unruhe hatten seit Mitte der achtziger Jahre deutlich zugenommen. Untersucht man näher, wer jener Epidemie zum Opfer fiel, zeigen sich Muster der Ungleichheit, die wahrscheinlich ausgeprägter waren als zu jeder anderen Zeit seit Ende der vierziger Jahre. Es ist kennzeichnend, daß am stärksten diejenigen in Mitleidenschaft gezogen wurden, bei denen die geringste Wahrscheinlichkeit bestand, daß sie politisch organisiert waren: alte und sehr junge Menschen, Gelegenheitsarbeiter aus dem Hafen, Dienstboten, Frauen (im Vergleich zu normalen Zeiten) und ganz allgemein die Ärmsten der Armen, die Bewohner der in der Nähe des Hafens gelegenen Gängeviertel und in Billigbauweise hochgezogener Mietshäuser in den Arbeitervororten.

Die Epidemie gilt in Hamburgs Mythologie als Wendepunkt der Stadtgeschichte. Wie der Arzt Max Nonne schrieb: «Die Cholera bedeutet die Zäsur, die große Scheide zwischen dem alten und dem neuen Hamburg.»[94] Ein anderer Beobachter erinnerte sich: «Lange noch diente die Cholerazeit als Zeitbestimmung (‹vor› oder ‹nach› der Cholerazeit), bis sie durch den Weltkrieg abgelöst wurde.»[95] Doch ebenso wie ihre Ursachen wurden auch ihre Wirkungen durch den sozialen, politischen und sogar den intellektuellen Zusammenhang vermittelt, innerhalb dessen sie auftrat. Erst in der Frage der Verfassungs- und Verwaltungsreform lieferte sie einen entscheidenden Anstoß zur Veränderung; andere Entwicklungen, die sie einleitete, von der Sanierung der Elendsviertel bis hin zur Kontrolle über den Arbeitsmarkt, ließen sich erst nach dem Hafenarbeiterstreik von 1896 verwirklichen, während man die Unzulänglichkeiten der Reform des Sanitär- und Gesundheitswesens, die entscheidenden Anteil an der Entstehung der Epidemie trugen, zur Zeit, als die Katastrophe hereinbrach, schon zu beheben begonnen hatte. Viele dieser Entwicklungen galten auch für das Deutsche Reich insgesamt. Das wichtigste gesetzgeberische Ergebnis der Katastrophe, die Seuchenvorlage, verschwand bald in der Versenkung, um nahezu ein Jahrzehnt später aus ganz anderen Gründen wieder hervorgeholt zu werden. Die intellektuelle und politische Vorherrschaft von Strategien, die sich auf die Bakteriologie und die Überzeugung gründeten, die Cholera werde durch Ansteckung weiterverbreitet, war bereits vor dem Auftreten der Katastrophe nahezu überall fest verankert – außer in Hamburg und München. So verlockend es auch sein mag, Katastrophen wie den Großen Brand von 1842 und die ein halbes Jahrhundert später hereingebrochene Cholera-Epidemie als Auslöser einer Gesellschaftsreform und einer Erneuerung des Sanitär- und Gesundheitswesens anzusehen, war die Wirklichkeit, wie so häufig, weitaus komplexer.

Die wahre Bedeutung der Epidemie von 1892 lag auf einem anderen Gebiet – dem der Politik. Sie demonstrierte unmittelbar und nachdrücklich die Unzulänglichkeit der herkömmlichen, auf liberalen Grundsätzen beruhenden politischen und administrativen Praktiken angesichts des Wachstums der Städte und des gesellschaftlichen Wandels. Hamburgs Regierungssystem wurde von der öffentlichen Meinung am Ort, im Reich und selbst im Ausland 1892 gewogen und für zu leicht befunden. Nicht dem Laisser-faire-Staat galt letztlich das Urteil, sondern dem Herrschaftssystem, der Macht, die in der Stadt von den Notabeln über Exekutive, Legislative und Verwaltung ausgeübt wurde. Dementsprechend bestanden die wichtigsten Folgen der Epidemie weniger in einer Zunahme staatlicher Eingriffe in die Gesellschaft im Namen einer Reform des Sanitär- und Gesundheitswesens, als vielmehr darin, daß sie das alte System der Honoratiorenpolitik unterminierte. Binnen vier Jahren kam es zu Reformen, die das Ende der alten Amateur-Regierung und der «unpolitischen Politik» einläuteten, welche so lange die Geschicke der Stadt gelenkt hatten, und schon nach eineinhalb Jahrzehnten war die politische Szene der Stadt nicht mehr wiederzuerkennen.

Diese Vorgänge waren keineswegs auf Hamburg beschränkt. Ganz Deutschland erlebte in den neunziger Jahren einen tiefgreifenden Wandel der politischen Struktur, je spürbarer der Einfluß der mobilisierten Massen wurde. Eine Laisser-faire-Haltung gegenüber den mit dem Städtewachstum verbundenen Schwierigkeiten existierte nicht nur in Hamburg, und auch dort wurde in den neunziger Jahren deren Legitimität allmählich ernsthaft in Frage gestellt. Die Verwaltung zahlreicher deutscher Städte bekam dadurch ein eher professionelles Gesicht, daß an die Stelle des auf örtliche Interessen begrenzten Gemeinsinns der Bürger, der den Städten ihre Identität verliehen hatte, ein nationales Klassenbewußtsein trat, in dem sich nicht zuletzt zunehmende Furcht vor dem Proletariat spiegelte.[96] Doch nur in wenigen anderen Städten fand dieser Prozeß auf so dramatische Weise seinen Ausdruck wie in Hamburg. Die Cholera-Epidemie von 1892 betonte – und symbolisierte – die Hilflosigkeit der Honoratiorenpolitik gegenüber der Bedrohung, die von den auf die

Gesellschaft wie die Umwelt einwirkenden Folgen eines raschen Industrie- und Städtewachstums ausgingen. Ein Berufsbeamtentum nach preußischem Muster für die Verwaltung bot sich nicht nur deshalb als Lösung an, weil bereits vor 1892 Druck in dieser Hinsicht ausgeübt worden war, und auch nicht nur, weil es die einzige wirkliche politische Alternative war, sondern auch, weil es funktionierte. Doch das allein genügte nicht. Im Schmelztiegel der Cholera löste sich das Geflecht der Klasseninteressen auf, das die liberale Ideologie des Freihandels, die Vorherrschaft des kaufmännischen Unternehmertums und die Versöhnung einander widerstrebender Interessen durch eine qualifizierte parlamentarische Regierung seit den sechziger Jahren zusammengehalten hatte.

Dem Versuch, dieses Geflecht durch die Verfassungsänderungen von 1896 neu zu knüpfen, war kaum länger als für ein Jahrzehnt Erfolg beschieden. Als man nach dem «Wahlrechtsraub» von 1906 Bilanz ziehen konnte, war zu erkennen, daß sich das Wesen des Liberalismus verändert hatte und die neu aufgetretenen Vereinigten Liberalen im Begriff standen, das Rennen zu machen. Im Unterschied zu den alten Bürgerschaftsfraktionen hatten sie ein eigenes Programm und neigten weit mehr zu der Ansicht, daß der Staat bei der Behandlung der Folgen des Wirtschaftswachstums und der sozialen Veränderungen als Eingriffsinstrument genutzt werden müsse. Die Besonderheiten des Liberalismus alten Stils in Hamburg, der sich von anders gearteten liberalen Strömungen in anderen Teilen Deutschlands noch mehr unterschied als diese voneinander, begannen dahinzuschwinden. Der neue Liberalismus des jüngeren Carl Petersen ähnelte dem Friedrich Naumanns. Daß sich Hamburgs Liberale denen an anderen Orten anglichen, wurde nur zum Teil wahrgenommen. Die alte Senatorenpartei blieb am Ruder, und erst während der Weimarer Republik beendeten die im Streit miteinander liegenden Parteirichtungen der bürgerlichen liberalen Politik in Hamburg ihre Auseinandersetzungen angesichts der durch das allgemeine Wahlrecht an die Macht gelangten sozialdemokratischen Mehrheit.[97]

In diesem Prozeß politischer Umgestaltung und Neuausrichtung markierte die Cholera-Epidemie von 1892 durchaus einen entscheidenden Wendepunkt: Sie befreite die Kräfte des politischen Wandels und löste eine Reihe von Veränderungen aus, die kaum jemand vorhersehen konnte. Die Epidemie drängte Ereignisse in den Bereichen Umwelt, Gesellschaft und Politik auf wenige Wochen zusammen, die unter anderen Umständen, an anderen Orten und zu anderen Zeiten erst im Lauf von Jahren und zweifellos auch in anderer Weise geschehen wären. Durch die

Katastrophe der Epidemie erschienen sie vergrößert und deshalb leichter zu sezieren. Hier handelte es sich um eines jener Ereignisse, das möglicherweise letztlich selbst nicht von Bedeutung ist (wie Lenin einmal gesagt hat), aber dennoch eine ganze historische Landschaft blitzartig erhellt und noch deren verborgensten Zügen scharfe und klare Umrisse verleiht. Die auf die Katastrophe zurückgehende ungeheure Menge schriftlicher Quellen, teils öffentlicher, teils privater, gestattet es uns, das Leben in einer europäischen Großstadt auf dem Höhepunkt des Industriezeitalters in allen Einzelheiten zu untersuchen. Die Strukturen der sozialen Ungleichheit, die Funktionsweise der politischen Macht, die Haltungen und Denkgewohnheiten verschiedener Klassen und Gruppen in der Bevölkerung zeigen sich mit einer Anschaulichkeit, wie sie für normale Zeiten unvorstellbar ist. Da uns die verfügbaren Quellen erlauben, Tag für Tag, bisweilen Stunde für Stunde, nachzuvollziehen, wie sich Menschen unter der Belastung durch eine entsetzliche und unerwartete Katastrophe verhielten, rückt auch das Alltagsleben in unser Blickfeld, aus dem diese Krise sie herausriß. Die Quellen vertreiben das historische Dunkel, das unter anderen Umständen so häufig verhüllt, wie das Leben dieser Menschen strukturiert war.

Während wir die ineinander verwobenen und bisweilen beunruhigenden Muster betrachten, die auf diese Weise sichtbar werden, können wir zugleich über die Lektionen nachdenken, die sie für unsere Zeit bereithalten. Die Großstädte des Industriezeitalters sind in der Komplexität und Anfälligkeit ihrer Existenz so fortgeschritten, daß bereits Katastrophen vergleichsweise geringen Ausmaßes sie in Chaos und Hilflosigkeit stürzen könnten. Schließlich verlor bei dem Cholera-Ausbruch, der Hamburg im Herbst 1892 in so verheerender Weise heimsuchte, trotz der Schwere der Folgen für die davon Betroffenen, nur ein geringer Anteil der Einwohner das Leben. Um wieviel hilfloser wäre heute die Bevölkerung einer Großstadt bei einer wirklich ernsthaften Katastrophe, beispielsweise einem größeren Erdbeben oder einer ökologischen Katastrophe. Sofern die Behauptung derer auch nur ansatzweise gerechtfertigt ist, die Hamburg 1892 mit dem Argument in Schutz nahmen, keine Stadt, wo auch immer, sei zu jener Zeit imstande gewesen, ohne größere Schwierigkeiten mit einer solchen Heimsuchung fertig zu werden – um wieviel gerechtfertigter muß dann der Zweifel an den Maßnahmen zum Zivilschutz sein, der heutzutage den Gemeindeverwaltungen abverlangt wird.

Die Untersuchung privater und amtlicher Reaktionen auf die Cholera im 19. Jahrhundert deckt zahlreiche Parallelen zur Haltung auf, die heute Aids gegenüber eingenommen wird, der Seuche, die zum Ende unseres Jahrhunderts die Gesellschaft bedroht. Im einen wie im anderen Fall wurde gesellschaftlich stigmatisierten Gruppen die Schuld daran zugeschoben, hat die Furcht vor Ansteckung zu Panikreaktionen geführt und reichte die Bandbreite der Reaktionen amtlicher Stellen von Gleichgültigkeit bis zu Zwangsmaßnahmen. Wie schwer es ist, die Allgemeinheit zu erziehen, wurde deutlich, als Ratschläge der Ärzte mit tiefverwurzelten Lebensgewohnheiten zusammenprallten. Die Geschichte der Cholera wie die von Aids hält eine düstere Warnung für jeden bereit, der die Medizin als allmächtig ansieht oder die Meinung vertritt, die wissenschaftliche Medizin arbeite in einem gesellschaftlich neutralen Rahmen.

Doch die Epidemie von 1892 liefert auch weniger dramatische Lektionen. Die Cholera enthüllte und spiegelte Muster der Ungleichheit, die sich längerfristig auf Gesundheit und Krankheit sowie auf Leben und Tod auswirkten. Wenn wir uns diesen Fragen in der Hoffnung stellen, ihre Macht zu vermindern und ihre Ursachen zu beseitigen, genügt die Bereitschaft nicht, den Staat in die Gestaltung der Gesellschaft einzubeziehen, so wesentlich sie auch ist. Die Voraussetzung für diesen Schritt ist die Erkenntnis, daß die Grundfrage, die gelöst werden muß, die der gesellschaftlichen Ungleichheit ist und nicht die der Schaffung von Wohlstand oder der Hebung der Moral. Vor allem müssen alle Eingriffe des Staates demokratischer Kontrolle unterliegen, sonst können sie nur allzu leicht zu einer autoritären, disziplinierenden Macht werden, die sich wenig um die Bedürfnisse der Allgemeinheit kümmert und sich letzten Endes eher gegen Körper und Geist der Menschen wendet, statt sie zu heilen.

Verzeichnis der Abkürzungen

BA	Bundesarchiv
BD	Baudeputation
Bürgerschaft	Sitzungen der Hamburger Bürgerschaft (Berichte aus den «Hamburger Nachrichten» in der Bibliothek des Staatsarchivs Hamburg)
FA	Familienarchiv
GStA	Geheimes Staatsarchiv
Hbg	Hamburg
MdB	Mitglieder der Bürgerschaft (biographische Aufzeichnungen im Staatsarchiv Hamburg)
MK	Medizinal-Kollegium
MS	Berichte des Medicinal-Inspectorats über die medicinische Statistik des Hamburgischen Staates
PP	Politische Polizei
RT	Stenographische Berichte über die Verhandlungen des Deutschen Reichstags
SHS	Statistik des Hamburgischen Staates
StA	Staatsarchiv
ZHG	Zeitschrift des Vereins für Hamburgische Geschichte

Bibliographie

I. Ungedruckte Quellen

A. Bundesarchiv Koblenz

R86 *Reichsgesundheitsamt*

9 Bd. 1	Denkschrift über die Tätigkeit des Kaiserlichen Gesundheitsamtes 1877
864	Reichskommissar für die Gesundheitspflege im Stromgebiet der Elbe 1892–1904
964 Bd. 2	Reichs-Seuchengesetz 1893
Bd. 3	Reichs-Seuchengesetz 1893
Bd. 4	Reichs-Seuchengesetz 1894–1900
Bd. 5	Reichs-Seuchengesetz 1900–1923
954 Bd. 1	Ausführung des Reichsseuchengesetzes in Hamburg
975 Bd. 1, Bd. 2	Verhandlungen der Sachverständigen-Commission über ein Volksseuchen-Gesetz
1041 Bd. 1	Flecktyphus im Königreich Preußen
1048 Bd. 1	Flecktyphus in der Provinz Posen
1097 Bd. 1	Pocken im Deutschen Reiche
1215 Bd. 1	Impfgesetz im Deutschen Reiche
1337	Tierkrankheiten in Hamburg
2068 Bd. 1, Bd. 2	Lebensmittelfälschungen im allgemeinen
2104 Bd. 1–2	Die im Jahre 1879 im Deutschen Reiche vorhandenen Lebensmittel-Untersuchungs-Anstalten
2107 Bd. 3	Lebensmittel-Untersuchungs-Anstalten im Deutschen Reich
2114	Lebensmittel-Untersuchungsanstalt in Hamburg
2115 Bd. 1	Kindermilch
2217	Vergiftungen durch Fische
2273 Bd. 1	Vergiftungen durch Genußmittel
2657	Sitzungsberichte der Cholera-Commissionen (Generalia) 1892–1902

B. Geheimes Staatsarchiv Berlin-Dahlem

Rep. 84a *Preußisches Justizministerium*

4178 Die Verordnungen wegen der Quarantaine-Anstalten 1804–1831

4179 Die Verordnungen wegen der Quarantaine-Anstalten, intus: die gegen die Cholera morbus getroffenen Sicherheits-Maaßregeln 1831

4180 Die Verordnung wegen der Quarantaine-Anstalten

4181 Die gegen die Cholera morbus getroffenen Sicherheits-Maaßregeln 1832–1835

C. Staatsarchiv der Freien und Hansestadt Bremen

2-M. 6. 1. 4k. 7 Gelbfieber, Cholera, insb. Abwehrmaßnahmen gegen die Einschleppung solcher im Ausland ausgebrochenen Krankheiten 1872–1888

3-M. 1. r. 18-1 Akte, betreffend den Ausbruch der Cholera in Rußland, Hamburg etc. und Anordnungen zum Schutze gegen die Einschleppung derselben – Allgemeines, 1892–1895

2 Akte, betreffend den Vertrag mit dem Zimmermeister Th. Jung über den Bau einer Cholerabaracke 1892

4 Akte, betreffend den Ausfall des Freimarkts 1892 in Rücksicht auf die Choleragefahr

5 Cholera 1892. Tägliche Bulletins und Zeitungsberichte

8 Akte, betreffend Gesuche von Wirten, Kellnern und Musikern um Wiederaufhebung des wegen der Choleragefahr erlassenen Verbots von öffentlichen Tanzmusiken 1892

3-Q. 1. b. 1 Feststellung der Voranschläge für das Preußisch-Oldenburgisch-Bremische Quarantäne-Amt zu Bremerhaven, 1884

3 Preußisch-Oldenburgisch-Bremisches Quarantäne-Amt zu Bremerhaven, 1883–1888

D. Stadtarchiv Berlin

Rep. 01 GB Magistrat der Stadt Berlin; Generalbüro

217 Maßregeln gegen die Cholera 1830–1831

218 Die Maßregeln gegen die Cholera 1831–1834

219 Die Maßregeln gegen die Cholera 1851–1867

220 Maßregeln gegen die Cholera 1867–1883

257 Maßnahmen gegen die Cholera 1831–1838

258 Cholera specialia: Maßregeln und Maßnahmen gegen das Auftreten der Cholera, 1831, 1849–1883

E. Evangelisches Kirchenarchiv Hamburg

D 166 Pastor Friedrich Werner: Erinnerungen aus meiner Amtstätigkeit in der Gemeinde Süd-Hamm, MS 1937

Kirchenrat B. X. d. 11 Außerordentliche Gottesdienste in der Cholerazeit 1892

B. X. d. 12 Dankfest anläßlich des Erlöschens der Cholera am Buß- und Bettage 1892

B. XVI. a. 2 Bericht über die Arbeit der Kirche bei der Choleraepidemie 1892

F. Staatsarchiv der Freien und Hansestadt Hamburg

Allgemeine Armenanstalt II

211 Maßnahmen aus Anlaß der Choleraepidemie von 1892

Auswanderungsamt

I E I Nr. 2 Bd. 1–2 Cholera-Epidemie 1892

II E I Nr. 1 a 2 Bd. 1 Grenzsperre

Nr. 1 a 3 Grenzsperre

Nr. 3 Bd. 10 Statistik 1892

II Nr. 4 Bd. 1 Unterbringung von Auswanderern in der Baracke am Amerikakai

IV Nr. 1 Bd. 1 Bekämpfung der Cholera in den Jahren 1886–1900

Nr. 9 Bd. 1 Maßnahmen gegen die Einschleppung epidemischer Krankheiten durch russische Auswanderer 1891–1921

V Nr. 1 Beiheft 2 Verzeichnisse, betr. die Revisionen der Auswanderer-Logierhäuser vom Jahre 1888

Bd. 2 Beherbergung von Auswanderern in Logierhäusern

Baudeputation

B 513 Einrichtung und Betrieb von Bedürfnisanstalten auf öffentlichem Grund 1841–1920

1547 Entfernung von angehäuftem Unrat in den Straßen 1821–60

1548 Verpachtung der Gassenreinigung in der Stadt 1824–62

1549 Verpachtung der Gassenreinigung in St. Georg 1825–36

1550 Reinigung der Straßen von Eis und Schnee 1829–65, 1890

1553 Wassersprengungen in den Straßen

1745 Gutachten und Berichte über das Sielwesen

1748 Fäkalienverwertung 1869–96

1749 Untersuchung über die Bedeutung von Sielanlagen bei Epidemien 1870

Cholerakommission

1 Protokolle

6 Namentliche Liste der während der Cholera-Epidemie im Jahre 1892 in die öffentlichen Leichenhallen eingebrachten Choleraleichen

9 Statistische Erhebungen

11 Statistik der Cholera-Epidemien

13 Flüchtlinge aus Hamburg
27 Berichte der Polizeibehörde

Familienarchive

Beneke	M 2	Urkunde über Freiheit von Choleraverdacht
	94	Briefwechsel mit Familie Amsinck 1878–1948
Bertheau	E 4 a IV	Briefe an Carl II Bertheau von Familienmitgliedern
Birt	6	Tagebuch von Friedrich Birt, 1807–91, Kaufmann, fortgesetzt von der Hand seiner Tochter Friederike 1891–96
Buehl	2 c	Lebenserinnerungen des Stadtrats Dr. Adolf Buehl
Goverts	76 Bd. 17	Dr. Ernst Friedrich Goverts, 1851–1932: Tagebuch 1892
Gustav Hertz	B 17	Abschriften einer Auswahl des privaten Briefwechsels von Dr. Gustav Hertz (1842–1910)
	D 9 Bd. 2	Heinrich Rudolf Hertz: Versandte Briefe
Lippmann	A 4 Bd. 1	Leo Lippmann (Staatsrat, 1881–1943)
	Bd. 2	Mein Leben und meine amtliche Tätigkeit, Erinnerungen und ein Beitrag zur Finanzgeschichte Hamburgs (Lebenserinnerungen, bis 1928)
	A 20	Aus dem Leben eines Hamburger Kaufmanns, Tagebücher Hermann Robinow's, von Adele Jaffé, 1837–1920
Merck	II 9 Konv. 4 a Heft II, Heft III	Erinnerungen und Aufzeichnungen von Heinrich Merck, 1877–1958
Meyer	B 6	Ehrungen (Franz Andreas Meyer, 1837–1901)
	7 a	Absterben von Franz Andreas Meyer: Nachrufe
	7 b	Absterben von Franz Andreas Meyer: Zeitungsausschnitte
	11	Stellungnahme zu dem Bericht von Dr. Gerson: In welcher Weise ist eine verbesserte Wasserversorgung Hamburgs herzustellen, 1878
Mönckeberg	21 a	Johann Georg Mönckeberg (1854 bis 1908): Aufzeichnungen und Reden

Neubauer	1	Ida Neubauer: Erinnerungen einer alten Hamburgerin (1938)
Petersen	D 23	Carl Friedrich Petersen (1809–92), letzte Krankheit und Tod
	30 Bd. 2	Carl Friedrich Petersen (1809–92): Briefwechsel
	G 5	Anna Maria Petersen: Briefe von dem Ehemann Gustav Petersen
Refardt	G 1	Edith Refardt (1873–1900) Briefe
Ritter	D 2	Aus dem Leben von Henny Ritter (1842–1911)
Roscher	I a 1	Lebenserinnerungen Heinrich Roschers bis 1914
Schramm	K 10/1	Olga Schramm, geb. O'Swald (1869–1965): Autobiographische Aufzeichnungen (1946/47)
Versmann	F 4	Aufzeichnungen betr. Maßnahmen und Forderungen bei Verlust der Selbständigkeit Hamburgs 1870–93
	VI A6	Tagebuch Johannes G. A. Versmann (1820–99)
	XI 313	Arnold Versmann. Briefe von den Geschwistern 1872–98
Voigt	B68	Johann Friedrich Voigt (1833–1920): Manuskript über die Wohnungen hamburgischer Senatsmitglieder 1712–1911
Westenholz	B XV 2	Albert Westenholz (1879–1940): Memoiren

Hafenarzt

I 77 Cholera auf Schiffen während der Reise, mit Einzelfällen 1892–1939

Kommission für die Verbesserung der Wohnverhältnisse

20 Von der Kommission gesammelte Zeitungsausschnitte und Veröffentlichungen mit vereinzelten Sitzungsberichten der Bürgerschaft und des Reichstags 1892–1904

24 Vorschläge des Arbeitgeberverbandes Hamburg-Altona und der Handelskammer zur Verbesserung von Wohnverhältnissen und Verkehrsverbindungen der Arbeiter 1897

25 Statistiken und Berichte über Bevölkerungs-, Wohn- und Gesundheitsverhältnisse in den zu sanierenden Gebieten

26 Statistiken und Berichte über Bevölkerungs-, Wohn- und Gesundheitsverhältnisse in den zu sanierenden Gebieten

51 Vierter Bericht: Sanierung der beiderseits der Steinstraße liegenden Teile der Altstadt 1903–1915

Medizinalkollegium

I	K	6	Bd. 3	Jahresberichte der Districtärzte der Vororte, Ritzebüttel und Bergedorfs
II	A	1	Bd. 1	Verkehr mit Nahrungsmitteln, etc.
		2	Bd. 1	Controle der Nahrungs- und Genußmittel
		3a	Bd. 1	Milch: Allgemeines
		3g	Bd. 1	Milch-Gesetzgebung 1888–1903
		9a		Küchengewürze, Obst, Pilze, u. dergl., Hülsenfrüchte, Marmelade
		13a	Bd. 1	Fleisch: Allgemeines
	C	2	Bd. 1	Kostkinderwesen
		3	Bd. 1	Öffentliche Gesundheitspflege in Bezug auf Kinder in den ersten Lebensjahren
	D	1	Bd. 1	Impfwesen: Allgemeines
		5	Bd. 1	Impfgegner
	E	6	Bd. 1	Rauchverhütung, gesundheitsschädliche Gase etc.
	F	5		Gesundheitliche Überwachung der Auswanderer anläßlich von Seuchen
	G	3	Bd. 1	Baupolizei-Gesetzgebung
		4	Bd. 1	Wohnungswesen – Allgemein
		6	Bd. 1	Stallungen in der Nähe von Wohnungen
		13		Leitfaden für Wohnungspfleger
		15	Bd. 1	Milben, Käfer u. dergl. in den Wohnungen
	H	10		Sanitäre Angelegenheiten einzelner städtischer und der ländlichen Bezirke: Billwärder Ausschlag
		12		Schutz der Neustadt gegen Sturmfluthen
	N	3	Bd. 1	Das Kranken-Transportwesen in Hamburg. Seine Entwicklung und Organisation, 1892
	O	1	Bd. 1	Die Alster und deren Zuflüsse
			Bd. 2	Die Alster und deren Zuflüsse
			Bd. 4	Die Alster und deren Zuflüsse
			Bd. 5	Die Alster und deren Zuflüsse
		2	Bd. 1	Die Bille und deren Zuflüsse
			Bd. 2	Die Bille und deren Zuflüsse
			Bd. 3	Die Bille und deren Zuflüsse
		3	Bd. 4	Die Elbe
			Bd. 5	Die Elbe
III	A	2	Bd. 1	Choleraepidemien 1832–55
			Bd. 2	Choleraepidemien 1859–86
		3	Bd. 1	Cholera-Materialien 1892–1913
		12		Cholera: Protokolle, Drucksachen und Berichte der Senats- und Bürgerschaftskommission für die Prüfung der Gesundheitsverhältnisse Hamburgs
		13		Cholera: Gesundheitskommissionen
		16	Bd. 1	Cholera Schutz- und Heilmittel
	B	1	Bd. 1	Pocken: Allgemeines 1818–1901
	C	2	Bd. 1	Pest: Maßnahmen gegen Ratten pp.

G 1 Bd. 1 Tuberculose: Allgemeines
H 12 Bd. 1 Bekämpfung der Krätze- und Läuseplage
W 4 Cholera-Statistik

Meldewesen

B 43 Generalakte betr. gerichtliche Erkenntnisse und besondere Entscheidungen in Gesindestreitsachen 1873–1918

Polizeibehörde I

44 Gassenreinigung und Abfuhr in der Stadt und der Vorstadt St. Pauli 1870–85
49 Bd. 1, Bd. 2 Cholera-Epidemien 1859 und 1866
60 Gassenreinigung u. Abfuhr in den Vororten Hamburgs, sowie auf dem kleinen Grasbrook u. Steinwerder
84 Vorsichtsmaßregeln zur Verhütung ansteckender Krankheiten: Blattern-Epidemie u. Pocken 1871

Politische Polizei

S 576 I Bd. 1 Zeitungsausschnitte: Antisemitische Angelegenheiten 1890–92
1365 Bd. 1 Zeitung «Hamburger Echo»: Meineids-Prozesse 1889–1903
2424 Bd. 1 Antisemitische und Christlich-soziale Vorträge in Hamburg
3420 Bd. 1, Bd. 3 Arbeitslose von 1892/93: Zeitungsausschnitte
3469 Tätigkeit der Sozialdemokratie während der Cholera-Epidemie 1892
3490 Bd. 1 Cholera 1892/93: Zeitungsausschnitte
Bd. 2 Cholera 1892/93: Zeitungsausschnitte
Bd. 3 Cholera 1892/93: Zeitungsausschnitte
3496 Bd. 1 Wohnungswesen, Verbesserung der Wohnverhältnisse, Wohnungspflege, Wohnungsnot
Bd. 2 Einkommensteuer 1893–1918
Bd. 3 Reorganisation der Verwaltung und Verfassung: Stellungnahmen der Bürgervereine 1892–1896
Bd. 4 Verfassung und Verwaltung in Hamburg – Allgemeines Verhältnis zwischen Senat und Bürgerschaft, Stellung der Verwaltungsbehörden, historische Abhandlungen 1891 bis 1918
Bd. 5 Sozialdemokratische Versammlungen am 4. 11. 1892
3625 Bd. 3 Reichstagswahl 1893: Versammlungen der Sozialdemokratie
Bd. 4 Reichstagswahl 1893: Versammlungen der Ordnungsparteien
Bd. 5 Reichstagswahl 1893: Berichte und Notizen für Hamburg
4296 Bd. 1 Antisemitischer Wahlverein von 1890, Deutsch-Soziale Reformpartei

V	164			Verein Hamburgischer Staatsangehöriger 1886–1891
	273	Bd. 2		Miether-Verein zu Hamburg 1901–1918
	327–30			Öffentliche Versammlungen der Desinfektions- und Kolonnenarbeiter 1892; Öffentliche Versammlungen der Leichenträger 1892–93
	334 a	Bd. 31		Sozialdemokratischer Verein für den 3. Hbg. Wahlkreis-Stadtgebiet. Zusammenfassungen
	494			Verein Sanitäts-Kolonne von 1892
	495			Verein der Hilfskrankenwärter und Wärterinnen von 1892

Senat

Cl. VII, Lit. Bd, Nr. 45,	Vol. 12 b			Beratungen der Senatskommission zur Erwägung der Frage, ob und eventuell durch welche Mittel einem übermäßigen Eindringen sozialdemokratischer Elemente in die Bürgerschaft vorgebeugt werden könne 1904/08
Lit. Cc, Nr. 3 b,	Vol. 32			Die Verhandlungen der Gassen-Reinigungs-Pacht
	48			Gassenreinigung
	54			Gassenreinigung
	46			Gassenreinigung
	58 a	Fasc. 1		Gassenreinigung
		Fasc. 2		Gassenreinigung
		Fasc. 3		Gassenreinigung
		Fasc. 4		Gassenreinigung
	59			Gassenreinigungs-Ordnung
	61			Gassenreinigung
Lit. Lb, Nr. 23 a	Vol. 1			Einführung der Medicinal-Ordnung von 1818
	Vol. 75	Fasc. 1 a		Medicinalwesen: Protocolle der Commission zur Revision der Medicinalordnung von 1818
		Fasc. 3		Medicinalwesen: Acta, betr. die bei Reorganisation des Gesundheitsraths erfolgte Versetzung des Physicus Dr. Med. Heinrich Wilhelm Buek mit jährlich 3000 f. in den Ruhestand (1871)
	Vol. 88	Fasc. 7		Medicinalwesen-Physicatswesen. Entlassung des Medicinalrathes Dr. Kraus
Lit. Mb, Nr. 1,	Vol. 1 a 2	Bd. 2		Acta, die auf Veranlassung des erledigten Physicats belebte gänzliche Revision der Medicinal-Policey betreffend 1796–1804

	Vol. 1a4			Papiere, die Revision der Medicinal-Ordnung, wie sie im Jahre 1797 proponieret worden, betreffend
	Vol. 1			Contagiones und Epidemien: Acta, betreffend das im Jahre 1848 stattgehabte epidemische Grassiren der s. g. asiatischen Cholera in Hamburg, gegen welche keine Absperrungsmittel, keine Hospitäler oder sonstige bedeutende Vorkehrungen und Maßnahmen angewandt worden sind
Lit. Ta, Pars 2	Vol. 6			Contagiones: Acta, betr. die Cholera-Epidemie im Jahre 1859 u. 1865
	Vol. 11	Fasc. 1b		Cholera-Epidemie 1892/93: Einzelne Aktenstücke, Drucksachen und Zeitungsausschnitte
		Fasc. 3a		Cholera-Epidemie im Jahre 1892/93
		Fasc. 14		Cholera. Acta des Herrn Syndicus Dr. Leo betr. die Cholera-Epidemie im Jahre 1892/93
		Fasc. 16	Inv. 9	Cholera, Acta betr. den Zeitpunkt des Auftretens der Cholera
			Inv. 22	Cholera: Acta, betr. die Verwaltungsreform
			Inv. 24	Cholera: Acta, betr. Verteidigung gegen die Angriffe auf Hamburg wegen angeblicher Verheimlichung der Cholera 1892
			Inv. 25	Cholera: Acta, betr. die Schädigung Hamburgs durch die Choleraepidemie 1892
			Inv. 26	Cholera: Acta, betr. die Wasserversorgung Hamburgs 1892–1894
			Inv. 27	Cholera: Verschiedene Aktenstücke, betr. die Cholera, als Material für die Reichstagsverhandlungen 1892/93
		Fasc. 17	Inv. 1a	Cholera: Sammlung der Zeitungsartikel, betr. die Cholera-Epidemie in Hamburg 1892
			Inv. 2	Cholera: Sammlung der Zeitungsartikel, betr. die Cholera-Epidemie 1892 (Sprechsaal-Artikel)

			Inv. 3	Sammlung der in Hamburg erlassenen amtlichen Bekanntmachungen betr. die Cholera
			Inv. 4	Cholera: Sammlung der Zeitungsartikel, betr. die Cholera-Epidemie 1892 (auswärtige Presse)
			Inv. 5	Cholera: Zeitungsartikel, betr. die Cholera. Allgemeines 1892/93
			Inv. 6	Einsendung von Zeitungsartikel, welche Schmähungen gegen Hamburg enthalten
			Inv. 7	Contagiones. Sechs Hefte Zeitungsartikel über die Cholera d. J. 1892
		Fasc. 24		Contagiones. Zeitungsartikel, betr. die Äußerungen des Abgeordneten Bebel im Reichstage über das Verhalten des Hamburger Bürgertums während des Auftretens der Cholera im Jahre 1892
Cl. XI. Gen. Nr. 2	Vol 61.	Fasc. 1		Gewerbewesen: Prüfung der gegenwärtigen Arbeitslage
		Fasc. 2c		Akte des Bürgermeisters Dr. Versmann als Vorsitzender der Senatskommission zur Prüfung der gegenwärtigen Arbeitslage und der etwa erforderlichen Abhilfemaßregeln, Arbeitslage
		Fasc. 7	Inv. Ia	Acta, betr. die Bewilligung von Staatlichen Beihülfen an den Arbeitsnachweis der Gelegenheitsarbeiter, später Arbeitsnachweis der Patriotischen Gesellschaft, 1892 bis 1898

Versicherungsbehörde 1

Bd. 23 Sitzungsprotokolle der Totenladen-Deputationen

Zeitungsausschnitt-Sammlung

A 760 Pastor Albrecht Krause

G. Privatbesitz

Tagebuch Elise Mönckeberg
Tagebuch Tilli Mönckeberg (Im Besitz von Frau Ruth Evans, Oxford)

H. Deutsches Volkslied-Archiv, Freiburg

A 95/463 Aufzeichnungen der Mathilde Bünz, Oldenburg/Holstein, 1892

II. Gedruckte Quellen

Ärztliche Rundschau (1892–93)
Amtsblatt der Freien und Hansestadt Hamburg
Anweisung zur Erhaltung der Gesundheit und Verhütung der Ansteckung bei etwa eintretender Choleraepidemie. Von der Königl. Preußischen obersten Medicinal-Behörde in Berlin zum Druck befördert, Hamburg 1831
Behrmann, Christian Konrad Georg: Erinnerungen, Berlin 1904
Beiträge zur Statistik Hamburgs (Verein für hamburgische Statistik), Hamburg 1854
Bericht der Gesundheits-Commission für den Bezirk Uhlenhorst über ihre Tätigkeit während der Cholera-Epidemie 1892, Hamburg 1892
Bericht des Medizinal-Inspectorats (Medizinalrathes) über die Medicinische Statistik des Hamburgischen Staates 1872–1914
Bernhard, Johannes: Ich bin der Herr, dein Arzt! Eine Zeitpredigt über das Evangelium des 14. Sonntages, Lübeck 1892
Beruhigung für Jedermann und Ermahnung an Viele. Zur Verminderung der Furcht von der Cholera morbus, und Befestigung des Vertrauens auf die Güte Gottes, von einem mitfühlenden und zur Beruhigung Anderer gern beitragenden Mitbürger geschrieben, Hamburg 1831
Brandenburg, F. von: Der Sturz der Cholera morbus nebst den sie begleitenden Attributen des Irrtums und des Vorurtheils oder die gediegene Antwort auf die Frage: Woher entstand die Cholera? – Was war deren Character? (angesehen als Krankheitsstoff), und welches waren die eigentlichen Mittel zu deren Beseitigung? Alles aus großen Natur-Ereignissen hergeleitet, – in dieser Schrift erklärt und zur bessern Verständlichkeit in Gesprächsform abgefaßt, Hamburg 1832
Buchheister, Dr. J. F., und C. Noodt, Apotheker: Erfahrungen über die Cholera Asiatica in Hamburg im Herbste 1831, Hamburg 1832
Buek, Heinrich Wilhelm: Die bisherige Verbreitung der jetzt besonders in Rußland herrschenden Cholera. Erläutert durch eine Karte und eine dieselbe erklärende kurze Geschichte dieser Epidemie, Hamburg 1831
Cohnstein, Wilhelm: Trost- und Beruhigungsgründe für die durch das Herannahen der Cholera aufgeschreckten Gemüther, nebst Angabe aller gegen diese Krankheit bisher empfohlenen Schutzmittel, Glogau und Lissa 1831
Conrad, J.: Beitrag zur Untersuchung des Einflusses von Lebenshaltung und Beruf auf die Mortalitätsverhältnisse, auf Grund des statistischen Materials zu Halle a. S. von 1855–74, Jena 1874
Das Deutsche Reich in gesundheitlicher und demographischer Beziehung. Fest-

schrift, den Teilnehmern am XIV. Internationalen Kongresse für Hygiene und Demographie Berlin 1907 gewidmet vom Kaiserlichen Gesundheitsamte und vom Kaiserlichen Statistischen Amte, Berlin 1907
Das öffentliche Armenwesen in Hamburg während der Jahre 1893–1903. Darstellung seiner Reorganisation und weiteren Entwickelung, herausgegeben vom Armenkollegium, Hamburg 1903
Degener, H. A. L. (Hg.): Wer Ist's? Berlin 1909
Deneke, Theodor: Nachträgliches zur Hamburger Cholera-Epidemie von 1892, in: Münchener Medizinische Wochenschrift, 41, 1895
–: Die Hamburger Choleraepidemie 1892, in: ZHG, 49, 1949, S. 124–58
Der Hamburgische Beobachter, 1831
Der Herr, Dein Arzt, auch in der Cholerazeit von H. G., Hamburg 1892
Die Cholera, unser Bürgertum und die Sozialdemokratie, Leipzig 1892
Die Gesundheitsverhältnisse Hamburgs im 19. Jahrhundert, Hamburg 1901
Die Mißerfolge der Staatsmedicin und ihre Opfer in Hamburg, Hamburg 1892
Dunbar, J.: Zum derzeitigen Stand der Wasserversorgungsverhältnisse im hamburgischen Staatsgebiet, in: Vierteljahresschrift für öffentliche Gesundheitspflege, 37, 1905, S. 537–80
Eckardt, Julius von: Lebenserinnerungen (2 Bde.), Leipzig 1910
Ein Blick in die Haushaltung einer Hamburger Arbeiterfamilie, in: Mitteilungen aus der Arbeit der Hamburger Stadtmission, 20, 1899, S. 77–85
Ein Spaziergang durch Hamburgs City, Hamburg 1897
Entdeckung und Beleuchtung des bisher unbekannt gebliebenen Wesens und eigentlichen Sitzes der Cholera morbus nebst der Darstellung der Behandlungsart und der Schutzmittel gegen dieselbe für Gesunde. Für Jedermann faßlich dargestellt von einem erfahrnen praktischen Arzt nach den sehr ausführlichen und bestimmten Aussagen einer besonders hellsehenden Somnambule (Schlafwachenden), Hamburg 1831
Entwurf zum Hamburgischen Staats-Budget für das Jahr 1892
Export. Organ des Centralvereins für Handelsgeographie und Förderung deutscher Interessen im Auslande, Berlin 1892
Fiege, Hartwig: Aus dem Leben eines unteren Postbeamten vor dem Ersten Weltkrieg, in: Hamburgische Geschichts- und Heimatblätter, 10. 5, 1978, S. 119–32
Fischer, H.: Die Saprophyten, unsere natürlichen, bisher noch nicht gewürdigten Helfer gegen die Cholera, Dresden 1893
Frank, Johann Peter: System einer vollständigen medicinischen Polizey, 6 Bde., Mannheim 1779–88
Fricke, J. C. G.: Geschichtliche Darstellung des Ausbruchs der asiatischen Cholera in Hamburg, Hamburg 1831
Führer durch Hamburg zum III. Allg. Deutschen Journalisten- und Schriftstellertage 1894, Hamburg 1894
(Gaffky, Georg:) Amtliche Denkschrift über die Choleraepidemie 1892, Kaiserliches Gesundheitsamt, Berlin 1895
Gernet, Hermann Gustav: Auch ein Votum über die Medizinal-Reform, Hamburg 1863
–: Die öffentliche Gesundheitspflege in Hamburg, Hamburg 1870
Gläser, J. A.: Kritische Bemerkungen zu Herrn Robert Kochs Aufsatz: Die Cholera

in Deutschland während des Winters 1892/93, in: Zeitschrift für Hygiene, 15 (Nachdruck, Hamburg 1893)
–: Gemeinverständliche Anticontagionistische Betrachtungen bei Gelegenheit der letzten Cholera-Epidemie in Hamburg 1892 (Nachdruck, Hamburg 1893)
–: Robert Kochs Komma-Bacillus ist nicht Ursache der Cholera (Nachdruck, Hamburg 1894)
–: Die Überhebung des Herrn Robert Koch und die Erfolglosigkeit seiner Maßregeln gegen Cholera (Nachdruck, Hamburg 1894)
Glückliche Heilung der Cholera asiatica auf homöopatischem Wege, nach einem Schreiben des Dr. Schröter in Lemberg an die Versammlung homöopatischer Ärzte zu Naumburg, Leipzig 1831
Hahnemann, Samuel: Sicherste Heilung und Ausrottung der asiatischen Cholera, Leipzig 1831
Halle, L. von, F. Wolter und G. Koch: Die Cholera in Hamburg in ihren Ursachen und Wirkungen. Eine ökonomisch-medicinische Untersuchung, Hamburg 1895
Hamburger Cholera-Tropfen: Blüthen-Lese von Curiositäten aus ernster Zeit, Hamburg 1892
Hamburger Echo, August-September 1892
Hamburger Fremdenblatt, August-September 1892
Hamburgischer Correspondent, August-Sepetember 1892
Hamburg und seine Bauten, Architekten- und Ingenieur-Verein zu Hamburg, Hamburg 1890 und 1913
Heidmann, J. H.: Hamburg's Verkehrsmittel und Wohnungsverhältnisse, Hamburg 1891
Hirsch, August: Die Cholera-Epidemie des Jahres 1866 in Berlin. Vom statistischen Standpunkte geschildert, in: Berliner Stadt- und Gemeindekalender und Städtisches Jahrbuch, I, 1867, S. 297–331
Horn, E., und W. Wagner: Wie hat man sich vor der Cholera zu schützen und was hat man bei ihrem Eintritt zu ihrer Heilung und zur Verhütung der weiteren Verbreitung zu thun? Zur Beruhigung des Publikums beantwortet von dem Geheimen Medizinal-Rath und Professor Dr. Ernst Horn und dem Professor und Stadt-Physikus Dr. Wilhelm Wagner in Berlin, Berlin 1831
Hueppe, Ferdinand: Die Cholera-Epidemie in Hamburg 1892, in: Berliner Klinische Wochenschrift, 30, 1893, Nummern 4–7
–, und Else Hueppe: Die Cholera-Epidemie in Hamburg 1892. Beobachtungen und Versuche über Ursache, Bekämpfung und Behandlung der asiatischen Cholera, Berlin 1893
Hygiene und soziale Hygiene in Hamburg, Hamburg 1928
Jahrbücher der Hamburgischen Staatskrankenanstalten, 1892–93
Jahresbericht des Armenpflegevereins zu Harvestehude für das Jahr 1897
Jensen, Thomas H.: Belehrungen, Ermunterungen und Tröstungen für den Bürger und Landmann wegen der Cholera. Von einem Landprediger, Altona 1831
Joachim, Hermann: Handbuch der Wohltätigkeit in Hamburg, Hamburg ^{2}1909
Jungclausen, J.: Acht Tage Cholerakrankenpflege, Hamburg 1892
Kaisen, Wilhelm: Meine Arbeit, mein Leben, München 1967
Kaiser, C.: Zur Frage der Straßen-Reinigung, Stuttgart 1884
Koch, Friederike (Hg.): Die Tagebuchaufzeichnungen Georg Kochs über die Ham-

burger Cholera-Epidemie des Jahres 1892, in: Die Heimat, Monatsschrift zur Pflege der Natur- und Landeskunde in Schleswig-Holstein und Hamburg, 79, 1972, S. 353–54; 80, 1973, S. 23–24
Koch, Georg: Beiträge zur Statistik der Löhne und Preise in Hamburg, Hamburg 1891
Koch, Robert: Über den augenblicklichen Stand der Cholera-Diagnose, in: Zeitschrift für Hygiene und Infektionskrankheiten, 14, 1893, S. 319–23
Kraeplin, Karl: Die Fauna der Hamburger Wasserleitung, Separatabdruck aus dem IX. Band der Abhandlungen des Naturwissenschaftlichen Vereins in Hamburg, Hamburg 1885
Kraus, Johann Caspar Theodor: Die Cholera in Hamburg im Jahre 1873, Hamburg 1873
Krause, Albrecht: Hamburgs Anfechtung, Bewährung, Errettung: Predigt über Jacobus I.12 aus der Zeit des Kampfes mit der Cholera am 2. Oktober 1892, Hamburg ^{2}1892
Lindley, William: Bericht über die Anlage eines neuen Siel-Systems zur Entwässerung der Stadt Hamburg, Hamburg 1843
–: Erläuterungen zu seinem Berichte über die Anlage eines neuen Sielsystems zur Entwässerung der Stadt Hamburg, Hamburg 1843
–: Öffentliche Wasch- und Bade-Häuser, Hamburg 1851
Loewenberg, Jakob: Aus Zwei Quellen, Berlin 1914
Manchot, Carl: Wie wir in unserer Noth nach Gottes Willen leiden, Hamburg 1892
Martin, Rudolf: Jahrbuch des Vermögens und Einkommens der Millionäre in den drei Hansestädten, Berlin 1912
Merck, Heinrich: Begegnungen und Begebnisse, Hamburg 1958
Mitglieder der Bürgerschaft (maschinenschriftliche biographische Unterlagen in StA Hbg)
Mönckeberg, Carl (Hg.): Bürgermeister Mönckeberg. Eine Auswahl seiner Briefe und Aufzeichnungen, Stuttgart und Berlin 1918
Müller, Ernst: Kleine Beiträge zur Geschichte des Billwärder Ausschlags, Hamburg 1902
Müller, J. A. P.: Verhaltungsregeln gegen Cholera morbus, Hamburg 1831
Münchmeyer, C.: Kurzgefaßte Rathschläge für Familienväter zu Vorbereitungsmaßregeln und die diätische und ärztliche Behandlung von Cholera-Kranken in Privathäusern zu erleichtern und zu beschleunigen, Lüneburg 1831
Nagel, C. F.: Nachricht an das Publikum über die zweckmäßigsten Verhaltungsmaaßregeln bei einer etwaigen Erscheinung der morgenländischen Brechruhr (Cholera morbus). Auf Befehl sr. Exzellenz des Herrn Geheim-Conferenzraths Grafen von Blücher, Altona, entworfen von Dr. C. F. Nagel, Altona 1831
Neddermeyer, F. H.: Zur Statistik und Topographie der Freien und Hansestadt Hamburg und deren Gebietes, Hamburg 1847
Neddermeyer, Robert: Es begann in Hamburg... Ein deutscher Kommunist erzählt aus seinem Leben, Berlin 1980
Nessmann, Johann C. F.: Ein Beitrag zur Statistik der Löhne und Preise, Hamburg 1876
Nonne, Max: Anfang und Ziel meines Lebens, Hamburg 1972
Noth- und Hülfsbüchlein bey der Cholera-Epidemie für den Landmann und für die-

jenigen, denen nicht gleich ärztliche Hülfe zu Gebote steht, Hamburg, Gesundheits-Rath, Hamburg, August 1831

Paulsen, Otto: Über die Ursachen der diesjährigen Cholera-Epidemie in Hamburg, Hamburg 1892

Pettenkofer, Max von: Untersuchung und Beobachtung über Verbreitung der Cholera, nebst Betrachtungen über Maßregeln derselben Einhalt zu thun, München 1855

–: Causes of Cholera, in: Medical Press, London 1869, S. 405

–: Rudolf Virchow's Choleratheorie, in: Berliner Klinische Wochenschrift, 21, 1884, S. 485–91

–: Cholera, in: The Lancet, 2, 1884, S. 769–71, S. 861–65, S. 904–905, S. 992–94, S. 1042–43, S. 1086–88

–: Zum gegenwärtigen Stand der Cholera-Frage, in: Archiv für Hygiene, 4, 1886, S. 249–354, S. 397–545; 5, 1886, S. 353–445; 6, 1887, S. 1–84, S. 129–233, S. 303–58, S. 373–441; 7, 1887, S. 1–81

–: Über Cholera mit Berücksichtigung der jüngsten Choleraepidemie in Hamburg, in: Münchener Medizinische Wochenschrift, 46, 1892

–: Über die Cholera von 1892 in Hamburg und über Schutzmaßregeln, in: Archiv für Hygiene, 18, 1893, S. 94–132

Pieper, P.: Kirchliche Statistik Deutschlands, Freiburg 1899

Preu, Karl: Was haben wir von der Cholera morbus zu befürchten? Ein Versuch, die aufgeschreckten Völker zu beruhigen, Nürnberg 1831

Prof. Dr. G. Jägers Monatsblatt. Zeitschrift für Gesundheitspflege und Lebenslehre, 1892/93

Protocoll-Extracte der ersten bis sechsten Sitzung sämmtlicher Ärzte Riga's in Betreff der daselbst herrschenden Cholera-Epidemie vom 30. May bis 4. July 1831

Rambach, Johann J.: Versuch einer physisch-medizinischen Beschreibung von Hamburg, Hamburg 1801

Dr. Reck: Die Gesundheitsverhältnisse der Stadt Braunschweig in den Jahren 1864–1873 und die Verbreitung der Cholera daselbst in den Jahren 1850 und 1855, Braunschweig 1874

Reichsgesetzblatt

Reincke, J. J.: Der Typhus in Hamburg, mit besonderer Berücksichtigung der Epidemieen von 1885 bis 1888, Hamburg 1890

–: Die Cholera in Hamburg, in: Deutsche medizinische Wochenschrift, 34, 1893

Report on Labour and Social Conditions in Germany: Working Men's Tours III, 3, 1910–11

Reuss-Löwenstein, Harry: Kreuzfahrt meines Lebens. Erinnerungen, Hamburg 1962

Rothenburg, J. N. C.: Die Cholera-Epidemie des Jahres 1832 in Hamburg, Hamburg 1836

Rumpf, Theodor: Die Cholera in den Hamburgischen Krankenanstalten, in: Jahrbuch der Hamburgischen Krankenanstalten, 3, 1891–92, S. 34–38

–: Lebenserinnerungen, Gotha 1925

Runge, F. F.: Vom Chlor, seinem Nutzen, seiner Anwendung und außerordentlichen Wirksamkeit zum Reinigen der Luft und zur Abhaltung ansteckender Stoffe; besonders auch in Bezug auf die uns bedrohende Cholera. Nach den «Grundlehren

der Chemie für Jedermann» des Herrn Professor F. F. Runge in Breslau, Hamburg 1831
Scheffler, Karl: Der junge Tobias. Eine Jugend und ihre Umwelt, Hamburg und München 1962
Schinkel, Max von: Meine Lebenserinnerungen, Hamburg 1929
Scholz, J. H.: Freimüthige und bescheidene Rügen einer hamburgischen Polizei-Mängel nebst unmaßgeblichen Vorschlägen zu ihrer Abstellung. Eine patriotische Schrift zur Beherzigung für Gesetz-Geber und Gesetz-Pflichtige, Hamburg 1810
Schröder, Carl August: Aus Hamburg's Blütezeit, Hamburg 1921
Schurek, Paul: Das Leben geht weiter, Stuttgart 1940
Schüssler, Hugo: Ein praktisches Mittel zur Verhütung der Cholera-Epidemie, Köpenick 1894
Schütz, A.: Über den Einfluß der Cholera auf Menstruation, Schwangerschaft, Geburt und Wochenbett, in: Jahrbuch der Hamburgischen Staatskrankenanstalten, 3, 1891–92, S. 63–95
Siedenburg, A. B.: Dr. A. B. Siedenburg's Heilverfahren bei der Cholera morbus nebst krankengeschichtlichen Belegen, Hamburg 1831
Siemerling, F.: Entschleierung der Cholera nebst dem sprechendsten Beweise ihrer Nicht-Contagiosität, und Angabe der Heilmittel, sowie des einzig und allein auf Vernunft basirten Vorbeugungsverfahrens gegen das Einathmen der Malaria animata (belebten Sumpfluft). Auf den Altar der Menschheit niedergelegt von Dr. Fr. Siemerling zu Stralsund, Hamburg 1831
Siegrist, Henry (Hg. und Übs.): The Value of Health to a City. Two Lectures. Delivered in 1873, by Max von Pettenkofer, in: Bulletin of the History of Medicine, 10, 1941, S. 473–503, S. 593–613
Simon, Friedrich: Abfertigung und Warnung vor einem gewissen Krüger-Hansen und seinem, im Hamburger Correspondenten vom 7. September d. J. empfohlenen Mittel gegen die Cholera, von Scheue-Niemand, Hamburg 1831
–: Schutzmaßregeln gegen die asiatische Cholera, Hamburg 1848
Sitzungen der Hamburger Bürgerschaft, in: Hamburger Nachrichten, gebundene Exemplare in StA Hbg
Stammbaum der Familie Reincke, zusammengestellt für den Familientag am 29. Dezember 1899, Exemplar in StA Hbg
Statistisches Handbuch für den Hamburgischen Staat, 1885
Statistisches Handbuch für den Hamburgischen Staat, 1891
Steinheim, S. L.: Bau- und Bruchstücke einer künftigen Lehre von den Epidemieen und ihrer Verbreitung, mit besonderer Rücksicht auf die asiatische Brechruhr, Altona 1831
Stenographische Berichte über die Verhandlungen des deutschen Reichstags
Stimme aus Danzig: Die Cholera. Zur Beruhigung Aller, die sie fürchten, Danzig 1831
Stubbe, Christian: Hamburg und der Branntwein. Die ältere Mäßigkeits- und Enthaltsamkeitsbewegung in Hamburg, Berlin 1911
Über die Tuberkulose in Hamburg und ihre Bekämpfung, Sonder-Abdruck aus «Hamburgischer Correspondent», Hamburg 1896
Unfehlbares Mittel gegen die Cholera, Hamburg 1831
Untersuchungsplan zur Erforschung der Ursachen der Cholera und deren Verhü-

tung. Denkschrift verfaßt im Auftrage des Reichskanzler-Amts von der Cholera-Kommission für das Deutsche Reich, Bundesrath 1873, Drucksache 151
Verhandlungen des ärztlichen Vereins zu Hamburg 1881–1890, Hamburg 1890
Verordnung, betreffend die Organisation des Gesundheits-Polizeywesens für die Freie und Hanse-Stadt Hamburg, deren Vorstädte und Gebiet, für den Fall des Ausbruches der Asiatischen Cholera, Hamburg 1831
Verständlichste und bewährteste Belehrungen über die mit Gefahr bedrohende pestartige Krankheit Cholera morbus. Mit einem Recepte versehen, welches das sicherste Schutzmittel wider die Cholera lehrt, und alle hierüber schon erschienene und vielleicht noch erscheinende Büchlein übertrifft und überflüssig macht. Nach den Hauptresultaten ärztlicher, in Indien, Persien, Rußland und Polen gemachten Erfahrungen sorgfältig zusammengestellt. Nur nicht ängstlich!, Hamburg 1831
Viersbeck, Doris: Erlebnisse eines Hamburger Dienstmädchens, München 1907
Wachendorf, Helmut: Im Gängeviertel stand meines Vaters Wiege, Typoskript, StA Hbg
Wie ist das Erkranken bei der herrschenden Cholera-Epidemie zu vermeiden, wie erkennt man die Krankheit, und was ist bei derselben bis zur Ankunft eines Arztes zu thun? Zur Beruhigung und Belehrung des Publicums hg. von dem Hamburgischen Gesundheits-Rath September 1848, Hamburg 1848
Wolff, Hans: Die Cholera-Epidemie 1892 in Wilhelmsburg, in: Berliner Klinische Wochenschrift, 29, 1892
Wolter, Friedrich: Die Cholera in Hamburg, in: Berliner Klinische Wochenschrift, 29, 1892, S. 1062–63
–: Die Entstehungsursachen der Gelsenkirchener Typhusepidemie von 1901, München 1903
Zimmermann, K. G.: Die Cholera-Epidemie in Hamburg, während des Herbstes 1831. Historisch nach ihrer Entwicklung und Verbreitung sowie in ihrem pathologischen und therapeutischen Verhalten dargestellt von K. G. Zimmermann, Dr. med. et chir., Hamburg 1831
–: Nachtrag zu der geschichtlich-medicinischen Darstellung der Cholera-Epidemie in Hamburg im Herbste und Winter 1831–1832, Hamburg 1832
Zubereitung auf die Cholera, Bergedorf 1831
Zur Beruhigung für Jedermann bei Annäherung der Cholera. Schreiben eines Familienvaters in St. Petersburg an seinen Freund in Deutschland, Hamburg 1831

III. Sekundärliteratur

A. Hamburg

Ahrens, Werner: Das sozialistische Genossenschaftswesen in Hamburg 1890–1914. Ein Beitrag zur Sozialgeschichte der Arbeiterbewegung, Diss., Hamburg 1970
Aust, Alfred: Vor 80 Jahren: Die Cholera in Hamburg. Soziale und hygienische Mißstände und ihre Folgen, in: Die Heimat. Monatsschrift des Vereins zur Pflege der Natur- und Landeskunde in Schleswig-Holstein und Hamburg, 79, 1972, S. 302–11
Baasch, Ernst: Geschichte Hamburgs 1814–1918 (2 Bde.), Gotha und Stuttgart 1925

Bavendamm, Dirk: «Keine Freiheit ohne Maß». Hamburg in der Revolution von 1848/9, in: Berlin, J.: Das andere Hamburg, S. 69–92
Bergemann, Hans Georg: Staat und Kirche in Hamburg während des 19. Jahrhunderts, Hamburg 1985
Berlin, Jörg: Das andere Hamburg. Freiheitliche und demokratische Bestrebungen in der Hansestadt seit dem Spätmittelalter, Hamburg 1981
Beselin, Oskar: Franz Andreas Meyer, Hamburg 1974
Bieber, Hans-Joachim: Der Hamburger Hafenarbeiterstreik 1896/97, in: Herzig, A. u. a. (Hg.): Arbeiter in Hamburg, S. 229–45
Böhm, Ekkehard: Überseehandel und Flottenbau. Hanseatische Kaufmannschaft und deutsche Seerüstung 1879–1902, Düsseldorf 1972
–: Wirtschaft und Politik in Hamburg zur Zeit der Reichsgründung, in: ZHG, 64, 1978, S. 52–73
Böhme, Helmut: Frankfurt und Hamburg. Des Deutschen Reiches Silber- und Goldloch und die allerenglischste Stadt des Kontinents, Frankfurt 1968
Breuilly, John: Kontinuität in der Hamburger Arbeiterbewegung 1848–1860, in: Herzig, A. u. a. (Hg.): Arbeiter in Hamburg, S. 139–52
–, und Wieland Sachse: Joachim Friedrich Martens (1806–1871) und die deutsche Arbeiterbewegung, Göttingen 1984
Bruhns, Maike u. a.: Hier war doch alles nicht so schlimm. Wie die Nazis in Hamburg den Alltag eroberten, Hamburg 1984
Büttner, Ursula: Vereinigte Liberale und Deutsche Demokraten in Hamburg 1900–1930, in: ZHG, 63, 1977; S. 1–34
–: Hamburg in der Staats- und Wirtschaftskrise 1928–31, Hamburg 1982
–: Politische Gerechtigkeit und sozialer Geist. Hamburg zur Zeit der Weimarer Republik, Hamburg 1985
–, und Werner Jochmann: Hamburg auf dem Weg ins Dritte Reich, Hamburg 1983
Cattaruzza, Marina: Das ‹Hamburgische Modell› der Beziehung zwischen Arbeit und Kapital. Organisationsprozesse und Konfliktverhalten auf den Werften 1890–1914, in: Herzig, A., u. a. (Hg.): Arbeiter in Hamburg, S. 247–60
Castell-Rüdenhausen, Adelheid Gräfin zu: Die Überwindung der Armenschule. Schülerhygiene an den Hamburger öffentlichen Volksschulen im Zweiten Kaiserreich, in: Archiv für Sozialgeschichte, 22, 1982, S. 201–26
Cecil, Lamar: Albert Ballin. Business and Politics in Imperial Germany 1888–1918, Princeton 1971
Cord, Alix: Die soziale Schichtung der Hamburger Bürgerschaft von 1859 bis zum Jahre 1921. Ein Beitrag zur parlamentarischen Geschichte des Kaiserreichs, Wiss. Prüfung für das Lehramt an Gymnasien, Hamburg 1961, StA Hbg, Handschriftensammlung 1023
Dasey, Robyn: Women's Work and the Family: Women Garment Workers in Berlin and Hamburg before the First World War, in: Evans, Lee (Hg.): The German Family, S. 221–56
–: Women Workers. Their Employment and Participation in the Labour Movement. Hamburg 1880–1914, Diss., Institute of Slavonic and East European Studies, University of London 1985
Ditt, Karl: Sozialdemokraten im Widerstand. Hamburg in der Anfangsphase des Dritten Reiches, Hamburg 1984

Dworak, Sabine: Die Entwicklung des Impfwesens der Stadt Hamburg. Die Entwicklung der Pockenschutzimpfung von 1800 bis 1940, Diss., Hamburg 1984

Ebbinghaus, Angelika, Heidrun Kaupen-Haag und Karl-Heinz Roth: Heilen und Vernichten im Mustergau Hamburg. Bevölkerungs- und Gesundheitspolitik im Dritten Reich, Hamburg 1984

Eckardt, Hans-Wilhelm: Privilegien und Parlament. Die Auseinandersetzungen um das allgemeine und gleiche Wahlrecht in Hamburg, Hamburg 1980

Engels, Hans-Werner: ‹Wo ein St. Paulianer hinhaut, wächst so leicht kein Gras wieder›. St. Pauli und die Revolution von 1848/49, in: Berlin, J.: Das andere Hamburg, S. 93–115

Evans, Richard J.: ‹Red Wednesday› in Hamburg: Social Democrats, Police and Lumpenproletariat in the Suffrage Disturbances of 17 January 1906, in: Social History, 4, 1979, S. 1–31

–: Die Cholera und die Sozialdemokratie: Arbeiterbewegung, Bürgertum und Staat in Hamburg während der Krise von 1892, in: Herzig, A., u. a. (Hg.): Arbeiter in Hamburg, S. 203–14

– (Hg.): Kneipengespräche im Kaiserreich. Die Stimmungsberichte der Hamburger Politischen Polizei, Reinbek 1989

Flemming, Jens: Wege zum ‹sozialen Frieden›? Anfänge staatlicher Arbeitsmarktpolitik in Hamburg, in: Herzig, A., u. a. (Hg.): Arbeiter in Hamburg, S. 283–98

Freitag, Hans-Günther: Von Mönckeberg bis Hagenbeck. Ein Wegweiser zu denkwürdigen Grabstätten auf dem Ohlsdorfer Friedhof, Hamburg 1973

Frevert, Ute: Rezension von Heinrich Rodegra: Das Gesundheitswesen, in: Archiv für Sozialgeschichte, 23, 1983, S. 772–74

GAL-Fraktion in der Hamburger Bürgerschaft (Hg.): «Es ist Zeit für die ganze Wahrheit» (K. v. Dohnanyi). Aufarbeitung der NS-Zeit in Hamburg: Die nichtveröffentlichte Senatsbroschüre, Hamburg 1985

Gelberg, Birgit: Auswanderung nach Übersee. Soziale Probleme der Auswandererbeförderung in Hamburg und Bremen von der Mitte des 19. Jahrhunderts bis zum Ersten Weltkrieg, Hamburg 1973

Grüttner, Michael: Soziale Hygiene und Soziale Kontrolle. Die Sanierung der Hamburger Gängeviertel 1892–1930, in: Herzig, A., u. a. (Hg.): Arbeiter in Hamburg, S. 359–71

–: Arbeitswelt an der Wasserkante. Sozialgeschichte der Hamburger Hafenarbeiter 1886–1914, Göttingen 1984

–: Mobilität und Konfliktverhalten. Der Hamburger Hafenarbeiterstreik 1896/97, in: Tenfelde, K., und Volkmann, H. (Hg.): Streik, München 1984, S. 143–61

Hauschild-Thiessen, Renate: Der Freiherr von Homayer und die Hamburger, in: ZHG, 63, 1967, S. 55–56

–: Bürgerstolz und Kaisertreue. Hamburg und das Deutsche Reich von 1871, Hamburg 1979

–: 150 Jahre Grundeigentümer-Verein in Hamburg von 1832 e. V. Ein Beitrag zur Geschichte der Freien und Hansestadt Hamburg, Hamburg 1982

Henze, Willi: ‹Dem Nachtwächter wird hiemit anbefohlen...› aus ‹Reglements›, ‹Instructionen›, alten Dienstvorschriften und über Organisationsformen der Hamburger Polizei, in: Hundertfünfzig Jahre Hamburger Polizei (1814–1964), Hamburg 1964

Herzig, Arno: Organisationsformen und Bewußtseinsprozesse. Hamburger Handwerker und Arbeiter in der Zeit 1790–1848, in: Herzig, A., u. a. (Hg.): Arbeiter in Hamburg, S. 95–108

–, Langewiesche, Dieter und Sywottek, Arnold (Hg.): Arbeiter in Hamburg. Unterschichten, Arbeiter und Arbeiterbewegung seit dem ausgehenden 18. Jahrhundert, Hamburg 1983

Hintze, Otto: Die Niederländische und Hamburgische Familie Amsinck, Hamburg 1932

150 Jahre Hamburger Polizei, Hamburg 1964

Hundertfünfzig Jahre Hamburger Polizei (1814–1964), Hamburg 1964

Husung, Hans-Georg: Volksprotest in Hamburg zwischen Restauration und Revolution 1848, in: Herzig, A., u. a. (Hg.): Arbeiter in Hamburg, S. 79–88

Jensen, Jürgen: Presse und politische Polizei. Hamburgs Zeitungen unter dem Sozialistengesetz 1878–1890, Hannover 1966

Jochmann, Werner, und Loose, Hans-Dieter (Hg.): Hamburg. Geschichte der Stadt Hamburg und ihrer Bewohner, Hans-Dieter Loose, Hamburg 1982

Just, Michael: Hamburg als Transithafen für osteuropäische Auswanderer, in: Nach Amerika! Auswanderung in die Vereinigten Staaten, Museum für Hamburgische Geschichte, Schausammlungen Heft 5, Hamburg 1976

Kellenbenz, H. W.: Die Hansestädte, in: Sante, G. W. (Hg.): Geschichte der deutschen Länder, 2. Aufl., Würzburg 1971

Klessmann, Eckart: Geschichte der Stadt Hamburg, Hamburg 1981

Kopitzsch, Franklin: Grundzüge einer Geschichte der Aufklärung in Norddeutschland, Hamburg 1984

Kraus, Antje: Die Unterschichten Hamburgs in der ersten Hälfte des 19. Jahrhunderts. Entstehung, Struktur, Lebensverhältnisse. Eine historisch-statistische Untersuchung (Sozialwissenschaftliche Studien, 9), Stuttgart 1965

–: Unterschichten und Sozialpolitik in Hamburg 1815–1848, in: Herzig, A., u. a. (Hg.): Arbeiter in Hamburg, S. 71–77

Krohn, Helga: Die Juden in Hamburg 1800–1850, Frankfurt 1967

–: Die Juden in Hamburg 1850–1914, Hamburg 1974

Kutz-Bauer, Helga: Arbeiterschaft und Sozialdemokratie in Hamburg vom Gründerkrach bis zum Ende des Sozialistengesetzes, in: Herzig, A., u. a. (Hg.): Arbeiter in Hamburg, S. 179–92

–: Arbeiterschaft, Arbeiterbewegung und bürgerlicher Staat in der Zeit der großen Depression. Eine regional- und sozialgeschichtliche Studie zur Geschichte der Arbeiterbewegung im Großraum Hamburg 1873 bis 1890, Bonn 1988

Laufenberg, Heinrich: Geschichte der Arbeiterbewegung in Hamburg-Altona und Umgegend (2 Bde.), Hamburg 1911–31

Leo, Gustav: William Lindley: Ein Pionier der Technischen Hygiene, Hamburg 1969

Lessat, Alfred: Vom ‹Corps der Nachtwache› zur modernen Schutzpolizei. Aus der 150jährigen Geschichte der Polizeibehörde Hamburg, in: Hundertfünfzig Jahre Hamburger Polizei (1814–1964), Hamburg 1964

–: Alte Kameraden... Aus der Geschichte Hamburger Polizeiuniformen, in: Hundertfünfzig Jahre Hamburger Polizei (1814–1964), Hamburg 1964

Lindemann, Mary: Love for Hire: The Regulation of the Wetnursing Business in 18th-century Hamburg, in: Journal of Family History 6, 1981, S. 379–92

–: Producing Policed Man: Poor Relief, Population Policies and Medical Care in Hamburg, 1750–1806, Diss., Cincinatti 1980

Lüth, Erich und Hans-Dieter Loose: Bürgermeister Carl Petersen, Hamburg 1971

Marchtaler, Hildegard von: Aus Alt-Hamburger Senatorenhäusern. Familienschicksale im 18. und 19. Jahrhundert, Hamburg 1958

Matti, Werner: Bevölkerungsvorgänge in den Hansestädten Hamburg und Bremen vom Anfang des 19. Jahrhunderts bis zum Ersten Weltkrieg, in: ZHG, 69, 1983, S. 103–56

Mehnke, Bernhardt: Armut und Elend in Hamburg. Eine Untersuchung über das Öffentliche Armenwesen in der ersten Hälfte des 19. Jahrhunderts, in: Ergebnisse, Heft 17, Hamburg 1982

Melhop, Wilhelm: Alt-Hamburgisches Dasein, Hamburg 1899

Meyer-Delius, Hugo: Die Säuglingssterblichkeit in Hamburg seit dem Jahre 1820, in: Hamburger Ärzteblatt, 19, 1965

Michael, J.: Geschichte des ärztlichen Vereins und seiner Mitglieder, Hamburg 1896

Naumann, Horst: Wilhelm Koenen, Halle 1973

Obst, Arthur: Geschichte der Hamburger Bürgervereine, Hamburg 1911

Offermann, Toni: Arbeiterbewegung, Bürgertum und Staat in Hamburg 1850–1862/63, in: Herzig, A., u. a. (Hg.): Arbeiter in Hamburg, S. 121–37

Pelc, Ortwin: ‹... Geräuschloses Pflaster wäre wünschenswert.› Die Bemühungen einer Hamburger Schule um Lärmschutz zu Beginn dieses Jahrhunderts, in: Hamburgische Geschichts- und Heimatblätter, 11, 1982, S. 13–24

Plagemann, Volker (Hg.): Industriekultur in Hamburg. Des Deutschen Reiches Tor zur Welt, München 1984

Riquarts, Knut-Gerhard: Der Antisemitismus als politische Partei in Schleswig-Holstein und Hamburg, 1871–1914, Diss., Kiel 1975

Rodegra, Heinrich: Das Gesundheitswesen der Stadt Hamburg im 19. Jahrhundert unter Berücksichtigung der Medizinalgesetzgebung (1586–1818–1900), in: Sudhoffs Archiv, Beiheft 21, Wiesbaden 1979

Schlegel, Katharina: Mistress and Servant in Nineteenth-Century Hamburg: Employer/Employee Relationships in Domestic Service 1880–1914, in: History Workshop Journal, 15, 1983, S. 60–77

Schmidt, Wolfgang: Die Revolution von 1848/49 in Hamburg, in: Ergebnisse, Bd. 22, Hamburg 1983

Schönhoff, Hans-Georg: Hamburg im Bundesrat. Die Mitwirkung Hamburgs an der Bildung des Reichswillens 1867–1890, Hamburg 1967

Schramm, Percy Ernst: Hamburg, Deutschland und die Welt. Leistung und Grenzen hanseatischen Bürgertums in der Zeit zwischen Napoleon I. und Bismarck. Ein Kapitel deutscher Geschichte, München 1943

–: Neun Generationen. Dreihundert Jahre deutscher «Kulturgeschichte» im Lichte der Schicksale einer Hamburger Familie (1648–1948), Göttingen 1964

–: Hamburg. Ein Sonderfall in der Geschichte Deutschlands, Hamburg 1964

Schult, Johannes: Geschichte der Hamburger Arbeiter 1890–1919, Hamburg 1968

Seemann, Ulrich: Die Kämpfe der Hamburger Arbeiter gegen die Verschlechterung ihres Wahlrechts in den Jahren 1905–1906, in: Wissenschaftliche Zeitschrift der Universität Rostock, Gesellschafts- und sprachwissenschaftliche Reihe, 10, 1961

Sieveking, G. Hermann: Nachklänge aus der Cholerazeit 1892, in: Deutsche Medizinische Wochenschrift 51, 1899, S. 1–5
Simson, John von: Kanalisation und Städtehygiene im 19. Jahrhundert, Düsseldorf 1983
Speckter, Hans: Die großen Sanierungsmaßnahmen Hamburgs seit der zweiten Hälfte des 19. Jahrhunderts, in: Raumforschung und Raumordnung, 6, 1967, S. 257–68
Stein, Hans-Konrad: Interessenkonflikte zwischen Großkaufleuten, Handelskammer und Senat in der Frage des Zollanschlusses an das Reich 1866–1881, in: ZHG, 64, 1978, S. 55–89
Stühmke, Hans-Georg: ‹Wo nix is, hett de Kaiser sien Recht verlor'n› oder ‹Der Stein auf dem Sofa der Frau Senatorin›. Die Hamburger Unruhen vom 31. August bis 5. September 1830, in: Berlin, J.: Das andere Hamburg, S. 48–68
Teuteberg, Hans-Jürgen: Die Entstehung des modernen Hamburger Hafens (1866–1896), in: Tradition, 17, 1976, S. 257–91
Timpke, Henning (Hg.): Dokumente zur Gleichschaltung des Landes Hamburg 1933, Hamburg 1964
Trautmann, Günter: Das Scheitern liberaler Vereinspolitik und die Entstehung der sozialistischen Arbeiterbewegung in Hamburg zwischen 1862 und 1871, in: Herzig, A., u. a. (Hg.): Arbeiter in Hamburg, S. 163–76
Treue, Wilhelm: Zur Geschichte einer Hamburgischen Anwaltssocietät 1812–1972, in: Tradition, 2, 1972, S. 48–83
Ullrich, Volker: Die Hamburger Arbeiterbewegung vom Vorabend des Ersten Weltkrieges bis zur Revolution 1918–19 (2 Bde.), Hamburg 1978
–: Kriegsalltag. Hamburg im Ersten Weltkrieg, Köln 1982
–: Massenbewegungen in der Hamburger Arbeiterschaft im Ersten Weltkrieg, in: Herzig, A., u. a. (Hg.): Arbeiter in Hamburg
Washausen, H.: Hamburg und die Kolonialpolitik des Deutschen Reiches 1880–1890, Hamburg 1968
Whaley, Joachim: Religious Toleration and Social Change in Hamburg 1529–1819, Cambridge 1985
Winkle, S.: Chronologie und Konsequenzen der Hamburger Choleraepidemie von 1892, in: Hamburger Ärzteblatt, 12, 1983, S. 421–30; 1, 1984, S. 16–23
Wischermann, Clemens: Wohnen in Hamburg vor dem Ersten Weltkrieg, Münster 1983
Wiskemann, Erwin: Hamburg und die Welthandelspolitik, Hamburg 1929
Wohlwill, Adolf: Hamburg während der Pestjahre 1712–14, Hamburg 1893
–: Die Hamburgischen Bürgermeister Kirchenpauer, Petersen, Versmann, Hamburg 1903
–: Johannes Versmann. Zur Geschichte seiner Jugendjahre und seiner späteren Wirksamkeit, in: ZHG, 15, 1910, S. 166–252
Zimmermann, Mosche: Antijüdischer Sozialprotest? Proteste von Unter- und Mittelschichten 1819–1835, in: Herzig, A., u. a. (Hg.): Arbeiter in Hamburg, S. 89–94

B. Allgemeines

Ackerknecht, Erwin H.: Anticontagionism between 1821 and 1867, in: Bulletin of the History of Medicine, 22, 1948, S. 562–93
–: Rudolf Virchow. Doctor, Statesman, Anthropologist, Madison, Wisconsin 1953
Albrecht, Günter: Das Bremer Haus. Ein Sonderfall in der deutschen Baugeschichte um 1900, in Niethammer, L. (Hg.): Wohnen im Wandel, Wuppertal 1979
Alvarez, A.: The Savage God: A Study of Suicide, Harmondsworth 1981
Anderson, Michael: Approaches to the History of the Western Family, 1500–1914, London 1980
Ariès, Philippe: Geschichte der Kindheit, München [9]1990
–: Geschichte des Todes, München [4]1989
Artelt, Walter, u. a. (Hg.): Städte-, Wohnungs- und Kleiderhygiene des 19. Jahrhunderts in Deutschland, Stuttgart 1969
Baehrel, René: Épidémie et terreur. Histoire et sociologie, in: Annales Historiques de la Révolution Française, 23, 1951, S. 113–46
Bardet, J. P., u. a. (Hg.): Peurs et terreurs face à la contagion, Paris 1988
Barker, T. C., und Drake, H. (Hg.): Population and Society in Britain 1850–1980, London 1982
Barnes, Barry: T. S. Kuhn and Social Science, London 1982
Beaver, M. W.: Population, Infant Mortality and Milk, in: Population Studies, 27, 1973, S. 243–54
Berghan, Volker R.: Germany and the Approach of War in 1914, London 1973
Bilson, Geoffrey: A Darkened House: Cholera in Nineteenth-century Canada (Social History of Canada, 31), Toronto 1980
Biraben, Jean-Noël: Les hommes et la peste en France et dans les pays européens et méditerranéens (2 Bde.), Paris 1975–76
Blackbourn, David: The Mittelstand in German Society and Politics 1871–1914, in: Social History, 2, 1977, S. 409–33
–, und Geoff Eley: The Peculiarities of German History: Bourgeois Society and Politics in Nineteenth-century Germany, Oxford 1984
Blasius, Dirk: «Volksseuchen»: Zur historischen Dimension von Berufskrankheiten, in: Sozialwissenschaftliche Informationen für Unterricht und Studium, 6, 1977, S. 55–60
Boccaccio, Giovanni: Das Dekameron, München o. J.
Boll, Friedhelm: Massenbewegungen in Niedersachsen 1906–1920, Bonn und Bad Godesberg 1981
Bourdelais, Patrick, und Raulot, J. Y.: Sur le rôle des contacts interhumains dans la transmission du choléra, épidémies de 1832 et 1854, in: Bulletin de la Société de Pathologie Exotique, 71, 1978, S. 119–30
–: Une peur bleue. Histoire du choléra en France, Paris 1987
Braudel, Fernand: La Méditeraneé et le monde méditerraneén à l'époque de Philipp II, 2 Bde, Paris 1949
Breyer, Harald: Max von Pettenkofer, Leipzig 1980
Briggs, Asa: Cholera and Society in the 19th Century, in: Past and Present, 19, 1961, S. 76–96
Brink, André: The Wall of the Plague, London 1984

Burnett, John: Plenty and Want. A Social History of Diet in England from 1815 to the Present Day, Harmondsworth 1968
Camus, A.: Die Pest, Reinbek o. J.
Cannadine, David: The Context, Performance and Meaning of Ritual: The British Monarchy and the ‹Invention of Tradition›, c. 1820–1977, in: Hobsbawm, E., und T. Ranger (Hg.): The Invention of Tradition, S. 101–64
Cartwright, F. F.: A Social History of Medicine, London 1977
Charbonneau, Hubert, und André Larose (Hg.): The Great Mortalities: Methodological Studies of Demographic Crises in the Past, Lüttich 1979
Checkland, Olive, und Margaret Lamb (Hg.): Health Care as Social History: The Glasgow Case, Aberdeen 1982
Chevalier, Louis (Hg.): Le choléra. La première épidémie du XIXe siècle, Paris 1958
Childs, C.: Obituary: Geheimrath Max von Pettenkofer, of Munich, Transactions of the Epidemiological Society, in: NS 20, 1901, S. 118–25
Conrad, Christoph: Sterblichkeit im Alter, 1715–1975 – am Beispiel Berlin: Quantifizierung und Wandel medizinischer Konzepte, in: Konrad, H. (Hg.): Der alte Mensch in der Geschichte
Conze, Werner und Ulrich Engelhardt (Hg.): Arbeiterexistenz im 19. Jahrhundert, Stuttgart 1981
–, und Jürgen Kocka (Hg.): Bildungsbürgertum im 19. Jahrhundert, I, Stuttgart 1985
Cooter, Roger: Anticontagionism and History's Medical Record, in: Treacher, A., und P. Wright (Hg.): The Problem of Medical Knowledge, S. 87–108
Corbin, Alain: Pesthauch und Blütenduft. Eine Geschichte des Geruchs, Berlin 1984
Crew, David F.: Bochum. Sozialgeschichte einer Industriestadt 1860–1914, Berlin 1980
Cronjé, Gillian: Tuberculosis and mortality decline in England and Wales, 1851–1910, in: Woods, R., und J. Woodward (Hg.): Urban Disease and Mortality
Crosby, A.: Epidemic and Peace 1918, Westpoint, Conn. 1976
Dechène, Louis and Jean-Claude Robert: Le choléra de 1832 dans le Bas-Canada: Mesure des Inegalités devant la mort, in: Charbonneau, H., und A. Larose (Hg.): The Great Mortalities, S. 229–56
Defoe, Daniel: Die Pest zu London, München 1987
Delaporte, François: Disease and Civilization: The Cholera in France, 1832, London 1986
Delumeau, Jean: Angst im Abendland. Die Geschichte kollektiver Ängste im Europa des 14. bis 18. Jahrhunderts, Reinbek 1989
Dickler, Robert A.: Labor Market Pressure – Aspects of Agricultural Growth in the Eastern Region of Prussia, 1840–1914. A Case Study of Economic-Demographic Transition, Diss., University of Pennsylvania 1975
Dineur, M., und C. Engrand: Épidémie et paupérisme: le choléra à Lille en 1832, in: Gillet, M., (Hg.): L'Homme, la vie et la mort, S. 41–78
Douglas, Mary: Purity and Danger, London 1975
Dubois, R.: The White Plague. A History of Tuberculosis, London 1961
Durey, Michael: The Return of the Plague. British Society and the Cholera 1831–32, Dublin 1979
Dyos, H. J., und M. Wolff (Hg.): The Victorian City: Images and Realities, London 1973

Eley, Geoff: Reshaping the German Right: Radical Nationalism and Political Change After Bismarck, New Haven 1980
–: James Sheehan and the German Liberals: A Critical Appreciation, in: Central European History, 14, 1981, S. 273–88
–: Combining Two Histories: The SPD and the German Working Class before 1914, in: Radical History Review, 28–30, 1984, S. 13–44
–: From Unification to Nazism: Reinterpreting the German Past, London 1986
Elias, Norbert: Über den Prozeß der Zivilisation (2 Bde.), Frankfurt a. M. 1969
Eulner, H.-H.: Hygiene als akademisches Fach, in: Artelt, W., u. a. (Hg.): Städte-, Wohnungs- und Kleidungshygiene, S. 17–33
Evans, Alfred S.: Pettenkofer Revisited, in: Yale Journal of Biology and Medicine, 46, 1973, S. 161–76
Evans, Richard J.: Sozialdemokratie und Frauenemanzipation im deutschen Kaiserreich, Bonn und Berlin 1979
–(Hg.): The German Working Class 1888–1933: The Politics of Everyday Life, London 1982
–, und W. R. Lee (Hg.): The German Family: Essays on the Social History of the Family in Nineteenth and Twentieth Century Germany, London 1981
–(Hg.): The German Peasantry. Conflict and Community in Rural Society from the Eighteenth to the Twentieth Centuries, London 1986
Fallner, H.: Zur historischen Entwicklung des Bremischen Quarantänedienstes, in: Bremer Ärzteblatt, 9, 1978, S. 36–42
Feachem, Richard G.: Environmental Aspects of Cholera Epidemiology, III: Transmission and Control, in: Tropical Diseases Bulletin, 99, 1982, S. 1–30
Ferenczi, Imre (Hg.): International Migrations I, New York 1929
Fischer, Alfons: Geschichte des deutschen Gesundheitswesens, II, Berlin 1933
Fischer, Ilse: Industrialisierung, sozialer Konflikt und politische Willensbildung in der Stadtgemeinde. Ein Beitrag zur Sozialgeschichte Augsburgs 1840–1914, Augsburg 1977
Fleischer, Georg: Die Choleraepidemie in Düsseldorf, Düsseldorf 1977
Frieden, Nancy M.: The Russian Cholera Epidemic, 1892–93, and Medical Professionalisation, in: Journal of Social History, 10, 1977, S. 538–59
Frevert, Ute: ‹Fürsorgliche Belagerung›: Hygienebewegung und Arbeiterfrauen im 19. und 20. Jahrhundert, in: Geschichte und Gesellschaft, II, 1980, S. 420–46
–: Krankheit als politisches Problem 1770–1880. Soziale Unterschichten in Preußen zwischen medizinischer Polizei und staatlicher Sozialversicherung, Göttingen 1984
–: Professional Medicine and the Working Classes in Imperial Germany, in: Journal of Contemporary History, 20, 1985, S. 637–58
Fricke, Dieter: Die deutsche Arbeiterbewegung 1869 bis 1914. Ein Handbuch über ihre Organisation und Tätigkeit im Klassenkampf, Berlin 1976
Fritzsche, Bruno: Das Quartier als Lebensraum, in: Conze, W., und U. Engelhardt (Hg.): Arbeiterexistenz im 19. Jahrhundert, S. 92–113
Gellately, Robert: The Politics of Economic Despair: Shopkeepers and German Politics 1890–1914, London 1974
Gillet, M. (Hg.): L'Homme, la vie et la mort dans le nord au XIXe siècle, Lille 1972
Gins, Heinrich A.: Krankheit wider den Tod. Schicksal der Pockenschutzimpfung, Stuttgart 1983

Gleichmann, Peter: Die Verhäuslichung körperlicher Verrichtungen, in: Peter Gleichmann, Johan Goudsblom und Hermann Korte (Hg.): Materialien zu Norbert Elias' Zivilisationstheorie, Frankfurt a. M. 1977

Göckenjan, Gerd: Kurieren und Staat machen. Gesundheit und Medizin in der Bürgerlichen Welt, Frankfurt a. M. 1985

Grote, Heiner: Sozialdemokratie und Religion. Eine Dokumentation für die Jahre 1860 bis 1875, Tübingen 1968

Hall, Alex: Scandal, Sensation and Social Democracy. The SPD Press and Wilhelmine Germany, Cambridge 1977

Hamilton, Richard F.: Who Voted for Hitler?, Princeton 1982

Haupt, Heinz-Gerhard: Die radikale Mitte. Lebensweise und Politik von Handwerkern und Kleinhändlern in Deutschland seit 1848, München 1985

Heischkel-Artelt, Edith (Hg.): Ernährung und Ernährungslehre im 19. Jahrhundert, Göttingen 1976

Helm, Dietrich: Die Cholera in Lübeck. Epidemieprophylaxe und -bekämpfung im 19. Jahrhundert, in: Kieler Beiträge zur Geschichte der Medizin und Pharmazie, 16, Neumünster 1979

Hemmings, John: The Conquest of the Incas, London 1970

Heyningen, W. E. van, und John R. Seal: Cholera. The American Scientific Experience 1947–1980, Boulder 1985

His, W.: Die Front der Ärzte, Bielefeld und Leipzig 1931

Hobsbawm, Eric, und Terence Ranger (Hg.): The Invention of Tradition, Cambridge 1983

Hofmann, Wolfgang: Die Bielefelder Stadtverordneten. Ein Beitrag zu bürgerlicher Selbstverwaltung und sozialem Wandel 1850 bis 1914, Lübeck und Hamburg 1964

Hoffmann, Walther G.: Das Wachstum der deutschen Wirtschaft seit der Mitte des 19. Jahrhunderts, Berlin, Heidelberg und New York 1965

Hohorst, Gerd, Jürgen Kocka und Gerhard A. Ritter: Sozialgeschichtliches Arbeitsbuch II, München 1975

Howard-Jones, Norman: Cholera Therapy in the Nineteenth Century, in: Journal of the History of Medicine, 27, 1972, S. 373–95

–: Gelsenkirchen Typhoid Epidemic of 1901, Robert Koch and the Dead Hand of Max von Pettenkofer, in: British Medical Journal, 1973, S. 103–105

–: Choleranomalies, in: Perspectives in Biology and Medicine, 15, 1975, S. 422–33

Huber, Ernst Rudolf: Deutsche Verfassungsgeschichte seit 1789: I. Reform und Restauration 1789–1830, Stuttgart ^{2}1975; II. Der Kampf um Einheit und Freiheit 1830–1850, Stuttgart ^{2}1978; IV. Struktur und Krisen des Kaiserreichs, Stuttgart 1969

Huerkamp, Claudia: Ärzte und Professionalisierung in Deutschland. Überlegungen zum Wandel des Arztberufs im 19. Jahrhundert, in: Geschichte und Gesellschaft, 6, 1980, S. 349–82

–: Die preußisch-deutsche Ärzteschaft als Teil des Bildungsbürgertums: Wandel in Lage und Selbstverständnis vom ausgehenden 18. Jahrhundert bis zum Kaiserreich, in: Conze, W., und J. Kocka (Hg.): Bildungsbürgertum im 19. Jahrhundert, I, S. 358–88

–: The History of Smallpox Vaccination in Germany: A First Step in the Medicalization of the General Public, in: Journal of Contemporary History, 20, 1985, S. 617–35

–, und Spree, Reinhard: Arbeitsmarktstrategien der deutschen Ärzteschaft im späten 19. und frühen 20. Jahrhundert. Zur Entwicklung des Marktes für professionelle ärztliche Dienstleistungen, in: Pierenkemper, T., und R. Tilly (Hg.): Historische Arbeitsmarktforschung, S. 77–116

Hume, Edgar E.: Max von Pettenkofer's Theory of the Etiology of Cholera, Typhoid Fever and Intestinal Disease: A Review of his Arguments and Evidence, in: Annals of medical History, 7, 1925, S. 319–53

Hunt, James C.: The Bourgeois Middle in German Politics, 1871–1933. Recent Literature, in: Central European History, 11, 1978, S. 83–106

Imhof, Arthur E.: Mortalität in Berlin vom 18. bis 20. Jahrhundert, in: Berliner Statistik, 31, 1971, S. 138–45

– (Hg.): Mensch und Gesundheit in der Geschichte, Husum 1980

–: Die gewonnenen Jahre. Von der Zunahme unserer Lebensspanne seit dreihundert Jahren, oder, von der Notwendigkeit einer neuen Einstellung zu Leben und Sterben. Ein historischer Essay, München 1981

–: Unterschiedliche Säuglingssterblichkeit in Deutschland, 18. bis 20. Jahrhundert, in: Warum?, Zeitschrift für Bevölkerungswissenschaft, 7, 1981, S. 343–82

–: Mensch und Körper in der Geschichte der Neuzeit: Reflexionen über eine internationale Tagung in Berlin vom 1.–3. Dezember 1981, in: Beiträge zur Wissenschaftsgeschichte, 5, 1982, S. 195–207

Jasper, Karlbernhard: Der Urbanisierungsprozeß dargestellt am Beispiel der Stadt Köln, Köln 1977

Jones, Gareth Stedman: Outcast London. A Study in the Relations between Classes in Victorian England, Oxford 1975

–: Poor Laws and Market Forces, in: New Statesman, 27. Mai 1983

Kaelble, Hartmut: Industrialisierung und soziale Ungleichheit. Europa im 19. Jahrhundert. Eine Bilanz, Göttingen 1983 (Industrialisation and Social Inequality in 19th Century Europe, Leamington Spa 1986, mit Ergänzungen gegenüber der Erstausgabe)

–: Wie feudal waren die deutschen Unternehmer im Kaiserreich? Ein Zwischenbericht, in: Tilly, R. (Hg.): Beiträge, S. 148–71

Kater, Michael H.: Professionalization and Socialization of Physicians in Wilhelmine and Weimar Germany, in: Journal of Contemporary History, 20, 1985, S. 677 bis 701

Kisskalt, Karl: Max von Pettenkofer, Stuttgart 1948

Kitchen, Martin: The Political Economy of Germany 1815–1914, London 1978

Koch, Rainer: Grundlagen bürgerlicher Herrschaft. Verfassungs- und sozialgeschichtliche Studien zur bürgerlichen Gesellschaft in Frankfurt am Main (1612–1866), Wiesbaden 1983

Kocka, Jürgen (Hg.): Bürgertum im 19. Jahrhundert. Deutschland im europäischen Vergleich, 3 Bde., München 1989

Konrad, Helmut (Hg.): Der alte Mensch in der Geschichte, Wien 1982

Koshar, Rudy: Social Life, Local Politics, and Nazism: Bourgeois Marburg, 1880 to 1935, Chapel Hill 1986

Krabbe, Wolfgang: Gesellschaftsveränderung durch Lebensreform, Göttingen 1974

Kropf, Rudolf, und Horst Rauter: Erklärungsansätze zum Einfluß der Ernährung auf die Gesundheit und Lebenserwartung der Menschen im 19. Jahrhundert, in: Konrad, H. (Hg.): Der alte Mensch in der Geschichte, S. 185–204

Labisch, Alfons: Die gesundheitspolitischen Vorstellungen der deutschen Sozialdemokratie von ihrer Gründung bis zur Parteispaltung (1863–1917), in: Archiv für Sozialgeschichte, 16, 1976, S. 325–70

–: Das Krankenhaus in der Gesundheitspolitik der deutschen Sozialdemokratie vor dem Ersten Weltkrieg, in: Medizinsoziologisches Jahrbuch, 1918, S. 126–51

–: Selbsthilfe zwischen Auflehnung und Anpassung: Arbeiter-Sanitätskommission und Arbeiter-Samariterbund, in: Alternative Medizin (Argument-Sonderband, 77), Berlin 1983, S. 11–26

–: ‹Hygiene ist Moral – Moral ist Hygiene›. Soziale Disziplinierung durch Ärzte und Medizin, in: Sachsse, Ch., und F. Tennstedt (Hg.): Soziale Sicherheit und soziale Disziplinierung, S. 265–85

Leca, Ange-Pierre: Et le choléra s'abattit sur Paris 1832, Paris 1982

Lee, W. R.: Primary Sector Output and Mortality Change in Early XIXth Century Bavaria, in: Journal of European Economic History, 6, 1977, S. 130–62

–: Bastardy and the Socioeconomic Structure of South Germany, in: Journal of Interdisciplinary History, 7, 1977, S. 403–25

–: A Commentary on Reinhard Spree: Determinanten des Sterblichkeitsrückgangs in Deutschland seit der Mitte des 19. Jahrhunderts, Typoskript; Kongreßbeitrag «Neuere Ergebnisse und Entwicklung einer Sozialgeschichte der Medizin und des Gesundheitswesens», Bielefeld 1982

Leuschen-Seppel, Rosemarie: Sozialdemokratie und Antisemitismus im Kaiserreich, Bonn 1978

Longmate, Norman: King Cholera, London 1965

Loschky, D. J.: Urbanisation and England's Eighteenth-century Crude Birth and Death Rates, in: Journal of European Economic History, 1, 1972, S. 697–712

Lucas, Erhard: Arbeiterradikalismus. Zwei Formen von Radikalismus in der deutschen Arbeiterbewegung, Frankfurt a. M. 1976

Luckin, Bill: Death and Survival in the City: Approaches to the History of Disease, in: Urban History Yearbook, 1980, S. 53–62

–: Evaluating the Sanitary Revolution: Typhus and Typhoid in London, 1851–1900, in: Woods, R., und J. Woodward (Hg.): Urban Disease and Mortality

–: States and Epidemic Threats, in: Bulletin of the Society for the Social History of Medicine, 34, Juni 1984, S. 25–27

Lütke, Alf: Hunger, Essens-«Genuß» und Politik bei Fabrikarbeitern und Arbeiterfrauen. Beispiele aus dem rheinisch-westfälischen Industriegebiet 1910–1940, in: Sozialwissenschaftliche Informationen, 14, 1985, S. 118–26

McGrew, Roderick: Russia and the Cholera 1823–32, Wisconsin 1965

McKeown, Thomas: The Modern Rise of Population, London 1976

McLeod: Protestantism and the Working Class in Imperial Germany, in: European Studies Review, 12, 1982, S. 323–44

McManners, John: Death and the Enlightenment: Changing Attitudes to Death among Christians and Unbelievers in 18th-century France, Oxford 1981

McNeill, William H.: Plagues and Peoples, Oxford 1977

Madai, Lajos: Les crises de mortalité en Europe dans la deuxième moitié du XIXe siècle, in: Charbonneau, H., und A. Larose: The Great Mortalities, S. 157–70
Mann, Thomas: Die Buddenbrooks, Frankfurt a. M. o. J.
–: Tod in Venedig, Frankfurt a. M. o. J.
Marschalck, Peter: Deutsche Überseeauswanderung im 19. Jahrhundert, Stuttgart 1973
Matessian, Mary K.: Death in London, 1750–1909, in: Journal of Interdisciplinary History, 1985, S. 183–98
May, Jacques M.: The Ecology of Human Disease, New York 1958
Möller, Bernhard: Robert Koch. Persönlichkeit und Lebenswerk 1843–1910, Hannover 1950
Moltmann, Günter (Hg.): Deutsche Amerikaauswanderung im 19. Jahrhundert, Stuttgart 1976
Mommsen, Hans und Winfried Schulze (Hg.): Vom Elend der Handarbeit. Probleme historischer Unterschichtenforschung, Stuttgart 1981
Mommsen, Wolfgang J.: Der deutsche Liberalismus zwischen ‹Klassenloser Bürgergesellschaft› und ‹Organisiertem Kapitalismus›. Zu einigen neuen Liberalismusinterpretationen, in: Geschichte und Gesellschaft, 4, 1978, S. 77–90
Moring, Karl-Ernst: Die Sozialdemokratische Partei in Bremen 1890–1914, Hannover 1968
Morris, R. J.: Cholera 1832: The Social Response to an Epidemic, London 1976
Niethammer, Lutz (Hg.): Wohnen im Wandel, Wuppertal 1979
Nipperdey, Thomas: Deutsche Geschichte 1800–1866, München 1983
Nohl, Johannes: The Black Death: A Chronicle of the Plague. Compiled from Contemporary Sources, London 1961
Nolan, Molly: Social Democracy and Society. Working-class Radicalism in Düsseldorf, 1890–1920, Cambridge 1981
Ocaña, Esteban Rodriguez: La dependencia social de un comportamiento cientifico: Los medicos españolas y el cólera de 1833–35, in: Dynamis, 1, 1981, S. 101–30
–: Hygiene y terapeutica anticólericas en la primera epidemia de cólera en España 1833–1835, in: Asclepio, 24, 1982, S. 71–100
–: El cólera de 1834 en Granada. Enfermedad catastrófica y crisis social, Granada 1983
Oddy, D. J.: The Health of the People, in: Barker, T. C., und H. Drake: Population and Society
Ortiz, M. V.: Epidemias de Cólera en Vizcaya en el Siglo XIX, Bilbao 1978
Panzac, Daniel: Aix-en-Provence et le choléra en 1835, in: Annales du Midi, 86, 1975, S. 419–44
Pelling, Margaret: Cholera, Fever and English Medicine 1825–1865, Oxford 1978
Pennington, Carolyn: Tuberculosis, in: Checkland, O., und M. Lamb (Hg.): Health Care as Social History
Perrenoud, Alfred: Contribution à l'histoire cyclique des maladies. Deux siècles de variole à Genève (1580–1810), in: Imhof, A. E. (Hg.): Mensch und Gesundheit, S. 175–98
Pierenkemper, Toni, und Richard Tilly (Hg.): Historische Arbeitsmarktforschung, Göttingen 1982
Prinzing, F.: Epidemics Resulting from Wars, Oxford 1916
Rebentisch, Dieter: Die deutsche Sozialdemokratie und die kommunale Selbstver-

waltung. Ein Überblick über Programmdiskussion und Organisationsproblematik 1890–1975, in: Archiv für Sozialgeschichte, 25, 1985, S. 1–78

Reulecke, Jürgen: Geschichte der Urbanisierung in Deutschland, Frankfurt a. M. 1985

–, und Wolfhard Weber (Hg.): Fabrik, Familie, Feierabend. in: Beiträge zur Sozialgeschichte des Alltags im Industriezeitalter, Wuppertal 1978

Ritter, Gerhard A.: Sozialversicherung in Deutschland und England. Entstehung und Struktur im Vergleich, München 1983

Robbins, Richard F.: Famine in Russia 1891–1892, New York 1975

Robert, Jean-Claude: Le Choléra de 1832 dans le Bas-Canada: mesures de Inégalités devant la mort, in: Charbonneau, H., und A. Larose (Hg.): The Great Mortalities

Roberts, James S.: Drink, Temperance and the Working Class in 19th-century Germany, London 1984

Röhl, John C. G.: Kaiser Wilhelm II., Großherzog Friedrich I. und der ‹Königsmechanismus› im Kaiserreich. Unzeitgemäße Betrachtungen zu einer badischen Geschichtsquelle, in: Historische Zeitschrift, 236, 1983, S. 539–77

Rollet, C., und Souriac, A.: Le choléra de 1832 en Seine-et-Oise, in: Annales ESC 29, 1974, S. 935–65

Rosen, George: Disease, Debility and Death, in: Dyos, H. J., und M. Wolff (Hg.): The Victorian City

–: From Medical Police to Social Medicine. Essays on the History of Health Care, New York 1974

Rosenberg, Charles: The Cholera Years. The United States in 1832, 1879 and 1866, Chicago 1962

Roth, Karl Heinz (Hg.): Erfassung zur Vernichtung: Von der Sozialhygiene zum ‹Gesetz über Sterbehilfe›, Berlin 1984

–: Schein-Alternativen im Gesundheitswesen: Alfred Grotjahn (1869–1931) – Integrationsfigur etablierter Sozialmedizin und nationalsozialistischer ‹Rassenhygiene›, in: Roth, K. H. (Hg.): Erfassung zur Vernichtung, S. 31–56

Rubinstein, W. D.: Men of Property. The Very Wealthy in Britain since the Industrial Revolution, London 1981

Sachße, Christoph, und Florian Tennstedt (Hg.): Soziale Sicherheit und soziale Disziplinierung. Beiträge zu einer historischen Theorie der Sozialpolitik, Frankfurt a. M. 1986

Saldern, Adelheid von: Vom Einwohner zum Bürger. Zur Emanzipation der Städtischen Unterschicht Göttingens 1890–1920. Eine sozial- und kommunalhistorische Untersuchung, Berlin 1973

Samuel, Raphael: Soft Focus Nostalgia, in: New Statesman, 27. Mai 1983

Schipperges, Heinrich: Zur ‹Wirtschaftslehre von der Gesundheit› bei Max von Pettenkofer, in: Die Heilkunst, 89, 1976, S. 321–23

Schmauderer, E.: Die Beziehungen zwischen Lebensmittelwissenschaft, Lebensmittelrecht und Lebensmittelversorgung im 19. Jahrhundert, problemgeschichtlich betrachtet, in: Heischkel-Artelt, E. (Hg.): Ernährung, S. 131–97

Schramm, Engelbert: Ökologie-Lesebuch. Ausgewählte Texte zur Entwicklung ökologischen Denkens, Frankfurt a. M. 1984

Schwarzwälder, Herbert: Geschichte der Freien und Hansestadt Bremen, II, Bremen 1976

Sheehan, James J.: Liberalism and the city in 19th-century Germany, in: Past and Present, 51, 1971, S. 116–37
–: German Liberalism in the Nineteenth Century, Chicago 1978
Shorter, Edward: Die Geburt der modernen Familie, Reinbek 1977
–: A History of Women's Bodies, London 1983
Sieferle, Rolf-Dieter: Der unterirdische Wald. Energiekrise und industrielle Revolution, München 1982
Simson, John von: Die Flußverunreinigungsfrage im 19. Jahrhundert, in: Vierteljahrschrift für Sozial- und Wirtschaftsgeschichte, 65, 1978, S. 370–90
–: Kanalisation und Städtehygiene im 19. Jahrhundert, Düsseldorf 1983
Slack, Paul: The Impact of Plague in Tudor and Stuart England, London 1985
Smith, F. B.: The People's Health 1830–1910, London 1979
Sontag, Susan: Krankheit als Metapher, München [2]1980
Spelsberg, Gerd: Rauchplage. Hundert Jahre Saurer Regen, Aachen 1984
Spree, Reinhard: Soziale Ungleichheit vor Krankheit und Tod: Zur Sozialgeschichte des Gesundheitsbereichs im Deutschen Kaiserreich, Göttingen 1981
–: Erwiderungen zum Comment von Robert W. Lee (A Commentary on Reinhard Spree), Typoskript; Kongreßbeitrag: Neue Ergebnisse und Entwicklung einer Sozialgeschichte der Medizin und des Gesundheitswesens, Bielefeld 1982
Steel, David: Plague Writing. From Boccaccio to Camus, in: Journal of European Studies, 11, 1981, S. 85–110
Stenz, Wilfried u. a.: Zu den Beziehungen zwischen Gesellschaft und Umwelt von der Industriellen Revolution bis zum Übergang zum Imperialismus, in: Jahrbuch für Wirtschaftsgeschichte, 1984, S. 81–132
Stern, Fritz: The Politics of Cultural Despair, New York 1966
–: Gold und Eisen. Bismarck und sein Bankier Bleichröder, Reinbek 1988
Stollenwerk, A.: Die Cholera im Regierungsbezirk Koblenz, 1832, in: Jahrbuch für westdeutsche Landesgeschichte, 5, 1979, S. 241–72
Stone, Lawrence: The Family, Sex and Marriage in England, 1500–1800, London 1975
Struve, Walter: Elites Against Democracy, Princeton 1973
Tenfelde, K., und Heinrich Volkmann (Hg.): Streik, München 1984
Tennstedt, Florian: Sozialgeschichte der Sozialpolitik in Deutschland. Vom 18. Jahrhundert bis zum Ersten Weltkrieg, Göttingen 1982
–: Vom Proleten zum Industriearbeiter, Köln 1983
Teuteberg, Hans-Jürgen: Die Nahrung der sozialen Unterschichten im späten 19. Jahrhundert, in: Heischkel-Artelt, E. (Hg.): Ernährung und Ernährungslehre, S. 205–87
–: Der Verzehr von Nahrungsmitteln in Deutschland pro Kopf und Jahr seit Beginn der Industrialisierung (1850–1975). Versuch einer quantitativen Langzeitanalyse, in: Archiv für Sozialgeschichte, 19, 1979, S. 331–88
–: Wie ernährten sich Arbeiter im Kaiserreich?, in: Conze, W., und U. Engelhardt (Hg.): Arbeiterexistenz im 19. Jahrhundert, S. 57–73
–, und Günter Wiegelmann: Der Wandel der Nahrungsgewohnheiten unter dem Einfluß der Industrialisierung, Göttingen 1972
–, und A. Bernhard: Wandel der Kindernahrung in der Zeit der Industrialisierung, in: Reulecke, J., und W. Weber (Hg.): Fabrik, Familie, Feierabend, S. 183–97

Thompson, Barbara: Infant Mortality in Nineteenth-century Bradford, in: Woods, R., und J. Woodward (Hg.): Urban Disease and Mortality, S. 120–47
Thompson, F. M. L.: Victorian England: The Horse-drawn Society, London 1970
Tilly, Richard (Hg.): Beiträge zur quantitativen vergleichenden Unternehmensgeschichte, Stuttgart 1983
Tjaden, H. (Hg.): Bremen in hygienischer Beziehung, Bremen 1907
–: Bremen und die Bremische Ärzteschaft seit dem Beginne des 19. Jahrhunderts, Bremen 1932
Treacher, A., und Wright, P. (Hg.): The Problem of Medical Knowledge, Edinburgh 1982
Walker, Mack: German Home Towns. Community, State and General Estate, London 1971
Wehler, Hans-Ulrich: Das Deutsche Kaiserreich, 1871–1918 (Deutsche Geschichte, 9), Göttingen ^{6}1986
Weiling, Franz: J. G. Mendel sowie die von M. Pettenkofer angeregten Untersuchungen des Zusammenhangs von Cholera- und Typhus-Massenerkrankungen mit dem Grundwasserstand, in: Sudhoffs Archiv, 59, 1975, S. 1–19
Weindling, Paul: The Medical Profession, Social Hygiene and the Birth Rate in Germany 1914–1918 in: Wall R., und J. M. Winter (Hg.): The Upheaval of War, Cambridge 1989
–: Was Social Medicine Revolutionary? Rudolf Virchow and the Revolutions of 1848, in: Bulletin of the Society for the Social History of Medicine, 34, 1984, S. 13–18
Weisbrod, Bernd: Wohltätigkeit und symbolische Gewalt in der Frühindustrialisierung. Städtische Armut und Armenpolitik in Wuppertal, in: Mommsen, H., und W. Schulze (Hg.): Vom Elend der Handarbeit
Westwood, J. N.: A History of Russian Railways, London 1964
Wey, Klaus-Georg: Umweltpolitik in Deutschland. Kurze Geschichte des Umweltschutzes in Deutschland seit 1900, Opladen 1982
Wilson, Adrian: The Infancy of the History of Childhood: An Appraisal of Philippe Ariès, in: History and Theory, 19, 1980, S. 132–53
Wilson, Stephen: The Myth of Motherhood a Myth: The Historical View of European Child-rearing, in: Social History, 9, 1984, S. 181–98
Winslow, Charles Edward Amory: The Conquest of Epidemic Disease. A Chapter in the History of Ideas, Princeton 1944
Wohl, Anthony S.: Endangered Lives. Public Health in Victorian Britain, London 1983
Woods, Robert, und John Woodward (Hg.): Urban Disease and Mortality in Nineteenth-century England, London 1984
Woodward, John: To do the Sick No Harm: A Study of the British Voluntary Hospital System to 1875, London 1974
Zacke, Brita: Koleraepidémien i Stockholm 1834. En Socialhistorisk Studie, Monografien utgivne av Stockholms Kommunalforvaltning, 32, Stockholm 1971
Zang, Gert (Hg.): Provinzialisierung einer Region. Zur Entstehung der bürgerlichen Gesellschaft in der Provinz, Frankfurt a. M. 1978
Zeldin, Theodore: France 1848–1945, I, Ambition, Love and Politics, Oxford 1973

Anmerkungen

Vorwort

1 G. Boccaccio: Das Dekameron, München o. J.; D. Defoe: Die Pest in London, München 1987, A. Camus: Die Pest, Reinbek o. J.; s. auch D. Steel: Plague Writing. From Boccaccio to Camus, in: Journal of European Studies, 11, 1981, S. 88–110.

2 J.-N. Biraben: Les Hommes et la Peste en France et dans les Pays Européens et Méditerranéens, 2 Bde., Paris 1975–76; P. Slack: The Impact of Plague in Tudor and Stuart England, London 1985; M. Durey: The Return of the Plague: British Society and the Cholera 1831–32, Dublin 1979; A. Crosby: Epidemic and Peace 1918, Westpoint Conn. 1976.

3 A. Camus: Die Pest; Th. Mann: Tod in Venedig.

4 S. Sontag: Krankheit als Metapher, München 1980.

1. Innenansicht einer Handelsstadt

Patrizier und Politik

1 J. C. G. Röhl: Kaiser Wilhelm II., Großherzog Friedrich I. und der «Königsmechanismus» im Kaiserreich. Unzeitgemäße Betrachtungen zu einer badischen Geschichtsquelle, in: Historische Zeitschrift, 236, 1983, S. 539–77, hier S. 553. Allerdings verdient Röhls Hinweis nachdrücklich hervorgehoben zu werden, daß Historiker die partikularistischen Elemente im Reich und deren Weiterbestehen bis zur Jahrhundertwende und sogar darüber hinaus vernachlässigen Haben.

2 Zur Einführung in die Verfassungsstruktur des Reiches s. E. R. Huber: Deutsche Verfassungsgeschichte seit 1789, Bd. IV, Struktur und Krisen des Kaiserreichs, Stuttgart 1969.

3 G. Hohorst, J. Kocka und G. A. Ritter: Sozialgeschichtliches Arbeitsbuch II, München 1975, S. 45.

4 H.-U. Wehler: Das Deutsche Kaiserreich 1871–1918, Göttingen [6]1986, S. 60f.

5 Ebd., S. 229. Vgl. V. R. Berghahn: Germany and the Approach of War in 1914, London 1973, Kap. I. Dort findet sich eine Darstellung des «preußisch-deutschen» Verfassungssystems.

6 Huber: Struktur. Für den Deutschen Bund vgl. die früheren Bände in Hubers «Deutsche Verfassungsgeschichte seit 1789»: 1. Reform und Restauration 1789–1830, Stuttgart [2]1975, 2. Der Kampf um Einheit und Freiheit 1830–1850, Stuttgart [2]1978.

7 Vgl. ganz allgemein T. Nipperdey: Deutsche Geschichte 1800–1866, München 1983, S. 91.

8 P. E. Schramm: Hamburg, ein Son-

derfall in der Geschichte Deutschlands, Hamburg 1964.

9 E. Böhm: Wirtschaft und Politik in Hamburg zur Zeit der Reichsgründung, in: ZHG, 64, 1978, S. 52–53.

10 H. Böhme: Frankfurt und Hamburg. Des Deutschen Reiches Silber- und Goldloch und die allerenglischste Stadt des Kontinents, Frankfurt a. M. 1968.

11 Die folgende Zusammenfassung geht zurück auf E. Klessmann: Geschichte der Stadt Hamburg, Hamburg 1981, S. 317–18, sowie W. Jochmann und H.-D. Loose (Hg.): Hamburg. Geschichte der Stadt Hamburg und ihrer Bewohner, Bd. 1, Hamburg 1982, hg. von H.-D. Loose (künftig zitiert als Loose: Hamburg 1).

12 Zitiert in Loose: Hamburg 1, S. 429.

13 Zitiert in R. Hauschild-Thiessen: Der Freiherr von Homayer und die Hamburger, in: ZHG, 63, 1967, S. 55f. Auch in anderen Teilen Deutschlands war das jeweilige Ressentiment am Ort stärker als die nationale Begeisterung.

14 O. Hintze: Die Niederländische und Hamburgische Familie Amsinck, Bd. III, Hamburg 1932.

15 J. v. Eckardt: Lebenserinnerungen, 2 Bde., Leipzig 1910, II, S. 12.

16 Loose: Hamburg 1, S. 448.

17 StA Hbg, FA Merck II 9 Konv. 4a, Heft II, S. 2, S. 9, S. 16. Die Familie Merck hatte ein englisches Kindermädchen und kaufte ihre Kinderkleidung bei der Firma Samuel Brothers in der Londoner Straße Ludgate Hill.

18 So beispielsweise der Historiker Percy Ernst Schramm, selbst Sohn eines Senators, William Henry O'Swald, John Berenberg-Gossler; eine Ausnahme bildet Charles Ami de Chapeaurouge wegen seines französischen Namens; er war Senator wie auch O'Swald und Berenberg-Gossler.

19 W. Schmidt: Die Revolution von 1848–49 in Hamburg, in: Ergebnisse, Heft 22, Hamburg 1983.

20 Loose: Hamburg 1, S. 481.

21 Ebd., S. 496–98.

22 v. Eckardt: Lebenserinnerungen I, S. 210.

23 Die Mark Banco (ein Drittel eines Banco-Thalers) galt bei Bankgeschäften als Standardwährung und hatte den Gegenwert von 1,25 Mark Courant (die Grundeinheit der Umlaufwährung). In den siebziger Jahren des vorigen Jahrhunderts wurde eine Mark Courant mit 1,20 Reichsmark bewertet.

24 Ebd., S. 212–15; R. Hauschild-Thiessen: Bürgerstolz und Kaisertreue. Hamburg und das Deutsche Reich von 1871, Hamburg 1979, S. 5.

25 Loose: Hamburg 1, S. 498–99.

26 H.-G. Schönhoff: Hamburg im Bundesrat. Die Mitwirkung Hamburgs an der Bildung des Reichswillens 1867–1890, Hamburg 1967, S. 29.

27 Ebd., S. 39.

28 Loose: Hamburg 1, S. 501–502. Vgl. v. Eckardt: Lebenserinnerungen, II, S. 8–11. Senatssekretär und Stadtarchivar Otto Beneke vertrat eine noch extremere Haltung. Er weigerte sich bis an sein Lebensende, an irgendwelchen Feiern zu Ehren von Reich oder Kaiser teilzunehmen, einschließlich der Siegesfeiern von 1870. Vgl. v. Eckardt: Lebenserinnerungen II, S. 13f, wie auch Hauschild-Thiessen: Bürgerstolz, S. 108–25. J. v. Eckardt allerdings berichtete (I, S. 217–21), daß während des Krieges von 1870/71 an der Börse deutliche Begeisterung zu erkennen gewesen sei.

29 v. Eckardt: Lebenserinnerungen I, S. 221.
30 Schönhoff: Bundesrat, S. 71.
31 Ebd.
32 v. Eckardt: Lebenserinnerungen II, S. 47f.
33 Schönhoff: Bundesrat, S. 71.
34 Zitiert in F. Stern: Gold und Eisen. Bismarck und sein Bankier Bleichröder, Reinbek 1988, S. 555.
35 v. Eckardt: Lebenserinnerungen I, S. 191.
36 Ebd., II, S. 16f. Vgl. Tafel 3.
37 Einzelheiten zu Versmanns in diesem und in den folgenden Absätzen dargestellten Leben vgl. A. Wohlwill: Johannes Versmann. Zur Geschichte seiner Jugendjahre und seines späteren Wirkens, in: ZHG, 15, 1910, S. 166–252.
38 v. Eckardt: Lebenserinnerungen II, S. 7.
39 Ebd., II, S. 16.
40 StA Hbg, FA Mönckeberg 21a, Bl. 259, Bl. 268f.
41 v. Eckardt: Lebenserinnerungen II, S. 16.
42 Wohlwill: Johannes Versmann, S. 248; vgl. v. Eckardt: Lebenserinnerungen II, S. 55.
43 Zitiert in Schmidt: Die Revolution, S. 121, Anm. 34.
44 Wohlwill: Johannes Versmann, S. 248.
45 Schmidt: Die Revolution, S. 14.
46 Loose: Hamburg 1, S. 443.
47 Hauschild-Thiessen: Bürgerstolz, S. 18.
48 v. Eckardt: Lebenserinnerungen II, S. 59.
49 H.-K. Stein: Interessenkonflikte zwischen Großkaufleuten, Handelskammer und Senat in der Frage des Zollanschlusses an das Reich 1866–1881, in: ZHG, 64, 1978, S. 55–89.
50 Eine kurze Darstellung der Auseinandersetzungen im Zusammenhang mit dem Beitritt Hamburgs zum Deutschen Zollverein findet sich in Loose: Hamburg 1, S. 514–17.
51 Wohlwill: Johannes Versmann, S. 248.
52 Vgl. v. Eckardt: Lebenserinnerungen I, S. 209.
53 Bürgerschaft; diese gebundenen Berichte aus Zeitungen sind die einzigen leicht zugänglichen Informationsquellen über die Debatten der Bürgerschaft, bis gegen Ende der neunziger Jahre offizielle stenographische Protokolle herausgegeben wurden; die hier zitierte Aussage stammt von Amandus Gérard und ist vom 3. Februar 1892 datiert.
54 StA Hbg, FA Versmann, F4.
55 Eine geeignete Kurzeinführung in Hamburgs Verfassungsgeschichte findet sich in H. W. Eckardt: Privilegien und Parlament. Die Auseinandersetzungen um das allgemeine und gleiche Wahlrecht in Hamburg, Hamburg 1980, S. 10–11. Weitere Einzelheiten siehe Schmidt: Die Revolution, S. 20–22. Die Bezeichnung «Bürgermeister» geht im Fall Hamburgs über die sonst übliche Bedeutung hinaus, da der Bürgermeister Regierungschef eines Stadtstaates war (und ist) und seinerzeit auch auf gänzlich andere Weise ins Amt gelangte als in den Gemeinden Preußens.
56 Für das Nachstehende vgl. die beiden in Anm. 55 zitierten Werke.
57 v. Eckardt: Lebenserinnerungen II, S. 9.
58 Für einen kurzen Abriß über diese Institutionen vgl. S. 51f.
59 Eckardt: Privilegien und Parlament, S. 25–28, S. 31.
60 StA Hbg, FA Voigt B68 (Zeitungsausschnitt); vgl. auch ebd. FA Buehl 2c, S. 42.

61 Zu Hamburg im 18. Jahrhundert vgl. F. Kopitzsch: Grundzüge einer Geschichte der Aufklärung in Norddeutschland, Hamburg 1984, sowie J. Whaley: Religious Toleration and Social Change in Hamburg 1529–1819, Cambridge 1985.

62 L. Lippmann: Mein Leben und meine amtliche Tätigkeit. Erinnerungen und ein Beitrag zur Finanzgeschichte Hamburgs, S. 11 (Typoskript in StA Hbg, FA Lippmann A4). Diese Erinnerungen wurden später unter eben diesem Titel veröffentlicht, hg. von Werner Jochmann, 1964.

63 R. Martin: Jahrbuch des Vermögens und Einkommens der Millionäre in den drei Hansestädten, Berlin 1912.

64 Hintze: Die Familie Amsinck III.

65 Martin: Jahrbuch.

66 Hintze: Die Familie Amsinck III.

67 H. von Marchtaler: Aus Alt-Hamburger Senatorenhäusern, Familienschicksale im 18. und 19. Jahrhundert, Hamburg 1958, genealogische Tafel. Einzelheiten zu den Amtszeiten der Senatoren entstammen MdB.

68 StA Hbg, FA Buehl 2c, S. 75–77.

69 Einzelheiten zu diesen Vorschriften ebd. und in Eckardt: Privilegien und Parlament, S. 75, sowie in Schmidt: Die Revolution, S. 66, Anm. 122. Eine ungewöhnliche Ausnahme wurde für Senator William Henry O'Swald gemacht, der bei den Zollvereins-Verhandlungen (vgl. S. 32–34) eine bedeutende Rolle spielte, obwohl er kaufmännischer Senator war; auch wenn er allgemein als ungewöhnlich fähig galt, wurde selbst er in den beiden Jahren 1908–09 lediglich Zweiter und nicht Erster Bürgermeister.

70 Der nachstehende Bericht und die Zitate stammen aus StA Hbg, FA Mönckeberg 21a: Erinnerungen von Johann Georg Mönckeberg (1854–1908), Bl. 276–78. Vgl. Tafel 1.

71 Stein: Interessenkonflikte. Eine ausführliche Untersuchung eines vergleichbaren Herrschaftssystems in einer anderen (bis 1866) autonomen Stadt findet sich in R. Koch: Grundlagen bürgerlicher Herrschaft. Verfassungs- und sozialgeschichtliche Studien zur bürgerlichen Gesellschaft in Frankfurt am Main (1612–1866), Wiesbaden 1983.

72 W. Treue: Zur Geschichte einer Hamburgischen Anwaltssocietät 1812–1972, in: Tradition 2, 1972, S. 48–83.

73 v. Eckardt: Lebenserinnerungen II, S. 22f.

74 Ebd., I, S. 198.

75 Ebd., II, S. 10f.

76 Für das Nachstehende vgl. C. A. Schröder: Aus Hamburgs Blütezeit, Hamburg 1921, S. 59–62.

77 Ebd., S. 72, wie auch das Nachstehende.

78 Vgl. S. 42 vorn.

79 StA Hbg, Einträge MdB; Verfassung von 1860, Artikel 8, in Eckardt: Privilegien und Parlament, S. 75.

80 v. Eckardt: Lebenserinnerungen I, S. 200; Entwurf zum Hamburgischen Staats-Budget für das Jahr 1892, Art. 70, S. 66.

81 StA Hbg, FA Buehl 2c, S. 55. Vgl. auch ebd. FA Merck II 9 Konv. 4a, Heft II, S. 9f; und Friederike Koch (Hg.): Die Tagebuchaufzeichnungen Georg Kochs über die Hamburger Cholera-Epidemie des Jahres 1892, in: Die Heimat, Monatsschrift zur Pflege der Natur- und Landeskunde in Schleswig-Holstein und Hamburg, 80, 1973, S. 21.

Kochs Tagebücher bestehen vorwiegend aus Berichten über solche Diners.

82 v. Eckardt: Lebenserinnerungen I, S. 198.

83 Ebd.

84 Artikel 10, in: Eckardt: Privilegien und Parlament, S. 77.

85 Schmidt: Die Revolution, S. 123, Anm. 68.

86 StA Hbg, MdB, wie auch für die nachstehende Analyse.

87 StA Hbg, FA Mönckeberg 21a, Bl. 258–75; wie auch für die nachstehenden Berichte.

88 Ebd., S. 276–80.

89 StA Hbg, FA Buehl, 2c, S. 29. Vgl. auch v. Eckardt: Lebenserinnerungen II, S. 4.

90 StA Hbg, FA Buehl 2c, S. 26. Buehls Erinnerungen behandeln zum Thema Hamburg im großen und ganzen dieselben Gegenstände wie die J. v. Eckardts, aber für einen Zeitraum, der dreißig Jahre später liegt.

91 Ebd.

92 Schröder: Blütezeit, S. 70.

93 Der nachstehende Bericht geht zurück auf StA Hbg, FA Buehl 2c, S. 1–15; S. 26; ähnliche Berichte finden sich in Lippmann: Mein Leben, sowie über die siebziger Jahre des vorigen Jahrhunderts in v. Eckardt: Lebenserinnnerungen II, S. 7.

94 StA Hbg, FA Buehl 2c, S. 1–15.

95 v. Eckardt: Lebenserinnerungen II, S. 20.

96 StA Hbg, FA Buehl 2c, S. 1–15; v. Eckardt: Lebenserinnerungen II, S. 3.

97 J. v. Eckardt: Lebenserinnerungen I, S. 200.

98 StA Hbg, FA Merck II 9 Konv. 4a, Heft II, S. 8.

99 Lippmann: Mein Leben, S. 3.

100 Eckardt: Privilegien und Parlament, S. 86–88.

101 StA Hbg, FA Buehl 2c, S. 26.

Fraktionen des Kapitals

1 Loose: Hamburg 1, S. 443–45.

2 Ebd.

3 Ebd., S. 517–19; H. Washausen: Hamburg und die Kolonialpolitik des Deutschen Reiches 1880–1890, Hamburg 1968; E. Böhm: Überseehandel und Flottenbau. Hanseatische Kaufmannschaft und deutsche Seerüstung 1879–1902, Düsseldorf 1972.

4 Diese Zahlen wurden abgerundet. Siehe Loose: Hamburg 1, S. 447.

5 M. Grüttner: Arbeitswelt an der Wasserkante, Sozialgeschichte der Hamburger Hafenarbeiter 1886 bis 1914, Göttingen 1984, S. 20, S. 29.

6 H. W. Kellenbenz: Die Hansestädte, in: G. W. Sante (Hg.): Geschichte der deutschen Länder II, Würzburg 1971, S. 633f; H.-J. Teuteberg: Die Entstehung des modernen Hamburger Hafens (1886–1896); in: Tradition, 17, 1972, S. 257–91; E. Wiskemann: Hamburg und die Welthandelspolitik, Hamburg 1929; L. Cecil: Albert Ballin. Business and Politics in Imperial Germany 1888–1918, Princeton 1971.

7 M. Just: Hamburg als Transithafen für osteuropäische Auswanderer, in: Nach Amerika! Museum für Hamburgische Geschichte, Hamburg 1976, S. 49–54, hier S. 50.

8 V. Plagemann (Hg.): Industriekultur in Hamburg. Des Deutschen Reiches Tor zur Welt, München 1984, S. 69–71.

9 B. Gelberg: Auswanderung nach Übersee. Soziale Probleme der Auswandererbeförderung in Ham-

burg und Bremen von der Mitte des 19. Jahrhunderts bis zum Ersten Weltkrieg, Hamburg 1973, S. 42f, S. 46–49. Vgl. auch P. Marschalck: Deutsche Überseewanderung im 19. Jahrhundert, Stuttgart 1973; G. Moltmann (Hg.): Deutsche Amerikaauswanderung im 19. Jahrhundert, Stuttgart 1976; und Just: Hamburg als Transithafen.

10 Plagemann: Industriekultur, S. 60f.

11 Klessmann: Geschichte, S. 438.

12 Schmidt: Die Revolution, S. 14, S. 121, Anm. 47.

13 Plagemann: Industriekultur, S. 53.

14 Hintze zeigt in «Die Familie Amsinck III» in Einzelheiten, auf eine wie vielfältig verzweigte Weise die Amsincks an der Hamburg-Amerika-Paketfahrt-Aktiengesellschaft (HAPAG) wie auch anderen Schifffahrtslinien beteiligt waren.

15 Klessmann: Geschichte, S. 451.

16 Loose: Hamburg 1, S. 448.

17 Einzelheiten in Martin: Jahrbuch; Cecil: Albert Ballin.

18 M. Cattaruzza: Das «Hamburgische Modell» der Beziehung zwischen Arbeit und Kapital. Organisationsprozesse und Konfliktverhalten auf den Werften 1890–1914, in: A. Herzig, D. Langewiesche und A. Sywottek (Hg.): Arbeiter in Hamburg. Unterschichten, Arbeiter und Arbeiterbewegung seit dem ausgehenden 18. Jahrhundert, Hamburg 1983, S. 247–60, hier S. 248f.

19 Zitiert in R. Hauschild-Thiessen: 150 Jahre Grundeigentümer-Verein in Hamburg von 1832 e. V. Ein Beitrag zur Geschichte der Freien und Hansestadt Hamburg, Hamburg 1982, S. 75f.

20 Vgl. S. 41 vorn.

21 Ein Spaziergang durch Hamburgs City, Hamburg 1897, S. 23f.

22 Ebd., S. 24.

23 StA Hbg, FA Petersen D 23, Exemplar von Bürgermeister Johann Georg Mönckebergs Begräbnisansprache für Bürgermeister Carl Petersen vom 5. Dezember 1892.

24 R. Hauschild-Thiessen: Bürgerstolz, S. 103.

25 Ebd., S. 104. Dort werden die Worte des Senatssekretärs und Archivars Otto Beneke zitiert.

26 Ebd., S. 99.

27 Ebd., S. 105.

28 Ebd., S. 98–100.

29 Ebd., S. 97.

30 Ebd., S. 105f. Zitiert wird Otto Beneke.

31 Stein: Interessenkonflikte, S. 68f.

32 v. Eckardt: Lebenserinnerungen I, S. 204f.

33 Ebd.

34 Ebd.

35 Ein Spaziergang, S. 22.

36 Ebd.

37 Führer durch Hamburg zum III. Allg. Deutschen Journalisten- und Schriftstellertage 1894, Hamburg 1894, S. 35.

38 Klessmann: Geschichte, S. 2, S. 370, S. 378–82, S. 489f, S. 498, S. 563; v. Eckardt: Lebenserinnerungen II, S. 12f.

39 Führer durch Hamburg, S. 48; vgl. auch StA Hbg, FA Merck 119 Konv. 4a, Heft II, S. 6.

40 Grüttner: Arbeitswelt, S. 19.

41 Plagemann: Industriekultur, S. 57f.

42 Grüttner: Arbeitswelt, S. 18, S. 25; vgl. auch Teuteberg: Die Entstehung des modernen Hamburger Hafens.

43 StA Hbg, FA Lippmann A4, S. 10–12.

44 StA Hbg, FA Buehl 2c, S. 20.

45 Lippmann: Mein Leben, S. 55; Statistisches Handbuch für den hamburgischen Staat 1891, S. 310.

46 Schmidt: Die Revolution, S. 22; Eckardt: Privilegien und Parlament, S. 18.
47 Klessmann: Geschichte, S. 395 bis 406: Loose: Hamburg 1, S. 467.
48 Loose: Hamburg 1, S. 460.
49 A. Obst: Geschichte der Hamburger Bürgervereine, Hamburg 1911, S. 5f, S. 15, S. 57–59, S. 84, S. 173–79.
50 R. Hauschild-Thiessen: 150 Jahre, S. 17–22, S. 29f, S. 44f, S. 71–74, S. 78f.
51 Ebd., S. 149; vgl. auch Tafel 4.
52 Ebd., S. 133, S. 157f, S. 162, S. 232.
53 Ebd., S. 150.
54 A. Cord: Die soziale Schichtung der Hamburger Bürgerschaft von 1859 bis zum Jahre 1921. Ein Beitrag zur parlamentarischen Geschichte des Kaiserreichs, Wiss. Prüfung für das Lehramt an Gymnasien, Hamburg 1961; StA Hbg, Handschriftensammlung 1023, S. 44.
55 Lippmann: Mein Leben, S. 41.
56 StA Hbg, MdB.
57 v. Eckardt: Lebenserinnerungen I, S. 201f.
58 Cord: Die soziale Schichtung, S. 42; Lippmann: Mein Leben, S. 41; Schröder: Aus Hamburgs Blütezeit, S. 66.
59 Cord: Die soziale Schichtung, S. 42.
60 Lippmann: Mein Leben, S. 41.
61 Cord: Die soziale Schichtung, S. 43.
62 Schröder: Aus Hamburgs Blütezeit, S. 66.
63 Ebd., S. 45.
64 Ebd., S. 39.
65 Ebd., S. 62–66.
66 Ebd., S. 76f.
67 Bürgerschaft, Januar–Juni 1892.
68 Eckardt: Privilegien und Parlament, S. 30–33.
69 Ebd.
70 Vgl. R. J. Evans und W. R. Lee (Hg.): The German Peasantry. Conflict and Community in Rural Society from the 18th to the 20th Centuries, London 1987, insbesondere die Beiträge von C. S. Catt und W. Kaschuba.
71 J. J. Sheehan: Liberalism and the City in 19th-century Germany, in: Past and Present, 51, 1971, S. 116–37.
72 v. Eckardt: Lebenserinnerungen I, S. 258.

Ungleichheit im Alltag

1 v. Eckardt: Lebenserinnerungen I, S. 207.
2 Schmidt: Die Revolution, S. 16 bis 20; A. Kraus: Die Unterschichten Hamburgs in der ersten Hälfte des 19. Jahrhunderts. Entstehung, Struktur, Lebensverhältnisse. Eine historisch-statistische Untersuchung, Sozialwissenschaftliche Studien, 9, Stuttgart 1965, S. 74.
3 Kraus: Die Unterschichten, S. 74f.
4 Schmidt: Die Revolution, S. 20.
5 Kraus: Die Unterschichten, S. 74.
6 Zitiert, ebd., S. 78.
7 Schmidt: Die Revolution, S. 18.
8 A. Kraus: Die Unterschichten und Sozialpolitik in Hamburg, 1815 bis 1848, in: Herzig u. a.: Arbeiter in Hamburg, S. 71–77, hier S. 76.
9 Zitiert in Grüttner: Arbeitswelt, S. 81.
10 C. Wischermann: Wohnen in Hamburg vor dem Ersten Weltkrieg, Münster 1983, S. 57.
11 Kraus: Die Unterschichten, S. 31.
12 Der deutliche Unterschied zwischen Staat und Stadt hängt mit den Bewohnern ländlicher Gebiete und Exklaven zusammen, wie z. B. Amt

Ritzebüttel (einschließlich Cuxhaven) an der Elbmündung.

13 D. Langewiesche: Die Zeit des Kaiserreichs, in: Herzig u. a.: Arbeiter in Hamburg, S. 16; H. Kutz-Bauer: Arbeiterschaft und Sozialdemokratie in Hamburg vom Gründerkrach bis zum Ende des Sozialistengesetzes, ebd., S. 179–92, hier S. 180.

14 A. Herzig: Vom ausgehenden 18. Jahrhundert bis zu den 1860er Jahren, in: ebd., S. 10.

15 P. E. Schramm: Hamburg, Deutschland und die Welt. Leistung und Grenzen hanseatischen Bürgertums in der Zeit zwischen Napoleon I. und Bismarck. Ein Kapitel deutscher Geschichte, München 1943, S. 348.

16 StA Hbg, FA Voigt B68: J. F. Voigt: MS. über die Wohnungen hamburgischer Senatsmitglieder 1712 bis 1911.

17 StA Hbg, FA Merck II 9 Konv. 4a, Heft II, S. 16.

18 Statistische Belege vgl. Tabelle 15. Mit Bezug auf Senatorenfamilien in Harvestehude S. 87, 90 vgl. Jahresbericht des Armenpflegevereins zu Harvestehude für das Jahr 1897 (Liste der Spender). Eine überaus sorgfältige und gründliche Untersuchung der Trennung nach Wohngebieten findet sich in: Wischermann: Wohnen in Hamburg, S. 266–399. Wischermann vermeidet sorgfältig den Begriff der Klasse und weist auf die Schwierigkeiten hin, die es bereitet, Verwaltungsbezirke mit gesellschaftlich definierten Gebieten zur Deckung zu bringen. Doch läßt sich diese Schwierigkeit mit Hilfe qualitativer Nachweise überwinden, und Hinweise auf ein Klassenbewußtsein kann man (mit allen Vorbehalten) Wahlstatistiken entnehmen (siehe Karten 13–15). Wischermann meldet jedoch mit Recht Vorbehalte zur Bruno Fritzsches Behauptung an, daß die Lage der Wohngebiete für die Herausbildung der Arbeiterbewegung im allgemeinen und des Klassenbewußtseins im besonderen eine bedeutendere Rolle gespielt habe als der Arbeitsplatz. B. Fritzsche: Das Quartier als Lebensraum, in: W. Conze und U. Engelhardt (Hg.): Arbeiterexistenz im 19. Jahrhundert, Stuttgart 1981, S. 92–113, hier S. 104, behandelt in: Wischermann; Wohnungen in Hamburg, S. 398f. Eine weitere Untersuchung der Trennung nach Wohngebieten findet sich in I. Fischer: Industrialisierung, sozialer Konflikt und politische Willensbildung in der Stadtgemeinde. Ein Beitrag zur Sozialgeschichte Augsburgs 1840–1914, Augsburg 1977, S. 107–13.

19 Für das Nachstehende vgl. H. Fiege: Aus dem Leben eines unteren Postbeamten vor dem Ersten Weltkrieg, in: Hamburgische Geschichts- und Heimatblätter, 10, 5, 1978, S. 119–32.

20 W. Kaisen: Meine Arbeit, Mein Leben, München 1967.

21 R. Neddermeyer: Es begann in Hamburg... Ein deutscher Kommunist erzählt aus seinem Leben, Berlin 1980, S. 10–19.

22 Ein Blick in die Haushaltung einer Hamburger Arbeiterfamilie, in: Mitteilungen aus der Arbeit der Hamburger Stadtmission, 20, 1899, S. 77–85.

23 Weitere Angaben zu dem Einkommen von Hafenarbeitern vgl. Grüttner: Arbeitswelt, S. 48–56.

24 Eine weitere Behandlung der Ernährungsfrage vgl. zweites Kapitel, Etwas anderes zu essen.

25 Zu Religion und Kirche vgl. S. 141 bis 44.

26 Wischermann: Wohnen in Hamburg, S. 39f.
27 Ebd., S. 43f.
28 Ebd., S. 67; sowie Kutz-Bauer: Arbeiterschaft, S. 182. Vgl. auch Tafel 13.
29 SHS 17, 1904, S. 39. Schlußfolgerungen über die von Einkommensgruppen oberhalb der allerniedrigsten Stufe aufzubringenden Mietkosten werden dadurch verfälscht, daß die Zahl der Wohnungseigentümer mit steigendem Einkommen anwächst; diese Belastung ist bei höheren Einkommensgruppen bedeutungslos, es sei denn, man bezöge Hypothekenbelastungen mit ein. Diese Überlegung könnte Wischermanns Untersuchung in: Wohnen in Hamburg, S. 201–203, als höchst problematisch erscheinen lassen. Vgl. H. Kutz-Bauer: Arbeiterschaft, Arbeiterbewegung und bürgerlicher Staat in der Zeit der Großen Depression. Eine regional- und sozialgeschichtliche Studie zur Geschichte der Arbeiterbewegung im Großraum Hamburg 1873 bis 1890, Bonn 1988, S. 74–84.
30 Grüttner: Arbeitswelt, S. 105.
31 G. Koch: Beiträge zur Statistik der Löhne und Preise in Hamburg, Hamburg 1891, S. 11.
32 J. C. F. Nessmann: Ein Beitrag zur Statistik der Löhne und Preise, Hamburg 1876, S. 3f.
33 Wischermann: Wohnen in Hamburg, S. 191–213, liefert Durchschnittszahlen, die in diesem Zusammenhang wenig hilfreich sind.
34 Kraus: Die Unterschichten, S. 60 bis 67.
35 Nessmann: Ein Beitrag zur Statistik, S. 4.
36 Ebd.
37 Kutz-Bauer: Arbeiterschaft, S. 182; Grüttner: Arbeitswelt, S. 52; Koch: Beiträge zur Statistik, S. 16–18, S. 24. Das Übergewicht der Miete bei den Ausgaben zeigt sich in den hohen Korrelationen zwischen den Anteilen an Haushalten in jedem Stadtteil Hamburgs, die weniger als dreihundert Mark Jahresmiete zahlten, und dem Prozentsatz an Arbeitern (0.88) sowie dem an Angestellten (0.83) in der berufstätigen Bevölkerung (vgl. Tabelle 15). Vgl. Kutz-Bauer: Arbeiterschaft, Arbeiterbewegung, S. 100 bis 107.
38 Einzelheiten in Koch: Beiträge zur Statistik.
39 Wischermann: Wohnen in Hamburg, S. 202f; Kutz-Bauer: Arbeiterschaft, S. 180; SHS, 17, 1904, S. 30. Die Zahlen bei Wischermann (S. 203) sind am unteren Ende der Skala unzulänglich differenziert und beziehen nicht die Personen mit ein, deren Einkommen unterhalb der Steuerschwelle lag.
40 Koch: Beiträge zur Statistik, S. 27–31.
41 Vgl. S. 95, S. 97.
42 Kutz-Bauer: Arbeiterschaft, S. 189, Anmerkung 12 und Anmerkung 14; Kutz-Bauer: Arbeiterschaft, Arbeiterbewegung, S. 107–110.
43 Kraus: Unterschichten, S. 75.
44 Ebd., S. 72.
45 A. Herzig: Vom «Hamburger Modell» zum «Elberfelder System», in: B. Mehnke: Armut und Elend in Hamburg. Eine Untersuchung über das öffentliche Armenwesen in der ersten Hälfte des 19. Jahrhunderts, in: Ergebnisse, Heft 17, Hamburg 1982, S. IV.
46 Mehnke: Armut und Elend in Hamburg, S. 63, S. 160.
47 Ebd., S. 138.
48 Ebd., S. 62f; S. 62, Anm. 2, S. 130.

49 Kraus: Die Unterschichten, S. 64.
50 Mehnke: Armut und Elend, S. 137, S. 152.
51 SHS, 3, 1871, S. 103.
52 Statistisches Handbuch für den Hamburgischen Staat, 1891, S. 296.
53 Vgl. auch Hermann Joachim: Handbuch der Wohltätigkeit in Hamburg, Hamburg [2]1909.
54 Statistisches Handbuch für den Hamburgischen Staat, 1885, S. 210; ebd., 1891, S. 285.
55 Ebd., 1891, S. 285.
56 Das öffentliche Armenwesen in Hamburg während der Jahre 1893–1903. Darstellung seiner Reorganisation und weiteren Entwikkelung, herausgegeben vom Armenkollegium, Hamburg 1903, S. 7f.
57 Ebd., S. 213.
58 Vgl. auch die Anmerkungen in Wischermann: Wohnen in Hamburg, S. 213.
59 Kutz-Bauer: Arbeiterschaft, S. 180.
60 Wischermann: Wohnen in Hamburg, S. 203.
61 Vgl. D. F. Crew: Bochum. Sozialgeschichte einer Industriestadt 1860–1914, Berlin 1980; E. Lucas: Arbeiterradikalismus: Zwei Formen von Radikalismus in der deutschen Arbeiterbewegung, Frankfurt a. M. 1976.

Die Bedrohung von unten

1 Kraus: Unterschichten, S. 71–77, hier S. 75. Die von Herzig in seiner Untersuchung «Vom ‹Hamburger Modell› zum ‹Elberfelder System›» angesprochenen beunruhigenden Empfindungen – «Im Hamburger Pöbel steckt ein wildes Thier» (F. Sass, 1842) – (Einleitung, Mehnke: Armut und Elend, S. VIII) gehen auf ein in Leipzig erschienenes Buch zurück. Sie scheinen nicht die Ansichten des Hamburger Großbürgertums wiederzugeben.
2 Vgl. A. Herzig: Organisationsformen und Bewußtseinsprozesse Hamburger Handwerker und Arbeiter in der Zeit 1790–1848, in: Herzig u. a.: Arbeiter in Hamburg, S. 95–108, hier S. 103.
3 Vgl. J. Breuilly und W. Sachse: Joachim Friedrich Martens und die deutsche Arbeiterbewegung, Göttingen 1984; sowie allgemeiner H. Laufenbergs klassisches Werk «Geschichte der Arbeiterbewegung in Hamburg-Altona und Umgegend», 2 Bde., Hamburg 1911–31.
4 A. Herzig: Vom ausgehenden 18. Jahrhundert bis zu den 1860er Jahren, in: Herzig u. a.: Arbeiter in Hamburg, S. 9-16, hier S. 15f. Um Verwechslungen zu vermeiden, wird die Partei im weiteren Verlauf des vorliegenden Buches durchgehend als Sozialdemokratische Partei bezeichnet.
5 Zu ähnlichen Beispielen dafür, wie sich das eingeschränkte örtliche Wahlrecht auswirkte, wie auch für das Desinteresse der Sozialdemokraten an der Lokalpolitik vgl. Fischer: Industrialisierung, S. 107 bis 13, S. 223 und S. 378f; A. von Saldern: Vom Einwohner zum Bürger. Zur Emanzipation der städtischen Unterschicht Göttingens 1890 bis 1920. Eine sozial- und kommunalhistorische Untersuchung, Berlin 1973, S. 422–24; sowie K. Jasper: Der Urbanisierungsprozeß dargestellt am Beispiel der Stadt Köln, Köln 1977, S. 252–54.
6 Die Stimmen für die Sozialdemokraten standen – je nach Stadtteil – in negativer Korrelation zu Angestellten (−0.80), wirtschaftlich selbständigen Erwerbstätigen (−0.87)

sowie Bürgern (−0.74); ihr entgegen stand eine äußerst hohe Korrelation zum Anteil an Arbeitern je nach Stadtteil (0.95). Die Stimmabgabe für die Nationalliberalen stand in positiver Korrelation zu Angestellten (0.76), den wirtschaftlich Selbständigen (0.74) und den Bürgern, je nach Stadtteil (0.71). In welchem Ausmaß ein hoher Anteil für die Sozialdemokraten in einem Bezirk abgegebener Stimmen die bürgerlichen Wähler ins Lager der Nationalliberalen trieb, wird an der hohen negativen Korrelation (−0.92) zwischen beiden erkennbar. Die Unfähigkeit der Linksliberalen, in überzeugender Weise eine einzelne Gruppe in die Hand zu bekommen, zeigt sich an den geringen Korrelationen ihres Stimmenanteils zu wirtschaftlich Selbständigen (0.50) und Angestellten je nach Stadtteil (0.25). (Pearsons Produkt-Moment Korrelations-Koeffizient für zwanzig Stadtteile, Karten 5, 6, 7, 13, 14, 15, 16).

7 StA Hbg, PP S3625 Bd. 5: Hamburger Fremdenblatt, 14. Juni 1893.

8 G. Trautmann: Das Scheitern liberaler Vereinspolitik und die Entstehung der sozialistischen Arbeiterbewegung in Hamburg zwischen 1862 und 1871, in: Herzig u. a.: Arbeiter in Hamburg, S. 163–76, hier S. 170–73; sowie Herzig: Vom ausgehenden 18. Jahrhundert, ebd., S. 12.

9 Grüttner: Arbeitswelt, S. 135.

10 Zitiert in Grüttner: Arbeitswelt, S. 135.

11 Zitiert in Grüttner: Arbeitswelt, S. 145.

12 J. Berlin (Hg.): Das andere Hamburg. Freiheitliche und demokratische Bestrebungen in der Hansestadt seit dem Spätmittelalter, Hamburg 1981, S. 7.

13 A. Lessat: Vom ‹Corps der Nachtwache› zur modernen Schutzpolizei. Aus der 150jährigen Geschichte der Polizeibehörde Hamburg, in: Hundertfünfzig Jahre Hamburger Polizei (1814–1964), Hamburg 1964, S. 17. Das Zitat stammt aus dem Jahr 1826.

14 150 Jahre Hamburger Polizei, Hamburg 1964. Auch wenn es sich hier um eine ganz andere, kürzere Darstellung handelt als die in Anmerkung 13 zitierte, scheint sie sich auf solide Forschungsarbeit in den Archiven zu stützen.

15 Ebd.; sowie W. Henze: ‹Dem Nachtwächter wird hiemit anbefohlen...›: Aus «Reglements», «Instructionen», alten Dienstvorschriften und über Organisationsformen der Hamburger Polizei, in: Hundertfünfzig Jahre Hamburger Polizei (1814–1964), S. 104 (vgl. Anmerkung 13 in diesem Abschnitt).

16 Lessat: Vom ‹Corps der Nachtwache...›, S. 25.

17 Ebd., S. 27; Henze: ‹Dem Nachtwächter...›, S. 107.

18 150 Jahre Hamburger Polizei (vgl. Anmerkung 14 in diesem Abschnitt).

19 Ebd.

20 Klessmann: Geschichte, S. 425.

21 T. Offermann: Arbeiterbewegung, Bürgertum und Staat in Hamburg 1850–1862/63, in: Herzig u. a.: Arbeiter in Hamburg, S. 121–37, hier S. 128.

22 150 Jahre Hamburger Polizei (vgl. Anmerkung 14 in diesem Abschnitt); A. Lessat: Alte Kameraden... Aus der Geschichte Hamburger Polizeiuniformen, in: Hundertfünfzig Jahre Hamburger Poli-

zei (1814–1964), S. 84 (vgl. Anmerkung 14 in diesem Abschnitt).
23 Kutz-Bauer: Arbeiterschaft, S. 179 bis 92, hier S. 184f.
24 Ebd., S. 185 sowie Anmerkungen 69 und 80. Für eine Schilderung von Hachmanns Charakter vgl. S. 393 bis 5.
25 Kutz-Bauer: Arbeiterschaft, S. 185. Für den Bericht über die bei den Prügeleien üblichen Gepflogenheiten an der Grenze zwischen Hamburg und Altona vgl. H. Reuss-Löwenstein: Kreuzfahrt meines Lebens. Erinnerungen, Hamburg 1962, S. 4.
26 Lessat: Vom ‹Corps der Nachtwache›, S. 38, S. 41; Henze: ‹Dem Nachtwächter...›, S. 113.
27 Lessat: Vom ‹Corps der Nachtwache›, S. 38.
28 «Henze: Dem Nachtwächter...›, S. 113.
29 Ebd.; fortan hieß es «Oberwachtmeister» statt «Sergeant», «Wachtmeister» statt «Offiziant» und «Schutzmann» statt «Constabler».
30 Vgl. J. Jensen: Presse und politische Polizei. Hamburgs Zeitungen unter dem Sozialistengesetz 1878 – 1890, Hannover 1966.
31 StA Hbg, FA Buehl 2c, S. 24.
32 Mit Bezug darauf vgl. eine Kurzdarstellung bei Eckardt: Privilegien und Parlament, S. 17.
33 v. Eckardt: Lebenserinnerungen II, S. 15; StA Hbg, FA Buehl 2c, S. 52f; ebd., FA Lippman A 4, Bd. 2, Teil 1, S. 5–9, ebd.; FA Mönckeberg 21a, S. 277.
34 J. Whaley: Toleration and Society in Hamburg 1529–1819, Cambridge 1985.
35 Klessmann: Geschichte, S. 433.
36 Die Darstellung der ‹Habitfrage› hier und in den folgenden Absätzen stammt aus R. Hauschild-Thiessen: Bürgerstolz, S. 33–46. Vgl. auch Tafeln 1 und 2.
37 StA Hbg, FA Merck II 9 Konv. 4a, Heft II, S. 9.
38 R. Hauschild-Thiessen: Bürgerstolz und Kaisertreue, S. 7.
39 StA Hbg, FA Merck II 9 Konv. 4a, Heft II, S. 11.
40 v. Eckardt: Lebenserinnerungen II, S. 48.
41 Vgl. D. Cannadine: The Context, Performance and Meaning of Ritual: The British Monarchy and the ‹Invention of Tradition›, c. 1820 – 1977, in: E. Hobsbawm and T. Ranger (Hg.): The Invention of Tradition, Cambridge 1983, S. 101 – 64.
42 Das öffentliche Armenwesen, S. 9, 15–17.
43 B. Weisbrod: Wohltätigkeit und symbolische Gewalt in der Frühindustrialisierung. Städtische Armut und Armenpolitik in Wuppertal, in: H. Mommsen und W. Schulze: Vom Elend der Handarbeit. Probleme historischer Unterschichtenforschung, Stuttgart 1981, S. 334 – 57, hier S. 355.
44 Vgl. S. 51–3 und S. 108–113.
45 Das öffentliche Armenwesen, S. 18.
46 H. G. Bergemann: Staat und Kirche in Hamburg während des 19. Jahrhunderts, Hamburg, 1958, S. 83. Abweichende Vereinbarungen wurden für die kleinen Gemeinden der Katholiken und Juden getroffen.
47 StA Hbg, FA Buehl 2c, S. 35, S. 75–78; Schröder: Blütezeit, S. 75.
48 Schröder: Blütezeit, S. 75.
49 C. K. G. Behrmann: Erinnerungen, Berlin 1904, S. 268f; Bergemann: Staat und Kirche, S. 62.
50 Behrmann: Erinnerungen, S. 389.
51 Schröder: Blütezeit, S. 75.
52 Behrmann: Erinnerungen, S. 238.
53 Bergemann: Staat und Kirche, S. 83; Behrmann: Erinnerungen, S. 238.

54 Vgl. H. McLeod: Protestantism and the Working Class in Imperial Germany, in: European Studies Review, 12, 1982, S. 323–44.

55 Kaisen: Meine Arbeit, S. 213.

56 Behrmann: Erinnerungen, S. 174, S. 233.

57 Vgl. K. Schlegel: Mistress and Servant in Nineteenth-Century Hamburg, in: History Workshop Journal, 15, 1983, S. 60–77.

58 Plagemann: Industriekultur, S. 225.

59 H. Naumann: Wilhelm Koenen, Halle 1973, S. 8.

60 Für den allgemeinen Hintergrund zu diesem Argument vgl. R. J. Evans (Hg.): The German Working Class 1888 – 1933: The Politics of Everyday Life, London 1982.

61 Grüttner: Arbeitswelt, S. 21.

2. Die Krise der städtischen Umwelt

Seife und Kultur

1 Für eine Zusammenfassung der Auseinandersetzung und ihrer geschichtlichen Entwicklung vgl. E. Schramm: Ökologie-Lesebuch. Ausgewählte Texte zur Entwicklung ökologischen Denkens, Frankfurt a. M. 1984.

2 Ein erster, wenn auch recht schematischer Versuch einer Gesamtdarstellung findet sich in W. Stenz u. a.: Zu den Beziehungen zwischen Gesellschaft und Umwelt von der Industriellen Revolution bis zum Übergang zum Imperialismus, in: Jahrbuch für Wirtschaftsgeschichte, I, 1984, S. 81–132. Vgl. auch K. G. Wey: Umweltpolitik in Deutschland. Kurze Geschichte des Umweltschutzes in Deutschland seit 1900, Opladen 1982.

3 Starken Einfluß hat auch die auf F. Braudel: La Méditerranée et le monde méditerranéen à l'époque de Philippe II, 2 Bde, Paris 1949, zurückgehende Tradition ausgeübt.

4 Ein großer Teil davon wird zusammengefaßt und weitergeführt in A. S. Wohl: Endangered Lives: Public Health in Victorian Britain, London 1983.

5 Vgl. insbesondere A. Corbin: Pesthauch und Blütenduft. Eine Geschichte des Geruchs, Berlin 1984.

6 Reste dieser Betrachtungsweise finden sich noch in Wohl: Endangered Lives. Die deutsche Literatur zu diesem Gegenstand nimmt hingegen einen deutlich pessimistischeren Standpunkt ein. Vgl. dazu Wey: Umweltpolitik, sowie G. Spelsberg: Rauchplage: Hundert Jahre Saurer Regen, Aachen 1984. Die Frage von Gewinn und Verlust mit Bezug auf die Umweltreform wird uns erneut im sechsten Kapitel (Die Umgestaltung der Gesellschaft) beschäftigen.

7 Insbesondere William Lindley und Franz Andreas Meyer (vgl. zweites Kapitel, Abschnitt Trübe Wasser).

8 Für Beispiele der Umweltverschmutzung in der vorindustriellen Stadt vgl. Spelsberg: Rauchplage, S. 17–20.

9 R. D. Sieferle: Der unterirdische Wald. Energiekrise und industrielle Revolution, München 1982.

10 Vgl. erstes Kapitel, Innenansicht einer Handelsstadt, Abschnitt: Die Bedrohung von unten.

11 Über einige Vorstellungen zur Bedeutung von Pferden in der Gesellschaft des 19. Jahrhunderts vgl. F. M. L. Thompson: Victorian England: the Horse-drawn Society, London 1970.

12 SHS, 15, 1894, S. 150–66.

13 SHS, 6, 1873, S. 1–30; gleichfalls für die Zahlen im vorigen Abschnitt.

14 StA Hbg, MK II A 3a Bd. 1, Bl. 120: Hamburgischer Correspondent, 13. Februar 1906.
15 H. Wachendorf: Im Gängeviertel stand meines Vaters Wiege (Typoskript, Exemplar in StA Hbg), S. 14.
16 SHS, 6, 1873, S. 1–30, S. 15; 1894, S. 150–66.
17 StA Hbg, MK II G 6 Bd. 1, Bl. 65ff.
18 C. Rosenberg: The Cholera Years. The United States in 1832, 1849 and 1866, Chicago 1968.
19 F. B. Smith: The People's Health 1830–1900, London 1979, S. 197f.
20 StA Hbg; MK II G 6 Bd. 1, Bl. 65ff.
21 SHS, 15, 1894, S. 150–66; A. Obst: Geschichte der Hamburger Bürgervereine, Hamburg 1911, S. 77; StA Hbg, PP S3496 Bd. 1; Hamburger Echo, 12. Juli 1894.
22 SHS, 15, 1894, S. 150–66; StA Hbg, MK II G 6 Bd. 2, Bl. 56a, Bl. 59.
23 Ebd., Bl. 45: Neue Hamburger Zeitung, 30. April 1908.
24 Ebd., Bl. 40h; Hamburger Fremdenblatt, 16. August 1908.
25 Ebd., Bl. 40n.
26 Ebd., Hamburger Fremdenblatt, 28. August 1908.
27 StA Hbg, MK III C 2 Bd. 1, Bl. 30: Bericht über eine Berathung, betreffend Maßnahmen zur Verhütung der Einschleppung der Pest durch *Ratten* in Hamburg, 10. Oktober 1899; ebd. Bl. 47; Hamburgischer Correspondent, 4. November 1899.
28 Ebd., Bl. 134: Hamburger Neueste Nachrichten, 16. Februar 1900.
29 BA Koblenz R86/954, Bd. 1, Zusammenstellung der in Hamburg bestehenden Anordnungen zur Durchführung des Reichsgesetzes (etc.), Dez. 1902, Anlage 8: A. Versmann: Maßnahmen zur Vernichtung der Ratten im Hamburgischen Staate, S. 6–8.
30 Ebd., Bl. 148 (Bericht vom 26. Februar 1900).
31 Ebd., Bl. 168.
32 StA Hbg, MK II G 15 Bd. 1, Bl. 60: B. Mehnke: Armut und Elend in Hamburg, in: Ergebnisse, Heft 17, Hamburg 1982, S. 20f, S. 73.
33 Wachendorf: Im Gängeviertel, S. 19f.
34 StA Hbg, MK III H 12 Bd. 1, Bl. 10; Sitzung betr. Bekämpfung der Krätze, 25. Februar 1911.
35 Wohl: Endangered Lives, S. 72–76.
36 Ebd., S. 72.
37 Der berühmte britische Ingenieur französischer Abstammung Mark Isambard Brunel führte Verbesserungen im Schiffbau ein, erfand zahlreiche Maschinen auf verschiedenen technischen Gebieten und baute 1825–41 den ersten Themse-Tunnel. Auch sein Sohn Isambard Kingdom Brunel erlangte Ruhm als Ingenieur, vor allem mit dem Bau der damals größten Transatlantikschiffe.
38 G. Leo: William Lindley: Ein Pionier der Technischen Hygiene, Hamburg 1969, S. 13–28. Vgl. auch Tafel 13.
39 W. Lindley: Öffentliche Wasch- und Bade-Häuser, Hamburg 1851, S. 16f. Die im Original vor jedem Satz stehenden Ziffern wurden getilgt.
40 Ebd.
41 Ebd., S. 9f.
42 Die Gesundheitsverhältnisse Hamburgs im 19. Jahrhundert, Hamburg 1901, S. 73.
43 Wohl: Endangered Lives, S. 74.
44 Die Gesundheitsverhältnisse, S. 73; Wachendorf: Im Gängeviertel, S. 15.
45 Lindley: Öffentliche Wasch- und Badehäuser, S. 9.
46 Wohl: Endangered Lives, S. 205 bis

32, liefert eine Vorstellung von der Vielzahl der giftigen Dämpfe, welche die Industrie des 19. Jahrhunderts erzeugte.

47 Bürgerschaft, 29. Dezember 1890.

48 K. Scheffler: Der junge Tobias. Eine Jugend und ihre Umwelt, Hamburg und München 1962, S. 21.

49 StA Hbg, MK II E6 Bd. 1: Neue Hamburger Zeitung, 25. Januar 1899.

50 G. Spelsberg: Rauchplage, S. 77. Darin zitiert er A. Reich: Leitfaden für die Ruß- und Rauchfrage, Berlin und München 1917. In «Rauchplage» merkt Spelsberg als Beispiel für die Auswirkungen der Luftverschmutzung auf das Wetter an, daß es in München von 1877 bis 1895 jährlich 59, von 1895 bis 1905 hingegen 80 Nebeltage gegeben habe. Mit Bezug auf die für 1899 geltenden Zitate vgl. StA Hbg, Mk II E6 Bd. I: Bericht des... Ausschusses... betr. die Beseitigung von Rauch und Ruß (Bürgerschafts-Drucksache Nr. 39, Oktober 1899).

51 Behrmann: Erinnerungen, S. 278.

52 Vgl. den entsprechenden Antrag in: Bürgerschaft, 29. Dezember 1890; sowie E. Müller: Kleine Beiträge zur Geschichte des Billwärder Ausschlags, Hamburg 1902, S. 24.

53 Der gegen Ende des 19. Jahrhunderts in manchen Teilen der Stadt zunehmende Straßenlärm trug vermutlich zum Schließen der Fenster und damit zur Verminderung der Lüftung bei. Vgl. O. Pelc: ‹... Geräuschloses Pflaster wäre wünschenswert›. Die Bemühungen einer Hamburger Schule um Lärmschutz zu Beginn dieses Jahrhunderts, in: Hamburgische Geschichts- und Heimatblätter, II, I, 1982, S. 13–24.

54 StA Hbg, MK II E6, Bd. 1, Bl. 22, Bl. 25.

55 Ebd., Bl. 26, Bericht Kraus, 29. Dez. 1882.

56 Ebd., Bl. 25. Zum allgemeinen Hintergrund vgl. Spelsberg: Rauchplage, S. 92–104.

57 StA Hbg, MK II E6, Bd. 1, Bl. 104: Hamburger Fremdenblatt, 7. Oktober 1899.

58 Bürgerschaft, 29. Dezember 1890.

59 StA Hbg, MK II E6, Bd. 1: Bezirksverein deutscher Ingenieure zu Hamburg: Aus der Versammlung am 5. Dezember 1882.

60 Ebd., B. 117a: Bericht des... Ausschusses... betr. die Beseitigung von Rauch und Ruß (Bürgerschafts-Drucksache Nr. 39, Oktober 1899).

61 Vgl. Wohl: Endangered Lives, S. 205–32.

62 StA Hbg, MK II E6 Bd. 1, Bl. 104: Hamburger Fremdenblatt, 7. Oktober 1898.

63 Ebd., B. 117a: Hamburgischer Correspondent, 2. November 1899, Rede von P. Müller. Vgl. ebd., Bericht..., Oktober 1899, S. 3.

64 StA Hbg, MK II E6, Bd. 1, Bl. 106.

65 Bürgerschaft, 29. Dezember 1890.

66 StA Hbg, MK II E6, Bd. 1, Bl. 117a: Bericht..., Oktober 1899.

67 Ebd., Bl. 117a: Hamburgischer Correspondent, 2. November 1899.

68 Ebd., Bl. 118: Hamburger Nachrichten, 21. Oktober 1899.

69 Ebd., Bl. 117a: Hamburgischer Correspondent, 2. November 1899.

70 Ebd., Bl. 127: Mitteilung des Senats an die Bürgerschaft, Nr. 83, 6. Mai 1901, S. 1.

71 Ebd., S. 6.

72 Ebd., Bl. 107: Hamburger Fremdenblatt, 7. Oktober 1898.

73 Ebd., Bl. 162f. Vgl. Spelsberg: Rauchplage, für die auch an anderer

Stelle ähnliches Versagen der Eindämmungsmaßnahmen.

74 StA Hbg, FA Merck II 9 Konv. 4a, Heft II, S. 2.

75 Ebd. FA Voigt B 68.

Die Ursachen der Verschmutzung

1 StA Hbg. Senat, Cl. VII, Lit. Cc, Nr. 3b, Vol. 54, Bericht des von der Bürgerschaft am 27. März 1878 niedergesetzten Ausschusses zur Berathung von Maßregeln betreffend Verbesserung der Gassenreinigung und Abfuhr in Stadt und Vororten, S. 385; J. H. Scholz: Freimüthige und bescheidene Rügen einer hamburgischen Polizei-Mängel nebst unmaßgeblichen Vorschlägen zu ihrer Abstellung. Eine patriotische Schrift zur Beherzigung für Gesetz-Geber und Gesetz-Pflichtige, Hamburg 1810, S. 38f.

2 StA Hbg, Senat Cl. VII, Lit. Cc, Nr. 3b, Vol. 61: M. Knauff: Behandlung fester Stadtabfälle, in: Gläser's Annalen für Gewerbe und Bauwesen, Nr. 263, 1. Juni 1888, S. 219. Die Berechnung für Hamburg erfolgte nach Knauffs Schätzungen auf der Grundlage einer Stadt von 100000 Einwohnern. Dazu paßt eine zeitgenössische Schätzung, daß in den fünfziger Jahren des 19. Jahrhunderts auf die Straßen Londons jedes Jahr 20000 Tonnen Mist herniedergingen (Wohl: Endangered Lives, S. 81). Vgl. auch Corbin: Pesthauch, S. 154–56.

3 S. StA Hbg, BD B1550, Bericht von Ingenieur Westphalen, Bl. 9; 14. Januar 1847.

4 J. J. Rambach: Versuch einer physisch-medizinischen Beschreibung von Hamburg, Hamburg 1801, S. 29f.

5 StA Hbg, BD B1553, passim. Erinnerungen an den Staub und die Sprengwagen finden sich in StA Hbg, FA Merck II 9 Konv. 4a, Heft II, S. 2–4.

6 StA Hbg, Senat Cl. VII, Lit. Cc, Nr. 3b, Vol. 59.

7 Ebd., Drucksache Nr. 17: Zweiter Bericht des von der Bürgerschaft am 14. Mai 1884 niedergesetzten Ausschusses über den Antrag von Dr. Gerson, betreffend Abänderung des Regulativs der Stadtwasserkunst, S. 3.

8 StA Hbg, MK II G 4 Bd. I: Bericht über die Ergebnisse der Sanitäts-Revision im I. Physicatsbezirk von 5. September bis 10. October 1871.

9 Rambach: Versuch, S. 47f.

10 Ebd., S. 50.

11 Ein nützlicher Abriß dieses Verfahrens findet sich in: Die Gesundheitsverhältnisse, S. 42; vgl. aber auch Anmerkung 65 zu diesem Abschnitt. Die dort geschilderte Erfahrung Hamburgs zeigt, daß dies Geschäft keineswegs so einträglich war, wie man annehmen könnte, wenn man bedenkt, daß es in Charles Dickens' Roman «Unser gemeinsamer Freund» um geerbte Abfallhaufen («dust heaps») in London geht.

12 Rambach: Versuch, S. 28; Scholz: Freimüthige und bescheidene Rügen, S. 19.

13 Freimüthige und bescheidene Rügen, S. 19; Rambach: Versuch, S. 28.

14 StA Hbg, Senat Cl. VII, Lit. Cc, Nr. 3b, Vol. 32, Bl. 1, Bl. 5, S. 8.

15 Ebd., Bekanntmachung vom 1. Dezember 1819.

16 StA Hbg, BD B1547, Notiz vom 10. Februar 1831.

17 Ebd., Notiz vom 24. Juli 1839; StA Hbg, BD B1549, Notiz vom 2. August 1836.

18 StA Hbg, BD B1548 passim.

19 StA Hbg, Senat, Cl. VII, Lit. Cc, Nr. 3b, Vol. 54: Bericht des von der Bürgerschaft am 27. März 1878 niedergesetzten Ausschusses zur Berathung von Maßregeln betreffend Verbesserung der Gassenreinigung und Abfuhr in Stadt und Vororten, Drucksache Nr. 61, Oktober 1879, S. 383.
20 Ebd., Bd. 32, Vol. 8.
21 Ebd., Vol. 48, Bl. 26: Protocolle über die Berathungen der von der Commission zur Berathung verbesserter Einrichtungen für die Gassenreinigung u. w. d. a. eingesetzten Subcommission 5. Februar – 1. April 1874, S. 2.
22 Kaisen: Meine Arbeit, S. 13.
23 H. Eichhorn, O. Roeder und C. v. Salviati: Die Abfuhr und Verwerthung der Dungstoffe in verschiedenen deutschen und außerdeutschen Städten und darauf bezügliche Vorschläge für Berlin, Berlin 1865, S. 93ff, zitiert in P. Gleichmann: Die Verhäuslichung körperlicher Verrichtungen, In: P. Gleichmann, J. Goudsblom und H. Korte (Hg.): Materialien zu Norbert Elias' Zivilisationstheorie, Frankfurt a. M. 1977, S. 264.
24 Ebd., S. 266. Ähnliche Belege für französische Projekte, Exkremente gewinnbringend zu verwenden, finden sich in Corbin: Pesthauch, S. 155.
25 Ebd., S. 269. Zitat J. Bockendahl: Das Erd-, Gruben-, Eimer- und modificierte Wasser-Closet in England, Kiel 1871.
26 Wohl: Endangered Lives, S. 101 bis 11.
27 Gleichmann: Die Verhäuslichung, S. 254–58.
28 R. Spree: Soziale Ungleichheit vor Krankheit und Tod: Zur Sozialgeschichte des Gesundheitsbereichs im Deutschen Kaiserreich, Göttingen 1981, S. 125–28.
29 G. Göckenjan: Kurieren und Staat machen. Gesundheit und Medizin in der bürgerlichen Welt, Frankfurt a. M. 1985, S. 111.
30 Leo: William Lindley, S. 37–44; W. Lindley: Bericht über die Anlage eines neuen Siel-Systems zur Entwässerung der Stadt Hamburg, Hamburg, März 1843; W. Lindley: Erläuterungen zu seinem Bericht über die Anlage eines neuen Sielsystems zur Entwässerung der Stadt Hamburg, Hamburg, Juli 1843.
31 Leo: William Lindley, S. 37–44. Vgl. auch Tafel 12.
32 Ebd., S. 60.
33 StA Hbg, Senat Cl. VII, Lit. Ta, Pars 2, Vol. II, Fasc. 17, Inv. 1a, passim; vgl. Die Gesundheitsverhältnisse, S. 42. Für eine Untersuchung der technischen Seite der Anlage und einen Vergleich mit anderen Kanalisationssystemen derselben Zeit vgl. J. von Simson: Kanalisation und Städtehygiene im 19. Jahrhundert, Düsseldorf 1983.
34 StA Hbg, Senat, Cl VII, Lit. Cc, Nr. 3b, Vl. 54; Bericht, Oktober 1879 (vgl. Anmerkung 19 zu diesem Abschnitt), S. 383.
35 StA Hbg, Polizeibehörde I 44: Fernerer Bericht, 24. Januar 1870.
36 Ebd.
37 StA Hbg, BD B1748 passim.
38 C. Kaiser: Zur Frage der Straßen-Reinigung, Stuttgart 1884, S. 29 (Exemplar in StA Hbg, Senat Cl. VII, Lit. Cc, Nr. 3b, Vol. 56).
39 StA Hbg, Senat, Cl. VII, Lit. Cc, Nr. 3b, Vol. 54: Bericht, Oktober 1879 (vgl. Anmerkung 19 zu diesem Abschnitt), S. 383.
40 Ebd., Bd. 48; Protocolle, 1874 (vgl. Anmerkung 21 zu diesem Abschnitt).

41 Ebd., 26. März 1874.
42 Ebd., Bl. 32: Versammlung der Commission zur Berathung der Reorganisation der Gassenreinigung u. w. d. a. im Rathause am Montage den 20. April 1874.
43 StA Hbg, Polizeibehörde I 60: Landherrenschaft der Marschlande, Dezember 1875.
44 Ebd., Bürgerverein Billwärder Ausschlag an Finanzdeputation, 14. November 1880.
45 Ebd., Polizeibericht 2. Juli 1882 (Bericht 2660).
46 Ebd., Bericht vom 29. März 1884.
47 Ebd., 4. Januar 1882 mit Bezug auf diese Beschwerden.
48 StA Hbg, Polizeibehörde I 44: N. N., 20. September 1882.
49 Ebd., Bericht 20806 Ia, 22. Oktober 1882.
50 Ebd., Roggenbau an Kuhnardt, 6. November 1882.
51 StA Hbg, Senat Cl. VII, Lit. Cc, Nr. 3b, Vol. 48, Bl. 1: Mitteilung des Senats an die Bürgerschaft, Nr. 117, 15. September 1873.
52 Ebd., Bl. 40: Mitteilungen des Senats an die Bürgerschaft, Nr. 54, 1. Mai 1874.
53 StA Hbg, Senat, Cl. VII, Lit. Cc, Nr. 3b, Vol. 54: Bericht, Oktober 1879 (vgl. Anmerkung 21 zu diesem Abschnitt).
54 Mitteilung des Senats an die Bürgerschaft, Nr. 74, 5. Juli 1882.
55 Bericht der Debatte in StA Hbg, Senat, Cl. VII, Lit. Cc, Nr. 3b, Vol. 54.
56 Ebd., Bericht, Oktober 1879, S. 389f (vgl. Anmerkung 21 zu diesem Abschnitt).
57 Vgl. Kaiser: Straßen-Reinigung; Zitate aus Hamburgischer Correspondent, 10. Januar 1886 (Ausschnitt in StA Hbg, Senat Cl. VII, Lit. Cc, Nr. 3b, Vol. 56) sowie aus StA Hbg, PP V164: Versammlungsbericht 21. Juli 1886 (W. Metzger).
58 Bürgerschaft, 25. November 1885 (Bericht in StA Hbg, Senat Cl. VII, Lit. Cc, Nr. 3b, Vol. 56).
59 StA Hbg, Senat Cl. VII, Lit. Cc, Nr. 3b, Vol. 58a, Fasc. 2, Bl. I: Baudeputation – Bericht betr. Abfuhr-Ordnung, 30. Dezember 1892.
60 Vgl. ebd., Fasc. 3: Auszug aus dem Protocolle über die Senats-Sitzung vom 5. Mai 1897; s. auch ebd., Fasc. 1, Bl. 4.
61 Ebd., Fasc. 2, Bl. 1: Baudeputation – Bericht betr. Abfuhr-Ordnung, 30. Dezember 1892.
62 StA Hbg, MK II G 4 Bd. 1: Bericht über die Ergebnisse der Sanitäts-Revision im I. Physicats-Bezirk vom 5. September bis 10. October 1871; ebd., III. Physicats-Bezirk.
63 StA Hbg, Senat, Cl. VII, Lit. Cc, Nr. 3b, Vol. 58a, Fasc. 2, Bl. 1: Baudeputation – Bericht betr. Abfuhr-Ordnung, 30. Dezember 1892.
64 StA Hbg, MK II G 4 Bd. 1: Bericht über die Ergebnisse der Sanitäts-Revision im I. Physicats-Bezirk vom 5. September bis 10. October 1871.
65 StA Hbg, Senat, Cl. VII, Lit. Cc, Nr. 3b, Vol. 58a, Fasc. 4, Bl. 2: Mitteilung des Senats an die Bürgerschaft, Nr. 66, 18. April 1898; Amtsblatt der Freien und Hansestadt Hamburg, Nr. 85, 1899. Der in «Die Gesundheitsverhältnisse» enthaltene Bericht über Kanalisation, Gesundheitswesen und Wasserversorgung im späten 19. Jahrhundert ist äußerst unzuverlässig. Mit solchen Dokumenten wollte man nach der Cholera-Epidemie von 1892 vor allem zeigen, daß die Stadt sauber und in Fragen des Gesundheitswesens gut geführt

war. Das führte zu zahlreichen Ungenauigkeiten. So vermittelt eine neuere auf diese Quelle gestützte Untersuchung wie C. Wischermann: Wohnen in Hamburg vor dem Ersten Weltkrieg, Münster 1983, den gänzlich falschen Eindruck, als seien im Jahr 1888 alle Toiletten in der Stadt an die Kanalisation angeschlossen gewesen (S. 333). Vgl. auch Tafel 10.

66 Wachendorf: Im Gängeviertel, S. 20.

67 Gleichmann: Die Verhäuslichung, S. 257.

68 Ebd., S. 254–55.

69 Die Gesundheitsverhältnisse, S. 44f; die Klage der 22 Vereine findet sich in StA Hbg, BD B1748, Hamburger Fremdenblatt, 28. Oktober 1893.

70 StA Hbg, MK II H 12, Bl. 21: Bürgerverein Neustadt-Süd von 1884 an den Senat, 14. Dezember 1894, und folgende. Vgl. auch Tafel 6.

71 Wachendorf: Im Gängeviertel, S. 16f.

72 StA Hbg, MK II O 1 Bd. 2, Bl. 19: 22. Sitzung der Bürgerschaft vom 12. Juni 1896.

73 StA Hbg, BD B513 passim.

74 Rambach: Versuch, S. 47–49. Vgl. auch Tafel 5.

75 StA Hbg, MK II G 4 Bd. 1: Bericht über die Ergebnisse der Sanitäts-Revision im I. Physicats-Bezirk vom 5. September bis 10. October 1871.

76 Ebd.

77 Ebd.

78 StA Hbg, BD B1745: Matthias Graht, Bericht vom 5. Januar 1865.

79 Rambach: Versuch, S. 47–49.

80 Zur Verschmutzung der Alster und ihrer Nebenflüsse durch Abfall und Abwässer aus Hamburg selbst – ein Problem, das 1870 weitgehend gelöst war – vgl. StA Hbg, BD B1745 passim.

81 StA Hbg, MK II O 1 Bd. 1, Bl. 89a, Bl. 169–73, Berichte des Hygienischen Instituts.

82 Ebd., Bl. 126f (Hamburger Fremdenblatt, 11. Juli 1896; Bericht der Senatskommission betr. die Verunreinigung der Alster, 15. Dezember 1896); ebd., Bd. 4, Bl. 17 (Hamburger Fremdenblatt, 28. Juni 1903); ebd., Bd. 5, Bl. 57 (Hamburger Fremdenblatt, 16. April 1908).

83 StA Hbg, MK II O 2 Bd. 1, Bl. 25, Eingabe vom 10. Mai 1894.

84 Ebd., Bl. 32: Bericht des Hygienischen Instituts betr. die Verunreinigung der Bille und ihrer Zuflüsse, 11. Dezember 1896.

85 Ebd., Bl. 99, Bericht des Hygienischen Instituts, 30. Januar 1909.

86 Ebd.

87 StA Hbg, MK II O 3 Bd. 5, Bl. 75: 3. Bericht des Hygienischen Instituts betr. die Beschaffenheit des Elbwassers, S. 6.

88 Ebd., Bd. 4: Hamburgischer Correspondent, 13. September 1903.

89 Ebd., Bl. 62f, Eingabe von Fischern aus Finkenwerder und Altenwerder an das Reichsgesundheitsamt vom 12. August 1904; sowie ebd., Bd. 2: Hamburger Echo, 22. Juli 1900.

90 StA Hbg, MK II 2 Bd. 2, Bl. 87: Beilagen zu Nr. 91 des Altonaer Mercur-Sonntag, den 17. April 1874.

91 Bürgerschaft, 31. Mai 1893 (Dageför).

92 StA Hbg, MK II O 3 Bd. 4, Bl. 8, S. 231f.

93 Für einen kurzen Bericht über die Flußverschmutzung vgl. J. von Simson: Die Flußverunreinigungsfrage im 19. Jahrhundert, in: Vier-

teljahrschrift für Sozial- und Wirtschaftsgeschichte, 65, 1978, S. 370 bis 90.

Trübe Wasser

1 Leo: William Lindley, S. 45–53.
2 Ebd., S. 47.
3 Für eine detaillierte Beschreibung vgl.: Hamburg und seine Bauten, Hamburg 1913.
4 Die Gesundheitsverhältnisse, S. 49.
5 Leo: William Lindley; vgl. auch bezüglich der in dieser Frage bei verschiedenen Gelegenheiten vom Grundeigentümer-Verein eingenommenen Position R. Hauschild-Thiessen: 150 Jahre Hamburger Grundeigentümerverein.
6 Spree: Soziale Ungleichheit, S. 118 bis 21.
7 Ebd., S. 124f.
8 Ebd.
9 StA Hbg, FA Meyer B11, Stellungnahme zu dem Bericht von Dr. Gerson: In welcher Weise ist eine verbesserte Wasserversorgung Hamburgs herzustellen, S. 14f.
10 StA Hbg, FA Meyer B6, Notizbuch, Frage 10.
11 F. Kraeplin: Die Fauna der Hamburger Wasserleitung, in: Separatabdruck aus dem IX. Band der Abhandlungen des Naturwissenschaftlichen Vereins in Hamburg, Hamburg 1885.
12 Schröder: Aus Hamburgs Blütezeit, S. 82.
13 T. Rumpf: Lebenserinnerungen, Gotha 1925, S. 42.
14 Dr. Bruck in: Bürgerschaft, 9. September 1873.
15 StA Hbg, FA Lippmann A4 Bd. 1, S. 32.
16 J. Schult: Geschichte der Hamburger Arbeiter 1890–1919, Hannover 1968, S. 41.
17 Kraeplin: Die Fauna, S. 8; StA Hbg, FA Merck, II 9, Konv. 4a, Heft II, S. 3; W. Melhop: Alt-Hamburgisches Dasein, Hamburg 1899, S. 56.
18 Die Gesundheitsverhältnisse, S. 50.
19 Vgl. S. 186f.
20 Vgl. S. 177f. und S. 189f.
21 StA Hamburg, MK II A 1 Bd. 1, Bl. 2: Bundesrat, Drucksache, Nr. 25, 9. Februar 1878, S. 15.
22 Ebd.
23 Die Gesundheitsverhältnisse, S. 49f.
24 Leo: William Lindley, S. 66–100.
25 Ebd. Das Zitat befindet sich auf S. 100, Anmerkung 43.
26 StA Hbg, FA Meyer B11, S. 3f. Dem «Hamburger Tageblatt» zufolge trug die Bürgerschaft die Schuld an der Verschleppung in den Jahren 1873-75. Andere Quellen sehen im Senat den Verantwortlichen. Wie dies Zitat erkennen läßt, dürfte sich die Schuld auf beide verteilt haben. (StA Hbg, Senat Cl. VII, Lit. Ta, Pars 2, Vol. II, Fasc. 17 Inv. 1a: Hamburger Tageblatt, 277, 11. November 1892).
27 Für diese Vorfälle vgl. StA Hbg, FA Meyer, B11. Meyers Notizbuch (FA Meyer B6) enthält eine Reihe von Fragen in einem komischen, sehr deutschen Englisch, die er den Ingenieuren in London stellen wollte.
28 Der folgende Bericht stammt aus den Nachrufen in StA Hbg, FA Meyer B7a und B7b.
29 Vgl. den Brief Meyers an Hachmann, in dem er das vertraute «Du» verwendet, in: StA Hbg, Senat, Cl. VII, Lit. Cc, Nr. 3b, Vol. 58a, Fasc. 2, Bl. 38, 22. November 1896.
30 F. Koch (Hg.); Die Tagebuchaufzeichnungen Georg Kochs über die Hamburger Cholera-Epidemie des

Jahres 1892, in: Die Heimat, Monatszeitschrift zur Pflege der Natur- und Landeskunde in Schleswig-Holstein und Hamburg, 80, 1973, S. 23f.

31 StA Hbg, FA Meyer B7a, B7b; Bürgerschaft, 12. Juli 1893 (Langthimm); O. Beselin: Franz Andreas Meyer, Hamburg 1974.

32 StA Hbg, FA Meyer, B11, S. 5.

33 Ebd., S. 14f (vgl. Anmerkung 9 zu diesem Abschnitt).

34 Die Darstellung in diesem und den folgenden Absätzen geht zurück auf eine Reihe im November 1892 im «Hamburger Tageblatt» erschienener Artikel (Exemplare in StA Hbg, Senat Cl. VII, Lit. Ta, Pars 2, Vol. 11, Fasc. 17, Inv. 1a,); sie wurden mit den Berichten über die betreffenden Bürgerschaftsberatungen verglichen.

35 StA Hbg, Senat, Cl. VII. Lit. Cc, Nr. 3b, Vol. 59: Zweiter Bericht des von der Bürgerschaft am 14. Mai 1884 niedergesetzten Ausschusses über den Antrag von Dr. Gerson betreffend Abänderung des Regulativs der Stadtwasserkunst.

36 Ebd.

37 Auf den S. 215–23 von Smith: The People's Health, finden sich in den Auseinandersetzungen über die Wasserversorgung in Hamburg vergleichbare Beispiele aus England.

38 Bürgerschaft, 1896, S. 119, Sitzung vom 30. September 1896, Rede des Abgeordneten Levy. Der Ton im Saal wurde immer gereizter. Hohngelächter begrüßte Redner, die sich für die Einführung von Wassermesser aussprachen. Zur Frage der Wassermesser als Wahlkampfthema s. E. Baasch: Geschichte Hamburgs 1814–1918, Gotha und Stuttgart 1925, II, S. 13.

39 StA Hbg, Senat, Cl. VII, Lit. Cc, Nr. 3b, Vol. 59: Zweiter Bericht (vgl. Anmerkung 35 zu diesem Abschnitt).

40 Ebd., Drucksache Nr. 17, Bericht des Bürgerschafts-Ausschusses, März 1885.

41 Ebd., Mitteilungen des Senats an die Bürgerschaft Nr. 27, 19. März 1888.

42 Das in diesem und den folgenden Absätzen Berichtete folgt den in Anmerkung 34 zu diesem Abschnitt aufgeführten Quellen.

43 Ebd., Drucksache für die Senatssitzung Nr. 122, 8. Juli 1890. Die Frage der Wassermesser blieb trotz einer nahezu ununterbrochenen Debatte bis 1906 ungelöst.

44 H. K. Stein: Interessenkonflikte zwischen Großkaufleuten, Handelskammer und Senat in der Frage des Zollanschlusses an das Reich, 1866 bis 1881, in: ZHG, 64, 1978, S. 68.

45 StA Hbg, PP S3490 Bd. 1: Vorwärts, 15. Oktober 1892.

Etwas anderes zu essen

1 Rambach: Versuch, S. 92–123, zitiert in H. Teuteberg und G. Wiegelmann: Der Wandel der Nahrungsgewohnheiten unter dem Einfluß der Industrialisierung, Göttingen 1972, S. 243f.

2 Ebd.

3 Ebd.

4 Ebd., S. 66.

5 Ebd., S. 67.

6 Ebd., S. 68f.

7 Ebd., S. 130–32.

8 Spree: Soziale Ungleichheit, S. 130.

9 W. G. Hoffmann: Das Wachstum der deutschen Wirtschaft seit der Mitte des 19. Jahrhunderts, Berlin, Heidelberg und New York 1965, S. 659.

10 R. A. Dickler: Labor Market Pressure – Aspects of Agricultural

Growth in the Eastern Region of Prussia, 1840–1914. A Case Study of Economic-Demographic Transition. Diss., University of Pennsylvania 1975, S. 179.

11 Vgl. S. 226–31.

12 Weitere Arbeiten Teutebergs, die sich auf den Verzehr von Nahrungsmitteln durch die Angehörigen der Arbeiterschicht konzentrieren, im wesentlichen aber dieselben Argumente, Verfahren und häufig dieselben Quellen verwenden, sind: Die Nahrung der sozialen Unterschichten im späten 19. Jahrhundert, in: E. Heischkel-Artelt (Hg.): Ernährung und Ernährungslehre im 19. Jahrhundert, Göttingen 1976, S. 205–87; Der Verzehr von Nahrungsmitteln in Deutschland pro Kopf und Jahr seit Beginn der Industrialisierung (1850–1975). Versuch einer quantitativen Langzeitanalyse, in: Archiv für Sozialgeschichte, 19, 1979, S. 331–88; Wie ernährten sich Arbeiter im Kaiserreich?, in: W. Conze (Hg.): Arbeiterexistenz im 19. Jahrhundert, Stuttgart 1981, S. 57–73. Weniger einseitig allerdings: H. J. Teuteberg und A. Bernhard: Wandel der Kindernahrung in der Zeit der Industrialisierung, in: J. Reulecke und W. Weber (Hg.): Fabrik, Familie, Feierabend. Beiträge zur Sozialgeschichte des Alltags im Industriezeitalter, Wuppertal 1978, S. 183–97.

13 J. Burnett: Plenty and Want. A Social History of Diet in England from 1815 to the Present Day, Harmondsworth 1968, S. 50.

14 Teuteberg und Wiegelmann: Der Wandel, S. 130.

15 Für diese Punkte vgl. W. R. Lee: A commentary on Reinhard Spree: Determinanten des Sterblichkeitsrückgangs in Deutschland seit der Mitte des 19. Jahrhunderts, Typoskript, Kongreß über Neuere Ergebnisse und Entwicklung einer Sozialgeschichte der Medizin und des Gesundheitswesens, Bielefeld, Februar 1982. In England war es ohne weiteres möglich, daß höhere Löhne zu einem gesteigerten Verbrauch von Lebensmitteln mit geringerem Nährwert wie beispielsweise Weißbrot führten. Weitere kritische Anmerkungen zu Teutebergs Arbeit finden sich in A. Lüdtke: Hunger, Essens-«Genuß» und Politik bei Fabrikarbeitern und Arbeiterfrauen. Beispiele aus dem rheinisch-westfälischen Industriegebiet 1910–1940, in: Sozialwissenschaftliche Informationen, 14, 1985, S. 118–26.

16 R. Gellately: The Politics of Economic Despair: Shopkeepers and German Politics 1890–1914, London 1974, S. 30–33.

17 Burnett: Plenty and Want, S. 102.

18 BA Koblenz R86/2104 Bd. 1–2 zeigt einen Überblick über diese Vorschriften.

19 Scholz: Freimüthige und bescheidene Rügen.

20 BA Koblenz R86/2068 Bd. 1: Kieler Zeitung, Nr. 5902, 24. August 1877.

21 Ebd., Norddeutsche Allgemeine Zeitung, 18. und 25. August 1877.

22 StA Hbg, MK II A 2 Bd. 1, Bl. 2: Bundesrats-Drucksache 25, 9. Februar 1878.

23 Ebd., Berliner Tageblatt, 13. September 1877, über die «Zunahme der Lebensmittelverfälschung».

24 Ebd.

25 Report on Labour and Social Conditions in Germany: Working Men's Tours, III, 3, 1910–11.

26 BA Koblenz, R86/2114 Bd. 1; Be-

richte des Chemischen Staatslaboratoriums in Hamburg 1889–1892.

27 StA Hbg, MK II A 1 Bd. 1, Bl. 87: Hamburger Fremdenblatt, 3. Oktober 1902.

28 StA Hbg, MK II A 2 Bd. 1, Bl. 2: Bundesrats-Drucksache 25, 9. Februar 1878, S. 30.

29 Ebd., S. 72f.

30 Ebd., S. 34f.

31 Ebd., S. 72f.

32 Ebd., S. 71.

33 BA Koblenz R86/2114 Bd. 1: Jahresbericht des Vereins gegen die Verfälschung der Lebensmittel in Hamburg, Hamburg 1879, Bericht von Dr. Niederstadt. In der Mehrzahl der Fälle sind Niederstadts Zahlen unglaubwürdig niedrig, der wahre Prozentsatz von Verfälschungen bei diesen Substanzen dürfte deutlich höher gelegen haben.

34 Ebd.

35 Scholz: Freimüthige und bescheidene Rügen, S. 16f.

36 Ebd., S. 50–59.

37 StA Hbg, MK II A 3a Bd. 1, Bl. 2, Bl. 16, Bl. 87, Bl. 98.

38 Ebd., Hamburgischer Correspondent, 10. März 1895. Mit Bezug auf die spätere Einrichtung von Kontrollen in Hamburg, vgl. S. 663f.

39 StA Hbg, MK II A 3a Bd. 1, Bl. 98; Bismarck wird in Heischkel-Artelt: Ernährung, S. 169, zitiert.

40 J. S. Roberts: Drink, Temperance and the Working Class in 19th-century Germany, London 1984, S. 43, S. 112–15.

41 BA Koblenz R86/2068 Bd. 1: Reichsanzeiger, Nr. 133, 4. Juli 1890.

42 Ebd., 2114 Bd. 1; Berichte des Chemischen Staatslaboratoriums in Hamburg, 1886–1891. Entsprechendes scheint 1879 für die Mehrzahl der deutschen Städte gegolten zu haben (ebd., 2104 Bd. 1–2).

43 Ebd., 2114 Bd. 1; Jahresbericht... gegen die Verfälschung (vgl. Anmerkung 33 zu diesem Abschnitt).

44 In anderen Teilen Deutschlands geschah Ähnliches erst 1894 (Spree: Soziale Ungleichheit, S. 110). Für ausführliche Belege zu den Schwierigkeiten, Lebensmittelverfälschungen aufzudecken und zu verfolgen, vgl. E. Schmauderer: Die Beziehungen zwischen Lebensmittelwissenschaft, Lebensmittelrecht und Lebensmittelversorgung im 19. Jahrhundert, problemgeschichtlich betrachtet, in: Heischkel-Artelt: Ernährung, S. 131–97.

45 BA Koblenz R86/2107 Bd. 3; Ergänzungen zu der Übersicht über die Jahresberichte der öffentlichen Anstalten zur technischen Untersuchung von Nahrungs- und Genußmitteln im Deutschen Reich für das Jahr 1902.

46 Ebd., 2068 Bd. 2; Frankfurter Zeitung, 17. Juli 1909.

47 Burnett: Plenty and Want, S. 118f.

48 Ebd., S. 120.

49 Die Gesundheitsverhältnisse, S. 75. Für weitere Reminiszenzen vgl. StA Hbg, FA Merck II 9 Konv. 4a, Heft II, S. 2f, Erinnerungen und Aufzeichnungen von Heinrich Merck.

50 StA Hbg, MK II A 9a: Hamburger Fremdenblatt, 30. Juli 1899.

51 Ebd., 3a, Bd. 1, Bl. 61: Bericht des Hygienischen Instituts 1897; ebd. Bl. 120: Hamburgischer Correspondent, 13. Februar 1903; ebd. 1 Bd. 1, Bl. 87: Hamburger Fremdenblatt, 13. Oktober 1906.

52 Ebd., 3a, Bd. 1, Bl. 80 (S. 12f); ebd., Bl. 3: Correspondenz des Milchwirtschaftlichen Vereins, 17, 1882, S. 5.

53 BA Koblenz R86/2114 Bd. 1: Jahresbericht... gegen die Verfäl-

schungen, Bericht von Dr. Niederstadt (vgl. Anmerkung 33 zu diesem Abschnitt).

54 Ebd., Bl. 80 (S. 12f). Borax wurde erst 1895 eingeführt; davor war die Frage der Milchkonservierung noch bedeutsamer.

55 Ebd., Bl. 3, Correspondenz des Milchwirtschaftlichen Vereins, 17, 1882, S. 5.

56 Ebd., Bl. 80 (Bericht... 1900, S. 12f). Zum Gesetz von 1894 vgl. StA Hbg, MK II A 3g Bd. 1.

57 S. StA Hbg, MK II A 1 Bd. 1, Bl. 2: Bundesrats-Drucksache Nr. 25, 9. Febr. 1878, S. 40–48.

58 BA Koblenz, R86/2215 Bd. 1 passim.

59 Smith: The People's Health, S. 212f.

60 BA Koblenz R86/2271 Bd. 1 passim (insbes. Norddeutsche Allgemeine Zeitung, 2. August 1898, Berliner Tageblatt, 29. April 1906).

61 Helmut Wachendorf: Im Gängeviertel, S. 20.

62 StA Hbg, MK II A 13a Bd. 1, Bl. 158–59, Bl. 170c/d.

63 Ebd., 1 Bd. 1, Bl. 2: (Bericht..., S. 35–40).

64 Vgl. die Sammlung solcher Fälle in BA Koblenz R86/2273 Bd. 1.

65 Vgl. die Kommentare ebd., 2107 Bd. 3, Ergänzungen... (vgl. Anmerkung 45 zu diesem Abschnitt), über die juristischen Schwierigkeiten bei der Durchsetzung der Vorschriften hinsichtlich des Getreidegehalts von Wurstwaren.

66 BA Koblenz R86/2068 Bd. 2: Frankfurter Zeitung, 17. Juli 1889.

67 M. Douglas: Purity and Danger, London 1975; N. Elias: Über den Prozeß der Zivilisation (2 Bde.) Frankfurt a. M. 1969; Corbin: Pesthauch.

3. Im Angesicht von Krankheit und Tod

Sterblichkeitsmuster

1 R. Woods und J. Woodward (Hg.): Urban Disease and Mortality in Nineteenth-century England, London 1984, S. 20.

2 A. S. Wohl: Endangered Lives: Public Health in Victorian Britain, London 1983, S. 3. Vgl. auch G. Rosen: Disease, Debility and Death, in: H. J. Dyos und M. Wolff (Hg.): The Victorian City: Images and Realities, London 1973, S. 625–67; B. Luckin: Death and Survival in the City: Approaches to the History of Disease, in: Urban History Yearbook, 1980, S. 53–62; D. J. Loschky: Urbanisation and England's Eighteenth-Century Crude Birth and Death Rates, in: Journal of European Economic History, 1, 1972, S. 697–712.

3 R. Spree: Soziale Ungleichheit von Krankheit und Tod: Zur Sozialgeschichte des Gesundheitsbereichs im Deutschen Kaiserreich, Göttingen 1981, S. 169; A. E. Imhof: Die gewonnenen Jahre. Von der Zunahme unserer Lebensspanne seit dreihundert Jahren oder, von der Notwendigkeit einer neuen Einstellung zu Leben und Sterben. Ein historischer Essay, München 1981, S. 208.

4 W. Matti: Bevölkerungsvorgänge in den Hansestädten Hamburg und Bremen vom Anfang des 19. Jahrhunderts bis zum Ersten Weltkrieg, in: ZHG, 69, 1983, S. 103–56; Hygiene und Soziale Hygiene in Hamburg, Hamburg 1928, S. 34; SHS, 16, 1894, S. 59; Die Gesundheitsverhältnisse Hamburgs im 19. Jahrhundert, Hamburg 1900, S. 166f (diese Werte gelten lediglich für die Innenstadt und die Vorstädte),

S. 311; J. J. Reincke: Der Typhus in Hamburg, mit besonderer Berücksichtigung der Epidemien von 1885 bis 1888, Hamburg 1890, S. 2; Woods und Woodward: Urban Disease and Mortality, S. 184.

5 C. Conrad: Sterblichkeit im Alter, 1715–1975. – Am Beispiel Berlins: Quantifizierung und Wandel medizinischer Konzepte, in: H. Konrad (Hg.): Der alte Mensch in der Geschichte, Wien 1982.

6 G. Cronjé: Tuberculosis and Mortality Decline in England and Wales, 1851–1910, in: Woods und Woodward: Urban Disease and Mortality, S. 79–101 (hier S. 80–83); F. B. Smith: The People's Health, 1830–1910, London 1979, S. 287 bis 93. Für eine weitere örtlich begrenzte Untersuchung vgl. C. Pennington: Tuberculosis, in: O. Checkland und M. Lamb (Hg.): Health Care as Social History: The Glasgow Case, Aberdeen 1982, S. 86–99. Pennington geht es in erster Linie um das, was zur Vorbeugung und Behandlung getan wurde, nicht um die Häufigkeit der Krankheit.

7 Cronjé: Tuberculosis, S. 81–85.

8 Das Deutsche Reich in gesundheitlicher und demographischer Beziehung. Festschrift, den Teilnehmern am XIV. Internationalen Kongresse für Hygiene und Demographie Berlin 1907 gewidmet vom Kaiserlichen Gesundheitsamte und vom Kaiserlichen Statistischen Amte, Berlin 1907, Tafel 18; Cronjé: Tuberculosis, S. 95, S. 86. Sofern wir auf andere Tuberkulosearten zurückgehende Todesfälle hinzufügen, bekommen wir für die fünfziger Jahre weitere 0,7‰, für die siebziger und achtziger Jahre des 19. Jahrhunderts jeweils 0,6‰. SHS, 20, 1902, S. 14. Es gibt Schätzungen, denen zufolge 1896 in Hamburg an die 9000 Menschen unter dieser Krankheit gelitten haben, StA Hbg, MK III, G 1, Bd. I, Bl. 74: Hamburger Fremdenblatt, 27. November 1896.

9 Die Gesundheitsverhältnisse, S. 284.

10 Woods und Woodward: Urban Disease and Mortality, S. 68; D. J. Oddy: The Health of the People, in: T. C. Barker und M. Drake (Hg.): Population and Society in Britain, 1850–1980, London 1982, S. 121 bis 39; M. K. Matessian: Death in London, 1750–1909, in: Journal of Interdisciplinary History, 16, 1985, S. 183–98.

11 Cronjé: Tuberculosis, S. 101.

12 Die Gesundheitsverhältnisse, S. 291; vgl. auch S. 89 und S. 102 bis 108.

13 Ebd., S. 287; sowie: Die Gesundheitsverhältnisse der Stadt Braunschweig in den Jahren 1864–1873 und die Verbreitung der Cholera daselbst in den Jahren 1850 und 1855. Von Dr. Med. Reck, Braunschweig 1874, Exemplar im Stadtarchiv Berlin, Rep. 01 GB 258. Die pro Kopf angegebenen Zahlen sind das Ergebnis einer Division des Einkommens pro Steuerzahler durch die Zahl der Haushaltsmitglieder; sie bedeuten selbstverständlich nicht das Durchschnittseinkommen pro Arbeitnehmer.

14 Ebd., S. 281; vgl. Cronjé: Tuberculosis, S. 98.

15 Vgl. allgemeiner R. Kropf und H. Rauter: Erklärungsansätze zum Einfluß der Ernährung auf die Gesundheit und Lebenserwartung der Menschen im 19. Jahrhundert, in: Konrad: Der alte Mensch, S. 185 bis 204.

16 Die Gesundheitsverhältnisse, S. 291.

Vgl. auch D. Blasius: «Volksseuchen»: Zur historischen Dimension von Berufskrankheiten, in: Sozialwissenschaftliche Informationen für Unterricht und Studium, 6, 1977, S. 55–60.

17 Cronjé: Tuberculosis, S. 99f.

18 SHS, 20, S. 12f.

19 Vgl. auch Smith: The People's Health, S. 288.

20 Ebd., S. 290f.

21 Zur Frage der Tuberkulose vgl. allgemein R. Dubois: The White Plague. A History of Tuberculosis, London 1961.

22 Vgl. B. Luckin: Evaluating the Sanitary Revolution: Typhus and Typhoid in London, 1851–1900, in: Woods und Woodward: Urban Disease and Mortality, S. 102–19.

23 Die Gesundheitsverhältnisse, S. 222.

24 Reincke: Der Typhus, S. 4; Die Gesundheitsverhältnisse, S. 315; BA Koblenz, R86/1048 Bd.1 passim. Aus den Dokumenten in BA Koblenz, R86/1041 Bd. 1 geht deutlich hervor, daß die Autoren medizinischer Statistiken zu Anfang der achtziger Jahre zwischen Fleckfieber und Typhus unterschieden, sich aber nicht darüber im klaren waren, welche Rolle die Kleiderlaus bei der Übertragung der erstgenannten Krankheit spielte.

25 Vgl. S. 186–201.

26 Reincke (Der Typhus) stellte sich dieser Ansicht entgegen; doch aus hinten (S. 354, S. 480) ausführlich dargelegten Gründen muß seine Ansicht zu diesem Gegenstand unberücksichtigt bleiben.

27 Luckin: Evaluating the Sanitary Revolution, S. 104.

28 Reincke: Der Typhus, S. 14.

29 Ebd., S. 13.

30 Vgl. auch S. 566–584.

31 Luckin: Evaluating the Sanitary Revolution, S. 108f.

32 Die Gesundheitsverhältnisse, S. 315. Problematisch wird die Aussagekraft dieser Werte allerdings durch die Häufigkeit, mit der im Jahr 1892 der Unterleibstyphus auftrat.

33 Vgl. S. 102–103.

34 Luckin: Evaluating the Sanitary Revolution, S. 108f.

35 Die Gesundheitsverhältnisse, S. 315.

36 Ebd., S. 169–206, S. 315.

37 Smith: The People's Health, S. 136–51.

38 Ebd., auch S. 104–10.

39 Zahlen für Hamburg finden sich in: Die Gesundheitsverhältnisse, S. 169 bis 206, 315, sowie in: Hygiene und Soziale Hygiene in Hamburg, S. 56–58.

40 Ebd., S. 315. In diesen Zahlen sind möglicherweise auch einige Fälle von Lungenkrebs und Tuberkulose enthalten.

41 SHS, 15, 1904, S. 104.

42 Die Gesundheitsverhältnisse, S. 169 bis 77.

43 Vgl. ganz allgemein Smith: The People's Health, S. 65–135, und Wohl: Endangered Lives, S. 10–42. Eine detaillierte, auf einen Ort konzentrierte Untersuchung findet sich in B. Thompson: Infant Mortality in Nineteenth-century Bradford, in: Woods und Woodward: Urban Disease and Mortality, S. 120–47. Genaue Zahlenangaben lassen sich in: Die Gesundheitsverhältnisse, S. 313–315, finden sowie in H. Meyer-Delius: Die Säuglingssterblichkeit in Hamburg seit dem Jahre 1820, in: Hamburger Ärzteblatt, 19, 1965, Nrn. 3–4. Mit Bezug auf den allgemeinen demographischen Hintergrund vgl. Matti: Bevölkerungsvorgänge, S. 103–56.

44 Die Gesundheitsverhältnisse, S. 144f.

45 Ebd., s. auch Matti: Bevölkerungsvorgänge.

46 Die Gesundheitsverhältnisse, S. 145, S. 315, S. 317; Statistisches Handbuch für den Hamburgischen Staat, ^{2}1891, S. 58.

47 Statistisches Handbuch, S. 58.

48 Die Gesundheitsverhältnisse, S. 317.

49 A. E. Imhof: Unterschiedliche Säuglingssterblichkeit in Deutschland, 18. bis 20. Jahrhundert – Warum? in: Zeitschrift für Bevölkerungswissenschaft, 7, 1981, S. 343 bis 82; Meyer-Delius: Die Säuglingssterblichkeit; W. R. Lee: Primary Sector Output and Mortality Changes in Early XIXth Century Bavaria, in: Journal of European Economic History, 6, 1977, S. 133–62. M. W. Beaver: Population, Infant Mortality and Milk, in: Population Studies, 27, 1973, S. 243–54.

50 Die Gesundheitsverhältnisse, S. 315; Statistisches Handbuch, S. 58. Vgl. auch die Darstellung durch Thompson in: Infant Mortality, S. 120–47.

51 Spree: Soziale Ungleichheit, S. 170f.

52 Imhof: Unterschiedliche Säuglingssterblichkeit, S. 360; Statistisches Handbuch, S. 47. Eine allgemeinere Darstellung findet sich in E. Shorter: A History of Women's Bodies, London 1983, Kap. 2–5.

53 Zum Einfluß dieser Faktoren auf die Cholera vgl. fünftes Kapitel, Die Dimensionen der Ungleichheit.

54 Imhof: Unterschiedliche Säuglingssterblichkeit, S. 358.

55 Ebd. Für eine allgemeinere Darstellung vgl. Spree: Soziale Ungleichheit, S. 49–92 (Soziale Ungleichheit im Spiegel der Säuglingssterblichkeit).

56 SHS, 20, 1902, 1.

57 W. R. Lee: Bastardy and the Socioeconomic Structure of South Germany, in: Journal of Interdisciplinary History, 7, 1977, S. 403–25.

58 Beispielsweise gab es in der Neustadt Nord 18% Ein-Personen-Haushalte, verglichen mit 5,7% in Barmbeck (SHS, 20, 1902, Übersicht ID).

59 Spree: Soziale Ungleichheit, S. 92.

Die Ärzte am Scheideweg

1 Zitiert in: Die Gesundheitsverhältnisse, S. 64.

2 Zitiert in M. Lindemann: Producing Policed Man: Poor Relief, Population Policies and Medical Care in Hamburg, 1750–1806; Diss., Cincinnati 1980, S. 222.

3 J. P. Frank: System einer vollständigen medicinischen Polizey, 6 Bde., Mannheim 1779–88.

4 U. Frevert: Krankheit als politisches Problem 1770–1880. Soziale Unterschichten in Preußen zwischen medizinischer Polizei und staatlicher Sozialversicherung, in: Kritische Studien zur Geschichtswissenschaft, 62, Göttingen 1984, S. 66.

5 Vgl. ebd., S. 23–28.

6 G. Rosen: From Medical Police to Social Medicine, Essays on the History of Health Care, New York 1974, S. 143.

7 Frevert: Krankheit, S. 354, Anm. 116.

8 Ebd., S. 36–44.

9 Ebd., Kap. 1; vgl. auch C. Huerkamp: Ärzte und Professionalisierung in Deutschland. Überlegungen zum Wandel des Arztberufs im 19. Jahrhundert, in: Geschichte und Gesellschaft, 6, 1980, S. 349–82.

10 Mit Bezug auf die Medizinal-Ordnung vgl. H. Rodegra: Das Gesundheitswesen der Stadt Hamburg im 19. Jahrhundert unter Berücksichtigung der Medizinalgesetzgebung (1586–1818–1900), in: Sudhoffs Archiv, Anhang 21, Wiesbaden 1979. Eine kurze Zusammenfassung der wichtigsten Punkte findet sich in: Die Gesundheitsverhältnisse, S. 64f. Für Angaben über den Einfluß von Interessengruppen und Senatsreaktionen vgl. StA Hbg, Senat, Cl. VII, Lit. Lb. Nr. 23a, Vol. 1, Bd. 1, Bl. 3, Bl. 10, Bl. 12, Bl. 20, Bl. 22; ebd., Lit. Mb, Nr. 1, Vol. 1a2, Bd. 2, Bl. 39b, Bl. 62, und Rambachs Brief vom 29. April 1804; ebd., Vol. 1a4, Nr. 1, Nr. 4. Zu den Aufgaben des Physikus vgl. ebd., Lit. Lb, Nr. 23a, Vol. 75, Fasc. 3: Die amtliche Thätigkeit eines Hamburger Physicus. Zusammenstellung aus der Zeit von Mitte November 1833 bis Mitte November 1863 von Dr. Buek sen.

11 H. G. Gernet: Die öffentliche Gesundheitspflege in Hamburg, Hamburg 1870, S. 3–5.

12 Ebd., S. 27–32.

13 Die Gesundheitsverhältnisse, S. 65.

14 Rodegra: Das Gesundheitswesen, S. 191, S. 185, zitiert in der kritischen Rezension von U. Frevert in: Archiv für Sozialgeschichte, 23, 1983, S. 772–74.

15 Ebd., S. 773.

16 Rodegra: Das Gesundheitswesen, S. 47.

17 Stammbaum der Familie Reincke, zusammengestellt für den Familientag am 29. Dezember 1899 (Exemplar in der Bibliothek StA Hbg); biographische Anmerkungen in H.-G. Freitag: Von Mönckeberg bis Hagenbeck. Ein Wegweiser zu denkwürdigen Grabstätten auf dem Ohlsdorfer Friedhof, Hamburg 1973; mit Bezug auf den allgemeinen Hintergrund vgl. C. Huerkamp: Die preußisch-deutsche Ärzteschaft als Teil des Bildungsbürgertums: Wandel in Lage und Selbstverständnis vom ausgehenden 18. Jahrhundert bis zum Kaiserreich, in: W. Conze und J. Kocka (Hg.): Bildungsbürgertum im 19. Jahrhundert, Stuttgart 1985, S. 358 bis 88.

18 O. Hintze: Die Niederländische und Hamburgische Familie Amsinck, Hamburg 1932, III, S. 72; A. Cord: Die Soziale Schichtung der Hamburger Bürgerschaft von 1859 bis zum Jahre 1921. Ein Beitrag zur parlamentarischen Geschichte des Kaiserreichs, StA Hbg, Handschriftensammlung 1023, Hamburg 1961; Statistischer Anhang. Gesamtdarstellung 1859 – 1921, col. I; StA Hbg, FA Merck II 9 Konv. 4a Heft II, S. 11.

19 H. G. Gernet: Auch ein Votum über die Medizinal-Reform, Hamburg 1863, S. 3f. Mit Bezug auf die unsichere soziale Stellung der Ärzte im 19. Jahrhundert vgl. M. H. Kater: Professionalization and Socialization of Physicians in Wilhelmine and Weimar Germany, in: Journal of Contemporary History, 20, 1985, S. 677–701.

20 Huerkamp: Ärzte und Professionalisierung, ganz allgemein. Mit Bezug auf die Debatten der sechziger Jahre in Hamburg, vgl. StA Hbg, Senat, Cl. VII, Lit. Lb, Nr. 23a, Vol. 75, Fasc. 1a, S. 1–4, S. 26ff.

21 StA Hbg, MK II C 2 Bd. 1, Bl. od-e (5.1-3), Brief von März 1851.

22 Ebd., Bl. of.

23 Ebd., Bl. oh: Verhaltungs-Maßregeln für diejenigen, welche Kinder vom Waisenhause in Kost nehmen.

Vgl. auch M. Lindemann: Love for Hire: The Regulation of the Wet-Nursing Business in 18th-century Hamburg, in: Journal of Family History, 6, 1981, S. 379–95.

24 StA Hbg, MK II C 2 Bd. 1: Bekanntmachung der Landherrenschaft der Geestlande, 10. Dezember 1852. Gernets Bericht findet sich ebd., Bl. ok ff.

25 Ebd.

26 Meyer-Delius: Die Säuglingssterblichkeit.

27 StA Hbg, MK II C 2 Bd. 1: Allgemeine Beaufsichtigung des Kostkinderwesens, Drucksache für die Senats-Sitzung, Nr. 172, 7. Juli 1893.

28 Ebd., Bl. 68: Hamburgischer Correspondent, 5. Mai 1894.

29 Lindemann: Love for Hire.

30 T. McKeown: The Modern Rise of Population, London 1976, S. 66f, S. 146f.

31 StA Hbg, MK II C 3 Bd. 1, 116, 116a: Hamburger Neueste Nachrichten, 19. April 1903.

32 E. Shorter: Die Geburt der modernen Familie, Reinbek 1977, S. 196 bis 220; L. Stone: The Family. Sex and Marriage in England 1500 bis 1800, London 1977, S. 470–77; Ph. Ariès: Geschichte der Kindheit, München [9]1990.

33 Gewöhnlich bekamen Säuglinge als Ersatz für die Mutterbrust Brot oder Roggenschrot in ein Tuch gewickelt und mit Kuhmilch getränkt; vgl. Meyer-Delius: Die Säuglingssterblichkeit.

34 Einige allgemeine Punkte in diesem Zusammenhang finden sich in S. Wilson: The Myth of Motherhood a Myth: The Historical View of European Child-rearing, in: Social History, 9, 1984, S. 181–98; A. Wilson: The Infancy of the History of Childhood: An Appraisal of Philippe Ariès, in: History and Theory, 19, 1980, S. 132–53. Eine nützliche Einleitung in das ganze Gebiet bietet M. Anderson: Approaches to the History of the Western Family 1500–1914, London 1980, vor allem in Teil 3.

35 Vgl. insbesondere Imhof: Unterschiedliche Säuglingssterblichkeit.

36 StA Hbg, MK II C 2 Bd. 1, Bl. 12f.

37 Ebd., Bl. 33f.

38 Smith: The People's Health, S. 156–69.

39 Frevert: Krankheit, S. 69.

40 McKeown: The Modern Rise of Population, S. 11–13. Für mögliche Beispiele von Epidemien, die auf diese Weise ausgelöst wurden, vgl. A. Perrenoud: Contribution à l'histoire cyclique des maladies. Deux siècles de variole à Genève (1580–1810), in: A. E. Imhof (Hg.): Mensch und Gesundheit in der Geschichte, Husum 1980, S. 175–98.

41 Frevert: Krankheit, S. 70f.

42 Ebd., vgl. auch Smith: The People's Health, S. 160.

43 McKeown: The Modern Rise of Population, S. 106–109.

44 Frevert: Krankheit, S. 71–73; Smith: The People's Health, S. 160f; C. Huerkamp: The History of Smallpox Vaccination in Germany: A First Step in the Medicalization of the General Public, in: Journal of Contemporary History, 20, 1985, S. 617–35, hier S. 624f; BA Koblenz R86/1097 Bd. 1: Tabellen zur Veranschaulichung der Pockensterblichkeit in Deutschland und im Auslande, Tabelle II; ebd., 1215 Bd. 1: Gutachten über den Einfluß der einmaligen und wiederholten Einimpfung der Schutzpocken auf die Verbreitung und Gefährlichkeit der Menschenblattern, sowie auf die Gesundheit der Geimpften in-

nerhalb der Staaten des Norddeutschen Bundes und thunlichst auch die übrigen Staaten, Königliche Wissenschaftliche Deputation für das Medicinalwesen, Berlin, 28. Februar 1872, MS. Vgl. auch H. A. Gins: Krankheit wider den Tod. Schicksal der Pockenschutzimpfung, Stuttgart 1963.

45 Frevert: Krankheit, S. 74.

46 Gernet: Bericht vom 20. Oktober 1856, in StA Hbg, MK II D 1, Bd. 1, Bl. oa; S. Dworak: Die Entwicklung des Impfwesens der Stadt Hamburg. Die Entwicklung der Pockenschutzimpfung von 1800 bis 1940, Diss. Hamburg 1984, S. 31, S. 36, S. 45f.

47 Smith: The People's Health, S. 160f.

48 Gernet: Bericht vom 20. Oktober 1856, Bl. oa.

49 StA Hbg, MK III B 1, Bd. 1: Hamburger Nachrichten, 14. Juni 1871.

50 StA Hbg, MK II D I, Bd. 1, Bl. 1.

51 Ebd., 5 Bd. 1: Reform (verschiedene Ausschnitte, 1860); ebd. III B 1 Bd. 1, Bl. 20: Hamburger Fremdenblatt, 19. Juli 1871.

52 Ebd., II D 1, Bd. 1: Bericht des von der Bürgerschaft am 13. September 1871 niedergesetzten Ausschusses (Nr. 2), Oktober 1871.

53 Gernet: Die öffentliche Gesundheitspflege, S. 32.

54 Ausschnitt in StA Hbg, MK III B 1, Bd. 1, Bl. 20.

55 Die Gesundheitsverhältnisse, S. 163f.

56 StA Hbg, MK II D 1, Bd. 1, Bl. 58: Materialien zur Impffrage.

57 Mit Bezug auf diese Angaben vgl. MS 1872.

58 Die Gesundheitsverhältnisse, S. 163f; BA Koblenz, R86/1097 Bd. 1: Tabellen zur Veranschaulichung der Pockensterblichkeit in Deutschland und im Auslande, Tabelle II. In London betrug die Sterblichkeit an Pocken im selben Jahr 2,4‰. Auch Wien, Danzig und Breslau erlebten 1872 eine Epidemie; in Wien erreichte die Sterblichkeit 5,4‰. Wie weitere Tabellen in der Sammlung zeigen, lag die Pockensterblichkeit im deutschen Heer im Krieg von 1870–71 in Frankreich bei 0,4‰. Bismarcks Kriege hatten bereits in den sechziger Jahren zu einem Anstieg der Pockensterblichkeit von 0,3‰ im Jahr 1836 auf 0,5‰ im Jahr 1864 und auf 0,6‰ im Jahr 1866 geführt; sie ging von 1868–70 auf den Normalwert von 0,2‰ zurück. (Todesfälle pro tausend Einwohner Preußens, ebd., Tabelle II; in absoluten Zahlen bedeutete das für die Jahre 1863–66 eine Zunahme von etwa 5000 auf annähernd 10000 Todesfälle durch Pocken.)

59 StA Hbg, MK III B 1, Bd. 1: Hamburger Nachrichten, 13. Juli 1871.

60 Ebd., Hamburger Nachrichten, 14. Juli 1871.

61 StA Hbg, Polizeibehörde I, 84, Gesundheitsrath 3. August 1871.

62 StA Hbg, MK II D 1 Bd. 1, Bl. 176, Bericht vom 22. April 1873.

63 BA Koblenz, R86/1097 Bd. 1: Tabellen zur Veranschaulichung der Pockensterblichkeit in Deutschland und im Auslande, Tabelle II; ebd., Tafeln zur Veranschaulichung der Wirkung des Impfgesetzes in Deutschland.

64 StA Hbg, MK III B 1 Bd. 1, Bl. 47: Hamburgischer Correspondent, 21. Juni 1871.

65 Reck: Die Gesundheitsverhältnisse der Stadt Braunschweig.

Die Geißel aus Asien

1 M. Durey: The Return of the Plague. British Society and the Cholera 1831–32, Dublin 1979, S. 7–18; R. J. Morris: Cholera 1832: The Social Response to an Epidemic, London 1976, S. 21–24.

2 Durey: The Return of the Plague, S. 216.

3 Ebd., S. 216–18.

4 Ph. Ariès: Geschichte des Todes, München [4]1989, S. 521–602.

5 A. Alvarez: The Savage God: A Study of Suicide, Harmondsworth 1971; I. McManners: Death and the Enlightenment: Changing Attitudes to Death among Christians and Unbelievers in 18th-century France, Oxford 1981, S. 368–408.

6 A. E. Imhof: Mensch und Körper in der Geschichte der Neuzeit: Reflexionen über eine internationale Tagung in Berlin vom 1.–3. Dezember 1981, in: Beiträge zur Wissenschaftsgeschichte, 5, 1982, S. 195 bis 207, hier S. 203.

7 Schröder: Aus Hamburgs Blütezeit, S. 80f, vgl. auch Tafel 17.

8 Th. Mann liefert in den «Buddenbrooks» ein Beispiel dafür.

9 N. Elias: Über den Prozeß der Zivilisation, Frankfurt a. M. 1978.

10 S. Sontag: Krankheit als Metapher, München [2]1980, S. 40.

11 Ebd., S. 87, S. 89. einer Untersuchung des antisemitischen deutschen Autors Julius Langbehn vgl. F. Stern: The Politics of Cultural Despair, New York 1966.

12 J. C. G. Fricke: Geschichtliche Darstellung des Ausbruchs der asiatischen Cholera in Hamburg, Hamburg 1831; J. Michael: Geschichte des ärztlichen Vereins und seiner Mitglieder, Hamburg 1896, S. 125.

13 Fricke: Geschichtliche Darstellung, S. 26f.

14 Ebd., S. 91.

15 StA Hbg, Senat, Cl. VII, Ta, Pars 2, Vol. 11, Fasc. 17, Inv. 1a: Hamburger Fremdenblatt, 27. Oktober 1892; und Michael: Geschichte des ärztlichen Vereins, S. 127.

16 Durey: Return of the Plague; Morris: Cholera 1832; C. E. Rosenberg: The Cholera Years 1832–1959, Chicago 1962; G. Bilson: A Darkened House: Cholera in Nineteenth-century Canada, in: Social History of Canada, 31, Toronto 1980.

17 StA Hbg, Senat Cl. VII, Lit. Ta, Pars 2, Vol. 11, Fasc. 17, Inv. 1a: Hamburger Fremdenblatt, 27. Oktober 1892.

18 Morris: Cholera 1832, S. 28f; Durey: Return of the Plague, S. 110.

19 E. Horn und W. Wagner: Wie hat man sich vor der Cholera zu schützen und was hat man bei ihrem Eintritt zu ihrer Heilung und zur Verhütung der weiteren Verbreitung zu thun? Zur Beruhigung des Publikums beantwortet vor dem Geheimen Medizinal-Rath und Professor Dr. Ernst Horn und dem Professor und Stadt-Physikus Dr. Wilhelm Wagner in Berlin, Berlin 1831.

20 T. H. Jensen: Belehrungen, Ermunterungen und Tröstungen für den Bürger und Landmann wegen der Cholera. Von einem Landprediger, Altona 1831.

21 Anweisung zur Erhaltung der Gesundheit und Verhütung der Ansteckung bei etwa eintretender Choleraepidemie. Von der Königl. Preußischen obersten Medicinal-Behörde in Berlin zum Druck befördert, Hamburg 1831, S. 7.

22 Durey: Return of the Plague, S. 105f.

23 Vgl. J. Nohl: The Black Death: A

Chronicle of the Plague. Compiled from Contemporary Sources, London 1961, S. 4.
24 Durey: Return of the Plague, S. 106.
25 Michael: Geschichte des ärztlichen Vereins, S. 123–26.
26 K. G. Zimmermann: Nachtrag zu der geschichtlich-medizinischen Darstellung der Cholera-Epidemie in Hamburg im Herbste und Winter 1831–1832, Hamburg 1832, S. VII. Vgl. Rosenbergs Schlußfolgerung, das Versagen der Quarantäne habe schließlich in den Vereinigten Staaten der Partei der Antikontagionisten zum Sieg verholfen, in: The Cholera Years, S. 80.
27 H. W. Buek: Die bisherige Verbreitung der jetzt besonders in Rußland herrschenden Cholera, erläutert durch eine Karte und eine dieselbe erklärende kurze Geschichte dieser Epidemie, Hamburg 1831, S. 30.
28 Noth- und Hülfsbüchlein bey der Cholera-Epidemie für den Landmann und für diejenigen, denen nicht gleich ärztliche Hülfe zu Gebote steht, Hamburg, August 1831; Zur Beruhigung für Jedermann bei Annäherung der Cholera, Schreiben eines Familienvaters in St. Petersburg an seinen Freund in Deutschland, Hamburg 1831.
29 F. Siemerling: Entschleierung der Cholera nebst dem sprechendsten Beweise ihrer Nicht-Contagiosität, und Angabe der Heilmittel, so wie des einzig und allein auf Vernunft basierten Vorbeugungsverfahrens gegen das Einathmen der Malaria animata (belebten Sumpfluft). Auf dem Altar der Menschheit niedergelegt von Dr. Fr. Siemerling zu Stralsund, Hamburg 1831.
30 F. von Brandenburg: Der Sturz der Cholera morbus nebst den sie begleitenden Attributen des Irrthums und des Vorurtheils oder die gediegene Antwort auf die Frage: Woher entstand die Cholera? – Was war deren Character? (angesehen als Krankheitsstoff), und Welches waren die eigentlichen Mittel zu deren Beseitigung? Alles aus großen Natur-Ereignissen hergeleitet, – in dieser Schrift erklärt und zur besseren Verständlichkeit in Gesprächsform abgefaßt, Hamburg 1832.
31 J. C. Buchheister Dr. und C. Noodt Apotheker: Erfahrungen über die Cholera Asiatica in Hamburg im Herbste 1831, Hamburg 1832.
32 K. Preu: Was haben wir von der Cholera morbus zu fürchten? Ein Versuch, die aufgeschreckten Völker zu beruhigen, Nürnberg 1831, S. 38f, S. 61.
33 C. F. Nagel: Nachricht an das Publikum über die zweckmäßigsten Verhaltungsmaaßregeln bei einer etwaigen Erscheinung der morgenländischen Brechruhr (Cholera morbus). Auf Befehl Sr. Exzellenz des Herrn Geheim-Conferenzraths Grafen von Blücher, Altona, entworfen von Dr. C. F. Nagel, Altona 1831; vgl. Der Hamburgische Beobachter 45, 22. Oktober 1831, S. 170; Frevert: Krankheit, S. 125–35.
34 Stimme aus Danzig über die Cholera. Zur Beruhigung Aller, die sie fürchten, Danzig 1831, S. 12f. Allgemeine Erwägungen über die Abhängigkeit der Krankheit von einem unmoralischen Leben finden sich in A. Labisch: «Hygiene ist Moral – Moral ist Hygiene». Soziale Disziplinierung durch Ärzte und Medizin, in: C. Sachße und F. Tennstedt (Hg.): Soziale Sicherheit und Soziale Disziplinierung. Beiträge zu einer historischen Theorie der Sozialpolitik, Frankfurt a. M. 1986, S. 265–85.
35 W. Cohnstein: Trost- und Beruhi-

gungsgründe für die durch das Herannahen der Cholera aufgeschreckten Gemüther, nebst Angabe aller gegen diese Krankheit bisher empfohlenen Schutzmittel, Glogau und Lissa 1831; K. G. Zimmermann: Die Cholera-Epidemie in Hamburg während des Herbstes 1831. Historisch nach ihrer Entwicklung und Verbreitung sowie in ihrem pathologischen und therapeutischen Verhalten dargestellt von K. G. Zimmermann, Dr. med. et chir., Hamburg 1831, S. 27f, S. 77–79, S. 84.

36 Jensen: Belehrungen.

37 S. L. Steinheim: Bau- und Bruchstücke einer künftigen Lehre von den Epidemieen und ihrer Verbreitung, mit besonderer Rücksicht auf die asiatische Brechruhr, Altona 1831.

38 Michael: Geschichte des ärztlichen Vereins, S. 125.

39 Zimmermann: Nachtrag, S. VII; Privatschreiben aus Berlin, 22. September 1831, zitiert in: Der Hamburger Beobachter, 42, Vol. 15, Nr. 4, 15. Oktober 1831, S. 167.

40 StA Hbg, MK III A 2 Bd. 1, Bl. 81, Bl. 91.

41 Michael: Geschichte des ärztlichen Vereins. Zur zeitgenössischen Diskussion über die Cholera in anderen Teilen Europas vgl. R. McGrew: Russia and the Cholera 1823–32, Wisconsin 1965; Durey: Return of the Plague, sowie (für Spanien) E. R. Ocaña: Hygiene y Terapeutica Anticolericas en la Primera Epidemia de Colera en España 1833 bis 1835, in: Asclepio, 24, 1982, S. 71 bis 100.

42 Die beste Darstellung von Pettenkofers Theorie der Cholera findet sich wohl in C. E. A. Winslow: The Conquest of Epidemic Disease. A Chapter in the History of Ideas, Princeton 1944, S. 311–36. Vgl. auch nachstehende Beiträge Pettenkofers: Untersuchung und Beobachtung über Verbreitung der Cholera, nebst Betrachtungen über Maßregeln derselben Einhalt zu thun, München 1855; Cholera, in: The Lancet, 2, 1884, S. 769–71, S. 861–65, S. 904f, S. 992–94, S. 1042f., S. 1086–88; Causes of Cholera, in: Medical Press, London 1869, S. 405; Zum gegenwärtigen Stand der Cholera-Frage, in: Archiv für Hygiene, 4, 1886, S. 249–354, S. 397–545; ebd. 5, 1886, S. 353–445; ebd. 6, 1887, S. 1–84, S. 129–233, S. 303–58, S. 373–441; ebd. 7, 1887, S. 1–81. Vgl. auch Tafel 15.

43 Eine Darstellung der Ideen J. von Liebigs findet sich in M. Pelling: Cholera, Fever and English Medicine, Oxford 1978, Kap. 4.

44 Diese und andere Einzelheiten zu Pettenkofers Leben und Denken in C. Childs: Obituary: Geheimrath Max von Pettenkofer, of Munich, in: Transactions of the Epidemiological Society, NS 20, 1901, S. 118–125; A. S. Evans: Pettenkofer Revisited, in: Yale Journal of Biology and Medicine, 46, 1973, S. 161–76; E. E. Hume: Max von Pettenkofer's Theory of the Etiology of Cholera, Typhoid Fever and Intestinal Diseases: A Review of his Arguments and Evidence, in: Annals of Medical History, 7, 1925, S. 319–53 (mit vollständiger Bibliographie).

45 Bundesrath 1873, Drucksache 151: Untersuchungsplan zur Erforschung der Ursachen der Cholera und deren Verhütung. Denkschrift verfaßt im Auftrage des Reichskanzler-Amts von der Cholera-Kommission für das Deutsche

Reich (Exemplar in StA Hbg, MK II; ein weiteres Exemplar in StA Bremen 2-M.6. 1.4.k.7). Zum Reichsgesundheitsamt vgl. G. Göckenjan: Kurieren und Staat machen. Gesundheit und Medizin in der bürgerlichen Welt, Frankfurt a. M. 1985, S. 329–40; Göckenjan unterschätzt allerdings dessen frühen Einfluß und scheint es als von Anfang an bakteriologisch orientiert anzusehen.

46 H. Siegerist (Hg. und Übers.): The Value of Health to a City, Two Lectures Delivered in 1873, by Max von Pettenkofer, in: Bulletin of the History of Medicine, 10, 1941, S. 473–503, S. 593–613.

47 Ebd., S. 597.

48 Hume: Max von Pettenkofer's Theory, S. 343.

49 Sigerist: The Value of Health, S. 605f.

50 Zitiert in H. Schipperges: Zur ‹Wirtschaftslehre von der Gesundheit› bei Max von Pettenkofer, in: Die Heilkunst, 89, 1976, S. 321–23.

51 Hume: Max von Pettenkofer's Theory, S. 373, S. 327f. Reinhard Spree (Soziale Ungleichheit, S. 116f) vermittelt den Eindruck, als habe Pettenkofers Einfluß Isolierung und Quarantäne begünstigt. In Wirklichkeit war das Gegenteil der Fall (vgl. S. 325, S. 329, S. 332). Weitere Einzelheiten zu Pettenkofers Ansichten über die Vorgehensweise der Medizin finden sich in Winslow: The Conquest of Epidemic Disease, S. 311–36. Der Bericht über Pettenkofers Vorstellungen in Göckenjan: Kurieren und Staat machen, S. 115–19, hebt überdies hervor, daß in Pettenkofers Werk Bezüge auf die Reform des Gesundheitswesens fehlen, doch beschäftigt er sich lediglich mit der frühesten Fassung von dessen Vorstellungen, spielt dadurch die Bedeutung klimatischer Faktoren herunter und läßt außer acht, welches Gewicht Pettenkofer einer sicheren Entwässerung und Kanalisation beimaß, mit deren Hilfe einer Verseuchung des Grundwassers vorgebeugt werden sollte.

52 Durey: The Return of the Plague, S. 18f, wo er Berichte aus Riga zitiert; GStA Berlin, Rep. 84a, 4179: Oberlandesgerichts-Präsidium Stettin an das Justizministerium, 3. September 1831 (Bl. 41). Seit Juni war in Stettin eine amtliche Kommission tätig gewesen, um alle Wohnungen der Ärmeren zu untersuchen und zu veranlassen, daß alle, die zu beengt lebten, in geräumigere und besser belüftete Wohnungen umgesiedelt wurden. Mit Bezug auf die Ereignisse in Memel vgl. GStA Berlin, Rep. 84a, 4178, Bl. 185–8 (Berichte vom 23.–25. Juli 1831) sowie Stadtarchiv Berlin, Hauptstadt der DDR, Rep. 01, GB 217; Berlinische Nachrichten, 13. Juni 1831. Ein weiteres Beispiel für den Widerstand des Volkes findet sich in Frevert: Krankheit, S. 131. Aufstände, die 1832 in Paris stattfanden, scheinen lediglich eine sehr mittelbare Beziehung zur Epidemie gehabt zu haben; A. P. E. Leca: Et le choléra s'abattit sur Paris 1832, Paris 1982, S. 205–38.

53 BStA Berlin, Rep. 84a, 4178, Bl. 66 (Oberlandesgericht Königsberg [Präsidium] an das Justizministerium 17. Juni 1831); Bl. 177 (ebenso, 29. Juli 1831); ebd., 4180, Bl. 10, Bl. 18 (Prozeßakten), Bl. 23.

54 H. G. Husung: Volksprotest in Hamburg zwischen Restauration und Revolution 1848, in: Herzig u. a.: Arbeiter in Hamburg, S. 79 bis

88; M. Zimmermann: Antijüdischer Sozialprotest? Proteste von Unter- und Mittelschichten 1819 bis 1835, ebd., S. 89–94; H. G. Stühmke: ‹Wo nix ist, hett de Kaiser sien Recht verlor'n› oder ‹Der Stein auf dem Sofa der Frau Senatorin›. Die Hamburger Unruhen vom 31. August bis 5. September 1830, in: Berlin: Das andere Hamburg, S. 49–68.

55 Fricke: Geschichtliche Darstellung; StA Hbg, Senat, Cl. VII, Lit. Ta, Pars 2, Vol. II, Fasc. 17, Inv. 1a: Hamburger Fremdenblatt, 27. Oktober 1892.

56 Michael: Geschichte des ärztlichen Vereins, S. 125.

57 Fricke: Geschichtliche Darstellung, S. 26f; Verordnung, betreffend die Organisation des Gesundheits-Polizeywesens für die Freie und Hanse-Stadt Hamburg, deren Vorstädte und Gebiet, für den Fall des Ausbruches der Asiatischen Cholera, Hamburg, 1831, Exemplar in StA Hbg; Michael: Geschichte des ärztlichen Vereins, S. 125; Der Hamburgische Beobachter, 42, Vol. 15, Nr. 4, 15. Oktober 1831, S. 166f.

58 Husung: Volksprotest, S. 83.

59 Stimme aus Danzig über die Cholera, S. 5, S. 11.

60 StA Hbg, Senat, Cl. VII, Lit. Ta. Pars 2, Vol. II, Fasc. 17, Inv. 1a: Hamburger Fremdenblatt, 27. Oktober 1892. Michael: Geschichte des ärztlichen Vereins, S. 127; Der Hamburgische Beobachter, Vol. 15, Nr. 4, 15. Oktober 1831, S. 167.

61 Siemerling: Entschleierung der Cholera; Beruhigung für Jedermann und Ermahnung an Viele. Zur Verminderung der Furcht vor der Cholera morbus, und Befestigung des Vertrauens an die Güte Gottes, von einem Mitfühlenden und zur Beruhigung anderer fern beitragender Mitbürger geschrieben, Hamburg 1831; Zubereitung auf die Cholera, Bergedorf 1831; Anweisung, S. 7.

62 Verständlichste und bewährteste Belehrungen über die mit Gefahr bedrohende pestartige Krankheit Cholera morbus. Mit einem Recepte versehen, welches das sicherste Schutzmittel wider die Cholera lehrt, und alle hierüber schon erschienene und vielleicht noch erscheinende Büchlein übertrifft und überflüssig macht. Nach den Hauptresultaten ärztlicher, in Indien, Persien, Rußland und Polen gemachten Erfahrungen sorgfältig zusammengestellt. Nur nicht ängstlich! Hamburg 1831; Jensen: Belehrungen.

63 Verständlichste und bewährteste Belehrungen; Zubereitung auf die Cholera; Horn und Wagner: Wie man sich vor der Cholera zu schützen...

64 Vgl. S. 304f.

65 Stimme aus Danzig über die Cholera; Buchheister und Noodt: Erfahrungen.

66 Beruhigung für Jedermann und Ermahnung an Viele; Verständlichste und bewährteste Belehrungen.

67 Cohnstein: Trost- und Beruhigungsgründe.

68 Anweisung. Eine nützliche Darstellung dessen, worauf diese Betonung der Mäßigung in der ärztlichen Lehre zurückgeht, findet sich in Göckenjan: Kurieren und Staat machen, S. 76–78, S. 90f.

69 A. Aust: Vor 80 Jahren: die Cholera in Hamburg. Soziale und hygienische Mißstände und ihre Folgen, in: Die Heimat, Monatsschrift zur Pflege der Natur- und Landeskunde in Schleswig-Holstein und Hamburg, 79, 1972, S. 302–11.

70 F. Simon: Schutzmaßregeln gegen die asiatische Cholera, Hamburg 1848, S. 13–15.

71 StA Hbg, MK III A 2 Bd. 1, Bl. 3ff; Sitzung vom 5. August 1848.

72 Wie ist das Erkranken bei der herrschenden Cholera-Epidemie zu vermeiden, wie erkennt man die Krankheit, und was ist bei derselben bis zur Ankunft eines Arztes zu thun? Zur Beruhigung und Belehrung des Publicums hg. von dem Hamburgischen Gesundheits-Rath September, Exemplar in StA Hbg, MK III A 2 Bd. 1, Bl. 62.

73 D. Bavendamm: ‹Keine Freiheit ohne Maß›. Hamburg in der Revolution von 1848/9, in: Berlin: Das andere Hamburg, S. 69–92; H.-W. Engels: ‹Wo ein St. Paulianer hinhaut, wächst so leicht kein Gras wieder.› St. Pauli und die Revolution von 1848/49, ebd., S. 93–115.

74 StA Hbg, Senat, Cl. VII, Lit. Ta, Pars 2, Vol. 1.

75 StA Hbg, MK III A 2, Bd. 1, Bl. 93.

76 Da der Ausbruch im Jahr 1859 geradezu explosionsartig erfolgte, muß man vermuten, daß die Krankheit über das Leitungswasser verbreitet wurde; wahrscheinlich gingen alle Epidemien der fünfziger Jahre auf Krankheitsherde zurück, die in Hamburg überwintert hatten oder aus anderen Teilen Deutschlands eingeschleppt worden waren. Vgl. StA Hbg, MK III A 2 Bd. 1, Bl. 81–3, Bl. 91, Bl. 96, Bl. 163–65, Bl. 199–200; Bd. 2, Bl. 7.

77 Mit Bezug auf die von den Behörden in den sechziger Jahren ergriffenen Maßnahmen vgl. StA Hbg, Polizeibehörde I 49 Bd. 1: Physicats-Gutachten von Dr. Buek, 13. Februar 1864, sowie Hamburgischer Correspondent, 8. August 1866. Zur Epidemie von 1859 vgl. Dr. Buek: Physicats-Bericht vom 22. August 1859 in: StA Hbg, Senat, Cl. VII, Lit. Ta, Pars 2, Vol. 6. Vgl. auch Michael: Geschichte des ärztlichen Vereins, S. 149f, sowie Eintragung zu Kraus. Als die neue Medizinalordnung 1871 in Kraft trat, zog sich Buek mit 74 Jahren von seinem Amt zurück. (StA Hbg, Senat, Cl. VII, Lit. Lb, Nr. 23a, Vol. 75, Fasc. 3).

78 J. C. T. Kraus: Die Cholera in Hamburg im Jahre 1873, Hamburg 1873.

79 Mit Bezug auf das folgende vgl. Bürgerschaft, September – Oktober 1873; wie auch StA Hbg, FA Petersen D30 Bd. 2, Kraus an Petersen, 7. März 1883.

80 StA Hbg, MK III A 2 Bd. 2, Bl. 83. Anhang zu Nr. 91 des «Altonaer Mercur» vom 19. April 1874.

81 Als einziges Beispiel kann man einen Hamburger Arzt nennen, der 1873 erklärte, die Choleraopfer verbreiteten die Infektion und müßten isoliert werden: Über den Verlauf der Cholera im Sommer 1873 in Eimsbüttel, in StA Hbg, MK III A 2 Bd. 2, Bl. 62–78. Belege für ein entsprechendes Verhalten zur Zeit der Pest 1712–14, bei dem man Tatsachen unterdrückte und zur Ruhe mahnte, vgl. A. Wohlwill: Hamburg während der Pestjahre 1712–14, Hamburg 1893, S. 58–61. Zur Epidemie von 1871 vgl. StA Hbg, Polizeibehörde I 49 Bd. 2, Vol. 1. Zu jener Zeit empfahlen die Behörden Privatleuten nach wie vor eine Ausräucherung der Wohnräume.

Der Aufstieg des Bakterienreichs

1 D. Helm: Die Cholera in Lübeck. Epidemieprophylaxe und -bekämpfung im 19. Jahrhundert, in: Kieler Beiträge zur Geschichte der

Medizin und Pharmazie, 16; Neumünster 1979, S. 12–27.

2 Ebd., S. 25–32.

3 Ebd., S. 33–51.

4 GStA Berlin, Rep. 84a, 4178, Bl. 21: Vossische Zeitung, 19. Mai 1831.

5 Ebd., Bl. 72f (Allerhöchstverordnetes Gesundheits-Comité für Berlin).

6 Ebd., Bl. 78: Gesetz wegen Bestrafung derjenigen Vergehungen, welche die Übertretung der – zur Abwendung der Cholera – erlassenen Verordnungen betreffen, 15. Juni 1831.

7 Ebd., Bl. 233: Abändernde Bestimmungen der Instruction über das bei dem Ausbruche der Cholera zu beobachtende Verfahren, 5. April (1. Juni 1831); ebd., 4179, Bl. 81, Vossische Zeitung, 13. September 1831; ebd., Bl. 215: Vossische Zeitung, 31. Oktober 1831; ebd., Bl. 229: Das Tribunal von Königsberg, 22. Oktober 1831; Stadtarchiv Berlin, Rep. 01 GB 257: Amts-Blatt 24 (17. Juni 1831), S. 101; ebd., 218: Berlinische Nachrichten, 15. Februar 1832. Weitere Einzelheiten in ebd., 217: Berlinische Nachrichten von Staats- und gelehrten Sachen, 6. Mai 1831, 11. Mai 1831, sowie darauf folgende Ausgaben. Ähnliche Entwicklungen in Wien lassen sich in ebd. 218: Berlinische Nachrichten, 20. Oktober 1831, verfolgen; die Zahl der Choleratoten im Habsburgerreich wurde bis dahin auf insgesamt 233000 beziffert.

8 GStA Berlin, Rep. 84a, 4180, Bl. 37–39: Instruction über das in Betreff der asiatischen Cholera in allen Provincen des Preußischen Staates zu beobachtende Verfahren, 5. Februar 1832; Stadtarchiv Berlin, Rep. 01 GB 257: Intelligenz Blatt, 18. Februar 1832.

9 Ebd., Bl. 157f: Sanitäts-polizeiliche Vorschriften bei den am häufigsten vorkommenden ansteckenden Krankheiten (nebst Anhang: Belehrung über ansteckende Krankheit), 1835; das Zitat findet sich auf S. 15 (Bl. 189) der Belehrung.

10 Ebd., 4181, Bl. 57 (Nr. 53); Erkenntnis des Königlichen Ober-Tribunals vom 26. Februar 1855.

11 Stadtarchiv Berlin, Rep. 01 GB 218: Beilage zum 7ten Stück des Amtsblatts der Königlichen Regierung zu Potsdam und der Stadt Berlin: A. Übersicht des Ganges und Umfanges der Cholera in den einzelnen Ortschaften der Provinz Brandenburg seit dem am 9. August 1831 stattgefundenen Ausbruche der Krankheit bis ult. Januar 1832. Man hat geschätzt, daß 1831 in Preußen insgesamt mehr als 30000 Menschen an Cholera starben (ebd., Berlinische Nachrichten, 20. Februar 1832). Eine Untersuchung auf Ortsebene findet sich in A. Stollenwerk: Die Cholera im Regierungsbezirk Koblenz (1832), in: Jahrbuch für westdeutsche Landesgeschichte, 5, 1979, S. 241–72.

12 Stadtarchiv Berlin, Rep. 01 GB 219: Berlinische Nachrichten, 8. Februar 1851.

13 Ebd., Vossische Zeitung, 16. November 1855; Berlinische Nachrichten, 6. Juni 1856.

14 Ebd., Vossische Zeitung, 9. September 1852. 1831–32, 1837 und 1848 starben in den Bezirken Königsberg, Gumbinnen, Marienwerder und Danzig zusammen insgesamt 33000 Menschen, die Sterblichkeitsziffer betrug bei diesen Epidemien jeweils 8‰, 2‰ und 2‰ (ebd.).

15 Ebd., Amtsblatt der Königlichen Regierung zu Potsdam und der Stadt Berlin, 21. Juni 1866 und

26. Juni 1866. Die Epidemie von 1866 mit einer Sterblichkeitsziffer von 5,9‰ war die bei weitem schwerste in Preußen im 19. Jahrhundert; nahezu 115000 Menschen starben, und die Epidemie griff zum erstenmal auf gewisse Teile Deutschlands, wie zum Beispiel Baden, über. (A. Fischer: Geschichte des deutschen Gesundheitswesens, Berlin 1933, II, S. 557). Vgl. auch G. Fleischer: Die Choleraepidemien in Düsseldorf, Düsseldorf 1977.

16 Stadtarchiv Berlin, Rep. 01 GB 219: Amtsblatt der Königlichen Regierung zu Potsdam und der Stadt Berlin, 21. Juni 1866 und 26. Juni 1866.

17 Ebd.

18 Stadtarchiv Berlin, Rep. 01 GB 220: Berlinische Nachrichten, 4. Oktober 1867, behandelt den amtlichen Bericht über die Epidemie von 1866 durch Dr. Müller im Auftrag der Königlichen Sanitätskommission.

19 Vgl. ebd., Berlinische Nachrichten, 3. September 1871.

20 Ebd. (E. H. Müller: Die Cholera-Erkrankungen zu Berlin im Jahre 1871, S. 121).

21 Ebd., Berlinische Nachrichten, 24. August 1871 (Bericht über die «Bekanntmachung» des Polizei-Präsidiums vom 21. August 1871); und RT 21. April 1893, 1960 bis 1961, Rede des Freiherrn von Unruhe-Bornst; für die neunziger Jahre des vorigen Jahrhunderts vgl. S. 621–32.

22 GStA Berlin Rep. 84a, 1478, Bl. 280: Allgemeine Zeitung, 14. August 1831; Stadtarchiv Berlin, Rep. 01 GB 257: Stadtverordneten-Versammlung an den Berliner Magistrat, 22. September 1831.

23 Ebd., «Verhandelt Berlin den 2ten September 1831 in der Plenar-Sitzung des Magistrats».

24 Ebd.; Auszug aus den Erklärungen der Schutz-Commissions-Vorsteher in Berlin für oder wider die Beibehaltung der vorgeschriebenen Maaßregeln hinsichts der Wohnungssperre auf das Magistrats-Circular vom 25ten September: und auf die am 13ten Octobr. erlassene Rückfrage an einzelne, die sich zuerst noch nicht bestimmt ausgesprochen hatten pp.; Antworten Nr. 36, 31, 6, 5.

25 Stadtarchiv Berlin Rep. 01 GB 220: Berlinische Nachrichten, 12. Juli 1868.

26 Ebd., Bl. 65b–66: Bericht über die am Montag dem 7. August 1871 durch den Redacteur Wegener im Concertsaal zu Berlin abgehaltene Versammlung.

27 BA Koblenz R86/9, Bd. 1: Denkschrift über die Thätigkeit des Kaiserlichen Gesundheitsamtes vom Jahr 1877, S. 8–10.

28 GStA Berlin, Rep. 84a, 4180, Bl. 84 (Ministerium der Geistlichen, Unterrichts- und Medicinalangelegenheiten, Rundbrief vom 19. Juli 1883).

29 RT 21. April 1893, Col. 1954 (Sekretär Boetticher).

30 M. Pelling: Cholera, Fever and English Medicine, 1825–1865, Oxford 1978, S. 1.

31 Winslow: The Conquest of Epidemic Disease, S. 307–10.

32 B. Möller: Robert Koch, Persönlichkeit und Lebenswerk 1843 – 1910, Hannover 1950, S. 514: Koch an Emmy Koch, 25. August 1883.

33 Ebd., S. 151. Aus Möllers Bericht geht klar hervor, daß Koch die Entdeckung 1884 machte und nicht 1883, wie bisweilen behauptet wird. Vgl. auch Tafel 14.

34 Zum Kurs von 1884 vgl. StA Hbg, MK III A 2 Bd. 2, Bl. 152. Eine allge-

meinere Darstellung findet sich in Möller: Robert Koch, insbes. S. 161.

35 Möller: Robert Koch; vgl. auch S. 396–400.

36 Pelling: Cholera, Fever and English Medicine, S. 3. Pelling bestreitet die Richtigkeit der Unterscheidung «durch Miasma / durch Ansteckung bedingt», doch wenn ihre Einwände auch vom Standpunkt der reinen Naturwissenschaft aus gerechtfertigt sein mögen, war diese Unterscheidung den Zeitgenossen hinreichend klar, nicht zuletzt, weil sie stets im Zusammenhang mit den Folgen gesehen wurde (Quarantäne). Vgl. auch R. Cooter: Anticontagionism and History's Medical Record, in: A. Treacher und P. Wright (Hg.): The Problem of Medical Knowledge, Edinburgh 1982, S. 87–108. Der Meinungsstreit geht auf die klassische Gleichsetzung von Ansteckungstheorie mit konservativer und der Miasma-Theorie mit liberaler Haltung zurück (in: E. H. Ackerknecht: Anticontagionism between 1821 and 1867, in: Bulletin of the History of Medicine, 22, 1948, S. 562–93). Weitere Einzelheiten zu Kochs Entdeckung finden sich in N. Howard-Jones: Choleranomalies, in: Perspectives in Biology and Medicine, 15, 1975, S. 422–33.

37 Göckenjan: Kurieren und Staat machen, S. 113, versucht Ackerknechts Formel auf Deutschland zu übertragen, setzt aber das Wiederauftreten der kontagionistischen Theorie mit den fünfziger Jahren an, weil der erste Teil des Jahrzehnts die klassische Periode der Reaktion gewesen sei; doch muß der endgültige Sieg der kontagionistischen Theorie auf die achtziger Jahre des vorigen Jahrhunderts und nicht auf die fünfziger datiert werden. Für eine Behandlung von Ackerknechts Vorstellungen in einem anderen Zusammenhang vgl. E. R. Ocaña: La dependencia social de un comportamiento científico: Los médicos españoles y el cólera de 1833–35, in: Dynamis, 1, 1981, S. 101–30.

38 Pelling: Cholera, Fever and English Medicine, S. 3; Cooter: Anticontagionism, S. 99.

39 Der Hamburgische Beobachter, 45, 22. Oktober 1831, S. 171.

40 E. H. Ackerknecht: Rudolf Virchow, Doctor, Statesman, Anthropologist, Madison, Wisconsin, 1953, insbes. S. 188; vgl. auch F. Stern: Gold und Eisen, S. 96.

41 Ackerknecht: Rudolf Virchow, S. 107, S. 116, S. 124f; vgl. auch M. von Pettenkofer: Rudolf Virchow's Choleratheorie, in: Berliner Klinische Wochenschrift, 21, 1884, S. 485–91 (enthält auch Virchows Antwort).

42 Ackerknecht: Rudolf Virchow, S. 126.

43 Ebd., S. 16–19, zitiert Virchow: Gesammelte Abhandlungen: öffentliche Medizin, I. S. 55.

44 Ackerknecht: Rudolf Virchow, S. 129–32; vgl. auch P. Weindling: Was Social Medicine Revolutionary? Rudolf Virchow and the Revolutions of 1848, in: Bulletin of the Society for the Social History of Medicine, 34, 1984, S. 13–18.

45 N. Howard-Jones: Gelsenkirchen Typhoid Epidemic of 1901, Robert Koch and the Dead Hand of Max von Pettenkofer, in: British Medical Journal, 13. Januar 1973.

46 Auch Pettenkofer hatte zahlreiche Schüler in führenden Positionen. Vgl. H.-H. Eulner: Hygiene als

akademisches Fach in: W. Artelt u. a. (Hg.): Städte-, Wohnungs- und Kleidungshygiene des 19. Jahrhunderts in Deutschland, Stuttgart 1969, S. 17–33.

47 Reincke: Der Typhus.

48 F. Hueppe: Die Cholera-Epidemie in Hamburg 1892, in: Berliner Klinische Wochenschrift, Vol. 30, Nr. 4, 1893.

49 Rumpf: Lebenserinnerungen, S. 41.

50 Verhandlungen des Ärztlichen Vereins zu Hamburg 1881–1890, Hamburg 1890.

51 J. N. Westwood: A History of Russian Railways, London 1964, S. 61. Einzelheiten zur Verbreitung der Cholera durch die Eisenbahnen finden sich in P. Bourdelais und J. Y. Raulot: Sur le rôle des contacts interhumains dans la transmission du choléra, épidémies de 1832 et 1854, in: Bulletin de la Société de Pathologie Exotique, 71, 1978, S. 119 bis 30.

52 (G. Gaffky:) Amtliche Denkschrift über die Choleraepidemie, 1892 (Kaiserliches Gesundheitsamt, Berlin 1895), S. 1–15; T. Deneke: Die Hamburger Choleraepidemie 1892, in: ZHG, 49, 1949, S. 124–58, hier S. 128 f; N. M. Frieden: The Russian Cholera Epidemic, 1892–93, and Medical Professionalisation, in: Journal of Social History, 10, 1977, S. 538–59. Die Wirksamkeit von Grenzkontrollen wird – für das Jahr 1892 – auch an Karte 27 auf S. 381 erkennbar.

53 (G. Gaffky:) Amtliche Denkschrift über die Choleraepidemie, 1892, S. 19.

54 R. G. Robbins: Famine in Russia 1891–1892, New York 1975, S. 170 f. Die Gesamtzahl der im Jahr 1892 über Hamburg nach Übersee Ausgewanderten hatte Ende August 102 059 erreicht. I. Ferenczi (Hg.): International Migrations, New York 1929, I, S. 808; StA Hbg, Auswanderungsamt II E IV, Nr. 9, Bd. 1; sowie StA Hbg, Auswanderungsamt E I, Nr. 2, Bd. 1, Bl. 52 (Jahresbericht der Behörde für das Auswanderungswesen für das Jahr 1892).

55 StA Hbg, Auswanderungsamt E I, Nr. 2, Bd. 2, Bl. 52 (Jahresbericht der Behörde für das Auswanderungswesen für das Jahr 1892).

56 StA Hbg, Auswanderungsamt II E II, Nr. 4, Bd. 1: Hamburger Freie Presse, 10. Oktober 1893 und 26. Januar 1894.

57 StA Hbg, Auswanderungsamt II E I, Nr. 1 a 2, Bd. 1, Kraus an Hachmann.

58 Ebd.

59 StA Hbg, Auswanderungsamt II E V Nr. 1, Bd. 2, Bl. 55: Bericht vom 15. Mai 1893; ebd., Beiheft 2, Bl. 4. S. auch Tafel 8.

60 (G. Gaffky:) Amtliche Denkschrift über die Choleraepidemie, 1892, S. 18.

61 Der Ursprung der Epidemie war lange umstritten. Koch vertrat die Ansicht, sie sei durch russische Auswanderer eingeschleppt worden (StA Hbg, FA Versmann VI A 6, Eintragung für den 26. August 1892). Er hielt die sanitären Vorkehrungen im Barackenlager für unzulänglich (berichtet in Deneke: Die Hamburger Choleraepidemie 1892, S. 139). Theodor Deneke hingegen erklärte, die Cholera sei über Le Havre von der Seine her gekommen, deren Wasser Abfälle aus Pasteurs Labors verseucht hätten (Deneke: Die Hamburger Choleraepidemie, 1892, S. 131). Er schrieb das 1941 unter dem Eindruck des Einmarsches der Deutschen in

Frankreich und wahrscheinlich noch während der Zeit des Hitler-Stalin-Pakts, jedenfalls deutet seine These, die er mit einer Verteidigung der russischen Politik (S. 131) und mit Hinweisen auf New York als «Hauptstadt des Weltjudentums» (S. 129) verknüpft, deutlich auf seine politischen Einstellungen. Zwar kam es 1892 in Paris und Le Havre zu Cholerafällen, doch weist nichts darauf hin, daß die Krankheit Hamburg über den Schiffs- oder Eisenbahnverkehr erreicht hätte; wahrscheinlich war sie mit aus Syrien gekommenen Dampfern nach Frankreich gelangt, sie stammte wohl nicht aus Pasteurs Labors. In Le Havre brach die Cholera erst am 15. August aus; es ist ohne weiteres möglich, daß sie in drei Tagen von Kiew mit der Eisenbahn dorthin gelangt war (Westwood: Russian Railways, S. 90, S. 155, Anhang 11) und Hamburg noch während der Inkubationszeit erreicht hatte. Amtlich bestätigt wurde der erste Fall in Kiew am 16. August, so daß die Krankheit wahrscheinlich am 11., möglicherweise schon vorher in Kiew vorlag, wenn man die üblichen Verzögerungen bei amtlichen Verlautbarungen einrechnet. Deneke hat darauf hingewiesen, daß im Barackenlager erst am 25. August Fälle aufgetreten seien, doch gab es auf der «Moravia», die am 17. August in See stach, 22 Choleratote, von denen keiner der Besatzung angehörte (vgl. S. 402). Auch in den Auswandererunterkünften der Hamburger Innenstadt traten Erkrankungen auf (StA Hbg, Auswanderungsamt II E I Nr. 2, Bd. 2, Bl. 52). Der Erreger brauchte gar nicht in großer Zahl ins Hafengebiet einzudringen, um unter den im August 1892 herrschenden Umständen stromaufwärts in das Trinkwasser zu gelangen, und das wäre von den Kais und Fleeten aus rascher als von den stromabwärts vor Anker liegenden französischen Schiffen aus geschehen. Deneke selbst meinte 1893, die Cholera sei aus Rußland und nicht aus Frankreich gekommen (StA Hbg MK II F 5, Bl. 28, Deneke an Hachmann, 28. Februar 1893). Bemerkenswerterweise konnte Denekes Artikel von 1941 mit seiner nationalsozialistischen Phraseologie und Stoßrichtung noch 1949 unverändert in der Zeitschrift des Vereins für Hamburgische Geschichte veröffentlicht werden (ZHG, 40, 1949, S. 124–58); doch wurde im Jahr 1948 Professor Kurt Detlev Möller, damals Leiter und führender Hamburger Lokalhistoriker, wegen seiner unverhohlenen nationalsozialistischen Sympathien entlassen (nur um in den frühen fünfziger Jahren wieder in Amt und Würden eingesetzt zu werden!). Vgl. Werner Skrentny: ‹Hier war alles vernünftiger als anderswo›. Hamburg und die Aufarbeitung der NS-Zeit, in: GAL-Fraktion in der Hamburger Bürgerschaft (Hg.). «Es ist Zeit für die ganze Wahrheit» (K. v. Dohnanyi). Aufarbeitung der NS-Zeit in Hamburg: Die nicht veröffentlichte Senatsbroschüre, Hamburg 1985, S. 17–47.

4. Die große Epidemie

Vom Verschweigen zur Katastrophe

1 StA Hbg, FA Versmann, VI A 6, Eintragungen für den 3. und 18. August 1892.

2 Vgl. S. 327.

3 StA Hbg, Senat, Cl. VII, Lit. Ta, Pars 2, Vol. 11, Fasc. 16, Inv. 9, insbes. Anlage 1 zu 8 (Aussage Simons vom 10. September 1892), Anlage 3 zu 8 (Aussage Reinckes vom 17. September 1892) sowie Anlage zu 8a (Aussage des Regierungspräsidenten Zimmermann, Schleswig, 26. Oktober 1892). J. J. Reincke räumt in seinem Beitrag «Die Cholera in Hamburg» (in: Deutsche Medizinische Wochenschrift, 3–4, 1893) ein, daß es sich dabei um den ersten in Hamburg im Jahr 1892 aufgetretenen Cholerafall gehandelt haben könnte. Vgl. auch die Diskussion in: (Georg Gaffky:) Amtliche Denkschrift über die Cholera-Epidemie 1892.

4 Vgl. den Bericht in StA Hbg, Senat, Cl. VII, Lit. Ta, Pars 2, Vol. 11, Fasc. 16, Inv. 9, der den Versuch unternimmt, die Umstände des Ausbruchs der Epidemie aufzuklären.

5 Hamburgischer Correspondent, 9. September 1892.

6 StA Hbg, Senat, Cl. VII, Lit. Ta, Pars 2, Vol. 11, Fasc. 16, Inv. 9, Anlage zu 7.

7 Am anschaulichsten ist Reinckes Bericht «Die Cholera in Hamburg». Auf ihn stützen sich die nachstehenden Absätze.

8 StA Hbg, Senat, Cl. VII, Lit. Ta, Pars 2, Vol. 11, Fasc. 17, Inv. 4: Die Post, 235, 28. August 1892.

9 Zu diesen Ereignissen vgl. Reincke: Die Cholera in Hamburg; Rumpf: Lebenserinnerungen, S. 42f; StA Hbg, FA Versmann, VI A 6, Eintragung für den 8. September 1892; T. Rumpf: Die Cholera in den Hamburgischen Krankenanstalten, in: Jahrbuch der Hamburgischen Staatskrankenanstalten, 3, 1891–92, S. 34–37.

10 StA Hbg, FA Versmann, VI A 6, Eintragung für den 26. August 1892.

11 Export, 40, 6. September 1892.

12 Kirchenarchiv Hbg, D166: Pastor Friedrich Werner: Erinnerungen aus meiner Amtstätigkeit in der Gemeinde Süd-Hamm, MS 1937, S. 22f.

13 (G. Gaffky:) Amtliche Denkschrift über die Choleraepidemie, 1892, S. 3f; ebenso finden sich Darstellungen dieser Ereignisse in StA Hbg, Senat, Cl. VII, Lit. Ta, Pars 2, Vol. 11, Fasc. 16, Inv. 9.

14 T. Deneke: Die Hamburger Choleraepidemie 1892, in: ZHG, 49, 1949, S. 124–58, hier S. 135. Deneke vermutet in Anlehnung an die «Amtliche Denkschrift über die Choleraepidemie, 1892», daß der Erreger bereits am 17. August in die Wasserversorgung gelangt war. Doch keiner der beiden Autoren kann Belege anführen, um seine Behauptung zu stützen. Denekes Annahme, erst am 19. habe der Cholera-Erreger die Wasserversorgung vollständig infiziert, läßt sich leichter akzeptieren. Die geradezu explosionsartige Zunahme der Erkrankungen begann am 25. August. Setzt man eine maximale Inkubationszeit von fünf Tagen an und gibt etwa einen Tag für die Zeit zu, bis das Wasser vom Fluß bis zu den Leitungshähnen in den Wohnungen gelangte, ergibt sich der 19. August. Vgl. auch Reincke: Die Cholera in Hamburg, S. 10–12, S. 14.

15 Die Karte wurde ursprünglich vom preußischen Militärarzt Schumberg im Oktober 1892 erstellt. Die Anhänger der Miasma-Theorie schlachteten für sich aus, daß bei den Untersuchungen zu jener Zeit

– wegen der unzulänglichen Untersuchungsmethode – keine Erreger im Wasser festgestellt werden konnten. Als im Herbst 1893 versehentlich eine geringe Menge des verseuchten Wassers in die Wasserversorgung gelangte, wurde der Erreger im Fluß, in den Wasserleitungen und in den Wassertanks der Häuser eindeutig nachgewiesen. Vgl. J. Dunbar: Zum derzeitigen Stand der Wasserversorgungsverhältnisse im hamburgischen Staatsgebiete, in: Vierteljahresschrift für öffentliche Gesundheitspflege, 37, 1905, S. 537–80.

16 Deneke: Die Hamburger Choleraepidemie, 1892, S. 142.

17 R. J. Morris: Cholera 1832: The Social Response to an Epidemic, London 1968, S. 80–83; Durey: The Return of the Plague, S. 52; L. Madai: Les Crises de mortalité en Europe dans la deuxième moitié du XIXe siècle, in: H. Charbonneau und A. Larose (Hg.): The Great Mortalities: Methodological Studies of Demographic Crises in the Past, Lüttich 1979, S. 157–70; J.-C. Robert: Le Choléra de 1832 dans le Bas-Canada: mesures des inégalités devant la mort, ebd., S. 229–56.

18 Berechnet nach SHS, 20, 1902, Übersicht 1E (S. 12f). Vgl. auch MS 1892, Tab. 15 h/i. Die Übersterblichkeit im Jahr 1831 betrug 122, im Jahr 1832 lag sie bei 136 und 1849 bei 127. Berechnet nach SHS 20, ebd., sowie Beiträge zur Statistik Hamburgs (Verein für hamburgische Statistik, Hamburg 1854), Tabelle 5. In all jenen Jahren war die Cholerasterblichkeit geringer (vgl. Abbildung 7).

19 S. A. E. Imhof: Die gewonnenen Jahre. Von der Zunahme unserer Lebensspanne seit dreihundert Jahren, oder, von der Notwendigkeit einer neuen Einstellung zu Leben und Sterben. Ein historischer Essay, München 1981, S. 219–23.

20 Die Gesundheitsverhältnisse Hamburgs im 19. Jahrhundert, Hamburg 1901, S. 128f und S. 151, sowie: Über die Tuberkulose in Hamburg und ihre Bekämpfung, Sonder-Abdruck aus dem Hamburgischen Correspondenten, Hamburg 1896.

21 H. Tjaden (Hg.): Bremen in hygienischer Beziehung, Bremen 1907, S. 29, S. 381 f. Lübeck, die dritte an der Küste gelegene Hansestadt, war weit kleiner und spielte als Hafen für Auswanderer keine Rolle.

22 H. Schwarzwälder: Geschichte der Freien Hansestadt Bremen, Bremen 1976, II, S. 221; Tjaden: Bremen in hygienischer Beziehung, S. 172f.

23 StA Bremen, 3-M. 1. r. 18–5, Notiz vom 8. September 1892; (G. Gaffky:) Amtliche Denkschrift über die Choleraepidemie 1892, S. 9f.

24 H. Tjaden: Bremen und die Bremische Ärzteschaft seit dem Beginne des 19. Jahrhunderts, Bremen 1932, S. 132f.

25 StA Bremen, 3–M, 1. r. 18–1, 24. August 1892 (Polizeidirektion Bremen an Senator Marcus).

26 Ebd., 3-Q. 1. b. 1. passim; H. Falliner: Zur historischen Entwicklung des Bremischen Quarantänedienstes, in: Bremer Ärzteblatt, 9, 1978, S. 36–52; und StA Bremen, 3-Q. 1. b. 3 passim.

27 Ebd., 3-M. 1. r. 18–1, Berichte und Korrespondenz vom 15., 21. und 27. Juli.

28 Ebd., 18–2. Ein weiteres Beispiel für die größere Beharrlichkeit

Hamburgs, wenn es um partikularistische Interessen ging, findet sich auf S. 62.

29 Ebd., 18–1, Berichte und Korrespondenz vom 27. Juli und 9. August.

30 Ebd., 18–5, Bremer Courier, 221, 11. August 1892.

31 Ebd., Weser Zeitung, 27. August 1892, und Anschlag vom 26. August.

32 Ebd., 18–4 und 18–8. Dasselbe läßt sich von Lübeck sagen. Vgl. D. Helm: Die Cholera in Lübeck. Epidemieprophylaxe und -bekämpfung im 19. Jahrhundert, in: Kieler Beiträge zur Geschichte der Medizin und Pharmazie, 16, Neumünster 1979, S. 52–62.

33 StA Bremen, 3-M, 1. r. 18–1, Mitteilung vom 24. August.

34 Ebd., Berichte vom 24. August und 3. September.

35 Tjaden: Bremen in hygienischer Beziehung, S. 62–64. Das Wasser der zentralen Wasserversorgung Lübecks wurde seit 1867 gefiltert, s. Helm: Die Cholera in Lübeck, S. 10f.

36 Helm: Die Cholera in Lübeck, S. 165, S. 170f; G. Albrecht: Das Bremer Haus. Ein Sonderfall in der deutschen Baugeschichte um 1900, in: L. Niethammer (Hg.): Wohnen im Wandel, Wuppertal 1979, S. 233–51, insbes. S. 248–50.

37 R. Spree: Soziale Ungleichheit, S. 117f.

38 Ebd., S. 123. Spree spricht die Bedeutung einer Filtration an, er scheint aber anzunehmen, sie sei Bestandteil aller zentralen Wasserversorgungssysteme gewesen.

39 Vgl. erstes Kapitel, Innenansicht einer Handelsstadt, Abschnitt: Ungleichheit im Alltag.

40 Vgl. zweites Kapitel, Die Krise der städtischen Umwelt, Abschnitt Trübe Wasser.

41 Vgl. S. 367–372.

42 Rumpf: Die Cholera, S. 38. Rumpf fügte hinzu, daß er sogleich Senator Lappenberg angerufen und ihn auf diese Möglichkeit hingewiesen habe.

43 R. Koch: Über den augenblicklichen Stand der Cholera-Diagnose, in: Zeitschrift für Hygiene und Infektionskrankheiten, Bd. 14, 1893, S. 319–23.

44 Mit Bezug auf Rumpfs späteren Ruf vgl. M. Nonne: Anfang und Ziel meines Lebens, Hamburg 1972, S. 96.

45 StA Hbg, FA Versmann VI A 6, Eintragung vom 29. August 1892.

46 StA Hbg, Senat, Cl. VII, Lit. Ta, Pars 2, Vol. 11, Fasc. 16, Inv. 24: General-Anzeiger, 29. August 1892.

47 Ebd., Fasc. 16, Inv. 27: Kölnische Volkszeitung, 15. September 1892.

48 Ebd., Fasc. 17, Inv. 4: National-Zeitung, 25. August und 28. August 1892.

49 Ebd., Eisenbahn-Zeitung, 31. August 1892 (Nr. 204).

50 Ebd., Inv. 7: The Times, 27. August 1892.

51 Ebd., St. James' Gazette, 25. August 1892.

52 Ebd., The Times, 27. August und 10. September 1892.

53 MdB (Biographien in StA Hbg, Mappen im Lesesaal).

54 StA Hbg, FA Mönckeberg 21a, Bl. 276–78.

55 Petersen D23: Carl Friedrich Petersen (1809–92), Letzte Krankheit und Tod; A. Wohlwill: Die Hamburgischen Bürgermeister Kirchenpauer, Petersen, Versmann, Hamburg 1903, S. 25–60, S. 193.

56 Vgl. seine im ersten Kapitel, Innenansicht einer Handelsstadt, Ab-

schnitt: Patrizier und Politik, zitierten Aussagen.

57 MdB, Eintragung für Mönckeberg.

58 Für Versmanns Biographie vgl. erstes Kapitel, Innenansicht einer Handelsstadt, Abschnitt: Patrizier und Politik.

59 StA Hbg, FA Versmann VI A 6, Eintragung für den 6. August 1892.

60 StA Hbg, FA Mönckeberg 21 a, Bl. 279 f; auch für die folgenden Zitate.

61 Ebd. sowie MdB, vgl. Anmerkung 53 zu diesem Abschnitt, vgl. auch Tafel 2.

62 Bezüglich der verschiedenen Anordnungen vgl. StA Hbg, Senat, Cl. VII, Lit. Ta. Pars 2, Vol. 11, Fasc. 17, Inv. 3.

63 Ebd., FA Versmann, VI A 6, Eintragung für den 24. August 1892.

64 StA Hbg, FA Versmann VI A 6, Eintragung für den 25. August 1892.

65 Mit Bezug auf Kraus vgl. S. 325 bis 326.

66 Vgl. S. 326–327.

67 J. Michael: Geschichte des ärztlichen Vereins und seiner Mitglieder, Hamburg 1896, Eintragung zu Kraus.

68 Rumpf: Lebenserinnerungen, S. 42 bis 44.

69 StA Hbg, Cl. VII, Lit. Ta. Pars 2, Vol. 11, Fasc. 16, Inv. 9, Nr. 13: Bericht vom 14. September 1892. Kraus wohnte in Altona, worüber die Bürgerschaft des öfteren Klage geführt hatte (Bürgerschaft, 29. Oktober 1890).

70 Rumpf: Lebenserinnerungen, S. 43.

71 StA Hbg, Cholerakommission 27; Erster Bericht.

72 B. Möller: Robert Koch, Persönlichkeit und Lebenswerk 1843 bis 1910, Hannover 1950, S. 630. Später ließ sich Koch von seiner ersten Frau scheiden und heiratete seine Geliebte. Dieser Schritt schockierte die Zeitgenossen so sehr, daß sich die Bürger seiner Heimatstadt dafür aussprachen, eine früher zu seinen Ehren angebrachte Tafel wieder zu entfernen.

73 Zitiert wird Kochs berühmter Ausspruch in der «Hamburger Freien Presse» vom 26. November 1892 (Exemplar in StA Hbg, PP S 3496 Bd. 1). Seine davor zitierten Kommentare während der Besichtigung finden sich ohne Quellenangabe in A. Aust: Vor 80 Jahren: Die Cholera in Hamburg. Soziale und hygienische Mißstände und ihre Folgen, in: Die Heimat, Monatszeitschrift des Vereins zur Pflege der Natur und Landeskunde in Schleswig-Holstein und Hamburg, 79, 1972, S. 302–11. Diese Zitate legen den Eindruck nahe, daß Koch und die Bakteriologen den gesellschaftlichen Ursprüngen von Krankheiten nicht so gleichgültig gegenüberstanden, wie das bisweilen angenommen wird (z. B. von G. Göckenjan: Kurieren und Staat machen, S. 56).

74 Rumpf: Lebenserinnerungen, S. 43.

75 StA Hbg, Cholerakommission 27; Erster Bericht.

76 StA Hbg, Senat, Cl. VII, Lit. Ta. Pars 2, Vol. 11, Fasc. 17, Inv. 3.

77 StA Hbg, Cholerakommission 27: Erster Bericht, Zweiter Bericht (Bl. 56).

78 StA Hbg, FA Versmann, VI A 6, Eintragung unter dem 26. August 1892.

79 StA Hbg, FA Versmann, VI A 6, Eintragungen für den 23., 24. und 26. August.

80 Vgl. Tabelle 4.

81 Eine frühere Fassung der nachste-

henden Darstellung wurde veröffentlicht in R. J. Evans: Die Cholera und die Sozialdemokratie: Arbeiterbewegung, Bürgertum und Staat in Hamburg während der Krise von 1892, in: Herzig u. a.: Arbeiter in Hamburg, S. 203–14.

82 StA Hbg, PP S3469: Versammlungsbericht (Sozialdemokratischer Verein für den 3. Hamburger Wahlkreis, Mitgliederversammlung am 13. Oktober 1892).

83 Ebd.

84 Ebd., Vorwärts, 8. Dezember 1895.

85 Hintergrundinformationen zur Auswanderungsfrage finden sich im ersten Kapitel, Innenansicht einer Handelsstadt, Abschnitt: Fraktionen des Kapitals.

86 S. Winkle: Chronologie und Konsequenzen der Hamburger Choleraepidemie von 1892, in: Hamburger Ärzteblatt, 37, 1983, S. 421–30, hier S. 423.

87 In: Export, 40, 6. September 1892, findet sich ein vollständiger Bericht über diese Ereignisse. Der Senat behauptete, der reine Gesundheitspaß sei am 24. ausgestellt worden; dann aber bliebe die Frage zu beantworten, warum er zwei volle Tage vor Auslaufen des Schiffes erteilt wurde (StA Hbg, Senat, Cl. VII, Lit. Ta. Pars 2, Vol. 11, Fasc. 14: Zu den in der amerikanischen Presse erhobenen, von deutschen Zeitungen wiederholten Beschwerden über die Ausstellung reiner Gesundheitspässe nach Ausbruch der Cholera hierselbst).

88 StA Hbg, Hafenarzt I 77: Auszug aus dem Kranken-Journal des Dampfschiffes «Normannia». Der Brief des Passagiers ist abgedruckt in StA Hbg, PP S3490 Bd. 1: Vorwärts, 17. Oktober 1892.

89 StA Hbg, Hafenarzt I 77, Auszug aus dem Kranken-Journal des Dampfschiffes «Normannia». Ebd., PP S3490 Bd. 1: Vorwärts, 17. Oktober 1892.

90 StA Hbg, Auswanderungsamt II E I Nr. 3, Bd. 10, Dok. J., Nr. 202; StA Hbg, PP S3490, Bd. 1: Vorwärts, 17. Oktober 1892, General-Anzeiger für Essen und Umgegend, 19. Oktober 1892, und General-Anzeiger, Hamburg, 12. November 1892.

91 StA Hbg, Auswanderungsamt II E IV Nr. 1, Bd. 1; und Auswanderungsamt II E I Nr. 1 a 3; s. auch M. Just: Hamburg als Transithafen für die osteuropäische Auswanderung in die Vereinigten Staaten, Museum für Hamburgische Geschichte, Schausammlungen Heft 5, Hamburg 1976, S. 9; Winkle: Chronologie, S. 19.

92 StA Hamburg, Cholerakommission 27: Zweiter Bericht, Bl. 63.

93 StA Hbg, Cholerakommission 27: 1. und 2. Bericht des Polizei-Chefs und Präses des Medizinalkollegiums Hachmann.

94 StA Hbg, Senat, Cl. VII, Lit. Ta. Pars 2, Vol. 11, Fasc. 17, Inv. 4: Die Post, 2. September 1892.

95 Ebd., Die Post, 3. September 1892.

96 StA Hbg, Cholerakommission 27: 1. Bericht des Polizei-Chefs und Präses des Medizinalkollegiums Hachmann.

97 StA Hbg, FA Versmann VI A 6: Tagebuch Johannes Versmanns, Eintragungen für den 24., 25., 26., 29. und 31. August.

98 Ebd., Eintragung für den 2. September. Mit Bezug auf die verschiedenen ergriffenen Maßnahmen vgl. die Protokolle der Cholerakommission, in: Vol. 27 der Berichte der Kommission. Vgl. auch Tafel 27.

99 StA Hbg, PP S3469: Meldungen für die Sanitätskolonne 24. Juli 1893, auch mit Bezug auf die nachstehenden Einzelheiten.

100 Ebd., Vorwärts, 6. September 1892; Glückauf, 1. Oktober 1892. Vgl. auch Tafeln 28 und 29.

101 StA Hbg, Cholerakommission 1, Protokolle: 3. Sitzung. Diebstahl und Erpressung durch Leichenträger, Angehörige von Ambulanzen und Quarantänebeamten gehören zu den klassischen Themen der Pest-Literatur. Vgl. J. Delumeau: Angst im Abendland. Die Geschichte kollektiver Ängste im Europa des 14. bis 18. Jahrhunderts, Reinbek 1985, 1, S. 179.

102 StA Hbg, PP S3469: Meldungen für die Sanitätskolonne, 24. Juli 1893.

103 Ebd., S3490 Bd. 1: Hamburger Tageblatt, 10. November 1892.

104 Ebd., S3649: Hamburgischer Correspondent, 18. April 1893.

105 Ebd., S3490 Bd. 1: Hamburger Echo, 31. Januar 1893.

106 Ebd., Bd. 2: Hamburgischer Correspondent, 2. Februar 1893.

107 StA Hbg, Senat, Cl. VII, Lit. Ta. Pars 2, Vol. 11, Fasc. 17, Inv. 5: Hamburger Fremdenblatt, 1. Oktober 1892.

108 Vgl. R. J. Evans (Hg.): The German Working Class 1888–1933: The Politics of Everyday Life, London 1982. Die Arbeit der Desinfektionskolonnen gab auch später Anlaß zu Auseinandersetzungen wegen der Bezahlung durch die Behörden (StA Hbg, PP V327–30. V494, V495, V327–61).

109 StA Hbg, MK III A 13: Bericht der Gesundheitskommission St. Georg-Nordertheil, S. 3.

110 Ebd.; Bericht der Gesundheitskommission Barmbeck, S. 8. Vgl. StA Hbg, Allgemeine Armenanstalt II, 211, Bl. 51: Hamburger Fremdenblatt, 21. September 1892.

111 Kirchenarchiv Hbg, D166, S. 26.

112 StA Hbg, Meldewesen B43: Hamburgischer Correspondent, 21. Juli 1893.

113 StA Hbg, FA Birt, 6, Friederike Birts Tagebuch, Eintragung vom 23. September 1892.

114 Carl Mönckeberg (Hg.): Bürgermeister Mönckeberg. Eine Auswahl seiner Briefe und Aufzeichnungen, Stuttgart und Berlin 1918, S. 20; Tagebuch Elise Mönckeberg, Eintragung vom 12. September 1892; Tagebuch Tilli Mönckeberg, Eintragung vom 30. August 1892 (beide in Privatbesitz).

115 StA Hbg, FA Neubauer 1, S. 28.

116 StA Hbg, PP S3490 Bd. 1: Karlsbader Volkszeitung, 28. September 1892.

117 StA Hbg, FA Lippmann A 4, Bd. 1, S. 32.

118 StA Hbg, PP S3490 Bd. 1: Hamburger Fremdenblatt, 22. April 1893.

119 Chlor bildete traditionell die Grundlage für die Desinfektion und Ausräucherung bei Krankheiten wie der Cholera. Vgl. F. F. Runge: Vom Chlor, seinem Nutzen, seiner Anwendung und außerordentlichen Wirksamkeit zum Reinigen der Luft und zur Abhaltung ansteckender Stoffe; besonders auch in Bezug auf die uns bedrohende Cholera. Nach den «Grundlehren der Chemie für Jedermann» des Herrn Professors F. F. Runge in Breslau, Hamburg 1831.

Die Kranken heilen

1 Michael: Geschichte des ärztlichen Vereins, S. 207.
2 Schröder: Aus Hamburgs Blütezeit, S. 79.
3 Vgl. Tabelle 4.
4 StA Hbg, Senat, Cl. VII, Lit. Ta. Pars 2, Vol. 11, Fasc. 17, Inv. 4: Freisinnige Zeitung, Nr. 202, 30. August 1892.
5 StA Hbg, FA Versmann VI A 6, Eintragung für den 30. August 1892.
6 Mönckeberg: Bürgermeister Mönckeberg: Johann Georg Mönckeberg an Carl Mönckeberg, 30. August 1892, S. 20; StA Hbg, FA Gustav Hertz B 17, Brief von Frau Hertz an Else, 2. September 1892.
7 StA Hbg, Cholerakommission 27, Erster Bericht: MK II N 3 Bd. 1, Bl. 59, Bl. 62, Bl. 82, Bl. 88 (Das Kranken-Transportwesen in Hamburg, Seine Entwicklung und Organisation, 1892).
8 StA Hbg, Senat, Cl. VII, Lit. Ta. Pars 2, Vol. 11, Fasc. 17, Inv. 4: Die Post, 28. August 1892.
9 StA Hbg, PP S3490 Bd. 1: Hamburger Fremdenblatt, 28. Oktober 1892.
10 StA Hbg, Senat, Cl. VII, Lit. Ta. Pars 2, Vol. 11, Fasc. 17, Inv. 2: Hamburger Nachrichten, 7. September 1892. Vgl. auch J. Jungclausen: Acht Tage Cholerakrankenpflege, Hamburg 1892.
11 StA Hbg, Cholerakommission 27, Erster Bericht.
12 Wagners Bericht wurde häufig nachgedruckt. Vgl. beispielsweise: Die Mißerfolge der Staatsmedicin und Ihre Opfer in Hamburg, Hamburg 1892, S. 30f; oder StA Hbg, PP S3490 Bd. 1: General-Anzeiger für Essen und Umgegend, 19. September 1892. In seinem Artikel erklärte Wagner, bereits am 18. August in Hamburg eingetroffen zu sein, um über die Epidemie zu berichten. Vermutlich handelt es sich dabei um einen Druckfehler, gemeint war der 28. August.
13 StA Hbg, Senat, Cl. VII, Lit. Ta. Pars 2. Vol. 11, Fasc. 16, Inv. 27: National-Zeitung, 28. August 1892, mit Zitaten aus privater Korrespondenz.
14 Kirchenarchiv Hbg, D166: Pastor Friedrich Werner: Erinnerungen aus meiner Amtstätigkeit in der Gemeinde Süd-Hamm (MS 1937).
15 Vgl. Anmerkung 12 zu diesem Abschnitt.
16 Nonne: Anfang und Ziel, S. 95. Vgl. auch Tafeln 18, 19 und 20.
17 Rumpf: Die Cholera, S. 38–40.
18 Ebd., S. 48.
19 Ebd., S. 37–42, S. 48.
20 Ebd., S. 35, S. 39f, S. 47, S. 157. Vgl. auch Tafeln 21 und 22.
21 Wagner: Die Mißerfolge.
22 StA Hbg, Senat, Cl. VII, Lit. Ta. Pars 2, Vol. 11, Fasc. 17, Inv. 4: Die Post, 3. September 1892.
23 Ebd., 2. September 1892; Rumpf: Die Cholera, S. 43–48; vgl. auch: Erinnerungen aus der Cholerazeit 1892, in: Neue Hamburger Zeitung, 23. Februar 1898, in StA Hbg, PP S3490 Bd. 3.
24 Meine Erlebnisse als freiwilliger Krankenpfleger in den Cholerastationen des Alten Allgemeinen Krankenhauses zu Hamburg, in: Magdeburgische Zeitung, 14. November 1892; StA Hbg, Senat, Cl. VII, Lit. Ta. Pars 2, Vol. 11, Fasc. 17, Inv. 5. Eine weitere, leicht abweichende Version erschien auch im «Hamburg-Altona Generalanzeiger» vom 5. November 1892 (Exemplar ebd., Inv. 1 a).

25 Export, 6. Oktober 1892, mit einem Zitat aus dem «Soester Kreisblatt», 15. September 1892; StA Hbg, PP S3490 Bd. 3: General-Anzeiger, 11. Juli 1912.
26 Aust: Vor 80 Jahren; Die Heimat, 79, 1972, S. 302–11.
27 StA Hbg, Senat, Cl. VII, Lit. Ta. Pars 2, Vol. 11, Fasc. 17, Inv. 2: Hamburger Nachrichten, 7. September 1892.
28 Schröder: Blütezeit, S. 79.
29 StA Hbg, FA Lippmann A 4 Bd. 1, S. 32–33.
30 Aust: Vor 80 Jahren. Vgl. auch Tafeln 24 und 25.
31 Export, 8. Oktober 1892, vgl. Anmerkung 25 zu diesem Abschnitt.
32 Wagner: Die Mißerfolge.
33 StA Hbg, Senat, Cl. VII. Lit. Ta. Pars 2, Vol. 11, Fasc. 1 b: Hamburgischer Correspondent, 21. Oktober 1892, Artikel von Ferdinand Hueppe.
34 Jakob Loewenberg: Aus Zwei Quellen, Berlin 1914, S. 286–88.
35 Vgl. drittes Kapitel, Im Angesicht von Krankheit und Tod, Abschnitt: Die Geißel aus Asien.
36 Frevert: Krankheit als politisches Problem, S. 74–83; Göckenjan: Kurieren und Staat machen, S. 214–41.
37 Eine kritische Untersuchung des schlechten Rufs der Krankenhäuser im 19. Jahrhundert findet sich in J. Woodward: To Do the Sick No Harm: A Study of the British Voluntary Hospital System to 1875, London 1974.
38 K. G. Zimmermann: Nachtrag zu der geschichtlich-medicinischen Darstellung der Cholera-Epidemie in Hamburg im Herbste und Winter 1831–1832, Hamburg 1832, S. 49.
39 StA Hbg, MK II A 2, Bd. 1, Bl. 95.
40 Ebd., Bl. 163.
41 H. A. L. Degener (Hg.): Wer Ist's?, Berlin 1909; zusätzliche biographische Informationen stammen von Paul Weindling, Oxford.
42 StA Hbg, Senat, Cl. VII, Lit. Ta. Pars 2, Vol. 11, Fasc. 1 b: Hamburgischer Correspondent, 8. und 21. Oktober 1892; StA Hbg, FA Versmann XI 313: Max Versmann an Arnold Versmann, 7. September 1892 (für das Zitat «großer Optimist»).
43 StA Hbg, Senat, Cl. VII, Lit. Ta. Pars 2, Vol. 11, Fasc. 17, Inv. 1 a: Hamburger Fremdenblatt, 27. Oktober 1892.
44 Jahrbücher der hamburgischen Staatskrankenanstalten, 3, 1891 bis 92, S. 111.
45 Ebd., S. 140, S. 143.
46 Ebd., S. 143.
47 S. 143–45.
48 Fricke: Geschichtliche Darstellung des Ausbruchs der Asiatischen Cholera in Hamburg, Hamburg 1831, S. 29.
49 S. Hahnemann: Sicherste Heilung und Ausrottung der asiatischen Cholera, Leipzig, 1831; W. Cohnstein: Trost- und Beruhigungsgründe; Unfehlbares Mittel gegen die Cholera, Hamburg 1831; K. Preu: Was haben wir von der Cholera morbus zu fürchten? Ein Versuch, die aufgeschreckten Völker zu beruhigen, Nürnberg 1831, S. 136; F. Simon: Abfertigung und Warnung vor einem gewissen Krüger-Hansen und seinem, im Hamburger Correspondenten vom 7. September d. J. empfohlenen Mittel gegen die Cholera, von Scheue-Niemand, Hamburg 1831; Glückliche Heilung der Cholera asiatica auf homöopatischem Wege, nach einem Schreiben des Dr. Schröter in Lemberg an die Versammlung ho-

möopatischer Ärzte zu Naumburg, Leipzig 1831.

50 Michael: Geschichte des ärztlichen Vereins, S. 148.

51 Fricke: Geschichtliche Darstellung, S. 29–30.

52 StA Hbg, Senat, Cl. VII, Lit. Ta, Pars 2, Vol. 11, Fasc. 17, Inv. 1a: Hamburger Fremdenblatt, 27. Oktober 1892.

53 Entdeckung und Beleuchtung des bisher unbekannt gebliebenen Wesens und eigentlichen Sitzes der Cholera morbus nebst der Darstellung der Behandlungsart und der Schutzmittel gegen dieselbe für Gesunde. Für Jedermann faßlich dargestellt von einem erfahrnen praktischen Arzt nach den sehr ausführlichen und bestimmten Aussagen einer besonders hellsehenden Somnambule (Schlafwachenden), Hamburg 1831.

54 Michael: Geschichte des ärztlichen Vereins, S. 124.

55 Protocoll-Extracte der ersten bis sechsten Sitzung sämmtlicher Ärzte Riga's in Betreff der daselbst herrschenden Cholera-Epidemie vom 30. May bis 4. July 1831.

56 T. H. Jensen: Belehrungen, Ermunterungen und Tröstungen für den Bürger und Landmann wegen der Cholera. Von einem Landprediger, Altona 1831; A. B. Siedenburg, Dr. A. B. Siedenburg's Heilverfahren bei der Cholera morbus nebst krankengeschichtlichen Belegen, Hamburg 1831.

57 Zur Beruhigung für Jedermann bei Annäherung der Cholera. Schreiben eines Familienvaters in St. Petersburg an seinen Freund in Deutschland, Hamburg 1831.

58 E. Horn und W. Wagner: Wie hat man sich vor der Cholera zu schützen.

59 Fricke: Geschichtliche Darstellung, S. 29f.

60 Zubereitung auf die Cholera, Bergedorf 1831.

61 Wie ist das Erkranken bei der herrschenden Cholera-Epidemie zu vermeiden, wie erkennt man die Krankheit, und was ist bei derselben bis zur Ankunft eines Arztes zu thun? Zur Beruhigung und Belehrung des Publikums hg. von dem Hamburgischen Gesundheits-Rathe September 1848 (Exemplar in StA Hbg, MK III A 2, Bd. 1, Bl. 62).

62 C. Münchmeyer (Hofmedicus und Stadtphysicus in Lüneburg): Kurzgefaßte Rathschläge für Familienväter zur Vorbereitungsmaßregeln und die diätische und ärztliche Behandlung von Cholera-Kranken in Privathäusern zu erleichtern und zu beschleunigen, Lüneburg 1831; Siedenburg: Dr. A. B. Siedenburg's Heilverfahren.

63 Fricke: Geschichtliche Darstellung, S. 28f.

64 Michael: Geschichte des ärztlichen Vereins, S. 128.

65 Durey: The Return of the Plague, S. 124.

66 N. Howard-Jones: Cholera Therapy in the Nineteenth Century, in: Journal of the History of Medicine, 27, 1972, S. 373–95.

67 Michael: Geschichte des ärztlichen Vereins, S. 148.

68 Ebd., S. 146; Howard-Jones: Cholera Therapy; Durey: Return of the Plague, S. 128–30.

69 Jahrbücher der Hamburgischen Staatskrankenanstalten, 3, 1891 – 92, S. 99; Meine Erlebnisse, vgl. Anmerkung 24 zu diesem Abschnitt.

70 StA Hbg, FA Neubauer 1, S. 30.

71 Jahrbücher der Hamburgischen Staatskrankenanstalten, 3, 1891 –

92, S. 102–106, S. 150. Mit Bezug auf den schließlichen Erfolg der Rehydrationstherapie vgl. W. E. van Heyningen und J. R. Seal: Cholera. The American Scientific Experience 1947–80, Boulder 1985, S. 22 bis 25, S. 65–69.
72 Jahrbücher der Hamburgischen Staatskrankenanstalten, 3, 1891 bis 92, S. 107.
73 Ebd., S. 108.
74 Weitere Fallgeschichten s. ebd., S. 107–109.
75 Howard-Jones: Cholera Therapy.
76 Durey: The Return of the Plague, S. 123; Jahrbücher der Hamburgischen Staatskrankenanstalten, 3, 1891–92, S. 149.
77 Ebd., Tafel VII.
78 StA Hbg, MK III A 2 Bd. 1, Bl. 95.
79 Jahrbücher der Hamburgischen Staatskrankenanstalten, 3, 1891 bis 92, Tab. 1, S. 147.

Angst und Panik

1 StA Hbg, FA Buehl 2c, S. 37. Ganz allgemein zu diesem Gegenstand vgl. R. Baehrel: Epidémie et terreur. Histoire et sociologie, in: Annales Historiques de la Révolution Française, 23, 1951, S. 113–46.
2 StA Hbg, FA Gustav Hertz B17, Rudolf Hertz an Gustav Hertz und Frau Hertz, 27. August 1892.
3 Ebd., FA Lippmann A20, S. 36.
4 Doris Viersbeck: Erlebnisse eines Hamburger Dienstmädchens, München 1907, S. 88; Tagebuch Elise Mönckeberg, 28. August, 27. September 1892 (in Privatbesitz).
5 StA Hbg, Senat, Cl. VII, Lit. Ta. Pars 2, Vol. 11, Fasc. 17, Inv. 4: Kölnische Zeitung, 30. August 1892; StA Hbg, PP S3490 Bd. 1: Vorwärts, 4. Oktober 1892.
6 Hamburger Echo, 20.–24. August 1892 (Mikrofilm, StA Hbg), Hamburger Fremdenblatt, 17.–18. August 1892 (Mikrofilm, StA Hbg). Die in der Stadt vor dem 24. August umlaufenden Gerüchte finden sich in dramatisierter Form in Paul Schureks romanhafter Darstellung der Epidemie: Das Leben geht weiter, Stuttgart 1940, S. 74.
7 Hamburger Fremdenblatt, 20. und 22. August 1892.
8 Mit Bezug auf diese Zahlen vgl. Tabelle 4.
9 StA Hbg, Cholerakommission 13: Flüchtlinge.
10 StA Hbg, Cl. VII, Lit. Ta. Pars 2, Vol. 11, Fasc. 17, Inv. 4: Kölnische Zeitung, 30. August 1892.
11 Vgl. den Hinweis auf die Menschenmassen, die die Bahnhöfe stürmten, in Aust: Vor 80 Jahren, S. 302–11.
12 Mönckeberg: Bürgermeister Mönckeberg, S. 20; Tagebuch Tilli Mönckeberg, 30. August 1892 (in Privatbesitz).
13 StA Hbg, FA Birt 6, Tagebuch von Friederike Birt, Eintragung für den 25. September 1892.
14 (G. Gaffky:) Amtliche Denkschrift über die Choleraepidemie 1892, S. 6.
15 Friederike Koch (Hg.): Die Tagebuchaufzeichnungen Georg Kochs über die Hamburger Cholera-Epidemie des Jahres 1892, in: Die Heimat, Monatsschrift zur Pflege der Natur- und Landeskunde in Schleswig-Holstein und Hamburg 79, 1972, S. 353f; 80, 1973, S. 23f.
16 StA Hbg, PP S3490 Bd. 1: Hamburger Echo, 4. Oktober 1892.
17 Ebd., Hamburgischer Correspondent, 29. September 1892.
18 Ebd., Vorwärts, 15. Oktober 1892 (Bericht aus Hamburg).

19 Zitiert in: Export, 40, 6. Oktober 1892.
20 StA Hbg, Senat, Cl. VII, Lit. Ta. Pars 2, Vol. 11, Fasc. 17, Inv. 4: National-Zeitung, 30. August 1892. An derselben Stelle findet sich eine ähnliche Darstellung der Kölnischen Zeitung, 30. August 1892 (Bericht vom 28. August).
21 Vgl. S. 455–456.
22 StA Hbg, Senat, Cl. XI, Gen. No. 2, Vol. 61, Fasc. 1: Denkschrift vom 4. November 1892, S. 9.
23 (G. Gaffky): Amtliche Denkschrift über die Choleraepidemie 1892, S. 6.
24 StA Hbg, Senat, Cl. VII, Lit. Ta. Pars 2, Vol. 11, Fasc. 1 b: Hamburgische Börsen-Halle, 12. September 1892.
25 Ebd., Fasc. 17, Inv. 4, 6. September 1892.
26 Ebd., Kölnische Zeitung, 30. August 1892.
27 Ebd., Inv. 2: Hamburger Fremdenblatt, 10. September 1892.
28 Mönckeberg: Bürgermeister Mönckeberg, S. 21.
29 StA Hbg, FA Beneke, M 94: Caesar Amsinck an Hugo Beneke, 15. September 1892.
30 Vgl. S. 407–408.
31 StA Hbg, FA Neubauer 1, S. 28.
32 Ebd., Goverts 76, Bd. 17: Tagebuch E. F. Goverts, 31. August bis 2. September 1892.
33 Ebd., Ritter D2, S. 182–85.
34 Behrmann: Erinnerungen; H. Reuss-Löwenstein: Kreuzfahrt meines Lebens. Erinnerungen, Hamburg 1962, S. 36.
35 StA Hbg, FA Gustav Hertz B17: Rudolf Hertz an seine Eltern, 27. August 1892.
36 Ebd., FA Petersen G5: Gustav Petersen an Anna Petersen, 20. September 1892.
37 Ebd., FA Refardt G1: Edith Refardt, Brief vom 30. August 1892.
38 Ebd., FA Versmann, VI A6; Tagebuch Johannes Versmann, Eintragungen für den 30. August und 5. September 1892.
39 Ebd., FA Westenholz B XV 2, S. 16.
40 Ebd., FA Birt 6, Eintragung für den 25. September 1892.
41 Max von Schinkel: Lebenserinnerungen, Hamburg 1929, S. 127; Tagebuch Elise Mönckeberg, 28. August 1892 (in Privatbesitz).
42 Loewenberg: Aus zwei Quellen, S. 281.
43 StA Hbg, FA Goverts 76, Bd. 17, Eintragung für den 14. September 1892. Ähnliche Kommentare finden sich ebd., FA Gustav Hertz B17: Else Hertz an Johanna Pfefferkorn, 25. September 1892.
44 Rumpf: Lebenserinnerungen, S. 44.
45 Morris: Cholera 1832, S. 92f.
46 Viersbeck: Erinnerungen, S. 88f.
47 StA Hbg, Meldewesen B43, Bl. 94: Hamburgischer Correspondent, 2. Dezember 1892. Katharina Schlegel hat freundlicherweise die Hinweise in den Anmerkungen 4, 46 und 47 zur Verfügung gestellt. Allgemeiner siehe dazu K. Schlegel: Mistress and Servant in Nineteenth-century Hamburg: Employer / Employee Relationships in Domestic Service 1880–1914, in: History Workshop Journal, 15, 1983, S. 60–77.
48 Weitere Belege dazu vgl. fünftes Kapitel, Die Dimensionen der Ungleichheit, Abschnitt: Reich und Arm.
49 C. Stubbe: Hamburg und der Branntwein: Die ältere Mäßigkeits- und Enthaltsamkeitsbewegung in Hamburg, Berlin 1911, S. 10.
50 F. Wolter: Die Cholera in Hamburg, Berliner klinische Wochen-

schrift, 29, 17. Oktober 1892, S. 1062–63.

51 StA Hbg, PP S3490, Bd. 3: General-Anzeiger, 11. Juli 1912.

52 Ebd., Bd. 1: Hamburger Fremdenblatt, 28. Oktober 1892.

53 StA Hbg, Senat, Cl. VII, Lit. Ta. Pars 2, Vol. 11, Fasc. 16, Inv. 9: Hamburgischer Correspondent, 9. September 1892.

54 StA Hbg, MK III A 16, Bd. 1: Maes an Desinfektionsanstalten, 16. September 1892, Bl. 89; S. 16–23, hier S. 16. Detlev von Liliencron: Auserwählte Briefe, 1. Bd., Berlin 1910, S. 270.

55 StA Hbg, Senat, Cl. VII, Lit. Ta. Pars 2, Vol. 11, Fasc. 17, Inv. 4: Marburger Volkszeitung, 7. September 1892.

56 Nonne: Anfang und Ziel, S. 96, s. auch Aust: Vor 80 Jahren.

57 Loewenberg: Aus zwei Quellen, S. 275.

58 StA Hbg, Senat, Cl. VII, Lit. Ta. Pars 2, Vol. 11, Fasc. 17, Inv. 4: Kölnische Zeitung, 30. August 1892. Vgl. auch Schurek: Das Leben geht weiter, S. 70 f. Ähnliche Anmerkungen für die USA finden sich in Charles Rosenberg: The Cholera Years 1832–1859, Chicago 1962, S. 122.

59 StA Hbg, Senat, Cl. VII, Lit. Ta. Pars 2, Vol. 11, Fasc. 16, Inv. 9: Hamburgischer Correspondent, 9. September 1892.

60 Jensen: Belehrungen, Ermunterungen und Tröstungen; Horn und Wagner: Wie hat man sich vor der Cholera zu schützen?

61 Anweisungen zur Erhaltung der Gesundheit und Verhütung der Ansteckung bei etwa eintretender Choleraepidemie. Von der Königl. Preußischen obersten Medicinal-Behörde in Berlin zum Druck befördert, Hamburg 1831, S. 6.

62 Fricke: Geschichtliche Darstellung, S. 26.

63 StA Hbg, MK III A 2. Bd. 1, Bl. 84.

64 Anweisung, S. 6.

65 StA Hbg, Senat, Cl. VII, Lit. Ta. Pars 2, Vol. 11, Fasc. 17, Inv. 1 a: Hamburger Fremdenblatt, 27. Oktober 1892.

66 StA Hbg, MK III A 2 Bd. 1, Bl. 84.

67 Jensen: Belehrungen. Der Alkoholkonsum pro Kopf war in Hamburg in den Jahren 1831–32 und 1847–48 niedriger als in allen anderen zwischen 1800 und 1850, wahrscheinlich aus wirtschaftlichen Gründen.

68 J. A. P. Müller: Verhaltungsregeln gegen Cholera morbus, Hamburg 1831.

69 StA Hbg, FA Bertheau E 4 a VI: Carl III Bertheau an Carl II Bertheau, 26. August 1892.

70 Ebd., FA Beneke M94: Caesar Amsinck an Hugo Beneke, 20. September 1892.

71 Behrmann: Erinnerungen, S. 281.

72 Kirchenarchiv Hbg, D166: Werner: Erinnerungen, S. 27.

73 Ebd., Kirchenrat B. XVI. a. 2, S. 6; Behrmann: Erinnerungen, S. 281.

74 Kirchenarchiv Hbg, Kirchenrat B. X. d. 11.

75 StA Hbg, FA Ritter, D2, S. 183 f.

76 Kirchenarchiv Hbg, Kirchenrat B. XVI. a. 2, S. 1.

77 Ebd., Koch: Die Tagebuchaufzeichnungen Georg Kochs, Eintragung für den 25. August; Kirchenarchiv Hbg, D166: Werner: Erinnerungen, S. 28.

78 Kirchenarchiv Hbg, Kirchenrat B. XVI a. 2, S. 6.

79 Ebd., D166; Werner: Erinnerungen, S. 27. Vgl. auch Anmerkung 93 zu diesem Abschnitt.

80 Behrmann: Erinnerungen, S. 280.

81 StA Hbg, 622–I: FA Ritter D2, S. 186; Koch: Die Tagebuchauf-

zeichnungen Georg Kochs, Eintragung für den 28. August.

82 Kirchenarchiv Hbg, Kirchenrat B. XVI. a. 2: Ansprache: An unseren Gemeinden; Behrmann: Erinnerungen, S. 280.

83 J. Bernhard: Ich bin der Herr, dein Arzt! Eine Zeitpredigt über das Evangelium des 14. Sonntages, Lübeck 1892.

84 Der Herr, dein Arzt, auch in der Cholerazeit, von H. G., Hamburg 1892.

85 Kirchenarchiv Hbg, Kirchenrat B. X. d. 12.

86 C. Manchot: Wie wir in unserer Noth nach Gottes Willen leiden, Hamburg 1892.

87 A. Krause: Hamburgs Anfechtung, Bewährung, Errettung: Predigt über Jacobus I. 12 aus der Zeit des Kampfes mit der Cholera am 2. Oktober 1892, Hamburg [2]1892. Krause war auch ein hervorragender Kant-Kenner. Einzelheiten zu seiner Laufbahn finden sich in StA Hbg, Zeitungsausschnitt-Sammlung A760.

88 Siehe J. J. Sheehan: German Liberalism in the Nineteenth Century, Chicago 1978, sowie W. Struve: Elites Against Democracy, Princeton 1973, Kap. 3.

89 Vgl. aber Jensen: Belehrungen. Dort heißt es, man könne «nicht beweisen, daß diese Epidemie ein göttliches Urteil sei; es scheine sogar unglaubwürdig, da sie ohne Unterschied Gute und Schlechte befalle». Das allerdings ist unter den Hamburger Cholerapredigten das einzige Beispiel für eine solche Haltung.

90 StA Hbg, FA Ritter D2, S. 184.

91 Kirchenarchiv Hbg, D166: Werner: Erinnerungen, S. 26.

92 Ebd., S. 16.

93 Ebd., S. 23. Psalm 91 verspricht Erlösung von der «gierigen Pest» und versichert dem Gläubigen, «es wird Dir kein Unglück zustoßen und keine Plage zu Deiner Hütte sich nahen».

94 P. Pieper: Kirchliche Statistik Deutschlands, Freiburg 1899, S. 217.

95 H. McLeod: Protestantism and the Working Class in Imperial Germany, in: European Studies Review, 12, 1982, S. 323–44, hier S. 337–39.

96 Ebd., S. 337.

97 H. Grote: Sozialdemokratie und Religion, Tübingen 1968.

98 Kirchenarchiv Hbg, D166, Werner: Erinnerungen, S. 24, S. 27. Bekanntlich beginnt der 23. Psalm mit den Worten «Der Herr ist mein Hirte». Bei der «Roten Freiheit» dürfte es sich um ein Plakat der Sozialdemokratischen Partei gehandelt haben.

99 Behrmann: Erinnerungen, S. 281.

100 StA Hbg, PP S3490 Bd. 1: Glück auf!, 22. Oktober 1892.

101 Kirchenarchiv Hbg, D166: Werner: Erinnerungen, S. 27.

102 Vgl. sechstes Kapitel, Die Umgestaltung der Gesellschaft, Abschnitt: Die Grenzen des Mitgefühls.

103 Pieper: Kirchliche Statistik, S. 217.

104 Kirchenarchiv Hbg, D166: Werner: Erinnerungen, S. 27.

105 StA Hbg, Senat, Cl. VII, Lit. Ta, Pars 2, Vol. 11, Fasc. 17, Inv. 4: Kölnische Zeitung, 30. August 1892.

106 Ebd., Inv. 2: Hamburger Nachrichten, 3. September 1892.

107 StA Hbg, PP S3490 Bd. 1: Hamburger Freie Presse, 17. Dezember 1892.

108 G. H. Sieveking: Nachklänge aus der Cholerazeit 1892, in: Deutsche Medizinische Wochenschrift, 51, 1899, S. 1–5.

109 StA Hbg, Senat, Cl. VII, Lit. Ta. Pars 2, Vol. 6, S. 2.

110 StA Hbg, MK III A 16 Bd. 1, Bl. 106f.
111 Ebd., Bl. 86f.
112 Sieveking: Nachklänge; H. Schüssler: Ein praktisches Mittel zur Verhütung der Cholera-Epidemie, Köpenick 1894.
113 Der Hamburgische Beobachter, Vol. 42, Nr. 15, 15. Oktober 1831, S. 167.
114 StA Hbg, MK III A 2 Bd. 1, Bl. 94. Für eine weitergehende Darstellung der alternativen Medizin im Deutschland des 19. Jahrhunderts s. W. Krabbe: Gesellschaftsveränderung durch Lebensreform, Göttingen 1974, und Frevert: Krankheit als politisches Problem, S. 219. Vgl. auch Tafel 26.
115 StA Hbg, PP V327–30, Versammlungsbericht, 28. Oktober 1892. Charles Rosenberg bemerkt ebenfalls, daß die öffentliche Meinung in den Vereinigten Staaten das ganze Jahrhundert hindurch fest auf dem Standpunkt der Kontagionisten verharrte (The Cholera Years, S. 81).
116 StA Hbg, Senat, Cl. VII, Lit. Cc, Nr. 3b, Vol. 58a, Fasc. 2: Baudeputation-Bericht betr. Abfuhr-Ordnung, 30. Dezember 1892.
117 Ebd.
118 Ebd., Lit. Ta. Pars 2, Vol. 11, Fasc. 17, Inv. 2: Hamburger Fremdenblatt, 3. September 1892; ebd., Inv. 4: Die Post, 2. September 1892; Loewenberg: Aus Zwei Quellen, S. 286f.
119 StA Hbg, PP S3460, Bd. 1: Hamburger Fremdenblatt, 28. Oktober 1892.
120 Vgl. S. 422–423; sowie für das Jahr 1831: Der Hamburgische Beobachter, Vol. 42, Nr. 15, 22. Oktober 1831, S. 170. Dort wird berichtet, man sei in der Öffentlichkeit der Ansicht gewesen, daß in den Krankenhäusern «die Menschen hingeopfert» würden, und «die jetzige Stimmung unserer Mitbürger der unteren Klasse gegen die Ärzte» habe «das notwendige Zutrauen» vermissen lassen.
121 StA Hbg, FA Lippmann, A20, S. 36.
122 StA Hbg, FA Gustav Hertz B17.
123 Baehrel: Épidémie et terreur; Delumeau: Angst im Abendland, I, S. 189.
124 S. M. Grüttner: Soziale Hygiene und Soziale Kontrolle. Die Sanierung der Hamburger Gängeviertel 1892–1936, in: Herzig u. a.: Arbeiter in Hamburg, S. 359–72, insbes. S. 361; sowie V. Ullrich: Massenbewegungen in der Hamburger Arbeiterschaft im Ersten Weltkrieg, ebd., S. 407–18.
125 StA Hbg, Senat, Cl. XI. Gen. Nr. 2, Vol. 61, Fasc. 1: Denkschrift.
126 StA Hbg, PP S1365 Bd. 1 passim; vgl. auch A. Hall: Scandal, Sensation and Social Democracy. The SPD Press and Wilhelmine Germany, Cambridge 1977, S. 76–78.
127 Ebd., S. 3; StA Hbg, PP S3240 Bd. 3: Hamburger Echo, 18. September 1892; Hamburger Echo, 30.–31. August 1892 (Mikrofilm in StA Hbg).
128 A. Labisch: Selbsthilfe zwischen Auflehnung und Anpassung: Arbeiter-Sanitätskommission und Arbeiter-Samariterbund, in: Alternative Medizin (Argument-Sonderband 77, Berlin 1983), S. 11–26; StA Hbg, PP V494 passim.
129 StA Hbg, Senat Cl. VII, Lit. Ta. Pars 2, Vol. 11, Fasc. 24: Hamburger Echo, 2. März 1906, Hamburger Nachrichten, 15. Februar 1906.
130 Vgl. StA Hbg, PP S3425, Bd. 3: Hamburger Echo, 6. Juni 1893.
131 StA Hbg, PP S3469: Hamburger Echo, 9. Oktober 1892.

132 Ebd., Versammlungsbericht 13. Oktober 1892. Müllers Behauptung, er sei «Polizei-Commissair», war selbstverständlich im übertragenen Sinne gemeint und bezog sich auf seine Rolle als Mitglied der Gesundheitskommission am Ort. Mit Bezug auf diese vgl. sechstes Kapitel, Die Umgestaltung der Gesellschaft, Abschnitt: Armut und der Staat; zu Burchards Reichstagsrede vgl. S. 499–501.

133 A. Labisch: Die gesundheitspolitischen Vorstellungen der deutschen Sozialdemokratie von ihrer Gründung bis zur Parteispaltung (1863–1917), in: Archiv für Sozialgeschichte, 16, 1976, S. 325–70; sowie R. J. Evans: Die Cholera und die Sozialdemokratie: Arbeiterbewegung, Bürgertum und Staat in Hamburg während der Krise von 1892, in: Herzig u. a.: Arbeiter in Hamburg, S. 203–14.

134 StA Hbg, Senat, Cl. VII, Lit. Ta. Pars 2, Vol. 11, Fasc. 24: Hamburger Nachrichten, 15. Februar 1903. Enthalten sind die während der Epidemie gemachten Äußerungen zur Rolle der Sozialdemokraten in den Berichten und Ausschnitten in: StA Hbg, PP S3490 Bd. 3 passim.

Die Suche nach den Schuldigen

1 Eine vollständige Liste der Quarantäne- und Kontrollmaßnahmen findet sich in (Georg Gaffky:) Amtliche Denkschrift über die Choleraepidemie 1892.

2 StA Hbg, Senat, Cl. VII, Lit. Ta. Pars 2, Vol. 11, Fasc. 17, Inv. 1 a: Hamburger Tageblatt, 22. Oktober 1892.

3 StA Hbg, PP S3490 Bd. 1: Hamburgischer Correspondent, 30. Dezember 1892.

4 StA Hbg, Senat, Cl. VII, Lit. Ta. Pars 2, Vol. 11, Fasc. 16, Inv. 22: Kölnische Zeitung, 17. September 1892.

5 StA Hbg, PP S3490 Bd. 1: Hamburgischer Correspondent, 30. Dezember 1892.

6 Amtliche Denkschrift, S. 16–21; BA Koblenz R86/2657: Sitzungsbericht der Cholera-Commission, 12., 19., 22., und 26. September 1892.

7 BA Koblenz, R86/2657: Sitzungsbericht der Cholera-Commission, 12. September, 11. November 1892.

8 Hamburger Cholera-Tropfen: Blüthen-Lese von Curiositäten aus ernster Zeit, Hamburg 1892; Amtliche Denkschrift, S. 22; StA Hbg, Senat, Cl. VII, Lit. Ta. Pars 2, Vol. 11, Fasc. 17, Inv. 1 a: Hamburgischer Correspondent, 29. Oktober 1892.

9 StA Hbg, FA Lippmann A20, Vol. 1, S. 36. Vgl. auch Tafeln 30 bis 32.

10 Ebd., FA Schramm K10/1, S. 28 bis 31.

11 Ebd., FA Beneke M2: Urkunde vom 10. September.

12 Ebd., FA Neubauer 1, S. 28.

13 Ebd., FA Gustav Hertz D9 Bd. 2: Elisabeth Hertz an ihre Mutter, 28. September 1892.

14 Ebd., Rudolf Hertz an seine Eltern, 27. August 1892. Ein ähnlicher Bericht findet sich in Nonne: Anfang und Ziel, S. 95.

15 Vgl. Abbildung 14.

16 StA Hbg, Senat, Cl. VII, Lit. Ta. Pars 2, Vol. 11, Fasc. 16, Inv. 22: Kölnische Zeitung, 17. September 1892.

17 Ebd., Fasc. 17, Inv. 1 a: Hamburgische Börsen-Halle, 29. Oktober 1892.

18 Koch: Die Tagebuchaufzeichnungen Georg Kochs, Eintragung für den 2. September.

19 StA Hbg, Senat, Cl. VII, Lit. Ta. Pars 2, Vol. 11, Fasc. 17, Inv. 4; Marburger Volkszeitung, 7. September 1892.

20 BA Koblenz R86/864 Bd. 1, Bl. 17: Bericht des Hamburger Vereins Oberländischer Schiffer, 1892.

21 StA Hbg, PP S3490 Bd. 1: Hamburgische Börsen-Halle, 7. November 1892; ebd., Hamburgischer Correspondent, 15. Mai 1893.

22 StA Hbg, Senat, Cl. VII, Lit. Ta. Pars 2, Vol. 11, Fasc. 16, Inv. 25: Handelskammer an Präses, Deputation für Handel und Schiffahrt, 19. Dezember 1892.

23 StA Hbg, PP S3490 Bd. 1: Hamburgischer Correspondent, 30. Dezember 1892.

24 Rückblick auf das Wirtschaftsjahr 1892, Hamburgische Börsen-Halle, 2. Januar 1893, in: StA Hbg, PP S3490 Bd. 1.

25 BA Koblenz R86/2657: Sitzungsbericht der Cholera-Commission, 26. September 1892 (4. Sitzung).

26 Ebd., 12. Sitzung (5. November 1892), 13. Sitzung (14. November 1892).

27 Ebd., 13. Sitzung; und StA Hbg, Senat, Cl. VII, Lit. Ta. Pars 2, Vol. 11, Fasc. 16, Inv. 25: Handelskammer an Präses, Deputation für Handel und Schiffahrt, 19. Dezember 1892.

28 StA Hbg, PP S3490, Bd. 1: Hamburgischer Correspondent, 29. September 1892.

29 StA Hbg, Senat, Cl. VII, Lit. Ta. Pars 2, Vol. 11, Fasc. 17, Inv. 2: Hamburger Tageblatt, 20. September 1892.

30 L. Cecil: Albert Ballin: Business and Politics in Imperial Germany 1888–1918, Princeton 1967, S. 40f.

31 Bürgerschaft, 29. Aug. 1892; StA Hbg, Senat, Cl. VII, Lit. Ta. Pars 2, Vol. 11, Fasc. 17, Inv. 4: Kölnische Zeitung, 30. August 1892.

32 StA Hbg, PP S3490 Bd. 1: Vorwärts, 31. August 1892.

33 StA Hbg, FA Gustav Hertz B17; Rudolf Hertz an seine Eltern, 27. August 1892.

34 StA Hbg, Senat, Cl. VII, Lit. Ta. Pars 2, Vol. 11, Fasc. 17, Inv. 4: Die Post, 28. August 1892; National-Zeitung, 28. August 1892.

35 Vgl. S. 400 und S. 415–416.

36 StA Hbg, Senat, Cl. VII, Lit. Ta. Pars 2, Vol. 11, Fasc. 17, Inv. 4: Freisinnige Zeitung, 30. August 1892.

37 Ebd., Die Post, 28. August 1892.

38 Ebd., Bericht vom 7. September 1892 (der Name der Zeitung wird leider nicht genannt).

39 StA Hbg, Cholerakommission 1: 6. Sitzung ibid.; Hamburger Echo, 15. September 1892. Georg Koch, der Direktor des Statistischen Büros, der sich für seine privaten Notizen mit Bezug auf das Voranschreiten der Krankheit auf dieselben Zahlen stützte, unterschätzte bis zum 27. August die Zahl der Erkrankungen um 35% und bis zum 4. September um 40%. (Koch: Die Tagebuchaufzeichnungen Georg Kochs). Die gleichen Schwierigkeiten waren beim vorherigen «explosionsartigen» Ausbruch der Cholera 1859 aufgetreten; vgl. StA Hbg, Senat, Cl. VII, Lit. Ta. Pars 2, Vol. 6: Physicats-Bericht 22. August 1859.

40 StA Hbg, FA Versmann VI A6, Bl. 124–26.

41 Ebd. (Eintragung für den 7. September).

42 StA Hbg, Senat, Cl. VII, Lb, Nr. 23a, Vol. 88, Fasc. 7.

43 Michael: Geschichte des ärztlichen Vereins, Biographie Kraus: StA Hbg, FA Beneke M94; Caesar Am-

sinck an Hugo Beneke, 8. September 1892. Vgl. Winkle: Chronologie, S. 16–23, hier S. 17.

44 StA Hbg, Cholerakommission 27: 2. Bericht, Bl. 50; sowie StA Hbg, FA Versmann VI A6, Eintragung für den 12. September.

45 Stammbaum der Familie Reincke, zusammengestellt für den Familientag am 29. Dezember 1899 (Exemplar in StA Hbg).

46 StA Hbg, FA Versmann VI A6, Bl. 126, Eintragung für den 7. September.

47 Vgl. S. 251–252 und S. 354 bis 355.

48 StA Hbg, 622-I; FA Ritter D2, S. 183.

49 Koch: Die Tagebuchaufzeichnungen Georg Kochs.

50 StA Hbg, FA Versmann VI A6, Bl. 126: Eintragung für den 8. September. Es ist kennzeichnend, daß Versmann mit Bezug auf Hamburgs Wirtschaft den Begriff «Nationalwohlstand» verwendet.

51 Ebd., Eintragung vom 14. September 1892.

52 Vgl. S. 403ff.

53 Vgl. zweites Kapitel, Die Krise der städtischen Umwelt, Abschnitt: Trübe Wasser.

54 Bürgerschaft, 1. und 12. Oktober 1892.

55 StA Hbg, Senat, Cl. XI, Gen. Nr. 2, Vol. 61, Fasc. 1: Denkschrift vom 4. November 1892, S. 6f; wie auch für das Nachstehende.

56 Ebd.

57 StA Hbg, PP S3496: General-Anzeiger, 6. November 1892, Berliner Volkszeitung, 6. November 1892.

58 Ebd., Versammlungsbericht, 5. November 1892.

59 Ebd., Berliner Volkszeitung, 6. November 1892.

60 Ebd., Hamburger Echo, 6. und 12. November 1892; Versammlungsbericht, 5. November 1892.

61 Ebd., Hamburger Echo, 12. November 1892.

62 Ebd., Versammlungsbericht, 5. November 1892.

63 Ebd., Hamburger Echo, 6. November 1892.

64 Ebd., Hamburger Echo, 12. November 1892.

65 Ebd., Der Grundstein, 12. Oktober 1892; Versammlungsbericht St. Georg. 5. November 1892.

66 StA Hbg, Senat, Cl. XI, Gen. Nr. 2, Vol. 16, Fasc. 1: Denkschrift 4. November 1892, S. 13.

67 Ebd., S. 17.

68 StA Hbg, PP S3490 Bd. 1: Vorwärts, 31. August 1892.

69 StA Hbg, Senat, Cl. VII, Lit. Ta, Pars 2, Vol. 11, Fasc. 16, Inv. 22: Kölnische Volkszeitung, 14. September 1892.

70 Ebd., Inv. 27: Kölnische Volkszeitung, 5. September 1892.

71 StA Hbg, Senat, Cl. XI, Gen. Nr. 2, Vol. 16, Fasc. 1: Denkschrift vom 4. November 1892, S. 16; StA Hbg, PP S3490 Bd. 1: Vorwärts, 31. August 1892.

72 StA Hbg, Senat, Cl. VII, Lit. Ta, Pars 2, Vol. 11, Fasc. 16, Inv. 22: Deutsch-Soziale Blätter, 16. Oktober 1892 und folgende Nummern.

73 E. Klessmann: Geschichte der Stadt Hamburg S. 465–67; H. Krohn: Die Juden in Hamburg 1800–1850, Frankfurt a. M. 1967, sowie H. Krohn: Die Juden in Hamburg 1850–1914, Hamburg 1974.

74 StA Hbg, FA Buehl, 2c, S. 47.

75 StA Hbg, FA Lippmann A4, I. 2.

76 v. Eckardt: Lebenserinnerungen I, S. 203.

77 Ebd., S. 204.

78 M. Zimmermann: Antijüdischer

Sozialprotest? Protest von Unter- und Mittelschichten 1819–1835, in: Herzig u. a.: Arbeiter in Hamburg, S. 89–94.

79 SHS, 20, 1902, S. 92f.

80 K.-G. Riquarts: Der Antisemitismus als politische Partei in Schleswig-Holstein und Hamburg, 1871–1914, Diss., Kiel 1975, S. 69–76, S. 183, S. 208; StA Hbg, PP S4296 Bd. 1 passim; ebd., S2424 Bd. 1–2 passim; S576 I Bd. 1, Bl. II b, III c, IV passim; StA Hbg, PP S3625 4: Vigilanzbericht 7995/II/1, 12. Juni 1893; ebd., 8645/II/1, 24. Juni 1893; SHS, 20, 1902, S. 102 (F. Raab). Was die Verluste der kleinen Ladeninhaber durch die Epidemie betrifft, vgl. StA Hbg, Senat, Cl. VII, Lit. Ta, Pars 2, Vol. 11, Fasc. 16, Inv. 22: Münchener Neueste Nachrichten, 30. Oktober 1892; Berliner Börsen-Courier, 22. September 1892: ebd., Fasc. 17, Inv. 2, Bl. 99, Bl. 106, Bl. 117, Bl. 125, Bl. 157, Bl. 173, Bl. 205; StA Hbg, PP S3490 Bd. 1: Hamburger Fremdenblatt, 12. November 1892; C. Wischermann: Wohnen in Hamburg, S. 262.

81 StA Hbg, PP S3625 Bd. 5: Vigilanzbericht 20. April 1893 (Wirtschaft von Schnönhobel, Eppendorf).

82 Ebd., 9. Juni 1893, Vigilanzbericht 7906 II/1.

83 Ebd., Vigilanzbericht 7397 II/1, 31. Mai 1893; 7527 II/1, 3. Juni 1893; 7480 II/1, 3. Juni 1896; und weitere Berichte an gleicher Stelle. Allgemein vgl. dazu R. Leuschen-Seppel: Sozialdemokratie und Antisemitismus im Kaiserreich, Bonn 1978. Vgl. auch: R. J. Evans (Hg.): Kneipengespräche im Kaiserreich. Die Stimmungsberichte der Hamburger Politischen Polizei, Reinbek 1989, Kapitel 15.

84 StA Hbg, PP S3625 Bd. 5: Hamburger Fremdenblatt, 3. Juni 1893.

85 St Hbg, Senat, Cl. VII, Lit. Ta, Pars 2, Vol. 11, Fasc. 17, Inv. 6: Vossische Zeitung, 9. September 1892.

86 Ebd., Fasc. 16, Inv. 22: Die Post, 3. November 1892.

87 Ebd., Fasc. 17, Inv. 4: National-Zeitung, 28. August 1892.

88 Ebd., Inv. 7: The Times, 29. August 1892; StA Hbg, PP S3496 Bd. 1: Hamburger Neueste Nachrichten, 21. Dezember 1897.

89 Export, Bd. 15, Nr. 37, 15. September 1892, und Bd. 15, Nr. 40, 5. Oktober 1892; vgl. Die Nation, 49, 3. September 1892, und 50, 10. Oktober 1892.

90 StA Hbg, Senat, Cl. VII, Lit. Ta, Pars 2, Vol. 11, Fasc. 1b: Börsen-Halle, 12. September 1892.

91 StA Hbg, PP S3490 Bd. 1: Hamburgischer Correspondent, 29. September 1892.

92 Ebd., Hamburger Tageblatt, 30. Nov. 1892; Hamburgischer Correspondent, 6. Dezember 1892; StA Hbg, Senat, Cl. VII, Lit. Ta, Pars 2, Vol. 11, Fasc. 17, Inv. 1a: Hamburger Fremdenblatt, 29. Oktober 1892; vgl. auch StA Hbg, FA Petersen D 23: Bismarck an Carl Petersen, 11. September 1892.

93 StA Hbg, PP S3490 Bd. 1: General-Anzeiger, 1. Juni 1893.

94 RT 20 – 1. April 1893, Sp. 1952–71, Sp. 1978–84.

95 Ebd., Sp. 1983f.

5. Die Dimensionen der Ungleichheit

Reich und Arm

1 StA Hbg, FA Bertheau E 4a IV: Carl III Bertheau an Carl II Bertheau, 26. August 1892.

2 Ebd., FA Gustav Hertz B 17: Ru-

dolf Hertz an seine Eltern, 27. August 1892.

3 StA Hbg, PP S3490 Bd. 1: General-Anzeiger, 21. Dezember 1892.

4 StA Hbg, Senat, Cl. VII, Lit. Ta, Pars 2, Vol. 11, Fasc. 17, Inv. 4: Die Post, 235, 28. August 1892 (Bericht vom 26. August).

5 Mönckeberg: Bürgermeister Mönckeberg, S. 20.

6 StA Hbg, FA Beneke M 94: Caesar Amsinck an Hugo Beneke 20. September 1892. Eine Ausnahme bildete die unglückliche Frau Hudtwalcker, vgl. Tagebuch Elise Mönckeberg, 10. September 1892, und Tagebuch Tilli Mönckeberg, 3. und 9. September 1892 (beide in Privatbesitz).

7 Vgl. viertes Kapitel, Die Große Epidemie, Abschnitt: Die Suche nach den Schuldigen.

8 L. Chevalier (Hg.): Le choléra. La première épidémie du XIXe siècle, Paris 1958.

9 D. Panzac: Aix-en-Provence et le choléra en 1835, in: Annales du Midi, 86, 1974, S. 419–44.

10 Morris: Cholera 1832, S. 93.

11 Vgl. auch M. Dineur und C. Engrand: Épidémie et paupérisme: le choléra à Lille en 1832, in: M. Gillet (Hg.): L'homme, la vie et la mort dans le Nord au XIXe siècle, Lille 1972, S. 41–78.

12 A Briggs: Cholera and Society in the 19th Century, in: Past and Present, 19, 1961, S. 76–96, hier S. 78.

13 Durey: The Return of the Plague, S. 47–49.

14 Pelling: Cholera; F. F. Cartwright: A Social History of Medicine, London 1977, Kap. 6.

15 F. B. Smith: The People's Health 1830–1910, London 1979, S. 230 bis 34.

16 Briggs: Cholera and Society, S. 85.

17 H. Kaelble: Industrialisierung und soziale Ungleichheit. Europa im 19. Jahrhundert. Eine Bilanz, Göttingen 1983, S. 188f.

18 J. Conrad: Beitrag zur Untersuchung des Einflusses von Lebenshaltung und Beruf auf die Mortalitätsverhältnisse, auf Grund des statistischen Materials zu Halle a. S. von 1855–74, Jena 1874, S. 59f, S. 152, auf S. 142 von A. E. Imhof: Mortalität in Berlin vom 18. bis 20. Jahrhundert, Berliner Statistik, 31, 1977, S. 138–45, als Kuchengraphik dargestellt.

19 (Dr. Reck:) Die Gesundheitsverhältnisse der Stadt Braunschweig.

20 StA Hbg, FA Westenholz B XV 2, S. 16.

21 Ebd., FA Buehl, 2c, S. 38.

22 Ebd., FA Lippmann A4, Bd. 1, S. 32.

23 Ebd., FA Ritter D2, S. 186.

24 Ebd., FA Neubauer 1, S. 29; StA Hbg, PP S3490 Bd. 1: Karlsbader Volkszeitung, 28. September 1892.

25 StA Hbg, FA Gustav Hertz B17: Gustav an Else Hertz, 2. September 1892.

26 Viersbeck: Erlebnisse eines Hamburger Dienstmädchens, S. 88.

27 Weitere Belege dazu vgl. S. 532 bis 533.

28 Exemplar in StA Hbg, Senat, Cl. VII, Lit. Ta, Pars 2, Vol. 11, Fasc. 17, Inv. 3.

29 StA Hbg, MK III A 3: St. Georg Nord, S. 6.

30 Der Cholerakurs im Kaiserlichen Gesundheitsamte, Berlin 1893, S. 118, zitiert in S. Winkle: Chronologie und Konsequenzen der Hamburger Cholera von 1892, in: Hamburger Ärzteblatt, 37, 1983, S. 426.

31 F. und E. Hueppe: Die Cholera-Epidemie in Hamburg 1892. Beob-

achtungen und Versuche über Ursache, Bekämpfung und Behandlung der asiatischen Cholera, Berlin 1893, S. 103.

32 StA Hbg, FA Neubauer 1, S. 29; StA Hbg, PP S3490 Bd. 1: Hamburger Nachrichten, 3. November 1892 (Zitat aus: Die Post).

33 StA Hbg, FA Ritter D2, S. 183.

34 P. Schurek: Das Leben geht weiter, Stuttgart 1940.

35 StA Hbg, PP S3490 Bd. 1: Hamburger Echo, 22. September 1892. Vgl. auch Tabelle 15.

36 Vgl. viertes Kapitel, Die Große Epidemie, Abschnitt: Angst und Panik.

37 StA Hbg, PP S3490 Bd. 3: General-Anzeiger, 11. Juli 1912.

38 Ebd., Bd. 1: Hamburger Echo, 22. September 1892.

39 StA Hbg, Cholerakommission: Protokoll der 13. Sitzung (Abs. 173).

40 Behrmann: Erinnerungen, S. 278. Eine dramatisierte Darstellung dieses Gesichtspunkts findet sich in Paul Schureks Roman über die Epidemie, «Das Leben geht weiter»; eines der Kinder langweilt sich, verläßt das Haus, steckt sich an und stirbt.

41 StA Hbg, FA Lippmann A4 Bd. 1, S. 32.

42 Ebd., Goverts 76 Bd. 17, Eintragungen für den 5. und 13. Oktober.

43 R. Neddermeyer: Es begann in Hamburg... Ein deutscher Kommunist erzählt aus seinem Leben, Berlin 1980, S. 14.

44 Loewenberg: Aus zwei Quellen, S. 283 f.

45 StA Hbg, Senat, Cl. VII, Lit. Ta, Pars 2, Vol. 11, Fasc. 17, Inv. 3.

46 Vgl. Tabelle 4.

47 Aufzeichnungen der Mathilde Bünz, Oldenburg i. Holstein, II. 44, in: Deutsches Volkslied-Archiv: Schleswig-Holsteinisches Archiv A 95/463 (den Hinweis lieferte freundlicherweise Helga Stachow).

48 Vgl. zweites Kapitel, Die Krise der städtischen Umwelt, Abschnitt: Etwas anderes zu essen; sowie allgemeiner J. M. May: The Ecology of Human Disease, New York 1958, S. 38.

49 StA Hbg, FA Gustav Hertz B17: Gustav an Else Hertz, 2. September 1892.

50 Tagebuch Elise Mönckeberg, 12. September 1892 (in Privatbesitz).

51 Vgl. S. 650 sowie Frevert: Krankheit als politisches Problem, S. 290 f.

52 M. Grüttner: Arbeitswelt an der Wasserkante. Sozialgeschichte der Hamburger Hafenarbeiter 1886 bis 1914, Göttingen 1984, S. 92–101.

Vom Villenquartier zum Gängeviertel

1 A. Hirsch: Die Cholera-Epidemie des Jahres 1866 in Berlin. Vom statistischen Standpunkte geschildert, in: Berliner Stadt- und Gemeindekalender und Städtisches Jahrbuch I, 1867, S. 327.

2 R. McGrew: Russia and the Cholera 1823–32, Wisconsin 1965, S. 91–93, S. 162.

3 B. Zacke: Kolera-Epidemien i Stockholm 1834. En Socialhistorisk Studie (Monografien utgivne av Stockholms Kommunalforvaltning, 32, Stockholm 1971)

4 Chevalier: Le choléra, S. 56–58.

5 Durey: The Return of the Plague, S. 27–76.

6 Smith: The People's Health, S. 230–34; vgl. S. 509–510.

7 Für das Jahr 1832 vgl. J. N. C. Rothenburg: Die Cholera-Epidemie des Jahres 1832 in Hamburg, Hamburg 1836, Tab. 4. Für die Jahre

1848, 1859 und 1866 vgl. StA Hbg, BD B1749; für 1873 siehe SHS, 7, 1873; für 1892 vgl. StA Hbg, Cholerakommission 11: Hamburgischer Correspondent, 17. Dezember 1892.

8 K. G. Zimmermann: Die Cholera-Epidemie in Hamburg während des Herbstes 1831. Historisch nach ihrer Entwicklung und Verbreitung so wie in ihrem pathologischen und therapeutischen Verhalten dargestellt, Hamburg 1831, S. 40; vgl. auch Tafel 16.

9 Vgl. S. 192–193.

10 Vgl. S. 89.

11 BA Koblenz, R86/1337 Bd. 1: Senat an Caprivi, 31. August 1892 (Nr. 4356); SHS, 19, 1900, S. 110.

12 Vgl. S. 90.

13 MS 1892, S. 42: T. Deneke: Nachträgliches zur Hamburger Cholera-Epidemie von 1892, in: Münchener Medizinische Wochenschrift, 41, 1895. Zu Dureys Argument vgl. S. 507 vorn wie auch Durey: The Return of the Plague, S. 47–49.

14 Reincke: Die Cholera. S. 9.

15 MS 1892, S. 42.

16 Durey: The Return of the Plague, S. 60.

17 Diese Berichte finden sich in StA Hbg, MK III A 13. Zu den Gesundheitskommissionen vgl. S. 650.

18 Ebd., Harvestehude, S. 19.

19 Reincke: Die Cholera, S. 11. Mit Bezug auf das Nachstehende vgl. MS 1892, S. 14f, S. 39f.

20 Wischermann: Wohnen in Hamburg, S. 342–46, sowie F. und E. Hueppe: Die Cholera-Epidemie in Hamburg 1892, S. 33f.

21 StA Hbg, Kommission für die Verbesserung der Wohnverhältnisse, 25: Anlage 2.

22 Ebd., 25: Auszug aus dem Protokoll, 14. Mai 1897; ebd. 25: J. J. Reincke: Betrifft ungesunde Wohnquartiere Hamburgs, Bericht an den Präses des Medicinal-Collegiums Senator Hachmann vom 13. Juli 1897, Anlagen 3, 4, 5.

23 Ebd., vgl. auch Tab. 6.

24 Bericht der Gesundheitscommission für den Bezirk Uhlenhorst über ihre Tätigkeit während der Cholera-Epidemie 1892, Hamburg 1892, Tabellen A, B, C.

25 Statistische Angaben für die einzelnen Straßen sind in StA Hbg, Cholerakommission 11, zusammengetragen.

26 Ebd., Hamburger Correspondent, 17. Dezember 1892.

27 Ebd.

28 StA Hbg, PP S3490 Bd. 1: Der Grundstein, 5. November 1892.

29 Kirchenarchiv Hbg. D166, S. 2f.

30 Vgl. S. 539–560.

31 StA Hbg, PP S3490 Bd. 1: Der Grundstein, 5. November 1892.

32 Zitiert in Aust: Vor 80 Jahren, S. 302–11.

33 StA Hbg, MK III A13, S. 12.

34 Ebd., S. 57. Ein weiteres seltsames Beispiel für die Auffassung, das Gängeviertel sei nicht schlimmer betroffen gewesen als neue Wohnanlagen, findet sich in StA Hbg, FA Roscher I a 1, S. 123.

35 StA Hbg, Cholerakommission 11: Hamburgischer Correspondent, 17. Dezember 1892.

36 Vgl. S. 398.

37 S. Anm. 7 zu diesem Abschnitt sowie SHS, 7, 1875, S. 49–52.

Kaufmann und Kutscher

1 Dineur und Engrand: Épidémie et paupérisme; Chevalier: Le choléra, S. 90; Morris: Cholera 1832, S. 88 bis 97.

2 McGrew: Russia and the Cholera,

S. 94–96; Zacke: Koleraepidemien, S. 165.
3 C. Rollet und A. Souriac: Le Choléra de 1832 en Seine-et-Oise, in: Annales ESC, 29, 1974, S. 935–65; P. Bourdelais und J. Y. Raulot: Une peur bleue. Histoire du choléra en France, Paris 1987, S. 121 f.
4 SHS, 21, 1903, S. 90.
5 SHS, 17, 1895, S. 67.
6 Zur Rolle der Kirche während der Epidemie vgl. viertes Kapitel. Die Große Epidemie, Abschnitt: Angst und Panik.
7 StA Hbg, Senat, Cl. VII, Lit. Ta, Pars 2, Vol 11, Fasc. 17, Inv. 4: Freisinnige Zeitung, 202, 30. August 1892.
8 Vgl. viertes Kapitel, Die Große Epidemie, Abschnitt: Die Kranken heilen.
9 StA Hbg, PP S3490 Bd. 1: Hamburger Fremdenblatt, 28. Oktober 1892.
10 StA Hbg, Senat, Cl. VII, Lit. Ta, Pars 2, Vol. 11, Fasc. 17, Inv. 1a: Hamburger Echo, 22. Oktober 1892.
11 StA Hbg, MK III A 13 (Harvestehude).
12 Rothenburg: Die Cholera-Epidemie, Tabelle 5. Vgl. auch Tafel 14.
13 StA Hbg, MK III A 2 Bd. 1: Bericht über die Cholera-Epidemie des Jahres 1848 von Physicus Dr. Buek.
14 Ebd., Bl. 84.
15 StA Hbg, MK III A 2 Bd. 2, Bl. 15 ff.
16 SHS, 7, 1875, S. 49–52.
17 Rothenburg: Die Cholera-Epidemie, Tabelle 5; StA Hbg, MK III A 2 Bd. 1: Bericht über die Cholera-Epidemie des Jahres 1848 von Physicus Dr. Buek; SHS, 7, 1875, S. 48–52.
18 Vgl. Abbildung 7.
19 MS 1892, S. 31, auch für die nachfolgende Darstellung.
20 Vgl. S. 515–516.
21 McGrew: Russia and the Cholera, S. 44; vgl. auch Morris: Cholera 1832, S. 83; Chevalier: Le choléra, S. 166: Rollet und Souriac: Le choléra, S. 952; L. Dechêne und J. C. Robert: Le choléra de 1832 dans le Bas-Canada: Mesure des Inegalités devant le mort, in: H. Charbonneau und A. Larose (Hg.): The Great Mortalities: Methodological Studies of Demographic Crises in the Past, Lüttich 1979, S. 229–56.
22 Rollet und Souriac: Le choléra, S. 962; Morris, Cholera 1832, S. 83.
23 Chevalier: Le choléra, S. 67.
24 Morris: Cholera 1832, S. 82–83.
25 Vgl. ganz allgemein Imhof: Die gewonnenen Jahre; Rollet und Souriac: Le choléra, S. 936, S. 947 f, haben die Schwierigkeiten und Ungewißheiten der Choleradiagnose in den Jahren 1831–32 besonders hervorgehoben. Vgl. Bourdelais und Raulot: Une peur bleue, S. 109–112, und J. P. Bardet u. a. (Hg.): Peurs et terreurs face à la contagion, Paris 1988, S. 56 – 100.
26 Hirsch: Die Cholera-Epidemie, S. 297–331, hier S. 307.
27 SHS, 7, 1875, S. 44–52.
28 Rothenburg: Die Cholera-Epidemie, S. 22.

Männer und Frauen

1 Eine Ausnahme bildet A. E. Imhof: Die gewonnenen Jahre; doch beschäftigt sich das Buch nicht in erster Linie mit der Cholera, sondern mit dem Rückgang der Sterblichkeit allgemein.
2 Morris: Cholera 1832, S. 83.
3 McGrew: Russia and the Cholera, S. 44, S. 161.
4 Chevalier: Le choléra, S. 82.
5 Zacke: Koleraepidemien, S. 166.
6 Rollet und Souriac: Le choléra, S. 955.

7 Dechêne und Robert: Le choléra, S. 229–56. Vgl. auch Bourdelais und Raulot: Une peur bleue, S. 115f, sowie Bardet u. a.: Peurs et terreurs, S. 64, S. 87f.

8 SHS, 7, 1875, S. 44–53.

9 Ebd.; die Karten 30 und 31. legen ebenfalls eine Konzentration auf das Hafengebiet nahe.

10 StA Hbg, MK III A 2 Bd. 1, Tab. IV.

11 Imhof: Die gewonnenen Jahre, S. 144–46; ein Beispiel für die Annahme, daß Imhofs Ergebnisse auf die Arbeiterklasse der Industriestädte zutrifft, ist: Frevert: Krankheit als politisches Problem, S. 289. Der nach Stadtteilen berechnete Anteil an Arbeiterinnen in der Bevölkerung scheint kaum eine Beziehung zu den Cholera-Erkrankungen zu haben. Obwohl in der gesamten weiblichen Bevölkerung von Altstadt Nord und Neustadt Nord doppelt so viele Frauen erwerbstätig waren wie im Billwärder Ausschlag oder in Barmbeck, wiesen die Choleraziffern einen ähnlichen Wert auf. Vgl. R. Dasey: Women Workers. Their Employment and Participation in the Labour Movement. Hamburg 1880 bis 1914. Diss., School of Slavonic and East European Studies, University of London 1985, S. 85; sowie den Abschnitt «Reich und Arm» dieses Kapitels. Vgl. auch H. Kaelble: Industrialisation and Social Inequality in 19th Century Europe, Leamington Spa, 1986, S. 136f.

12 StA Hbg, MK III A 13: Neustadt Nord.

13 StA Hbg, Senat Cl. VII, Lit. Ta, Pars 2, Vol 11, Fasc. 17, Inv. 1a: Hamburger Tageblatt, 22. Oktober 1892.

14 StA Hbg, Senat, Cl. VII, Lit. Ta, Pars 2, Vol. 11, Fasc. 17, Inv. 2: Hamburger Fremdenblatt, 24. August 1892.

15 F. und E. Hueppe: Die Cholea in Hamburg 1892, S. 33. Hueppes Gattin Else, die sich während der Epidemie gleichfalls in Hamburg aufhielt, äußerte sich mehr oder weniger ebenso (S. 101).

16 A. Schütz: Über den Einfluß der Cholera auf Menstruation, Schwangerschaft, Geburt und Wochenbett, in: Jahrbuch der Hamburgischen Staatskrankenanstalten, 3, 1891–92, S. 63–95.

17 Jahrbuch der Hamburgischen Staatskrankenanstalten, 3, 1891 bis 1892, S. 146f.

18 Vgl. viertes Kapitel, Die Große Epidemie, Abschnitt: Die Kranken heilen.

19 StA Hbg, MK III A 13 (Harvestehude). Vermutlich sind diese Zahlen zu niedrig angesetzt, da sie später in die amtliche Statistik übernommene Fälle von Cholera nostras oder «Brechdurchfall» nicht enthalten. Die während der Epidemie in bürgerlichen Haushalten getroffenen strengen Hygienevorkehrungen und die räumliche Trennung zwischen den Unterkünften der Dienstboten und der Wohnung der Herrschaft verringerten die Gefahr, daß letztere von den Dienstboten angesteckt wurde.

20 Hirsch: Die Cholera-Epidemie, S. 309.

21 StA Hbg, MK III A 2 Bd. 1, Bl. 84, Bl. 121, Tab. IX.

22 Aus E. R. Ocaña: El coléra de 1834 en Granada. Enfermedad catastrófica y crisis social, Granada 1983, S. 95, geht hervor, daß es im Cholerajahr 1834 zu einer Umkehrung des üblichen Musters der geschlechtsspezifischen Sterblichkeit

kam, bei dem die Quote für Männer höher lag als für Frauen.

23 Bei einer multiplen Regressionsanalyse erwiesen sich diese als die beiden einzigen unabhängigen signifikanten Variablen.

24 Vgl. S. 515ff.

25 Vgl. R. J. Evans: Sozialdemokratie und Frauenemanzipation im deutschen Kaiserreich, Bonn und Berlin 1979.

26 U. Frevert: «Fürsorgliche Belagerung»: Hygienebewegung und Arbeiterfrauen im 19. und 20. Jahrhundert, in: Geschichte und Gesellschaft, 11, 1980, S. 420–46.

6. Die Umgestaltung der Gesellschaft

Die Grenzen des Mitgefühls

1 Briggs: Cholera and Society, S. 76.

2 McGrew: Russia and the Cholera 1823–32, S. 3.

3 Rosenberg: The Cholera Years 1832–1859, S. 452.

4 Durey: The Return of the Plague, S. 1.

5 Briggs: Cholera and Society, S. 89.

6 Durey: The Return of the Plague; Morris: Cholera 1832; McGrew: Russia and the Cholera 1823–32; Rosenberg: The Cholera Years 1832–1859; G. Bilson: A Darkened House: Cholera in Nineteenth-century Canada, Toronto 1980; B. Zacke: Koleraepidemien; F. Delaporte: Disease and Civilization: The Cholera in Paris, 1832, London 1986; Ocaña: El cólera de 1834 en Granada.

7 McGrew: Russia and the Cholera 1823–32, S. 5.

8 Vgl. drittes Kapitel, Im Angesicht von Krankheit und Tod, Abschnitt: Die Geißel aus Asien.

9 Eine besondere Ausnahme bildet die von Chevalier untersuchte Epidemie der Jahre 1847–49: Chevalier (Hg.): Le choléra. La première épidémie du XIXe siècle, Paris 1958. Vgl. dazu auch N. M. Frieden: The Russian Cholera Epidemic 1892–93 and Medical Professionalization, in: Journal of Social History, 10, 1977, S. 538–59. Rosenberg widmet den Epidemien von 1849 und 1866 gleichfalls eine gewisse Aufmerksamkeit in: The Cholera Years 1832–1859.

10 Morris: Cholera 1832, S. 17.

11 Durey: The Return of the Plague, S. 215.

12 Man vergleiche W. H. McNeill: Plagues and Peoples, Oxford 1977, mit J. Hemmings: The Conquest of the Incas, London 1970.

13 P. Slack: The Import of Plague in Tudor and Stuart England, London 1985.

14 Vgl. drittes Kapitel, Im Angesicht von Krankheit und Tod, Abschnitt: Die Geißel aus Asien.

15 Pelling: Cholera.

16 Ebd., S. 5f.

17 F. Tennstedt: Sozialgeschichte der Sozialpolitik in Deutschland. Vom 18. Jahrhundert bis zum Ersten Weltkrieg, Göttingen 1982, S. 207 bis 10; Morris: Cholera 1832, S. 197; Rosenberg: The Cholera Years, S. 98.

18 Frevert: Krankheit als politisches Problem, S. 232–41; vgl. auch drittes Kapitel, Im Angesicht von Leben und Tod, Abschnitt: Die Geißel aus Asien, sowie G. Göckenjahn: Kurieren und Staat machen, S. 109.

19 Näheres zu dieser Aussage vgl. drittes Kapitel, Im Angesicht von Krankheit und Tod, Abschnitt: Die Geißel aus Asien.

20 C. Wischermann weist in «Wohnen in Hamburg», S. 333–35, auf den

Zusammenhang zwischen der Epidemie von 1873 und dem Sielgesetz von 1875 hin, überschätzt aber beträchtlich die Bedeutung des letzteren.

21 McNeill: Plagues and Peoples.

22 B. Luckin: States and Epidemic Threats, in: Bulletin to the Society for the Social History of Medicine, 34, 1984, S. 25–27.

23 Delumeau: Angst im Abendland, I, S. 182–99.

24 Luckin: States and Epidemic Threats.

25 Ebd.

26 Vgl. viertes Kapitel, Die Große Epidemie, Abschnitt: Vom Verschweigen zur Katastrophe.

27 Ebd., Abschnitt: Die Suche nach den Schuldigen.

28 StA Hbg, Senat, Cl. VII, Lit. Ta, Pars 2, Vol. 11, Fasc. 17, Inv. 1a: Hamburger Nachrichten, 22. Oktober 1892.

29 Vgl. erstes Kapitel, Innenansicht einer Handelsstadt, Abschnitt: Ungleichheit im Alltag.

30 Schröder: Aus Hamburgs Blütezeit, S. 83.

31 StA Hbg, FA Gustav Hertz B17; Gustav Hertz, Brief vom 8. September 1892.

32 Herausgestellt wird das in Paul Schureks Roman über die Epidemie, «Das Leben geht weiter», S. 215.

33 L. von Halle, F. Wolter und G. Koch: Die Cholera in Hamburg in ihren Ursachen und Wirkungen. Eine ökonomisch-medicinische Untersuchung, Hamburg 1895, passim; Bericht des Executiv-Ausschusses des Nothstands-Comités über seine Tätigkeit zur Bekämpfung des durch die Cholera vom Herbst 1892 hervorgerufenen Nothstandes, Hamburg 1893 (Exemplar in StA Hbg, MK III A 13).

34 Von Halle, Wolter und Koch: Die Cholera, 3.1.

35 StA Hbg, PP S3490 Bd. 2: Hamburger Freie Presse, 21. Januar 1894, Bilder aus der Zeit der Cholera-Epidemie in Hamburg, von G. C. H. von Salz, IV: Die Feldküchen. Vgl. auch Tafel 33.

36 Bericht des Vorstandes des Barmbecker Hülfs-Comités über dessen Tätigkeit während der Cholera-Epidemie im Jahre 1892 (Exemplar in StA Hbg, MK III A 13).

37 StA Hbg, PP S3490 Bd. 2: Hamburgischer Correspondent, 14. Dezember 1892: Vereins-Angelegenheiten.

38 Von Halle u. a.: Die Cholera, S. 4.

39 StA Hbg, Senat, Cl. VII, Lit. Ta, Pars 2, Vol. 11, Fasc. 1b: Börsen-Halle, 12. September 1892.

40 Bericht, S. 6 (vgl. Anm. 36 zu diesem Abschnitt).

41 StA Hbg, PP S3490: Versammlungsbericht, 3. Reichstagswahlkreis, 13. Oktober 1892.

42 Ebd., Hamburger Echo, 3. November 1893.

43 Ebd., Versammlungsbericht, 3. Reichstagswahlkreis, 13. Oktober 1892.

44 Ebd.

45 Von Halle u. a.: Die Cholera, S. 4.

46 Vgl. erstes Kapitel, Innenansicht einer Handelsstadt, Abschnitt: Die Bedrohung von unten.

47 Vgl. S. 140 und S. 605.

48 Bericht des Executiv-Ausschusses, S. 11 (vgl. Anmerkung 33 zu diesem Abschnitt).

49 Ebd., S. 21.

50 R. Dasey: Women Workers. Their Employment and Participation in the Labour Movement. Hamburg 1880–1914, Diss., Institute of Slavonic and East European Studies, University of London 1985; außerdem der Artikel derselben Autorin:

Women's Work and the Family: Women Garment Workers in Berlin and Hamburg before the First World War, in: R. J. Evans und W. R. Lee (Hg.): The German Family, London 1981, S. 221–55.

51 Bericht des Executiv-Ausschusses, S. 29 (vgl. Anmerkung 33 zu diesem Abschnitt).

52 StA Hbg, FA Neubauer 1, S. 30.

53 Bericht des Executiv-Ausschusses, S. 8: StA Hbg. Allgemeine Armenanstalt II 211, Bl. 36 (Bericht) und Bl. 43; Nr. 1a.

54 StA Hbg, PP S3490 Bd. 2: Hamburger Freie Presse; 7. Januar 1894 (Bilder aus der Zeit der Cholera-Epidemie in Hamburg, von G. C. H. von Salz, II: Vertrauensmänner).

55 Ebd., Hamburger Fremdenblatt, 9. August 1893, Hamburgischer Correspondent, 18. April 1893, Hamburgischer Correspondent, 14. Februar 1893.

56 StA Hbg, MK III A 13, IX. Bericht... Winterhude, S. 17.

57 Loewenberg: Aus zwei Quellen, S. 278–81.

58 StA Hbg, PP S3490 Bd. 1: Barmbecker Lokal-Anzeiger, 4. Februar 1893, «Eingesandt».

59 Ebd., StA Hbg, PP S3490 Bd. 1: Hamburger Echo, 4. Oktober 1892; vgl. auch ebd., Vorwärts, 15. Oktober 1892; Bericht... Barmbeck (vgl. Anmerkung 36 zu diesem Abschnitt). Ein aufgebrachter Angriff gegen die sozialdemokratische Kritik daran findet sich in Hamburger Fremdenblatt, 12. Oktober 1892 (Exemplar in StA Hbg, PP S3490 Bd. 3).

60 Bericht des Executiv-Ausschusses, S. 21 (Vgl. Anmerkung 33 zu diesem Abschnitt). Vgl. auch S. 605–606, und, mit Bezug auf den von Grünwarenhändlern auf die Ausschüsse ausgeübten Druck StA Hbg, PP S1430 Bd. 1: Versammlungsbericht 4. November 1892.

61 StA Hbg, PP S3490 Bd. 1: Hamburger Freie Presse, 7. Januar 1894.

62 StA Hbg, PP S3490 Bd. 1: Hamburger Echo, 20. Dezember 1892; ein weiteres Beispiel in ebd., Hamburger Echo, 10. November 1892.

63 StA Hbg, Allgemeine Armenanstalt II 211, Bl. 51–57: Hamburger Fremdenblatt, 21. und 27. September 1892.

64 Zitiert in ebd.

65 StA Hbg, FA Meyer B7b: E. Vermehren: Zum Gedächtnis für Franz Andreas Meyer, ebd., B7a: «Nachruf», in: Hamburgischer Correspondent (undatiert); mit Bezug auf die Wasserversorgung 1893 vgl. StA Hbg, Senat, Cl. VII, Lit. Ta, Pars 2, Vol. 11, Fasc. 16, Inv. 26.

66 (G. Gaffky): Amtliche Denkschrift über die Cholera-Epidemie 1892.

67 StA Hbg, PP S3490 Bd. 1: Bericht in Hamburger Fremdenblatt, 24. Dezember 1892.

68 StA Hbg, Senat, Cl. VII, Lit. Ta, Pars 2, Vol. 11, Fasc. 16, Inv. 27: Hamburger Fremdenblatt, 10. Januar 1893.

69 StA Hbg, PP S3490. Bd. 1: Hamburger Tageblatt 20. Januar 1893.

70 Ebd., Hamburger Fremdenblatt, 24. Dezember 1892.

71 Ebd., Hamburger Fremdenblatt, 1. Juni 1893.

72 Ebd., General-Anzeiger, 1. Juni 1893.

73 Ebd., Hamburger Fremdenblatt, 1. Juni 1893.

74 Ebd., Hamburger Echo, 19. Mai 1893.

75 Ebd., Hamburger Nachrichten, 3. Juni 1893.

76 Mönckeberg: Bürgermeister Mön-

ckeberg, S. 27: Mönckeberg an Carl Mönckeberg, 1. September 1893.

77 StA Hbg, PP S3490 Bd. 2: Wirtschaftsvigilanzbericht 10657, 16. August 1893.

78 Ebd., Wirtschaftsvigilanzberichte 12294, 12345 usw. vom 20. bis 21. September 1893.

79 Ebd., Hamburger Echo, 19. September 1893.

80 Ebd., Das kleine Journal, 19. September 1893.

81 Ebd., Hamburger Nachrichten, 19. Oktober 1893.

82 Rumpf: Lebenserinnerungen, S. 44.

Pettenkofers letztes Gefecht

1 StA Hbg, FA Versmann F4, Eintragung von 1893.

2 StA Hbg, Senat, Cl. VII, Lit. Ta, Pars 2, Vol 11, Fasc. 16, Inv. 27: Hamburger Fremdenblatt, 16. Januar 1893.

3 Mönckeberg: Bürgermeister Mönckeberg, S. 20, S. 22.

4 StA Hbg, FA Gustav Hertz B17: Gustav an Else Hertz, 8. September 1892.

5 Siehe F. Hueppes Artikel in: Berliner Klinische Wochenschrift, 30, S. 4–7 (23. und 30. Januar sowie 6. und 13. Februar 1893).

6 W. Krebs: Grundwasser-Beobachtungen im unterelbischen Gebiete, rezensiert in: Hamburgischer Correspondent, 31. Dezember 1892 in StA Hbg, PP S3490 Bd. 1.

7 Prof. Dr. G. Jägers Monatsblatt. Zeitschrift für Gesundheitspflege und Lebenslehre, 12, 3. März 1893, S. 45, vgl. auch ebd., 12, 1. Januar 1893; sowie Prof. Rosenbachs Beitrag in: Ärztliche Rundschau, 29. Oktober 1892, der ins selbe Horn stößt.

8 J. A. Gläser: Kritische Bemerkungen zu Herrn Robert Kochs Aufsatz: Die Cholera in Deutschland während des Winters 1892–93, in: Zeitschrift für Hygiene, 15 (Nachdruck, Hamburg 1893); Gemeinverständliche Anticontagionistische Betrachtungen bei Gelegenheit der letzten Cholera-Epidemie in Hamburg 1892 (Nachdruck, Hamburg 1893); Robert Kochs Komma-Bacillus ist nicht Ursache der Cholera (Nachdruck, Hamburg 1894); Die Überhebung des Herrn Robert Koch und die Erfolglosigkeit seiner Maßregeln gegen Cholera (Nachdruck, Hamburg 1894).

9 StA Hbg, MK III A 16, Bd. 1, Bl. 281.

10 Ebd., Bl. 199, 27. September 1892, und folgende.

11 Pionier. Zeitschrift für volkswirtschaftlichen und sittlichen Fortschritt, für Schulwesen, Hygiene und Medizin, 8, 17, 7. September 1892, S. 134 (Exemplar in StA Hbg, MK III A 16, Bd. 1).

12 Die Cholera, unser Bürgertum und die Sozialdemokratie, Leipzig 1892, S. 5, S. 9, S. 17, S. 29.

13 H. Fischer: Die Saprophyten, unsere natürlichen, bisher noch nicht gewürdigten Helfer gegen die Cholera, Dresden 1893, S. 11.

14 StA Hbg, Senat, Cl. VII, Lit. Ta, Pars 2, Vol. 11, Fasc. 17, Inv. 4: Kölnische Zeitung, 30. August 1892.

15 StA Hbg, FA Lippmann A4 Vol. 2, S. 32, dort wird Dr. Türkheim zitiert, der die amtlichen Verfügungen als «überflüssig» bezeichnete; StA Hbg, Senat, Cl. VII, Lit. Ta, Pars 2, Vol. 11, Fasc. 16, Inv. 9: Hamburgischer Correspondent, 9. September 1892.

16 Hans Wolff: Die Cholera-Epidemie 1892 in Wilhelmsburg, in: Berliner Klinische Wochenschrift, 17. Okto-

ber 1892, S. 1061; StA Hbg, MK I K 6 Bd. 3, Bl. 188–93.
17 O. Paulsen: Über die Ursachen der diesjährigen Cholera-Epidemie in Hamburg, Hamburg 1892.
18 StA Hbg, PP, S3490 Bd. 2: Hamburger Fremdenblatt, 16. Dezember 1892.
19 Von Halle u. a.: Die Cholera; Wolter verfaßte anschließend in seiner Schrift «Die Entstehungsursachen der Gelsenkirchener Typhusepidemie von 1901», München 1903, einen weiteren Angriff gegen Koch und arbeitete mit Pettenkofers Schüler Emmerich zusammen.
20 Vgl. drittes Kapitel, Im Angesicht von Krankheit und Tod, Abschnitt: Die Geißel aus Asien.
21 Die genaue Bezeichnung war «Reichsgesetz zur Bekämpfung der gemeingefährlichen Krankheiten», was (möglicherweise zufällig) dazu führte, daß Aktenstücke dazu in unmittelbarer Nachbarschaft zu solchen über das «Reichsgesetz zur Bekämpfung der gemeingefährlichen Bestrebungen der Sozialdemokratie» von 1878–90 archiviert wurden.
22 Vgl. BA Koblenz R86/975 Bd. 1 mit Bezug auf das Protokoll der Kommissionsberatungen.
23 Ebd., Bd. 1, 2. Verhandlungstag, S. 9f. Sogar die spanische Regierung war 1894 imstande, einen wirksamen Cordon sanitaire einzurichten, vgl. M. V. Ortiz: Epidemias de Cólera en Vizcaya en el Siglo XIX, Bilbao 1978.
24 BA Koblenz R86/975 Bd. 1, S. 14.
25 Ebd., 3. Verhandlungstag, S. 3.
26 Ebd., S. 25.
27 Ebd., S. 23f, S. 27.
28 Ebd., 5. Verhandlungstag, S. 4f.
29 M. v. Pettenkofer: Über die Cholera von 1892 in Hamburg und über Schutzmaßregeln, in: Archiv für Hygiene, 18, 1893, S. 94–132; und Pettenkofers Beitrag «Über Cholera mit Berücksichtigung der jüngsten Cholera-Epidemie in Hamburg», in: Münchener Medizinische Wochenschrift, 46, 1892. Weitere Beispiele für die Macht deutscher Professoren und die Unterwürfigkeit ihrer Assistenten finden sich in M. P. Kater: Professionalization and Socialization of Physicians in Wilhelmine and Weimar Germany, in: Journal of Contemporary History, 20, 1985, S. 671 bis 701, vor allem S. 680f.
30 A. S. Evans: Pettenkofer Revisited, in: Yale Journal of Biology and Medicine, 46, 1973, S. 171.
31 N. Longmate: King Cholera, London 1965, S. 28–30.
32 K. Kisskalt: Max von Pettenkofer, Stuttgart 1948, S. 118.
33 R. G. Feachem: Environmental Aspects of Cholera Epidemiology, III: Transmission and Control, in: Tropical Diseases Bulletin, 99, 1982, S. 25.
34 StA Hbg, PP S3490 Bd. 1: General-Anzeiger, Hamburg, 6. Dezember 1892.
35 Longmate: King Cholera, S. 228 bis 30; Kisskalt: Max von Pettenkofer.
36 BA Koblenz R86/946 Bd. 2: Berliner Tageblatt, 4. Februar 1893.
37 Ebd., Berliner Lokal-Anzeiger, 1. März 1893.
38 Ebd., Anträge Bayerns zu dem Gesetzentwurf... 4. März 1893.
39 Ebd.: Augsburger Abendzeitung, 26. Februar 1893.
40 Ebd.: Münchener Neueste Nachrichten, 23. März 1893. Vgl. auch Pettenkofer: Über die Cholera von 1892 in Hamburg. Zu Pettenkofers eher pessimistischen Ansichten zum Schicksal seiner Theorie vgl.

H. Breyer: Max von Pettenkofer, Leipzig 1980, S. 208 f.

41 BA Koblenz R86/946 Bd. 2: Augsburger Abendzeitung, 8. Februar 1893 mit Bezug auf das Partikularismus-Argument.

42 Ebd., Berliner Lokal-Anzeiger, 12. April 1893; R86/946 Bd. 5: National-Zeitung, 1. Juni 1900.

43 RT 21. April 1893, Sp. 1960: Rede des Abgeordneten Fritzen (Düsseldorf); vgl. auch Reaktionen der Zentrums-Partei auf die ähnliche Rede des polnischen Abgeordneten Dr. Rzepnikowski (Sp. 1964).

44 BA Koblenz R86/946 Bd. 5: National-Zeitung, 1. Juni 1900.

45 Ebd., Bd. 2: Hamburger Freie Presse, Extra-Abdruck: Die Mittelpartei und das Seuchengesetz; RT 12. Juni 1900, Sp. 6010 ff.

46 BA Koblenz R86/946, Bd. 3: Prof. Jägers Monatsblatt, Mai 1893, S. 81, S. 86, S. 90.

47 Ebd., Bd. 2: Tägliche Rundschau, 8. März 1893.

48 Ebd., Bd. 4: Verhandlungen des XXI. Deutschen Ärztetages am 27. Juni 1893 in Breslau, S. 27.

49 RT, Sitzungen 1893, Drucksache 104.

50 BA Koblenz, R86/946 Bd. 4 enthält die Dokumente, aus denen sich die Gesetzgebungsgeschichte der Vorlage zwischen 1893 und 1898 rekonstruieren läßt. Der neue Entwurf wurde abgedruckt in RT, 10. Leg. Per., 1. Sitzung (1899 bis 1900), Drucksache 690.

51 RT, 10. Leg. Per., 179. Sitzung (24. April 1900) Sp. 5060–75; 180. Sitzung vom 25. April 1900, Sp. 5989–6003; 208. Sitzung vom 11. Juni 1900, Sp. 5989–6003; 209. Sitzung vom 12. Juni 1900, Sp. 6010–77; Reichsgesetzblatt 1900, S. 306.

52 BA Koblenz R86/946 Bd. 5: National-Zeitung, 5. Mai 1900.

53 Ebd., Bd. 2: National-Zeitung, 8. Februar 1893.

54 C. E. A. Winslow: The Conquest of Epidemic Disease. A Chapter in the History of Ideas, Princeton 1944, S. 331–34.

55 Howard-Jones: Gelsenkirchen Typhoid Epidemic, S. 103–105.

56 G. Sticker: Abhandlungen aus der Seuchengeschichte und Seuchenlehre, II. Die Cholera, Gießen 1912, zitiert in: Howard-Jones: Gelsenkirchen Typhoid Epidemic. Vgl. auch den positiven Bericht über Pettenkofers Theorie in F. Weiling: J. G. Mendel sowie die von M. Pettenkofer angeregten Untersuchungen des Zusammenhanges von Cholera- und Typhus-Massenerkrankungen mit dem Grundwasserstand, in: Sudhoffs Archiv 59, 1975, S. 1–19. Zu den Auseinandersetzungen zwischen Pettenkofers und Kochs Schülern vgl. W. Artelt u. a. (Hg.): Städte-, Wohnungs- und Kleiderhygiene des 19. Jahrhunderts in Deutschland, Stuttgart 1969, S. 17 ff.

57 BA Koblenz R86/946 Bd. 2: Berliner Tageblatt, 14. Februar 1893 (Brief eines nicht namentlich genannten deutschen Bakteriologen).

58 Eine positivere Darstellung findet sich in B. Barnes: T. S. Kuhn and Social Science, London 1982.

59 Vgl. Karte 25.

60 Eine ausführlichere Darstellung der hier wiederaufgenommenen Argumentation findet sich im dritten Kapitel, Im Angesicht von Krankheit und Tod, Abschnitt: Der Aufstieg des Bakterienreichs.

61 F. Prinzing: Epidemics Resulting from Wars, Oxford 1916; W. His: Die Front der Ärzte, Bielefeld und

Leipzig 1931. Vgl. auch P. Weindlings bedeutsames Referat «The Medical Profession, Social Hygiene and the Birth Rate in Germany 1914–1918» (Kongreß in Cambridge über die europäische Familie und den Ersten Weltkrieg, 1983); nun veröffentlicht in: R. Wall u. I. M. Winter (Hg.): The Upheaval of War, Cambridge 1989.

62 Prinzing: Epidemics; vgl. auch G. Eley: Reshaping the German Right: Radical Nationalism and Political Change After Bismarck, New Haven 1980, und Adelheid Gräfin zu Castell-Rüdenhausen: Die Überwindung der Armenschule, Schülerhygiene an den Hamburger öffentlichen Volksschulen im Zweiten Kaiserreich, in: Archiv für Sozialgeschichte, 22, 1982, S. 201–26.

63 A. Labisch: Die gesundheitspolitischen Vorstellungen der deutschen Sozialdemokratie von ihrer Gründung bis zur Parteispaltung (1863–1917), in: Archiv für Sozialgeschichte, 16, 1976, S. 325–70; und vom selben Autor: Das Krankenhaus in der Gesundheitspolitik der deutschen Sozialdemokratie vor dem Ersten Weltkrieg, in: Medizinsoziologisches Jahrbuch, 1981, S. 126–51.

64 Labisch: Die gesundheitspolitischen Vorstellungen.

65 K. H. Roth: Schein-Alternativen im Gesundheitswesen: Alfred Grotjahn (1869–1931) – Integrationsfigur etablierter Sozialmedizin und nationalsozialistischer ‹Rassenhygiene›, in: K. H. Roth (Hg.): Erfassung zur Vernichtung. Von der Sozialhygiene zum ‹Gesetz über Sterbehilfe›, Berlin 1984, S. 31–56.

66 Hintergrundinformationen dazu in C. Huerkamp und R. Spree: Arbeitsmarktstrategien der deutschen Ärzteschaft im späten 19. und frühen 20. Jahrhundert. Zur Entwicklung des Marktes für professionelle ärztliche Dienstleistungen, in: R. Pierenkemper und R. Tilly (Hg.): Historische Arbeitsmarktforschung, Göttingen 1982, S. 77–116.

Armut und der Staat

1 StA Hbg, MK III A 12, § 1–58, § 70.

2 StA Hbg, PP S3496 Bd. 1: Hamburger Freie Presse, 20. November 1892: StA Hbg, Senat, Cl. VII, Lit. Ta, Pars 2, Vol. 11, Fasc. 17, Inv. 4: National-Zeitung, 28. August 1892.

3 Ebd., The Times, 27. September 1892.

4 Weiteres dazu im fünften Kapitel, Die Dimensionen der Ungleichheit, Abschnitt: Reich und Arm.

5 StA Hbg, PP S3496 Bd. 1: Hamburger Freie Presse, 26. November 1892.

6 Loewenberg: Aus zwei Quellen, S. 283.

7 Vgl. viertes Kapitel, Die Große Epidemie, Abschnitt: Die Suche nach den Schuldigen.

8 H. Speckter: Die großen Sanierungsmaßnahmen Hamburgs seit der zweiten Hälfte des 19. Jahrhunderts, in: Raumforschung und Raumordnung, 6, 1967, S. 257–68.

9 Wischermann: Wohnen in Hamburg, S. 94 f.

10 Mönckeberg: Bürgermeister Mönckeberg, S. 24; StA Hbg, Senat, Cl. VII, Lit. Ta, Pars 2, Vol. 11, Fasc. 16, Inv. 22: Hamburger Echo, 2. November 1892 (Bericht über eine Sitzung des Bürgervereins Hohenfelde). Mit Bezug auf die Steuerreform s. StA Hbg PP S3496 Bd. 2, «Ein-

kommenssteuer 1893–1918» passim.

11 Die neuesten und informativsten der zahlreichen Berichte über diesen weithin bekannten Streik sind: M. Grüttner: Mobilität und Konfliktverhalten. Der Hamburger Hafenarbeiterstreik 1896/7, in: K. Tenfelde und H. Volkmann (Hg.): Streik, München 1984, S. 143–61; vom selben Autor: Arbeitswelt an der Wasserkante: Sozialgeschichte der Hamburger Hafenarbeiter 1886–1914, Göttingen 1984, S. 165–75; H.-J. Bieber: Der Hamburger Hafenarbeiterstreik 1896/97, in: Herzig u. a.: Arbeiter in Hamburg, S. 229–45.

12 Grüttner: Arbeitswelt, S. 293, Anm. 134, wo er Gustav Roscher zitiert.

13 Ebd. S. 169–75.

14 StA Hbg, MK II G 4, Bd. 1, 116: Hamburgischer Correspondent, 3. April 1897; ebd. Bl. 113: General-Anzeiger, 13. März 1897. Für ähnliche Motive von Wohnungsreformern im Jahr 1850 vgl. Wischermann: Wohnen in Hamburg, S. 48.

15 Eingabe des Arbeitgeberverbandes, 3. März 1897, in StA Hbg, Kommission für die Verbesserung der Wohnverhältnisse 24. Vgl. auch die im Artikel «Bedeutung der Wohnungsfrage für die Verbilligung der Arbeitskräfte» in: Hamburgischer Correspondent, 3.–4. April 1897 (Exemplare ebd., 20), hergestellten Verbindungen zu den «Ausschreitungen der sogenannten ‹Halbstarken›». Eine frühere Version dieser Argumente findet sich in J. H. Heidmann: Hamburgs Verkehrsmittel und Wohnungsverhältnisse, Hamburg 1891.

16 StA Hbg, Kommission für die Verbesserung der Wohnverhältnisse, 20: Eingabe der Handelskammer, 20. Februar 1897. Vgl. auch Tafel 34.

17 Vgl. die Behandlung dieser Punkte in Wischermann: Wohnen in Hamburg, S. 94f.

18 Ebd., S. 111–13, S. 117–27; und M. Grüttner: Soziale Hygiene und Soziale Kontrolle: Die Sanierung der Hamburger Gängeviertel 1892 – 1936, in: Herzig u. a.: Arbeiter in Hamburg, S. 359–71.

19 StA Hbg, Kommission für die Verbesserung der Wohnverhältnisse, 51: Baudeputation I. Sektion, Zentralbureau des Ingenieurwesens Hamburg, 21. April 1911, Bericht betr. Sanierung der Altstadt südlich der Steinstraße.

20 Grüttner: Soziale Hygiene. S. 360.

21 StA Hbg, PP S3496 Bd. 1: Hamburger Nachrichten, 7. Mai 1897. Zur Frage der Kellerwohnungen vgl. Wischermann: Wohnen in Hamburg, S. 145.

22 M. Grüttner: Soziale Hygiene, S. 364–66. Die Sanierung des Gängeviertels in der Altstadt erfolgte zum Teil auch als Reaktion auf 1906 dort ausgebrochene ernsthafte Unruhen. Vgl. R. J. Evans: ‹Red Wednesday› in Hamburg. Social Democrats, Police and Lumpenproletariat in the Suffrage Disturbances of 17 January 1906, in: Social History, 4, 1979, S. 1–31. In Heidmann: Hamburger Verkehrsmittel, findet sich eine interessante Voraussage dieser Entwicklungen. Vgl. StA Hbg, PP S3490 Bd. 1: General-Anzeiger, 11. November 1892 zur Frage der Vorort-Eisenbahn.

23 Bericht des von der Bürgerschaft am 20. Juni 1862 niedergesetzten Ausschusses zur Prüfung des Senatsantrags, 1862, Nr. 54, das Bau-

gesetz betreffend, August 1863, S. 3 (Exemplar in StA Hbg, MK II G 3 Bd. 1).
24 Wischermann: Wohnen in Hamburg, S. 71 (Zitat einer zeitgenössischen Quelle).
25 StA Hbg, MK II G 3, Bd. 1: Hamburgischer Correspondent, 13. September 1894.
26 Wischermann: Wohnen in Hamburg, S. 83, S. 117–27.
27 Vgl. S. 86–90
28 StA Hbg, MK III A 13, XI: Gesundheitskommission Harvestehude, S. 7f; Wischermann: Wohnen in Hamburg, S. 284–88.
29 StA Hbg, Senat Cl. VII, Lit. Ta, Pars 2, Vol. 11, Fasc. 17, Inv. 1a: Hamburger Tageblatt, 21. Oktober 1892.
30 Vgl. die entsprechenden Berichte in StA Hbg, MK III A 13.
31 Wischermann: Wohnen in Hamburg, S. 85–93.
32 StA Hbg, Kommission für die Verbesserung der Wohnverhältnisse, 25: Reincke an Hachmann, 13. Juli 1897.
33 StA Hbg, MK II G 13, S. 8.
34 Ebd., S. 13, S. 16, S. 55, S. 57.
35 Wischermann: Wohnen in Hamburg, S. 85f.
36 StA Hbg, PP S3496 Bd. 1: Neue Hamburger Zeitung, 5. Mai 1898.
37 Wischermann: Wohnen in Hamburg, S. 87–93; StA Hbg, PP V237 Bd. 2: Hamburger Nachrichten, 14. Juni 1902.
38 Ebd., Hamburgischer Correspondent, 27. Mai 1898.
39 Ebd., Hamburger Neueste Nachrichten, 25. Mai 1898.
40 Wischermann: Wohnen in Hamburg, S. 90–93.
41 Ebd.
42 StA Hbg, PP S3490 Bd. 1: Hamburger Nachrichten, 7. März 1897.
43 Ebd., Hamburgischer Correspondent, 13. Mai 1897.
44 R. Hauschild-Thiessen: 150 Jahre Grundeigentümer-Verein in Hamburg von 1832 e. V. Ein Beitrag zur Geschichte der Freien und Hansestadt Hamburg, Hamburg 1982, S. 214; Wischermann: Wohnen in Hamburg, S. 136f, S. 171–81, S. 220.
45 StA Hbg, PP S3490 Bd. 1: Vorwärts, 2. Mai 1893 (mit Randnotizen); Hamburger Echo, 16. Juni 1894.
46 Ebd., Wirtschaftsvigilanzbericht, 30. Dezember 1893.
47 Ebd., Versammlungsbericht 5. November 1892. Zadeks Forderungen werden zitiert in F. Tennstedt: Vom Proleten zum Industriearbeiter, Köln 1983, S. 485–86.
48 StA Hbg, PP S3490 Bd. 1: Hamburger Neueste Nachrichten, 21. Dezember 1897; Hamburger Neueste Nachrichten, 25. Mai 1898.
49 StA Hbg, FA Lippmann A4 Bd. 1, S. 254.
50 StA Hbg, PP S3420 Bd. 13: Hamburger Nachrichten, 12. September 1892; ebd.: Hamburger Fremdenblatt «Freundschafts-Club der Cigarren Sortirer» (undatiert).
51 Ebd., Vigilanzberichte über die hiesige Arbeitslosigkeit 7274/5/92.
52 Ebd., 1967/5/92.
53 StA Hbg, Senat, Cl. XI, Gen. Nr. 2, Vol. 61, Fasc. 7: Senatskommission zur Prüfung der gegenwärtigen Arbeitslage, 1. Sitzung, 3. November 1892, § 3.
54 StA Hbg, PP S3420 Bd. 1: Hamburger Echo, 18. Dezember 1892.
55 Ebd., General-Anzeiger, 20. Januar 1893.
56 Ebd., Hamburger Tageblatt, 29. Januar 1893.

57 Ebd., Hamburgischer Correspondent, 18. Dezember 1892.

58 Ebd., Hamburger Nachrichten, 18. Januar 1893.

59 Ebd., Bd. 2: Berichte und Notizen, 17. Dezember 1892, 2.–5. Januar 1893.

60 Ebd., Hamburger Fremdenblatt, 6. Januar 1895, General-Anzeiger, 20. Januar 1893.

61 Mönckeberg: Bürgermeister Mönckeberg, S. 23; Koch: Die Tagebuchaufzeichnungen Georg Kochs, Eintragung für den 2. September; StA Hbg, Senat, Cl. VII, Lit. Ta, Pars 2, Vol. 11, Fasc. 16, Inv. 25: Präses der Deputation für Handel und Schiffahrt, Eingabe, 19. Dezember 1892.

62 Vgl. den Bericht in J. Flemming: Wege zum ‹sozialen Frieden›? Anfänge staatlicher Arbeitsmarktpolitik in Hamburg, in: Herzig u. a.: Arbeiter in Hamburg, S. 283–98.

63 StA Hbg, Senat, Cl. XI, Gen. Nr. 2, Vol. 61, Fasc. 1: Denkschrift 4. November 1892, S. 8f; ebd., Fasc. 7: Senatskommission zur Prüfung der gegenwärtigen Arbeitslage, § 4.

64 Ebd., Fasc. 2c: Der Arbeiterstand Hamburgs, socialpolitische und socialwirthschaftliche Bemerkungen in Bezug auf den Nothstand, 10. November 1892.

65 Ebd., S. 3.

66 Ebd., Fasc. 1: Denkschrift 4. November 1892. S. 7f. Weitere Kommentare zu diesem Problemkreis finden sich in dem in Anmerkung 64 zu diesem Abschnitt genannten Protokoll (z. B. S. 10, S. 16f usw.).

67 StA Hbg, Senat, Cl. XI, Gen. Nr. 2, Vol. 61, Fasc. 1: Denkschrift 8. Dezember 1893, S. 5, S. 9; StA Hbg, PP S4320 Bd. 1: Hamburgischer Correspondent, 18. Dezember 1892, Hamburger Nachrichten, 18. Januar 1893, sowie Bd. 2 passim. Frohme war der sozialdemokratische Abgeordnete für den Nachbarwahlkreis Altona und einflußreicher Mitherausgeber des «Hamburger Echo».

68 Grüttner: Arbeitswelt, S. 157f.

69 Ebd.

70 StA Hbg, MK II A 1 Bd. 1, Bl. 87: Hamburger Fremdenblatt, 13. Oktober 1906.

71 Bürgerschaft, 5. Juni und 12. Juni 1893; Hygiene und Soziale Hygiene in Hamburg, Hamburg 1928, S. 538–47.

72 Die Gesundheitsverhältnisse Hamburgs im 19. Jahrhundert, Hamburg 1901, S. 44f.

73 Ebd.

74 Rodegra: Das Gesundheitswesen der Stadt Hamburg, S. 152–72.

75 Michael: Geschichte des ärztlichen Vereins, S. 207f.

76 G. A. Ritter: Sozialversicherung in Deutschland und England. Entstehung und Struktur im Vergleich, München 1983, S. 31; StA Hbg, Versicherungsbehörde 1 Bd. 23, Bl. 377–79, sowie Sterbekasse S. 293 für Beispiele von Nichtzahlungen während der Epidemie von 1892.

77 Ritter: Sozialversicherung, S. 32.

78 Jahrbücher der Hamburgischen Staatskrankenanstalten, 1892–93, S. XXIV.

79 Ritter: Sozialversicherung, S. 54, Tab. 1; S. 64f.

80 U. Frevert: Professional Medicine and the Working Classes in Imperial Germany, in: Journal of Contemporary History, 20, 1985, S. 637 bis 58.

81 Vgl. zweites Kapitel, Die Krise der städtischen Umwelt.

82 StA Hbg, MK II O 2 Bd. 2, Bl. 98f.

83 Ebd., Bl. 69.

84 Ebd., Bd. 3, Bl. 181.
85 StA Hbg, MK II H 10, Bl. 88 (Müller an Medizinalkollegium, 18. September 1909 und Antwort vom 16. Dezember 1909).
86 Vgl. Abb. 5.
87 SHS, 22, 1904, S. 30.
88 Grüttner: Arbeitswelt, S. 54f.
89 Wischermann: Wohnen in Hamburg, S. 186.
90 Ebd., S. 439.
91 Ebd., S. 439; vgl. auch Abb. 2 und 3.
92 Ritter: Sozialversicherung, S. 51.
93 Ebd., S. 53, S. 71f.

Hamburg, Deutschland und die Welt

1 StA Hbg, PP S3625 Bd. 3: Versammlungsbericht 1. Juni 1895 (Versammlung vom 27. Mai). Zum mangelnden Interesse der Sozialdemokraten an der Gemeindepolitik vor den neunziger Jahren vgl. D. Rebentisch: Die deutsche Sozialdemokratie und die kommunale Selbstverwaltung: Ein Überblick über Programmdiskussion und Organisationsproblematik 1890 – 1975, in: Archiv für Sozialgeschichte, 25, 1985, S. 1–78.
2 StA Hbg, PP S3490: Hamburger Echo, 22. April 1893 (Rede Otto Stolten) zur Wiederholung dieser Forderungen.
3 Ebd., Hamburger Echo, 18. September 1892.
4 Ebd., Hamburger Echo, 22. April 1893 (Stolten).
5 Ebd., Hamburger Echo, 21. September 1892.
6 Ebd., Hamburger Tageblatt, 12. November 1892; Hamburgischer Correspondent, 14. Januar 1893; Hamburger Fremdenblatt, 16. Januar 1893, sowie weitere Berichte.
7 Ebd., Hamburger Tageblatt, 16. Dezember 1892; Hamburgischer Correspondent, 14. Januar 1893.
8 Ebd., Hamburgischer Correspondent, 22. Januar 1893.
9 Ebd., Hamburger Freie Presse, 24. April 1894.
10 Ebd., General-Anzeiger, 7. März 1893; Hamburger Echo, 2. April 1893.
11 Ebd., Hamburger Echo, 8. Oktober 1893; Hamburger Freie Presse, 24. April 1894; Hamburger Nachrichten, 7. Mai 1895.
12 Ebd., Neue Hamburger Zeitung, 14. Januar 1897.
13 StA Hbg, PP S3490 Bd. 1: Hamburgische Börsen-Halle, 17. Oktober 1892.
14 StA Hbg. Senat, Cl. VII, Lit. Ta, Pars 2, Vol. 11, Fasc. 17, Inv. 1a: Hamburger Fremdenblatt, 29. Oktober 1892.
15 Ebd., Fasc. 16, Inv. 22: zitiert in: Hamburger Echo, 2. November 1892.
16 Bürgerschaft, 16. November 1892.
17 StA Hbg, PP S3496 Bd. 3: Hamburgischer Correspondent, 29. März 1893. Vgl. ebd., Hamburger Nachrichten, 10. Dezember 1892, für eine Beschreibung der hinter diesen Vorschlägen stehenden Interessen des Kleinbürgertums.
18 Ebd., Hamburger Fremdenblatt, 19. Mai 1894.
19 Ebd., Hamburger Freie Presse, 15. Mai 1894.
20 Ebd., Hamburger Echo, 7. Dezember 1894.
21 Ebd., Hamburger Echo, 7. Dezember 1894.
22 Ebd., Hamburger Nachrichten, 14. November 1895.
23 H. W. Eckardt: Privilegien und Parlament. Die Auseinandersetzungen

um das allgemeine und gleiche Wahlrecht in Hamburg, Hamburg 1980, S. 35f; StA Hbg, FA Versmann VI A 6: Eintragung für den 13. Oktober 1896.

24 StA Hbg, PP S3496 Bd. 4: Hamburger Fremdenblatt, 17. Juli 1913.

25 Ebd., Hamburgischer Correspondent, 21. Oktober 1894.

26 Ebd., Hamburgischer Correspondent, 16. Mai 1894.

27 Ebd., Hamburger Nachrichten, 13. November 1895.

28 Ebd., Hamburger Echo, 30. November 1896; Hamburger Fremdenblatt, 12. November 1896.

29 StA Hbg, FA Lippmann A4 Bd. 1, S. 3. Vgl. auch Tafel 35.

30 Ebd., FA Mönckeberg 21a, S. 276.

31 Ebd., FA Buehl 2c, S. 31f.

32 Ebd., S. 34–37.

33 StA Hbg, PP S3496 Bd. 3: Hamburger Fremdenblatt, 17. Oktober 1894.

34 Ebd., Berliner Tageblatt, 21. März 1897.

35 Eckardt: Privilegien und Parlament, S. 37.

36 E. Lüth und H.-D. Loose: Bürgermeister Carl Petersen, Hamburg 1971, S. 5f.

37 Eckardt: Privilegien und Parlament, S. 38.

38 Ebd., S. 37f.

39 Zitiert in ebd., S. 39f. Vgl. auch U. Seemann: Die Kämpfe der Hamburger Arbeiter gegen die Verschlechterung ihres Wahlrechts in den Jahren 1905/06, in: Wissenschaftliche Zeitschrift der Universität Rostock, gesellschafts- und sprachwissenschaftliche Reihe, 10, 1961.

40 Eckardt: Privilegien und Parlament, S. 40–49.

41 StA Hbg, FA Buehl 2c, S. 75: StA Hbg, Senat, Cl. VII, Lit. Bd., No. 45, Vol. 12b, Berichte vom 11. Mai 1904, 23. Januar 1905, 24. März 1905. Der Tod Hachmanns im Jahr 1904 schwächte die Gegner der Bewegung entscheidend. Unter den kaufmännischen Senatoren hatte sich O'Swald, der 1904 gegen die Reform aufgetreten war, ein Jahr später auf die Seite von deren Befürwortern geschlagen.

42 Eckardt: Privilegien und Parlament, S. 42–44.

43 Zitiert in ebd.

44 U. Büttner: Vereinigte Liberale und Deutsche Demokraten in Hamburg 1900–1930, in: ZHG, 63, 1977, S. 1–34, zitiert auf S. 7–8.

45 A. Cord: Die soziale Schichtung der Hamburger Bürgerschaft von 1859 bis zum Jahre 1921. Ein Beitrag zur parlamentarischen Geschichte des Kaiserreichs, Wiss. Prüfung für das Lehramt an Gymnasien, Hamburg 1961, S. 66f, StA Hbg, Handschriftensammlung 1023.

46 Siehe Evans: ‹Red Wednesday› in Hamburg.

47 Ebd., S. 14f, S. 26f.

48 K.-E. Moring: Die Sozialdemokratische Partei in Bremen 1890–1914, Hannover 1968.

49 M. Nolan: Social Democracy and Society. Working-class Radicalism in Düsseldorf, 1890–1920, Cambridge 1981.

50 D. Fricke: Die deutsche Arbeiterbewegung 1869–1914. Ein Handbuch über ihre Organisation und Tätigkeit im Klassenkampf, Berlin 1976, S. 256–61.

51 G. Eley: Combining Two Histories: The SPD and the German Working Class before 1914, in: Radical History Review, 28–30, 1984, S. 13–44, hier vor allem S. 28.

52 F. Boll: Massenbewegungen in

Niedersachsen 1906–1920, Bonn-Bad Godesberg 1981.

53 Abgesehen vom Ersten Weltkrieg und der Zeit um das Ende der Weimarer Republik wurden die Archive Hamburgs mit Bezug auf die Sozialdemokratische Partei bisher nicht systematisch durchforstet – die Unmasse der verfügbaren Quellen vereitelte Versuche, eine solche Geschichte zu verfassen. Die klassische Untersuchung, Laufenbergs «Geschichte der Arbeiterbewegung in Hamburg-Altona und Umgegend» hört mit dem Ende der achtziger Jahre des 19. Jahrhunderts auf. (Vgl. zu diesem Punkt Dieter Langewiesches Anmerkungen in Herzig u. a.: Arbeiter in Hamburg, S. 17). Die folgenden Thesen sind daher als spekulativ und vorläufig anzusehen.

54 Grüttner: Soziale Hygiene, S. 359 bis 72, hier S. 367.

55 Ebd., S. 361; mit Bezug auf den Stadtteil Barmbeck, vgl. StA Hbg, PP V334a Bd. 3: Zusammenfassung der Mitgliedschaft... Januar 1892.

56 Vgl. J. Reulecke: Geschichte der Urbanisierung in Deutschland, Frankfurt a. M. 1985, S. 95, zur üblichen Heterogenität von Innenstädten und zur Solidarität innerhalb der Klasse in von Industriearbeitern bewohnten Vorstädten als Grundlage der Arbeiterbewegung.

57 Vgl. T. Offermanns und J. Breuillys Beiträge in Herzig u. a.: Arbeiter in Hamburg, S. 121–52.

58 E. Lucas: Arbeiterradikalismus. Zwei Formen von Radikalismus in der deutschen Arbeiterbewegung, Frankfurt a. M. 1976, sowie J. Breuilly und W. Sachse: Joachim Friedrich Martens (1806–1877) und die deutsche Arbeiterbewegung, Göttingen 1984, insbes. Kap. 7–9.

59 Vgl. im ersten Kapitel, Innenansicht einer Handelsstadt, die Abschnitte «Patrizier und Politik» und «Die Bedrohung von unten».

60 Zu einer Darstellung dieser Ideologie s. erstes Kapitel, Innenansicht einer Handelsstadt, Abschnitt: Fraktionen des Kapitals.

61 U. Büttner: Hamburg in der Staats- und Wirtschaftskrise 1928–31, Hamburg 1982, S. 24–82.

62 W. Ahrens: Das sozialistische Genossenschaftswesen in Hamburg 1890–1914. Ein Beitrag zur Sozialgeschichte der Arbeiterbewegung, Diss., Hamburg 1970, S. 182.

63 E. Müller: Kleine Beiträge zur Geschichte des Billwärder Ausschlags, Hamburg 1902, S. 29.

64 StA Hbg, PP S3625, Bd. 3: Hamburger Echo, 16. Juni 1893. Eine allgemeinere Darstellung der Beziehungen zwischen Sozialdemokraten und Kleinbürgertum findet sich bei D. Blackbourn: The Mittelstand in German Society and Politics 1871–1914: in: Social History, 2, 1977; S. 409–33, wie auch bei H.-G. Haupt: Die radikale Mitte. Lebensweise und Politik von Handwerkern und Kleinhändlern in Deutschland seit 1848, München 1985, S. 7–31, S. 188–234.

65 V. Ullrich: Die Hamburger Arbeiterbewegung vom Vorabend des Ersten Weltkriegs bis zur Revolution 1918–19 (2 Bde., Hamburg 1976); sowie vom selben Autor: Kriegsalltag. Hamburg im Ersten Weltkrieg, Köln 1982, insbes. S. 51–62, S. 68–72.

66 K. Ditt: Sozialdemokraten im Widerstand: Hamburg in der Anfangsphase des Dritten Reiches, Hamburg 1984.

67 Büttner: Hamburg, S. 501–504.
68 R. F. Hamilton: Who Voted for Hitler?, Princeton 1982. Das Buch enthält eine eingehende Analyse des Abstimmungsverhaltens mit Bezug auf die Nationalsozialisten in einzelnen Bezirken Hamburgs.
69 M. Bruhns u. a.: «Hier war doch alles nicht so schlimm». Wie die Nazis in Hamburg den Alltag eroberten, Hamburg 1984.
70 U. Büttner und W. Jochmann: Hamburg auf dem Weg ins Dritte Reich, Hamburg 1983; H. Timpke (Hg.): Dokumente zur Gleichschaltung des Landes Hamburg 1933, Hamburg 1964.
71 GAL-Fraktion in der Hamburger Bürgerschaft (Hg.): «Es ist Zeit für die ganze Wahrheit» (K. v. Dohnanyi). Aufarbeitung der NS-Zeit in Hamburg: Die nichtveröffentlichte Senatsbroschüre, Hamburg 1985.
72 A. Ebbinghaus. H. Kaupen-Haag und K. H. Roth: Heilen und Vernichten im Mustergau Hamburg. Bevölkerungs- und Gesundheitspolitik im Dritten Reich, Hamburg 1984.
73 Ebd.
74 S. G. Eley: From Unification to Nazism: Reinterpreting the German Past, London 1986, S. 254–82.
75 Büttner: Hamburg; sowie eine allgemeinere Darstellung desselben Autors: Politische Gerechtigkeit und sozialer Geist. Hamburg zur Zeit der Weimarer Republik, Hamburg 1985.
76 Schröder: Blütezeit.
77 J. W. Christern, zitiert in W. Schmidt: Hamburger in der Revolution von 1848/49, in: Ergebnisse, Bd. 22, Hamburg 1983, S. 15.
78 Vgl. die Anmerkungen von Otto Stolten in seinem Vergleich der Patrizier und der Junker, in StA Hbg, PP S3625 Bd. 3: Hamburger Echo, 6. Juni 1893.
79 J. Kocka (Hg.): Bürgertum im 19. Jahrhundert. Deutschland im europäischen Vergleich, 3 Bde., München 1989.
80 Ein Beispiel unter vielen findet sich in M. Kitchen: The Political Economy of Germany 1815–1914, London 1978, S. 75–78, S. 126–29. Man beachte, daß sich in dessen Register der Begriff «merchants» [Kaufleute] nicht findet.
81 Cecil: Albert Ballin; sowie Stern: Gold und Eisen.
82 W. D. Rubinstein: Men of Property: The Very Wealthy in Britain since the Industrial Revolution, London 1981.
83 G. S. Jones: Poor Laws and Market Forces, in: New Statesman, 27. Mai 1983, S. XIII.
84 R. Samuel: Soft Focus Nostalgia, ebd., S. III; auch für das Folgende.
85 T. Zeldin: France 1848–1945, I: Ambition, Love and Politics, Oxford 1973, S. 12f.
86 P. E. Schramm: Neun Generationen. Dreihundert Jahre deutscher ‹Kulturgeschichte› im Lichte der Schicksale einer Hamburger Familie (1648–1948), Göttingen 1964, II, S. 408.
87 R. Martin: Jahrbuch des Vermögens und Einkommens der Millionäre in den drei Hansestädten, Berlin 1912.
88 R. Hauschild-Thiessen: Bürgerstolz und Kaisertreue. Hamburg und das Deutsche Reich von 1871, Hamburg 1979, S. 97.
89 H. Merck: Begegnungen und Begebnisse, Hamburg 1958, S. 17f.
90 Ebd., S. 20.
91 Im Zusammenhang mit der Aussage, daß «feudale» Neigungen unter Deutschlands Reichen vergleichs-

weise wenig ausgeprägt waren, vgl. H. Kaelble: Wie feudal waren die deutschen Unternehmer im Kaiserreich? Ein Zwischenbericht, in: R. Tilly (Hg.): Beiträge zur quantitativen vergleichenden Unternehmensgeschichte, Stuttgart 1985, S. 148–71. Allgemeiner dazu D. Blackbourn: The Discreet Charm of the Bourgeoisie: Reappraising German History in the Nineteenth Century, in: D. Blackbourn und G. Eley: The Peculiarities of German History: Bourgeois Society and Politics in Nineteenth-century Germany, Oxford 1984, S. 159–292.

92 Jones: Poor Laws and Market Forces, S. XI.

93 Ebd., S. XIII.

94 M. Nonne: Anfang und Ziel meines Lebens, Hamburg 1972, S. 96.

95 StA Hbg, FA Buehl 2c, S. 38f. Vgl. auch Tafel 36.

96 Auch wenn Hamburg nicht in die Kategorie von «home town» («Heimatstadt») fällt, die Mack Walker in seinem klassischen Werk über die kleinstädtische Gesellschaft im 19. Jahrhundert beschreibt, lassen sich doch einige Parallelen erkennen. (M. Walker: German Home Towns. Community, State and General Estate, London 1971, S. 79, S. 405–31). Weitere Überlegungen zur Rolle der «unpolitischen Politik» und zum Vereinsleben der Mittelschicht in den Städten jener Zeit finden sich in R. Koshar: Social Life, Local Politics and Nazism: Bourgeois Marburg, 1880 to 1935, Chapel Hill 1986. Zu Veränderungen in der Politik der Gemeinden und der Gesellschaft jener Zeit vgl. insbes. W. Hofmann: Die Bielefelder Stadtverordneten. Ein Beitrag zu bürgerlicher Selbstverwaltung und sozialem Wandel 1850–1914, Lübeck und Hamburg 1964; außerdem, allgemeiner, zur universellen Krise der Honoratiorenherrschaft in den Städten: Reulecke: Urbanisierung, S. 131–39.

97 Zur Frage des deutschen Liberalismus im späten 19. und frühen 20. Jahrhundert generell vgl. J. J. Sheehan: German Liberalism in the Nineteenth Century, Chicago 1978; G. Eley: James Sheehan and the German Liberals: A Critical Appreciation, Central European History, 14, 1981, S. 273–88: W. J. Mommsen: Der deutsche Liberalismus zwischen ‹Klassenloser Bürgergesellschaft› und ‹Organisiertem Kapitalismus›. Zu einigen neueren Liberalismusinterpretationen, in: Geschichte und Gesellschaft, 4, 1978, S. 77–90; sowie J. C. Hunt: The Bourgeois Middle in German Politics, 1871–1933. Recent Literature, in: Central European History, 11, 1978, S. 83–106. Eine ausführliche Untersuchung, in der es um einen gänzlich anders beschaffenen Ort als Hamburg geht – nämlich Konstanz im 19. Jahrhundert – findet sich in G. Zang (Hg.): Provinzialisierung einer Region. Zur Entstehung der bürgerlichen Gesellschaft in der Provinz, Frankfurt a. M. 1978.

Verzeichnis der Karten

Verzeichnis der Abbildungen

Verzeichnis der Tabellen

Sachregister

Namenregister

Nachwort zur Taschenbuchausgabe 1996

Seit der Publikation dieses Buches in Deutschland im Jahre 1990 sind eine Reihe von Veröffentlichungen erschienen, die neues Licht auf einige der behandelten Fragen werfen und nahelegen, einige der vorgetragenen Argumente zu überprüfen oder zu ergänzen. Zum hundertsten Jahrestag der Hamburger Cholera-Epidemie von 1892 gab es in Hamburg eine Reihe von Veranstaltungen, deren Höhepunkt eine Gedenkfeier im Rathaus war. Zu den Teilnehmern gehörte auch eine der letzten bekannten Überlebenden der Epidemie, die 1886 geborene Frau Brandt, Tochter eines Senators. Sie erinnerte sich noch deutlich an die Ereignisse des Jahres 1892, vor allem daran, daß die Dienstboten unentwegt Wasser abkochten. Die vielleicht interessanteste Gedenkveranstaltung war die Ausstellung des Altonaer Museums, zu der Heidemarie Grahl einen informativen Katalog, «Der blaue Tod: Die Cholera in Hamburg 1892», herausgegeben hat (Museumspädagogischer Dienst, Hamburg 1992). Der Katalog zeichnet kein grundsätzlich anderes Bild der Epidemie als dieses Buch, er enthält jedoch eine Reihe aufschlußreicher Artikel (zu denen auch eine Analse von heutigen Cholera-Epidemien in der Dritten Welt gehört) und eine Auswahl von Fotos und Zeichnungen, die die Illustrationen dieses Buches hervorragend ergänzen.

Einen wichtigen Beitrag zur weiteren Erforschung der Epidemie von 1892 liefert der amerikanische Medizinhistoriker Howard Markel in seinem Aufsatz «‹Knocking out the Cholera›: Cholera, Class and Quarantine in New York City, 1892» (in: Bulletin of the History of Medicine, Bd. 69, 1995, S. 420–457). Markel verwendet offizielle Unterlagen der staatlichen und lokalen Verwaltungen bei seiner Untersuchung der Geschichte von «Cholera-Schiffen», die 1892 aus Hamburg in New York eintrafen, und zieht eine große Anzahl New Yorker Zeitungen heran. Dadurch kann er unser Wissen über die auf den Seiten 400–406 in diesem Buch beschriebenen Ereignisse wesentlich ergänzen. So zieht er zum Beispiel Einwandererlisten heran, die in der jiddischsprachigen New Yorker Presse veröffentlicht wurden, und Unterlagen von Hilfsorganisationen für jüdische Einwanderer, um zu zeigen, daß 75 bis 85 Prozent aller russischen Einwanderer in die Vereinigten Staaten Juden waren. Das ließ die New Yorker Quarantäne-Beamten ebenso wie die Antisemiten in Hamburg allzu voreilig zu dem Schluß kommen, daß die osteuropäischen Juden die Hauptinfektionsquelle darstellten (S. 492–494 oben). Die Behörden der Stadt New York ordneten für sie strikte und oftmals diskriminierende Quarantänemaßnahmen an und internierten viele von ihnen unter schlechten sanitären Bedingungen, was die Infektionsgefahr nicht verringerte und zu Protesten in der jiddischsprachigen Presse führte. Das Ausmaß der Diskriminierung wurde noch deutlicher, als die Kabinenpassagiere der «Normannia» in ein Hotel gebracht wurden, während man die Zwischendeckspassagiere auf der Hoffmann-Insel praktisch internierte, ohne Maßnahmen zu treffen, die Infizierten von den Gesunden zu trennen. Auf der in der Nähe liegenden Insel Swinburne, auf der viele weitere russisch-jüdische Einwanderer interniert waren, gab es im Herbst 1892 nicht weniger als 44 Todesfälle durch Cholera. Eine medizinische Untersuchung wurde entweder gar nicht oder nur flüchtig durchgeführt; die Zwischendeckspassagiere wurden *en masse* interniert, aus dem alleinigen Grund, daß sie Osteuropäer und Juden waren.

In den Logbüchern dreier von Hamburg nach New York fahrender Schiffe, der «Moravia», «Bohemia» und «Scandia», ist vermerkt, daß Trinkwasser aus der Elbe aufgenommen wurde. Dieses Wasser war sicherlich mit dem Bazillus verseucht und so zu einer ersten Infektionsquelle geworden. Es gibt jedoch keinen Hinweis darauf, daß auch das vierte Schiff, die «Normannia», Wasser aus der Elbe aufgenommen hatte. Markel vermutet, daß die größere Cholera-Anfälligkeit der Zwischendeckspassagiere auf der «Normannia» daher darauf schließen läßt, daß sie schon vor ihrer Abfahrt aus Hamburg der Infektionsgefahr stärker ausgesetzt waren. Diese Schlußfolgerung stützt die vorsichtig vorgetragene Hypothese der Seiten 358–363 und 784f., daß die Krankheit wahrscheinlich durch russische Auswanderer in die Stadt gebracht wurde. Es besteht jedoch kein Zweifel daran, daß die Ausbreitung der Krankheit unter den Kabinenpassagieren dadurch erschwert wurde, daß sie über eigene Toiletten in ihren Kabinen verfügten, während die Passagiere der Zwischendecksklasse Gemeinschaftstoiletten benutzten. Die sanitären Bedingungen auf dem Zwischendeck der «Bohemia» waren besonders unzureichend. Die schockierten New Yorker Beamten mußten feststellen, daß selbst als das Schiff unter Quarantäne lag, nichts zu ihrer Verbesserung und der Ermöglichung irgendeiner Art von Hygiene unternommen wurde. Dabei war, wie Markel bemerkt, «die Krankheit unter den mehreren hundert russisch-jüdischen Einwanderern im Zwischendeck schon bei zweiundfünfzig ausgebrochen, und weitere zehn waren bereits daran gestorben». Eine Untersuchungskommission stellte fest, daß unter diesen Bedingungen die weitere Internierung das «Todesurteil» für die an Bord Verbliebenen bedeuten würde. Markel zeigt schließlich überzeugend, daß die Quarantäne-Maßnahmen in New York eher aus politischen und kommunalpolitischen Erwägungen vorgenommen wurden denn aus medizinischen. Seine Untersuchung endet mit der Anmerkung, daß die Stadt deshalb glücklich von einer Epidemie verschont blieb, weil das Wetter kühl war und sie über ein modernes, mit Filtern ausgerüstetes Wasserversorgungssystem verfügte. Sonst hätte vielleicht auch New York im Jahr 1892 eine Cholera-Epediemie erlebt.

Als die Krankheit in Hamburg die Form einer Epidemie annahm, traf sie – wie in Kapitel 5 dargestellt – die verschiedenen Gruppen der Bevölkerung in unterschiedlichem Maße. In einer Reihe neuerer Artikel werden die Verbindungen, wie sie von zeitgenössischen Historikern zwischen der Cholera und der Klassenzugehörigkeit gezogen werden, noch einmal unterstrichen. Dazu gehört vor allem der bemerkenswerte Aufsatz von M. Stolberg «Gottesstrafe oder Diätsünde: Zur Mentalitätsgeschichte der Cholera» (in: Medizin, Gesellschaft und Geschichte. Jahrbuch des Instituts für Geschichte der Medizin der Robert Bosch Stiftung, Bd. 8, Stuttgart 1989, S. 9–25). Stolberg vertritt die Ansicht, daß der Ausbruch der Cholera in Preußen in den Jahren 1831/32 nicht nur unter den Massen der davon hauptsächlich betroffenen Armen Angst und Schrecken verbreitete, sondern auch im Bürgertum, das den Lebensstil der Armen als Hauptinfektionsursache ansah. Die getroffenen Vorsorgemaßnahmen, zu denen das Versiegeln der Häuser der Opfer gehörte, können daher wenigstens teilweise als von staatlicher Seite gegen die unteren Schichten gerichtete Anordnungen verstanden werden. Die Cholera wurde zu einem Symbol der Unordnung, und die Behörden reagierten darauf auf dieselbe Weise, auf die sie auch auf die soziale Unordnung, die Aufstände und Rebellionen im nervösen «Vormärz» reagierten. Wie in Kapitel 5 dargestellt, zeigte sich in dieser Haltung ein gewisses Maß an Realismus, denn wenigstens für die Cholera-Epidemie in Hamburg 1892 läßt sich die sozial ungleiche Verteilung von Erkrankung und Sterblichkeit nachweisen. Jüngere Arbeiten haben diesen allgemeinen Grundsatz durch Untersuchungen von Cholera-Epidemien in anderen Städten bestätigen können. Für die Zürcher Epidemie des Jahres 1867 hat beispielsweise Florian Condrau eine negative Korrelation zwischen Cholera-Erkrankungen und Sterblichkeitsziffer und dem Pro-Kopf-Einkommen (ermittelt anhand der individuellen Steuererklärungen an den Distrikt) überzeugend dargelegt (Soziale Ungleichheit vor der Cholera und ihre Wahrnehmung durch Zürichs Ärzteschaft [1850–1870], in: Medizin, Gesellschaft und Geschichte, Jahrbuch des Instituts für Geschichte der Medizin der Robert Bosch Stiftung, Bd. 12, Stuttgart 1993, S. 75–99).

Durch neuere Forschungen bestätigt wurden auch die Thesen dieses Buches über die altersspezifischen Erkrankungs- und Sterblichkeitsziffern, allerdings mit einer Ausnahme: Der an der Universität Yale lehrende Historiker Frank Snowden hat in seiner Studie «Naples in the Times of Cholera 1884–1911» (Cambridge 1995) darauf aufmerksam gemacht, daß die relativ niedrigen Cholera-Sterblichkeitsziffern bei Kleinkindern vielleicht weniger auf Fehldiagnosen zurückgingen, wie in Kapitel 5 dargelegt wird, sondern darauf, daß die neapolitanischen Mütter ihre Kinder stillten und so ein gewisses Maß an Widerstandsfähigkeit übertrugen. Jüngere Untersuchungen in Bangladesch haben gezeigt, daß Kleinkinder unter einem Jahr selten an Cholera erkranken, weil die Milch ihrer Mütter Antikörper enthält, die sie vor einer Infektion bewahren. In Gegensatz zu den stillenden neapolitanischen neigten die Hamburger Mütter dazu (wie auf S. 262 dargestellt), auf Ersatzmittel zurückzugreifen: Das waren vor allem Kuhmilch und Wasser. Da der Cholera-Bazillus 1892 in das Wasserversorgungssystem eingedrungen war, spielte dies eine entscheidende Rolle. Dennoch bleibt es dabei, daß bei der Mehrheit der Epidemien die Cholera-Sterblichkeit von Kleinkindern wahrscheinlich ernsthaft unterschätzt worden ist. So stieg beispielsweise die Zahl der Todesfälle bei Kleinkindern unter einem Jahr durch «Brechdurchfall» in Hamburg 1892 deutlich an, wenn sie mit der durchschnittlichen Zahl von Todesfällen aus dieser Ursache im vorhergehenden Jahrzehnt verglichen wird. In Hamburg fielen im August 1892 insgesamt 20% und im September 1892 16% aller Todesfälle in diese Kategorie. Wahrscheinlich starben ungefähr 585 der 1830 mit der Todesursache «Brechdurchfall» registrierten Kleinkinder im August und September 1892 an der

Cholera. Wir erhalten diese Zahl, wenn wir die normale Anzahl der dieser Ursache zugeschriebenen Todesfälle von der in diesen Monaten diagnostizierten abziehen. Wenn dies auf das Jahr 1892 zutrifft, als die diagnostischen Techniken schon relativ weit entwickelt waren, so ist es mehr als wahrscheinlich, daß dies auch bei früheren Epidemien der Fall war. Wenn Hamburg vielleicht hinsichtlich der Häufigkeit von Infektionen bei Kleinkindern eine Ausnahme darstellt, weil nur relativ wenige Mütter ihre Kinder stillten, so wird es dennoch eine Reihe von Fehldiagnosen gegeben haben, und die Cholera-Sterblichkeitsziffer bei Kleinkindern wird daher auch an anderen Orten unterschätzt worden sein, vermutlich ebenfalls in Neapel, wo das Stillen zu größerer Immunität führte.

Frank Snowdens gründlich recherchierte Monographie macht sich auch dadurch verdient, daß sie sich mit zwei späten Cholera-Epidemien in einer einzelnen Stadt beschäftigt. Dadurch ermöglicht sie eine Reihe breiter angelegter Vergleiche mit der Hamburger Epidemie von 1892. Wenn sich über den Senat des hanseatischen Stadtstaates 1892 sagen läßt, daß er nicht offen genug war und nicht zügig und effizient handelte, so läßt sich die Verwaltung der süditalienischen Metropole nur als katastrophal beschreiben. Ihre verspätete Reaktion auf den Ausbruch der Cholera 1884 veranlaßte die örtlichen Ärzte, sie als «träge» und «nachlässig» zu geißeln. Die Armenviertel von Neapel waren noch schmutziger als die Hamburger Gängeviertel, und in den ärmsten Stadtteilen Porto, Pendina und Mercato lag die Choleramortilität 1884 bei 23, 25, und 31 jeweils pro 1000 Einwohner. Sie war damit entschieden höher als die vergleichbaren Ziffern in der Hamburger Altstadt, und bei zweien dieser drei Stadtteile übertraf sie selbst die außerordentlich hohe Sterblichkeitsziffer im Billwerder Ausschlag. Diese drei neapolitanischen Viertel waren entsetzlich überfüllt, dort lebten mehr als 130000 Einwohner auf einem Quadratkilometer, ein Abwassersystem war nur teilweise vorhanden und das Trinkwasser stark verschmutzt. Snowden belegt ein weiteres Mal den engen Zusammenhang zwischen Cholera und Armut und Wohnungsnot. Die Sterblichkeitsziffer in den wohlhabenden Stadtteilen lag bei 5 pro 1000 Einwohner oder darunter, und 150000 Angehörige der Mittelschicht und der Aristokratie entzogen sich der Infektionsgefahr durch die Flucht aus der Stadt nach Ausbruch der Krankheit.

Die entsetzlichen Lebensbedingungen der Armen Neapels während der Epidemie 1884 werden auch an den wilden Gerüchten deutlich, die damals die Runde machten. Sie besagten, daß die Behörden die Brunnen vergiftet hätten, um sich von der Last der Armen zu befreien. Ähnliche Reaktionen auf Epidemien, wie sie im 19. Jahrhundert zuvor an anderen Orten Europas stattgefunden hatten, spiegeln sowohl die interventionistische Politik der Behörden, die *cordons sanitaires* einrichteten und die Isolierung und Hospitalisierung der Kranken erzwangen, als auch die scharfen Klassengegensätze der Zeit des «Vormärz», die noch nicht den Weg in eine organisierte politische Aktivität gefunden hatten. Das wird in meinem Aufsatz «Epidemics and Revolutions: Cholera in Nineteenth-Century Europe» dargelegt (in: Past and Present, 120, 1988, S. 124–147). Diese Bedingungen trafen auf Hamburg 1892 und auf andere Teile Europas nicht mehr zu; das hat zum Beispiel Catherine Kudlick in ihrer Untersuchung zur Cholera in Paris gezeigt (Disease, Public Health and the Paris Environment, 1830–1850, Diss. der University of California 1988). Als die Cholera 1848 zum zweitenmal auftrat, beschränkten sich die staatlichen Eingriffe auf die Verhütung der Infektion. In Neapel herrschten jedoch weiterhin die Bedingungen, wie sie in Paris 1832 zu Cholera-Unruhen geführt hatten, die in Victor Hugos «Les Misérables» so bildhaft beschrieben werden. Die schwerfällige und restriktive Politik der neapolitanischen Behörden führte zusammen mit ihren berüchtigten Verbindungen zur kriminellen Unterwelt und dem verbreiteten Mißtrauen der Bevölkerung ihren Motiven gegenüber zu heftigen Cholera-Aufständen. Sie gaben der Angst und dem Mißtrauen der armen und größtenteils analphabetischen Bevölkerung angesichts einer Jahrzehnte währenden Schikane und der Indifferenz ihrer Misere gegenüber symbolischen Ausdruck.

Wie Hamburg im Jahre 1892 war Neapel 1884 die einzige große europäische Stadt, die von einer Cholera-Epidemie größeren Ausmaßes betroffen war, und die Auswirkungen auf die sanitäre Reform waren entsprechend dramatisch. Schüler von Koch und Pettenkofer in den medizinischen und öffentlichen Gesundheitseinrichtungen der Stadt stimmten ungeachtet ihrer unterschiedlichen Ansichten bei anderen Fragen darin überein, daß ein einwandfreies System der Trinkwasserversorgung, ein effektives Abwassersystem und die Sanierung der Häuser notwendig sei. Es fand eine «sanitäre Revolution» statt, die von den örtlichen Medizinern angeleitet wurde. Ihre Macht und ihr Einfluß erhöhte sich in der Folge wesentlich. Wie in Hamburg eigneten sich die maßgeblichen Interessengruppen die Reformprogramme jedoch schnell an. Nachdem der Abriß der Elendsquartiere anfänglich energisch durchgeführt worden war, verlief das Vorhaben bald wieder im Sande. Die Wiederkehr der Cholera nach Italien in den Jahren 1910/11, die den Hintergrund für Thomas Manns «Tod in Venedig» bildete, führte zu einer Wiederholung der Ereignisse des Jahres 1884 in kleinerem Maßstab. Vergiftungsphobien, Beleidigungen der Ärzte, Aufstände und die panische Verfolgung der süditalienischen Zigeuner, die – ohne jede Rechtfertigung – weithin als Träger der Krankheit angesehen wurden, folgten auf die anfänglichen Versuche des Staates, die Ausbreitung der Cholera mit militärischen Mitteln zu verhindern. In Neapel wurde der soziale Protest jedoch zum Schweigen gebracht. Denn die Wirtschaft der Stadt war noch stärker als die Hamburger 1892 von der Verschiffung von Migranten in die Neue Welt abhängig. Das Ergebnis war eine Verschwörung des Schweigens, die von der liberalen Regierung in Rom unterstützt und ermutigt wurde. Aus Angst, daß die amerikanischen Behörden dem profitablen Handel mit Migranten abrupt Einhalt gebieten könnten, wurde der Ausbruch der Krankheit überhaupt geleugnet. Dies führte wiederum zu einer organisierten Kampagne der sozialistischen und republikanischen Parteien der Stadt gegen die Geheimhaltung, Korruption und Unfähigkeit der regierenden städtischen Eliten und der gleichgültigen liberalen Regierung in Rom. Am Ende war der italienische Liberalismus ähnlich diskreditiert wie der traditionelle Liberalismus der deutschen «Honoratioren» nach der Hamburger Epidemie von 1892.

Neben diesen wichtigen Parallelen und Vergleichen bietet Snowdens Buch auch einen detaillierteren Bericht der therapeutischen Maßnahmen, als ihn die meisten Historiker bisher versucht haben. Dies ist auch eine Stärke der neuesten Monographie von Ellen Jahn «Die Cholera in Medizin und Pharmazie im Zeitalter des Hygienikers Max von Pettenkofer» (Stuttgart 1994). Jahn veröffentlicht eine Reihe von bisher unbekannten Briefen Pettenkofers, die seinen andauernden und unnachgiebigen Widerstand gegen die Infektionstheorie dokumentieren. 1894 hatte er den Kampf auf der praktisch-politischen Ebene jedoch aufgegeben. «Ich ward von vielen Seiten aufgefordert», schrieb er, «etwas gegen die herrschende kontagionistische Auffassung zu schreiben – aber ich will schweigen und die Cholera selbst weiter sprechen lassen.» (S. 76) Jahn veröffentlicht auch zwei Manuskripte über die Cholera-Epidemie des Jahres 1831 in Hamburg, die von Dr. Friedrich Siemssen (1806–1835) verfaßt wurden. Siemssen war ein junger Arzt, der während der Epidemie im Krankenhaus mit vielen Fällen in Berührung kam. Wie andere zeitgenössische medizinische Autoren sah Siemssen die Ursache der Krankheit in der «Erkältung im Allgemeinen, besonders des Magens durch einen kalten Trunk, grobe Diätfehler und Gemüthsaffecte, vorzüglich die deprimierenden, Furcht und Angst, vorzugsweise Ärger». Er glaubte, daß ihre Opfer «hauptsächlich Säufer» seien. Die von ihm bevorzugte Therapie bestand in einem «Brechmittel», auf das ein Aderlaß folgte. Letzteres war Thema seines zweiten Manuskripts, das seinen allgemeinen Gebrauch bei Cholera-Fällen rechtfertigen sollte. All dies bestätigt die Beobachtungen, die in diesem Buch über frühere Epidemien in Hamburg und die Reaktionen der Ärzteschaft darauf gemacht wurden.

In den letzten Jahren sind auch weiter ausgreifende Aspekte der städtischen Sozialgeschichte häufig untersucht worden. Vieles davon wird in Aufsatzsammlungen veröffentlicht. Am bemerkenswertesten ist vielleicht der von Jürgen Reulecke und Adelheid Gräfin zu Castell Rüdenhausen herausgegebene Band «Stadt und Gesundheit: Zum Wandel von ‹Volksgesundheit› und kommunaler Gesundheitspolitik im 19. und frühen 20. Jahrhundert» (Stuttgart 1991). Auch einige vergleichende Monographien sind erschienen; dazu gehört Brian Ladds «Urban Planning and Civic Order in Germany 1860–1914» (Cambridge, Mass. 1990), Marianne Rodensteins «‹Mehr Licht, mehr Luft›: Gesundheitskonzepte im Städtebau seit 1750» (Frankfurt a. M. 1988) und Beate Witzlers «Großstadt und Hygiene. Kommunale Gesundheitspolitik in der Epoche der Urbanisierung» (Medizin, Gesellschaft und Geschichte, Jahrbuch des Instituts für Geschichte der Medizin der Robert Bosch Stiftung, Beiheft 8, Stuttgart 1995). Weitere nützliche Untersuchungen einzelner Städte sind auf P. Münchs «Stadthygiene im 19. und 20. Jahrhundert: Die Wasserversorgung, Abwasser- und Abfallbeseitigung unter besonderer Berücksichtigung Münchens» (München 1993) und Martin Weyer von Schoultz' «Stadt und Gesundheit im Ruhrgebiet 1850–1929: Verstädterung und kommunale Gesundheitspolitik dargestellt am Beispiel der jungen Industriestadt Gelsenkirchen» (Essen 1995).

Diese neueren Untersuchungen zeigen deutlich, daß alle größeren deutschen Städte im 19. Jahrhundert dieselben Herausforderungen hinsichtlich der Umwelt und der öffentlichen Gesundheit wie Hamburg zu bewältigen hatten. Mit dem rapiden Bevölkerungswachstum konnten die grundlegenden kommunalen Dienste oftmals nicht Schritt halten. Es gab auch die verbreitete Annahme, daß das Leben in einer großen Stadt unweigerlich ungesund sei. Gleichzeitig trugen die epidemischen Krankheiten, und allen voran die Cholera, dazu bei, die Hygiene- und Umweltreformen in den Jahren 1830 bis 1870 zu beschleunigen. Wie in Hamburg wurde der reformerische Impuls von einem Netz von Interessen zurückgehalten und brauchte Jahre, um Folgen zu zeitigen. Fast überall führten die medizinischen Debatten über die Ursachen der Epidemie und die politischen Konflikte über notwendige Maßnahmen zu Kompromissen und Verzögerungen. Dennoch läßt sich deutlich das übergreifende Bild einer großen Bewegung der städtischen sanitären Erneuerung ab Mitte des 19. Jahrhunderts zeichnen. Es fügt sich in den größeren historischen Kontext ein, in dem das diesbezügliche Versagen Hamburgs in den siebziger und achtziger Jahren des 19. Jahrhunderts dazu führte, daß die Stadt zurückblieb und 1892 zu einer unerwünschten Ausnahme wurde.

Der Ausnahmestatus Hamburgs unter soziopolitischem Blickwinkel ist auch ein Thema von Niall Fergusons «Paper and Iron: Hamburg Business and German politics in the era of inflation 1897–1927» (Cambridge 1995). Seine These ist, daß Partikularismus und Nationalismus in Hamburg um die Jahrhundertwende miteinander in Einklang gebracht worden waren und daß das Bürgertum der Hansestadt in vieler Hinsicht typisch für das in ganz Deutschland war. In gewisser Hinsicht setzt die Arbeit dort an, wo die vorliegende aufhört. Und trotz einiger Differenzen bei der Gewichtung ähnelt das dort gezeigte Bild im großen und ganzen dem, das auch dieses Buch zeichnet, wenn man berücksichtigt, daß sein Ausgangspunkt nach der Epidemie liegt und nicht davor. Besonders wichtig ist, daß auch Ferguson einen Schwerpunkt auf die Spaltung innerhalb der regierenden Eliten Hamburgs legt, die sich – wie die vorliegende Arbeit gezeigt hat – nach der Jahrhundertwende entscheidend vertiefte. Andererseits unterstreicht er die engen familiären Bindungen der Eliten untereinander, ein Thema, das auch in meinem Aufsatz «Family and Class in the Hamburg Grand Bourgeoisie 1815–1914» untersucht wird (in: Richard J. Evans, D. G. Blackbourn [Hg.]: The German Bourgeoisie: Essays on the social history of the German middle class from the late eighteenth to the early twentieth century, London 1991, S. 115–139.)

Schließlich scheinen die in diesem Buch behandelten Themen seit seinem Erscheinen nichts von ihrer Aktualität verloren zu haben. So wird zunehmend deutlich, daß zwar im 19. Jahrhundert die Verschmutzung der urbanen Umwelt durch organische Stoffe erfolgreich bekämpft wurde, die Bedrohung durch chemische Substanzen dagegen stetig gewachsen ist und immer ernster wird. Niemand sollte in dieser Hinsicht selbstzufrieden sein oder sich der Versuchung hingeben, die Versuche der Politiker und Verwaltungsbeamten des 19. Jahrhunderts, das Problem der Umweltverschmutzung zu lösen, mit Herablassung oder dem Gefühl der Überlegenheit anzusehen. Der vom Förderverein Umweltschutz Unterelbe e. V. veröffentlichte «Umweltatlas Hamburg... von unten» wird sie eines besseren belehren. Die Luftverschmutzung, die von 750000 registrierten Motorfahrzeugen im heutigen Hamburg verursacht wird, birgt die Gefahr hoher Ozonwerte in der Atmosphäre; Industrieabwässer vergiften trotz des 1990 geschlossenen internationalen Übereinkommens zum Schutz der Elbe weiterhin den Fluß; die Verbrennung von Computerschrott, die Produktion oder Lagerung von Chemikalien wie Dioxin und anderen industriellen Abfallprodukten stellt ernste Gefahren für Leben und Gesundheit dar. Diese Ursachen der Umweltverschmutzung zu bekämpfen bedeutet oft, sich gegen erhebliche ökonomische Interessen zu stellen, die in jeder Hinsicht ebenso mächtig und bestimmend sind wie die, die bei der Verhinderung der Einführung von adäquaten sanitären Einrichtungen und einer effektiven Wasserversorgung im 19. Jahrhundert eine so unheilvolle Rolle spielten. In dieser Hinsicht kann uns die Epidemie von 1892 immer noch einiges lehren.

Noch düsterer freilich sind die Parallelen zwischen Cholera und AIDS, auf die dieses Buch hinweist und die nicht geringer zu werden scheinen. Anfänglich wurden soziale Minderheiten wie Homosexuelle, Drogenabhängige und Prostituierte für die Ausbreitung der Krankheit verantwortlich gemacht, und ihnen wurden restriktive Maßnahmen angedroht oder auferlegt. Die moralische Empörung gegenüber diesen Gruppen ähnelt der des 19. Jahrhunderts gegenüber Trinkern und Vagabunden, die als Ursache der Cholera-Infektion ausgemacht wurden. In beiden Fällen wurde die Veränderung des Lebensstils als wichtigste Vorsorgemaßnahme erzwungen. Für kurze Zeit waren Regierung und staatliche Behörden dazu bereit, Ressourcen zur Bekämpfung von AIDS bereitzustellen, in dem Glauben, daß die Krankheit die Mehrheit der sexuell aktiven Bevölkerung bedrohe. Aber in dem Maße, in dem deutlich wurde, daß AIDS zumindest in Europa und Nordamerika zumeist auf Minderheiten, allen voran Homosexuelle, beschränkt blieb, schwand das Interesse der Politiker und machte einer erschreckenden Indifferenz Platz. In dieser Hinsicht ist die Lektion der Cholera, daß auch Minoritäten ein legitimes Recht darauf haben, vom Staat unterstützt und geschützt zu werden, wenn sie mit lebensbedrohenden Krankheiten konfrontiert werden, leider noch nicht begriffen worden.

Aus dem Englischen von Susanne Klockmann

Geschichte und Mythos

Gene Brucker
Florenz in der Renaissance
Stadt, Gesellschaft und Kultur
(480)

Norman Cohn
Das neue irdische Paradies
Revolutionärer Millenarismus und mystischer Anarchismus im mittelalterlichen Europa
(472)

Jean Delumeau
Angst im Abendland *Die Geschichte kollektiver Ängste im Europa des 14. bis 18. Jahrhunderts*
(503)

James George Frazer
Der goldene Zweig *Das Geheimnis von Glauben und Sitten der Völker*
(483)

Peter Garnsey / Richard Saller
Das römische Kaiserreich *Wirtschaft, Gesellschaft, Kultur*
(501)

Maurice Keen
Das Rittertum
(515)

Stephen Geoffrey Kirk
Griechische Mythen *Ihre Bedeutung und Funktion*
(444)

H. H. Lamb
Klima und Kulturgeschichte *Der Einfluß des Wetters auf den Gang der Geschichte*
(478)

Lutz Niethammer
Posthistorie *Ist die Geschichte zu Ende?*
(504)

3465/2

rowohlts enzyklopädie

Robert von Ranke-Graves
Griechische Mythologie
Quellen und Deutung
(404)
Die Weiße Göttin Sprache des Mythos
(416)

R. v. Ranke-Graves / R. Patal
Hebräische Mythologie *Über die Schöpfungsgeschichte und andere Mythen aus dem Alten Testament*
(411)

S. Rohrbacher/M. Schmidt
Judenbilder *Kulturgeschichte antijüdischer Mythen und antisemtischer Vorurteile*
(498)

Ein Gesamtverzeichnis der Reihe *rowohlts enzyklopädie* finden Sie in der *Rowohlt Revue*. Jedes Vierteljahr neu. Kostenlos in Ihrer Buchhandlung.

Geschichte / Politik

rowohlts monographien
Begründet von Kurt Kusenberg, herausgegeben von Wolfgang Müller und Uwe Naumann.

Eine Auswahl:

Konrad Adenauer
dargestellt von Gösta von Uexküll
(234)

Augustus
dargestellt von Marion Giebel
(327)

Otto von Bismarck
dargestellt von Wilhelm Mommsen
(122)

Willy Brandt
dargestellt von Carola Stern
(232)

Che Guevara
dargestellt von Elmar May
(207)

Heinrich VIII.
dargestellt von Uwe Baumann
(446)

Adolf Hitler
dargestellt von Harald Steffahn
(316)

Iwan IV. der Schreckliche
dargestellt von Reinhold Neumann-Hoditz
(435)

Thomas Jefferson
dargestellt von Peter Nicolaisen
(405)

rowohlts monographien

Karl der Große
dargestellt von Wolfgang Braunfels
(187)

Kemal Atatürk
dargestellt von Bernd Rill
(346)

Nelson Mandela
dargestellt von Albrecht Hagemann
(580)

Mao Tse-tung
dargestellt von Tilemann Grimm
(141)

Claus Schenk Graf von Stauffenberg
dargestellt von Harald Steffahn
(520)

Die Weiße Rose
dargestellt von Harald Steffahn
(498)

Ein Gesamtverzeichnis der Reihe *rowohlts monographien* finden Sie in der *Rowohlt Revue*. Jedes Vierteljahr neu. Kostenlos. In Ihrer Buchhandlung.